STEFAN BOLLMANN

Der Atem der Welt

Johann Wolfgang Goethe
und die Erfahrung der Natur

Klett-Cotta

Klett-Cotta
www.klett-cotta.de
© 2021 by J. G. Cotta'sche Buchhandlung
Nachfolger GmbH, gegr. 1659, Stuttgart
Alle Rechte vorbehalten
Printed in Germany
Cover: Rothfos & Gabler, Hamburg
unter Verwendung einer Abbildung von © akg-images,
Bridgeman Images; Shutterstock, Albert Russ, Mali lucky
Gesetzt von von Dörlemann Satz, Lemförde
Gedruckt und gebunden von
Friedrich Pustet GmbH & Co. KG, Regensburg
ISBN 978-3-608-96416-5

Zweite Auflage, 2021

Bibliografische Information der Deutschen Nationalbibliothek
Die Deutsche Nationalbibliothek verzeichnet diese Publikation in
der Deutschen Nationalbibliografie; detaillierte bibliografische
Daten sind im Internet über http://dnb.d-nb.de abrufbar.

Für Christiane

Und – hören Sie! Ich würde mich getrauen, den orthodoxen Satz zu vertheidigen, daß Goethe's Geist eigentlich zum Naturforschen angewiesen war: Goethe's Geist zergliederte; im Werther die Liebe, im Wilhelm Meister das Leben, in den Dramen Geschichte und Leben. Überall Systematik, Ordnung, Logik in Vers und Prosa ... Er arbeitet durch den Schacht der Gefühle zur Klarheit hinaus. Daher die Erscheinung, daß er den Leser so bewältigt, weil er fast mathematisch Alles beweist; da hängt Glied an Glied fest und aus der Kette ist kein Entrinnen möglich. Diese Eigenschaften sind aber alle die des Forschers. Ich verehre Goethe als Dichter, doch scheint es mir eine Ablenkung seines Geistes, der wir freilich mehr danken, als dem geradesten Wege manches selbst ausgezeichneten Geistes, daß er dichtete, während er zum Forschen am organisiertesten war. ... Und – beweist er meine Ansicht nicht durch sein Leben selbst? Im letzten Drittheile seines Lebens forschte er der Natur nach, und wie einst die Liebe, das Leben, oder die Geschichte, so wurde jetzt die Farbe, die Pflanze oder ein Knochen das Objekt.
Der Naturforscher Kaspar Maria von Sternberg 1837,
nach Aufzeichnungen von Ludwig August Frankl

Denk nicht, sondern schau!
Ludwig Wittgenstein

Inhalt

Prolog   13

Teil I:
Erfahrungen

Ein Stadtkind   27

   Erstes Kapitel, in dem Goethe beinahe nicht zur Welt kommt   27

   Zweites Kapitel, in dem ziemlich viel Geschirr zerdeppert wird und wir zusammen mit dem kleinen Goethe die Stadt Frankfurt kennenlernen   33

   Drittes Kapitel, in dem Nachrichten aus Lissabon den kleinen Goethe in revolutionäre Aufregung versetzen und er schließlich einen Naturaltar baut   44

Lehrjahre   52

   Viertes Kapitel, in dem Goethe sein Liebesleid mit einem Waldbad kuriert   52

   Fünftes Kapitel, in dem Goethe Erfahrungen macht, nicht zuletzt solche, die er gar nicht machen möchte   62

   Sechstes Kapitel, in dem Goethe das Buch der Natur entdeckt und nach einem Lektüreschlüssel sucht   77

Siebentes Kapitel, in dem Goethe ein Nordlicht beobachtet, den Turm des Straßburger Münsters besteigt und einen brennenden Berg besichtigt   89

Achtes Kapitel, in dem lauter Bomben hochgehen und Goethe zum Wanderer wird   99

Wanderjahre   121

Neuntes Kapitel, in dem der Wanderer eine Bleibe sucht   121

Zehntes Kapitel, in dem Goethe aus der Erfahrung unmöglicher Liebe einen Bestseller macht   141

Elftes Kapitel, in dem Spinoza zu Goethes Hausheiligem wird und er eine Geniereise in die Schweiz unternimmt   157

Stein-Zeit   186

Zwölftes Kapitel, in dem das Unwahrscheinliche Wirklichkeit wird   186

Dreizehntes Kapitel, in dem Goethe unter Tage geht und auf Gipfel steigt und dabei entdeckt, dass die Natur eine Geschichte hat   204

Vierzehntes Kapitel, in dem Goethe eine Winterreise unternimmt   220

Fünfzehntes Kapitel, in dem Goethe mit Herzog Carl August in die Schweiz reist und über eine Eiszeit nachzudenken beginnt   230

Sechzehntes Kapitel, in dem Goethe einen Roman über das Weltall plant   249

Teil II:
Forschungen

Entdeckungen — 281

Siebzehntes Kapitel, in dem ein Fragment große Schatten wirft — 281

Achtzehntes Kapitel, in dem ein Knochen im Mittelpunkt steht — 294

Neunzehntes Kapitel, in dem es noch einmal um Spinoza geht — 311

Zwanzigstes Kapitel, in dem Goethe ins Mikroskop schaut, es mit Linné zu tun bekommt und schließlich seine Sachen packt — 323

Metamorphosen — 339

Einundzwanzigstes Kapitel, in dem Goethe nach Italien reist und den Vesuv belagert — 339

Zweiundzwanzigstes Kapitel, in dem Goethe die Urpflanze sucht und eine durchgewachsene Rose findet — 360

Dreiundzwanzigstes Kapitel, in dem es um die Metamorphose der Pflanzen geht — 375

Vierundzwanzigstes Kapitel, das Farbe in Goethes Leben bringt — 404

Abenteuer der Ideen — 420

Fünfundzwanzigstes Kapitel, in dem Goethe beinahe den Impressionismus erfindet — 420

Sechsundzwanzigstes Kapitel, in dem ein Füllhorn ausgeschüttet wird — 449

Siebenundzwanzigstes Kapitel, in dem vor allem experimentiert wird — 474

Achtundzwanzigstes Kapitel, in dem Goethe seinen Plan eines Romans über das Weltall erst an Schelling und dann an Humboldt abtritt   484

Der Atem der Welt   513

Neunundzwanzigstes Kapitel, in dem wir ins »Allerheiligste der Farben« vordringen   513

Dreißigstes Kapitel, in dem die Erde eine Atmosphäre bekommt   530

Einunddreißigstes Kapitel, in dem ein Mensch gemacht wird   552

Zweiunddreißigstes Kapitel, in dem der Wanderer Abschied nimmt   574

Epilog   591

Anhang

Dank   597

Anmerkungen   598

Abbildungsverzeichnis   641

Personenregister   642

Prolog

Wer Mitte der 1790er Jahre in Weimar weilte, dem konnte es passieren – so wird erzählt –, dass sie oder er einem Mann im fortgeschrittenen Alter und mit deutlich hervortretendem Bauchansatz begegnete, der beim Spazierengehen wild mit den Armen ruderte. Darauf angesprochen, was er damit bezwecke, erklärte er, dass diese Art der Fortbewegung an die der Tiere erinnere und mithin naturgemäßer sei. Nie um alles in der Welt würde er sich etwa unterstehen, mit einem Stock zu gehen.

Es kann aber auch sein, dass Karl August Böttiger, der boshafte Direktor des Weimarer Gymnasiums, diese Geschichte nur in die Welt gesetzt hat,[1] um dem allgemeinen Erstaunen darüber Ausdruck zu verleihen, dass der Dichter – denn ein Dichter war besagter Mann – sich schon wieder mit lauter Absonderlichkeiten abgab. Etwa mit einem »bis zur Affektation getriebenen Attachment an die Natur«, wie ein Autorenkollege das nannte, oder der Idee, dass wir erst Pflanzen und Tiere waren und ganz ungewiss sei, was nun die Natur weiter aus uns stampfen wird, wie sich eine Dame der Gesellschaft ausgedrückt hatte, zu einer Zeit, als sie noch die platonische Geliebte des Dichters gewesen war.[2]

Der Dichter war kein Geringerer als Johann Wolfgang von Goethe, vor gut fünf Jahren aus Italien heimgekehrt, von wo ihn schon niemand mehr außer dem Herzog Carl August zurückerwartet hatte. Carl August war nicht nur sein Dienst- und Schirmherr, sondern seit Goethes Anfängen in Weimar mit ihm in einer alle gegenseitigen Irritationen überdauernden Männerfreundschaft verbunden.

Nach seiner zweijährigen Abwesenheit hatte Goethe in vielfacher Weise von sich reden gemacht – nach dem allgemeinen Urteil der Weimarer Gesellschaft vornehmlich negativ. Erst hatte er sich eine heimliche, völlig unstandesgemäße Geliebte zugelegt, die im Landes-Industrie-Comptoir des Unternehmers Friedrich Justin Bertuch künstliche Blumen herstellte, und mit der er schon bald in wilder Ehe zusammenlebte, sogar einen Sohn zeugte. Dann hatte er *Römische Elegien* und *Venezianische Epigramme* gedichtet, wobei sich die letzteren von den ersteren nicht nur in Versmaß und -form unterschieden, sondern vor allem dadurch, dass sie sich noch anstößiger ausnahmen. Und nun schien er sich nicht genug austauschen zu können mit diesem jungen Oberbergrat, der noch um einiges jünger war als seine Geliebte, von dem jedoch alle Welt ahnte, dass er homosexuell war, und mit dem gemeinsam er die seltsamsten Experimente unternahm – nicht nur in Weimar selbst, sondern auch in der nahen Universitätsstadt Jena. Da wurden etwa präparierte Froschschenkel auf eine Glasplatte gelegt und deren Nerven- und Muskelenden mit verschiedenen metallischen Leitern verbunden. Beugte man sich mit dem Gesicht und dem Mund darüber, kam es zum Erstaunen aller zu so heftigen Zuckungen, dass der Froschschenkel von der Platte herabflog. Mit dem Hauch des eigenen Atems schien man das Froschbein in Bewegung versetzen zu können. »Das Experiment sieht einem Zauber ähnlich, indem man bald – Leben einhaucht, bald den belebenden Odem zurücknimmt!«, meinte der junge Oberbergrat, der durch und durch Naturwissenschaftler war und sogar bekannte, nicht existieren zu können, ohne zu experimentieren.[3] Und auch Goethe zeigte sich beeindruckt: »Wie merkwürdig ist, was ein bloßer Hauch ... thun kann!«[4]

Der Oberbergrat war Alexander von Humboldt, Absolvent der berühmten Bergakademie in Freiberg und laut Friedrich Schiller, dessen Freundschaft mit Goethe damals gerade begann, »in Deutschland gewiss der vorzüglichste in seinem Fache«. Er übertreffe »an Kopf vielleicht noch seinen Bruder, der gewiß sehr vorzüglich ist«.[5] Goethe und der Allervorzüglichste sind sich zum ersten Mal im Winter 1794/95 in der Universitätsstadt Jena begegnet, annähernd fünf Jahre, bevor Alexander von Humboldt mit seinem Aufbruch in die Tropen als Entdeckungsreisender die Welt erobern und Geschichte schreiben sollte. Gleich kam man ins Gespräch über Naturwissenschaften, über Geologie, Botanik, Anatomie, Physiologie. Es war tiefe Sympathie auf den ersten Blick, unverständlich für alle, die in dem Jüngeren nur den »nackten schneidenden Verstand« sehen wollten, dem Älteren hingegen aus der Seele zu sprechen meinten, wenn sie verkündeten, die Natur müsse »angeschaut und empfunden werden, in ihren einzelnsten Erscheinungen, wie in ihren höchsten Gesetzen«.[6]

Das klingt zwar bis heute nach Goethe, stammt aber ebenfalls von Schiller. Dieser fand Alexander von Humboldt schon bald gar nicht mehr so vorzüglich, nicht zuletzt weil er in ihm einen Konkurrenten in seiner Freundschaft zu

Goethe witterte. Andererseits unterschätzte er die Bedeutung, die sein Freund Naturforschung und Naturwissenschaft, Beobachtung und Experiment beimaß.

Goethe ist zeitlebens nicht müde geworden, Humboldts immense Kenntnisse, sein lebendiges Wissen, seinen Forscherdrang und seine Vielseitigkeit zu rühmen. Der junge Oberbergrat war vielleicht der einzige Mann, dem der Weimarer Geheime Rat sich zumindest teilweise unterlegen fühlte. Immer noch vom eigenen Lebenstempo und seiner raschen Auffassungsgabe überzeugt, pflegte der auf die Fünfzig zugehende Goethe trocken zu bemerken, die Leute hielten mit ihm nicht Schritt; wenn sie glaubten, er weile noch in Weimar, sei er schon längst in Erfurt angekommen. Mit Humboldt aber bekam er es mit einem jungen Mann zu tun, dessen Sturmlauf ihn das Staunen lehrte: »Man könnte in acht Tagen nicht aus Büchern herauslesen, was er einem in einer Stunde vorträgt«, äußerte er sich gegenüber Carl August, als Alexander von Humboldt einmal mehr in seiner Nähe weilte.[7]

Ermuntert durch ihn begann Goethe, im Januar 1795 den *Ersten Entwurf einer allgemeinen Einleitung in die vergleichende Anatomie ausgehend von der Osteologie* zu verfassen – anders als der umständliche und spezialistisch klingende Titel vermuten lässt, eine grundlegende Skizze seiner Morphologie, Zentrum seines naturwissenschaftlichen Denkens. Jeden Morgen um sieben Uhr trat der junge Medizinstudent Max Jacobi zu einem ersten Diktat an sein Bett, bevor Goethe dann um acht Uhr durch »tiefsten Schnee«, wie er sich erinnert, zur Jenaer Universität eilte, um dort gemeinsam mit Alexander von Humboldt und dessen Bruder Wilhelm einer Vorlesung des Anatomen Justus Christian Loder über Bänderlehre beizuwohnen, die durch die Anwesenheit von so viel Prominenz fast den Charakter eines gesellschaftlichen Ereignisses bekam.[8] Loder war stolz, gerade für diese Vorlesung sechs Leichen für Demonstrationen zur Verfügung zu haben. Sie seien zwar »alle hart gefroren«, würden »sich aber nach und nach ... auftauen lassen«, hatte er Goethe im Vorhinein frohgemut angekündigt. Und hinzugefügt: Fast wünschte er, der Tod wäre ihm und den anderen Medizinern immer so günstig.[9] Im Anschluss an den Vortrag von Loder fuhr Goethe dann häufig mit dem Diktat fort. Dabei habe sich auch Alexander von Humboldt eingefunden, berichtet er, und gleichsam mitgedacht und mitgeschrieben an dem gerade entstehenden Konzept, als er seine »Ideen fast alle aphoristisch« von sich gab.[10]

Aber auch Alexander von Humboldt profitierte von der Freundschaft mit Goethe. Als die beiden sich im Winter 1794/95 kennenlernten, war er ein so ehrgeiziger wie hochbegabter Experimentalwissenschaftler. Er stand an der Spitze einer Generation junger Forscher, die sich zunehmend auf Messungen verließen, dabei wenig Rücksicht auf Tradition und ethische Bedenken nahmen, aber große Erfolge vorzuweisen hatten. Nicht zuletzt durch spektakuläre, selbst den eigenen Körper nicht schonende Versuchsanordnungen verstand er es, in einzelnen Disziplinen wie der Physiologie, der Botanik oder der Geologie zu glänzen. Doch Humboldts Ehrgeiz ging weiter: Er suchte nach einer leitenden Idee, unter der sich die einzelnen Disziplinen zu einer Art Metawissenschaft zusammenfassen ließen. Sie sollte es ermöglichen, die Erscheinungen der Natur in ihrem allgemeinen Zusammenhang zu verstehen. Und da war die Begegnung mit Goethe ein großer Glücksfall.

Denn Goethe kannte sich in allen diesen Wissenschaften bestens aus und hatte sich zum Zeitpunkt der Begegnung mit Alexander von Humboldt in jeder einzelnen bereits Meriten erworben. Zudem hatte er schon 1785, also noch vor seiner Italienreise, als er den Zwischenkieferknochen beim Menschen entdeckte, nicht zuletzt unter dem Eindruck der Lektüre von Spinoza von der »Übereinstimmung des Ganzen«[11] zu sprechen begonnen – einer umfassenden Harmonie der Natur. Damit war zwar keineswegs geklärt, wie alles zusammenhing, was ihn als Naturforscher interessierte, und unter welchem Gesichtspunkt die Verknüpfung der Einzeldisziplinen geschehen sollte, aber er hatte ein Suchbild entworfen, mit dem sich nach einer übergeordneten Fragestellung fahnden ließ.

Humboldt wäre ohne Goethe zweifellos ein guter Wissenschaftler geworden, er hätte seine Feldforschungen betrieben, Messungen angestellt, Daten gesammelt, sie zusammengetragen und der staunenden Öffentlichkeit davon erzählt, dass in fremden Weltgegenden alles anders und doch irgendwie gleich sei. Aber er hätte nicht jenen untrüglichen Blick für Zusammenhänge ausgebildet, den alle Welt an ihm bewunderte, diesen Ehrgeiz, das Chaos der einzelnen empirischen Erkenntnisse zu einem organischen Ganzen zu gestalten, das er dann später mit einem alten Begriff »Kosmos« nennt.

Humboldt selbst hat nach seiner Rückkehr aus Amerika darauf aufmerksam gemacht, wie viel er den wenigen und kurzen, aber äußerst intensiven und folgenreichen Begegnungen mit Goethe in den Jahren 1794 bis 1797 verdankte. Überall sei er auf seiner Reise »von dem Gefühl durchdrungen« worden, »wie mächtig jene jenaer Verhältnisse auf mich gewirkt, wie ich, durch Goethe's Naturansichten gehoben, gleichsam mit neuen Organen ausgerüstet worden war«, schreibt er im Mai 1806. »Liegen auch grosse Bergmassen und Meere, ja, was höher und tiefer noch ist, die Vergegenwärtigung einer fast schauderhaft lebendigen Natur zwischen jener Zeit und dieser«, so konnte die Begegnung mit dem Fremden doch an ältere Vorstellungen anknüpfen, »und in den Wäldern des Amazonenflusses wie auf dem Rücken der hohen Anden erkannte ich, wie von einem Hauche beseelt von Pol zu Pol nur Ein Leben ausgegossen ist in Steinen, Pflanzen und Thieren und in des Menschen schwellender Brust.«[12]

Das sind so schöne wie rätselhafte Worte. Nach damals geläufiger Vorstellung existierten drei Reiche der Natur: das Reich der Steine, das Reich der Pflanzen und das Reich der Tiere, zu dem auch die Menschen gezählt wurden. Wie die drei Reiche zusammenhingen, ob sie durch Abgründe voneinander getrennt waren, aufeinander aufbauten oder sogar in Wirklichkeit Bestandteile eines einzigen Reiches waren, wurde viel diskutiert. Goethe selbst hatte dazu nach seiner Rückkehr aus Italien einen so reflektierten wie gewichtigen Beitrag geliefert. Humboldt jedenfalls scheint alle drei Reiche als Ausdruck und Bestandteil eines letztlich umfassenden Ganzen zu begreifen. Dass mit diesem Ganzen nichts anderes als unser Heimatplanet gemeint ist, geht aus seiner Formulierung »von Pol zu Pol« eindeutig hervor. Die Erde bildet den gemeinsamen Boden und ihre Atmosphäre das gemeinsame Dach der drei Reiche. Alles Leben auf ihr steht in engstem Zusammenhang, und schon die Steine und noch der Mensch haben daran Anteil.

Diese weitreichenden Gedanken gehen in der Tat im Wesentlichen auf Goethe zurück. Wie er in seinem Tagebuch vermerkt, tauschte er sich im März 1797 mit Alexander von Humboldt über die Bildung der Gebirge aus.[13] Humboldt war zu der Überzeugung gelangt, dass die Schichtung und Lagerung des Gesteins allgemeingültigen, erdumspannenden Gesetzmäßigkeiten folgen. Goethe erinnerten diese Spekulationen an seinen alten Plan, einen »Roman über das Weltall« zu schreiben. Das war Anfang der 1780er Jahre gewesen, als seine vielfältigen Naturerfahrungen sich allmählich in die Richtung eigener Forschungen entwickelt hatten. Eine entscheidende Rolle dabei hatten die Bergwerkbesichtigungen gespielt, die er anfangs im Auftrag des Herzogs, später immer stärker aus eigenem Antrieb unternommen hatte. In den Berg einfahren, das bedeutete zu dieser Zeit, auf Leitern, sogenannten Fahren, in engen, feuchten Schächten in die Tiefe zu klettern. In den Stollen selbst dann konnte man sich nur gebückt oder kriechend vorwärtsbewegen. Es war die Erkundung einer geheimnisvollen Welt unter dem Erdboden, auf dem wir so selbstverständlich wie sicher zu stehen meinen. Mit jedem Meter, den Goethe unter Tage stieg, tauchte er auch tiefer in die geheimnisvolle Vergangenheit der Erde ein und

Prolog

entdeckte dabei, dass auch das scheinbar Unbelebte und Unveränderliche auf lange Zeiträume hin beweglich und lebendig ist.

Daraus hatten sich Forschungen und Spekulationen über die Entstehung und Bildung unseres Heimatplaneten ergeben und damit zusammenhängend auch das besagte Romanprojekt. Der Titel, den Goethe ihm gab, kann allerdings in die Irre führen. Aus den Texten, die er dafür verfasst hat, geht hervor, dass es sich um einen Roman weniger über das Universum als über den »Erdkörper« und seine Bewohner handeln sollte, angefangen von den ältesten Gesteinsformationen bis hin zum Menschen. »Sie müssen noch eine Erdfreundinn werden«, schrieb er Charlotte von Stein, als er sie 1780 in seinen Plan einweihte, es sei gar zu schön.[14] Der Roman sollte das Werk eines Erdfreundes für Erdfreundinnen und Erdfreunde werden und er sollte mit der Darstellung der Erde und ihrer Geschichte auch den »Erdling« Mensch zum Thema machen. Der Mensch sei mit seinem Wohnort so nah verwandt, heißt es in einem Brief Goethes an seinen Weimarer Freund Knebel, »daß die Betrachtung über diesen auch uns über den Bewohner aufklären muß«.[15] Wollen wir wissen, woher wir kommen, wer wir sind und wohin wir gehören, so müssen wir die Erde erforschen, an deren Leben wir teilhaben. Noch auf seiner Italienreise hatte Goethe Material zu diesem bislang nicht aufgegebenen Projekt gesammelt.

Nun, unter den lebendigen und leidenschaftlichen Ausführungen Alexander von Humboldts, stand Goethe der alte Plan wieder vor Augen. Jener dagegen zeigte sich von den visionären Konzepten des Älteren beeindruckt. Goethe war ihm bei dem Vorhaben, Gesetzmäßigkeiten zu finden, die für die Erde insgesamt galten, vorausgeeilt. Mehr noch: Er hatte längst gefunden, wonach Humboldt die ganze Zeit suchte: Der Konvergenzpunkt seiner disparaten Forschungen war ein ganzheitliches Bild der Erde, ihrer Gestalt und Geschichte. Im Rückblick meint Humboldt, das zentrale Erkenntnisinteresse seiner Amerikaexpedition habe darin bestanden, Fakten zur Erweiterung einer Wissenschaft zu sammeln, »die noch kaum skizziert und ziemlich unbestimmt Physik der Erde, Theorie der Erde oder Physikalische Geographie genannt wird«.[16]

Dabei kam es weniger auf die genaue Bezeichnung als auf den Umstand an, dass bei Goethe wie bei Humboldt die Erde ins Zentrum ihrer Erkundungen und ihres Erkenntnisinteresses rückte. Hier liefen die Fäden ihrer vielfältigen Beobachtungen und Forschungsvorhaben zusammen. In Goethes Fall reichten sie von der Geologie und Botanik bis hin zur Morphologie und zu ersten Ansätzen einer Meteorologie und Atmosphärenphysik. Selbst seine Farbenlehre sah Goethe in diesem Zusammenhang. Um 1800 war eine solche umfassende Perspektive alles andere als selbstverständlich, und so ist sie auch weitgehend unbeachtet geblieben. Bei Goethe wie auch bei Alexander von Humboldt bereitet sich vor, was wir heute etwa Erdsystemforschung nennen. Die Bedeutung, die die Erde in ihrem Denken hat, geht dabei allerdings über bloße Wissenschaft hinaus: Insbesondere für Goethe war sie kein toter Planet, sondern glich einem lebendigen Organismus, der die ihn umhüllende Atmosphäre ein- und ausatmet, so wie die auf der Erde wohnenden Lebewesen das mit der sauerstoffgesättigten Luft tun, die sie umgibt und die sie zum Leben brauchen.

Goethe hatte als junger Mann die Erfahrung gemacht, dass nur gewinnen kann, wer sich auf das Kräftespiel der Natur einlässt. Der Mensch gehörte zur Erde; nur die Natur verlieh ihm die Kräfte, die er brauchte, um sein Leben zu meistern. Verlor er hingegen den Kontakt zur Erde, so war er über kurz und lang selbst verloren. 1783 war der erste Ballon gestartet, der erwärmte Luft zum Auftrieb nutzte. Die Gebrüder Montgolfier schrieben damit Geschichte – es war nichts weniger als der Beginn der Luftfahrt. Bald schon füllte man die Ballons mit Wasserstoff statt mit heißer Luft, so der Pariser Physiker Jacques Alexandre César Charles, dessen »Charlière« Ende August 1783 ihren Jungfernflug hatte – anfangs noch unbemannt oder mit Tieren als Passagieren. Goethe selbst hatte sich an Versuchen beteiligt, Ballone »auf Montgolfierische Art« steigen zu lassen, wähnte sich im Rückblick sogar der Entdeckung und Entwicklung der Heißluftballone ganz nahe, was stark übertrieben war. Das gilt aber kaum für die zeitkritische Überlegung, die er in diesem Zusammenhang anstellt. Sie hat seitdem nicht an Aktualität verloren, im Gegenteil. »Wie es vor alten Zeiten, da die Menschen an der Erde lagen, eine Wohltat war, ihnen auf den Himmel zu deuten und sie aufs Geistige aufmerksam zu machen«, schreibt er 1785 an Knebel, »so ists jetzt eine größere sie nach der Erde zurückzuführen und die Elastizität ihrer angefesselten Ballons ein wenig zu vermindern.«[17] Auch dazu sollten die Erdwissenschaft und der geplante Roman beitragen.

Bis heute trägt das Bild Goethes als Naturforscher ambivalente Züge. Einen ersten Höhepunkt erreichte das bereits zu Lebzeiten mit der Veröffentlichung der umstrittenen, gegen Newton polemisierenden *Farbenlehre*, die immerhin sein umfangreichstes Werk ist, und setzte sich nach seinem Tod verstärkt fort. Einerseits schien die Zeit über ihn, seine Art zu forschen und die Ergebnisse seiner Forschung hinwegzugehen, wie viele meinten. Andererseits hielt er dem rasanten Fortschritt der Wissenschaft den Spiegel vor und wies auf den Preis hin, den dieser hatte. Neben einem ganzheitlichen Verständnis von Natur steht auf den vorderen Rängen dieser Verlustliste auch der »Wechseleinfluss«, wie

Prolog

Goethe sich ausdrückte, von Naturforschung und Selbsterforschung. Goethes großartige Idee war: Je besser wir die Natur verstehen lernen, desto besser lernen wir auch uns selbst als Lebewesen kennen, denn wir sind selbst Natur. Die gesamte Geschichte der Erde von der Entstehung der Atmosphäre über den Landgang der Pflanzen und Wirbeltiere bis zu Eiszeiten, zu deren Mitentdecker Goethe zählt, hat mitgewirkt an unserer Existenz und Entwicklung. Schiller nannte das eine »wahrhaft heldenmäßige Idee«, den Menschen »genetisch aus den Materialien des ganzen Naturgebäudes zu erbauen«.[18] Goethe, weniger idealistisch und auch weniger heroisch gesinnt, sprach eher von der Durcharbeitung seines armen Ich, die ihm auf keinem anderen Wege als dem der Naturforschung zuteilwerde.[19]

Während wir uns inzwischen damit angefreundet haben, Goethes Person und seine literarischen Werke in ihrem Zeitcharakter zu verstehen und erst auf dieser Grundlage nach ihrer Aktualität für die Gegenwart zu fragen, nehmen wir gewöhnlich seine naturwissenschaftlichen Schriften von dieser historischen Betrachtungsweise aus. Wir befragen sie unmittelbar daraufhin, was an ihnen wahr oder falsch ist, was als widerlegt oder als noch haltbar gelten kann. Diese Vorgehensweise entspricht zwar dem Selbstverständnis der Naturwissenschaften, verwehrt uns aber ein tieferes Verständnis dessen, was Goethe da eigentlich gemacht und gedacht hat, als er fünfzig Jahre seines Lebens Naturforschung betrieb. Wie wir sehen werden, erschließen sich große Teile von Goethes naturwissenschaftlichen Interessen, Bemühungen und Überlegungen nur vor dem Hintergrund der Naturforschung seiner Zeit, ihrer Vorgehensweise wie ihres Selbstverständnisses. Erst wenn man Goethes Forschungen in diesen historischen Kontext zurückversetzt und ihren Zeitcharakter ernst nimmt, lässt sich auch verstehen, was daran noch für uns relevant ist.

Goethe hat es im Alter ein »schönes Glück« genannt, die zweite Hälfte des 18. Jahrhunderts durchlebt zu haben, und es für einen »großen Vorteil« gehalten, »gleichzeitig mit großen Entdeckungen gewesen zu sein«. Ein Schema des Anfang Siebzigjährigen parallelisiert skizzenhaft die eigene Biographie mit der dynamischen Entwicklung der Naturforschung zwischen 1750 und 1820, als die Grundlagen sowohl der Elektrizitätslehre als auch der modernen Biologie und Chemie gelegt wurden.[20] Man mag sich fragen, welches Bild wir wohl von Goethe hätten, wenn er diese Skizze ausgeführt hätte, womöglich sogar in einem Parallelunternehmen zu seiner Autobiographie der ersten fünfundzwanzig Lebensjahre und erweitert um die Geschichte seiner botanischen und anatomischen Studien sowie der Farbenlehre. Aber selbst wenn daraus lediglich ein großer autobiographischer Aufsatz entstanden wäre, würde das unser Bild von Goethe sichtlich verändern. »Ja, wenn ich gescheit gewesen wäre, hätte ich dies getan«, soll Goethes Reaktion gewesen sein, als Karoline von Wolzogen dem schon alten Mann vorschlug, ein populäres Buch nach der Art von Charles Bonnets *Betrachtung über die Natur* zu schreiben, »wo alle Fortschritte des Naturstudiums unsrer Zeit benutzt wären«.[21]

Diese Biographie ist auch ein Versuch, das Unterlassene nachzuholen. Goethe nur als Dichter zu verstehen, heißt zwar nicht, ihn grundsätzlich misszuverstehen, aber die Hälfte auszublenden. Immer wieder hat Goethe betont, das von ihm auf dem Gebiet der Naturbeobachtung und Naturforschung Geleistete sei dem, was er als Schriftsteller in die Waagschale zu werfen habe, mindestens ebenbürtig, wenn nicht sogar überlegen, jedenfalls wichtiger. Man tut das bis heute als kokettierendes Selbstmissverständnis des Dichters ab. Aber dahinter steht ein so einseitiges wie fragwürdiges Goethe-Bild, das sich im 19. Jahrhundert herausgebildet hat, als der Graben zwischen Natur- und Geisteswissenschaften gezogen wurde. Goethe galt den meisten seither als Schöngeist mit einem Naturspleen, über den eine verständnisvolle Nachwelt in der Regel gnädig hinwegzusehen bereit war.

Statt Goethe nachträglich die Kompetenz als Naturforscher abzusprechen oder ihn zum Ahnherrn eines wissenschaftlichen Paradigmenwechsels wie der Evolutionstheorie zu erklären, stellt diese Biographie Goethe gewissermaßen wieder auf die Füße, wogegen die anderen in der Regel nur den Kopf oder das Herz betrachten. Lange schon bevor sich Goethe als Naturforscher betätigt, ist er Naturerfahrender, und er bleibt dies auch als Naturforscher. Seiner wissenschaftlichen Beschäftigung mit der Natur liegt stets der erfahrende Umgang mit ihr zugrunde, wie er prinzipiell jedem zugänglich ist. Dazu gehören der Waldspaziergang genauso wie sich auf eine Wiese zu legen, dem Wind zu lauschen und den Wolken hinterherzuschauen; einen Berg zu besteigen oder nackt in einem abgelegenen See zu schwimmen; auf allen Vieren durch Höhlen zu kriechen oder selbst Blumen und Gemüse zu ziehen; Pflanzen und Tiere zu beobachten und auf weglosen Pfaden, bei Wind und Wetter die Wildheit auch gezähmter Natur zu erleben. Goethe hat dies alles und noch viel mehr am eigenen Leib erfahren, wie man früher sagte. Und er hat auch den eigenen Körper als Natur erlebt, als Hort sinnlicher Freuden und Leiden und als höchst sensitives Instrument der Erfassung natürlicher Wahrheiten.

Goethes Leben ist eine Geschichte der Erfahrung der Natur. Erfahrung der Natur war für ihn nicht eine Angelegenheit unter vielen, sondern so etwas wie

Prolog

die geheime Mitte alles seines Tuns, das Schreiben eingeschlossen. Darin liegt eine weitere Aktualität Goethes: dass er die Erforschung der Natur an ihre konkrete Erfahrung bindet, und zwar nicht unter Laborbedingungen, sondern an der frischen Luft. Und dass er uns dabei vormacht, wie eine Erforschung der Natur aussehen könnte, der es vorderhand nicht um ihre Beherrschung und Verwertung geht, sondern die uns mit Staunen und Respekt erfüllt.

Zum Kritiker von Naturzerstörung wurde Goethe erst spät in seinem Leben, ganz ausdrücklich etwa im Schlussakt des zweiten Teils des *Faust*, als bereits absehbar war, dass die beginnende Industrialisierung zu einer Umgestaltung der Natur in großem Maßstab führte. Goethes Verhältnis zur Natur war positiv: Früh in seinem Leben entdeckte er die Natur als eine Ordnung, die größer ist als er selbst. Er sah sich selbst als Teil der Natur – eine Erfahrung, deren Tragweite wir nach dem Durchgang durch den Prozess der Industrialisierung mit einem Resultat wie dem des Klimawandels erst zu ermessen beginnen und deren Verständnis wir uns langsam zurückerobern. Zugleich machte er die Erfahrung, dass die Natur in Zeiten der Krise und des Umbruchs Orientierung bieten kann – nicht als Urzustand, den wir wiederherzustellen versuchen, sondern als das, was bleibt, was in allem ist und sich nicht selbst vernichtet.

Dabei ist Goethes Naturverständnis, wie wir sehen werden, keineswegs statisch, sondern dynamisch. Alles ist geprägte Form, zugleich aber auch im Fluss. Nicht nur keimende Samen und sich entfaltende Schmetterlinge, die Hörner des Stiers und die Federn des Vogels, umgestürzte Bäume und verwitterte Fossilien, das Reich der Farben und das der Wolken, selbst die Steine schaut er so an: Die Wolkigkeit des Marmors etwa ist ihm Hinweis auf »Augenblicke des Werdens«, die sich auch im »Mineralreich« finden – »mehr als gewöhnlich gedacht wird« und zugänglich durch genaue Beobachtung und Beschreibung.[22] Zeitlebens hat Goethe Worte für seine intuitive Einsicht gesucht (und gefunden), dass das Wesen der Natur in Veränderung besteht. »Betrachten wir aber alle Gestalten, besonders die organischen, so finden wir, dass nirgend ein Bestehendes, nirgend ein Ruhendes, ein Abgeschlossenes vorkommt, sondern dass vielmehr alles in einer steten Bewegung schwanke«, schreibt er etwa 1817. »Das Gebildete wird sogleich wieder umgebildet, und wir haben uns, wenn wir einigermaßen zum lebendigen Anschaun der Natur gelangen wollen, selbst so beweglich und bildsam zu erhalten, nach dem Beispiele, mit dem sie uns vorgeht«.[23] Als Goethe 1806 vor einem Kreis Weimarer Damen populärwissenschaftliche Vorträge über Naturforschung, angefangen vom Magnetismus bis hin zur »Bildung der Erde« hielt, notierte Sophie von Schardt, eine Schwägerin Charlotte von Steins und eine von Goethes aufmerksamsten Zuhörerinnen: »Nichts ist, nichts ist geworden, alles ist stets im Werden, in dem ewigen Strom der Veränderung ist *kein* Stillstand. Der Mensch ist mit jeder Minute ein Andrer, doch sich selbst sonderbar gleich, beharrlich, in der Veränderung, dies ist ein Vorzug des höheren Wesens.«[24]

Nach wie vor haben wir Schwierigkeiten mit dieser Entdeckung Goethes, die ja auch eine Forderung enthält. Nicht nur die Natur ist beweglich, auch wir als ihre Beobachter sollen es sein. Selbst Ökologen und Naturschützer neigen dazu, der Natur ein Gleichgewicht zu unterstellen, das ihr fremd bleiben muss. Natur *ist* Veränderung. Goethe war einer der wenigen Naturforscher seiner Zeit, die diesen Gedanken zu fassen vermochten, weil er zwar leidenschaftliches Interesse an der Idee des Ganzen nahm, wie er einmal schrieb, andererseits aber jedem System abgeneigt war. Er traute seinen Augen, nahm ernst, was er beobachtete, und zog daraus zuweilen kühne Folgerungen.

Wenn auch das Jahrhundert vorgerückt sei und die Welt im Ganzen vorschreite, so fange doch jeder Einzelne immer wieder von vorne an, hat Goethe zum Ende seines Lebens hin gemeint.[25] Und damit beginnen wir.

Teil I:
Erfahrungen

Ein Stadtkind

Erstes Kapitel, in dem Goethe beinahe nicht zur Welt kommt

Die Geburt war schwer. Schon vor drei Tagen hatten die Wehen eingesetzt, waren zwischenzeitlich wieder abgeklungen, um dann abermals mit ungeahnter Heftigkeit über die junge Mutter hinwegzurollen, begleitet von starken Schmerzen. Als am frühen Morgen des dritten Tages endlich die Austreibungsphase begann, waren die Schreie der jungen, gerade achtzehnjährigen Frau durch das ganze Haus zu vernehmen, Arme, Beine und der Unterleib zitterten, ihr Blick war wild und blitzend, der Atem kurz und keuchend. Doch dann geriet der Geburtsvorgang ins Stocken. Der Arzt Johann Christian Senckenberg berichtet jedenfalls »vom langen Anstehen« Goethes unter der Geburt, und dass er »ohne Wendung« zur Welt gekommen sei.[1] Senckenberg selbst war bei der Entbindung nicht zugegen, wohl aber Goethes Großmutter, die seine Patientin war und ihm von der komplizierten Geburt ihres Enkels erzählt haben dürfte. Stellte sich während der Geburt heraus, dass das Kind ungünstig lag, versuchten die Hebammen seinerzeit, es mit viel Feingefühl und Erfahrung erfordernden Handgriffen in der Gebärmutter zu wenden. Vielleicht war es dafür in diesem Fall schon zu spät, weil der Kopf schon zu weit vorgerutscht war. Gut möglich jedenfalls, dass die Hebamme Goethe zum Schluss regelrecht aus dem Mutterleib gezogen hat, immer die drohende Gefahr vor Augen, beide, Mutter wie Kind, könnten unter einer stockenden Geburt sterben. Eine Saugglocke gab es Mitte des 18. Jahrhunderts noch nicht, und ein (ohne Betäubung vorgenommener) Kaiserschnitt war lediglich die Ultima Ratio, um ein ungeborenes Kind von der im Sterben liegenden Gebärenden zu trennen. Die Anwendung der erst kürzlich entwickelten Geburtszange hingegen war einem sogenannten Accoucheur vorbehalten, einem männlichen Geburtshelfer mit medizinischer Ausbildung, doch der war bei Goethes Geburt nicht zugegen. Endlich gelangte

Goethe ins Freie. Es war der 28. August 1749 »mittags mit dem Glockenschlage zwölf«.²

Das Neugeborene war ein Junge, wie Hebamme, Großmutter und die anderen anwesenden Frauen unschwer erkennen konnten – der erwünschte Stammhalter. Doch das spielte in dem Moment eine untergeordnete Rolle. Denn das Kind hatte nicht nur eine heftige Blutgeschwulst am Köpfchen und war blauschwarz angelaufen, sondern gänzlich ohne Bewegung – wie tot anzusehen. Es schrie nicht und atmete nicht. Von »Scheintod« sprach man damals, wenn keine äußeren Lebenszeichen festzustellen waren, aber noch Hoffnung bestand, und wusste doch, dass die Verwechslung mit dem wirklichen Tode leicht möglich wäre. Andererseits lehrte die Erfahrung, es könnte auch bei komplizierten Geburtsverläufen Rettung geben. Schon mancher für tot gehaltene Säugling hatte plötzlich zu schreien und zu atmen begonnen. Hebamme und Großmama betteten den kleinen Goethe in eine sogenannte Fleischarde, ein muldenförmiges Gefäß, das eigentlich zum Transport und zur Lagerung von Wurst- und Fleischwaren gedacht war und den Vorteil hatte, dass es den kleinen Körper nicht beugte, was das Einsetzen der Atmung weiter erschwert hätte.³ Gefüllt wurde die Mulde bis zum Überlaufen mit angewärmtem Wein – das war das Mittel der Wahl, wenn ein Neugeborenes nicht atmete oder ein Gesichtsödem aufwies. Wein wurde seit Alters her belebende Wirkung nachgesagt und war im Haus der Eltern reichlich vorhanden. In den geräumigen Kellern der beiden verschachtelten Häuser am Frankfurter Hirschgraben müssen an die 12 000 Liter Wein gelagert haben, darunter viel Wein für jeden Tag, sogenannter Gartenwein, aber auch alte Spitzenjahrgänge von der Mosel. Der Wein war ein Erbe des Großvaters väterlicherseits, der sich seit seiner Zeit in Frankreich Göthé genannt und in Frankfurt erst als Haute-Couture-Schneider, später als Gastronom reüssiert hatte; mit dem Wein soll er sogar spekuliert haben.⁴ Goethes Elternhaus, auch sein Geburtszimmer, waren jedenfalls von Weinduft geschwängert, und gewiss war Wein auch während der Geburt gereicht worden – um die Schmerzen der Gebärenden zu lindern, die Wehen anzuregen und die Gemüter der helfenden Frauen und der draußen wartenden Männer zu beruhigen. Doch nicht der Duft des Weins war es wohl, der den Säugling wieder zum Leben erweckte, sondern es waren die zupackenden Hände der Hebamme, die den wie tot im warmen Lebenselixier schwimmenden Goethe zum Atmen zu bringen versuchte, indem sie Druck auf sein Brustbein ausübte. Und siehe da – plötzlich regte sich der gerade noch für tot Geglaubte. »Rätin, er lebt«⁵ – den entzückten Ruf der Großmutter, der durch das Haus hallte, sollte so schnell niemand vergessen. Um zu leben, musste Goethe erst wiederbelebt werden: Bereits seine Geburt war eine Wiedergeburt.

Nach Goethes eigener Schilderung in *Dichtung und Wahrheit*, der Autobiographie seiner Jugendjahre bis zum Aufbruch nach Weimar, geschrieben von dem Sechzigjährigen, trug die Hebamme die Schuld an seiner schweren Geburt. Von ihrer »Ungeschicklichkeit« ist die Rede; Bettina von Arnim, der Goethes Mutter im Alter Auskunft über die Umstände der Geburt ihres Sohnes gegeben hat, spricht gar von »schändlicher Misshandlung«. Das ist mit Vorsicht zu genießen, denn es handelt sich um ein Stereotyp: Wenn Entbindungen komplikationsreich verliefen und nicht selten mit dem Tod des Kindes, der Mutter oder gar beider endeten, wurden traditionell die Hebammen dafür verantwortlich gemacht. Dass diese allesamt gar kein Wissen hätten und zudem durch ihre Nachlässigkeit weit und breit die Kinder ins Verderben stürzten, wusste bereits Anfang des 16. Jahrhunderts eines der ersten Druckwerke über Geburtshilfe zu berichten.[6] Die neun Jahre nach Goethes Geburt verstorbene Hebamme Anna Dorothea Müller hatte laut ihres Nachrufs den Beruf über vierzig Jahre ausgeübt und zehntausend Kinder zur Welt gebracht. Ganz so unerfahren, wie bis heute kolportiert wird, kann sie also nicht gewesen sein. Vielmehr dürfte sie es des Öfteren mit schwierigen, sie überfordernden Situationen zu tun bekommen haben, in denen es medizinischer Maßnahmen bedurft hätte, um das Kind zur Welt zu bringen. Bereits drei Jahre vor Goethes Geburt war wegen dieser Fälle von der Stadt Frankfurt die Anstellung eines Chirurgen als Geburtshelfer beschlossen worden; er sollte auch den Hebammen Unterricht erteilen. Da man sich aber nicht über dessen Bezahlung einigen konnte, war die Sache zurückgestellt worden. Nun, nach den Komplikationen bei der Geburt des ersten Kindes der Tochter von Schultheiß Johann Wolfgang Textor, des höchsten Beamten der Reichsstadt, wurde das Vorhaben umgesetzt und der Chirurgus Georg Sigismund Schlicht als Stadt-Accoucheur eingestellt. In der ihm eigenen Lakonie vermerkt Goethe, »manchem der Nachgeborenen mag zu Gute gekommen sein«, dass er selbst beinahe nicht auf die Welt gekommen wäre.[7]

Goethes Zeitalter war an schwere Geburten mit gravierenden Folgen für Mutter und Kind weit mehr gewöhnt als unsere. Ohne den Begriff schon zu kennen, hatten die Menschen damals sehr konkrete Vorstellungen vom Trauma der Geburt: von den körperlichen wie seelischen Verletzungen, zu denen es durch den so gewaltsamen wie quälenden Vorgang der Entbindung kommen kann. Kaum eine Schwangere, die keine Horrorgeschichten über im mütterlichen Becken festgekeilte Babys gehört hätte, deren Köpfe durchbohrt

Für tot zur Welt gekommen 29

oder zerbrochen werden mussten, um die Entbindung zu beenden. Christoph Wilhelm Hufeland, eine medizinische Kapazität seiner Zeit und später Goethes Leibarzt, hat die bei der Geburt auftretenden Komplikationen als Folge des gravierenden Einschnitts verstehen wollen, den sie ohnehin darstellt. Denn mit ihr entstehe etwas völlig Neues, ein eigenständiges Wesen: »Der Übergang aus dem Mutterleibe in die Licht- und Luftwelt, aus dem bisherigen parasitischen Leben in ein selbstständiges, ist ein so wichtiger und außerordentlicher Schritt, daß man mehr darüber erstaunen und die Weisheit der Natur bewundern muß, daß so viele Kinder ihn ohne allen Nachtheil machen, als daß manche krank dabei werden, und auch wohl dabei sterben.«[8]

Goethe selbst hat seine komplizierte Geburt mit den Sternen und Planeten in Verbindung gebracht. »Die Konstellation war glücklich«, lautet der berühmte zweite Satz von *Dichtung und Wahrheit;* er folgt unmittelbar der Mitteilung von Geburtsjahr, Geburtsstunde und Geburtsort. Um den genauen Stand der Planeten am Tag seiner Geburt zu eruieren, hat er sich wohl von einem der seinerzeit beliebten Nativitätsalmanache belehren lassen, die Tag für Tag das Geburtshoroskop verzeichneten. So stand also die Sonne im Zeichen der Jungfrau kulminierend, Jupiter und Venus waren freundlich, Merkur nicht widerstrebend, Saturn und Mars, fürs Negative zuständig, zumindest gleichgültig. Nur der soeben volle Mond widersetzte sich der Geburt, weshalb sie auch erst zum Abschluss gebracht werden konnte, als die Mittagsstunde gekommen war. Goethe war, wie die meisten von uns heute auch, von der Wahrheit astrologischer Vorhersagen keineswegs überzeugt, im Gegenteil. Die Berufung auf die Sterne hat bei ihm unverkennbar einen ironischen Unterton. Aber sie erinnert daran, dass, wo nicht höhere Mächte über uns walten, unser Leben doch Schwerkräften folgt, wie die Sterne es tun. Wie und unter welchen Umständen wir zur Welt kommen, in welcher Verfassung und mit welchen Folgen – daran hat das Schicksal mächtigen Anteil. Sigmund Freud, der Begründer der Psychoanalyse, hat Goethes Verknüpfung seiner beinahe schiefgegangenen Geburt mit dem Blick auf den gestirnten Himmel in einem kleinen Aufsatz so dechiffriert: »Ich bin ein Glückskind gewesen; das Schicksal hat mich am Leben erhalten, obwohl ich für tot zur Welt gekommen bin.«[9]

Die annähernd vier Jahrzehnte jüngere Schriftstellerin Bettina von Arnim hingegen hat Goethes Berufung auf die Astrologie anders bewertet und sie bereits als Beschäftigung des kleinen Jungen geschildert: »Oft sah er nach den Sternen, von denen man ihm sagte, daß sie bei seiner Geburt eingestanden haben«, schreibt sie in ihrem *Briefwechsel Goethes mit einem Kinde*, »und so hatte er bald heraus, daß Jupiter und Venus die Regenten und Beschützer seiner Geschicke sein würden; kein Spielwerk konnte ihn nun mehr fesseln, als das Zahlbrett seines Vaters, auf dem er mit Zahlpfennigen die Stellung der Gestirne nachmachte, wie er sie gesehen hatte; er stellte dieses Zahlbrett an sein Bett und glaubte sich dadurch dem Einfluß seiner günstigen Sterne näher gerückt; er sagte auch oft zur Mutter sorgenvoll: die Sterne werden mich doch nicht vergessen und werden halten, was sie bei meiner Wiege versprochen haben? – da sagte die Mutter: warum willst Du denn mit Gewalt den Beistand der Sterne, da wir andre doch ohne sie fertig werden müssen, da sagte er ganz stolz: mit dem was andern Leuten genügt, kann ich nicht fertig werden damals war er sieben Jahr alt.«[10]

Dass einem nicht reicht, womit andere zufrieden sind, um sich über ihr Schicksal zu beruhigen, kann ein Zeichen großen Selbstvertrauens sein. Wahrscheinlicher aber hat es mit einem so stark ausgeprägten Gefühl der eigenen Unzulänglichkeit zu tun, dass auch die Kompensationen entsprechend umfassender ausfallen müssen. Von Goethes Mutter hat sich Bettina nicht nur die näheren Umstände seiner Geburt berichten lassen, sondern auch, dass »er schon mit neun Wochen ängstliche Träume gehabt« habe und sein Gesichtsausdruck »sonderbar«, voller Furcht gewesen sei. Kaum aufgewacht sei das Baby »in ein sehr betrübtes Weinen verfallen und habe oft sehr heftig bis hin zur Atemnot geschrien«, was die Eltern, denen sich das Bild des nicht atmenden Neugeborenen tief eingeprägt hatte, mit Sorge um sein Leben erfüllte. Sie bewachten seinen Schlaf, und sobald der Kleine unruhig zu werden begann, lärmten sie mit einer Rassel und mit Glöckchen, um die Angstträume zu vertreiben, die sie bei ihm vermuteten. Als eine Tante einmal das Baby hielt, geschah es – in diesem Fall wohl tatsächlich durch Ungeschicklichkeit –, dass sein Gesicht auf ihres fiel; wie die Mutter erzählte, geriet der kleine Goethe dadurch »so außer sich, daß ihm der Vater Luft einblasen musste, damit er nicht ersticke«. Atemnot scheint beim kleinen Goethe also wiederholt vorgekommen sein, und der Vater behalf sich damit, dass er das Baby beatmete. Man mag das als übersteigertes Verhalten besorgter Eltern abtun. Bis heute ist der plötzliche Kindstod nach wie vor ein mysteriöses Phänomen, eine Quelle großer elterlicher Ängste. Auch führt bei kleinen Kindern oft ein minimaler Auslösereiz zu Wutanfällen, sogenannten respiratorischen Affektkrämpfen: Das Kind beginnt zu schreien, die Atmung setzt aus, es läuft blau an. Das kann bis zur Bewusstlosigkeit gehen.

So hat das Leben von Deutschlands größtem Dichter im Anfang »von einem Lufthauch abgehangen«,[11] wie bereits seine Mutter mit Erstaunen festgestellt hat. Es hat nicht viel gefehlt, und Goethe hätte zu den zahlreichen Kindern seiner Zeit gehört, die in der Welt keine Spuren hinterlassen haben, weil sie unter der Geburt oder kurz danach verstarben. Vier seiner fünf nach ihm geborenen Geschwister überlebten die ersten Monate oder Jahre nicht; auch die lediglich fünfzehn Monate jüngere Schwester Cornelia verstarb schon im Alter von sechsundzwanzig Jahren. Goethes erste, noch ganz unwillkürliche Erfahrung der Natur jedenfalls war keineswegs von Geborgenheit oder Erfüllung getragen, sondern im Gegenteil eine Erfahrung des Mangels, der Defizienz: keine Luft zu bekommen. Das, was wir lebensnotwendig brauchen im Moment der Abnabelung von der Mutter – mit genügend Sauerstoff angereicherte Luft –, darum rang er, danach schnappte er, davon hatte er auch später zumindest oft nicht genug. So darf man wohl in Marie von Beaumarchais' verzweifeltem Seufzer »Ach! Luft! Luft!«[12] auch eine autobiographische Reminiszenz vermuten. Es wäre nicht das einzige Mal, dass Goethe eine weibliche Figur – in diesem Fall die Geliebte Clavigos – mit eigenen Zügen ausgestattet hätte.

Zweites Kapitel, in dem ziemlich viel Geschirr zerdeppert wird und wir zusammen mit dem kleinen Goethe die Stadt Frankfurt kennenlernen

Am Schluss lag ein Großteil des erst kürzlich erworbenen Geschirrs in tausend Scherben zerbrochen auf der Straße – als hätten soeben Braut und Bräutigam fröhlich Polterabend gefeiert. Vor Freude patschte der kleine Goethe in die Hände, wenn wieder ein »Schüsselchen, Tiegelchen, Kännchen« lustig knallend auf dem Pflaster auftraf. Vermutlich trugen auch die Anfeuerungsrufe der »drei gegenüber wohnenden Brüder von Ochsenstein« dazu bei, dass der Winzling nicht müde wurde, immer neues Geschirr herbeizuschaffen. »Noch mehr! Noch mehr«, riefen sie, bis schließlich die goethesche Küche nichts Erreichbares mehr hergab, der Große Hirschgraben hingegen übersät mit zerbrochenem Geschirr war.[1]

Kleine Kinder lieben es, Gegenstände auf den Boden zu werfen. Ihre Freude daran steigert sich noch, wenn der Aufprall gehörigen Lärm verursacht oder die Dinge dabei Schaden erleiden, gar zerbrechen. Das hat wenig mit Aggression oder gar Zerstörungswut zu tun. Viel eher ist es das Gefühl der Selbstwirksamkeit, das sich dabei einstellt, Macht über die Dinge auszuüben, die einem sonst ihre Regeln aufzwingen. Und verstärkt wird es noch, wenn die Handlung, die dies ermöglicht, die Anerkennung anderer, in diesem Falle Älterer findet, denen man imponieren möchte. Sie werden dann zu Verbündeten gegen die Eltern mit ihren ständigen Ermahnungen, sorgsam und verständig mit den Dingen umzugehen.

Goethe war diese Episode aus seiner Kindheit so wichtig, dass er sie gleich auf der ersten Seite von *Dichtung und Wahrheit* erzählt, unmittelbar im Anschluss an den Bericht darüber, wie er beinahe nicht auf die Welt gekommen wäre. Den bereits bemühten Sigmund Freud hat das dazu geführt, in einer berühmt gewordenen Interpretation das Geschehen als Schlüsselszene von Goethes »Lebensbeichte« zu verstehen, die uns die »Geheimfächer seines

Seelenlebens« aufschließe. Das Geschirrhinauswerfen sei eine »magische Handlung« gewesen, durch die das Kind seinen Wunsch nach Beseitigung eines störenden Eindringlings zum Ausdruck gebracht habe, meint er. Der störende Eindringling, das war nach dieser Sicht Goethes kleiner Bruder Hermann Jakob, bei dessen Geburt er annähernd vier Jahre alt war (Hermann Jakob aber sollte das siebte Jahr nicht überleben). Jeder zerbrochene Teller war danach eigentlich eine symbolische Exekution des unerwünschten Konkurrenten um die Gunst der Eltern.

Für Freuds Deutung des Geschehens ist es zentral, dass der kleine Goethe die Dinge aus dem Fenster wirft. Er vergleicht Goethes Kindheitserinnerung mit Erzählungen seiner Patienten und kommt zu dem Schluss, nicht die Lust am Zerbrechen und am Klirren sei das Wesentliche, sondern das »Hinausbefördern (durchs Fenster auf die Straße)«. Da dürfen ruhig auch andere Dinge fliegen, Bürsten etwa oder Schuhe, Hauptsache: »Hinaus«. Denn: »Das neue Kind soll *fortgeschafft* werden, durchs Fenster möglicherweise, weil es durchs Fenster gekommen ist.«[2] Die Legende vom Storch lässt grüßen.

Doch der kleine Goethe hat das Geschirr gar nicht aus dem Fenster geworfen. Er befand sich schon außerhalb des Hauses, als er jeweils zum Wurf ansetzte. Das mag wie eine Kleinigkeit anmuten, es setzt aber Freuds Deutung genauso eine Grenze, wie der Umstand, dass die kleine Geschichte sicherlich nicht denselben Effekt entfaltet hätte, wenn Bürsten oder Schuhe geflogen wären. Nicht ohne Grund wirft man auch am Polterabend nicht mit Bürsten. Zur Magie der Handlung gehört das Zerspringen: Scherben bringen Glück. Magisch daran ist neben dem Geräusch vor allem eine Umdeutung: Das, was sonst als Unglück erfahren wird, nämlich wenn etwas versehentlich kaputt geht, wird, verbunden mit dem Gefühl der Selbstwirksamkeit, zu einem Akt der Bestätigung.

Wichtig war Goethe bei der Schilderung dieses Kinderstreichs der Ort, an dem er stattgefunden hat. In seiner Autobiographie geht er so ausführlich darauf ein, dass man meinen könnte, es gehe ihm vor allem darum, seine Leser mit dem Schauplatz des Geschehens vertraut zu machen. Neben der Tür seines noch mittelalterlich anmutenden Geburtshauses, so berichtet Goethe, sei ein »großes hölzernes Gitterwerk« angebracht gewesen, »wodurch man unmittelbar mit der Straße und der freien Luft in Verbindung kam. Einen solchen Vogelbauer, mit dem viele Häuser versehen waren, nannte man ein *Geräms*. Die Frauen saßen darin, um zu nähen und zu stricken; die Köchin las ihren Salat; die Nachbarinnen besprachen sich von daher miteinander, und die Straßen gewannen dadurch in der guten Jahreszeit ein südliches Ansehen. Man fühlte sich frei, indem man mit dem Öffentlichen vertraut war. So kamen auch durch diese Gerämse die Kinder mit den Nachbarn in Verbindung« – und der kleine Goethe mit den Brüdern von Ochsenstein, den anfeuernden Zuschauern seines Geschirrzerstörungswerks.³

Der Eindruck des Südlichen ist unverkennbar eine nachträgliche Reminiszenz des Italienreisenden Goethe. Dort sollte der auf die Vierzig Zugehende auf den Straßen von Vicenza, Verona und Venedig sowie dann später auch von Rom und Neapel eine Vertrautheit mit dem Öffentlichen und ein sich daraus ergebendes Freiheitsgefühl wiederfinden, wie er es aus Kindertagen kannte. Nicht eine Tür führe hier in den Laden oder das Arbeitszimmer, notiert er etwa beim Besuch Veronas, »nein die ganze Breite des Hauses ist offen, man sieht alles was drinne vorgeht, die Schneider nähen, die Schuster arbeiten alle halb auf der Gasse«, und auch die Läden böten ihre Waren auf der Straße an. Insbesondere abends, wenn Lichter brennten, mache die Szenerie einen lebendigen Eindruck. Goethe nennt das »eine freie Art Humanität«, und er ist sich sicher, dass sie »aus einem immer öffentlichen Leben herkommt«.⁴

Die Erinnerung an südliche Ungezwungenheit im Kontakt mit der Straße ist aber nicht der einzige Grund, warum Goethe die Geschichte mit dem Geschirrwerfen im Rückblick so wichtig war. Sagen wir es so: Kaum ist der kleine Mann auf der Welt, erregt er schon öffentliches Aufsehen. Das ist auch Vorausblick auf Kommendes: Als Schriftsteller sollte Goethe später noch manches Porzellan zerschlagen und damit sowohl Applaus einheimsen als auch Unverständnis und Kritik provozieren. Bemerkenswert ist aber vor allem, wie grundlegend er sich selbst als öffentliche Person sieht. Er agiert zwar von einem eingehegten, geschützten Ort aus, bleibt dabei jedoch stets der Straße zugewandt. Dort findet er nicht nur sein Publikum; der Kontakt mit der Öffentlichkeit – und gerade nicht der Rückzug ins Private – ist auch die Basis seiner Selbstwirksamkeit und seiner Freiheit.

Das Erdgeschoss von Goethes Geburtshaus ist samt dem Geräms fest in weiblicher Hand. Hier herrschen die Mutter, die Großmutter, der das Haus eigentlich gehört und die zu ebener Erde auch ihr Zimmer hat, sowie das weibliche Hauspersonal. Hier befinden sich die Küche und eine einfache Stube sowie der weiträumige Hausflur, in dem ein Kommen und Gehen ist, in dem sich die Familie, das Hauspersonal sowie Freunde und Nachbarn begegnen, privates und geselliges Leben mischen und der durch das Geräms eben auch in den Straßenbereich ausgreift. Und während Köchin und Mägde die Hausarbeit erledigen, Boten Waren anliefern und Nachbarinnen oder Freunde vorbeischauen, um ein Schwätzchen zu halten, frönen die lebenslustige und kontaktfreudige junge Frau Rat und ihre Schwiegermutter – winters in der Stube und sommers im Geräms – einer »sitzenden Lebensweise«, wie dies der Literatursoziologe Ian Watt genannt hat.[5] Bei Goethes Großmutter hatte das mit Alter und Gebrechlichkeit, bei seiner jungen Mutter hingegen neben den vielen Schwangerschaften – sechs in elf Jahren – mit einer Zunahme an weiblicher Freizeit in bürgerlichen Kreisen in der zweiten Hälfte des 18. Jahrhunderts zu tun. Selbst eine Tochter aus wohlhabendem Hause hatte Goethes Mutter nicht nur einen über zwanzig Jahre älteren, sondern auch einen vermögenden Mann geheiratet, was sie von den traditionellen hausfraulichen Pflichten freistellte. Dafür gab es Personal; darüber hinaus waren viele Dinge des täglichen Bedarfs, die man ehedem selbst hergestellt hatte, in einer Handels- und Marktstadt wie Frankfurt käuflich zu erwerben, etwa Seife und Kleidung – oder auch Geschirr. So bleibt reichlich Zeit, den eigenen Interessen nachzugehen, und das bedeutet bei Catharina Elisabeth Goethe wie bei vielen Bürgersfrauen der damaligen Zeit neben Beschäftigungen wie Handarbeit vor allem Lektüre, insbesondere von Romanen. Die Meinung, dass zu viel Lesen gefährlich sein könnte, kam in diesen Jahrzehnten auf und führte zu einer breiten öffentlichen Diskussion, wie heute etwa die übermäßige Nutzung von Smartphones. Goethes Mutter war eine typische Vertreterin des sich herausbildenden, Belletristik konsumierenden weiblichen Lesepublikums, und ihr Einfluss auf den Sohn in dieser Hinsicht ist kaum zu überschätzen.

Der kleine Wolfgang, zärtlich Wölfi genannt, wuselt zwischen all den Frauen, lesenden wie schwätzenden oder arbeitenden, herum. Ist die Großmutter bettlägerig, was mit den Jahren zunehmend häufiger vorkommt, dehnt er seine Spiele bis an ihr Krankenlager aus. In der schönen Jahreszeit steht die Haustür tagsüber weit offen, und die Schwelle des Hauses, jener magische Übergang zwischen drinnen und draußen, ist so gut wie nicht existent. Nicht der Bruder ist es, der symbolisch aus dem Haus fortgeschafft werden sollte, wenn der kleine Goethe sich darin gefällt, das Geschirr auf die Straße zu werfen, ihn selbst zieht es nach draußen, den fliegenden Tellern hinterher.

Natürlich ist die Reichweite eines kleinen Kindes begrenzt. Anfangs noch ist das Geräms Goethes am weitesten vom Innern des Hauses entfernter Außenposten. Aber mit den Jahren erobert er sich auch das Terrain jenseits davon, zuerst noch auf dem Arm, später an der Hand von Kinderfrau oder Mägden, noch später auch allein oder mit Kameraden umherstromend. Zwischen 1752 und 1755, also drei Jahre lang, besucht er den privaten Kindergarten der Erzieherin Maria Magdalena Hoff, in dem er wahrscheinlich bereits Lesen lernt. Später dann geht er zur Grundschule Johann Tobias Schellhaffers, der ihm darüber hinaus Schreiben und Rechnen beibringt. Und eine Zeitlang wohnt er zusammen mit seiner Schwester Cornelia bei einer Schwester der Mutter, der Tante Melber, die einen Baustoffhändler geheiratet hat und deren Haus und Hof am Hühnermarkt liegen. Im Erdgeschoss hat die Tante einen Laden. Freitags und an Samstagen findet hier ein großer Markt statt, auf dem Bauern, Gärtner und sogenannte Hockinnen (Kleinhändlerinnen) aus dem Umland zum Kauf anbieten, was sie selbst angepflanzt und geerntet haben. Hier sieht Goethe dem Gewühl und Gedränge der Straße vergnüglich vom Fenster aus zu – mit dem distanzierten, zugleich aber aufmerksamen und beeindruckbaren Blick des Kindes, das seine Umgebung noch weitgehend ohne Vorurteile wahrnimmt. Von einer rein häuslichen »Erziehung« Goethes kann also nicht die Rede sein.

Weite Teile des ersten Kapitels von *Dichtung und Wahrheit* handeln von den Erfahrungen, die der kleine Goethe in den Straßen und auf den Plätzen, den Wällen und der Alten Brücke Frankfurts macht. Die Berichte darüber setzen ein, als der Vater mit dem Tod seiner Mutter den Anlass gekommen sieht, endlich den schon lange beabsichtigten Umbau des Hauses in Angriff zu nehmen. Geld dazu ist aus dem ererbten Vermögen vorhanden, aus den beiden mittelalterlich anmutenden, im Innern stark verschachtelten und düsteren Häusern wird ein großes repräsentatives mit einem zentralen Treppenaufgang und einer großzügigen Raumaufschließung. Das goethesche Geräms muss den Umbaumaßnahmen weichen, das Holzwerk, aus dem es besteht, wird versteigert. Das war beileibe kein Einzelfall. Mit dem Niederreißen der kleinteiligen, noch mittelalterlich anmutenden Bebauung und ihrer Ersetzung durch größere moderne Stadthäuser verschwanden die Freisitze nicht nur aus dem Frankfurter Straßenbild. Einige Jahrzehnte später sollte sich kaum noch jemand an ihren Namen und ihre Existenz erinnern. Statt eines Geräms, das das Haus zur Straße hin öffnet und Kommunikation in die Öffentlichkeit hinein ermöglicht, erhält das Frankfurter Goethe-Haus nach dem Umbau eine Fassade, die so repräsentativ wie nach außen hin abgeschlossen wirkt. Über dem zentralen Eingang mit den drei geschwungenen Stufen und den zwei großen Laternen wird im Schlussstein des Türbogens ein Wappen angebracht, das Goethes Vater selbst entworfen hat. Es zeigt drei Leiern, die seinen kulturellen Anspruch symbolisieren sollen. Böse Zungen hingegen zischelten, dass die drei Leiern eher den Hufeisen der urgroßväterlichen Schmiede ähnelten oder gar den Bügeleisen, mit denen Goethes Großvater als Schneidergeselle in Frankfurt eingewandert war.[6]

Die Familie Goethe stammte ursprünglich aus dem Thüringischen. Erst der Großvater, der Göthé mit dem »ö« und dem französischen Akzent auf dem »e«, der bei der Geburt des Enkels schon nicht mehr lebte, hatte seiner Heimatgegend dauerhaft den Rücken gekehrt. Nach längerer Wanderschaft, die ihn bis nach Paris und Lyon führte, brachte er es schließlich zum Frankfurter Bürger und kam zu Reichtum. So war Geld vorhanden, um Johann Caspar, Goethes Vater, auf die besten Schulen zu schicken und ihm ein Studium der Rechte zu finanzieren, das ihm nach der Promotion eine Laufbahn bei der Frankfurter Stadtverwaltung ermöglichen sollte. Zuvor aber absolvierte Goethes Vater noch eine Grand Tour, eine einjährige Bildungsreise nach Venedig und Rom und bis nach Neapel. Nach der Rückkehr war er bestrebt, sich von Karl VII., der in Frankfurt soeben zum deutschen Kaiser gekrönt worden war und eine Zeitlang in der Reichsstadt im Exil weilte, den Titel eines Kaiserlichen Rates verleihen zu lassen. Doch der Wittelsbacher Karl starb kurze Zeit darauf: Johann Caspar Goethe hatte karrieretechnisch auf das falsche Pferd gesetzt. Vielleicht fehlte es ihm auch an Durchsetzungsvermögen oder an Begabung zum Networking. Nach allem, was wir wissen, fand er aber Gefallen an einem Leben, dessen Eckpfeiler die Verwaltung des ererbten Vermögens, das Kultivieren von Hobbys – das Sammeln von Büchern und Bildern, die jahrelange Niederschrift seiner Reiseerinnerungen auf Italienisch, schließlich etwas Seidenraupenzucht –, nicht zuletzt aber die bestmögliche Ausbildung seiner Kinder, insbesondere des Erstgeborenen, waren.

Soweit die vom Vater mit großem Eifer betriebene Ausbildung und der erkennbar bürgerliche Lebensstil der Familie dies zuließ, trieb es den heranwachsenden Goethe auf die Straßen der Stadt und in ihr Umland. Das Frankfurt seiner Kinder- und Jugendtage war voller Widersprüche. Der hervorstechendste und weitreichendste war, dass Frankfurt in der zweiten Hälfte des 18. Jahrhunderts zwar eine florierende, moderne Handels- und Finanzmetropole war, die Dynamik, die es entfaltete, aber eingeschnürt blieb vom Korsett einer mittelalterlichen Stadtanlage. Die gewaltigen Befestigungsanlagen mit mächtigen sternförmigen Bastionen waren so hoch, dass sie die meisten Häuser überragten. Zudem verliehen »55 Wachtürme sowie Wassergräben zur Stadt- wie zur Feldseite hin, dort auch noch zusätzlich durch Erdaufschüttungen geschützt, Frankfurt nicht nur den Charakter einer Festungsstadt, sie hemmten auch seine Expansion in das Umland und sorgten insbesondere an Markttagen und zu Messezeiten für eine qualvolle innerstädtische Enge. Sie wurde noch durch die Höhe der Häuser und dadurch betont, dass Überhänge bis zu einem Meter in die Gassen hineinragten, und das auf beiden Seiten. Auch die Gliederung der Stadtteile stammte noch aus dem Mittelalter. Ein Ausweg aus dieser Situation wurde erst gefunden, als Anfang des 19. Jahrhunderts die alten Festungsanlagen geschliffen und durch einen Ring von Grünanlagen ersetzt wurden. Da aber war Goethe längst nach Weimar übergesiedelt und ließ sich von der Mutter berichten: »Die alten Wälle sind abgetragen die alten Thore eingerißen um die gantze Stadt ein Parck, man glaubt, es sei Feerey ... bey dem kleinsten Sonnenblick sind die Menschen ohne Zahl vor den Thoren Christen – Juden – pele mele alles durcheinander in der schönsten Ordnung es ist der rührendste Anblick den man mit Augen sehen kann.«[7]

Goethe selbst hingegen kommt das Frankfurt seiner Kinder- und Jugendtage im direkten Vergleich mit dem idyllisch in Ilmnähe gelegenen Weimarer Gartenhaus wie eine »enge Ausdünstungspfütze« vor.[8] Die Einschnürung seiner Geburtsstadt durch die Festungsanlagen, die militärischen Ansprüchen längst nicht mehr genügten, brachte neben der immer wieder beklagten Beengtheit des Lebens auch massive Umweltprobleme mit sich. Die hohen Wälle zusammen mit den Gräben, in denen das Wasser stand, zudem die zahlreichen Pferdefuhrwerke, die den Staub auf den stark verschmutzten, in der Regel ungepflasterten Gassen der Innenstadt, abseits der Geschäfts- und Bankenstraßen, aufwirbelten oder bei Regenwetter im Morast versanken, verstärkten die Enge und die schlechten Luftverhältnisse. Frei umherlaufende Schweine, der beißende Rauch der Holzfeuer in den Küchen, offene, häufig verstopfte Abflussrinnen und eine stinkende Kloake, schließlich das Fehlen regelmäßiger Straßenreinigung und Abfallbeseitigung sorgten insbesondere an warmen Tagen dafür, dass über der Stadt eine übelriechende Dunst- und Schmutzglocke hing. Der alte, nur an wenigen Stellen überwölbte Festungsgraben diente als Abwasserkanal; im inneren Stadtkern lagen viele Küchen des bequemen Abflusses halber direkt über dieser sogenannten Antauche, der durch Kanäle auch die Abwässer der anderen Stadtteile zugeleitet wurden. Alles zusammen floss dann direkt in den Main. Ein Besucher Frankfurts berichtete gegen Ende des 18. Jahrhunderts von einer zu den Wolken steigenden dichten Dunstsäule, die sich über der Stadt erhebe.[9]

Doch Frankfurt hatte einem heranwachsenden Jungen mit großem Bewegungsdrang, der anders als die Schwester nicht ans Haus gefesselt war und dem von den Eltern auch Botengänge und Besorgungen zugetraut wurden, viel

Mit der Straße und der freien Luft in Verbindung 39

Attraktives zu bieten: ein lebhaftes Treiben auf den Straßen und Plätzen, das Menschen aus allen Ständen und Gesellschaftsschichten einschloss, sozusagen einen Querschnitt durch die gesamte, noch nach Ständen gegliederte Bevölkerung von ganz oben, den Patriziern, den Adligen und Magistratspersonen, über die Doktoren und Lizentiaten, die Kaufleute und Bürgerkapitäne, die Gerichtsprokuratoren und Leutnants, die Krämer und Handwerksleute, bis hinunter zu den Fuhrleuten, Kutschern und Tagelöhnern, nicht zu vergessen die Kranken, Krüppel, Bettler oder verwahrloste, im Dreck spielende Kinder. Wer in Frankfurt lebte, gehörte durch Geburt, Beruf und Religion zu einer fest umrissenen sozialen Gruppierung mit eigenen rechtlichen, sozialen und kulturellen Normen. Dabei betrug die Anzahl der politisch vollberechtigten Bürger mit aktivem und passivem Wahlrecht gerade einmal ein Zehntel der Stadtbevölkerung.

Frankfurt war vielsprachig, multikonfessionell und weltoffen, das Gegenteil von provinziell, und trotz des mittelalterlichen Gepräges und einer Einwohnerzahl von unter 40 000 hatte die Stadt insbesondere zu Messezeiten den Charakter einer damaligen Großstadt – eine vielfältige, heterogene Menschen-, Waren- und Zeichenwelt, die dem Flanierenden reichlich Anlass zum Beobachten, Staunen, zur Abscheu und zum Nachdenken gab. Man vergesse nur zu leicht, dass Goethe ein Stadtkind war, ist gesagt worden, »auch wenn der Begriff ›Natur‹ lange Zeit eine wichtige Rolle in seinem Denken gespielt« habe.[10] Richtiger und auch aufschlussreicher jedoch ist die umgekehrte Betrachtung. Wohl stimmt es, dass sich Goethe mit der ganzen Sehnsucht eines Städters der Natur zugewandt hat, und dies schon sehr früh, von Jugend an. Doch alles, was Goethes Umgang mit der Natur so einzigartig und zugleich so exemplarisch macht – das Lob der sinnlichen Anschauung, die genaue, unbestechliche Beobachtung, das Pochen auf die unverfälschte Erfahrung, die Entdeckung von Zusammenhängen, der Vorzug des Konkreten vor dem Abstrakten –, übt schon der Knabe in der Begegnung mit der ungeheuer vielfältigen, dynamischen, alle Sinne fordernden und schulenden städtischen Umwelt ein. »So war mein junges Gehirn schnell genug mit einer Masse von Bildern und Begebenheiten, von bedeutenden und wunderbaren Gestalten und Ereignissen angefüllt«, heißt es in *Dichtung und Wahrheit*, »und ich konnte niemals lange Weile haben, indem ich mich immerfort beschäftigte, diesen Erwerb zu verarbeiten, zu wiederholen, wieder hervorzubringen«.[11] Diese Beschreibung dient zwar der Charakterisierung des jungen Viellesers, der sich auf den Tischen der Frankfurter Büchertrödler ständig mit Billigausgaben schon seit dem Mittelalter gelesener Abenteuerromane und Ritterdichtungen eindeckt, die damals

als »Volksbücher« vermarktet und sogar in Frankfurt verlegt wurden. Doch Wolfgang, die Leseratte, ist ebenso sehr ein aufmerksamer Beobachter seiner städtischen Umwelt, der die Verhaltens- und Ausdrucksweisen nicht nur seines Standes, sondern auch der Außenseiter der Stadt in sich aufsaugt und dem auf diese Weise kaum etwas Menschliches fremd bleibt. Als er dann zu schreiben beginnt, was er eigener Auskunft nach seit dem zehnten Lebensjahr regelmäßig tut, hat er sich bereits ein Reservoir von Anschauungen, Erfahrungen, auf der Straße aufgeschnappten Redewendungen und dort beobachteten Alltagsszenen verschafft, auf das er genauso zurückgreifen kann wie auf die vom Vater organisierte Bildung.

Wollte der kleine Goethe sich nicht im Menschengewimmel und Schmutz der Gassen verlieren, aber auch dem urbanen Schauspiel nicht nur als Fensterbeobachter zuschauen, so konnte er auf dem Wehrgang der Stadtmauer einen weiträumigen Bogen um Römer, Altstadt und Neustadt schlagen, vorbei »an dem mannigfaltigsten, wunderlichsten, mit jedem Schritt sich verändernden Schauspiel«.[12] Hinterhöfe, Fabriken, die Bleichplätze der Gerbereien mit ihrem penetranten Gestank, der Friedhof und schließlich auch das berüchtigte Pestilenzloch reichten bis an den Zwinger der Stadtmauer heran. Die offene Jauchegrube, die keinen Abfluss besaß, lag in der Nähe des Garnisonslazaretts und von Armenhaus und Gefängnis. Ein rechter Sonntagsspaziergang war das aber auch in anderer Hinsicht nicht: Schnell konnte man vor einer verschlossenen Pforte oder Treppe stehen und musste erst nach dem Schlüssel fragen, um hindurch zu gelangen, wozu es wiederum von Vorteil war, sich mit den Bediensteten der Zeugherren gutzustehen. Auch konnte es geschehen, dass man Zeuge sexueller Handlungen wurde, wenn eine der auf den Wällen flanierenden Prostituierten und ein in seinem Schilderhäuschen Wache schiebender Soldat sich gerade handelseinig geworden waren.

In äußerster Entfernung zum Main, der die Stadt an ihrer südlichen Flanke begrenzte, befand sich, vor dem Friedberger Tor, ein Garten, der der Familie Goethe gehörte und den der Vater in der guten Jahreszeit beinahe täglich aufsuchte, häufig in Begleitung der Kinder. Jeder Frankfurter, der es sich leisten konnte, erwarb und bewirtschaftete damals einen Garten außerhalb der Stadtmauer und baute sich ein Gartenhaus, das unter Umständen auch ein kleiner Palast sein konnte. Die Reichen bevorzugten Schau- und Putzgärten für ihre schicken Empfänge und Lustpartien, während die Bürger, zu denen die Goethes zählten, eher auf den Nutzen sahen und Obst, Gemüse und Wein anbauten. Zwischen den Rebstöcken mit dem grünen Reißler, einer kleinen Riesling-

Mit der Straße und der freien Luft in Verbindung

traube, die einen berüchtigt sauren Wein ergab, wuchs roter Spargel, der sich bei den Frankfurter Gärtnern neben dem weißen, dem grünen und dem holländischen großer Beliebtheit erfreute. Alle Gartenliebhaber einte das Bedürfnis, der Stadt, ihrer Enge, ihrem Lärm und ihrer schlechten Luft wenigstens für Stunden zu entkommen, um auf einem eingehegten und gezähmten Stück Natur frische Luft zu schöpfen und dabei den Alltag und seine Verpflichtungen zu vergessen, ohne doch den Einzugsbereich der Stadt mit ihren Annehmlichkeiten und ihrem Komfort gänzlich verlassen zu müssen.

Auch die Dienstboten und Mägde der Familie Goethe zog es in ihrer Freizeit hinaus aus der Stadt, bevorzugt zu ländlichen Festen. In den ersten Lebensjahren, als er noch nicht so gut zu Fuß war, trugen sie den kleinen Goethe auf den Armen oder der Schulter. Der Weg führte etwa zu dem am Mainufer gelegenen Grindbrunnen, einer stark schwefelhaltigen Quelle. Unweit auf dem Gutleutehof stand ein Aussätzigenhaus, das einst wegen der Quelle errichtet worden war. Sie war umgeben von jahrhundertealten Linden, von denen in der Blütezeit ein betörender Duft ausging. Der Blick der Spaziergänger schweifte über üppige Felder Richtung Taunushöhen. Einmal im Jahr trieb man dort die Rinderherden zusammen und feierte ein ausgelassenes ländliches Fest, »mit Tanz und Gesang, mit mancherlei Lust und Ungezogenheit«.[13] Auf der Pfingstweide, auf der anderen Seite der Stadt gelegen, wo ebenfalls Linden einen alten Brunnen umstanden, hielt man es so mit den in der Umgebung weidenden Schafen. Auch hier gab es in unmittelbarer Nähe ein Haus, das jenseits der Stadtmauern Außenseiter der bürgerlichen städtischen Gesellschaft beherbergte, in diesem Fall Waisenkinder. Zu der an Pfingsten stattfindenden Festivität durften sie die Verwahranstalt ausnahmsweise verlassen und fielen den Feiernden allein schon durch ihre blasse Gesichtsfarbe auf. Auch dieses Fest rechnete Goethe später zu den prägenden Eindrücken seiner Kindheit.

Von den zur Hofseite gelegenen Zimmern des Elternhauses ging der Blick über die schönen, sich bis zur Stadtmauer ausbreitenden Gärten der Nachbarhäuser hinweg zum Galgentor, durch das die zum Hängen Verurteilten zur Richtstätte außerhalb der Stadtmauern geführt wurden, jedoch auch Kaiser und Könige ihren Einzug in die Stadt nahmen. Im Gartenzimmer des zweiten Stockwerks hält sich der heranwachsende Goethe am liebsten auf. Es wird so genannt, weil vor dem Fenster einige Gewächse gepflanzt sind, um das Fehlen eines eigenen Gartens am Haus, für den das Grundstück nicht groß genug ist, zu kompensieren. Hier lernt er im Sommer für seine zahlreichen Unterrichtsstunden und erledigt die Schulaufgaben. Häufig wandert sein Blick über die

Nachbargärten, über Stadtmauern und Wälle hinaus in die weite fruchtbare Ebene, die sich hinter der Stadtmauer gerade noch erahnen lässt, während der Blick auf die Berge des Taunus durch die hohe umliegende Bebauung versperrt ist. In diesem Zimmer wartet er die Gewitter ab oder kann sich an der untergehenden Sonne »nicht satt genug sehen«. Hier ist es auch, wo er zum ersten Mal den Trieb zur Poesie verspürt: derweil »die Nachbarn in ihren Gärten wandeln und ihre Blumen besorgen, die Kinder spielen, die Gesellschaften sich ergetzen«[14] und er selbst, fern diesem Treiben, fasziniert zuschaut, wie das Licht allmählich verglimmt, die Helligkeit sich nach und nach in farbige Schatten zurückzieht und die Nacht andringt. Der junge Goethe hat die Dämmerung geliebt, jene Zeit des Übergangs zwischen Tag und Nacht, Helligkeit und Dunkel, wenn sich die Konturen der Gegenstände im diffusen Licht allmählich auflösen und die einzelnen Formen zu einem Gesamteindruck verschleifen, wenn die Grenze zwischen Außen- und Innenwelt verfließt und die wahrgenommene Natur zur Seelenlandschaft wird. Das ist die Geburtsstunde von Goethes Poesie.[15]

Drittes Kapitel, in dem Nachrichten aus Lissabon den kleinen Goethe in revolutionäre Aufregung versetzen und er schließlich einen Naturaltar baut

Am 1. November 1755 erschüttern mehrere Erdstöße die portugiesische Hauptstadt Lissabon: Häuser und Paläste, auch das königliche Schloss, stürzen ein, eine Staubwolke verdunkelt das Stadtzentrum, schließlich geht die Stadt in Flammen auf. Nur kurze Zeit später überrollt eine fünfzehn Meter hohe Flutwelle den Hafen und schießt den Tejo flussaufwärts. Dadurch wird das Feuer zwar weitgehend gelöscht, doch der Tsunami reißt weitere Gebäude mit sich, die Zahl der Toten steigt auf annähernd sechzigtausend Menschen, 85 Prozent der Stadt werden zerstört. Die Kunde dieses Ereignisses verbreitet sich über Einblattdrucke, Kupferstiche und Guckkastenbühnen – den Nachrichtenmedien der Zeit – rasch in ganz Europa und bringt »über die in Frieden und Ruhe schon eingewohnte Welt einen ungeheuren Schrecken«, wie es in *Dichtung und Wahrheit* heißt.[1]

Goethe wurde in einer Epoche groß, in der Naturkatastrophen ins öffentliche Bewusstsein rückten und über ihre Erklärung und Deutung unter den Gebildeten gestritten wurde. Das Beben wurde schon bald als »außerordentliches Weltereignis« verstanden – nicht nur als eine Naturkatastrophe, sondern zugleich als eine Epochenschwelle, in seiner Dramatik und seinen Konsequenzen vergleichbar nur dem Untergang Roms. Vielleicht habe »der Dämon des Schreckens zu keiner Zeit so schnell und mächtig seine Schauer über die Erde verbreitet«, konstatiert Goethe im Rückblick. Es bebte nicht nur die Erde, es bebte auch in den Köpfen der Zeitgenossen. Einmal mehr hat die Stunde der Mahner, der Moralisten und Besserwisser geschlagen. Doch die Erklärungen und Deutungen des Geschehens bewegten sich keineswegs ausschließlich in den vorgezeichneten Bahnen des christlichen Glaubens, der Theodizee – der Rechtfertigung Gottes angesichts der Leiden in der Welt – und der Straftheologie. Naturforscher und Philosophen, unter ihnen der junge Immanuel Kant, waren fasziniert von dem Geschehen, sammelten alle verfügbaren Daten und Nachrichten darüber und versuchten sich an neuen naturwissenschaftlichen Erklärungen. Man stellte fest, dass nicht nur die Auswirkungen, sondern auch die Vorboten und Begleiterscheinungen des Bebens, darunter auch für den Menschen nützliche, in anderen, vom Erdbebenzentrum weit entfernten Regionen der Erde beobachtet wurden. Zum ersten Mal wurde der Wellencharakter von Erdbeben beschrieben. Voltaire beklagte die Grausamkeit und Unergründlichkeit der Natur. »Welch trauriges Spiel des Zufalls ist doch das Spiel des menschlichen Lebens!« Sein Gegenspieler Jean-Jacques Rousseau, dessen Denken auf den jungen Goethe erheblichen Einfluss nehmen sollte, stellte hingegen die These auf, dass die menschliche Zivilisation zu der Katastrophe geführt habe. Denn nicht die Natur dort habe »20 000 Häuser zu je sechs bis sieben Etagen erbaut«, bemerkte er. Das war keineswegs zynisch gemeint. Würden nicht so viele Menschen in so großen Städten wie Lissabon mit einer Viertelmillion Einwohnern oder mehr leben, wäre die Katastrophe zumindest in diesem Ausmaß nicht eingetreten.

Kants Überlegungen kamen dem sehr nahe; zugleich aber traf er eine zukunftsweisende Unterscheidung: »Wenn Menschen auf einem Grunde bauen, der mit entzündbaren Materien angefüllt ist«, so lasse sich leicht raten, dass »über kurz oder lang die ganze Pracht ihrer Gebäude durch Erschütterungen über den Haufen fallen könne«. Vorhersage ist nicht Vorsehung, und letztere musste man in diesem Fall gar nicht bemühen. »Der Mensch muss sich in die Natur schicken lernen, aber er will, dass sie sich in ihn schicken soll.«[2] Doch auch am Schreckensort selbst wurden neue Formen der Katastrophenbewältigung erprobt: Man bemühte sich, der Seuchengefahr und der Plünderungen Herr zu werden, letzteres durch drakonische Abschreckungsmaßnahmen. Trümmer und Schutt wurden so rasch wie möglich fortgeschafft, der erdbebensichere Wiederaufbau der Stadt wurde unverzüglich in Angriff genommen. Der spätere portugiesische Premierminister Sebastião José de Carvalho e Melo ließ unter den Pfarrern der Stadt, die als besonders aufmerksam und zuverlässig galten, eine Umfrage nach Dauer des Bebens, Anzahl der Erdstöße, aufgetretenen Schäden, dem Verhalten der Tiere usw. durchführen. Die Antworten werden bis heute im portugiesischen Nationalarchiv aufbewahrt; die Datensammlung gilt als Geburtsstunde der modernen Seismologie. Es schien, als ob die fortschrittlich Gesinnten unter den damaligen Gebildeten sich selbst und der Welt den Beweis erbringen wollten, dass ein aufgeklärter Umgang mit Katastrophen dieser Art angemessener sei als die herkömmlichen Predigten und Mahnungen.

Aus den Gesprächen Bettina von Arnims mit Goethes Mutter erfahren wir, wie zentral das durch die Nachrichten aus Lissabon ausgelöste Katastrophenbewusstsein für die Entwicklung des Selbstverständnisses des Kindes gewesen sein muss. Für den Sechsjährigen bedeutete es nicht weniger als das Ende der Märchenwelt, in der er unterstützt durch die allabendlichen mütterlichen Erzählungen bislang gelebt hatte. In dieser Welt war alles auf seine Wünsche zugeschnitten. Das ging so weit, dass die Neigung des kleinen Goethe zu Wutanfällen, wenn die Geschichten nicht so fortgingen, wie er sich das vorgestellt hatte, mit einem »geheimen diplomatischen Treiben« zwischen der Großmutter, der Mutter und ihm selbst niedergehalten wurde: Die Großmutter, deren Liebling er war, befragte den Enkel nach seinen Ansichten über den Fortgang der am Abend zuvor unterbrochenen Geschichte und gab sie hinter vorgehaltener Hand an ihre Schwiegertochter weiter, welche sodann am nächsten Abend genau das erzählte, was der Sohnemann sich ausgemalt hatte. Und Wolfgang, »ohne sich je als den Urheber aller merkwürdigen Ereignisse zu bekennen, sah mit glühenden Augen der Erfüllung seiner kühn angelegten Pläne entgegen, und begrüßte das Ausmalen derselben mit enthusiastischem Beifall«.

Mitten hinein in dieses ganz auf den Narzissmus des Kindes abgestellte Familienidyll platzt nun die »grauenhafte Wirklichkeit, die alles Fabelhafte überstieg« – das Erdbeben von Lissabon. So erzählt es Bettina von Arnim: »Alle Zeitungen waren davon erfüllt, alle Menschen argumentierten in wunderlicher Verwirrung, kurz, es war ein Weltereignis, das bis in die entferntesten Gegenden alle Herzen erschütterte, der kleine Wolfgang, der damals im siebenten Jahr war, hatte keine Ruhe mehr; das brausende Meer, das in einem Nu alle Schiffe niederschluckte und dann hinaufstieg am Ufer, um den ungeheuern königlichen Palast zu verschlingen, die hohen Türme, die zuvörderst unter dem Schutt der kleinern Häuser begraben wurden, die Flammen, die überall aus den Ruinen heraus, endlich zusammenschlagen und ein großes Feuermeer verbreiten ... machten ihm einen ungeheuren Eindruck. Jeden Abend enthielt die Zeitung neue Mähr, bestimmtere Erzählungen, in den Kirchen hielt man Bußpredigten, der Papst schrieb ein allgemeines Fasten aus, in den katholischen Kirchen waren Requiem für die vom Erdbeben Verschlungenen. Betrachtungen aller Art wurden in Gegenwart der Kinder vielseitig besprochen, die Bibel wurde aufgeschlagen, Gründe für und wieder behauptet, dies alles beschäftigte den Wolfgang tiefer als einer ahnden konnte.«[3]

Gerade die religiösen Deutungen, die in dem Beben das Werk eines zornigen

Gottes sahen, um die Menschen zu Buße und Umkehr aufzurufen, malten das Geschehen in den schrecklichsten Farben aus, in der Absicht, die Zielgruppe ihrer Ermahnungen besonders zu beeindrucken. Sie waren getaucht in ein Zwielicht aus Angst und Lust, aus Voyeurismus und Horror, für das Kinderseelen besonders empfänglich sind. Umso übermächtiger und unfassbarer wurde das Geschehen für den kleinen Goethe. Noch der Sechzigjährige, der traditionelle christliche Denkmuster längst hinter sich gelassen hat, sollte sich daran erinnern, er habe nicht verstanden, warum Gott in Lissabon nicht wie im Alten Testament wenigstens Weiber und Kinder verschone. »Vergebens suchte das junge Gemüt sich gegen diese Eindrücke herzustellen«, lautet sein Resümee dann in *Dichtung und Wahrheit*.[4]

Glaubt man dem Bericht der Mutter, gelingt dem Knaben diese Restitution des Ich dann doch, allerdings auf völlig unbotmäßige Weise. Als er einmal zusammen mit seinem Großvater aus einer Predigt kommt, »in welcher die Weisheit des Schöpfers gleichsam gegen die betroffne Menschheit verteidigt wurde«, und der Vater ihn fragt, wie er dies denn verstanden habe, soll er geantwortet haben: »Am Ende mag alles noch viel einfacher sein, als der Prediger meint, Gott wird wohl wissen, daß der unsterblichen Seele durch böses Schicksal kein Schaden geschehen kann.« Von da an, so die Mutter zu Bettina, sei ihr Sohn »wieder oben auf« gewesen, wohl nicht zuletzt durch das Lob, das er für seine so altkluge wie gedankenscharfe Auslegung, »die alle an Weisheit übertraf«, einheimste.[5]

Die Gefahr ist groß, solche »Wahrheit« aus Kindermund überzuinterpretieren. Erstaunlich ist aber doch die Volte, die der Sechsjährige hier schlägt: Dem Menschen soll, durchaus mit Wissen Gottes, etwas zukommen, gegen das selbst dessen Zorn nichts auszurichten vermag. Der kleine Goethe nennt es ganz traditionell die Unsterblichkeit der Seele, meint damit aber wohl etwas anderes als das alte Schmuckstück der Metaphysik. Goethes Mutter hat in diesem Zusammenhang auf das Anfang der 1770er Jahre verfasste Gedicht *Prometheus* hingewiesen. Als er dies schrieb, seien die »revolutionairen Aufregungen« ihres Sohnes angesichts des Erdbebens von Lissabon, so meinte sie zu Bettina, noch fast zwei Jahrzehnte später wieder zum Vorschein gekommen.[6] *Prometheus* ist ein Rollengedicht, sein Ton ist geprägt von rebellischer Selbstbehauptung einerseits und einem spirituellen Naturalismus andererseits. »Mußt mir meine Erde / Doch lassen stehn«, wendet sich Prometheus an den Göttervater,[7] und wenn man will, lässt sich daraus in der Tat eine Resonanz auf die bebende Erde von Lissabon hören. Der Lebenswille, und nicht das Eingreifen irgendeiner übernatürlichen Macht, ist das Einzige, was dem Menschen Schutz vor dem Tod zu bieten vermag und ihm womöglich Unsterblichkeit verleiht.

Ein halbes Jahr nach der Katastrophe von Lissabon rückt die Bedrohung durch eine entfesselte Natur plötzlich ganz nahe, wird zu einer existenziellen Angelegenheit. Nun ist das gerade erst umgebaute und frisch bezogene Elternhaus bedroht. Ein Unwetter mit Blitz, Donner und Hagelschlag gefährdet die großen Fensterscheiben, die ihm jene vor dem Umbau so schmerzlich vermisste Helligkeit verschaffen. Einige Scheiben sind bereits zertrümmert, neue Möbel beschädigt, wertvolle Bücher und Wertsachen ein Opfer der Nässe. Die völlig verängstigten und außer Fassung geratenen Dienstboten zerren die Kinder mit sich in einen dunklen Gang, wo sie sich auf die Knie werfen und »durch schreckliches Geheul und Geschrei die erzürnte Gottheit zu versöhnen« meinen. Der Vater indessen versucht, wo nicht dem Sturm, so doch den Schäden, die er am Haus anrichtet, Einhalt zu gebieten. Er reißt die Fenster auf, hebt sie aus ihren Verankerungen. Durch sein beherztes Vorgehen rettet er zwar einige Scheiben, bereitet aber dem auf den Hagel folgenden Starkregen »einen desto offnern Weg ..., so daß man sich, nach endlicher Erholung, auf den Vorsälen und Treppen von flutendem und rinnendem Wasser umgeben sah«.[8] Die Rettungsaktion des Vaters setzt das soeben umgebaute Haus unter Wasser. Wie Goethe in *Dichtung und Wahrheit* von diesem Ereignis berichtet, ist exemplarisch für sein ambivalentes Vaterbild. Dort, wo er als Hausherr, als natürliche Autorität agiert, wird er beinahe schon zur lächerlichen Figur. Selbst er vermag gegen die entfesselte Natur nichts auszurichten, seine Aktionen laufen ins Leere.

Wenige Monate nach der Bedrohung des väterlichen Hauses durch das Unwetter sitzt der siebenjährige Goethe an einer lateinischen Übersetzungsaufgabe, die ihm sein Vater gestellt hat. Das Heft, in dem sie enthalten ist, datiert auf den Januar 1757. Bei der Aufgabe handelt sich um ein nach humanistischem Vorbild aufgesetztes Lehrgespräch zwischen Vater und Sohn. Der Vater geht in den weitläufigen Weinkeller des Hauses, der Sohn bittet darum, ihn begleiten zu dürfen. »Ist es erlaubt mit in den Keller zu gehen?« – so der Ton, in dem diese Übungsaufgabe geschrieben ist. Väterliches Nachfragen nach dem Beweggrund des Sohnes fördert dessen Absicht zu Tage, den Grund- und Schlussstein des Hauses einmal wieder sehen zu dürfen. Nachdem seine Augen sich an die im Kellergewölbe herrschende Dunkelheit gewöhnt haben, entdeckt er den letzteren rasch über seinem Kopf. Auf den Grundstein aber muss ihn der Vater aufmerksam machen: »Siehe da in diesem Winkel ist er ein gemauret.«

Nun erinnert sich der Sohn, wie er selbst, als Maurer eingekleidet, den Grundstein unter großen Feierlichkeiten mit eigener Hand gelegt hat. Das muss ein Dreivierteljahr vor dem Erdbeben von Lissabon gewesen sein, und der Vater dürfte seinen Erstgeborenen mit dieser ehrenvollen Aufgabe betraut haben. Der Obergeselle wollte, wie es Tradition war, bei der Grundsteinlegung eine Rede halten, brachte aber kaum Worte heraus und raufte sich schon die Haare, weil die Umstehenden ihn inzwischen auslachten.

So kann es sich in der Tat zugetragen haben, die Szene ist äußerst realistisch erzählt. Das trifft auch auf die Frage zu, mit der der Vater den Dialog fortsetzt und seinem Höhepunkt entgegenführt: Was der Sohn sich denn nun beim Anblick des Grundsteins denke. Als Antwort des kleinen Goethe ist notiert: »Ich gedenke und wünsche, daß er nicht eher als mit dem Ende der Welt verrucket werden möge.«[9]

Auch das lässt sich noch als Resonanz auf das Trauma von Lissabon und der Gefährdung des neu erbauten Hauses durch das Unwetter verstehen. Die Ereignisse haben bei dem Kind zu einem ausgeprägten Gefühl der Unsicherheit in Bezug auf alles, was auf dem Boden steht, geführt. Von einer Minute zur anderen kann ein Haus, eine ganze Stadt, ja eine ganze Gesellschaft »verrucket« werden.

Wiederum einige Monate später ist der nun vielleicht Achtjährige damit beschäftigt, aus der um jüngste Fundstücke vermehrten Naturaliensammlung des Vaters einen Naturaltar zu bauen. Ein konkreter Anlass dazu geht aus *Dichtung und Wahrheit* nicht recht hervor. Dass es aber bloße Pietät des Kindes gewesen sein soll, scheidet beinahe aus. Dafür sorgt schon die zu Beginn des Berichts gemachte Einschränkung, welchem Gott die Verehrung des Kindes galt: nicht dem zürnenden, dem strafenden oder dem fordernden und auch nicht dem, der seinen Sohn am Kreuz hinopferte, sondern allein jenem Gott, »der mit der Natur in unmittelbarer Verbindung stehe, sie als sein Werk anerkenne und liebe«. Wenn dieser Gott die Erde erbeben ließ, dann nicht, um die Menschen zu strafen, sondern weil Erdbeben und Stürme nun einmal zur Natur gehören wie die Wendung der Pflanzen zum Licht oder die gegen den Strand anrollende Meeresbrandung.

Anfangs weiß der kleine Goethe nicht, wie er die vorhandenen Gesteinsbrocken und anderen Naturmaterialien so aufschichten soll, dass sie einen Altar ergeben. Dann entdeckt er das »rotlackierte goldgeblümte Musikpult« des Vaters. Es hat die Gestalt einer vierseitigen, stufenförmigen Pyramide und ist für Quartette gedacht, kommt jedoch in letzter Zeit wenig zum Einsatz. Der Sohn nimmt sich das Möbel, ohne den Vater um Erlaubnis zu fragen, und baut nun stufenweise »die Abgeordneten der Natur« übereinander, so dass es »recht heiter und zugleich bedeutend genug« aussieht. Fehlt nur noch, was einen Altar erst zu einer Opferstätte macht: Brand oder doch wenigstens Rauch. Ein offenes Feuer scheidet in der Wohnung aus. Goethe greift zu Räucherkerzen, stellt sie in eine Porzellantasse und diese auf den Gipfel des Altars, wo sie nun darauf warten zu verdampfen. Als am späten Vormittag endlich die Sonne ins Zimmer scheint, nimmt er ein Brennglas und zündet die Räucherkerzen an. »Alles gelang nach Wunsch, und die Andacht war vollkommen.« Auch nach der Zeremonie kann der Altar »als eine besondre Zierde des Zimmers« so stehenbleiben. Denn dass es sich um eine Opferstätte handelt, weiß nur der Knabe allein. Alle anderen erblicken darin lediglich »eine wohlaufgeputzte Naturaliensammlung«.

Als der kleine Goethe die Feierlichkeit wiederholen will, ist die verwendete Porzellantasse gerade nicht zur Hand, weshalb er die Räucherkerzen »unmittelbar auf die obere Fläche des Musikpultes« stellt; sie werden angezündet, und die Andacht ist so groß, »daß der Priester nicht merkte, welchen Schaden sein Opfer anrichtete«: Die Kerzen haben sich in den roten Lack und in die schönen goldenen Blumen eingebrannt und dort unauslöschliche schwarze Spuren hinterlassen. »Hierüber kam der junge Priester in die äußerste Verlegenheit.« Zwar versucht er, den Schaden durch Umschichten von Gesteinsbrocken und Pflanzenteilen zu kaschieren, »allein der Mut zu neuen Opfern war ihm vergangen«.

Goethe hat den Bericht über den Naturaltar und sein Priestertum ganz ans Ende des ersten Kapitels seiner Autobiographie gestellt und mit einem ironischen Kommentar versehen: »Fast möchte man diesen Zufall als eine Andeutung und Warnung betrachten, wie gefährlich es überhaupt sei, sich Gott auf dergleichen Wegen nähern zu wollen«.[10] Das ist nun ganz aus der Perspektive des Sechzigjährigen gesprochen, der über die Nöte seiner Kindheit längst schmunzeln kann. Den Knaben aber muss das Missgeschick in arge Bedrängnis gebracht haben. Nicht nur das Notenpult ist beschädigt. Auch ein weiterer Versuch, sich über die revolutionäre Aufregung zu beruhigen, die die Entfesselung der Naturgewalten bei ihm ausgelöst hat, ist gescheitert. Zugleich aber weist ihm die gerade noch zweckentfremdende Beschäftigung mit den Stücken der Naturaliensammlung den Weg, den sein Interesse an der Natur schon bald nehmen wird: Er wird nicht mehr Altäre errichten und Brandopfer darbringen, sondern sich in die Erscheinungen der lebendigen Natur vertiefen und ihre geheimen Gesetzmäßigkeiten zu ergründen versuchen. So haben wir es hier mit einer weiteren Urszene des erwachenden Selbstbewusstseins des künftigen Forschers und Dichters zu tun. Nicht das religiöse Bedürfnis, sondern das nach Anschauung und Erkenntnis wird ihm, zusammen mit seinem Trieb zur Poesie, die Beruhigung verschaffen, die er seit den Nachrichten aus Lissabon sucht.

Lehrjahre

*Viertes Kapitel, in dem Goethe sein Liebesleid
mit einem Waldbad kuriert*

Nachdem der kleine Goethe Lesen, Schreiben und Rechnen aushäusig, in einer Art Vor- und Grundschule, gelernt hat, verpflichtet der Vater für die eigentliche Ausbildung des Sohnes und der Tochter Privatlehrer. Häufig erfolgt der Unterricht allerdings gemeinsam mit anderen Kindern. Neun Jahre lang kommt der Schreibmeister Johann Heinrich Thym ins Haus; so ist Goethe zu seiner ansehnlichen, vorbildhaften Handschrift gekommen. Der Schwerpunkt des Privatunterrichts liegt auf den Sprachen – Latein, Altgriechisch, Französisch, Italienisch, Englisch, auf Wunsch des Sohnes auch etwas Hebräisch und Jiddisch. Die sogenannten »Realien« treten demgegenüber in die zweite, wenn nicht sogar dritte Reihe. Den Unterricht in Geographie, Geschichte und Geometrie erteilt ebenfalls Schreibmeister Thym, der darüber hinaus noch für Naturkunde zuständig ist. Mathematik hingegen steht wohl nicht auf dem Unterrichtsplan. Goethe erwähnt aber den Hofrat Wilhelm-Friedrich Hüsgen, zu dem er ins Haus kommt, weil er mit seinem Sohn gemeinsam Schreibstunde hat; Hüsgen war Jurist, aber auch Mathematiker und muss dem Dreizehnjährigen wohl Elementarkenntnisse in dieser Wissenschaft vermittelt haben. Hüsgen war ein Menschen- und Weltverächter. Er war auf dem linken Auge blind, und Goethe erinnert sich daran, dass er es dann und wann stark zudrückte, während er ihn mit dem rechten Auge scharf anblickte und dabei mit näselnder Stimme zu sagen pflegte: »›Auch in Gott entdeck ich Fehler.‹«[1]

Schon bald kristallisieren sich Literatur und Natur als die beiden Felder heraus, auf denen es unabhängig vom väterlichen Curriculum etwas auf eigene Faust zu entdecken gab. Auf dem Gebiet der Literatur, weil er sich hier durch seine Begabung exponieren und dabei vom konventionellen Geschmack des

Vaters absetzen kann. Auf dem Gebiet der Natur, weil Naturforschung so etwas wie die Hirnforschung des 18. Jahrhunderts war – up to date und hochgradig umstritten – und Johann Caspar Goethe dafür schlicht die Ahnung und wohl auch das Sensorium fehlten. Wie viele Kinder findet auch der kleine Goethe Gefallen daran, Dinge auseinanderzunehmen, um zu schauen, wie sie aufgebaut sind oder funktionieren. Dieser »Untersuchungstrieb«, wie Goethe ihn nennt, macht auch vor Pflanzen oder Tieren nicht halt. Da werden »Blumen zerpflückt, um zu sehen, wie die Blätter in den Kelch, oder auch Vögel berupft, um zu beobachten, wie die Federn in den Flügel eingefügt waren«. In *Dichtung und Wahrheit* verwahrt Goethe sich eigens dagegen, dass es sich dabei um Grausamkeiten gehandelt habe. Vielmehr stecke dahinter »das Verlangen, zu erfahren, wie solche Dinge zusammenhängen, wie sie inwendig aussehen«. Selbst bei ausgewachsenen Wissenschaftlern verhalte sich das ja kaum anders; auch sie würden aus Forscherdrang zerstören, ja töten.[2]

Doch nicht immer ist das Auseinandernehmen der geeignete Weg, um die Dinge zu verstehen. Das lässt sich der Geschichte vom bewaffneten Magnetstein entnehmen, die Goethe in diesem Zusammenhang erzählt. Ein armierter Magnet, wie man ihn auch nannte, war seinerzeit ein beliebtes Demonstrationsobjekt der geheimnisvollen Kräfte des Magnetismus. Dafür nahm man einen natürlichen Magnetstein (Magnetit), schliff dessen beiden Pole glatt ab und legte auf jeder Seite ein dünnes Metallplättchen darüber, das in einem kurzen, dicken Fuß endigte. Damit die Konstruktion auch hielt, übernähte man den ganzen Magnetstein mit Leder, so dass bloß noch die beiden blanken Eisenfüßchen herausstanden. Auf diese Weise erhielt man einen Magneten, dessen Anziehungskraft sich in den beiden künstlichen Polen vereinigte. Man konnte diese Kraft sogar bis zu einer gewissen Grenze steigern, indem man eine kleine stählerne Stange unter die beiden Füße der Pole brachte und immer mehr Gewicht daran hängte. Lange Zeit begnügt sich der kleine Goethe damit, die undurchschaubare Kraft des bewaffneten Magneten zu bestaunen, bis er eines Tages beschließt, der Sache auf den Grund zu gehen, das Leder auftrennt und die Füßchen entfernt. Damit ist allerdings auch die Wirkung zerstört. Und da er die Vorrichtung nicht wieder zusammenbringt, lässt er das Geheimnis des Magnetismus, das die Gemüter der Zeit nachhaltig faszinierte, erst einmal auf sich beruhen.

Mit der Elektrizitätsforschung seiner Zeit kommt der Heranwachsende durch Johann Friedrich von Uffenbach, einen »Hausfreund«, wie er ihn nennt, in Berührung.[3] Uffenbach war ein wichtiger Mann in Frankfurt, erst jüngerer, später älterer Bürgermeister. Von 1741 bis 1744 hatte er den Neubau der Alten Brücke geleitet, über die Johann Wolfgang so gerne nach Sachsenhausen spazierte. Auch die Gestaltung und Organisation großer öffentlicher Feuerwerke gehörten in seinen Aufgabenbereich. Wenige Jahre vor seinen Besuchen im Haus am Großen Hirschgraben hatte Benjamin Franklin den Blitzableiter erfunden. Bis auf deutschem Boden die erste Wetterstange, wie man damals auch sagte, installiert wurde, sollten allerdings noch achtzehn Jahre vergehen. Aber mit Franklins Erfindung war der Beweis erbracht, dass Naturforschung einen praktischen Nutzen hatte. Noch bestand die einzige Alternative zu dem waghalsigen und in mehr als einem Fall tödlichen Unterfangen, die Elektrizität direkt vom Himmel zu holen, in Elektrisiermaschinen, wie sie als erster 1672 der Diplomat Otto von Guericke gebaut hatte. Elektrisiermaschinen waren die Vorläufer von elektrostatischen Generatoren; sie arbeiteten mit Reibung statt mit Influenz. Mit ihnen war es möglich, die Wirkung von Elektrizität in zum Teil spektakulären Schauexperimenten deutlich zu machen. Der Engländer Stephen Gray etwa hängte 1730 einen Knaben an Rosshaarschlingen auf, damit er nicht geerdet war, und elektrisierte ihn durch das Reiben einer Glasröhre, woraufhin er durch die Luft fliegende Stanniolblättchen magisch anzog. Versah man einen derart hängenden Menschen mit einem metallenen Kopfaufsatz, konnte man seinen Kopf zum Leuchten bringen wie eine Heiligenaureole. In Frankreich hatte der Abbé Nollet, einer der Erfinder der sogenannten Leidener Flasche, des ersten Kondensators, in Gegenwart von Ludwig XV. im Jahr 1746 einhundertachtzig Gardisten zu einer Menschenkette verbunden und sie mit einem Schlag aus der Ladungsflasche in unfreiwillige Zuckungen versetzt. Später wiederholte er diesen Versuch mit zweihundert Kartäusermönchen.

Schon als Knabe hatte sich Uffenbach eine Elektrisiermaschine gewünscht. Ursprünglich war dafür eine aus geschmolzenem Schwefel geformte Kugel auf eine Achse gesteckt und per Hand gedreht worden. Der junge Uffenbach hingegen will sich mit einem alten Spinnrad und einigen Arzneigläsern beholfen und damit »ziemliche Wirkungen« hervorgebracht haben.[4] Tatsächlich begann man mit der Zeit, die Schwefelkugel durch Glaskugeln, Glaszylinder und schließlich runde Glasscheiben zu ersetzen. Wo »weiter nichts als eine gläserne Kugel schnell um ihre Axe gedreht wird«, ergeben sich »ganz unbegreifliche Wirkungen«, hieß es etwa in einem 1779 erschienenen Zeitungsartikel.[5] Die so erzeugte Elektrizität, die je nach Antriebs- und Bauart sowie Größe der Apparatur beträchtliche Spannung, aber wenig Leistung aufwies, konnte über Metallspitzen, sogenannte Konduktoren, abgegriffen und seit der Erfindung der Leidener Flasche auch für begrenzte Zeit gespeichert werden. Aber selbst wenn man sie sofort verbrauchte, ließen sich schöne Effekte erzielen: herausfahrende Funken, entzündeter Spiritus, funkensprühende menschliche Finger. Von alldem wird Uffenbach Johann Wolfgang und Cornelia erzählt und sie mit seiner Begeisterung angesteckt haben. Irgendwann versuchen sie sich selbst am Nachbau einer solchen Maschine nach der bewährten uffenbachschen Rezeptur: Spinnrad plus Arzneigläser. Doch der Zauber des Gelingens will sich partout nicht einstellen. Dafür entdecken sie zu ihrem Vergnügen auf einem Jahrmarkt »unter andern Raritäten, Zauber- und Taschenspielerkünsten«[6] auch eine funktionierende Elektrisiermaschine. Im Jahr der Erfindung des Kondensators hatte ein Hallenser Professor damit begonnen, kleine Reiseelektrisiermaschinen zu bauen und sie zu einem erschwinglichen Preis auf den Markt zu bringen. Das hatte erheblich zur Popularisierung der Elektrizität beigetragen.

Nachhaltiger als für Magnetismus und Elektrizität, die durchaus als verwandte Phänomene wahrgenommen wurden, ohne dass man ihre Beziehung bereits erklären konnte, interessiert sich der junge Goethe dann aber doch für Gedichte und Geschichten. In den bürgerlichen Kreisen der damaligen Zeit war der Vortrag selbst verfertigter Verse fester Bestandteil familiärer und gesellschaftlicher Anlässe. Dem kleinen Goethe fällt das Versemachen leicht. Während die anderen sich sichtbar abmühen, sprudelt es aus ihm nur so heraus. Rasch sagt ihm seine eigene Empfindung, dass seine Gedichte um Längen besser seien als die lahmen Produkte der »Mitwerber«, wie er die ebenfalls reimenden Gleichaltrigen nennt, die sich ihre Verse zum Teil sogar von ihren Lehrpersonen verfertigen lassen.[7] Doch zu dieser auf der Ebene der Produkte sicher richtigen Einschätzung gelangen seine Altersgenossen nur selten. Statt Goethes Überlegenheit anzuerkennen, gefallen ihnen ihre eigenen Verse genauso gut, wenn nicht sogar besser als seine. Goethe sollte sich noch im Alter darüber wundern. Beim Knaben führt das zu arger Verunsicherung: Was, wenn sie allem Anschein zum Trotz recht haben und er einfach an Selbstüberschätzung leidet?

Andere bewundern seine Verse, bezweifeln aber, dass sie von ihm selbst stammen. Dazu sei doch mehr Kenntnis von der Welt und größere Kunstfertigkeit nötig, als er sie in seinem jugendlichen Alter besitzen könne, hört er allenthalben, als zähle er selbst zu den von ihm Verachteten, die sich ihre Verse von

In der größten Tiefe des Waldes

anderen machen lassen. Die beste Strategie, um die Zweifler zum Verstummen zu bringen, wäre da natürlich, das eigene Talent sozusagen live unter Beweis zu stellen, und zwar in deren Gegenwart. »›Gebt ihm irgend ein Thema auf, und er macht euch ein Gedicht aus dem Stegereif‹«, preist da ein Bewunderer die Fähigkeiten des Vierzehnjährigen an. Die Zweifler aber verlangen nun nicht nur ein Gedicht, sondern erhöhen gleich noch den Schwierigkeitsgrad der Aufgabe: Ob er einen Liebesbrief in Versen verfassen könne, wie ihn »ein verschämtes junges Mädchen an einen Jüngling schriebe, um ihre Neigung zu offenbaren«?

Goethe kann. Man händigt ihm einen Taschenkalender mit vielen weißen Blättern aus, und er setzt sich auf eine Bank, um zu schreiben. Währenddessen gehen die anderen auf und ab und lassen ihn nicht aus den Augen. Trotz der zusätzlichen Erschwernis, beim Dichten fortwährend unter Beobachtung zu stehen, ist der gereimte Liebesbrief nach kurzer Zeit fertig. Goethe liest ihn vor und versetzt die Zweifler in Erstaunen und seine Bewunderer in Entzücken.

So weit, so gut. Aber die neuen Freunde, die Goethe auf diese Weise gewonnen hat, treiben das übermütige Spiel weiter. Sie schreiben die »Liebesepistel« mit verstellter Hand ab und schieben sie einem eingebildeten jungen Mann zu, der daraufhin meint, eine junge Dame, der er den Hof macht, sei »aufs äußerste verliebt« in ihn. Um eine niveauvolle Erwiderung ist er allerdings verlegen. So kommt Goethe abermals ins Spiel. Zur großen Zufriedenheit des »nicht sehr aufgeweckten Menschen« verfasst er nun als »poetischer Sekretär« auch die Antwort.[8]

Bald darauf lädt man ihn zu einem Fest ein, an dem auch sein Auftraggeber anwesend ist. Der ist sichtbar stolz auf »sein« Gedicht und ahnt gar nicht, wie er hier hinters Licht geführt wird. Goethe findet die ganze Sache mittlerweile etwas abgeschmackt, aber da nimmt die Angelegenheit eine nur auf den ersten Blick überraschende Wendung. Der Schreiber fiktiver Liebesgedichte verliebt sich selbst – in ein herbeigerufenes Mädchen, das neuen Wein bringt und sich als Kusine eines der Anwesenden entpuppt. Gretchen, so der Name, den Goethe ihr gibt, ist ein wenig älter als er, angesichts der ihm fragwürdig erscheinenden Gesellschaft, in die er geraten ist, weckt sie aber sofort seine Beschützerinstinkte. So kommt es, dass er sich auf die Fortsetzung des Streiches einlässt. Denn nun soll er auch noch die vermeintliche Antwort der jungen Dame verfassen, die den Brief des ihr unbekannten Liebhabers ja so wenig erhalten wie den allerersten geschrieben hat. Und während es sich bislang gewissermaßen um poetische Trockenübungen gehandelt hat, kommen bei Goethe jetzt die eigene

Verliebtheit und die damit verbundenen Phantasien ins Spiel. Beim Dichten stellt er sich die ganze Zeit vor, es sei Gretchen, die diesen Liebesbrief an ihn schriebe, um ihm ihre Zuneigung zu offenbaren. In einem kleinen Flirt bringt er die junge Frau sogar dazu, den Brief laut vorzulesen und danach auch noch ihre Unterschrift darunter zu setzen. Kurzerhand nimmt Goethe das Schriftstück an sich und trägt es nach Hause, wo er es hundertmal durchliest, die Unterschrift beschaut und küsst, als handle es sich nicht um ein fiktives, sondern ein wirkliches Bekenntnis. »So mystifizierte ich mich selbst, indem ich meinte einen anderen zum Besten zu haben«,[9] heißt es dazu einigermaßen trocken in *Dichtung und Wahrheit*.

Goethes neue Freunde hegen derweil schon andere Ideen. Warum das junge Talent nicht für einen Nebenverdienst nutzen, der ihnen allen etwas einbringt, zumindest das Geld für den Wein, den sie gemeinsam trinken? Diese Idee führt dazu, dass Goethe seine Laufbahn als Schriftsteller damit beginnt, Gedichte auf Bestellung zu verfassen – ein Hochzeitsgedicht hier, ein »Leichen-Carmen«[10] da. Seine Bekannten übernehmen die Akquise und das Eintreiben der Honorare, er selbst reimt, was das Zeug hält, und genießt vor allem die dadurch erlangte Nähe zu Gretchen.

Doch die Geschichte nimmt ein böses Ende. Der Kreis junger Leute, zu dem er Kontakte pflegt, wird öffentlich des Betrugs verdächtigt. Wer fiktive Briefe verfasst und Texte auf Bestellung liefert, dem wird auch zugetraut, mit »nachgemachten Handschriften, falschen Testamenten, untergeschobnen Schuldscheinen und ähnlichen Dingen«[11] zu tun zu haben. Goethe wird unter Arrest gestellt und verhört. Er macht sich bittere Vorwürfe, durch seine Aussage die Freunde womöglich zu verraten. Und obwohl er, bei Licht betrachtet, sogar zu ihrer Entlastung beiträgt, soll er sie und vor allem Gretchen nie wiedersehen. Die junge Frau muss die Stadt verlassen, gibt vorher aber noch schnell zu Protokoll, sie habe den Knaben wohl gern getroffen, ihn aber doch stets als Kind betrachtet. Vor allem darüber ist der Heranwachsende tief gekränkt und empört. Er weint und schluchzt derart anhaltend, dass er schließlich Schluckbeschwerden und Brustschmerzen bekommt und ärztlicher Behandlung bedarf.

Ergebnis all dessen ist, dass eine Aufsichtsperson ins Haus am Hirschgraben genommen wird. Es handelt sich um einen jungen Mann, der schon als Hofmeister gearbeitet hat. So nannte man damals überqualifizierte junge Akademiker, die mangels konkreter Berufsaussichten sich einen kärglichen Lebensunterhalt mit der Unterrichtung und Beaufsichtigung des Nachwuchses wohlhabender Leute verdienten. Da Goethes Aufseher in Jena philosophische

Vorlesungen gehört hat, versucht er, seinen neuen Zögling mit der Moralphilosophie und Metaphysik seiner Zeit bekannt zu machen – als Seelentrost für den immer noch unglücklich Verliebten und zugleich als Vorbereitung auf das herannahende Studium. Doch Goethe kann der in Tabellen und Paragraphen geordneten Metaphysik seiner Zeit nichts abgewinnen. »Leider wollten diese Dinge in meinem Gehirn auf eine solche Weise nicht zusammenhängen«, meint der auf seine Jugend Zurückblickende lapidar.[12] Letztlich bestreitet er der Philosophie sogar das Existenzrecht. Poesie und Religion genügen dem Transzendenzbedürfnis des Menschen doch vollauf. Die Meinung, es müsste erst durch die Philosophie begründet werden, erscheint ihm unbegründet. Lediglich dem Stoizismus und seinem Ideal, der »Apathia«, der Leidenschaftslosigkeit, vermag er etwas abzugewinnen. Das ist in seiner Situation nur zu verständlich.

Als die Tage wieder wärmer werden, zieht es Goethes Au-pair-Philosophen und den weiterhin an seiner unglücklichen ersten Liebe laborierenden jungen Poeten nach draußen. Ersterer bevorzugt die »Lustörter« unweit der Stadt, erhofft sich davon Abwechslung und Anregung. Doch Goethe befürchtet, dort auf Menschen zu treffen, die von der leidigen Affäre wissen oder sogar in sie verstrickt waren; er fühlt sich beobachtet, selbst gleichgültige Blicke verstören ihn. »Ich hatte jene bewußtlose Glückseligkeit verloren, unbekannt und unbescholten umherzugehen und in dem größten Gewühle an keinen Beobachter zu denken« – wie vormals, als er unbeschwert die Straßen und Plätze Frankfurts durchstreifte.

So treibt es ihn immer weiter in die Wälder, »und, indem ich die einförmigen Fichten floh, sucht' ich jene schönen belaubten Haine, die sich zwar nicht weit und breit in der Gegend erstrecken, aber doch immer von solchem Umfange sind, daß ein armes verwundetes Herz sich darin verbergen kann. In der größten Tiefe des Waldes hatte ich mir einen ernsten Platz ausgesucht, wo die ältesten Eichen und Buchen einen herrlich großen, beschatteten Raum bildeten. Etwas abhängig war der Boden und machte das Verdienst der alten Stämme nur desto bemerkbarer. Rings an diesen freien Kreis schlossen sich die dichtesten Gebüsche, aus denen bemooste Felsen mächtig und würdig hervorblickten und einem wasserreichen Bach einen raschen Fall verschafften.«

Von seinem belesenen Begleiter muss er sich deshalb sagen lassen, er erweise sich als »ein wahrer Deutscher«.[13] Er erzählt ihm von den schaurigen Wäldern des Tacitus. Der römische Historiker hatte im 1. Jahrhundert n. Chr. als Erster auf die ausgedehnte Bewaldung nördlich der Alpen hingewiesen und sie als hervorstechendes Merkmal des Landes der dort lebenden Germanen beschrieben. Das im 18. Jahrhundert erwachende Nationalbewusstsein berief sich auf die *Germania* des Tacitus, wenn es den Wald als deutsche Sehnsuchts- und Ursprungslandschaft deutete. Zu ihm gehörten Buchen und Eichen, während die schnell wachsende und vielseitig nutzbare Kiefer schon damals die Verachtung wahrer Waldliebhaber auf sich zog.

Den »köstlichen Platz«,[14] den der Fünfzehnjährige auf seinen melancholischen Streifzügen entdeckt hat, nennt er mit einem Modewort der Zeit einen »Hain«. Im Unterschied zu einem Wald ist ein Hain sehr viel kleiner und die Bäume stehen dort auch nicht dicht an dicht, sondern so weit auseinander, dass sie dem Verweilenden den Blick gen Himmel nicht verwehren. In einem Hain gibt es also Licht genug, um neben der Betrachtung der direkten Umgebung noch anderen Beschäftigungen nachzugehen, vorzugsweise auf dem weichen Boden sitzend und mit dem Rücken an den Stamm einer alten Eiche oder Buche gelehnt. Der junge Goethe ist ein glühender Verehrer der Dichtungen Klopstocks, der den Hain zum germanischen Gegenstück des Parnass stilisiert hat – des nach der griechischen Mythologie Apoll, dem Gott der Künste, geweihten Gebirgszuges, wo die Musen ihren Sitz haben. Nicht auf einem immerhin fast zweieinhalb tausend Meter hohen Gipfel, sondern unter dem sanft rauschenden Blätterhimmel eines Hains saßen seiner Vorstellung nach unsere wilden Vorfahren und unterhielten sich in einer Sprache, die der Poesie noch näher war als die prosaische Alltagssprache der Gegenwart.

So sucht der liebeskranke Goethe nun regelmäßig die Haine in seiner Umgebung auf. Er nimmt Waldbäder, um die seelischen Wunden seiner unglücklichen Liebe ausheilen zu lassen. Was beim jungen Goethe aus Intuition geschah, ist inzwischen neurowissenschaftlich erforscht: Nichts senkt den Stresslevel zuverlässiger als draußen in der Natur zu sein. Ein Aufenthalt an der frischen Luft unter dem im Wind rauschenden, im Licht flimmernden Blätterhimmel reguliert sogar die Aktivität in einem Bereich des Gehirns herunter, der aktiv ist, wenn wir grübeln. Von Kindesbeinen an haben die Erfahrungen der Natur, verbunden mit Bewegung, einen Puffereffekt gegen die negativen Einflüsse von Stress.[15]

Verse schreibt der junge Goethe in der therapeutischen Geborgenheit des Hains allerdings nicht. Nach der verwirrenden Erfahrung, zu welchen Mystifikationen die Poesie fähig ist, scheint er sich erst einmal eine literarische Sendepause verordnet zu haben. Stattdessen beginnt er zu zeichnen. Es entstehen erste noch sehr zaghaft und unsicher ausgeführte Blätter, die den Eindruck wiederzugeben versuchen, die die Naturlandschaft auf sein jugendliches Gemüt macht. Dem Ort geschuldet geht sein Blick nicht in die Ferne, über Felsen und Täler hinweg auf Burgen und Berge, sondern verweilt in der Nähe: Kräuter und Blumen wecken sein Interesse oder auch ein »halbbeschatteter alter Stamm, an dessen mächtig gekrümmte Wurzeln sich wohlbeleuchtete Farrenkräuter anschmiegen, von blinkenden Graslichtern begleitet«. Und weil er im Zeichnen wenig Übung hat und der Fotoapparat seinerzeit noch nicht erfunden war, ist »unter einer Stunde da nicht loszukommen«.[16] Sein Begleiter weiß das und nimmt zu diesen Ausflügen stets ein Buch mit, in dem er sich derweil festliest. Für den Philosophen ist die Natur bloß Kulisse, der Aufmerksamkeit nicht wert.

Goethe ist mit Bildern aufgewachsen. Das beschränkt sich keineswegs auf die Stiche mit römischen Ansichten, die zur Erinnerung an die vor der Familiengründung unternommene Italienreise des Vaters im weiträumigen Flur am Großen Hirschgraben hingen. Nach dem Umbau des Hauses hat auch die kontinuierlich anwachsende väterliche Gemäldesammlung ein eigenes Kabinett erhalten. Erst kürzlich hat der Sohn bei der Versteigerung der umfangreichen Sammlung des verstorbenen Frankfurter Barons Haeckel einige bedeutende Akquisitionen im Auftrag des Vaters getätigt. Im Unterschied zu allen anderen Kunstsammlern der Stadt konzentriert sich Johann Caspar Goethe auf zeitgenössische Maler. So kommt der heranwachsende Goethe nicht nur mit Gegenwartskunst, sondern auch mit deren Schöpfern in Kontakt. Verstärkt hat sich das noch, seitdem während des Siebenjährigen Krieges der französische Königsleutnant Thoranc mehrere Jahre im Haus einquartiert war – sehr zum Verdruss des Vaters und zur sichtbaren Freude des Sohnes. Thoranc hatte die Frankfurter Maler mit Aufträgen für sein Haus in Grasse förmlich überhäuft. Im Dachgeschoss war dafür sogar ein eigenes Atelier eingerichtet worden, in dem der Sohn des Hauses häufig Mäuschen spielte, den Malern bei ihrer Arbeit zuschaute und ihre Bekanntschaft machte.

Doch das ist nur die eine Quelle von Goethes nun hervortretender zeichnerischer Produktivität, die das ganze Leben lang anhält – obwohl ihm zunehmend klar wird, auf diesem Gebiet lediglich über ein sehr begrenztes Talent zu verfügen. Die andere Quelle liegt in der Heilkraft, die das Zeichnen in der Natur auf ihn ausübt. So muss es jedenfalls der Vater gesehen haben, der nach dem Zeugnis Goethes sofort die Unzulänglichkeit der zeichnerischen Versuche seines Sohnes durchschaut und ihn dennoch ermuntert, damit fortzufahren. Johann Caspar Goethe war wohl der Meinung, dass das Umherstreifen in der Natur allein nicht die rechte Kur für die melancholische Unruhe ist, die das Gemüt seines pubertierenden Sohnes ergriffen hat. Zum Ausgleich fördert er dessen neue Beschäftigung, fragt nach seinen Versuchen, zieht Linien um jede seiner fragmentarischen Skizzen und legt eine Sammlung an, die künftig die zeichnerischen Fortschritte dokumentieren soll. Johann Wolfgang lässt sich das gefallen. Es ist eine der wenigen Stellen in *Dichtung und Wahrheit*, an denen Goethe des Vaters mit Dankbarkeit und großem Respekt gedenkt. Unter der Bedingung, ein Heft mit zeichnerischen Versuchen nach Hause zu bringen, erlaubt er dem Sohn, auch ohne Aufsicht Wanderungen zu unternehmen, die ihn zusehends weiter weg von der Vaterstadt führen.

Also durchwandert der Fünfzehnjährige das Taunusgebirge, auf das sich bereits der aus dem Fenster schweifende Blick des Kindes sehnsuchtsvoll geheftet hat. Er besucht Homburg vor der Höhe und Kronberg, besteigt den Großen Feldberg, die höchste Erhebung des Taunus, von der ihn die Aussicht noch weiter in die Ferne lockt, und erreicht über Bad Schwalbach schließlich den Rhein, den er von den Höhen herab sich durch das Tal schlängeln sieht. Früh übt Goethe ein Verhaltensmuster ein, das ihn sein ganzes Leben lang begleiten wird: Aus Unglück und Verdruss flüchtet er sich in die Natur. Neben ihrer Vorstellung als einer unberechenbaren, dem Menschen gegenüber gleichgültigen Macht, wie sie das Erdbeben von Lissabon schon den Sechsjährigen gelehrt hat, entwickelt sich nun ein anderes Verhältnis zur Natur: Ihre Erfahrung beschützt ihn vor den Unbilden und Enttäuschungen des Lebens, nicht zuletzt vor sich selbst. Und die Begegnung mit ihr verleiht ihm neue, ungeahnte Kräfte. Ihre Wirkung ist heilend und belebend.

Dennoch ist es keineswegs allein der Aufenthalt an der frischen Luft, unter dem Blätterhimmel oder auf den Erhebungen der durchstreiften Gebirge, der ihm guttut. Das mitgeführte Zeichenheft sorgt dafür, dass sein Blick nicht nach innen, sondern nach außen geht, sich an die Dinge der Umgebung heftet, seien es nun Pflanzen, Steine, Bäume oder auch das flirrende Spiel des Lichts. Man mag das als willkommene Ablenkung betrachten, aber es ist viel mehr, nämlich die Zuwendung zur äußeren Welt und ein erwachendes Interesse an den Dingen, so wie sie von Natur aus sind. Mit dem Zeichenstift in der Hand entdeckt der heranwachsende Goethe, dass die Natur nicht ein Ensemble von Zufälligkeiten ist, sondern Zusammenhänge, womöglich sogar eine Ordnung aufweist und dass uns Menschen das etwas zu »sagen« hat. Das versucht er in seinen Zeichnungen wiederzugeben. Es führt dazu, dass er später den Zeichenstift durch die Naturforschung ergänzt, wo nicht mit ihr vertauscht.

*Fünftes Kapitel, in dem Goethe Erfahrungen macht,
nicht zuletzt solche, die er gar nicht machen möchte*

Kaum sechzehn Jahre alt, tritt Goethe eine erste mehrjährige Abwesenheit von Elternhaus und Heimatstadt an. Sein Vater schickt ihn zum Studium an die altehrwürdige Universität Leipzig, an der er selbst Anfang der 1730er Jahre eingeschrieben war. Und auch das von ihm ausgewählte Fach ist das gleiche, das er selbst absolviert hat: Jura, das damals als Aufsteigerfach galt. Einerseits sehnt der Sohn den Tag des Aufbruchs am 1. Oktober 1765 mit der »heimlichen Freude eines Gefangenen« herbei, dem es nach und nach gelingt, seine Ketten abzulösen und das Kerkergitter durchzufeilen. Andererseits ist er weder mit der Wahl des Studienorts noch der des Faches einverstanden. Wäre es nach ihm gegangen, hätte er die junge Reformuniversität in Göttingen besucht und dort alte und neue Sprachen studiert.

Der Jüngling, der sich da im zarten Alter von sechzehn Jahren zum Studium in eine fremde Stadt aufmacht, hat zwar einiges gelernt und vor der Abreise vom Vater noch juristisches Grundwissen vermittelt bekommen, er versteht rhetorisch zu brillieren und schüttelt Verse aus dem Handgelenk, aber eigentlich ist er ein verwöhnter, lebensunerfahrener Jüngling mit begrenztem Durchsetzungsvermögen und schwächlicher physischer Konstitution, im tiefsten Grund des Herzens unsicher, obwohl er allenthalben Selbstsicherheit vortäuscht. »Einen kleinen, eingewickelten, seltsamen Knaben«[1] sollte Goethe sich selbst zehn Jahre später nennen. Das ist auch dem Porträt anzusehen, das im Auftrag des Vaters kurz vor dem Aufbruch nach Leipzig entsteht.

Wir wissen nicht, ob die Geste der in die Weste geschobenen Hand[2] auf dem Bild des Sechzehnjährigen auf Geheiß des Vaters oder den Wunsch des Sohnes zustande kam oder ob es sich um einen Einfall des noch sehr jungen Malers handelt. Sie sollte später zu einem Wahrzeichen Napoleons werden, geht aber auf antike Traditionen zurück und signalisierte Mitte des 18. Jahrhunderts wahlweise Bescheidenheit und Besonnenheit oder Lässigkeit und vornehme

Abbildung 1: Johann Adam Kern, Johann Wolfgang Goethe, um 1765

Zurückhaltung. Erstaunlich ist aber schon, dass eine Geste, die eigentlich dazu bestimmt war, Persönlichkeiten von Rang und Namen repräsentativ in Szene zu setzen, hier zur Attitüde eines Grünschnabels wird, der seine gesamte Zukunft noch vor sich hat und dessen sonstige Erscheinung mit schmalen, hängenden Schultern, schmächtigem Oberkörper und einem fragenden, unsicheren Blick in Widerspruch dazu steht.

Jedenfalls lässt sich dem Porträt des angehenden Studenten entnehmen, welch ein extrem hoher Erwartungsdruck auf diesen schmalen Schultern lastet. Dass der junge Goethe damit nicht zurechtkommt, ist kaum verwunderlich. Als er drei Jahre später ins Elternhaus zurückkehrt – ohne Abschluss, erschüttert an Leib und Seele –, ist er um viele, zum Teil schmerzliche Erfahrungen reicher, die für sein künftiges Leben prägend sein werden. Vor allem aber wird er die Erfahrung gemacht haben, dass Erfahrung durch nichts zu ersetzen ist, weder durch Besserwisserei noch durch guten Willen und schon gar nicht durch Ansprüche, die allzu rasch als Anmaßung durchschaubar werden.

Die geistige Nahrung des Jurastudenten gleiche Holzmehl, das überdies schon von tausend Mäulern vorgekaut sei – so hat Franz Kafka,[3] auch er ein

Schriftsteller mit Jurastudium, den bis heute gültigen Eindruck beschrieben, es komme dabei weniger auf geistige Kreativität und eigenes Denken an als auf Pauken, Büffeln, Ackern oder wie immer man die geforderte beharrliche Lernbereitschaft umschreiben will. Er habe »warrlich nichts sonderlichs behalten«, schreibt der junge Student schon bald an seine Schwester. Er lasse sich hängen – »ich weiß nichts«.[4] Und wenn ihn einmal etwas reizt wie die Rechtsgeschichte, dann bleibt der Professor beim Zweiten Punischen Krieg stecken. So kommt es, dass ihm schon im ersten Leipziger Winter auf dem Weg zu den Vorlesungen der Geruch frisch gebackener Krapfen derart in die Nase steigt, dass er darüber die Zeit vergisst und sich gehörig verspätet. Woraufhin der Lehrstoff nach Goethes Erinnerung »gegen das Frühjahr mit dem Schnee zugleich verschmolz und sich verlor«.[5]

Schon bald sieht sich Goethe in Leipzig nach zusätzlicher geistiger Nahrung um. In den schönen Wissenschaften, wie man nach dem französischen Vorbild der »belles lettres« damals die Geisteswissenschaften, die Humanities, nannte, hat Leipzig mit Johann Christoph Gottsched und Christian Fürchtegott Gellert gleich zwei große Namen vorzuweisen. Doch Mitte der Sechzigerjahre des 18. Jahrhunderts, als Goethe studiert, haben die beiden großen Autoritäten ihre beste Zeit schon hinter sich. Gottsched ist ein alter Mann, der das nächste Jahr nicht überleben sollte, Gellert ist seit langem gesundheitlich angeschlagen und leidet zudem unter depressiven Verstimmungen. Beide verkörpern noch den Geist einer Aufklärung, in der alles auf die Besserung des Menschen abgestellt ist. So wurden auch Poesie und Literatur weniger um ihrer selbst willen geschätzt, sondern weil man sie als das geeignete Mittel betrachtete, die Menschen zu sozialverträglichen Wesen zu erziehen. Der junge Goethe, der im Schreiben gerade die Möglichkeit zu entdecken beginnt, den eigenen Gefühlen und Erfahrungen Ausdruck zu verleihen, kann mit dieser Indienstnahme der Literatur für Anstand und Moral begreiflicherweise wenig anfangen. Wenn Gellert, der auch als Schriftsteller sehr populär war, über Moral liest, auf die bei ihm alles hinausläuft, ist das philosophische Auditorium gedrängt voll. Doch im Ergebnis ist, was er mit seinen sanft-traurigen Augen vorträgt, wenig mehr als die bekannte Warnung vor Lasterhaftigkeit und Freigeisterei und ein Lob frommer Bescheidenheit und Redlichkeit. Goethe erinnert sich eines durchreisenden Franzosen, »der sich nach den Maximen und Gesinnungen dieses Mannes erkundigte, welcher einen so ungeheuren Zulauf hatte«. Darüber in Kenntnis gesetzt, soll er den Kopf geschüttelt und lächelnd gesagt haben: »Laissez le faire, il nous forme des dupes«[6] – Lasst ihn nur machen, er erzieht für uns Toren.

Auch die Begegnung mit dem großen Gottsched, dessen *Critische Dichtkunst* seit über drei Jahrzehnten definiert, was unter vernünftiger Poesie zu verstehen sei, verläuft enttäuschend und, wie Goethe noch Jahrzehnte später feststellt, entlarvend. Als er den alten, hünenhaften Mann einmal in seiner Wohnung aufsucht, irrt er sich im Zimmer und trifft ihn kahlhäuptig an. Sogleich springt der Bediente herbei und reicht seinem Herrn den Kopfschmuck: eine große Allongeperücke mit Locken, die bis zur Brust reichen. Solche Perücken waren unter Ludwig XIV. große Mode in Europa geworden, doch Mitte des 18. Jahrhunderts längst außer Gebrauch geraten; höchstens noch Richter, Rektoren und der Hochadel trugen sie. Geschickt schwingt der Alte mit seiner Linken die Perücke auf seinen riesenhaften Kopf, während er, erzürnt über die peinliche Situation, mit der Rechten dem Diener eine kräftige Ohrfeige verpasst, so dass dieser wieder zur Tür hinauswirbelt. Eine Szene wie aus einem Lustspiel, zudem mit einer unmissverständlichen Botschaft: Der Kritiker-Kaiser ist nicht nur nackt am Kopf, er ist auch ein autoritärer Charakter und ein Mann der Vergangenheit. Jedenfalls können weder der Moralist noch der Systematiker den nach Orientierung suchenden Goethe in seiner Frage weiterbringen, worauf es bei der Ausbildung zum Dichter ankomme. Goethe, das wird schnell deutlich werden, will als Schriftsteller weder einen Fächerkanon abarbeiten noch die Menschen bessern. Rückblickend hat er die Begegnungen mit Gellert und Gottsched als Momente in seinem noch jungen Leben verstanden, »wo mir alle Autorität verschwinden und ich selbst an den größten und besten Individuen, die ich gekannt oder mir gedacht hatte, zweifeln, ja verzweifeln sollte«.[7] Auch in Erfahrung zu bringen, was man nicht will, kann aber ein nachhaltiges Bildungserlebnis sein.

Es ist eine müßige und zugleich doch interessante Frage, wie anders Goethes Lebensweg womöglich verlaufen wäre, wenn der Vater seinem Wunsch nach einem Studium in Göttingen nachgegeben hätte, statt den Sohn auf die Reproduktion des eigenen Werdegangs verpflichten zu wollen (was, wie fast immer, auch in diesem Fall gründlich schiefging). Dem anachronistischen Muff, der von der altehrwürdigen Leipziger Universität ausging, wäre Goethe in Göttingen jedenfalls nicht begegnet. Die damals erst drei Jahrzehnte bestehende Georgia Augusta war auf deutschem Boden seinerzeit das Nonplusultra an moderner empirischer Wissenschaft. Die dort Forschenden und Lehrenden verbanden ein undogmatisches Interesse an der Realität mit kritisch-analytischem Geist und einem ausgeprägten Methodenbewusstsein. Das galt nicht nur für die Naturforschung, sondern genauso für die historischen Wissenschaf-

Und halte die Erfahrung für die einzige echte Wissenschaft

ten und insbesondere für die beiden Professoren, bei denen Goethe liebend gerne studiert hätte. Der Orientalist Johann David Michaelis war ein Wegbereiter der Religionssoziologie, der Altertumswissenschaftler Christian Gottlob Heyne tat für die Literatur, was der Archäologe Johann Joachim Winckelmann für die Kunst geleistet hatte: Er verstand antike Texte als Dokumente ihrer Zeit, als Bestandteile einer Kulturepoche. Das von ihm seit 1763 geleitete »philologische Seminar« war als Alternative zum traditionellen Frontalunterricht der Vorlesung konzipiert: Hier erarbeiteten Professoren und Studenten gemeinsam ein Thema in Vorträgen, Aufsätzen, mündlicher Kritik und Diskussion. So wurde der Graben nicht nur zwischen Lehrenden und Lernenden, sondern auch zwischen Lehre und Forschung geschlossen. Der Student Goethe hätte hier wohl gefunden, was er in Leipzig so schmerzlich vermisste: kritischen Austausch und Selbsttätigkeit auf hohem Niveau. Göttingen war in dieser Hinsicht Avantgarde, auf die lange Zeit wenig folgte: Auch in Deutschland, wo sie erfunden wurde, benötigte die uns heute so geläufige Institution des Seminars Jahrzehnte, um sich an den Universitäten durchzusetzen und schließlich zu einem »Exportschlager des deutschen Wissenschaftssystems« zu werden.[8]

In Göttingen hätte Goethe neben avancierter Sprach- und Kulturgeschichte auch eine zukunftsweisende, auf Beobachtung statt auf Dogmatik fußende Naturforschung kennenlernen können. Mit großer Wahrscheinlichkeit wäre er schon als Student dem späteren Experimentalphysiker Georg Christoph Lichtenberg begegnet, der von Mai 1763 bis 1767 dort vor allem Mathematik und Physik, aber auch Ästhetik sowie englische Sprache und Literatur studierte. So wird ihre Begegnung noch viele Jahre auf sich warten lassen, bis Goethe schließlich 1783 – damals schon der allseits bekannte Dichter des *Werther* – für mehrere Tage in Göttingen weilt und bei dieser Gelegenheit auch ein Privatissimum in Sachen Experimentalphysik von Lichtenberg bekommt. Lichtenbergs Lehrer in Göttingen war der Mathematiker und Physiker Abraham Gotthelf Kästner, auch er eine Koryphäe seines Faches. Er brachte die Messkunst, wie die Mathematik seinerzeit noch hieß, überhaupt erst ins Bewusstsein der Zeit, indem er sie als Grundlage jeder ernsthaften Naturforschung betrachtete. Der Ruf seiner mathematisch-naturwissenschaftlichen Vorlesungen reichte weit über Göttingen hinaus. Kästner war neben seinem Beruf als Professor für Mathematik auch Dichter – eine Kombination, die unter den Naturforschern der Zeit keine Seltenheit war. Kästners Vorgänger in Göttingen, der Schweizer Mediziner und Biologe Albrecht von Haller, einer der bekanntesten Naturwissenschaftler des 18. Jahrhunderts, verkörperte diese Verbindung von Wissenschaftler und Literat sogar auf beinahe idealtypische, seine Nachfolger wie die gesamte Georgia Augusta prägende Weise. Sein berühmtes Langgedicht *Die Alpen*, ein Preis des einfachen Lebens, kannte jeder Literaturinteressierte der Zeit; ein Exemplar befand sich auch in der Bibliothek von Goethes Vater. In Göttingen wurde Haller zum Begründer der modernen medizinischen Neurophysiologie.

In Leipzig wird Goethe der Name Albrecht von Hallers in einem Atemzug mit dem Carl von Linnés und des Comte de Buffon genannt. Der Neuankömmling hat seinen Mittagstisch bei dem Hofrat und Professor für Medizin Christian Gottlieb Ludwig und ist in einen Zirkel angehender Ärzte geraten. »Ich hörte nun in diesen Stunden gar kein ander Gespräch als von Medizin oder Naturhistorie, und meine Einbildungskraft wurde in ein ganz ander Feld hinüber gezogen.«[9] Jedenfalls wird der Erstsemesterstudent mit der raschen Auffassungsgabe so schon einmal mit der Terminologie der Naturforschung seiner Zeit vertraut. Parallel dazu hört er Physikvorlesungen bei Professor Johann Heinrich Winckler. Obwohl er relativ spät zur Elektrizitätsforschung gekommen war, galt Winckler als Experte auf diesem Gebiet. Noch vor Benjamin Franklin hatte er gezeigt, dass selbst aus größeren Entfernungen Funken aus einer Elektrisiermaschine gezogen werden konnten, wenn man spitze statt stumpfer elektrischer Leiter verwendete. Erst Professor der Weltweisheit und dann auch der Altphilologie erhielt er aufgrund seiner Forschungen zur Elektrizität 1750 zusätzlich noch eine Physikprofessur.

Winckler hatte gleich mehrere Typen von Elektrisiermaschinen entwickelt: mit zwei oder vier Glaskugeln, mit einem, zwei, vier oder sogar acht Glaszylindern, die horizontal übereinander angebracht waren, oder auch mit mehreren Glasröhren, die sich der Länge nach auf und ab bewegten. Eigentlich berühmt aber wurde er wegen seiner öffentlichen Versuche, die weniger Experimente mit ungewissem Ausgang als Schauvorführungen waren. Zur schönen Jahreszeit begab man sich dafür ins Freie; Prinzen, Damen aus dem Adel und andere Prominente waren gern gesehene Gäste. Auf die Frage eines Zuschauers seiner öffentlichen Versuche, ob statt eines mit Alkohol bestrichenen metallischen Leiters auch ein elektrisierter Mensch in Flammen versetzt werden könne, soll Winckler spontan einen seiner Finger in Weingeist getaucht und zum Brennen gebracht haben. Bei einer anderen Vorführung legte er in Apels Garten eine Eisenkette durch die Pleiße und demonstrierte auf diese Weise die Fortpflanzung der Elektrizität durch einen Fluss. Dergleichen brachte die Menschen zum Staunen. Nicht nur, dass man Feuer und Funken gleichsam aus den Fingern saugen konnte. Selbst Stoffe wie Wasser, Schnee oder gar Eis, die doch gar nicht brennbar zu sein schienen, wurden durch die bloße Hinzufügung eines geriebenen Glases zu Feuerquellen. Der junge Goethe, der einigen Demonstrationen Wincklers beiwohnt, begreift immerhin genug davon, dass es zu einem originellen Kompliment reicht. »Freudigkeit der Seele und Heroismus seien so communicabel wie die Elektrizität«, schreibt er einer jungen Dame und fährt dann fort: »Und Sie haben so viel davon, als die Elecktrische Maschine Feuerfuncken in sich enthält.«[10] Noch bei seinen Experimenten zur Farbenlehre wird sich Goethe dankbar der Vorlesung von Winckler erinnern, der ihm nach Uffenbach Grundkenntnisse auf diesem Gebiet vermittelt hat.

Auch seine Ausflüge in die Natur setzt Goethe in Leipzig fort. An die Stelle der Wälder und Höhen des Taunus treten die Parks der näheren Umgebung. Und was tut der junge Liebling der Götter, wenn er, oftmals allein, die zum Teil weitläufigen Gartenanlagen durchstreift und nicht gerade die Mückenplage »keinen zarten Gedanken« aufkommen lässt? Dann geht er auf »Bilderjagd«[11] – eine Beschäftigung, die damals unter jungen Poeten groß in Mode gewesen sein muss. Der Prälat, Dichter und notabene auch Elektrizitätsforscher und Miterfinder der Leidener Flasche Ewald von Kleist hatte den Trend gesetzt, als man ihn nach dem Grund für seine regelmäßigen einsamen Spaziergänge befragte – »er sei dabei nicht müßig, er gehe auf die Bilderjagd«, ließ er verlauten.[12] Seitdem durchkämmte so mancher Poet und auch solche, die sich dafür hielten, die deutschen Parks, Auen und Wälder, mit schussbereiter Feder, um »poetisches Wildpret«[13] zu erlegen – so nach eigenem Bekunden auch der Student Goethe. Anfangs muss ihm dabei wenig vor die Feder geraten sein, wohl auch deshalb, weil er nicht recht wusste, wonach er überhaupt ausspähen sollte: »Aber die Natur, wie sie vor uns liegt, kann doch nicht nachgeahmt werden, sie enthält so vieles Unbedeutende, Unwürdige, man muß also wählen; was bestimmt aber die Wahl? Man muß das Bedeutende aufsuchen; was ist aber bedeutend?«[14] Zur Klärung dieser Frage erzählt Goethe in *Dichtung und Wahrheit* eine Anekdote.

Er sei, so berichtet er, »nach Menschenweise« in seinen Namen verliebt gewesen »und schrieb ihn, wie junge und ungebildete Leute zu tun pflegen, überall an«, so auch auf einem seiner poetischen Spaziergänge in die glatte Rinde einer Linde. Dann verliebt er sich – in eine junge Frau, die nach Aussehen, Alter und sozialem Status stark dem Frankfurter Gretchen gleicht, dieses Mal von Goethe aber Annette oder Ännchen genannt wird, während sie eigentlich Anna Katharina Schönkopf heißt und von ihrer Familie und ihren Freunden Käthchen gerufen wird. Und so macht er sich im Herbst erneut zu dem Lindenbaum auf, um den Namen der Geliebten – welchen von den zur Auswahl stehenden teilt er nicht mit – oberhalb des seinen in die Rinde zu schneiden. Schon bald aber stellen sich die bereits von der ersten Liebesbeziehung her bekannten Probleme ein: Goethe ist es äußerst ernst mit seiner Verliebtheit, schon weniger ernst aber mit einer wirklichen Liebesbeziehung mit allen sich daraus ergebenden Folgen. Das hält ihn aber nicht davon ab, rasend eifersüchtig zu sein und so manche Gelegenheit vom Zaune zu brechen, um die Angebetete deswegen »zu quälen und ihr Verdruß zu machen«. Darüber wird es wiederum Frühjahr, und er besucht mehr oder weniger zufällig zum dritten Mal den Baum und bekommt es daraufhin mit dem zu tun, was er das »Kleinleben der Natur« nennt. »Der Saft, der mächtig in die Bäume trat, war durch die Einschnitte, die ihren Namen bezeichneten, und die noch nicht verharscht waren, hervorgequollen und benetzte mit unschuldigen Pflanzentränen die schon hart gewordenen Züge des meinigen.« Dies ist Goethes erstes überliefertes botanisches Experiment. Der Anblick des ausgetretenen Baumsaftes verhilft ihm zur jähen Erkenntnis, er quäle die junge Schönkopf mit seiner Eifersucht, statt ihr wirkliche Liebe entgegenzubringen. Erst reagiert er mit Bestürzung, ihm treten Tränen in die Augen, dann damit, dass er zur Geliebten eilt, um Abbitte zu tun, und schließlich indem er das Ereignis in ein Gedicht verwandelt, das »ich niemals ohne Neigung lesen und ohne Rührung Anderen vortragen konnte«.[15] Das Gedicht ist leider verloren, vermutlich bei einem der Autodafés, die der angehende Schriftsteller in regelmäßigen Abständen veranstaltet, Opfer der Flammen geworden.

Goethe widmet sich in Leipzig aber auch der konventionellen Zeichenkunst und baut seine bislang sehr rudimentären Fertigkeiten darin etwas aus, indem er Kurse an der neu gegründeten Leipziger Akademie in der Pleißenburg belegt. Große Fortschritte macht er dabei dem eigenen Bekunden nach nicht, findet aber in Adam Friedrich Oeser, dem Direktor der Akademie, einen ihm äußerst zugewandten Lehrer. Oeser gehörte wie auch der Göttinger Christian Gottlob Heyne einer Generation von Künstlern und Wissenschaftlern an, die die Hinwendung zur Antike mit einer Erneuerung nicht nur des geistigen Lebens, sondern auch der Lebensführung verbanden. Die entscheidende Bezugsfigur für beide war Johann Heinrich Winckelmann mit seinem Gedanken, die Beschäftigung mit der Antike zur Produktivkraft einer Befreiung der Künste und des Denkens von konventionellen Formen zu machen. Oeser verkörperte das neue Denken auch in seiner ganzen Person: Er war geistig unabhängig, unaffektiert und unprätentiös und übte auf diese Weise auf den unsicheren jungen Goethe einen wohltuenden, beruhigenden Einfluss aus. »Den Geschmack, den ich am Schönen habe, meine Kenntnisse, meine Einsichten, habe ich die nicht alle durch Sie?«, heißt es in einem überschwänglichen Dankesbrief, den er kurz nach seiner Rückkehr ins Elternhaus an seinen Lehrer schreibt.«[16] Oeser scheint Goethe die Augen dafür geöffnet zu haben, dass er seine Empfindungen für die Natur, die er als Zeichner festzuhalten versucht, woran er aber regelmäßig scheitert, auch in Poesie, in sprachlichen Ausdruck, verwandeln kann, wenn er sie aus der Einbildungskraft neu erschafft.

∞

In dem elf Jahre älteren Ernst Wolfgang Behrisch begegnet Goethe in Leipzig darüber hinaus dem Ersten einer Reihe von Mentoren, die ihn ein Stück auf seinem Lebensweg begleiten. Hochgewachsen, hager, mit einer langen spitzen Nase war er eine markante Erscheinung und ein so scharfsichtiger wie spitzzüngiger Kritiker der Leipziger Honoratiorengesellschaft und ihrem selbstgefälligen Gebaren. In seiner Person findet Goethe, was er an der Universität vergebens gesucht hat: einen poetischen Berater, dem er seine eigenen Dichtungen zur kritischen Beurteilung vorlegen kann. Behrisch ist es auch gewesen, der eine erste Sammlung von Goethes Gedichten initiierte.

Sie würden einander trösten, schreibt Goethe an seine Schwester, »indem wir in unserem Auerbachs Hofe ... wie in einer Burg, von allen Menschen abgesondert sitzen, und ohne Misanthropische Philosophen zu seyn, über die Leipziger lachen«.[17] Seit 1625 hingen an den Wänden des Weinkellers von Auerbachs Hof in Leipzig Gemälde, die den mit Studenten zechenden und auf einem Weinfass reitenden Doktor Faust zeigten. Sie bildeten einen sinnfälligen Kommentar zu dem, was die zumeist aus dem akademischen Milieu stammenden Gäste des Kellers hier unten taten, wenn sie sich in der Regel auch damit begnügten, die Weinfässer zu leeren. In Stunden der Weinseligkeit und im Gespräch mit dem Freund entwickelt Goethe in Auerbachs Keller wohl erste Ideen zu einem Faust-Drama, das ihn sein ganzes Leben beschäftigen sollte. Dazu passt, dass in einem Brief an Behrisch schon bald zum ersten Mal vom Teufel die Rede sein wird. Der Ältere hat dem Jüngeren einige Ratschläge erteilt, wie man ein Mädchen verführt, wohl mit dem Ergebnis, dass es zu intensiven Küssen zwischen Goethe und Annette Schönkopf gekommen ist. »Sieh' diese Seeligkeit habe ich dir zu dancken! Dir! Deinem Raht, deinen Anschlägen [Tipps]. So eine Stunde!« Und gleich macht sein Erfolg ihn übermütig. Er hat eine gemeinsame Leipziger Bekannte besucht, Fritzgen nennt er sie. Sie sei ganz »sittsam, so tugendhaft« geworden: »Kein nackend Hälsgen mehr, nicht mehr ohne Schnürbrust.« Kurz gesagt: »abscheulich erber [ehrbar]«. Er wette aber, sie würde sich in ihn verlieben, wenn er sie nur noch einige Male besuchte. »Sie ist manchmal Sontags alleine zu Hause.« Gäbe man ihm nur zwei Wochen Zeit, und könnte er es »ungestraft« und heimlich tun, phantasiert Goethe, »so würde ich die affaire des Teufels übernehmen, und das gute Werck zu nichte machen. Kennst du mich in diesem Tone Behrisch? Es ist der Ton eines siegenden iungen Herrn.«[18] Und in der Phantasie eine Verführungsszene, wie sie dann zum Herzstück der Gretchen-Tragödie des *Faust* werden wird.

Behrisch verdiente sein Geld als Erzieher und Hauslehrer. Seine plötzliche Abreise aus Leipzig im Herbst 1767, als er seine Hofmeisterstelle in Leipzig verloren hat und eine neue am Hof des regierenden Fürsten Leopold III. Friedrich Franz von Anhalt-Dessau angetreten ist, hinterlässt eine empfindliche Lücke beim Studenten Goethe, die er mit einem regen Briefwechsel zu füllen versucht. Brief um Brief wird dem Ansprechpartner in literarischen Fragen nun auch die Rolle des mitfühlenden Freundes zugedacht, den detaillierte Schilderungen der unglücklichen Liebe zu Katharina Schönkopf erreichen. Zusehends fallen sie emotionaler und sprachlich virtuoser aus. Höhepunkt ist ein langer, zwischen dem 10. und 14. November geschriebener Brief, in dem Goethe eine Sprache für die ihn überwältigenden Gefühle zu finden versucht. Rasende Eifersucht hat den Schreiber gepackt, als er die Freundin zusammen mit dem Revaler Studenten Peter Friedrich Ryden im Theater beobachtet hat. Da wurde ausgerechnet *Miss Sara Sampson* von Lessing gegeben – ein Stück, das Goethe bereits mit Annette besucht hat und das von tödlicher Rache aus Eifersucht handelt. Goethe verlässt das Theater vorzeitig, um seiner aufgewühlten Seele brieflich Luft zu verschaffen, und der Sturm der Affekte, der in ihm tobt, ist bis in die Syntax hinein spürbar. Ständig durchbrechen ein »Ha!« oder andere abrupte Interjektionen den Bericht, der von Einschüben, Ellipsen und Ausrufen wie durchlöchert ist. Mehrmals unterbricht Goethe auch die Niederschrift, setzt sie nach einer Pause oder einer Nacht dann fort. Kaum zu entscheiden ist, was von dem zu Papier Gebrachten ihm spontan in die Feder fließt und was schon auf den Effekt hin kalkuliert ist, den es beim Leser machen soll. So verwundert es nicht allzu sehr, dass irgendwann der Satz fällt: »Mein Brief hat eine hübsche Anlage zu einem Werckgen.«[19] Dazu passt, dass er an manchen

Stellen bis in Formulierungen hinein bereits Diktion und Prosa der *Leiden des jungen Werthers* vorwegnimmt, jenes gut sechs Jahre später entstandenen Briefromans, der Goethes endgültigen Durchbruch als Schriftsteller bedeuten wird. Und wieder ist vom Teufel die Rede: »Ha! alles Vergnügen liegt in uns. Wir sind unsre eigne Teufel, wir vertreiben uns aus unserm Paradiese.«[20] Hier – und nicht in den parallel entstandenen, von Behrisch edierten Gedichten, die noch in Rokokotraditionen befangen sind – schreibt Goethe sich frei und findet zum Stil seiner frühen Prosa und ihrer kalkulierten Spontaneität.

Doch die neue Prosa ist alles andere als eine Schöpfung aus dem Nichts. In jenen turbulenten Wochen im Herbst 1767, in denen sich in Goethes »Beziehung« zu Käthchen Schönkopf die Eifersuchtsszenen mehren, sein bester Freund aus Leipzig abreist, er viele seiner Werke aus der Frankfurter Zeit dem Feuer übergibt und zu allem Unglück auch noch vom Pferd stürzt, liest er, wohl zum ersten Mal und vielleicht sogar auf Anregung von Behrisch, einen Roman, der aus der gewöhnlichen Produktion der Zeit schon dadurch herausstach, dass sein Verfasser behauptete, eigentlich handle es sich um gar keinen Roman, und wenn schon, dann jedenfalls nicht um Fiktion. Alle Welt, insbesondere die junge Generation, las in diesen Jahren die *Briefe zweier Liebenden aus einer kleinen Stadt am Fuße der Alpen* von Jean-Jacques Rousseau. Und viele von ihnen waren dem eher unter dem Kurztitel *Julie oder Die neue Heloïse* bekannten Buch regelrecht verfallen, selbst dann, wenn sie Rousseaus Philosophie von der Zerstörung der menschlichen Natur durch die Gesellschaft, ihre Zwänge und Konventionen nicht zu ihrem Evangelium machten.

Rousseaus Antiroman besteht lediglich aus Briefen, die so ungelenk, so ungestüm und so ungehalten geschrieben sind, wie junge Menschen formulieren, wenn es um ihre Gefühle und Leidenschaften, ihr Hin- und Hergerissensein zwischen Begierde und Verstand und ihre noch unausgegorenen Ansichten vom Leben geht. Die jungen Menschen sind in diesem Fall die achtzehnjährige Julie und ihr nur um weniges älterer Hauslehrer St. Preux, beide unsterblich ineinander verliebt, doch aufgrund des Standesunterschieds mit großen Problemen belastet, sich zu ihrer Liebe zu bekennen, geschweige denn sie zu leben. Wenn Julie zögert, dem Werben von St. Preux nachzugeben, oder ihm gar die kalte Schulter zeigt, verstärkt das nur dessen Passion für sie. Das ist genau das Drama, das Goethe gerade in seiner Beziehung zu Annette erlebt. Die beklagte Kälte der Geliebten, ihre vermeintliche Falschheit, ihre Unzuverlässigkeit – alles das kann er in Rousseaus Buch wiederfinden, das von einem verliebten jungen Mann handelt, der sich völlig abhängig von dem schwer zu deutenden Verhalten der Geliebten macht und so ständig zwischen den Gefühlen himmelhoch jauchzenden Glücks und katastrophalen Unglücks schwankt.

Es dauert nicht lange, da kommt es in Goethes Beziehung zur kleinen Schönkopf zu Differenzen. Nach einer heimlich und allein unternommenen Reise nach Dresden erfolgt die Trennung. Kurze Zeit darauf wird Goethe ernsthaft krank. Anfangs reagiert er auf die Symptome einer beginnenden Bronchitis mit Abhärtung, macht dadurch die Sache aber nur schlimmer. Eines Nachts dann spuckt er Blut und schwankt nach eigenem Bericht einige Tage zwischen Leben und Tod. Goethe selbst bringt die nun beginnende, langwierige Erkrankung, die ihn teilweise ganze Wochen ans Bett fesselt, mit der Atemnot seiner Geburt und frühen Kindheit in Verbindung. Seine Lunge, so meint er, habe ihm nicht so viel Atem gereicht, als seine Zunge brauche.[21] Angesichts seiner sowieso schon schwachen Bronchien liegt es nahe, dass Goethe sich eine Lungenentzündung zugezogen, sich womöglich sogar mit Tuberkulose infiziert hat. Doch sicher spielt auch die unglückliche Liebe zu Käthchen eine Rolle. Noch im Dezember 1769, also fast eineinhalb Jahre nach dem Blutsturz, meint er: »Mein Körper ist wieder hergestellt, aber meine Seele ist noch nicht geheilt, ich binn in einer stillen, unthätigen Ruhe, aber das heißt, nicht glücklich seyn.«[22]

Rasch nimmt er nun Abschied von Leipzig, neben allem krankheitsbedingten Unglück auch mit dem schlechten Gefühl des Scheiterns. Weder hat er etwas vorzuweisen, das den Vater von der wahren Berufung seines Sohnes überzeugen könnte, noch hat er sich redlich um einen Abschluss in dem ihm verordneten Studienfach bemüht. Dem Erwartungsdruck, der auf ihm gelastet, unter den er sich aber auch selbst gesetzt hatte, vermochte er nicht gerecht zu werden. Wie gewöhnlich kaschiert er seine Niedergeschlagenheit nach außen hin durch lautstarke Munterkeit. Als er einen Tag vor seinem neunzehnten Geburtstag in Naumburg die sächsische Grenze passiert, isst er mit einem Offizier zu Abend. Sie kommen ins Gespräch, Goethe berichtet im Nachhinein brieflich davon: »Sie sind so lustig«, habe dieser gemeint, »so lustig und haben heute Leipzig verlassen. Ich sagte ihm, unser Herz wisse offt nichts von der Munterkeit unsers Bluts. Sie scheinen unpässlich, fing er nach einer Weile an. Ich binn's würcklich, versetzt ich ihm, und sehr, ich habe Blut gespien. Blut gespien, rief er, ja, da ist mir alles deutlich, da haben sie schon einen grosen Schritt aus der Welt getahn, und Leipzig musste ihnen gleichgültig werden, weil sie es nicht mehr geniessen konnten. Getroffen, sagt ich, die Furcht vor dem Verlust des Lebens hat allen andern Schmerz erstickt. Ganz natürlich, fiel er mir ein, denn das Leben bleibt immer das erste, ohne Leben ist kein genuss.« Goethe redet mit dem Offizier dann noch über seine unglückliche Liebe. Und er gibt auch die Worte wieder, mit dem der Offizier ihn verabschiedet hat: »... und wenn sie wieder gesund werden, so werden sie Nutzen von dieser Erfahrung haben«.[23]

Als sich Goethes Leiden über Monate, bis in den Sommer des Folgejahres hinzieht, wird der Vater ungehalten, bezeichnet den Sohn als Hypochonder, wie man seinerzeit nicht nur jemanden nannte, der unter starken Ängsten litt, eine ernsthafte Erkrankung zu haben, ohne dass sich dafür ein angemessener, objektiver Befund finden ließ. Hypochondrie war auch ein Synonym für Gemütskrankheiten jeder Art, insbesondere nervösen und depressiven Verstimmungen. Bis heute ist ja die Ansicht verbreitet, gegen Depressionen helfe es, sich zusammenzureißen. Das Urteil des Sohnes über diese Überzeugung des Vaters fällt noch Jahrzehnte später hart aus: Er habe ihm nicht verzeihen können, »daß er, bei den Rezidiven meiner Krankheit und bei dem langsamen Genesen, mehr Ungeduld als billig sehen lassen, ja daß er, anstatt durch Nachsicht mich zu trösten, sich oft auf eine grausame Weise über das was in keines Menschen Hand lag, geäußert, als wenn es nur vom Willen abhinge.«[24]

Allerdings sollte Goethe seinem Vater im Nachhinein zumindest darin Recht geben, dass die Zeit in Leipzig mehr oder weniger verlorene Jahre waren. Doch das ist nur die halbe Wahrheit. Denn Goethe hat in Leipzig sehr wohl etwas gelernt, und das beschränkte sich keineswegs auf die Bierkultur in Auerbachs Keller, das Kleinleben der Natur, Schauexperimente mit Elektrisiermaschinen und letztlich doch solide juristische Grundkenntnisse. Goethe ist sich dieses Lernprozesses sogar selbst sehr wohl bewusst gewesen, wie seine Briefe aus Frankfurt an die Leipziger Freunde zeigen, und er widmet dem, was er gelernt hat, auch bewegende Seiten in *Dichtung und Wahrheit*. Alle diese Überlegungen kreisen um den Begriff der Erfahrung. »Was ich erfahren habe, das weiss ich, und halte die Erfahrung für die einzige ächte Wissenschaft«,[25] schreibt er etwa Anfang April 1769 an Friederike Oeser, die Tochter seines Kunstlehrers. Wie das gemeint ist, wird deutlicher, wenn man das hier ausgesparte »nur« ergänzt: *Nur* was ich erfahren habe, weiß ich; denn ausschließlich das weiß ich aus erster Hand. Wenn Goethe die Erfahrung aber eine Wissenschaft nennt, sogar die einzige echte, wertet er sie gehörig auf. Erfahrung galt zu seiner Zeit noch als relativ niedrige, unzuverlässige Wissensform. Die meisten sahen ihre Funktion lediglich darin, feststehende Wahrheiten zu erläutern. Die wenigsten hingegen setzten so viel Vertrauen in Erfahrungen, dass sie dadurch neue, bislang unbekannte Wahrheiten zu erkennen glaubten. Neues Wissen über die Welt und sich selbst zu generieren, traut Goethe dabei insbesondere solchen Erfahrungen zu, die wir heute als existenzielle oder Grenzerfahrungen bezeichnen würden. Von sich selbst in der dritten Person sprechend, schreibt Goethe am 14. Februar an Friederikes Vater, seit seiner Rückkehr nach Frankfurt sei er nicht aus der Stube herausgekommen, die er an anderer Stelle auch einen Käfig nennt. Ironisch spricht er von seiner Krankheit als einer »schönen Reise«, die ihn »bis an die große Meerenge, wo alles durch muss«, geführt habe.[26] In der Tat war der Verlauf von Goethes Erkrankung von Todesängsten begleitet gewesen; zahlreiche Komplikationen hatten sich eingestellt, darunter eine heftige Geschwulst am Hals, die aufgeschnitten werden musste. Bereits als es in Leipzig zu dem Blutsturz kam, war Goethe sich keineswegs sicher, ob er die Krankheit überleben würde.

In der Rückschau von *Dichtung und Wahrheit* wird »Erfahrung« dann zum Gegenstand von Diskussionen, die in Leipzig zwischen Goethe und Behrisch stattgefunden haben. Auch Behrisch hatte wohl öfters den Eindruck, es fehle seinem jungen Freund, zumal in Liebesdingen, an Lebenserfahrung, und hielt nicht mit der Ansicht zurück, dass man das auch seinen literarischen Produktionen anmerke. Da schrieb einer von Leidenschaft und Liebesekstasen, der junge Frauen wohl schon angehimmelt und auch geküsst hatte, doch nie mit einer körperlich intim geworden war. Im Gegenzug forderte Goethe ihn mehrfach auf, er solle ihm doch einmal deutlich machen, was denn diese ominöse Erfahrung sei. Behrisch wich aus und gefiel sich zuletzt in einer Auskunft, die das Rätsel noch steigerte: »Die wahre Erfahrung sei ganz eigentlich, wenn man erfahre, wie ein Erfahrner die Erfahrung erfahrend erfahren müsse.« Und als Goethe ihn weiter drängte, endlich Klartext zu reden, versicherte er nur, »hinter diesen Worten stecke ein großes Geheimnis, das wir alsdann erst begreifen würden, wenn wir erfahren hätten ...« Plastisch beschreibt Goethe das Ergebnis dieser zweifelhaften, stets im Vagen bleibenden Auskünfte seines Freundes: »Der Begriff von Erfahrung war beinah fix in meinem Gehirne geworden, und das Bedürfnis, mir ihn klar zu machen, leidenschaftlich.«

Und wieder ist es ein Offizier, von dem Goethe Aufklärung in dieser Sache erhalten haben will, möglicherweise sogar derselbe, der ihm auf dem Nachhauseweg beim Passieren der sächsischen Grenze begegnet ist. Goethe betont dessen Lebenserfahrung mit dem Hinweis darauf, dass er am Siebenjährigen Krieg teilgenommen habe. Erst scheint bei ihren Erörterungen wenig mehr herauszukommen als die kaum originelle, von Älteren gegenüber Jüngeren in warnendem Tonfall vorgetragene Ansicht, »daß die Erfahrung uns überzeuge, daß unsere besten Gedanken, Wünsche und Vorsätze unerreichbar seien, und daß man denjenigen, welcher dergleichen Grillen hege und sie mit Lebhaftigkeit äußere, vornehmlich für einen unerfahrnen Menschen halte.« Als ob es im Leben darauf ankommen könne, schon zu resignieren, bevor man noch die Erfahrung gemacht hat, was geht oder nicht geht. Erfahrungen, das ist Goethe immerhin klar, muss jeder selbst machen. Und das schließt ein: Bevor Erfahrung so etwas wie ein sicherer Besitz werden kann, ist sie erst einmal ein Prozess mit ungewissem Ausgang.

Etwas schwerer wiegt da schon der Gedanke, dass es einen »erfahrnen Mann« ausmache, weder über Glück noch über Unglück erstaunt zu sein und auch keinen zu lebhaften Anteil daran zu nehmen. Das ist die Haltung heroischer Abgeklärtheit gegenüber dem Leben, wie sie Goethe als Position des Stoikers geläufig ist. Da zöge er es doch vor, noch eine Weile in seiner bisherigen Unerfahrenheit zu verharren, lautet seine Entgegnung, und der Offizier scheint ihn darin bestärken zu wollen. Zuletzt aber kommt die Rede noch einmal auf Behrischs dunkle Worte, und obwohl es Goethes Gesprächspartner fast unmöglich erscheinen will, »einen vernünftigen Sinn hineinzulegen«, unternimmt er schließlich einen Versuch: »›Wenn Sie mir erlauben, indem ich Ihren Freund kommentiere und suppliere, in seiner Art fortzufahren, so dünkt mich, er habe sagen wollen, daß die Erfahrung nichts anderes sei, als daß man erfährt, was man nicht zu erfahren wünscht, worauf es wenigstens in dieser Welt meistens hinausläuft.‹«[27] Erfahrungen werden zu Erfahrung, indem sie den, der sie macht, darüber belehren, dass die Wirklichkeit unseren Wünschen und Erwartungen an sie nicht entspricht. Man könnte das auch anders und positiv formulieren: Eine Erfahrung ist etwas, aus dem man verändert hervorgeht.

Sechstes Kapitel, in dem Goethe das Buch der Natur entdeckt und nach einem Lektüreschlüssel sucht

Als Goethe nach dreijähriger Abwesenheit ins Frankfurter Elternhaus zurückkehrt, findet er dort eine in vieler Hinsicht veränderte Situation vor. Sein Vater und seine Schwester haben sich zerstritten, die Mutter hat, wohl auch aufgrund dessen, die Flucht in pietistische Kreise angetreten. Nach der Abreise des Sohnes hat der Vater seinen ganzen pädagogischen Ehrgeiz auf die Tochter verlegt. Ohne den Bruder war Cornelia nicht nur dazu verurteilt, ein völlig eingezogenes Leben zu führen – wie man das damals nannte, wenn man das Haus im Grunde niemals verlassen durfte –, sondern ihre Tage waren auch mit Lernen, Büffeln und Üben ausgefüllt. Zudem regierte der Vater überall hinein, bis dahin, dass sie keinerlei Rückzugsmöglichkeiten mehr besaß. Zwar fügte Cornelia sich, aber sie muss einen regelrechten Hass auf den Vater entwickelt haben, der sich in Verbissenheit und Härte äußerte. Seine Schwester sei »ein indefinibels Wesen« gewesen und bleibe es, meint Goethe im Nachhinein: »das sonderbarste Gemisch von Strenge und Weichheit, von Eigensinn und Nachgiebigkeit«.[1]

Die Mutter hingegen hat sich einen neuen Wirkungskreis außerhalb des Hauses erschlossen. Für Frauen, die seinerzeit über die ihnen zugewiesenen Rollen als Gattin, Mutter und Hausfrau hinaus so etwas wie Selbstverwirklichung anstrebten, bot sich die Religion geradezu an; gegen ihre intensive Ausübung konnte niemand etwas einwenden, und sie stellte zugleich einen Freiraum für Wünsche, Phantasien und Gedanken dar, die auszuleben es ansonsten keine Gelegenheit gab. In ihrer um einiges älteren entfernten Verwandten Susanna Katharina von Klettenberg, einer radikalen Frankfurter Pietistin, hat sie eine Freundin gefunden, die davon überzeugt war, der weibliche Weg zum Heil unterscheide sich grundsätzlich von dem der Männer. »Ich bin ein Frauenzimmer«, pflegte sie zu sagen; die Gabe des Denkens sei »dem männlichen Geschlecht eigen – wir aber sind desto empfindsamer«.[2] Sie war wohl der Meinung, dass Frauen und Männer eines unterschiedlichen Heilands bedürften, wie Goethe ihre besondere, sinnlich-spirituelle, stark erotisch gefärbte Religiosität resümiert: »Fräulein von Klettenberg verhielt sich zu dem ihrigen wie zu einem Geliebten, dem man sich unbedingt hingibt, alle Freude und Hoffnung auf seine Person legt und ihm ohne Zweifel und Bedenken das Schicksal des Lebens anvertraut.«[3]

In jungen Jahren war sie verlobt gewesen, aber man hatte sich getrennt, weil Jesus, ihr innerlicher Bräutigam, der jungen Frau letztlich mehr bedeutet hatte als der äußerliche, ein Stadtschöffe namens Ohlenschläger. Goethe nennt sie eine »schöne Seele« und greift damit ein Modewort auf, das Wieland unter dem Einfluss Rousseaus geprägt hatte. Der junge Goethe bewundert an ihr wohl die Fähigkeit, ein völlig in sich gekehrtes Leben zu führen, aufgrund dessen sie sich von den unangenehmen Seiten der Eigenliebe wie Eitelkeit, Hochmut und auch das Buhlen um Wertschätzung anderer frei machte. Zugleich aber gewinnt er die Überzeugung, dieser religiös-innerliche Weg, so sehr er ihn auch hochschätzte und sich zu seinen Protagonisten hingezogen fühlte, stelle für ihn selbst keine Alternative dar. Dazu sind seine Ambitionen, »mit der Zeit ein guter Autor zu werden«, wie er es in diesen Monaten formuliert, längst zu groß, und keiner weiß besser als er, dass dafür eine gehörige Portion Egozentrizität notwendig ist. Um schöne Werke hervorzubringen und Schönheit in die Welt zu tragen, dürfe man letztlich keine schöne Seele sein, dazu gehörten Witz, »ein feuriger Kopf« und Durchsetzungswillen.[4]

In seinem Mitte der 1790er Jahre veröffentlichten Roman *Wilhelm Meisters Lehrjahre* widmet Goethe Susanna von Klettenberg dann ein ganzes Kapitel, indem er aus Aufzeichnungen und Briefen der verstorbenen Freundin einen (fiktiven) autobiographischen Bericht zusammenstellt, der den Titel »Bekenntnisse einer schönen Seele« trägt. Bei den Verehrern der frommen Frau sollte er damit auf wenig Gegenliebe stoßen. Graf Friedrich von Stolberg soll den Roman feierlich in Gegenwart seiner Freunde verbrannt, das sechste Buch aber zuvor herausgenommen haben, um es separat binden zu lassen. Er war wohl der Meinung, eine Susanna von Klettenberg habe nichts in einem Roman zu suchen, der vornehmlich von allzu menschlichen, darunter auch recht frivolen Vorkommnissen in zweifelhaften Schauspielerkreisen handelt. Und auch Johann Georg Schlosser, mit dem Goethe in Leipzig Gottsched besucht hat und der 1773 sein Schwager wurde, soll das Kapitel herausgeschnitten und den Rest in den Ofen geworfen haben, um seinen Unmut darüber kundzutun, dass Goethe, wie er sich ausdrückte, »dieser reinen Seele einen Platz in seinem Bordell angewiesen habe, das nur zur Herberge dienen sollte für vagabundierendes Lumpengesindel«.[5]

Frau von Klettenberg, von Kindheit an nicht ganz gesund, hatte wie der Student Goethe eine mysteriöse Erkrankung durchgemacht, die sie ebenfalls an den Rand des Todes geführt hatte. Ihre Heilung verdankte sie dem Arzt Johann Friedrich Metz, dessen Passion die Alchemie war. Metz – nach Goethes späterer Beschreibung »ein unerklärlicher, schlaublickender, freundlich sprechender, übrigens abstruser Mann« – hatte sich in dem Kreis der abgesonderten Frommen, die ihren Glauben außerhalb der offiziellen Kirche lebten, großes Vertrauen erworben. »Tätig und aufmerksam, war er den Kranken tröstlich; mehr aber als durch alles erweiterte er seine Kundschaft durch die Gabe, einige geheimnisvolle selbstbereitete Arzneien im Hintergrunde zu zeigen, von denen niemand sprechen durfte«.[6] Die Alchemie, wie sie ein Arzt wie Metz verstand und praktizierte, hatte nur noch wenig mit der hermetischen Tradition der Goldmacherei, der Vier-Elementen-Lehre oder astrologischen Spekulationen zu tun. Mehr und mehr trat sie in den Dienst der Pharmazie und half dabei, die Wandlung der Alchemie zur Chemie vorzubereiten. Metz jedenfalls hatte Susanna von Klettenberg mithilfe einer geheimnisvollen selbst zubereiteten Arznei geheilt, und die genesene Patientin betrachtete das als ein Wunder, das die Macht Gottes demonstrierte.

Ihre Herkunft aus der Alchemie verriet die ärztliche Kunst von Doktor Metz nicht zuletzt dadurch, dass sie dem Prinzip der Geheimhaltung unterlag; das Wissen um die Heilkraft bestimmter Stoffe und ihrer Herstellung durfte nur an würdige Eingeweihte weitergegeben werden. Und das waren laut Dr. Metz jene, die daran glaubten, weshalb zur Medikation stets auch die Lektüre alchemistischer Schriften gehörte, die die Patienten von der Wirkkraft dessen, was ihnen schließlich verabreicht wurde, überzeugten. Der Ton, in dem Goethe diese Dinge vier Jahrzehnte später beschreibt, ist der einer unterschwelligen Ironie, als wollte er durchblicken lassen, es könnte sich auch um einen Placeboeffekt gehandelt haben, wie wir heute sagen würden. Wenn er schildert, Susanna von Klettenberg habe den »lockenden Worten« von Dr. Metz gehorcht, und das mit dem Satz erläutert: »Das Heil des Körpers war zu nahe mit dem Heil der Seele verwandt«,[7] so lässt sich das auch als Hinweis auf die Funktionsweise der von Dr. Metz praktizierten ärztlichen Kunst lesen: Hier hatte einer verstanden, dass die Heilkraft eines Arzneimittels nicht zuletzt von der Erwartungshaltung abhängt, mit der der Patient es einnimmt.

In der Tat hat in den vier Jahrzehnten zwischen Goethes Begegnung mit

Dr. Metz und der Niederschrift von *Dichtung und Wahrheit* die Stunde der Placeboforschung geschlagen. Bereits 1772 hat der schottische Arzt und Apotheker William Cullen den Begriff erstmals verwendet, als er einem Kranken Senfpulver verabreichte, ohne von dessen Wirkung überzeugt zu sein. Cullen bewies, dass für die Wirksamkeit einer Medikation oftmals nicht entscheidend war, was er dem Patienten verschrieb, sondern dass er überhaupt dem Willen des Kranken nach Arznei entsprach. Gut ein Jahrzehnt später dann kam es zu ersten Studien zum Placeboeffekt, bei denen sogar bereits mit einer Kontrollgruppe gearbeitet wurde. Sie waren Goethe bekannt, nicht zuletzt weil sie unter Mitwirkung von Benjamin Franklin durchgeführt wurden, der seit der Erfindung des Blitzableiters zu seinen Heroen zählte. Gegenstand des Experiments war der Mesmerismus, jene auf den österreichischen Arzt Franz Anton Mesmer zurückgehende Therapie, die auf der Behauptung fußt, es gebe in unserem Körper eine Art »Fluidum«, das durch die Berührungen Heilkundiger beeinflusst werden könnte. Eine Kommission der französischen Königlichen Akademie der Wissenschaften sollte den Wahrheitsgehalt dieser Behauptung überprüfen. Ergebnis der ausschließlich an Frauen durchgeführten Testreihen war, die Behandlung werde dann und nur dann als wirksam empfunden, wenn die Versuchsperson Kenntnis davon hatte, dass sie »mesmerisiert« wurde. Wurde die Therapie mit den Magneten hingegen von einem Vorhang verdeckt und ohne Wissen der Probandinnen durchgeführt, war es mit den sensationellen Heilerfolgen vorbei.[8]

Der kranke, zuweilen von Todesängsten geplagte neunzehnjährige Student dürfte das hingegen noch anders gesehen und der frohen Botschaft des Dr. Metz und seiner geheilten Patientin nur zu bereitwillig geglaubt haben. Bis in den Sommer 1769 hinein ist Goethe immer wieder krank, zuweilen auch bettlägerig, geplagt von unterschiedlichen Symptomen, die erst die Lunge, dann den Hals und schließlich die Verdauung betreffen. Dabei verliert er zumindest nicht seinen Humor und die Gabe, über sich selbst zu spotten, wie sich einem Gedicht entnehmen lässt, das er am 6. November 1768, zwei Monate nach seiner Rückkehr ins Elternhaus, an Friederike Oeser schickt. Darin berichtet er, dass ihm der Doktor »Medicinä« reiche, »Extrackte aus der Cortex Chinä« (Chinarinde), die der Stärkung erschlaffter Nerven junger Herren dienlich sein sollen. Vor allem aber sei sein Arzt darauf bedacht, »Durch Ordnung wieder einzubringen, / Was Unordnung so schlimm gemacht«, und appelliere an seine Willensstärke: »Bey Tag, und sonderlich bey Nacht / Nur an nichts reizendes gedacht!« So habe er schon das süße Mädchen des Rokokomalers

François Boucher, Vorläufer aller Pin-up-Girls, aus seiner Stube entfernen und an seine Stelle eine abgelebte Alte vom »fleissig kalten« Gerit Dou aufhängen müssen: »Mit riefigem Gesicht, mit halbzerbrochnem Zahne.« Und statt Wein reiche der Doktor ihm dazu Tisane, sprich einen Aufguss von geschroteter Gerste oder Kräutern.[9]

Die Wirklichkeit sah etwas anders aus, wenn auch Ermahnungen zur Lebensweise, etwa die, den Körper nicht noch zusätzlich durch Onanie zu »schwächen«, damals zum Standardrepertoire ärztlicher Behandlung zählten. Gemeinsam mit einem Chirurgen nimmt sich Dr. Metz der Geschwulst am Hals des jungen Patienten an, will sie erst vertreiben, dann »zeitigen«, sprich zum Aufbrechen bringen, weshalb sie täglich mit Höllenstein (Silbernitrat) betupft wird, letztendlich wird sie aufgeschnitten; auch jetzt werden wieder ätzende Mittel zur Desinfektion aufgebracht.

Parallel dazu bildet sich ein seltsamer, aus drei Personen bestehender Lektürekreis: einem dauerkränkelnden, zu depressiven Verstimmungen neigenden Studenten, seiner um ihn besorgten Mutter, einer leicht frustrierten, aber im Kern lebenslustigen, zupackenden Frau Mitte Dreißig, und Susanna von Klettenberg, einer etwas überspannten, nach Selbsterlösung strebenden und dabei durchaus selbstbewussten Mittvierzigerin. Sie nutzen »die Abende eines langen Winters«, den der kranke Student in der Stube verbringen muss, um sich, wie von Dr. Metz verordnet, die geheimnisvolle Welt der Alchemie zu erschließen. Die schöne Seele ist ihren beiden Mitlesern bereits vorausgeeilt, indem sie das empfohlene *Opus Mago-Cabbalisticum et Theosophicum* aus der Feder des Mystikers und Alchemisten Georg von Welling zu studieren begonnen, es aber wieder aus der Hand gelegt hat, weil der Autor, wie Goethe schreibt, »das Licht was er mitteilt sogleich wieder selbst verfinstert und aufhebt«. Nun erhofft Frau von Klettenberg sich vor allem von dem jungen Studenten hermeneutischen Beistand, und der beginnt auch gleich damit, das Buch auf eine Weise zu studieren, wie es ihm an der Universität beigebracht worden ist: nicht einfach linear, von vorne nach hinten, sondern analytisch, indem er den im Buch zahlreich enthaltenen »dunklen Verweisungen« auf spätere Ausführungen nachgeht und »die sich einander aufklären sollenden Stellen« am Rande markiert. Doch auch mit diesem Verweissystem »blieb das Buch«, seiner Erinnerung nach, »noch dunkel und unverständlich genug, außer daß man sich zuletzt in eine gewisse Terminologie hineinstudierte«.[10]

So viel ist dem wellingschen Opus zumindest zu entnehmen, dass die Absicht nicht darin bestand, die Goldmacherei zu lehren, sondern es um weit Hö-

Das leichte einfältige Buch der Natur 81

heres gehen sollte, »nämlich wie die Natur aus Gott und wie Gott in derselben möge gesehen und erkannt werden«. Es ist eine Kosmogonie, die im Prinzip auf der christlichen Offenbarung fußt, in der aber Luzifer, dem ersten von Gott geschaffenen und von ihm abgefallenen Engel, eine tragende Rolle zukommt. Wie alle hermetisch-alchemistischen Werke führt auch von Wellings Opus die darin vorgetragenen Geheimlehren und Ansichten der Natur auf eine lange, Ehrfurcht gebietende, bis zu Plotin zurückreichende Ahnenreihe zurück, um ihre Wahrheit zu beglaubigen. So liegt zum besseren Verständnis nichts näher, als sich auch in die Referenzwerke zu vertiefen, was die drei fleißigen Adepten der Alchemie dann auch tun. Und so studieren sie bald auch Schriften von Theophrastus Paracelsus und Basilius Valentinus, von Johann Baptist van Helmont, George Starkey und anderen.

Inzwischen aber ist Goethes Erkrankung in eine neue Phase getreten; nun macht ihm »eine gestörte und man dürfte wohl sagen für Momente vernichtete Verdauung zu schaffen« und versetzt ihn erneut in Todesangst. »In diesen letzten Nöten zwang meine bedrängte Mutter mit dem größten Ungestüm den verlegnen Arzt, mit seiner Universal-Medizin hervorzurücken«, erzählt Goethe. »Nach langem Widerstande eilte er tief in der Nacht nach Hause und kam mit einem Gläschen crystallisierten trocknen Salzes zurück, welches in Wasser aufgelöst von dem Patienten verschluckt wurde und einen entschieden alkalischen Geschmack hatte. Das Salz war kaum genommen, so zeigte sich eine Erleichterung des Zustandes, und von dem Augenblick an nahm die Krankheit eine Wendung, die stufenweise zur Besserung führte.«[11] Man geht kaum fehl, wenn man in der geheimnisvollen Universalarznei ein Abführmittel vermutet, Glaubersalz etwa. Keine Frage, dass im Anschluss an die Gabe und deren rasche Wirkung der Arzt und die Alchemie an Reputation bei Sohn, Mutter und mütterlicher Freundin noch einmal gewinnen. Wer heilt, hat recht.

In der Folge vertieft sich Goethe noch stärker in das alchemistische Schrifttum, zusehends nun auch allein. In einem Brief vom 13. Februar 1769, wiederum an Friederike Oeser, entwirft er von sich das Bild eines Klausners, einer Art Hieronymus im Gehäus, der nur mit dem Nötigsten versehen, das kontemplative Leben eines Naturphilosophen führt: »Eingesperrt, allein, Circkel, Papier, Feder und Dinte, und zwey Bücher, mein ganzes Rüstzeug. Und auf diesem einfachen Weege, komme ich in Erkenntniss der Wahrheit, offt so weit, und weiter, als andre mit ihrer Bibliothekarwissenschafft.« Ein großer Gelehrter sei selten auch ein großer Philosoph, und wer unter Mühen viele Bücher konsultiere, verachte »das leichte einfältige Buch der Natur«; und es sei doch nichts wahr, »als was einfältig ist«.¹²

Als Goethe dies schreibt, wird er sich kaum daran gestört haben, dass er den geschmähten Gelehrten zumindest insofern gleicht, als auch er das Buch der Natur unter Zuhilfenahme auf Papier gedruckter, womöglich verstaubter Bücher studiert. Der Unterschied zwischen seinen und den Bibliotheksbüchern besteht für ihn darin, dass diese gelehrtes, totes Wissen anhäuften, die beiden von ihm ausgewählten hingegen lebendige Erfahrung verschaffen. Das Bild vom Buch der Natur, das Goethe zusehends wichtig wird und von dem er in den nächsten Jahren wiederholt in Briefen und Gedichten an gute und beste Freundinnen und Freunde Gebrauch macht, feiert in dieser Studierstubenszene seine Premiere. Sein Leser ist eine Art Proto-Faust – bewaffnet mit Papier, Feder und Tinte, um aus den Büchern, die er studiert, zu exzerpieren, Lesefrüchte, überzeugende Argumente und funkelnde Formulierungen herauszuschreiben, in einem zweiten Schritt sogar das Gelesene in die eigene Sprache zu übersetzen und eigene Gedanken daran anzuschließen. Dass Goethe so gelesen hat, ist uns durch seine *Ephemerides* bekannt, wie er eine in dieser Lebensphase entstandene Sammlung aus Auszügen von gelesenen Büchern nennt. Wozu aber braucht man zum Lesen einen – ebenfalls von Goethe erwähnten – Zirkel?

Ein Blick in das Opus Georg von Wellings verrät es: Unter der Überschrift »Clavis operis«, also Schlüssel zum Werk, enthält es mehrere Tafeln mit sonderbar anmutenden, größtenteils kreisförmigen Figuren, in denen der Verfasser sein kabbalistisch-christliches Weltbild und insbesondere seine Kosmogonie darstellt.¹³ Sie tragen Bezeichnungen in lateinischen oder hebräischen Buchstaben. Die Kabbala, ursprünglich eine mystische Tradition des Judentums, war seit der Renaissance auch von christlichen Theologen rezipiert und zu einer okkulten Philosophie ausgebaut worden. Goethes Hebräischkenntnisse sollten genügt haben, um die Schriftzeichen ohne Probleme zu entziffern. Offenbar nutzt er den Zirkel dazu, die wellingschen Kreise nachzuzeichnen und sich auf diese Weise dessen Kosmogonie zu erschließen. Der junge Rekonvaleszent übt sich im Designen von Weltanschauungen und Denksystemen und legt sich eine Privatreligion zurecht.

Mehr noch als der Text des wellingschen Opus legen die beigefügten Schaubilder eine Lesart der dort abgehandelten Kosmogonie nahe, wie sie Goethe wohl schon damals vorschwebt. Man sehe leicht, heißt es in *Dichtung und Wahrheit*, »wie hier die Erlösung nicht allein von Ewigkeit her beschlossen, sondern als ewig notwendig gedacht wird, ja daß sie durch die ganze Zeit des

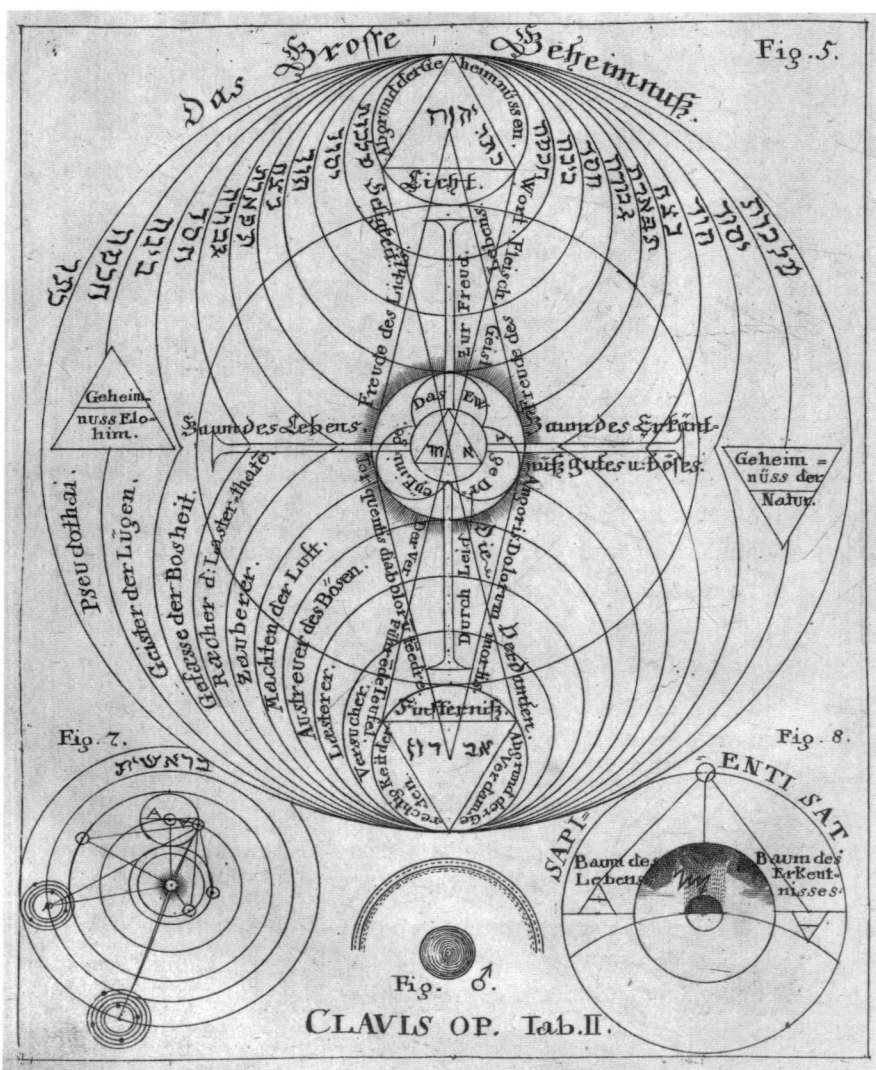

Abbildung 2: »Das Grosse Geheimnuß« nennt von Welling ein Schaubild, das seine Kosmogonie anschaulich demonstrieren soll.

Werdens und Seins sich immer wieder erneuen muss«.[14] Selbst unter radikalpietistischen Vorzeichen lässt sich diese Sicht der Dinge kaum noch mit der christlichen Offenbarung vereinbaren, die ja ein einmaliges Heilsgeschehen meint und keine vom Anfang bis zum Ende der Zeiten ewig wiederkehrende, kreisförmige Bewegung von Entfremdung und Wiederherstellung, von Expansion und Konzentration, von der Goethe unter dem Eindruck der ineinander verschachtelten Kreisfiguren von Wellings erzählt. Goethes spätere Vorstellung von Polarität, von der Wechselbeziehung von Systole und Diastole, ist hier vorgeprägt. Gut möglich, dass Wellings Schaubilder auch das Vorbild dafür sind, was Faust dann als »Zeichen des Makrokosmos« erblickt.

Auf die Idee, das *Opus Mago-Cabbalisticum et Theosophicum* genau so zu lesen, dürfte Goethe ein zweites Werk gebracht haben, das er in der Studierstubeneinsamkeit erforscht: die *Aurea Catena Homeri* – die goldene Kette des Homer. Es war erstmals 1723 erschienen und wurde später von den Rosenkreuzern fleißig konsultiert. Seiner Erinnerung nach gefiel es ihm damals ganz besonders, weil es die Natur, »wenn auch vielleicht auf phantastische Weise, in einer schönen Verknüpfung« darstellte.[15] Dass er im Brief an Friederike Oeser das Buch der Natur in positiver Weise als »einfältig« charakterisiert, hat hier seine Quelle.

Denn wie aus dem weitschweifigen Untertitel des vermutlich von Anton Kirchweger, einem österreichischen Physiker, verfassten Werkes hervorgeht, gibt es »eine Beschreibung von dem Ursprung der Natur und natürlichen Dingen ... nach der Natur selbst eigener Anleitung und Ordnung auf das *einfältigste* gezeiget und mit seinen schönsten *rationibus* und Ursachen überall *illustriret*.«[16] Anders als von Wellings Opus ist die *Aurea Catena Homeri* nicht durchzogen von verdunkelnden Andeutungen, ohne die alchemistisch-magische Werke in der Regel nie auskamen, sondern herzerfrischend empirisch und anschaulich; selbst die Tabuzone der natürlichen Ausscheidungen umgeht das Werk nicht. Goethe kann ihm beispielsweise entnehmen, wie aus einem Esel eine Kuh wird. Nämlich nicht, indem die Kuh den Esel auffrisst (oder umgekehrt der Esel die Kuh), was ihrer Natur als Pflanzenfresser widersprechen würde, sondern auf einem natürlichen Umweg – indem zuvor der Esel oder die Kuh in eine Pflanze verwandelt werden (transmutiert, wie es in der Sprache der Alchemisten heißt). Und das geschieht ganz einfach so: Der Esel oder die Kuh stirbt, der Kadaver verfault, wodurch die Erde gedüngt wird, aus der wiederum die Pflanzen wachsen. Diese gibt man nun dem einen oder anderen zu fressen, und der Zyklus ist geschlossen. Die »Fäulnis«, so Kirchweger, sei »der Hauptschlüssel«, um alles und jedes auf- und zuzuschließen, »das in der Natur ist«. Will man hingegen einen Ochsen in einen Menschen verwandeln, so reicht es, Rindfleisch zu essen und es derart in unsere menschliche Substanz zu verändern, was Kirchweger so verstand, dass der Ochse seine Spezifikation als Rind in uns ablegt und völlig in menschliche Substanz transmutiert wird. »Denn so der Ochse in uns ein Ochse bliebe und seine Gestalt in uns nicht ablegte, so müssten wir Menschen durch das stetige Rindfleischessen zu lauter Ochsen werden.«[17]

Die kosmogonischen Kreisläufe, die Goethe in den Schaubildern von Wellings entdeckt, sind in der *Aurea Catena Homeri* ins Naturalistische gewendet. Es sind Stoffkreisläufe, die sich auf jeder Ebene der Natur wiederfinden lassen, auch und gerade in ihren vermeintlich niedersten Prozessen. Der Mensch nimmt Brot, Wein, Bier und Frucht zu sich, scheidet Exkremente aus, welche wiederum aufs Feld geführt werden, in dem aus Samen Früchte wachsen, so dass seine eigenen Ausscheidungen schließlich wieder zu Nahrung werden. Wenn im Herbst die Blätter von den Bäumen fallen, werden sie in der Erde Bestandteil des Saftes, den der Baum durch seine Wurzeln aufnimmt, um zu existieren und zu wachsen. Das beobachte man gut, so Kirchweger, dann erkenne man daraus leicht die »aurea catena homeri«, die goldene Kette Homers – ein Bild, das seinen Ursprung in der *Ilias* hat und von Philosophie und Theologie als Allegorie der Weltordnung aufgegriffen wurde: Die goldene Kette hält die Schöpfung zusammen und sichert ihren Fortbestand, indem sie für die Verbindung der Gegensätze von Sein und Nichts, Licht und Finsternis, Geist und Materie über zahllose Mittelglieder sorgt.[18] Kirchweger belebte die alte Vorstellung mit Beschreibungen der Natur, die für die damalige Zeit neuartig waren, auch wenn wir sie mittlerweile als vorwissenschaftlich »einfältig« betrachten würden. Er zeigte die Natur als ein Kreislaufsystem mit zahlreichen Subsystemen, die wiederum Kreisläufe darstellen. Wenn man so will, markiert sein Werk die Geburt einer Stoffwechseltheorie der Ökologie aus dem Geist der Alchemie. In Kirchwegers Verständnis gab es in der Natur weder Unreines noch Überflüssiges. Was frühere Denker Fäzes nannten und für untauglich oder sogar schädlich erklärten, so Kirchweger, existiere aus dieser Sicht gar nicht: Alles und jedes, was die Natur gemacht, sei »rein, gut und gesund« und müsse zusammenbleiben, auf nichts könne verzichtet werden.

Der Clou von Kirchwegers Naturverständnis war, dass er mit seinen Stoffkreisläufen einen anschaulichen, leicht verständlichen und trotzdem faszinierenden Lektüreschlüssel zum Buch der Natur bot, ohne die Notwendigkeit, es noch auf ein anderes, nämlich das ihm letztlich übergeordnete Buch Gottes in Gestalt der Bibel zu beziehen. Genau das aber hatte die Natur- oder Physikotheologie, mit der Goethe aufgewachsen ist, stets getan: Sie hatte im Kleinleben wie im Großleben der Natur, in allem, was auf dem Erdboden wächst, kreucht und fleucht, und erst recht in den Ellipsen, die die Planeten am Himmel ziehen, stets Hinweise auf eine gottgewollte Schöpfung gefunden. Wohl ließen sich auch die Stoffkreisläufe der *Aurea Catena Homeri* noch als Verweis auf einen großen Schöpfungsplan und eine himmlische Ordnung verstehen – und Kirchweger tat dies auch –, aber erst einmal existierten sie aus eigener Kraft und eigenem Recht. Der nächste Schritt der Abkoppelung von der Theologie bestand dann darin, auch noch die elementaren Ressourcen von Licht, Luft, Wasser und Erde, auf denen die Stoffkreisläufe aufruhten, als natürliche Verbindungen verstehen zu lernen.

Als Kind hatte Goethe die Erfahrung einer Natur gemacht, die Zerstörung über die Menschen bringt und ihre Belange nicht achtet. Auch Kirchwegers Kreislaufwissenschaft ist, weniger enthusiastisch betrachtet, in weiten Teilen eine Angelegenheit von Fressen und Gefressenwerden. In den großen und kleinen Zyklen der Natur ist das einzelne Lebewesen nur ein Durchgangsstadium. Aber die Gewalt der Zerstörung und die Endlichkeit der Individuen sind bei ihm lediglich zwei Faktoren einer Gesamtsicht auf die Natur. Ihnen stehen zahlreiche andere, positive gegenüber: stetige Verwandlung, unaufhörliche Dynamik, Wachstum und Vielfalt. Als er Bücher, Zirkel und Bleistift aus der Hand legt und seine Studierstube verlässt, um frische Luft zu schöpfen, könnte Goethe jedenfalls eine Ahnung davon überkommen haben, dass es darum gehen muss, mit der Natur gegen die Natur zu denken und zu handeln. War nicht auch das Mittel, das ihn geheilt hatte, Teil der Natur, destilliert aus Elementen, die ihr angehören? Und war nicht auch die Schöpferkraft, die er in sich spürte, Teil der gewaltigen Schöpferkraft der Natur, wie sie sich in ihren Kreisläufen manifestiert?

Als dann das Frühjahr kommt und Goethe sich wiederhergestellt fühlt, richtet er sich in seinem alten Giebelzimmer ein kleines alchemistisches Laboratorium, bestehend aus Windöfchen, Sandbad und Glaskolben, ein. Kirchweger wie auch von Welling haben keine konkreten Anleitungen für alchemistische Experimente gegeben. Das entsprach alchemistischer Lehre; denn der Ausgangsstoff des gesamten Naturprozesses, die »Materia prima«, war nicht bekannt und musste von jedem Adepten auf eigene Faust gefunden werden. In der *Aurea Catena Homeri* findet sich der Hinweis, man könne an unterschiedlichen Punkten der Kette der Natur ansetzen und solle sich gut überlegen, welche Stoffe man wähle. Frau von Klettenberg, die ihm auch darin vorausgeeilt ist, experimentierte mit Eisen. Goethe hingegen verwendet kleine Kiesel vom Mainufer, erhitzt sie mit einem größeren Anteil an Natronlauge (Goethe spricht von »Alkali«), bis sich schließlich der Kieselstein unter Aufschäumen fast vollständig auflöst. Kocht man die Schmelze nach dem Abkühlen aus, entsteht eine Lösung von Natronwasserglas (Goethe spricht von »durchsichtigem Glas«).[19] Er stört sich aber an den Beimengungen, die in der Schmelze nicht aufschließbar waren. Nach alchemistischen Vorstellungen waren diese Reste ein Zeichen fehlender Reinheit, also dafür, dass der Alchemist noch nicht bis zur »Materia prima«, der »jungfräulichen Erde«, vorgedrungen war. Nicht zuletzt, um Aufschluss über die eigenen Experimente und deren unerwünschten Ergebnisse zu gewinnen, kehrt Goethe wieder zur Lektüre zurück und studiert die *Elementa chemiae* des Leidener Mediziners Herman Boerhaave. Die Schrift galt seinerzeit als das führende Chemielehrbuch und Boerhaave als Kapazität auf seinem Gebiet. Über seine zahlreichen, aus ganz Europa kommenden Studenten und Schüler, unter denen etwa auch Albrecht von Haller war, entfaltete Boerhaave eine enorme Wirkung wie kaum ein zweiter Naturforscher seiner Zeit. In der Theorie hing er zwar noch überkommenen alchemistischen Vorstellungen an; in der Praxis aber bereitete er den Übergang zur modernen Chemie vor.

Ähnliches hätte man auch von der Entwicklung des jungen Mannes sagen können. Nachdem erst das Schlimmste überstanden war, hat Goethe sich durch Experimente und Lektüre selbst wiederhergestellt. Nun ist ihm nicht nur klar, dass es im Leben vor allem auf Erfahrungen ankommt, die wiederum so etwas wie Lebenserfahrung hervorbringen. Er hat auch eine Ahnung davon entwickelt, wer der große Beweger in diesem Spiel ist und dass die Natur dem Menschen ebenso gefährlich werden wie ihm zu sich selbst verhelfen kann. So gewappnet, unternimmt er im Frühjahr 1770 einen zweiten Anlauf, das Studium abzuschließen. Das Ziel heißt dieses Mal Straßburg, und wieder hat der Vater bei der Wahl des Ortes seine Hände im Spiel. Doch dieses Mal wird dem Sohn ungleich mehr Erfolg beschieden sein.

Siebentes Kapitel, in dem Goethe ein Nordlicht beobachtet, den Turm des Straßburger Münsters besteigt und einen brennenden Berg besichtigt

Noch vor dem Aufbruch in den ersten Märztagen des Jahres 1770 ins Elsass aber macht der in die Dämmerung verliebte Goethe an einem Frankfurter Winterabend eine Beobachtung, die ihn so sehr fasziniert zu haben scheint, dass er in seinen *Ephemerides* davon berichtet – eingebettet zwischen Exzerpten aus Werken des Paracelsus und einer intensiven Auseinandersetzung mit Lessings Schrift *Laokoon oder über die Grenzen der Mahlerey und Poesie*. Der Himmel über Frankfurt war an diesem Januarabend im Westen ungewöhnlich hell – »ein blaulig gelber Schein«, wie er sonst nur »in der reinsten Sommernacht von dem Ort wo die Sonne untergegangen ist heraufscheint«. Dieses Licht, so der sichtlich um Exaktheit bemühte Beobachter, habe »der vierten Teil des sichtbaren Himmels« eingenommen, »darüber erschienen Rubinrote Streifen, die sich ... nach dem Lichten Gelb zuzogen«. Diese Streifen seien sehr dynamisch gewesen und reichten bis in den Zenit. »Die Röte war so stark daß sie die Häuser und den Schnee färbte und dauerte ohngefähr eine Stunde von sechs bis 7. Abends. Bald überzog sich der Himmel, und es fiel ein starker Schnee.«[1]

Was Goethe hier beschreibt, wurde in seiner Zeit ein Nordlicht oder auch ein Nordschein genannt. Heute sprechen wir eher von Polarlicht, da sich das Himmelsereignis mit seinen flammenden Lichtschwürgen und zum Teil ausgeprägten Farbwechseln auch auf der Südhalbkugel zeigt. Anders als das Wort nahelegt, lassen sich Polarlichter aber nicht nur in Polargebieten beobachten. Für die fragliche Nacht vom 18. auf den 19. Januar 1770 gibt es über das Auftreten »eines prächtigen Nordlichts« zahlreiche Berichte aus weiten Teilen Deutschlands von Lübeck bis hinunter in den süddeutschen Raum und sogar aus Italien und von den Kanarischen Inseln. Zwei Pädagogen, der eine, Friedrich Karl Behn, Subrektor eines Lübecker Gymnasiums, der andere, Johann Silberschlag, Rektor einer Berliner Realschule, haben ihre Beobachtungen schriftlich festgehalten und in Buchform veröffentlicht, Behn in einer Folge von Dialogen zwischen einem Lehrer und seinem Schüler, Silberschlag in Gestalt eines Briefes an seinen Bruder. Beide haben packende, äußerst detailfreudige Beschreibungen der Ereignisse am Abend- und Nachthimmel dieses Januartages geliefert.[2]

Den meisten Naturforschern der Zeit war bewusst, dass man noch weit von einer befriedigenden wissenschaftlichen Erklärung dieser faszinierenden Naturerscheinung entfernt war. Der Leipziger Professor Johann Heinrich Winckler, Goethes Gewährsmann in Sachen Elektrizität, dessen Schriften zum Thema er neben denen anderer Elektrizitätsforscher in seinen *Ephemerides* exzerpiert, hatte in die wissenschaftliche Diskussion die Hypothese eines elektrischen Ursprungs des Polarlichts eingebracht. Das war schon einmal eine richtige Spur. Andere »wissenschaftliche« Erklärungen hingegen muteten häufig nicht weniger phantastisch an als der Glaube an göttliche Botschaften, der mit ihnen vertrieben werden sollte. So erklärte etwa der englische Astronom Edmond Halley, der immerhin die Wiederkehr des nach ihm benannten Kometen vorausgesagt hatte, die Erscheinung des Nordlichts damit, dass die Erde, auf deren äußeren Rinde wir leben, auch einen Kern aufweise, welcher womöglich ebenfalls bewohnt sei. Da aber die Sonne nicht dorthin gelange, habe diese »Erde in der Erde« eine eigene leuchtende Atmosphäre, von der zuweilen etwas nach außen dringe, was wir Rindenbewohner dann als Nordlicht wahrnähmen.

Silberschlag führte die Tendenz zu seltsamen, empirisch kaum überprüfbaren Theorien vor allem darauf zurück, dass noch nicht genügend Beobachtungen vorlägen, aus denen man verlässliche Schlüsse ziehen könnte. »Verlassen den Naturforscher entscheidende Wahrnehmungen, so schweiffet er in lauter Muthmaßungen herum«, schrieb er. Also bestand die vorrangige Aufgabe darin, erst einmal das Phänomen gründlich zu beschreiben, frei von jenen abergläubischen Zutaten, die einen unvoreingenommenen Zugang Jahrhunderte über verunmöglicht hatten und die auch 1770 noch vielerorts die Wahrnehmung des Ereignisses prägten.

Vergleicht man den Eintrag in den *Ephemerides* mit den farbigen, enthusiastischen Schilderungen bei Behn und Silberschlag, fällt die beinahe schon kühl zu nennende Sachlichkeit der Beschreibung Goethes auf. Scheinbar ohne Gemütsbewegung beschreibt er ein Phänomen, das bei den meisten Menschen seinerzeit Schrecken oder Faszination, wenn nicht beides auslöste. Trotzdem kann kein Zweifel daran bestehen, dass sich alle drei Schilderungen auf dasselbe Ereignis beziehen, und es spricht auch wenig für die Annahme, Goethe habe die Beobachtung aus zweiter Hand oder irgendwo abgeschrieben. Vielmehr liegt eine andere Vermutung nahe: Der Leser tut hier einen Blick in die Werkstatt des Schriftstellers, sieht zu, wie sich Goethes Interesse für Naturphänomene langsam herausbildet. Anfang 1770 steht er noch ganz am Anfang einer Entwicklung, an deren Ende es ihm gelingen wird, Natur so zum Sprechen zu bringen, dass sich die eigene Faszination und seine mehr und mehr geschulte Beobachtungsgabe auf den Leser überträgt. Erkenntlich ist aber hier schon die Bemühung, auf vorgefertigte Deutungsmuster zu verzichten, wie sie die Naturtheologie seiner Zeit bereithielt und wie sie auch Silberschlag oder Behn in ihren Beschreibungen noch verwendeten. Da werden dann solche den Betrachter überwältigenden Erscheinungen wie ein Polarlicht doch wieder zum Beweis der Majestät des Schöpfergottes und »die Religion der heiligen Schrift« zum Vademecum, um über das »bis zum Entsetzen herrliche Wesen der Natur« nicht allzu sehr zu erschrecken. Beim jungen Goethe hingegen beobachten wir das allmähliche Verfertigen einer Sprache für Naturerscheinungen, die ohne die ansonsten allgegenwärtigen Bezüge zur Bibel und zum Glauben auskommt. Das ist ein entscheidender Akt der Emanzipation. Silberschlag hatte schon recht: Seine Zeit musste erst lernen, was es heißt, die Natur unvoreingenommen zu beobachten und eine angemessene Sprache für sie zu finden. Und Goethe ist ein Vorreiter auf diesem Gebiet.

Straßburg, Goethes zweiter Studienort, war für seine medizinische Fakultät berühmt. Bereits in Leipzig hatten zu seinen Tischgenossen vor allem Mediziner gehört, von denen es in *Dichtung und Wahrheit* heißt, sie seien bekanntlich »die einzigen Studierenden, die sich von ihrer Wissenschaft, ihrem Metier auch außer den Lehrstunden mit Lebhaftigkeit unterhalten«.[3]

Goethe lässt sich von ihnen zu Vorlesungen, Operationen und Sektionen mitnehmen. Bei dem Apotheker, Mediziner und Chemiker Jacob Reinbold Spielmann hört er Vorlesungen über Chemie, die in der elterlichen Apotheke stattfinden. Bei dem für seine Augenoperationen, darunter auch Starextraktionen, bekannten Chirurgen Johann Anton Lobstein belegt er eine Anatomievorlesung; Lobstein ist auch Prosektor (Sezierer) und Demonstrator am Anatomischen Theater der Universität. Die Anatomie, so Goethe, sei ihm doppelt wert gewesen, »weil sie mich den widerwärtigsten Anblick ertragen lehrte, indem sie meine Wißbegierde befriedigte«. Damit nicht genug, nimmt der beinah nicht zur Welt Gekommene auch an geburtshilflichen Kollegien teil. Beide Veranstaltungen, Anatomie wie Geburtshilfe, waren keine reinen Vorlesungen, sondern besaßen hohen Schauwert; die Live-Demonstrationen von Sektionen und Geburten waren nichts für empfindliche Gemüter, und das betraf keineswegs nur den Seh-, sondern auch den Geruchssinn.

Abhärtung, die »Apprehension gegen widerwärtige Dinge«,[4] wie Goethe das nennt, ist überhaupt ein wesentlicher Punkt auf der Agenda des Studenten, der sich wohl vorgenommen hat, Lehren aus den Leipziger Erfahrungen zu ziehen, und an sich selbst fehlende Robustheit – mangelnde Resilienz, wie wir heute sagen würden – festgestellt hat. Das Straßburger Münster war zur Zeit von Goethes Aufenthalt das höchste Bauwerk der Welt; erst 1847, also hundert Jahre später, sollte es durch St. Nicolai in Hamburg um fünf Meter übertroffen werden. Das bezog sich allerdings nur auf den Nordturm der Kirche; dessen südliches Pendant wurde nie mit einer Spitze überbaut und endet bis heute in einer Plattform auf Fassadenhöhe. Kaum in Straßburg angekommen, will Goethe laut *Dichtung und Wahrheit* dort hinaufgestiegen sein, um den weiten Blick in die Rheinebene und auf die Vogesen zu genießen, und das ohne den kolossalen Bau, der ihn später so beschäftigen sollte, vorher auch nur eines Blickes zu würdigen. »Und so sah ich denn von der Platt-Form die schöne Gegend vor mir, in welcher ich eine Zeitlang wohnen und hausen durfte: die ansehnliche Stadt, die weitumherliegenden, mit herrlichen dichten Bäumen besetzten und durchflochtenen Auen, diesen auffallenden Reichtum der Vegetation, der dem Laufe des Rheins folgend, die Ufer, Inseln und Werder bezeichnet.«[5]

Die Erforschung jedes neuen Ortes damit zu beginnen, dass man einen erhöhten Punkt, in der Regel einen Kirchturm, aufsucht und die unbekannte Umgebung erst einmal von oben visuell in Besitz nimmt, wird in diesen Jahren zu einem regelrechten touristischen Ritual. In den Sandstein der Plattformbrüstung des Straßburger Münsters haben die *public intellectuals* der Epoche ihren Namen eingeritzt: Lenz, Wagner, Herder, Lavater, Klopstock, Passavant und Voltaire finden sich da – und auch Goethe. Selbst ein frommer Mann wie der Züricher Pfarrer Johann Kaspar Lavater, den Goethe einige Jahre später kennenlernt, reihte sich in die Riege derer ein, die nicht länger zu Kirchtürmen hinauf-, sondern von ihnen herabblickten. Seine »Liebe zu hohen Türmen« gehe »bis zur Leidenschaft beinahe«, bekannte Lavater. Wenn er einen hohen Turm sah, oder auch nur davon hörte, klopfte ihm das Herz. »Die entzückendste Freude war's mir, aller meiner leicht schwindelnden Furchtsamkeit ungeachtet, Thürme zu besteigen, und von der Höhe herab alles klein, und nur das groß zu sehen, was mir nahe war.«[6] Es gab kaum eine Reisebeschreibung der Epoche, in der das nicht ins Bild gesetzt wurde. Der junge Goethe ist nicht zuletzt deshalb so interessant, weil er viel weniger, als die Nachwelt meinen sollte, eine Ausnahmeerscheinung war, denn eine exemplarische Figur des Zeitgeists, ein regelrechter Trendsetter.

Schon bald scheint dem Studenten das Besteigen der gefahrlos erreichbaren Plattform, auf der den Touristen sogar Erfrischungen gereicht wurden, nicht mehr genügt zu haben. Er will weiter hinauf, »den höchsten Gipfel des Münsterturms« erobern. Und das, obwohl er, wie Goethe in *Dichtung und Wahrheit* bekennt, als junger Mann unter Höhenangst und Schwindel gelitten habe. Oder gerade deswegen. Ganz alleine steigt er hinauf; oben angekommen schöpft er im Schutz des Turmhelms noch einmal eine Viertelstunde lang Atem, bevor er dann schließlich Angst und Schwindel überwindet und sich auf die schmale, geländerlose Plattform direkt unter der Spitze wagt, »wo man auf einer Platte, die kaum eine Elle ins Gevierte [etwas mehr als ein Quadratmeter] haben wird, ohne sich sonderlich anhalten zu können, stehend das unendliche Land vor sich sieht«.

Flooding nennen Psychotherapeuten heute solche Formen einer durchaus wirkungsvollen Konfrontationstherapie, bei denen der Patient mit dem angstauslösenden Reiz gleichsam überflutet wird, bis seine Angst zurückgegangen ist. Goethes Besteigung des damals höchsten Turmes der Welt war also auch ein Stück erfolgreicher Selbsttherapie. »Dergleichen Angst und Qual«, so sinniert er im Rückblick, »wiederholte ich so oft, bis der Eindruck mir ganz gleichgültig ward, und ich habe nachher bei Bergreisen und geologischen Studien, bei großen Bauten, wo ich mit den Zimmerleuten um die Wette über die freiliegenden Balken und über die Gesimse des Gebäudes herlief, ja in Rom, wo man eben dergleichen Wagstücke ausüben muß, um bedeutende Kunstwerke näher zu sehen, von jenen Vorübungen großen Vorteil gezogen.«[7]

Der junge Goethe ist damals keineswegs der einzige, der beim Besteigen hoher Türme, von denen der Blick bis zum Horizont reicht, über Schwindelgefühle und Höhenangst klagt. Die »leicht schwindelnde Furchtsamkeit«, von der Lavater spricht, war eher der Regelfall als eine Ausnahme. Von der halsbrecherischen Höhe eines Turmes oder eines Berges aus den Blick bis zum Horizont, also gleichsam ins Unendliche schweifen zu lassen, ist in der zweiten Hälfte des 18. Jahrhunderts nicht nur eine gesuchte, sondern auch eine neuartige Erfahrung. Vorher taten Menschen so etwas nicht. Kein Wunder also, dass

In Kenntnis der Länder und Gebirge voranschreiten 93

sie sich erst daran gewöhnen mussten. Neben dem Genuss und dem gesteigerten Selbstwertgefühl, die das mit sich brachte, war es auch ein Sehschock, vergleichbar dem Schrecken, der die Menschen durchfuhr, als im Jahr 1896 der erste Film vorgeführt wurde. Goethe bemerkt sehr genau, dass dabei nicht nur die sinnlichen Eindrücke, sondern auch die Anfechtungen der Einbildungskraft eine Rolle spielten, und man sich gegen beide wappnen musste, wollte man von der neuen optischen Sensation nicht überwältigt werden.

In seinem ersten Straßburger Sommer unternimmt Goethe mit zwei Kommilitonen, dem Jurastudenten Johann Konrad Engelbach und dem Medizinstudenten Friedrich Leopold Weyland, eine dreiwöchige Reise zu Pferd durch das Nordelsass und die Vogesen bis hinein ins Saarland. Sie führt über Zabern (Saverne), Saarbrück (Saarbrücken), Dudweiler mit seinem brennenden Berg (heute ein Stadtteil von Saarbrücken) nach Neunkirchen und dann über Zweibrücken und Hagenau wieder zurück nach Straßburg. Es ist Goethes erste Studienreise. Seine Reisegefährten, beide im Unterelsass gebürtig, nutzen die Johannisferien für Familienbesuche und zeigen ihm dabei ihre Heimat. In Buchsweiler (Bouxwiller), ihrem Heimatort, besteigt Goethe den nahegelegenen Baschberg (Bastberg), um »die völlig paradiesische Gegend« zu überschauen. Er entdeckt, dass die Anhöhe, die bei den Einheimischen als Hexenberg, eine Art elsässischer Blocksberg galt, »ganz aus verschiedenen Muscheln zusammengehäuft« ist[8] – Goethe erwähnt diesen Umstand aus einem Abstand von vier Jahrzehnten, in denen er sich mit Erdgeschichte beschäftigt und die Bedeutung von Versteinerungen für die Datierung von geologischen Schichten erkannt hat. Immerhin acht geologische Schichten sind hier an der Oberfläche sichtbar. Als es in *Dichtung und Wahrheit* dann um Voltaire geht, kommt er noch einmal auf den Baschberg zurück und verbindet das dort Gesehene mit einer Zurückweisung von dessen Religionskritik, der er »parteiische Unredlichkeit« vorwirft: »Da ich nun aber gar vernahm, daß er [Voltaire], um die Überlieferung einer Sündflut zu entkräften, alle versteinten Muscheln leugnete und solche nur für Naturspiele gelten ließ, so verlor er gänzlich mein Vertrauen: denn der Augenschein hatte mir auf dem Baschberge deutlich genug gezeigt, daß ich mich auf altem abgetrockneten Meeresgrund, unter den Exuvien seiner Ureinwohner befinde. Ja! diese Berge waren einstmals von Wellen bedeckt; ob vor oder während der Sündflut, das konnte mich nicht rühren, genug, das Rheintal war ein ungeheurer See, eine unübersehliche Bucht gewesen; das konnte man mir nicht ausreden. Ich gedachte vielmehr in Kenntnis der Länder und Gebirge vorzuschreiten: es möchte sich daraus ergeben, was da wollte.«⁹ Geschickt verbindet Goethe hier eine Vorausdeutung auf seine spätere Tätigkeit als Mineraloge und Geologe mit einem Bekenntnis zum Wahrheitsanspruch der Naturforschung, die auch nicht für einen vermeintlich hehren Zweck, in Voltaires Fall die Entkräftung religiöser Überlieferungen, bereit ist, wissenschaftliche Erkenntnisse als bloßes Mittel zu behandeln, gegebenenfalls sogar zu verfälschen.

Überhaupt ist Goethes Tour durch die Vogesen eine Reise zu den Ablagerungen aus der Vorzeit und eine Besichtigung ihres in der Mitte des 18. Jahrhunderts einsetzenden planmäßigen Abbaus als Energieträger. Die im Saarrevier in reichen Mengen vorhandene Steinkohle ist aus Sumpfwäldern entstanden, die vor 350 bis 250 Millionen Jahren hier existierten und mit der Zeit durch Sand-, Ton- oder Gesteinsschichten überdeckt wurden. Luftabschluss sowie Druck- und Wärmeeinwirkung setzten den Prozess der Inkohlung, der Karbonisierung in Gang. Die sogenannten Kohleflöze reichten an der Saar an vielen Stellen bis an die Oberfläche und konnten durch Zufall entdeckt und durch oberflächennahes Schürfen abgebaut werden. Nicht erst als Vorsitzender der Ilmenauer Bergbaukommission jedenfalls, sondern bereits als Student macht Goethe mit dem Bergbau Bekanntschaft. Die plastische Schilderung in *Dichtung und Wahrheit* zeugt von nachhaltiger Faszination. Die systematische Förderung der Steinkohle, in England damals längst ein zentrales Element der einsetzenden Industrialisierung, begann zu der Zeit auch im Saarland und in anderen deutschen Gegenden wie dem Ruhrgebiet. Zwanzig Jahre, bevor die drei jungen Leute durch das Saarrevier reisen, hatte Wilhelm Heinrich von Nassau-Saarbrücken sämtliche Steinkohlengruben aufgekauft und zugleich den privaten Abbau und Verkauf von Kohle verboten. Bislang war die Kohle vor allem von Schmieden genutzt worden, die sie wegen der hohen und anhaltenden Hitze schätzten, sowie zum Kalkbrennen, mithin zur Düngung der Felder verwendet worden. Der für Farbspiele empfängliche Goethe rühmt in *Dichtung und Wahrheit* die Schönheit der Dudweiler Steinkohlen: »Sie haben, wenn sie trocken sind, die blaue Farbe eines dunkel angelaufenen Stahls und die schönste Irisfolge spielt bei jeder Bewegung über die Oberfläche hin.«¹⁰ Zum Heizen zumal in Innenräumen eignet sich Kohle erst, wenn man sie zuvor möglichst unter Sauerstoffabschluss erhitzt, sprich in Koks umwandelt. Dann aber konnte sie auch in Eisenhütten, Ziegeleien, Glashütten und Porzellanmanufakturen eingesetzt werden, die sich hier zunehmend ansiedelten. Goethe erwähnt in seiner Schilderung auch eine Kokerei in unmittelbarer Umgebung der Steinkohlengruben. Der Abbau erfolgte keineswegs nur für den örtlichen Bedarf, sondern ebenso als lukrative Handelsware, die mit Pferdefuhrwerken zur Saar transportiert und dann auf Lastkräne verschifft wurde. 1766 gab es im Saargebiet zwölf Gruben; die von Goethe und seinen Gefährten besichtigte Dudweiler Steinkohlengrube war auch durch das dort ansässige Bergamt die bekannteste. Nur drei Jahre später wird die Zahl der Stollen in der Gegend schon auf fünfundvierzig gestiegen sein.

Der berühmte Brennende Berg bei Dudweiler entstand in der Zeit der wilden Kohlengräberei. Damals hatte man die beim Abbau der Kohle zurückbleibenden großen Mengen von Ton- und Brandschiefer zu einer Berghalde aufgehäuft. Zersetzung und Druck führten zu hohen Temperaturen, und die Berghalde, in der in geringen Mengen noch Kohle vorhanden war, hatte sich schließlich selbst entzündet und das darunterliegende Steinkohlenflöz ebenfalls in Brand gesetzt. »Ein starker Schwefelgeruch umzog uns«, berichtet Goethe: »Die eine Seite der Hohle war nahezu glühend, mit rötlichem weißgebranntem Stein bedeckt; ein dicker Dampf stieg aus den Klunsen [Spalten] hervor, und man fühlte die Hitze des Bodens auch durch die starken Sohlen.«[11] Ein Nebeneffekt des Brennenden Berges war, dass der Schiefer gleichsam geröstet wurde, und so konnte man ihn zur Fabrikation von Alaun nutzen, das als Beizmittel bei der Textilfärberei, wegen seiner fäulnishemmenden Wirkung in der Medizin sowie zur Mumifizierung von Leichen verwendet wurde. Zu der Zeit, als Goethe den Brennenden Berg besichtigt, war die Alaunfabrikation noch wichtiger als der Kohlebergbau. Durch den Abbau des Schiefers hatte sich eine meterhohe und recht breite Schlucht gebildet, die sich neben dem Berg hinzog.[12] Goethe kannte Alaun aus der Alchemie. Paracelsus hatte ausführlich darüber geschrieben. Doch obwohl er selbst insgeheim dann und wann noch alchemistische Studien betrieb, muss Goethe frühzeitig erkannt haben, dass die Zukunft einer Chemie gehörte, aus der in ganz anderer Weise »ökonomischer und merkantilistischer Vorteil zu ziehn ist«, wie er dann in *Dichtung und Wahrheit* sagt.[13] Johann Kaspar Staudt, einem Vertreter der alten, alchemistischen Richtung, den die drei Reisenden in seiner alten Hütte antreffen und der sich bei erstbester Gelegenheit über die Regierung beklagt, gleichzeitig aber einräumen muss, dass das von ihm geleitete Alaunwerk nicht rentabel sei, begegnet er im Rückblick jedenfalls mit spürbarer Herablassung und verspottet ihn als »Kohlenphilosoph«.

Doch gerade in der Chemie und der auf ihren Erkenntnissen basierenden Industrie stand dem vermeintlich aufs Altenteil gehörenden Alaun noch eine große Zukunft bevor. Antoine Laurent de Lavoisier, der die Rolle des Sauerstoffs bei der Verbrennung erkannte, vermutete 1782 als erster, dass Alaunerde das Oxid eines bislang unbekannten Elementes sei. Danach sollten aber noch Jahrzehnte vergehen, bis es dem deutschen Chemiker Friedrich Wöhler schließlich gelang, das gesuchte Metall erstmals als zusammenhängende Masse zu gewinnen. Schon vorher hatte es, abgeleitet vom lateinischen Wort »alumen« für Alaun, den Namen Aluminium bekommen. Wie sich herausstellte, ist es das häufigste Metall der Erdkruste und vieler Gesteine.[14]

Vor der eingehenden Erkundung des brennenden Dudweiler Berges hat Goethe einen Regentag in Saarbrücken verbracht und einen Brief an eine Freundin seiner Schwester entworfen, mit der er seit einiger Zeit einen vertraulichen Briefwechsel pflegt. In seiner Einsamkeit finde er »nichts reizenderes als an Sie zu denken«, schreibt er ihr, und in die Schilderung der Abenddämmerung, die nun folgt, ist ein verführerischer Ton eingegangen, der auch das Herz des späteren Lesers erreicht: »Gestern waren wir den ganzen Tag geritten, die Nacht kam herbey und wir kamen eben aufs Lothringische Gebürg, da die Saar im lieblichen Thale unten vorbey fliesst. Wie ich so rechter Hand über die grüne Tiefe hinaussah und der Fluss in der Dämmerung so graulich und still floss, und lincker Hand die schweere Finsterniss des Buchenwaldes vom Berg über mich herabhing, wie um die dunckeln Felsen durchs Gebüsch die leuchtenden Vögelgen [= Glühwürmchen] still und geheimnissvoll zogen; da wurds in meinem Herzen so still wie in der Gegend und die ganze Beschweerlichkeit des Tags war vergessen wie ein Traum«.[15]

Einmal mehr wird für Goethe die Dämmerung, die Tageszeit des weichenden Lichts, der allmählichen Auflösung der Konturen und Fixierungen, zur Stunde der poetischen Empfindung. Zugleich spürt man, welche Fortschritte der junge Schriftsteller in dem halben Jahr, das seit seiner Frankfurter Beobachtung des Nordlichts vergangen ist, bei der Wiedergabe eines Natureindrucks gemacht hat. Allerdings wendet er sich anders als im Fall der sachlichen Notizen der *Ephemerides* hier auch an eine leibhaftige Adressatin, die er mit seinen Worten offensichtlich für sich einnehmen will. Dieser Umstand hat sicher dazu beigetragen, dass seine Beobachtungen nun im Herzen ankommen, auf das alles in dieser beschwörenden Beschreibung zuläuft.

Heute wundern wir uns womöglich über den Gegensatz seiner beiden Ansichten der Natur: einerseits die liebliche, ins diffuse Licht der Dämmerung getauchte Landschaft, die dem Menschenherzen Träume von Stille und Glück eingibt; und andererseits, kaum einen Tagesritt davon entfernt, eine Natur, die vom Menschen als Rohstoffreservoir ausgebeutet und dabei in eine wüste, brennende Halde umgeformt wird. Goethe hingegen scheint diesen Kontrast kaum wahrgenommen zu haben. Im Gegenteil: »Bei einbrechender Finsternis« erinnert ihn das Feuerwerk »der funkenwerfenden Essen« der Glashütte an die Glühwürmchen, die ihn einige Nächte zuvor am Ufer der Saar »zwischen Fels und Busch« umschwebt haben und von denen er in seinem Brief an die Freundin seiner Schwester so herzergreifend schwärmt.[16] »Wüst und traurig« erscheinen ihm hingegen die waldigen Gebirge; allein vom »innern Gehalt ihres Schoßes« (das heißt von der Kohle, die diesem Schoß gerade entrissen wird) rühre ihre Anziehungskraft, schreibt er in *Dichtung und Wahrheit*.[17] Große zusammenhängende Wälder, in denen Wildwuchs herrschte und die so unwegsam wie finster waren, wurden im 18. Jahrhundert noch als menschenfeindliche Gegenden wahrgenommen. Dass der Mensch in sie vordrang und sie zu seinen Zwecken umformte, indem er das Holz nutzte (sprich die Bäume fällte), das Erz aus dem Berg holte und es weiterverarbeitete (wozu viel Brennstoff nötig war), Kohlenmeiler errichtete (um Holz zur besser brennenden und eine größere Hitze entwickelnden Holzkohle zu veredeln), Glas und Porzellan herstellte oder Bier braute (wozu wiederum enorme Mengen an Holzkohle benötigt wurden) und sich jetzt systematisch auch der Steinkohle bemächtigte, galt nicht als fragwürdiger Eingriff in eine intakte Natur, sondern als Menschenrecht. Zumal für den jungen Goethe war nicht absehbar, in welchem Ausmaß Kohlebergbau und Industrialisierung das Erscheinungsbild der Natur verändern sollten. Die Gesellschaft, in der Goethe lebte, war noch eine organische Gesellschaft, die auf die Nutzung von Energie aus Biomasse, aus organischen, erneuerbaren Rohstoffen angewiesen war. Der Wandel zur Industriegesellschaft mit ihrer Abhängigkeit von fossilen Energieträgern war zwar schon in Gang gekommen, aber er blieb in seinen gravierenden Umwälzungen, die er mit sich bringen sollte, noch weitgehend unsichtbar, beschränkt auf einige wenige Regionen und Aspekte. Damals war das technologische Avantgarde, und es spricht eher für als gegen Goethe, dass er keine, weder politische noch auch nur kulturelle oder ästhetische Vorbehalte gegen den Innovationsschub hegte. Erst mit dem Alter dann wird sich bei ihm ein zusehends tieferes Misstrauen gegen die nun immer stärker wahrnehmbaren Auswirkungen der in Gang gekommenen Transformation einstellen.

*Achtes Kapitel, in dem lauter Bomben hochgehen
und Goethe zum Wanderer wird*

Am 4. September 1770 trifft Johann Gottfried Herder in Straßburg ein und bezieht ein Zimmer im Gasthof »Zum Geist«, in dem auch Goethe anfangs abgestiegen ist. Dass die beiden sich dort gleich in den ersten Tagen von Herders Aufenthalt über den Weg laufen, ist wohl Zufall gewesen. Herder hat von dem Studenten noch nie etwas gehört, auch sein Name sagt ihm nichts. Goethe hingegen sticht sofort die Mischung aus Geistlichem und Weltmann, Herders Markenzeichen, ins Auge, und er zögert nicht, ihn anzusprechen. Dem fünf Jahre Älteren, den ein pädagogischer Eros beseelt, gefällt die Offenheit und Ungezwungenheit des jungen Mannes. Damit beginnt die intensivste und folgenreichste Beziehung Goethes in seiner gesamten Vorweimarer Zeit zu einem Mann, der über ihn »eine große Superiorität«[1] gewinnt, wie er schreibt.

Herder leidet an einer Tränenfistel, einem Abszess durch eine chronische Tränensackentzündung, entstanden durch einen Verschluss des Tränennasengangs. Das angeborene Leiden hat den in der ostpreußischen Provinz aufgewachsenen Sohn eines Lehrers bereits mit sechzehn Jahren nach Königsberg geführt. Ein Regimentschirurg versprach, dort dem Leiden Abhilfe zu verschaffen, wenn er im Gegenzug für ihn eine medizinische Abhandlung ins Lateinische übersetzte. Die Übersetzung kam zustande, die Fistel aber blieb. Nach einem rasch wieder aufgegebenen Medizinstudium – Herder war gleich bei der ersten Sektion in Ohnmacht gefallen – wechselte er zur Theologie, belegte aber auch Vorlesungen bei Immanuel Kant, vorzugsweise über naturkundliche Gegenstände, während ihm die abstrakten Höhenflüge kritischer Philosophie weniger lagen. In Straßburg entschließt er sich einen erneuten Versuch zu unternehmen, die Tränenfistel chirurgisch behandeln zu lassen. Gut möglich, dass ihm Johann Friedrich Lobstein, Goethes Anatomielehrer, als Spezialist für Eingriffe im Augenbereich genannt worden ist. Damit beginnt eine Leidensgeschichte sondergleichen. Alle Versuche, von der Bohrung eines künstlichen Ka-

Zweierlei Gnaden

nals in Herders stets verstopfte Nase über die Erweiterung des Tränensacks bis zur Einbringung eines Fadens, der täglich aus der Wunde herausgezogen und wiedereingesetzt werden muss, ohne Narkose versteht sich, scheitern. Auch die Hinzuziehung eines zweiten Spezialisten bringt keinen Erfolg. Herders Resümee Ende März 1771 fällt trostlos aus: »Aus den drey Wochen sind nicht blos zweimal drei Monathe, sondern aus Einem Schnitt und Einer Nasenbohrung sind wohl 20 Schnitte u. 200 Sondirungen etc. geworden, u. endlich nach allen Schmerzen, Kosten, Unruhen, Verdrüßlichkeiten etc. ist mein Auge noch ärger, als es war!«[2]

Goethe besucht Herder in diesen Wochen und Monaten des Leidens regelmäßig in seinem abgedunkelten Zimmer, häufig sogar morgens und abends, wenn er nicht gleich ganze Tage bei ihm bleibt. Selbst bei den chirurgischen Eingriffen ist der Student mit dem Willen zur Abhärtung teilweise zugegen. Doch Herder ist nicht gerade ein pflegeleichter Patient. Goethe nennt ihn in *Dichtung und Wahrheit* einen »gutmütigen Polterer« und untertreibt damit eher noch. Herder war ein Ausbund an Launenhaftigkeit, und die Schmerzen und Strapazen der Operationen wirkten sich da nicht gerade mildernd aus. Er konnte die Liebenswürdigkeit in Person sein, zugewandt, geistreich, einfühlsam, und nur wenige Augenblicke später kehrte er seine »verdrießliche Seite« hervor und sein »Widersprechungsgeist«, wie Goethe das nennt, nahm überhand: Dann machte er die Ansichten des anderen herunter, kanzelte ihn gnadenlos ab. Billigung oder Zuspruch konnte man von ihm überhaupt niemals erwarten, »man mochte sich anstellen, wie man wollte«.[3] Herder stieß sich an dem, was er Goethes Spatzenmäßigkeit genannt hat; er sei wirklich »ein guter Mensch, nur äußerst leicht«,[4] was wohl heißen sollte, ein intellektuelles Federgewicht. Er selbst hingegen betrachtete sich als umfassend gebildeten Gelehrten. Die Gedanken der großen europäischen *public intellectuals* und ihrer Vorfahren, auf deren Schultern sie standen, waren ihm vertraut – Herder hatte sie alle gelesen, Leibniz, Wolff, Baumgarten, Spinoza, Locke, Berkeley, Cheselden, Diderot, Condillac, Montesquieu, Voltaire, Rousseau, d'Alembert, Maupertuis. Herder pflegte zwar eine affektive Bindung an die deutsche Muttersprache, er liebte und sammelte Volkslieder, und es gelang ihm sogar, Goethe dazu anzustiften, bei seinen Reisen durch das Elsass ihm darin zu folgen; alles Französische machte er dagegen seit seinem Pariser Aufenthalt herunter und schimpfte auf Latein als Gelehrtensprache. Trotzdem war er in all dem, was er ablehnte, bewandert, gerade auch in der Denkwelt der französischen Aufklärung. Durch ihn findet Goethe Anschluss an die großen intellektuellen und literarischen

Debatten seiner Zeit, die in der Regel keine Landesgrenzen kannten, sondern durch bei den Gebildeten vorhandene Sprachkenntnisse, rege Übersetzungstätigkeit, eine große Reiselust und dem verbindenden Bewusstsein, am Beginn einer neuen Epoche zu stehen, rasche Verbreitung fanden. Nicht anders als Kant in Königsberg war Herder in Riga stets bestens darüber informiert, was in Paris und London, in Berlin und Zürich gerade auf der intellektuellen Agenda stand. Und seitdem er sich auf Reisen begeben hatte, galt das umso mehr. Herders herausfordernder, zeitweilig höhnischer Umgang mit dem Jüngeren – das hatte etwas von Trainingsstunden, die zum erwünschten mentalen Muskelaufbau bei dem zwar klassisch gebildeten, aber auch intellektuell verzärtelten Sohn aus allzu gutem Hause führen sollten.

Gut einen Monat nach der Bekanntschaft mit Herder kommt es zu einer weiteren Begegnung, die für Goethe genauso bedeutsam ist – es beginnt die berühmte Liebesgeschichte mit der achtzehnjährigen Pfarrerstochter Friederike Brion im elsässischen Sessenheim, das Goethe lieber Sesenheim nennt, wohl weil es weicher klingt. Bedeutet Herder die große, bewegte Welt, so ist Sesenheim, zumindest auf den ersten Blick, das genaue Gegenteil: die kleine, in sich ruhende Welt, unberührt von den großen Strömungen der Zeit und der intellektuellen Abenteuer der Aufklärung. So wie Goethe von seiner Liebe erzählt, ist es aber auch eine Geschichte von Verkleidungen und Verwicklungen, von Maskeraden und Mystifikationen, und schon das sollte einen misstrauisch machen, darin lediglich eine harmlose Affäre mit produktivem poetischem Ausgang zu sehen. Eines ist sowieso klar: Erst beide Beziehungen zusammen, die zeitlich parallel verlaufen und Goethe von zwei Seiten gleichzeitig in Brand setzen – die eine intellektuell, die andere erotisch – führen zu dem literarischen Durchbruch, der sich in der Straßburger Zeit bei Goethe ereignen wird. Sesenheim, das ist die ländliche Idylle – Herder mit seinen Überlegungen zur Selbstbefreiung, das ist der intellektuelle Widerpart dazu, der alles andere als nur intellektuell ist, denn hier kommt zur Sprache, was die Idyllennatur so attraktiv macht für einen, der letztlich nicht dazugehört.

Goethes Tischgenosse Weyland, der ihn bereits im Sommer ins Unterelsass mitgenommen hat, schwärmt ihm von einem ländlichen Pfarrhaus vor, rühmt dessen anmutige Lage und Gastlichkeit und vergisst auch nicht das Paar von »liebenswürdigen Töchtern« zu erwähnen, die dort nebst einem freundlichen

Landgeistlichen und einer verständigen Mutter zu Hause seien. Immerhin sechs Stunden zu Pferde ist es von Straßburg entfernt, aber für einen »jungen Ritter«, als den Goethe sich selbst sieht, welcher »sich schon angewöhnt hatte, alle abzumüßigenden Tage und Stunden zu Pferde und in freier Luft zuzubringen«,[5] ist das kein Hinderungsgrund, sondern Ansporn, zumal die Bekanntschaft mit den Töchtern winkt. Goethe ist die Trennung von Käthchen Schönkopf, mittlerweile verheiratete Frau Dr. Kanne, lange nachgegangen, er hat ihr zahlreiche Briefe voller gemischter Gefühle und nachtragender Anspielungen geschrieben, an denen sich beinahe exemplarisch studieren lässt, dass die Transformation von heißer Liebe in entspannte Freundschaft eine schöne, aber zumal für den Verlassenen der beiden eigentlich irreale Idee ist.

Und Weyland hat nicht zu viel versprochen. Goethe nennt den Pfarrhof, den sie, dort angekommen, betreten, »malerisch« und fühlt sich gleich an das erinnert, was ihn an der in Dresden studierten niederländischen Malerei so fasziniert hat: »Jene Wirkung war gewaltig sichtbar, welche die Zeit über alles Menschenwerk ausübt. Haus und Scheune und Stall befanden sich in dem Zustande des Verfalls gerade auf dem Punkte, wo man unschlüssig, zwischen Erhalten und Neuaufrichten zweifelhaft, das eine unterläßt, ohne zu dem andern gelangen zu können.«[6] Diese Freude an der Ästhetik des Verfalls ist, unverkennbar, der Blick eines Städters auf die Dinge draußen im Lande. Johann Jacob Brion hingegen, der Landgeistliche, bei dessen Familie Goethe und Weyland zu Gast sind, trägt sich, wie einst Goethes Vater, mit Umbau-, womöglich sogar Neubauplänen, weil der altertümliche Fachwerkbau in die Jahre gekommen ist, ihm unbequem und auch nicht mehr standesgemäß erscheint. Zu beobachten, wie das Hergebrachte langsam schäbig wird und dabei die Patina der Unverfälschtheit gewinnt, stellt für ihn keinen Reiz dar. Nostalgie ist nicht seine Sache.

Goethe hingegen entwickelt an der Beobachtung, wie sich die Natur mit der Zeit das von Menschenhand Geschaffene wieder zurückerobert, seine Vorstellung von Idylle. Wo der auf dem Land wohnende Pfarrer Reparaturbedürftigkeit konstatiert, vielleicht sogar zu der Einsicht kommt, Reparieren lohne den Aufwand nicht mehr, weil die Zeit über das Alte hinweggegangen ist und man deshalb gleich am besten neu baut statt zu flickschustern, entdeckt Goethe und entdecken mit ihm viele Städter bis heute Schönheit. Eine Schönheit, die gerade darin besteht, dass das Menschengemachte Züge der Vergänglichkeit trägt und zurück zur Natur weist. Schönheit ist ein Übergangsphänomen, erfahrbar nicht nur dann, wenn Menschen etwas der Natur abringen, sondern auch dann, wenn das von ihnen Gemachte wieder Natur wird.

Das ist der Hintergrund, vor dem in Sesenheim die Erscheinung von Friederike, der zweitältesten Tochter der Pfarrersfamilie, an Leuchtkraft gewinnt. Als Goethe und sein Freund den Pfarrhof betreten, scheinen alle auf der Suche nach ihr zu sein, als sei sie das eigentliche Juwel des Hauses und der wahre Anlass des Besuchs aus der Stadt. Und als sie dann wirklich zur Tür hereinkommt, »da ging fürwahr an diesem ländlichen Himmel ein allerliebster Stern auf«.[7] Goethe inszeniert diesen Auftritt der Tochter in *Dichtung und Wahrheit* sorgsam. Warum sollten zwei gut situierte und ambitionierte Straßburger Studenten auch einen Halbtagsritt aufs Land unternehmen? Doch sicher nicht nur, um mit einem Pfarrer und seiner Frau über Gott und die Welt zu reden. Kurze Zeit zuvor ist Goethe in Straßburg in die Fänge der beiden Töchter seines Tanzlehrers geraten. Sie haben sich beide in Konkurrenz zueinander in ihn verliebt, Ansprüche auf ihn erhoben und ihm das auch zu verstehen gegeben. Goethe hat schließlich die Flucht ergriffen. – hier in Sesenheim braucht er sich vor so viel Zudringlichkeit und Zickenhaftigkeit, wie er sie dort erlebt hat, nicht zu fürchten. Friederike ist kein emanzipiertes Stadtmädel, sondern ein unverbildetes Naturgeschöpf. Sie liest keine Romane, kann weder singen noch versteht sie sich recht eigentlich auf Klavierspielen, was aber auch daran liegen mag, dass das von ihr benutzte Instrument längst hätte gestimmt werden müssen. Aber sie ist »schlank und leicht, als wenn sie nichts an sich zu tragen hätte«; die ihr eigentlich gemäße Umgebung sind Luft und Licht. »Es gibt Frauenspersonen, die uns im Zimmer besonders wohl gefallen,« räsoniert Goethe, »andere, die sich besser im Freien ausnehmen: Friederike gehörte zu den letzteren. Ihr Wesen, ihre Gestalt trat niemals reizender hervor, als wenn sie sich auf einem erhöhten Fußpfad hinbewegte; die Anmut ihres Betragens schien mit der beblümten Erde, und die unverwüstliche Heiterkeit ihres Antlitzes mit dem blauen Himmel zu wetteifern.« Goethe verliebt sich gleich beim ersten Spaziergang in sie, der, wie sollte es auch anders sein, nicht nur in freier Natur, sondern auch im abendlichen Dämmerlicht stattfindet – während er lediglich ihre Stimme vernimmt und »ihre Gesichtsbildung so wie die übrige Welt in Dämmerung schwebt«.[8]

In *Dichtung und Wahrheit* verknüpft Goethe die Erzählung seines Sesenheimer Liebeserlebnisses mit der Sommerreise ins Kohlenrevier, die bei seinem ersten Besuch von Familie Brion eigentlich bereits ein gutes Vierteljahr zurücklag. Angeblich lässt er seinen Freund nach dem Besuch von Dudweiler bei einer weiteren »Steinkohlengruben-Visitation« zurück, um »auf Richtwegen, welche mir die Neigung schon andeutete«, nach dem »geliebten *Sesenheim*«

zu reiten.⁹ Selbst wenn dieses Arrangement nicht der Realität entsprach, hat es womöglich sogar etwas von einer höheren historischen Wahrheit. Als Goethe das schrieb, war das erste Jahrzehnt des neuen Jahrhunderts bereits vorüber und ihm selbst und anderen wachen Zeitgenossen ist längst klar geworden, dass mit der Industrialisierung, deren Anfangsgründe er als junger Mann im Saarrevier beobachtet hatte, in der Tat eine neue Epoche begonnen hat. Das »geliebte Sesenheim« war so etwas wie die Chiffre einer Gegenwelt dazu, ein Wunschbild, das in der Erinnerung noch mehr elegischen Schmelz gewann als seinerzeit, als den jungen Mann die Leidenschaft dorthin geführt hatte. Das Bild Friederikes und die Erfahrung der Sesenheimer Natur werden wohl nicht nur in der Erinnerung eins: »Man durfte sich nur der Gegenwart hingeben, um diese Klarheit des reinen Himmels, diesen Glanz der reichen Erde, diese lauen Abende, diese warmen Nächte an der Seite der Geliebten oder in ihrer Nähe zu genießen. Monate lang beglückten uns reine ätherische Morgen, wo der Himmel sich in seiner ganzen Pracht wies, indem er die Erde mit überflüssigem Tau getränkt hatte; und damit dieses Schauspiel nicht zu einfach werde, türmten sich oft Wolken über die entfernten Berge, bald in dieser, bald in jener Gegend. Sie standen Tage, ja Wochen lang, ohne den reinen Himmel zu trüben, und selbst die vorübergehenden Gewitter erquickten das Land und verherrlichten das Grün, das schon wieder im Sonnenschein glänzte, ehe es noch abtrocknen konnte. Der doppelte Regenbogen, zweifarbige Säume eines dunkelgrauen, beinah schwarzen himmlischen Bandstreifens waren herrlicher, farbiger, entschiedener, aber auch flüchtiger als ich sie irgend beobachtet.«¹⁰ So präzise und zugleich verführerisch, dabei Rousseaus Darstellungskunst weit hinter sich lassend, verstand der mittlerweile sechzigjährige Goethe, über die Erfahrung von Natur zu schreiben.

Zurück in Straßburg gerät der junge Goethe unter Stress. »Als ich in der Stadt wieder an meine Geschäfte kam, fühlte ich die Beschwerlichkeit derselben mehr als sonst«, erinnert er sich. Das hatte gewiss auch mit der Unterschiedlichkeit von Stadt- und Landleben zu tun. Ein beschaulicher Spaziergang durch Feld, Flur und Auen, die Geliebte an der Hand, unterscheidet sich grundlegend von einem Gang durch verwinkelte städtische Straßen, wo an jeder Ecke Angebote, Gelegenheiten zu Zufallsbekanntschaften und die Begegnungen mit bekannten wie unbekannten Gesichtern locken. Städte sind Schmelztiegel sozialer Interaktionen und auf diese Weise ein Generator von Vielfalt, Kreativität und Ideen. Das Land hingegen besticht gerade durch seine Beständigkeit, Einförmigkeit und Reizarmut. Goethe zählt in *Dichtung und Wahrheit* auf, was alles auf seiner Agenda stand: der Abschluss des Jurastudiums mit Promotion; die Fortsetzung der medizinischen Studien, die ihm »die Natur nach allen Seiten« aufschlossen; gesellschaftliche Verpflichtungen, die er als besonders verbindlich empfand. »Aber alles dies wäre zu tragen und fortzuführen gewesen, hätte nicht das, was Herder mir auferlegt, unendlich auf mir gelastet.« Er zerreißt ihm den Vorhang, der ihm bislang »die Armut der deutschen Literatur« verdeckt hat; zerstört »mit Grausamkeit« so manches Vorurteil und übt derart heftige Kritik an seinen Ideen vom Leben und seinem Selbstbild, dass Goethe an den eigenen Fähigkeiten zu zweifeln begann, wie er sich erinnert.[11]

Gleichzeitig reißt Herder seinen Schützling jedoch mit sich fort »auf dem herrlichen breiten Weg, den er selbst zu durchwandern geneigt war«.[12] Alles hatte mit einem plötzlichen Aufbruch begonnen: Im Juni 1769 hatte Herder die feste Stelle als Lehrer an der Domschule von Riga quittiert und sich nach Frankreich eingeschifft, ohne schon recht zu wissen, wohin er gehen und was er anfangen sollte. Zumindest für seine Umgebung war das überraschend gekommen und sah nach Flucht aus; er selbst dagegen hatte schon seit Jahren in Erwartung eines »Stoßes« gelebt, der ihn »hebt und fortschleudert«.[13] Der ersehnte Stoß kam dann auch; näher besehen handelte es sich um eine Reihe unangenehmer Verwicklungen und zugleich um die Gelegenheit, einen Freund auf einer Geschäftsreise in die Bretagne zu begleiten. Schnell hatte er noch seine Möbel und Bücher verkauft, um aufgelaufene Schulden zu begleichen, und gleich neue gemacht, um die Reise bezahlen zu können. Sodann hatte er sich mit leichtem Gepäck und dem Gefühl großer Erleichterung und plötzlicher Freiheit eingeschifft. »Ich stürzte mich aufs Schiffe, ohne Musen, Bücher u. Gedanken«, schrieb er im Rückblick an seinen Freund Johann Georg Hamann und fügte hinzu, in der weiten Sphäre zwischen Himmel und Meer, »da lehren uns Träume von 6 Wochen mehr, als Jahre von Bücherreflexionen«.[14]

Bereits während der Überfahrt begann Herder mit dem Schreiben eines Reisejournals, das er in Nantes, wohin es ihn am Ende verschlug, weiter ausarbeitete. Anfangs dachte Herder wohl daran, das Journal zu publizieren; aber schon bald meinte er, es sei nur »für mich u. Artikelweise für meine Freunde«[15] zu lesen. Die ganze Zeit führte er es in seiner Reisetasche mit sich; sehr wahrscheinlich, dass er Goethe daraus vorgetragen oder ihm die grandiosen Anfangsseiten zur Lektüre gegeben haben wird. Jedenfalls werden die darin erörterten Erfahrungen und Projekte Gegenstand ihrer Straßburger Gespräche gewesen

Zweierlei Gnaden 105

sein. Die erst posthum veröffentlichte Schrift ist Herders persönlichstes Buch, randvoll mit Plänen und Programmen, die stets die Tendenz haben, ins »Gotisch-Große« zu gehen, wie Herder das nennt, ein bewegendes Zeugnis aber auch für den neuen Lebensentwurf, der darin Gestalt annimmt. Wie Descartes *Meditationen* ist das *Journal meiner Reise im Jahr 1769* Gründungsmanifest einer neuen Art zu denken – eines Denkens, das seinen Ort nicht in der Studierstube oder der Bibliothek, auch nicht auf der Kanzel oder im Labor hat, sondern unter freiem Himmel, und dort an einem ganz besonderen, durch Unruhe, Abenteuerlust und Risiko charakterisierten Ort, nämlich unter dem Mast eines den weiten Ozean durchkreuzenden Schiffes. Mehr Bewegung und Dynamik als hier waren 1769 kaum denkbar. Die Menschen gingen zu Fuß oder reisten im Postkutschentempo, James Watt meldete in diesem Jahr gerade die von ihm verbesserte Dampfmaschine zum Patent an, die sechs Jahre später dann auch gebaut wurde. Und bis zu dem Tag, an dem die Brüder Montgolfier dem staunenden Publikum ihrer Heimatstadt den ersten Heißluftballon vorführten, der so etwas wie eine fliegende Kirchturmspitze war und die Faszination des schweifenden Blickes von oben in die Weite verstärkte, sollte noch mehr als ein Jahrzehnt vergehen.

Auf der Erde sei man »an einem toten Punkt angeheftet und in den engen Kreis einer Situation eingeschlossen«, schreibt Herder in seinem Journal. Anders dagegen die Erfahrung der Seereise: »Alles gibt hier dem Gedanken Flügel und Bewegung und weiten Luftkreis! Das flatternde Segel, das immer wankende Schiff, der rauschende Wellenstrom, die fliegende Wolke, der weite unendliche Luftkreis! ... Der enge, feste, eingeschränkte Mittelpunkt ist verschwunden, du flatterst in den Lüften, oder schwimmst auf einem Meere – die Welt verschwindet dir = ist unter dir verschwunden! – Welch neue Denkart!«[16]

Herder in Straßburg, leidend, voller Missmut, vibriert immer dann vor Energie und Tatkraft, wenn die Rede auf diese Erfahrung und die neue Denkart kommt, die ihm dabei aufgegangen ist. Als er Riga hinter sich ließ und sich mit ungewissem Ziel aufs offene Meer begab, hat er zugleich Abschied vom bisherigen, vermeintlich sicheren, durch Lektüre und Studium erworbenen Wissen genommen. Dieses mag für das Leben auf dem Festland getaugt haben, in der Enge und Einschränkung seines dortigen provinziellen Lebenskreises. Draußen auf dem offenen Meer hingegen, um ihn herum der Horizont des Unendlichen, Teil eines sich bewegenden Schiffes im bewegten Element, ist ihm klar geworden, dass dieses Wissen in vielerlei Hinsicht nutzlos, ja irreführend war. Orientierung gab es nur, solange man in einer überschaubaren, eingespielten sozialen Ordnung lebte – doch was, wenn diese Ordnung zerbrach oder man ihr auch nur den Rücken kehrte? Dann wurde rasch deutlich, dass es kein Wissen aus lebendiger Anschauung war, es vielmehr etwas Äußeres, auswendig Gelerntes hatte – ein Wissen mehr von anderen und für andere als von und für sich selbst. Leidenschaft, Sinnlichkeit und Genuss gehörten schon gar nicht zu seinen Einflussgrößen, doch ohne sie blieb es nur Abstraktion, Hypothese, Räsonnement. Und jene andere Macht, die sich dem Reisenden auf dem Schiff mit aller Macht als umfassende, dynamische Kraft offenbarte, ignorierte es vollends: die Natur. Kurz und gut, das Dilemma des von der Schule und in der Universität gelehrten Wissens war: je dringlicher, je existenzieller die Fragen des Menschen wurden, desto weiter entfernten sich die von ihm gegebenen Antworten von der Fülle der Lebenswirklichkeit und den konkreten Erfahrungen. Herders Verdacht war, dass das intellektuelle, rationale Wissen die Menschen letztlich um ihr Leben betrog.

In dieser Situation macht er sich auf die Suche nach einer neuen Art des Denkens, das der Erfahrung des erweiterten Horizonts standhält und sie in eine Produktivkraft verwandelt. Das neue Denken soll die Natur einbeziehen – »den Funken der Elektrizität vom Stoß der Welle bis ins Gewitter führen, ... und die Bewegung des Schiffes, um welche sich das Wasser umschließt, bis zur Gestalt und Bewegung der Gestirne verfolgen«, wie Herder sich poetisch-naturwissenschaftlich ausdrückt. Kein Zufall ist es, dass in diesem Zusammenhang häufiger der Namen von Newton auftaucht. »Welch ein Newton gehört zu diesem Werke!«,[17] ruft er etwa aus, als er schließlich der Plan einer »Universalgeschichte der Bildung der Menschheit« fasst. Herder hat Newtons Physik der Kraft und Bewegung bereits als Königsberger Student in Kants Vorlesungen kennengelernt. Hier nun, auf der Suche nach dem archimedischen Punkt, um das alte Denken auszuhebeln und durch ein neues zu ersetzen, kommt er darauf zurück. Newton hatte entdeckt, dass für den auf die Erde fallenden Apfel dieselben Grundgesetze der Kraft gelten wie für den am Himmel kreisenden Mond. Auf diese Weise hatte er nicht nur Himmel und Erde zu einem Universum wiedervereinigt, sondern der Natur auch eine zuvor unbekannte Dynamik zugesprochen.

Herder findet diese Dynamik auch beim Menschen, ja in der gesamten lebendigen Welt wieder. Gleichwohl ist er nicht der erste, der sich von Newtons Erklärung der Natur durch einander widerstrebende Kräfte fasziniert zeigt und sie auf andere Gebiete übertragen will. Kein Geringerer als Voltaire hatte Newton zur Schlüsselfigur der Aufklärung erklärt und ihn in Stellung gegen metaphysisches und dogmatisches Systemdenken gebracht. In England hatte Alexander Pope in seinem berühmtem Lehrgedicht *Essay on Man* die Probe auf das Potenzial des Newtonianismus gemacht, mehr als nur die Physik von Himmel und Erde zu beschreiben, und den Menschen in ein Spannungsfeld von einander widerstreitenden Kräften gestellt, die das Universum vom ganz Großen bis zum ganz Kleinen durchherrschen. Pope war einer der ersten, die behaupteten, dass sich auch die Seele und das Verhalten des Menschen durch den Widerstreit von Anziehung und Abstoßung erklären ließen.

Doch Herders Überlegungen sind grundlegender. In einem Entwurf, der in den Monaten November und Dezember 1769 in Paris entstand, wohin er von Nantes aus weitergereist ist, versucht er, Attraktion und Repulsion als ursprüngliche Erfahrungen des fühlenden Menschen plausibel zu machen. Nicht dem Denken und auch nicht dem Sehen, sondern dem auf Berührungen basierenden Empfinden kommt nach diesen Überlegungen Herders primär welterschließende, wirklichkeitskonstituierende Kraft zu. Es sei sonderbar, schreibt er, »daß die höchsten Begriffe der Philosophie von Anziehung und Zurückstoßung die einfachsten Sachen des Gefühls sind«. In der Berührung erfahre er die Wirklichkeit als eine Welt von Widerständen und zugleich erfüllt von beinahe magischen Anziehungskräften. Alles um ihn herum lade ihn ein, es mit den Fingerkuppen zu berühren, mit der Handfläche darüber zu streichen, es mit den Händen zu umfassen, und alles zeige ihm seine Grenzen auf. »Kommt in die Spielkammer des Kindes«, merkt Herder an, »und sehet, wie der kleine Erfahrungsmensch fasset, greift, nimmt, wägt, tastet, mißt, mit Händen und Füßen, um sich überall die schweren, ersten und notwendigsten Begriffe von Körpern, Gestalten, Größen, Raum, Entfernung u. dgl. treu und sicher zu verschaffen. Worte und Lehre können sie ihm nicht geben; aber Erfahrung, Versuche, Proben.«[18]

Das Wechselspiel von Anziehung und Abstoßung gilt jedoch keineswegs nur für die Wahrnehmung der Außenwelt. Auch der eigene Organismus erhält sich über die Dynamik von Attraktion und Repulsion am Leben. »Hat man je etwas Wunderbareres gesehen als ein schlagendes Herz mit seinem unerschöpflichen Reize«, schreibt Herder. »Ein Abgrund innerer dunkeln Kräfte, das wahre Bild der organischen Allmacht, die vielleicht inniger ist, als der Schwung der Sonnen und Erden.«[19] William Harveys anfangs umstrittene Entdeckung des Blutkreislaufs aus den Zwanzigerjahren des 17. Jahrhunderts brachte Mitte des 18. Jahrhunderts die Menschen noch immer zum Staunen: Was uns am Leben erhält, sind die Systolen und Diastolen des schlagenden Herzens, das rhythmische Wechselspiel von Zusammenziehung und Erschlaffung unseres Herzmuskels und damit verbunden das Ein- und Ausströmen sowie die Zirkulation des Blutes.

Herder geht so weit, den Rhythmus des Herzschlags mit unseren elementaren Emotionen zu verknüpfen: Befinden wir uns wohl, schlägt das Herz gleichmäßig; durchfährt uns hingegen ein Schrecken, so bleibt das Herz, noch bevor sich Vorstellungen von Furcht und Widerstand regen, förmlich stehen – Kontraktion als »gleichsam ... organischer Bote zu Gegenwehr«. Zorn wiederum »treibt das Blut in die Grenzen«, der Herzschlag beschleunigt sich, Expansion ist angesagt. Das gleiche wie für den Zorn gilt auch für Liebesempfindungen, »das Herz wallet«, doch ohne den »gewaltsamen Fortdrang« der Aggressivität. Noch »in den verflochtensten Empfindungen und Leidenschaften unsrer so zusammengesetzten Maschine«, so Herders Resümee, werde »das Eine Gesetz« von »Zusammenziehung und Ausbreitung« sichtbar: Was in der toten Natur Ausbreitung und Zurückziehung, Wärme und Kälte ist«, das seien hier die ersten zarten Keime des Reizes zur Empfindung: »eine Ebbe und Flut, in der sich, wie das Weltall, so die ganze empfindende Natur der Menschen, Tiere, ... bewegt und reget.«[20]

Das ist, in den Begriffen der Zeit ausgedrückt, und natürlich auf der Grundlage der damals vorhandenen Kenntnisse, angewandter Spinozismus, wie ihn Goethe schon bald für sich entdecken wird: der Mensch als körperlich-emotional-seelische Einheit, eingebettet in die Dynamik der Natur. Vieles von dem, was Herder ihm in Straßburg vorträgt, ist Goethe bereits vertraut, so der Zyklus von Expansion und Kontraktion aus seinen alchemistischen Studien. Mit dem Funktionieren des Blutkreislaufs macht er ebenfalls in den von ihm besuchten medizinischen Vorlesungen Bekanntschaft. Doch wie auch für Herder sind die Systolen und Diastolen des Herzmuskels für ihn weit mehr als ein mechanischer Vorgang; er sieht darin ein übergreifendes Geschehen, das den Menschen mit der kleinsten Mücke und mit der Natur insgesamt verbindet.

Seine Aufmerksamkeit erhöht sich noch, als Herder auch das Atemholen in seine Überlegungen miteinbezieht. Annähernd 150 Jahre nach der Entdeckung des Blutkreislaufs durch Harvey gelingt es nun auch das Rätsel der Atemluft aufzuklären. Schon der Naturforscher Robert Boyle hatte ein Jahrhundert zuvor vermutet, die Luft sei keine einfache Substanz, sondern ein wildes Gemenge. Der Apotheker Carl Wilhelm Scheele und der Theologe Joseph Priestley waren Anfang der 1770er Jahre fast gleichzeitig der Entdeckung auf der Spur, dass Luft sich im Wesentlichen aus Stickstoff und Sauerstoff zusammensetzt, aus

»verdorbener Luft« und »Feuerluft«, wie Scheele sagt. Priestley ersann einen Versuchsaufbau: zwei abgeschlossene gläserne Gefäße jeweils mit »verbrauchter Luft« gefüllt, in jedem der beiden eine Maus, im einen aber zusätzlich eine Pflanze. Und siehe da: Während die Maus in dem Gefäß ohne Pflanze binnen kurzem tot war, wuselte jene in dem mit Pflanze immerhin fünf Minuten quicklebendig herum. Dann steckte Priestley auch sie in das Glas ohne Pflanze, und auch ihr bekam das nicht; im letzten Moment setzte er sie an die frische Luft. An seinen Freund Benjamin Franklin schrieb Priestley: »Ich habe mich gänzlich davon überzeugt, dass Luft, die durch Atmung in höchstem Grade schädlich geworden ist, durch Pflanzen, die darin wachsen, wiederhergestellt wird.«[21]

Herder wie Goethe werden diese Zusammenhänge wohl erst Anfang der 1780er Jahre bekannt. Aber das Thema Atemkreislauf spielt schon jetzt in ihren Gesprächen eine Rolle. Noch stärker als der Herzschlag ist der Rhythmus unseres Atems ein Bote unserer Gefühlszustände. Herder liebt es, in diesem Zusammenhang den persischen Dichter Saadi zu zitieren, der in seinem aus dem 13. Jahrhundert stammenden *Rosengarten* davon spricht, jeder Atemzug enthalte »zweierlei Gnaden«: den Atem, den man einzieht, und jenen, den man von sich lässt; der eine stärke, der andere erfreue das Leben.[22] Auch hier also wirkt das »Eine Gesetz« von Kontraktion und Expansion. Sadis Fabeln kenne er auswendig, hat Herder bereits 1769 gemeint.[23] Eine gereimte Übersetzung von Sadis Lobgesang wird er dann 1782 im *Teutschen Merkur* veröffentlichen.

Der gerade erst von einer Lungenerkrankung genesene Goethe, der bereits bei seiner Geburt unter Atmungsverzögerung gelitten hat, entdeckt in den Unterredungen mit Herder ein Thema, das ihn zeitlebens nicht mehr loslässt. Unsere Empfindungen, so lässt er den Protagonisten eines in diesen Monaten entworfenen Briefromans bekennen, reichten tiefer als unsere egoistischen Antriebe. Es sei mit der Liebe »wie mit dem Atemholen. Freilich ziehe ich die Luft in mich ... Aber ich hauche sie wieder aus, und sage mir, wenn du in der Frühlingssonne sitzest, und für Wonne dein Busen stärker atmet, ist das Hauchen nicht eine größere Wonne als das Atemholen, denn das ist Mühe, jens ist Ruhe; und wenn uns die Entzückung manchmal aus voller Brust die Frühlingsluft einziehen macht, so ist es doch nur um sie von ganzen Herzen wieder ausgeben zu dürfen. Und ebenso ist's mit der Liebe.«[24]

Bei seinem ersten Besuch der Landpfarrersfamilie im Oktober 1770 hatte Goethe sich bewusst »ärmlich und nachlässig« gekleidet, als wollte er nur ja vermeiden, als herausgeputzter, arroganter Städter aufzutreten. So hatte er ältere Kleidungsstücke gewählt, sich einige für diesen Zweck sogar geborgt, darunter einen abgetragenen grauen Rock mit zu kurzen Ärmeln, und ließ sich von seinem Begleiter als armer, strebsamer Theologiestudent vorstellen. Dazu muss man wissen, dass die Wahl eines Studienfachs damals weniger mit Vorlieben und viel mehr mit der sozialen Herkunft zu tun hatte. Kam man, wie etwa Goethes Leipziger Kommilitone Limprecht oder wie auch Herder, aus ärmlichen Verhältnissen, so war man, wenn überhaupt die Möglichkeit zum Universitätsbesuch bestand, auf das Studium der Theologie angewiesen und überbrückte die Zeit zwischen Studienabschluss und der erhofften Übernahme einer Pfarrstelle, die die erstrebte Sicherheit bot, in der Regel mit der Tätigkeit als privater Hauslehrer oder Schulmeister an einer Lateinschule. Gehörte man hingegen wie Goethe den oberen Schichten der Gesellschaft an, ebnete eine staatswissenschaftlich-juristische Ausbildung, wie Johann Caspar Goethe sie für seinen Sohn vorgesehen hatte, den Weg in die höheren städtischen Ämter. Dabei war dem Einzelnen Studienfach wie Herkunft bereits an der Art, wie er sich kleidete, anzusehen. Man kann sich vorstellen, welchen Heidenspaß es bedeutet haben muss, diese rigide, äußerlich sichtbare Standesordnung dann und wann zu unterlaufen. Auch Fälle von Hochstapelei, der Vorspiegelung eines höheren Status, kamen vor. Im Trend lag aber auch deren Gegenteil, sich nach unten hin zu orientieren. Gerade Adlige oder Fürsten machten davon lustvoll Gebrauch, zumal wenn sie aufs Land gingen, oft mit dem unverhohlenen Ziel, sich dort sexuell auszuleben. Auch wenn er selbst von »Dünkel« spricht – ganz so kritisch will Goethe sein eigenes Gebaren im Nachhinein dann doch nicht verstanden wissen. Immerhin sieht er in dem Verkleidungsspaß auch die Chance, »gelegentlich einmal äußere Vorzüge ins Verborgene zu stellen, um den eignen innern menschlichen Gehalt desto reiner wirken zu lassen«.[25] Die gewünschte Wirkung trat dann auch unverzüglich ein.

Doch als er am nächsten Morgen frühzeitig aufwacht mit dem unbändigen Verlangen, Friederike wiederzusehen, verwünscht Goethe auf einmal seine schäbige Verkleidung, die er sich nun mangels Alternativen wieder anzulegen gezwungen sieht. So vor das Mädchen, in das er sich verliebt hat, hinzutreten, scheint ihm auf einmal völlig unmöglich. Als Weyland, der noch im Bett liegt, dann auch in Lachen ausbricht und meint, er sehe »ganz verwünscht« aus, stürzt er aus dem Zimmer, lässt sein Pferd satteln und will zurück nach Straßburg, um sich dort standesgemäß umzukleiden. Aber schon beim Ritt durch das Nachbarsdorf begegnet er dem »sehr sauber gekleideten« Gastwirtssohn George, der zudem noch eine ähnliche Figur hat wie er selbst.[26] Es bedarf noch nicht einmal großer Überredungskünste, und der in Sesenheim gut bekannte George tauscht mit ihm seine Garderobe, so dass Goethe bereits kurze Zeit nach seinem fluchtartigen Aufbruch wieder zurück in Sesenheim ist. Dort halten ihn beim ersten Anblick nun alle für den Gastwirtssohn aus dem Nachbardorf, zumal Goethe sich wie schon im Fall seiner ersten Verkleidung redlich bemüht, die verkörperte Figur möglichst echt erscheinen zu lassen. Auch Friederike lässt sich anfangs täuschen. Als sie Goethe schließlich auf die Schliche kommt, ist sie empört: »Garstiger Mensch, wie erschrecken Sie mich!«, hält sie ihm vor. Nur die Mutter durchschaut das Rollenspiel. »Wie viel Gestalten haben Sie denn?«, soll sie gefragt haben. Woraufhin Goethe versetzt haben will: »Im Ernst nur eine, ... zum Scherz so viel Sie wollen.«[27]

Goethe führt sich in Sesenheim ein, indem er Proben seiner Wandlungsfähigkeit ablegt. Sicher, keine der beiden verkörperten Rollen – weder der arme Theologiestudent noch der Gastwirtssohn – gehören zu seiner Identität; die Fähigkeit, diese Rollen glaubhaft zu mimen hingegen schon. Für seine Biographie, gerade auch seine spätere Weimarer Karriere, wird sie sich als essenziell erweisen. In Sesenheim auf dem Lande hingegen begegnet man solcher Wandlungsfähigkeit mit Misstrauen, wenn nicht mit Angst. Mit großer Sicherheit hat sich Friederike nicht in den Verwandlungskünstler Goethe verliebt, bei dem man nie sicher sein konnte, woran man gerade war. Sie konnte wohl den ärmlichen Theologiestudenten dauerhaft lieben, womöglich sogar den Gastwirtssohn aus dem Nachbardorf, aber kaum jenen, der seine auffällige soziale und intellektuelle Überlegenheit dazu nutzte, ihr alle diese Rollen vorzuspielen, ihr dabei aber, wenn auch indirekt, zu verstehen gab, er gehöre zu ihrer Welt genauso wenig dazu wie sie zu seiner. Goethe hingegen scheint an Friederike vor allem attraktiv gefunden haben, dass sie nicht so war wie er. Sie verkörperte das, was er selbst entbehrte, nämlich in sich selbst zu ruhen, eingepasst in eine Umgebung, in der sie mehr oder weniger aufging. Kam sie hingegen selbst einmal nach Straßburg, was später der Fall war, so verflog der Zauber allzu rasch. Hier wirkten sie und ihre ganze Familie wie Fremdkörper, angefangen von der Art sich zu kleiden bis zu ihren Vorlieben und ihrem ungeschickten Verhalten, das nicht in die städtische Umgebung passt. Goethe fällt es jedenfalls »wie ein Stein vom Herzen«,[28] als der Aufenthalt sich schließlich dem Ende zuneigt.

In gewisser Weise ist das Scheitern ihrer Beziehung, die Tatsache, dass Goethe und Friederike Brion sich schon bald nach ihrem ersten und einzigen Besuch in Straßburg trennen, mehr oder weniger schon in ihrer ersten Begegnung angelegt. Goethe meint zwar, in solchen Fällen bekomme immer der Mann den schwarzen Peter zugeschoben. »Ein Mädchen das einem Manne entsagt«, sei »lange nicht in der peinlichen Lage, in der sich ein Jüngling befindet, der mit Erklärungen eben so weit gegen ein Frauenzimmer herausgegangen ist ... Die Ursachen eines Mädchens, das sich zurückzieht, scheinen immer gültig, die des Mannes niemals.«[29] In Wirklichkeit aber war er natürlich besser dran: Denn sein Leben ging nicht nur so gut wie unbeschädigt weiter, er zog aus der Affäre auch Energie für seinen Wunsch, Dichter zu werden: Sesenheim bedeutet Goethes literarisches Coming-out, wie Generationen von Germanisten völlig zu Recht beteuert haben. Hier findet er zu der Sprache (und den Themen) seiner Literatur der nächsten Jahre, wenn nicht seines ganzen Lebens.

Zu den Gedichten, die im Sommer 1771 entstehen, als die Trennung von Friederike bereits beschlossene Sache ist, gehört auch jenes, das unter dem späteren Titel *Willkommen und Abschied* bekannt geworden ist. Es ist eines der berühmtesten und zugleich auch mitreißendsten Gedichte Goethes. Allerdings entsprechen nur die beiden letzten von insgesamt vier Strophen dem Titel. Die beiden ersten, die bis auf einige Zeilen der zweiten Strophe wohl auch die Keimzelle des Gedichts darstellen, erzählen hingegen von Aufbruch und Anreise, davon also, was sowohl dem Willkommen als auch dem Abschied vorangeht:

> Es Schlug mein Herz, geschwind zu Pferde!
> Und fort! wild wie ein Held zur Schlacht
> Der Abend wiegte schon die Erde
> Und an den Bergen hing die Nacht
> Schon stund im Nebelkleid die Eiche
> Wie ein getürmter Riese da,
> Wo Finsternis aus dem Gesträuche
> Mit hundert Schwarzen Augen sah.

Zweierlei Gnaden

Der Mond von einem Wolkenhügel
Sah schläfrig aus dem Duft hervor;
Die Winde schwangen leise Flügel,
Umsausten schauerlich mein Ohr;
Die Nacht schuf tausend Ungeheuer –
Doch tausendfacher war mein Mut;
Mein Geist war ein verzehrend Feuer,
Mein ganzes Herz zerfloß in Glut.[30]

Was für Herder die Erfahrung der Schiffsreise war, müssen für den verliebten Goethe die spontanen Gewaltritte nach Sesenheim gewesen sein: ein Sprengen konventioneller Schranken, die Begegnung mit einer unheimlichen, dämonischen Natur, zumal wenn unterwegs unversehens die Nacht hereinbrach, ein Freisetzen von libidinöser Energie. Goethe selbst legt in *Dichtung und Wahrheit* eine autobiographische Lesart dieser Strophen nahe. Und man kann zumindest vermuten, dass die Bildwelt der Verse nicht erst beim Verfassen des Gedichtes entstanden ist, sondern bereits im Kopf des jungen Mannes herumspukte, als er durch einbrechende Dunkelheit, tosenden Wind und dampfende Nebelschwaden galoppierte und dabei seinen ganzen Mut zusammennahm, das Ziel seines Verlangens vor Augen. In den Sinn gekommen ist ihm diese Bilderwelt jedenfalls durch Lektüre, und es lässt sich in diesem Fall recht genau sagen, durch welche.

Anfang der 1760er Jahre war in England eine Reihe von Übersetzungen erschienen, die alte gälische Dichtungen zur Vorlage hatten und angeblich von einem keltischen Barden aus dem 3. Jahrhundert stammten – Ossian. Zusammen mit seinem Neffen, so die Legende, soll er der letzte Überlebende seines Geschlechts nach der Schlacht von Baghrar gewesen sein. Alt, schwach und blind sei er durchs Land gewandert und habe die Taten seiner Vorfahren besungen, vor allem die seines Vaters Finegal. Der Herausgeber und Übersetzer war ein zwanzigjähriger Privatlehrer namens James Macpherson, der aus eigener Initiative, bald aber auch ermuntert durch Edinburgher Gelehrte und Literaten die alte keltische Sagenwelt erforschte. In Wirklichkeit waren seine Übersetzungen von Ossians elegischen Gesängen von Anfang an freie Adaptionen verschiedener Quellen, darunter Manuskriptfunde aus dem frühen 16. Jahrhundert und mündliche Überlieferungen, aber auch Kompilationen von Themen und Motiven aus der Weltliteratur von der Bibel und Homer bis zu Shakespeare und Milton, und nicht zuletzt eigene Erfindungen. Doch das war nur Macpherson selbst bekannt. Die Edinburgher Gelehrten, die ihn geradezu drängten, weitere Ossian-Funde zu veröffentlichen, und ihm auch eine Forschungsreise in die Highlands finanzierten, sahen darin ein schottisches Nationalepos. Mit dem überwältigenden, internationalen Erfolg der Ossian-Bücher allerdings, die in zwanzig Sprachen übersetzt wurden und in ganz Europa sowie auch in Nord- und Südamerika nachhaltige Verbreitung fanden und zu zahlreichen Nachahmungen animierten, rechneten auch sie wohl kaum.[31]

Goethe hat *Ossian* in der englischen Originalausgabe bereits in Leipzig gelesen und ist rasch der suggestiven Macht seiner erhaben-dunklen Welt erlegen, der elegischen Grundstimmung des »joy of grief«, der Wonne der Wehmut, eingebettet in die Beschwörung einer düsteren, wild-gewaltigen Naturlandschaft von kahlen Bergen, nebligen Heiden, heulenden Stürmen und einem tosenden Meer. In Briefen und Gedichten aus dieser Zeit finden sich mehrfach Wendungen, die auf Goethes Vertrautheit mit der Ossian-Welt hinweisen. Die Neuschöpfung »Nebelkleid« beispielsweise, von Goethe erstmals 1768 verwendet, dürfte eine Übersetzung von Macphersons »robe of mist« sein. Auch die riesenhafte Eiche und der hinter einem Wolkenhügel verschwindende Mond sind Bestandteile der dämonischen Landschaftsszenerie der Ossian-Dichtungen.[32] Goethes erste explizite Erwähnung von *Ossian* findet sich dann in dem langen Brief an Friederike Oeser vom Februar 1769. Aus ihm geht hervor, dass Goethe *Ossian* nicht nur gelesen hat, sondern eingehend auch die Kommentare studiert hat, die den Ausgaben, sowohl dem Original als auch der gerade erschienenen deutschen Übersetzung des österreichischen Priesters und Bibliothekars Michael Denis, beigegeben waren.[33] Wie seine Zeitgenossen hielt Goethe die Gesänge Ossians für Übertragungen aus dem 3. Jahrhundert und nicht für ein Gemisch aus Übersetzung, Kompilation und Neudichtung.

Goethes Liebe zur Dämmerung hat in der Ossian-Welt des nebelhaften Verschwimmens der Konturen, in der zwischen Licht und Dunkel schwankenden Seele des keltischen Barden reichlich Nahrung gefunden. Vor das strahlende Bild einer vom Sonnenlicht erhellten Natur schiebt sich immer wieder das Bild einer Welt im Dämmerungszustand, in der die Finsternis den Menschen »mit hundert schwarzen Augen« ansieht, und der angesichts solcher Erscheinungen von Gefühlen des Schauders, des Zweifelns und der Verzweiflung heimgesucht wird. Es sind die dunklen Träume eines heranwachsenden Mannes, der seine Position in der Welt noch nicht gefunden hat und sich angesichts seiner psychischen Labilität und sozialen Isolation an Übergangszuständen, erhabener

Düsternis und einem schwarzen Heroismus berauscht. »O, meine Freundinn«, heißt es in Goethes Brief an die Tochter seines Kunstlehrers, »das Licht ist die Wahrheit, doch die Sonne ist nicht die Wahrheit, von der doch das Licht quillt. Die Nacht ist Unwahrheit. Und was ist Schönheit? Sie ist nicht Licht und nicht Nacht. Dämmerung; eine Geburt von Wahrheit und Unwahrheit. Ein Mittelding.«[34] Prägnanter als hier hat Goethe die ästhetischen Vorstellungen seiner Vorweimarer Zeit nirgendwo zusammengefasst.

Von Herder angestiftet, macht er sich nach seiner Rückkehr nach Frankfurt selbst an Ossian-Übersetzungen. Wenig später entsteht auch eine Übertragung der »Songs of Selma«, die er Friederike Brion widmet und wohl einem Abschiedsbrief an sie beilegt. 1774, als er *Die Leiden des jungen Werthers* schreibt, integriert er Teile seiner Übersetzungen dann in den entstehenden Roman. Werther liest sie seiner geliebten Lotte vor, bevor er sich schließlich in den Kopf schießt: »Es ist Nacht; — ich bin allein, verloren auf dem stürmischen Hügel. Der Wind saust im Gebürg, der Strom heult den Felsen hinab. Keine Hütte schützt mich vor dem Regen, verlassen auf dem stürmischen Hügel. - Tritt, o Mond, aus deinen Wolken; erscheinet Sterne der Nacht! Leite mich irgend ein Strahl zu dem Orte wo meine Liebe ruht von den Beschwerden der Jagd, sein Bogen neben ihm abgespannt, seine Hunde schnobend um ihn! Aber hier muß ich sitzen allein auf dem Felsen des verwachsenen Stroms. Der Strom und der Sturm saust, ich höre nicht die Stimme meines Geliebten.«[35]

Wenn Goethe die eigene Ossian-Übersetzung dem todgeweihten Werther in den Mund legt, hat das natürlich auch etwas von Distanzierung, nicht zuletzt von sich selbst. 1774 hält Goethe es bereits stärker mit Homer, bei dem sich Macpherson ebenfalls für seine »vorzeitlichen« Gesänge bedient hatte. In Straßburg aber ist Goethes Verhältnis zur Ossian-Welt noch so gut wie ungebrochen, und seine Beziehung zu Herder ist nicht zuletzt auch eine Begegnung mit der Schlüsselfigur der deutschen Ossian-Rezeption. Ossian ist die schwarze Sonne, um die sie beide kreisen. Herder hatte während der Überfahrt von Riga nach Frankreich zwar die Bücher im Reisegepäck gelassen, zu einem Buch hat er dem eigenen Vernehmen nach dann aber doch gegriffen: *Ossian*, so meint er nachträglich, habe er in einer Situation gelesen, in der ihn die meisten, die ihren bürgerlichen Geschäften nachgehen und Lektüre als Zeitvertreib und Unterhaltung betrachten, kaum lesen können – »mitten im Schauspiel einer ganz andern, lebenden und webenden Natur, zwischen Abgrund und Himmel schwebend«, dieses Mal auf der Überfahrt von Antwerpen nach Amsterdam. Durch einen heftigen Sturm war das Schiff auf eine Sandbank gelaufen und dabei leck geschlagen. Die ganze Nacht hatte es dort festgesessen und war langsam voll Wasser gelaufen. Erst am nächsten Morgen hatten Rettungsboote die Passagiere an die Küste gebracht, von wo aus sie den Untergang ihres Schiffes beobachten konnten.[36] »Glauben Sie, da lassen sich Skalden und Barden anders lesen, als neben dem Katheder des Professors«, weiß Herder zu berichten; wenigstens auf ihn als »sinnlichen Menschen« würden »solche sinnlichen Situationen ... viel Wirkung« machen.

Herder glaubte, dass die Gesänge des keltischen Barden jene ursprünglichen Kräfte wieder in uns wachzurufen vermögen, die uns in einer durch Rationalität geprägten Welt abhanden zu kommen drohen. Die Ossian-Lektüre bedeutet für ihn seelische Erneuerung, mehr noch: das Genie in sich selbst zu erwecken. Dabei handle es sich nicht um Mittelalternostalgie, nicht darum, »einem fremden Jahrhundert zu frönen«. »Eben der Barde, der *seine* Welt so *eigen* und groß *besang*, sollte uns lehren, *die unsrige eben so eigen* und *wahr* zu besingen«, meinte er.[37] Was Ossian angeblich für seine Zeit geleistet hatte, sollten seine heutigen Leser, sofern sie Dichter waren, auch für die eigene Zeit hier und jetzt vollbringen.

Heute fragt man sich, was damals die starke, beinahe unentrinnbare Faszinationskraft der Ossian-Dichtungen ausgemacht haben mag. Schließlich sind ihr ja nicht nur Herder und Goethe, sondern die gesamte Generation der Sturm- und-Drang-Dichter und -Intellektuellen erlegen. Die »Nebelharfe des keltischen Barden«, von der der Herder-Biograph Rudolf Haym spricht,[38] ließ sie übersehen, was doch beinahe auf der Hand lag und weniger beeindruckbare Zeitgenossen wie Samuel Johnson auch sofort erkannt haben: dass es sich eben nicht um authentische Verse aus altertümlicher Vorzeit handelte, die über gewundene Überlieferungspfade zu ihnen gefunden hatten, sondern um eine raffinierte Kompilation, um Vergangenheitsbeschwörung aus dem Geist und den Sehnsüchten der Gegenwart heraus.

Eine naheliegende Antwort ist, dass die Ossian-Texte bei ihren gefühlsseligen zeitgenössischen Rezipienten etwas ansprachen und in Bewegung versetzten, was sie selbst noch nicht begrifflich zu fassen wussten, von dem sie aber fühlten, es sei mächtiger als ihr Wille und ihr Bewusstsein. Es war nichts Transzendentes, nichts Überirdisches, sondern ein »Abgrund der Seele«, wie Herder es nannte; Sigmund Freud wird es später als das Unbewusste bezeichnen.[39] Darin vermuteten sie den Ursprung ihrer Gefühlskraft, ihrer sinnlichen Leidenschaft und ihrer poetischen Produktivität. Eigentlich hingen diese drei Dinge sogar zusammen, verstärkten und erhellten sich wechselseitig. In Ermangelung eines Konzepts dafür nannten sie es ebenfalls Natur wie die Landschaft außerhalb der Stadt, in der sie spazieren gingen. Die Entdeckung der eigenen Gefühlskraft hatte für sie selbst etwas Ungeheures, Mitreißendes. Sie waren schier überwältigt von ihrer Leidenschaft, die weder zu den im Elternhaus und durch ihre Lehrer vermittelten Traditionen passte noch zu dem, was sie für Aufklärung hielten: sich immer schön an den eigenen Verstand und den moralischen Common Sense zu halten. Goethe verwendet nachträglich das Bild eines mit Sprengstoff gefüllten, explodierenden Geschosses, das im Aufsteigen schön anzusehen ist, im Absteigen aber Zerstörung bringt, um die Kraft und Gewalt seiner Liebesleidenschaft für Friederike zu beschreiben. »Eine solche jugendliche, auf's Geratewohl gehegte Neigung«, so schreibt er in *Dichtung und Wahrheit*, »ist der nächtlich geworfenen Bombe zu vergleichen, die in einer sanften, glänzenden Linie aufsteigt, sich unter die Sterne mischt, ja einen Augenblick unter ihnen zu verweilen scheint, alsdann aber abwärts, zwar wieder dieselbe Bahn, nur umgekehrt, bezeichnet und zuletzt da, wo sie ihren Lauf geendet, Verderben hinbringt.«[40]

Macphersons Ossian-Dichtungen, das waren für den jungen Goethe und seine Zeitgenossen Texte der Leidenschaft, die Schichten der Existenz jenseits der Grenze des Bewusstseins ansprachen. Wenn Goethe seinem Abschiedsbrief an Friederike eigene Ossian-Übersetzungen beilegte, dann womöglich auch, um ihr auf diesem Wege mitzuteilen, von welcher Art seine Empfindungen für sie gewesen waren. Es waren eben keine anständigen Gefühle, die den Sittsamkeitsvorstellungen der bürgerlichen Welt von damals entsprachen, nicht zahm genug, um in eine dauerhafte Partnerschaft zu münden. Goethe war getrieben von einem wilden, unbezähmbaren Verlangen, wie es die ersten beiden Strophen von *Willkommen und Abschied* in Verse fassen und das mit gesellschaftlichen Konventionen gar nichts, mit der Natur im Menschen hingegen viel zu tun hatte.

In *Dichtung und Wahrheit* erzählt Goethe, dass die Antwort, die er von Friederike auf seinen Brief erhielt, ihm das Herz zerrissen habe (beide Schreiben sind nicht überliefert). »Ich fühlte nun erst den Verlust den sie erlitt, und sah keine Möglichkeit ihn zu ersetzen, ja nur ihn zu lindern. Sie war mir ganz gegenwärtig; stets empfand ich, daß sie mir fehlte, und was das Schlimmste war, ich konnte mir mein eignes Unglück nicht verzeihen. Gretchen hatte man mir genommen, Annette mich verlassen, hier war ich zum erstenmal schuldig; ich hatte das schönste Herz in seinem Tiefsten verwundet«.[41]

Goethes Schuldbewusstsein wird in der Regel dadurch erklärt, dass er die geliebte junge Frau – womöglich nach einer gemeinsam verbrachten Nacht – verlassen habe. Zumindest das Gedicht, das er später *Willkommen und Abschied* nennt, bestätigt diese Auffassung des Geschehens nicht. Denn in der ersten, 1775 publizierten Fassung ist es nicht der Mann, sondern die Frau, die den Abschied vollzieht: »Du giengst, ich stund, und sah zur Erden, / Und sah dir nach mit naßem Blick«, heißt es da. Erst in der späteren, wohl 1788 entstandenen Fassung hat Goethe die Situation in einer Weise umgekehrt, die dann auch der Darstellung des Geschehens in *Dichtung und Wahrheit* entspricht: »Ich ging, du standst und sahst zur Erden / Und sahst mir nach mit nassem Blick«, lauten die Zeilen nun.[42]

Man kann das mit einem neuen Selbstbewusstsein des aus Italien heimgekehrten Goethe erklären, der in Rom ein amouröses Verhältnis eingegangen ist, der sich zurück in Weimar eine Geliebte nimmt und von Charlotte von Stein löst. Nun geht er selbst und wird nicht mehr verlassen, wie das beim Frankfurter Gretchen, der kleinen Schönkopf und womöglich noch bei Friederike der Fall war und ihn zutiefst gekränkt hat.

Misstrauisch gegen diese von Goethe selbst favorisierte Deutung lassen einen jedoch die Vergewaltigungsphantasien werden, die in Goethes Texten aus der Zeit der Trennung von Friederike und ihren Folgen gehäuft auftauchen. Die bekannteste davon ist das harmlos anmutende Lied vom *Heidenröslein*. Die Verse entstehen wohl im Sommer 1771 nach einem alten Volkslied, das Goethe in einer Sammlung Herders gefunden hat. Volkslieder aufzuspüren und sie vor dem Vergessen zu bewahren, sie wieder zugänglich zu machen, indem man sie dem Zeitgeschmack adaptierte, war ein Unterfangen, das Herder Goethe nahegebracht hat. Goethe übernimmt den Refrain »Röslein, Röslein, Röslein rot, / Röslein auf der Heiden« und einige Wendungen aus der Vorlage und macht daraus ein doppelbödiges Kinderlied. Es erzählt von einem Knaben, der ein junges und morgenschönes Röslein findet und ihm ankündigt, es zu brechen, woraufhin das Röslein ihm droht: »ich steche dich / Daß du ewig denkst an mich«. In der dritten und letzten Strophe schließlich kommt es zu dem, wovon bislang nur die Rede war:

Und der wilde Knabe brach
's Röslein auf der Heiden;
Röslein wehrte sich und stach,
Half ihr doch kein Weh und Ach,
Mußte es eben leiden.

Zweierlei Gnaden 119

Röslein, Röslein, Röslein rot,
Röslein auf der Heiden.[43]

Weder der Vorbehalt eines jungen Mannes gegen eine frühe Bindung noch eine sexuelle Begegnung in beiderseitigem Einverständnis können das Ausmaß der Zerknirschung erklären, von dem Goethe noch in *Dichtung und Wahrheit* nach der Trennung von Friederike berichtet. Sollte die Verwundung, die er dem »schönsten Herz« zufügt, damit zu tun haben, dass er Friederike in einem Moment leidenschaftlicher Selbstvergessenheit, den die ersten beiden Strophen von *Willkommen und Abschied* so überzeugend darstellen, zu sexuellen Handlungen zwang oder auch nur zwingen wollte, die sie aber ablehnte? Und verließ Friederike ihn, nachdem sie die Erfahrung gemacht hatte, wozu der verehrte Freund in der Lage war, während dieser »stund« und zur Erden sah?

Goethe schweigt darüber. Wovon er uns dann wieder berichtet, hat folgende Bewandtnis: Die Reue, die er empfand, ließ sein Interesse an den Liebesbeziehungen anderer wachsen. Paaren aus dem Freundes- und Bekanntenkreis, die Schwierigkeiten miteinander hatten, bot er sich als eine Art Mediator an – eine Rolle, die Goethe später in seinem Roman *Die Wahlverwandtschaften* in der dort Mittler genannten Figur karikaturistisch überzeichnet. Die Reue treibt ihn aber auch regelrecht auf die Straße, rastlos schweift er umher, »gegen offene Welt und freie Natur gerichtet« – ein junger Mann, der »unter freiem Himmel, in Tälern, auf Höhen, in Gefilden und Wäldern« Beruhigung für das an ihm nagende Schuldbewusstsein sucht. Man kennt diese selbsttherapeutische Maßnahme bereits aus der Zeit, als er den Verlust Gretchens verarbeiten musste. Nun kultiviert er sie geradezu. Im Freundeskreis, so Goethe, habe ihm das den Spitznamen »der Wanderer« eingetragen, den er zeitlebens als Ehrentitel verstanden hat. »Ich gewöhnte mich, auf der Straße zu leben, und wie ein Bote zwischen dem Gebirg und dem flachen Lande hin und her zu wandern.«[44] Auch darin findet sich ein Bezug zu Macpherson, hatte er Ossian doch als »rastlosen Wanderer«, als »Wanderer in unbekannten Gefilden« charakterisiert. Selbst hier, in dieser neuen Identifikationsfigur, ist der gälische Barde anfangs noch das Vorbild.

Wanderjahre

Neuntes Kapitel, in dem der Wanderer eine Bleibe sucht

Goethe tritt seine Wanderjahre genau in dem Moment an, als er zum zweiten Mal vom Studium nach Hause zurückkehrt. Das ist kein Zufall und auch kein Widerspruch. Nun kann er den von ihm erwarteten Studienabschluss vorweisen und damit hat er seine Pflicht gegenüber dem Vater erfüllt. Allerdings hat es nicht für die vom Vater erhoffte Promotion gereicht, da er in der von ihm eingereichten Dissertationsschrift zum Thema Kirchenrecht Positionen vertrat, die ihn in den Augen anderer Rechtsgelehrter als »einen wahnsinnigen Religionsverächter« erscheinen ließen.[1] Sie wurde deshalb nicht angenommen. Goethes Dissertation ist zwar verschollen, jedoch muss er darin wohl versucht haben, die Ansprüche der Kirche sowohl an den Glauben des Einzelnen als auch gegenüber dem Gesetzgeber einzuschränken. Nach Ablehnung der Dissertation wählte Goethe den gleichermaßen gangbaren Weg, statt einer Abhandlung Thesen einzureichen und über diese vor der Fakultät zu disputieren. Dadurch erwarb er sich die Würde eines Lizentiaten und verzichtete auf den Erwerb des Doktortitels. Das kam ihm insofern zupass, als auch die Lizentiaten als Doktoren betrachtet wurden und den Titel in der Regel auch führen durften. Als ihm die Fakultät ein Vierteljahr später die Möglichkeit eröffnete, doch noch ein Promotionsverfahren anzustrengen, winkte Goethe, der sich zu dieser Zeit bereits als Rechtsanwalt mit eigener Kanzlei im Haus des Vaters niedergelassen hatte, energisch ab: Es sei ihm »vergangen Doktor zu seyn. Ich hab so satt am Lizentieren, so satt an aller Praxis, daß ich höchstens nur des Scheins wegen meine Schuldigkeit thue, und in Teutschland haben beide Gradus gleichen Wehrt«.[2]

Das sind klare Worte. Nach gerade einem Vierteljahr Anwaltstätigkeit hat Goethe es also schon »so satt an aller Praxis«. Mit ein Grund dafür ist, dass ihm

Frankfurt nach der Rückkehr aus Straßburg kein angemessener Aufenthaltsort mehr für einen Geist zu sein scheint, der von sich meint: »Mein nisus [Drang, Streben] vorwärts ist so starck, daß ich selten mich zwingen kann, Athem zu holen, und rückwärts zu sehen«. Es sei »traurig an einem Ort zu leben wo unsre ganze Wircksamkeit in sich selbst summen muß«. Frankfurt sei und bleibe »das Nest. Nidus, wenn sie wollen. Wohl um Vögel auszubrüten, sonst auch figürlich spelunca, ein leidig Loch. Gott helf uns aus diesem Elend. Amen.«[3]

Nicht Gott jedoch, sondern Goethes eigene schöpferische Produktivität, von der er bereits einige Kostproben abgeliefert hatte und weitere gerade im Begriff war »auszubrüten«, half ihm. In der Regel war für einen jungen Frankfurter seiner Herkunft eine Advokatur lediglich ein Durchgangsstadium für die Qualifikation zu höheren Ämtern; Goethe dagegen sah darin wohl das letzte verbliebene Hindernis auf dem Weg zur Qualifikation als Schriftsteller, die ihn letztlich aus Frankfurt wegführen würde. Folgerichtig betrachtete er während der fünf Jahre, die bis zu seiner endgültigen Abreise noch vergehen sollten, seine Vaterstadt nur als provisorischen Aufenthaltsort, von dem er aufbrach und zu dem er zurückkehrte, ohne sich mit ihm zu identifizieren: »Oft ging ich allein oder in Gesellschaft durch meine Vaterstadt, als wenn sie mich nichts anginge, speiste in einem der großen Gasthöfe in der Fahrgasse und zog nach Tische meines Wegs weiter fort«, erinnert er sich.[4]

Am 14. Oktober 1771, wenige Wochen nach seiner Rückkehr, richtet Goethe im Elternhaus eine Feier zu Shakespeares Namenstag aus – den Plan dazu hatte er wohl noch in Straßburg gefasst. Goethe hat Shakespeares Werk bereits in Leipzig kennengelernt, durch die seinerzeit einschlägige Anthologie *The Beauties of Shakespeare, regularly selected from each play* von William Dodd. Unter dem Einfluss Herders dann beginnt er sich eingehender mit dem »Barden von Avon« zu befassen; Herder weist ihn auf die Vorbildfunktion, die Shakespeare dabei haben könnte, sich von den Konventionen der Regelpoetik, beim Drama insbesondere der starren Lehre von den drei Einheiten, zu lösen und als Schriftsteller zu einer unverstellten, direkten und starken Sprache zu finden, die Affekte und Leidenschaften zu transportieren vermag. Noch Jahrzehnte später sollte Goethe die Lektüre von Herders 1771 entstandener Programmschrift über Shakespeare denjenigen empfehlen, die wissen wollten, für was die damals junge Literatengeneration einstand, die retrospektiv unter dem Namen »Sturm und Drang«, dem Titel einer Komödie von Friedrich Maximilian Klinger, berühmt wurde;[5] ursprünglich sollte sie »Wirrwarr« heißen. Goethe selbst beschäftigt sich in den ersten Monaten seiner Rückkehr nach Frankfurt mit einer Dramatisierung der *Geschichte von Gottfriedens von Berlichingen mit der eisernen Hand*, in der er alles das umsetzen sollte, was er von Shakespeare und Herder gelernt hat.

Doch Shakespeare ist für den jungen Goethe keineswegs nur der große Anreger in Sachen Drama und literarischer Sprache. Er ist auch ein existenzieller Leitstern, der ihm den Weg weist, der gefühlten Belang- und Bedeutungslosigkeit zu entkommen – »für nichts gerechnet« zu werden, wie er es nennt. Den Auftakt der hinreißenden Rede Goethes bilden allgemeine Überlegungen zur Conditio humana, zu den Umständen des Menschseins und der Natur des Menschen. »Dieses Leben, meine Herren, ist für unsre Seele viel zu kurz«, heißt es gleich im zweiten Satz. Das Leben möge sein, wie es wolle – am Ende stehe immer die Grube, womit der bibelfeste Goethe zwar ein Wort des Matthäus-Evangeliums zitiert, aber doch unverkennbar das Grab als Ende des irdischen Lebenslaufs vor Augen hat, das dem Menschen das besagte »Für nichts gerechnet« zuruft.

Seine Seele hingegen sage dem Menschen etwas anderes. Aus sich selbst wisse sie nichts von einem Ende, das ihr deshalb auch wie eine Täuschung, wenn nicht gar wie eine Arglist vorkommen müsse. Die Seele fühle sich, nenne sich »Ich« und lebe in der Überzeugung, sich selbst alles zu sein, da sie alles nur durch sich selbst kenne. (»Die Welt eines Fühlenden« sei »eine Welt der *unmittelbaren Gegenwart*«, hatte Herder gesagt: »*Ich fühle mich! Ich bin!*«) Wer so denke, fährt Goethe fort, der mache »große Schritte durch dieses Leben«. Nicht der Gedanke an dessen Endlichkeit, sondern der Glaube an sich selbst, an die eigene Unverletzlichkeit und grenzenlose Wirksamkeit beflügelt den Menschen zu großen Taten.

Im Tempo des Vorankommens unterscheiden wir uns allerdings stark voneinander. Die Strecke, für die der eine selbst bei »stärkstem Wandrertrab« eine Tagesreise benötige, erledige ein anderer mit Siebenmeilenstiefeln an den Füßen in zwei Schritten. Goethes Achtung gehört beiden, seine Bewunderung hingegen ist dem Wanderer mit dem Fußabdruck eines Giganten sicher. Dies alles vorausgeschickt, kommt die Rede endlich auf Shakespeare: »Wir ehren heute das Andenken des größten Wandrers, und tun uns dadurch selbst eine Ehre an.« Die Betrachtung eines einzigen seiner Fußstapfen mache unsre Seele »feuriger und größer als das Angaffen eines tausendfüßigen königlichen Einzugs« von der Art, wie ihn Goethe in Straßburg bei der Ankunft Marie Antoinettes beobachtet hatte.

Das ungewöhnliche Bild von Shakespeare als Wanderer sagt wie die gesamte, von Hypertrophien wimmelnde Rede natürlich mehr über die Geistesverfassung des Redners selbst als über deren Gegenstand aus. Der Anknüpfungspunkt für den Vergleich ist jedenfalls weniger die Spekulation, dass sich Shakespeare in ungefähr dem gleichen Alter wie sein 200 Jahre nach ihm lebender Lobredner einer der damals zahlreichen, durch die Provinz ziehenden Wanderbühnen angeschlossen haben könnte, als die Selbststilisierung Goethes, der sich wie sein Vorbild zutraut, mit mächtigen Schritten durch das Leben zu gehen. »Die erste Seite, die ich in ihm las, machte mich auf Zeitlebens ihm eigen ... Ich erkannte, ich fühlte aufs lebhafteste meine Existenz um eine Unendlichkeit erweitert, alles war mir neu, unbekannt, und das ungewohnte Licht machte mir Augenschmerzen.«[6]

Wandern verbinden wir heutzutage beinahe unvermeidlich mit Entschleunigung. Doch in der nicht-motorisierten Welt der zweiten Hälfte des 18. Jahrhunderts war das nicht unbedingt der Fall. Damals war Wandern nicht nur die preiswerte, sowohl Bewegungs- wie auch Gedankenfreiheit verschaffende Alternative zur Reise in der beengten und stickigen Postkutsche; es bildete auch einen Kontrast zum Spazierengehen, das bei den Stadtbürgern, etwa auf den alten Frankfurter Befestigungsanlagen, in diesen Jahren groß in Mode kam. Wanderer und nicht Spaziergänger: Goethe selbst hat auf diese Unterscheidung größten Wert gelegt. Spaziergänger, das waren häusliche Menschen, die sich in abgemessener Form Bewegung verschafften (ein wenig, aber niemals zu viel), um den Grad ihrer Zufriedenheit noch zu steigern. »Seelig seyd ihr verklärte Spaziergänger, die mit zufriedner Anständiger Vollendung jeden Abend den Staub von ihren Schuhen schlagen und ihres Tagwercks Göttergleich sich freuen«, schreibt er Anfang August 1775, kurz vor seinem Aufbruch nach Weimar, so spöttisch wie wehmütig an Auguste zu Stolberg und unterzeichnet den Brief mit »Der unruhige«.[7] Der Wanderer hingegen war der von Bewegungsdrang und Rastlosigkeit erfüllte, im Grunde seines Herzens unbehauste Mensch, für den Leben identisch war mit Unterwegssein und Werden: eine Rückkehr der Gestalt des Pilgers unter den Vorzeichen der säkularen Moderne.

Wandern hieß, die Erde unter die Füße zu nehmen, sich zügig fortzubewegen, Wind und Wetter zu trotzen, sich unabhängig von der Frage zu machen, in welchem Zustand man sein Ziel erreichte, gegebenenfalls gar durchnässt, schmutzig und zerzaust. Dem Wanderer Goethe ist jedenfalls an Beschleunigung gelegen. »Das Unverhältnis des engen und langsam bewegten bürgerlichen Kreises zu der Weite und Geschwindigkeit meines Wesens hätte mich rasend gemacht«, schreibt er an seine Mutter.[8] Da ist er schon einige Jahre in Weimar und will ihr seine Gründe vor Augen führen, die ihn zum Fortgehen aus Frankfurt bewegt haben. Doch die Selbstdiagnose gilt bereits für den Rückkehrer aus Straßburg. Wandern ist für Goethe eine Weise, der Weite und Geschwindigkeit seines Wesens Raum zu geben. Da dürfen es auch mehr als vier oder fünf Kilometer pro Stunde sein, zumal sein Geist sowieso mit höherer Drehzahl arbeitet.

Eine auf die Winterzeit beschränkte Alternative zum Wandern ist das Schlittschuhfahren, das Goethe in diesen Jahren, angeregt durch Klopstock entdeckt und später auch in Weimar einführt, wo es sich prompt zum Trendsport entwickelt. Selbst Charlotte von Stein, von Kopf bis Fuß Dame, soll in einem Winter bis zu acht Stunden täglich auf dem Eis ihre Kreise gezogen haben. Klopstock hatte das Schlittschuhfahren sogar für poesiewürdig erklärt und in Oden besungen, aber Goethe und seine Freunde zugleich ermahnt, es müsse eigentlich von Schrittschuhen die Rede sein, »denn das Wort komme keinesweges von Schlitten, als wenn man auf kleinen Kufen dahinführe, sondern von Schreiten, indem man, den Homerischen Göttern gleich, auf diesen geflügelten Sohlen über das zum Boden gewordene Meer hinschritte«.[9] Goethe ließ sich das gefallen, sprach seitdem selbst von Schritt- statt von Schlittschuhen und bevorzugte sogar das von Klopstock empfohlene friesländische Modell zum Eislaufen. Die damit verbundene Ermahnung, dass es bei dieser »edlen Kunst« vor allem auf Eleganz und nicht so sehr auf Geschwindigkeit ankomme, hat er sich hingegen nicht zu eigen gemacht. Wie beim forcierten Wandern war auch beim Eisfahren der dadurch erzeugte Bewegungsrausch das Lustvolle an der Sache. Als Goethe 1774 mit Klopstock einige Tage in Frankfurt verbringt, ihn noch bis Darmstadt begleitet und daraufhin mit der Postkutsche nach Frankfurt zurückfährt, entsteht das Gedicht *An Schwager Kronos*. Schwager war ein umgangssprachliches Wort für Kutscher und Kronos der antike Gott der Zeit, der auch als Lenker eines mehrspännigen Wagens dargestellt wurde und in der linken Hand die Zügel hielt, während er in der rechten eine Sichel schwang. Das Gedicht beschreibt eine Kutschfahrt, die geradewegs in die Hölle führt, und wird von Bildern der Beschleunigung dominiert: Sputen soll sich der Kutscher, den »rasselnden Trott« abschütteln, bergab geht die Fahrt, »Rasch in's Leben hinein«,[10] bis zu dem Punkt, da der Geschwindigkeitsrausch zur Todesfahrt wird. Die wilde Syntax und kühne Metaphorik der Verse bilden, noch unter dem Eindruck der Begegnung mit Klopstock, einen bewussten Gegensatz zu dessen getragenem und gemessenem Ton, von dem Goethe sich wiederholt distanziert. Es sollte nicht seine letzte Replik auf Klopstock bleiben.

Erst der alte Goethe wird das sich beschleunigende Tempo der sich zu seinen Lebzeiten industrialisierenden und motorisierenden Welt kritisieren und äußerst hellsichtig als den Kern des sozialen Wandels erkennen. »Veloziferisch«[11] hat er den modernen Zeitgeist genannt – eine Wortschöpfung aus lateinisch *velocitas* (Eile) und Luzifer, einem anderen Namen des Teufels. Der junge Goethe hingegen ist selbst veloziferisch unterwegs. Es kann ihm nicht schnell genug gehen. Und so mündet seine Rede zum Shakespeare-Tag, die ein Manifest sowohl der literarischen als auch der existenziellen Selbstbefreiung des Anfang Zwanzigjährigen ist, in einen Weckruf: gerichtet an alle jene »edlen Seelen«, die im »Elysium des sogenannten guten Geschmacks« gelangweilt dahindämmern und »kein Mark in den Knochen haben« – Halbexistenzen, nicht müde genug, um zu ruhen, und doch zu faul, um tätig zu sein, die »ihr Schatten Leben ... verschlendern und vergähnen«, statt dem Ruf ihrer Seele zu folgen und mit großen Schritten die Welt zu durchwandern.[12]

»Oft ging er, als er noch in Frankfurt war, zu Fuß nach Darmstadt«, meinte später der für sein loses Mundwerk bekannte Weimarer Gymnasialdirektor Karl August Böttiger zu wissen. »Da gaben ihm die artigsten Frauen das Geleite bis zur Stadt hinaus, und in Darmstadt setzte er sich vor Mercks Haus, so auf einer steinernen Treppe einige Bänke vor der Haustür standen, um den um ihn versammelten Mädchen Genieaudienz zu geben, die oft länger als eine Stunde dauerte«.[13] Der Kontakt zu dem acht Jahre älteren Johann Heinrich Merck, seit 1767 in Diensten des Darmstädter Hofes, kam dadurch zustande, dass dieser Goethe als Mitarbeiter der *Frankfurter Gelehrten Anzeigen* zu gewinnen suchte, deren Chefredaktion er soeben übernommen hatte. Unter dem neuen Titel und mit neuem Personal, neben dem neuen Chefredakteur vor allem auch neuen Mitarbeitern, sollten die bereits seit drei Jahrzehnten existierenden, aber wenig bedeutenden *Frankfurtischen Gelehrten Zeitungen* einen Neustart nehmen. Und obwohl es sich um ein reines Rezensionsorgan handelte, zudem beschränkt auf literarische und schöngeistige Neuerscheinungen, ging mit dem Ausnahmejahrgang 1772 dieser Plan auch auf. In diesem Jahr wurde die Zeitschrift zum Sprachrohr der jungen Generation des Sturm und Drang. Merck selbst verfasste Artikel, aber auch Goethes Frankfurter Anwaltskollege Johann Georg Schlosser, der Mitte des Jahres Merck als Chefredakteur ablöste, schrieb für die Zeitung. Überhaupt waren die Juristen nicht nur unter den Mitarbeitern der Zeitung, sondern auch in der lockeren Gruppierung der Stürmer und Dränger überproportional stark vertreten. Hinzu kamen Theologen und ein Gymnasiallehrer, der Darmstädter Arzt Johann Ludwig Leuchsenring, der Bruder von Franz Michael Leuchsenring, dem Prinzenerzieher am Darmstädter Hof, und ab April 1772 auch Herder, der sich von seiner neuen Wirkungsstätte Bückeburg, der Residenzstadt der Grafschaft Schaumburg-Lippe, mit Beiträgen meldete.

Merck und seinen Mitstreitern war von vornherein klar gewesen, dass sie mit ihrer unverhohlenen Art, Kritik zu betreiben, die Obrigkeit provozieren würden. Da war es ein geschickter Schachzug, von Anfang an alle Besprechungen der *Frankfurter Gelehrten Anzeigen* anonym erscheinen zu lassen. Zudem wurden sie im Regelfall nicht von einer Person alleine verfasst. »Wer das Buch zuerst gelesen hatte, der referierte, manchmal fand sich ein Korreferent«, schildert Goethe die gängige Praxis. »Die Angelegenheit ward besprochen, an verwandte angeknüpft, und hatte sich zuletzt ein gewisses Resultat ergeben, so übernahm Einer die Redaktion.«[14] Indem die Autoren der *Frankfurter Gelehrten Anzeigen* vermieden, dass ihre Aussagen einer bestimmten Person zuzuschreiben waren, erweiterten sie den Spielraum des Sag- beziehungsweise Schreibbaren. Zwar wurde dem Verleger Johann Conrad Deinet von der mit der Buchzensur in Frankfurt beauftragten Deputation zum Bücherwesen auferlegt, in Zukunft die Verfasser zu nennen, aber daran hielt sich die Rezensionsmannschaft nun erst recht nicht.

Kritik, zumal im polemischen Ton vorgetragen, war Männersache. Das zeigt schon die Zusammensetzung der Redaktion der *Frankfurter Gelehrten Anzeigen*. Sobald Frauen dazustießen, änderte sich der Tonfall. Dem Kreis der Empfindsamen, einer kleinen Gruppe so aufgeschlossener wie gefühlsseliger Geister, die direkt oder indirekt mit dem Darmstädter Hof der Landgräfin Louise Henriette Caroline verbunden waren, gehörten dieselben Männer an wie dem Sturm-und-Drang-Unternehmen des Rezensionsorgans, aber eben auch eine Reihe junger Frauen. Die drei tonangebenden jungen Damen trugen poetische Namen, die dem Roman *Agathon* von Christoph Martin Wieland entlehnt waren: »Urania«, so wurde Henriette von Roussillon genannt, die Hofdame der Herzogin Caroline von Pfalz-Zweibrücken, der Mutter der Prinzessin Luise von Hessen-Darmstadt und späteren Herzogin von Sachsen-Weimar-Eisenach; »Lila«, das war Louise von Ziegler, Hoffräulein bei der ältesten, in Bad Homburg verheirateten Tochter der Landgräfin; als »Psyche« hingegen fungierte Caroline Flachsland, Herders Verlobte, die seit dem Tod der Eltern bei ihrer

Schwester Friederike Katharina und deren Gatten, einem Beamten des Darmstädter Hofes, lebte. Goethe hat allen drei Frauen Gedichte gewidmet, Urania ein Gedicht über Elysium, den Aufenthaltsort der Seligen in der griechischen Mythologie, Lila das Morgenlied eines Pilgers – neben dem Wanderer sein zweiter Spitzname in dem Kreis – und Psyche einen Felsweihegesang. Bestandteil des geselligen Umgangs der Empfindsamen waren Spaziergänge in der freien Natur, zum Bessunger Wald oder zum Herrgottsberg, oder auch Bootsfahrten auf dem von Bäumen umstandenen Wassergraben am Gehaborner Hof. Zu den Ritualen der Gruppe gehörte es, dass alle Beteiligten sich einen Felsen in der Umgebung aussuchten und in Besitz nahmen, indem sie ihren Namen ins Gestein ritzten. Goethe soll sich den größten und prächtigsten gewählt haben, so steil, dass nur er selbst hinaufgelangte. »Ich irrer Wandrer / fühlt' erst auf dir / Besitztumsfreuden / und Heimatsglück«,[15] erfahren wir vom Dichter des Felsweihegesangs.

Caroline hat die ihr gewidmeten Verse gleich an ihren Verlobten in Bückeburg weitergesandt und dadurch dessen Eifersucht und Zorn heraufbeschworen. Sie könne dem »Felsweiher« bei Gelegenheit bestellen, er solle nächstens »artiger Opfer austeilen«, ansonsten werde er »von seinem Amte gesetzt«, schrieb Herder ihr gereizt zurück. Und zur Bekräftigung legte er seiner Antwort eine achtstrophige Parodie von Goethes Gesang bei.[16] Aufgebracht hatten ihn wohl jene Verse, in denen Psyche sich über den Fels lehnt und dort, »wo meine Brust hier ruht, / an das Moos mit innigem / Liebesgefühl sich / atmend drängt«[17] – Verse, die bewusst die empfindsamen Gemütsbewegungen ins Erotische hinüberspielen lassen. Goethe nannte das, einem »Mädgen melankolische Stunden«[18] machen, und kündigte, als er von Herders Zorn erfuhr, diesem an, das fürderhin bei seiner Verlobten zu unterlassen. Da praktizierte er das Gleiche aber auch schon bei der Verlobten eines anderen, der in Wetzlar lebenden Charlotte Buff, woraus neben allerlei Herzensverwirrungen und -verwicklungen letztlich auch große Literatur hervorging.

Das Wort »empfindsam« hatte erst vor wenigen Jahren Eingang in die deutsche Sprache gefunden, als eine Neuprägung, die von einem Übersetzungsproblem hergerührt hatte. Laurence Sterne, der von Goethe und seinen Zeitgenossen hochgeschätzte Verfasser des satirischen Romans *Leben und Ansichten von Tristram Shandy, Gentleman*, hatte 1768, kurz vor seinem Tod, die ersten beiden Bände über eine Reise durch Frankreich und Italien veröffentlicht und sie schon im Titel des Buches als eine *Sentimental Journey* charakterisiert. Auch »sentimental« war neu im englischen Sprachgebrauch, eine Entwicklung der vergangenen beiden Jahrzehnte. Das Wort bezeichnete eine verfeinerte, dem Alltäglichen enthobene Empfindungsweise, die insbesondere das Verhältnis zur Natur betraf. Nicht nur Gefühle, auch Neigungen und Handlungen konnten »sentimental« sein, aber immer war mitgemeint, dass sie durch tiefe Empfindung und nicht vom Verstand geprägt waren und alles Rohe und Rationale, Direkte und Draufgängerische zugunsten des Herzlichen, des Gefühl- und Rücksichtsvollen ausblendeten. Doch wie das übersetzen? Sollte man es so stehen lassen, also von einer »sentimentalen Reise« sprechen, oder »sentimental« mit »gefühlvoll« oder »sittlich« wiedergeben, wie andere Vorschläge lauteten? Auch über »philosophische Reisen« oder »Reisen für das Herz« wurde nachgedacht. Die Lösung kam schließlich von Lessing: »Wagen Sie, empfindsam!«, empfahl er Sternes Übersetzer Johann Joachim Christoph Bode, von diesem um Rat gefragt: »Wenn eine mühsame Reise eine Reise heißt, bey der viel Mühe ist: so kann man auch eine empfindsame Reise eine Reise heißen, bey der viel Empfindung war.«[19]

Die »Empfindsamen« war keine Eigenbezeichnung der Darmstädter, so wenig wie damals schon von der neuen Generation von Literaten als »Sturm und Drang« die Rede war. Das Wort selbst und vor allem auch die Sache aber waren ihnen geläufig, darum drehte sich die gesamte Geselligkeit des kleinen, elitären Kreises junger Leute, von denen die Mehrzahl gerade erst Anfang Zwanzig war. »Viel Empfindung« zu haben, war dabei keineswegs eine Haltung, die der Einzelne mit sich selbst, im stillen Kämmerlein, abmachen sollte. Empfindsamkeit ging in diesem Kreis stets mit Kommunikation einher – damit, den anderen die eigenen Gefühle zu zeigen, sie darzustellen, über sie zu sprechen und nicht zuletzt: über sie zu schreiben. Die Beteiligten waren gewiss nicht schüchtern, was wir heute häufig mit Introvertiertheit gleichsetzen. Aber sie richteten ihre Aufmerksamkeit und Energie auf ihr Innenleben, über das sie dann aber auch bereitwillig bis hin zum Exhibitionismus Auskunft gaben. Das war sicher auch ein Ausgleich gegenüber dem extravertierten, höfischen Zeremoniell, in das die Mehrzahl von ihnen regelmäßig eingebunden war und das zunehmend als Zwang empfunden wurde. Es lag aber auch etwas Neues darin; immerhin waren Generationen von Hofleuten vor ihnen ohne eine solche Kompensation und die damit verbundene Thematisierung des Innenlebens ausgekommen.

Bei einigen Beteiligten konnte die empfindsame Selbstaufmerksamkeit auch exzentrische Züge annehmen, so etwa bei »Lila«, Louise von Ziegler, die einen Turm in Bad Homburg bewohnte. Sie tauchte stets in Begleitung eines

Schäfchens auf, das sie an der Leine führte, das mit ihr aß und trank und in dem sie wohl den Heiland als besten Freund verkörpert sah – eine pietistische Vorstellung, wie der Gefühls- und Freundschaftskult der Empfindsamkeit insgesamt starke pietistische Wurzeln hatte, mit denen Goethe bereits durch Susanna von Klettenberg in Berührung gekommen war. Als das Schäfchen dann starb, wurde es durch einen Hund ersetzt. Neben rosenbestandenen Lauben und einem Thron gab es in ihrem Garten auch ein offenes Grab, das sich die Anfang Zwanzigjährige hatte ausheben lassen. So, mit dem Heiland als Kuscheltier, im Angesicht des künftigen Grabes, als rosenbekränzte Königin der Herzen, gedachte sie wohl ihr Leben der Empfindsamkeit zu weihen.

Die Thematisierung des Innenlebens geschah auf verschiedene Weise: ganz unmittelbar im freundschaftlichen Austausch, durch schmachtende Blicke und Umarmungen, durch Seufzer und Rituale der Selbstbekenntnis und immer wieder durch Tränen, durch die süßen Tränen der Freundschaft und die bitteren Tränen des Abschieds; denn die Zeitfenster der empfindsamen Zusammenkünfte waren schmal und die besten Freundinnen und Freunde lebten zum Teil Tagesreisen entfernt voneinander. So setzte sich der empfindsame Austausch in Briefen fort, dem Kommunikationsmedium schlechthin in dieser gefühlsseligen Zeit. Das von Goethes Diener Philipp Seidel geführte Ausgabenbuch verzeichnet pro Tag häufig die Portokosten für mehrere Sendungen, von der kurzen Nachricht bis zum mehrseitigen Schreiben. Zwar waren sie stets an bestimmte Empfänger gerichtet; durchaus üblich aber war, aus dem Schatz der empfangenen Briefe vorzulesen. Goethe hat das in der Rückschau mit dem sich damals vollziehenden Ausbau und der Beschleunigung des Postverkehrs in Verbindung gebracht, der in den Händen der Familie von Thurn und Taxis lag und weitgehend von der Zensur unbehelligt blieb: »Es war überhaupt eine so allgemeine Offenherzigkeit unter den Menschen, daß man mit keinem einzelnen sprechen oder an ihn schreiben konnte, ohne es zugleich als an mehrere gerichtet zu betrachten. Man spähte sein eigen Herz aus und das Herz der andern, und bei der Gleichgültigkeit der Regierungen gegen eine solche Mitteilung, bei der durchgreifenden Schnelligkeit der Taxisschen Posten, der Sicherheit des Siegels, dem leidlichen Porto, griff dieser sittliche und literarische Verkehr bald weiter um sich.«[20]

Doch nicht nur in den Stimmungsbildern und Herzensergüssen ihrer brieflichen Mitteilungen waren die Empfindsamen einander nah. Groß in Mode war ebenfalls die Silhouette, auch Schattenbild, Schattenriss oder einfach nur Schatten genannt. Ihre Herstellung und ihr Austausch bildeten ein regelrechtes Gesellschaftsspiel. Schickte man einer unbekannten Person einen Brief, so legte man oftmals eine Silhouette von sich bei und erbat sich seinerseits eine solche. Kam ein Fremder vorbei, so wurde ihm vor seiner Abreise der Schatten abgenommen und zur Erinnerung aufbewahrt. Auch die Schattenbilder von prominenten Zeitgenossen, Freunden und Angehörigen wurden begierig der eigenen Sammlung einverleibt. In Gesellschaft unterhielt man sich dann mit der Betrachtung und Deutung der Bilder. In den Liebes- und Freundschaftsbeziehungen spielten sie die Rolle von Erinnerungs- und Andachtsbildern, insbesondere im Fall von schmerzlichen Trennungen. Goethe brachte den Schatten von Charlotte Buff an der Kopfseite seines Bettes in Frankfurt an und veranstaltete einen regelrechten Kult darum. Schattenbilder konnten aber auch der Anbahnung von persönlichen Beziehungen dienen und manchmal sogar als deren Ersatz, wenn etwa – wie für eine gewisse Zeit Auguste zu Stolberg und Goethe – zwei Personen einander private Briefe schrieben, ohne sich jemals im Leben vis-à-vis zu begegnen.

Das Silhouettieren war ursprünglich als eine Sparform des Porträtierens aufgekommen. Trotzdem war die Herstellung recht aufwendig. Erzeugt wurde der Schattenwurf in einem dunklen beziehungsweise abgedunkelten Raum entweder bei Kerzenlicht (das gegebenenfalls durch einen Spiegel verstärkt wurde) oder indem man das Licht insbesondere der untergehenden Sonne nutzte: Man leitete es durch ein Sonnenmikroskop oder eine Papierröhre, die in einem Loch des Fensterladens angebracht war. Der zu Porträtierende saß in der Nähe einer Wand, an der mit Nägeln oder Wachs ein Bogen Papier befestigt war, und der Aufnehmende musste nun mit Bleistift, Kohle oder Rötel den sich darauf abzeichnenden Schatten umreißen. Das war ein so fehleranfälliges wie häufig auch unfreiwillig komisches und tückisches Verfahren, wenn etwa die Schattenwürfe von Kopf und zeichnender Hand einander in die Quere kamen. Johanna Schopenhauer, die Mutter des berühmten Philosophen, erzählt jedenfalls in ihren Jugenderinnerungen, dass der Kopf der abzuschattenden Person häufig von einem Dritten festgehalten werden musste, um unwillkürliche Bewegungen beim Nachzeichnen des Umrisses zu unterdrücken.[21]

Um die erwünschte Bewegungslosigkeit noch zu steigern, wurden das Silhouettierbrett und als dessen Erweiterung der sogenannte Silhouettierstuhl entwickelt. Erfinder des letzteren soll der Gießener Professor Julius Höpfner gewesen sein, der nicht nur Kritiken für die *Frankfurter Gelehrten Anzeigen* verfasste, sondern in seiner Freizeit allerhand technische Geräte, darunter auch eine Elektrisiermaschine, entwickelte. In dem von ihm selbst gebauten Stuhl war ein doppeltes Ohrenpolster zum Einspannen und Ruhigstellen des Kopfes angebracht.

Anschließend wurde die Aufnahme des Profils in der Regel maßstabsgetreu heruntverkleinert, verjüngt, wie man sagte. Das geschah entweder unter Benutzung geometrischer Hilfslinien, etwa eines Gitters, oder auf mechanischem Wege durch den von dem Jesuiten Christof Scheiner bereits zu Anfang des 17. Jahrhunderts erfundenen Storchschnabel, der auch Transporteur, Pantograph, Kopierrahmen oder schlichtweg Affe genannt wurde. Als dritter Arbeitsschritt blieb schließlich noch die Ausfüllung der Kontur. Soweit gediehen, waren der Verbreitung des Schattenbilds kaum Grenzen gesetzt. Die mehr oder weniger mechanische Herstellung erforderte keine Künstler- oder Handwerkerhand, sondern nur die eines geschickten Laien. Merkmale der Standeszugehörigkeit, wie sie das traditionelle Porträt kennzeichneten, waren hier unerheblich, da gar nicht darstellbar: Das Schattenbild war ja nichts weiter als ausgefüllte Kontur. Und dem Ergebnis ließ sich kaum entnehmen, ob es sich um ein Original oder eine Kopie handelte. Die Silhouetten waren recht klein, frei verfügbar und beliebig reproduzierbar – ein demokratisches Medium avant la lettre. Lange vor dem Aufkommen der Fotografie trat mit ihnen das Porträt in das Zeitalter seiner technischen Reproduzierbarkeit ein.

Goethe war wie die meisten seiner Freundinnen, Freunde und Bekannten mit der Schattenbildmode aufgewachsen und seit Jugendtagen ein begeisterter Anhänger des neuen bildgebenden Verfahrens. Ein früher, wohl um 1763 entstandener getuschter Schattenriss zeigt Goethe als Jugendlichen; es ist das erste uns erhaltene Porträt von Goethe überhaupt. Erstmals wohl mit siebzehn versuchte er sich selbst als Silhouetteur; er fertigte sechzehn lebensgroße Porträtköpfe an, Personen, die zum Umfeld des Leipziger Jurastudenten gehörten. Anders als die meisten seiner Zeitgenossen verkleinerte Goethe die von ihm gefertigten Silhouetten gewöhnlich nicht, sondern tuschte die Originalaufnahmen (bzw. schnitt sie aus) und bewahrte sie in dieser Form auf. Mehrfach dürfte er in Höpfners Silhouettierstuhl gesessen haben. Gut möglich, dass der zweite uns erhaltene Schattenriss Goethes aus dem Jahr 1774 dort entstand. Er zeigt uns das Gesicht des Fünfundzwanzigjährigen mit den charakteristischen Zügen: der markanten Nase und dem ausgeprägten Kinn.

Die geheimen Beweggründe hinter der Jagd nach Schattenbildern hat keiner besser beschrieben als der Züricher reformierte Pfarrer Johann Kaspar Lavater. Lavater war ein Mann von großer Sanftmut, jedoch deutlichen Ansichten und der Neigung, auf die Menschen so lange einzureden, bis sie entweder seiner

Abbildung 3: Goethe, Schattenriss, 1774

Meinung waren oder klein beigaben. Seine Bücher verfasste er in demselben exklamatorischen Stil, in dem er auch seine Predigten hielt, und schuf sich auf diese Weise ein folgsames Lesepublikum. Goethe, der von der Persönlichkeit des acht Jahre älteren, charismatischen »Propheten« anfangs überwältigt war, spottete einmal über Lavater, er erinnere ihn an »einen Menschen, der das Schnupftuch immer in der Hand hat, zu schneuzen und unwillig wird, wenn er nichts heraus zuschneutzen findet«.[22] Zudem war Lavater ein umtriebiger, äußerst erfolgreicher Netzwerker, der rasch über die Grenzen der Stadt und der Schweiz hinaus bekannt wurde. Er verstand es, Menschen für seine Zwecke einzuspannen, und hatte eine Mission: 1772 erschien seine in den damaligen Kreisen der Gebildeten auf breites Interesse stoßende Schrift *Von der Physiognomik,* in der er sein Programm aufstellte, den Charakter des einzelnen Menschen an seinen Gesichtszügen abzulesen.

Das hatten vor ihm schon andere versucht; die Reihe der prominenten Namen, die sich als Physiognomiker betätigten, reicht von Aristoteles über Averroes und Giovan Battista della Porta bis zu Charles Le Brun. Sie alle waren mehr oder weniger an dieser Aufgabe gescheitert, so dass als Fazit der vielhundertjährigen Bemühung um physiognomische Erkenntnis eine Einsicht gelten konnte, die Shakespeare in seiner Tragödie *Macbeth* dem von Heuchlern umgebenen König Duncan in den Mund legt: »There's no art, to find the *mind's construction* in the face«; wessen Geistes Kind der andere ist, lasse sich nun mal nicht von seinem Gesicht ablesen.

Lavater jedoch war der Überzeugung, mit der Technik des Schattenrisses endlich den Schlüssel zur »Entzifferung der unwillkürlichen Natursprache im Antlitze«, wie er sich ausdrückte, gefunden zu haben. Das Schattenbild von einem Menschen oder einem menschlichen Gesicht, so führt er 1775 im zweiten Band seiner *Physiognomischen Fragmente* aus, sei das »wahrste und getreueste Bild, das man von einem Menschen geben kann, ... weil es ein unmittelbarer Abdruck der Natur ist, wie keiner, auch der geschickteste Zeichner, einen nach der Natur von freier Hand zu machen imstande ist.«[23] Das klingt so, als würde er gut sechs Jahrzehnte vor der Erfindung der Fotografie deren Prinzip beschreiben, auf das ihre Erfinder dann sehr stolz waren: das Hervorbringen einer Zeichnung nur durch Licht, ohne schöpferische Beteiligung des Menschen.

Noch bevor sie sich in Frankfurt zum ersten Mal treffen, hat Lavater Goethe brieflich ein Geständnis abgelegt, durch das wir einen tiefenpsychologischen Einblick in die Wunschphantasien erhalten, die mit der Physiognomie verknüpft waren. Nachdem er ihm anvertraut hat, dass er »die La Roche« – Marie Sophie von LaRoche, eine frühere Verlobte Wielands und Verfasserin empfindsamer Briefromane – auch einmal »incognito, oder gar unsichtbar sehn« möchte, fährt er fort: »Überhaupt dürst' ich in meinen Phantasiestunden nach nichts so *kindisch*, wie nach unsichtbarer Beschauung u. Überschattung meiner Freunde. Ich mögte sie mir ganz vorstellen, wie Sie liegen, aufstehen, sich anziehen, schreiben, schmauchen, eßen, faulenzen, phantasiren, lieben, geliebt werden, auf den Schlittschuhen schweben – Meine Briefe lesen, lachen, schweigen, zürnen, stampfen, sich frisiren, frisiren laßen u.s.w. Wißen möchte ich ihr Cabinetchen, ihre Sophas, SchlafMützen«, und als ob er ahnte, zu weit gegangen zu sein, hält er inne und ermahnt sich selbst: »was ich Thor alles wißen mögte – was ich für ein Kind bin«.[24] Das war also der insgeheime Beweggrund der permanenten Jagd nach den Silhouetten der eigenen Freunde und der Freunde dieser Freunde: Er wollte sie »beschatten«, ihnen auch in ihrer Abwesenheit nah sein, sie ohne ihr Wissen heimlich bei ihrem Leben beobachten und dabei möglichst in ihre Köpfe und Herzen dringen, nicht nur ihr Tun, sondern auch ihre geheimen Wünsche und Gedanken kennenlernen. Wie beim Vorlesen fremder Briefe ging es also auch beim Silhouettieren und dessen pseudowissenschaftlicher Ausbeutung, der Physiognomik, darum, das Herz des anderen auszuspähen.

So war die lavatersche Physiognomik, auch wenn sie uns heute wie ein harmloses Kinderspiel anmuten mag, ein erster Schritt in Richtung eines Sammelns und Auswertens von Daten, das im digitalen Zeitalter weitaus umfassendere Ausmaße angenommen hat. Schon Lavater geht es dort, wo er von Charakter spricht, letztlich um ein Persönlichkeitsprofil. Das, so gibt er vor (oder glaubt es sogar), entnimmt er allein dem Profilbild des Einzelnen, dem Verhältnis von Stirnpartie, Nase und Mund, und was noch andere physiognomische Kriterien sein mögen. Realiter fließen in seine Auswertung aber alle Informationen mit ein, die er vom Hörensagen, aus seinen brieflichen Kontakten oder durch direkte Bekanntschaft mit der betreffenden Person gewonnen hat. Das Schattenbild ist da mehr oder weniger nur ein Vehikel, einerseits um an diese Informationen zu gelangen, andererseits um sie zuordenbar zu machen. Letztlich sind Lavaters *Physiognomische Fragmente* weniger der Versuch einer Wissenschaftsbegründung als der einer Mobilisierung: Jeder soll dazu bewegt und angeleitet werden, an seinen Mitmenschen Physiognomik zu betreiben, Daten über sie zu sammeln, aus den charakteristischen Informationen ein Persönlichkeitsprofil zu erstellen, mit dem Ziel, Prognosen darüber abgeben zu können, wie sich der Betreffende in Zukunft verhalten wird. Das Ziel ist der gläserne Charakter und eine aus solchen gläsernen Charakteren bestehende Gesellschaft, in der keiner mehr Geheimnisse voreinander hat, einfach weil es keine Geheimnisse mehr gibt. Lichtenberg, anfangs wie Goethe ein eifriger Mitarbeiter Lavaters, später dann dessen vehementester Kritiker, hat dies sehr bald erkannt: »Wenn die Physiognomik das wird, was Lavater von ihr erwartet«, spottete er 1777, »so wird man die Kinder aufhängen ehe sie die Taten getan haben, die den Galgen verdienen.«[25]

Nicht zuletzt vollzieht sich die Darstellung der Empfindsamkeit aber auch im Medium der Literatur – und vor allem hier durfte sich Goethe in seinem Metier fühlen. Caroline schwärmt in den Briefen an ihren Verlobten von Goethes Gabe, Verse von Klopstock und Shakespeare auswendig und gefühlvoll zu rezitieren. Er stecke aber auch voller eigener Lieder. »Eins, von einer Hütte, die in Ruinen alter Tempel gebaut, ist vortrefflich. Er muß mirs geben, wenn er wieder kommt, und dann teile ichs Ihnen, lieber bester H[erder] mit.«[26] Einige Wochen später hat sie das Gedicht endlich in der Hand; Goethe hat es von Wetzlar geschickt. »Ich habe lange, lange nichts rührenderes gelesen. Der Wanderer bei den Ruinen – die Frau mit dem Knaben auf dem Arm – und der Wandrer mit dem Knaben auf dem Arm – und die letzte Bitte um eine Hütte am Abend – o ich kann Ihnen nicht sagen, wie alles das mir in die Seele geht.«[27]

Goethe hat in diesen Monaten zwei Wanderer-Gedichte verfasst. Das heute ungleich berühmtere, auch rätselhaftere, trägt den Titel *Wanderers Sturmlied*, kursierte bis zu seiner Erstveröffentlichung im Jahre 1810 lediglich handschriftlich im Kreis der Freunde und diente Goethe in erster Linie wohl auch der Selbstverständigung. Es erzählt in mythologischer Überhöhung und anfangs skandiert durch Anrufungen des Genius des Dichters von einem Wanderer, der zu Beginn noch zuversichtlich einem Unwetter entgegenmarschiert. Er begegnet einem Bauern, der nach Hause strebt, während er selbst von seinem Ziel noch weit entfernt ist. Während der Regen immer stärker wird, spricht er sich weiter Mut zu, schwankt dabei zwischen Euphorie und Bangigkeit, konzentriert sich aber schlussendlich darauf, noch die rettende Hütte zu erreichen:[28] »Armes Herz – Dort auf dem Hügel ... Dort ist meine Hütte – Zu waten bis dorthin.«[29] Angesicht des hymnischen Tones von Goethes Gedicht und seiner überbordenden Metaphorik, die einem Unwetter gleich auf den Leser einstürmt, mag diese Zusammenfassung seines Plots reichlich trivial erscheinen – und ist es auch. Sie bezieht ihre Rechtfertigung indes aus Goethes eigener Erinnerung in *Dichtung und Wahrheit*. Als Wanderer in der freien Natur unterwegs, habe er sich »seltsame Hymnen und Dithyramben« gesungen, »wovon noch eine, unter dem Titel ›Wanderers Sturmlied‹, übrig ist. Ich sang diesen Halbunsinn leidenschaftlich vor mich hin, da mich ein schreckliches Wetter unterweges traf, dem ich entgegen gehn mußte.«[30]

Während der Wanderer des Sturmlieds die rettende Hütte in letzter Minute erreicht und den Umstand, sie aufsuchen zu müssen, wohl als Absturz aus der euphorischen Stimmung der Unbesiegbarkeit empfindet, in der er seinen Marsch angetreten hat, ist in dem anderen, dem von Caroline geliebten Gedicht mit dem schlichten Titel *Der Wandrer* die Hütte als Zufluchtsort von Anfang an in greifbarer Nähe. Es ist auch kein monologisches, sondern ein dialogisches Gedicht, ein Zwiegesang von Mann und Frau, des Wanderers und der Hüttenbewohnerin, einer ihr Kind säugenden Mutter. »Gott segne dich junge Frau, / Und den saugenden Knaben / An deiner Brust. / Laß mich an der Felswand hier / In des Ulmenbaums Schatten / Meine Bürde werfen / Neben dir ausruhn.« So beginnt es. Die Frau fragt den Wanderer, was ihn »durch des Tages Hitze« auf dem sandigen Pfad hierher treibe, und nennt ihn »Fremdling«. Der Wanderer hat Durst, er bittet die Frau, ihm den Brunnen zu zeigen, und wird von ihr den felsigen Pfad bergauf gewiesen. Dort finde er die Hütte, in der sie wohne, und den Brunnen, aus dem sie trinke. Der Wanderer staunt: Die Hütte befindet sich in den Ruinen eines ehemals der Venus geweihten Tempels und ist wohl auch aus dessen Trümmern gebaut. Die Natur ist über ein Bauwerk des Menschen hinweggegangen, hat es zum Einsturz gebracht, die Ruinen »unempfindlich« mit Moos, Efeu, Disteln, Brombeergesträuch und Gestrüpp überwuchert, die Menschen aber haben aus »des Schuttes Steinen« wieder eine Wohnung errichtet, in der, wie sich herausstellt, eine junge Familie lebt. Der Mann ist auf dem Feld und wird bald wiederkommen. »Hier wohnen wir«, wie die Frau lakonisch bemerkt. Rasch stellt sich Vertrautheit zwischen dem Wanderer und der Mutter her. Sie legt dem Fremdling den Säugling in den Arm, während sie für ihn Wasser schöpfen geht. Im auffälligen Kontrast zu der bewusst nüchternen Sprache der Frau ist die des Wanderers hochgestimmt und beinahe hymnisch: »Du geboren über Resten / Heiliger Vergangenheit / Ruh ihr Geist auf dir!«, wendet er sich an das Kind während der kurzen Abwesenheit der Mutter: Wen dieser Geist umschwebe, der werde »im Götterselbstgefühl / Jeden Tags genießen«.

»Götterselbstgefühl« – das ist es, was der Wanderer des anderen Gedichts im Sturm gesucht und letztlich verfehlt hat. Dieser Wanderer hier findet es – in einer aus Ruinen errichteten Hütte in Gestalt eines Kindes, das die Zukunft bedeutet. Es ist ein urchristliches Szenario, aber ins Allgemeinmenschliche gewendet und naturalisiert. Der Anblick des sich in den Trümmern der Vergangenheit erneuernden Lebens lässt den Wanderer, wie schon seinen Bruder im Sturm, den schöpferischen Genius anrufen, der hier wie dort der Genius der Natur ist: »Natur, du ewig Keimende, / Schaffst jeden zum Genuß des Lebens. / Deine Kinder all / Hast mütterlich mit einem / Erbteil ausgestattet / Einer Hütte.«[31] Im Einverständnis mit Theorien seiner Zeit hielt Goethe die Hütte für die Urform menschlichen Bauens und Wohnens. In dem Aufsatz *Von deutscher Baukunst*, an dem er seit Straßburg mit Unterbrechungen arbeitet, glaubt er selbst noch im gewaltigen Bau des Straßburger Münsters diese Urform wiederzufinden. Das Gotteshaus war wie auch das Venusheiligtum im Prinzip nur eine hochskalierte Hütte, und die aus den Tempelresten gebaute Behausung eine Rückkehr zur ursprünglichen, naturnahen Gestalt des Wohnens. In seiner

Baukunst-Schrift kritisiert Goethe den französischen Jesuitenpater Marc-Antoine Laugier, der die Säule – und nicht die Wand – zum Grundelement der »Urhütte« erklärt hat.[32] Die Polemik verdeckt, dass Goethe wesentliche Bestimmungen der Urhüttenphantasie von Laugier übernimmt: Der Mensch baut sie sich als ersten Schutz gegen eine gleichgültige Natur, aber dieselbe Natur stellt ihm alles zur Verfügung, was er dazu braucht, sogar das instinkthafte Vorgehen, dessen er sich dabei bedient. Wenn der Wanderer in Goethes Gedicht den Wunsch des Menschen, sich eine Hütte zu bauen, in der er mit seiner Familie wohnen kann, mit dem Nestbautrieb der Vögel vergleicht, so geht auch das auf Laugier zurück, der diesen Gedanken seinerseits von dem römischen Baumeister Vitruv übernommen hat. Herder fand ihn »so schön auffallend und romantisch« wie gleichermaßen »natürlich«, wie er Caroline schrieb.[33]

Die Einladung der Frau, zum Abendbrot zu bleiben, schlägt der Wanderer aus. Er will nach Cuma, der im 18. Jahrhundert wegen ihrer Ruinen berühmten, ältesten griechischen Kolonie in Kampanien. Im Herzen aber trägt er fortan das Wunschbild, irgendwann selbst in solch einer Hütte zu wohnen, gemeinsam mit Frau und Kind. Die Hütte ist nicht nur Notlösung am Anfang der Menschwerdung, sondern zugleich auch Modell und Maßstab für alle menschenfreundliche Architektur, die nach ihr kommt, auch die zeitgenössische. Sie bietet nicht nur Obdach, sondern ist auch Sehnsuchtsort – bis heute. In ihrer reduzierten Form ist sie ein Wunschbild der Konzentration, im Kontrast zu dem tapezierten Überaufwand, den die Bürger betreiben, nur um zu wohnen. »Aufreizend klein und elementar« seien Hütten, wie Petra Ahne, Kunsthistorikerin, Autorin einer kleinen Hüttenkunde und selbst Hüttenbewohnerin, schreibt.[34] Angesichts ihrer geraten wir ins Nachdenken, wie wir leben wollen und was eigentlich im Leben wichtig ist. Und genau das war auch Goethes Frage.

Dass dieses Gedicht ganz aus dem Herzen seiner Freundinnen und Freunde gesprochen war, die wie das Fräulein Flachsland und der Prediger Herder kurz vor der Familiengründung standen und hofften, dass die Hütte, die sie zu bauen beabsichtigten, eine Hütte der Liebe und keine des Kummers werden würde, wie Caroline schreibt, nimmt nicht Wunder. Doch das allein erklärt die ungeheure und anhaltende Wirkung des Gedichts nicht. 1774 veröffentlichte Heinrich Christian Boie es im *Göttinger Musenalmanach* und noch Anfang der Dreißigerjahre des 19. Jahrhunderts diente es den Malern Ernst Förster und Franz Ludwig Catel als Vorlage für Gemälde ganz im Geschmack und Stil ihrer Zeit. Catel, der nach Italien ausgewandert war, versetzt die Begegnung des Wanderers mit Mutter und Kind vor die Kulisse des Golfes von Neapel und stellt die Ruinen des Venustempels und die Figurengruppe mitten in eine Landschaft, die die Schönheit des natürlichen Lebens feiert. Darüber gerät allerdings die Spannung aus dem Blickfeld, die in dem Gedicht angelegt ist und seinem Verfasser nur allzu bewusst gewesen sein dürfte: die unauflösliche Spannung zwischen der Lust, aufzubrechen und im Sturmschritt die Welt zu erobern, und dem Bedürfnis, anzukommen und sich niederzulassen; zwischen der Sehnsucht, sich zu binden, eine feste Beziehung einzugehen und womöglich eine Familie zu gründen, und der Ruhelosigkeit der Selbstverwirklichung, die Goethe auf die Straße und auf Schlammpfade treibt und die eng verbunden ist mit seiner poetischen Antriebskraft, ganz besonders intensiv dann, wenn es einmal mehr einer unmöglichen Beziehung nachzutrauern gilt. Wie oft wird Goethe in den nächsten Jahren darüber klagen, dass er kein Mädchen an seiner Seite weiß, während um ihn herum alle eine feste Beziehung eingehen: Charlotte Buff und Johann Christian Kestner heiraten am 4. April 1773 – Goethe lässt es sich nicht nehmen, die Eheringe für das Paar auszusuchen, und bringt es dadurch reichlich in Verlegenheit; Caroline Flachsland und Herder geben sich einen Monat später, am 2. Mai, das Jawort – im Beisein Goethes, während er zur Erleichterung der Kestners auf einen Besuch bei ihrer Hochzeit verzichtet hat; die Schwester Cornelia und Johann Georg Schlosser beschließen den Hochzeitsreigen des Jahres 1773 am 1. November.

Eigentlich möchte Goethe beides miteinander verbinden, die Hütte, also ankommen und gebunden sein, und das Unterwegssein – die Rebellion und die Geborgenheit. Deutlich wird dieses Dilemma auch an seiner Beschäftigung mit dem Mythos von Prometheus. Ein Dramenfragment und eine viel berühmtere Ode gehen daraus im Sommer und Herbst 1773 noch vor der Niederschrift des *Werther* hervor. Die Ode wird ein Jahrzehnt später noch eine wichtige Rolle spielen, wenn sich an ihr der große Streit mit Friedrich Heinrich Jacobi über Spinoza und den Atheismus entzündet. Erst einmal blieb sie unveröffentlicht und kursierte wie das Dramenfragment auch nur im Freundeskreis. Goethes Prometheus ist in erster Linie ein rebellischer Künstler, der sich seine eigene Menschenwelt erzeugt. Neben seiner angestammten Qualifikation, den Menschen das Feuer gebracht und ihnen damit die Möglichkeit gegeben zu haben, sich zu wärmen und rohe in leichter verdauliche gekochte Nahrung zu verwandeln, macht Goethe ihn zusätzlich auch zum ersten Hüttenarchitekten, der auf diese Weise für das Wohlergehen des von ihm geschaffenen, ihm gleichenden Geschlechts sorgt: »Erst ab die Äste!«, weist er einen Mann an:

Ich irrer Wandrer

Dann hier rammle diesen
Schief in den Boden hier,
Und diesen hier, so gegenüber.
Und oben verbinde sie –
Dann wieder zwei hier hinten hin.
Und oben einen quer darüber –
Nun die Äste herab von oben
Bis zur Erde.
Verbunden und verschlungen die
Und Rasen rings umher,
Und Äste drüber mehr,
Bis daß kein Sonnenlicht,
Kein Regen, Wind durch dringe!
Hier lieber Sohn ein Schutz und eine Hütte.[35]

Wände statt Säulen lässt Prometheus die Menschen bauen – ganz im Sinne der in *Von deutscher Baukunst* vorgebrachten Polemik gegen Laugier. Doch in seiner Behausung bleibt es finster: Goethe denkt weder an Türen noch Fenster, die das Innere einer Hütte doch erst mit der Welt draußen verbinden. Und geht zugleich über die Urhüttenphantasie der Aufklärung hinaus: Den Menschen ein menschenwürdiges Leben zu ermöglichen, ist mehr als bloße Nachahmung der Natur. Es ist immer auch ein Akt der Rebellion gegen eine Natur und einen Gott, die für ihr bestes Geschöpf nur in unzulänglicher Weise sorgen, wenn sie sich denn überhaupt für seine Belange und Nöte interessieren.

*Zehntes Kapitel, in dem Goethe aus der Erfahrung
unmöglicher Liebe einen Bestseller macht*

»Er besitzt, was man Genie nennt, und eine ganz außerordentliche Einbildungskraft. Er ist in seinen Affekten heftig. Er hat eine edle Denkungsart. Er ist ein Mensch von Charakter. Er liebt die Kinder und kann sich mit ihnen sehr beschäftigen. Er ist bizarre und hat in seinem Betragen, seinem Äußerlichen verschiedenes, das ihn unangenehm machen könnte. Aber bei Kindern, bei Frauenzimmer und vielen andern, ist er doch wohl angeschrieben.«[1]

Johann Christian Kestner, von 1767 bis 1773 kurhannoverscher Legationssekretär am Reichskammergericht in Wetzlar, hat sich nachträglich die Mühe gemacht, Goethes Persönlichkeit zu beschreiben. Er hat dafür mehrere Anläufe gebraucht, ihn sich nicht nur genau angeschaut, sondern auch gründlich über seine Person nachgedacht, denn schließlich war er sein Rivale um die Liebe der neunzehnjährigen Charlotte Buff. Lotte, wie sie von den Freunden genannt wurde, war eine Tochter des Amtsmanns am Wetzlarer Deutschordenshof; nach dem Tod der Mutter führte sie den Haushalt und kümmerte sich so geschickt wie liebevoll um ihre elf Geschwister. Zwar war Kestner mit ihr verlobt, und die beiden wollten heiraten und eine Familie gründen, aber er muss gespürt haben, dass Goethe etwas hatte und Lotte geben konnte, was er nicht besaß und wozu ihm schlicht die Voraussetzungen fehlten. Seine Selbstzweifel, ob er der Richtige für sie sei, gingen so weit, zwischenzeitlich die Lösung der Verlobung zu erwägen. Jedenfalls existiert von seiner Hand der Entwurf eines Briefes, in dem er ihr diese Entscheidung anheimstellt, sie zugleich aber leidenschaftlich drängt, genau das nicht zu tun. Es sei weiter keine Kunst, meint er, munter und unterhaltend zu sein, wenn man tun und lassen könne, was man wolle. Und sei auf schöne, glänzende Worte denn auch Verlass? Das war unverkennbar auf den Rivalen gemünzt.[2] Goethe seinerseits war zwar sehr in Lotte verliebt, aber ein Verzicht Kestners hätte ihn doch in arge Verlegenheit gebracht. Das Letzte, was er wohl wollte, war die mit der Erfüllung der Liebe seinerzeit unausweichlich verknüpfte eheliche Bindung; denn sie hätte dem schönen Zustand des Verliebtseins alles genommen, was er daraus an Energie und Inspiration für sein freies Leben und Dichten sog.

Fragt man, was junge Frauen wie Charlotte Buff und vor ihr Friederike von Brion, aber auch Caroline Flachsland oder Anna Catharina Schönkopf, an Goethe fanden, so geben die Beobachtungen Kestners einiges her für eine Antwort. »Er tut, was ihm einfällt, ohne sich darum zu bekümmern, ob es anderen gefällt, ob es Mode ist, ob es die Lebensart erlaubt«, schreibt er etwa. Aller Zwang sei ihm verhasst, und: »Für dem weiblichen Geschlecht hat er sehr viele Hochachtung.« Das reichte zwar nicht, um als Heiratskandidat in Frage zu kommen, der vor allem für Lebenssicherheit zu sorgen hatte, aber es vermochte jene jungen Frauen zu bezaubern, die mit Ehe und Familie auch Befürchtungen verbanden – neben der Langeweile eines eintönigen bürgerlichen Lebenswandels auch die, vom Ehemann unverstanden zu bleiben und nur in den Rollen von Ehefrau, Hausfrau und Mutter respektiert zu werden. Goethe hingegen muss es durch seine Gedichte, aber auch durch seine Art verstanden haben, den jungen Frauen das Gefühl zu vermitteln, als Mensch mit eigenem Kopf und eigenem Herzen respektiert zu werden, kurz, er war das, was man einen Frauenversteher nennt. Letztlich aber bleibt dem besonnenen und lebenstüchtigen Kestner, der allen Exaltiertheiten, die die bürgerliche Lebensform sprengen könnten, abgeneigt ist, der poetische Rivale ein Rätsel. Und so notiert er am Rand seines Briefentwurfs: »Ich wollte ihn schildern, aber es würde zu weitläufig werden, denn es läßt sich gar viel von ihm sagen. Er ist, mit einem Worte, ein sehr merkwürdiger Mensch ... Ich würde nicht fertig werden, wenn ich ihn ganz schildern wollte.«[3]

Man kann es auch positiv sagen: Der Goethe, der im Mai 1772 in Wetzlar ankommt, beginnt, die Aufmerksamkeit seiner Zeitgenossen auf sich zu ziehen. Das »Spatzenmäßige«, das Herder noch in Straßburg an ihm beobachtet hatte, ist einem selbstbewussten, die Blicke der anderen auf sich ziehenden Auftreten gewichen. Goethe entwickelt das, was wir Charisma nennen, zu dem neben einer besonderen Ausstrahlung auch die sichtbare Unabhängigkeit von den Meinungen anderer zählt, die bis zum Regelbruch gehen kann. Der britische Psychologe Richard Wiseman meint, dass eine charismatische Person vor allem über drei Eigenschaften verfüge: starke Gefühlsempfindung; die Fähigkeit, auch in anderen Menschen starke Gefühle wachzurufen; schließlich Resistenz gegenüber dem Einfluss anderer charismatischer Menschen.[4] Zumindest die ersten beiden Eigenschaften treffen auf den nun bald Dreiundzwanzigjährigen zu. Die von Kestner hervorgehobene Heftigkeit der Affekte beobachtet etwa auch der Offizier, Erzieher und Literat Karl Ludwig von Knebel, als er Goethe Ende 1774 in seinem Frankfurter Elternhaus aufsucht, um ihn den Weimarer Prinzen, die gerade auf Durchreise sind, vorzustellen. »Goethe«, so schreibt er unter dem Eindruck dieses Besuchs, »lebt in einem beständigen innerlichen Krieg und Aufruhr, da alle Gegenstände aufs heftigste auf ihn würken.« Daher kämen die »Ausfälle seines Geistes«, sein Mutwille – »nicht aus bösem Herzen, sondern aus der Üppigkeit des Genies«.[5] Das ist zwar geschrieben, um Goethes polemische Spitzen zu rechtfertigen, die er sich in dieser Zeit etwa auch gegen Christoph Martin Wieland, seit 1772 Prinzenerzieher in Weimar, herausnimmt, es ist aber zugleich eine gute, von vielen anderen bestätigte Beschreibung der äußerst emotionalen Persönlichkeit des jungen Mannes, die nicht im Gegensatz zu seiner wachen Intelligenz steht, sich vielmehr mit ihr zu einem athletischen Geist verbindet, wie Knebel das nennt.

Auch für Goethes Fähigkeit, seine Emotionalität auf andere zu übertragen, gibt es zahlreiche Zeugnisse. Als er von Wetzlar aus nach Gießen wandert, um Höpfner und Merck in Sachen *Frankfurter Gelehrte Anzeigen* zu treffen, nimmt er dort an einem kleinen literarischen »Kongress« teil und steigert sich in eine improvisierte, so begeisterte wie begeisternde Rede hinein, in der er die literarischen Erscheinungen mit Naturprodukten vergleicht und seine Zuhörer dadurch bezaubert. Manche, die ihn so sprechen hörten, verglichen ihn in einer Zeit, in der Religion für die Großzahl der Menschen eine lebensbedeutsame Funktion besaß, mit Jesus, ja mit Gott, um den überwältigenden Eindruck, den seine gefühlserweckende Redekunst auf sie machte, zu beschreiben. Dieser Goethe, so bekannte einer, habe sich über alle seine Ideale emporgeschwungen, die er jemals »von unmittelbarem Gefühl und Anschauen eines großen Genius gefasst« habe.[6] Das war allerdings schon nach der Veröffentlichung der *Leiden des jungen Werthers* zu Papier gebracht, der das Lesepublikum, vor allem junge Frauen und Männer, so stark ergriff und bewegte wie kein deutschsprachiger Roman zuvor.

Es war eine Sommerliebe, gewürzt mit dem herbsüßen Aroma der Empfindsamkeit. Soweit ihre Verpflichtungen als Mutterersatz das zulassen, verbringt Lotte die Zeit mit Goethe, der mit ihr auf einem Ball im Nassauischen Jägerhaus bis tief in die Nacht tanzt, während ein Sommergewitter bedrohlich näherkommt und sich schließlich zum Erschrecken der Gesellschaft auch entlädt. Als dann draußen der Regen rauscht, steht das Paar am Fenster, gebannt vom Wechsel von zuckenden Blitzen und grollendem Donner. Ob dabei auch der Name »Klopstock« fiel, wie es Goethe in *Die Leiden des jungen Werthers* bemerkt, wissen wir nicht, aber es ist gut möglich. Klopstocks Oden, insbesondere *Die Frühlingsfeier* aus dem Jahr 1759, waren damals Gemeingut empfindsamer junger Leute, und schon die bloße Erwähnung seines Namens löste die entsprechenden Assoziationen aus, wobei in die Gefühlsseligkeit auch immer etwas Erotik gemischt war. Wie schon mit Friederike Brion unternimmt Goethe nun mit Lotte Buff lange Spaziergänge durch Wald, Feld und Flur, auf die Ordenswiese im Wöllbachtal und die Äcker des Deutschherrenberges, und erzählt ihr von Ossian und von Homer, dessen Lektüre den Eindruck des gälischen Barden langsam verdrängt. Das wird im Roman anders sein: Da liest Werther anfangs, als er inspiriert durch das Verliebtsein in Lotte »so glückliche Tage« verlebt, »wie sie Gott seinen Heiligen ausspart«,[7] Homers *Odyssee*, und wechselt dann, als die Schatten der Zurückweisung und Depression auf seine Seele fallen, in Ossians Welt, deren Wehmut und Schauder zum Ausdruck seines letztlich zum Suizid führenden Gemütszustands werden. Oder man verbringt die langen Abende damit, der reichen Bohnenernte dieses Sommers Herr zu werden, und schlürft dabei genüsslich Tee. Kestner ist mal zugegen, häufig aber auch nicht, da er nicht nur einer geregelten Beschäftigung nachgeht, sondern es auch vor der geplanten Heirat einiges zu erledigen gibt, etwa eine Erbschaftsangelegenheit, die den finanziellen Grundstock für die Familiengründung bereitstellen soll. »So lebten sie, den herrlichen Sommer hin, eine echt deutsche Idylle, wozu das fruchtbare Land die Prosa und eine reine Neigung die Poesie hergab. Durch reife Kornfelder wandernd erquickten sie sich am taureichen Morgen; das Lied der Lerche, der Schlag der Wachtel waren ergetzliche Töne; heiße Stunden folgten, ungeheure Gewitter brachen herein, man schloß sich nur destomehr an einander, und mancher kleine Familien-Verdruß war leicht ausgelöscht durch fortdauernde Liebe.« Das sind die Worte des sechzigjährigen Autobiographen, in dessen Erinnerung sich die Sommerliebelei mit der Leipziger Lektüre von Rousseaus *Nouvelle Heloïse* auf unwiderstehliche Weise vermischt: »Und so nahm ein gemeiner Tag den andern auf, und alle schienen Festtage zu sein: der ganze Kalender hätte müssen rot gedruckt werden. Verstehen wird mich, wer sich erinnert, was von dem glücklich unglücklichen Freunde der neuen Heloise geweissagt worden: ›Und zu den Füßen seiner Geliebten sitzend, wird er Hanf brechen, und er wird wünschen Hanf zu brechen, heute, morgen und übermorgen, ja sein ganzes Leben.‹«[8]

Doch auch der schönste Sommer geht einmal zu Ende, und in diesem Fall wuchsen auch die emotionalen Spannungen zwischen den Beteiligten. Einmal küssen sich Lotte und Goethe sogar, letztlich aber lässt sie keinen Zweifel daran, dass er von ihr nichts als Freundschaft erhoffen dürfe, weil sie an Kestner und den Heiratsplänen festhalten will. Goethe wird, als er das aus ihrem Munde hört, »blaß und sehr niedergeschlagen«.[9] Man feiert noch zusammen Geburtstag, denn pikanterweise sind beide Männer, Johann Christian wie auch Johann Wolfgang, am selben Tag zur Welt gekommen. Auch danach vergehen noch zwei Wochen, in denen Goethe wohl nur noch auf den richtigen Augenblick wartet, um sich von Lotte und von diesem Sommer zu lösen. Der Moment ist gekommen, als sie am Abend des 10. September das Gespräch auf die Frage des Zustands nach diesem Leben bringt. Die drei machen aus, wer zuerst von ihnen stürbe, »sollte, wenn er könnte, den Lebenden Nachricht von dem Zustande jenes Lebens geben«.[10] Goethes Niedergeschlagenheit wächst dennoch an. »Wäre ich einen Augenblick länger bey euch geblieben«, schreibt er noch am selben Abend an Kestner, »ich hätte nicht gehalten Nun binn ich allein, und morgen geh ich. O mein armer Kopf.«[11] Und Lotte gesteht er in einem Brief, bevor er, erneut zum Wanderer geworden, sich bei Tagesanbruch zu Fuß die Lahn entlang nach Koblenz aufmacht, wo er mit Merck verabredet ist: »Lotte, wie war mirs bey deinem reden ums Herz, da ich wusste, es ist das letztemal daß ich Sie sehe ... Welcher Geist brachte euch auf den Diskurs. Da ich alles sagen durfte, was ich fühlte, ach mir wars um hienieden zu thun, um Ihre Hand, die ich zum letztenmal küßte. Das Zimmer, in das ich nicht wiederkehren werde, und der liebe Vater, der mich zum letztenmal begleitete. Ich binn nun allein, und darf weinen, ich lasse euch glücklich und gehe nicht aus euern Herzen. Und sehe euch wieder, aber nicht morgen ist nimmer.«[12] Noch in die Abschiedszeilen also ist die Formel aus Rousseaus *Nouvelle Heloïse* indirekt eingegangen, als wollte Goethe den Glauben an ein Wiedersehen im Jenseits, dem er im abendlichen Gespräch wohl noch beigepflichtet hatte, nachträglich widerrufen: »nicht morgen ist nimmer«.

Die Erinnerung an die Ereignisse des Sommers beginnt schon langsam zu verblassen, da erhält Goethe Anfang November einen Brief von Kestner. Es hat sich ein Selbstmord in Wetzlar zugetragen. Der Gesandtschaftssekretär Karl Wilhelm Jerusalem, ein Bekannter Goethes schon aus der Leipziger Zeit, den er in Wetzlar wiedergetroffen hat, mit dem ihn aber höchstens eine Beziehung wechselseitiger Abneigung verband, hat sich umgebracht. Anlass war wohl die Verzweiflung über eine ausweglose Liebe. Die Pistole für den Suizid hat ihm ausgerechnet Kestner geliehen. Dieser setzt zu seiner Rechtfertigung einen ausführlichen Bericht über den Hergang auf, den er Goethe auf dessen Bitten hin zusendet. »In diesem Augenblick«, so Goethe, »war der Plan zu Werthern gefunden, das Ganze schoß von allen Seiten zusammen und ward eine solide Masse, wie das Wasser im Gefäß, das eben auf dem Punkte des Gefrierens steht, durch die geringste Erschütterung gleich in ein festes Eis verwandelt wird.«[13]

Das mag ein Fall nachträglicher Idealisierung sein. Aber richtig daran ist zumindest, dass Goethe lange Zeit, bevor er dann im Frühjahr 1774 innerhalb von nur sechs Wochen *Die Leiden des jungen Werthers* beinahe atemlos niederschreibt, den Stoff und seine Komposition in Kopf und Herzen geformt hat. Weite Teile aus Kestners Bericht wird er darin beinahe wortwörtlich übernehmen. Sie beglaubigen den authentischen Ton, auf den der Briefroman insgesamt gestimmt ist: Nie hat der Leser den Eindruck, es hier mit etwas Ausgedachtem, Konstruiertem zu tun zu haben; vielmehr ist er überzeugt, von einem echten Schicksal zu erfahren, wie es jederzeit hätte passieren können. Selbst die berühmt gewordene »Werther-Uniform« – blauer Rock mit gelber Weste –, in der Werther am Morgen nach dem nächtlichen Suizid in einer Blutlache gefunden wird, ist Kestners Bericht entnommen. Goethe hat es offensichtlich darauf angelegt, uns ein an der Wirklichkeit und an den Realien orientiertes Bild seiner fiktiven Figur zu geben. Er habe dem Werther »alle die Glut« eingehaucht, »welche keine Unterscheidung zwischen dem Dichterischen und dem Wirklichen zuläßt«, heißt es dann in *Dichtung und Wahrheit*.[14]

Das Thema Suizid interessierte Goethe auch als Juristen. Noch stärker als im Fall des Kindsmords der Frankfurter Dienstmagd Susanna Margaretha Brandt, deren Prozess und Hinrichtung er aus nächster Nähe miterlebt hatte, war ihm beim Selbstmord daran gelegen, die Tat zu verstehen und damit zu entkriminalisieren. Das widersprach der vorherrschenden Rechtsauffassung seiner Zeit, die den Suizid für eine Straftat erachtete, nur dass in diesem Fall der Täter sich der gerechten Bestrafung bereits entzogen hatte. Selbstmörder wurden in der Regel unehrenhaft bestattet, oftmals nachdem ihre Leichname von Medizinstudenten zu Übungszwecken gefleddert worden waren. »Kein Geistlicher hat ihn begleitet«,[15] lautet der letzte, auf viele Leserinnen und Leser wie ein Peitschenhieb wirkende Satz von Goethes Roman. Dennoch stand Goethe mit seinen Bemühungen um eine Entkriminalisierung des Freitods nicht allein. Die reformerischen Bestrebungen seiner Zeit sollten schließlich dazu führen, dass die vorsätzliche Beendigung des eigenen Lebens, sofern sie ohne Fremdhilfe erfolgt, nicht mehr als Verbrechen, sondern als Resultat einer diagnostizierbaren, aber auch behandelbaren psychischen Erkrankung angesehen wird.[16]

Die umstrittene Bewertung des Suizids hat Goethe in seinen Roman in Gestalt einer Auseinandersetzung zwischen Werther und Albert, dem Verlobten Lottes, eingearbeitet. Die Positionen sind klar: Albert verurteilt den Suizid als lasterhafte Handlung, als Tat ohne Besinnung und Verstand, als Ausdruck von Schwäche. Freilich sei es »leichter zu sterben, als ein qualvolles Leben standhaft zu ertragen«, sagt er. Werther hält dagegen, aus einer Haltung des Mitleids und des Verstehens heraus, vor allem aber unter Aufbietung psychologischer Argumente. So fordert er ein, nicht so eilfertig mit Urteilen zu sein, die sich häufig als Vorurteile herausstellen, und stattdessen »die innern Verhältnisse einer Handlung« zu erforschen und die Ursachen zu erschließen, »warum sie geschah, warum sie geschehen mußte«. Werthers Ausführungen offenbaren ein realistisches Bild vom Menschen, der nicht immer oder im Einzelfall gar nicht im Vollbesitz seiner geistigen Kräfte ist und sein »Bißgen Verstand« nur zu oft über das Wüten der Affekte verliert; den Menschen »in seiner Eingeschränktheit«, auf den Eindrücke wirken, bei dem sich Ideen festsetzen, »bis endlich eine wachsende Leidenschaft ihn aller ruhigen Sinneskraft beraubt und ihn zu Grunde richtet«.

Ihren Höhepunkt, auf den alles hinausläuft, hat diese Argumentation in der Analogisierung geistiger und körperlicher Krankheiten. Was Werther zum Krankheitswert psychischer Störungen sagt, klingt wie eine nachträgliche Rechtfertigung von Goethes Zustand nach der Rückkehr aus Leipzig, als der Vater ihn einen Hypochonder und Simulanten gescholten hat. »Die menschliche Natur«, so seine Worte, »hat ihre Grenzen, sie kann Freude, Leid, Schmerzen, bis auf einen gewissen Grad ertragen, und geht zu Grunde, sobald der überstiegen ist. Hier ist also nicht die Frage, ob einer schwach oder stark ist, sondern ob er das Maß seines Leidens ausdauren kann; es mag nun moralisch oder physikalisch sein, und ich finde es eben so wunderbar zu sagen, der Mensch ist feige, der sich das Leben nimmt, als es ungehörig wäre, den einen Feigen zu nennen, der an einem bösartigen Fieber stirbt.«[17] Krankheiten sind Krankheiten, ob sie nun organische oder moralische, also psychische Ursachen

Die menschliche Natur hat ihre Grenzen 147

haben, und ihre Heilung ist letztlich eine Frage der Resilienz, der körperlichen beziehungsweise seelischen Widerstandskraft. Therapeutisch entsprach das einer realistischen Einschätzung der Möglichkeiten der damaligen Medizin; diagnostisch hingegen war Goethe damit seiner Zeit weit voraus.

Eine psychologische Betrachtung von Straftaten, ja menschlicher Handlungen generell, war in der zweiten Hälfte des 18. Jahrhunderts alles andere als üblich. Noch nicht einmal das Wort »Psychologie« war seinerzeit gebräuchlich. Goethes späterer Freund Karl Philipp Moritz etwa sprach von »Erfahrungsseelenkunde« und gab unter dem Titel *Magazin zur Erfahrungsseelenkunde* von 1783 bis 1793 so etwas wie die erste psychologische Fachzeitschrift heraus. Sie enthielt Erfahrungsberichte aus dem Alltagsleben, kriminalistische und psychopathologische Fallgeschichten sowie erste Versuche einer psychologischen Theoriebildung, deren Ausgangspunkt Beobachtung und Beschreibung auf Grundlage der eigenen Erfahrung waren.

Dies traf sich mit Goethes Haltung, der die Erfahrung für »die einzige ächte Wissenschaft« erachtete. Goethe betrieb ebenfalls »Psychologie«, schon vor Moritz und anderen, aber er bediente sich ihrer als Schriftsteller. Die ersten größeren literarischen Werke, mit denen er in diesen Jahren berühmt wurde – Götz, Faust, Werther und Clavigo – sind im Kern Literarisierungen juristischer Fälle. Hartnäckig hält sich die romantisierende Auffassung, Goethe hätte von juristischen Dingen keine Ahnung gehabt. Das ist bei einem studierten Juristen, der als Anwalt immerhin einige Dutzend Prozesse geführt hat, doch recht unrealistisch. Wohl wahr ist aber, dass ihn an den juristischen Motiven seiner Werke kaum interessierte, worauf seinerzeit bei Rechtsfällen vor allem Wert gelegt wurde: nämlich auf das häufig auch unter Einsatz von Folter erpresste Geständnis sowie Verfahrensfragen. Was Goethe vielmehr interessierte, waren die psychologischen Hintergründe der von ihm literarisierten Fälle – alles das, womit sich heute ein psychiatrischer Gutachter beschäftigt. Die genannten literarischen Werke sind Goethes Erfahrungsseelenkunde: Beobachtungen und Beschreibungen, wie Menschen in Grenzsituationen reagieren, die sie vor existenzielle Probleme stellen.

Eigentlich erst mit der Erkenntnis, auch den sogenannten Geisteskrankheiten lägen physiologische Prozesse zugrunde, nämlich solche, die sich im Gehirn abspielen, sollte sich lange nach Aufkommen der Psychiatrie und der Psychoanalyse eine Position durchsetzen, die Goethe bereits vor 250 Jahren vertreten hat: dass wir es in beiden Fällen mit Störungen biologischer, sprich natürlicher Vorgänge zu tun haben. Dass Körper und Seele zusammenhängen und wir Zugang zur Seele nur über den Körper haben, war eine von Goethes Grundüberzeugungen, die er zeitlebens nicht in Frage stellte. Bereits in seinen *Ephemerides* hat er ihr Ausdruck verliehen.[18]

Als Albert immer noch nicht von der psychologischen Erklärung des Suizids überzeugt ist und schon gar nicht von der Gleichsetzung seelischer und körperlicher Erkrankungen, legt ihm Werther ein Fallbeispiel vor, um das Allgemeine konkret zu machen. Es ist die Geschichte einer jungen Frau aus einfachen Verhältnissen, die ein wenig abwechslungsreiches Leben führt, irgendwann aber merkt, dass sie sich zu Männern hingezogen fühlt und diese sie auch attraktiv finden. In einen ihrer Bekannten verliebt sie sich, er umfängt sie mit seinen Zärtlichkeiten und verspricht ihr ewige Liebe, nährt also große Erwartungen in ihr – um sie dann von einer auf die andere Stunde zu verlassen. »Erstarrt, ohne Sinne steht sie vor einem Abgrunde, und alles ist Finsternis um sie her, keine Aussicht, kein Trost, keine Ahndung, denn der hat sie verlassen, in dem sie allein ihr Dasein fühlte. Sie sieht nicht die weite Welt, die vor ihr liegt, nicht die Vielen, die ihr den Verlust ersetzen könnten, sie fühlt sich allein, verlassen von aller Welt, – und blind, in die Enge gepreßt von der entsetzlichen Not ihres Herzens stürzt sie sich hinunter, um in einem rings umfangenden Tode alle ihre Qualen zu ersticken.«[19]

Wie der Goethe-Forscher Ernst Beutler herausgefunden hat, handelt es sich um eine authentische Geschichte, die sich nach der Rückkehr Goethes aus Leipzig in Frankfurt ereignete.[20] Um Weihnachten des Jahres 1769 herum wurde die Leiche der Frankfurter Schreinerstochter Anna Elisabeth Stöber im Main geborgen und wenige Tage später obduziert. Eine Abschrift des Sektionsberichts vom 29. Dezember 1769 hat sich in den Papieren von Goethes Vater gefunden, nur elf Blätter von den Prozessakten der Kindsmörderin Susanna Margaretha Brandt entfernt und abgeschrieben ebenfalls von Johann Wilhelm Liebholdt, der Vater wie Sohn als Schreiber diente. Wahrscheinlich hat Goethe die junge Frau, deren Elternhaus nur wenige Häuser von dem Anwesen seines Großvaters Textor entfernt lag, zumindest vom Sehen her gekannt, mit Gewissheit aber den Fall verfolgt. Genauso minutiös wie der Sektionsbericht ist Goethes Erzählung der Geschichte ausgefallen, nur dass dort, wo sich der Bericht des Pathologen auf den körperlichen Befund konzentriert, von ihm die seelischen Hintergründe in den Blick genommen werden, die zum Suizid führen. So entsteht vor den Augen des Lesers das Bild eines beklagenswerten Schicksals. Wie aber im Kleinen, so im Großen: Die Geschichte der jungen Frau ist auch ein Modell für die Verfahrensweise des Romans im Ganzen, der

Die menschliche Natur hat ihre Grenzen   149

uns das lebenswahre Bild eines Individuums in der ganzen Komplexität seiner seelischen Vorgänge gibt; er schildert die Affekte, Leidenschaften und fixen Ideen, die Werther beherrschen, und dabei zeigt er, welche gravierenden Konsequenzen unscheinbare Details haben können und wie viele Faktoren ineinandergreifen müssen, um eine unwiderrufliche Entscheidung zu fällen. *Werther* ist mit anderen Worten ein psychologischer Roman auf der Höhe der Erfahrungsseelenkunde seiner Zeit, durchzogen von Überlegungen zur Natur von Krankheit und zum Verhältnis von Körper und Geist, die weit über seine Zeit hinausgehen, und nicht zuletzt geschöpft aus dem Fundus von Goethes eigener Erfahrung. Er habe das Buch mit dem Blute seines eigenen Herzens gefüttert und sich vor dem Wiederlesen gehütet, meinte er im Alter zu Eckermann: »Es sind lauter Brandraketen! – Es wird mir unheimlich dabei, und ich fürchte den pathologischen Zustand wieder durchzuempfinden, aus dem es hervorging.«[21]

Schon die Nachricht von Jerusalems Suizid, die Ende November 1772 in Frankfurt eintraf, muss Goethe stark aufgewühlt haben. Wie in einem Negativbild führte sie ihm die Gefährdungen vor Augen, denen er selbst in seinem Werben um eine bereits vergebene Frau ausgesetzt war. Glaubt man den Ausführungen in *Dichtung und Wahrheit*, so muss Albert Camus' Satz aus dem Kriegsjahr 1942, wonach es nur ein wirklich ernstes philosophisches Problem gebe, nämlich den Selbstmord,[22] schon einmal, zweihundert Jahre zuvor, gegolten haben. »Von unbefriedigten Leidenschaften gepeinigt, von außen zu bedeutenden Handlungen keineswegs angeregt, in der einzigen Aussicht, uns in einem schleppenden, geistlosen, bürgerlichen Leben hinhalten zu müssen«, erinnert sich Goethe, »befreundete man sich in unmutigem Übermut mit dem Gedanken, das Leben, wenn es einem nicht mehr anstehe, nach eignem Belieben allenfalls verlassen zu können, und half sich damit über die Unbilden und Langeweile der Tage notdürftig genug hin.« Diese Gesinnung sei so allgemein gewesen, »daß eben Werther deswegen die große Wirkung tat, weil er überall anschlug und das Innere eines kranken jugendlichen Wahns öffentlich und faßlich darstellte«.[23] Er selbst habe in dieser Zeit stets »einen kostbaren wohlgeschliffenen Dolch« neben seinem Bett liegen gehabt und vor dem Schlafengehen versucht, ob es ihm gelingen möchte, »die scharfe Spitze ein paar Zoll tief in die Brust zu senken«.[24] Das mag man glauben oder nicht – an der Tatsache, dass der Gedanke an Suizid damals nicht eine fixe Idee einiger Verzweifelter war, sondern eine ganze Generation erfasst hatte, die kaum Chancen sah, ihre emotionalen, aber auch ihre ganz pragmatischen Ansprüche an das Leben durchzusetzen, ändert das nichts. Auch Johann Georg Schlosser, der bald schon Goethes Schwager werden sollte und als Anwalt, später als höchstbezahlter badischer Beamter durchaus Fuß fasst in der Gesellschaft seiner Zeit, war von diesem Ungenügen am Wirklichen geprägt. »Ich möchte doch wissen«, schreibt er, »ob und wie's möglich ist, daß ein Mensch, der ein Herz hat, und dessen Herz nach was anders ringt, als was in der Welt ist, wie der leben kann und sich keine Kugel vor den Kopf schießt.«²⁵

Nicht erst Camus, schon Goethe hat das Absurde als eine Erfahrung beschrieben, die jeden beliebigen Menschen an jeder beliebigen Straßenecke anspringen kann, unter bestimmten Umständen, etwa einer unmöglichen Liebe, aber besonders virulent wird. Goethe hat darüber sparsam, aber wenn, dann mit großer Nachdrücklichkeit Auskunft gegeben. »Da begreift man denn nun nicht, wie es ein Mensch noch Vierzig Jahre in einer Welt hat aushalten können, die ihm in früher Jugend schon so absurd vorkam«, resümiert der auf die Siebzig zugehende Goethe in einem Brief an seinen Freund Zelter dieses Gefühl der Sinnlosigkeit, das man zu den Grunderfahrungen Goethes rechnen muss.²⁶ Von einem Arzt, der Goethe als unverbesserlicher Optimist vorkam, heißt es in *Dichtung und Wahrheit*, er wollte »sich nicht eingestehen, dass das Absurde eigentlich die Welt erfülle«. Glaubt man Goethes Mutter, so handelte es sich dabei keineswegs um Anwandlungen, die den Mitte Zwanzigjährigen, der immer noch nach seiner Rolle in der Welt suchte, bisweilen überfielen, sondern um Neuauflagen jenes Katastrophengefühls, das bereits den Sechsjährigen heimgesucht hatte, als er von dem Lissaboner Erdbeben erfuhrt.²⁷

Zwischen dem Zeitpunkt, an dem Goethe von Jerusalems Suizid erfährt, und dem Beginn der Niederschrift des *Werther* im Frühjahr 1774 veröffentlicht Goethe in den *Frankfurter Gelehrten Anzeigen* eine Besprechung der jüngst erschienenen Schrift *Die schönen Künste in ihrem Ursprung, ihrer wahren Natur und besten Anwendung betrachtet* des Schweizer Theologen und Aufklärers Johann Georg Sulzer. Es ist ein Verriss, der sich gewaschen hat. Goethe hat ihn gemeinsam mit Merck zwar schon im Dezember 1772 verfasst, jetzt aber bekommen die dort niedergelegten Gedanken noch eine tiefere Bedeutung, die auf den allmählich entstehenden Roman ausstrahlt.

Sulzer erarbeitete in diesen Jahren eine Enzyklopädie der schönen Künste, die erste in deutscher Sprache, die alle Bereiche der Ästhetik systematisch zu

Die menschliche Natur hat ihre Grenzen 151

behandeln vorgab. Die kleine Schrift nun, eine Auskopplung aus dem großen Werk, versprach in erster Linie die dort angewendeten Grundsätze zu erörtern. In Goethes und Mercks Worten lieferte sie den »Leim«,[28] der die einzelnen Elemente, über 900 einzelne Artikel, zusammenbinden sollte. Sulzer wollte Aufklärung und Fortschritt auf »Empfindung« gründen: Die Natur konnte und die Künste sollten seiner Auffassung nach ein Gefühl für sittliche Ordnung in die Gemüter pflanzen. So wie eine »vorzüglich starke Empfindsamkeit der Seele« die Grundvoraussetzung für das »Genie des Künstlers« bilde, so bestehe der »allgemeinste Zweck der schönen Künste« in der wohl geordneten »Empfindsamkeit des Herzens«. Und damit die postulierte Übereinstimmung auch zustande komme, müsse der Künstler nicht viel anderes tun, als der »Stimme der Natur, die in seinem Innern spricht«, treu zu bleiben. Die Kritik an dieser Ästhetik gerät den beiden Rezensenten zu einem jener »geistigen Ausfälle«, für die sie beide schon bekannt waren: einer Abrechnung mit einer ästhetischen Auffassung, die die Kunst in ihren Augen unangemessen verharmlost, und zugleich zu einem Bekenntnis zu einer anderen Sichtweise, die ästhetische Fragen unmittelbar mit Existenzfragen verbindet.

Sulzers Absicht war, das althergebrachte, letztlich auf Aristoteles zurückgehende Verständnis, wonach Kunst Mimesis, Nachahmung der Natur, sei, zu überwinden – worin die beiden Rezensenten durchaus mit ihm übereinstimmen. Mit der Harmonie ist es aber schnell zu Ende, wenn es darum geht, was an deren Stelle treten soll. Die Kunst, so Sulzer, diene der »Verschönerung der Dinge«. Natur war für Sulzer Schöpfung und so angelegt, dass sie zur Wahrnehmung des Menschen passt und ihm dadurch »angenehme Eindrücke« verschafft, die ihn letztlich zu »Sanftmuth« und »Empfindsamkeit« anhalten sollen.[29] Diese luftige Mischung von Theologie und aufklärerischer Moral hielten Goethe und Merck für den Gipfel der Verharmlosung. Völlig zu Recht wenden sie ein: »Gehört denn, was unangenehme Eindrücke auf uns macht, nicht so gut in den Plan der Natur, als ihr Lieblichstes? Sind die wütenden Stürme, Wasserfluten, Feuerregen, unterirdische Glut und Tod in allen Elementen nicht eben so wahre Zeugen ihres ewigen Lebens, als die herrlich aufgehende Sonne über volle Weinberge und duftende Orangenhaine. Was würde Herr *Sulzer* zu der liebreichen Mutter Natur sagen, wenn sie ihm eine Metropolis, die er mit allen schönen Künsten, Handlangerinnen, erbaut und bevölkert hätte, in ihren Bauch hinunter schlänge.«[30]

Genau das war 1755 geschehen, und wenn Goethe und Merck in ihrer Rezension auf das Erdbeben von Lissabon anspielen, dann um ihrem Argument

Nachdruck zu verleihen, Sulzer sei zwei Jahrzehnte später hinter Maßstäbe zurückgefallen, die seinerzeit gesetzt worden waren, als die Aufklärer daran gingen, unter dem Eindruck des schrecklichen Geschehens ihre allzu naiven Annahmen über die »beste aller Welten« zu revidieren. Sulzer war immer noch der unverbesserliche, unkritische Optimist, der so tat, als könne man von der Dynamik der Natur, die stets auch Zerstörungskraft mit einschließt, abstrahieren und davon ausgehen, diese Kraft existiere um des Menschen willen. Selbst wenn es wahr wäre, dass die Wirkung der Künste, wie Sulzer behauptet und seine Rezensenten bestreiten, in der Verschönerung der Dinge läge, so sei doch jedenfalls falsch, so ihr Argument, »daß sie es nach dem Beispiele der Natur tun. Was wir von Natur sehn, ist Kraft, die Kraft verschlingt nichts gegenwärtig alles vorübergehend, tausend Keime zertreten jeden Augenblick tausend geboren, groß und bedeutend, mannigfaltig ins Unendliche; schön und häßlich, gut und bös, alles mit gleichem Rechte neben einander existierend. Und die *Kunst* ist gerade das Widerspiel, sie entspringt aus den Bemühungen des Individuums, sich gegen die zerstörende Kraft des Ganzen zu erhalten.« Der ästhetische Sinn ist eine Form der Selbsterhaltung. Bereits das Tier gehe nicht in seiner natürlichen Umgebung auf, es »*verwahrt*« sich, wie Goethe und Merck sagen. Der Mensch geht da noch weiter, er »befestigt sich gegen die Natur, ihre tausendfache Übel zu vermeiden, und nur das Maß von Gutem zu genießen«. Und erst wenn es ihm im Verlauf seiner Entwicklung endlich gelingt, in der »Zirkulation« aller seiner natürlichen wie seiner menschengemachten »Bedürfnisse« nicht mehr von der Natur abhängig zu sein - sie »in einen Palast einzuschließen«, wie es in einem schönen Bild heißt -, dann hat die Stunde der ›Weichheit‹ geschlagen: An die Stelle der »Freuden des Körpers« treten »die Freuden der Seele«, und die Kräfte des Menschen widmen sich nun »Tugend, Wohltätigkeit, Empfindsamkeit«, sie zerfließen sogar darin, wie Goethe und Merck formulieren.[31] Man kann es auch so sagen: Die Zivilisation bildet die Voraussetzung für das Entstehen jenes Unbehagens an ihr, das sich auf die Fülle des Herzens beruft.

Das waren für die damalige Zeit so unerhörte wie weitreichende Einsichten. Gewiss ist hier der Einfluss Herders spürbar, der Goethe gelehrt hat, die Dinge nicht statisch, sondern dynamisch und genetisch zu betrachten. Auch ihm war ein Naturbegriff nicht fremd, wie Goethe ihn hier gemeinsam mit Merck verwendet: erfüllt von einer Dramatik, die schöpferische ebenso wie zerstörerische, produktive ebenso wie destruktive Seiten hat und die in dieser Ambivalenz für den Menschen sowohl inspirierende wie bedrohliche Züge annehmen kann. Noch einen Schritt weiter reicht der von den beiden Rezensenten vorgetragene Gedanke, die Mittel, die notwendig sind für die Selbsterhaltung des Menschen, stammten gerade nicht allein aus der Natur: Sie sind der Ursprung von »Kunst«, und sich selbst zu erhalten ist nichts, was sich von selbst versteht. Selbsterhaltung ist eine Leistung des Menschen, und wie Goethe und, Merck nahelegen, gerade diejenige, die den Menschen zunehmend von der Natur emanzipiert, so dass er sich am Ende sogar leisten kann, ihr empfindend und genießend zu begegnen.

༶

Die Bedeutung der hier vorgetragenen Gedanken rührt nicht zuletzt daher, dass Goethe mit Werther eine Figur zum Helden seines ersten Romans macht, der die Kunst der Selbsterhaltung gerade nicht beherrscht, dem, zumindest ab einem gewissen Punkt seines Lebens, an ihr auch nichts mehr gelegen zu sein scheint. Am Ende begrüßt Werther enthusiastisch den Umstand, dass die Waffe, mit der er sich erschießen will, noch durch die Hände der Geliebten gegangen ist. Dabei ist er kühl bis in die Fingerspitzen. Er steht nicht unter Drogen, hat selbst von dem Wein in seinem Zimmer lediglich ein Glas getrunken, worauf der fiktive Herausgeber seiner Briefe am Ende des Werkes ausdrücklich hinweist. Ja, er vergisst nicht einmal, als Denkzettel für die Nachwelt *Emilia Galotti* aufgeschlagen auf sein Schreibpult zu legen, jenes Trauerspiel von Lessing, in dem die Heldin sich lieber von ihrem Vater erdolchen lässt, als ihre Unschuld zu verlieren. Man konnte das alles zusammen geradezu als Apologie des Selbstmords verstehen. Jedenfalls führte es dazu, dass Goethes Roman in einigen Regionen Deutschlands zeitweise verboten war, und es forderte insbesondere die Aufklärer alter Schule zu Gegenentwürfen heraus.

Zu Beginn der Romanhandlung scheint die Welt noch in Ordnung. Werther ist es gelungen, einer peinlichen Situation zu entfliehen: Er hatte das Herz eines Mädchens erobert, ohne es zu wollen – eine Situation, an der er sich halb unschuldig, halb schuldig fühlt und die ihm Beklemmung und Gewissensbisse bereitet. Nun aber ist er fort und will das Gegenwärtige genießen, während das Vergangene vergangen sein soll. Und ist die Gegend, in die es ihn verschlagen hat, nicht paradiesisch? Zwar ist die Stadt, in der er für seine Mutter einen vor ihr zurückgehaltenen Erbschaftsanteil eintreiben soll, »unangenehm«. Rings umher aber findet sich »eine unaussprechliche Schönheit der Natur«. Jeder Baum, jede Hecke »ist ein Strauß von Blüten, und man möchte zur Maienkäfer werden, um in dem Meer von Wohlgerüchen herumschweben und alle seine

Nahrung darinne finden zu können.« Der einzige Wermutstropfen ist sein Unvermögen, diese Schönheit und dieses Glück festzuhalten, der Umstand, »daß meine Kunst darunter leidet«, wie er schreibt: »Ich könnte jetzo nicht zeichnen, nicht einen Strich, und bin niemalen ein größerer Maler gewesen als in diesen Augenblicken. Wenn das liebe Tal um mich dampft, und die hohe Sonne an der Oberfläche der undurchdringlichen Finsternis meines Waldes ruht, und nur einzelne Strahlen sich in das innere Heiligtum stehlen, ich dann im hohen Grase am fallenden Bache liege, und näher an der Erde tausend mannigfaltige Gräsgen mir merkwürdig werden. Wenn ich das Wimmeln der kleinen Welt zwischen Halmen, die unzähligen, unergründlichen Gestalten, all der Würmgen, der Mückgen, näher an meinem Herzen fühle, und fühle die Gegenwart des Allmächtigen, der uns all nach seinem Bilde schuf, das Wehen des Alliebenden, der uns in ewiger Wonne schwebend trägt und erhält. Mein Freund! ... dann sehn ich mich oft und denke: ach könntest du das wieder ausdrücken, könntest du dem Papier das einhauchen, was so voll, so warm in dir lebt, daß es würde der Spiegel deiner Seele, wie deine Seele ist der Spiegel des unendlichen Gottes!«[32] Goethe selbst hat als Zeichner dieses Unvermögen erlebt – er wusste, wovon er schrieb. Die Sprachkraft seiner Naturschilderung aber zeigt, dass er zu diesem Zeitpunkt längst ein anderes Mittel gefunden hat, den auf ihn einstürmenden Empfindungen standzuhalten und ihnen Ausdruck zu verleihen: die literarische Sprache. Sie ist seine Kunst der Selbsterhaltung, die er zunehmend meisterlich beherrscht. Sein Werther hingegen lebt noch ganz in jener sulzerschen Welt, die bereits die Rezension vom Dezember 1772 so vehement kritisiert hat: eine Welt, in der die gefühlte Gegenwart Gottes dem Menschen die Idee eingibt, alles sei für ihn gemacht und er müsse sich keine Sorgen machen, wenn er sich nur der Schöpfung anvertraut.

Doch es bedarf nur wenig – in Werthers Fall den Frustrationen, die sich bei dem Versuch einstellen, eine junge Frau zu erobern –, um diese Empfindung der Natur vom Schönen und Versöhnlichen ins Schreckliche und Bedrohliche kippen zu lassen: »Es hat sich vor meiner Seele wie ein Vorhang weggezogen, und der Schauplatz des unendlichen Lebens verwandelt sich vor mir in den Abgrund des ewig offnen Grabs. Kannst du sagen: Das ist da alles vorübergeht, da alles mit der Wetterschnelle vorüber rollt, so selten die ganze Kraft seines Daseins ausdauert, ach in den Strom fortgerissen, untergetaucht und an Felsen zerschmettert wird? Da ist kein Augenblick, der nicht dich verzehre und die Deinigen um dich her, kein Augenblick, da du nicht ein Zerstörer bist, sein mußt. Der harmloseste Spaziergang kostet tausend armen Würmgen das

Leben, es zerrüttet ein Fußtritt die mühseligen Gebäude der Ameisen, und stampft eine kleine Welt in ein schmähliches Grab. Ha! nicht die große, seltene Not der Welt, diese Fluten, die eure Dörfer wegspülen, diese Erdbeben, die eure Städte verschlingen, rühren mich. Mir untergräbt das Herz die verzehrende Kraft, die in dem All der Natur verborgen liegt; die nichts gebildet hat, das nicht seinen Nachbar, nicht sich selbst zerstörte. Und so taumele ich beängstet! Himmel und Erde und all die webenden Kräfte um mich her! Ich sehe nichts, als ein ewig verschlingendes, ewig wiederkäuendes Ungeheur.«[33]

Die Katastrophe von Lissabon ereignet sich jeden Tag: Die gesamte Natur ist Zerstören und Selbstzerstörung, doch während vernunftgeleitete Menschen, wie etwa Albert, der Ausnahmeerscheinung bedürfen, um dessen gewahr zu werden, nimmt ein sensibles Gemüt wie Werther das gerade auch im scheinbar Harmlosen, Alltäglichen wahr. Vor allem aber: Werther vermag nichts dagegen aufzubieten. Er wird zum Spielball seiner Empfindungen, denen er hilflos ausgeliefert ist. Ihnen hat er sein Leben geweiht, sie treiben ihn um und schließlich in den Tod. Goethe hingegen ist, als er diesen Roman konzipiert und dann schreibt, auf dem besten Weg, sich von dem Absolutismus der Empfindsamkeit zu befreien. »Man kann nicht immer empfinden«,[34] wird er etwa gegenüber Lavater feststellen, der die auch bei Sulzer gefundene Mischung aus christlicher Frömmigkeit und Empfindsamkeit besonders prägnant verkörpert. Der unscheinbare Satz fasst Goethes Position bündig zusammen. »Nicht immer« heißt ja keineswegs gar nicht; auch für Goethe bleibt Empfindsamkeit ein wesentliches Element von Erfahrung als der »einzig ächten Wissenschaft« vom Leben. Aber sie kann nicht alles sein, es sei denn um den Preis des Selbstverlustes.

Elftes Kapitel, in dem Spinoza zu Goethes Hausheiligem wird und er eine Geniereise in die Schweiz unternimmt

Was muss an die Seite der Empfindsamkeit treten, damit der Mensch als fühlendes, sensibles Wesen zugleich ein selbstbewusstes Wesen sei, das sein Leben selbständig und gegen Anfechtungen führen kann? Das ist die Frage, die Goethe nach seinem Wetzlarer Aufenthalt während der verbleibenden zweieinhalb Jahre in Frankfurt umtreibt und deren Beantwortung über sein weiteres Schicksal, den Weggang nach Weimar und sein Verweilen dort, entscheidet.

Im Juni 1774 kommt Johann Kaspar Lavater nach Frankfurt – in den Augen der Zeitgenossen war er eine Art Oberhirte der Empfindsamkeitsbewegung. Seitdem Goethe in den *Frankfurter Gelehrten Anzeigen* Lavaters Schrift *Aussichten in die Ewigkeit*, eine gläubige Phantasie über das Leben nach dem Tode, rezensiert hat, stehen die beiden in lockerem schriftlichem Kontakt – und das obwohl Goethe in seiner Besprechung hat durchblicken lassen, für die ganze Sache eher weniger empfänglich zu sein. Gleich am Anfang ihres Briefwechsels hat der acht Jahre jüngere Goethe dem frommen Lavater bekannt, er sei kein Christ mehr, und damit bei ihm und seinem engsten Mitarbeiter, dem Theologen und Prediger Johann Conrad Pfenninger, eine Flut an Versuchen ausgelöst, ihn zum rechten Glauben zurückzubringen. Goethe reagierte verstimmt: »Und dass du mich immer mit Zeugnissen packen willst«, schrieb er ihm: »Wozu die? Brauch ich Zeugniss dass ich binn? Zeugniss dass ich fühle?«[1]

Während ihrer gemeinsamen Frankfurter Tage gelingt es Lavater, Goethe zur Mitarbeit an dem Unternehmen zu gewinnen, das ihn gerade mehr als alles andere umtreibt – dem kühnen Versuch, die von ihm allenthalben praktizierte Physiognomie als Wissenschaft zu etablieren. *Physiognomische Fragmente zur Beförderung der Menschenkenntniß und Menschliebe* lautet dann der Titel des in vier Bänden von 1775 bis 1778 erscheinenden Werkes, das diese Grundlegung leisten soll; doch schon das Wort »Fragmente« im Titel liest sich wie das Eingeständnis, dass dieses Ziel verfehlt werde. Das großformatige Opus ist üppig ausgestattet, enthält zahllose Schattenrisse und Kupferstiche sowohl lebender wie auch historischer Personen. Viele davon wurden eigens für das Werk angefertigt und mit zum Teil kühnen Deutungen versehen. Offenkundig ist Lavater der Fülle des zusammengetragenen Materials kaum mehr Herr geworden. Vor allem aber: Statt der angekündigten wissenschaftlichen Begründung wird die Erkenntnisleistung der Physiognomie in Kaskaden von Ausrufesätzen lediglich beschworen. Daran hat auch Goethes Mitwirkung wenig ändern können: Auf Lavaters Wunsch hat er die Endredaktion des Werkes besorgt und dabei, teilweise in Absprache, teilweise ohne Lavater zu fragen, eigene Texte, physiognomische Deutungen, etwa von antiken Größen wie Caesar, Brutus oder Scipio, aber auch von Isaac Newton und Köpfen auf Gemälden Rembrandts oder Raffaels, in die Bände eingebracht.

Einer der größten Reize des lavaterschen Werkes, der beträchtlich zu seinem Erfolg beitrug, bestand darin, dass das veröffentlichte Bildmaterial, sofern die Dargestellten Zeitgenossen waren, anonym blieb. Mit jedem erscheinenden Band hub so aufs Neue das Rätselraten an, wer sich wohl hinter diesem Kopf, der »beim ersten Anblicke viel zu versprechen« schien, oder jenem anderen verbarg, von dem es hieß, in seiner Mundpartie liege »viel edle Feinheit«, seine Nase hingegen scheine »gemein« und das Kinn zeige »Lenksamkeit«.[2] Der auf Seite 223 des ersten Bandes abgebildete Schattenriss etwa zeigt laut Lavater eines »der größten und reichsten Genies«, die er je in seinem Leben gesehen habe. Herder fiel es dann zu, in einer Rezension des lavaterschen Opus der Öffentlichkeit zu enthüllen, wer als Geniekopf mit der bemerkenswerten Nase umschrieben war: kein Geringerer als Goethe nämlich.[3] In dem jungen Dichter hatten auch schon andere, nicht zuletzt er selbst, ein Genie gesehen. Lavaters Werk aber machte aus dem Gerücht gleichsam eine amtliche, wenn auch pseudowissenschaftliche Tatsache.

Lavaters Physiognomik ist einer der ersten Versuche, eine alltägliche und allgemein menschliche Betrachtungsweise in den Rang einer Wissenschaft zu heben. Beharrlich rechtfertigte Lavater sein Ansinnen immer wieder und wurde nicht müde festzustellen: Bei der Begegnung mit anderen, insbesondere fremden Menschen, betreiben wir alle permanent Physiognomik und schlössen vom Äußerlichen, von der Oberfläche, aufs Innere, auf den Charakter und vor allem auf die Absichten des Betreffenden. In der Tat: Ständig sind wir damit befasst, das Verhalten des anderen zu prognostizieren, und sind darin in der Regel durchaus erfolgreich, nicht zuletzt, weil unser Überleben davon abhängen kann, ob wir die Absichten und das Verhalten des anderen richtig einschätzen.

Ist es aber überhaupt möglich oder auch nur wünschenswert, aus dieser evolutionären Fertigkeit des Menschen eine Wissenschaft zu machen? In den Beiträgen, die Goethe auf eigene Faust zu Lavaters Werk verfasst hat und die darin ursprünglich ohne Angabe seiner Autorschaft erschienen sind, verneint Goethe das ausdrücklich: Es sei »ein Glück für die Welt, daß die wenigsten Menschen zu Beobachtern geboren sind«, stellt er lakonisch fest. Jeder habe seine bestimmte, letztlich angeborene Art, sich zu verhalten und zu handeln – Goethe nennt das seinen »inneren Trieb, der einem jeden durch die Welt hilft«.[4] Dieser Trieb vermischt sich mit den Erfahrungen, die der Einzelne macht, zu seinem individuellen Stil, die Welt um sich herum wahrzunehmen und sich in ihr zu bewegen. Auf diese Weise bemerkt er, was ihm gemäß ist und was ihm schadet, was er liebt und was er hasst. Vor allem aber verbindet ihn mit der Welt um ihn herum samt der Menschen darin ein Wechselverhältnis: »Was den Menschen umgibt, wirkt nicht allein auf ihn, er wirkt auch wieder zurück auf selbiges, und indem er sich modifizieren läßt, modifiziert er wieder rings um sich her ... Die Natur bildet den Menschen, er bildet sich um, und diese Umbildung ist doch wieder natürlich; er, der sich in die große weite Welt gesetzt sieht, umzäunt, ummauert sich eine kleine drein, und staffiert sie aus nach seinem Bilde.«[5]

Bei diesen Gedanken lediglich von einer Erweiterung der Physiognomik zu sprechen, wie Goethe das tut, ist dann doch zu bescheiden. Denn nicht mehr die Mimik oder Gesichtsbildung des Menschen, sondern die Spuren, die er in der Welt hinterlässt, lassen nach dieser Auffassung auf die Persönlichkeit des Menschen schließen, wie sie auch auf diese zurückwirken. Diese Spuren – Goethe spricht von »Sachen« – sind der eigentliche Gegenstand einer Physiognomik, die zur Menschenkenntnis beitragen will, wie der Titel von Lavaters Buch vollmundig verspricht. Selbst Urteile, also Denkprozesse beziehungsweise deren Resultate, haben laut Goethe eine Physiognomie und müssen im Hinblick auf denjenigen verstanden werden, der sie mitteilt. »Alles wirkt verhältnismäßig in der Welt, das werden wir noch oft zu wiederholen haben.«[6] Genauso wichtig wie die Verschiebung des Gegenstandsfelds der Physiognomik von den Kopfformen und Gesichtsbildungen der Menschen auf die Spuren, die sie in der Welt zurücklassen, ist die damit einhergehende Verlagerung von der Empfindsamkeit auf die Handlungsfähigkeit des Menschen. Empfindungen hinterlassen keine Spuren in der Welt, es sei denn, sie führen zu Handlungen. Und so liegt nicht in der Empfindsamkeit, sondern in der Handlungsfähigkeit die

Begriffe, welche unverwüstlich sind 159

Chance, die Erfahrung des Absurden, dass Mensch und Welt nicht zueinander passen wollen, hinter sich zu lassen.

∽

Eine Woche bleibt Lavater in Frankfurt, dann reist er im Juli 1774 weiter nach Bad Ems, um sich dort einer Wasserkur zu unterziehen, und Goethe begleitet ihn. Am Tag der Abreise erwacht Lavater, wie sein Tagebuch berichtet, um drei Uhr morgens nach kaum vier Stunden Schlaf, erfreut sich am »sanft schönen Morgen« und dem Vogelgezwitscher, steht gleich auf und packt seine Habseligkeiten zusammen. Rasch holt er noch die gestern versäumten Tagebucheintragungen nach, dann wünscht Goethe ihm schon einen guten Morgen. Um halb fünf besteigen sie die Kutsche, nicht ohne vorher noch etwas Korrespondenz erledigt zu haben. Mit dabei ist der junge Künstler Georg Friedrich Schmoll, der Lavater auf der ganzen Reise begleitet, mit dem Auftrag, interessanten Persönlichkeiten, denen sie unterwegs begegnen, die Physiognomie abzunehmen. Derweil sie erst durch die noch »schlummernde Stadt«, dann über »prächtige Felder« fahren und Befürchtungen wegen eines »schrecklichen Gewitters« hegen, das aber vorüberzieht, erzählt Goethe von Spinoza und seinen Schriften. Keiner sei Jesus so nahegekommen wie dieser als Atheist verfemte Philosoph, meint er. Überhaupt hätten die neueren Deisten, die Vertreter einer Religion aus Vernunftgründen, ihre Weisheiten ausschließlich von ihm. »Er sei ein äußerst gerechter, aufrichtiger, armer Mann gewesen«, gibt Lavaters Tagebuch Goethes Worte wieder: »*Homo temperatissimus*«, ein durch und durch gemäßigter, maßvoller Mensch. Spinoza habe als Ratgeber bedeutender Männer in hohem Ansehen gestanden, wegen seiner ausnehmenden Klugheit und Loyalität habe man ihn herzlich geliebt. »Er habe die Prophezeyungen bestritten, u. sey selbst ein Prophet gewesen«, der so gravierende wie unwahrscheinliche politische Veränderungen vorausgesagt habe. Als man ihm das väterliche Erbe habe streitig machen wollen, auf das er rechtmäßigen Anspruch gehabt hätte, habe er »um des Friedens willen« darauf verzichtet und sich nur das Bett des Vaters ausbedungen. Er sei sehr arm gewesen und habe sich mit dem Schleifen von Linsen seinen kümmerlichen Lebensunterhalt verdient. Sein Briefwechsel sei das Interessanteste, was man lesen könne, aufrichtig und voller Menschenliebe.[7]

Goethe hat seine biographischen Kenntnisse Spinozas aus der Lektüre der 1705 erstmals erschienenen *Kurzen, aber wahrhaftigen Lebensbeschreibung von*

Benedictus de Spinoza gewonnen, verfasst vom Lutheraner Johannes Colerus. Dieser habe die Vita des Philosophen, so Goethe, »aus authentischen Stücken und mündlichem Zeugnis noch lebender Personen zusammengestellt«.[8] Für Colerus wie auch für seine Zeitgenossen war Spinoza ein Atheist und gefährlicher Aufrührer. Abgesehen von seiner Metaphysik, die einen persönlichen, ins Weltgeschehen eingreifenden Gott und die christliche Offenbarung leugnet, propagierte er auch einen modernen Staat ohne Gott, der die Legitimation von Herrschaft nicht mehr von Gott herleitet und es sich auch nicht länger zur Aufgabe macht, sich um das Seelenheil seiner Bürger zu kümmern. Obwohl Colerus keinen Zweifel daran aufkommen lässt, dass Spinozas Philosophie zu Recht auf dem Index stand, zeichnet seine Lebensbeschreibung doch einen sympathischen Menschen, der durch seine Rechtschaffenheit und Anspruchslosigkeit als vorbildhaft gelten kann. Recht besehen verkörperte er die von Jesus verkündeten und vorgelebten Tugenden, bei Ablehnung allerdings aller christlichen und jüdischen Theologie und Dogmatik – ein Umstand, der Goethe besonders faszinierte.

Der in Amsterdam geborene Spinoza war ein Kind jüdischer Immigranten aus Portugal. Er wuchs in der Isolation eines Judenviertels auf und wurde streng orthodox erzogen. Widerwillig ließ sich der Siebzehnjährige vom Vater zur Mitarbeit im elterlichen Kaufmannsgeschäft nötigen. Das Philosophieren brachte er sich im Selbststudium bei, nicht zuletzt, um der dogmatischen Enge des Judentums zu entfliehen. Die auf Autorität und der Vorstellung göttlicher Eingebung beruhenden Lehren der jüdischen Rabbiner vollends suspekt machte ihm die Lektüre der Schriften von Descartes. Fortan wollte er nur noch das annehmen, was ihm durch gute und verständige Gründe bewiesen werden konnte. In einem Diskussionskreis von Kaufleuten bewies er schon bald, dass er ein brillanter philosophischer Kopf war. Die Folgen ließen nicht lange auf sich warten: Spinoza war dreiundzwanzig Jahre alt – wie Goethe zur Zeit seiner ersten Spinoza-Lektüre –, als er von der jüdischen Gemeinde ausgeschlossen wurde und auch die Kaufmannstätigkeit quittierte. Einige Jahre später wurde er sogar aus Amsterdam vertrieben.

Das Reizwort Spinozismus findet sich bereits in den *Ephemerides*, dem Lektüre- und Gedankenheft des Zwanzigjährigen. Dort schließt sich Goethe noch dem Verdikt seiner Zeit gegen Spinoza an, wenn es etwa heißt, dass »die schlimmsten Irrtümer aus eben dieser Quelle fließen«. Der Sache nach aber vertritt er schon hier Kerngedanken des Spinozismus und notiert in Latein, das er mündlich wie schriftlich beherrschte: »Unabhängig voneinander über

Begriffe, welche unverwüstlich sind   161

Gott und das Wesen der Dinge zu sprechen, ist schwierig und birgt Gefahr in sich in derselben Weise, wie wenn wir über den Körper und die Seele nachdenken; die Seele können wir ausschließlich durch den vermittelnden Körper, Gott nur durch genaue Betrachtung der Natur erkennen. Daher scheint es mir absurd zu sein, Leute der Absurdität anzuklagen, die auf dem Wege vorwiegend philosophischer Schlussfolgerung Gott mit der Welt in Verbindung gebracht haben.«[9]

1773 gelangt Goethe über seinen Freund Merck an einen Band mit den nachgelassenen Werken Spinozas, den dieser sich wiederum von Höpfner ausgeliehen hat. Der Band enthielt Spinozas *Ethik nach geometrischer Ordnung dargestellt,* die Frühschriften *Abhandlung über die Verbesserung des Verstandes* und *Kurzer Traktat von Gott, dem Menschen und dessen Glück* sowie Briefe an und von Spinoza. Er wolle nur sehen, »wie weit ich dem Menschen in seinen Schachten und Erdgängen nachkomme«, schreibt Goethe am 5. Mai 1773 an Höpfner, nicht zuletzt, um zu begründen, warum der so rare Spinoza-Band nun in seine Hände gelangt ist.[10] »Beruhigung und Klarheit« seien über ihn gekommen, als er »die nachgelassenen Werke jenes merkwürdigen Mannes durchblättert« habe, erinnert sich Goethe in *Dichtung und Wahrheit.*[11] Spinoza sei einer der Autoren, die ein Leben verändern können, meint heute der französische Religionswissenschaftler Frédéric Lenoir.[12]

Das besondere Interesse des jungen Goethe weckten die Briefe Spinozas, auch weil sie zugänglicher sind als seine streng systematische, nach Art der Geometrie deduzierende Philosophie und auch den Menschen Spinoza erahnen lassen. Neben dem Religionskritiker Spinoza zeigen sie auch den weithin unbekannten Naturforscher und leidenschaftlichen Experimentator, der seinen Lebensunterhalt mit dem Schleifen von Linsen verdiente. Durch die Vermittlung von Heinrich Oldenburg, dem Generalsekretär der Royal Society in London, tauschte er sich mit dem großen Robert Boyle aus, den Goethe durch dessen maßstabsetzende Experimente über die Eigenschaften der Luft kannte. In diesen Briefen erscheint Spinoza nicht wie sonst als der Antwortende und der Überlegene, sondern als ein Suchender, Fragender. Zwar versucht er, Boyle davon zu überzeugen, dass dessen Naturforschung einer philosophischen Grundlegung bedürfe, scheint damit aber wenig Erfolg gehabt zu haben. Ein anderer bedeutender Naturforscher seiner Zeit, mit dem Spinoza in Verbindung stand, war der Astronom und Physiker Christiaan Huygens, der Begründer der Wellentheorie des Lichts und Konstrukteur der ersten Pendeluhren. Huygens war sein Nachbar in Voorburg, wo Spinoza seit 1663 wohnte. Er erzählte ihm von Fernrohren, mit denen sich Eklipsen am Jupiter und »eine Art Schatten am Saturn, verursacht durch einen Ring«, beobachten ließen.[13]

Darüber hinaus lässt sich Spinozas Briefen Grundlegendes über seine Philosophie entnehmen. Seiner Auffassung nach hat alles eine Ursache, von der Ordnung des Kosmos bis zur Unordnung unserer Leidenschaften, und alles lässt sich durch die universellen Gesetze der Natur erklären. Besonders einprägsam war das Bild vom Wurm im Blut, das Spinoza in einem Brief an Heinrich Oldenborg verwendet. Es zeigt, wie er sich das Verhältnis von Teil und Ganzem dachte. Der im Blut lebende Wurm würde, wenn er sehen und denken könnte, das Blut als ein Ganzes betrachten, das ihm das Existieren ermöglicht, obgleich es selbst lediglich Teil eines noch größeren Ganzen, des Blutkreislaufs ist.

Nach Spinoza ist jedes existierende Ding Teil eines Ganzen, das selbst wiederum Teil eines noch größeren Ganzen ist, und alles ist im größten anzunehmenden Ganzen, in Gott oder der Natur (deus sive natura) enthalten. Jedes existierende Ding ist aber auch etwas für sich selbst, das sich in Bezug auf das Äußere, von dem es abhängt, selbst organisiert.[14] In der *Ethik* verwendet Spinoza den Begriff »conatus« (= Streben, in seinem Sein zu beharren), um dieses Selbstsein jedes Individuums zu bestimmen. Das gilt auch für den Menschen: Zwar ist er kein Staat im Staate, wie Spinoza polemisch feststellt, sondern wie die Steine, die Pflanzen und die Tiere Teil der allumfassenden Natur. Anders gesagt, für ihn gelten keine besonderen Bestimmungen, sondern die allgemeinen Naturgesetze. Sein Verhalten folgt wie alle natürlichen Phänomene den Gesetzen der Kausalität, deren Kenntnis ausreicht, um es zu verstehen. Trotzdem geht der Mensch wie schon der Wurm nicht darin auf, Teil eines ihn umfassenden und bedingenden größeren Ganzen zu sein. Vielmehr verfügt er über Handlungsmacht (der Mensch graduell mehr als der Wurm), die es ihm ermöglicht, sich selbst zu erhalten. In dem Streben jedes Individuums, sich zu behaupten und seine eigene Welt zu gestalten, zeigt sich die zweite Seite von Spinozas Natur: Sie ist nicht nur gesetzmäßig, sondern auch schöpferisch, kreativ. Je größer der Freiheitsgrad des Individuums sei, desto weiter sei auch sein »Kreis von Wirksamkeit«,[15] wie Goethe es in seinen Beigaben zu Lavaters Physiognomik nennt. Unterschiede im Freiheitsgrad gibt es nicht nur zwischen den Arten, in unserem Fall zwischen Wurm und Mensch, sondern auch innerhalb einer Art, von Individuum zu Individuum, bei den Menschen ausgeprägter als bei den Würmern. So verfügt ein Künstler kraft seines Genies über einen außergewöhnlich hohen Freiheitsgrad, der ihn fast schon in die Nähe gottgleicher Wirksamkeit bringt.

∽

Den Mittag verbringen die Reisenden in Wiesbaden, laut Lavater einer Bäderstadt »voll trostloser Melancholey«. Goethe spricht dem Wein zu, der Abstinenzler Lavater hält sich hingegen an »Himbeereßig«, wie er das von ihm bevorzugte Getränk nennt. Zum Nachtisch speist man frische Erdbeeren und beschäftigt sich, wie sollte es anders sein, mit Physiognomie, in diesem Fall mit dem Minenspiel von zwei Juden, die hier ebenfalls ihren Mittagstisch einnehmen. Auf der Weiterfahrt dann nickt Lavater immer wieder ein. Im Halbschlaf dringen Fetzen von Goethes gerade entstehendem Gedicht *Der ewige Jude* an sein Ohr – »ein seltsames Ding in Knittelversen«, wie Lavater meint.[16] Das fragmentarische Versepos spielt mit der Idee, Christus komme noch einmal auf die Erde – mitten hinein ins Europa des 18. Jahrhunderts –, »um sich nach den Früchten seiner Lehre umzusehen«, wird dabei aber von den Seinen nicht erkannt und gerät in Gefahr, »zum zweitenmal gekreuzigt zu werden«. So hat es Goethe im Nachhinein beschrieben.[17] Der ewig wandernde Jude, der nach der Legende Jesus einst verkannt und misshandelt hat, soll im Gedicht die kritische Instanz verkörpern, an der sich die Geschichte des Christentums prüfen lässt: An ihren Früchten sollt ihr sie erkennen! Aus der satirischen Schärfe der vorhandenen Verse geht eindeutig hervor, dass es sich für Goethe um alles andere als eine Erfolgsgeschichte handelte, vielmehr um eine von Verrat, Ausbeutung und Hochmut zeugende Entwicklung. Ein Höhepunkt des Versepos sollte die Begegnung des ewigen Juden mit Spinoza werden. Hier wollte Goethe neben einem Bekenntnis zur spinozistischen Philosophie darstellen, dass der als Atheist und Verräter geltende Spinoza der ursprünglichen christlichen Wahrheit weitaus nähergekommen war als alle Kirchenvertreter der vergangenen Jahrhunderte und seiner Zeit. Dieser Abschnitt blieb aber gedanklicher Entwurf.[18] Vermutlich erwies es sich als aussichtslos, die komplexe spinozistische Philosophie in Knittelversen zu umschreiben, und Goethes Kenntnis ihrer Schächte und Höhlengänge war zu diesem Zeitpunkt wohl auch noch recht rudimentär, mehr Ahnung als systematische Aneignung.

Goethe bleibt nur eine Nacht in Bad Ems, dann zieht es ihn wieder zurück nach Frankfurt. Dort wartet die Pflicht auf ihn: Immerhin geht er neben dem Dichten und Herumreisen der beruflichen Tätigkeit eines Rechtsanwalts nach und hat noch fristgerecht eine Eingabe zu machen. Aber auch in Frankfurt bleibt er nur kurz. Denn wenige Tage später trifft dort der Pädagoge und Philanthrop Johann Bernhard Basedow ein, der gerade sein *Elementarwerk. Ein Vorrath der besten Erkenntnisse zum Lernen, Lehren, Wiederholen und Nachdenken* vollendet hat und noch im Dezember 1774 in Dessau eine Musterschule eröffnen wird, das Philanthropinum, eine »Pflanzstätte der Menschheit«, wie er es ziemlich prätentiös nennt. Dafür sucht er noch Schüler aus gutem Hause und möglichst auch weitere Mäzene zu gewinnen. Goethe und er sprechen aber auch über Weimar, wo sich Basedow gerade aufhält. Dort ist vor kurzem das Schloss abgebrannt, und man weiß nicht, wie es weitergehen soll. Das Gespräch bildet Goethes erste Berührung mit Weimar, noch vor dem durch Knebel arrangierten Zusammentreffen mit dem siebzehnjährigen Carl August, dem zukünftigen Weimarer Regenten, am 11. Dezember dieses Jahres.

Eigentlich will der starke Trinker und Raucher Basedow, dessen Lieblingsspruch »Ergo bibamus!« ist (in allen möglichen und unmöglichen Kombinationen), aber ebenfalls nach Bad Ems weiterfahren, um sich dort einer bitter nötigen Kur zu unterziehen. Dieses Mal begleitet Goethe den Besucher nicht, reist ihm aber einige Tage später nach. Nun ist man zu viert: Lavater, Schmoll, Basedow und Goethe. Basedow liest aus Goethes Aufsatz »Über das, was man ist« vor, den dieser mitgebracht hat: »Wenn das Herz das Gute freiwillig annehmen kann, so förderts sich immer mehr als wenn man ihm aufdringen will.«[19] Das ist allen Anwesenden aus dem Herzen gesprochen. Als sie sich am 18. Juli zu einer Schiffsreise die Lahn und den Rhein hinab aufmachen, schließen sich ihnen spontan noch weitere Mitreisende aus dem großen und rasch wachsenden Bekanntenkreis eines jeden von ihnen an. In Lahnstein isst die Reisegesellschaft zu Mittag (Bohnen mit Speck, Basedow allen voran), in Koblenz gibt es am Abend ein üppiges Abschiedsmahl, denn nur die Viererbande wird die Schiffsreise fortsetzen. Am nächsten Tag dann droht ein heftiges Gewitter; der Sicherheit halber müssen alle Passagiere das Schiff verlassen und den Weg nach Bendorf zu Fuß fortsetzen. Auf diesen Fußmarsch beziehen sich wohl auch die von Goethe erst später notierten berühmt gewordenen Verse:

Und, wie nach Emmaus, weiter ging's
Mit Geist- und Feuerschritten:
Prophete rechts, Prophete links,
Das Weltkind in der Mitten.[20]

Mit den beiden Propheten waren natürlich Lavater und Basedow gemeint, die Rolle des Weltkindes sah Goethe für sich selbst reserviert. Und er füllte sie auch zunehmend gut aus. In Neuwied bleibt Basedow zurück, auf der Suche nach weiteren Schülern und Gönnern. Für die restlichen drei geht es am folgenden Tag im Regen weiter über Bonn nach Köln. Dort trennt sich auch Lavater von ihnen, während sich Schmoll und Goethe nach Düsseldorf aufmachen. Goethe will den in Pempelfort wohnenden Kaufmann und Schriftsteller Friedrich Jacobi besuchen, über den er sich bereits polemisch-satirisch geäußert hat, ohne ihn persönlich zu kennen. Aber sowohl er als auch seine Frau sind nicht zu Hause. Also geht es weiter nach Elberfeld, wo Jacobi sich gerade befinden soll. Er bekleidet in diesen Jahren das Amt des Hofkammerrats der Herzogtümer Jülich und Berg und ist mit der Aufgabe befasst, dort das Zoll- und Handelswesen zu reformieren. In der Stadt im Bergischen Land lebt mittlerweile auch der Arzt und Schriftsteller Jung-Stilling, den Goethe schon in Straßburg kennengelernt hat. Goethe nächtigt in einem Gasthof. Am nächsten Morgen stellt er sich krank und lässt Doktor Jung herbeirufen. Der Arzt kommt und findet den Kranken mit Tüchern um Hals und Kopf im Bett vergraben. »Herr Doktor, fühlen Sie mir einmal den Puls, ich bin gar krank«, tönt es aus dem Bett mit schwacher Stimme. Der Arzt tut wie ihm geheißen, kann aber nichts feststellen. Da fällt Goethe ihm um den Hals.[21]

Was nun folgt, mutet an, als wollten die Beteiligten eine Komödie des permanenten Sichverfehlens und endlichen Sichfindens zur Aufführung bringen. Während Goethe und Jung-Stilling einen Spaziergang unternehmen, reitet Jacobi an Jung-Stillings Wohnung vorbei und lässt ausrichten, er begebe sich jetzt rasch nach Düsseldorf, um dort Goethe zu treffen, der nach ihm gefragt habe. Auch Lavater und Schmoll sind mitsamt einer Gruppe rheinischer Pietisten zu dieser Stunde nach Elberfeld unterwegs. Sie begegnen Jacobi und versichern ihm, dass Goethe in Elberfeld sei. Jacobi wendet also wieder um. In Elberfeld hat Goethe in der Zwischenzeit die Bekanntschaft von Wilhelm Heinse gemacht, des Autors des gerade erschienenen, für seine Zeit außerordentlich frivolen Romans *Laidion oder die Eleusinischen Geheimnisse*. Die Mysterien von Eleusis, auf deren Weitergabe in der Antike die Todesstrafe gestanden hat, werden darin von Heinse ganz hedonistisch als Glück des neidlosen, fröhlichen Genießens gedeutet. Goethe meint zu dem Buch, es »sei mit der blühendsten Schwärmerey der geilen Grazien geschrieben« und lasse Wieland und Konsorten um Längen hinter sich.[22] Heinse nun will ihn gleich nach dem Essen nach Düsseldorf mitnehmen. Die beiden sind schon unterwegs, als die Lavater-

Truppe mit Fritz Jacobi im Schlepptau bei Jung-Stilling eintrifft. Wieder verfehlen sie sich. Nun aber wird Jung zum Retter: Er wirft sich aufs Pferd, holt Heinse und Goethe ein und bringt sie zurück. Er sei »grad [he]rab vom Himmel gefallen vor Fritz Jacobi hin«,[23] bemerkt Goethe später. Ausgelassen feiert man die nun endlich erfolgte Zusammenkunft; Goethe tanzt um den großen Tisch herum, schneidet Gesichter und gibt allenthalben seiner Freude Ausdruck.

Die nächsten Tage verbringt er mit Fritz Jacobi und dessen älterem Bruder Johann Georg in Düsseldorf, Bensberg und Köln. Auch Wilhelm Heinse begleitet sie; Johann Georg hat ihn als Redakteur der von ihm herausgegebenen Damenzeitschrift *Iris* nach Düsseldorf geholt. Fritz Jacobi schwärmt noch Jahrzehnte später – da haben sich die beiden längst über Spinoza zerstritten – von der gemeinsam mit Goethe verbrachten Zeit und ermahnt den alten Freund, davon auch in *Dichtung und Wahrheit* angemessen zu berichten: »Ich hoffe du vergißest in dieser Epoche nicht des Jabachschen Hauses [in Köln], des Schlosses zu Bensberg und der Laube, in der du über Spinoza, mir so unvergeßlich, sprachst; des Saals in dem Gasthofe zum Geist, wo wir über das Siebengebirg den Mond heraufsteigen sahen, wo du in der Dämmerung auf dem Tische sitzend uns die Romanze: Es war ein Buhle frech genug – und andere hersagtest ... Welche Stunden! Welche Tage! – Um Mitternacht suchtest du mich noch im Dunkeln auf – Mir wurde wie eine neue Seele. Von dem Augenblick an konnte ich dich nicht mehr laßen.«[24]

Goethe hat all das keineswegs vergessen, trotz der erheblichen Differenzen und Querelen, die sich zwischen diesen beiden dann doch sehr verschiedenen Geistern ergeben sollten. Dem Anfang aber muss ein unvergleichlicher Zauber innegewohnt haben. Noch sei alles in seinem Inneren »gärend und siedend« gewesen, erinnert er sich in *Dichtung und Wahrheit*. »Fritz Jacobi, der erste, den ich in dieses Chaos hineinblicken ließ, er, dessen Natur gleichfalls im Tiefsten arbeitete, nahm mein Vertrauen herzlich auf, erwiderte dasselbe und suchte mich in seinen Sinn einzuleiten. Auch er empfand ein unaussprechliches geistiges Bedürfnis, auch er wollte es nicht durch fremde Hülfe beschwichtigt, sondern aus sich selbst herausgebildet und aufgeklärt haben. Was er mir von dem Zustande seines Gemütes mitteilte, konnte ich nicht fassen, um so weniger, als ich mir keinen Begriff von meinem eignen machen konnte. Doch er, der in philosophischem Denken, selbst in Betrachtung des Spinoza, mir weit vorgeschritten war, suchte mein dunkles Bestreben zu leiten und aufzuklären. Eine solche reine Geistesverwandtschaft war mir neu und erregte ein leidenschaftliches Verlangen fernerer Mitteilung. Nachts, als wir uns schon getrennt und in die Schlafzimmer zurückgezogen hatten, suchte ich ihn nochmals auf. Der Mondschein zitterte über dem breiten Rheine, und wir, am Fenster stehend, schwelgten in der Fülle des Hin- und Widergebens, das in jener herrlichen Zeit der Entfaltung so reichlich aufquillt.«[25]

Goethe bot die spinozistische Philosophie zahlreiche Anknüpfungspunkte für ein Fühlen und Denken, das zur selbstgewählten Rolle des Weltkindes zwischen den Dogmatikern und Moralisten jedweder Couleur passte. Hier zogen sich die Gegensätze an: »Die alles ausgleichende Ruhe Spinoza's«,[26] von der Goethe spricht, kontrastierte mit der aufgeregten Unruhe, von der er in jenen Jahren beherrscht war. Die Lektüre von Spinozas Schriften war für den Wanderer eine Art philosophischer Unterschlupf, eine Hütte aus Gedanken, die ihm auf seinen Wegen Halt und Orientierung bot. Spinoza lehrte, wir könnten durch eine genaue Beobachtung unserer selbst, unserer Leidenschaften, Gefühle und Begierden uns selbst besser kennenlernen und auf diesem Wege erforschen, was uns wirklich zustattenkommt. Dabei redete er niemandem ins Gewissen, behauptete vielmehr, dass das Gute weder etwas mit Moral zu tun habe noch etwas Transzendentes sei, sondern in der Erhaltung des Lebens auf einem möglichst lustvollen Niveau bestehe. Andererseits hatte er einen ungeheuren Anspruch: nämlich erkannt zu haben, was das Leben im Innersten zusammenhält, und durch eine »geregelte Behandlungsart« zu Begriffen vom Leben und der Welt gelangt zu sein, »welche unverwüstlich sind, ja durch die Betrachtung des Vergänglichen nicht aufgehoben, sondern vielmehr bestätigt werden«,[27] wie Goethe es formuliert. Beides zusammen führte zu dem Versprechen einer gesteigerten Lebensqualität – nicht indem der Mensch sich Gewalt antat, sondern sich von herkömmlichen Denk- und Verhaltensmustern befreite.

Gut möglich, dass Goethe mit Jacobi damals auch über jenen Satz der *Ethik* gesprochen hat, der ihm zeitlebens als die Quintessenz des Spinozismus erschienen ist: »Wer Gott liebt, kann nicht danach streben, daß Gott ihn wiederliebt« – Lehrsatz 19 des fünften Teils der *Ethik*, der von der Macht des menschlichen Geistes über die Affekte handelt. Affekt war für Spinoza der Obergriff für alles, was wir heute unter Emotionen, Stimmungen und Begierden verstehen, von der Bewunderung und dem Spott über die Grausamkeit und die Zaghaftigkeit bis hin zur Dankbarkeit und Wollust. Auch die jeweiligen Vorstellungen, die wir mit den Emotionen verbinden, gehörten Spinoza zufolge dazu: kein Affekt ohne Vorstellung, stets handelt es sich um eine Verbindung von körperlichen und seelischen, von physiologischen und psychologischen Zuständen. Überhaupt war für Spinoza der Mensch ein von seinen Affekten meist getriebenes, oft bedrängtes, stets aber bestimmtes Wesen – eine Sicht, in der Goethe die eigene Zerrissenheit treffend beschrieben finden konnte. Spinoza war viel zu sehr Realist, um der idealistischen Annahme zu folgen, die Affekte seien von unserem Willen abhängig, wie es etwa die Stoiker behauptet hatten. Allein schon die Erfahrung, so argumentierte er, zwinge zu dem Zugeständnis, dass zur Hemmung und Bemeisterung der Affekte Übung und Mühe erforderlich sei.

Übung ist es denn auch, was laut Spinoza unabdingbar ist, um das Ziel eines beherrschten Umgangs mit den Affekten zu erreichen, der allein uns Freiheit verschaffen kann. Je geübter wir darin werden, die Macht der Affekte einzuhegen, desto größer ist unsere Freiheit. Modern gesprochen, ist das Kernstück von Spinozas Psychologie eine Theorie der Emotionsregulierung. Wir seien unseren Emotionen nicht passiv ausgeliefert, behauptete er, vielmehr verfügten wir über die Fähigkeit, unsere Emotionen zu steuern. Das muss nicht unbedingt bedeuten, wir würden eine Emotion abschwächen. Es kann auch heißen, dass wir sie aufrechterhalten oder sogar verstärken, weil sie uns guttut (und das heißt laut Spinoza letztlich, sie nützt unserer Selbsterhaltung). Ob ein Affekt samt der damit verbundenen Vorstellung gut oder schlecht für uns ist, entscheidet sich letztlich daran, ob er unser Leiden und unsere Passivität vergrößert oder unser Tätigkeitsvermögen und unsere Handlungsmacht erweitert. Im Lehrsatz 20 des fünften Teils der *Ethik*, der unmittelbar auf den von Goethe verehrten 19. Lehrsatz folgt, beschreibt Spinoza eine ganze Reihe von Strategien, derer wir uns bedienen können, um die Macht der Seele über die Affekte zu erweitern, von ihrer Erkenntnis bis hin zu einer Hierarchisierung unseres Gefühlshaushaltes.

Goethe hat Spinozas Maxime, die Liebe zu Gott beinhalte nicht den Anspruch auf Gegenliebe, so verstanden, dass die höchste und unabhängigste Form der Liebe, zu welcher der Mensch fähig ist, die uneigennützige Liebe sei. »Was mich aber besonders an ihn fesselte«, schreibt er, »war die grenzenlose Uneigennützigkeit, die aus jedem Satze hervorleuchtete ... Uneigennützig zu sein in allem, am uneigennützigsten in Liebe und Freundschaft, war meine höchste Lust, meine Maxime, meine Ausübung.«[28]

Uneigennützig heißt: ohne auf Zwecke aus zu sein. Schon seine Liebe zu Charlotte Buff muss Goethe so erschienen sein, denn die junge Frau war vergeben, bald schon verheiratet, und die Liebe zu ihr, an der er erstaunlich lange mit Nachdruck festhielt, konnte nicht bedeuten, sie auf welche Weise auch immer für sich zu gewinnen. Goethes hat wohl für sich erkannt, die uneigennützige Liebe schränke ihn nicht nur nicht ein, indem sie in keine feste Beziehung mündete, sondern setze zudem enorme libidinöse Energien frei, die seinem Schreiben zugutekamen. Einigermaßen kokett hat er nachträglich geäußert, statt sich wie sein literarischer Held zu erschießen, habe er den *Werther* geschrieben. Sigmund Freud wird diesen Vorgang später Sublimierung nennen. Der Sache nach aber war er bereits Spinoza bekannt. Er hatte davon gesprochen, dass »die Seele die Affekte von dem Gedanken an die äußere Ursache« trennen und auf Dinge übertragen kann, die ihr die verlorene Handlungsmacht zurückgeben.[29] An Jacobi berichtet Goethe nur wenige Wochen nach ihrem Beisammensein von dem Geheimnis, das ihn zur »Reproducktion der Welt« um ihn herum befähige, »durch die innre Welt die alles packt, verbindet, neuschafft, knetet und in eigner Form, Manier, wieder hinstellt«. Da sei »alles schreibens anfang und Ende«.[30]

Goethe machte die Erfahrung, seine Dichtergabe trete »am freudigsten und reichlichsten ... unwillkürlich, ja wider Willen« hervor.[31] Sie war etwas, das wohl der Einsicht zugänglich war, sich aber nicht durch Mobilisierung des Willens ergab – ein absichtsloses, unwillkürliches Geschehen wie letztlich auch die Liebe. Das passte gut zu seiner Vorstellung von der Handlungsmacht als Schriftsteller, wie er sie unter dem Einfluss Spinozas entwickelte. Jahre später dann findet er auch Verse dafür, was ihn an Spinoza seit der ersten Bekanntschaft mit seinem Denken so faszinierte und zu einer Nähe führte wie sonst zu keinem anderen Philosophen. In den *Zahmen Xenien* heißt es: »Der Philosoph, dem ich so gern vertraue, / Lehrt, wo nicht gegen alle, doch die meisten, / Daß unbewußt wir stets das Beste leisten: / Das glaubt man gern und lebt nun frisch ins Blaue«.[32]

Im Sommer des folgenden Jahres reist Goethe zum ersten Mal in seinem Leben in die Schweiz. »Wenn einer zu Fuße, ohne recht zu wissen warum und wohin, in die Welt lief, so hieß dies eine Geniereise«,[33] kommentiert Goethe in *Dichtung und Wahrheit* seine über zweimonatige Abwesenheit vom 14. Mai bis zum 22. Juli 1775 von Frankfurt. Sie fiel mitten in die kritische Phase seiner Beziehung zu Lili Schönemann. Im Januar 1775 hatten sich beide kennengelernt und rasch ineinander verliebt. Die Familien waren von der Liaison des jungen Anwalts und Dichters mit einer Tochter aus dem Geldadel nicht gerade begeistert. Eine Zeitlang müssen sich die beiden sogar mit dem Gedanken getragen haben, heimlich mit einer Postkutsche zu fliehen und etwa nach Amerika auszuwandern. Um Ostern folgte schließlich die Verlobung, und mit dieser Sanktionierung des Verhältnisses begann auch eine Leidenszeit für die jungen Leute. Denn insbesondere Goethe bekam nun kalte Füße. Zusammenzubleiben bedeutete, eine Familie zu gründen, den Ansprüchen der gesellschaftlich sehr umtriebigen Familie Schönemann zu genügen und letztlich wohl auf Dauer in Frankfurt zu bleiben. Goethes Zuneigung zu der hübschen, quirligen, recht fordernden jungen Frau war sehr stark, und der Gedanke an Trennung muss ihm anfangs wie ein Sakrileg erschienen sein. Trotzdem lief es darauf letztlich hinaus, und eigentlich war angesichts von Goethes seelischer Konstitution und seinem Unabhängigkeitsdrang auch nichts anderes zu erwarten. Aber er hat sich die Entscheidung schwer gemacht oder sie zumindest so lange aufgeschoben, bis ein anderer, in diesem Fall die Mutter Lilis, nicht mehr warten konnte oder wollte und über die Köpfe der jungen Leute hinweg die Verlobung löste.

In dem Maße, wie sich Goethe zunehmend von der Autorität des Vaters freimacht, bildet er die Neigung aus, gerade in schwierigen Situationen beinahe widerstandslos auf dem Strom der Ereignisse zu schwimmen, statt Willensentscheidungen zu treffen. Vor kurzem noch habe er sich dem Hafen häuslicher Glückseligkeit nähergekommen gewähnt, sei nun aber auf »eine leidige Weise wieder hinaus in's weite Meer geworfen«, schildert er Herder seine Situation am Tag vor der Abreise aus Frankfurt. Als Jurist war Goethe die aus dem römischen Recht stammende Binsenweisheit bekannt, wonach man vor Gericht und auf hoher See in Gottes Hand ist. Dieser unsichtbaren Hand möchte Goethe sein weiteres Schicksal anvertrauen, und er schließt den Brief an Herder, indem er das Bild des Seiltänzers mit dem der antiken Schicksalsgöttinnen kombiniert, die den Lebensfaden spinnen, zuteilen und ihn schließlich abschneiden. Er tanze auf dem Drahte sein Leben so weg, und dieser Draht werde »Fatum congenitum«, das bei der Geburt des Menschen ihm zugewiesene Schicksal, genannt: »Fiat voluntas!« – Dein Wille geschehe.[34] Das Spiel mit mythologischen Vorstellungen und biblischen Formeln kann allerdings nicht darüber hinwegtäuschen, dass hier weder ein gläubiger Christ noch ein ungläubiger Fatalist spricht, vielmehr einer, der sich Spinozas zweckloser Natur anvertraut.

Fast zeitgleich mit dem Beginn der Lili-Romanze hatte Goethe Anfang 1775 der anonyme Brief einer hingerissenen Werther-Leserin erreicht. Er stammte von der zweiundzwanzigjährigen Auguste Gräfin zu Stolberg, wie Goethe bald in Erfahrung brachte. Zwischen den beiden, die einander nie begegnen sollten, entspann sich rasch ein reger, beinahe intimer, ganz dem Regime der Empfindsamkeit verpflichteter Briefwechsel, in dem Goethe dem lieben »Gustchen«, wie er die Unbekannte nennt, sein Herz über die sich parallel entwickelnde Liebe zu Lili ausschüttet. Auguste hatte zwei ältere Brüder, die Grafen Friedrich und Christian zu Stolberg, beide Übersetzer und Dichter und wie sie selbst dem Kreis um den Dichter Friedrich Gottlieb Klopstock und dem Göttinger Hain zugehörig. Der Mai des Jahres 1775 ist noch jung, da treffen die beiden zusammen mit einem ehemaligen Göttinger Kommilitonen in Frankfurt ein. Sie sind auf der Durchreise in die Schweiz, wollen aber den berühmten Autor des *Werther* kennenlernen, der sich inzwischen vor solchen Besuchen kaum noch retten kann. Anfang Mai 1775 jedoch möchte Goethe einfach nur weg, und mit dem Besuch bietet sich dazu eine günstige Gelegenheit. Er würde sie, so sein Plan, zumindest bis nach Emmendingen begleiten, wo seine mit Schlosser verheiratete Schwester inzwischen lebte.

Vor dem Aufbruch ließ man sich noch rasch Reisekleidung schneidern, die den Geist der Unternehmung allen kundtun sollte: blauer Frack mit gelben Knöpfen, gelbe Lederweste und -hose, Stiefel mit braunen Stulpen, dazu ein grauer Hut – kurz »Werthers Uniform«, wie sie bereits genannt wurde. »Wir vier sind, bei Gott, eine Gesellschaft, wie man sie von Peru bis Indostan umsonst suchen könnte«, schrieb Christian, der jüngere der beiden Stolberg-Brüder, nach Hause, »immer in so einem Taumel ..., daß man jeden Augenblick stehlen muß«. Es mache ihnen »herrliche Freude«, mit Goethe zu reisen – »ein wilder, unabhängiger, aber sehr guter Junge. Voll Geist, voll Flamme.«[35] Auch Friedrich steckte gerade mitten in einer schwierigen Liebesbeziehung, zu einer jungen Engländerin namens Hanbury, und so war für Gesprächsstoff gesorgt. In Mannheim erhebt man die Gläser auf das Wohl besagter Miss Hanbury und lässt sie darauf an der Wand zerschellen, nur um kurz darauf per Brief zu erfahren, dass die junge Dame die Beziehung beendet habe. Doch man tröstet sich, indem man kurzerhand nackt in einen Weiher springt und den verschreckten Bürgern damit zeigt, mit welch prächtigen Burschen sie es hier zu tun haben – eine Maßnahme, zu der sie noch mehrfach auf der Reise, auch in der prüden Schweiz greifen sollten. Die Stürmer und Dränger sahen sich selbst als Kraftnaturen, die ihre unbändige Energie aus dem unmittelbaren Kontakt mit der Natur bezogen: schnell wandernd, scharf reitend, nackt badend.

Goethe, »bis zum Ungestüm lebhaft«,[36] verfolgt auf der Reise, wie rasch klar wird, aber noch eine andere Agenda, als sich auszuleben. In Karlsruhe trifft er erneut Carl August, den zukünftigen Weimarer Regenten, den er bereits am

12. Dezember 1774 in Frankfurt kennengelernt und in den Tagen darauf in Mainz besucht hat. Man hat sich gut verstanden, auch in politischen Fragen übereingestimmt, und Carl August wiederholt noch einmal die Einladung, im Herbst nach Weimar zukommen, sobald er zusammen mit seiner jetzigen Verlobten und baldigen Frau, der Prinzessin Luise von Hessen-Darmstadt, dorthin zurückgekehrt sein wird, um die Regierung des Fürstentums anzutreten. In Karlsruhe lernt Goethe auch Luise kennen, von der er ganz entzückt ist. »Louise ist ein Engel«, schreibt er an Johanna Fahlmer, die nur wenige Jahre jüngere Stieftante der Jacobi-Brüder, die weitläufig auch mit Goethe verwandt war. Blumen, »die ihr vom Busen fielen«, habe er aufgesammelt und verwahre sie nun in seiner Brieftasche. »Ein herrlich Buch die Welt um gescheuter daraus zu werden, wens nur was hülfe.«[37] Wieder zurück in Frankfurt wird Goethe Luise in den ersten Augusttagen einen nicht erhaltenen Brief schreiben, in dem er womöglich schon seine Bereitschaft ausgesprochen hat, die Einladung nach Weimar anzunehmen. So besehen waren die wilden Stunden, die er mit seinen Reisekameraden verbrachte, auch eine gute Vorbereitung darauf, was ihn dann in Weimar in den ersten Monaten an der Seite von Carl August erwarten sollte.

Auch in Straßburg macht man Station, wo Goethe das geliebte Münster und die Ill wiedersieht, neben Salzmann auch den Schriftsteller Jakob Michael Reinhold Lenz trifft. Goethe hat seine Bekanntschaft bereits in der letzten Phase seines Studiums in der elsässischen Stadt gemacht. Ein Jahr nach der Trennung von Friederike dann ist Lenz sozusagen in seine Fußstapfen getreten und hat ebenfalls um die junge Sesenheimer Pfarrerstochter geworben. Kurioserweise ähneln die dabei entstandenen Gedichte von Lenz in Tonfall und Metaphorik so sehr denen Goethes, dass die Philologen bis heute Schwierigkeiten mit der Zuordnung haben. »Diese alte Gegend, jetzt wieder so neu – das Vergangene und die Zukunft«, schreibt Goethe einigermaßen elegisch aus Straßburg an Johanna Fahlmer[38] und schlägt einen Ton an, der in vieler Hinsicht die gesamte Reise bestimmen sollte: Es war eine Fahrt weniger der Entscheidung als der Rekapitulation und Orientierung, die Goethes Entwicklung der vergangenen Jahre noch einmal wie unter einem Brennglas zusammenfasste, aber auch den Blick in die Zukunft freigab, die sich unter der Hand vorbereitete.

Von Straßburg aus reist Goethe zusammen mit Lenz endlich weiter nach Emmendingen. Dort trifft er einen so energiegeladenen wie umtriebigen und angesichts seiner Wirksamkeit höchst zufriedenen Schlosser an, der ganz in seiner Tätigkeit als Oberamtmann aufgeht, verantwortlich für 20 000 Menschen in 29 kleinen Ortschaften. Die Schwester hingegen ist ein Häuflein Elend, ver-

Begriffe, welche unverwüstlich sind

lässt seit der schweren Geburt der Tochter am 28. Oktober des vergangenen Jahres kaum mehr das Bett, leidet unter Gliederschmerzen, ist apathisch und depressiv. Der Besuch des Bruders soll ihr gutgetan haben, gleich am Tag nach seiner Ankunft wird sie das Bett verlassen und seit langer Zeit wieder einmal spazieren gehen. »Ich bin sehr in der Lufft. Schlafen Essen Trincken Baden Reiten Fahren, war so ein Paar Tage her der seelige inhalt meines Lebens«, meldet Goethe jedenfalls aus Emmendingen.[39] Von der Schwester hingegen kein Wort; sie hatte wohl herabsetzend von Lili gesprochen, und dadurch war die alte Eifersucht zwischen ihnen wiedererwacht. Als Goethe nach seinem zehntägigen Besuch abfährt, sinkt Cornelia erneut in sich zusammen. Es ist das letzte Mal, dass Goethe seine Schwester lebend gesehen haben sollte. Am 16. Juni 1777 ereilt ihn in Weimar die Nachricht ihres Todes. Die Geburt des zweiten Kindes hat sie nicht überlebt.

Goethe hat sich nun doch entschlossen, mit den anderen weiter in die Schweiz zu reisen. Noch, so sage ihm sein Gefühl, sei der Hauptzweck der Reise nicht erfüllt, schreibt er an Johanna Fahlmer. Man hat gemutmaßt, dass dieser Hauptzweck darin bestand, sein Verhältnis zu Lili zu klären. Aber womöglich ging es ihm erst einmal darum, überhaupt Distanz zu schaffen, räumliche wie seelische, nicht nur zu Lili, sondern zur Familie insgesamt und auch zu Frankfurt. Und dafür war ein Besuch bei der Schwester in der Tat keine gute letzte Station.

Von der Schweiz hingegen ging das Versprechen aus, genau diesen Abstand zu ermöglichen. Von einem Durchreiseland nach Italien hatte sie sich in den vergangenen Jahrzehnten selbst zur touristischen Attraktion entwickelt. Das hing mit den Alpen zusammen, die nicht länger nur als Riegel wahrgenommen wurden, der den Norden und den Süden des Kontinents voneinander trennte und dessen mit mancherlei Gefahren verbundene Überwindung die Mutprobe darstellte, die jeder Italienreisende zu absolvieren hatte. Von einer so unbekannten wie unwirtlichen Region, in der zu Anfang des 18. Jahrhunderts noch Bergdrachen vermutet wurden, hatte sich das Bild der Alpen in den vergangenen Jahrzehnten zu dem eines Hortes des Friedens und der Freiheit entwickelt, bewohnt von einem Volk von Bauern und Hirten, das der Natur näher war als die Spätlinge der Zivilisation in London, Paris, Frankfurt und anderswo. Dazu hatte neben dem Goethe bestens bekannten Rousseau und etwa dem Engländer Joseph Addison in Deutschland vor allem der Naturforscher Albrecht von Haller mit seinem 1729 entstandenen Langgedicht *Die Alpen* beigetragen, das die Frucht einer im Jahr zuvor unternommenen Alpenwanderung war. Es wurde breit rezipiert und mehrfach übersetzt, darunter ins Französische. »Schüler der Natur« und gebürtige »wahre Weisen« nennt das Gedicht die Schweizer, die verstanden hätten, dass Tugend, Mühe, Lust und Armut glücklich machten. Vor allem aber waren die Nachfahren Wilhelm Tells nach gängiger Auffassung freiheitsliebende Menschen, die ihre Unabhängigkeit mit Widerstandskraft und Mut zu verteidigen bereit waren.

Als Vorspiel dafür, was einen in der Schweiz erwartete, galt der Rheinfall bei Schaffhausen, nahe der Grenze. Kein Schweizreisender versäumte ihn zu besuchen, auch die kleine Reisegesellschaft des Jahres 1775 nicht. Schon Klopstock, der Hausheilige der Stolberg-Brüder, war vor einem Vierteljahrhundert hier gewesen und hatte die andächtige Stimmung sowie den erhebenden Tonfall vorgegeben, mit denen man sich diesem Naturspektakel zu nähern hatte. »Dem Rheinfalle gegenüber auf einem schattigen Hügel« hatte er an seine Freunde geschrieben: »Welch ein großer Gedanke der Schöpfung ist dieser Wasserfall! ... Sei gegrüßt, Strom! der du zwischen Hügeln herunter stäubst und donnerst und du, der den Strom hoch dahin führt, sei dreimal, o Schöpfer! in deiner Herrlichkeit angebetet!«[40] Selbst wer wie Goethe eher seine Schwierigkeiten mit dem christlichen Gott hatte, konnte sich dem Gefühl der Transzendenz, das den Betrachter angesichts des donnernden Stromes ankam, kaum erwehren. Von religiöser Ekstase ist bei ihm allerdings nichts mehr zu spüren, wohl aber von poetischer. Als er, bereits auf der Rückreise, noch einmal auf der Spitze des Straßburger Münsters sitzt und die unternommene Reise rekapituliert, ihren Ertrag zu bestimmen versucht, verfasst er, Klopstocks einprägsame Formulierung aufnehmend, ein ganz irdisches Gebet, das sich statt an Gott an die Natur wendet: »Du bist Eins und lebendig, gezeugt und entfaltet, nicht zusammengetragen und geflickt. Vor dir, wie vor dem Schaum stürmenden Sturze des gewaltigen Rheins, ... Wie vor jedem *großen Gedanken der Schöpfung*, wird in der Seele reg was auch Schöpfungskraft in ihr ist. In Dichtung stammelt sie über, in kritzelnden Strichen wühlt sie auf dem Papier Anbetung dem Schaffenden, ewiges Leben, umfassendes unauslöschliches Gefühl des, das da ist und da war und da sein wird.«[41]

Man merkt diesen Sätzen an, wie tiefgreifend Spinoza zu dieser Zeit schon auf Goethes Selbstverständnis gewirkt haben muss: Der Mensch ist Teil der Natur und kraft seiner künstlerischen Kreativität partizipiert er an ihrer schaffenden Macht. Auch weitere Erfahrungen seiner Schweizer Reise, die er nach der Betrachtung des Rheinfalls machen sollte – die »glänzende Krone« des schneebedeckten Gebirges, der Anblick des heiter ausgebreiteten Zürichsees

Begriffe, welche unverwüstlich sind 175

und die »Wolkenfelsen und wüsten Täler« des Gotthard –, schließt Goethe in sein Straßburger Gebet mit ein. Bezeichnend für ihn differenziert er dabei nicht zwischen dem Gefühl des Schönen und dem des Erhabenen – eine Unterscheidung, die seiner Zeit so viel bedeutete. Goethe geht es um etwas anderes: Das Gefühl für die Natur, ob nun erheiternd oder ossianisch-schauervoll, erweckt die künstlerische Produktivität des Menschen, und nichts kann sie in dieser Funktion ersetzen.

Bei einer Bootspartie auf dem Zürichsee, die man am 15. Juni, dem Fronleichnamstag, unternimmt, setzt sich diese Erfahrung fort; Ergebnis ist eines der schönsten Gedichte Goethes. Neben der vierköpfigen Reisegesellschaft nehmen auch Lavater und vier weitere Personen aus seinem weitläufigen Bekanntenkreis an der Bootsfahrt teil, darunter der Musiker Philipp Christoph Kayser und Jakob Ludwig Passavant, der Hilfsprediger und so etwas wie ein Mädchen für alles bei Lavater war, und zwei Jugendfreunde Goethes aus Frankfurt. Goethe hat Lavater gleich nach seiner Ankunft in Zürich aufgesucht und wohnt auch bei ihm. Der erste Band der *Physiognomischen Fragmente* ist gerade erschienen, und die Vorbereitung der Folgebände bietet beiden reichhaltigen Diskussionsstoff.

Auch Klopstock hatte, wie Goethe und seinen Begleitern bekannt war, 1750 seine Reise vom Rheinfall aus nach Zürich fortgesetzt. Schon bald war er der Mittelpunkt der Züricher Gesellschaft. Der Arzt Dr. Johann Caspar Hirzel und der Kaufmann Hartmann Rahn luden ihm zu Ehren eine gemischte Gesellschaft aus jungen Männern und gleich vielen, in der Regel unverheirateten Damen zu einer Lustschifffahrt auf dem Zürichsee ein. Höhepunkt des Ausflugs war eine Dichterlesung, während derer sich Klopstock, Komplimente und Küsschen verteilend, selbstbewusst als Mittelpunkt der illustren Schar inszenierte. Klopstock selbst hat in einem Brief an seinen Vetter ein Resümee des Ausflugs gezogen. Es ist so schlicht wie aufschlussreich: »Ich kann Ihnen sagen, ich habe mich lange nicht so ununterbrochen, so wild und so lange auf Einmal, als diesen schönen Tag gefreut.«[42] Diese unbändige, über den Augenblick hinaus anhaltende Lebensfreude ist dann auch das eigentliche Thema von Klopstocks berühmter Ode *Der Zürchersee*, die unmittelbar nach dem Ausflug entstand. »Da, da kamest du, Freude! / Volles Maßes auf uns herab!«,[43] heißt es in dem von pathetischen Formulierungen wimmelnden Gedicht. Ansonsten geht es vor allem um eine Verherrlichung der Freundschaft vor der anmutigen Kulisse des Züricher Sees.

Den neun Männern, die genau ein Vierteljahrhundert später die inzwischen legendäre Bootsfahrt samt Picknick wiederholen, stehen diese Zusammenhänge vor Augen. Wahrscheinlich werden sie die Abwesenheit von Frauen bedauert haben. Irgendwie war der Sturm und Drang trotz aller Apotheose der Empfindsamkeit vor allem eine Männersache, und die erotisch aufgeladene Atmosphäre des Vorbilds vermag sich nicht einzustellen. Dafür vertreibt man sich die Zeit mit einem Reimspiel. Schließlich herrscht auf dem Boot nicht das absolutistische Regiment eines Dichterfürsten wie fünfundzwanzig Jahre zuvor, sondern in diesem Fall ist die Mehrzahl der Ausflügler zumindest Gelegenheitsdichter. »Bout-rimés« (gereimte Enden) heißt die Kleinform, derer man sich dazu bedient: Einer der Anwesenden gibt Reimendungen vor, und ein anderer, wahrscheinlich sein Nebenmann, ergänzt sie aus dem Stegreif zum Gedicht, und so geht es reihum. Je ungewöhnlicher die Reimworte sind, desto höher werden auch die Ansprüche an die Kunstfertigkeit des Verseschmieds. Goethe hat die durchwachsenen Ergebnisse in einem kleinen Heft notiert, das ihn auf dem Rest der Weiterreise begleiten wird. Unmittelbar nach dem achten Bout-rimé, nur durch zwei kurze seitliche Striche von ihm getrennt, stehen in dem Notizheft dann Verse, die unverkennbar wieder von Goethe stammen und sich wie eine im Abstand von fünfundzwanzig Jahren formulierte Replik auf Klopstocks Zürichsee-Gedicht von 1750 lesen:

Ich saug an meiner Nabelschnur
Nun Nahrung aus der Welt.
Und herrlich rings ist die Natur,
Die mich am Busen hält.
Die Welle wieget unsern Kahn
Im Rudertakt hinauf
Und Berge Wolken angetan
Entgegnen unserm Lauf.

Aug, mein Aug was sinkst du nieder
Goldne Träume kommt ihr wieder
Weg du Traum so gold du bist
Hier auch Lieb und Leben ist.
Auf der Welle blinken
Tausend schwebenden Sterne
Liebe Nebel trinken
Rings die türmende Ferne

> Morgenwind umflügelt
> Die beschattete Bucht
> Und im See bespiegelt
> Sich die reifende Frucht.⁴⁴

Statt wie bei Klopstock den Zustand vollkommenen Glücks in Idealen und religiösen Vorstellungen zu suchen, findet der Mensch in Goethes Versen Erfüllung, indem er sich auf Beziehungen zur Natur einlässt, wie sie in den ersten acht Zeilen angesprochen werden: von der Natur genährt zu werden, von ihr umfangen zu sein, mit ihr im Takt zu sein, ihr zu begegnen. Die Natur kommt dem Menschen entgegen, seinen Sinnen, vor allem aber seinem Bewegungsdrang, und das von Lebensbeginn an: vom Saugreflex bis zur Fahrt über den See. Goethes Verse messen die gesamte Bandbreite der Naturbeziehungen aus, von passiv bis aktiv, bevor sich der Betrachter dann von den goldenen Träumen der Vergangenheit losreißt und der Wirklichkeit der Gegenwart zuwendet, in der »auch Lieb und Leben ist«. Eingefangen wird diese Gegenwart in einem impressionistisch anmutenden Wahrnehmungszauber, und wenn nicht alles täuscht, ist er es, der die sich im See spiegelnde Frucht der Erkenntnis heranreifen lässt: Das Gedicht selbst ist es, das die Resonanz von Mensch und Natur, von Natur und Mensch bewirkt.

Goethe trennt sich im Anschluss an die Bootsfahrt von seinen Reisegefährten und steigt mit Passavant in die Berge. Ihre Route führt vom Kloster Einsiedeln über den Haggenpass nach Schwyz, weiter über den Lauerzer See, den Rigi und den Vierwaldstätter See bis nach Wassen, von dort über die Schöllenen, eine von hohen Granitwänden gesäumte Schlucht der Reuß, über die Teufelsbrücke, das Urner Loch sowie das Ursenertal bis Andermatt und schließlich auf die Höhe des Gotthardpasses, den mit 2107 Meter höchsten Punkt ihrer Tour. Die beiden sind zu Fuß unterwegs, nur am Lauerzer und am Vierwaldstätter See nehmen sie jeweils ein Boot. Allerdings tragen sie ihr Gepäck nicht selbst; das übernehmen ihre Bediensteten beziehungsweise Träger, die dafür auf dem Rücken ein sogenanntes Reff befestigen, einen aus Holz gefertigten Vorläufer des Rucksacks. Die Wanderung ist der Höhepunkt von Goethes Schweizer Reise. Am Vierwaldstätter See besucht er die Erinnerungsorte der Tell-Sage: das Rütli, wo der Bund gegen die tyrannischen Vögte der Habsburger geschlossen worden sein soll; die Tellenplatte, Ort des Geschehens von Tells heroischem Sprung ans Ufer des Vierwaldstätter Sees, und natürlich Altdorf, Schauplatz des Apfelschusses. So führt Goethes Gebirgstour zuerst ins Herz jenes Mythos, der die Eidgenossenschaft damals zum Sehnsuchtsort aller Freiheitsliebenden machte, und im Anschluss daran – nach der Idylle der Täler- und Seelandschaft – hinauf ins zum Teil unwegsame Gebirge, wo tosende Wasserfälle, schroffe Felswände und Abgründe, Wind und Wolken das Bild der Natur bestimmen. Zwischen Amsteg und Wassen verläuft der Weg auf den Schneemassen einer alten Lawine, die von unten durch das wild jagende Wasser der Reuss ausgehöhlt wurde; auf dem Rückweg war die »Schneebrücke« eingestürzt und das Tal unpassierbar.

Goethe hat auf der insgesamt zehntägigen Tour so viel gezeichnet wie nie zuvor in seinem Leben, und er hat sich parallel dazu in das auf dem Zürichsee begonnene Heft Notizen über Weg und Landschaft gemacht. Zeichnungen wie Einträge haben etwas Skizzenhaftes, Unfertiges, was natürlich in erster Linie dem Umstand geschuldet ist, dass auf der zum Teil auch körperlich anstrengenden Tour nicht genug Zeit blieb, die Dinge detailliert auszuarbeiten. Aber schon das bei der Bootsfahrt auf dem Zürichsee entstandene (oder doch dort begonnene) Gedicht kultiviert diesen Stenogrammstil und gewinnt ihm einen eigentümlichen ästhetischen Reiz ab, geht mit Unbekümmertheit und kraftvoller Konzentration auf das Sichtbare einher. Zwar gibt es in den schriftlichen Notizen zwischendurch Ansätze, der »Herrlichkeit« und Wildheit, manchmal auch steinernen Ödnis der Bergwelt mit Pathos zu begegnen – eine Tonlage, die Goethe, wie seine großen Oden zeigen, nicht nur beherrschte, sondern eine Zeitlang auch als ihm gemäß betrachtete. Vorherrschend ist aber doch ein Ton des staunenden Betrachtens der Welt, der durchaus neu für ihn ist. Zuweilen befinden sich Zeichnung und Beschreibung sogar auf ein und demselben Blatt, um etwa den Blick vom Rigi herab auf den Vierwaldstätter See in Wort und Bild festzuhalten: »die Kontraste der Waldbewachsenen finstren Gipfel des Berges die Wolke licht die sich darauf aufhebt. / Der See heller als der Nebel hoch ... Das Buschig Gehauene der Berge / Das bröckliche Absinken des Rasen durch Schnee und Gewässer / An den Tag kommen Felsen zusammen gebacken von Fluss steinen / Fichten die Wurzel fassen und stürzen von den Felsen wenn der Rasen nicht mehr halten kann ...«[45]

Das hat etwas Unbeholfenes, selbst wenn es nur als Gedächtnisstütze gedacht war, um anhand dessen später eine Zeichnung auszuführen. Man kann darin aber auch ein suchendes Tasten nach einer Ausdrucksweise sehen, die

Begriffe, welche unverwüstlich sind

Abbildung 4: Johann Wolfgang Goethe, Wasserfall der Reuss, 21. Juni 1775

der sichtbaren und hörbaren Natur nicht mehr mit vorgefertigten Vorstellungen begegnet, sondern die Natur so beschreiben will, wie sie sich dem Beobachter unmittelbar darbietet. Goethe wird auf dieser Wanderung, von der er im Nachhinein betont hat, dass sie in seinem Leben ein Schlüsselerlebnis gewesen sei, zu einem wandernden Phänomenologen, der den Ursprung aller unserer Erkenntnisse über die Natur im genauen Anschauen ihrer unmittelbar gegebenen Erscheinungen sieht – unter Absehung von allen fertigen Urteilen, mit der wir gewöhnlich an die Dinge herangehen.

»Unmittelbaarer Ausdruck von Natur«, notiert er in das mitgeführte Heft, und darunter: »um sein selbst willen«.[46] Auch hier wirkt das Spinoza-Erlebnis weiter. »Sieh so ist Natur ein Buch Lebendig / Unverstanden doch nicht unverständlich«, hat Goethe bereits im Dezember 1774 in einem dem »lieben Bruder Merck«[47] gewidmeten Briefgedicht gereimt, das direkt im Anschluss an die Leipziger Zeit erstmals verwendete Bild vom Buch der Natur aufgreifend und weiterführend. Nun, in der Schweiz, in bewusster Distanz zu der Reisegruppe, beginnt Goethe, frei von allen gruppendynamischen Zwängen, sich dem Unverstandenen, aber doch Verständlichen zu nähern, und legt so einen Grundstein für die Erforschung der Natur, wie sie ihn zukünftig in Weimar beschäftigen wird.

Wanderjahre

Abbildung 5: Johann Wolfgang Goethe, Scheideblick nach Italien, 22. Juni 1775. Die Darstellung mit den beiden Rückenfiguren im Vordergrund hält den von Goethe beschriebenen Moment fest, in dem Passavant von hinten an den Zeichner herantritt und ihm den Vorschlag unterbreitet, nach Italien weiterzureisen.

Trotz aller Anstrengung und der Konfrontation mit einer zuweilen menschenfeindlichen Natur – »Öde wie in Thale des Todts«, heißt es über den Aufstieg zur Passhöhe – sind besonders die Tage des Hinwegs von Euphorie bestimmt, wie wir Goethes Notizen entnehmen können. »Müd und munter vom Berg ab springen voll Dursts u. lachens Gejauchtzt bis Zwölf«, schreibt er zur Ankunft um zehn Uhr abends in Schwyz. Und nach der »Noth und Müh und schweis« kostenden Durchquerung der Schöllenen, als sie endlich in Andermatt angekommen sind und dort dem vortrefflichen Käse zusprechen, notiert er: »Sauwohl u Projekte«.[48]

Eines dieser Projekte war wohl, von der Passhöhe des Gotthard gleich nach Italien weiterzuwandern. Jedenfalls berichtet Goethe in *Dichtung und Wahrheit*, dass sein Reisegefährte Passavant ihn in dieser Hinsicht förmlich bestürmt habe, als er sich nach der im Gotthard-Hospiz verbrachten Nacht früh am Morgen an dem nach Italien führenden Fußpfad niedergelassen hatte, um die zum Teil noch schneebedeckten nächsten Gebirgskuppen zu zeichnen – ein Bild, das unter dem Titel *Scheideblick nach Italien* berühmt geworden ist. Den von Goethe vorgebrachten Einwand, ein solches Unterfangen nicht aus dem Stegreif betreiben zu wollen, ließ Passavant nicht gelten, drang stattdessen immer stärker auf ihn ein. Schließlich erhob Goethe sich und wandte sich, »ohne ein Wort zu verlieren«,[49] dem Pfade zu, woher sie gestern gekommen waren. (So wäre auch erklärt, warum dieses Bild, die schönste auf der Tour entstandene Zeichnung, so seltsam unfertig geblieben ist.) Nur zögernd folgte Passavant ihm, blieb eine Zeitlang sogar zurück, so dass Goethe auf dem Weg nach Zürich reichlich Zeit blieb, über die eigene Zukunft nachzudenken.

∾

Am 25. Juni trifft Goethe wieder bei Lavater in Zürich ein, hat es aber trotz der permanent beschworenen Sehnsucht nach Lili keineswegs eilig, nach Frankfurt zurückzukehren. Am 6. Juli bricht er nach Basel auf, am 12. Juli ist er in Straßburg, wo er wiederum eine Woche zubringt und auf dem südlichen Münsterturm, wie bereits berichtet, den Ertrag seiner Reise schriftlich fixiert. Schließlich macht er noch in Darmstadt halt, um mit Herder und seiner Frau zu plaudern. So langt er erst am 22. Juli wieder in Frankfurt an, wo er feststellen muss, dass an den Verhältnissen, denen er dort vor mehr als zwei Monaten den Rücken gekehrt hat, sich kaum etwas geändert hat. Aber traf das nicht auch auf ihn selbst zu? »Ich bin wieder scheissig gestrandet, und möchte mir tausend Ohrfeigen geben, daß ich nicht zum Teufel gieng, da ich flott war«, lässt er sich gegenüber Merck vernehmen. Bereut er es nun doch, nicht dem Drängen Passavants nachgegeben zu haben und dem Pfad hinunter nach Italien gefolgt zu sein? Er warte nur auf eine neue Gelegenheit, um sich wieder aufzumachen, teilt er Merck jedenfalls mit und äußert diskret die Bitte, ihm gegebenenfalls »mit einigem Geld« beizustehen, »nur zum ersten Stoß«.[50]

Eines zumindest scheint Goethe auf der Reise in die Schweiz klargeworden zu sein: dass er nämlich nicht länger in Frankfurt bleiben würde, und das nicht nur, um sich den Konsequenzen der Verlobung zu entziehen, auf die er sich in einer Mischung aus Verliebtheit und Zugeständnis an bürgerliche Konventionen eingelassen hat. Verliebt in Lili ist er wohl immer noch, doch die Option, die Liebe zu ihr in den gesellschaftlich vorgezeichneten Bahnen zu leben, lässt sich nun endgültig nicht mehr vereinbaren mit der unterwegs in der Schweiz entdeckten Offenheit gegenüber der Welt, sich selbst und der Natur.

»Von meiner Reise in die Schweiz hat die ganze Circulation meiner kleinen Individualität viel gewonnen«, heißt es in einem Brief an die Dichterin Anna Louisa Karsch,[51] und dem lieben Gustchen Stolberg berichtet er: »Heut Nacht necksten mich halb fatale Träume ... Doch wie ich die Sonne sah sprang ich mit beyden Füssen aus dem Bette, lief in der Stube auf und ab, bat mein Herz so freundlich freundlich, und mir wards leicht, und eine Zusicherung ward mir daß ich gerettet werden, daß noch was aus mir werden sollte: Gutes muths denn Gustgen. Wir wollen einander nicht auf's ewige Leben vertrösten! Hier noch müssen wir glücklich seyn ...«.[52]

So gut aber kannte sich Goethe inzwischen selbst: Glücklich würde er nur werden, wenn es ihm gelänge, drei Dinge miteinander zu vereinbaren, die sich für ihn als unverzichtbar erwiesen hatten bei dem Versuch, ein Leben zu führen, wie es ihm gemäß war: seine Unabhängigkeit, seine Schriftstellerei und das auf der Schweizer Reise noch einmal erneuerte Attachment an die Natur. Die Verführungskraft, die eine vom Vater finanzierte und auch von ihm befürwortete Italienreise auf ihn ausübte, war groß, aber sie ließ sofort nach, wenn er an die Zeit nach seiner Rückkunft dachte. Zwar ließ sich eine solche Reise gewiss zeitlich ausdehnen, doch auch die schönste und längste Bildungsreise geht irgendwann zu Ende. Und wenn er nach einem halben oder auch erst nach einem ganzen Jahr wieder nach Frankfurt gekommen sein würde, erginge es ihm mit an Sicherheit grenzender Wahrscheinlichkeit genauso wie jetzt nach der Rückkehr aus der Schweiz: Er würde sich in Verhältnisse schicken müssen, über die er längst hinausgewachsen war, dann wahrscheinlich in noch größerem Ausmaß als schon jetzt. Er hätte zwar sehr rasch erreicht, was er nicht mehr missen wollte – Unabhängigkeit, ein Schriftstellerleben und Natur –, aber alles drei nur auf Widerruf, begrenzt auf eine Zeit des Ausnahmezustandes.

Für Weimar hingegen sprach, dass das junge Fürstenpaar, das ihn dort wissen wollte, sich in den Dichter des *Werther* und des *Götz* geradezu verliebt zu haben schien. Carl August und seine Gattin wollten an seiner literarischen Prominenz teilhaben und versprachen dafür eine unkomplizierte Karriere ohne den Preis der Selbstverleugnung. Weimar war winzig, aber es hatte den Vorteil, mitten in der Natur zu liegen. Alles, was er auf der Schweizer Reise so genossen hatte – an der Luft zu sein, seinem Bewegungsdrang folgen zu können, in der Natur schreiben und zeichnen zu können – würde er dort jeden Tag in Fülle haben.

Und so schrieb Goethe im Herbst 1775 ein Abschiedsgedicht nicht nur an Lili, sondern an seine gesamte Jugendzeit. Als solches ist es jedoch nicht auf den ersten Blick zu erkennen, weil es sich als Naturlyrik ausnimmt und von Rebenlaub und Zwillingsbeeren, von wärmendem Sonnen- und kühlendem Mondlicht, vom Befruchten und Reifen handelt. Und schließlich von Tränen, die auch aus einer Art von Zwillingsbeeren hervorquellen, dem Augenpaar des Menschen:

> Fetter grüne du Laub
> Das Rebengeländer
> Hier mein Fenster herauf
> Gedrängter quillet
> Zwillingsbeeren, und reifet
> Schneller und glänzend voller
> Euch brütet der Mutter Sonne
> Scheideblick, euch umsäuselt
> Des holden Himmels
> Fruchtende Fülle.
> Euch kühlet des Monds
> Freundlicher Zauberhauch
> Und euch betauen, Ach!
> Aus diesen Augen
> Der ewig belebenden Liebe
> Vollschwellende Tränen.[53]

Da steht einer am Fenster und treibt die Rebstöcke an, noch fetter zu blühen und schneller zu reifen; die Umstände seien doch so günstig, die Sonne bebrütet sie mit ihren letzten Strahlen, der Abendhimmel umsäuselt sie, und der Mond schickt Kühlung nach der Hitze des Tages. Aber auf einmal »Ach!«: Wo man den Nachttau erwarten würde, der die Reben benetzt, ist nun von Liebestränen die Rede, die aus den Augen des am Fenster Stehenden hervorquellen und für die notwendige Feuchtigkeit sorgen. Der Mensch mit seiner Liebe und seinen Tränen ist Teil des Naturprozesses. So sind auch die paradox anmutenden Aufforderungen des Gedichtanfangs, an Reife zuzulegen, fetter zu blühen, nachträglich gesehen an den Hinausblickenden selbst gerichtet. Der von Frankfurt und seiner Jugend Abschied nehmende Goethe feiert in diesem Gedicht den Gang einer umfassenden Gesetzlichkeit der Natur und die Erfahrung, darin eingebunden zu sein; er feiert aber auch die gefundene Übereinstimmung mit sich selbst. Sie kommt nicht länger durch Selbstvergötterung zustande, wie noch in der Shakespeare-Rede und in den Hymnen, sondern durch die Erfahrung, dass der eigene Gang eingepasst ist in den der Natur, die größer ist als er und von der aus gesehen auch seine Tränen Teil des beständigen Kreislaufs sind, in den alles einbezogen ist.

Wer so denkt, kann Abschied nehmen, selbst von einer großen Liebe. Doch mit dem Schließen des einen Zyklus beginnt unmittelbar ein neuer, und auch der muss durchschritten werden in allen seinen Wendungen und Windungen, von Anfang an. Sofort steht alles wieder auf Messers Schneide. Obwohl Goethe sich für Weimar entschieden hat und die Kutsche, die ihn abholen soll, bereits avisiert, die Tasche gepackt und die Abreise allen verkündet ist, ist bis zuletzt unklar, wohin die Reise gehen wird. Denn die Kutsche kommt nicht und Goethe bleibt ohne Nachricht. Er wartet, einen Tag, zwei Tage, mehrere Tage. Zweifel machen sich in ihm breit. Schließlich bricht er auf eigene Faust auf – gen Italien. In Heidelberg hält ihn eine Vertraute Lilis fest. Noch einmal trauert er der verpassten Chance einer Beziehung zu ihr nach. Goethe ist schon einige Tage dort, als ihn ein Eilbote mit der Nachricht erreicht, die Kutsche aus Weimar habe eine Panne gehabt, sei aber endlich in Frankfurt angelangt. Und Goethe kehrt um – geht nach Weimar! In sein Reisetagebuch notiert er: »Ich packte für Norden, und ziehe nach Süden, ich sagte zu, und komme nicht, ich sagte ab und komme!«[54]

Stein-Zeit

Zwölftes Kapitel, in dem das Unwahrscheinliche
Wirklichkeit wird

Das Herzogtum Sachsen-Weimar-Eisenach, in dem am 3. September 1775 der gerade achtzehn Jahre alt gewordene Carl August die alleinige Regierung antrat, war ein Land in der Krise. Äußerlich sichtbar war das schon daran, dass Weimar, der Regierungssitz, vom Anblick verkohlter Mauern beherrscht wurde. In der Nacht vom 5. auf den 6. Mai 1774 war das Residenzschloss niedergebrannt, und bis zum Wiederaufbau sollten über zwanzig Jahre vergehen. Bis dahin residierte und regierte man neben und im Angesicht von Ruinen – und verlegte das Hofleben deshalb gerne in die Parkschlösser der hügeligen, landschaftlich reizvollen Umgebung Weimars, etwa in das kaum mehr als vier Kilometer entfernte Schloss Belvedere. Carl Augusts Großvater Herzog Ernst August hatte es als Sommerresidenz bauen und mit allem ausstatten lassen, was zu einer aufwendigen Hofhaltung dazugehörte – Orangerie und Menagerie, Reithaus und Zwinger sowie eine Parkanlage im französischen Stil mit Lust- und Irrgarten. Ernst August war ein Miniaturdespot aus dem Bilderbuch gewesen – rücksichtslos, selbstherrlich und ausschweifend. Seine Verschwendungssucht hatte dem Herzogtum jene Schulden eingebracht, die nach dem frühen Tod seines Sohnes Ernst August Constantin, der keine zweieinhalb Jahre regierte, dann dessen junge Witwe Anna Amalia aussitzen musste. In der Zeit ihrer Obervormundschaft verschärften sich die finanziellen Probleme des Herzogtums eher noch, als dass sie sich verringerten. Als Anna Amalias ältester Sohn jedenfalls an die Macht kam, waren die fürstlichen und landschaftlichen Finanzen in verheerendem Zustand, Verschuldung, Armut und Unterentwicklung waren überall sichtbar – und die Verzögerungen beim Wiederaufbau des Schlosses waren ebenso auf diese finanziell kritische Lage zurückzuführen.

Machtwechsel, die seit langem absehbar sind, führen dazu, dass sich alle Anwärter auf Führungspositionen in Stellung bringen können. So war schon lange vor dem Zeitpunkt des Regierungsantritts von Carl August ein Kampf um die Gunst des künftigen Herrschers und um die Bestimmung der politischen Richtung entbrannt. Pikanterweise standen sich in diesem Kampf die beiden Erzieher des Prinzen feindlich gegenüber: auf der einen Seite Johann Eustachius Graf von Schlitz, genannt von Görtz, ein Vertreter des alten Adels, der für sich verbuchen konnte, die älteren Ansprüche an Einfluss bei Hofe zu haben, denn Anna Amalia hatte ihn bereits 1762 als obersten Erzieher ihrer beiden Söhne engagiert. Und auf der anderen Seite der Schriftsteller und weltkluge Aufklärer Christoph Martin Wieland, den Anna Amalia 1772 als zweiten Erzieher ihres Ältesten und als Gegengewicht zu Görtz nach Weimar geholt hatte – zweifellos eine ihrer wichtigsten Amtshandlungen, mit der sie kluge Voraussicht bewies. Görtz wollte so viel Macht wie möglich an sich reißen und den Ministerabsolutismus, der in der Zeit der Obervormundschaft Anna Amalias geherrscht hatte, unter dem neuen Regenten fortsetzen. Um den zweiundvierzigjährigen Wieland hatte sich hingegen eine Gruppe jüngerer, reformorientierter Bürgerlicher geschart, darunter Carl Ludwig Knebel, der Erzieher von Carl Augusts jüngerem Bruder Constantin und später einer der wichtigsten Freunde Goethes in Weimar, der Unternehmer Friedrich Justin Bertuch, der in den nächsten Jahren maßgeblich zum wirtschaftlichen Aufschwung Weimars beitrug und zwei Jahrzehnte lang die Privatkasse Carl Augusts verwaltete, sowie der Kammerrat Johann August Alexander von Kalb, der im Juni 1776 dann Nachfolger seines Vaters im Amt des Weimarer Kammerpräsidenten werden sollte.

In gewisser Weise war der Machtkampf bereits vor dem eigentlichen Machtwechsel entschieden, als Graf von Görtz am 1. Juli 1775 entlassen wurde. Bertuch berichtet am 7. Juli 1775: »Vorige Woche war heiß, schrecklich heiß für uns. Wieland hat gekämpft wie ein Halb-Gott, das Herz des armen verstrickten Carl Augusts aus den Netzen eines gefährlichen Mannes herauszuarbeiten. Glücklicherweise war dies eben auch der Zweck der Mutter.«[1] Jene Hofleute hingegen, die den neuen Meinungsführern am Hofe nicht ganz so wohlgesonnen waren, vertraten die Ansicht, die Gruppe der Schöngeister und politischen Phantasten um Wieland habe sich vor allem deshalb durchgesetzt, weil ihre Vorstellungen von höfischer Unterhaltung weniger Geld kosteten. Dabei zählte zur Unterhaltung auch alles das, was im bürgerlichen Verstande als Bildungsmaßnahme oder Aufklärung galt. Dennoch war an dieser Beobachtung etwas

Wahres. Denn als man nach den Hochzeitsfeierlichkeiten des jungen Herzogs und dem Zeremoniell seines Regierungsantritts Kassensturz machte, um die Staatsgeschäfte neu zu ordnen, offenbarte sich das Desaster in seinem ganzen Ausmaß. An eine seriöse Etatplanung gerade auch der Hof- und Kammerfinanzen war nicht zu denken, weil das Herzogtum überschuldet war und ein genaues Bild der zu erwartenden Einnahmen nicht gewonnen werden konnte.

Man tat, was man in solchen Fällen tut, und berief eine Kommission, die sich zunächst einmal mit der Revision und Neuaufstellung der Hof- und Stallfinanzen beschäftigen sollte. Ergebnis war ein rigider Sparkurs: Der Hof wurde den sonstigen Ausgabennotwendigkeiten nachgeordnet. Zu den Opfern dieser Maßnahme zählten auch Carl Augusts personalpolitische Vorstellungen; Personen, denen er diesbezüglich schon Zusagen gemacht hatte, musste er brüskieren. Das war zweifellos eine empfindliche Niederlage für den jungen Herrscher. Andererseits kamen die Neuerungen auf eine Weise seinem Naturell entgegen, die gar nicht absehbar gewesen war. Denn statt dass er sich dadurch eingeschränkt fühlte, machten die Sparmaßnahmen es ihm leichter, den Bruch mit dem überkommenen Hofleben zu vollziehen. Das Frühstück etwa wurde nun in den Privatgemächern eingenommen, die Marschalltafel und die Pagentische wurden ganz abgeschafft und die Anzahl der Gedecke, die Reichhaltigkeit der Speisenauswahl und der Ausschank von Luxusgetränken bei der herrschaftlichen Tafel am Mittag und am Abend spürbar reduziert. In den folgenden Jahren war jedenfalls eine erstaunliche Verbürgerlichung des höfischen Lebensstils in Weimar zu beobachten. Ob es dazu auch in diesem Ausmaß gekommen wäre, wenn das Geld zur Finanzierung von Pomp und Pracht gereicht hätte, ist eine kaum beantwortbare Frage. Mit Sicherheit aber lässt sich sagen, dass der junge Herzog über die Geldnot hinaus auch von dem Bedürfnis motiviert war, sich von Gepflogenheiten zu verabschieden, die der Entwicklung seiner Persönlichkeit im Wege standen. Speiste er etwa auf seinem Zimmer, konnte er dazu auch Leute einladen, die ihm nahestanden und von denen er sich lebhafte Unterhaltung versprach, die aufgrund ihres Standes jedoch von der Hoftafel ausgeschlossen waren. Bertuch, aber insbesondere Goethe zählte dazu. Carl Augusts Hofleben bestand zum Großteil im Verkehr mit Leuten, die gar kein Hofrecht besaßen. Erst als auf sein Betreiben hin Goethe 1782 das Adelsprädikat verliehen wurde, war dieser auch offiziell bei Hofe zugelassen.

Carl August muss erkannt haben, dass die Zeit von Pomp und Pracht an einem kleinen Hof wie dem seinen unwiderruflich vorbei war und dass auch die Ansprüche des Adels auf Exklusivität und Etikette der Vergangenheit angehörten. In einem süffisant-ironischen Tonfall, der bestimmt ist von der Ahnung der eigenen Überflüssigkeit und des gar nicht mehr so fernen Untergangs, schreibt Sigismund von Seckendorff, der zur alten Garde und zu den Brüskierten zählte, über seinesgleichen am 1. Juni 1776: »Diese Leute machen ja ohnehin nur Schwierigkeiten, steifen sich immer auf Zeremonien, deren man sich entledigen will, kleben an einem unbequemen Luxus, der der Freiheit der Menschen widerstrebt. Was Teufel! soll man mit den Leuten anfangen? Sie ausrotten und sie mitsamt der Erinnerung an ihr lästiges Dasein in die Erde versenken? Das ist ungefähr der Plan, der zur Ausführung kommen wird.«² Carl Augusts Sicht war eine andere: Wenn sein Herzogtum Chancen auf eine bessere Zukunft haben sollte, dann war es falsch, sich mit Männern zu umgeben, die am Überkommenen festhielten und die alte Herrlichkeit restituieren wollten. Die Männer von morgen waren Bürgerliche wie Bertuch und Goethe, die auf Umgangsformen nicht viel gaben und mit ihrer bis zur Respektlosigkeit reichenden Unverblümtheit die Vertreter der alten Schule sogar regelrecht provozierten; die im Gegenzug aber Energie und Tatendrang versprühten, sich in einer wandelnden Welt beweisen wollten und dafür auch Risiken und Rückschläge in Kauf zu nehmen bereit waren. Der Unternehmer und der Schriftsteller rückten aus höfischer Sicht eng zusammen als zwei Gestalten einer Praxis schöpferischer Zerstörung, wie das später ein österreichischer Ökonom nennen sollte.

Näher noch als der bürgerliche Unternehmer Bertuch, dessen Denkweise einem zum Herrscher erzogenen jungen Mann wie Carl August letztlich fremd bleiben musste, war ihm dabei der Schriftsteller Goethe. Das Sonderverhältnis zwischen Herrscher und Künstler hatte schon in der zweiten Hälfte des 18. Jahrhunderts eine längere Geschichte. Spätestens als Goethe 1796 die Erinnerungen des italienischen Goldschmieds und Bildhauers Benvenuto Cellini, Schöpfer der berühmten Skulptur *Perseus mit dem Haupt der Medusa*, ins Deutsche übertrug, dürfte er selbst darauf gestoßen sein. Cellini war das Paradebeispiel dafür, wie weit bisweilen die Annäherung des Status des Künstlers an den des Herrschers in der Renaissance gehen konnte. Als er 1534 in aller Öffentlichkeit einen Konkurrenten um das Amt des päpstlichen Münzmeisters erstach, nahm ihn Papst Paul III., sein neuer Dienstherr, nicht nur von der Strafverfolgung aus, sondern veranlasste sogar noch seine Beförderung. Laut der Auto-

Die wahre Geschichte meines weimarischen Lebens   189

biographie Cellinis soll Paul III. dieses durchaus umstrittene Vorgehen mit den Worten begründet haben (in der Übersetzung Goethes): »Ihr müßt wissen, dass Männer, wie Benvenuto, die einzig in ihrer Kunst sind, sich an die Gesetze nicht zu binden haben.«[3] Es gibt wohl keinen Juristen, der angesichts dieser Begründung, die das Vergehen des Bürgers Cellini gegen dessen Fähigkeiten als Künstler aufrechnet und ihm dieselbe Rechtsenthobenheit zubilligt, wie ein Souverän sie beanspruchen konnte, nicht aufgehorcht hätte.

Das war allerdings nur der extreme Pendelausschlag einer auf Augenhöhe angelegten Sonderbeziehung zwischen Herrschern und Künstlern, in deren Genuss andere Berufsgruppen, etwa Ärzte, Gelehrte, Bankiers oder Militärs, niemals kamen. Er wisse nicht, wer das größte Vergnügen habe, soll laut Cellini ihm einmal der französische König gesagt haben: »ein Fürst, der einen Mann nach seinem Herzen gefunden hat, oder ein Künstler, der einen Fürsten findet, von dem er alle Bequemlichkeit erwarten kann, seine großen und schönen Gedanken auszuführen«. Als Cellini daraufhin versetzt haben will, wenn er der Gemeinte sei, so sei sein Vergnügen »immer das größte«, soll der König entgegnet haben: »wir wollen sagen, es sei gleich!« Kaum möglich, dass Goethe bei der Übersetzung dieses Dialogs nicht an seine eigene Sonderbeziehung zu Carl August gedacht haben soll. Wahrscheinlich erklären gerade Stellen wie diese seine anhaltende Faszination für die Autobiographie Cellinis, an der er immerhin ein ganzes Jahr arbeitete, während er über dessen Rang als Künstler stets im Zweifel blieb.

Was aber war es überhaupt, was die Ebenbürtigkeit von Herrscher und Künstler ausmachte, worin bestand die beschworene Gemeinsamkeit, auf der sich sowohl ihr Sonderstatus als auch ihr Sonderverhältnis gründete? Als Goethe 1775 nach der Rückkehr aus der Schweiz noch einmal den Turm des Straßburger Münsters bestiegen hatte, feierte er dort, erfüllt von den Eindrücken seiner Gebirgstour und des sich ihm bietenden Panoramablicks, die Gestaltungskraft des Künstlers. Sie sollte etwas sein, das er mit der Natur gemeinsam hatte, wie es ihm seine Spinoza-Lektüre nahelegte, und ihn zugleich über andere hinaushob. In der Gestaltungskraft aber lag auch seine Affinität zum Herrscher, die so weit gehen konnte, dass dieser im Künstler sein *alter ego* erblickte. Beide betrachteten sich in ihren Bereichen als Souveräne, ausgestattet mit der Fähigkeit, ihre Vorstellungen von der Welt umzusetzen, ohne dabei Rücksicht auf überkommene Regeln nehmen zu müssen. Wechselseitig erkannten sie im anderen jeweils ein Muster ihrer eigenen Handlungsmacht.

Das war natürlich erst einmal nur ein Anspruch, dessen Einlösung große

Schwierigkeiten bereiten konnte. Der junge Herrscher Carl August musste rasch erkennen, wie zahlreich und beinahe unüberwindbar die Grenzen waren, die seiner Gestaltungsmacht gesetzt waren. Und Goethe musste die Erfahrung machen, dass die von ihm tief empfundene Ebenbürtigkeit mit Carl August in unauflöslicher Spannung zur Hierarchie des Hofes stand und die ihm gewährte Freiheit zahlreiche Abhängigkeiten mit sich brachte, von denen die gegenüber dem Herzog noch die unproblematischste war; denn dass sich »der Podest des Künstlers jederzeit in eine Falltür verwandeln konnte«,[4] wie es Cellini erfahren hatte, war in seinem Fall kaum zu befürchten. In *Torquato Tasso*, einem Schauspiel über die zwiespältige Existenz des Hofkünstlers, an dem Goethe von 1780 an beinahe ein Jahrzehnt arbeitete, hat er in einer Art experimenteller Versuchsanordnung diese Schwierigkeiten dargestellt. Aber schon zwei Monate nach seiner Ankunft in Weimar hat er zum Ausdruck gebracht, wie durchaus bewusst ihm die Ambivalenz der Verhältnisse war, auf die er gerade im Begriff war sich einzulassen. Am 22. Januar 1776 kündigte er Merck an: »Ich bin nun ganz in alle Hof- und politische Händel verwickelt und werde fast nicht wieder weg können. Meine Lage ist vortheilhaft genug, und die Herzogthümer Weimar und Eisenach immer ein Schauplatz, um zu versuchen, wie einem die Weltrolle zu Gesicht stünde. Ich übereile mich drum nicht, und Freyheit und Gnüge werden die Hauptconditionen der neuen Einrichtung seyn, ob ich gleich mehr als jemals am Platz bin, das durchaus Scheisige dieser zeitlichen Herrlichkeit zu erkennen.«[5]

Zum ersten Mal spricht Goethe hier davon, sein Aufenthalt in Weimar könne von längerfristiger Dauer sein, und er benennt auch gleich die Bedingungen, unter denen er dazu bereit wäre: genügend Freiheit und ein angemessenes Auskommen. Zugleich erfahren wir, wie ernst es ihm damit war, eine »Weltrolle« zu spielen, sprich politische Verantwortung zu übernehmen und an Regierungsgeschäften mitzuwirken. Gerade zwei Jahre zuvor hatte es in einem Brief an Kestner noch geheißen, die Talente und Kräfte, die er habe, brauche er für sich selbst »gar zu sehr«, zumal er es von jeher gewohnt sei, nur nach seinem Instinkt zu handeln, womit keinem Fürsten gedient sein könne. Darüber hinaus sei »politische Subordination« nun mal seine Sache nicht.[6] Das vor allem dürfte Goethe denn auch als »das durchaus Scheisige« an der Karrieremöglichkeit empfunden haben, die sich da in Weimar vor ihm auftat: die Kreativität und den Einfallsreichtum, über die er verfügte, in die Dienste anderer, auch anderer Sachen als die eigene Kunst zu stellen, und statt Entschlüsse aus dem Bauch heraus treffen zu können, sich in ein hierarchisches Entscheidungsgefüge einordnen zu müssen. Derlei fiel Goethe zumindest anfangs alles andere als leicht.

Fragt man, warum er es trotzdem tat, warum er sich das vielleicht sogar antat, so fallen einem zuerst Karrieregründe ein. Aus den Briefen, die Goethe in seinen ersten Weimarer Jahren an die Freunde schickte, spricht ein ungeheurer Ehrgeiz – ein Persönlichkeitszug, von dem Carl August nicht minder beherrscht war. Gut möglich, dass das wechselseitige Erkennen des eigenen Ehrgeizes im anderen der elektrisierende Funke war, der sie zusammenführte: Beide wollten sie jeder auf seine Weise der Welt zeigen, wozu sie imstande waren. Carl August hat Goethes Bestrebungen in Sachen Weltrolle jedenfalls mit großer Zielstrebigkeit gefördert. Im März 1776 gewährte er ihm bereits ein erstes Gehalt, das auf 1200 Taler festgesetzt war, beziehungsweise eine testamentarisch verfügte lebenslängliche Pension in Höhe von 800 Talern. Goethe sucht sich daraufhin erst einmal eine eigene Wohnung; bislang ist er Gast im Haus des Kammerpräsidenten von Kalb gewesen. Am 22. April kann er mit Carl Augusts Unterstützung ein altes Weinberghaus samt großem Grundstück etwas außerhalb der Stadtgrenzen erwerben. Das Haus war zur Versteigerung angeboten, und eigentlich hätte Bertuch als Meistbietender den Zuschlag erhalten müssen. Aber der hatte sich nicht nur in diesem Fall dem Machtspruch des Herzogs zu fügen. Mit der Eintragung ins Grundbuch erhielt Goethe auch gleichzeitig das Weimarer Bürgerrecht. Das noch aus dem vorigen Jahrhundert stammende kleine Haus war renovierungsbedürftig, und Goethe macht sich rasch daran, es für seine Zwecke herzurichten. Am 18. Mai schläft er dort zum ersten Mal; seinen Diener hat er in die Stadtwohnung geschickt. Durch die Lage auf der anderen Seite der Ilm war das Häuschen vom Treiben am Hof und in der Stadt weitgehend isoliert; und doch konnte er beide in einem kurzen Fußmarsch erreichen. Endlich nennt Goethe auch im wirklichen Leben sein Eigen, wovon er als Dichter immer wieder geträumt hat: eine Hütte. Mit zwei Etagen und insgesamt sechs Zimmern plus Mansarde unter dem Dach ist das Häuschen dazu zwar fast zu groß. Aber schon bald lässt Goethe nach Süden hin einen kleinen Anbau, einen sogenannten Altan, errichten, der unten Waschküche und Holzschuppen beherbergt, da ein Keller fehlt, und oben als Balkon dient – Ersatz für das Geräms der Kindertage. So stellte er die für eine Hütte charakteristische Durchlässigkeit von drinnen und draußen wieder her. Bei gutem Wetter wird er nun auf dem Balkon schlafen, über sich nur den Sternenhimmel und im Ohr das Rauschen der nahen Ilm. Zudem ist es mehr ein Garten mit Haus als umgekehrt. Von der Vorbesitzerin existieren noch einige Spargel- und Erdbeerbeete, und so kann Goethe noch im selben Frühling Spargel und Erdbeeren an Charlotte von Stein schicken, zu der die Beziehung zusehends enger wird.

Rasch lässt Goethe den Garten von Grund auf umgestalten. Unter Leitung des Belvederer Hofgärtners Johann Friedrich Reichardt werden auf dem Hang hinter dem Haus, einem ehemaligen Weinberg, gestufte Terrassen angelegt und mit steinernen Treppen versehen. Die alte Erde samt der vielen umherliegenden Steine wird fortgeschafft und durch frische Erde und behauene Steine ersetzt. Wege werden angelegt, darunter die später sogenannte »Malvenallee«, die vom Hauseingang zu einem Rondell führt. Dort lässt Goethe den »Stein des guten Glücks« aufstellen, eine für damalige Verhältnisse höchst abstrakte Skulptur aus einem Sandsteinkubus, auf den eine Kugel gesetzt ist, die, wäre sie nicht fixiert, leicht ins Rollen kommen würde, also mit »gutem Glück« dort liegen bleibt – ein Sinnbild für die prekäre Balance des Glücks. Am Hang wird auf halber Höhe ein Ruheplatz eingerichtet, bevorzugter Aufenthaltsort von Charlotte von Stein, wenn sie zu Besuch kommt. Weitere Gartenbänke werden aufgestellt, Hecken, Linden, Weymouths-Fichten und Obstbäume gepflanzt, Rasen wird eingesät, Blumenrabatten, kleine Gemüseländereien und Kräuterbeete werden angelegt. Die Bäume pflanzt Goethe häufig selbst, Blumen und Gemüsepflanzen zieht er in der Regel aus Samen. Neben einschlägigen Büchern Carl von Linnés wie die *Fundamenta botanica* von 1747 und die *Termini botanici* von 1767 schafft er sich dafür den *Land und Garten Schatz* des Erfurter Gärtners Christian Reichart an. Reichart war ein Pionier des deutschen Gartenbaus und der intensiven Landwirtschaft. Er veredelte und akklimatisierte zahlreiche Gemüsesorten, darunter etwa den aus Zypern stammenden Blumenkohl, und handelte mit den jeweiligen Samen. Auch viele Gartengeräte, die die Arbeitsproduktivität etwa beim Ausdünnen der Pflanzen oder beim Auflockern des Bodens erhöhen, gehen auf Erfindungen Reicharts zurück.

Bereits am 11. Juni 1776 ernennt Carl August Goethe zum Geheimen Legationsrat mit Sitz und Stimme im Geheimen Consilium. Dessen Vorsitz hat der Wirkliche Geheime Rat (und somit erste Beamte des Herzogtums) Friedrich Freiherr von Fritsch inne. 1731 geboren ist er ein altgedienter Kämpe des Herzogtums, der auch in der Zeit der Obervormundschaft Anna Amalias stets loyal agierte. Nun aber knüpft er seinen Verbleib im höchsten Beratungsorgan des Herzogs an die Zurücknahme der Personalie Dr. Goethe, der in seinen Augen bislang jeden Beweis einer über sein poetisches Talent hinausreichenden Qualifikation schuldig geblieben ist. Engagiert verteidigt der Herzog seine Wahl. Goethe sei »rechtschaffen, von einem außerordentlich guten und fühl-

Die wahre Geschichte meines weimarischen Lebens 193

baren Herzen«, und »sein Kopf und Genie« seien hinreichend bekannt. Fritsch werde wohl einsehen, dass man einem solchen Mann nicht das langsame Heraufklettern auf der Karriereleiter, angefangen von ganz unten, zumuten könne. Einen »Mann von Genie« nicht an dem Ort zu gebrauchen, wo er seine Talente entfalten kann, heiße ihn zu mißbrauchen«.[7]

Fritsch blieb, und zwei Wochen später fanden Amtseinführung und Vereidigung Goethes statt. Damit begann Goethes steile politische Karriere im Herzogtum Weimar-Sachsen-Eisenach, die ihm schon bald eine Unmenge an Aufgaben und Funktionen einbrachte, hinter denen insbesondere die Literatur eine Zeitlang zurückstehen musste. Die Spitze an Machtfülle erreichte er, als er sechs Jahre später, nach der Entlassung Johann August von Kalbs aus dem Amt des Kammerpräsidenten, vom Herzog den Auftrag erhielt, sich auch noch um die Finanzen des Herzogtums zu kümmern. Gut eine Woche zuvor erst hatte er die neue große Stadtwohnung Am Frauenplan bezogen und das Adelsdiplom aus Wien empfangen. Alles zusammen führte dazu, dass Goethe einmal mehr am Hof und in der Stadt Gesprächsthema Nummer eins war und viele sich mit einiger Süffisanz und nicht ohne eine gehörige Portion Neid über die Vielzahl seiner Verpflichtungen und Beschäftigungen mokierten, darunter auch der mittlerweile von Goethe nach Weimar geholte Herder, der am 11. Juli 1782 an Johann Georg Hamann schreibt: Goethe »ist also jetzt Wirklicher, Geheimer Rat, Kammerpräsident, Präsident der Kriegscollegii, Aufseher des Bauwesens bis zum Wegbau hinunter (Anmerkung von Caroline Herder: ›Direktor des Bergwerks‹), dabei auch Directeur des plaisirs, Hofpoet, Verfasser von schönen Festivitäten, Hofopern, Balletts, Redoutenaufzügen, Inskriptionen, Kunstwerken usw., Direktor der Zeichenakademie ... selbst überall der erste Akteur, Tänzer«.[8]

Goethe hat sein Leben lang immer wieder Männerfreundschaften gesucht: nach der Rückkehr aus Italien die Freundschaften mit Schiller und Alexander von Humboldt, im Alter die mit dem Komponisten Zelter. Doch keine hatte auf seinen Lebensweg einen so entscheidenden Einfluss wie die frühe Verbindung mit Carl August. Freundschaftsbanden junger Männer beziehen die Intensität, mit der sie erlebt und gelebt werden, häufig aus der Rebellion gegen die Vaterwelt. Goethe, der dem Vaterhaus soeben entronnen war, traf in Carl August auf einen jüngeren Mann, der im Grunde vaterlos aufgewachsen war; als der nur ein Jahr jüngere Bruder Constantin 1758 zur Welt kam, lebte der Vater schon nicht mehr. In Goethe fand er einen väterlichen Freund, der ihn anders als die älteren Männer, mit denen er bislang zu tun gehabt hatte, nicht bevormundete. Carl August füllte die väterliche Leerstelle in seinem Leben mit der Freundschaft zu Goethe aus, der gerade alt und prominent genug war, um die ihm zugedachte Rolle als Mentor übernehmen zu können, und gerade noch jung und unfertig genug, um mit ihm gemeinsam das Leben neu zu erfinden. Und auch für Goethe hatte die Verbindung mit dem Herzog über Amt und Haus, Beruf und Unterkunft hinaus, die diese ihm in Weimar verschaffte, eine existenzielle Bedeutung. Sie versetzte ihn in die Lage, seinen Wirkungskreis und seine Weltkenntnis stärker zu erweitern, als ihm dies in Frankfurt unter dem direkten Einfluss des Vaters jemals möglich gewesen wäre. Die Welt des Herzogs, das waren nicht die spießbürgerlichen Tapeten des Elternhauses, das war das Welttheater, auf das der Blick fällt, sobald sich der Vorhang des bürgerlichen Interieurs hebt. Und dort stand Goethe nun, mitten auf der Bühne. Seine Situation sei »die beste, die er sich nur wünschen kann«, stellte Merck, der Goethe gut kannte, hellsichtig fest. »Er lebt völlig nach seinem Kopfe in dem Hause des Herzogs …, hat nicht das geringste … von seiner ehemaligen poetischen Individualität abgelegt, dagegen aber an Hunger und Durst nach Menschenkenntnis und Welthändeln … zugenommen.« Der Herzog sei einer der merkwürdigsten Leute, die er je gesehen habe. »Goethe liebt ihn wie keinen von uns, weil vielleicht keiner ihn so nötig hat als dieser, und so wird ihr Verhältnis ewig dauern – denn Goethe kann ihn nicht verlassen, oder er müsste nicht mehr der sein, der er ist, und der Herzog wird je sowenig mit ihm brechen als einer von denen, die Goethes Freunde sind.«[9]

Seine Ernennung zum Geheimen Legationsrat ist dann für Goethe Anlass genug, auch dem Ehepaar Kestner von seiner Beziehung zum Herzog zu schreiben. »Der Herzog mit dem ich nun schon an die 9 Monate in der wahrsten und innigsten Seelenverbindung stehe«, fließt es ihm am 9. Juli 1776 aus der Feder, »hat mich endlich auch an seine Geschäfte gebunden, aus unsrer Liebschaft ist eine Ehe entstanden, die Gott segne«.[10] Schon der junge Goethe war für seine hintergründigen Anspielungen, auch solche eher zweideutiger oder zweifelhafter Natur, bekannt, aber hier hat er sich selbst übertroffen. Statt einer bürgerlichen Ehe mit der Frankfurter Bankierstochter Lili Schönemann geht er in Weimar nach neunmonatiger Schwangerschaft eine symbolische Ehe mit einem Herrscher ein, der ihn auf Augenhöhe an sein Herzogtum bindet. Und schreibt das ausgerechnet Charlotte Buff, inzwischen verheiratete Kestner, und ihrem Mann, seinem alten Rivalen, deren ganze reale Eheschließung zu den Verletzungen gehörte, über die der Dauerverliebte nur schwer hinwegkam.

»Die wahre Geschichte der ersten zehn Jahre meines weimarischen Lebens könnte ich nur im Gewande der Fabel oder eines Märchens darstellen«, hat Goethe im Alter bemerkt; »als wirkliche Tatsache würde die Welt es nimmermehr glauben«.[11] Das sind seltsame Worte von einem, der es zu diesem Zeitpunkt längst geschafft hat, sein Leben bis zum Aufbruch nach Weimar (mit dem *Dichtung und Wahrheit* endet) in beinahe exemplarischer Weise zu gestalten. Sie erwecken den Eindruck, als habe Goethe sich selbst im hohen Alter und mit einem Abstand von über vierzig Jahren keinen rechten Reim darauf zu machen gewusst, was mit ihm in diesem entscheidenden Lebensjahrzehnt passiert ist, in dem er nicht nur vom Poeten zum Politiker, sondern auch vom Naturbetrachter zum ambitionierten Naturforscher geworden ist. Es sei denn, den Reim des Märchens beziehungsweise der Fabel – zwei Erzählformen, die beide auf eine gewisse Moral hinauslaufen. Bei der Fabel hat sie mehr die Gestalt einer Lebensweisheit, beim Märchen hingegen, das wir ansonsten eher mit dem Wunderbaren, mit Verwandlung und magischen Kräften verknüpfen, die eines Einspruchs gegen die Ungerechtigkeiten der Wirklichkeit, indem es erzählt, wie es in der Welt zugehen müsste, wenn es dort mit rechten Dingen zuginge.

Schon Wieland, der sich mit Märchen und Fabeln bestens auskannte, hat die Situation Goethes, der in Weimar schnell zum einflussreichsten Mann neben dem Herzog aufstieg, mit der Weisheit der Fabel in Verbindung gebracht. Als 1781 die Gerüchte des Öfteren kursieren, Goethe befände sich gesundheitlich nicht wohl und er leide an einer Krankheit, die wir heute Burnout nennen würden, rät er Merck, der diese Gerüchte sehr ernst nahm und ihm vorschlug, aus Weimar fortzugehen, er solle über Goethes Zustand nicht allzu beunruhigt sein. »Er ist wohl, und das Geschwätz mancher Leute, seine Gesundheitsabnahme betreffend, gemahnt mich an die Fabel von den zween Wölfen, die gehört hatten, daß der Hirsch nicht wohl sei. ›Wie befindt sich der Herr Vater?‹ sagten sie zum Hirschkalb etc. ›Besser als es die Herren wünschen‹, antwortete das Kalb.«[12] Und in der Tat gab es genügend Neider und Intriganten am Hof, die den Tag herbeisehnten (und mit den ihnen zur Verfügung stehenden Mitteln auch herbeizuführen gedachten), an dem sie den Bürgerpoeten und Aristokratenschreck aus Frankfurt endlich wieder los werden würden.

Auch Goethe selbst ist diesen Gerüchten immer wieder entgegengetreten. Der große Stress des Vielbeschäftigten und das ihm zeitweise anzumerkende Missbefinden seien kein Grund zur Resignation, tat er kund, vielmehr Teil des Transformationsprozesses, den er hier in Weimar durchlaufe – subjektiv betrachtet zwar unangenehm, objektiv aber letztlich unvermeidlich und somit sogar wünschenswert. »Merk und mehrere beurteilen meinen Zustand ganz falsch«, schreibt er etwa im selben Jahr 1781 an seine Mutter, »sie sehen nur das was ich aufopfre, und nicht das was ich gewinne, und sie können nicht begreifen, daß ich täglich reicher werde, indem ich täglich soviel hingebe.«[13]

Auskünfte wie diese waren natürlich auch in der Absicht geschrieben, die Mutter zu beruhigen, die sich im fernen Frankfurt Sorgen machte und schon gefragt haben mag, wann sie mit der Rückkehr des verlorenen Sohnes zu rechnen habe. Aber sie sind beileibe kein Einzelfall. Der Mensch habe »viel Häute abzuwerfen biß er seiner selbst und der weltlichen Dinge nur einigermasen sicher wird«, schreibt er im Jahr darauf an Friedrich Victor Leberecht Plessing, einen Mann in seinem Alter mit stark selbstquälerischen Zügen, den er zu den »problematischen Naturen« zählte,[14] und meinte damit genauso sich selbst. Und gegenüber Jacobi verwendet er das eindrucksvolle, auf Nietzsche vorausweisende Bild vom großen Schlackenhammer, dessen Schläge Erz und Unrat scheiden und so die bleibende Persönlichkeit herausmodellieren, um zu beschreiben, was ihm in diesen Jahren in Weimar zuteil wird: »Wenn du eine glühende Masse Eisen auf dem Heerde siehst, so denkst du nicht daß soviel Schlacken drinn stecken als sich erst offenbaren wenn es unter den großen Hammer kommt. Dann scheidet sich der Unrath den das Feuer selbst nicht absonderte und fließt und stiebt in glühenden Tropfen und Funken davon und das gediegne Erz bleibt dem Arbeiter in der Zange. Es scheint als wenn es eines so gewaltigen Hammers bedurft habe um meine Natur von den vielen Schlacken zu befreyen, und mein Herz gediegen zu machen.«[15]

Trotz seines fulminanten Aufstiegs hat Goethe, was ihm in Weimar während der ersten zehn Jahre widerfuhr, weniger als ein Tun denn als ein Geschehen, das sich auf wundersame Weise an ihm vollzog, erfahren. Vor allem das führt uns in die Sphäre des Märchens, von dem Goethe sagte, es würde »unmögliche Begebenheiten unter möglichen oder unmöglichen Bedingungen als möglich« darstellen.[16] Unmöglich war das, was in Weimar mit ihm geschah, sicherlich nicht. Aber doch in höchstem Maße unwahrscheinlich. Wann je hatte ein wohlhabender, aber recht besehen doch gewöhnlicher Bürgersohn, dessen Vater zudem keine einflussreiche Persönlichkeit war, es im Wesentlichen aufgrund seines poetischen Talents und durch die Freundschaft mit einem Herrscher zum nach diesem wichtigsten Mann in einem Fürstentum gebracht? Und war zudem durch das ihm großzügig gewährte Gehalt zeitlebens so gut gestellt, dass er keine finanziellen Sorgen mehr zu haben brauchte und die Einnahmen durch seine Schriftstellerei als willkommenes Zubrot betrachten durfte? Und hatte man je davon gehört, es sei einem »Fürstendiener« gelungen, seinen Herrn dazu zu bewegen, unter dem Dach seines Elternhauses abzusteigen und mit ihm anschließend eine lebensgefährliche Gletschertour in den Schweizer Alpen zu unternehmen, was Goethe 1779 tun wird? Das war, zumal unter den deutschen Verhältnissen der zweiten Hälfte des 18. Jahrhunderts, da sich zahlreiche nicht weniger begabte junge Männer als Goethe mit prekären Hofmeisterstellen zufrieden geben mussten, in der Tat ein unwahrscheinliches Geschehen an der Grenze zum Wunderbaren.

Der Märchendichter Hans Christian Andersen hat mit Blick auf seine eigene Biographie eine solche glückliche Konstellation ein »Lebensmärchen« genannt und damit, wohl ohne es zu wissen, eine Wendung aufgegriffen, die Goethe selbst in einem späten Brief an Charlotte von Stein geprägt hat.[17] In einem Lebensmärchen gehe es so zu, lässt Andersen in seiner 1847 erschienenen Autobiographie den Leser wissen, »wie es vernünftigerweise in der Welt zugehen muß«,[18] wie es aber, wie man wohl ergänzen darf, dort in der Regel nicht zugeht. Viele Märchen erzählen davon, wie sich prekäre Anfangsbedingungen, die dem Helden zum Nachteil gereichen, über eine Reihe erstaunlicher Ereignisse so wandeln, dass aus Mangel Überfülle wird, während die anderen, die anfänglich bessergestellt zu sein schienen, scheitern oder doch Einbußen erleiden. Nicht selten ist dieses Geschehen mit einschneidenden Transformationsprozessen der eigenen Person verbunden. In Märchen gehen solche Verwandlungen in der Regel auf einen Zauber oder einen tiefen, ihm selbst verborgenen Wunsch des Protagonisten zurück. Die Zeugnisse Goethes aus dem ersten Weimarer Jahrzehnt lassen keinen Zweifel daran, dass der Umbau seiner Persönlichkeit mit seinem ausdrücklichen Einverständnis geschah, wenn er ihn auch manchmal als durchaus schmerzhaft empfunden haben mag. Sie geben aber genauso wenig Anlass zu der Annahme, er habe diesen Prozess selbst gesteuert. Da werden geheimnisvolle Zeichen in Höhlenwände geritzt, Orakel befragt, Götterzeichen eingeholt und Diäten befolgt. Noch im Rückblick mystifiziert er die gemischte Weimarer Gesellschaft, in der Intrigen an der Tagesordnung waren und wie auch anderswo Interessen das Bild bestimmten, zu einem hohen, edlen Kreis, in dem sich »reines Wohlwollen« mit »gebührender Anerkennung« verband.[19] Den Leser von *Wilhelm Meisters Lehrjahren* erinnert das an die Turmgesellschaft, die, wie sich schlussendlich herausstellt, die Geschicke des bildsamen jungen Mannes beobachtet und lenkt, selbst dann, als dieser meint, selbstbestimmt und aus eigenem Antrieb zu handeln. Auch darauf zielte wohl Goethes Eindruck, das Märchen sei die angemessene Form der Darstellung der Begebenheiten dieser Weimarer Jahre.

∾

Einen wesentlichen Anteil an diesem Geschehen hatte eine Person, von der bislang nur am Rande die Rede war: Charlotte von Stein. Sie ist so etwas wie die Schneekönigin in Goethes Lebensmärchen zwischen der Ankunft in Weimar und dem Aufbruch nach Italien elf Jahre später. Wie die Figur in Andersens gleichnamigem Märchen sitzt sie »im Spiegel des Verstandes« und ist überzeugt, dies sei »das einzige und das beste in dieser Welt«.[20] Von ihrem Beobachtungsposten aus steuert sie mit Zuneigung und Wohlwollen, aber auch einer gehörigen Portion Strenge Goethes Sozialisation in der neuen Welt der Etiketten, Ansprüche, Konventionen und deren normierter Überschreitung. Am Anfang ist ihr fast alles suspekt an diesem unbotmäßigen jungen Mann mit seinem wilden Gebaren, der sich zusammen mit dem kaum weniger wilden Herzog derbe Späße erlaubt, nicht nur auf dem Weimarer Marktplatz mit den Reitpeitschen knallt, sondern Hauseingänge zumauert, Porträts aus den Rahmen schneidet, Vorratskeller plündert oder Wohnungseinrichtungen zertrümmert. Am Ende ist aus Goethe ein weltläufiger Herr geworden, der sich auch am Hof zu bewegen weiß, nur mit dem großen politischen Parkett noch immer seine Probleme hat. Zu jener Zeit ist dann aber auch das Ende ihrer asymmetrischen Beziehung schon absehbar.

Zum Zeitpunkt von Goethes Ankunft in Weimar ist Charlotte von Stein knapp dreiunddreißig Jahre alt und seit über elf Jahren mit dem herzoglichen Oberstallmeister Josias von Stein verheiratet. Vorher war sie eine der Hofdamen Anna Amalias gewesen. Ihre erste Begegnung mit Goethe findet bereits wenige Tage nach dessen Ankunft in Weimar statt, im Stadthaus der Familie Stein und vermutlich begleitet vom Herzog.

Anfang Dezember ist er zum ersten Mal mit ihr allein, bei einem Besuch auf dem Landsitz der Familie, dem etwa dreißig Kilometer von Weimar entfernten Schloss Kochberg. Wie ein unanständiger Teenager ritzt er seinen Namen und das Datum seines Besuchs in die Platte ihres Schreibtischs: »Goethe, d. 6. Dez. 75«, was wohl besagen soll: Ich war hier und habe mich in deine Welt eingeschrieben. Es war ein Akt der Inbesitznahme.

Im Januar 1776 beginnt er ihr zu schreiben, mit rasch sich steigernder Intensität. Zeitweise wird er von einer regelrechten »Billets Kranckheit«[21] befallen, wie er das nennt, und schickt Charlotte täglich Nachrichten, zuweilen sogar morgens und abends. Er schreibt ihr auch, wenn er sie gerade erst gesehen hat, ja manchmal auch, wenn beide unter demselben Dach weilen. Er lässt sie wissen, was er ihr nicht sagen kann oder will, nämlich er habe sie lieb, er könne sie nicht entbehren, und sie solle ihn auch ein wenig liebhaben. Seine Briefe sind eine fortwährende, nicht enden wollende Liebesbeschwörung. Schon bald ist sie ihm unentbehrlich geworden, auch wenn man sich fragt, ob sich diese Aussage auf die Person Charlottes bezieht oder doch mehr auf den Umstand, dass er ihr unentwegt schreiben und seine Gefühle darlegen kann.

Leider sind ihre Briefe nicht mehr erhalten; Charlotte von Stein hat sie nach der Trennung zurückgefordert und wohl vernichtet. Obwohl sich beide häufig, manchmal sogar täglich gesehen haben, muss ihre Beziehung zu einem beträchtlichen Teil ein Briefverhältnis gewesen sein, begleitet von den Irrungen und Wirrungen, die das Schreiben und die Lektüre von intimen Briefen nun einmal mit sich bringt. Man kann es wohl so sagen: Als Liebesverhältnis hat ihre Beziehung ausschließlich auf dem Papier stattgefunden; als Freundschaft hingegen war sie mehr oder weniger integriert in die Gesellschaft und wurde dort auch akzeptiert. Charlottes Ehemann war selten zu Hause und duldete die Beziehung seiner Frau zu Goethe, der immerhin ein bekannter Schriftsteller und der Freund des Herzogs war. Trotzdem war es ein Spiel mit dem Feuer. Auch was »nur« auf dem Papier steht, hat Relevanz, und das nicht nur für die Beteiligten, sondern genauso für Außenstehende, für die es nicht gedacht ist. Verbale Intimitäten können so enthüllend oder verletzend sein wie körperliche. Die Briefe Goethes jedenfalls waren keineswegs für Dritte bestimmt; ihre Lektüre hätte die in solchen Dingen viel zurückhaltendere Charlotte gewiss kompromittiert. Goethe siegelte seine Briefe oder schützte sie durch eine besondere Art des Rollens und Eindrückens vor unbemerkter Öffnung, wie es seinerzeit bei Liebesbriefen üblich war. Das galt als klarer Hinweis, dass es hier auf Diskretion ankam. In Weimar wurden die Briefe und Billets von Boten überbracht; war Goethe hingegen auf Reisen, bediente er sich der reitenden Kuriere des Herzogs, zuweilen in so hoher Frequenz, dass Carl August 1781, als Goethes Beziehung zu Charlotte von Stein einem Intensitätshöhepunkt zustrebte, ein Spottgedicht auf die Schreibenden verfasste. Bezeichnenderweise schickte er es an Charlotte; »dein Briefelein« macht den »Housaren sehr viel zu klagen«, heißt es darin.[22]

Die Beziehung zu Charlotte von Stein, die als Adelige zum Hof gehörte, scheint Goethe zumindest anfangs die Selbstsicherheit vermittelt zu haben, die ihm trotz seines selbstbewussten Auftretens an der Seite des Herzogs innerlich fehlte. In seinen Briefen an die »liebe Frau« tritt dem Leser jedenfalls ein bald dreißigjähriger Mann entgegen, der verspielt und sehr spontan ist, der aus seinen Gefühlen und Stimmungen von himmelhoch jauchzend bis zu Tode betrübt kaum einen Hehl macht, der in vieler Hinsicht aber auch seltsam unausgegoren und unfertig wirkt, keineswegs souverän, sondern oft an mangelndem Selbstwertgefühl leidend. Dann muss er sich so unverzüglich und intensiv wie möglich der Zuneigung der Frau von Stand versichern. »Trop de jeunesse et peu d'expérience« (zu viel Jugend und zu wenig Erfahrung),[23] lautet denn auch das Urteil Charlottes über den Mann, der ihr unübersehbar den Hof macht, ihr schon bald sagt, dass ein Tag ohne sie ein vertaner Tag sei, der aber auch wild vom Sofa aufspringen kann und ohne Adieu hinaus in die Nacht eilt, wenn sie sich gewisse Vertraulichkeiten, wie etwa das seinerzeit für intime Beziehungen und für Untergebene reservierte Du, verbittet.

Gemischte Gefühle und Ambivalenzerfahrungen herrschten in dieser ungleichen Beziehung aber keineswegs nur auf Seiten des jungen Mannes. Das geht etwa aus Charlottes Zeilen hervor, die sich auf der Rückseite eines Briefes von Goethe vom 7. Oktober 1776 befinden:

Obs unrecht ist was ich empfinde –
und ob ich büßen muß die mir so liebe Sünde
will mein Gewissen mir nicht sagen;
vernicht' es Himmel du! wenn michs je könnt anklagen.[24]

Die pädagogische Rolle, die sich Charlotte von Stein schon bald selbst zuwies, war jedenfalls unübersehbar ein Kompromiss: zwischen ihrer Zuneigung zu dem jungen Spund mit seinem unsteten Wesen und den vielen Talenten, und andererseits den heftigen Vorwürfen, die sie sich machte, sich überhaupt auf so etwas Zweifelhaftes wie eine Außenbeziehung einzulassen, sowie der inneren Abwehr, die sie dagegen mobilisierte. Wenn sie sich und der Welt sagen konnte, sie sehe ihre Aufgabe darin, aus diesem begabten Poeten einen vorzeigbaren Gentleman zu machen, dann hatte die Nähe zu ihm, die sie zweifelsohne ebenfalls suchte, eine Art höhere, gesellschaftlich akzeptable Rechtfertigung.

Zumindest zu Beginn ihrer Beziehung verfing dieses Konzept auch. Bereits am 12. Februar 1776 schickt Goethe Charlotte das erste Gedicht. Er hat es am Hang des Ettersbergs, der höchsten und bewaldeten Erhebung rund um Weimar, geschrieben:

Der du von dem Himmel bist
Alle Freud und Schmerzen stillest
Den der doppelt elend ist,
Doppelt mit Erquickung füllest,
Ach! ich bin des Treibens müde
Was soll all die Qual und Lust?
Süßer Friede!
Komm ach komm in meine Brust![25]

Fragt man, was Goethe an Charlotte von Stein so fasziniert hat, dass er zehn Jahre lang bis zu seiner Reise nach Italien nicht von ihr loskam, mögen diese Verse eine Antwort darauf enthalten. Goethe hat ihnen nachträglich den Titel *Wandrers Nachtlied* gegeben, ebenso wie den viel berühmteren Versen, die er ein paar Jahre später auf die Bretterwand einer Forsthütte im Thüringer Wald schreiben sollte und die mit dem Versprechen baldiger Ruhe enden. Der Wanderer bleibt weiterhin Goethes Leitbild, doch der vormalige Drang nach Selbstüberhöhung im Sturm ist der Sehnsucht nach Frieden angesichts ermüdenden Treibens gewichen. Wenige Wochen nach der Ankunft in Weimar, als Goethe noch keine offizielle Funktion bekleidet, diese noch nicht einmal in Aussicht steht, ist damit gewiss nicht die von ihm später oft als aufreibend wahrgenommene politische Tätigkeit für den Herzog gemeint. Keine Frage also, welches Treiben hier das lyrische Ich nach dem Sinn der damit verbundenen Qual und Lust fragen lässt: es ist das Treiben der Triebe und der Liebe. Goethes Selbstzweifel waren dort am stärksten, wo er nicht nur seine vieldeutigsten und seine elendsten Erfahrungen gemacht hatte, sondern wohin es ihn auch unwiderstehlich zog, weil er dort die Energiequelle für seine poetische Produktivität wusste. In Charlotte begegnete ihm nun eine Frau, die nicht nur älter, sondern auch anders ist als seine bisherigen Lieben. Dass sie nicht zu haben ist, ist mit der Grund dafür, sich überhaupt auf eine so intensive Beziehung einzulassen, aber natürlich auch dafür, dass das Verhältnis zu ihr letztlich unbefriedigend bleibt. »Besänftigerin« nennt Goethe sie in einem seiner ersten Briefe.[26] Er findet Friede bei ihr, weil sie gewissermaßen über der Liebe, ihren Ansprüchen und Folgen steht. Obwohl von starker Bindungskraft bleibt das Verhältnis zu der »weisen Frau« vor allem symbolischer Natur. Charlotte betrachtet nicht nur die Welt durchs Medium der Liebe, wie Goethe vor ihrer ersten Begegnung gemutmaßt hat, sie sieht auch die Liebe zu ihm als Medium an.[27] Sigrid Damm hat dafür ein schönes Bild gefunden: »Immer befindet sich Goethe mit seiner

Liebe zu der verheirateten Frau in einer Art Schwebezustand«, schreibt sie, »immer hat er Luft unter den Füßen, nie ist er gezwungen, sie auf den Boden aufzusetzen.«[28]

Der Herzog, auch sexuell eine Kraftnatur und nicht besonders sensibel, dachte in diesen Dingen anders. Für ihn war schon der Widerstand, den eine selbstbewusste Schauspielerin wie Corona Schröter dagegen leistete, sich zur Mätresse eines adligen Herrn zu machen, nichts als der Beweis weiblicher Zickigkeit. Was sollte er da erst über Charlotte von Stein denken, die selbst weiten Teilen des Hofes als »preziös« galt? Mit Luise hatte Carl August eine fragile Frau zur Gemahlin, die sich wohl mehr zu Frauen hingezogen fühlte, der vor allem aber das machohafte Gehabe ihres Mannes zuwider war. So sorgte er denn anderweitig dafür, dass sein sexuelles Verlangen nicht zu kurz kam; die vielen Reisen über Land boten dafür reichlich Gelegenheit. Goethe hingegen griff in solchen Situationen eher zum Stift, zeichnete oder dichtete. Sein skrupulöser, idealisierender Umgang mit Frauen musste einem wie Carl August völlig rätselhaft bleiben. Im Alter hat er das auch einmal unmissverständlich ausgedrückt. »Goethe habe stets zu viel in die Weiber gelegt«, meinte er; er habe »seine eigenen Ideen in ihnen geliebt, eigentlich große Leidenschaft nicht empfunden«.[29] Man kann es auch so sagen: Statt auf Eroberung war er auf Anerkennung aus.

Die wahre Geschichte meines weimarischen Lebens

Dreizehntes Kapitel, in dem Goethe unter Tage geht und auf Gipfel steigt und dabei entdeckt, dass die Natur eine Geschichte hat

Das Herzogtum Sachsen-Weimar-Eisenach, einer der vielen durch Erbteilungen und Hochzeiten entstandenen Kleinstaaten im Heiligen Römischen Reich Deutscher Nation, verfügte über kein zusammenhängendes Territorium. Die Region bestand aus zwei größeren Teilen und mehreren verstreuten, ausschließlich über fremdes Gebiet zu erreichenden winzigen Exklaven. Der größte und auch einwohnerreichste Teil war das Herzogtum Weimar mit dem Jenaer Gebiet und den Ämtern Allstedt und Ilmenau als Außengebieten. Ilmenau, das für Goethe von großer Bedeutung werden sollte, war eine kleine, gut sechs Reitstunden von Weimar entfernte, eher ärmliche Provinzstadt mit eigener Steuerverfassung. Bis 1739 hatte man dort Kupfer- und Silberbergbau betrieben. Dann hatte ein Dammbruch die Bergwerkanlagen verwüstet und den Bergbau zum Erliegen gebracht.

Die Universität Jena war eine gemeinsame Gründung aller vier sächsischen Herzogtümer, was mit sich brachte, dass sich Weimar bei jeder größeren Entscheidung, etwa einer Berufung, mit den anderen drei Herzogtümern abstimmen musste. Im Vergleich etwa zu Göttingen oder Leipzig bestand die Jenaer Studentenschaft zum größeren Teil aus ärmeren oder wenigstens nicht sehr wohlhabenden jungen Leuten.[1] Die Jenenser Studenten – ein Drittel von ihnen Theologen – galten als notorisch rauflustig; Schlägereien waren an der Tagesordnung. Die waffentragenden studentischen Korporationen kultivierten den traditionellen Trink- und Duellzwang; daneben scharten sich auch geheime Studentenorden.

Außer Jena war im Weimarer Territorium vor allem noch Apolda, die einzige »Industriestadt« im Herzogtum, von Bedeutung. Hier und in den Nachbarortschaften wurden Strümpfe aus Schafwolle gewirkt, Ende der 1770er Jahre allein in Apolda immerhin gut eine halbe Million Paar per anno.[2] Es herrschte noch das Verlagssystem: Die Strümpfe wurden dezentral, in Heimarbeit gefertigt, aber zentral vermarktet. Oft war die Strumpfstrickerei ein Nebengewerbe, das neben der Landwirtschaft ausgeübt wurde und an dem die gesamte Familie, einschließlich der Kinder, beteiligt war. Goethe wurde hier Zeuge eines Umbruchs: Zunehmend verdrängten maschinell gewirkte Strümpfe die genähten und handgestrickten vom Markt. Absatzschwierigkeiten veranlassten die Verleger dazu, das Geschäftsmodell zu wechseln. Statt Stoffe und Maschinen »vorzulegen«, was ihnen die Bezeichnung Verleger (eigentlich Vorleger) eingebracht hatte, gingen sie zunehmend dazu über, die kostspieligen Wirkstühle den Heimarbeitern zu vermieten, und trieben diese so noch stärker in die Abhängigkeit. Oftmals blieb ihnen lediglich ein Hungerlohn, wenn sie nicht gleich Opfer der grassierenden Arbeitslosigkeit wurden. Goethe bekam auf seinen Reisen durch das Land, die er im Auftrag des Herzogs unternahm, das Elend der einfachen Leute hautnah mit. 1779, als er gerade an der *Iphigenie* arbeitete, schrieb er aus Apolda an Charlotte von Stein: »Hier will das Drama gar nicht fort, es ist verflucht, der König von Tauris soll reden als wenn kein Strumpfwürcker in Apolde hungerte.«[3]

Das zweite größere zusammenhängende Gebiet im Kleinstaat Carl Augusts war das Herzogtum Eisenach, das zusammen mit Jena und dem Amt Allstedt erst 1741 nach Aussterben der Eisenacher Linie an Weimar gefallen war. Es reichte vom Hörselberge und Hainich im Norden über der Zusammenfluss von Hörsel und Werra unweit von Eisenach mit seiner trutzigen Wartburg, die an Luther erinnerte, bis zu Kuppenrhön und Rhön im Süden. Dazu zählte als Exklave das noch weiter südlich gelegene Amt Ostheim. (Das Gebiet um Neustadt an der Orla kam erst 1815 nach dem Wiener Kongress als dritter Landesteil zu Sachsen-Weimar-Eisenach, das nun Großherzogtum wurde.) Um 1780 hatte das Eisenacher Gebiet annähernd 45 000 Einwohner, im Herzogtum Weimar waren es etwas mehr, gut 60 000. Im gesamten Herzogtum Sachsen-Weimar-Eisenach, das ein eigener, absolutistischer Staat war, lebten also gerade einmal so viele Menschen wie heute in den kleinsten deutschen Großstädten wie Reutlingen oder Remscheid.

Die Zersplitterung innerhalb des Staatsgebildes brachte es mit sich, dass das Herzogtum auf seine vielen Nachbarn angewiesen war und auf deren Wegrechte Rücksicht nehmen musste, um Zugang zu seinen verschiedenen Gebieten zu erhalten. Wollte man etwa von Weimar nach Eisenach reisen, so musste man zwei andere souveräne Territorien passieren: zunächst Erfurt, eine exterritoriale Besitzung des Erzbistums Mainz, und anschließend das Herzogtum

Sachsen-Gotha und Altenburg, das in vieler Hinsicht moderner war als Weimar. Häufig bildeten Flüsse die Grenze zu benachbarten Staaten. Dabei konnte es auch zu dem Kuriosum kommen, dass Landesgrenzen mitten durch Ortschaften führten. Das war etwa der Fall bei Stützerbach, das im Tal der Lengwitz liegt, dem Oberlauf der Ilm. Der westliche Teil von Stützerbach gehörte zum Fürstentum Sachsen (ab 1815 zum Königreich Preußen), der östliche zu Weimar. Aufgrund der Jahrhunderte währenden Teilung besaß die aus vierzig Häusern bestehende Ortschaft, deren Einwohner vor allem von Waldarbeiten sowie der Glas- und Papierfabrikation lebten, gleich zwei Kirchen und zwei Friedhöfe. Flussabwärts, im Nachbarort Manebach, in dem die für die Glasmacherei notwendige Steinkohle abgebaut wurde, waren die Territorialverhältnisse ähnlich wie in Stützerbach. Hier gehörte der links der Ilm gelegene Ortsteil zum Gericht der Herren von Witzleben zu Elgersburg im Herzogtum Sachsen-Gotha, der Ortsteil rechts der Ilm hingegen zum Amt Ilmenau und damit zum Herrschaftsgebiet Carl Augusts.

Die Aufteilung des Staatsgebietes auf mehrere, zum Teil kleine Territorien machte das Regieren nicht gerade einfacher. Carl August jedenfalls verließ sich von Anfang an nicht darauf, Gesetzgebung und Institutionen würden dafür Sorge tragen, dass die Dinge vor Ort ihren Gang nahmen. Sein Regierungsstil war von dem Gedanken der Präsenz geprägt: Die Untertanen sollten sehen, wer ihr Herrscher war und dass er tatkräftig für sie sorgte. Und wenn er selbst nicht vor Ort sein konnte, veranlasste er seine Vertrauten, Präsenz zu zeigen, soweit Hilfe, Rat und Tat oder auch Kontrolle von oben erforderlich waren. Der Herzog verstand es, zwei Fliegen mit einer Klappe zu schlagen: Er war angewiesen auf objektive, nicht durch persönliche Interessen verfälschte Informationen darüber, was in seinem Land vor sich ging. Vertraute wie Goethe waren zugleich seine Berichterstatter, die ihn ungeschminkt darüber in Kenntnis setzen sollten, was draußen im Lande gemacht und gedacht wurde.

So ergab es sich, dass Goethe in den ersten Jahren viel im Herzogtum unterwegs war. Das kam seinem Bewegungsdrang, aber auch seinem Erfahrungshunger entgegen. Insbesondere anfangs war er von dem Wunsch beseelt, dieses neue Land, auf das er sich eingelassen hatte, in seiner ganzen Wirklichkeit und Vielfalt kennenzulernen. Die vielen Einzelaufgaben, die er sich aufbürdete – von der Wiederbelebung des Ilmenauer Bergbaus über den Wegebau, den Wasser- und Uferbau bis zur Kriegskommission und zur Ilmenauer Steuerreform –, waren vornehmlich Tätigkeiten, die in erster Linie nicht am Schreibtisch zu erledigen, sondern mit Umherreisen im Land und Terminen vor Ort verbunden waren. Und Goethe begann dieses Land zu lieben. Als die Entourage des Herzogs Mitte Juli 1776 des Nachts von Apolda nach Weimar zurückkehrt, trennt Goethe sich von den anderen und reitet allein mit den Husaren voran, in Gedanken versunken. Am nächsten Tag schreibt er an Charlotte von Stein: »Da fiel mir's auf wie mir die Gegend so lieb ist, das Land! der Ettersberg! die unbedeutenden Hügel! Und mir fuhrs durch die Seele – Wenn du nun auch das einmal verlassen musst! das Land wo du so viel gefunden hast, alle Glückseeligkeit gefunden hast die ein Sterblicher träumer darf ... Es kamen mir die Trähnen in die Augen«.[4]

Ganz besonders an herrscherlicher Präsenz gelegen war dem Herzog im Fall von Feuersbrünsten. Noch stärker als Naturkatastrophen waren sie ein Fluch, der auf der Aufklärung lastete. Bei einem Erdbeben waren die Menschen schier machtlos, vermochten es in einer Zeit ohne Seismographie nicht einmal vorauszusehen. Bei Bränden hingegen verhielt sich dies anders. Die vorherrschende Bauweise, vor allem die Verwendung des omnipräsenten Baustoffs Holz, mangelndes Wissen und daraus resultierende Unbedachtheit und Nachlässigkeit beim Umgang mit brennbaren Materialien, fehlende Feuerverordnungen und schlechte Ausrüstung sorgten dafür, dass sich Brände zu Katastrophen auswuchsen, die Existenzen und ganze Siedlungen vernichten konnten, nicht selten sogar Menschen das Leben kosteten. Mit das größte Problem aber war das irrationale Verhalten der Menschen: statt engagiert und organisiert gegen das Feuer vorzugehen, reagierten sie panisch und machten dadurch alles nur noch schlimmer, zumal die Anzahl und das verheerende Ausmaß der Brände in der Tat besorgniserregend waren. Allein in Goethes Briefen und Tagebuchnotizen seiner ersten Weimarer Jahre finden sich nicht weniger als zwanzig Berichte von Feuersbrünsten, bei denen er oder andere Angehörige des Hofes zugegen waren. Es verging kaum ein Monat, in dem nicht irgendwo, häufig auch in den kleinen Dörfern draußen auf dem Lande, ein Feuer ausbrach.[5]

Der junge Herzog, allein schon durch das Menetekel des niedergebrannten Weimarer Schlosses ausreichend motiviert, investierte nicht nur in eine landesweite Infrastruktur zur Feuerbekämpfung, zu der neben modernen hydraulischen Feuerspritzen auch die Anlage von Wasserdruckwerken und Wasserverteilern gehörte, er organisierte auch öffentliche Löschübungen und »freiwillige« Feuerwehren vor Ort, überwachte deren Zusammensetzung, Schulung und Einsatzbereitschaft. In Weimar soll fast ein Zehntel der Bevölkerung für den Brandschutz tätig gewesen sein.

Die Maßnahme aber, die der Herzog mit dem größten Nachdruck verfolgte, war auch in diesem Fall eine Politik der Präsenz. Sobald er von einem Brand erfuhr, setzte er sich häufig persönlich aufs Pferd und eilte an den Ort des Geschehens, sogar mitten in der Nacht. Am Hof richtete er sogenannte »Feuer-Ordonnanzen« ein: Für ihn und seine Leute samt der ihnen voranreitenden Husaren hatten stets gesattelte Pferde bereitzustehen, so dass man sich Tag und Nacht unverzüglich aufmachen konnte. Falls der Brand noch aktiv war, übernahmen er und seine Leute vor Ort häufig das Kommando und gingen mit gutem Beispiel voran. In einem Brief an Charlotte von Stein berichtet Goethe, wie er bei einem Feuer in Großbrembach die Lösch- und Hilfsarbeiten angeleitet, aber auch selbst Wasser geschöpft und sich dabei die Augenbrauen versengt und die Füße verbrüht habe. Bereits in Frankfurt hatte sich Goethe bei der Brandbekämpfung als Freiwilliger engagiert. »Nach so lang trocknem Wetter, bey einem unglücklichen Wind war die Gewalt des Feuers unbändig. ... Ich habe ermahnt, gebeten, getröstet, beruhigt ... Voreilige Flucht ist der gröste Schaden bey diesen Gelegenheiten, wenn man sich anstatt zu retten widersezte, man könnte das unglaubliche thun. Aber der Mensch ist Mensch und die Flamme ein Ungeheuer.«[6] War das Feuer gelöscht, konnte es sein, dass der Geheime Legationsrat Papier und Stifte auspackte und den Brandschaden auch im Bild festhielt. Neben der künstlerischen Verarbeitung des Erlebnisses diente das auch der Dokumentation, wenn Goethe etwa eine akribische Schadensbeschreibung eines durch Brand zerstörten Gebäudes anfertigte, dessen Fachwerkstruktur durch das Feuer freigelegt worden war.

Auch nach Ilmenau kommt Goethe zum ersten Mal wegen eines Brandes. Es ist der 3. Mai 1776, als die Nachricht in Weimar eintrifft, dass es in Ilmenau brennt. Bereits 1752 hat ein verheerendes Feuer die Stadt in Schutt und Asche gelegt. Die Erinnerung daran ist bei Hofe noch lebendig, zumal auch das erst wenige Jahre zuvor errichtete Ilmenauer Schloss damals ein Raub der Flammen geworden ist und noch in Trümmern liegt – eine weitere herzogliche Brandruine. Da der Herzog wegen eines Hüftleidens verhindert ist, bricht Goethe zusammen mit einem Husaren unverzüglich auf. Sie bewältigen die gut fünfzig Kilometer bis Ilmenau trotz schlechter Wege und Aufenthalt an den Grenzen in scharfem Ritt in kaum sechs Stunden; am Ende wären ihnen beinahe die Pferde zusammengebrochen, und mit dem Einbruch der Dunkelheit setzt auch noch Schneegriesel ein. Doch der Brand ist bereits gelöscht, als Goethe in der Stadt eintrifft.

Neunzehn Feuerspritzen seien dabei zum Einsatz gekommen, wie Goethe in seinem Bericht an den Herzog hervorhebt, und auch die sich aus Bürgern der Stadt rekrutierenden Löschtrupps hätten hervorragende Arbeit geleistet. Eine Gasse aus Häusern mit hölzernen Dachschindeln habe unter großem Einsatz gerettet werden können, bevor das Feuer von dort auf den Altstadtkern und das herzogliche Amtshaus habe übergreifen können. Beide sind erst nach dem Brand von 1752 wiederaufgebaut worden. In dem geretteten Amtshaus sitzt Goethe am Vormittag des 4. Mai und berichtet dem Herzog. Nur »geringe Häuser und arme Leute« seien betroffen, »Bergleute, Leineweber, Taglöhner«. Traurig habe er die alten Brennöfen des stillgelegten Bergwerks gesehen, schreibt er noch. Aber die Gegend sei »herrlich, herrlich!«[7] Das gilt bis heute.

Seit der Einstellung des Bergbaus beinahe vier Jahrzehnte zuvor war Ilmenau eine arme Stadt. In der Zeit um 1700 hatte die Förderung von Kupfer und Silber den Bewohnern einen gewissen Reichtum beschert. In Hochzeiten waren mehrere hundert Bergleute beschäftigt. Doch schon in den Jahren vor dem Dammbruch am unteren Freibachteich 1739 war die wirtschaftliche Lage unbefriedigend. Der Aufwand, der betrieben werden musste, um die begehrten Edelmetalle zu fördern, war unverhältnismäßig hoch, denn die Ausbeute nahm stetig ab. Hinzu kam, dass die »Kupferkontrakte«, die der Kapitalbeschaffung dienten, das Bergbauunternehmen immer stärker in die Überschuldung trieben. Faktisch waren die Gläubiger, in der Regel ohnehin reiche Leute, die einzigen, die vom Ilmenauer Bergbau profitierten, denn sie besaßen das Privileg, das geförderte Kupfer zu einem Vorzugspreis zu erwerben, der weit unter dem Marktpreis lag.

Den glücklichen Umstand, dass die eigentliche Aufgabe, die seine Anwesenheit in Ilmenau erfordert hat, bereits getan ist, nutzt Goethe, um schon am Tag nach seiner Ankunft in ein stillgelegtes Bergwerk einzufahren. Goethe weiß um die Überlegungen des Herzogs, den Bergbau in Ilmenau wiederaufzunehmen – eine der Maßnahmen, mit der die Wirtschaft des Landes angekurbelt und die Finanzlage verbessert werden soll. Bereits als Student hat ihn auf seiner Reise durch das nördliche Elsass der Bergbau fasziniert, und so scheint er gleich Feuer und Flamme für diese Idee gewesen zu sein. In den folgenden Tagen lässt er sich zudem die löfflersche Eisenhütte sowie die Steinkohlengruben bei Kammerberg zeigen und durchstreift auch sonst die Gegend: Sein Weg führt ihn am Jagdhaus Gabelbach vorbei, das damals noch eine kleine Hütte war, und er steigt auf den felsigen Hermannstein mit seiner großartigen Rundumsicht. An dessen Fuß, schon auf dem Weg hinab nach Manebach, befindet sich eine kleine Höhle, die für ihn noch wichtig werden wird. Dann geht es ins Tal nach Stützerbach hinunter. Oberhalb der Weimarischen Seite des Dorfes, auf einem Bergvorsprung, hatte Carl Augusts Großvater in den 1730er Jahren eine repräsentative Unterkunft für die herzoglichen Jagdgesellschaften errichten lassen. Das rasch baufällige Anwesen wurde bereits wenige Jahre später durch einen repräsentativen Neubau ersetzt und nannte sich fortan reichlich prätentiös Schloss Dianenburg. Aber auch das wurde kaum genutzt, so dass es in der feuchten Gegend durch die rasch einsetzende Schimmelbildung bald ruiniert war. Schon kurz nach Ernst Augusts Tod erfolgte der Abriss. Als Goethe dorthin kommt, um den traumhaften Blick ins Tal auch zeichnerisch festzuhalten, sind noch letzte Reste des abgerissenen Jagdschlosses zu sehen.

Nur wenige Wochen vergehen, da kommt Goethe abermals nach Ilmenau und Umgebung, nun als Mitglied einer großen Gesellschaft des Herzogs. Ein erstes Gutachten zur Wiederaufnahme des Ilmenauer Bergbaus, das Carl August bei dem Bergmeister und Vizeberghauptmann Friedrich Wilhelm Heinrich von Trebra in Auftrag gegeben hatte, war positiv ausgefallen. Eine Investitionssumme von 22 500 Talern, verteilt auf drei Jahre, reichte danach aus, um den Bergbau wieder in Gang zu bringen. Trebra hat es ohne Ortskenntnis erstellt.

Die holt er nun nach, als er zusammen mit dem Herzog, dem Maschinenfachmann Johann Friedrich Mende und dem Markscheider Johann Gottlob Schreiber in jene Gruben einfährt, in denen trotz des Wassereinbruchs eine Besichtigung noch möglich war, so in den Getreuen Friedrich, den Neuhoffnungsschacht und die Kammerberger Steinkohlengrube. Goethe ist stets dabei. Für ihn wie auch für Carl August ist der Bergbau, neben allen ökonomischen und auch sozialen Erwägungen, die mit seiner Wiederbelebung verbunden sind, ein großes romantisches Abenteuer. »Ich bin hier ganz in Wald und Berg getaucht«, schreibt der Herzog am 21. Juli an seine Mutter: »Wir sind alle Bergleute, alles in Grubenkittel, ich trage gar keine andere Kleidung mehr. Gestern habe ich den Treuen Friedrichs-Schacht befahren bis an den Nassen Ort, von da auf den Stollen bis dahin, wo das Bergwerk fortgesetzt werden muss, da wieder zurück und durch den tiefen Martinröder Stollen bis an das berühmte alte rodische Werk. Es fängt uns an göttlich wohl zu werden.«[8] Und Goethe sekundiert ihm: »Ich führe mein Leben in Klüfften, Höhlen, Wäldern, in Teichen unter Wasserfällen, bey den Unterirdischen, und weide mich aus in Gottes Welt«,[9] meldet er an Herder. Bereits am 20. Juli, dem Tag der Besichtigung, wird ein Erlass über die Wiederaufnahme des Ilmenauer Bergbaus unterschrieben und eine erste Subskription auf die neue »Gewerkschaft« ausgefertigt. Das war der geläufige Name für die Kapitalgesellschaft, die durch die Ausgabe von Anteilsscheinen, sogenannten Kuxen, den Betrieb eines Bergwerks sichern sollte. Die Geldgeber hießen »Gewerke« und erhielten einen festgelegten Anteil der Ausbeute, verpflichteten sich anders als heutige Aktionäre aber auch zum Nachschuss, wenn Gruben noch kein Erz liefern konnten. Sie ließen sich durch »Gewerkenvorstände« vertreten, trafen sich, wenn wichtige Entscheidungen anstanden, aber auch auf »Gewerkentagen«. Mehrfach wird Goethe auf diesen Versammlungen als Hauptredner auftreten. Zunehmend wächst er in den folgenden Jahren in die Rolle des verantwortlichen Unternehmers des Ilmenauer Bergbaus hinein. Dafür überträgt ihm Carl August 1780 die Direktion über alle Bergwerksangelegenheiten im Herzogtum.

Dass der Termin der offiziellen Besichtigung auch der Tag der Entscheidung über die Zukunft des Ilmenauer Bergbaus war, zeigt, mit welch großen Hoffnungen man an die Sache heranging, aber auch, mit welcher Übereilung. Wie beinahe überall hatte auch der im 15. und 16. Jahrhundert ertragreiche Ilmenauer Bergbau dort begonnen, wo der Bodenschatz, in diesem Fall Kupferschiefer, sichtbar zu Tage ausstrich und dementsprechend leicht zu gewinnen war. Ähnlich wie etwa auch an der Saar setzte man beim Abbau oberflächennah an und folgte dem Bodenschatz in die Tiefe. Sind die zugänglichen Teile der Lagerstätte aber erst einmal ausgebeutet, erhöhen sich auch die technischen Anforderungen, denn nun muss man in der Regel in immer größere Tiefen vordringen, um bisher nicht berührte Felder zu erschließen. Ein gravierendes Problem ist dabei das Grundwasser: Es muss gehoben und abgeleitet werden, und mit zunehmender Tiefe steigt der dafür nötige Aufwand. Dabei ist nicht einmal sicher, dass die Qualität des Bodenschatzes gleich bleibt oder, wie erhofft, sogar zunimmt. Beides war im Ilmenauer Kupfer- und Silberbergbau nicht der Fall: Den ungleich höheren Anstrengungen und Kosten, die die Erschließung bislang »unverritzter« Teile der Lagerstätte mit sich brachten, stand häufig sogar ein Absinken der Metallgehalte im geförderten Erz gegenüber.[10]

Das war schon Anfang des 18. Jahrhunderts so gewesen und hatte mit der Besonderheit des Thüringer Kupferschieferflözes zu tun. Er ist sehr ausgedehnt, aber dünn. Man hat ihn mit einem schwarzen Leichentuch verglichen, das sich vor Zeiten ins Thüringer Becken gelegt hat. Während der Heraushebung des Thüringer Waldes kam es zu heftigen tektonischen Verformungen, die zu einer extrem ungleichmäßigen Verteilung der Erze im zum Teil steil gestellten Kupferschiefer geführt haben. Ob man auf Erz stieß und, wenn ja, auf wie viel, war in einer Zeit, in der wenig über die komplizierten Verformungen und die daraus resultierenden Lagerungsverhältnisse bekannt war, mehr oder weniger ein Glücksspiel. Hinzu kamen starke Wasserzuflüsse in Hohlräume der darüber gelagerten Gipsschicht. Auch über technische Möglichkeiten, diese erschwerten Bedingungen zu kompensieren, verfügte man seinerzeit nicht. Die im benachbarten Kammerberg abgebaute Steinkohle hätte zwar den Einsatz von Dampfmaschinen ermöglicht, doch diese waren sehr teuer, über ihre Wirkung bestand Unklarheit und für ihr Betreiben fehlte das notwendige Knowhow, man hätte also auf Fachleute von außerhalb zurückgreifen müssen.

So blieb man bei der traditionellen, seit dem 16. Jahrhundert üblichen Technik. Sie hatte zwei Aufgaben zu erfüllen. Das Erz, aber auch das unbrauchbare, »taube« Gestein mussten aus der Tiefe ans Tageslicht gefördert werden. Zuvor aber galt es, die Schächte trockenzulegen. Dazu trieb man von den benachbarten Tälern aus zum Teil kilometerlange Stollen bis zu den Gruben vor, um dem Wasser einen tiefer gelegenen Abfluss zu verschaffen. Der vom Herzog und seiner Entourage besichtigte Martinsrodaer Stollen war ein solcher Entwässerungsstollen, mit über sieben Kilometern damals einer der längsten in Europa. Lagen die Erzabbaue mit der Zeit aber tiefer als der für den Wasserabfluss verfügbare Stollen, dann musste das zufließende Wasser mit Maschinen bis auf dessen Höhe gehoben werden. Dazu dienten sogenannte »Radkunstgezeuge«, in großen Radstuben arbeitende Pumpen. Betrieben wurden sie mit Wasserkraft, dem sogenannten »Aufschlagwasser«. Es wurde aus dem Tal der Ilm in Berggräben über Kilometer hinweg zu den Stellen geleitet, an denen es zum Einsatz kam. Die dafür angelegten, mit Holz ausgekleideten Berggräben sind bis heute sichtbar; man kann auf ihnen wunderbar spazieren gehen. Um auch in trockenen Witterungsperioden eine stetige Energiezufuhr zu gewährleisten, legte man Teiche an. Man bekämpfte sozusagen das störende mit kanalisiertem Wasser. Die Schwierigkeit, die Wasserkraft zu beherrschen, hatte aber schon beim letzten Mal zum Aus des Bergbaus geführt. Letztlich wird man auch dieses Mal den Kampf mit dem Wasser gegen das Wasser verlieren. 1787, über zehn Jahre nach dem Entschluss, den Ilmenauer Bergbau wiederaufzunehmen – Goethe war zu diesem Zeitpunkt gerade in Italien –, sollte es in gut 200 Metern Tiefe auf der Schachtsohle zu starken Wassereinbrüchen kommen. Bis zu diesem Zeitpunkt ist noch kein Gramm Erz gefördert worden, nicht zuletzt weil rechtliche Probleme, mit denen sich der Jurist Goethe jahrelang herumzuschlagen hatte, den Spatenstich bis 1784 verzögerten. Mit der Natur gegen die Natur war Goethes Denk- und Handlungsmaxime. In Ilmenau musste er allerdings schmerzlich erfahren, mit welchen Schwierigkeiten das verbunden sein konnte, die Möglichkeit des Scheiterns immer mit eingeschlossen.

∽

Der Bergbau ist nicht die einzige Beschäftigung der Weimarer Gesellschaft im Sommer 1776 in Ilmenau. Der junge Herzog frönt hier seiner Jagdleidenschaft, die vom Großvater auf ihn übergegangen zu sein scheint. Des Abends sei er im Wald und pirsche, setzt er den bereits zitierten Brief an seine Mutter Anna Amalia fort. »Gestern Abend haben zwei Stück Wild die Stärke meines Naturells empfunden.« Die Hohe- und die Mitteljagd auf Hirsche, Auerhühner, Wildschweine, Rehe oder Birkhähne war allein den Landesherren vorbehalten. Sie diente der Unterhaltung und Geselligkeit, trug auch Züge von Sport und Wettkampf und sicherte nicht zuletzt die Versorgung der höfischen Tafel mit Fleisch. Die Wälder um das Ilmtal herum waren für ihren Wildreichtum bekannt, der durch die Hege der Wildmeister auf einem hohen, für den Wald eher schädlichen Niveau gehalten wurde. Unweit der Jagdhütte, in deren Holzwand Goethe 1780 sein berühmtestes Gedicht ritzen wird, haben sich die Reste einer fürstlichen Jagdanlage mit Pirschhaus, Jagdgängen und Jagdschirmen gefunden. Im zentral gelegenen Pirschhaus hielt sich die umfangreiche Jagdgesellschaft auf, und dort wurde auch das erlegte Wild gelagert. Von hier führten drei mit Holz ausgekleidete, vermutlich überdachte Pirschgänge von ungefähr 80 Metern Länge und etwa zwei Metern Tiefe in unterschiedliche Richtungen. Sie erinnern an Schützengräben. Von dort aus konnten die Jäger, vom Wild unbeobachtet, zu den Jagdschirmen gelangen, um es dann aus geringer Entfernung, entsprechend der Reichweite ihrer Waffen, zu erlegen. Um die Jagdschirme herum befanden sich Äsungsflächen mit Fütterungen und Salzlecken, die das Wild anlockten. So wurden dem Herzog und seinem Gefolge die Tiere abschießbereit vor die Flinte geführt. Carl August hat die wohl von seinem Großvater in Auftrag gegebene Jagdanlage schon nicht mehr benutzt. Sie hätte auch kaum dem wilden Naturell des jungen Herzogs entsprochen, der die Pirschjagd und die Sauhatz, allenfalls die Parforcejagd bevorzugte. Auch hierfür mussten aber Schneisen in den Wald geschlagen werden.

Goethe beteiligt sich zwar am Sportschießen und lässt sich vom Herzog in der Jagd unterweisen, aber ein großer Jäger war er nicht, schon gar nicht ein leidenschaftlicher. Wie schon als Leipziger Student ging er lieber auf die Bilderjagd. Am 24. Juli 1776 meldet er dem Freund Merck: »Der Herzog geht auf Hirsche, ich auf Landschafften aus«.[11] Selbst zur Jagd führe er sein »Portefeuille«, die Zeichenmappe, mit. »Hoch auf einem weit rings sehenden Berge. Im Regen sizz ich hinter einem Schirm von Tannreisen Warte auf den Herz[og] der auch für mich eine Büchse mit bringen wird. Die Thäler dampfen alle an den Fichtenwanden herauf«,[12] teilt er am 22. Juli Charlotte von Stein mit. In einer Bleistiftskizze hält Goethe den Gipfelblick vom Hermannstein im Sommerregen fest. Die aus den Tälern aufsteigenden Nebelschwaden prägen die flüchtige Impression mit der Aura unbestimmter Weite und Melancholie. Die Darstellung dokumentiert aber auch, dass die Höhenzüge um Ilmenau damals nur schwach bewaldet waren beziehungsweise gerade neu aufgeforstet wurden. Holz wurde in großen Mengen geschlagen; es diente als Baumaterial und Brennstoff, zum Heizen und Kochen, aber auch für die Glasmachereien rund um Stützerbach. Teile davon wurden ilmabwärts nach Weimar geflößt. Große Mengen von Holz verschlang ebenfalls der Bergbau, etwa für das Auskleiden der Berggräben, die das Abschlagwasser zu den Gruben leiteten. Seit Alters her trieben die Bauern das Vieh in den Wald, mit dem Ergebnis kahler Wiesenflächen, denen vereinzelt stehengebliebene Bäume ein pittoreskes, urtümliches Aussehen verliehen, welches aber nichtsdestotrotz auf menschliche Eingriffe zurückzuführen war. Auch das reduzierte den Waldbestand, ebenso wie die Wildhege. So war paradoxerweise der Wald zur damaligen Zeit gerade in den Jagdgebieten besonders dicht, weil dies dort erwünscht war, um den Eindruck von ursprünglicher Natur zu vermitteln, während ringsherum lichte Flächen und Blößen das Bild bestimmten. Diese wurden ab Mitte des Jahrhunderts planmäßig mit Fichten aufgeforstet, aus deren Harz man Pech und Kienruß gewann und deren schnelles Wachstum schon bald Holznachschub versprach.

Am Tag darauf laviert Goethe die Skizze und schickt sie Charlotte. »Ewiges Denkmal«, schreibt er an den Rand des blaugrauen Papiers und setzt eine Maxime hinzu, die nicht nur für den Zeichner Bedeutung hat: »An jedem Gegenstand suche erst die Art ihn auszudrücken. Keine allgemeine Art gilt.« Auf der Rückseite finden sich an Charlotte von Stein gerichtete Verse: »Ach so drückt mein Schicksaal mich, / Daß ich nach dem unmöglichen strebe. / Lieber Engel, für den ich nicht lebe, / zwischen den Gebürgen leb ich für dich.«[13]

Wenige Tage später scheint das Unmögliche schon etwas greifbarer zu werden: Völlig unerwartet kündigt Charlotte ihren Besuch in Ilmenau an. Am Abend des 5. August steigt sie im dortigen Posthaus ab. Am folgenden Tag durchstreifen sie und Goethe gemeinsam die Gegend um den Hermannstein,

Abbildung 6: Johann Wolfgang Goethe, Dampfende Täler bei Ilmenau, 22./23. Juli 1776

er zeigt ihr vermutlich, wo sein Bild der dampfenden Täler entstanden ist, und es gelingt ihm auch, sie zum Besuch der unter dem Felsen gelegenen Höhle zu bewegen. Vielleicht hat es wieder zu regnen begonnen, und so war ein guter Grund vorhanden, Schutz in der Höhle zu suchen. Dort ergreift er ihre Hand, derweil sie sich bückt und ein Zeichen in den Staub schreibt. Unter dem Vorwand, behilflich zu sein, kommt es zu dem, was er und wohl auch sie ersehnen: eine körperliche Berührung. Über das prosaische Ende des Tages dann informiert uns Goethes Tagebuch: »Ins Amth[aus]. Illum[ination]. Musick. Trennung.«[14]

Was das für ein Zeichen war, das Charlotte in den Staub der Höhle geschrieben hat, ist nicht überliefert. Vielleicht wollte sie es Goethe nachtun, der seinen Namen in ihren Sekretär geritzt hatte. Goethe kehrt jedenfalls zwei Tage später, bewaffnet mit Hammer und Meißel, in die Höhle zurück, um dort selbst eine Inschrift anzubringen. Sie werde »sehr mystisch werden«, verspricht er ihr[15] und meißelt ein »S« in den Stein – für den Nachnamen der Freundin und wohl auch für »Sonne«, das im Tagebuch für Charlotte verwendete Symbol. Während sie nur in den Staub geschrieben hat, verewigt er die Erinnerung an den gemeinsamen Aufenthalt im uralten Porphyrgestein. Doch auch für Charlotte bedeutete der 6. August 1776 wohl eine Besiegelung ihrer Beziehung, wie auch immer sie sich in Zukunft entwickeln würde. »Adieu Engel ... du hast alles was ich gethan habe von dir loszukommen, wieder zu Grunde gerichtet«, lässt Goethe sie jedenfalls am 10. August wissen[16] und legt dem Brief eine Zeichnung des Höhleneingangs bei, die an einen weit offenstehenden Mund denken lässt. Immer wieder sucht Goethe in den nächsten Jahren die Höhle am Hermannstein auf und vergisst auch nicht, Charlotte darüber in Kenntnis zu setzen, dass er das in den kalten Porphyr eingemeißelte S »geküsst und wieder geküsst« habe.[17]

Wie in der »Geisterwelt« sei es gewesen, teilt Goethe der Freundin nach dem gemeinsamen Aufenthalt in der Höhle mit.[18] Die Äußerung bezog sich auf ein Gedicht, das sie bereits am 14. April 1776 ohne jeden weiteren Kommentar von ihm erhalten hatte und das von der beschworenen Geisterwelt handelt. In der mittleren von insgesamt fünf Strophen finden sich berühmt gewordene Zeilen, die sich in direkter Anrede an die Freundin wenden: »Sag was will das Schicksal uns bereiten? / Sag wie band es uns so rein genau? / Ach du warst in abgelebten Zeiten / Meine Schwester oder meine Frau«.[19] In einem ebenfalls Mitte April verfassten Brief an Wieland hat Goethe die geheimnisumwitterte Poesie des Gedichts gleich selbst in erklärende Prosa übersetzt. Er könne sich die Bedeutsamkeit – die Macht, die diese Frau über ihn habe –, anders nicht erklären als durch die Seelenwanderung, schreibt er da: »Ja, wir waren einst Mann und Weib! – Nun wissen wir von uns, verhüllt, in Geisterduft – Ich habe keinen Namen für uns – die Vergangenheit – die Zukunft – das All.«[20] Man hat daraus geschlossen, die alte Idee der Metempsychose, der Wiederverkörperung der unsterblichen Seele in wechselnden Gestalten, sei Goethes letztgültige Auskunft in Sachen seiner Liebe zu Charlotte von Stein. Doch das ist zumindest voreilig; vielleicht war es ja nur eine Metapher. Die vielen von Goethe verwendeten Gedankenstriche sollten jedenfalls zur Vorsicht mahnen. Vier Jahre später sollte Goethe das in der Begegnung mit Charlotte von Stein empfundene Wiedererkennen denn auch damit erklären, dass er in ihr zentrale Gestalten seines bisherigen Lebens wiedergefunden habe. Frau von Stein »hat meine Mutter, Schwester und Geliebten nach und nach geerbt, und es hat sich ein Band geflochten, wie die Bande der Natur sind«,[21] erläutert er 1780 Lavater den Grund, warum er sich so leidenschaftlich an diese Frau »geheftet und genistelt«[22] fühle, wie er in einem anderen Zusammenhang sagt. Hier wie auch an anderen Stellen nimmt Goethe, dieser geniale Beobachter seiner selbst, Einsichten über Liebe und Leidenschaft vorweg, die nach ihm Sigmund Freud wieder beschreiben wird. Die Sehnsucht nach dem anderen, die in der leidenschaftlichen Liebe so stark ist, hat auch mit der Übertragung unerfüllter Wünsche des Liebenden auf den geliebten Menschen zu tun. Oder, wie es eine Psychologin heute formuliert: »Die enorme Macht der geliebten Person über den Liebenden lässt sich zu einem guten Teil damit erklären, daß sie mit dem Nimbus aller verlorenen früheren Objekte ausgestattet wurde.«[23] In Charlotte von Stein findet Goethe sie alle wieder: das ihm überlegene Gretchen, die berechnende Schönkopf, das Landmädel Friederike Brion, die mütterlich-schwärmerische Charlotte Buff, die weltläufige Lili und nicht zuletzt auch die ihm einst so nahe, unsinnliche Schwester Cornelia, die ihm ein indefinibles Wesen zu sein schien. Im Juni 1777 erreicht ihn die Nachricht ihres frühen Todes: »Dunckler zerrissner Tag«, notiert er im Tagebuch,[24] und an die Mutter schreibt er Monate später: »Mit meiner Schwester ist mir so eine starcke Wurzel die mich an der Erde hielt abgehauen worden, daß die Äste von oben, die davon Nahrung hatten, auch absterben müssen.«[25] Der schmerzliche Verlust wird zum Anlass, sich nur noch enger an Charlotte von Stein zu heften und zu nisteln.

Ob also nun Seelenwanderung oder nicht: Der »Geisterduft« der Beziehung zu Charlotte rührt auf jeden Fall daher, dass die Empfindungen zu ihr nicht nur in der Gegenwart spielen, sondern auch eine Tür ins Geisterreich der Vergangenheit aufstoßen. Goethe wirft einen Blick in die eigene Vorzeit. Wohl zum ersten Mal in seinem Leben entdeckt er, dass die Gegenwart, die er eine »mächtige Göttin«[26] nennt, in der Vergangenheit eine Konkurrentin hat, die womöglich noch mächtiger ist als sie. Alles Leben ruht auf alten Existenzschichten auf, die sich besonders dann bemerkbar machen, wenn es zu umwälzenden Begegnungen wie denen mit Charlotte von Stein oder auch mit dem jungen Herzog kommt. Das bringt tektonische Verschiebungen des gesamten Lebens und, wenn alles gut geht, schließlich eine neue Selbstwahrnehmung und neue Lebensziele mit sich.

Eine vergleichbare Erfahrung wie in der Liebe zu Charlotte von Stein macht Goethe in der Erkundung der Bergwerke rund um Ilmenau. Er entdeckt nicht nur eine geheimnisvolle Welt unter dem Erdboden, auf dem wir so selbstverständlich wie sicher zu stehen meinen. Mit jedem Meter, den Goethe tiefer unter den Erdboden steigt, taucht er auch tiefer in die Vergangenheit der Erde ein. Diese Erkenntnis lehren ihn von Trebra und in seiner Begleitung der Markscheider Johann Gottlob Schreiber. Ein Markscheider vermaß die Markscheiden, die Grenzen der Lagerstätte, und ermittelte die Gesteinsarten im Untergrund. Zu diesem Zweck stellte der Herzog Schreiber unmittelbar nach der Entscheidung über die Wiederaufnahme des Ilmenauer Bergbaus an. Ergebnis von Schreibers Tätigkeit war die erste geologische Karte des Ilmenauer Gebiets. Zusammen mit handschriftlichen Aufzeichnungen Schreibers fand sie sich im Nachlass Goethes. Mit Rötel vorgenommene Anstreichungen zeigen, dass er Schreibers Bericht genau studiert hat. Schreiber beschrieb die verschiedenen Gesteinsschichten im Untergrund als nacheinander in Wasser abgesetzte Bildungen. Den Kupferschiefer, den man bislang immer als Gang betrachtet hatte, erkannte er als Flöz, das sich schräg an den Hang eines zuvor existierenden Gebirges angelegt habe. Darüber seien Kalklager, Gipslager und zuletzt ein Sandgebirge (Buntsandstein) als jüngste Formation abgelagert worden. Unter Ilmenau, so Schreiber weiter, rage ein Granitgebirge empor, das er hier wie auch an anderen Orten in Deutschland, an denen Bergbau betrieben wird, als »das am allertiefsten liegende Gestein« vermutete. »Alle anderen Gebirge sizen auf diesem als auf seiner Grundlage auf.« Andererseits wisse man aber auch, dass in vielen Gegenden »die höchsten Klippen«, sprich die Berggipfel, aus Granit bestehen.[27] Das sind Beobachtungen, die sich noch in Goethes Jahre später entstandener Schrift *Über den Granit* wiederfinden. Er sei »das Höchste und das Tiefste«,[28] heißt es dort. Goethe hat den Granit als ein die Erdepochen überdauerndes naturgeschichtliches Zeugnis betrachtet, das aus den Uranfängen in die Gegenwart hineinragt. Und es war der Markscheider Schreiber, der ihn bereits 1776 mit diesem Gedanken vertraut gemacht hat.

Durch Ilmenau und die mit der Wiederaufnahme des Bergbaus verbundenen Erkundungen und Studien gewinnt Goethes Erfahrung der Natur eine bislang unbekannte Tiefendimension. Das ganz aufs Gefühl bezogene Naturerleben weicht allmählich der zunehmend systematischen Naturbeobachtung. Die geisterhafte Beziehung zu Charlotte von Stein und Goethes erwachende Liebe zu den Steinen haben dabei mehr miteinander zu tun, als es auf den ersten Blick scheinen mag. Goethe selbst hat darauf aufmerksam gemacht. Sie habe »ausser den Steinen keine Nebenbuhlerinn«, schreibt er Charlotte 1784,[29] als er schon seit längerem geologische Studien betreibt und sich mit Theorien über die Bildung und Geschichte der Erde befasst. Das ist mehr als ein auf Homonymie basierender Kalauer. Es ist nichts weniger als der Versuch einer Neuausrichtung des eigenen Lebens. »Ich fürchte den Vorwurf nicht«, heißt es in einem der nun entstehenden naturkundlichen Texte, die diesen Umbruch dokumentieren, »daß es ein Geist des Widerspruchs sein müsse, der mich von Betrachtung und Schilderung des menschlichen Herzens, des jüngsten mannigfaltigsten, beweglichsten, veränderlichsten, erschütterlichsten Teiles der Schöpfung zu der Beobachtung des ältesten, festesten, tiefsten, unerschütterlichsten Sohne des Natur geführt hat.«[30] Wenn es aber kein Geist des Widerspruchs war, der hinter dieser Konversion steckte, was dann?

*Vierzehntes Kapitel, in dem Goethe eine
Winterreise unternimmt*

Goethe war bislang ein Dichter des Herzens gewesen. »Bester Freund, was ist das Herz des Menschen!«, lautet gleich der zweite Satz der *Leiden des jungen Werthers*. In allem, was er fühlt, denkt und tut, auch dem Entschluss zum Suizid, beruft sich Werther auf sein Herz. Das war bei dem jungen Schriftsteller Goethe kaum anders, wie schon die Anfangszeilen vieler seiner bis heute populären Gedichte nahelegen. »Herz, mein Herz, was soll das geben«, heißt es etwa in einem Vers, oder: »Es schlug mein Herz, geschwind, zu Pferde!« Das Herz stand für Unmittelbarkeit und Aufrichtigkeit; lieber seinen Winken und Impulsen folgen und dabei womöglich seine Existenz aufs Spiel setzen, als sich der Rationalität des Verstandes zu unterwerfen und dabei ein zwar erfolgreicher, aber auch angepasster, langweiliger und konventioneller Mensch zu werden. Das gilt auch für Goethes *Götz von Berlichingen*, dessen im Titel genannte »eiserne Hand« bei näherem Hinsehen von einem gar nicht eisernen Herzen geführt wird.

Schon früh hat Goethe, der immerhin seinen literarischen Erfolg der Konjunktur des Herzens verdankte, aber auch Zweifel an dessen Alleinvertretungsanspruch für alle menschlichen Belange angemeldet. Wenn er Lavater darüber belehrt, man könne nicht in jeder Lebenslage »empfinden«, war darin auch eine Lebensführung mit gedacht, die alles aufs Herz setzt. Nicht zuletzt bei der Arbeit am Werther ist Goethe aufgegangen, wohin das schlimmstenfalls führen konnte. In der zweiten, 1806 vollendeten Fassung seines Dramas *Stella*, das er in der ersten, 1775 entstandenen noch ein *Schauspiel für Liebende* nennt, hat er der Titelheldin diese Erkenntnis in den Mund gelegt: »Tiefe Wunden schlägt das Schicksal, aber oft heilbare. Wunden, die das Herz dem Herzen schlägt, das Herz sich selber, die sind unheilbar.«[1]

Beim Herzen war also Vorsicht geboten. Setzte man es absolut, so begab man sich in Gefahr, am Leben zu scheitern. Spätestens in Weimar dann, als Goethe immer stärker mit politischen und juristischen Aufgaben konfrontiert wurde, die sich nicht mehr mit dem Diktieren feuriger Schriftsätze erledigen ließen, hat er erkannt, wie begrenzt die Reichweite des Herzens war. Staatsgeschäfte, selbst wenn sie die eines kleinen Herzogtums waren, erforderten nun mal eine andere Kompetenz als die, der Stimme des eigenen Herzens zu folgen. Zwar war die Entscheidung für die Wiederaufnahme des Bergbaus in Ilmenau sowohl beim Herzog als auch bei Goethe mehr eine Herzensangelegenheit als eine nach Erwägung aller Vor- und Nachteile, aller Bedenken und Aussichten getroffene rationale Entscheidung. Aber die juristischen, technischen, ökonomischen und politischen Aufgaben, die aus dieser Entscheidung erwuchsen, ließen sich kaum allein mit dem Herzen vorantreiben. Wenn auch ohne seine Mitwirkung die Motivation, die sich rasch auftürmenden Schwierigkeiten durchzustehen, wohl rasch versiegt wäre.

Und wie stand es mit der Natur? Gerade sie war für Goethe bislang vor allem eine Herzenssache gewesen: Instanz des Einspruchs gegen die Zumutungen und die Enge der Verstandeswelt; sodann eine Macht, deren Heilkraft man sich anvertrauen konnte, wenn das Herz einen einmal mehr in Verstrickungen geführt hatte, die es nicht selbst aufzulösen vermochte; und schließlich eine von den Zwängen des sozialen Verhaltens unbelastete Außenwelt, in der Goethes Bewegungsdrang, seine manische Unruhe wie auch seine überbordende Energie zur Geltung kommen konnten. Die Natur wird alles das für Goethe auch weiterhin in sich einschließen. »O daß doch mein Beruf wäre immer in Bewegung und freyer Luft zu seyn«, heißt es noch 1780 in einem Brief an Charlotte von Stein; er wolle dafür gerne jede Beschwerlichkeit auf sich nehmen, die diese Lebensart nun einmal mit sich bringe. Zuvor hat er davon berichtet, wie er »auf die hohen Gipfel gestiegen und in die Tiefen der Erde eingekrochen« sei. Goethe schreibt diese Zeilen einen Tag, nachdem er in die Bretterwand des Jagdhäuschens am Kickelhahn das Gedicht *Über allen Gipfeln ist Ruh* geritzt hat. Gewandelt hat sich inzwischen allerdings die Motivation des Wanderers. Ihm geht es nicht mehr um ihn selbst, um sein Herz, er ist nicht länger auf der Flucht, sei es vor sich selbst, vor den eigenen Ansprüchen oder den Ansprüchen anderer. Das Ziel ist auch nicht bloß Genuss – sich auszuleben. Er möchte, lässt Goethe wissen, »der großen formenden Hand nächste Spuren entdecken«, anders gesagt, die Bildungsgesetze der Natur erkennen. »Es kommt gewiss noch ein Mensch, der darüber klar sieht. Wir wollen ihm vorarbeiten.«[2]

Am 29. November 1777, das Jahr nähert sich langsam dem Ende, und in weiten Teilen Thüringens ist bereits der Winter eingebrochen, macht Goethe sich in aller Morgenfrühe von Weimar aus auf, allein, zu Pferd. Bereits am Ettersberg gehen heftige Hagelschauer nieder. Der Herzog und seine Entourage sind zwei Tage zuvor in die Eisenacher Gegend aufgebrochen, um Wildschweine zu jagen, die dort Schäden anrichten. Goethe hat sich ausbedungen, nachkommen zu dürfen, ohne zu sagen, was er selbst vorhat und dass über zwei Wochen vergehen werden, bis er zu ihnen stößt. Auch Charlotte von Stein ist in seine konkreten Pläne nicht eingeweiht. »Adieu liebe Frau«, schreibt er ihr unmittelbar vor dem Aufbruch, »ich streiche gleich ab«. Seine Gedanken seien in »wunderbar dunckler Verwirrung. Hören Sie den Sturm der wird schön um mich pfeifen.«[3]

Als »Johann Wilhelm Weber aus Darmstadt« trägt er sich in die Fremdenbücher ein. Den Nachnamen hat er nach dem Familiennamen der Mutter gewählt – Textor bedeutet Weber. »Ich heise Weber, bin ein Mahler habe iura studirt, oder ein Reisender überhaupt«,[4] berichtet er unterwegs an Charlotte von Stein. Selbst den jeweiligen Absendeort der Briefe, in denen er ihr seine Gefühle und Gedanken auf der Reise, nicht aber die näheren Umstände schildert, bemüht er sich anfangs geheim zuhalten, indem er nur den letzten Buchstaben anführt. Schwerwiegende sachliche Gründe gibt es dafür nicht. Es ist gut möglich, dass die Menschen, die er trifft, so unbefangener auf ihn zugehen, als wenn er sich als Geheimer Legationsrat und damit als Abgesandter des Weimarer Hofes vorstellt, und vielleicht auch bereitwilliger über die Details des Bergbaus Auskunft geben, für die er sich auf seiner Reise interessiert. Auch bei der beabsichtigten Begegnung mit Friedrich Victor Leberecht Plessing, der ihm bereits vor Monaten nach Weimar geschrieben hat und auf eine Antwort dringt, will er aus verschiedenen Gründen seine Identität nicht preisgeben. Doch das alles hätte sich von Fall zu Fall lösen lassen, ohne der gesamten Reise diesen Zug ins Mystifikatorische zu verleihen.

Zwei Wochen vor seinem Aufbruch ist Goethe auch offiziell mit der Wiederaufnahme des Ilmenauer Bergbaus betraut worden, indem ihn der Herzog in die dafür eingesetzte Kommission berufen hat. Auf dem Großteil seiner insgesamt 500 Kilometer langen Reise sehen wir Goethe in der Tat mit der Erkundung des Berg- und Hüttenwesens beschäftigt – neugierig auf alles, was mit Bergwerken, der Mineralogie und Geognostik, wie damals die Geologie noch genannt wurde, zusammenhing. Goethe hatte sich gut vorbereitet und die einschlägige Fachliteratur konsultiert, drei Werke über den Bergbau im Harz, das jüngste davon war *Bergwerksstaat des Ober- und Unterhaarzes*.[5] Der Oberharz war seinerzeit das neben dem Erzgebirge ertragreichste deutsche Bergbaurevier und technisch gesehen auf dem neuesten Stand. »Daß ich iezt um und in Bergwercken lebe, werden Sie vielleicht schon errathen habe«, schreibt er am Abend des 9. Dezember aus der Bergstadt Altenau an Charlotte von Stein.[6] Da hat er bereits das berühmte Bergwerk im Rammelsberg südlich von Goslar, in dem wie in jenem von Ilmenau seit langer Zeit silber-, kupfer- und bleihaltige Erze abgebaut wurden, sowie die Hüttenwerke in Oker besichtigt. Er ist in die Bergwerke Caroline, Dorothee und Benedickte östlich von Clausthal eingefahren und hat die Frankenscharrer Silberhütte besucht sowie zum ersten Mal eine Mineraliensammlung betrachtet, die der Oberharzer Bergkommissar und Apotheker Johann Christoph Ilsemann aus Oberharzer Mineralien zu Unterrichtszwecken zusammengestellt hat. Zudem hat er sich einen ganzen Tag lang in der Baumannshöhle aufgehalten, einer großen, im 16. Jahrhundert entdeckten Tropfsteinhöhle. Er hat sie förmlich durchkrochen und das »fortwirkende Naturereignis« genau studiert. Der schon damals verbreiteten Gewohnheit, in den »krystallinischen Säulen und Flächen«, den Stalaktiten und Stalagmiten, Figuren zu erkennen, will er dabei nicht gefolgt sein. Vielmehr faszinierte ihn das »fortwebende Leben der Natur«, also der Prozess der Gesteinsbildung; angesichts dessen, so berichtet er, seien »alle Wunschbilder« verblasst, »die sich eine düster wirkende Einbildungskraft so gern aus formlosen Gestalten erschaffen mag«.[7]

Am Schluss seiner Harzreise fehlten nur noch die Gruben bei Bad Grund, dann hätte Goethe alle damals betriebenen Bergbaugebiete und Hüttenwerke im Oberharz aufgesucht. Bei einer der anstrengenden Bergwerksbesichtigungen, die ihn hunderte Meter tief unter die Erde führten, wäre er beinahe von einem herabfallenden Felsstück getroffen worden. Stattdessen riss es den nur einen Schritt vorausgehenden Zechenaufseher nieder, einen »sehr robusten Mann«, der dabei zwar zu Boden ging, aber mit einer geschickten Körperwendung das Schlimmste verhüten konnte. Das Schicksal, schreibt Goethe, habe ihm einmal mehr »ein gros Compliment« gemacht.[8] Dafür ist Goethe nicht nur auf dieser Reise, sondern in seiner gesamten ersten Weimarer Zeit sehr empfänglich.

Bereits am fünften Tag seiner Reise erreicht er Wernigerode. Dort kommt es zu dem Treffen mit Plessing, von dem Goethe vierundfünfzig Jahre später in seiner autobiographischen Schrift *Campagne in Frankreich* meint, die Absicht dazu habe »wohl die Hälfte des Gewichtes« bei dem Entschluss ausgemacht, die Reise in den Harz überhaupt anzutreten.⁹ Sowohl unter dem unmittelbaren Eindruck der Begegnung als auch nachträglich nennt er sie ein »Abenteuer«.¹⁰ Plessing, in Goethes Alter, hatte in Göttingen Jura und unter anderem in Leipzig Theologie studiert und war anschließend, wohl ohne Abschluss, ins Elternhaus zurückgekehrt. Gewisse Ähnlichkeiten zu Goethes Werdegang gab es durchaus, und im Anschluss an das Treffen sehen wir den Alleinreisenden mit Erinnerungen an seine Jugend, die Leipziger Studienzeit und die schwere Krankheit befasst, mit der er nach Frankfurt zurückkehrte.

Plessing ist ein begeisterter Leser der *Leiden des jungen Werthers* gewesen. Seine Identifikation mit Werther hatte ihn dazu gebracht, dem Autor ausführlich zu schreiben und in Bekenntnissen, die den Umfang eines Heftes erreichten, seine Seelenlage darzulegen. Goethe muss einige solcher Schreiben erhalten haben; ihre Verfasser erkannten sich in Werther wieder, und da sie den Autor mit seiner Figur gleichsetzten, gingen sie davon aus, bei ihm mit ihren Seelennöten auf ein Verständnis zu stoßen, das sie in ihrer Umwelt vermissten. Wahrscheinlich erwarteten sie sich von ihm noch nicht einmal eine Lösung ihres Problems, sondern vor allem Aufmerksamkeit und Zuspruch. Als Goethe auf Plessings Schreiben nach einigen Monaten noch immer nicht geantwortet hatte, folgte dem ersten jedenfalls ein zweites, in dem auf »Antwort und Erklärung« gedrungen und er »feierlichst beschworen« wurde, sie ihm »nicht zu versagen«. Goethe reagierte immer noch nicht, angeblich, weil ihm die zweiten Blätter so wenig wie die ersten »zu Herzen« gingen, wie er als Sechzigjähriger behaupten sollte.¹¹ Doch daran lässt sich zweifeln – denn warum hätte ihm ansonsten so viel daran gelegen, den jungen Mann zu treffen? Es verhielt sich wohl eher so, dass Goethe neben einer gewissen Verantwortung für die seelischen Folgen seiner literarischen Produkte auch verspürte, dieser ihm nicht sonderlich sympathische, selbstquälerische Plessing verkörpere durchaus eine Seite seiner selbst – was auch aus ihm hätte werden können, wenn glückliche Umstände und sein großes literarisches Talent ihm nicht einen anderen Weg geebnet hätten. Dass Goethe solche Gedanken keineswegs fremd waren, zeigt, wie er über Karl Philipp Moritz urteilt, nachdem er ihn 1786 in Rom getroffen hat. »Er ist wie ein jüngerer Bruder von mir«, heißt es in einem Brief an Charlotte von Stein; »von derselben Art, nur da vom Schicksal verwahrlost und beschädigt, wo ich begünstigt und vorgezogen bin. Das machte mir einen sonderbaren Rückblick in mich selbst.«¹²

Solch ein sonderbarer Rückblick in sich selbst muss auch die Begegnung mit Plessing gewesen sein. Goethe gibt sich auch jetzt nicht zu erkennen, stellt sich vielmehr als Zeichenlehrer aus Gotha vor, den »Familienangelegenheiten in dieser unfreundlichen Jahrszeit« in diese Gegend verschlagen haben. Für Plessing ist diese Auskunft lediglich Anlass, ihn zu fragen, ob er denn auch Weimar schon besucht habe, und sich nach Goethe zu erkundigen. Er bestürmt ihn, er solle ihm »das seltsame Individuum schildern, das so viel von sich reden mache.«

Goethe erinnert sich, dass ihm während des Gesprächs »der bedauernswürdige Zustand dieses jungen Mannes« immer deutlicher geworden sei; »er hatte nämlich von der Außenwelt niemals Kenntnis genommen, dagegen sich durch Lektüre mannigfaltig ausgebildet, alle seine Kraft und Neigung aber nach Innen gewendet und sich auf diese Weise, da er in der Tiefe seines Lebens kein produktives Talent fand, so gut als zu Grunde gerichtet.« Bis auf das »produktive Talent«, auf das Goethe bislang in allen Lebenslagen auch den schlimmsten, hatte zurückgreifen können und das ihm niemals untreu geworden war, ist das eine Beschreibung, die durchaus auch auf den neunzehnjährigen Jurastudenten zutrifft, bevor er nach Straßburg gekommen und dort Herder und Friederike Brion begegnet ist.

Immer noch ohne sich zu erkennen zu geben, trägt Goethe Plessing nun vor, was er für die einzig brauchbare Therapie in einer solchen Lebenssituation hält, die für ihn alle Züge der Werther-Pathologie trägt: Weltzuwendung nämlich und tätige Teilnahme an den Dingen und Menschen, wie sie wirklich sind, statt Konzentration auf das eigene Ich und dessen Befindlichkeiten sowie unablässige Selbstreflexion. Er habe selbst, so erklärt er Plessing, einigen Unterhaltungen im Weimarer Kreise beigewohnt und behaupten hören: »man werde sich aus einem schmerzlichen, selbstquälerischen, düstern Seelenzustande nur durch Naturbeschauung und herzliche Teilnahme an der äußern Welt retten und befreien.« Goethe erinnert sich daran, Plessing »so unmittelbar und natürlich« als er es vermochte, den Gang seiner »Winterreise« geschildert zu haben, um ihn auf den Geschmack zu bringen, welchen Genuss man daraus ziehen kann, sich auf die Natur einzulassen, statt sich in der Stube hinter Büchern zu verschanzen und vor allem um die eigenen Gedanken zu kreisen. Er schwärmt ihm von dem im Verlauf der Tageszeiten wechselnden Licht vor, in das die Landschaft für den Reisenden getaucht ist, vom »morgendlichen Schneehimmel über den Bergen« bis zur zauberischen Stadtsilhouette in der hereinbrechenden Abenddämmerung. »Schon die allgemeinste Bekanntschaft mit der Natur, gleichviel von welcher Seite, ein tätiges Eingreifen, sei es als Gärtner oder Landbebauer, als Jäger oder Bergmann, ziehe uns von uns selbst ab«, erläutert er die empfohlene Kur. »Die Richtung geistiger Kräfte auf wirkliche, wahrhafte Erscheinungen gebe nach und nach das größte Behagen, Klarheit und Belehrung«.[13]

Diese Erkenntnis ist aus dem Abstand von über vier Jahrzehnten so abgeklärt wie wohlgesetzt, so souverän wie allgemeinverständlich formuliert. 1822, als er dies schreiben wird, ist sie längst Teil von Goethes Lebensweisheit, die sich aus eigener Erfahrung herangebildet hat und im Alter in Sentenzen und Maximen zum Ausdruck kommt. In den Briefen, die Goethe Charlotte von Stein 1777 nach dem Treffen mit Plessing schickt, begegnen wir diesen Überlegungen, die die vielleicht wichtigste Wendung in seinem Selbstverständnis einleiten, hingegen noch im Rohzustand. Dort tastet er sich beinahe stammelnd an die Einsichten heran, die so zentral für ihn werden sollten. Von der »Selbstigkeit der Menschen« spricht er auch hier, und davon, wie viele Vorteile »einer, der sich im Augenblick verläugnet«, darüber gewinnen kann. Das Inkognito, unter dem er reist, dient also auch dazu, ihn von allen Bestimmungen und Festlegungen freizumachen. So gelingt es ihm, eine Offenheit für alles zu gewinnen, was an neuen Ereignissen und Erfahrungen auf ihn einströmt. Goethe nennt das eine »freywillige Entäuserung« und schwärmt von der »Lieblichkeit« und dem »Glück«, das darin steckt. Doch erlebt er die Unruhe, die dabei Besitz von ihm ergreift, auch als Rückkehr in einen früheren Zustand: »Wenn ich so allein bin, erkenn ich mich recht wieder wie ich in meiner ersten Jugend war, da ich so ganz allein unter der Welt umhertrieb«, bekennt er Charlotte von Stein. Da sei er »elend, genagt, gedrückt, verstümmelt« gewesen.[14] Goethe will sich vom Schicksal leiten lassen, wie er schreibt, und weiß zu diesem Zeitpunkt noch nicht, wie die Reise, die er auch als eine »Irrfahrt« oder eine »Wallfahrt«[15] bezeichnet, enden wird. Aber er weiß wohl, was er mit ihr bezweckt: nichts Geringeres als eine Selbstverwandlung, und er hat ein Gespür dafür, genau das nicht aus eigenen Kräften bewerkstelligen zu können.

Der Gedanke, die winterliche Besteigung des Brockens könne zur Krönung seiner Harzreise werden, muss Goethe sehr früh gekommen sein. Es ist der letzte und wohl wichtigste seiner Gründe, warum er die ganze Unternehmung mit dem Mantel des Geheimnisses umgibt. Der Literatur, die er zur Reisevorbereitung konsultierte, konnte er entnehmen, alle Versuche, den Brocken im Winter zu begehen, seien bislang gescheitert. Selbst eine im April unternomene Besteigung, heißt es in einem dieser Bücher, habe aufgrund der Schneeverhältnisse »mehr Beschwerlichkeit als Vergnügen und Nutzen.« gebracht und nur zu unerheblichen Beobachtungen geführt.[16] Gut möglich also, dass Goethe die Bezwingung des höchsten Gipfels des Harzgebirges mitten im Winter als ultimative Herausforderung vor Augen steht. Genau das ist es, was er sucht, um sich selbst und der Welt zu beweisen, er sei auf dem richtigen Weg. Und so geschieht es, dass er nach der Erforschung der Bergwerke und Erzhütten und im Anschluss an die Begegnung mit Plessing, die auch eine Wiederbegegnung mit der eigenen Vergangenheit ist, ein drittes Kapitel seiner Harzreise aufschlägt und die Besteigung des Brockens in Angriff nimmt. Sie soll die glanzvolle Synthese, den Blick in die Zukunft bringen.

Der Führer, den er mitgenommen hat, begleitet ihn nur bis zu dem am Fuß des Brockens gelegenen Forsthaus »Borkenkrug«, in dem der für die Bewachung des Waldes zuständige Förster Johann Christoph Degen, der auch die Funktion eines Gastwirts versieht, gerade beim Frühstück sitzt. Goethe trägt ihm seinen Wunsch vor, den Berg zu besteigen, doch Degen schüttelt energisch den Kopf. Völlig unmöglich sei es, jetzt bei dem Schnee dort hinaufzugehen, der Gipfel liege im Nebel, man sehe oben keine drei Schritte voraus und müsste jeden Tritt genau kennen. Im Sommer sei er oft droben gewesen, aber es bei dieser Wetterlage zu versuchen, sei mehr als leichtfertig. Und dabei dürfte sein Blick den Ortsfremden von oben bis unten gemustert haben, der sich etwas in den Kopf gesetzt hatte, was zu dieser Jahreszeit vernünftigerweise niemand tat. »Da sas ich mit schweerem Herzen«, berichtet Goethe Charlotte von Stein, »mit halben Gedancken wie ich zurückkehren wollte ... Ich war still und bat die Götter das Herz dieses Menschen zu wenden und das Wetter, und war still.« Nach einer Weile wendet der Förster sich an ihn mit den Worten »Nun können Sie den Brocken sehn!«. Goethe tritt ans Fenster, »und er lag vor mir klar wie mein Gesicht im Spiegel, da ging mir das Herz auf und ich rief: Und ich sollt nicht hinaufkommen! haben Sie keinen Knecht, niemanden – Und er sagte ich will mit Ihnen gehn.« Als er das hört, treten Goethe Tränen der Freude in die Augen, und er ritzt ein Zeichen in die vereisten Fensterscheiben.[17]

Als Goethe knapp sechs Jahre später, im September 1783, wieder zu dem Forsthaus kommt, nun in Begleitung von Trebras, erkennt ihn Degen wieder. »Nun! Da kommen Sie dann doch noch einmal, in einer beßern Jahreszeit den Brocken zu besuchen«, soll er sich nach den Aufzeichnungen von Trebras an ihn gewandt haben. Als er damals mitten im Winter auf den Brocken geführt werden wollte, hätte er ihm das trotz aller guten Worte – laut von Trebra gab Goethe ihm einen Louisd'or – abgeschlagen, »wenn nicht eben durch den star-

Und der Brocken lag vor mir klar wie mein Gesicht im Spiegel 227

ken Frost eine harte Rinde über den tiefen Schnee gezogen gewesen wäre, die uns tragen konnte.« Nie zuvor und auch nicht mehr danach habe ein Fremder das von ihm begehrt, und er hätte »das Wagstück« auch nicht mehr unternommen, obwohl es damals gut abgelaufen sei, »und wir in guter Zeit von der Spitze des unbewohnten großen Brockens, wieder hier waren, nachdem wir eine gar seltene heitere Aussicht in die Runde genossen hatten«.[18]

Auch Degen betont noch im Nachhinein das Außergewöhnliche, ja Einmalige der Besteigung des Brockens im Winter und vergisst auch nicht, auf die kurze Zeit aufmerksam zu machen, in der sie es geschafft haben. Goethe aber versieht das »Wagstück« mit ungleich größerer, biblischer Aufladung, als er Charlotte von Stein davon berichtet: »Was soll ich vom Herren sagen mit Federspulen [Federkielen], was für ein Lied soll ich von ihm singen? Im Augenblick wo mir alle Prose zur Poesie und alle Poesie zur Prose wird. Es ist schon nicht möglich mit der Lippe zu sagen was mir widerfahren ist wie soll ichs mit dem spizzen Ding hervorbringen. Liebe Frau. Mit mir verfährt Gott wie mit seinen alten heiligen, und ich weis nicht woher mir's kommt.« Das Ziel seines Verlangens sei erreicht, »es hängt an vielen Fäden, und viele Fäden hingen davon, Sie wissen wie simbolisch mein Daseyn ist«. Es ist hier das erste Mal, dass der Begriff des Symbolischen an zentraler Stelle in einer Äußerung Goethes auftaucht.[19]

Und auch eine andere für Goethes Natur- wie Kunstverständnis zentrale Fügung – die vom »offenbaren Geheimnis« – begegnet erstmals im Zusammenhang mit dieser winterlichen Harzreise. Schon bald nach dem Aufbruch hat Goethe sich Notizen zu einem Gedicht gemacht, dessen Handlung den Stationen der Reise folgt. Als er schließlich in Eisenach auf die herzogliche Gesellschaft trifft, ist es schon fertiggestellt. Es schließt mit Zeilen, die sich auf die Besteigung des Brockens beziehen, ohne dass man noch genau weiß, von wem die Rede ist – vom Berg oder seinem Bezwinger:

Du stehst unerforscht die Geweide
Geheimnißvoll offenbar
Ueber der erstaunten Welt,
Und schaust aus Wolcken
Auf ihre Reiche und Herrlichkeit
Die du aus den Adern deiner Brüder
Neben dir wässerst[20]

Der Vergleich der Schöpferkraft des Genies mit einem Strom, der aus einem kleinen Quell entsprungen, sich immer weiter ausbreitet, war damals populär; Goethe selbst hat ihn in einem dramatischen Versuch über Mohammed wenige Jahre zuvor verwendet, und auch in *Werthers Leiden* begegnen wir der Fügung vom »Strom des Genies«.[21] Solches ließ sich also nicht nur vom Berg, sondern auch vom Dichter sagen, der hier zugleich als Bergbesteiger gefeiert wird. Und auch die »Geweide« beziehen sich nicht ausschließlich auf die »Eingeweide der Erde«, von denen Goethe spricht, wenn er in Bergwerke einfährt und dort herumkriecht,[22] sondern ebenso auf die verborgenen Schätze im Inneren des Dichters. So bezieht die Schlussstrophe des Gedichts ihren Reiz aus gewollter Uneindeutigkeit. Gemeint sind nicht nur beide, der Berg wie der Mensch, sondern vor allem die besondere, symbolische Beziehung des Menschen zu diesem konkreten, geheimnisvoll offenbaren Berg. Goethe macht sich den Brocken zu eigen, erklärt ihn förmlich zu seinem Genius, verwandelt sich selbst aber auch dem Berg an und geht mit ihm ein symbiotisches Verhältnis ein.

Diese unmittelbare, persönliche Beziehung zum Gegenstand ist ein Charakterzug nicht nur von Goethes geologischer, sondern seiner gesamten Naturforschung. Goethe hat kein distanziertes und oder abstrahierendes Verhältnis zu den Phänomenen der Natur; immer spielt seine gesamte Person mit ihren Sinnen und Leidenschaften hinein. »Mein Abenteuer« nennt Goethe die Begegnung mit Plessing.[23] Das ließe sich von der gesamten winterlichen Reise sagen, mit der Brockenbesteigung als Höhepunkt. »Wie doch nichts abenteuerlich ist als das natürliche, und nichts gros als das natürliche und nichts pppppppppp als das natürliche!!!!!«, schreibt er bereits in den ersten Tagen seiner Reise an Charlotte von Stein.[24] Am Tag vor der Besteigung des Brockens dann nimmt er das Motiv wieder auf, dieses Mal, um sich vom Herzog abzugrenzen, der sich derweil auf der Jagd befindet; dieser gefalle sich noch zu sehr darin, »das natürliche zu was abenteuerlichem zu machen, statt daß es einem erst wohl thut wenn das abenteuerliche natürlich wird«, heißt es nun. Allein das gebe »den rechten leckern Geschmack« am Leben.[25] Und als Goethe schließlich, Monate später, dem Freund Merck von der Reise berichtet, ist der Ton noch einmal energischer geworden. Wie er nichts so sehr hasse, als »wenn man das Natürliche abenteuerlich machen will«, so wohl sei es ihm, »wenn das Abenteuerlichste natürlich zugeht«, heißt es nun.[26] Während der zweiten Reise in die Schweiz, die er im Herbst und Winter 1779 gemeinsam mit dem Herzog unternimmt, wird er schon bald die Probe darauf machen, was das heißen kann.

Fünfzehntes Kapitel, in dem Goethe mit Herzog Carl August in die Schweiz reist und über eine Eiszeit nachzudenken beginnt

Am 7. August 1779 – eine längere Reise mit dem Herzog ist bereits verabredet –, sieht Goethe in seinem Häuschen an der Ilm alte Papiere durch, darunter auch Entwürfe zu nicht ausgeführten Werken, sortiert vieles aus und übergibt es dem Feuer. Seine Bilanz fällt desaströs aus. In seinem Tagebuch – in einer der wenigen längeren, zusammenhängenden Passagen – beklagt er »die Verworrenheit, Betriebsamkeit, Wissbegierde der Jugend, wie sie überall herumschweift um etwas befriedigendes zu finden. *Alles Wissenschaftliche*«, so sein Eindruck, »habe er nur halb angegriffen und bald wieder ... fahren lassen ..., in zeitverderbender Empfindung und Schatten Leidenschafft gar viele Tage vertan«. Keine Rede könne davon sein, dass er so etwas wie einen Weg zurückgelegt habe, vielmehr stehe er da »wie einer der sich aus dem Wasser rettet und den die Sonne anfängt wohltätig abzutrocknen.« Die vergangenen vier Jahre seit der Ankunft in Weimar – seit er »im Treiben der Welt« sei, wie er sich ausdrückt – getraut er sich noch gar nicht zu übersehen. Man könnte fast meinen, nicht Deutschlands prominentester Dichter, der zudem noch eine leitende Position an einem Fürstenhof bekleidet, sondern ein in seiner Stellung in der Welt und seiner Wirkung auf andere verunsicherter Mensch mit starken pietistischen Neigungen halte hier Gerichtstag über sich selbst. Und wie es sich gehört, werden lauter gute Vorsätze gefasst: »Gott helfe weiter und gebe Lichter, daß wir uns nicht selbst soviel im Weege stehn. Lasse uns von Morgen zum Abend das gehörige thun und gebe uns klare Begriffe von den Folgen der Dinge. Daß man nicht sey wie Menschen die den ganzen Tag über Kopfweh klagen und gegen Kopfweh brauchen und alle Abend zu viel Wein zu sich nehmen.«[1]

Als Goethe dies schrieb, war sein dreißigster Geburtstag nicht mehr fern, und er war überzeugt davon, dass nun »die Hälfte des Lebens« bereits vorüber sei. Das mag das Ungenügen am Erreichten, das sich in diesen Sätzen ausspricht, erklären. Doch allein aus dem Moment heraus ist es nicht zu verstehen. Genauso wie die zuweilen an Übermut grenzende Souveränität, die er ausgestrahlt haben muss, gehört der Zweifel am Selbstwert zu Goethes Persönlichkeit. Erst beide Züge zusammen, Offenheit für Erfahrung und Außenorientierung einerseits, emotionale Labilität und eine an Neurotizismus grenzende Selbstbezogenheit andererseits, vor allem aber die Spannung zwischen diesen beiden Polen, erklären die ungeheure Energie, mit der Goethe sein Leben vorantrieb und die auch jetzt nur auf die Gelegenheit neuerlicher Entfesselung zu warten schien.

Als gut zwei Wochen nach Goethes dreißigstem Geburtstag sich eine kleine Reisegesellschaft von Weimar aus gen Frankfurt aufmacht, ist davon anfangs noch nicht viel zu spüren. Neben dem Herzog und Goethe gehören ihr der Oberforstmeister Wedel, der in dessen Diensten stehende Jäger Johann Hermann Becker sowie einige Bedienstete an, darunter Goethes Sekretär Philipp Seidel. Nach vier Jahren Regierungstätigkeit war bei dem jungen Herzog wohl erstmals eine gewisse Amtsmüdigkeit festzustellen, und einige Wochen Auszeit, in denen er sich auf die Spuren der Herkunft seines Freundes Goethe begab, aber auch den einen oder anderen Hof besuchte, verbunden mit ausreichend Bewegung an frischer Luft – man war zu Pferd unterwegs –, konnten da nur guttun. Goethe würde erstmals seit vier Jahren seine Mutter und seinen inzwischen alten und gebrechlichen Vater wiedersehen, und er kehrte als einer ins Elternhaus zurück, der die in ihn gesteckten Erwartungen noch übertroffen hatte. An seinem dreißigsten Geburtstag hatte ihm der Herzog den Titel eines Geheimen Rates verliehen, den höchsten Rang, den er zu vergeben hatte, und Goethes Selbstzweifel damit erst einmal verdrängt: »Es kommt mir wunderbaar vor, daß ich so wie im Traum, mit dem 30ten Jahre die höchste Ehrenstufe die ein Bürger in Teutschland erreichen kan, betrete«, hatte er Charlotte von Stein mitgeteilt und der Bekräftigung halber noch ein geflügeltes Wort hinzugefügt: »On ne va jamais plus loin que quand on ne scait ou l'on va« (Man steigt niemals höher, als wenn man nicht weiß, wohin man geht). Das klingt angesichts der nur wenige Wochen zurückliegenden, von Deprimiertheit zeugenden Tagebuchbilanz wie ein Widerruf in eigener Sache, und Oliver Cromwell, von dem der Satz stammen soll, wird in dem Brief denn auch »ein groser Kletterer dieser Erde« genannt.[2]

Schon auf dem Weg nach Frankfurt kamen der Herzog und Goethe überein, ihre Reise nicht wie geplant rheinabwärts, sondern rheinaufwärts fortzusetzen, gen Süden. Man wollte in die Schweiz, in das Land Rousseaus und Voltaires, den Schauplatz von Freiheit und Selbstbestimmung, großartiger Land-

Ein eigentlicher Feldzug gegen alle Elemente 231

schaften und hoher Berge. Goethe dürfte Carl August von seiner Reise nach Zürich und der Besteigung der Passhöhe des Gotthard vorgeschwärmt haben. Das war ein anderes Ziel als das ursprünglich ins Auge gefasste Düsseldorf, es hatte den »rechten, leckern Geschmack« von Natur und Abenteuer, und Goethe würde dem Freund schon zeigen, dass die Natur Abenteuer genug sei und man sie nicht erst abenteuerlich machen müsse. Eine nicht ganz unwesentliche Rolle bei der Änderung des Reiseziels dürfte allerdings auch die immer noch prekäre Finanzlage des Herzogtums gespielt haben. Kammerpräsident von Kalb hatte im Sommer den Kanton Bern um eine Staatsanleihe in Höhe von 50 000 Reichstalern ersucht, ein dort angefertigtes Gutachten ließ Entgegenkommen erwarten, und ein persönliches Zusammentreffen mit den Kreditgebern konnte die Sache womöglich vorantreiben. Das jedenfalls dürften die Gebrüder Bethmann, Inhaber des gleichnamigen Frankfurter Bankhauses, Carl August geraten haben, als er sich mit ihnen unterwegs auf ihrem Friedberger Landgut traf. Seiner Mutter Anna Amalia schrieb Carl August kurzerhand, er und die anderen hätten von der Planänderung »durch Eingebung des Engels Gabriel« erfahren.[3] Gegen einen solchen Bescheid von oben ließ sich schwerlich etwas einwenden.

Die gelöste, unbeschwerte Stimmung kehrte also zurück, und dazu hat wohl auch der indische Elefant beigetragen, den die Reisegruppe auf dem Weg nach Frankfurt in der Menagerie Friedrichs II. in Kassel zu sehen bekam – ein lebendes Exemplar dieses exotischen Tieres war damals eine Sensation. 1784 wird Goethe sich den Schädel des inzwischen gestorbenen Tieres, kunstgerecht präpariert, heimlich nach Eisenach bringen lassen, um ihn im Rahmen seiner Studien am Zwischenkieferknochen zu untersuchen und zeichnen zu lassen. Aber auch der Besuch in Frankfurt war von Erfolg gekrönt. Dass ein Herzog im bürgerlichen Elternhaus eines seiner leitenden Beamten abstieg, selbst wenn dieser Beamte ein Dichter und sein Freund war, dürfte nicht häufig vorgekommen sein. Goethe, der sich nicht blamieren wollte, hatte seiner Mutter zuvor per Brief genaue Instruktionen erteilt, wie etwa das Nachtlager des Herzogs herzurichten sei – ein sauberer »Strohsack«, mit einem schönen Leinentuch darüber –, was mittags auf den Tisch kommen sollte – »kein Geköch, sondern eure bürgerlichen Kunststück aufs beste« – und dass sie im Zimmer des Herzogs bitte die Kronleuchter abhängen solle, »es würde ihm lächerlich vorkommen«.[4] Je weniger Umstände desto besser. In Frankfurt dann wurden sie Zeugen eines Nordlichts, das als gutes Vorzeichen für die bevorstehende Reise gedeutet werden konnte und die Stimmung weiterhin hob. Den weiten Weg

Abbildung 7: Johann Heinrich Tischbein d. J., Indischer Elefant aus der Menagerie von Landgraf Friedrich II. von Hessen-Kassel

nach Süden bis Basel nutzte Goethe, um »einen Rosenkranz der treusten bewährtesten, unauslöschlichsten Freundschafft« abzubeten, wie er sich gegenüber Charlotte von Stein ausdrückte. Am 25. September ritt er nach Sesenheim und fand die Familie Brion dort so vor, als habe er sie gerade erst verlassen. Friederike berichtete ihm von der Zudringlichkeit, mit der Lenz versucht hatte, Einblick in Goethes Briefe an sie zu bekommen, und so war ein Thema gefunden, mit dem die beiderseitige Befangenheit überspielt werden konnte. Am Tag darauf besuchte er Lili in Straßburg, die nun von Türckheim hieß, in wohlhabenden, ihren mondänen Ansprüchen genügenden Verhältnissen lebte und gerade mit ihrem ersten Kind spielte. Nur einen Tag später wiederum stand er am Grabe seiner Schwester und logierte bei seinem Schwager Schlosser, der im Jahr zuvor Johanna Fahlmer geheiratet hatte. Seine beiden Nichten kamen ihm

»schön, munter und gesund« vor, der Haushalt aber »wie eine Tafel worauf eine geliebte Gestalt stand die nun weggelöscht ist«.[5]

∾

In der Schweiz halten sich die Reisenden über zwei Monate auf und unternehmen eine große Rundreise, auf der sie annähernd 1000 Kilometer zurücklegen, zu Pferd, in der Kutsche, auf dem Vierwaldstätter See auch per Schiff, weite Strecken im Gebirge aber auch zu Fuß. Die Route, die bis auf bedeutende Ausnahmen, von denen noch zu reden sein wird, den touristischen Konventionen der Zeit entsprach, führt von Basel, Moutier, am Bieler See vorbei nach Bern, von dort über den Thuner See nach Lauterbrunnen, wo man eine Gebirgswanderung zum Oberhorn zwischen Tschingel- und Breithorngletscher unternimmt und zum ersten Mal die »Eisgebirge« erblickt. Von Lauterbrunnen zieht man weiter über die Große Scheidegg und das Reichenbachtal zum Brienzer See und kehrt über Thun wieder nach Bern zurück. Inzwischen ist es Mitte Oktober geworden. Nach einigen Ausflügen macht die Weimarer Reisegruppe sich am 20. Oktober von Bern über Murten und Moudon nach Lausanne an den Genfer See auf und erkundet nach einem Tagesausflug nach Vevey das Juragebirge, steigt dort zur Dent de Vaulion, von der aus man den Mont Blanc sehen kann, und zur La Dôle, der höchsten Erhebung, auf und gelangt am 27. Oktober über Nyon nach Genf, wo sie bis zum 3. November bleibt. Danach verlässt man die Schweiz für einige Tage und reist ins Mont-Blanc-Gebiet nach Chamonix, besucht mehrere Gletscher, darunter Mer de Glace, Glacier d'Argentière und Glacier du Tour, erreicht am 6. November über den Col de Balme Martigny und befindet sich wieder in der Schweiz. Von dort geht es rhoneaufwärts mit einem Abstecher über Leukerbad nach Brig und weiter nach Münster, wo mit der Überschreitung des 2429 Meter hohen Furkapasses zwischen den Kantonen Wallis und Uri bei Eis und Schnee am 12. November der eigentlich abenteuerliche Abschnitt der Reise beginnt, an dem nur noch Goethe und Carl August, ein Führer und ein Träger teilnehmen. Am nächsten Tag wandert man weiter auf den Gotthardpass, der schon das Ziel von Goethes erster Schweizer Reise vier Jahre zuvor gewesen ist. Auf dem bereits bekannten Weg, der über Andermatt, das Urner Loch und Göschenen an den Vierwaldstätter See führt, kommt man am 18. November in Zürich an, wo man sich zwei Wochen bis zum 2. Dezember aufhält. Auch der Rückweg nach Weimar mit dem obligatorischen Besuch des Rheinfalls und dann weiter über die Schwäbische Alb, Tübingen,

Stuttgart, Karlsruhe, Mannheim sowie wiederum Frankfurt und Darmstadt zieht sich wegen diverser Besuche und Ausflüge noch über einen Monat hin, so dass der Fürst des Herzogtums Sachsen-Weimar-Eisenach zusammen mit seinem Minister Goethe erst nach einer Pause von vier Monaten die Regierungsgeschäfte wieder aufnimmt, nach allem, was wir wissen, aber immerhin mit der Kreditzusage aus Bern in der Tasche.

Nach der üblichen (und harmlosen) Lesart wird diese Reise als eine Folge von Besuchen und Begegnungen betrachtet, die sich aneinanderreihen wie Perlen an einer Schnur mit der Freundschaft zu Lavater als besonders wertvollem Züricher Schlussstein. Den Auftakt bildet am 5. Oktober bei leicht stürmischem, aber schönem Wetter ein Ausflug zur St. Petersinsel im Bieler See, auf der Rousseau 1765 Zuflucht gesucht hat. Es ist gerade Weinlese und man isst sich satt an Trauben. Der »ewig einsame Rousseau« wird auch später am Genfer See eine Rolle spielen. Als Goethe in Vevey die Schauplätze der *Nouvelle Heloïse* besucht, kann er nach eigenem Zeugnis die Tränen nicht zurückhalten.[6]

Auf der Reise dorthin lässt er aus dem Beinhaus zu Murten ein »Stükgen Hinterschädel von den Burgundern«[7] mitgehen und trägt auf diese Weise dazu bei, dass der Berg aus Gebeinen von rund 12 000 Gefallenen aus der Schlacht von Murten zwischen Eidgenossen und Burgundern im Jahr 1476 immer mehr abnimmt. Gegen Lord Byron, der 1816 dort vorbeikommen und von den Überresten gleich so viel mitnehmen wird, »als einen Viertelhelden ausmacht«,[8] nimmt sich Goethes Stückchen allerdings regelrecht bescheiden aus. In Bern lässt man sich das berühmte Naturalienkabinett des Pfarrers Sprüngli mit seinen über 200 ausgestopften Schweizer Vögeln zeigen, die zum Schutz vor nagenden Würmern jedes Jahr aufs Neue im Ofen ausgedörrt werden. In Lauterbrunnen ist ein Besuch des Staubachfalls obligatorisch, des nach dem Rheinfall bei Schaffhausen berühmtesten Wasserfalls der Schweiz. Goethe betrachtet das Naturschauspiel nicht nur aus nächster Nähe, sondern stellt sich direkt unter das herabstürzende Wasser. Sein Gedicht *Gesang der Geister über den Wassern*, das anhand des fallenden Wassers und der wiederaufsteigenden Feuchtigkeit den Kreislauf des Lebens umschreibt, entsteht direkt in Lauterbrunnen. Auf der Tour durchs Gebirge dann beobachtet man neben der Glitzerwelt der Eisberge auch sogenannte Wildheuer. Goethe wird ihre mühevolle Arbeit Jahrzehnte später in den *Wanderjahren* schildern: »Man bezeichnet damit ärmere Bewohner der Hochgebirge, welche sich unterfangen auf Grasplätzen, die für das Vieh schlechterdings unzugänglich sind, Heu zu machen. Sie ersteigen deswegen, mit Steigehaken an den Füßen, die steilsten, gefährlichsten Klippen,

Ein eigentlicher Feldzug gegen alle Elemente

oder lassen sich, wo es nötig ist, von hohen Felswänden an Stricken auf die besagten Grasplätze hinab.«⁹

In Genf lässt sich Carl August porträtieren, Goethe besichtigt derweil die Kunstsammlungen, und gemeinsam sucht man den berühmten Naturforscher Charles Bonnet auf, einen Lieblingsautor Lavaters, der ihn zu seinen *Aussichten in die Ewigkeit* inspiriert hatte. Bonnet war ein Vertreter der Präformationslehre, nach der alle Lebewesen bereits als Keime vorgebildet sind und ihre »Zeugung« lediglich den Anstoß zu ihrer Entfaltung gibt. Er führte seinen Besuchern Regenerationsversuche an Salamandern vor, die er mit seiner Theorie der präformierten Keime erklärte. In seiner *Palingènesie philosophique*, von Lavater ins Deutsche übersetzt, hat Bonnet die Auffassung vertreten, jedes Lebewesen werde mehrfach wiedergeboren, und zwar in immer größerer Vollkommenheit. Goethe spürt, dass er mit seinen naturwissenschaftlichen Beobachtungen letztlich religiöse Vorstellungen belegen will und hält ihn, wie seinerzeit schon Gottsched in Leipzig, für einen Mann von gestern.

Der Besuch bei dem auf die Vierzig zugehenden Alpinisten und Alpenforscher Horace Bénédict de Saussure öffnet da ganz andere Denkräume – es ist der intellektuelle Höhepunkt der gesamten Reise. De Saussure, der bereits in seinem zwanzigsten Lebensjahr die gefährlichen, damals noch bis ins Tal reichenden Gletscher von Chamonix überquert hat und auf verschiedenen Routen immer wieder die gesamte Kette der Alpen durchwandert, schreibt gerade am Vorwort seines epochalen Werks *Voyage dans les Alpes*, das bis 1795 auf insgesamt vier Quartbände anwächst. Für den passionierten Erforscher der Erdgeschichte und Liebhaber der Berge sind die Alpen ein Laboratorium und Reservoir der Natur, aus dem sie »Segen und Fluch spendet, die sie über unsere Erde ergießt: Flüsse zu ihrer Bewässerung und Sturzbäche, die sie verwüsten, fruchtbare Regengüsse und vernichtende Unwetter. Sämtliche Erscheinungen der Physik offenbaren sich in den Bergen mit einer Majestät und Größe, wovon die Bewohner der Ebenen gar keinen Begriff haben. Die Macht der Winde und der Elektrizität der Luft zeigt sich hier mit erstaunlicher Stärke. Vor den Augen des Beobachters entstehen Wolken, und oft nimmt er unter sich aufziehende Gewitter wahr, die die Ebene verwüsten, während um ihn herum die Sonne scheint und der Himmel heiter und rein erstrahlt.«¹⁰

Das sind Betrachtungen, die stark auf Goethe gewirkt haben. Seine Berichte, die er von den verschiedenen Stationen der Reise an die Daheimgebliebenen in Weimar sendet und nach der Rückkunft zu der Schrift *Briefe aus der Schweiz* umarbeitet, sind voll von Beobachtungen im Geiste de Saussures. So berichtet er etwa aus Leukerbad, er habe dem »Wesen der Wolken eine Weile zugesehen«; es sei über alle Beschreibung schön: »Die Wolken, eine dem Menschen von Jugend auf so merkwürdige Lufterscheinung, ist man in dem platten Lande doch nur als etwas Fremdes, Überirdisches anzusehen gewohnt. Man betrachtet sie nur als Gäste, als Streichvögel, die unter einem andern Himmel geboren, von dieser oder jener Gegend bei uns augenblicklich vorbeigezogen kommen; als prächtige Teppiche, womit die Götter ihre Herrlichkeit vor unsern Augen verschließen. Hier aber ist man von ihnen selbst wie sie sich erzeugen eingehüllt, und die ewige innerliche Kraft der Natur fühlt man sich ahnungsvoll durch jede Nerve bewegen.«[11]

Für den Geologen de Saussure waren die Alpen auch deshalb ein lohnendes Studienobjekt, weil sich an ihren Gesteinsschichten die Gebirgsbildung und mit ihr die Veränderung des Erdkörpers über die Zeit studieren lässt. De Saussure dachte dabei zwar nur an »eine lange Folge von Jahrhunderten«,[12] aber er hatte bereits eine Vorstellung von geologischen Epochen. Während im einförmigen Flachland die Schichttorte aus Gesteinen unter unseren Füßen nur dann sichtbar wird, wenn wir durch Wasser- oder menschliche Arbeitskraft geschaffene »Vertiefungen« (»excavations«, sagt de Saussure) erblicken, zeigen die hohen Berge mit ihrem beinahe unendlichen Variantenreichtum »natürliche Sedimentschichten von außerordentlicher Ausdehnung«, von denen wir mittlerweile wissen, dass sie durch Auffaltung entstanden sind. De Saussures Gedanke, der Blick in die Berge sei ein Blick in die Vergangenheit der Erde, musste Goethe elektrisieren: Die geheimnisvolle Welt unter dem Erdboden, in die er in Ilmenau und bei seinem Besuch der Oberharzer Bergwerke vorgedrungen war, und die einen Einblick in die Bildung der Erde ermöglichte, lag hier offen vor seinen Augen. In den Bergen und sonst nirgends sei der Ort, an dem man die Naturgeschichte der Erde studieren müsse, hatte Jean-André Deluc, ein weiterer Genfer Geologe, denn auch im Jahr zuvor konstatiert.[13] Voraussetzung dafür waren aber die genaue Beobachtung und Beschreibung des Gesehenen, verbunden mit den richtigen Fragestellungen. Man dürfe sich nicht wie die Mehrzahl der Reisenden auf die Sammlung von Kuriositäten beschränken, meinte de Saussure, sondern müsse sich nach den »ins Große gehenden Beobachtungen« umsehen, die gebahnten Wege verlassen und Höhen ersteigen, »von denen das Auge eine Vielfalt von Gegenständen mit einem Blick erfassen kann«.[14] De Saussure bezeichnete diese Art der fußläufigen Erkundungen der Alpen als Exkursionen; sein deutscher Übersetzer Jacob Samuel Wyttenbach, »ein eifriger Bergläufer und geschickter Naturkundiger«,[15] den Goethe in Bern kennengelernt hat, spricht umständlich, aber sehr schön von »naturforschenden Wanderschaften«. Sie seien mühselig, wie er gerne gestehe; man müsse sich Kutschen, selbst Pferde versagen, die größte Mühsal auf sich nehmen und sich nicht selten beträchtlichen Gefahren aussetzen. Oft zweifle der Naturforscher, ob seine Kräfte noch ausreichen, den schon vor seinen Augen liegenden Gipfel zu erklimmen, oder er es schaffe, über die vor ihm liegenden Abgründe hinwegzukommen. »Aber die frische und scharfe Luft, die er einatmet, verbreitet einen kräftigenden Balsam in seinen Adern, und die Hoffnung auf die großartige Aussicht, die er bald genießen, und die neuen Wahrheiten, die er dadurch erfahren wird, reanimieren seine Kräfte und seinen Mut.«[16]

De Saussures größter Ehrgeiz galt dem aus Granit bestehenden, stark vergletscherten Mont Blanc, der seiner Ansicht nach besonders viel Licht in die Geschichte der Erde bringen dürfte. Bereits 1760 hatte er eine Belohnung für die Erstbesteigung des Berges ausgesetzt, von dem man damals nur vermutete, er sei die höchste Erhebung der Alpen und Europas. Er selbst hatte auch bereits einen Versuch unternommen, war jedoch wie viele vor ihm und auch nach ihm gescheitert. Erst im August 1786 erreichten der Arzt Michel-Gabriel Paccard und der Bergführer Jacques Balmat den ganz aus Firn und Eis bestehenden Gipfel, nachdem sie zuvor auf dem Gletscher biwakiert hatten. Keiner aber hat den Mont Blanc so häufig wandernd umrundet wie de Saussure. Als er und sein Begleiter sich auf einer der Touren bei einem Bergbauern nach dem kommenden Wetter erkundigten, habe ihm dieser, wie de Saussure erzählte, auf die Schulter geklopft und gemeint: »Zu gut für solche Verrückten wie Euch.«[17] Und so versichert er dem Herzog und dem Schriftsteller auf deren Frage hin auch, dass sie den Weg über Chamonix ins Wallis trotz der fortgeschrittenen Jahreszeit ohne Bedenken noch wagen könnten; auf den mittleren Bergen liege noch kein Schnee.

Weniger spannend fällt die Begegnung mit dem zweiundzwanzigjährigen Schweizer Geistlichen Georg Christoph Tobler, einem Eleven Lavaters, aus, der als möglicher Verfasser der lange Zeit Goethe zugeschriebenen Schrift *Die Natur* im Weimarer Geistesleben noch eine wichtige Rolle spielen wird. Tobler überbringt Goethe einen Brief von Lavater, dem seine neueste Schrift über die Offenbarung des Johannes beiliegt. »An der ist mir«, wird Goethe ihm daraufhin schreiben, »nun nichts nah als deine Handschrift, darüber hab ich sie auch zu lesen angefangen. Es hilft aber nicht ich kan das göttliche nirgends und das poetische nur hie und da finden, das Ganze ist mir fatal«. Er denke auch, »aus der Wahrheit« zu sein, aber »aus der Wahrheit der fünf Sinne«.[18] Dass die Rundreise durch die Schweiz ihr Finale in Zürich haben soll, ist da längst geplant; nur der Zeitpunkt der Ankunft ist noch ungewiss. Goethe will Lavater und den Herzog zusammenbringen und verspricht sich davon eine beruhigende Wirkung auf dessen unsteten Geist. Längst trennt er die Person Lavaters, dessen Aufrichtigkeit und Menschlichkeit er weiterhin bewundert, von dessen Glaubens- und Gedankenwelt, von der er sich immer stärker distanziert. So wird er zwar insbesondere gegenüber Charlotte von Stein den Besuch in Zürich im Nachhinein als »Siegel und oberste Spizze der ganzen Reise«[19] feiern. Wenn er aber bald nach der Rückkunft nach Weimar darangeht, die unterwegs entstandenen und nach Weimar geschickten Reiseberichte zu redigieren und zu besagten *Briefen aus der Schweiz* zusammenzustellen, wird von Lavater nicht mehr die Rede sein.

Und auch über keinen der anderen Besuche im Verlauf der Reise wird dort ein Wort fallen – ausgenommen der Begegnung mit de Saussure. Das kann kaum ein Zufall sein. Dass in der Schrift, die eine Art Rechenschaftsbericht über den Ertrag der viermonatigen Abwesenheit des Herzogs und seines Ministers sein soll, auch von den in Bern unter dem Deckmantel der Verschwiegenheit geführten Gesprächen über die Anleihe nicht die Rede ist, lässt sich kaum anders erwarten. Dass aber weder der Besuch kultureller Sehenswürdigkeiten noch soziale und politische Belange im Vordergrund stehen, wie man es doch erwarten sollte, wenn ein Herzog sich auf Reisen begibt, leuchtet nur dann ein, wenn man den konsequenten Zuschnitt der *Briefe aus der Schweiz* auf die abenteuerliche Begegnung mit der Natur in Betracht zieht. Ausschließlich darum geht es, und so läuft der gesamte, über vierzig Seiten in Anspruch nehmende Text auch konsequent auf das Abenteuer des Übergangs über die Furka mitten im Spätherbst bei Eis und Schnee zu, den Goethe allein mit dem Herzog unternimmt. Diese nicht ungefährliche Tour, von der Carl August meinte, sie sei die größte Strapaze seines Lebens gewesen,[20] besiegelt die Freundschaft des Regenten mit dem Schriftsteller und verleiht ihr den Charakter der Unverbrüchlichkeit. Und sie beweist zugleich, dass die wahren Abenteuer in der Natur selber zu finden sind und man sich nur auf sie einlassen muss, um Erfahrungen zu machen, die Goethe mit einem »Vorrat von Gewürz« vergleicht, mit dem man »den unschmackhaften Teil des Lebens verbessern und seinem ganzen Wesen einen durchziehenden guten Geschmack geben kann«.[21]

Der Plan zu dieser Tour wird in den *Briefen aus der Schweiz* dem darin als Gra-

Ein eigentlicher Feldzug gegen alle Elemente 239

fen bezeichneten Herzog zugeschrieben. Während der gesamten Reise sei viel von den »Savoyer Eisgebirgen« gesprochen worden, und man habe gehört, »es werde immer mehr Mode dieselben zu sehen«. Da habe der Graf »eine sonderliche Lust« bekommen, »unsern Weg dahin zu leiten«, berichtet Goethe, und so brach man am 3. November von Genf aus Richtung Chamonix auf. Zuvor hatte die Weimarer Reisegesellschaft in den Berner Alpen schon Ausflüge zum Tschingel- und später zum unteren und oberen Grindelwaldgletscher unternommen. Auch hatte man von den Gipfeln des Jura Blicke ins »Schnee- und Eisgebirge« des Mont-Blanc-Massivs und der angrenzenden Gipfel geworfen. Der Anblick wird dazu beigetragen haben, den Wunsch, dorthin aufzubrechen, schließlich so stark werden zu lassen, dass man sich über die Bedenken hinwegsetzte, die insbesondere von anderen Touristen vorgetragen wurden, die die Gegend vornehmlich aus dem Kutschenfenster erkundeten. Immer wieder habe »die Reihe der glänzenden Eisgebirge das Aug' und die Seele« an sich gezogen, berichtet Goethe: »Die Sonne wendete sich mehr gegen Abend und erleuchtete ihre größeren Flächen gegen uns zu. Schon was vom See für schwarze Felsrücken, Zähne, Türme und Mauern in vielfachen Reihen vor ihnen aufsteigen! wilde, ungeheure, undurchdringliche Vorhöfe bilden! wenn sie dann erst selbst in der Reinheit und Klarheit in der freien Luft mannichfaltig da liegen; man gibt da gerne jede Prätension ans Unendliche auf, da man nicht einmal mit dem Endlichen im Anschauen und Gedanken fertig werden kann.«[22]

Mit diesem Blick vom Jura sei »die deutsche Sprache über der Suisse profonde aufgegangen wie der volle Mond über einem neuen Anfang der Welt«, hat noch jüngst der Schweizer Schriftsteller Adolf Muschg geschwärmt.[23] Den Zeitgenossen Goethes erging es nicht anders. Nach dem Zeugnis Wielands, der große Stücke auf die Prosa von Goethes *Briefen aus der Schweiz* hielt, waren es gerade solche Naturschilderungen, die in Weimar Begeisterung auslösten. Hier erklang ein bislang unbekannter Ton deutscher Prosa, was die Erfahrung von Natur und deren Darstellung anging. Man kann es auch so sagen: Die *Briefe aus der Schweiz* sind der fulminante Auftakt eines deutschen »nature writing«, wie im angloamerikanischen Sprachraum ein bis heute lebendiges Genre genannt wird, auf den in Deutschland nach Goethe bis heute wenig folgte. Schon das sollte den Briefen einen Ehrenplatz unter Goethes Werken und in der Geschichte der deutschen Literatur verleihen, selbst wenn Goethes Biographen diesen Text in aller Regel übergehen.

Wieland hat *Die Briefe aus der Schweiz* sogar mit Xenophons *Anabasis* verglichen; es sei »auch ein eigentlicher Feldzug gegen alle Elemente« gewesen,

»die sich ihnen entgegenstellten. Das Ding ist eines von seinen meisterhaften Produkten, und mit dem ihm eigenen großen Sinn gedacht und geschrieben«.[24] Goethe hat den Vergleich der Tour mit einem Feldzug selbst nahegelegt. Am 10. November in Brig angekommen, schreibt er, bislang sei ihre Unternehmung mit einem Marsch zu vergleichen gewesen, »den man gegen einen Feind richtet, und nun ist's, als wenn man sich dem Flecke nähert, wo er sich verschanzt hat und man sich mit ihm herumschlagen muß«. Das sind einmal mehr Töne, die nicht so recht zur geläufigen Vorstellung von Goethes herrlich leuchtender Natur passen wollen. Goethe wusste sehr gut, dass die Natur in ihren extremsten und zugleich großartigsten Ausprägungen von ungeheurer Gleichgültigkeit gegenüber den Belangen des Menschen inklusive seines Lebens ist. Die Natur, die den Menschen hervorgebracht und ihm einen Boden bereitet hat für sein Überleben, kann ihn genauso auch wieder zerstören: Menschenleben bedeuten ihr nichts. Und wo konnte man diese Erfahrung einer menschenabweisenden und lebensbedrohlichen Natur besser machen als angesichts von Fels, Eis und Schnee, »in einer ungeheuren einförmigen schneebedeckten Gebirgs-Wüste, wo man rückwärts und vorwärts auf drei Stunden keine lebendige Seele weiß, wo man auf beiden Seiten die weiten Tiefen verschlungener Gebirge hat«?[25] Wem es dort gelang, nicht unterzugehen, so Goethes Vorstellung, bewies, dass er das Zeug hatte, mit der Natur gegen die Natur zu agieren. Das Abenteuer, mit dem er sich selbst, den anderen und der Welt beweisen wollte, dass er in der Lage war, es mit den Elementen aufzunehmen, war auch der ultimative Versuch, das Trauma des Sechsjährigen endgültig hinter sich zu lassen.

Bevor Goethe und der Herzog mit der Überquerung der Furka in einen Erfahrungsraum vorstoßen, der Touristen damals in der Regel verschlossen blieb, absolvieren sie einen Parcours von Ausblicken und Eindrücken, wie er für eine Schweizer Hochgebirgstour gerade üblich zu werden begann. Von Chamonix aus steigen sie auf den Montanvert, von dessen grasbewachsenem Rücken sie das etwas tiefer gelegene Mer de Glace überblicken können, einen der berühmtesten Alpengletscher überhaupt, der – daher der Name – an ein vom Sturm aufgepeitschtes Meer erinnert, das plötzlich gefriert. Der Führer versichert ihnen, noch niemals seit achtundzwanzig Jahren so spät im Jahr, nach Allerheiligen, hier jemanden hinaufgebracht zu haben. Schon damals ist »für das Bedürfnis der Reisenden« gesorgt: Am Aussichtspunkt steht eine Steinhütte, »zum Scherz das Schloß von Montanvert genannt«,[26] und etwas weiter oben hat bereits ein Engländer eine geräumigere Unterkunft bauen lassen, »wo man am Feuer sitzend, zu einem Fenster hinaus, das ganze Eistal übersehen kann«. Gerade einmal fünf Jahre später wird sich dort ein auf zahllosen Gemälden sichtbarer Aussichtstempel mit Tisch, Stühlen, vier Betten und Spiegel befinden, in dessen Giebelfeld schon bald die Widmung »À la Nature« prangen sollte. Die Weimarer Reisegesellschaft unternimmt sogar »einige hundert Schritte auf den wogigen Krystallklippen«; danach lässt man mangels geeigneten Schuhwerks und Steigeisen davon ab.

Am Tag darauf passiert die Gruppe auf dem Weg nach Martigny über den Col de Balme mit dem Glacier d'Argentière und dem Glacier du Tour zwei weitere Talgletscher, die zur damaligen Zeit auch tatsächlich bis ins Tal reichten. De Saussure hat ihnen geraten, im Rhonetal flussaufwärts bis nach Brig zu reisen, dann aber den Furkapass links liegen zu lassen und über den Simplon in einem weiten Bogen via Lago Maggiore und Bellinzona im Tessin den Gotthardpass zu erreichen. Dieser Weg war den ganzen Winter über bequem mit Pferden zurückzulegen, bedeutete aber auch einen Umweg von sicherlich fünf Tagen. Stattdessen entscheiden sich Goethe und der Herzog für den viel direkteren, aber auch nur zu Fuß begehbaren Steig über den Furkapass, von dort hinunter nach Realp und dann wieder hoch auf den Gotthard, der als letzte Bergetappe der Tour von vornherein festgestanden hat. In Goethes geographischer Anschauung kam dem Gotthard eine besondere Bedeutung zu. Er nennt ihn ein »königliches Gebirge«, das seinen Rang über alle anderen behaupte –, »weil die größten Gebirgsketten bei ihm zusammenlaufen und sich an ihn lehnen«. Dabei berief er sich auf Wyttenbach; dieser habe ihm erzählt, »daß sich diese alle gleichsam an ihn zu neigen« scheinen. »Die Gebirge von Schweiz und Unterwalden, gekettet an die von Uri, steigen von Mitternacht, von Morgen die Gebirge des Graubündter Landes, von Mittag die der italiänischen Vogteien herauf, und von Morgen drängt sich durch die Furka das doppelte Gebirg, welches Wallis einschließt, an ihn heran.« Unweit von hier entsprängen Rhein und Rhone – so gesehen befand man sich auf dem Gotthard in der Mitte der Schweiz, wenn nicht der Mitte der Welt.[27]

Die Route über den Furkapass führte direkt am Rhonegletscher vorbei, der damals von 3600 Meter bis weit hinunter ins Tal, ins Quellgebiet der Rhone reichte und schon deshalb der Schluss- und zugleich Höhepunkt ihrer Gletschertour war. Berühmt war der Gletscher wegen seines vom Furkapass aus sichtbaren Eisabbruchs: Am Übergang vom flachen zum steilen Stück brach dort das Eis in Längs- und Querspalten auf und bildete sogenannte Séracs – zacken- oder turmartige Gebilde aus Gletschereis, wie sie an solchen Abbruchkanten entstehen. Die Bezeichnung stammte von keinem Geringeren als de

Saussure, der sich dafür des Namens eines Bergkäses aus der Molke von roher Kuh- und Ziegenmilch bedient hatte. Jahrzehnte nach der Überquerung der Furka werden diese Séracs bei Goethe wiederauftauchen, in einem Text, in dem er sich an die damals alles andere als geläufige Vorstellung einer Eiszeit herantastet.[28]

In den *Briefen aus der Schweiz* vergegenwärtigt Goethe den sich viereinhalb Stunden hinziehenden Aufstieg von Münster auf den Furkapass unter Zuhilfenahme eines Perspektivenwechsels – als würde er den langsamen Zug der fünf tief im Schnee einsinkenden Menschen durch ein Fernrohr betrachten: »Es war ein seltsamer Anblick, ... in der ödesten Gegend der Welt ... eine Reihe von Menschen zu sehen, deren einer in des anderen tiefe Fußstapfen tritt, und wo in der ganzen glatt überzogenen Weite nichts in die Augen fällt als die Furche, die man gezogen hat.« Heute kann man sich gut eine filmische Umsetzung dieser Szenerie vorstellen. Goethe verschweigt nicht, »daß einer, über den auf diesem Weg seine Einbildungskraft nur einigermaßen Herr würde, hier ohne anscheinende Gefahr vor Angst und Furcht vergehen müßte«. Doch dazu kommt es nicht, so wenig wie zu einem Unfall oder vollständiger Erschöpfung; der Herzog und der Dichter gelangen wohlbehalten mittags auf dem Pass und am Tag darauf auf dem Gotthard an. Ihre Gedanken kreisen schon bald wieder darum, »was für ein Wirtshaus und besonders was für Wein« am Ziel zu erwarten wären.[29] Ganz im Gegensatz zu unseren heutigen Gewohnheiten trank man damals nicht nur am Abend, sondern auch während der Tour immer wieder Wein, nicht zuletzt vor größeren Aufstiegen. Auch davon legen Goethes *Briefe aus der Schweiz* Zeugnis ab.

Wie nachhaltig die Wirkung von Goethes Gletschertour im Jahr seines dreißigsten Geburtstages war, geht schon daraus hervor, dass er noch im hohen Alter sich mit der Frage des Gletschereises beschäftigte und dafür seine *Briefe aus der Schweiz* wieder zur Hand nahm. Das war am Tag, bevor der Achtzigjährige am 5. November 1829 seinem Schreiber Johann August Friedrich John zwei kleine Texte diktierte, die sich in den Goethe-Ausgaben unter den Titeln *Umherliegende Granite* und *Kälte* finden.[30] Dort spricht Goethe die Vermutung aus, »daß eine Epoche großer Kälte wenigstens über Europa gegangen sei«. Bereits im Jahr zuvor hatte er in *Wilhelm Meisters Wanderjahren* über »einen Zeitraum grimmiger Kälte« nachgedacht.[31] Goethe war einer der ersten, der die Möglichkeit einer Eiszeit in der jüngeren Erdvergangenheit in Betracht gezogen hat – ein Jahrzehnt, bevor der Lausanner Professor und Salinendirektor Jean de Charpentier und der Gletscherforscher und Paläontologe Louis Agassiz nachwiesen, dass es eine solche Eiszeit tatsächlich gegeben haben muss. Beide haben Goethe nach seinem Tod als Vorläufer der Eiszeittheorie gewürdigt.

Ein ungelöstes Problem zu Goethes Zeiten war die Herkunft ortsfremder Gesteine, sogenannter Findlinge beziehungsweise erratischer Blöcke, wie sie etwa im Alpenvorland oder auch in der norddeutschen Tiefebene zu finden sind. Goethe ist ihnen auf seiner Tour durch die Schweiz mehrfach begegnet, etwa in Gestalt von Granitblöcken im Arve-Tal, die die Reisegesellschaft der besseren Aussicht wegen bestieg, oder von kristallinen Brocken auf dem Mer de Glace, von denen Sophie von La Roche meinte, sie seien so groß wie ihr halbes Zimmer. Fünf Jahre nach Goethe besuchte sie als erste Frau aus Deutschland Montanvert und bestaunte den Gletscher. Goethes wissenschaftliches Interesse am Phänomen der Findlinge setzte im Sommer nach der Rückkehr aus der Schweiz ein. Auch in Thüringen waren Funde ortsfremden Gesteins zu machen, sie lagen auf Äckern und Wiesen verstreut, und zunehmend begann man sie wegzuschaffen und als Baumaterial für Straßen und Häuser einzusetzen – eine Sache, die den Minister Goethe schon deshalb interessieren musste, weil er auch für den Wegebau zuständig war. Im Mai 1780 bekommt Johann Carl Wilhelm Voigt, Absolvent der Bergakademie in Freiberg, von ihm den Auftrag, die Geologie des Herzogtums zu erforschen. Voigt berichtet ihm von Gesteinsblöcken, die im Frühjahr plötzlich am Ufer der Ostsee aufgetaucht seien. Fischer hätten den befremdlichen Umstand damit erklärt, am Seegrund gebildetes Eis habe sie mit in die Höhe gehoben und Frühjahrsstürme hätten die Eisschollen samt den Blöcken dann an den Strand getrieben. Voigt bringt das auf die Idee, dass bereits in Vorzeiten Eisschollen ortsfremdes Gestein transportiert haben könnten. Wie viele seiner Zeitgenossen geht er davon aus, die Ostsee habe sich einst bis an den Harz erstreckt. Als das alte Meer dann abnahm, seien die Findlinge womöglich durch Eisschollen von Skandinavien bis in die deutschen Mittelgebirge transportiert worden. Diese sogenannte Drifttheorie hat Voigt 1786 in seinen *Drei Briefen über Gebirgslehre* auch publiziert.[32] Er war einer der ersten, der für die Ortsverlagerung der weit verstreuten Gesteinsblöcke das Eis in Betracht zog.

Dass Gletscher imstande waren, große Felsen zu Tal zu transportieren, war eine den Alpenbewohnern geläufige Beobachtung, die auch Touristen machen konnten, wenn sie nur genau hinschauten. Als Jean de Charpentier Anfang der 1840er Jahre auf die Entdeckung der Eiszeittheorie zurückblickte, erwähnte er auch die Begegnung mit einem Gemsjäger und Bergführer namens Jean-Pierre Perraudin, in dessen Hütte er eine Nacht verbracht habe. Die Unterhaltung des Abends habe sich um die Eigenheiten der Gegend und besonders um die Gletscher gedreht, die Perraudin schon oft überquert hatte und sehr gut kannte. »Die Gletscher unserer Berge«, so habe er gesagt, »hatten vorzeiten eine deutlich größere Ausdehnung als heute. Unser ganzes Tal wurde bis zu einer großen Höhe über die Dranse [den Wildbach des Tales] hinaus von einem unermesslichen Gletscher eingenommen, der sich bis nach Martigny ausdehnte, wie es die Felsblöcke beweisen, die man in der Umgebung der Stadt findet und die zu groß sind, als dass Wasser sie dorthin hätte bringen können.«[33] Die Meinung, Eis habe die Findlinge transportiert und die Alpengletscher seien einst wesentlich größer gewesen, war unter den Bewohnern der Berge wohl stark verbreitet.

Konjunktur bei den Naturforschern aber hatten damals vor allem katastrophische Erklärungen, wie etwa die von de Saussure aus seinen *Voyages dans les Alpes*, wonach die ortsfremden Felsblöcke durch große, an die Sintflut erinnernde Wassermassen mitgerissen worden seien. Als deren Ursache wurde ein Aufwallen des Urozeans über jäh zusammenbrechenden Gebirgsteilen angenommen. Auch de Saussure stützte sich bei seiner Theorie auf ein aktuelles Erlebnis. Im Sommer 1767 war er im Tal der Arve Zeuge einer gewaltigen Sturzflut geworden, die Bäume entwurzelte, Häuser zum Einsturz brachte und sogar Felsblöcke bewegte. Im Nachhinein schrieb er: »Es war mir inzwischen doch lieb, diese Art von Ausbruch mit angesehen zu haben; denn er machte mir begreiflich, wie der große Ausbruch des Meeres Felsen von den Alpen auf eine große Entfernung mit sich hat fortschleppen können.«[34]

Wiederholt hat Goethe sich über die Katastrophentheorien mokiert, die von den Zeitgenossen zur Erklärung der erratischen Blöcke aufgeboten wurden. Das Spektrum reichte von Schlamm- und Geröllfluten über plötzliche Hebungen ganzer Gebirge durch die Erdkruste hindurch bis hin zu meteoritenartigen Niederschlägen aus der Atmosphäre. Selbst angesehene Forscher wie Jean-André Deluc, Leopold von Buch oder auch Alexander von Humboldt gefielen sich in solchen Spekulationen. Viele wollten die gesamte Bildung der Erdkruste aus solchen Katastrophenszenarien ableiten. »Man hielt es ungleich naturgemäßer die Erschaffung einer Welt mit kolossalem Krachen und Heben, mit wildem Toben und feurigem Schleudern vorgehen zu lassen«, lautet 1828 Goethes spöttisches Resümee zu den Erklärungsversuchen der vergangenen Jahrzehnte.[35] Was die Findlinge betraf, legte Goethe sich, angestoßen durch Voigts Drifttheorie und eigene Beobachtungen, eine Erklärung zurecht, die der des

Gamsjägers Perraudin sehr nahekommt. In den *Wanderjahren* bezeichnet er ehemals »weit ins Land hingesenkte Gletscher« als »Rutschwege für schwere Ursteinmassen«, auf denen die jetzt verstreuten Gesteinsbrocken »auf glatter Bahn fern und ferner hinausgeschoben« worden seien: »Sie sollten sich, bei eintretender Epoche des Auftauens, niedersenken und für ewig in fremdem Boden liegen bleiben.«[36] Ein Bericht über die Erstbesteigung der Jungfrau im Berner Oberland, den er im Oktober 1829 las, belehrte ihn, die erratischen Blöcke seien wohl nicht die Gletscher heruntergerutscht, sondern »von dem vorschiebenden Eise fortgeschoben« worden. So gelangten sie »endlich auf einen Boden, weit entfernt von ihrem Ursprunge«.[37] Dass Gletscher keineswegs ruhende Gebilde, sondern stetig aus den Bergen fließende Eisströme sind, die sich mit einer Geschwindigkeit von wenigen Metern bis zu mehreren Kilometern pro Jahr bewegen, war damals bereits bekannt. 1773 hatte ein Hirtenjunge die Weglänge zwischen dem Zungenende des Grindelwaldgletschers und einem Felsblock mit Steinen markiert und einen nach dem anderen verschwinden sehen. In diesem Fall hatte de Saussure die richtige Erklärung dafür geliefert: Den Impuls zur Bewegung gab hier die Gravitation. Eine Eisenleiter, die er 1788 hoch oben auf einem Gletscher verloren hatte, wurde vierundvierzig Jahre später gut vier Kilometer entfernt an dessen Fuß wiedergefunden. Da war de Saussure selbst bereits über dreißig Jahre tot.

Für das andere Problem, wie die Findlinge in die norddeutsche Tiefebene gelangt sein könnten, hielt Goethe hingegen an Voigts Drifttheorie fest: Schwimmendes Treibeis habe sie von Skandinavien her dorthin geschafft. Das war eine Art Kompromissbildung zwischen der alten Vorstellung von einer Beförderung durch Wasserfluten, von der niemand genau sagen konnte, wie sie eigentlich funktioniert haben sollte, und der neuen, noch unausgereiften Idee von Gletschereis als Transportmittel. Aus beiden Überlegungen aber ergab sich die Notwendigkeit einer ehemaligen Kälteepoche, und damit verbunden von großphasigen Klimaschwankungen jenseits des gewöhnlichen Wechsels der Jahreszeiten. »Zu dem vielen Eis brauchen wir Kälte«,[38] konstatierte Goethe betont lakonisch im November 1829. Er bekenne sich zu der Meinung, »daß wir diese Erscheinung einem hohen Frostzustande des Erdbodens zu danken haben«.[39]

Diese Einsicht blieb Goethes letztes Wort in Sachen Findlingstransport und jüngerer Erdgeschichte, sozusagen sein erdgeschichtliches Vermächtnis. Als er sie in verschiedenen Formulierungen niederschrieb und darin die Überlegungen eines halben Jahrhunderts zusammenfasste, hatte der im Straßen- und

Brückenbau tätige Schweizer Kantonsingenieur Ignaz Venetz seine Untersuchungen über die Existenz von älteren Endmoränen weit außerhalb der damaligen Gletscherverbreitung bereits abgeschlossen, auf die sich dann Charpentier und Agassiz bei ihrer Ausarbeitung der Eiszeittheorie stützen sollten. Goethe kannte die Arbeiten von Venetz wohl nicht, die vollständig auch erst 1833, also nach seinem Tod, unter dem Titel *Les Variations de la température dans les Alpes de la Suisse* publiziert wurden. Venetz hatte Anfang der 1820er Jahre eine Preisfrage der *Schweizerischen Naturforschenden Gesellschaft* aus dem Jahr 1817 zu beantworten versucht. Sie lautete: »Ist es wahr, daß die hohen schweizerischen Alpen seit einer Reihe von Jahren wirklich rauher und kälter geworden sind?« Venetz bejahte die Frage, erklärte die Wetterverschlechterung aber für eine vorübergehende Erscheinung. Die Temperatur steige und falle periodisch, aber unregelmäßig.[40]

Wie wir heute wissen, hatte der Ausbruch des Vulkans Tambora auf der indonesischen Insel Sumbawa im April 1815 in den Folgejahren zu einer globalen Wetterverschlechterung geführt. Bei dem wohl größten Vulkanausbruch in der menschlichen Geschichte waren große Mengen von Asche und pyroklastischem Material in höhere Atmosphärenschichten gelangt und hatten zu einer Abkühlung geführt, die insbesondere in den Sommermonaten spürbar wurde. Die Folge waren massive Ernteausfälle, aber auch ein von vielen Beobachtern bemerktes Vorstoßen der Alpengletscher ins Tal, zumeist mit einer zeitlichen Verzögerung einiger Jahre. Auch der sowieso schon wetteranfällige Goethe klagte im Sommer 1816, in dem er sich in Thüringen aufhielt, vermehrt über Dauerregen und Kälte: »Das Wetter ist fürchterlich«, notiert er in sein Tagebuch. »Und so müssen wir denn wieder im Islam (das heißt: in unbedingter Hingebung in den Willen Gottes) verharren.«[41] Zwar erfuhr er im Februar 1817 aus der Zeitung von dem Ausbruch des Tambora annähernd zwei Jahre zuvor, doch vermochte er so wenig wie Venetz einen Zusammenhang zwischen der Schlechtwetterperiode und dem Vulkanausbruch herzustellen.[42] Carl August berichtete er im Januar 1820 jedoch über »ein inkalkulables Zunehmen der Gletscher«: »Auf dem Punkte, wo die Gebirge von Glarus und Graubünden zusammenstoßen befanden sich bisher viele isolierte Gletscher, welche aber gegenwärtig zusammenzurücken, zusammenzustoßen, sich zu vereinigen und die bisher zwischen ihnen bestandenen Räume auszufüllen drohen. Dort versammeln sich ungeheure Massen von Eis und Schnee und bilden undurchdringliche Knoten wodurch die bisher noch denkbare Kommunikation zwischen jenen Regionen aufgehoben wird. Haben sich solche Massen einmal etabliert und befestigt, so

Ein eigentlicher Feldzug gegen alle Elemente

ist ihr Wachstum freilich vorauszusehen, und in wiefern sie in die bewohnten und benutzten Ländereien hervordringen nicht zu berechnen.«[43]

Venetz kam aber noch zu einem zweiten, wesentlich spektakuläreren Schluss: Die Existenz der Moränen, die sich in beträchtlicher Entfernung zum gegenwärtigen Fuß der Gletscher befanden, erklärte er damit, das ganze Wallis und womöglich sogar die gesamten Alpen seien einst vergletschert gewesen. Damit ging er über die Vermutungen Perraudins weit hinaus. Nach anderen Zeugnissen soll er sogar die Findlinge in der norddeutschen Tiefebene auf die Wirkungen vormaliger Gletscher zurückgeführt haben. Das Klima war also viel weniger stabil, als man bislang angenommen hatte. Es existierten nicht nur periodische Temperaturschwankungen, sondern vieles sprach dafür, dass es in der Vergangenheit auch eine ausgedehnte Kälteperiode gegeben haben musste, die den Namen »Eiszeit« tatsächlich verdiente. Venetz sprach sogar von insgesamt zwei Eiszeiten, unterbrochen von einer Warmphase, einem sogenannten Interglazial.[44] Oder, wie Goethe 1829 notierte: »Das Eis spielt eine größere Rolle als man denkt.«[45]

Viele Anläufe, zahlreiche Beobachtungen und Beschreibungen und eine ganze Reihe von womöglich auch an Unsinn grenzenden Spekulationen waren nötig, um einer auf den ersten Blick so fremdartigen und kontraintuitiven Theorie wie der einer Eiszeit zum Durchbruch zu verhelfen. Das galt selbst dann, wenn Augenschein und Erklärungsmacht für sie sprachen. Insbesondere war die »Kunst des Brückenschlagens zwischen den Beobachtungen« gefragt, wie ein Historiker der Geologie das genannt hat[46] – das heißt, etwa weit von den Gletschern entfernte erratische Blöcke auf das Gletschereis zu beziehen. Goethe, so viel lässt sich sagen, verstand sich auf diese Kunst und war hier an vorderster Front an der Hypothesenbildung beteiligt. Die Anabasis des Dreißigjährigen in die Eisgebirge, verbunden mit dem Abenteuer der Furka-Überquerung, hat so späte wie aufregende Früchte getragen. Er habe »eine grönländische Natur« und seine Hypothesen seien ihm »wie die Kleider dieser Völker knapp auf den Leib genäht«, behauptete der Einundachtzigjährige von sich selbst.[47] Das konnte und sollte wohl auch heißen, der Mensch werde sich schon einzufinden wissen in das neue, auf den ersten Blick so »unmenschliche« Weltbild und erkennen, dass es ihm besser passt als die vertrauten Erzählungen von Paradies und Sintflut von ehedem.

*Sechzehntes Kapitel, in dem Goethe einen Roman
über das Weltall plant*

Als die Weimarer Reisegesellschaft am 2. Dezember 1779 von Zürich aus endlich den Rückweg in heimische Gefilde antritt, reitet Lavater ihr nach, um gemeinsam den Rheinfall von Schaffhausen zu betrachten. Schon vorher hat er mit Goethe über das Erhabene diskutiert und gestritten; nun können sie an einem Schauplatz, der sich exemplarisch mit dessen Anschauung verbindet, ihre Meinungsverschiedenheit vertiefen. Kurz nach der Abreise der Weimaraner von Schaffhausen soll man sich dort, wie Lavater berichtet, jedenfalls folgende Anekdote erzählt haben: »Goethe und Lavater standen unten am Rheinfall. Goethe behauptete der Rheinfall sey in Bewegung – Lavater, er stehe still – Nachdem Sie eine Stunde darüber gezankt – habe L damit geendet. ›Goethe, du trinkst zuviel Wein, drum scheint's dir, der Rheinfall sey in Bewegung‹ – und G. damit ›und du zuviel Wasser, drum scheint's dir, er stehe still‹«. Es sei »ein psychologisches Problem«, meinte Lavater, »wie diese Anekdote aus unserm, unter dem Donner des Rheinfalls gehaltnen Gespräche sich herausspinnen konnte«.[1]

Sicherlich kein rein psychologisches Problem waren hingegen die unterschiedlichen Ansichten der beiden angesichts eines Phänomens, das wie kaum ein anderes damals in den Fokus der Intellektuellen rückte. Und auch die individuelle Bevorzugung von Wein oder Wasser, stellvertretend für eine eher asketische oder hedonistische Lebensweise, erklärt den Konflikt, um den es da ging, nur bedingt. Natürlich steht der Rheinfall nicht still, möchte man Lavater entgegnen, und zwar schon per definitionem nicht. Denn bei einem Wasserfall geht ein fließendes (also gerade nicht ruhendes) Gewässer aufgrund eines markant erhöhten Gefälles erst ins Schießen und dann ins Fallen über, löst sich dabei zumindest teilweise vom Untergrund ab, zerfällt oder zerstäubt, um sich schlussendlich beim Aufprall wieder zu sammeln. Dass ein Wasserfall stillsteht, kann höchstens den Anschein haben, etwa auf Fotografien, die mit extrem kurzer Belichtungszeit aufgenommen sind, oder, epochenspezifischer, Gemälden, die den Sturz des Wassers in einem gleichsam stehenden Augenblick erfassen. Goethe, soviel Wein er auch trinken oder vor dem Disput mit Lavater tatsächlich getrunken haben mochte, ist also recht zu geben.

Womöglich geht es bei diesem Disput aber um mehr als um Fragen des Augenscheins und der korrekten Auffassung des Gegenstandes. Der tiefere Grund ihres Streites dürfte ein unterschiedliches Weltbild gewesen sein, ob man die Natur (beziehungsweise die Schöpfung, wie Lavater sicherlich gesagt hätte) nun als statisch oder dynamisch auffasst. Für einen dezidierten Christen wie Lavater war die Erschaffung der Welt mit dem siebten Tag, an dem Gott ruhte und sah, dass es gut war, gleichsam abgeschlossen. Nun waren alle Voraussetzungen vorhanden, um dem Menschen ein Leben zu ermöglichen, in dem er seine Überlegenheit und Willenskraft unter Beweis stellen konnte. Dass es auch aus christlicher Sicht eines erneuten Eingriffs Gottes bedurft hatte, damit die Dinge nicht aus dem Ruder liefen, war in dieser Hinsicht ein gewisser Schönheitsfehler, der aber nicht weiter ins Gewicht fiel. Denn wesentlich an dieser Betrachtungsweise war, dass zur Natur nichts Neues hinzukam und sie keine tiefgreifenden Veränderungen durchmachte, die ihr ein anderes Aussehen verliehen oder die Lebensbedingungen drastisch beeinflusst hätten.

Goethe sah das längst anders. Er ist ein zentraler Zeuge für einen Umbruch der Naturauffassung, der sich zu dieser Zeit vollzieht. Nicht nur, dass die Erforschung der Natur sich allmählich von religiösen Vorstellungen und Denkmustern emanzipierte – so schwer das oft fiel, wie das Beharrungsvermögen der Idee einer vorzeitlichen Sintflut belegt. Damit verbunden war auch die Vorstellung einer dynamischen Natur, die nicht auf einen Schlag geschaffen worden und seitdem vollendet war, sondern sich über mehrere Epochen und Brüche hinweg aus sich heraus entwickelt hatte und immer noch veränderte.

An der Frage des Erhabenen zeigte sich der Unterschied zwischen Lavater und Goethe als exemplarischen Vertretern des alten und neuen Denkens besonders deutlich. Für Lavater ermöglichte ein erhabenes Schauspiel wie der Rheinfall von Schaffhausen »Aussichten in die Ewigkeit«, wie er selbst sagte. Der überwältigende Natureindruck konfrontierte den Menschen zwar mit etwas Unfassbarem und Unermesslichem, aber indem der Eindruck selbst sich nicht veränderte, sondern die kontinuierlich nachstürzenden Wassermassen immer das gleiche Schauspiel ergaben, bot er auch ein Bild der Ruhe, der stetigen Wiederholung ein und desselben Geschehens. So gesehen stand der Wasserfall wirklich still. Gerade das aber war laut Lavater charakteristisch für das

Gefühl des Erhabenen: eine Bewegung, die sich in Ruhe auflöst, ein unfassbares Geschehen, das den Eindruck von Harmonie hervorruft. Ohne Einfachheit und Harmonie, so sein Credo, lasse sich nichts Erhabenes denken; nur was Ruhe bewirke, sei auch wahrhaft erhaben. Das war eine Vorstellung, die sich direkt von religiösen Vorstellungen ableitete. Das höchste Erhabene war für Lavater Gott, insofern er Unermesslichkeit mit Einfachheit, unendliche Wirkung mit Ruhe vereinbart.

»Schöne Ruhe« ist auch für Goethe eine wesentliche Wirkung des Erhabenen, aber sie kommt nicht nur auf andere Weise zustande als bei Lavater, sondern führt den Menschen auch zu anderen als religiösen Einsichten. Auf der Tour durch die Schweizer Berge war auch Goethe angesichts der Majestät, aber auch der Menschenfeindlichkeit des Gebirges die Gefühlslage des »delightful horror«, des ergötzlichen Erschauderns, keineswegs fremd geblieben. Er nennt sie ein schmerzliches Vergnügen, »eine Überfülle, die die Seele bewegt und uns wollüstige Tränen ablockt«, und kommt darauf gleich zu Beginn der *Briefe aus der Schweiz* zu sprechen, als die Reisgruppe von Basel aus durch die Birs-Schlucht bei Moutier reitet, in der chaotisch aufgetürmte Felstrümmer nur einen schmalen Durchgang lassen – ein Anblick, der ebenso wie tosende Wasserfälle oder eisbedeckte Berggipfel damals fast schon reflexartig Gefühle des Erhabenen auslöste. Wie sich zeigt, haben sie bei Goethe aber bei weitem nicht den Stellenwert wie bei vielen seiner Zeitgenossen, die sie förmlich suchen und nicht genug davon bekommen können. Ein junger Mann, der sich Goethes Reisegruppe anschloss und die Gegend bereits kannte, hatte wohl darüber geklagt, dass sich beim zweiten Mal das starke Gefühl des ersten Anblicks nicht mehr einstelle. Goethe bestätigt das, allerdings ohne es zu bedauern. Seine Analyse: »Wenn wir einen solchen Gegenstand zum erstenmal erblicken; so weitet sich die ungewohnte Seele erst aus, und es macht dies ein schmerzlich Vergnügen, eine Überfülle, die die Seele bewegt und uns wollüstige Tränen ablockt. Durch diese Operation wird die Seele in sich größer, ohne es zu wissen, und ist jener ersten Empfindung nicht mehr fähig. Der Mensch glaubt verloren zu haben, er hat aber gewonnen; was er an Wollust verliert, gewinnt er an innerm Wachstum.« Bedauern stellt sich bei Goethe höchstens darüber ein, nicht in einer »großen Gegend«, wie er es nennt, zu leben; denn dann würde er »mit jedem Morgen Nahrung der Großheit aus ihr saugen«.[2]

Demnach ist es gar nicht so sehr das Gefühl des Erhabenen selbst, das die auch von Goethe geschätzte Ruhe bewirkt. Es bereitet sie nur vor, indem es die Seele aus ihrer gewöhnlichen Lethargie reißt. Erst der zweite, wesentlich weniger aufwühlende, dafür genaue und sich in die beobachteten Gegenstände vertiefende Blick verschafft dann, was Goethe hier »inneres Wachstum« nennt und eine neue Dimension der Wahrnehmung und Erkenntnisfähigkeit mit einschließt. Das wird klar, als er am Ausgang der Schlucht vom Pferd steigt und sich für einige Zeit von der weiter reitenden Gesellschaft entfernt, um die Gesteinsschichten zu studieren. Die Birs hat sich hier während der Auffaltung der Meeressedimente zum Gebirge laufend in die sich hebenden Falten eingeschnitten und dabei enge Taleinschnitte gebildet. »Ich entwickelte«, so berichtet Goethe, »in mir noch ein tiefes Gefühl, durch welches das Vergnügen auf einen hohen Grad für den aufmerksamen Geist vermehrt wird. Man ahndet im Dunkeln die Entstehung und das Leben dieser seltsamen Gestalten.« Die seltsamen Gestalten, das sind die hier offenliegenden, zum Teil von Vegetation überzogenen Gesteinsschichten, die es ihm erlauben, einen Blick in die Vergangenheit der Erde zu werfen. Und das »tiefe Gefühl«, von dem Goethe spricht, ist das Gefühl des Erkennens: Vom ersten Eindruck des Erhabenen auf Großes eingestimmt, beginnt er die Gesteinsschichten genau zu studieren und sich Gedanken darüber zu machen, wie sie entstanden sind. »Man fühlt tief, hier ist nichts Willkürliches, hier wirkt ein Alles langsam bewegendes, ewiges Gesetz.«[3] Die »schöne Ruhe«, die das Gefühl des Erhabenen indirekt bewirkt, liegt für Goethe in der Beruhigung, die sich mit der gewonnenen Erkenntnis einstellt, und nicht – wie für Lavater – im Glauben. Der »anschauende Begriff«, von dem bei Goethe bald die Rede sein wird,[4] nimmt es nicht nur mit dem tosenden Wasser des Rheinfalls, sondern auch mit einer sich in der Tiefe der Zeiten verlierenden Entstehung der Erde auf. Bleibt es hingegen beim Erschaudern des ersten Anblicks, gewöhnlich begleitet von Ausrufen des Erstaunens, dann führe das, so Goethe, in der Regel zu einem Fehlschluss: Die »Fürchterlichkeit« des Anblicks wird auf das beobachtete Phänomen übertragen und damit Teil seiner Erklärung – was dermaßen schrecklich aussieht, kann auch nur aus einem schrecklichen Geschehen, sprich einer Katastrophe hervorgegangen sein. Erst wenn man genau hinschaut, erkennt man das »alles langsam bewegende Gesetz«: die ungeheuerlichen Mengen an Zeit, die es brauchte, um der Erdoberfläche jene Gestalt zu geben, die uns heute an ausgewählten Schauplätzen das lustvolle Gefühl des Erschauderns einflößt.

Zurück in Weimar beginnt Goethe erneut Schriften von Buffon zu lesen. Dem Namen des französischen Naturforschers und Direktors des Jardin des Plantes in Paris ist er bereits in Leipzig begegnet; dort wurde er ihm von Studenten der Medizin in einem Atemzug mit dem von Linné und Albrecht von Haller genannt. Die ersten drei Bände von Buffons breit rezipierter und erstaunte Leser zurücklassender *Histoire naturelle, générale et particulière* waren bereits in Goethes Geburtsjahr erschienen. Seit 1752 lag eine erste deutsche Ausgabe mit einem Vorwort von Albrecht von Haller vor. Es ist sehr wahrscheinlich, dass Goethe bereits als Student mit den Grundannahmen von Buffons epochalem Werk vertraut war, das das damalige Wissen über die Natur enzyklopädisch in einer glänzend geschriebenen, unterhaltsamen Darstellung zusammentrug, dabei aber durchaus auch eigene Akzente setzte. Dass er das Werk aber auch selbst kannte, zeigen die physiognomischen Charakteristiken von einundzwanzig Tierschädeln nach Vorlagen aus Buffons *Allgemeiner Naturgeschichte*, die er für Lavaters *Physiognomische Fragmente* verfasst hat.

Ein Jahr vor Goethes Schweizer Reise dann erscheint mit *Époques de la nature* eine Art Seitenstück von Buffons großem enzyklopädischem Werk. Dreißig Jahre nach seiner ersten *Historie und Theorie der Erde*, die ein Bild des kontinuierlichen, aber richtungslosen Wandels gezeichnet hat, modern gesprochen eine Art Steady-State-Theorie unseres Planeten, bekommen die irdischen Dinge nun bei ihm eine zeitliche Richtung, entwickeln sich von einem unvordenklichen Ursprung hin zu einem irgendwann erreichten Ende, so wie unsere heutige, mit einem Urknall startende physikalische Kosmologie. Jetzt spricht er von sieben Epochen der Natur und bezeichnet sie als Meilensteine auf dem ewigen Weg der Zeit. In der ersten kommt es zu einem Zusammenstoß der Sonne mit einem Kometen, mit der Folge, dass sich die Erde wie auch die anderen Planeten und ebenfalls deren Monde als anfänglich glühende Bälle von der Sonnenmasse abspalten. In der zweiten Epoche verfestigt sich die Erde infolge von Abkühlung langsam, es entstehen die Erdkruste und auf ihr die Ketten der Urgebirge; in der dritten kommt es zu weiterer Abkühlung und infolgedessen zur massiven Kondensation von Wasser aus der ursprünglich dichten Atmosphäre: Die Erde ist bis zu den höchsten Gipfeln vollständig mit Wasser bedeckt, und es entwickeln sich die ersten Krustentiere und Pflanzen; in der vierten ziehen sich die Ozeane zurück und vulkanische Verwerfungen gestalten die Erdoberfläche neu; in der fünften verbreiten sich große Urwelttiere über die gesamte Erde; in der sechsten teilt sich das bislang zusammenhängende Festland in die einzelnen Kontinente und in der siebten entwickelt sich schließlich der Mensch. »Die

Epochen de la nature von Buffon sind ganz vortrefflich«, meldet sich Goethe Anfang April 1780 bei Merck. »Es soll mir keiner etwas gegen ihn im Einzelnen sagen, als der ein größeres und zusammenhängenderes Ganzes machen kann. Wenigstens scheint mir das Buch weniger Hypothese etc. als das erste Capitel Mosis zu sein.«[5] Verglichen mit der großartigen, reichhaltigen Erzählung Buffons war die biblische Schöpfungsgeschichte eine unzulässige Vereinfachung.

Buffon war ein Anhänger Newtons. Für ihn bildete und organisierte sich das Weltall gemäß den Newtonschen Gesetzen dynamischer Kräfte. Aus dem tiefsten Schoß der Bewegung, so schrieb er, dem Gegeneinander von Schwerkraft und Zentrifugalkraft, werde das Gleichgewicht der Welten geboren.[6] Auch dieses Gleichgewicht hielt er aber für durchaus labil, der Zeit und damit der Veränderung unterworfen. Die kontinuierliche Abkühlung des Erdballs seit seiner Entstehung hielt er für einen irreversiblen Prozess, der schließlich zum Kältetod führen würde. Dieser Prozess ging extrem langsam vor sich – so langsam, dass er sich der Anschauung des Menschen entzog und es physikalischer Experimente bedurfte, um ihn zu verstehen. Mit anderen Worten, er brauchte Zeit – nach der damaligen Vorstellung, die von einem Gesamtalter der Erde von gerade einmal 6000 Jahren ausging, ungeheuer viel Zeit. Auf die Zahl von 6000 Jahren war man aufgrund der biblischen Angaben gekommen. 1654 hatte der Erzbischof der Kirche von Irland, James Usher, das Schöpfungsdatum auf Sonntag, den 23. Oktober 4004 v. Chr. errechnet. Danach waren seit der Erschaffung der Welt bis heute gerade einmal gut 200 Menschengenerationen vergangen. Das war zwar mehr als ein Mensch aus eigener Anschauung überblicken konnte, aber auch nicht so viel, dass es ihn irgendwie im Kern seines Selbstverständnisses beunruhigen musste. Buffon hingegen rechnete vor, seit der Herausschleuderung der Erdmasse aus der Sonne müssten mindestens 74 832 Jahre verstrichen sein (so lange sollte der Abkühlungsprozess bis zur heutigen Temperatur in Anspruch genommen haben). Doch selbst das war noch ein geschönter Wert, um die Leser nicht allzu sehr zu verstören; in den Entwürfen zu den *Epochen der Natur* nennt er die Zahl von drei Millionen für den gesamten Prozess und ließ durchblicken, es könnten auch gut und gerne zehn sein.[7]

Das war ein Schock, dessen Ausmaße so ungeheuerlich waren wie die auf einmal kursierenden Zahlen des Erdalters. Dieser Schock bezog sich nicht nur auf die unvorstellbare Menge an Zeit, die seit den Anfängen der Erde bis heute verflossen sein sollte, sondern auch darauf, dass das neue, der Bibel widersprechende Bild der Erde deren Ursprung und den des Menschen unwiderruflich auseinanderriss. Danach war es keineswegs so, als seien Natur und Mensch gleichsam aus einer Hand geformt und Mensch und Erde so etwas wie gleichursprüngliche und gleichberechtigte Existenzpartner. Vielmehr war der Mensch ein später Sohn, eine späte Tochter einer sehr alten, langlebigen Erde. Deren Vergangenheit verlor sich in der Tiefe der Zeiten, statt dass die Erde schon kurze Zeit nach ihrer Erschaffung dem menschlichen Willen untertan war. Der Anthropozentrismus, eine stillschweigende, kaum hinterfragte Voraussetzung des menschlichen Selbstverständnisses im christlichen Abendland, stand auf einmal auf tönernen Füßen.

Buffon kommt in den *Epochen der Natur* immer wieder auf das Problem der langen Zeit zu sprechen. Dieser Sachverhalt war, wie er sehr gut wusste, die eigentliche Hürde bei der Akzeptanz des neuen Bildes der Erde. Man habe ihn gefragt, so berichtet er, warum er die Menschen, »in einen solchen ungeheuren Zeitraum, in eine Dauer von 75 000 Jahren« werfe. Buffons Antwort: Führe man sich vor Augen, was in der jeweiligen Epoche passiert sein musste, sehe man schon, dass er die dafür notwendige Zeit keineswegs »ohne Noth größer gemacht, sondern vielleicht sie noch gar zu kurz angesetzt habe«. Als Beispiele für die ungeheure Menge an Zeit, die die Natur für sichtbare Veränderungen benötigt, führt er die Langsamkeit an, mit der die fundamentalen Prozesse der Abkühlung, der Sedimentierung, der Versteinerung und der Erosion vor sich gehen. Selbst an den vulkanischen Eruptionen, die durchaus Teil seines Bildes von der Erde waren, scheinen ihn weniger die Plötzlichkeit des Geschehens als die Zähflüssigkeit und der Erstarrungsprozess der Magmen zu faszinieren. Dass die Menschen mit den großen Zeitdauern geologischer Prozesse ein Problem haben, liege, wie er meint, in ihrer fehlenden Anschaulichkeit begründet. Eine Anzahl von 100 000 Münzen sei nun einmal leichter zu fassen als eine Dauer von 100 000 Jahren. Diese Unfassbarkeit habe nicht zuletzt mit unserem »zu kurzen Leben« zu tun. Deswegen seien wir gewohnt, »hundert Jahre als eine große Summe von Zeit anzusehn«, hätten aber Mühe, »uns von tausend Jahren eine Vorstellung zu machen«, ganz zu schweigen von zehn- oder hunderttausend Jahren. Das einzige hilfreiche Mittel dagegen sah Buffon in der Unterteilung großer Zeiträume in mehrere kleine und darin, sich die »großen Wirkungen« jeder dieser Epochen vor Augen zu führen. Alsdann werde man sehen, dass die Dauer von 75 000 Jahren, die er »von der Bildung der Erde bis zu ihrem itzigen Zustand gerechnet habe, noch nicht hinreichend ist, um alle großen Werke der Natur zu erklären, deren Bauart uns zeigt, daß sie nur durch eine langsame Folge regelmäßiger und beständiger Bewegungen entstanden seyn können«.[8]

Eine weitere Maßnahme, die Buffon ergriff, um die neue Naturgeschichte den überkommenen Vorstellungen anzunähern, bestand darin, die einzelnen Epochen der Erdentwicklung auf die sieben biblischen Schöpfungstage zu beziehen. Buffon belässt es nicht bei diesem indirekten Verweis, sondern bekennt sich ausdrücklich zu dem Vorbild. Zugleich aber bereitet er eine Argumentation vor, derer sich Theologen bis heute bedienen, wenn sie biblische Aussagen und die Erkenntnisse der Naturwissenschaften in Einklang bringen wollen: Man dürfe das in der Bibel Gesagte nicht buchstäblich verstehen; Zielgruppe des »göttlichen Dometschers«, wie Buffon den Autor des Alten Testaments nennt, seien unsere noch unwissenden Vorfahren gewesen, über deren Kenntnisse er sich nicht erheben wollte. Und so seien auch die Schöpfungstage nicht wörtlich, sondern metaphorisch zu verstehen, ersichtlich schon daraus, dass am ersten Tag von einem solchen noch gar nicht die Rede sein konnte, da Dunkel und Licht noch nicht geschieden waren. In Wirklichkeit handele es sich um beträchtliche Zeiträume, in Entsprechung zu seinen Epochen. Überhaupt fuße die biblische Erzählung auf unserer natürlichen Wahrnehmung, für die die Sonne morgens auf- und abends untergeht, Meer und Himmel nicht nur die gleiche Farbe haben, sondern sich auch am Horizont vereinigen, als seien sie ursprünglich eins gewesen. Indem Buffon seine neue Geschichte und Theorie der Erde auf das vertraute Schema der Genesis bezog, gelang es ihm, ihr das Unheimliche und Anstößige weitgehend zu nehmen. Dafür nahm er auch den Schönheitsfehler in Kauf, dass der Mensch bei ihm gerade dann entstand, als nach biblischer Auffassung die Schöpfung bereits abgeschlossen war und der Herr in wohlgefälliger Betrachtung des gelungenen Werkes ausruhte.[9]

Buffon ist auch der erste gewesen, der die Zeit von der Entstehung der Erde bis zur Entstehung des Menschen mit einer konkreten Zahl beziffert hat, die zudem mehr war als Spekulation oder Ausdruck unvorstellbarer Größe, weil sie auf Beobachtungen, Experimenten und Berechnungen fußte. So schloss der spätere Erbauer eines modernen, leistungsfähigen Eisenhüttenwerks etwa von der Zeit, die glühende Eisenkugeln zur Abkühlung benötigten, darauf, wie lange ein Feuerball von der Größe der Erde für den gleichen Prozess brauchen würde. Sein Gespür für die Langsamkeit geophysikalischer, klimatischer und biologischer Prozesse verdankte sich aber auch dem Umstand, dass er neben dem fundamentalen Abkühlungsprozess die Vorgänge der Erdbildung vor allem von Wasser beeinflusst sah. Zuweilen muten seine Vorstellungen über diese Prozesse an, als habe er sie auf langen Spaziergängen entlang des Saumes der französischen Atlantikküste gewonnen.

Längst wissen wir, weder Buffons offiziell vorgetragene Zahl noch seine privaten Spekulationen vermitteln eine angemessene Vorstellung von dem Zeitumfang, den dieser Prozess tatsächlich in Anspruch genommen hat. Im Laufe der vergangenen beiden Jahrhunderte wuchs der von den Naturforschern dafür veranschlagte Zeitraum ständig an – angefangen von den von Buffon ausgerechneten 75 000 Jahren und den einigen Millionen Jahren, die die Geologen um 1800 für realistisch hielten, über die 24 Millionen Jahre Lord Kelvins, Mitte des 19. Jahrhunderts berechnet auf Basis der an Buffon erinnernden Annahme der allmählichen Abkühlung einer anfangs glutflüssigen Erde, weiter über die 200 Millionen Jahre, die Darwin veranschlagte, bis hin zu den 500 Millionen, mit denen die neuen Berechnungen auf Basis der Entdeckung der Radioaktivität durch den neuseeländischen Physiker Ernest Rutherford begannen, welche sich dann noch einmal verzehnfacht haben zu den etwa 4,5 Milliarden Jahren heute. Das Ungeheure der sich allen Vorstellungen entziehenden Zeitspanne drückte sich in immer größeren Zahlen aus, an die wir uns mehr gewöhnt haben, als dass die Tatsache ernstlich an Anschaulichkeit gewonnen hätte.

Der Schriftsteller Johann Anton Leisewitz berichtet von einem Besuch in Goethes kleinem Haus an der Ilm im August 1780; man habe von Mineralogie, dem »immer Neuen in der Natur«, dem Alter der Welt und von der »Narrheit« gesprochen, »dieses Alter auf 6000 Jahr zu schätzen«.[10] Nach einer konkreten Angabe, wie alt Goethe die Erde tatsächlich schätzte, sucht man in seinen Schriften allerdings vergebens.[11] Seine ausgesprochene Abneigung gegen die »neuesten geologischen Theorien, die ohne feuerspeiende Berge, Erdbeben, Klufttrisse, unterirdische Druck- und Quetschwerke, Stürme und Sündfluthen keine Welt zu erschaffen wissen«, kurz gegen alle Kataklysmen- und Katastrophentheorien der Erdbildung, lässt jedoch darauf schließen, dass er von einem beträchtlichen Erdalter ausgegangen sein muss. Denn je knapper die frühen Geologen die Zeit bemaßen, die zwischen der Entstehung der Erde und ihrer gegenwärtigen Gestalt vergangen war, desto stärker neigten sie zum Katastrophismus, um die grundstürzenden Veränderungen, zu denen es gekommen sein musste, erklären zu können. Die auf religiöse Überlieferungen zurückgehende Beschränkung des zeitlichen Rahmens bewog die frühen Geologen zu phantastischen Szenarien voller Wunder und Gewalt. Sie sahen sich vor die Wahl gestellt, entweder auf die Wirkung von Kräften oder auf die Wirkung der Zeit zu setzen. Von dem französischen Geologen Déodat Gratet de Dolomieu, nach dem das Gestein »Dolomit« und die Dolomiten benannt sind und der bekannt für seine Katastrophenszenarien war, mit denen er das Schicksal der Erde beschrieb, ist der Ausspruch überliefert: »Nicht die Zeit nehme ich zu Hilfe, sondern die Kraft«.[12] In Buffons *Epochen der Natur* begegnete Goethe hingegen ganz zu Beginn seiner mineralogischen und erdgeschichtlichen Interessen einem Denken, das vornehmlich auf den Faktor Zeit setzte, um die Dynamik und die Wandlungen der Natur zu begreifen. »Wirkungen, die täglich vorkommen, Bewegungen, die sich ohne Unterbrechung aneinanderreihen, sich erneuern und beständig wiederholen, sind die Triebkräfte, auf die wir unsere Erklärungen stützen müssen«, heißt es in den 1749 erschienenen ersten Teilen der *Allgemeinen Naturgeschichte*.[13] Goethes Gewährsleute in Sachen Geologie, allen voran der Mineraloge Abraham Gottlob Werner, aber auch der Oberberghauptmann von Trebra oder der Naturforscher Karl Ernst Adolf von Hoff, der in diplomatischen Diensten am Hof von Gotha stand, einte die Überzeugung, zur Erklärung von Naturvorgängen dürfe »man weniger zu großen Kräften als zu großen Zeiten seine Zuflucht« nehmen, wie von Hoff schrieb. Die Zeit hinter uns sei so endlos wie die Zeit vor uns, fuhr er fort, aber die größten Naturkräfte seien doch »in Regeln und Gesetze gezwängt«. In der Geologie gelte eben der Satz Ovids »gutta cavat lapidem non vi sed saepe cadendo« (Steter Tropfen höhlt den Stein).[14]

Das änderte jedoch nichts daran, dass die gewaltig sich ausbreitenden Zeiträume so unermesslich wie unheimlich blieben. Als der englische Geologe James Hutton 1788 an der schottischen Südostküste die diskordante Schichtung zweier Gesteine entdeckte – ein Hinweis darauf, dass die ursprünglichen Ablagerungen späteren tektonischen Bewegungen ausgesetzt waren und die Erdkruste langandauernde Umgestaltungen erfahren hatte –, spricht sein Begleiter, der Mathematiker John Playfair, von dem Schwindel, der sie »beim Blick in den Abyssus der Zeit« ergriffen habe.[15] Goethes Erfahrungen müssen sehr ähnlich gewesen sein. Davon zeugt unter anderem ein Brief an den Freund Carl Friedrich Zelter vom 11. März 1832, verfasst nur zwei Wochen vor seinem Tod. »Fossile Thier- und Pflanzenreste versammeln sich um mich«, schreibt er, doch dürfe man sich bei ihrer Betrachtung »nothwendig nur an Raum und Platz des Fundorts« halten, »weil man bei fernerer Vertiefung in die Betrachtung der Zeiten wahnsinnig werden müsste«.[16] Veranlasst zu dieser Bemerkung wurde er wohl durch den jungen Geologen Bernhard Cotta, der ihm seine Dissertation über fossile Pflanzen zugeschickt hatte. Vier Tage darauf erhält auch Cotta einen Brief von Goethe; er dankt ihm und berichtet über das aus Entzücken und Schmerz gemischte Gefühl, das archäologische Ausgrabungen, aber auch fossile Zeugnisse aus der Urzeit bei ihm ausgelöst hätten. Denn was wir heute mit Vergnügen oder Wissbegierde betrachten, habe, so Goethe, dafür doch erst sein Leben lassen müssen – sei wie etwa im Falle von Pompeji »durch ein einzelnes Naturereignis« zugrunde gegangen oder sei wie im Falle der Fossilien durch »allgemeinere unbegreifliche Naturwirkungen ... niedergeschlämmt, niedergedrückt und verschüttet« worden. Zweifellos hätte sich auch hier eine Reflexion über den Wahnsinn angeboten, zu dem der Blick in den Abgrund der Zeiten führen kann. Doch davon ist jetzt nicht mehr die Rede. Stattdessen schlägt Goethes Brief eine Brücke über den tiefen Graben der Zeit, der die heute Lebenden von den »verschwundenen Organismen« trennt, die sich als Versteinerungen erhalten haben. Auch sie hätten nämlich, schreibt er, »in der Vornacht der Zeiten« das Tageslicht und seine Wärme genossen, »um kräftig und fröhlich zu leben und sich auf das gedrängteste zu versammeln.« Lebendigkeit, hervorgerufen von Licht und Wärme, das ist es, was die elementaren Organismen der Vorzeit mit den komplexen, von Kultur überformten Organismen der Gegenwart verbindet, und der Gedanke daran vermag dem Blick in den Abyssus der Zeit seinen Wahnsinn zu nehmen. Beinahe optimistisch endet Goethes Schreiben mit der Bitte an den jungen, gerade vierundzwanzigjährigen Forscher: »Lassen Sie mich, insofern ich noch einige Zeit auf der wunderlichen Erdoberfläche verweile, gelegentlich einiges von ihren Fortschritten vernehmen.«[17]

Dazu sollte es nicht mehr kommen; nur eine Woche später verstarb Goethe. Bernhard Cotta aber wird in der Tat als Geologe noch von sich reden machen. Aufgrund der Artenwechsel, die er in fossilen Ablagerungen beobachtet hat, berechnet er 1858 das Alter allein des Lebens auf der Erde auf 1,5 Milliarden Jahre und kommt damit unseren heutigen Messungen so nah wie kein anderer Forscher vor und lange Zeit auch nach ihm.

»Zwei große Kränkungen ihrer naiven Eigenliebe«, stellte Sigmund Freud 1917 fest, habe die Menschheit bislang durch die Wissenschaft erdulden müssen. Die eine sei die Erkenntnis gewesen, die Erde, weit davon entfernt den Mittelpunkt des Universums zu bilden, sei »nur ein winziges Teilchen eines in seiner Größe kaum vorstellbaren Weltsystems«; zur zweiten sei es gekommen, als die »biologische Forschung das angebliche Schöpfungsvorrecht des Menschen zunichte machte, ihn auf die Abstammung aus dem Tierreich und die Unvertilgbarkeit seiner animalischen Natur verwies«.[18] Der engagierte Paläontologe und Evolutionsbiologe Stephen Jay Gould hat 1987 darauf aufmerksam gemacht, dass in Freuds einschlägiger Aufzählung jene Erkenntnis fehle, die er die Entdeckung der Tiefenzeit, der »deep time« nennt – eine begriffliche Prägung des Sachbuchautors John McPhee für die geologische Zeit, die sich nicht in Jahren und Generationen, sondern in Epochen und Äonen misst. Ihr Platz ist nicht nur historisch, sondern auch systematisch zwischen den Entdeckungen Galileis und Darwins; die Entgrenzung der Zeit begrenzt die Bedeutung des Menschen kaum weniger als die Entdeckungen von Kopernikus beziehungsweise Galilei und Darwin. Mark Twain hat das sehr schön veranschaulicht: Wenn die Höhe des Eifelturms mit dem Alter der Erde übereinstimme, meinte er, dann entspräche dem Alter des Menschen die dünne Lackschicht auf der obersten Turmspitze.[19]

Doch handelt es sich bei den angeführten Revolutionen der Erkenntnis (der Freud die eigene Entdeckung, wonach das Ich nicht einmal Herr im eigenen Haus sei, hinzufügte) überhaupt um Kränkungen? Zumindest sollte man ihr Potenzial an Produktivität nicht unterschätzen. Was dem Arzt, der sich vornehmlich mit seelischen Störungen und Leiden befasst, als Einschränkung erschien, lässt sich jedenfalls ebenso gut als Entfesselung beschreiben. Zweifellos bedeutete das Durchbrechen der Zeitschranke durch Buffon und seine Nachfolger auch eine Einbuße an Sicherheit und Wohlgeordnetheit der irdischen Verhältnisse, die Ängste und Restaurationsversuche hervorrufen konnte. Zugleich setzte es aber ungeahnte Energien frei, die letztlich zu einem verstärkten Selbstbewusstsein des Menschen führten. Der Fall der religiös begründeten Beschränkung des zeitlichen Rahmens ging mit Entdeckungen einher, die es den Menschen zunehmend erlaubten zu verstehen, was in den sich eröffnenden ungeheuren Zeiträumen geschehen sein musste.

Die Wissenschaft, die sich zu Goethes Zeiten herausbildete, um es mit der neuen Unermesslichkeit der Erdgeschichte aufzunehmen, war die Geologie. Das war ursprünglich ein Verlegenheitsbegriff, geprägt von dem bereits erwähnten Jean-André Deluc, einem Pionier der Stratigraphie, der Datierung von fossilführenden Sedimentgesteinen. Er störte sich daran, dass die Erforschung der Erde, der er sich widmete, den gleichen Namen trug wie die Erforschung des Weltalls, nämlich ebenso als »Kosmologie« bezeichnet und als nachrangig erachtet wurde. Strenggenommen, so schreibt er in seinen *Lettres sur le montagnes*, müsse von »Geologie« die Rede sein, aber dieser Begriff sei ungebräuchlich, weshalb er nicht den Mut habe, ihn zu verwenden. Das war 1778, im Jahr vor Goethes Reise zu den Gletschern der Schweiz, auf der er in Genf zusammen mit dem Herzog auch Delucs jüngeren Bruder Antoine aufgesucht hat. Die beiden Brüder Deluc hatten seit Mitte der 1760er Jahre auf mehreren Exkursionen die Gletscher der Mont-Blanc-Region bestiegen und die dortigen Berge vermessen. Carl August etwa fiel in Delucs Naturalienkabinett neben merkwürdigen Kristallen die wunderbare Versteinerung eines Seeigels mitsamt seinen Stacheln in einem Hornstein auf, wie man in der Bergmannssprache ein muschelig brechendes, sedimentär entstandenes Kieselgestein nannte.[20]

Die Geologie wurde die erste, wirklich historische Naturwissenschaft. Der Sache nach verdankt sie sich der bereits im 17. Jahrhundert gewonnenen Überzeugung, die räumliche Lagerung von Sedimentschichten *übereinander* entspreche einer zeitlichen Abfolge von Gesteinsablagerungen *nacheinander*. »Wenn heute unsere Vorstellungen von der Vergangenheit nicht mehr durch die Zeitschranke früherer Zeitalter begrenzt sind«, stellen Stephen Toulmin und June Goodfield in ihrem Buch *Entdeckung der Zeit* fest, »dann ist das der Geduld, dem Fleiß und der Findigkeit jener Männer zu danken, die zwischen 1750 und 1850 durch Untersuchung der Gesteinsschichten und Fossilien in der Erdkruste ein neues und ungeheuer erweitertes Zeitschema geschaffen haben.«[21] Goethe gehörte zu diesen Männern. Selbst wenn es stimmt, dass die Entwicklung der Geologie auch ohne seine Beiträge kaum anders verlaufen wäre, so sind die Erfahrungen, die er mit der neuen Wissenschaft und ihrer Betrachtungsweise der Welt machte, doch von großem Wert, um zu verstehen, wie sich unser Bild von der Erde in dieser Zeit unwiderruflich verändert und welche Gestalt es angenommen hat.

Das betrifft neben der Revolutionierung des Zeitverständnisses auch die Vorgehensweise, um zu Erkenntnissen zu gelangen. Die Geologie ist genauso wie die Archäologie und die Botanik eine Geländewissenschaft und war es zumal in ihren Anfängen. Wer hier Erkenntnisse gewinnen will, muss nicht nur die Gelehrtenstube verlassen, sondern Erkundungen auch abseits der gebahnten Wege unternehmen, den Blick nicht nur nach vorne, sondern auch nach unten richten; er muss auf Berge steigen und in die Erde einfahren, durch Höhlengänge kriechen und sich über Felsvorsprünge hangeln, er muss das nahe der Oberfläche befindliche, angewitterte Gestein, auch anstehendes Gestein genannt, zur Gewinnung von Proben mit einem Pick- oder Schürfhammer anschlagen und frische Bruchflächen erzeugen, um die Zusammensetzung oder Textur des Gesteins bestimmen oder einen harten Gesteinsblock auf seinen Fossilgehalt prüfen zu können. Auf zeitgenössischen Porträts von Gelehrten wie de Saussure, Deluc oder James Hutton, die das neue Bild der Erde maßgeblich prägten, gehört der in der Hand gehaltene Geologenhammer zu dem Bild, das diese Auftragsarbeiten von dem Porträtierten vermitteln sollten. Dass ein Gelehrter seine Studierstube, die Bibliothek oder das Labor verlässt und sich nach draußen, in die freie Natur begibt, um Erkenntnisse zu gewinnen, war eine verhältnismäßig neue Idee. Für die sich herausbildende Geologie ist sie zentral. Denn erst einmal muss man an jene Gesteinsproben gelangen, deren Untersuchung dann weiteren Aufschluss über ihren Charakter und ihre Zusammensetzung gibt. Insbesondere die Lagerung der Gesteine sowohl auf als auch im Erdboden ist dabei interessant; denn daraus lassen sich Rückschlüsse auf den Aufbau der Erdkruste und ihrer Entstehung ziehen. Und schließlich ist Feldforschung unersetzlich, um die großflächigen Strukturmerkmale des Erdaufbaus zu verstehen.

Seit Alters her gibt es zwei Typen von Naturforschern, nennen wir sie den Indoor- und den Outdoor-Typ. Ersterer sitzt mittlerweile in großen Laboratorien oder Forschungsanlagen und geht davon aus, dass es für jedes Problem in der Wissenschaft eine ideale Versuchsanordnung gibt. Letzterer streift draußen umher und sieht die Natur mit anderen Augen: als riesiges Reservoir von Lösungen, nicht von Problemen. Sein Vorgehen ist in der Regel sehr einfach: nur das zu beschreiben, was er wirklich sieht. Das setzt ein trainiertes Auge voraus. Goethe gehörte eindeutig zu dem zweiten Typus, sein Loblied der Anschauung und Beobachtung ist legendär. Auf seinen Wanderungen und Reisen dreht er nun jeden Stein um, kriecht in Bergwerken herum und erklimmt Berggipfel. Kein Berg sei ihm damals zu hoch, »kein Schacht zu tief, kein Stollen zu niedrig und keine Höhle labyrinthisch genug« gewesen, erinnert sich der annähernd Siebzigjährige.[22] Stets führt er ein Hämmerchen mit, um Gesteinsproben zu entnehmen; mit der Zeit wächst seine Mineraliensammlung auch durch Zukäufe auf 18 000 Exemplare an. Die unterwegs gemachten Beobachtungen hält er in Notizbüchern fest. Gleichzeitig entstehen vornehmlich mit Bleistift, Feder und Kreide angefertigte Zeichnungen, die die räumlich-körperliche Gestaltung der Landschaft durch Konturen, Schattierung und Lavur wiedergeben.

»Nun muß ich dir noch von meinen mineralogischen Untersuchungen einige Nachricht geben«, berichtet er im Oktober 1780 dem Freund Merck. »Ich habe mich diesen Wissenschaften, da mich mein Amt dazu berechtigt, mit einer völligen Leidenschaft ergeben.«[23] Initiiert durch die Erlebnisse in Ilmenau und im Thüringer Wald, verstärkt dann durch die Schweizer Reise und die Lektüre von Schriften de Saussures und Buffons, zieht Goethe das Steinreich nun immer

Abbildung 8: Kontakt zwischen Brocken-Granit (hell) und gesintertem Tonschiefer, Harz, Rehberger Graben; aus Goethes Sammlungen

mehr in den Bann – eine Faszination, die für den Rest seines Lebens anhalten sollte. Zahlreiche Anekdoten ranken sich darum – mit Vorliebe von Leuten erzählt, die Goethes Passion nicht teilten und sich über den in ihren Augen verhaltensauffälligen Dichter wunderten. »Plötzlich stieg Goethe aus dem Wagen, machte seine Betrachtungen über einen Stein, und ich hörte ihn sprechen: ›Nun, wie kommst du daher?‹, welche Frage er wiederholte«, berichtet etwa Joseph Sebastian Grüner, Magistrats- und Kriminalrat, später auch Bürgermeister in Eger, noch von dem über Siebzigjährigen. »Mir kam diese Frage, da ich von der Mineralogie nichts verstand, nahezu lächerlich vor; ich dachte, wie kann einen so gelehrten Mann so ein Stein interessiren, den ich nicht mit dem Fuß stoße, und deren Tausende zu finden sein werden; allein Stadelmann [Goethes Diener] mußte ihn mitnehmen, und nach der Hand erfuhr ich, daß dieser Stein ein Feldspat-Zwillingskristall war.« Seit dieser Begebenheit schickte Grüner ungewöhnlich aussehende Steine, die ihm unterwegs auffielen, sozusagen unverlangt nach Weimar.[24]

Als Goethe im September 1783 auf seiner zweiten Harzreise zusammen mit von Trebra vom Brocken herabsteigt und über Schierke und Elend nach Andreasberg wandert, passieren sie die Rehberger Klippen – eine hohe, senkrecht abfallende Felswand mit einem großen Haufen herabgestürzter Steinbrocken davor, »von Tisch- und Stuhl- und Ofen-Größen«, wie von Trebra anschaulich berichtet. Schon im Jahr zuvor ist er in der Gegend gewesen und dabei auf kleinere Bruchstücke eines besonderen Steins gestoßen – Stücke »zusammengewachsenen Granits mit schwarzem, japsisartigen, wenig schiefrigen Gestein«, eine Kontaktstelle von hellem Granit mit dunklem Tonschiefer. Nach damaligen Vorstellungen handelte es sich dabei um »Übergangsgestein«, »Umwandlungen aus der einen Art in die andere«, wie Trebra formuliert[25] – Zeugnisse für eine epochale Wende der Erdgeschichte, als der für Urgestein gehaltene Granit allmählich von Schichtgestein wie Kieselschiefer und Kalksteinen, aufgeschwemmten und vulkanischen Gebirgsarten überlagert wurde. Aus dem Ozean, der einst die gesamte Erdoberfläche bedeckt hatte, sollte der Granit sich vor Urzeiten nach unten abgesetzt haben. Anders als heute ordnete man zu dieser Zeit die Steine nach dem angenommenen Alter ihrer Entstehung. »Man war von An- und Aufschwemmungen zu den Flözen und immer weiter zu den Unterlagen gegangen«, beschreibt Goethe im Rückblick von 1829 dieses Vorgehen, »und da man endlich auf den Granit kam und denselben zugleich auf den höchsten Gebirgen fand, so ließ man ihn als Grund- und Knochengerüste der Erde gelten«.[26]

Im Jahr zuvor hat von Trebra noch die Zeit gefehlt, um die Höhe zu besteigen, von der die Bruchstücke des legendären Doppelgesteins herabgerollt sein mussten. Nun ist der Augenblick gekommen, mit dem »waghalsigen Freund«, wie er Goethe nennt, das Versäumte nachzuholen: »Die können nirgends anders herkommen als von jener Klippe da vor uns«, will er ihm zugerufen haben. »›Dahin müssen wir‹, antwortete mein Freund. ›Behutsam! Vorsichtig!‹, schrie ich ihm nach, ›die moosbedeckten, schlüpftigen Felsstücke liegen gefahrvoll durcheinander, wir können die Beine dazwischen brechen‹. ›Nur fort! Nur fort!‹, antwortete er voraneilend, ›wir müssen noch zu großen Ehren kommen, ehe wir die Hälse brechen!‹« Da der »Abschnittstrich von hier eingewurzeltem Urgebirge roten Granits und daraufstehendem dunkel- fast schwarzblauen Tongestein«, wie von Trebra es beschreibt, aber in beträchtlicher Höhe verlief, ergreift Goethe kurzerhand eine in den Felsen eingewachsene Wurzel und schwingt sich behende auf von Trebras Schultern, so dass er das faszinierende Phänomen von Nahem betrachten, es sogar mit Händen greifen kann.[27] Jahrzehnte später sollte von Trebra aus dem Doppelgestein zwei Platten schneiden lassen, sie mit dem Ausruf »Wir müssen noch berühmt werden, ehe wir uns den Hals brechen« versehen und eine davon Goethe schenken.

Die schöne Geschichte zeigt, dass Goethes mineralogische Passion keineswegs darin aufging, besonders ansehnliche oder kuriose Steine zu finden. Von Anfang an verband sich mit den Erkundungen in der Natur und dem Sammeln von Steinen ein Erkenntnisinteresse. Als Gefährte zur Seite stand ihm dabei ein drei Jahre jüngerer Mann, der an der berühmten Bergakademie zu Freiberg gerade drei Jahre lang umfassende Kenntnisse in Geologie und Mineralogie gewonnen hatte. Johann Carl Wilhelm Voigt war der jüngere Bruder von Goethes Ministerkollegen Christian Gottlob Voigt; Carl August hat ihn nach Weimar geholt, um künftig den Bergbau in Ilmenau zu leiten. Da aber bislang weder die Ablösung früherer Bergbaurechte zum Abschluss gekommen noch die Finanzierung gesichert ist, nutzt Goethe die Gelegenheit, Voigt für Belange einzusetzen, die wir heute als Grundlagenforschung bezeichnen würden. Er erteilt ihm den Auftrag, das Gebiet des Herzogtums zu durchreisen und geologisch zu »rekognoszieren«.[28] Geschickt verbindet der für Voigt erstellte Arbeitsplan ökonomische Fragestellungen, die für den Herzog und seinen Minister interessant sind, mit solchen der allgemeinen Wissbegierde und Erkenntnis, die den Schriftsteller und angehenden Forscher interessieren. Dem Freund Merck hingegen vertraut Goethe an, dass ihm das »bischen Metallische«, auf dessen Ausbeute es bei den immerhin von ihm geleiteten Wiederbelebungsversuchen des Ilmenauer Bergbaus ankam, gegenüber der neuen Herausforderung fast als vernachlässigbar erscheine.[29] Jetzt geht es um mehr: Goethe sieht die Chance auf dem Gebiet der Erdgeschichte, das sich vor ihm aufgetan hat, etwas zu leisten, das sich mit den Entwürfen von de Saussure oder Buffon messen lassen, sie womöglich sogar übertreffen könnte.

Dazu muss er sich aber erst einmal selbst grundlegende Kenntnisse der neuen Wissenschaft aneignen. Auch da kommt ihm der »junge Mensch«,[30] wie er ihn nennt, gerade recht. Denn Voigts Lehrer waren zwei unbestrittene Autoritäten der jungen Wissenschaft der Geologie: Der erste, Johann Friedrich Wilhelm von Charpentier, Vater des Gletscherforschers Jean de Charpentier, hatte 1778 eine *Mineralogische Geographie* Kursachsens veröffentlicht, die zum Vorbild für Voigts Arbeitsplan wurde. Insbesondere die der Schrift beigefügte geologische Karte schätzte Goethe sehr und fasste 1782 den Plan, sie zu erweitern und »eine mineralogische Charte von ganz Europa zu veranstalten«.[31] Voigt machte ihn auch auf die unbeachtet gebliebene Karte Thüringens des bereits 1773 verstorbenen Rudolstädter Arztes Georg Christian Füchsel aufmerksam. Diese auf umfassenden empirischen Untersuchungen basierende erste geologische Karte der Welt war ein Versuch, neben der Darstellung der geologischen

Formationen auch die vierte Dimension, die Zeit, zu berücksichtigen, indem Füchsel die von ihm unterschiedenen dreizehn Hauptepochen mit den Buchstaben X und A bis M bezeichnete.[32]

Voigts anderer Lehrer, der Mineraloge Abraham Gottlob Werner, wird heute in erster Linie mit der Theorie des Neptunismus in Verbindung gebracht, die die Erdbildung vornehmlich auf die kontinuierliche Tätigkeit des Wassers zurückführte, vulkanische Kräfte hingegen für weniger bedeutsam hielt, wenn nicht gänzlich ablehnte – eine Auffassung, die auch von Charpentier vertrat, nur weniger dogmatisch als sein Freiberger Kollege. Für die Zeitgenossen war Werner aber vor allem der erste Systematiker der Mineralien und Gesteine, der mit seiner Terminologie der Gesteinslagerung und der Aufeinanderfolge von Gesteinsformationen Ordnung in das junge Forschungsgebiet brachte. Bislang, so Goethe selbst, habe die »poetisch-figürliche ... Bergmannssprache« der Entwicklung wissenschaftlicher Begriffe auf diesem Gebiet Einhalt getan. Mit den Bemühungen der Freiberger Akademie und der Verbreitung des dort Gelehrten durch viele Schüler solle sich dieses Manko aber bald beheben lassen.[33]

Kurzum, Voigt vermittelte Goethe das Handwerkszeug, die Kenntnisse und Theorien zweier Spitzenforscher der jungen Wissenschaft. So gerüstet konnte er sicher sein, an der Speerspitze der geologischen und mineralogischen Forschung zu stehen – was seinen Optimismus bestärkt haben mag, auf diesem Gebiet bald schon selbst etwas Vorzeigbares leisten zu können. Als Goethe den Brief vom Oktober 1780 an Merck schreibt, hat der fleißige Voigt den von ihm verlangten Bericht bereits abgeliefert. Und gemeinsam mit Voigt hat er im Monat zuvor an Ausflügen zu den Basaltbergen der Rhön teilgenommen. In seinem Reisebericht gelangt Voigt zu der Hypothese, »daß die ehemalige Gewalt des Vulkanismus alle oder doch wenigstens einen Theil dieser Berge ... hervorgebracht haben könnte«.[34] Damit widersprach er zum ersten Mal der neptunistischen Theorie seines Lehrers Werner, was der Hypothese in den Augen seines entdeckungsfreudigen und streitbaren Arbeitgebers zusätzlichen Reiz verliehen haben dürfte. »Wir haben ganz unstreitig Vulkans entdeckt«, berichtet Goethe jedenfalls an Merck, »einen ungeheuern Krater, Asche, Schörlkrystallen drinne, Lavaglas, Lava, Tarassteine, und alle Sorten von Basalt, nicht etwa zusammengesucht und gelesen und erkümmerlicht, sondern Alles in einem Bezirke von wenigen Stunden und mit Händen greifbar«. Über das alles gehe nun seine »Speculation«.[35] In einem zwei Monate später geschriebenen Brief an Ernst II., Herzog von Sachsen-Gotha und Altenburg, kündigt Goethe dann die »höchst interessante Untersuchung« an, »ob und wie sich die ungeheure vulcanische Wuth des gedachten großen Erdstriches an dem unerschütterlichen Grundgebirge des Thüringerwaldes gebrochen und dieses ihm gleichsam wie ein ungeheurer Damm widerstanden.«[36]

Man würde über eine solche mit einer gehörigen Prise Lokalpatriotismus gewürzte Hypothese heute nicht einmal mehr lächeln, hätte der Schreiber dieses Briefes sie nicht in zu Recht berühmten Zeilen mit einem kühnen Entwurf der neuen Wissenschaft der Geologie verbunden. Durchlaucht mögen ihm »diesen vielleicht etwas zu kühnen und schnellen Flug« verzeihen, setzt Goethe seinen Brief fort: »Aber wie der Hirsch und der Vogel sich an kein Territorium kehrt, sondern sich da äst und dahin fliegt, wo es ihn gelüstet, so, halt' ich davon, muß der Beobachter auch sein. Kein Berg sei ihm zu hoch, kein Meer zu tief. Da er die ganze Erde umschweben will, so sei er frei gesinnt wie die Luft, die Alles umgibt. Weder Fabel noch Geschichte, weder Lehre noch Meinung halte ihn ab zu schauen. Er sondere sorgfältig das, was er gesehen hat, von dem, was er vermutet oder schließt. Jede richtig aufgezeichnete Bemerkung ist unschätzbar für den Nachfolger, indem sie ihm von entfernten Dingen anschauende Begriffe gibt, die Summe seiner eigenen Erfahrungen vermehrt und aus mehreren Menschen endlich gleichsam ein Ganzes macht.«[37]

Das Schreiben wurde von einer Musterkollektion mineralogischer Fundstücke und einem geologischen Grundriss begleitet. Warum Goethe sich damit an den der Naturforschung aufgeschlossenen Gothaer Herzog wandte, ist klar: es ging um die Bewilligung, die mineralogischen Erkundungen auch auf sein Herrschaftsgebiet ausdehnen zu dürfen. Dass eine Wissenschaft wie die Geologie sich über politische Grenzen hinwegsetzt, machte für Goethe wohl ein Stück weit ihren Reiz aus. Zugleich aber entwirft er hier, zumindest in groben Zügen, das Bild einer Naturforschung, wie sie ihm vorschwebt: Sie beruht auf Erfahrung und Beobachtung und nimmt nichts ungeprüft hin. Ihr Erkenntnismittel ist der anschauende Begriff, der es ermöglichen soll, in den beobachteten Gegenständen selbst jene Gesetzmäßigkeiten zu erfassen, denen die Dynamik der Natur folgt.

Zugleich machte sich die neue Naturforschung in Goethes Verständnis frei von den Altlasten der Tradition sowie von weltanschaulichen Vorgaben und überstieg auch die Begrenztheit des Einzelnen. Angesichts der Größe einer Herausforderung wie der, die Geschichte der Erde aus der Dynamik der Natur heraus zu erklären und darzustellen, ist Goethe rasch klargeworden, dass das Subjekt der Naturforschung nicht ein bestimmtes Individuum sein konnte, und mochte es noch so universal gebildet sein. Ein solches Projekt ist nur von einem Forscherkollektiv zu leisten, das weitgehend unabhängig von der Arbeitskraft und der begrenzten Lebenszeit Einzelner ist.

Als Wissenschaftler war Goethe durchaus gewillt, sich als Teil jenes Kollektivs zu betrachten, das wir heute die Scientific Community nennen und das zu Goethes Zeiten *res publica literaria,* die Republik der Gelehrten, hieß. Schon damals betrachteten sich alle Wissenschaftler als Teil einer internationalen »Republik der Wissenschaften«, eines großen, teils informellen, teils institutionalisierten Netzwerks, das sich über alle politischen Grenzen und Territorien hinweg erstreckte. Als Angehöriger dieser Elite stellte Goethe im Prinzip alle seine Entdeckungen und Ansichten unter den Vorbehalt der Anerkennung durch andere Fachleute und Gelehrte, übernahm häufig sogar die Rolle des Vermittlers, der zwischen konträren Positionen ausgleichend zu wirken versuchte. Ein gutes Beispiel dafür ist sein Plan, gemeinsam mit von Trebra 1784 eine internationale Gemeinschaft von Forschern zu gründen, »die Erfahrungen und Beobachtungen zur besseren Kenntnis des Erdkörpers« beibringen sollen. »Sie haben recht lieber Freund!«, schreibt Trebra an Goethe gewandt in seinem Entwurf eines Gründungsaufrufs, den er ihm zur weiteren Bearbeitung vorlegte: »Was kann wohl nach der Erkenntniß seiner selbst intereßanter seyn als *die genauere Kenntniß von dem Hause, welches man bewohnet?* Um so mehr, wenn es das älteste Stammhauß seines Geschlechts ist ... Wenn es selbst die Stoffe enthält woraus die gröbere Maschine seines Bewohners erbauet ist«, und beim Tod eines menschlichen Individuums jedes Mal »die abgenuzten Überbleibsel« wieder zurückerhält? Das biblische Wort, wonach der Mensch aus Erde gemacht ist, erhält hier einen konkreten naturgeschichtlichen Sinn: Der Mensch ist aus demselben Stoff gemacht wie der Planet, der ihn hervorgebracht hat und den er bewohnt, und dieser Planet ist nicht nur das Haus, sondern auch das Gebeinhaus der Menschheit. Mit Stoffkreisläufen hatte Goethe bereits durch die *Aurea Catena Homeri* des Alchemisten Anton Kirchwegers Bekanntschaft gemacht.

Der Erdball, so von Trebra, sei groß: »Und nur in einzelnen Pünktchen wusten wir bisher zerstreut etwas von ihm«. Deshalb sei ein wesentlicher Zweck der Gesellschaft, »die Beobachtungen und Erfahrungen jeden Mitgliedes, *allen* Mitgliedern bekanndtzumachen«, nicht nur um Einzelbeobachtungen abzugleichen, sondern auch um das Bild der Erde, wie es sich in »verschiedenen Weltgegenden« bietet, zu einem Gesamtbild zu vereinigen.[38] Das ist das Projekt einer Erdsystemforschung *avant la lettre.* Die Erforschung eines so umfassenden, alten und vielfältigen Naturphänomens wie der Erde geht über die Kraft eines Einzelnen hinaus und erfordert die untereinander abgestimmten Anstrengungen vieler. Auch wenn es zur Gründung dieser Gesellschaft nicht gekommen ist: Das für einen ausgeprägten Individualisten wie Goethe erstaunliche Lob des Kollektivs taucht gerade im Zusammenhang der Naturforschung fortan kontinuierlich bei ihm auf, bis es in dem Altersroman *Wilhelm Meisters Wanderjahre* sogar zur Leitidee eines alternativen Gesellschaftsentwurfs wird.

Die Möglichkeit, selbst Forschung zu betreiben, ist aber nicht das Einzige, was Goethe an der Geologie reizt. Wie aus den Briefen an Merck und den Gothaer Herzog hervorgeht, hat seine Faszination an der neuen Wissenschaft darüber hinaus stark mit der Frage zu tun, was sich aus den neuen Erkenntnissen wohl machen ließe, wenn man eine große Darstellung, eine »Big History«, wie wir heute sagen würden, daraus formte. Goethe war aufgefallen, dass mit Buffons Werken ein neues Genre den Buchmarkt eroberte. Buffon hatte in seinen *Epochen der Natur* zum ersten Mal eingelöst, was Deluc vorgeschwebt haben musste, als er den Begriff »Geologie« in Analogie zu »Kosmologie« prägte: eine Geschichte der Erde, die zugleich ihre Theorie, und eine Theorie der Erde, die auch ihre Geschichte war. Sie musste alle wesentlichen Merkmale der Erdbildung beschreiben, diese mit natürlichen Ursachen auf der Grundlage physikalischer Gesetzmäßigkeiten und beobachteter Prozesse erklären, und sie sollte neben der Vergangenheit der Erde auch ihre Gegenwart und sogar ihre Zukunft umfassen. Alles das beinhaltet *Epochen der Natur*. Zugleich aber setzte Buffon in seinem glänzend geschriebenen Werk literarische Mittel ein, und das nicht nur, um dem Bedürfnis des Lesepublikums nach einer mitreißenden Darstellung entgegenzukommen, sondern gerade auch dort, wo die Wissenschaft seiner Zeit nicht recht weiter wusste. Seine Darstellungen seien mehr Schilderungen als Beschreibungen, hat Goethe diesen Sachverhalt so vorsichtig wie höflich zusammengefasst.[39] Der Vorwurf, in seinen Ausführungen sei mehr Poesie als Wahrheit zu finden, begleitete Buffon bereits seit der Publikation der ersten Bände der *Allgemeinen Naturgeschichte* und wurde zumeist in sehr viel deutlicheren Worten vorgetragen.

Goethe hat Buffon gegen den Einwand, seine »Theorie und Geschichte der Erde« gleiche mehr einem Roman als einer wissenschaftlichen Abhandlung, von Anfang an in Schutz genommen. Die Behauptung, Buffon habe eigentlich einen Roman geschrieben, sei »sehr wohl gesagt«, teilt er im Oktober 1780 Merck mit, »weil das ehrsame Publicum alles außerordentliche nur durch den Roman kennt«.[40] Anders ausgedrückt: Will man das breite Publikum erreichen, das ein grundsätzliches Interesse an der Materie mit einem Mangel an Fachkenntnissen und auch dem Unwillen verbindet, sich auf Detailfragen oder technische Ausführungen einzulassen, dann muss man zu einer Form der Darstellung greifen, die sich an den Gewohnheiten dieses Publikums orientiert. Der Zweck heiligt sozusagen die ästhetischen Mittel. Indem Goethe hier einen Schriftstellerkollegen verteidigt, argumentiert er zugleich auch in eigener Sache; denn mittlerweile hat er selbst den Ehrgeiz entwickelt, es Buffon auf diesem Feld gleichzutun. »Früh hab ich einige Briefe des grosen Romans geschrieben«, heißt es in einem Anfang September 1780 aus Stützerbach geschriebenen Brief an Charlotte von Stein, und Goethe fährt fort: »Es wäre doch gar hübsch, wenn ich nur vier Wochen Ruh hätte um wenigstens Einen Theil zur Probe zu liefern«. Da befindet er sich gerade auf der besagten, gemeinsam mit Voigt unternommenen mineralogischen Exkursion durch Thüringens Berge und Täler, Gebirge und Steine, die bis zu den Basaltbergen um Kaltennordheim führt. Er lebe »mit Leib und Seel in Steinen und Bergen«, berichtet er: »Die Welt kriegt mir nun ein neu ungeheuer Ansehn.«[41] »Roman über das Weltall« wird er sein hier zum ersten Mal erwähntes Projekt später nennen.[42]

Wir wissen nicht viel davon. Selbst der Titel ist rätselhaft. Denn aus den wenigen Texten, die sich ihm zuordnen lassen, geht klar hervor, dass gerade nicht das Weltall sein Thema sein sollte, sondern der das Leben bis hinauf zu den Menschen beherbergende »Erdkörper«. Buffon war zwar der große Anreger, gerade auch bei der Idee, die Form eines wissenschaftlichen Romans zu wählen, doch in Charakter und Inhalt hätte sich Goethes Werk stark von den *Epochen der Natur* unterschieden. Das betraf schon die Frage des Anfangs. »Man hat von dem Körper der Sonne ungeheure Massen abschöpfen ins Unendliche schleudern und so unser System erschaffen lassen«,[43] diktiert Goethe im Januar 1784 Fritz von Stein, dem jüngsten Sohn Charlottes, der bei ihm wohnt und eine Art Ziehsohn geworden ist. Unschwer lässt sich erkennen, dass er damit auf Buffons Szenario der Entstehung der Erde aus einem von der Sonne herausgeschleuderten Stück heißer Materie anspielt, verursacht durch die Kollision mit einem Kometen. Für Goethe ist das ein prominentes Beispiel für die Neigung des Menschen zu dem Glauben, »daß die Natur heftige Mittel gebraucht um große Dinge hervorzubringen ob er sich gleich täglich an derselben eins andern belehren könnte.«⁴⁴ An dieser Überzeugung sollte er zeitlebens festhalten. Besah man sich die Natur genau, etwa was täglich an den Küsten der Meere vor sich geht oder die aufeinander ruhenden Gesteinsschichten an Felswänden oder unter Tage, so musste man zu der Überzeugung gelangen, nicht die großen, so plötzlichen wie gewaltsamen Eruptionen veränderten das Bild der Erde, sondern die mit ungeheurer Langsamkeit und Stetigkeit agierenden Prozesse der Ablagerung, Kristallisation und Erosion, die vormals dieselben waren wie heute. Zur gleichen Zeit, Mitte der 1780er Jahre, gelangt der schottische Naturforscher James Hutton zu der Überzeugung, dass sich die geologischen Prozesse der Erdvergangenheit nicht wesentlich von denen unterscheiden, die sich heute beobachten lassen. Damit wendet er sich gegen die verbreitete Vorstellung, zur Bildung gewaltiger Naturerscheinungen wie hoher Gebirge oder tiefer Schluchten habe es auch gewaltiger, plötzlich hereinbrechender Katastrophen bedurft. Der von Hutton in Ansätzen entwickelte Aktualismus, auch Uniformitätsprinzip genannt, ist bis heute Grundlage der Geologie. Selbst umfassende Umwälzungen und unumkehrbare Veränderungen werden in erster Linie nicht durch katastrophale Ereignisse hervorgebracht, mit denen Goethe als Kind durch das Erdbeben von Lissabon in Berührung gekommen war, sondern durch kleine, gleichförmige Vorgänge, die sich in riesigen Zeiträumen akkumulieren. Sein Geist, so diktiert Goethe dem zwölfjährigen Fritz weiter, habe jedenfalls »keine Flügel, um sich in jene Uranfänge hervorzuschwingen. Ich stehe auf dem Granit fest, und frage ihn ob er uns einigen Anlass geben wolle zu denken wie die Masse woraus er entstanden beschaffen gewesen.«⁴⁵

Das war es also, womit der »Roman über das Weltall« den Anfang machen sollte: der Granit – und fest auf ihm stehend der Beobachter der Natur, der seinen Blick über die Herrlichkeiten der Welt schweifen lässt, wie der bibelfeste Goethe in Anspielung auf eine Stelle des Matthäus-Evangeliums häufig angesichts beeindruckender Rundumblicke formulierte. Goethe war nicht der einzige, der damals den Granit für die älteste Gesteinsart hielt, auf der sich alle anderen mit der Zeit angelagert hätten. Auch der Freiberger Lehrer Werner etwa erklärte den Granit zur Erstausscheidung des an Stoffen reichen, chaotischen Urozeans, aus dem durch Prozesse der Kristallisation und Sedimentierung alles hervorgegangen sein sollte, auch die feste Erdkruste. Bei Goethe nimmt diese Apologie des Granits regelrecht mythische Züge an. Er nennt ihn »die alte Kruste der neuen Welt« – eine Gesteinsart, die schon die Alten beeindruckt habe, dessen »Würde« aber erst in jüngst vergangener Zeit, vornehmlich von »trefflich beobachtenden Reisenden« erkannt worden sei: »Jeder Weg in unbekannte Gebirge bestätigte die alte Erfahrung, daß das Höchste und das Tiefste Granit sei, daß diese Steinart, die man nun näher kennen und von andern unterscheiden lernte, die Grundfeste unserer Erde sei, worauf sich alle übrigen mannigfaltigen Gebürge hinauf gebildet.«[46] Als Goethe diese Sätze wohl im Mai 1785 diktiert, ist er damit befasst, Eroberungen vom vorigen Jahre zu ordnen. Mittlerweile kann er auf drei Reisen in den Harz zurückblicken, jedes Mal aufs Neue beeindruckt vom Granitmassiv des Brockens. Hier glaubt er, den Anfängen der Erdbildung ganz nahe zu sein. Auch die Thüringer Berge vermitteln ihm dieses Gefühl, wenn dort auch die Gipfel von Porphyr gebildet sind und der Granit nur als dessen Unterlage, als »unerschütterliches Grundgebirge« erscheint, wie Goethe in dem Brief an den Herzog von Gotha formuliert. Und so hat es Voigt auch in der Profilkarte gezeichnet, die seinen mittlerweile publizierten *Mineralogischen Reisen durch das Herzogtum Weimar und Eisenach* beigefügt ist.

Der Fragment gebliebene Text aus Goethes Nachlass, in dem sich die zitierten Sätze finden, ist in seiner Mischung aus erdgeschichtlicher Beschreibung und poetischem Hymnus ein sprachliches Kunstwerk, das sich jeder Zuordnung zu einer geläufigen Gattung entzieht. Mit großer Sicherheit sollte er Teil oder gar ein Kernstück des »Romans über das Weltall« sein. Und obwohl das uns Überlieferte nur wenige Seiten umfasst, lässt sich die beabsichtigte Machart dieses Romans daraus gut entnehmen. In den Goethe-Ausgaben wird der Text unter dem prosaischen Titel *Granit II* geführt, der so gar nichts von dem Zauber ahnen lässt, der sich hier sprachlich entfaltet: »Auf einem hohen nackten Gipfel sitzend und eine weite Gegend überschauend kann ich mir sagen: Hier ruhst du unmittelbar auf einem Grunde, der bis zu den tiefsten Orten der Erde hinreicht, keine neuere Schicht, keine aufgehäufte zusammengeschwemmte Trümmer haben sich zwischen dich und den festen Boden der Urwelt gelegt, du gehst nicht wie in jenen fruchtbaren schönen Tälern über ein anhaltendes Grab, diese Gipfel haben nichts Lebendiges erzeugt und nichts Lebendiges verschlungen, sie sind vor allem Leben und über alles Leben. In diesem Augenblicke da die innern anziehenden und bewegenden Kräfte der Erde gleichsam unmittelbar auf mich wirken, da die Einflüsse des Himmels mich näher umschweben, werde ich zu höheren Betrachtungen der Natur hinaufgestimmt, und wie der Menschengeist alles belebt, so wird auch ein Gleichnis in mir rege, dessen Erhabenheit ich nicht widerstehen kann. So einsam sage ich zu mir selber indem ich diesen ganz nackten Gipfel hinab sehe und kaum in der Ferne am

Fuße ein geringwachsendes Moos erblicke, so einsam, sage ich, wird es dem Menschen zu Mute, der nur den ältesten ersten tiefsten Gefühlen der Wahrheit seine Seele eröffnen will. Ja er kann zu sich sagen: Hier auf dem ältesten ewigen Altare der unmittelbar auf die Tiefe der Schöpfung gebaut ist bring ich dem Wesen aller Wesen ein Opfer. Ich fühle die ersten, festesten Anfänge unsers Daseins, ich überschaue die Welt, ihre schrofferen und gelinderen Täler und ihre fernen fruchtbaren Weiden«.[47]

Bereits Goethes Gedicht *Die Harzreise* aus dem Jahr 1777, Frucht der winterlichen Brockenbesteigung, hat den granitenen Gipfel der höchsten Erhebung des Harzes als »Altar des lieblichsten Dancks« angesprochen. Acht Jahre später greift Goethe das Bild wieder auf, doch nun als Element einer »Betrachtung und Schilderung«, in der nicht mehr das menschliche Herz, sondern eine Gesteinsart im Zentrum steht, die mit lauter Superlativen versehen ist (sie soll die »älteste, festeste, tiefste, unerschütterlichste« sein) und schließlich »Sohn der Natur« genannt wird.[48] Unverkennbar sind es religiöse, genauer gesagt christliche Bilder, derer Goethe sich hier bedient, doch genauso klar ist, dass wir es dennoch nicht mit einem religiösen Text zu tun haben: Sie dienen lediglich als Metaphern, um die Herausgehobenheit der in Rede stehenden Erkenntnis vorzuführen. Goethe versucht, darin eine Erfahrung der Natur mitzuteilen, die in dem »Roman über das Weltall« wohl an die Stelle treten sollte, die in Buffons *Epochen der Natur* die physikalische Spekulation über die Entstehung der Erde eingenommen hatte. Stattdessen will er einen Blick auf die Natur etablieren, der in ihren jetzigen Zuständen ihr Gewordensein wahrnimmt. Die geologische Zeit bekommt eine Stimme, die Gesteine beginnen zu reden; Dinge, die unbelebt und unverrückbar erscheinen, werden lebendig, wir erfahren, wie sie zu dem wurden, als was sie uns erscheinen, und dass sie zugleich sehr viel mehr sind. »Gestein hat Gezeiten. Berge folgen Ebbe und Flut. Felsen pulsieren«, hat der Naturschriftsteller Robert Macfarlane ohne Verweis auf Goethe die Quintessenz dieser Betrachtung der scheinbar toten Welt formuliert.[49] Was die geologische Forschung nur in wissenschaftlicher Terminologie und mit einer unüberbrückbaren Tendenz zur Abstraktheit leisten kann, will der »Roman über das Weltall« dem Einfühlungsvermögen des Menschen näherbringen. »Vorbereitet durch diese Gedanken«, so setzt Goethe seine Betrachtungen fort, »dringt die Seele in die vergangenen Jahrhunderte hinauf, sie vergegenwärtigt sich alle Erfahrungen sorgfältiger Beobachter, alle Vermutungen feuriger Geister. Diese Klippe sage ich zu mir selber stand schroffer zackiger höher in die Wolken, da dieser Gipfel noch als eine meerumfloßne Insel, in den alten

Wassern dastand; um sie sauste der Geist, der über den Wogen brütete, und in ihrem weiten Schoße die höheren Berge aus den Trümmern des Urgebürges und aus ihren Trümmern und den Resten der eigenen Bewohner die späteren und ferneren Berge sich bildeten. Schon fängt das Moos zuerst sich zu erzeugen an, schon bewegen sich seltner die schaligen Bewohner des Meeres, es senkt sich das Wasser, die höhern Berge werden grün, es fängt alles an von Leben zu wimmeln. --«[50]

So wie Buffon die sieben Tage der Schöpfung zu sieben Epochen erklärte, die beträchtliche Zeiträume umspannen sollten, so steht auch in Goethes Text »Jahrhunderte« nicht für eine abzählbare Menge von Jahren, sondern für die »longue durée«, die lange Dauer des Prozesses der Erdbildung. Den Grenzen der menschlichen Vorstellung entgegenkommend, vergegenwärtigt Goethe sie in einem ungeheuren Zeitraffer, in dem ein Prozess, für den wir heute Milliarden Jahre veranschlagen, zu wenigen Augenblicken zusammenschmilzt: Gerade noch war alles wüst und leer, schon ist es meerumspült, erstes organisches Leben regt sich, das sich immer weiter ausdifferenziert. Der Erdkörper erscheint wie ein Lebewesen, das aus sich heraus die Bedingungen dafür schafft, dass sich Leben in seinen unterschiedlichen Formen entwickeln kann. Von »Selbstorganisation« würden wir heute sprechen. Selbst die Steine, Felsen und Gebirge sind Teil dieser Fließbewegung der Ablagerung, Aufschichtung, Erhebung und Metamorphose. Nun wird klar, warum Goethe sich so stark für das sogenannte Übergangsgestein interessierte, jene »kleinsten Abweichungen, und Schattirungen die eine Gesteinsart der andern näher bringen und die das Kreuz der Systematiker und Sammler sind weil sie nicht wissen wohin sie sie legen sollen«, wie er sagt.[51] Das war nicht nur Aufsässigkeit des Liebhaber-Forschers gegen die Systematiker seiner Zeit. Goethe hatte erkannt, dass die Steine selbst Zeugen der großen Übergänge von einer geologischen Epoche zur anderen waren; es war ihnen anzusehen, aus welchen elementaren Prozessen sie hervorgegangen waren und wie ihre weitere Formung ausgesehen hatte. Wenn er durch Thüringen und angrenzende Gebiete reiste und »die meilenlangen Blätter unserer Gegenden« umschlug, wie er in Abwandlung des Bildes vom Buch der Natur an Merck schreibt,[52] dann las er aus den gefundenen und mit dem Geologenhammer angeschlagenen Gesteinsstücken die Geschichte der Erde heraus. Die physiognomische Betrachtungsweise, die Lavater Goethe gelehrt hatte, lebte in seiner Bevorzugung des anschauenden vor dem wissenschaftlichen Begriff fort, angewandt nun auf das weite Feld der Natur und befreit von allen moralischen und religiösen Beimengungen. Dass sich Moose auf dem Gestein ansiedelten, zeuge dann von einem weiteren, so fundamentalen wie sichtbaren Übergang – dem von der Gesteinsbildung zur Vegetation. Schon nach damaliger Auffassung gehörten Moose zu den ältesten Landpflanzen; heute nehmen wir an, sie hätten sich vor 400 bis 450 Millionen Jahren aus den Grünalgen der Gezeitenzone entwickelt.

Selbst die Auffassungen der Goethe-Zeit über den Granit als Urgebirge haben sich nicht nur als unhaltbare Spekulationen herausgestellt. Granit ist in der Tat der Hauptbestandteil der kontinentalen, nicht jedoch der ozeanischen Kruste. Das ist der Basalt, dessen rein vulkanischen Ursprung noch zu Lebzeiten Goethes etwa Leopold von Buch und Alexander von Humboldt nachgewiesen haben, beides Forscher, die ebenfalls anfangs durch die neptunistische Schule Werners in Freiberg gegangen sind. Granit hingegen bildet sich nicht unmittelbar aus flüssigem Material des Erdmantels, sondern aus verwittertem, durch chemische Reaktionen angereichertem Basalt, der erneut aufgeschmolzen wurde. Wir gehen heute davon aus, dass es vor rund vier Milliarden Jahren zu einer Zunahme der Produktion von Gestein und einem Anwachsen der Kontinente kam. Gleichzeitig setzte der für die Entwicklung des Lebens auf der Erde entscheidende Vorgang der Photosynthese ein: die Umwandlung von Sonnenenergie in chemische Energie durch Mikroben. Die Folge davon könnte gewesen sein, dass es zu einer verstärkten Verwitterung basaltischen Gesteins, der Bildung von Granit und dem Aufbau der kontinentalen Kruste kam.[53] So hätte sich Goethes Vorstellung, dass der Granit »die Grundfeste unserer Erde sei, worauf sich alle übrigen mannigfaltigen Gebirge hinauf gebildet«, letztlich doch als richtig erwiesen. Nur dass die Entstehung von Granit nicht, wie er dachte, einen Gegensatz zu dem von ihm verabscheuten »Vulkanismus« darstellt, ohne aber auch allein darauf zurückzugehen. Genauso wichtig dafür waren die von ihm favorisierten Prozesse allmählicher Verwitterung und Sedimentierung. Und auch die naheliegende Schlussfolgerung aus dieser Erkenntnis eines ursächlichen Zusammenhangs zwischen der Bildung stabiler Kontinente und der Entstehung von Granit hätte Goethes Zustimmung gefunden: Die Erde ist nicht nur ein natürlicher, sie ist ein lebender Körper. »Die Erde lebt, wächst, speichert, wandelt sich, so wie ein Baum, ein Tier, ein Mensch«.[54] Goethe hat diese Vorstellungen weitergedacht, als er sich, bereits auf die Siebzig zugehend, mit Witterungskunde und Atmosphärenphysik zu befassen begann.

Inhaltlich hätte Goethes Roman über die Erde den Stand der damaligen Forschung wiedergegeben; das ist gar nicht anders denkbar. Aber auch unsere heutigen, sehr viel weiter fortgeschrittenen Erkenntnisse sind keineswegs der Weisheit letzter Schluss, selbst wenn wir geneigt sind, sie dafür zu halten. Nicht der Inhalt, sondern die gewählte Form, die Darstellungsweise, macht Goethes Projekt, dessen Nichtzustandekommen man nur bedauern kann, bis heute attraktiv und anschlussfähig. Nach den *Briefen aus der Schweiz* sind die Fragmente zum »Roman über das Weltall« ein weiterer Beleg dafür, mit welcher Ernsthaftigkeit Goethe in seiner ersten Weimarer Zeit das Vorhaben anging, eine neue Sprache für das Schreiben über die Natur und unsere Beziehung zu ihr zu finden; sie sollte so präzise wie poetisch, so sachlich korrekt wie einfühlsam anschaulich sein.

Als Goethe sich in die von Werner entwickelte mineralogische Nomenklatur einarbeitete, machte er eine zwiespältige Erfahrung: Zwar ist die Ausbildung einer solchen Fachterminologie unentbehrlich für eine genaue und systematische Erfassung und Beschreibung der beobachteten Sachverhalte, zugleich aber errichtet sie eine doppelte Sprachbarriere; zum einen zwischen den Forschern, etwa Geologen und Mineralogen, die diese Terminologie beherrschen, und allen anderen, die das nicht tun, zum anderen aber auch zwischen der Forschung und den Naturphänomenen selbst. Objektivierung und Distanzierung, die mit dem präzisen Wortschatz der Wissenschaft einhergehen, betrügen uns womöglich um die Erfahrung des Natürlichen als eines Lebendigen, das weniger Teil von uns ist, als dass wir Teil von ihm sind. Gerade als Schriftsteller, der professionell mit Sprache umgeht, war Goethe sensibel für diesen Umstand, der Gewinn und Verlust zugleich bedeutete: Gewinn an Präzision und Detailliertheit auf der einen, aber Verlust an Verständlichkeit und Lebendigkeit auf der anderen Seite.

Der Mitte Dreißigjährige, der erst am Beginn seiner Forschertätigkeit stand, hat diesen Umstand wohl mehr gespürt als bereits durchdacht, als er den Plan eines Romans über diese Zusammenhänge fasste. Notizen hingegen, die gut ein Vierteljahrhundert später entstehen, zeigen den hohen Grad an Bewusstheit und Reflexion, mit dem Goethe diese Problematik schließlich angegangen ist. Sie sind Teil eines im November 1808 diktierten Briefentwurfs an den Hanauer Mineralogen Carl Cäsar von Leonhard, der in sein *Taschenbuch für die gesammte Mineralogie* auch einige geologische Abhandlungen Goethes aufnahm. Der Entwurf endet mit Überlegungen zur wissenschaftlichen Darstellung, die Goethe wichtig waren, in der endgültigen Fassung des Briefes dann aber nicht zur Ausführung kamen:

Zweierlei Arten der Darstellung.

Die wissenschaftliche nach innen hat sich zu hüten, daß sie das allgemeine Interesse sich nicht nach und nach selbst verscherze.

Die Wissenschaft nach außen hat sich zu hüten, daß sie ihren Wert, ihr Gründliches, ihren Gehalt nicht verliere.

Die Wissenschaft nach innen kann deskriptiv sein; und bloß auf wörtlicher Mitteilung und Überlieferung beruhen.

Die Wissenschaft nach außen muss vorzeigend sein.

Jene sucht den Gegenstand bis ins Unendliche zu teilen.

Diese unter allgemeine Gesichtspunkte zu bringen.

Jene hält die Eingeweihten fest

Diese lockt den Fremden und Unwissenden.

Beide Darstellungsweisen widersprächen einander nicht, meint Goethe 1808, »sondern bieten einander die Hände«, unter der Voraussetzung jedenfalls, dass sie »im rechten Sinn geführt werden«. Das seien »bekannte Wahrheiten«, schließt er seine Überlegungen, »die man aber, wenn von Wissen und Wissenschaft die Rede ist, manchmal wieder dem Gedächtnis und der Überlegung auffrischen muß, und die besonders auch den Freunden mineralogischer und geologischer Studien unserer Zeit zur Beherzigung zu empfehlen sein möchten.«[55] Zweihundert Jahre später möchte man fast nur hinzufügen: keineswegs nur den Freunden mineralogischer und geologischer Studien. Wir haben es hier mit einer erstaunlich frühen Reaktion eines Schriftstellers auf den Prozess der Abstraktion und Spezialisierung zu tun, der für den Fortgang der Wissenschaft bis heute charakteristisch ist und zu der viel beklagten Uninformiertheit und Ignoranz weiter Teile der Bevölkerung gegenüber den Ergebnissen, aber auch den Methoden der Wissenschaft geführt hat. Goethe habe, so der Geologe Helmut Hölder, den Sinn wissenschaftlicher Arbeit erst erfüllt gesehen, wenn sie sich in Praxis und Bildung auswirke.[56] Dazu bedarf es notwendigerweise dessen, was er »Wissenschaft nach außen« nennt und gerade nicht als von außen kommende Popularisierung von Wissenschaft, etwa durch Journalisten, betrachtet, sondern als Teil von Wissenschaft selbst, der auch von ihr zu leisten ist. Anders als Buffon, dessen wissenschaftliche Kenntnisse zum größten Teil angelesen waren, hat Goethe selbst Feldforschung betrieben und war auch ehrgeizig genug, das eine oder andere zum Prozess wissenschaftlicher Erkenntnis beisteuern zu wollen. Genauso wichtig aber erschien ihm die Aufgabe, die Tätigkeit als Forscher zu einer für den Einzelnen nachvollziehbaren Erfahrung zu machen, an der nicht nur die notwendigerweise sich immer stärker spezialisierenden Gelehrten teilhaben, sondern auch eine interessierte Öffentlichkeit von Nicht-Fachleuten, die dazu vor allem gesunden Menschenverstand mitbringen. Für sie wäre ein Buch wie der geplante »Roman über das Weltall« gedacht gewesen, der die Beschreibung der Geschichte der Erde mit der Beschreibung unserer Erfahrung von ihr verbinden sollte.

Er blieb ungeschrieben, auch wenn Goethe das Vorhaben noch auf seiner italienischen Reise und in den Jahren danach beschäftigte. Seine »Weltschöpfung« nennt er es auch und bringt es in seinen Reiseaufzeichnungen in Verbindung mit einem »Modell«, von dem er schreibt, er habe davon bei der Auffahrt auf den Brenner viel geträumt.[57] »Es sollte auf der Oberfläche eine Landschaft vorstellen, die aus dem flachen Lande bis in das höchste Gebirg sich erhob.«[58] Das Ganze sollte sich aber auseinanderziehen lassen und dem Betrachter dann das Innenleben der Landschaft enthüllen: Schichtenfolgen von Sedimentgesteinen, die Begrenzungsflächen von Gesteins- und Mineralgängen, etwa Flözen oder Erzgängen, Verwerfungs-, Kluft- und Schieferungsflächen oder auch die Grenzflächen bei Kontaktmetamorphosen. Kurzum, es sollte, wie Goethe an Charlotte von Stein gewandt in seinem Reisetagebuch notiert, »Euch lieben Laien allein das alles anschaulich machen ... was immer mit mir herumreist«.[59] »Eine Anlage im Kleinen ward gemacht«, so Goethe später in den *Tag- und Jahresheften*, er habe sie lange aufbewahrt und sich bemüht, ihr »von Zeit zu Zeit mehr Vollständigkeit zu geben«.[60] Dabei aber stellten sich Probleme ein, andere Interessen hatten Vorrang, die Vorstellungen von Fachleuten, mit denen er über das Projekt sprach, wichen erheblich von seinen ab. Und so fiel es langsam der Vergessenheit anheim; keine Spur davon findet sich in Goethes riesigen Sammlungen. Vom »Roman über das Weltall« hingegen besitzen wir wenigstens noch erste Versuche und Fragmente.

Teil II:
Forschungen

Entdeckungen

Siebzehntes Kapitel, in dem ein Fragment große Schatten wirft

Die Wirkung eines Schriftstellers bemisst sich an seinen publizierten Werken. Das gilt zumal zu Lebenszeiten; die Nachwelt wird zusätzlich noch die Schriften des Nachlasses berücksichtigen, wenn sie denn für hinreichend bedeutsam und fortgeschritten gehalten werden und sich vor allem jemand findet, der sie ediert. Als 1785 in der Zeitschrift *Deutsches Museum* Goethes Rede gedruckt wurde, die er ein ganzes Jahr zuvor, bei der endlich zustande gekommenen Wiedereröffnung des Ilmenauer Bergbaus gehalten hatte, war das die erste Veröffentlichung eines neuen Textes von ihm seit seiner Übersiedlung nach Weimar, seit also inzwischen annähernd einem Jahrzehnt. Heinrich Christian Boie, dem Herausgeber der Zeitschrift, war dieser Umstand eine Überlegung wert, die Goethes Bruch mit der Vergangenheit, aber auch seine Kontinuität betont: »Unser Publikum hat schon lange nichts mehr von seinem Lieblingsschriftsteller Göthe, erhalten; aber er hat die Feder niedergelegt, um zu handeln. Ein Tausch, wobei das Ländchen, dessen Pfleger er ist, unendlich gewonnen hat. Ich schließe Ihnen hier einen Beleg bei, daß Göthe dermalen in anderen Fächern eben das ist, was er sonst als dramatischer Dichter und Maler des menschlichen Herzens war. In demselben zeigt er sich von einer ganz neuen Seite, die dem Publikum, diesen seinen alten Liebling höchst interessant machen muß. Er ist Chef des Bergbaues, und hielt als solcher folgende Rede, an welcher man das Warme und Herzliche, und die damit innig verbundene Simplizität der Sprache, die Göthen schon immer als Schriftsteller auszeichnete, nicht mißkennen wird.«[1]

In Goethes erster Weimarer Zeit ist das meiste Fragment geblieben, keineswegs nur der »Roman über das Weltall«. Als er motiviert durch die Möglichkeit, seine gesammelten Werke herauszubringen, auflistete, was er zu bieten hatte, musste er notieren: »*Egmont*, unvollendet. *Elpenor*, zwei Akte. *Tasso*, zwei Akte. *Faust*, ein Fragment.«[2] Seit drei Jahren hatte er an diesen Werken keine Zeile mehr geschrieben. »Da ich mir vornahm, meine Fragmente drucken zu lassen, hielt ich mich für todt«, schrieb er an Carl August.[3] Zu dieser Zeit war er schon seit drei Monaten in Italien.

Den Umstand, dass Goethe in seinem ersten Weimarer Jahrzehnt zwar viele seiner später zu Klassikern avancierten Werke in Angriff nimmt – darunter auch *Iphigenie* und *Wilhelm Meister* –, keines davon aber zu seiner Zufriedenheit fertigstellt, führt man gewöhnlich darauf zurück, er habe sich unter Carl August in die Politik gestürzt und sei angesichts der zunehmenden Häufung von Verpflichtungen und Ämtern schlicht nicht mehr zum Schreiben gekommen.

Doch als Goethe im Juni 1788 nach fast zweijähriger Abwesenheit wieder nach Weimar zurückkommt, verstärkt sich der literarische Output keineswegs, obwohl er beim Herzog durchgesetzt hat, dass er von politischen Aufgaben zukünftig weitgehend entbunden bleibt. Wohl ist es ihm in Rom gelungen, *Iphigenie* und *Egmont* zu vollenden, und es entstehen nun so bedeutende Werke wie die beiden Gedichtzyklen der *Römischen Elegien* und der *Venezianischen Epigramme*, aber regelrechte Hauptwerke lassen weiter auf sich warten: die Arbeit am *Faust* schließt er 1789 zwar ab, das Drama bleibt jedoch weiterhin ein Fragment, und das erste Buch von *Wilhelm Meisters Lehrjahre* ist nicht vor 1794 fertiggestellt.

Stattdessen nimmt Goethe, kaum zurück in Weimar, seine Naturstudien wieder auf. Er verfasst den *Versuch die Metamorphose der Pflanzen zu erklären*, der 1790 bei Karl Wilhelm Ettinger in Gotha, einem kleinen Verlag, erscheint, weil der Leipziger Buchhändler Georg Joachim Göschen, bislang Goethes Verleger, die Veröffentlichung ablehnt. »Ob ein Goethe das Buch geschrieben hat, ob es die höchste Geisteskraft erfordert hat, darauf kann ich als Kaufmann keine Rücksicht nehmen; ein Krämer kann kein Mäcen sein«, hat er mit Bezug auf Goethes botanische Schrift später festgestellt.[4] Der *Versuch* ist Goethes zweiter naturwissenschaftlicher Aufsatz nach der nur in Fachkreisen kursierenden Abhandlung über den Zwischenkieferknochen. Zudem setzt er seine anatomischen Studien bei Loder in Jena fort, mit der Absicht, das an den Pflanzen entdeckte Prinzip der Metamorphose auszuweiten und zu zeigen, dass es auch für das Reich der Tiere gilt. Schon im Sommer 1789 beginnt er mit intensiven Farbstudien, im Frühling 1791 kommen ihm erste Zweifel an Newtons Theorie und im selben Jahr erscheint das erste Stück der *Beiträge zur Optik*.

Jacobi, dem bevorzugten Adressaten für die Mitteilung umstürzender Einsichten, verkündet Goethe Anfang März 1790, er betrete nun auch »die Bahn der Naturgeschichte als Schriftsteller«.[5] Knebel meldet er vier Monate später, sein Gemüt treibe ihn »mehr als jemals zur Naturwissenschaft«, und gibt dabei seiner Verwunderung darüber Ausdruck, dass »in dem prosaischen Deutschland« überhaupt »noch ein Wölckchen Poesie« über seinem Scheitel schwebe.[6] Jacobi wiederum erfährt von ihm am 1. Juni 1791, er habe »fast in allen Teilen der Naturlehre und Naturbeschreibung kleine und größere Abhandlungen entworfen«, und es komme jetzt nur darauf an, dass er sie »in der Folge hintereinander wegarbeite ... Eine neue Theorie des Lichts, des Schattens und der Farben, an der ich schreibe, und die ich in einem Viertel Jahre auszuarbeiten denke, wird dir Freude machen. Sie wird lesbarer und allgemeiner faßlich sein als meine botanischen Schriften und künftig meine anatomischen«. Täglich »attachiere« er sich immer mehr an diese Wissenschaften, »und ich merke wohl daß sie in der Folge mich vielleicht ausschließlich beschäftigen werden.«[7] Dazu ist es dann nicht gekommen, aber Goethe hat in der Zeit nach der Rückkunft aus Italien wohl tatsächlich mit dem Gedanken gespielt, in erster Linie Naturforscher und Naturschriftsteller zu werden oder zumindest »ebensoviel in der Naturlehre als in der Dichtkunst« zu arbeiten, wie er am 4. Juli 1791 an seinen Verleger Göschen schreibt[8] – was dann auch die realistischere Zukunftsprognose war.

Die geläufige Sicht, Goethe habe sich immer dann, wenn ihm keine Zeit zum Dichten blieb oder es damit nicht vorangehen wollte, in die Naturforschung geflüchtet, ist also mit Vorsicht zu betrachten. Dabei geht man davon aus, die Beschäftigung mit der Natur sei etwas Sekundäres für Goethe gewesen, mehr Mittel zum Zweck als lebensbedeutsame Passion. Doch das trifft schon auf die Weimarer Zeit vor Italien nicht zu, und auf die über vierzig Lebensjahre danach erst recht nicht. Goethe führt die in den 1780er Jahren begonnenen mineralogischen, geologischen, anatomischen und botanischen Studien zeitlebens fort, ergänzt noch um das große Thema der Farbe, das zeitweise zu seiner Hauptbeschäftigung wird, nicht zu vergessen die meteorologischen Studien. Zahlreiche seiner literarischen Werke, von dem Roman *Die Wahlverwandtschaften* bis zu dem 1827 geschriebenen poetischen Zyklus *Die chinesisch-deutschen Jahres- und Tageszeiten*, sind direkte Ableger seiner Forschungen. Man wird sich an den Gedanken gewöhnen müssen, dass Deutschlands größter Dichter Naturwissenschaftler war, nicht auch und nicht zufällig, sondern aus innerem Antrieb und aus Überzeugung.

Nach den Steinen also die Knochen und die Pflanzen: Goethe macht sich in seinem ersten Weimarer Jahrzehnt sukzessive und teilweise parallel mit allen drei Reichen der Natur vertraut. Wie sie zusammenhängen, ob sie aufeinander aufbauen und letztlich gemeinsame Wurzeln haben, ist eine Frage, die ihn zusehends beschäftigt. Zweimal unternimmt er Anläufe, die Natur insgesamt zu verstehen: einmal 1781, als das pantheistische Fragment über die Natur entsteht, an dessen Zustandekommen er zumindest beteiligt ist, und 1786, nur wenige Monate vor dem Aufbruch nach Italien, als er den von Jacobi initiierten Spinoza-Streit zum Anlass nimmt, sein eigenes Naturverhältnis zu klären und seine Position argumentativ zu schärfen. Mehr als die politischen Ämter, die Goethe nach seiner Rückkehr aus Italien weitgehend aufgibt, eröffnet ihm die Beschäftigung mit der Natur eine Perspektive, sein Leben in ganz anderen und viel größeren Dimensionen zu betrachten: Hätte Goethe die Erfahrung dieses Jahrzehnts einer nachgeholten Selbstbildung und der sich anschließenden Italienreise, die das noch erweiterte, nicht gemacht, wäre aus ihm in späteren Jahren kaum die kulturelle Institution geworden, als die er sich zunehmend auch selbst inszenierte. Italien war, wie wir sehen werden, viel weniger ein Bruch mit Weimar und der dort verbrachten Zeit als deren Fortsetzung mit anderen, in die Welt, die Vergangenheit und die Natur ausgreifenden Mitteln.

Im Mai 1828 findet Friedrich von Müller, Staatskanzler des Großherzogtums Sachsen-Weimar-Eisenach, im Nachlass der Herzoginmutter Anna Amalia »einen merkwürdigen naturphilosophischen Aufsatz«, wie Goethe in seinem Tagebuch vermerkt. Die Handschrift ist schnell als die von Philipp Seidel identifiziert, seines ehemaligen Dieners, der ihm in den 1780er Jahren auch als Sekretär gedient hat. Auch der ursprüngliche Publikationsort des Aufsatzes ist rasch ausgemacht: das *Tiefurter Journal*. Benannt worden war es nach dem vier Kilometer östlich von Weimar gelegenen Schloss Tiefurt, einem ehemaligen Pächterhaus, das in den 1760er Jahren nach dem Vorbild des Petit Trianon in Versailles zu einem ländlichen Refugium des Weimarer Hofes umgebaut worden war. Die Herzoginmutter Anna Amalia verbrachte dort in den 1780er Jahren die Sommermonate. In dem angrenzenden, nach englischem Vorbild gestalteten Landschaftsgarten soll an einem lauen Sommerabend des Jahres 1781 besagtes Journal aus der Taufe gehoben worden sein, eine lediglich in elf handgeschriebenen Exemplaren verbreitete literarische Zeitschrift, deren Leserschaft weitgehend identisch mit den »Journalisten« des Blattes war, wie sich seine Autoren nannten. Die Herausgeberschaft lag bei der Herzoginmutter, die

Redaktion übernahm der Kammerherr Friedrich Hildebrand von Einsiedel, assistiert von der Hofdame Louise von Göchhausen, der Vertrieb lag in den Händen des Hofgärtners Eisenhut, und natürlich war auch das intellektuelle Weimarer Dreigestirn Wieland, Goethe, Herder als Autoren und Ideenlieferanten in das Unternehmen eingebunden.

Ein besonderer Reiz des *Tiefurter Journals* bestand in der Verpflichtung, womöglich sogar dem Vergnügen, dort ohne Nennung des Autorennamens zu publizieren – anonym also. Rätsel waren nicht nur ein regelmäßiger und besonders beliebter Bestandteil des Journals, jedes seiner neunundvierzig in drei Jahren erschienenen »Stücke«, wie die Ausgaben hießen, gab auch Rätsel auf, nämlich wer wohl die Verfasser der jeweiligen vier bis fünf Texte sein mochten. Goethe mag das an die *Frankfurter Gelehrten Anzeigen* erinnert haben, deren fleißiger Mitarbeiter er ein Jahrzehnt zuvor gewesen war. Das inhaltliche Spektrum war groß, so reichhaltig wie die Interessen der Blattmacher. Das reichte von einem Lob des Landlebens bis zu Rezensionen der im Park aufgeführten Freilichtstücke, von einer »Jubel-Ode auf die Buchdruckerei« bis zum »Liebes-Lied eines amerikanischen Wilden«, von Götter-Gesprächen bis zu Scharaden, von einem Manifest der Langeweile, zu deren Vertreibung das Journal offensichtlich gegründet worden war, bis zu gelehrten Preisfragen, vom Nekrolog auf einen Theatertischler bis zu jenen unvergessenen wie unvergleichlichen Versen Goethes, die hier zum ersten Mal erschienen, noch ohne den späteren Titel *Das Göttliche*: »Edel sey der Mensch / Hülfreich und gut / Denn das allein / Unterscheidet ihn / Von allen Wesen / Die wir kennen«. Man sieht: Das winzige *Tiefurter Journal* kann es hinsichtlich Verbreitung und Wirkung mit anderen Magazinen der Zeit nicht aufnehmen, aber es finden sich Gedanken und Texte darin, die bis heute ihresgleichen suchen.[9]

So auch das Ende 1782 oder Anfang 1783 im 32. Stück des Journals publizierte und fünfundvierzig Jahre später wiederaufgetauchte »Fragment« über die Natur: »Natur. Wir sind von ihr umgeben und umschlungen – unvermögend aus ihr heraus zu treten und unvermögend tiefer in sie hinein zukommen. / Ungebeten und ungewarnt nimmt sie uns in den Kreißlauf ihres Tanzes auf und treibt sich mit uns fort, bis wir ermüdet sind und ihrem Arme entfallen. / Sie schaft ewig neue Gestalten, was da ist, war noch nie, was war kommt nicht wieder – Alles ist neu, und doch immer das Alte. / Wir leben mitten in ihr und sind ihr fremde. Sie spricht unaufhörlich mit uns, und verrath uns ihr Geheimniß nicht. Wir wircken beständig auf sie und haben doch keine Gewalt über sie. / Sie scheint alles auf Individualität angelegt zu haben und macht sich nichts aus den Individuen. Sie baut immer und zerstört immer, und ihre Werckstätte ist unzugänglich.« Der Text ist eine ebenso wortmächtige wie stets nur ein und denselben Gedanken variierende Apotheose der Natur: Ihre Macht ist so unumschränkt und allgegenwärtig, dass sie einem verborgenen Gott gleicht, der sich nur in Paradoxien beschreiben lässt. Sie sei »rauh und gelinde, lieblich und schröcklich, kraftlos und allgewaltig« zugleich, heißt es von ihr, einerseits ganz und doch nie vollendet. Stets bringe sie Neues hervor, das dabei doch immer nur Variation des schon Vorhandenen ist.[10]

Nach so langer Zeit erneut mit dem Aufsatz konfrontiert, bezeichnet sich Goethe erst spontan als dessen Verfasser, um sich dann wenige Tage später von der Urheberschaft zu distanzieren. Auch wenn die dort vorgetragenen Vorstellungen mit seinen damaligen übereinstimmten, könne er sich »faktisch nicht erinnern«, diese Betrachtungen verfasst zu haben, lautet nun sein Bescheid.[11] Der Kanzler von Müller notiert, Goethe bekenne sich »nicht mit voller Überzeugung« zu dem Aufsatz, und fügt hinzu, auch ihm habe geschienen, als handle es sich zwar um seine Gedanken, diese seien aber nicht von ihm selbst, sondern »per traducem«, also durch einen Vermittler, niedergeschrieben worden. Wahrscheinlich seien jene Gedanken »als aus Goethes Mund kollektiv« von Seidel zu Papier gebracht worden.[12] Mit dieser vagen Formulierung beginnt ein bis heute anhaltender Streit um die Verfasserschaft des Textes. Jede Ausgabe von Goethes Werken bringt ihn, in der Regel sogar an prominenter Stelle, ebenso unterlässt es aber keine, im Apparat wortreich darauf hinzuweisen, dass der Text wohl gar nicht von Goethe selbst stamme, und darüber zu spekulieren, wer denn sonst als Verfasser in Frage käme.

Bemerkenswerterweise ist die 1828 aufgeworfene Frage nach der Autorschaft des Textes selbst schon die Wiederkehr einer Diskussion, die anlässlich seiner anonymen Erstveröffentlichung im *Tiefurter Journal* entbrannt war. Goethes Freund Knebel, den das Fragment über die Natur wie viele Leser nach ihm stark beeindruckt hatte und der intuitiv Goethe für den Verfasser hielt, musste sich von ihm belehren lassen: »Der Aufsatz im Tiefurther Journale dessen du erwehnest ist nicht von mir«, und Goethe fügte hinzu: »Ich habe bisher ein Geheimnis draus gemacht von wem er sei«. Er könne aber nicht leugnen, dass der Verfasser Umgang mit ihm gehabt und häufig mit ihm über diese Gegenstände gesprochen habe.[13] Mehr war aus ihm auch damals schon nicht herauszukriegen, weswegen sich die meisten Goethe-Kenner bis heute an eine Auskunft Charlotte von Steins halten, wonach Goethe ihr gesagt haben soll, der Text sei von Tobler – dem Schweizer Theologen Georg Christoph Tobler, den Goethe während seiner zweiten Reise durch die Schweiz kennengelernt hat und der sich 1781 für einige Monate in Weimar aufhielt. 1828 dann, als der Text wiederauftaucht, ist Tobler bereits über fünfzehn Jahre tot, so dass man ihn nicht mehr fragen kann. Und Goethe schweigt beharrlich oder weiß es selbst nicht mehr so genau. Statt sich an den seinerzeit schon aufgeregten Diskussionen über die Verfasserschaft zu beteiligen – ob nun Tobler oder vielleicht auch Herder oder, so eine neuere Auffassung unserer Tage, Johann August von Einsiedel, der jüngere Bruder des Kammerherrn von Anna Amalia, der Autor sei[14]–, diktiert er am 24. Mai 1828 seinem Schreiber John einige Sätze zur Einordnung und zum Verständnis des Textes von 1781 und der darin geäußerten Gedanken. Seine Botschaft: Obwohl er die Gedanken nicht selbst niedergeschrieben habe, erkenne er sich doch in ihnen wieder, allerdings handle es sich um eine Auffassung, über die er als »Stufe damaliger Einsicht« inzwischen hinausgewachsen sei. Schließlich habe seine Naturforschung zur Zeit der Veröffentlichung des Textes im *Tiefurter Journal* gerade erst begonnen und inzwischen seien über vierzig Jahre vergangen, in denen er als Naturforscher nicht gerade untätig gewesen sei. Kein Wunder also, dass sich in dem Fragment eine pantheistische Auffassung der Natur ausspreche, die er aber inzwischen hinter sich gelassen habe. Durch seine eigenen Forschungen und den Gang der Wissenschaft habe er tiefere Einsicht in das gewonnen, was er die »großen Triebräder der Natur« nennt. Inzwischen ist Goethe keineswegs mehr der Ansicht, ein Verständnis der Natur sei ausschließlich auf emotionalem Wege zu erreichen, durch Bewunderung, Erhebung oder Leidenschaft. Wenn er den Text von damals also als seiner Gedankenwelt zugehörig gelten lassen wolle, so lautet sein Resümee, dann höchstens als einen »Komparativ«, den man »nicht ohne Lächeln« mit dem erreichten »Superlativ« vergleichen werde.[15] So begann Goethes Erforschung der Natur mit einem Aufsatz, den er selbst gar nicht geschrieben hat und zu dem er später auf Distanz gegangen ist.

Ungeachtet der Tatsache, dass Goethe selbst die Autorschaft des Fragments über die Natur abgestritten hat und sein Einverständnis mit der dort formulierten Naturanschauung nur für eine kurze Zeit, der ersten Hälfte der 1780er Jahre, gelten lassen wollte, hat der Text unter dem Namen Goethe eine unvergleichliche Karriere gemacht und wird von vielen bis heute als paradigmatischer Ausdruck seiner Weltsicht gelesen. Den Anfang machte Alexander von Humboldt, indem er seinen ab 1845 erscheinenden *Kosmos*, diesen »Versuch einer physikalischen Weltbeschreibung«, mit ausführlichen Zitaten aus dem Fragment über die Natur einleitete, nicht zuletzt, um damit Goethe seine Reverenz zu erweisen, ohne dessen Einfluss er das Wagnis einer derartigen Gesamterfassung der Natur wohl kaum eingegangen wäre. 1868 dann stellte der Zoologe Ernst Haeckel, zu seiner Zeit einer der populärsten Biologen, heute vor allem durch seine so genauen wie wunderschönen Bilder von Strahlentierchen, Seeanemonen, Seescheiden, Quallen und anderen »Kunstformen der Natur«, wie er sie nannte, bekannt, seinem Buch *Natürliche Schöpfungs-Geschichte. Gemeinverständliche wissenschaftliche Vorträge über die Entwickelungs-Lehre* Auszüge aus *Die Natur* voran. In den kommentierenden Sätzen hielt er sich nicht zurück mit seiner Bewunderung für den »prophetischen Genius des Dichters«. »Weit seiner Zeit vorauseilend« habe er geahnt, was spätere Wissenschaftlergenerationen erst nachweisen sollten.[16] Damit war vor allem der von Haeckel selbst begründete Monismus auf naturwissenschaftlicher Grundlage gemeint. Haeckel sah in Goethe einen Vorläufer Darwins und stilisierte sich selbst zum Nachfolger beider, der eine Synthese ihrer besten Gedanken entwarf.

Ein halbes Jahrhundert später dann gelang es Rudolf Steiner, Haeckel in seiner Goethe-Verehrung noch einmal zu überbieten, indem er ihn zum Apologeten einer alternativen Naturwissenschaft erhob. Steiner wollte von den Zweifeln an Goethes Autorschaft von *Die Natur* nichts wissen, nannte den Text vielmehr »eine Art Lebensprogramm, das allem Goetheschen Denken über die Natur zum Grunde liegt«, und sah darin, als ob es noch einer Steigerung bedürfte, »die Verkündigung einer neuen Weltanschauung«. Steiner hatte immerhin zwischen 1883 und 1897 Goethes naturwissenschaftliche Schriften ediert und konnte so als Kenner gelten. Aus der Unvergleichbarkeit von Goethes Naturanschauung mit der exakten, positivistischen Naturwissenschaft in der zweiten Hälfte des 19. Jahrhunderts folgerte er, dass man ersterer nur gerecht werde, wenn man sie völlig unabhängig von allen Einflüssen betrachte, gleichsam als Alternative zu jeder bislang bekannten Naturforschung.[17] So wird aus Goethes Wirken ein zentrales Kapitel der Vorgeschichte der Anthroposophie.

Haeckels und Steiners Apotheosen des Fragments über die Natur sind viele gefolgt. Sigmund Freud bekannte 1925, ein öffentlicher Vortrag von *Die Natur* habe bei ihm überhaupt erst zu der Entscheidung geführt, Medizin zu studieren.[18] Der amerikanische Architekt Frank Lloyd Wright, Erfinder des Prairie-Style, betrachtete ihn als Grundlagentext zu der von ihm konzipierten organischen Architektur. Der Schriftsteller Stefan Zweig ließ von dem Text einen Luxus-Sonderdruck für seine Freunde anfertigen. Und auch Rainer Maria Rilke liebte es, die 1911 erschienene Insel-Ausgabe des Textes an seine wechselnden Geliebten zu verschenken und ihnen dann daraus vorzulesen.[19] Kühlte Rilkes Zuneigung, wie regelmäßig der Fall, nach kurzer Zeit ab, blieb das geliebte Buch als Andenken an gemeinsame Stunden auf dem Bücherbord der Verlassenen zurück – in einem Fall sogar dreißig Jahre lang.

Sogar die Zeitschrift *NATURE*, heute die weltweit meistzitierte interdisziplinäre Fachzeitschrift für Naturwissenschaften mit dem höchsten Impact-Factor, noch vor der US-amerikanischen Konkurrenz *Science*, eröffnete vor gut 150 Jahren den ersten Jahrgang mit einer englischen Übersetzung des vermeintlich von Goethe stammenden Fragments: »Nature! we are sorrounded and embraced by her ...« Auf dem Cover der Ausgabe war hinter dem Schriftzug NATURE in gotischen, ungleichmäßigen Lettern die Erdkugel zu sehen, wie sie gerade vor einem gestirnten Himmel aus dem Wolkenmeer auftaucht. Während sich *NATURE* heute allein an die Scientific Community wendet, war die Zeitschrift anfänglich als ein Hybrid gedacht. Im besten Sinne Goethes sollte sie nicht nur nach innen, sondern auch von innen heraus nach außen wirken – als ein Wissenschaftsjournal, dessen Beiträge sich sowohl an andere Forscher als auch an den interessierten Laien wendeten und das die Öffentlichkeit aus erster Hand über wissenschaftliche Entdeckungen informieren sollte.

»Diese Tage bin ich auch in Goethens Garten gewesen beim Major v. Knebel seinem intimen Freund«, berichtet Schiller am 12. August 1787 seinem Freund Theodor Körner. »Goethens Geist« habe alle Menschen, die sich zu seinem Zirkel zählen, geformt: »Eine stolze philosophische Verachtung aller Spekulation und Untersuchung, mit einem bis zur Affektation getriebenen Attachment an die Natur und einer Resignation in seine fünf Sinne, kurz eine gewisse kindliche Einfalt der Vernunft bezeichnet ihn und seine ganze hiesige Sekte. Da sucht man lieber Kräuter und treibt Mineralogie, als dass man sich in leeren Demonstrationen verfinge.« Schiller findet diese Idee »ganz gesund und gut«, aber man könne auch viel übertreiben.[20] Wie so oft dringt auch hier der kritische Blick von außen zum Kern der Sache vor. In der Tat war es das lebendige, bis zur Verehrung gehende Interesse an der Natur, das dem Kreis um Goethe sein auffälliges Gepräge verlieh. Goethe selbst war zu der Zeit von Schillers Besuch schon in Italien und hatte das vor den Toren der Stadt gelegene Gartenhaus in den Jahren zuvor auch nur noch sporadisch bewohnt, seitdem er 1782 in das viel größere und bequemere Stadthaus Am Frauenplan umgezogen war.

Doch die Anziehungskraft des Hauses im Grünen und sein Geist müssen auch so spürbar gewesen sein. Sicher hat Schiller recht: Bei dem ein oder anderen mag sich die beschworene Naturnähe in der Tat im Kräutersammeln und Teetrinken erschöpft haben. Leute wie Knebel, Voigt, Herder und vor allem auch Goethe selbst aber gingen viel weiter: Sie waren »Naturalisten« zumindest in dem Sinne, dass sie sich Aufschluss von der Welt und dem Platz des Menschen in ihr durch die forschende Erfahrung der Natur erwarteten. Neben ihren konkreten Beschäftigungen, die vom Bergbau über Mineralogie und Geologie bis hin zu Chemie, Botanik und Anatomie reichten, ging es ihnen um die großen Zusammenhänge – ein neues Gesamtbild der Natur.

Ein Naturalist ist der Auffassung, die Welt mitsamt dem Menschen sei als natürliches Geschehen zu verstehen. Wer wissen wolle, was die Welt im Innersten zusammenhält, müsse nicht die Theologen oder Metaphysiker fragen, sondern sich daranhalten, was die Naturforscher herausfinden und für wirklich halten. Der Behauptung von Wundern oder übersinnlichen Phänomenen begegnet ein Naturalist mit derselben Skepsis wie den von Lavater beschworenen »Aussichten in die Ewigkeit«. »Auch das Unnatürlichste ist Natur. Wer sie nicht allenthalben sieht, sieht sie nirgend wo recht«, heißt es in diesem Sinne im Fragment über die Natur.[21] Mit dem Aufkommen der Naturwissenschaften gewinnt die naturalistische Weltsicht, der man bereits in der Antike begegnen kann, noch einmal an Schärfe. Denn die Wissenschaftler treten mit dem Anspruch auf, die grundlegenden Strukturen unserer Welt zu beschreiben. Das hatte bereits in den beiden Jahrhunderten zuvor zu schwerwiegenden Auseinandersetzungen und Verwerfungen geführt, als es zumindest vorderhand lediglich um Planetenbahnen und die Gesetze der Schwerkraft ging. In dem Maße aber, wie die Naturforschung dem Menschen förmlich auf den Leib rückte und seit der zweiten Hälfte des 18. Jahrhunderts auch verstärkt Aussagen über die Entwicklung der Erde, des Lebens und sogar des Menschen selbst zu machen begann, musste sich dieser Streit fast zwangsläufig noch verschärfen.

Der Verzicht auf Offenbarungs- oder Glaubenswahrheiten und die Hinwendung zur Natur als der maßgeblichen Instanz der Welterklärung war auch im Zeitalter der Aufklärung keineswegs eine Selbstverständlichkeit und für den Einzelnen oftmals mit schwerwiegenden Anfechtungen und Auseinandersetzungen verbunden. Im 18. Jahrhundert verließ kaum einer die Schule oder die Universität als Naturalist. Das lässt sich gut an dem studierten Theologen Georg Christoph Tobler zeigen, dem heute in der Regel die Autorschaft des Fragments zugeschrieben wird. Bevor er im Mai 1781 für einige Monate nach Weimar kam und dort rasch in den Zirkel um Goethe aufgenommen wurde, hatte er in Göttingen Station gemacht, wo er den Theologiestudenten Johann Georg Müller nach dessen eigenem Zeugnis durch seine religionskritischen Äußerungen aus der Fassung brachte. Nachdem sie schon fünf Tage miteinander verbracht hatten, will Müller beklagt haben, dass sie noch kein Wort von dem gesprochen hätten, »was uns beide als Lehrer der Religion und als Freunde gleich interessieren muss, vom Christentum«. Daraufhin entwickelte sich zwischen den beiden ein »Diskurs«, bei dem Müller, wie er berichtet, immer »die Partei des Christenthums« vertrat, aber Einwendungen und Argumente zu hören bekam, die er weder erwartet hatte noch zu widerlegen wusste. »Seit diesem Diskurs bin ich weder Christ noch Freidenker, ein wankendes Rohr, oft schrecklich unruhig und voll grauender Aussicht in die Zukunft.« Wie Müllers Aufzeichnungen zu entnehmen ist, müssen die beiden insbesondere von der Entwertung des irdischen Lebens durch den christlichen Jenseitsglauben und von der Unsterblichkeit der Seele gesprochen haben. Nach vier Tagen lebhaftesten Gesprächs gelang es Tobler schließlich, Müller von der erschreckenden Vorstellung endgültiger Vernichtung abzubringen und ihm den eigenen Pantheismus zu vermitteln: »Es war ein herrlicher Frühling nach einem gräßlichen Winter«, schreibt er. »Alles erwachte ins schönste Leben, und auch in meiner Seele ging eine Erneuerung vor, deren Wollust nur gefühlt, nicht beschrieben werden kann. Die Bande meines Geistes fielen ... ich sah mich in freier weiter Ebene als Sohn der Natur ...« Als die beiden einen Schmetterling vorbeifliegen sehen, soll Tobler ausgerufen haben: »Du guter Schmetterling, dies ist dein einziger Frühling«, und durch sein »schönes rührendes Gefühl für die Natur« den Freund endgültig für seinen neuen Glauben eingenommen haben.[22]

Der radikalste Naturalist in dem Weimarer Zirkel um Goethe war Johann August von Einsiedel. Während sein Bruder Friedrich sich mit gefälligen Übersetzungen von Stücken für das Weimarer Hoftheater hervortat und beim *Tiefurter Journal* den Posten des Redakteurs bekleidete, galt Augusts Passion der Naturforschung. Herder, der sich mit ihm anfreundete und bei der Arbeit an seinen *Ideen zu einer Philosophie der Geschichte der Menschheit* viel von Einsiedels Kenntnissen profitiert hat, hat ihn einen »stupenden Kopf an Wissenschaft« genannt.[23] Wie Voigt hatte August von Einsiedel in Freiberg bei Werner studiert, dazu vorher noch in Göttingen Mathematik und Experimentalphysik bei Kästner und Lichtenberg gehört. Mit Goethe verband ihn die Leidenschaft für Steine, die er ebenfalls sammelte, sowie für Erdgeschichte und Buffon. Die lebhaften Gespräche, die er über Jahre immer wieder mit ihm führte, hat Goethe einmal als »tolles Disputiren« bezeichnet.[24] Das hatte auch damit zu tun, dass August von Einsiedel Paradoxe liebte und gerne Standpunkte gegeneinander ausspielte. »Jede Wahrheit fängt an mit Paradoxen«, lautete eine seiner »Ideen«, niedergeschrieben in Notizheften, die Herder dann fleißig exzerpierte.[25] Nicht selten hörte die Wahrheit bei ihm allerdings auch mit Paradoxen auf. Auch das spricht dafür, dass er an der Abfassung des Fragments über die Natur maßgeblichen Anteil hatte, das ein Feuerwerk paradoxer Formulierungen abbrennt, um die umfassende Macht der Natur zu beschreiben. »Es ist ein ewiges Leben Werden und Bewegen in ihr und doch rückt sie nicht weiter«, wird dort etwa von ihr gesagt, oder: »Sie sezt alle Augenblicke zum längsten Lauf an und ist alle Augenblicke am Ziele.« Und dann wieder: »Man gehorcht ihren Gesetzen, auch wenn man ihnen widerstrebt, man wirckt mit ihr, auch wenn man gegen sie wircken will.«[26] Darüber hinaus frappiert die Ähnlichkeit bestimmter Aussagen des Fragments mit Gedanken, die von Einsiedel in seinen *Ideen* notiert hat, und zwar bis in die Diktion einzelner Formulierungen hinein. Über die »Vorstellungsart der Natur« heißt es etwa bei Einsiedel: »Sie hat nicht fortdauernde Wesen gewollt, sondern Reihen; daß immer das Gegenwärtige gefordert wird, dem Kommenden Platz zu machen ... Sie hat nicht den Zuwachs nach der natürlichen Abnahme bestimmt, sondern ist vielsamig und bringt mehr hervor, als sie erhalten kann ... Sie läßt die einmal gemachten Naturgesetze ihren Gang gehen, es komme Leben oder Tod heraus.«[27]

Tobler und von Einsiedel vertreten zwei Formen des Naturalismus dieser Zeit. Der eine sieht sich als Kind der Wissenschaft, der andere als Sohn der Natur. Sie verkörpern den alten Gegensatz von Wissen und Glauben, nun bezogen auf die neue naturalistische Anschauung des Lebens. Der eine wird getrieben von Wissenshunger und sucht nach rationalen, letztlich mechanistischen Erklärungen, der andere berauscht sich am Naturgefühl, stets ein wenig schwankend zwischen hymnischem Jauchzen und dem nie ganz verstummenden Gedanken der Vernichtung und Sinnlosigkeit. Liest man das Fragment über die Natur genau, so bemerkt man, dass in dem Text beide Stimmen vernehmbar sind. Auch wenn es kein wissenschaftlicher Text ist, sind die dort vorgetragenen Gedanken doch ohne die Naturforschung der Zeit nicht nachvollziehbar und erweisen sich auch noch Jahrzehnte später, wie der Abdruck des Textes in der ersten Ausgabe von *NATURE* belegt, als anschlussfähig an eine fortgeschrittene Naturwissenschaft, die auf der Suche ist nach einem ganzheitlichen Bild der Natur. Andererseits ist der hymnische Ton des Textes unüberhörbar. Er argumentiert kaum und will weniger überzeugen, als Zeugnis von einem neuen Daseinsgefühl ablegen, das seinen Selbstwert daraus zieht, Teil der allumfassenden Natur zu sein.

Es ist gut möglich, dass man im Kreis um Goethe über das Fragment nicht nur intensiv diskutierte, sondern dass die unterschiedlichen Auffassungen der beteiligten Personen bereits in die Entstehung des Textes eingegangen sind. Womöglich ist die Idee nicht abwegig, in dem Fragment komme weniger die Stimme eines Einzelnen zum Ausdruck als dass es die Gedanken mehrerer Personen bündele. Gerade der aphoristische Charakter des Fragments, das eigentlich eine Sammlung von Ideen über die Natur ist, legt die Mitarbeit mehrerer Autoren nahe. Jeder beteiligte sich mit seinen besten Gedanken; man mag sich einen regelrechten Wettbewerb der zugespitzten Formulierungen vorstellen. Jede neue sollte die bisherigen an Raffinesse und Pointiertheit übertreffen! Wer den Text dann schließlich zuerst niedergeschrieben hat, ist zweitrangig gegenüber der Beobachtung, in ihm spreche sich ein »Kollektivwesen« aus, wie Goethe das später genannt hat.[28] Auch die bereits erwähnte Äußerung des Kanzlers von Müller, dass die Gedanken des Fragments »als aus Goethes Mund kollektiv« von Seidel niedergeschrieben worden seien, deuten in diese Richtung. Goethe war von den *Frankfurter Gelehrten Anzeigen* eine Arbeitsweise gewohnt, bei der ein Text durch die Redaktion mehrerer Hände ging und dabei modifiziert und angereichert wurde. Warum soll es sich bei diesem Text anders verhalten haben? Noch die von Seidels Hand erstellte »Druckvorlage« des Fragments ist mit redaktionellen Änderungen Goethes und Hildebrand von Einsiedels versehen. Das Ergebnis ist jedenfalls mehr eine Ideensammlung als ein Manifest; ein Verständigungstext über die Voraussetzungen, unter der sich die Beteiligten der Natur nähern wollen, ob nun ausschließlich vom Herzen her oder als ernsthafte Naturforscher. Selbst wenn der Text, wofür alles spricht, nicht von Goethe stammt, gibt er doch gut den Pendelausschlag wieder, der auch seiner Geistesverfassung zu dieser Zeit nicht fremd war. Allerdings wird ihm schon bald klar, dass für den eigenen Weg der Naturforschung Herz und Kopf, Sinnlichkeit und Rationalität gar keine Widersprüche sein müssen; dass die Beziehung zur Natur mit dem Ziel ihrer wissenschaftlichen Erkenntnis erfolgen und trotzdem Herzenssache bleiben kann.

*Achtzehntes Kapitel, in dem ein Knochen
im Mittelpunkt steht*

Im Juli 1780 war es am Weimarer Hof zu einem außergewöhnlichen Ereignis gekommen – so lautete jedenfalls das Urteil der *Hessen-Darmstädtischen privilegierten Land-Zeitung*, die in ihrer Ausgabe vom 19. August darüber berichtete. »Ein Beispiel von dieser Art ist uns noch nicht bekannt und es ist dieses vermutlich das erste.« Was war geschehen? »Auf Befehl Sr. Durchl. des Herzogs« hatte Professor Justus Christian von Loder, Inhaber des Lehrstuhls für Anatomie, Chirurgie und Hebammenkunst an der Universität Jena, Carl August, seiner Gemahlin, seinem Leibarzt und mehreren Herren, darunter Goethe, Herder und der spätere Jenaer Medizinprofessor Christoph Wilhelm Hufeland, vormittags zwischen sieben und elf Uhr eine anatomische Demonstration über das Gehirn an Kinderschädeln gehalten. Wie das besagte Privatissimum genau vonstattenging, darüber schweigt die *Land-Zeitung*. Ähnliche Berichte lassen aber darauf schließen, nicht nur präparierte Schädel und in Spiritus eingelegte Gehirne seien gezeigt und herumgereicht, sondern vor den Augen der Beteiligten der Leichnam eines Kindes zerschnitten, der Schädel aufgesägt und das Gehirn freigelegt worden. Eine vergleichbare Erfahrung hatte wenige Monate zuvor bereits die »verwitwete Frau Herzogin Durchl.« Anna Amalia auf dem Anatomischen Theater in Jena machen dürfen.

Noch vor geraumer Zeit, so erfahren wir aus der *Land-Zeitung*, seien derartige Demonstrationen unmöglich gewesen. Damals waren in Jena die Vorurteile gegenüber Sektionen noch so groß, dass kein Student sich an eine Leiche herantraute, die nicht mit dem Siegel der medizinischen Fakultät versehen war. Werner Rolfink, vormals »Professor der Arzneigelehrtheit«, habe durch die Tatsache, die Anatomie in Jena eingeführt zu haben, einen solchen Hass bei der Bevölkerung auf sich gezogen, dass er auf der Straße mit Steinen beworfen wurde. Zum Tode verurteilte Delinquenten hätten sich vor ihrer Hinrichtung als letzte Gnade auserbeten, »man möchte sie nach ihrem Tode nicht rolfinken«, wie der Volksmund in Jena das Sezieren nannte. Nach der Vollstreckung des Todesurteils auch noch vor den Augen eines schaulustigen Publikums seziert zu werden, galt als eine Art von zweiter, verschärfter Hinrichtung. Doch die Zeiten hätten sich geändert. Immer noch, so der Berichterstatter der *Land-Zeitung*, würden zwar »die gemeinsten und ärmsten Leute« selbst ihre unehelichen Kinder nicht gern der Anatomie übergeben, indes sei es »schon genug zur Ehre der Vernunft, daß Herr Prof. Loder nicht allein seine Kadaver unbesiegelt vom Karren schleppen darf, sondern daß sogar Fürsten und Fürstinnen es für anständig und wichtig genug ansehen, die Maschine des menschlichen Körpers kennen zu lernen.«[1]

Bei Goethe, der seine ersten Erfahrungen mit Sektionen bereits als Leipziger Student gemacht hatte, weckte die Vorführung Loders erneut das Interesse an der Anatomie. Schon bald weiß er seine Osteologie »auf den Fingern auswendig herzusagen«, wie er am 27. Oktober 1782 Merck berichtet.[2] Dabei ging auch bei ihm die neue Passion mit einer gewissen Lust am blutigen Geschäft des Sezierens einher. Das mussten ja nicht gleich menschliche Leichen sein. »Gestern haben die Ratten zu manövrieren angefangen«, schreibt er etwa am 11. März 1781 an Charlotte von Stein. Er habe sich sogleich »einiger bemächtigt, sie seziert um ihren innern Bau kennen zu lernen«, die anderen hingegen so genau beobachtet, dass er »gute phisiologische Rechenschafft davon« werde geben können.[3] Ein halbes Jahr später berichtet er von anatomischen Zeichnungen, die er in Ermangelung einer besseren Beschäftigung angefertigt habe. Als Loder dann nach einem zweijährigen Auslandsaufenthalt zur Erweiterung seiner medizinischen Kenntnisse wieder zurück in Jena ist, belegt Goethe ihn gleich mit Beschlag. »Eben ist Goethe hier, und ich unterhalte ihn den ganzen Tag«, berichtet Loder Ende Oktober Friedrich Justin Bertuch. »Er ist auch ein treufleißiger Auditor in allen meinen Kollegiis, und wir haben hernach herrliche Unterredungen darüber.«[4] Loder erkläre ihm alle Beine und Musklen«, meldet der Auditor selbst nach Weimar, »in wenig Tagen« werde er »vieles fassen«.[5] Als Knebel nach Jena kommt, findet er Goethe allein mit Loder im Schloss, »unter Totengerippen und Schädeln und mit anatomischen Studien umgeben«. Danach begleiten sie Loder zu seiner »Lehrstunde in die Anatomie, wo zwei tote Körper waren«, wie Knebel reichlich trocken feststellt.[6] Beinahe enthusiastisch ist dagegen Goethes Bericht in einem Brief an Carl August: »Zwey Unglückliche waren uns eben zum Glück gestorben die wir dann auch ziemlich abgeschält und ihnen von dem sündigen Fleische geholfen haben.«[7]

Loder stand an der Spitze des medizinischen Fortschritts. Nach der Rückkehr von seiner Bildungsreise, die ihn nach Frankreich, Holland und England geführt hatte, ließ er in Jena ein neues Anatomisches Theater, eine chirurgische Klinik und eine Entbindungsanstalt errichten. Mit den *Anatomischen Tafeln zur Beförderung der Kenntniß des menschlichen Körpers* verfasste er das bedeutendste und umfassendste Tafelwerk der menschlichen Anatomie seiner Zeit. Noch bevor Goethe das bei ihm Gelernte für eigene Studien nutzt, vermittelt er es erst einmal anderen: Im neuen Saal der Weimarer Zeichenakademie hält er vom 7. November 1781 bis zum 6. Januar 1782 Vorlesungen über den Knochenbau des Menschen. Erst beschreibt und analysiert er einen Körperteil, danach machen sich alle daran, ihn zu zeichnen. Wie er an Lavater und Merck schreibt, wolle er dadurch nicht nur die Kenntnis seiner Zuhörer mehren, sondern auch selbst etwas lernen. Zwar steht dabei die Anatomie des Menschen im Mittelpunkt, es geht Goethe jedoch um mehr: »Zugleich behandle ich die Knochen als einen Text, woran sich alles Leben und alles Menschliche anhängen läßt«.[8]

Mit seinen anatomischen Vorträgen für bildende Künstler stellte Goethe sich in eine bedeutende Tradition, die jüngst noch der holländische Mediziner Peter Camper fortgesetzt hatte. Er galt vielen, auch Goethe, als der bedeutendste Anatom seiner Zeit. Camper hatte 1778 an der Zeichenakademie in Amsterdam seine berühmten Vorlesungen *Über die bewunderungswürdige Ähnlichkeit, im Bau des Menschen, der vierfüßigen Tiere, der Vögel und Fische* gehalten. Sein Rat an die Maler, statt sich an die äußere körperliche Erscheinung zu halten, lieber Skelette zu studieren, hätte auch zum Motto von Goethes eigenen Vorträgen getaugt. Camper war sich der Ausnahmestellung des Menschen unter den Lebewesen durchaus bewusst. Auch anatomisch hielt er ihn für das vollkommenste aller Geschöpfe, weil er aufrecht gehen, sitzen und als einziges Wesen auf dem Rücken liegen könne. Zugleich lenkte er die Aufmerksamkeit seiner Zuhörer aber auf die erstaunlichen Ähnlichkeiten der Skelette von so unterschiedlichen Lebewesen wie Pinguin, Adler, Hund und Mensch. Die zoologische Welt war für ihn bei aller Verschiedenheit eine Einheit. Und wenn er seinen erstaunten Zuhörern ganz praktisch demonstrierte, wie man mit wenigen Strichen eine Kuh in einen Storch und diesen in einen Karpfen oder sogar ein Pferd in einen Menschen verwandeln konnte, dann tat er dies wohl des Showeffektes zuliebe und um ihnen ein paar zeichnerische Tricks an die Hand zu geben. Er hoffte jedoch auch, »eine etwas erweiterte Einsicht in den Plan des allgemeinen Baus der Tiere geöffnet« zu haben, aus dem sich eine enge und geheimnisvolle Verwandtschaft der Lebewesen ergebe.[9]

Campers bekannteste Demonstration in Sachen Vergleichbarkeit der Lebewesen war ein geometrisches Verfahren, mit dem sich durch eine einfache Achsenverschiebung die unterschiedlichsten Gesichtsbildungen vom Hund bis zum Musenführer Apollon erzeugen ließen. Camper hatte dafür zahlreiche Studien an Tier- und Menschenschädeln vorgenommen, auch Schädel in der Mitte durchgesägt. So kam er zu dem Schluss, dass der Schlüssel zur Vielgestaltigkeit der Schädelform in der variablen Verlängerung des Kiefers lag. Schon in der Antike, meinte er, habe man diese Erkenntnis zur Darstellung idealer Schönheit genutzt. Camper übertrug die Schädelform auf Papier und zeichnete eine »Gesichtslinie« von den Schneidezähnen bis zur Front der Stirn ein. Sie schneidet sich mit einer zweiten Linie, die von der Nasenbasis bis zur Ohröffnung reicht. Der sich daraus ergebende »Gesichtswinkel« verändere sich »von 42 Grad bei geschwänzten Affen und 58 Grad beim Orang-Utan, über 70 Grad bei einem jungen Neger und Kalmücken, 80 bis 90 bei einem Europäer, 90 bei einer römischen Skulptur bis zu 100 Grad bei den alten Griechen«.[10] Alles unter 70 Grad gehe Richtung Affe, resümierte Camper seine Verwandlungsgeometrie, alles über 80 Grad hingegen sei nach Kunstregeln gemacht, und alles jenseits der 100 Grad weise ins Monströse. Das war keineswegs so rassistisch gemeint, wie es sich heute anhört. Für Camper, dem der Gedanke einer biologischen Evolution noch fremd war, bezeichneten die morphologischen Unterschiede zwischen Affen, Afrikanern und Europäern einfach die Grenzen, die der Schöpfer oder die Natur zwischen den Lebewesen gezogen hatte. Im Gegenteil wollte er zeigen, dass sie im Prinzip alle aus einer Hand hervorgegangen waren, voneinander unterschieden lediglich durch eine Formalie wie die Neigung des Gesichtswinkels.[11] Der funktionale Aspekt der Form eines Organismus war Camper wichtiger als Blutbande und Familienbeziehungen. Er brauchte kein Konzept der Evolution, um die Verwandtschaft der Lebewesen zu statuieren. Ihm reichten dafür Zirkel und Lineal.

Herder hat von Campers Einsichten reichlich Gebrauch gemacht. Er arbeitete gerade an einer Philosophie der Geschichte, die den Menschen samt seiner Kultur aus der Geschichte der Natur hervorgehen lässt und die er *Ideen zur Philosophie der Geschichte der Menschheit* nannte. Vier Teile und zwanzig Bücher umfassen die erst 1791 fertiggestellten *Ideen* schließlich. Herder war im Begriff, auf seine Weise zu realisieren, was Goethe mit dem »Roman über das Weltall« im Sinn hatte: eine Big History, die die Geschichte des Menschen nicht bei Adam und Eva oder der Erfindung der Sprache beginnen lässt, sondern in die Vorzeit der Erdbildung und der Anfänge des Lebens zurückreicht. Gleich im ersten Buch versucht Herder zu zeigen, dass der Mensch bereits durch seine Anatomie zur Vernunftfähigkeit organisiert sei. Camper seinerseits hat sich in einem Brief vom 31. August 1785 für die im Zuge dieser Ausführungen erfolgte lobende Erwähnung seiner Forschungsarbeiten bedankt, dabei aber gegen Herders These, der Mensch sei durch seinen aufrechten Gang nicht nur allen anderen Lebewesen überlegen, sondern auch besser proportioniert und vollkommener als sie, kritische Einwände formuliert. »Ich nehme mir die Freiheit Ihnen zu sagen, daß meine Ideen zur Analogie zwischen dem Menschen, den Vierbeinern, den Vögeln und den Fischen viel weiter gehen. So könnte ich durch Hinzufügung einiger Linien einen Fisch in jeden beliebigen Vierbeiner, und diesen wiederum in einen Menschen verwandeln. Und ebenso könnte ich beweisen, daß niemals das, was wir Proportion und Schönheit nennen, die Absicht des höchsten Wesens war, sondern einfach und einzig die Nützlichkeit der betreffenden Teile. Kurz gesagt, daß Gott in der Darstellung der Lebewesen niemals ein Muster des Schönen gebildet hat, nicht einmal beim Menschen.«[12] Wenn die Unterschiede zwischen den Gattungen und »Rassen« natürliche geometrische Folgen waren, dann waren auch die Vorurteile der Menschen darüber, was als hässlich, schön oder gar vollkommen zu bezeichnen sei, eine Frage von Gewohnheit beziehungsweise Vertrautheit.

Goethe ist zum ersten Mal auf Camper gestoßen, als er nur ein Vierteljahr nach Loders Anatomiedemonstration der Herzoginmutter einen Aufsatz vorlas, den Merck für den *Teutschen Merkur* verfasst hatte. Auch so etwas gehörte zu seinen Verpflichtungen am Hof. Wieland, der Herausgeber der Zeitschrift, war zugegen. Merck, der gerade am Beginn einer zweiten Karriere als Wissenschaftler stand – er befasste sich ebenfalls mit Mineralogie, Osteologie und Paläontologie –, war zu dieser Zeit am Hof des Landgrafen von Hessen-Kassel mit diversen finanziellen Transaktionen befasst.

»Ich lebe hier seit einiger Zeit als ein Fremder, und bin ein Augenzeuge dessen, was der Landgraf von Hessencassel für Künste und Wissenschaften täglich tut«, begann Merck seinen Bericht. Seit vergangenem Jahr war der gerade einmal fünfundzwanzigjährige Samuel Thomas Sömmering Professor der Anatomie am Kasseler Collegium Carolinum. Seine Reputation rührte daher, zwei Jahren zuvor in seiner Dissertation die zwölf Hirnnerven beschrieben und nummeriert zu haben; diese Nummerierung setzte sich schließlich durch und ist noch heute gültig. Auf Sömmerings Betreiben hin hatte der Landgraf ein nagelneues Anatomisches Theater einrichten lassen. Sömmering war ein Schüler von Camper und hatte darauf bestanden, dass man sich an die »holländische Reinlichkeit« hielt: Die Leichen wurden in Zinnsärgen aufbewahrt, zu deren Auffüllung stets ausreichend Branntwein vorhanden war. Auch hatte das Anatomische Theater eine eigene Wasserleitung bekommen, um bei den Sektionen frisches Wasser zur Verfügung zu haben. Künftig würden auch die Hospitäler mit diesem Institut in Verbindung stehen, um den Nachschub an menschlichen Leichen sicherzustellen, berichtete Merck. An Tierkadavern hingegen fehlte es schon jetzt nicht: »Auch die widrigen Zufälle in der Menagerie werden hier eine Quelle von neuen Entdeckungen.« So unangenehm es für den Landgrafen gewesen sei, im vergangenen Jahr so viele seltene Tiere aus seiner berühmten Menagerie zu verlieren, »so vortheilhaft waren diese Sterbefälle für die Wißbegierde des Zergliederers«. Seehund, Leopard, Tiger und Kamel seien untersucht worden, und auch ein asiatischer Elefant, wohl der gleiche, den Goethe 1779 auf der Hinreise in die Schweiz hier bewundert hatte. Er war eine Attraktion gewesen; man hatte ihn sogar in der Oper auftreten lassen. Auf dem Weg vom Opernhaus aber war er im Sommer 1780 am Steilufer der Fulda abgerutscht und tödlich verunglückt. Zwei Jahre zuvor hatte Camper die erste wissenschaftliche Elefantensektion durchgeführt, und Sömmering ließ sich die nun bietende Chance nicht entgehen, mit seinem Lehrer gleichzuziehen.

Sömmering war ein leidenschaftlicher Wissenschaftler, der von den Grenzen des Forscherdrangs nichts wissen wollte. Das galt für den Umgang mit Tieren in Experimenten genauso wie für die Bildung von Hypothesen. Ebenso wie der Forscher Tiere »nach Gefallen künstlich erzeugen, heilsame und giftige Säfte in ihre Adern von außen treiben« dürfe, beschreibt er sein wissenschaftliches Selbstverständnis, sei es auch seinem Willen anheimgegeben, »gar die Seele für körperlich zu halten, den Mohren für einen Bastard von Menschen und Tieren und umgekehrt den Affen für unseren Halbbruder ... Er darf sich erkühnen, einen Blick in die Vorwelt zu werfen, aus Gerippen, die vielleicht schon vor Erschaffung seines Geschlechts begraben lagen, Tiergestalten zu erraten, welche die Natur dem jetzigen Menschen verbarg, ja gar das Alter seiner Welt zu entziffern«.[13] Das war ganz nach Goethes Geschmack, der in diesen Jahren eine zweite Sturm-und-Drang-Zeit, nun nicht mehr als Literat, sondern als Naturforscher erlebte. Als er 1784 im Zuge seiner anatomischen Forschungen den Schädel eines möglichst jungen, am besten noch ungeborenen Elefanten untersuchen will, das einzige zugängliche Exemplar aber ein in Braunschweig in Brennspiritus konservierter Elefantenfötus ist, lässt er Merck wissen: »Ich wollte wir hätten den Fötus den sie in Braunschweig haben in unserm Kabinette, er sollte in kurzer Zeit, seziert, skelettiert und prepariert sein. Ich weiß nicht wozu ein solches Monstrum in Spiritus taugt, wenn man es nicht zergliedert und den innern Bau aufklärt.«[14] Sätze wie diese hätten auch von Sömmering stammen können. Aus einem Brief, in dem dieser über die Kasseler Elefantensektion berichtet, wissen wir von den Strapazen und Schwierigkeiten, die damit verbunden waren: »Kaum war das Kamel secirt, so crepirte der Elephant; leider war die Hitze so groß, daß die Weichtheile nicht benutzt werden konnten. Der Landgraf ließ Hülfsleute, Hebebäume etc. aus dem Arsenal zur Zergliederung bewilligen. Aber es heißt etwas, einen Körper von 80 Centnern regieren ... Das Skelet soll hoffentlich gut gerathen und das Theater zieren. Leider war die Fäulniß durch die Wärme so entsetzlich, daß das Gehirn ausfloß und so heiß war, daß es rauchte. Der Leib und Magen zersprang nach den eingeschnittenen Integumenten mit furchtbarem Getöse«.[15]

Bei Mercks Besuch war bereits das Ergebnis zu besichtigen – nach allem, was wir wissen, das erste Ganzkörperpräparat eines Großsäugers. Das Skelett ist bis heute erhalten, die Dermoplastik hingegen 1943 verbrannt. Auch habe er das Vergnügen gehabt, setzt Merck seinen Bericht fort, bei Sömmering die camperschen Zeichnungen in einer Kopie zu sehen, »wo von dem griechischen Gesicht an, durch die Nüancen von Mumien, Kalmucken, Mohren, Orang-Utan, aller Arten von Affen, bis zum Hunde usw. in einer höchst stufenartigen Progression die Verunedlung des Profils« deutlich werde. »In eben dieser Gradation zeigte Herr S. die Schädel in natura vor.« Viele alte Irrtümer würden so widerlegt, neue Wahrheiten bewiesen, einige Zweifel ausgeräumt. Noch immer war die Ansicht verbreitet, »exotische« Merkmale der Gesichtsbildung wie wulstige Lippen oder flache Nasen seien auf Manipulationen zurückzuführen, die Hebammen oder Mütter unmittelbar nach der Geburt an den Säuglingen vornahmen. Buffon etwa meinte, die abgeflachte afrikanische Nase komme dadurch zustande, dass die Säuglinge beim Herumtragen ihre Nasen gegen den Körper ihrer Mütter schlugen. Auch über die Vererbbarkeit dieser Eigenschaft wurde diskutiert. Hier schloss sich Sömmering Campers Argumentation an, das Vorstehen des Kiefers ziehe notwendigerweise eine flachere Nasenpartie nach sich. Merkmale waren also voneinander abhängig. Eine Veränderung in einem Teil modifizierte unmittelbar die anderen Teile. Zudem ließen die im Anatomischen Theater aufgereihten Schädel, die Goethe bei seinem Besuch in Kassel drei Jahre später wohl ebenfalls zu sehen bekam, auch die Differenz zwischen Menschen und Tier augenfällig werden. Sie seien, so will Merck gesehen haben, »dadurch wesentlich unterschieden, daß vorn an der Nasenspitze des

Affen zwei spitze Knochen einzwicken, die beim Menschen bekanntlich ganz fehlen«.[16]

Dabei handelte es sich um nichts Geringeres als den Zwischenkieferknochen, dem bald schon Goethes besonderes Interesse gelten wird. Zum ersten Mal hört er von ihm im Zusammenhang mit den berühmten camperschen Verwandlungszeichnungen. Zudem lenkt ihn Mercks Bericht sofort auf den Umstand, weswegen dieser kleine Knochen seinerzeit so viel Aufmerksamkeit unter den Gelehrten auf sich zog: Man sah in ihm ein wesentliches Unterscheidungsmerkmal zwischen dem Menschen und den Affen, ja allen anderen Wirbeltieren. Für Goethe wird der Zwischenkieferknochen stets jener »famose Knochen« bleiben, »dessen Mangel dem Menschen einen Vorzug vor den Affen geben soll«, wie er Ende Oktober 1784 an Carl August schreibt.[17] Genau das erklärt sein Interesse an ihm. *Versuch aus der vergleichenden Knochenlehre daß der Zwischenknochen der obern Kinnlade dem Menschen mit den übrigen Tieren gemein sei*, wird er die 1784 entstehende Erstfassung seiner Schrift zu diesem Thema betiteln. 1786 überarbeitet er sie noch einmal; bis zur Erstpublikation im Jahr 1820 zirkuliert sie aber nur in Forscherkreisen, für die sie auch in erster Linie bestimmt ist. Der *Versuch* ist eine Schrift des Widerspruchs; Goethe will mit ihr eine verbreitete Lehrmeinung korrigieren.

Seit den großen Entdeckungsfahrten zu Beginn der Neuzeit, auf denen die Europäer es vermehrt mit Affen zu tun bekamen, hatte es nicht an Bemühungen gefehlt, insbesondere deren schwanzlose Vertreter und die Menschen auch zoologisch einander näherzubringen. Der Amsterdamer Mediziner Nicolaes Tulp etwa, uns bis heute durch Rembrandts famoses Gemälde *Die Anatomie des Dr. Tulp* aus dem Jahr 1632 gegenwärtig, hat auch Schimpansen seziert. Er ordnete den Schimpansen der Gattung Mensch (Homo) zu und nannte ihn nach seiner gewohnten Umgebung »Waldmensch« (Homo sylvestris) – gab ihm also den gleichen Namen, den ein anderer Menschenaffe bereits trug; denn nichts anderes bedeutet »Orang-Utan« im Malaiischen. Linné zog in seiner Systematik die Konsequenzen daraus, indem er Affen und Menschen in die Ordnung der Anthropomorpha stellte, die später den Namen Primaten erhielt. Damit wurde der Mensch, zumindest in klassifikatorischer Hinsicht, zum ersten Mal ein Teil, wenn auch ein herausgehobener Teil des Tierreichs. Schon zuvor hatte der englische Arzt Edward Tyson, der bei Goethes Identifizierung des Zwischenkieferknochens noch eine Rolle spielen wird, bei der Sektion eines Schimpansen, den er irrtümlicherweise für einen Orang-Utan hielt, mehr Ähnlichkeiten mit dem Menschen ausgemacht als Unterschiede, achtundvierzig gegenüber vierunddreißig. Seine Ergebnisse veröffentlichte er in dem Werk *Orang-outang, sive, Homo sylvestris: or, The anatomy of a pygmie compared with that of a monkey, an ape, and a man*, das noch Thomas Henry Huxley im 19. Jahrhundert als Muster an wissenschaftlicher Präzision würdigen sollte. Waren Affen also in Wirklichkeit nur wilde Menschen im Naturzustand, wie James Burnett in Berufung auf Rousseau gemeint hatte? Der schottische Lord, ein Hobbynaturkundler und überzeugter Aufklärer, hatte vorgeschlagen, die Menschenaffen in die menschliche Gemeinschaft aufzunehmen und sie zu erziehen, wie man es zu der Zeit auch mit wild aufgewachsenen Kindern versuchte (und damit ein ums andere Mal kläglich scheiterte). Jedenfalls begannen in der zweiten Hälfte des 18. Jahrhunderts die Grenzen zwischen Mensch und Tier immer durchlässiger zu werden, und wer, wie etwa Herder, aber auch der Großteil der Mediziner, an der Sonderstellung des Menschen festhalten wollte, sah sich gezwungen, dafür nach empirisch begründbaren Abgrenzungen zu fahnden.

An dieser Stelle kommt ein zweites Mal der Name Camper ins Spiel – ausgerechnet jener Forscher, der mit seiner Methode der Gesichtswinkelmessung den Versuch unternommen hatte, die alte Vorstellung eines Kontinuums der Lebewesen zum ersten Mal wissenschaftlich (»more geometrico«, nach Art der Geometrie) zu beweisen. 1766 hatte er öffentlich das Gehirn eines Europäers, eines Afrikaners und eines Orang-Utans seziert, in der Absicht zu zeigen, dass trotz der Unterschiede in Hautfarbe und Gesichtsbildung Weiße und Schwarze gleichermaßen und gleichursprünglich Menschen seien. Diese durchaus aufklärerische Tat geschah allerdings auf Kosten des Dritten im Bunde, des Orang-Utans, dem er nach seiner Untersuchung jede Verwandtschaft mit dem Menschen absprach. Weder verfüge er über die anatomischen Strukturen, die den Menschen zum aufrechten Gang befähigten, noch über die organischen Voraussetzungen, um Sprache auszubilden. Was er jedoch besitze, sei ein deutlich erkennbarer Zwischenkieferknochen, welcher beim Menschen hingegen fehle: »Diese Eigenschaft allein bestimmt dem Orang seinen Platz unter den vierfüßigen Thieren«, lautete sein Resümee, dem sich in der Folge sowohl Sömmering wie auch Johann Friedrich Blumenbach, Professor für Medizin an der Universität Göttingen und einer der Begründer der Zoologie und der Biologie als wissenschaftlicher Disziplinen, anschlossen.[18] Das Gesicht der Affen sei zwar »menschenähnlicher« als das anderer Tiere, schreibt Blumenbach in der zweiten Auflage seines *Handbuchs der Naturgeschichte* von 1782, aber es sei doch vorne in eine Tierschnauze verlängert, weil die Affen, so wie die meisten Säugetiere, »einen besonderen Knochen (os intermaxillare) zwischen den Oberkiefern haben, in welchem die Schneidezähne sitzen, und der dem Menschengeschlechte mangelt«.[19] Und Sömmering, der ausdrücklich auf diese Stelle bei Blumenbach verweist, fasst im selben Jahr noch einmal mit aller Entschiedenheit die Meinung der meisten Fachgelehrten seiner Zeit zusammen, wenn er den Zwischenkieferknochen »den einzigen Knochen« nennt, »den alle Tiere vom Affen an, selbst der Orang-Utan eingeschlossen, haben, der sich hingegen *nie* beim Menschen findet; wenn Sie diesen Knochen abrechnen, so fehlt ihnen Nichts, um nicht Alles vom Menschen auf die Tiere transferieren zu können«. Er lege deshalb den Kopf einer Hirschkuh bei, »um Sie zu überzeugen, daß dieses os intermaxillare (wie es Blumenbach), oder os incivisum (wie es Camper nennt), selbst bei Tieren vorhanden ist, die keine Schneidezähne in der oberen Kinnlade haben«.[20]

Der Brief, in dem sich diese Feststellungen finden, ging zwar an Merck, aber Goethe war zu diesem Zeitpunkt über die Ansicht der führenden Anatomen seiner Zeit zu dieser Frage längst im Bilde. Man kann noch nicht einmal sagen, dass es sich, zumindest unter den deutschen Wissenschaftlern, um ein strittiges Problem gehandelt hätte, zu dem auch abweichende Lehrmeinungen geäußert wurden. Doch selbst dann hätten sie kaum eine Chance gehabt, wahrgenommen zu werden: zu bestimmt, zu einhellig und zu unduldsam war der Konsens der Forscher in diesem Punkt.

Näher besehen traten aber doch gewisse Widersprüche zu Tage, die man zumindest als Ungereimtheiten bezeichnen musste. Etwa beim Ameisenbären: Laut Camper besaß er einen Zwischenkieferknochen, während Blumenbach bei ihm keinen gefunden hatte. Oder beim Elefanten: Camper meinte, er besitze zwar Schneidezähne, aber keinen Zwischenkieferknochen, während Blumenbach ihm auch diesen absprach. Aber es gab auch grundsätzlich Widersprüchliches: Goethe zweifelte keineswegs am Vorhandensein der Zwischenkieferknochen bei den Tieren. Vielmehr fragte er sich, wieso es Ausnahmen gab, und wieso die größte dieser Ausnahmen gerade der Mensch sein sollte. Hatten die Forscher seiner Zeit wirklich genau hingesehen, und vor allem mit welchem Interesse hatten sie die Schädel studiert? War es nicht lächerlich, den Unterschied des Menschen von den Tieren ausgerechnet am Fehlen eines kleinen Knochens festzumachen? Entsprach es nicht vielmehr der Logik der Natur, dass der Mensch allemal über das verfügte, was die Tiere auch besaßen, zumal ihm die vorderen Schneidezähne nun wirklich nicht abzusprechen waren?

Goethe bemerkte im Nachhinein, »Nachdenken und Zufall« hätten ihn zur Entdeckung des Zwischenkieferknochens beim Menschen geführt.[21] Laut des Goethe-Forschers Hermann Bräuning-Oktavio hatte besagter Zufall mit einer weiteren Vorlesestunde am Hof zu tun. Am Morgen des 24. März 1784 ist die fünfjährige Tochter des Herzogspaars unerwartet verstorben, an Stickfluss, die damalige Bezeichnung für Asthma. Am Tag darauf bittet sich Goethe von Caroline Herder die Druckbogen des ersten Teils von Herders *Ideen* aus, die damals noch gar nicht erschienen waren. Bei der traurigen Lage der Herzogin habe er ihr versprochen, heute Abend etwas vorzulesen: »Es wird sie erheben, aufrichten und wenigstens für Augenblicke über das Gefühl der Vergänglichkeit hinüber heben.«[22] Es liegt nahe, dass er dabei an die Kapitel im vierten und fünften Buch gedacht hat, in denen Herder in seiner bewährten emphatischen Art den Gedanken von der Unsterblichkeit der Seele entwickelt. Beim Blättern aber, so Bräuning-Oktavio, »muß Goethe auf Worte gestoßen sein, die so gar nichts zu tun hatten mit dem, was er suchte, die ihn aber fesselten, weil sie ihm neu waren«.[23] Seine Aufmerksamkeit richtet sich dabei auf eine Anmerkung, die Herder seinen Ausführungen über den Zwischenkieferknochen zu Anfang des vierten Buches hinzugefügt hat. Durch sein angebliches Fehlen beim Menschen war der Knochen so populär geworden, dass er auch in einer Philosophie der Geschichte der Menschheit nicht fehlen durfte. Herder verweist dort auf eine Abbildung des Zwischenkieferknochens beim Affen in einem Werk Blumenbachs, ergänzt aber: »Indessen scheinen nicht alle Affen dieses os intermaxillare in gleichem Grad zu haben, da Tyson in seinem Zergliederungsbericht, daß es nicht da gewesen, deutlich bemerkte.«[24]

In der Tat musste diese Stelle bei jedem, der über die damalige Lehrmeinung auch nur halbwegs informiert war, ein Stutzen auslösen, und das nicht nur wegen der Behauptung, es gebe auch Affen ohne Zwischenkieferknochen – waren das dann also Menschen? –, sondern auch wegen der Autorität von Tyson, auf die sich die Behauptung stützte. Glaubt man Bräuning-Oktavio, so hat Goethe gleich am nächsten Tag die entsprechende Stelle in Tysons Werk über den Orang-Utan nachgeschlagen und stieß dabei auf einen Befund, der das Zeug hatte, die gängige Lehrmeinung Ende des 18. Jahrhunderts auszuhebeln. Tyson beschreibt dort, er habe bei dem von ihm sezierten jungen Orang-Utan zwar nicht die Gesichtsnaht des Zwischenkieferknochens entdeckt, wie sie bei den niederen Affen gewöhnlich zu beobachten sei, wohl aber eine Gaumennaht, und diese Gaumennaht sei genau die gleiche wie die, die man bei einem Menschenschädel antreffe. Tyson schien also wie selbstverständlich von der Existenz eines Zwischenkieferknochens beim Menschen ausgegangen zu sein, und mehr noch, er machte diese nicht daran fest, dass eine Naht auf der Außenseite des Oberkiefers zu erkennen war (die in der Tat beim Menschen fehlt, weil bei ihm der Zwischenkieferknochen in der Regel schon vor der Geburt mit dem Oberkiefer verwächst), sondern verwies noch auf eine andere Naht auf der Innenseite des Gaumens, an der das Vorhandensein des »famosen Knochens« untrüglich zu erkennen sein sollte.

Bereits am Tag darauf, dem 27. März 1784, sehen wir Goethe in das Jenaer Anatomische Institut zu Professor Loder eilen, um gemeinsam mit ihm die dort vorhandenen Tier- und Menschenschädel zu vergleichen. Sogar menschliche Embryonen waren in der Sammlung vorhanden, und an allen Schädeln war die entscheidende Gaumennaht zu sehen. Noch am selben Abend geht eine Depesche an Herder:

Nach Anleitung des Evangelii muß ich dich auf das eiligste mit einem Glücke bekannt machen, das mir zugestoßen ist. Ich habe gefunden – weder Gold noch Silber, aber was mir eine unsägliche Freude macht – das os intermaxillare am Menschen!
Ich verglich mit Lodern Menschen- und Thierschädel, kam auf die Spur und siehe da ist es. Nur bitt' ich dich, laß dich nichts merken, denn es muß geheim behandelt werden. Es soll dich auch recht herzlich freuen, denn es ist wie der Schlußstein zum Menschen, fehlt nicht, ist auch da! Aber wie! Ich habe mirs auch in Verbindung mit deinem Ganzen gedacht, wie schön es da wird. Lebe wohl! ...
Sonnabend Nachts.[25]

Wie seine Bitte um Vertraulichkeit belegt, hat Goethe noch am Abend des 27. März den Entschluss gefasst, seine »Entdeckung« nicht vorschnell publik zu machen, sondern sie in Ruhe auszuarbeiten und der Fachwelt in Form einer Abhandlung mitzuteilen. Das war insofern ein geschickter Schachzug, als die bloße Behauptung ohne beigefügtes Anschauungsmaterial in Form anatomischer Zeichnungen und Auseinandersetzung mit der Fachliteratur kaum die Chance hatte, als ernsthafter wissenschaftlicher Beitrag anerkannt zu werden. Außerdem wusste er, dass er Zeit brauchte, um weitere Belege zu sammeln, die seine Aussagen hieb- und stichfest machen würden – Zeit, die ihm nur in den freien Stunden zur Verfügung stand, die ihm seine sonstigen Verpflichtungen ließen. Vor allem aber hatte er mehr im Sinn, als einfach nur seine Entdeckung zu verbreiten, wie eine zweite Abhandlung belegt, die in engem Zusammenhang mit der eigentlichen Beweisschrift steht und den Titel *Beschreibung des Zwischenknochens mehrerer Tiere bezüglich auf die beliebte Einteilung und Terminologie* trägt. Hier werden zu den bereits in der ersten Schrift behandelten Tieren wie Ochse, Löwe, Pferd, Affe und Hund weitere Detailbeobachtungen mitgeteilt, das Spektrum wird um Elefant, Reh, Schwein und Fuchs und Walross erweitert, und am Ende kommt Goethe sogar kurz auf die Vögel zu sprechen.[26]

Da Blumenbach auch dem Elefanten den Zwischenkieferknochen abgesprochen hat, nimmt Goethe im Zuge seiner Untersuchungen den Kasseler Elefanten erneut in Augenschein. Mitte Mai wendet er sich brieflich an Sömmering mit der Auskunft, die Zoologie bereite ihm »manche angenehme Stunde«, und er, Sömmering, könne ihm »dieselben sehr vermehren«, wenn er ihm den Schädel des Elefantenskelettes »nur auf vier Wochen borgen« wolle, er solle auch »auf das gewissenhafteste« verwahrt werden. Und wenn er auch gleich den im Museum verwahrten Schädel des Nilpferdes erhalten könnte, wäre es ihm nur desto angenehmer. Anfang Juni komme er sowieso nach Eisenach, und sollte er beide Schädel dort antreffen, bräuchte Sömmering gar nicht den weiten Weg nach Weimar zu machen und er würde sie zudem von dort gleich wieder zurück erhalten.[27] Goethe war neben vielen anderen Begabungen auch ein hochtalentierter Schnorrer, der großes Geschick darin bewies, den eigenen Vorteil ein Stück weit auch als den des potenziellen Gebers zu verkaufen, der sich im Besitz der heiß ersehnten Dinge befand. Auf die Zusicherungen, die er dabei machte, durfte man indessen nicht allzu viel geben; mit schöner Regelmäßigkeit gingen geliehene Gegenstände in seinen dauerhaften Besitz über, weil er alle Erinnerungen und Ermahnungen an Rückgabe geflissentlich ignorierte.

Drei Wochen später jedenfalls geht schon ein Dankesbrief nach Kassel: Sömmering hat zwar nicht den Nilpferd-, wohl aber den Elefantenschädel nach Eisenach schaffen lassen. Goethe: »Ich verwahre ihn in einem kleinen Cabinete, wo ich ihm heimlich die Augenblicke widme, die ich mir abbrechen kann, denn ich darf mir nicht merken lassen, daß ein solches Ungeheuer sich ins Haus geschlichen hat.«[28] Aus Furcht, für toll gehalten zu werden, versteckt er »die ungeheure Kiste« mit dem nicht weniger ungeheuren Inhalt im hintersten Winkel der für den Aufenthalt angemieteten Wohnung. Die Hauswirtin belässt er in dem Glauben, er verwahre dort Porzellan. Die erhoffte Gaumennaht ist schnell gefunden. »Was ich suche ist über meine Erwartung daran sichtbar«, schreibt er Charlotte von Stein.[29] Aber er möchte den Schädel noch zeichnen lassen, möglichst von allen vier Seiten, um die Existenz des Zwischenkieferknochens belegen zu können. In Weimar hat er den jungen Johann Christian Wilhelm Waitz, der erst Schüler, dann Lehrer an der Zeichenakademie war, dafür herangezogen. Von ihm stammen die mit hohem Lob seitens der Fachgelehrten bedachten Tafeln, die Goethe seinem Zwischenkieferaufsatz schließlich beifügt. Mit dem überschwänglichen Dank an Sömmering verknüpft Goethe deshalb zugleich eine Erweiterung seiner ursprünglichen Bitte: »Mein Wunsch wäre nun ihn [den Schädel] mit nach Weimar nehmen zu können, von da Sie ihn längstens Anfang September, wenn Sie ihn nicht eher brauchen, zurück haben sollen.« Auch dieser Bitte entspricht Sömmering. In den Folgemonaten erkundigt er sich des Öfteren nach dem Verbleib seines Schädels. Goethe tut ihm gegenüber inzwischen so, als habe Sömmering selbst ihm gleichsam den Auftrag zur Zeichnung des Schädels gegeben, und vertröstet ihn ein aufs andere Mal. Immer wieder betont er seine Faszination an der Wissenschaft, der er sich stets nur Minuten widmen könne. Am 7. Januar 1785 schreibt er ihm schließlich: »Der Elefantenschädel ist, hoffe ich, glücklich in Kassel angelangt, obgleich etwas später. Er mußte durch Fuhrleute gehen, da man die große Kiste nicht auf der fahrenden Post annahm. Er ist von vier Seiten für Sie gezeichnet und zwar jede im Umriß und ausschattiert, ich hoffe, Sie werden damit zufrieden sein.«[30] Er wolle die Zeichnungen nur noch kommentieren und auch diese dann gleich schicken.

Was Goethe wohl vorschwebte, war der Nachweis, der famose Knochen komme bei jedem Tier inklusive des Menschen vor, aber jeweils in anderer Form und Funktion. So machte er sich auch Gedanken, wie es zu dem starken Grad der Verwachsung des Zwischenkieferknochens beim Menschen samt Fehlen der Gesichtsnaht kam, und erklärte sie mit seiner gegenüber den Tieren veränderten Gesichtsform. Sie führe dazu, dass den keimenden Zähnen im menschlichen Kiefer, verglichen mit der tierischen Schnauzform, viel weniger Raum verbleibe: »Man nehme den Schädel eines Kindes, oder Embryonen vor sich, so wird man sehen wie die keimenden Zähne einen solchen Drang an diesen Teilen verursachen ..., daß die Natur alle Kräfte anwenden muss um diese Teile auf das innigste zu verweben.«[31] Mit dem Voranschreiten der Arbeit an der Abhandlung galt sein Hauptaugenmerk immer weniger der Tatsache, *dass* der Zwischenkieferknochen beim Menschen vorhanden war, als vielmehr der

Art und Weise, *wie* er da war. Beides aber hing miteinander zusammen. Wie sich herausstellen sollte, hatte etwa auch Blumenbach die Gaumennaht beim Menschen beobachtet, den Rückschluss auf einen menschlichen Zwischenkieferknochen aber rundheraus abgelehnt. »Selbst an den Schädeln ungeborener und junger Kinder findet sich doch eine Spur, *quasi rudimentum,* des *ossi intermaxillaris*«, heißt es in einem Brief, den er 1781 an Sömmering geschrieben hat. Vom wahren Zwischenkieferknochen sei dieses Rudiment aber doch »himmelweit verschieden«, weshalb Blumenbach die Gaumennaht auch lediglich als Ritze verstanden wissen wollte, um den Schluss zu vermeiden, man habe es hier mit der Verwachsung zweier Knochen zu tun. Goethe hat Blumenbachs Brief an Sömmering später in den *Heften zur Morphologie* als Beispiel dafür abgedruckt, »wie dieselbe Sache von mehr als einer Seite betrachtet, und etwas das in Zweifel schwebt so gut bejaht als verneint werden kann«.[32]

Trotz des betriebenen Aufwandes war die Resonanz der Fachwelt auf Goethes im November 1784 fertiggestellte Abhandlung, gelinde gesagt, enttäuschend. Sömmering reagierte auf den Vorschlag, das Verwachsen des Zwischenkieferknochens beim Menschen könne mit seiner Gesichtsform zu tun haben, mit dem süffisanten Kommentar, dies hieße so viel wie anzunehmen, dass »die Natur als ein Schreiner mit Keil und Hammer arbeite«.[33] Für Camper hatte Goethe den Text sogar ins Lateinische übersetzen lassen (das dieser offensichtlich aber noch weniger als das Deutsche beherrschte). Seine Reaktion erreichte ihn erst mit großer Verspätung, was jedoch nicht an ihm selbst, sondern an Merck lag, der monatelang erst die Weiterleitung von Goethes Abhandlung an ihn verschleppte und dann auch noch Campers unmittelbar erfolgte Reaktion zurückhielt, wohl weil auch er nichts von der dort vorgetragenen These hielt und obendrein Goethe zürnte, da der ihm die ganze Zeit über nie reinen Wein eingeschenkt hatte. Camper bewunderte zwar die Sauberkeit der Zeichnungen und würdigte Goethe als den Entdecker des Zwischenkieferknochens beim Walross, von dessen Existenz beim Menschen aber wollte er weiterhin nichts wissen. Und auch Blumenbach, der an menschlichen Embryonen die Gaumennaht immerhin selbst gesehen hatte, war nicht bereit, von der Lehrmeinung abzurücken, das Fehlen des Zwischenkieferknochens sei ein wesentliches Unterscheidungsmerkmal des Menschen von den anderen Säugetieren. Erst Jahrzehnte später, nach einem Besuch bei Goethe im Herbst 1820, räumte er ein, über den Zwischenkieferknochen beim Menschen bestehe kein Dissens mehr.

Goethe war ein erfolgreicher Schriftsteller und ein Politiker von Carl Augusts Gnaden, als Naturforscher aber besaß er lediglich Amateurstatus, einer von der Sorte, die schon damals Probleme hatte, von dem »docto corpore«, der gelehrten Körperschaft, wie er die Experten, die »Herren vom Handwerk«, in einem Brief an Merck ironisch nannte,[34] ernst genommen zu werden. Im Rückblick hat Goethe bemerkt, es zeuge freilich »von einer besondern Unbekanntschaft mit der Welt, von einem jugendlichen Selbstsinn, wenn ein laienhafter Schüler den Gildemeistern zu widersprechen wagt, ja, was noch törichter ist, sie zu überzeugen gedenkt«. Derjenige, der sich hier im Abstand von über drei Jahrzehnten jugendlichen Selbstsinn attestiert, war damals immerhin auch schon fünfunddreißig Jahre alt. »Fortgesetzte, vieljährige Versuche«, so fährt der siebzigjährige Goethe fort, hätten ihn belehrt, »daß immerfort wiederholte Phrasen sich zuletzt zur Überzeugung verknöchern und die Organe des Anschauens völlig verstumpfen«.[35] Wenn man also nur sieht, was man weiß, ist es höchste Zeit, das vermeintlich Gewisse durch genaues, frisches Hinschauen in Frage zu stellen, als ob man die Dinge zum ersten Mal sähe. Wenn er damals etwas versäumt habe, so Goethe, dann das, aus den Reaktionen auf seine Abhandlung die eigentlich naheliegende Erfahrung zu schöpfen, »daß man einen Meister nicht von seinem Irrtum überzeugen könne, weil er ja in seine Meisterschaft aufgenommen und dadurch legitimiert ward«.[36] Noch ein in Goethes Nachlass gefundener und nach seinem Tod publizierter Text aus den letzten Lebensjahren zeigt die Vehemenz, mit der Goethe stets ein Gegner solcher Meisterschaft geblieben ist, nachdem er zu Beginn seiner Tätigkeit als Naturforscher die Erfahrung hatte machen müssen, wie rasch das Expertentum zu Einseitigkeiten und zu Behinderungen anderer führen kann. Für die Nachgeborenen kein Meister zu sein, vielmehr durch das eigene Vorbild befreiend zu wirken, gehört zum Kern von Goethes Selbstverständnis.[37]

Als Goethe dann im Frühjahr 1786 erfährt, vor ihm habe bereits der angesehene französische Arzt Félix Vicq d'Azyr den Zwischenkieferknochen am menschlichen Fötus identifiziert, scheint es zunächst, als überwiege das Gefühl der Bestätigung die Enttäuschung darüber, dass seine Entdeckung nicht nur keine Anerkennung findet, sondern ihm darin auch noch ein anderer zuvorgekommen ist. »Da Camper noch immer schweigt«, bemerkt er gegenüber Herder am 30. April 1786, »freut mich nur, daß mir der Franzose mit lauter Stimme entgegenkommt.«[38] Und an Charlotte von Stein schreibt er beinahe süffisant am 12. Mai, er habe »große Lust, mit Herrn Vicq d'Azyr mich zu liieren«.[39] Ein Schuft, wer da etwas anderes heraushört.

Letztlich haben Forschungen wie die von Goethe und d'Azyr dazu geführt, dass der Zwischenkieferknochen die herausragende Bedeutung verlor, die er für kurze Zeit in einer Forschung gespielt hatte, die noch von theologischen Voraussetzungen zehrte, ohne dass den daran Beteiligten dies bewusst war. Von einem Unterscheidungsmerkmal zwischen Mensch und Tier wurde er zu einem weiteren von zahlreichen Verbindungsgliedern zwischen beiden. Der Zweck der Beschäftigung mit ihm lag genau darin, dies begreifen und zeigen zu können. Als Goethe Mitte November 1784 seine *Abhandlung aus dem Knochenreiche* auch an Knebel schickt, bezeichnet er jedenfalls die Einsicht, man könne »den Unterschied des Menschen vom Tier in nichts einzelnem finden«, als den wahren Gesichtspunkt seiner kleinen Schrift und das eigentliche Interesse, das er mit ihr verbinde, auch wenn er es dort noch nicht ausspreche: »Vielmehr ist der Mensch aufs nächste mit den Tieren verwandt.« Nicht einzelne Knochen, sondern die »Übereinstimmung des Ganzen« mache ein jedes Geschöpf, gleich ob Tier, Mensch oder auch Pflanze, zu dem, was es ist, »und der Mensch ist ... sogut durch die Gestalt und Natur seiner obern Kinlade, als durch Gestalt und Natur des letzten Gliedes seiner kleinen Zehe *Mensch*«.[40]

Neunzehntes Kapitel, in dem es noch einmal um Spinoza geht

Der Brief an Knebel mündet in eine zeitkritische Überlegung, die seitdem nicht an Aktualität verloren hat: »Wie es vor alten Zeiten, da die Menschen an der Erde lagen, eine Wohltat war, ihnen auf den Himmel zu deuten und sie auf's geistige aufmercksam zu machen«, schreibt Goethe weiter, »so ist's jetzt eine grösere sie nach der Erde zurückzuführen und die Elastizität ihrer angefesselten Ballons ein wenig zu vermindern.«

Anfang Juni 1783 war der erste Ballon gestartet, der erwärmte Luft zum Auftrieb nutzte. Die Gebrüder Montgolfier schrieben damit Geschichte – es war nichts weniger als der Beginn der Luftfahrt. Im Herbst desselben Jahres hat Georg Christoph Lichtenberg Goethe bei dessen Besuch in Göttingen auch Experimente mit Sauerstoff vorgeführt. Darunter fand sich ein ganz neuer, von dem niederländischen Naturforscher Jan Ingenhousz erst kürzlich entwickelter Versuch, Eisendrähte in Sauerstoffatmosphäre brennen zu lassen. Lichtenberg verwandte statt der Drähte eine Uhrfeder, da er herausgefunden hatte, dass dadurch die Leuchterscheinung erheblich eindrucksvoller wurde. Lichtenbergs Paradeexperiment aber war das Steigen von mit Wasserstoff gefüllten Luftblasen. Auch das hat Goethe wohl zu sehen bekommen. Jedenfalls hilft er wenige Tage später in Kassel Sömmering dabei, einen kleinen, mit Wasserstoff gefüllten Ballon zum Fliegen zu bringen. Der Versuch scheitert, aufgrund von Übereilung, wie Sömmering selbstkritisch feststellt.[1]

In Weimar war der Hofapotheker Wilhelm Heinrich Sebastian Buchholz, ein weiterer Berater Goethes in Sachen Naturwissenschaften und vor allem Chemie, damit befasst, dergleichen Versuche anzustellen. Wie wir aus einem Brief Goethes an Knebel vom Ende Dezember 1783 erfahren, misslangen sie meistens: »Buchholz peinigt vergebens die Lüfte, die Kugeln wollen nicht steigen. Eine hat sich einmal gleichsam aus Bosheit bis an die Decke gehoben und nun nicht wieder.« Er selbst habe beschlossen, die Sache im Stillen anzugehen,»und hoffe auf die Montgolfiers Art eine ungeheure Kugel gewiß in die Luft zu jagen«.[2] Das war keineswegs nur Angeberei oder Wunschdenken. Von der »Weltbewegung«[3] erfasst, als die Goethe später die Entdeckung der Heißluft- und Wasserstoffballone beschrieben hat, begann er sich neben dem Zwischenkieferknochen im Jahr 1784 auch noch mit Gaschemie zu befassen. Eine Zeitlang bilden die erregenden Versuche mit Ballons sogar eine ernsthafte Konkurrenz zu den laut Charlotte von Stein »gehässigen Knochen«.[4] Geheimnistuerisch beschwört Goethe am 19. Mai 1784 die Freundin: »Ich hoffe, du bleibst meinem Garten und mir getreu. Vielleicht versuchen wir den kleinen Ballon mit dem Feuerkorbe. Sage aber niemandem etwas«.[5] Wie ein drei Wochen später aus Eisenach an Sömmering geschriebener Brief nahelegt – derselbe Brief, in dem er sich für die Überlassung des Elefantenschädels bedankt –, ist es tatsächlich zu dem Versuch gekommen: »In Weimar haben wir einen Ballon auf Montgolfierische Art steigen lassen, 42 Fuß hoch und 20 im größten Durchmesser. Es ist ein schöner Anblick, nur hält sich der Körper nicht lange in der Luft, weil wir nicht wagen wollen, ihm Feuer mitzugeben. Das erstemal legte er eine Viertelstunde Wegs in ungefähr 4 Minuten zurück, das zweitemal blieb er nicht so lange.«[6]

Die von Goethe gemachten Angaben lassen erkennen, dass er damals der Entdeckung und Entwicklung der Heißluftballone doch nicht so nahe war, wie eine 1821 entstandene Skizze über seinen »naturwissenschaftlichen Entwicklungsgang« rückblickend suggeriert.[7] 1784 kam es bereits zu ersten bemannten Ballonfahrten, und am 7. Januar 1785 dann überquerte der französische Aeronaut Jean-Pierre Blanchard zusammen mit dem Arzt John Jeffries in einem Gasballon den Ärmelkanal von Dover nach Calais. Aber Goethe hatte genügend Erfahrung mit der neuen Technik gesammelt, um zu einer Einschätzung zu kommen, was an menschheitsveränderndem Potenzial darin steckte und welche Triebkräfte in ihrer Entwicklung am Werk waren. In Zeiten wie unserer, da die Menschen sich wie selbstverständlich in Flugzeugen durch die Luft bewegen und in der bemannten Raumfahrt erneut Aufbruchsstimmung herrscht, die Biosphäre unserer Erde aber zunehmend bedroht ist durch die Folgen unserer »Weltbewegung«, lässt sich die Tragweite von Goethes Gedanken, dass es an der Zeit sei, die Menschen »nach der Erde zurückzuführen«, erst richtig ermessen. Nicht am Himmel, auf der Erde entscheidet sich die Zukunft des Menschen.

Im September 1784, als das Ende der Arbeit am Zwischenkieferknochenaufsatz langsam abzusehen ist und Goethe verstärkt darüber nachzudenken beginnt, was ihn – neben ersten Meriten als Naturforscher – an dem Nachweis des Zwischenkieferknochens beim Menschen eigentlich so interessiert, kommt Jacobi für eine gute Woche nach Weimar. Es ist ihre erste Begegnung seit 1775. Zwischen den beiden Freunden hat es zwischenzeitlich handfesten Krach gegeben. Jacobis 1779 erschienener so philosophischer wie betulicher Roman *Woldemar* war bei Goethe auf wenig Gegenliebe gestoßen; er hatte das ihm überlassene Exemplar kurzerhand im Ettersburger Park an eine Eiche genagelt und dabei lästerliche Reden geschwungen. Jacobi hatte von dieser öffentlichen Kreuzigung schon bald erfahren und den Freund brieflich zur Rede gestellt, der aber hatte geschwiegen. Wie schwer Jacobi von der Sache getroffen war, die Goethe später beschönigend eine aus Verlegenheit erwachsene Albernheit genannt hat,[8] wissen wir aus einem langen, wütenden Brief an Johanna Fahlmer, in dem er mit dem »aufgeblasenen Gecken« aus Weimar abrechnet[9] – wovon Goethe wiederum nichts wusste. In Jacobis Nachlass hat sich ein Blatt gefunden, auf dem hingeworfene Zeilen den Unterschied der Persönlichkeit von ihm und Goethe zu fassen versuchen. Sie stammen wohl von Johanna Fahlmer, die ein Jahr nach dem Tod von Goethes Schwester seinen Schwager Johann Georg Schlosser geheiratet hatte. »Goethe wühlt in der physischen Natur, wie Fritz die menschliche Seele durchgrübelt«, heißt es in dieser nicht ganz unparteiischen, aber äußerst erhellenden Notiz, »und wie die Zartheit des Einen nur in höheren Regionen sich erheben mag, so treibt das ungestüme Feuer des Andern und der Stolz, der nicht suchen darf, ohne zu finden, ihn bis ins innere Mark der Erde und der Gebeine; durchleuchtet das Licht mit neuem Strahl, belebt den grauen Schatten, und bringt unter Gesetz und Regel was in wilder bunter Vermischung sich vor ihn stellt.«[10] Diese Aufzeichnung ist ein Stück weit Dämonisierung des Forscherdrangs aus der Perspektive einer empfindsamen Seele, die sich Jacobis innengeleiteter Lebensweise näher weiß. Aber nicht nur: Es ist auch ein Blick in die Triebkräfte der Wissbegierde, zu der Stolz und Unbedenklichkeit genauso gehören wie der unbedingte Wille zum Wissen.

Nun aber sprechen die beiden so unterschiedlichen Freunde, wie seinerzeit in Bensberg, wieder über Spinoza, auch wenn dabei tiefere Differenzen zum Vorschein kommen. Während Goethe entdeckt, dass Spinozas Denken ihm dabei helfen kann, sein mittlerweile durch die Schule der Geologie und der Anatomie gegangenes Naturverständnis zu entfalten, will Jacobi dem Spinozismus, dem er Atheismus und Fatalismus vorwirft, den Fehdehandschuh hinwerfen.

Mich hat Gott mit der Physik gesegnet 313

Zwar tragen seine beharrlichen Bemühungen um Spinoza, der den Zeitgenossen noch vor kurzer Zeit als Ketzer und als ein »toter Hund« galt, entscheidend dazu bei, das Interesse an ihm wieder erwachen zu lassen und eine regelrechte Spinoza-Renaissance unter den deutschen Intellektuellen der Zeit anzustoßen. Andererseits ist ihm Spinozas Denken alles andere als geheuer; letztlich scheint ihm die gesamte Philosophie der Neuzeit seit der Renaissance auf die Bestreitung eines persönlichen Gottes und die Gleichsetzung von Gott und Natur hinauszulaufen – ein Sachverhalt, gegen den Jacobi mehr und mehr Sturm läuft und sich dabei, aus Goethes Sicht, selbst beschädigt. Jacobi, so könnte man meinen, ist der tragische Fall eines Intellektuellen, der das, wogegen er streitet, im Kampfmodus erst groß macht – so groß, dass er sich letztlich nur noch, wie er selbst sagt, durch einen Salto mortale aus der Sache retten kann.

Jacobis entscheidender Anhaltspunkt für seine These, das gesamte moderne Denken laufe letztlich auf Spinozismus hinaus, war ein Gespräch mit Gotthold Ephraim Lessing, und Goethe spielte dabei, obwohl gar nicht persönlich anwesend, eine entscheidende Rolle. Lessing war zu dieser Zeit in Deutschland die maßgebliche intellektuelle Autorität in Sachen Aufklärung, als Schriftsteller, insbesondere Dramatiker, als Kritiker und als öffentliche Person. Man traf sich im Juli 1780 in Wolfenbüttel, nur gut ein halbes Jahr vor Lessings Tod. Als ihr Gespräch beginnt, ist Jacobi noch mit der Erledigung der Post beschäftigt und gibt Lessing zum Zeitvertreib verschiedenes aus seiner Brieftasche zu lesen. Unter den Papieren befindet sich auch ein Gedicht – Goethes wohl im Jahr 1774 geschriebene Prometheus-Ode. Goethe hatte das Manuskript ein oder zwei Jahre nach Entstehen dem Freund überlassen, vermutlich sogar ohne selbst eine Abschrift zurückzubehalten. Das Gedicht war bislang nie veröffentlicht worden, kursierte nur im Freundes- und Bekanntenkreis. Jacobi händigt es Lessing mit Worten aus, die gehörig die Erwartung hochschrauben: »Sie haben so manches Ärgernis gegeben, so mögen Sie auch wohl einmal eins nehmen.«

Lessing aber will von Ärgernis nichts wissen und gibt seinem Gast nach der Lektüre das Blatt mit den Worten zurück: »Ich habe das schon lange aus der ersten Hand.« Jacobi missversteht das erst, meint, sein Gastgeber wolle damit sagen, er kenne das Gedicht bereits. Doch Lessing korrigiert ihn; er habe das Gedicht nie gelesen, finde es aber gut. »Der Gesichtspunkt, aus welchem das Gedicht genommen ist, das ist mein eigener Gesichtspunkt ... Die orthodoxen Begriffe von der Gottheit sind nicht mehr für mich; ich kann sie nicht genießen.« Die Attitüde des rebellischen Außenseiters, das Aufbegehren gegen überkommene religiöse Vorstellungen, scheint Lessing an Goethes Prometheus-Gedicht imponiert zu haben. Und er fährt fort: »En kai pan! Ich weiß nichts anders. Dahin geht auch dies Gedicht; und ich muß bekennen, es gefällt mir sehr.« *Hen kai pan:* Ein und Alles, das ist mehr als eine gelehrte Reminiszenz, es war seinerzeit das Losungswort aller, die ein tiefes Unbehagen an der etablierten christlichen Kultur verspürten und dabei in den Sog des Pantheismus gerieten. Lessing liefert also selbst das Stichwort, das Jacobi nun erlaubt, den Namen Spinoza ins Spiel zu bringen; und es hat den Eindruck, als habe er auf die Gelegenheit nur gewartet: »Da wären Sie ja mit Spinoza ziemlich einverstanden. Lessing: »Wenn ich mich nach jemand nennen soll, so weiß ich keinen andern.« Jacobi wendet noch ein, es sei »doch ein schlechtes Heil, das wir in seinem Namen finden«, woraufhin Lessing zurückfragt, ob er etwas Besseres wisse, da tritt ein Besucher herein, und das Gespräch ist erst einmal unterbrochen.

Lessing selbst setzt die Unterredung am nächsten Morgen fort. Er glaubt, bei seinem Gast ein Erschrecken bemerkt zu haben, als er sich gestern so frank und frei zu Spinoza bekannte. Jacobi: »Sie überraschten mich, und ich mag wohl rot und bleich geworden sein, denn ich fühlte meine Verwirrung. Schrecken war es nicht. Freilich hatte ich nichts weniger vermutet, als an Ihnen einen Spinozisten oder Pantheisten zu finden. Und sie sagtens mir so platt heraus.« Daraufhin bekennt Jacobi, dass der Hauptzweck seines Besuchs darin bestanden habe, »von Ihnen Hülfe gegen den Spinoza zu erhalten«. Womöglich hat er auch deshalb Lessing gleich bei der ersten sich bietenden Gelegenheit das ketzerische Gedicht Goethes vorgelegt. Die Geste war eine Art Köder, um von ihm zu erfahren, wie er in Sachen Religion wirklich dachte. Und Lessing hat ihm den Gefallen gerne getan, spricht jetzt sogar gelassen einen Satz aus, der für Jacobi fortan zum Schlüssel für das Verständnis der Philosophie seiner Zeit wird: »Es gibt keine andre Philosophie, als die Philosophie des Spinoza.« Nicht beherzigen wird er allerdings den Rat, den Lessing mit dieser Feststellung verbindet: Wer sich einmal auf Spinoza eingelassen habe, dem sei »nicht zu helfen«. Deshalb: »Werden Sie lieber ganz sein Freund.«[11]

Wir wissen über den Hergang des Gesprächs deshalb so gut Bescheid, weil Jacobi ihn nachträglich aufgezeichnet hat. Dass der Aufklärer Lessing kurz vor seinem Tod ein Bekenntnis zu Pantheismus und zu Spinoza abgelegt hatte, war in der Tat eine Sensation, und man kann es Jacobi kaum verdenken, die Möglichkeit genutzt zu haben, auch andere davon in Kenntnis zu setzen. Die Gelegenheit dazu ist gekommen, als er aus dem Kreis des Philosophen Moses Mendelssohn, der sich gewiss zu den Freunden Lessings zählen durfte, erfährt, dieser beabsichtige einen Nachruf auf »Lessings Charakter« zu verfassen. Daraufhin unterrichtet ihn Jacobi zuerst mündlich von seinem Gespräch mit Lessing; auf Mendelssohns ausdrückliche Bitte hin verfasst er dann auch ein briefliches Gesprächsprotokoll, das auch Goethe und Herder zu lesen bekommen. Als nach diesen Vorleistungen aber aus Mendelssohns Umkreis verlautet wurde, es sei besser, wenn irgend möglich, derlei Dinge nicht in die Öffentlichkeit zu tragen, publiziert Jacobi im Oktober 1785 unter dem Titel *Ueber die Lehre des Spinoza in Briefen an den Herrn Moses Mendelssohn* den Briefwechsel zwischen ihm selbst, Mendelssohn und Elise Reimarus, die Jacobi von Mendelssohns Absicht zuerst unterrichtet hat.[12]

Darin ist auch Goethes Prometheus-Gedicht zum ersten Mal abgedruckt. Ein Verfasser wird nicht genannt, aber durch die Tatsache, dass ein anderes Gedicht Goethes, *Das Göttliche*, der Schrift als eine Art Motto vorangestellt ist, und dieses Mal unter Nennung seines Namens, liegt es durchaus nahe, auf ihn auch als Urheber des *Prometheus* zu schließen. Die gleich zweifache Präsenz Goethes in Jacobis streitbarem Buch suggeriert darüber hinaus, es habe gleichsam dessen Segen. Davon konnte aber schon deshalb keine Rede sein, weil Jacobi es versäumt hatte, Goethes Einverständnis überhaupt einzuholen. Das war sicher auch eine Revanche für das, was der Freund ihm mit der Kreuzigung seines *Woldemar* angetan hatte. Jacobi muss aber auch, und wohl völlig zu Recht, daran gezweifelt haben, Goethe hätte die Abdruckerlaubnis überhaupt erteilt. Dafür sprechen schon die umfangreichen Vorsichtsmaßnahmen, die er bei der Veröffentlichung des *Prometheus* traf. So ließ er in das Buch folgende Nachricht einschalten: »Das Gedicht Prometheus wird zwischen S. 48 und 49 eingeheftet. Es ist besonders gedruckt worden, damit jedweder, der es in seinem Exemplar lieber nicht hätte, es nicht darin zu haben braucht. Noch eine Rücksicht hat mich diesen Weg einschlagen lassen. Es ist nicht ganz unmöglich, daß an diesem oder jenem Orte meine Schrift, des Prometheus wegen, konfisziert werde. Ich hoffe, man wird nun an solchen Orten sich begnügen, das strafbare besondere Blatt allein aus dem Weg zu räumen.« Damit nicht genug, ließ Jacobi zusätzlich noch eine Ersatzseite beilegen, falls jemand die verdächtige Ode aus seinem Exemplar zu entfernen wünschte. Darauf war zu lesen: »Dieses in sehr harten Ausdrücken gegen alle Vorsehung gerichtete Gedicht kann aus guten Gründen hier nicht mitgeteilt werden.«[13] Schon Zeitgenossen haben sich über die Mehrfachabsicherung, mit der Jacobi hier zu Werke ging, lustig gemacht; sie ist symptomatisch für die Mischung von Ängstlichkeit und Frömmigkeit, die ihn auszeichnete. Aber sie zeigt auch, wie skandalös seinerzeit noch alles war, das auch nur den Verdacht erregen konnte, atheistisches Gedankengut zu verbreiten. Und genau das war ja der Hauptvorwurf, den auch Jacobi dem grassierenden Spinozismus machte: dass sich im pantheistischen Schafspelz in Wahrheit ein atheistischer Wolf verberge.

Goethe nimmt das alles erstaunlich gelassen zur Kenntnis. Zwar nennt er den ungefragten Abdruck seiner beiden Gedichte in Jacobis Schrift »einen tollen Streich«,[14] schlägt ihm gegenüber aber recht milde, eher belustigende Töne an: Er möge das mit dem Geiste ausmachen, der ihn geheißen habe, dieses zu tun. »Herder findet lustig, daß ich bey dieser Gelegenheit mit Lessing auf Einen Scheiterhaufen zu sitzen komme.«[15] Man wird den Eindruck nicht los, Goethe könnte sich auf dem Ketzerrost, Seite an Seite mit Deutschlands großem Aufklärer, durchaus wohlgefühlt haben. Recht besehen kam es ihm zupass, dass ausgelöst durch Jacobis Schrift sich nun die Fronten zu klären begannen; denn das trug auch zur Schärfung des eigenen Standpunkts bei, den er als Gegenposition zu Jacobis Spinoza-Deutung entwickelt.

»Ich übe mich an Spinoza, ich lese und lese ihn wieder, und erwarte mit Verlangen biß der Streit über seinen Leichnam losbrechen wird«, schreibt er schon am 12. Januar 1785 an Jacobi.[16] Zu der Zeit liest er gerade gemeinsam mit Charlotte von Stein die *Ethik* des Spinoza, erst auf Latein, seit dem Jahreswechsel dann in einer deutschen Ausgabe, die Herder beiden zu Weihnachten geschenkt hat. Es müssen erfüllte Stunden der Gemeinsamkeit gewesen sein. Ihre Frucht ist ein Text in der sorgfältigen Handschrift Charlotte von Steins, die sogenannte *Studie nach Spinoza*, die 1891 zum ersten Mal aus Goethe Nachlass veröffentlicht wurde.

Auch dann noch, als Jacobis »Götterlehre«, wie Goethe dessen Schrift über Spinoza und Lessing ironisch nennt, im Herbst 1785 erscheint und der Streit über den Leichnam tatsächlich losbricht, ist Goethe über die Rolle, die sein Jugendwerk bei diesen Enthüllungen gespielt hat, durchaus nicht unglücklich. Den gesamten Streit und die eigene Rolle darin gehörig mythisierend, spricht er später in *Dichtung und Wahrheit* davon, sein Gedicht habe seinerzeit als »Zündkraut einer Explosion« gedient, »welche die geheimsten Verhältnisse würdiger Männer aufdeckte und zur Sprache brachte: Verhältnisse, die, ihnen selbst unbewußt, in einer sonst höchst aufgeklärten Gesellschaft schlummerten. Der Riß war so gewaltsam gewesen, daß wir darüber, ... einen unserer würdigsten Männer ... verloren.«[17] Damit war Mendelssohn gemeint. Dieser hatte sich in der Tat über Jacobis Enthüllungsschrift schrecklich aufgeregt und sich umgehend an eine Erwiderung gesetzt, die den bezeichnenden Titel trägt: *Mo-*

ses Mendelssohn an die Freunde Lessings. Als er Anfang 1786 das Manuskript zum Verleger brachte, hat er sich nach allem, was wir wissen, eine Grippe zugezogen, die ihn noch im Januar das Leben kostete. Insofern lässt sich schon behaupten, er sei ein Opfer der zunehmend polemischeren und persönlicheren Auseinandersetzung zwischen Jacobi und ihm geworden. Auch der Tod Mendelssohns hat Jacobi dann nicht davon abgehalten, dessen Replik noch eine Duplik hinterherzuschicken, die im Mai 1786 erschien.

Jacobi war keineswegs der einzige, der dieser Tage dem Spinozismus eine glänzende, wenn auch in seinen Augen unerwünschte Zukunft prophezeite. Auch Lichtenberg war überzeugt davon, der Spinozismus stelle die künftige Geistesform dar, nur dass er dafür weniger die Philosophie als die zunehmende Erforschung der Natur verantwortlich machte. Diese werde, »noch Jahrtausende fortgesetzt, ... endlich auf Spinozismus führen«, will er provokant zu Lavater gesagt haben, wie er ersichtlich stolz Johann Daniel Ramberg, Kriegssekretär in Hannover, berichtet. In dem Maße, wie unsere Kenntnis der Körperwelt zunehme, verengten sich »die Grenzen des Geisterreichs. Gespenster, Dryden, Najaden, Jupiter mit dem Bart über den Wolken pp seien nun fort.« Selbst die Trägheit der Materie sei »bloß Hirngespinst«, nötig nur, solange wir in der Ursachenforschung noch nicht weit genug seien, die in ihr wirkenden Kräfte zu verstehen. »Daher rühre das infame *Zwei* in der Welt, *Leib und Seele, Gott und Welt.* Das sei aber nicht nötig ... Mit einem Wort, alles was sei, das sei *Eins*, und weiter nichts! *Hen kai pan* unum et omne.«[18]

Doch es mussten keineswegs Jahrtausende vergehen, bis Naturforschung und Spinozismus zueinander fanden, wie Lichtenberg noch meinte. Goethe war nur der Auftakt. Als Albert Einstein im Jahr 1929 von einem New Yorker Rabbiner gefragt wurde, ob er an Gott glaube, soll er geantwortet haben: »Ich glaube an Spinozas Gott, der sich in der gesetzlichen Harmonie des Seienden offenbart, nicht an einen Gott, der sich mit dem Schicksal und den Handlungen der Menschen abgibt.«[19] Wiederholt hat sich der Begründer der Relativitätstheorie zum Spinozismus bekannt: »Meine Überzeugungen sind denjenigen Spinozas verwandt: Bewunderung für die Schönheit und Glaube an die logische Einfachheit der Ordnung und Harmonie, welche wir demütig und nur unvollkommen fassen können.«[20] Und auch Spinozas Auffassung, nicht der Glaube, sondern die Erkenntnis sei die angemessene Form der Beziehung zu den letzten Dingen, findet sich bei Einstein: »Je weiter die geistige Entwicklung des Menschen vorschreitet, in desto höherem Grade scheint es mir zuzutreffen, dass der Weg zu wahrer Religiosität nicht über Daseinsfurcht, Todesfurcht und blinden Glauben, sondern über das Streben nach vernünftiger Erkenntnis führt.«[21] Einsteins Aussagen stehen den Überzeugungen, die Goethe in den Jahren von 1785 bis 1786 im Ausgang von seiner eigenen, wesentlich bescheideneren Naturforschung entwickelt, erstaunlich nahe.

⁂

Bereits im November 1784, zwei Monate nach Jacobis Besuch in Weimar, verkündet Goethe, unter dem Eindruck der erneuten Lektüre von Spinozas Schriften, Herder eine zweite »Entdeckung«, die sich der des Zwischenkieferknochens unmittelbar anschließt: »Wolltet ihr morgen Abend zu mir kommen, so wäre es mir sehr angenehm. Ich habe eine neuentdeckte *Harmoniam naturae* vorzutragen.«[22] Auch in dem wenige Tage später geschriebenen Brief an Knebel, in dem Goethe die Rückkehr zur Erde beschwört, ist von dieser Harmonie der Natur die Rede. Jede Kreatur, der Mensch eingeschlossen, meint Goethe, sei »nur ein Ton, eine Schattirung einer grosen Harmonie, die man auch im ganzen und grosen studiren muß sonst ist iedes Einzelne ein todter Buchstabe.«[23] Anders gesagt: Für sich gesehen ist der Zwischenkiefer auch beim Menschen lediglich ein toter Knochen, kaum der Rede wert. Erst der Umstand, dass sein Vorhandensein belegt, der Mensch stehe gänzlich innerhalb und nicht mit seiner Kinnlade außerhalb der Natur, macht aus ihm einen faszinierenden Gegenstand. »Es geschieht nichts in der Natur, das man ihr als Fehler zurechnen könnte«, hat Goethe im Vorwort Spinozas zum dritten Teil seiner *Ethik* lesen können, dem er bereits in Frankfurt besondere Beachtung geschenkt hatte; »denn die Natur ist immer die selbe und ihre Macht und ihre Wirkungskraft ist überall eine und die selbe; das heißt: die Gesetze und Regeln der Natur, denen gemäß alles geschieht und sich aus einer Form in die andere verwandelt, sind überall und immer die selben.« Statt die Ordnung der Natur zu stören, befolge der Mensch sie vielmehr.[24]

Schon bei Goethes erster Bekanntschaft mit Spinozas Philosophie hatte die Frage nach der Erfahrung der Natur seine Lektüre geleitet. Inzwischen ist er durch seine geologischen, anatomischen und die beginnenden botanischen Studien in der Erkenntnis der Natur ein gutes Stück weiter vorangekommen: Die ursprünglich poetische Erfahrung der Natur hat sich zu ihrer von Einzelfragen aufs große Ganze ausgreifenden Erforschung entwickelt. Und wieder wird Spinoza für Goethe wichtig; indem er sich mit ihm beschäftigt, nähert er sich der gesuchten »Übereinstimmung des Ganzen«.

Wie eng für Goethe der Einfluss Spinozas und seine konkrete Naturforschung miteinander verknüpft waren, belegen indirekt auch Sätze, die der Kanzler von Müller 1825 notiert, nachdem er sich mit Goethe über Jacobi unterhalten hat, der zu diesem Zeitpunkt bereits einige Jahre tot ist. »Die Spekulation, die metaphysische ... ist Jacobi's Unglück geworden«, so Goethe. »Ihm haben die Naturwissenschaften gemangelt, und mit dem bischen Moral läßt sich doch nie große Weltsicht fassen«.[25] »Große Weltsicht«, das war es in der Tat, was einem in Goethes Augen die Spinoza-Lektüre vermitteln konnte. Schon Lessing hatte Jacobi den Rat erteilt, statt gegen Spinoza und den Spinozismus zu Felde zu ziehen, »lieber ganz sein Freund« zu werden. Dass Jacobi diesen Rat nicht beherzigen konnte, war, so Goethes rückblickende Analyse, dem Umstand geschuldet, keinen Sinn für die Natur gehabt zu haben, geschweige denn an ihrer Erforschung interessiert gewesen zu sein. Tatsächlich war in Jacobis Auseinandersetzung mit dem Spinozismus für die Frage nach der Natur kein Platz. So sehr war er damit beschäftigt, das Immanenzdenken Spinozas als Prototyp moderner Philosophie und als Atheismus zu entlarven, dass er Spinozas berühmte Formel »deus sive natura« (Gott oder auch die Natur) um ihre zweite Hälfte verkürzt hat. Ein Gedanke wie der Lichtenbergs, das erneute Interesse seiner Zeit an Spinoza könne mit dem Aufkommen der Naturwissenschaften in Verbindung stehen, wäre ihm nie gekommen.

»Hier bin ich auf und unter Bergen, suche das göttliche in herbis et lapidibus«, in den Pflanzen und Steinen, schreibt Goethe am 9. Juni 1785 aus Ilmenau, in einem Brief, in dem er auf Jacobis Drängen hin endlich Stellung bezieht zu dessen Kritik am Spinozismus. Man merkt, wie schwer ihm das fällt, der nun einmal kein metaphysischer Kopf ist. So flüchtet er sich in ein Referat von Ergebnissätzen, die seine Unterredungen mit Herder zusammenfassen, mit dem er sich zumindest in der positiven Einstellung zu Spinoza einig weiß. Darüber hinaus bittet er Jacobi um Vergebung, dass er ein »göttliches Wesen« nur in und aus den einzelnen Dingen erkenne, »zu deren nähern und tiefern Betrachtung niemand mehr aufmuntern kann als Spinoza selbst, obgleich vor seinem Blicke alle einzele Dinge zu verschwinden scheinen«.[26]

Im Frühjahr 1786 kommt Goethe in einem weiteren Brief an Jacobi auf diesen Punkt noch einmal zurück. Anlass ist nun Jacobis Weiterführung des Streites mit Mendelssohn über dessen Tod hinaus. Der polemische Ton des Freundes in dessen Schrift *Friedrich Heinrich Jacobi wider Mendelssohns Beschuldigung betreffend über die Lehre des Spinoza* hat in diesem Brief ersichtlich auf Goethe abgefärbt: »An dir ist überhaupt vieles zu beneiden!«, schreibt er dem wohlhabenden Düsseldorf Kaufmann ins Stammbuch. »Haus, Hof und Pempelfort, Reichthum und Kinder, Schwestern und Freunde und ein langes pppp. Dagegen hat dich aber auch Gott mit der Metaphisick gestraft und dir einen Pfahl ins Fleisch gesetzt, mich dagegen mit der Phisick geseegnet, damit mir es im Anschauen seiner Wercke wohl werde, deren er mir nur wenige zu eigen hat geben wollen«. Die neuen Erfahrungs- und Erkenntnisdimensionen, die sich Goethe durch seine Naturforschung erwirbt, nutzt er hier zu einem Trumpf, den er auch in Zukunft immer dann ausspielt, wenn ihm Rechtgläubige, Metaphysiker und andere Idealisten einmal mehr bescheinigen wollen, er befände sich mit seinem Naturalismus auf dem falschen Weg.

Gerne, so fährt Goethe in seinem Schreiben fort, überlasse er Jacobi mitsamt seinem Gegner Mendelssohn »alles was ihr Religion heisst und heissen *müsst*. Wenn du sagst man könne an Gott nur *glauben* ... so sage ich dir, ich halte viel aufs *schauen*, und wenn Spinoza von der Scientia intuitiva [vom anschauenden Wissen] spricht, ... so geben mir diese wenigen Worte Muth, mein ganzes Leben der Betrachtung der Dinge zu widmen ...«[27]

Goethe will nicht glauben müssen, sondern erkennen können. Genauso wenig ist es für ihn aber eine Option, zugunsten von Erkenntnis auf Anschauung und Anschaulichkeit zu verzichten. Vom anschauenden Begriff hat er bereits bei seiner Beschäftigung mit Mineralogie und Geologie gesprochen, zwei Disziplinen, die bis heute auf exakter Beobachtung fußen. Goethe fürchtet sich, wie er später bekennen wird, vor der Abstraktion, traut ihr gerade im Bereich der Naturforschung keine relevante Erkenntnis zu. Genau an diesem Punkt wird Spinoza mit seinem Konzept einer »scientia intuitiva« für ihn attraktiv. Denn von ihr geht das Versprechen aus, rationale mit sinnlicher Erkenntnis zu verschmelzen: weder die Sinne noch den Verstand auszuschalten bei dem Ziel, die »Übereinstimmung des Ganzen« zu verstehen.

Dabei war Goethe der Unterschied zwischen Spinozas Systemdenken und seiner eigenen empirischen, gegenstandsverliebten Vorgehensweise durchaus bewusst. Sowohl die Dynamik, die er in der Natur wahrnahm, als auch seine Befassung mit konkreten Phänomenen unterschied ihn von Spinozas weitgehend statischem Substanzdenken. Dennoch überwogen die Gemeinsamkeiten und erstreckten sich auch auf einen zentralen Punkt: die Frage nämlich, ob die Natur oder der Mensch im Zentrum der Erkenntnisbemühungen stehen sollte. Goethe war kein Anthropologe wie Blumenbach. Ob der Mensch einen Zwischenkieferknochen hatte oder nicht, war in erster Linie nicht deshalb wichtig, weil ihm sonst zum Menschsein etwas Entscheidendes gefehlt hätte. Von

Belang war der Nachweis des Knochens beim Menschen, weil Goethe davon überzeugt war, in der Natur sei alles stimmig, und das hieß für ihn, sie arbeite nach einheitlichen Regeln. Sie war das »Ganze« – nicht Endpunkt, sondern Ausgangspunkt der Betrachtung. Und der Mensch war keine Ausnahmeerscheinung der Natur; wenn er schon eine Sonderstellung beanspruchen durfte, dann als das Wesen, das ihre »Macht und Wirkungskraft«, wie Spinoza sagte, am vollkommensten verkörperte.

Nicht um den Menschen ging es also in erster Linie, sondern um die Natur und die Möglichkeit ihrer Erkenntnis. Goethe war sich sicher, dass beides vollkommen reichte, um auch dem Menschen beizukommen. Der Mensch war nicht der Dreh- und Angelpunkt des Weltalls, und ihn zu sehr in dieser Weise zu behandeln, steigerte nur die Erwartungen ins Unermessliche, aber auch die dann nicht ausbleibende Enttäuschung angesichts solcher überspannten Erwartungen. So betrachtete er die Natur nicht aus dem Blickwinkel des Menschen, sondern umgekehrt, den Menschen aus der Blickrichtung der Natur, getragen von der Überzeugung, letztere sei die sehr viel weitere, umfassende. Wer die Natur aus der Perspektive des Menschen sieht, dessen Blickwinkel schrumpft zu einer Betrachtungsweise, die alles ausblendet, was nicht zum Nutzen und Frommen des Menschen da zu sein scheint. In vieler Hinsicht erlebte Goethe die christliche Weltanschauung als eine solche Verengung der Perspektive: In ihr scheint die gesamte Schöpfung auf die Frage hinauszulaufen, was der Mensch mit ihr anfangen kann. Betrachtet man hingegen den Menschen aus der Perspektive der Natur, so weitet sich der Blick. Vieles, wenn nicht das Meiste am Menschen ist gar nicht genuin menschlich: Im Menschen wirken dieselben Naturprozesse wie auch in anderen Lebewesen, und im Falle des Menschen besteht sogar eine fundamentale Abhängigkeit von diesen Lebewesen, wie etwa der Atmungsvorgang zeigt. Die Luft, die wir zum Leben brauchen, ist ganz elementar das Produkt der Pflanzen. Alles am Menschen ist irdisch: Die Erde ist die umfassende Entität, die alles Leben auf ihr, den Menschen eingeschlossen, einbegreift. Unsere Existenz ist tief in der Erdgeschichte verwurzelt und mit ihr verbunden. Ohne die unendlich viel Zeit in Anspruch nehmenden Prozesse der Bildung der Erde, auf deren Spuren überall trifft, wer wie Goethe mit offenen Augen Landschaften, Gesteine und Pflanzen betrachtet, ließe sich von einer Bildung oder gar einer Geschichte des Menschen überhaupt nicht reden. Erst wer den Menschen aus dem Zentrum der Betrachtung entfernt, versetzt sich in die Lage, ihn aus der Nähe, in seinen elementaren Lebensbedingungen zu verstehen.

Zwanzigstes Kapitel, in dem Goethe ins Mikroskop schaut, es mit Linné zu tun bekommt und schließlich seine Sachen packt

So ist es kein Zufall, dass sich Goethe von 1785 an bis zu seiner Abreise nach Italien im Herbst 1786 vornehmlich mit solchen Phänomenen der Natur zu beschäftigen beginnt, die anders als der Zwischenkieferknochen keinen direkten Bezug zum Menschen haben. Dazu schaut er so leidenschaftlich wie ausgiebig durchs Mikroskop, noch völlig unberührt von jenem später immer wieder betonten Misstrauen gegenüber dem Einsatz von technischen Instrumenten in der Naturforschung. Wie schon der Spinoza-Lektüre geht er auch der neuen Passion in enger Verbindung mit Charlotte von Stein nach. »Mein Mikroscop bring ich mit«, heißt es etwa in einer Depesche vom 27. Juni 1785 an Frau von Stein; »es ist die beste Zeit die Tänze der Infusionstiergen zu sehen. Sie haben mir schon groses Vergnügen gemacht.«[1]

Goethe besaß seit 1780 ein in Gotha angefertigtes Universalmikroskop, daneben noch ein sogenanntes Sonnenlichtmikroskop, das auch als Camera obscura zum Abzeichnen der Objekte diente. Dafür war es auf die Sonne als Lichtquelle angewiesen und damit eigentlich ein Schönwettergerät, während das Universalmikroskop auch mit einer Öllampe und Schusterkugel, die das Licht fokussierte, beleuchtet werden konnte.[2] Beide schienen seinen wachsenden Ansprüchen nicht mehr genügt zu haben; jedenfalls spekulierte er darauf, bei einer Lotterie im Februar 1785 ein als Prämie ausgesetztes Mikroskop zu gewinnen, und kaufte deshalb sowohl für sich als auch für Charlotte ein Los. Das Mikroskop gewann dann zu Goethes großem Bedauern Karl Friedrich Sigismund von Seckendorff. Als die Herzogin Luise davon hörte, wollte sie Goethe ein »recht extra gutes Mikroskop« schenken.[3] Über Frau von Stein und Loder wurde schließlich ein Highend-Gerät aus der seinerzeit weithin bekannten Werkstatt von Louis-François Dellebarre besorgt, dessen Mikroskope auch prominente Naturforscher wie Lavoisier, Lamarck, Cuvier oder Benjamin Franklin benutzten. Nach der Begeisterung fürs Ballonfliegen in den Vorjahren hat

Wunderbarste Übergänge eines Teils in den anderen

nun das Mikroskopierfieber die Weimarer Gesellschaft erfasst. »Goethe guckt fleißig ins Glas und auf die Pflanzen«, berichtete Herder im Mai 1785 an Knebel, von dem bekannt war, dass ihn die gleiche Leidenschaft trieb. Herder, dem Mikroskopieren wie allem Naturkundlichen nicht ganz so zugeneigt, gab den guten Rat, es damit nicht zu übertreiben, nicht dass sie am Ende noch selbst zu Infusionstierchen würden.[4] Selbst auf seinen Reisen nach Karlsbad in den beiden Sommern der Jahre 1785 und 1786 führte Goethe ein Mikroskop mit sich – und war mit seinen »mikroskopischen Belustigungen«, wie Knebel das nannte,[5] der Mittelpunkt der Gesellschaft.

Die um sich greifende Begeisterung für das Steigen der Ballone war leicht zu verstehen – da ging es um den alten Traum vom Fliegen, der sich nun absehbar realisieren sollte. Aber was motivierte plötzlich den Kreis um Goethe und ihn selbst dazu, stundenlang durch schnell verschmutzende Linsen zu starren, um zu beobachten und dann zu notieren, was in gärenden Aufgüssen, die nach einigen Tagen auch noch erheblich zu stinken begannen, zu sehen war? Wer in den 1780er Jahren durch das Mikroskop schaute, den trieb wohl noch immer – wie schon fast 200 Jahre zuvor, als die ersten Mikroskope aufkamen – die Faszination daran, das dem bloßen Blick unsichtbar Bleibende mit eigenen Augen sehen zu können. Das Sichtbarmachen dessen, was unserem Auge gewöhnlich verborgen bleibt, weil es entweder zu weit entfernt oder zu klein ist, ist seit Galilei und seinen Zeitgenossen eine der großen Triebkräfte der neuzeitlichen Wissenschaft. Doch nun ging es um mehr. Die Frage nach dem Leben selbst rückte ins Zentrum des Interesses – wodurch es sich auszeichnet, woraus es hervorgeht und wie es sich entwickelt. Wir erleben die Anfänge einer neuen Wissenschaft, deren Namen dieses Interesse bezeichnet – der Biologie. Von »Lebenskraft« war plötzlich die Rede. Ein Botaniker, Friedrich Kasimir Medicus aus Mannheim, spricht 1774 als einer der ersten davon. Sie wurde als organisierendes Prinzip des Lebendigen verstanden, auf das sich auch die angeborenen Fähigkeiten der Lebewesen zurückführen ließen. Blumenbach prägt 1780 den Begriff des »Bildungstriebs«. Er soll »allen belebten Geschöpfen vom Menschen bis zur Made und von der Ceder zum Schimmel herab« angeboren und lebenslang wirksam sein. Blumenbach denkt ihn sich als biologisches Pendant zur physikalischen Gravitationskraft, das das Leben so durchherrscht wie diese das Universum, zuständig gleichermaßen für Fortpflanzung, Ernährung und Heilung, oder in den Worten Blumenbachs: für Generation, Nutrition und Reproduction.[6]

Wer ins Mikroskop schaute, wurde von der Erwartung geleitet, ihm würde sich das Leben gleichsam in seinem Urzustand enthüllen. Überall zeigten sich

Kleinstlebewesen, »im Trinkwasser und im Zahnbelag ebenso wie in der Samenflüssigkeit, im Aufguss wie im verdorbenen Fleisch, in den kurzlebigen Pfützen, die der Regen in Wagenspuren hinterlassen hatte wie im zum Essig gewordenen Wein«, so der Biologe Thomas Schmuck.[7] Der Blick durchs Mikroskop enthüllte das dem bloßen Auge verborgene »Kleinleben der Natur«, das bereits den Leipziger Studenten fasziniert hatte. Mit Spinoza im Kopf muss es Goethe so vorgekommen sein, als offenbare sich unter dem Mikroskop dessen aus sich selbst existierende Substanz, und er sah, dass sie voller Leben war – erfüllt von einem chaotischen Gewimmel von Bakterien, Archaea, Pilzen, Mikroalgen und Protozoen. Buffon nannte sie Molekel; seiner Ansicht nach formten sich daraus, sofern die Bedingungen günstig waren, alle höher entwickelten Organismen.

Goethes Gewährsmann in Sachen Mikroskopie war der Offizier Wilhelm Friedrich Freiherr von Gleichen, genannt von Rußwurm, der mit vierzig Jahren den Militärdienst quittiert und sich auf das mütterliche Schloss zurückgezogen hatte, wo er Naturstudien und insbesondere mikroskopische Untersuchungen betrieb. Seine 1778 publizierte *Abhandlung über die Saamen- und Infusionsthierchen, und über die Erzeugung; nebst mikroskopischen Beobachtungen des Saamens der Thiere, und verschiedener Infusionen* enthielt genaue Angaben darüber, wie man Aufgüsse herstellt, in welchen Anteilen Wasser und Gesäme zu mischen sind und wie lange man sie stehen lassen muss, bis sich die ersten Mikroorganismen zeigen. Von Gleichen war in erster Linie ein Empiriker. »Sehen, so scharf als es uns immer unsre Gesichtskräfte gestatten, ... müssen wir immer unsern Schlüssen vorausgehen lassen«, schreibt er[8] und dürfte darin Goethes spontane Zustimmung gefunden haben. So exakt wie möglich versuchte er, die Kleinstlebewesen, die sich in seinen Infusionen entwickelten, zu beschreiben, und versah sie mit phantasievollen Namen wie Punkttierchen, Kugeltierchen, Kettenkugeltierchen, Pfeffertierchen, Kartoffeltierchen oder Pandeloquentierchen, letztere, weil sie an die in Tropfenform geschliffenen Schmucksteine von Ohrringen erinnerten.

Goethe hat viele seiner Versuche nachgestellt, das im Mikroskop Beobachtete protokolliert, teilweise selbst gezeichnet, teilweise Waitz damit beauftragt. »Wenn dir mit Infusionstierchen gedient wäre, könnte ich dir einige Millionen verabfolgen lassen«, schreibt er im April 1786 launig an Jacobi.[9] Auf den Bildern, die sich noch heute in einem Lehrbuch gut ausnehmen würden, sind verschiedene Mikroorganismen zu sehen, darunter Ciliaten wie Pantoffel- und Trompetentierchen, aber auch Bakterien. Das Besondere an den Schaubildern ist, dass sie Bewegungen und Formveränderungen wiedergeben. Das gelang nicht immer: Vielen Tierchen könne er »vor Geschwindigkeit keine Gestalt abgewinnen«, notiert Goethe etwa. Die Bewegung von Wimperntierchen beschrieb und zeichnete er hingegen sehr anschaulich: »Sie arbeiteten stark mit denen vordersten Häkchen die unter der obersten Haut sichtbar sind. Wenn sie es eine Zeitlang getrieben hatten, fuhren sie mit einem starken Zucken rückwärts, übrigens war ihre Bewegung vorwärts schnell und schwankend.« Doch nicht nur der lebendigen Beweglichkeit der Kleinstlebewesen galt sein Augenmerk, auch ihrem Gestaltenwandel. »Die Schimmelstäubchen scheinen durchsichtig zu werden und sich in Infusionstierchen zu verwandeln«, hält er fest.[10] Algen, die er nach einem Regen auf einem Sandplatz findet, trocknet er in einem zugedeckten Porzellangefäß. Als er sie wieder befeuchtet, glaubt er »in den ersten Tagen in einer grünen Masse solche Gestalten zu sehen, welche der Herr v. Gleichen Kettenkugeltierchen nennt«.[11] Statt starren Trennungen scheinen im protozoologischen Elementarzustand fließende Übergänge zu existieren, ein Gestaltenwandel zwischen pflanzlichem und tierischem Leben.

Dementsprechend erwartete man sich von der mikroskopischen Beobachtung der Vorgänge in Aufgüssen Aufschluss darüber, wie es zur Entstehung von Leben kommt. Vergleichbar den beiden Positionen der Neptunisten und Plutonisten bei der Erdentwicklung gab es auch hierzu zwei Schulen: die Anhänger der Präformationslehre und die Epigenetiker. Nach der 1759 vom Embryologen Kaspar Friedrich Wolff aufgestellten Theorie der Epigenesis entwickelte sich ein Organismus aus noch ungeformtem Material in einer Kette von Umbildungen. Die Anhänger der Präformationslehre dagegen hielten Wachstum lediglich für die allmähliche Entfaltung von etwas bereits Vorhandenem. Diese schon ältere Theorie, die von so prominenten Naturforschern wie Bonnet, Linné, Spallanzani oder Cuvier vertreten wurde, kursierte seinerzeit auch unter dem Namen »Einschachtelungslehre«, da sie in ihrer extremen Ausprägung davon ausging, jede Pflanze und jedes Tier trügen seit ihrer Erschaffung bereits die Keime aller künftigen Individuen in sich – strittig war allerdings, ob das ausgewachsene Tier im Ei oder im Sperma vorgebildet war. Ein anderer, von heute aus gesehen irreführender Name für sie lautete »Evolution« (von lateinisch »evolvere«, auswickeln); anders als die später aufgekommene und bis heute gültige Evolutionstheorie Darwins setzte sie gerade nicht voraus, die Folge der Generationen führe zur Entstehung von Veränderungen, vielmehr sei seit Anbeginn der Zeit alles schon vorhanden gewesen und werde nurmehr »ausgewickelt«. Goethe konnte mit der Präformationstheorie wenig anfangen, bezeichnete die Vorstellung einer ins Unendliche gehenden Einschachtelung als geradezu »widerlich« für einen »Höhergebildeten«.[12] Wie sein Gewährsmann von Gleichen-Rußwurm neigte er der Theorie der Epigenese zu, ging aber mit Buffon davor aus, dass es ursprüngliche Formen geben müsse, die sich schon in den Molekeln zeigten. Schließlich entsteht aus einem Apfelbaum ja keine Palme und noch weniger eine Kuh, sondern wiederum ein Apfelbaum. Zwar unterscheidet er sich in einem gewissen Ausmaß von allen anderen Apfelbäumen, ist aber doch ganz unverkennbar ein Apfelbaum. Goethes Zeitgenossen verfügten weder über eine plausible Theorie der Vererbung noch über eine klare Vorstellung davon, wie sich die Entwicklung eines Embryos vollzieht. Evolution (im Sinne der Einschachtelungslehre) und Epigenese seien nur Worte, »mit denen wir uns hinhalten«, meint Goethe denn auch.[13] Sein eigenes Konzept einer Metamorphose der Lebewesen war der Versuch, die nur scheinbar einander widersprechenden Annahmen vorherbestimmter Anlagen und von Neubildungen zusammenzuführen – eine Synthese, der die Zukunft gehören sollte.

Doch noch ist es nicht soweit, wenn auch die Pflanzen Goethe im letzten Jahr vor dem Aufbruch nach Italien zusehends zu beschäftigen beginnen. Es mag einen fast verwundern, dass Goethe so spät auf das in der Mitte zwischen den Steinen und den Tieren stehende zweite Reich der Natur als Forschungsfeld stößt. Als Besitzer eines großen Gartens hat er sich grundlegende botanische Kenntnisse angeeignet, welche die in Mineralogie und Anatomie zumindest anfänglich sogar übertrafen. Begeistert hat er 1782 dem Herzog von seiner Lektüre von Rousseaus Briefen über die Botanik berichtet. Es sei »recht ein Muster wie man unterrichten soll«.[14] Nach seiner Verbannung aus Frankreich hatte Rousseau Zuflucht bei den Pflanzen gesucht, hatte botanisiert, ein botanisches Wörterbuch in Angriff genommen und jene Briefe geschrieben. Sie waren explizit an das weibliche Geschlecht gerichtet, also an jene, die seinerzeit von der Wissenschaft ausgeschlossen waren. Noch im 1828 unternommenen Rückblick auf die Geschichte seiner botanischen Studien versäumt es Goethe nicht, einen Brief Rousseaus an Madame de la Tourette zu zitieren, in dem dieser von den Schwierigkeiten spricht, die ihm das Studium der Pflanzen bereitet habe. Es müsse doch möglich sein, meint Rousseau, »eine mehr schritthaltende, weniger den Sinnen entrückte Methode« zu entwickeln, als die Botaniker vom Fach es gemacht hätten.[15]

Goethe erging es ähnlich, zumindest anfangs: Zwischen ihm und der Welt der Pflanzen stand die mächtige breitschultrige Gestalt des übergroßen Linné, »dieses ausgezeichneten, die ganze Welt mit seinem Namen erfüllenden Mannes«,[16] der die direkte Sicht auf die Naturphänomene versperrte und in Sachen Botanik keine rechte Leidenschaft aufkommen ließ. Linné hatte aus der Natur ein System gemacht, eingeteilt in drei seit Ewigkeiten bestehende, unveränderliche Reiche (Tiere, Pflanzen und Steine) und jeweils hierarchisch geordnet nach den fünf aufeinander aufbauenden Rangstufen von Klasse, Ordnung, Gattung, Art und Varietät. Sein großes, erstmals 1735 erschienenes Werk *Systema Naturae* hatte er in den folgenden Jahrzehnten fortwährend bearbeitet und ausgebaut, und es war dabei von zehn Folioseiten auf zuletzt 2340 Seiten angewachsen. Linné hatte die Natur aber nicht nur klassifiziert und schubladisiert, er hatte ihre vielfältigen, für den unkundigen Blick oft verwirrenden Erscheinungsformen, die teilweise einander so ähnlich waren, dass sie sich mit bloßem Auge gar nicht unterscheiden ließen, identifiziert und benannt. Dazu hatte er, angefangen bei den Pflanzen, aber ausgeweitet auch auf die beiden anderen Naturreiche, eine neue Methode entwickelt, die sogenannte binäre Nomenklatur. Danach wird jede Art mit zwei lateinischen Termini eindeutig gekennzeichnet, mit dem Gattungsnamen und einem spezifischen Beiwort, dem Trivialnamen. Damit besaßen die Botaniker erstmals ein terminologisches Instrument, um sich klar verständigen zu können. Die von Linné eingeführte Nomenklatur wurde innerhalb kurzer Zeit Allgemeingut der Botaniker und immer weiter zu einem verbindlichen Regelwerk ausgebaut, das heute unter der Bezeichnung »International Nomenclature for algae, fungi and plants« bekannt ist.

Und Linné war sich seiner Bedeutung durchaus bewusst. Die schon von den Zeitgenossen mit ihm in Verbindung gebrachte Sentenz: »Gott hat es geschaffen, und Linnaeus hat es geordnet«, soll gar auf ihn selbst zurückgehen. Wie ungeheuer sein Selbstbewusstsein war, geht etwa aus Sätzen hervor, die der alternde Linné in biblischem Duktus von sich selbst gesagt hat: »Gott hat ihn lassen hineinlauschen in seine geheime Rathskammer; Gott hat ihm vergönnt, mehr seiner geschaffenen Werke zu sehn, als irgend einem Sterblichen vor ihm; Gott hat ihm die große Einsicht in der Naturkunde verliehen, größer als irgend einer gewonnen; der Herr ist mit ihm gewesen, wo er hingegangen ist und hat alle Feinde vor ihm ausgerottet, und hat ihm einen großen Namen gemacht, wie der Name der Großen auf Erden.«[17] Wahr daran war immerhin, dass Sätze wie diese auch die Grundüberzeugung wiedergaben, auf der Linnés gesamtes Werk wie auch die Naturkunde seiner Zeit beruhte: Alle Arten sind seit Anbeginn der Zeiten existent, von Gott geschaffen und konstant. Worauf es einzig ankommt, ist, jedem Ding dem ihn eigentümlichen Namen zu geben, damit die Kenntnis von ihm nicht verloren geht. Das klang dann beinahe schon wieder demütig.

Ernst Gottfried Baldinger, von 1768 bis 1773 Professor an der Universität Jena, später in Göttingen und Marburg, hat uns überliefert, wie man sich den Unterricht in Botanik zu dieser Zeit vorstellen muss. Baldinger war eigentlich Mediziner, versah aber die Pflanzenkunde, wie damals durchaus üblich, gleichsam nebenbei mit. Den Botanischen Garten in Jena hatte er bei seinem Amtsantritt in einem armseligen Zustand angetroffen und versuchte nun, ihn durch »ausländische« Bäume, Sträucher und Kräuter wieder vorzeigbar und brauchbar für botanische Studien zu machen. Dort hielt er jeden Dienstag und Sonntag unentgeltlich seine botanischen Seminare, die stets nach dem gleichen Schema abliefen: Jedem Studenten wurde ein Pflanzenexemplar zugeteilt, das ein Mitglied der Familie Dietrich, eine Bauernfamilie der Gegend, die den Lebensunterhalt mit dem Sammeln und Verkaufen wildwachsender einheimischer Pflanzen bestritt, mitgebracht hatte. Jeder Teilnehmer von Baldingers Vorlesung untersuchte daraufhin mit Messer und Lupe die Blüte der ihm vorliegenden Pflanze. Daraufhin wurde die Terminologie aus Linnés *Philosophia botanica*, dem damals gebräuchlichen Lehrbuch, feierlich verlesen, ohne allerdings schon auf Genus und Species einzugehen, dem heiklen Teil von Linnés System. In dieses Geheimnis wurden die Studenten erst später eingeweiht. »Kannten meine Zuhörer erst die Fruktifikationsstelle der Pflanze und hatten den Begriff vom Genus erlernt, aldann erst ging ich zu dem Begriff über, was Species und Varietas«, so Baldinger in einer Schrift, in der er sich mit dem Studium der Botanik befasst. »Hier ließ ich abermals einen meiner Zuhörer und Zuschauer aus Linné den Text vorlesen, und zeigte allen jeden Teil vor.« Mit dieser wunderbaren Lehrmethode könne jeder Achtjährige die botanische Kunstsprache spielend lernen. Es sei für ihn »zum Tollachen«, dass ihm ein »Studiosus Medicinae Goettingensis« sagte: »Er habe eine ordentliche Idiosynkrasie wider die Botanik bekommen.«[18]

Den Enkel der botanophilen Familie Dietrich, der eine Gärtnerlehre in Weimar absolvierte, nahm Goethe Anfang der 1780er Jahre unter seine Fittiche, ermöglichte ihm den Besuch des Weimarer Gymnasiums und ließ sich von ihm, nachdem er es zum Hofgärtner gebracht hatte, mit Pflanzen für seine eigenen botanischen Studien versorgen. Als Goethe im Sommer 1785 das erste Mal zur

Sommerfrische ins mondäne Karlsbad reist, nimmt er den jungen Dietrich als botanischen Amanuensis mit. Er muss schon im Morgengrauen im Umland Pflanzen sammeln und in großen Bündeln an den Brunnen bringen, an dem sich die Kurgesellschaft am Vormittag trifft. Die Namen der Pflanzen werden laut ausgerufen und diese dann nach dem linnéschen System bestimmt, in einem Zeremoniell, das stark an Professor Baldingers botanischen Drill in Jena erinnert.

Schon Buffon hatte im Einleitungskapitel seiner Allgemeinen Naturgeschichte, von Goethe gewiss wahrgenommen, grundsätzliche Vorbehalte gegenüber Linné geäußert. Dort warnt er vor »zwei gleichermaßen gefährlichen Klippen« für die Naturforschung: Die erste sei, gar keine Methode zu haben; die zweite, alles auf ein einzelnes System zu beziehen. An der ersten Klippe würden insbesondere jene scheitern, die man in Deutschland seinerzeit Dilettanten nannte: Hobbyforscher, die sich mit der Natur zum Zeitvertreib beschäftigen und vor allem seltenen Schaustücken für ihre Naturaliensammlung nachjagen. Von der zweiten sieht er Forscher wie Linné bedroht, die mit dem Vorsatz an die Natur herangehen, ihren unermesslich vielfältigen Erscheinungsformen ein einheitliches Klassifikationssystem überzustülpen. Buffon ist der Überzeugung, dass dies nur mit Willkür funktionieren kann und indem man unmerkliche Abweichungen geflissentlich ignoriert. Er kritisiert sowohl die Künstlichkeit von Linnés System als auch die damit verbundene Unanschaulichkeit. Die Merkmale, auf die es ihm ankomme, seien von »beinahe unendlich kleinen Teilen« hergenommen. Man müsse also beständig ein Mikroskop zur Hand haben, um einen Baum oder eine Pflanze intensiv zu betrachten. Ins Auge fallende Merkmale wie Größe, Gestalt oder Blätter würden hingegen erst gar nicht in Betracht gezogen.

Vor allem aber wirft er Linné und den anderen Systematikern vor, einen grundsätzlichen Fehler zu begehen, den er einen »metaphysischen Irrtum« nennt. Er bestehe darin, »daß man den Gang der Natur, welcher sich über Nuancen vollzieht, verkennt, und über ein Ganzes immer nach Maßgabe eines einzigen seiner Teile urteilen will«. Für Buffon handelte es sich um einen offensichtlichen Irrtum, dem man erstaunlicherweise überall begegne; denn fast alle Nomenklaturen beschränkten sich auf einen Teil, etwa die Zähne oder die Blüten, um die Tiere beziehungsweise Pflanzen einzuteilen, anstatt sich aller Teile zu bedienen und die Unterschiede und die Ähnlichkeiten im ganzen Individuum zu berücksichtigen.[19]

Besonders sichtbar wurde dieser Webfehler der linnéschen Systematik an seiner Lösung, die Systematik der Pflanzen auf deren »Sexualorganen« aufzubauen. Anders als die neue Nomenklatur stieß das bei den Zeitgenossen keineswegs nur auf Zustimmung. Die Vorbehalte hatten auch mit der Anstößigkeit des Unterfangens zu tun, die Linné mit seinen freizügigen, detailverliebten Beschreibungen noch verstärkte. So sprach er vom »Liebeslager der Pflanzen«, wobei er zwischen öffentlichen und geheimen Liebeslagern unterschied: Bei ersteren werde der Sexualakt vor den Augen der ganzen Welt gefeiert, bei den »Clandestinae« (Kryptogamen) hingegen im Verborgenen vollzogen, sprich, die Blüten waren ohne Lupe kaum zu erkennen. Die öffentlichen Liebeslager wiederum unterteilte er in die zwanzig Klassen der »Monoclina«, bei denen Männer und Frauen sich im gleichen Bett vergnügten, die Blüten also zwittrig sind, und Staubblätter und Stempel sich in ein und derselben Blüte finden, und die drei Klassen der »Diclina« mit getrennten Betten. Nur in der ersten Klasse der Moandria gehe es hinter den »Vorhängen des ehelichen Bettes«, wie Linné die Blütenblätter nennt, monogam zu. In den übrigen neunzehn Zwittergeschlechtern hingegen herrsche Promiskuität. Die »Dyandria« beschreibt er als zwei Männer, die sich das Liebeslager mit einer Frau teilen. Der Gipfel der Anstößigkeit war in der Klasse der »Polyandria« erreicht in der gleich zwanzig Männer und mehr mit einer Frau Intimitäten austauschen. Der Petersburger Botaniker Johann Georg Siegesbeck war keineswegs der einzige, der sich über »solch verabscheuungswürdige Unzucht im Reich der Pflanzen« empörte, »wenn acht, neun, zehn, zwölf oder gar zwanzig und mehr Männer in demselben Bett mit einer Frau gefunden werden«, und stufte Linnés *Systema Naturae* als jugendgefährdende Schrift ein.[20] Sogar Goethe stimmte später in den Chor der Entrüsteten ein. »Wenn ... unschuldige Seelen, um durch eigenes Studium weiter zu kommen, botanische Lehrbücher in die Hand nehmen, können sie nicht verbergen, daß ihr sittliches Gefühl beleidigt sei«, heißt es in dem Aufsatz »Verstäubung, Verdunstung, Vertropfung« aus den *Heften zur Morphologie*.[21] Goethes Kunstfreund Heinrich Meyer hingegen, den er 1786 in Rom kennenlernt und später nach Weimar holt, hat Linnés System zum Anlass genommen, die *Sexual-Verhältnisse innerhalb der Blumenkelche* überraschend freizügig und explizit zeichnerisch darzustellen – und damit wahrscheinlich genau getroffen, was andererseits ein gutes Stück weit auch das Faszinosum von Linnés Botanik ausmachen konnte.

Abbildung 9: Johann Heinrich Meyer, Sexualverhältnisse innerhalb der Blumenkelche, um 1791

Mehr noch als die Orientierung am Sexualleben der Pflanzen aber war die extreme Künstlichkeit der Stein des Anstoßes an Linnés Systematik. Ihr entscheidendes Kriterium war nämlich nicht die morphologische Ähnlichkeit der Pflanzen, wie das bei einer natürlichen Ordnung der Fall gewesen wäre, sondern allein das Zahlenverhältnis von Staubblättern und Griffeln in den Blüten. »Die ganze Botanik, deren Studium wir so emsig verfolgten, sei nichts weiter als ... ein ganzes auf Zahlen ... gegründetes System« gewesen, wird Goethe später meinen und keinen Hehl daraus machen, dass er, wie schon Rousseau, dem künstlichen System von Linné ein natürliches bei weitem vorzog. »Trennen und zählen lag nicht in meiner Natur«, lautete sein abschließender lakonischer Kommentar dazu.[22]

Goethe hat sich bereits in seinen ersten Weimarer Jahren wichtige Werke Linnés angeschafft, darunter *Genera plantarum*, dessen ersten systematischen Versuch, die Pflanzen gemäß »Anzahl, Gestalt, Lage und Proportion aller Fruchtbildungsorgane« zu klassifizieren und zu benennen. Anfangs hat er sich für Linné vor allem aus praktischen Gründen interessiert, da er mit dem Bezug des Gartenhauses jenseits der Ilm auch zum Gärtner geworden war, der nach einer brauchbaren Pflanzenkunde suchte. Eine gründliche Beschäftigung mit Linnés Werk setzt hingegen erst 1785 ein. »Ich habe Linnés Botanische Philosophie bey mir und hoffe sie in dieser Einsamkeit endlich einmal in der Folge zu lesen, ich habe immer nur so dran gekostet«, schreibt Goethe am 8. November 1785 an Charlotte von Stein aus Ilmenau. Das holt er nun nach, während der Winter eintritt und den Thüringer Wald in sein weißes Kleid hüllt.

Kurz darauf kommt Goethe mit dem jungen Johann Georg Karl Batsch ins Gespräch, der in Jena medizinische und physikalische Vorlesungen gehört, sich danach autodidaktisch fortgebildet hat und dem der Botanische Garten in Weimar anvertraut war. Goethe ebnet dem Mitte Zwanzigjährigen den Weg an die Jenaer Universität und macht ihn zu seinem botanischen Gewährsmann. In den ersten Monaten der Bekanntschaft mit Goethe arbeitete Batsch an seiner Dissertation, in der er die Pflanzenwelt von Jena nacheinander in zwei Systemen darstellt: zuerst in dem künstlichen von Linné und daraufhin in einem natürlichen System, das die Pflanzen nicht nach einem a priori festgelegten Merkmal, sondern nach ihrer Gesamtähnlichkeit ordnet, also auf der Basis aller beobachteten Merkmale, auch solchen, die mit ihrer Gestalt und ihrer Materialität zu tun haben. Ein natürliches Ordnungssystem hat zwar den Nachteil, dass die Bestimmung einer Pflanze ungleich aufwendiger und langsamer ist als in einem aprioristischen System, andererseits aber den Vorteil, dass auf diese Weise auch Pflanzen, die ihrer äußeren Gestalt einander ähneln, derselben Klasse oder Untergruppe zugeordnet werden. So kommt zusammen, was sichtbar zusammengehört. 1789, im Jahr der Revolution, hat in Paris Antoine-Laurent de Jussieu ein vergleichbares natürliches System publiziert. Der ungleich größere Erfolg, der ihm beschieden war, hatte wohl auch mit der viel reichhaltigeren Pflanzenbasis zu tun, auf die ein »Unterdemonstrateur für das Äußerliche der Pflanzen in den Königlichen Gärten« – so seine offizielle Berufsbezeichnung – Zugriff hatte: Sein achtmal so umfangreiches System war eine globale Zusammenschau, während Batsch in jeder Hinsicht eine lokale Größe blieb. Aber zusammen mit dem Publikationsort spielte auch das Publikationsjahr eine Rolle: So wie die Nationalversammlung die Vorrechte von Adel und Klerus aufhob und Rechtsgleichheit durchsetzte, so bestritt Jussieu die aprioristische Geltung eines Merkmals und ersetzte sie durch eine Vielzahl korrelierender Merkmale auf der Basis von Beobachtung und Beschreibung, die jedem zugänglich waren und kein privilegiertes Wissen voraussetzten.[23]

Im Zuge seiner kritischen Auseinandersetzung mit Linnés Systematik beginnt Goethe sich mit Kotyledonen zu befassen, den Keimblättern der Pflanze, und verschiedene Formen von ihnen zu unterscheiden. Aufzeichnungen, die er wohl Fritz von Stein diktiert hat, zeugen von seinen genauen und detaillierten Beobachtungen. Von Batsch hatte er sich den Aufbau der Keimpflanze erläutern und eine Übersicht über die »Ernährungswerkzeuge für den aufsteigenden und erwachsenden Pflanzenteil« geben lassen. Beim Leser entschuldigt Goethe sich für seine »ungewöhnliche« und in vielen Teilen unbeholfene Terminologie; man möge sich daran nicht stoßen, sondern das Ganze erst »unbefangen« durchsehen. Man spürt, wie ihm die Beobachtung zusetzt, dass »bei verschiedenen Pflanzen, Haupt- und wesentliche Teile fehlen oder vielmehr zu fehlen scheinen, sich unserm Auge entziehn oder in so abweichenden gegenwärtig sind daß wir sie schwer zu erkennen im Stande sind oder wenn wir sie auch erkennen sie kaum dafür anzugeben wagen«. Doch statt zu kapitulieren, entwickelt er den Gedanken von den »wunderbarsten Übergängen eines Teils in den anderen ... in dem ganzen Pflanzenreiche«.[24] Während ein Vorgehen wie das von Linné nahelegte, die Pflanze als Summe der Teile zu betrachten, aus denen sie sich zusammensetzt, beginnt er sie als individuelle Ganzheit zu sehen, die von ihrem Ausgangsstadium, dem Keimling, bis zum Verblühen und der Verbreitung des Samens eine bestimmte Entwicklung vollzieht, in der sich die anfangs vorhandenen Grundorgane Wurzel und Spross verzweigen, Anhänge bilden und daraufhin bis zur Blüten- und Fruchtbildung zahlreiche Umwandlungen durchmachen. Dabei fällt ihm auf, dass die von den Systematikern identifizierten und sorgfältig beschriebenen Pflanzenorgane wie Wurzel, Stängel, Blätter und Blütenteile keineswegs so unveränderlich sind, wie ihre Bestimmung nahelegt. Vielmehr erscheinen sie ihm je nach Standort und Ernährungsbedingungen variabel zu sein. Und nicht nur das, sie gehen sogar ineinander über, sind erst einfach, dann teilen sie sich und verschwinden zuletzt ganz.

»Wie lesbar mir das Buch der Natur wird kann ich dir nicht ausdrücken, mein langes Buchstabiren hat mir geholfen, ietzt ruckts auf einmal, und meine stille Freude ist unaussprechlich«, schreibt Goethe Mitte Juni 1786 an Charlotte von Stein. »So viel neues ich finde, find ich doch nichts unerwartetes es passt alles und schliest sich an, weil ich kein System habe und nichts will als die Wahrheit um ihrer selbst willen.«[25] Das nun ist ausdrücklich erst mit und schließlich gegen Linné gesprochen. Von ihm hat Goethe das botanische ABC gelernt, das Buchstabieren im Pflanzenreich. Doch seinem System versucht er zu entkommen. Von der Entdeckung des Zwischenkieferknochens beflügelt, hat er mehr und mehr den Eindruck, auch im Pflanzenreich, Linnés eigentlicher Domäne, in der er herrschte wie ein absolutistischer Fürst, den eigenen Weg verfolgen zu können. Er besteht darin, der Wahrheit durch genaues Einsehen und der Berücksichtigung übersehener Nuancen näherzukommen.

»Das Pflanzenreich raßt einmal wieder in meinem Gemüthe, ich kann es nicht einen Augenblick loswerden, mache aber auch schöne Fortschritte«, heißt es dann keine vier Wochen später, immer noch aus Weimar. Während die Freundin schon nach Karlsbad vorausgefahren ist, fühlt Goethe sich verpflichtet, vor dem herbeigesehnten Aufbruch in die Sommerfrische noch die bereits seit drei Wochen überfällige Niederkunft der Herzogin abzuwarten. Mit der Lektüre alter Briefe, Fragmente und Entwürfe, mit Algebra und Rousseau, mit mikroskopischen und botanischen Studien vertreibt er sich die Zeit und wird dabei »von tausend Vorstellungen getrieben, beglückt und gepeinigt«, wie er an Charlotte von Stein schreibt. »Es zwingt sich mir alles auf, ich sinne nicht mehr drüber, es kommt mir alles entgegen und das ungeheure Reich simplificirt sich mir in der Seele, daß ich bald die schwerste Aufgabe gleich weglesen kann.«

»Weglesen« – das ist wieder so ein Tempowort, ein bis zur Flüchtigkeit flüssiges Lesen, weil man verstanden hat. Hier spricht einer, der sich kurz vor einer Entdeckung wähnt. Goethe greift immer dann auf die Metapher vom Buch der Natur zurück, wenn er den eigenen Weg, die Natur zu betrachten, von der Aussicht auf Erfolg gekrönt sieht. Könne er nur jemanden »den Blick und die Freude mittheilen«, die er dabei empfinde, fährt er fort. »Und es ist kein Traum keine Phantasie; es ist ein Gewahrwerden der wesentlichen Form, mit der die Natur gleichsam nur immer spielt und spielend das manigfaltige Leben hervorbringt.«[26] Das Bild der spielenden Natur war bereits mehrfach im Fragment von 1783 aufgetaucht. Nun spielt die Natur nicht mehr exklusiv für und mit dem Menschen, sondern wird von Goethe als Spiel mit selbst erzeugten

Formen begriffen. Von einem »dessin primitif et général«, einem primitiven und allgemeinen Bauplan oder, wie Goethe übersetzt, »einer ursprünglichen und allgemeinen Vorzeichnung«, hat Buffon in seiner *Allgemeinen Naturgeschichte* gesprochen. Noch 1832, in einer seiner letzten Schriften, wird Goethe auf diese Stelle hinweisen: Der französische Gelehrte habe mit dieser 1752 veröffentlichten Wendung »die Grundmaxime der vergleichenden Naturlehre ein für allemal festgesetzt«, konstatiert er rückblickend.[27] Buffon hat ihn und auch Herder gelehrt, Leben nicht auf Materie und deren Gesetzmäßigkeiten und Verhältnisse zurückzuführen (wie das etwa die französischen Materialisten um den Baron d'Holbach versuchten, die Goethe noch in *Dichtung und Wahrheit* heftig kritisiert[28]), sondern als ein Spiel zunehmend komplexer werdender Formen zu begreifen, die sich an Umweltbedingungen anpassen und dadurch eine reichhaltige Palette von Lösungen hervorbringen. In jeder Art gebe es »ein allgemeines Urbild«, kann man etwa in der 1752 erschienenen deutschen Ausgabe von Buffons *Allgemeiner Naturgeschichte* lesen. Danach sei jedes Individuum gebildet, jedoch so, dass es, abhängig von Umweltbedingungen, vor allem Klima und Ernährung, davon abweiche, in Richtung größerer oder geringerer Vollkommenheit – was dazu führe, dass es »eine seltsame Mannigfaltigkeit und zugleich etwas Unveränderliches gibt, welches, in der ganzen Art betrachtet, bewunderungswürdig erscheint.«[29] Von einer »Hauptform« spricht Herder in seinen *Ideen*, und auch hier fehlt die Referenz an Buffon nicht. Goethe hat mit ihm in den vergangenen Monaten diese Fragen wiederholt diskutiert.

Er sei nun fast so »überreif wie die fürstliche Frucht« und harre ebenso sehr auch seiner Erlösung, hatte Goethe in Anspielung an die sich verzögernde Niederkunft der Herzogin den letzten Brief an Charlotte von Stein aus Weimar begonnen. Keine Frage, Goethe wusste da schon längst, dass er von Karlsbad aus erst einmal nicht mehr nach Weimar zurückkehren würde. Er war in der Tat überreif, aber nicht für eine gesundheitsförderliche Maßnahme, eine in den bekannten Bahnen verlaufende Sommerfrische im Kreis der Weimarer Gesellschaft, sondern für den Aufbruch nach Italien, den er lediglich auf unbestimmte Zeit verschoben hatte – vor elf Jahren, als die Kutsche dann doch eingetroffen war, die ihn nach Weimar bringen sollte. Italien war letztlich der einzige Vorbehalt, unter dem Goethes Entscheidung für Weimar von Beginn an gestanden hatte – trotz aller Widrigkeiten, über die er in den vergangenen Jahren zusehends Klage geführt hatte: die in seinen Augen zu starke Inanspruchnahme durch zuviele Ämter und Verpflichtungen, der dadurch bedingte, frustrierende Stand seiner literarischen Produktionen – manches angefangen und kaum etwas zu Ende geführt – und last but not least das seltsame, in vieler Hinsicht neurotische Verhältnis zu Charlotte von Stein, das ja stets mehr als nur Freundschaft gewesen war, ohne doch je zu einer erfüllten Liebesbeziehung geführt zu haben. Goethe war sich zudem dessen bewusst, dass es sein siebenunddreißigster Geburtstag war, der in Karlsbad gefeiert werden würde, sollte er es bis zum 29. August nicht geschafft haben, sich von dort Richtung Brenner aufzumachen. Wollte er noch vor Vollendung seines vierten Lebensjahrzehnts die seit Jugendtagen gehegte Sehnsucht nach einer Italienreise endlich erfüllt sehen, dann war es jetzt allerhöchste Zeit, sich aufzumachen, gewissermaßen die letzte Gelegenheit, bevor er dieses Lebensziel aufgeben musste.

Seit Beginn der botanischen Studien aber lockte Italien noch mehr als schon zuvor: Für Goethe war die südliche, artenreiche, üppige Vegetation auch mit dem Versprechen verbunden, Pflanzen zu entdecken und Zusammenhängen auf die Spur zu kommen, wie es in den nördlichen Breiten, über die auch Linné nie hinausgekommen war, schon aufgrund der klimatischen Bedingungen nicht möglich war. Durch die Erweiterung der Anschauung erhoffte er sich einen Erkenntnisschub, und so ist es alles andere als ein Zufall, dass schon in den ersten Wochen der Reise, bei der Betrachtung einer kleinen Fächerpalme im Botanischen Garten von Padua, Goethe der Gedanke der Urpflanze kommt, die jene wesentliche Form, das primitive und allgemeine Muster, verkörpern soll, mit dem die Natur spielend das mannigfaltige Pflanzenleben hervorbringt. Nicht dass er schon mit dem Wissen aufgebrochen wäre, wonach er genau Ausschau zu halten habe. Aber er war sich sicher, in Italien fündig zu werden und auf die gesuchte Erkenntnis zu stoßen.

Am 2. September 1786 schickt Goethe das Mikroskop aus Karlsbad zurück nach Weimar. Bereits in der Nacht darauf bricht er auf. Goethe reist mit leichtem Gepäck, für ein Mikroskop hätte sich in Mantelsack und Dachsranzen kein Platz gefunden. Auch Kleidung nimmt er kaum mit. In Italien angekommen, so sein Vorhaben, wird er sich neu einkleiden, nach Art der Einheimischen. Er will möglichst unauffällig unterwegs sein, sich unters Volk mischen, nicht sofort als Fremder auffallen. Das Schwerste von den wenigen Habseligkeiten, die er einpackt, sind Bücher, darunter ein dreibändiger italienischer Reiseführer und Linnés *Genera plantarum*. Aber die Zeit des Mikroskopierens ist auch vorbei. In den folgenden annähernd zwei Jahren, die er reisend, schreibend, forschend und liebend in Italien verbringen wird, nimmt Goethe seine Wandererexistenz wieder auf: Im Vordergrund steht die unmittelbare Wahrnehmung der Außenwelt. Goethe saugt mit allen Sinnen auf, was der Süden zu bieten hat. Hier, so seine Erwartung, wird sich ihm erschließen, wonach er sucht: die Herder und anderen als Entdeckung verkündete »Harmonie der Natur«, Leitidee des ihn noch immer beschäftigenden »Romans über das Weltall«.

Metamorphosen

Einundzwanzigstes Kapitel, in dem Goethe nach Italien reist und den Vesuv belagert

Goethe reist heimlich und unter falschem Namen. Nur seinen Diener Philipp Seidel hat er in das Vorhaben eingeweiht, den bewilligten und angekündigten längeren Urlaub nicht nur zum Dichten, sondern für die lang geplante Reise nach Italien zu nutzen. Fast zwei Jahre wird sie schlussendlich dauern, von September 1786 bis Juni 1788. Von Seidel hat er sich auch den zweiten Vornamen seines Inkognitos geborgt; Johann Philipp Möller nennt er sich und greift dabei immerhin auf zwei Bestandteile seines bürgerlichen Namens zurück: seinen ersten, in der Regel nicht genutzten Vornamen und das göthesche »ö«, das dem gewählten Allerweltsnachnamen eine gewisse Distinktion verleiht.

Der italienische Historiker und Goethe-Forscher Roberto Zapperi hat vermutet, Goethe habe das Inkognito vor allem dazu gedient, eine vorzeitige Rückholaktion nach Weimar zu verhindern, würde sein Landesherr von seinen Plänen und seinem Reiseziel erfahren. Dazu muss man wissen, dass es damals üblich war, die Namen der Reisenden, die in den Gasthöfen und Hotels abstiegen, über die örtlichen Zeitungen zu melden – Nachrichten, die sich rasch zu verbreiten pflegten, insbesondere wenn der Durchreisende eine bekannte Persönlichkeit war.[1] Der Umstand, dass auch Carl August nicht in Goethes Reisepläne eingeweiht war, hätte immerhin seinen herzoglichen Zorn heraufbeschwören können – eine Möglichkeit, mit der zu rechnen die Umsicht erforderte.

Womöglich diente die ganze Heimlichtuerei aber vor allem dem Zweck, eine Wiederholung der Konstellation der Schweizer Reise von 1779 zu verhindern, als man mit beachtlicher Entourage unterwegs war und einen offiziellen Besuch nach dem anderen absolvierte. Hätte Carl August vorzeitig von den Plänen seines Ministers und Freundes erfahren, hätte er das durchaus zum Anlass nehmen können, eine gemeinsame Unternehmung daraus zu machen, sich aber gewiss nicht davon abbringen lassen, ihm einen offiziellen Reiseauftrag zu erteilen und Goethe mit allen Annehmlichkeiten und Sicherheitsvorkehrungen auszustatten, die damals Italienreisende in gehobener Stellung zu erwarten hatten. Dazu zählte auf jeden Fall, in eigener Kutsche zu reisen, statt wie Goethe einfach die Postkutsche zu nehmen, wobei man nie wusste, mit welchen Mitreisenden man sich den engen Raum zu teilen hatte. Wer es sich leisten konnte, bevorzugte schon damals den Individualverkehr, führte gleichsam sein eigenes Haus mit sich und war so der fremden Umgebung weit weniger ausgesetzt. Die in der Regel umfangreiche Reiseausstattung wurde in geräumigen Truhen verstaut, die an der Rückseite der Kutsche angebracht waren. Unter den Fenstern und hinter der Wandverkleidung fanden sich zahlreiche Geheimfächer und unsichtbare Taschen für Visa, Gesundheitszeugnisse, mitgeführtes Geld und natürlich Waffen. Und auf den Außensitzen reiste die selbstbewusste Dienerschaft mit, die aus ihrer Höhe mit Verachtung auf die Primitivität der durchreisten Länder herabblickte. Reisewagen, Dienerschaft, Garderobe und Reisegepäck waren Statussignale, auf die kaum ein Reisender, der es sich leisten konnte, verzichten mochte. Dies alles wird vorhanden sein, wenn Goethe, zurück von seiner großen Tour, bereits 1790 eine zweite Italienreise antritt, diesmal in offiziellem Auftrag, um die Herzoginmutter Anna Amalia in Venedig in Empfang zu nehmen und zurück nach Weimar zu geleiten.

So zu reisen, in offizieller Mission, mit Entourage und Besuchsprogramm, aber hätte Goethes Vorstellung davon, wie er italienischen Boden erstmals betreten und vor allem was er auf ihm unternehmen wollte, vollständig widersprochen. Das sollte *seine* Reise werden, gestaltet nach den eigenen Präferenzen und Interessen. Und dazu gehörte, wie sein Reisetagebuch unmissverständlich erkennen lässt, sich frei zu machen von allen offiziellen Verpflichtungen und ganz nach seinem Sinn und seinen Sinnen zu leben. Er ist kaum einen Tag unterwegs, da notiert er: »Wie glücklich mich meine Art die Welt anzusehn macht ist unsäglich und was ich täglich lerne! und wie doch mir fast keine Existenz ein Rätsel ist. Es spricht eben alles zu mir und zeigt sich mir an. Und da ich ohne Diener bin, bin ich mit der ganzen Welt Freund. Jeder Bettler weist mich zu rechte und ich rede mit den Leuten die mir begegnen, als wenn wir uns lange kennten. Es ist mir eine rechte Lust.«[2] In Regensburg, wo er am 5. September ankommt und zusätzlich zu seinen beiden mitgeführten Gepäckstücken noch einen Koffer ersteht, um die mitgenommenen Bücher und Manuskripte beque-

deren Rekonstruktion vor dem geistigen Auge höchst aufwendig ist und großes Detailwissen erfordert, spricht auch aus den folgenden Zeilen: »So sind Musea und Gallerien auch nur Schädelstätten, Gebeinhäuser und Rumpfkammern ... Alle Kirchen geben uns nur die Begriffe von Martern und Verstümmlung. Alle neue Palläste sind auch nur geraubte und geplünderte Theilgen der Welt«.[6] Das gibt beinahe schon Überdruss zu erkennen. Dass den Überresten der Antike die einstige Großartigkeit kaum noch anzusehen war, dass sie häufig nur noch die Gestalt zerbrochener Trümmer und aufgetürmter Bruchsteine besaßen – dieser Umstand war Goethe aus im Elternhaus hängenden Ansichten der Stadt vertraut. Doch es sind nicht nur die Verwüstungen der Zeit, die ihn verstören und von denen auch das Rom der Renaissance, wie wir wissen, damals nicht verschont war. Ganz Rom, gerade auch das christliche, nimmt vor seinem melancholischen Blick den Charakter einer Trümmer- und Schädelstätte an, die ihm nicht jene Resonanz gewährt, die er eigentlich erwartet hat: ein Bild bedeutungsgesättigten Lebens, das auch ihn, den Besucher aus dem Norden, mit neuer Lebendigkeit erfüllen würde. »Ein saures und trauriges Geschäfte« sei es, »das alte Rom aus dem neuen heraus zu suchen«, schreibt er, seine Frustration mehr andeutend als ausführend, in einem seiner ersten Zirkularbriefe an den Weimarer Freundeskreis.[7]

Das Ungenügen reicht aber noch tiefer, wie schon aus dem Brief an Knebel hervorgeht. Dort beendet er sein Lamento über Rom als Trümmer- und Schädelstätte mit dem Fazit: »Genug man kann alles hier suchen nur keine Einheit keine Übereinstimmung.« Das sei es, »was viele Fremde so irre macht«. Einiges von dieser Enttäuschung ist auch in das berühmte Ölgemälde *Goethe in der Campagna* eingegangen, zu dem Tischbein den Freund nicht lange überreden musste. »Tischbein mahlt mich jetzo«, berichtet er Ende Dezember an Charlotte von Stein. »Ich laße ihn gehen, denn einem solchen Künstler muß man nicht einreden. Er mahlt mich Lebensgröße, in einen weisen Mantel gehüllt, in freyer Luft auf Ruinen sitzend und im Hintergrunde die Campagna di Roma. Es giebt ein schönes Bild, nur zu groß für unsre Nordische Wohnungen.«[8] Tischbeins ikonisches Porträt zeigt Goethe mit breitkrempigem Malerhut und in einen Reisemantel gehüllt, in der Tat inmitten von Trümmern. Selbst die Steine, auf die sich dieser Wanderer in einer kontemplativen Verschnaufpause gelagert hat, sind Bruchstücke der Vergangenheit; in einem ersten Stadium des Gemäldes waren sie als Teile eines ägyptischen Obelisken erkennbar. Hier ruht einer sichtbar auf den verstreuten Resten der Vergangenheit, die Tischbein allerdings kunstvoll in der Landschaft drapiert und mit Bedeutung aufgeladen hat. Das antike Relief rechts von seiner vorübergehenden Ruhestätte zeigt die Erkennungsszene aus *Iphigenie*, aus der Goethe seinen römischen Freunden in diesen Wochen vorzulesen beginnt. Im Hintergrund, vor der Kulisse der vulkanischen Albaner Berge, ist das Grabmal der Caecilia Metella an der Via Appia zu sehen, das Goethe, wie Tischbein mitbekommen hatte, bestaunte, weil es ihm »erst einen Begriff von solidem Mauerwerck« gab. »Diese Menschen arbeiteten für die Ewigkeit, es war auf alles kalkuliert, nur auf den Unsinn der Verwüster nicht, dem alles weichen musste.«[9] Trotz der Symbolik der Artefakte und der Idylle der Szenerie bleiben die Spuren der Verwüstung auf Tischbeins Bild allerdings gut erkennbar. Und so ist dem gesammelten, an allen Zeugnissen der Vergangenheit vorbeigehenden, in die Ferne gerichteten Blick des Porträtierten auch unverkennbar eine Spur Melancholie beigemischt. Wie seine Iphigenie sucht Goethe das Land der Griechen mit der Seele, doch es bleibt offen, ob aus den Trümmern der Vergangenheit wie Phönix aus der Asche ein unsterbliches Bild hervorgeht oder ob die Trümmerhaftigkeit der Gegenwart das letzte Wort hat. Sein Porträt zeige Goethe, »wie er auf denen Ruinen sitzet und über das Schicksal der menschlichen Werke nachdenket«, hat Tischbein denn auch seine künstlerische Absicht zusammengefasst. Auf den »Ruinen«, wo vormals »so große Taten geschahen«, scheine »ein lebender Mann erst recht groß«, hat er noch hinzugefügt.[10] Menschliche Größe kann sich auch darin offenbaren, die Unmöglichkeit auszuhalten, das Vergangene wieder lebendig zu machen.

Goethe selbst hatte da allerdings längst einen Ausweg aus dem Dilemma gefunden: die Beschäftigung mit der Natur. So fortgeschritten die Jahreszeit bereits sei, so sehr freue ihn sein »bißchen Botanick ... in diesen Landen, wo eine frohre weniger unterbrochne Vegetation zu Hause ist«. Er habe in dieser Hinsicht bereits »artige, in's allgemeine gehende Bemerckungen« gemacht, die für Knebel, der seine Passion für das Pflanzenreich teilte, von Interesse sein könnten. Aber nicht nur das, auch »das Steinreich« habe hier in Rom »seinen Trohn, wo von allen Enden der Welt das kostbarste zusammengebracht worden. Wie ein Granit Freund die Obelisken und Säulen ansieht«, könne der Freund sich denken. Betrachtet man die Ruinen nicht unter kultur-, sondern unter naturgeschichtlichen Gesichtspunkten, so weicht das Verstörende und es ergeben sich neue Kontinuitäten, ein Gefühl für die »Solidität« der Welt, wie Goethe sich ausdrückt: Die Trümmer der antiken Welt, die an jeder Ecke anzutreffen sind, nicht wenige davon verbaut in Palästen und Denkmälern neueren Ursprungs, sind immer noch Teil jenes Urgebirges, als das Goethe den Granit ansah

Mit diesem im Brief an Knebel eher angedeuteten Gedanken rückt aber auch sofort jener Berg ins Blickfeld, auf den sich die Widersacher der »Granit Freunde«, die Vulkanisten, berufen und dessen Besteigung an vorderster Stelle von Goethes Wunschliste für Italien steht. »Der Vesuv«, so fährt Goethe fort, »hat vor ohngefähr 14 Tagen eine Eruption gemacht. Die Lava ist starck geflossen.« Vor ihm auf dem Tisch liege schon »ein ganz frisch gebacknes Stück«, das ein Reisender mitgebracht habe.[11] Im August 1786, wenige Wochen vor Goethes Aufbruch nach Italien, war der Vesuv wieder aktiv geworden, nachdem es in den vier Jahren zuvor beinahe still um ihn geworden war. Erst kürzlich, am 2. November, hatten die Lavaströme sogar einen neuen Weg genommen, und zwar stärker in Richtung Neapel, damals mit rund 450 000 Einwohnern die drittgrößte Stadt Europas. Goethe war darüber bestens informiert.

Auf den Gegensatz von Kunst und Natur kommt Goethe erneut einen Monat später zu sprechen, als er einen längeren Brief an die Herzogin Luise schreibt, der zwar in einer sehr förmlichen Sprache verfasst ist, gleichwohl aus dem Herzen kommt: Der Frau des Herzogs vertraut er sich vorbehaltloser an als dem gemischten Weimarer Freundeskreis und auch Charlotte von Stein, von der Goethe schon vermutet, dass sie seinen verschwiegenen Aufbruch nach Italien als nicht mehr korrigierbaren Bruch ihres Vertrauensverhältnisses ansehen würde. So wird Luise zur Adressatin einer »Betrachtung«, von der Goethe sagt, dass er sie nicht verschweigen wolle, über die er ansonsten aber höchstens in Andeutungen redet: »daß es nämlich bequemer und leichter sey die Natur als die Kunst zu beobachten und zu schätzen«. Noch »das geringste Product der Natur« habe »den Kreis seiner Vollkommenheit in sich«, erläutert Goethe dieses auf den ersten Blick ungewöhnliche, angesichts seines bisherigen Bildungsweges aber kaum überraschende Urteil. Man müsse nur Augen haben, um hier die wahren Verhältnisse zu entdecken. So schreibt derjenige, der vor einigen Jahren den Zwischenkieferknochen beim Menschen entdeckt hat und sich nun auf gutem Wege wähnt, auch im Pflanzenreich Entdeckungen zu machen, die dort jene Einheit und Übereinstimmung belegen, die er in den Trümmern Roms so schmerzlich vermisst. Ein Kunstwerk, so führt Goethe seine Überlegungen fort, habe seine Vollkommenheit immer »ausser sich«, primär in der Idee, die sich der Künstler davon mache und an die die Ausführung »selten oder nie« heranreiche; des Weiteren aber auch in bestimmten Gesetzen, die man wohl

Das Schreckliche zum Schönen, das Schöne zum Schrecklichen 345

aus »der Natur der Kunst und des Handwercks« herleiten könne, die aber doch »nicht so leicht zu verstehen und zu entziffern« seien wie die »Gesetze der lebendigen Natur«. Und dann der bemerkenswerte Satz: »Es ist viel Tradition bey den Kunstwercken, die Naturwercke sind immer wie ein erstausgesprochnes Wort Gottes.«[12]

Während die Kunst menschlichen Zwecken folgt, tut die Natur das gerade nicht. Daraus ergibt sich die für Goethe wichtige Gewissheit, dass in dem Ausschnitt, den der Naturbetrachter wahrnimmt, »eine ganze wahre Existenz beschloßen ist«, wie er sich ausdrückt. »Was ist doch ein *lebendiges* für ein köstlich herrliches Ding«, notiert er, nachdem er am Lido von Venedig Seeschnecken und Taschenkrebse beobachtet hatte. »Wie abgemeßen zu seinem Zustande, wie wahr! wie *seiend*! Und wieviel hilft mir mein bißchen Studium und wie freu ich mich es fortzusetzen!« Genau diese Wahrheit kann Goethe im Bereich der Kunst bislang nicht entdecken, jedenfalls nicht in der sinnfälligen Gestalt, wie sie ihm vorschwebt.

So kommt es, dass er den Entschluss fasst, die Stadt, der seine ganze Sehnsucht galt, nach wenigen Wochen eines ersten Aufenthalts gleich wieder zu verlassen und dorthin zu gehen, wo die Schönheit in der Dauerpräsenz der Untergangsdrohung einen ganz besonderen Zauber entfaltet: nach Neapel und seiner einmaligen Bucht mit dem feuer- und lavaspeienden Vesuv im Hintergrund. »Mit dem neuen Jahre will ich nach Neapel gehn und dort mich der herrlichen Natur erfreuen und meine Seele von der Idee sovieler trauriger Ruinen reinspülen und die allzustrengen Begriffe der Kunst lindern«,[13] verkündet er Carl August, der ihm daraufhin generös »carte blanche« gibt und Urlaub auf unbestimmte Zeit gewährt.[14]

Goethe hat seine *Italienische Reise* mit einem Abstand von fast dreißig Jahren zwischen 1816 und 1817 veröffentlicht. Bereits im Untertitel werden die beiden ersten Teile, in denen er die Hinreise nach Rom und den ersten Aufenthalt dort, sodann die beiden Neapelaufenthalte und die dazwischen liegende Reise nach Sizilien schildert, als Fortsetzung von *Dichtung und Wahrheit* ausgewiesen – als »Aus meinem Leben Zweiter Abteilung Erster und Zweiter Teil«. Den dritten und letzten Teil der *Italienischen Reise* bildet dann die Darstellung des »Zweiten Römischen Aufenthalts vom Juni 1787 bis April 1788«, die erst 1829 fertig wurde.

Das ist wichtig zu wissen, weil Goethe für die abschließende autobiographische Darstellung die drei Jahrzehnte zurückliegenden Tagebücher, Notizen, Schemata und Briefe grundlegend überarbeitet hat: Vieles von dem, was dort aus dem Augenblick heraus formuliert war und sich häufig wie ein tastendes Suchen eines seiner selbst gar nicht so sicheren, auch widersprüchlichen Geistes ausnahm, wurde nun in eine konsistente Darstellung gegossen. Hinzu kam, dass der über Sechzigjährige mit seiner *Italienischen Reise* den Anspruch verband, die Klassizität seiner nun gereiften Weltanschauung herauszuarbeiten und gegen neuere Strömungen, insbesondere die aufkommende Romantik, die zahlreiche, vor allem junge Anhänger fand, zu behaupten. Es ist also höchst problematisch, die *Italienische Reise* als einen Tatsachenbericht zu betrachten, der uns Goethes Reise, wie sie wirklich war, vor Augen führt, und sie dann etwa noch zum Vorbild für eigene Unternehmen in dieser Hinsicht zu nehmen. Die *Italienische Reise* ist wie *Dichtung und Wahrheit* mehr ein Kunstwerk als ein historischer Bericht, in ihr wird mehr darüber gesagt, wie ihr Verfasser die eigene Wirklichkeit gerne gesehen hätte, als darüber, wie es denn wirklich gewesen ist. Seine Absicht war, den spontanen Einlassungen, die ihm im Rückblick zum Teil allzu naiv vorkamen, einen romanhaften Charakter zu geben. Er werde »zugleich völlig wahrhaft und ein anmutiges Märchen schreiben«, hat Goethe 1815 in einem Brief an Zelter den Erzählmodus erläutert, der beide autobiographische Werke durchzieht.[15]

Mit dem Tagebuch, das er auf der zweimonatigen Reise nach Rom geschrieben hat, und den Originalbriefen, die während seiner Abwesenheit von Weimar insbesondere an Charlotte von Stein und ihren Sohn Fritz, an den Herzog, Herder und Knebel gingen, besitzen wir jedoch sozusagen authentische Zeugnisse seiner damaligen mentalen Verfassung, seiner Anschauungen und Interessen. Gerade das im ständigen imaginierten Dialog mit Charlotte von Stein geschriebene Tagebuch gibt uns reichhaltig Auskunft über Goethes Situation und Gedanken während der ersten Wochen seiner Reise. Auch da muss man allerdings Vorsicht walten lassen und manches nicht allzu wörtlich nehmen: Wenn Goethe etwa im Überschwang ob der für ihn völlig neuen Erfahrung des Südens häufig davon spricht, mit dem Betreten Italiens sei er ein neuer Mensch geworden, so ist dies erst einmal mehr Wunschvorstellung als eine Tatsachenfeststellung. Auch Goethe selbst wusste, dass Veränderungen der Persönlichkeit nicht mit dem Passieren einer Grenze oder eines anderen Breitengrads erfolgen, sondern langwierige, extrem zerbrechliche, von Rückschlägen begleitete Prozesse sind. Das dürfte mit ein Grund dafür sein, dass ihm die eigenen spontanen Notizen nach der Rückkunft nach Weimar ziemlich schnell verleidet waren und er sie nicht aus der Hand gab, wenn er von anderen Italienreisenden darum gebeten wurde, sein Tagebuch als Reiseführer nutzen zu dürfen. Herder, der dies probiert hatte, erhielt die reichlich barsche, aber vielsagende Antwort: »Die Abschrift meines Reise Journals gäbe ich höchst ungerne aus Händen, meine Absicht war sie ins Feuer zu werfen ... Denn es ist im Grunde sehr dummes Zeug, das mich jetzt anstinckt. Du kannst sie nirgends brauchen als in Verona. Auf dem Rückwege würde sie dir fatal seyn und ich bin in Unruhe wenn ich das Zeug auf Reisen weiß.«[16]

Goethes Reisetagebuch lässt deutlich werden, wie stark die Erfahrung der Natur und der Habitus des Naturforschers auch die Mentalität des Italienreisenden geprägt haben. Wohl wollte er von den mit Weimar verbundenen Aufgaben und Verpflichtungen Abstand nehmen. Die Naturforschung, die er dort begonnen hatte, war aber keineswegs in diesen Akt der Distanzierung eingeschlossen. Im Gegenteil: Zuweilen kann man sich kaum des Eindrucks erwehren, als würde hier nicht ein Dichter, sondern ein Naturforscher auf Reisen sein, der sich die Sehenswürdigkeiten unterwegs – von Kunst- und Bauwerken bis zum Verhalten der Menschen im Süden – stets ausgehend von der Beobachtung der Natur erschließt. Goethe war sich dessen auch im Nachhinein noch bewusst. In dem autobiographischen Bericht *Der Verfasser teilt die Geschichte seiner botanischen Studien mit* von 1831 betont er die große Bedeutung, die die Reise durch Italien für seine »Richtung gegen die Natur« gehabt habe.[17] Spürbar wird das gleich in den ersten Eintragungen, kaum ist er mittags in Eger (heute Cheb) angekommen: »Ich fand daß Eger dieselbe Polhöhe [Breitengrad] wie Franckfurt hat und freute mich einmal wieder nahe am 50 Grade zu Mittag zu essen. Von Karlsbad bis Zwota der *quarzhafte Sandstein*; der Weg nach Maria Culm geht auf einem aufgeschwemmten Gebirg hin.« Als er das Stift Waldsassen und damit Bayern erreicht, gilt seine Aufmerksamkeit nicht der Architektur und Geschichte des Zisterzienserklosters, sondern der Lage »in einer fruchtbaren Teller- (um nicht zu sagen Kessel) Vertiefung, in einem schönen Wiesengrunde, rings von fruchtbaren sanften Anhöhen umgeben ... Der Boden ist aufgelöster Tonschiefer, den der Quarz, der sich im Tonschiefer fand und nicht aufgelöst ist, locker macht.« In der Buchfassung der *Italienischen Reise* hat Goethe diese Richtung gegen die Natur keineswegs getilgt, sondern im Gegenteil häufig mit Erläuterungen versehen und neuen Einsichten verknüpft, in der Absicht, das Verständnis des Lesers zu leiten und das Skizzenhafte der Tagebucheintragungen in einen Erzählfluss einzubetten. So heißt es zu der Oberpfälzer

Stadt Tirschenreuth, die er am Nachmittag erreicht, im Tagebuch etwa nur, bis hierher »steigt das Land hoch, die Wasser fließen einem entgegen, nach der Eger und Elbe zu; von Tischenreut an fällt nun das Land südwärts ab und die Wasser laufen nach der Donau.« Dreißig Jahre später verbindet er die ehemalige Beobachtung mit einer allgemeinen, morphologischen Charakterisierung der Landschaft: »Mir gibt es sehr schnell einen Begriff von jeder Gegend, wenn ich bei dem kleinsten Wasser forsche, wohin es läuft, zu welcher Flußregion es gehört. Man findet alsdann selbst in Gegenden, die man nicht übersehen kann, einen Zusammenhang der Berge und Täler gedankenweise.«[18]

Auf dem Brennerpass nimmt sich Goethe am 9. September sogar einen ganzen Tag Zeit, um die in den Alpen angestellten Beobachtungen zu rekapitulieren. Ausführlich beschreibt er die Fahrt über München, Benediktbeuern – »liegt köstlich!« –, den Kochel- und Walchensee entlang – »schon so nahe an den Schneebergen« –, Mittenwald, Zirl, Innsbruck und dann den Brenner hinauf. Dabei erstellt Goethe ein nahezu vollständiges geologisches Profil der Gegend. Bereits auf der Fahrt hierher, habe er »viel geträumt von dem Modell«, zu dessen Konstruktion in Weimar mehrere Anläufe unternommen worden sind und das das Erdinnere anschaulich machen sollte; jenes Modell, »an dem ich Euch lieben Laien allein das alles anschaulich machen könnte was immer mit mir herumreist«. Seine »Weltschöpfung« nennt er nun den geplanten »Roman über das Weltall«. Schon manches habe er dazu »erobert«, doch »nichts ganz neues noch unerwartetes«.

Oben auf der Passhöhe hat er seinen geologischen Grundannahmen zufolge erwartet, auf den »Granitstock« zu treffen, »an dem sich alles anlehnt«. Doch auf Granit stößt er nicht.[19] Es folgen Betrachtungen zu Witterung, Breitengrad und Klima, Pflanzen und Früchten sowie schließlich zu den Bewohnern der Gegend. Bergenzian, den er am Walchensee findet und der von Knoten zu Knoten größere Zwischenräume aufzuweisen scheint als gewöhnlich – er fügt eine Skizze bei –, lässt ihn Überlegungen zum Einfluss »der Barometrischen Höhe auf die Pflanzen« anstellen: »Die mehr elastische Luft würkt auf die Organe der Pflanze und gibt ihr auch alle mögliche Ausdehnung und macht ihre Existenz vollkommner.«[20] Schon hier fällt der ökologische Blick Goethes auf: Er beobachtet die Modifikation ihm bereits bekannter Arten unter veränderten klimatischen Bedingungen, betrachtet die Pflanzen in ihrer Wechselwirkung mit den Umweltbedingungen.

Was die Steine anbelangt, ist der anfangs feste Vorsatz, keine Fundstücke mitzunehmen und mit ihnen das Reisegepäck zu beschweren, bald vergessen.

Am Gardasee erstellt er ein Verzeichnis der »Gebirgsarten, die ich aufgepackt habe«, und kommt bereits auf vierundzwanzig Einträge, vom »gewöhnlich grauen Kalkstein vor und um Inspruck« bis zum »Granit Geschiebe aus dem Lago di Garda«.[21] Von Bologna aus reitet er nach Paterno, »wo der Bolgneser Stein gefunden wird, der ein Gypsspat ist und nach der Kalcination bei Nacht leuchtet«. Die Eigenschaft des hier zu findenden Schwerspats, im Dunkeln wie glühende Kohlen zu leuchten, nachdem er tagsüber mit Sonnenlicht bestrahlt wurde, hatte die Alchemisten des 17. Jahrhunderts zu der Überzeugung geführt, in ihm den Stein der Weisen gefunden zu haben. Doch bald wurde klar, dass es sich bei der Phosphoreszenz um ein allgemeines Phänomen handelte. Bereits im *Werther* erwähnt Goethe die Bologneser Leuchtsteine.[22] Auch von ihnen packt er auf. Bis zur Ankunft in Rom schwillt seine Liste auf vierundfünfzig Fundstücke an: »39. Meeres Schlamm zusammen gebacken. Wohl die neuste aller Steinarten«. »54. Lava mit weißen Granaten. Gleich über der Tyber Brücke von Otrikoli nach Citta Castellana«.[23]

Im Süden angekommen, bleiben Landschafts- und Naturschilderungen prägender Hintergrund von Goethes Reiseerfahrungen. Und das keineswegs nur dann, wenn er in Padua den berühmten Botanischen Garten – den ältesten Europas – besucht, um dort ausdrücklich Pflanzenstudien zu betreiben. Venedig etwa, wo er sich drei Wochen aufhält, ist für ihn weit mehr als ein Parcours von Sehenswürdigkeiten, die es, treppauf, treppab, abzuklappern gilt, mehr aber auch als ein Erlebnisort, an dem ihm vollends »ein Gefühl von freierem Leben, höherer Existenz Leichtigkeit und Grazie« ergreift.[24]

Goethe erschließt sich die Stadt planvoll. Wie schon in Straßburg verschafft er sich erst einmal einen allgemeinen Überblick, indem er den Campanile auf dem Markusplatz besteigt. Er registriert nicht nur das pittoreske Gewirr von Kanälen, Brücken, Gassen und Plätzen, sondern sein Blick versucht, die Gesamtanlage der Stadt zu fassen, die drei Inseln und den Lido, die Lagune und das Meer, »den großen Spiegel Wasser«, wie er notiert, »der an der einen Seite von dem eigentlichen Venedig im halben Mond umfasst ist«. Anschließend begibt er sich »ohne Begleiter, nur die Himmelsgegenden merkend ins Labyrinth der Stadt«. Es folgt sozusagen die Synthese: Nun durchfährt er mit einer Gondel den Canal Grande, macht bei der Umrundung von San Giorgio Maggiore erste Bekanntschaft mit der Lagune und biegt in den Canale della Giudecca ein. Venedig erscheint ihm von oben wie mittendrin, auf dem »Land« wie zu Wasser als »ein großes, respektables Werk versammelter Menschenkraft, ein herrliches Monument, nicht *Eines Befehlenden* sondern eines *Volks*«. Selbst wenn der Meeresspiegel langsam sinken und Venedig sozusagen austrocknen würde, wie man damals mutmaßte, mache dies, so Goethe, »die ganze Anlage der Republik und ihr Wesen nicht um einen Augenblick weniger ehrwürdig. Sie unterliegt der Zeit wie alles was ein erscheinendes Dasein hat.«[25]

Erst im Anschluss an diese dreifache Annäherung an den Organismus der Stadt beginnt er, einzelne Sehenswürdigkeiten zu besichtigen. Dabei lässt er vieles aus, keineswegs nur aus Laune, sondern auch einfach aus Unwissen, betrachtet die Dinge mehr exemplarisch, als dass er sie systematisch erforscht. Neben Betragen, Lebensart, Sitte und Wesen der Venezianer, die er eingehend beobachtet, bleibt die hinter dem Lido ins Meer übergehende Lagune sein fortwährender Bezugspunkt. Auf diese »Erdzunge, die die Lagunen schließt und vom Meer absondert«, lässt er sich mit einem Fischerkahn übersetzen. Es ist das erste Mal in seinem Leben, dass Goethe am Meer steht, wenige Tage, nachdem er es vom Campanile des Markusplatzes erstmals erblickt hat. Goethes Italienreise ist auch eine Geschichte der Entdeckung des Meeres in allen seinen Facetten: von der »Harmonie von Himmel, Meer und Erde«, wie sie sich dem Blick vom Strand oder vom Schiff aus darbietet, über die Seekrankheit, die ihn bei der Überfahrt nach Sizilien ereilt, bei der erst das Fehlen von Wind und dann dessen Übermaß das Vorankommen verzögert, bis zum Beinaheunglück auf der Rückfahrt von Messina nach Neapel, als die überfüllte Corvette, auf der sich Goethe und sein Begleiter befinden, beinahe nachts an der Felsküste von Capri strandet, weil wiederum Windstille und die Fehleinschätzung des Kapitäns sie in eine gefährliche Strömung geraten lassen.

Am Lido interessiert sich Goethe für die erst vor wenigen Jahrzehnten errichteten »murazzi«, mit fünfzehn Metern Breite und zehn Metern Höhe riesenhaft anmutende Steinwälle, die Venedig und die Lagune vor dem Meer schützen sollen. Am Meeresstrand sammelt er Muscheln, untersucht das schwarze Wehrsekret des Tintenfischs, das er in Muschelschalen eingetrocknet nach Weimar senden will, und studiert eingehend Stranddisteln: »Am Meere hab ich heut verschiedne Pflanzen gefunden, deren ähnlicher Charakter mir ihre Eigenschaften näher hat kennen lassen. Sie sind alle zugleich mastig und streng, saftig und zäh und es ist offenbar daß das alte Salz des Sandbodens, mehr aber die Salzige Luft ihnen diese Eigenschaft gibt. Sie strotzen von Säften wie Wasserpflanzen, sie sind fest, zäh, wie Bergpflanzen.« Er nimmt ihre Samenkapseln mit und reflektiert: »Wie wohl wird mir's daß das nun Welt und Natur wird und aufhört Cabinet [Museum] zu sein.«[26] Was Goethe am Lido beobachtet hat, nennen wir heute Konvergenz: Arten ganz verschiedener Her-

Das Schreckliche zum Schönen, das Schöne zum Schrecklichen 351

kunft gelangen am selben Standort zu ähnlichen Anpassungen. Wie bei den Beobachtungen auf dem Brenner sind es wiederum Umweltbedingungen, die Goethes Aufmerksamkeit auf sich ziehen – lange bevor Alexander von Humboldt in seinen *Ideen zu einer Physiognomik der Gewächse* von 1806 den Einfluss des Klimas auf die Pflanzengestalt thematisiert.[27]

Als er einige Tage darauf wieder an den Strand kommt, beobachtet er dort Taschenkrebse bei ihren Raubzügen auf Napfschnecken. Linné hatte den Taschenkrebs 1758 erstmals als »Cancer pagurus« zoologisch beschrieben. Goethe ist fasziniert von seinem Aussehen: »Wunderlicher und komischer kann man nichts sehen, als die Gebärden dieser, aus einem runden Körper und zwei langen Scheren bestehenden Geschöpfe«, die »wie auf stelzenartigen Armen« einherschreiten. Allerdings fehlt ihnen die Kraft, »den mächtigen Muskel« der Napfschnecken zu überwältigen, mit dem sie sich an den Steinen festsaugen. Also tun sie auf die Beute Verzicht und eilen »auf eine andere wabernde los«. Er habe nicht gesehen, »daß irgendein Taschenkrebs zu seinem Zweck gelangt wäre«, obgleich er ihnen stundenlang zugesehen habe. Davon erzählt Goethe erst dreißig Jahre später.[28]

Dafür entgeht dem Leser der *Italienischen Reise* die metaphorische Übertragung dessen, was Goethe am Strand des Lidos beobachtet hat. Sie ist nur im Tagebuch zu finden. Dort mokiert er sich über die Markuskirche: Ihre Architektur sei »jeden Unsinns werth der jemals drinne gelehrt oder getrieben worden seyn mag«, spottet er. »Ich pflege mir die Fassade zum Scherz als einen kolossalen Taschenkrebs zu denken. Wenigstens getrau ich mir irgend ein ungeheures Schaltier nach diesen Maßen zu bilden.«[29] Schon im Tagebuch hat er, etwas weiter hinten, einen Satz gestrichen, der den Vergleich noch genauer ausführt: »Kein Seetier hat so eine kapretiose Schale hervorgebracht und kriecht nicht mit wunderbaren Scheren und Zangen herum als dieses Gebäude dasteht.« Mit diesem bionischen Bild im Kopf dürfte auch der Tourist von heute die Markuskirche kaum mehr so sehen, wie sie im Baedeker präsentiert wird.

Bei seinem Spaziergang auf dem Lido hört Goethe, von der Stadt über die Lagune kommend, plötzlich »ein starkes Geräusch«: »es war das Meer, und ich sah es bald. Es ging hoch gegen das Ufer, indem es sich zurückzog, denn es war um Mittag, Zeit der Ebbe.«[30] Die Taschenkrebse, die er am Stand beobachtet hat, waren von der Flut an den Strand gespült worden; nun befinden sie sich gerade auf ihrem Weg zurück ins Wasser. »Anfangs weiß das Gewimmel nicht woran es ist, und hofft immer die salzige Flut soll wiederkehren, allein sie bleibt aus, die Sonne sticht und trocknet schnell, und nun geht der Rückzug an.«[31] Gegen Ende seines Venedigaufenthalts besteigt Goethe noch einmal den Campanile am Markusplatz. »Da ich neulich die Lagunen in ihrer Herrlichkeit, zu Zeit der Flut, von oben gesehn hatte, wollt' ich sie auch zur Zeit der Ebbe in ihrer Demut sehn und es ist notwendig diese beide Bilder zu verbinden, wenn man einen richtigen Begriff haben will.«[32] Venedig sei ein Gebilde aus Erde und Meer, geschaffen vom Wechsel der Gezeiten, stellt Goethe fest. »Ebbe, Flut und Erde gegeneinander arbeitend ... waren Ursache, daß am obern Ende des adriatischen Meeres sich eine ansehnliche Sumpfstrecke befindet, welche, von der Flut besucht, von der Ebbe zum Teil verlassen wird.« Der Mensch habe sich der natürlichen Gegebenheiten bemächtigt, »mit unglaublicher Anstrengung und Kosten tiefe Kanäle in den Sumpf gefurcht« und am Lido Schutzwälle gegen das hereinströmende Meer errichtet. Aber als Erbauer und Bewohner dieser unvergleichlichen Stadt sei auch er selbst ein anderer geworden. »Wasser statt Straße, Platz und Spaziergang. Der Venetianer mußte eine neue Art von Geschöpf werden«. Die Aufgabe der gegenwärtigen und zukünftigen Bewohner Venedigs sei es, »was Menschenwitz und Fleiß vor Alters ersonnen und ausgeführt«, nun durch »Klugheit und Fleiß« zu erhalten. Doch es sei auch ein anderes Szenario denkbar. »Ganz anders wäre es, wenn das Meer sich neue Wege suchte, die Erdzunge angriffe und nach Willkür hinein und heraus flutete.«[33] Natur ist für Goethe immer auch das Unberechenbare und letztlich nicht Beherrschbare; der Mensch kann ihre Erscheinungen systematisieren, ihre Prinzipien erkennen, ihre Gewalten zähmen. Aber er bleibt ihnen unterworfen, mehr ihr Hüter als ihr Meister.

Was für Venedig das Meer ist der Vesuv für Neapel: die im Hintergrund wirkende ständige Drohkulisse, Erinnerung daran, dass was »Menschenwitz und Fleiß« hier aufgebaut und kultiviert haben, womöglich dem Untergang geweiht, jedenfalls von fragilem Bestand ist. Als Goethe Ende Februar 1787 in Neapel angekommen ist und dort eine einfache Unterkunft in einem betriebsamen Viertel bezogen hat, hätte er am liebsten sofort den Vulkan bestiegen. »Ich dachte heute schon auf den Vesuv« zu steigen, notiert er.[34] Dass der Ungeduldige dann doch noch einen Tag länger warten muss, ist nur dem Umstand geschuldet, mit Tischbein einen Ausflug nach Pozzuoli unternommen zu haben, in jene »Campi phelagraei«, Phlegräische Felder, genannte Landschaft, in der schon sein Dialoggedicht *Der Wandrer* spielt, lange bevor er sie nun zu Ge-

Das Schreckliche zum Schönen, das Schöne zum Schrecklichen

sicht bekommt. Und was für ein Kontrast: »Unter reinstem Himmel der unsicherste Boden«, vermerkt Goethe: »siedende Wasser, Schwefel aushauchende Düfte, dem Pflanzenleben widerstrebende Schlackenberge, kahle, widerliche Räume und dann doch zuletzt eine immer üppige Vegetation, eingreifend wo sie nur irgend vermag, sich über alles Ertötete erhebend«.[35] Bei der surreal anmutenden Landschaft handelt es sich, wie wir heute wissen, aber damals schon wahrnehmbar war, um ein ausgedehntes Vulkanfeld mit mehr als fünfzig Eruptionsherden – einer von zwanzig Supervulkanen der Erde. In zehn Kilometern Tiefe haben die Phlegräischen Felder und der Vesuv eine gemeinsame Magmakammer. Schon vor Goethes Besuch hatte Sir William Hamilton, seit 1764 britischer Diplomat am Hof des Königreichs von Neapel, die vulkanische Tätigkeit der Phlegräischen Felder und des Vesuvs eingehend erforscht und darüber auch ein aufsehenerregendes, reich bebildertes Werk publiziert. Goethe lernt den prominenten Lebemann, Mittelpunkt des neapolitanischen Gesellschaftslebens, und seine attraktive, zwanzigjährige Geliebte Emma Hart, die für ihre freizügigen Tanzdarbietungen berühmt ist und später auch die Geliebte Lord Nelsons werden wird, Mitte März persönlich kennen.

Am Tag nach dem Ausflug geht es dann aber endlich zum ersten Mal auf den Vesuv selbst; nicht einmal das schlechte Wetter kann ihn von seinem Vorhaben abhalten. Mit der Postkutsche fährt Goethe bis Resina, wie Herculaneum seinerzeit hieß, von dort lässt er sich auf dem Rücken eines Maultiers »zwischen Weingärten« den Berg hinauftragen, schließlich läuft er zu Fuß weiter. Die erstarrte Lava des Ausbruchs von 1771 findet Goethe bereits mit einem festen »Moos« überzogen, einer grausilbrigen Flechte, die sich dort in den Frühjahrswochen beobachten lässt. Zuletzt kraxelt er den steilen Krater hinauf, der an diesem Tag wolkenverhangen ist. Sein Kessel ist mit neuen Laven der Auswürfe der vergangenen Monate, Wochen und Tage ausgefüllt. Wie Goethe bemerkt, erstarre die bei der Eruption ausgetretene Lava innerhalb weniger Tage. »Wir stiegen über sie an einem erst aufgeworfenen vulkanischen Hügel hinauf, er dampfte aus allen Enden. Der Rauch zog von uns weg, und ich wollte nach dem Krater gehn. Wir waren ungefähr funfzig Schritte in den Dampf hinein, als er so stark wurde, daß ich kaum meine Schuhe sehen konnte. Das Schnupftuch vorgehalten half nichts, der Führer war mir auch verschwunden, die Tritte auf den ausgeworfenen Lavabröckchen unsicher, ich fand für gut, umzukehren und mir den gewünschten Anblick auf einen heitern Tag und verminderten Rauch zu sparen. Indes weiß ich doch auch, wie schlecht es sich in solcher Atmosphäre Atem holt.«

Übrigens sei der Berg ganz still gewesen. »Weder Flamme, noch Brausen, noch Steinwurf«. Er habe den Vesuv nun »rekognostiziert«, notiert Goethe. Sobald sich das Wetter bessere wolle er ihn förmlich belagern.[36] Bereits vier Tage später ist es dann soweit. Dieses Mal ziehen die beiden Bergführer, Vater Bartolomeo und Sohn Raimondo Madonna, Goethe und seinen Begleiter Tischbein an umgegürteten ledernen Riemen an jenen Stellen hinauf, an denen der Krater am steilsten ist. Das war damals so üblich und im Honorar der Führer enthalten. Raimondo wird auf diese Weise Jahre später auch den Geologen Leopold von Buch und Alexander von Humboldt auf den Vesuv begleiten. Dort hat sich die Lage seit Goethes letztem Besuch vor wenigen Tagen dramatisch verändert. Der Vulkan macht sich nicht nur optisch bemerkbar, indem er »Steine, größere und kleinere, zu Tausenden ... von Aschenwolken eingehüllt« in die Luft schleudert. Die ehemalige Stille ist auch einem »gewaltsamen Donner« gewichen, »der aus dem tiefsten Schlunde hervortönte«. Hinzu kommen die plcppernden Geräusche der herabregnenden Steine, soweit sie nicht in den Schlund zurückfallen, sondern auf der Außenseite des Kegels niedergehen. »Erst plumpten die schwereren und hupften mit dumpfem Getön an die Kegelseite hinab, die geringeren klapperten hinterdrein, und zuletzt rieselte die Asche nieder. Dieses alles geschah in regelmäßigen Pausen, die wir durch ein ruhiges Zählen sehr wohl abmessen konnten.«[37] Noch der Philosoph Alfred Sohn-Rethel, der als junger Mann annähernd 150 Jahre später den Vesuv auf den Spuren Goethes besteigt, ist von diesem Donner aus dem Innern des Vulkans ergriffen. Nicht »der ungeheuerliche Anblick des Kraters«, schreibt er, sei »das Stärkste, ... das unmittelbar Zermalmende des ersten Eindrucks« gewesen. »Es war der Klang, der in dem Krater tönte wie Berge von flüssigem Metall, die in unfaßbarer Tiefe gegeneinander schlugen. Die Jahrmillionen vor aller Regung von Leben auf unserm Stern waren in diesem Klang zugegen, gegenwärtig geworden im Ohr, das ihn vernahm.«[38]

»Solange der Raum gestattete, in gehöriger Entfernung zu bleiben, war es ein großes, geisterhebendes Schauspiel«, so wieder Goethe. Dann aber werden die beiden Vesuv-Bezwinger beim Umkreisen des Auswurfkegels von den ersten Steinen getroffen. Bei Tischbein, dem Maler, »der sich nur immer mit den schönsten Menschen- und Tierformen beschäftigt« und dem die »allem Schönheitsgefühl der Krieg« ankündigende »Aufhäufung« des Vulkans sowieso ein Greuel ist, führt das dazu, dass sich sein ohnehin schon bemerkbarer Verdruss noch steigert. Goethe hingegen reagiert nach eigener Darstellung ganz anders: Die »gegenwärtige Gefahr« erweckt seinen Widerspruchsgeist;

er beschließt, »ihr zu trotzen«. Es müsse doch möglich sein, überlegt er, »in der Zwischenzeit von zwei Eruptionen den Kegelberg hinauf an den Schlund zu gelangen und auch in diesem Zeitraum den Rückweg zu gewinnen«. Er beratschlagt sich darüber mit den Führern, die sich mit Tischbein unter einem Felsvorsprung zu einem kleinen Picknick niedergelassen haben, und kann Raimondo dazu überreden, mit ihm das Wagnis einzugehen. Sie rüsten sich, indem sie ihre Kopfbedeckungen mit Stoff ausstopfen, um vor niederprasselnden Steinen besser geschützt zu sein, und Goethe hält sich an dem Gürtel seines Führers fest.

»Noch klapperten die kleinen Steine um uns herum, noch rieselte die Asche, als der rüstige Jüngling mich schon über das glühende Gerölle hinaufriß. Hier standen wir an dem ungeheuren Rachen, dessen Rauch eine leise Luft von uns ablenkte, aber zugleich das Innere des Schlundes verhüllte, der ringsum aus tausend Ritzen dampfte. Durch einen Zwischenraum des Qualmes erblickte man hie und da geborstene Felsenwände. Der Anblick war weder unterrichtend noch erfreulich, aber eben deswegen, weil man nichts sah, verweilte man, um etwas herauszusehen.« So versäumen sie den richtigen Zeitpunkt für den Rückweg, und während sie »auf einem scharfen Rande vor dem ungeheuren Abgrund« stehen«, erschallt der Donner schon wieder und »die furchtbare Ladung« fliegt haarscharf an ihnen vorbei. »Wir duckten uns unwillkürlich, als wenn uns das vor den niederstürzenden Massen gerettet hätte; die kleineren Steine klapperten schon, und wir, ohne zu bedenken, daß wir abermals eine Pause vor uns hatten, froh, die Gefahr überstanden zu haben, kamen mit der noch rieselnden Asche am Fuße des Kegels an, Hüte und Schultern genugsam eingeäschert.«[39]

Mit einigem Glück davongekommen, gilt Goethes Aufmerksamkeit sofort wieder dem Studium der Laven, ihrem Alter und ihrer Zusammensetzung. Der ältere der beiden Führer weiß »genau die Jahrgänge zu bezeichnen«. Mitten in den verschiedenen, teilweise übereinander geschobenen Lavaschichten finden sich auch »große Blöcke«, von denen die Führer behaupten, »es seien alte Laven des tiefsten Grundes, welche der Berg manchmal auswerfe«. Die Geologen sprechen von Lithoklasten und meinen damit bei der Eruption aus der Erdkruste herausgerissenes Gestein, das nicht vulkanischen Ursprungs ist. Ihm gilt Goethes besonderes Interesse. Er schlägt es mit dem Hammer an und stellt fest, es sehe »einer Urgebirgsart völlig ähnlich«.[40] Granit auf dem Vesuv! Womöglich ein Hinweis darauf, dass der Vulkanismus doch nicht der Hauptfaktor der Bildungsgeschichte der Erde ist, sondern nur ein Epiphänomen.

Auf die Kunde hin, es sei zu einem Ausfließen von Lava an einer von Neapel aus nicht sichtbaren seitlichen Flanke des Vesuvs gekommen, besteigt Goethe zwei Wochen später den Vesuv ein drittes Mal. Seine beiden Führer stehen wieder parat, und während Vater Madonna »bei den Märteln und Viktualien« zurückbleibt, marschieren sein Sohn und Goethe auf eine Stelle los, von der aus sie unterhalb des Kegelschlundes »aus dem wilden Dampfgewölke die Lava hervor quellen« sehen.[41] Sie mache sich »ein Dach wo sie herausbricht, und arbeitet unter der Kruste«, heißt es in Goethes Aufzeichnungen, die wohl noch während oder unmittelbar im Anschluss an die Exkursion entstanden sind und die er unter dem Titel *Eilige Anmerkungen über den Vesuv* an Charlotte von Stein geschickt hat. Sehr schön sehe es so frisch aus; schon bald aber sei alles mit Asche bedeckt und dann bekomme man keine Vorstellung mehr davon.[42] Während Goethe und sein junger Führer entlang des Glutstroms bergabwärts laufen, rollen die Schlacken »regelmäßig an den Seiten herunter« bis zu ihren Füßen. Trotz des zwiespältigen Erlebnisses bei der letzten Exkursion ist es Goethes Wunsch, möglichst nah an die Stelle heranzukommen, an der die Lava aus dem Berg austritt. Dort soll sie, wie ihm der junge Madonna versichert, »sogleich Gewölb' und Dach über sich her bilden«, er selbst habe darauf schon öfters gestanden. Also steigen sie den Berg wieder hinauf, um sich dieser Stelle von hinten zu nähern. Der aus tausend Ritzen aufsteigende Rauch führt dazu, dass sie kaum etwas sehen, aber ein lebhafter Windzug kommt ihnen zu Hilfe: Er bläst die Schwaden für einen Augenblick weg und gibt die Sicht auf den Steilhang frei. Und so erreichen die beiden tatsächlich die »breiartig gewundene, erstarrte Decke«, die aber soweit übersteht, dass sie dort von der Lavaeffusion unter ihnen nichts sehen können.[43]

Wie schon bei der ersten Exkursion am 2. März erregt auch dieses Mal »festes, grauliches, tropfsteinförmiges Gestein«, das Goethe an den Austrittslöchern in der fließenden Lava entdeckt, seine Aufmerksamkeit. Die vulkanischen Essen, als die er diese Schlünde bezeichnet, scheinen ihm damit sogar »bis oben bekleidet« zu sein. Dank der mitgeführten Stäbe gelingt es ihm, »mehrere dieser herabhängenden Dunstprodukte« abzulösen und mitzunehmen. Goethe nennt, was er da gewonnen hat, »vulkanischen Ruß«, und mit den Jahren wächst seine Überzeugung, dies seien mineralische Stoffe, gebunden in dem heißen Dampf, der dort aus allen Ritzen steigt.[44] Fünfzehn Jahre nach der Rückkunft aus Italien schickt er Johann Friedrich Blumenbach in Göttingen Proben davon und besteht darauf, dass es sich dabei nicht um Lava handle.[45] Goethe betrachtete den Ruß als ein weiteres Indiz für die Richtigkeit seiner Auffassung, das vulkanische Feuer könne nicht die von den Plutonisten unterstellte zentrale Rolle bei der Bildung der Erdkruste gespielt haben.

Doch das ist nur ein Aspekt von Goethes Rekognoszierung und Belagerung des Vesuvs in diesen Wochen und nicht einmal der wichtigste. Völlig unabhängig davon, ob die Beobachtungen, die dort zu machen waren, nun für die vulkanische oder die neptunische Theorie der Bildung der Erde sprachen – dort oben zu stehen, in den Abgrund des Kraters zu schauen und dabei das urgeschichtliche Donnern aus dem Innern der Erde zu vernehmen, blieb für Goethe ein unvergleichliches Erlebnis, eines der größten seiner gesamten Italienreise. Es war eine staunenerregende Begegnung mit den unvordenklichen Gewalten der Erdgeschichte, sinnliche Bestätigung der Ahnung, dass der Wanderer, als den er sich erneut sah, auf einem Boden wandelte, dessen Festigkeit und Unantastbarkeit sich keineswegs von selbst verstanden. »Das Schreckliche zum Schönen, das Schöne zum Schrecklichen«, sinniert er auf der Rückfahrt nach Neapel, als der »herrlichste Sonnenuntergang« und »ein himmlischer Abend« seine Sinne, verwirrt von dem ungeheuren Gegensatz, schon wieder erquicken. »Gewiß wäre der Neapolitaner ein anderer Mensch, wenn er sich nicht zwischen Gott und Satan eingeklemmt fühlte.«[46]

Die daraus sprechende Faszination, die ein ganzes Stück weit auch ästhetischer Natur war und zugleich mit tiefer existenzieller Verunsicherung einherging, bestimmt auch Goethes letzte Begegnung mit dem Vesuv auf seiner Italienreise. Er ist schon wieder aus Sizilien zurück, und auch die endgültige Abreise aus Neapel steht bereits bevor, da erreicht ihn die Nachricht, »eine starke Lava« sei aus dem Vesuv hervorgebrochen und nehme ihren Weg nach dem Meer zu; »an den steileren Abhängen des Berges sei sie beinahe schon herab und könne wohl in einigen Tagen das Ufer erreichen«. Da der Tag mit Abschiedsbesuchen verplant ist, kommt er erst nach Anbruch der Dunkelheit dazu, ans Meer zu eilen und beim Schein des Vollmonds Seite an Seite mit dem »Sprühfeuer des Vulkans« die Lava »auf ihrem glühenden ernsten Wege« zu betrachten. »Ich hätte noch hinausfahren sollen, aber die Anstalten waren zu weitschichtig, ich wäre erst am Morgen dort angekommen. Den Anblick, wie ich ihn genoß, wollte ich mir durch Ungeduld nicht verderben, ich blieb auf dem Molo sitzen, bis mir ungeachtet des Zu- und Abströmens der Menge, ihres Deutens, Erzählens, Vergleichens, Streitens ... die Augen zufallen wollten.«

Auch der nächste Tag, sein letzter in Neapel, ist voll mit Verabredungen. »Sehnsuchtsvoll blickte ich nach dem Dampfe, der, den Berg herab langsam nach dem Meer ziehend, den Weg bezeichnete, welchen die Lava stündlich nahm.« Selbst der Abend ist nicht frei, er hat der Herzogin von Giovane, einer gebürtigen Würzburgerin, seinen Besuch im Palazzo Reale über dem alten Hafen zugesagt. »Ich fand in einem großen und hohen Zimmer, das keine sonderliche Aussicht hatte, eine wohlgestaltete junge Dame von sehr zarter und sittlicher Unterhaltung.« Die beiden sprechen über Literatur, vorzugsweise deutsche, über Herder, weibliche Autorschaft und Erziehung: »Ein solches Gespräch kennt keine Grenzen. Die Dämmerung war schon eingebrochen, und man hatte noch keine Kerzen gebracht. Wir gingen im Zimmer auf und ab und sie, einer durch Läden verschlossenen Fensterseite sich nähernd, stieß einen Laden auf und ich erblickte was man in seinem Leben nur einmal sieht. Tat sie es absichtlich mich zu überraschen, so erreichte sie ihren Zweck vollkommen. Wir standen an einem Fenster des oberen Geschosses, der Vesuv gerade vor uns; die herabfließende Lava, deren Flamme bei längst niedergegangener Sonne schon deutlich glühte und ihren begleitenden Rauch schon zu vergolden anfing; der Berg gewaltsam tobend, über ihm eine ungeheuere, feststehende Dampfwolke, ihre verschiedenen Massen bei jedem Auswurf blitzartig gesondert und körperhaft erleuchtet. Von da herab bis gegen das Meer ein Streif von Gluten und glühenden Dünsten ...«[47] Eine Szene wie aus einem Film: Im Augenblick des Abschieds verwandelt sich das Schreckliche in eine Schönheit mit deutlich erotischen Zügen.

Zweiundzwanzigstes Kapitel, in dem Goethe die Urpflanze sucht und eine durchgewachsene Rose findet

In der Buchfassung der *Italienischen Reise*, kurz vor der Schilderung der dritten Vesuvexkursion, findet sich unvermittelt eine Erwähnung Rousseaus. Sie ist ebenso sehr Selbstauskunft Goethes wie ein kritisches Porträt des großen Ideengebers. Manchmal gedenke er Rousseaus »und seines hypochondrischen Jammers«, heißt es, und es werde ihm begreiflich, »wie eine so schöne Organisation verschoben werden konnte. Fühlt' ich nicht solchen Anteil an den natürlichen Dingen und säh' ich nicht daß in der scheinbaren Verwirrung hundert Beobachtungen sich vergleichen und ordnen lassen, wie der Feldmesser mit einer durchgezogenen Linie viele einzelne Messungen probiert, ich hielte mich oft selbst für toll.«[1]

Das ist eine im Rückblick mehrerer Jahrzehnte hinzugefügte, bemerkenswerte Notiz. Bei Rousseau, der sich mit zunehmendem Alter von der ganzen Welt verfolgt fühlte, hatten sich schon früh psychopathische Züge gezeigt, insbesondere in Auseinandersetzungen mit seinem sozialen Umfeld. Rousseau war ungefähr fünfzig, als seine Ängste und Abwehrhandlungen so schwerwiegend wurden, dass sie wahnhafte Züge annahmen. Er war den nervlichen Belastungen und der Kritik an seinen Schriften und seiner Person nicht mehr gewachsen. In dieser Situation hat er sich in Pflanzenstudien geflüchtet und hat seine botanischen Lehrbriefe geschrieben. Goethe hingegen, selbst ein entzückter Leser dieser Briefe, verbindet die »Verschiebung« von Rousseaus Geisteszustand mit seiner eigenen Verwirrung angesichts der Vielzahl unterschiedlicher, voneinander abweichender Beobachtungen, die der Naturforscher macht. Die Hingabe an die natürlichen Dinge hilft da nur bedingt weiter; sie kann die Verwirrtheit sogar noch steigern. Davon weiß Goethe ein Lied zu singen. In Padua notiert er in sein Tagebuch, es sei sonderbar und mache ihn manchmal fürchten, »daß so gar viel auf mich gleichsam eindringt dessen ich mich nicht erwehren kann daß meine Existenz wie ein Schneeball wächst und manchmal ists als wenn mein Kopf es nicht fassen noch ertragen könnte ...« Da kommt er gerade aus dem Botanischen Garten, in dem er »schöne Bestätigungen« seiner »botanischen Ideen« gefunden hat, wie er dem Tagebuch anvertraut.[2] In der Buchfassung liest man dann, ihm sei angesichts der unbekannten Vielfalt der angeschauten Pflanzen der Gedanke immer lebendiger geworden, »daß man sich alle Pflanzengestalten vielleicht aus Einer entwickeln könne«. Erst einmal aber verwirrt ihn diese Mannigfaltigkeit. Ihm schwirrt sozusagen der Kopf. Und er sucht nach einem Schema oder Verfahren, das es ihm erlaubt, in der Fülle der beobachteten Pflanzen eine Ordnung zu erkennen, ohne Zuflucht zu einem vorausgesetzten, statischen System zu nehmen, dessen Unbrauchbarkeit für seine Erkenntnisinteressen ihm immer deutlicher wird. An diesem Punkte sei er mit seiner botanischen Philosophie »stecken geblieben«, kommentiert Goethe nachträglich seine Verwirrung in Padua; »ich sehe noch nicht, wie ich mich entwirren will«.[3]

Für den Weg der Entwirrung steht in Goethes Anmerkung zu Rousseau die Metapher des Landvermessers. Dessen Tätigkeit war ihm schon von seiner Aufgabe als zuständiger Minister für den Wegebau im Herzogtum Sachsen-Weimar-Eisenach vertraut. Es ist ein sehr wissenschaftliches Bild, das bis heute noch Gültigkeit hat. Die Linie, von der hier die Rede ist, ist der Graph, der die auf einem Koordinatensystem aufgetragenen Messwerte in Beziehung zueinander setzt, indem er Ungenauigkeiten korrigiert und eine durchgezogene »Ideallinie« einzeichnet. Ihre Konstruktion setzt voraus, dass man in den zusammengetragenen Daten ein Muster erkennt, wobei man Abweichungen akzeptiert.

Die »ursprüngliche und allgemeine Vorzeichnung«, Buffons »dessin primitif et général«, nach der Goethe suchte, war so etwas wie die botanische »Ideallinie«. Zumindest eine Zeitlang taucht in diesem Zusammenhang bei ihm der Begriff einer »Urpflanze« auf - eine Bildung, die sich in die von Goethe in beachtlicher Zahl gebrauchten oder gebildeten Komposita mit dem Präfix »Ur-« einreiht: von »Uranfang«, »Urzeit«, »Urgeographie« über »Urtier« und »Urstier« bis »Urphänomen«. Goethe ist mit dem Begriff der Urpflanze allerdings sehr sparsam, um nicht zu sagen vorsichtig umgegangen. In den unterwegs entstandenen Aufzeichnungen und Briefen von seiner Italienreise findet man ihn nur in einem Schreiben an Charlotte von Stein, verbunden mit dem Auftrag, Herder eine Nachricht zu überbringen, die ihm offenbar wichtig war: »Sage Herdern, daß ich dem Geheimniß der Pflanzenzeugung und Organisation ganz nah bin und daß es das einfachste ist was nur gedacht werden kann.« Die »Ur-

Die Urpflanze, das wunderlichste Geschöpf von der Welt 361

pflanze« werde »das wunderlichste Geschöpf von der Welt über welches mich die Natur selbst beneiden soll.«[4] Dass Goethe gerade hier den Begriff der »Urpflanze« verwendet, hat damit zu tun, dass er sich auf Herders Begriff der »Urgestalt« bezieht, der zu Beginn des zweiten Buches seiner *Ideen zur Philosophie der Geschichte der Menschheit* auftaucht. Es trägt den programmatischen Titel: »Unser Erdball ist eine große Werkstätte zur Organisation sehr verschiedenartiger Wesen«. Die beiden hatten in den vergangenen Jahren häufig über die Anfänge der Erdgeschichte, das Auftauchen des Lebendigen und seine Organisation gesprochen. »Von einfachen Gesetzen, so wie von groben Gestalten«, hatte Herder geschrieben, schreite die Natur »ins Zusammengesetztere, Künstliche, Feine; und hätten wir einen Sinn, die *Urgestalten* und ersten Keime der Dinge zu sehen, so würden wir vielleicht im kleinsten Punkt der ganzen Schöpfung gewahr werden«.[5] Goethe traute sich zu, diesen Sinn bei sich aktivieren zu können.

Aus einem im Sommer 1814 entstandenen kalendarischen Schema, das Goethe im Vorfeld der Konzeption der Buchfassung seiner *Italienischen Reise* erstellt hat, geht hervor, dass er im öffentlichen Garten von Palermo, der damals noch hoch über dem Meer gelegen war, die »Urpflanze aufgesucht« hat.[6] Als er in der *Italienischen Reise* unter dem Datum des 17. April 1787 dann aber auf diese Begebenheit zu sprechen kommt, relativiert er deren Bedeutung allein schon dadurch, dass er von seiner »alten Grille« spricht. Zudem hat der wunderliche Einfall dort auch noch den Charakter einer Störung. Denn nicht auf der Suche nach der Urpflanze hat er den Garten betreten, sondern um den Plan eines Dramas über die phäakische Königstochter Nausikaa, die bei Homer den schiffbrüchigen Odysseus am Strand von Scheria entdeckt und sich in ihn verliebt, weiter zu durchdenken. Goethe will sogar gleich eine Ausgabe der *Odyssee* gekauft haben, um »jenen Gesang mit großer Erbauung zu lesen« und eine Stegreifübersetzung seinem Begleiter vorzutragen.[7] Nie hat er sich der Welt Homers und der Antike näher gefühlt.

Aber an diesem Tag kommt es anders. »Eh' ich mich's versah, erhaschte mich ein anderes Gespenst, das mir schon diese Tage nachgeschlichen. Die vielen Pflanzen, die ich sonst nur in Kübeln und Töpfen, ja die größte Zeit des Jahres nur hinter Glasfenstern zu sehen gewohnt war, stehen hier froh und frisch unter freiem Himmel, und indem sie ihre Bestimmung vollkommen erfüllen, werden sie uns deutlicher. Im Angesicht so vielerlei neuen und erneuten Gebildes fiel mir die alte Grille wieder ein, ob ich nicht unter dieser Schar die Urpflanze entdecken könnte. Eine solche muß es denn doch geben!«

Interessant ist die Begründung, die Goethe für diese Notwendigkeit anführt: Er geht davon aus, dass wir nur jene Gestalten als zum Reich der Pflanzen gehörig erkennen können, welche nach einem bestimmten Muster geschaffen sind: »Woran würde ich sonst erkennen, daß dieses oder jenes Gebilde eine Pflanze sei, wenn sie nicht alle nach einem Muster gebildet wären?« Wir können nur begreifen, was sich von Natur aus der Erkenntnis erschließt. Aber die Natur kommt uns in unserer Beschränkung entgegen, indem sie die Muster, nach denen sie ihre Geschöpfe bildet, nicht vor uns versteckt, sondern offen darbietet. In der Ausgabe der *Tag- und Jahreshefte* von 1790 spricht Goethe dann von seinem Glauben, »daß die Natur kein Geheimnis habe, was sie nicht irgendwo dem aufmerksamen Beobachter nackt vor die Augen stellt«.[8] Der Naturforscher muss sich nur auf die Kunst verstehen, es gewahr zu werden und es in den richtigen Zusammenhang zu stellen. Auf diese Weise sind wir imstande, die Natur adäquat zu erkennen und brauchen uns nicht mit Fiktionen zu begnügen. Dies ist das erkenntnistheoretische Fundament von Goethes wissenschaftlichen Bemühungen, sein Forscher-Credo in Sachen Natur.

Wie schon in Padua versucht Goethe auch in Palermo seine »botanische Terminologie« anzubringen, »aber es fruchtete nicht, es machte mich unruhig, ohne daß es mir weiterhalf. Gestört war mein guter poetischer Vorsatz ... ein Weltgarten hatte sich aufgetan.«[9] Nach damaligem wie heutigem Verständnis repräsentiert ein Weltgarten die Pflanzenwelt aller Kontinente. Goethes Erinnerung an diese Szene beschreibt eine Verwandlung: Nicht mehr Nausikaa und Homer, sondern Pflanzen aus aller Welt sind nun die Akteure, und an die Stelle von Mythos und Poesie tritt die Naturforschung mit dem Übervater Linné auf der Hinterbühne und dem stillen Rebellen Goethe im Proszenium.

Der persönlichen Metamorphose entspricht eine epochale Verschiebung. Von einer »Urszene der Moderne« hat ein Interpret sogar gesprochen.[10] Nicht die Poesie des Herzens, sondern die Prosa der wissenschaftlichen Erkenntnis eröffnet den Zugang zum Weltgarten. Goethes Beschreibung hält die ganze Ambivalenz dieses Prozesses fest: er ist Verlust und Gewinn zugleich: Verlust von Unmittelbarkeit und Natürlichkeit, Gewinn von Erkenntnis und Freiheit. Einerseits sagt er, ein Weltgarten habe sich aufgetan, versteht das Geschehen also als Öffnung und Erweiterung des Blickes; andererseits spricht er von einer Störung: Er ist aufgestört und aufgeweckt worden aus idealisierenden Träumen, eine Wiedergeburt der homerischen Welt aus dem Geist der Poesie herbeiführen zu können. Er findet sich wieder in einer entzauberten Wirklichkeit, deren Schlüssel nicht mehr der Mythos mit seinen Bildern und Gestalten, sondern die Wissenschaft mit ihrer begrifflichen Systematik bereithält. Uns bleibt nur der Weg nach vorn, mit dem Ziel, dem Geheimnis der Natur auf dem Weg ihrer wissenschaftlichen Durchdringung nahezukommen. Im Rückblick hat Goethe seine Schrift über die Metamorphose der Pflanzen als den Versuch charakterisiert, »die mannigfaltigen, besonderen Erscheinungen des herrlichen Weltgartens auf ein allgemeines, einfaches Prinzip zurückzuführen.«[11] Nichts anderes aber ist Aufgabe und Leistung von Wissenschaft.

∽

Wenn Goethe aber weder in Padua noch in Palermo die Urpflanze als Urbild aller Pflanzen gefunden hat, was hat er dann in Italien entdeckt? Denn dass er dort auf dem Gebiet der Pflanzen eine Entdeckung gemacht hat, ist unbestreitbar; davon zeugt schon die Nachricht, die er Herder durch Charlotte von Stein zukommen lässt.

Vieles spricht dafür, dass es so zugegangen ist. Am 11. März 1787, einem Sonntag, macht Goethe einen Ausflug nach Pompeji, wo die Ausgrabungen mittlerweile nur noch schleppend vorangehen. Der Boom, der nach der Identifizierung der verschütteten Stadt als das beim Vesuvausbruch von 79 n. Chr. zerstörte Pompeji Anfang der 1760er Jahre eingesetzt hat, ist längst abgeklungen, nachdem das Königshaus von Neapel seinen Bedarf an Schau- und Verschenkstücken gedeckt hat. Goethe ist bei dem Besuch nicht allein, sondern in guter Gesellschaft: Neben Tischbein ist auch der Maler und Zeichner Christoph Heinrich Kniep mitgekommen, der Goethe auf seiner Rundtour durch Sizilien begleiten wird, weiterhin der Kupferstecher Georg Hackert, jüngster Bruder des bekannten Malers, der als Verleger viel zu dessen Ruhm beiträgt, sowie das Ehepaar Venuti. Domenico Venuti ist der Sohn des Marchese Marcello Venuti, des ersten Leiters der Ausgrabungen von Herculaneum. Die Gruppe von Ausflüglern ist blendend gelaunt. Tischbein erinnert sich: »Nachdem wir uns lange an der schönen Gegend ergötzt hatten und vom Anschauen der ausgegrabenen Antiken und so vielfacher Gegenstände ermüdet waren, gingen wir nach Torre dell' Annunziata, wo uns in einer Osteria ein Mittagsmahl erwartete. Hier wurde viel gescherzt, aber der rechte Spaß begann erst nach dem Essen. Wir gingen an den Strand des Meeres, welcher gerade hinter dem Hause war. Die meisten streckten sich hier auf den Sand nieder, der sanft wie Sammet ist. Doch war ihre Ruhe nur von kurzer Dauer. Sie sprangen bald wieder auf, und der gute Lacrimae Christi, welcher in die Köpfe gestiegen war, tat seine

Wirkung, besonders bei Hackert. Sie fingen an zu schäkern und sich mit Sand zu bewerfen ...« Der Maler berichtet in allen Einzelheiten von dem mutwilligen Kampf, anfangs mit trockenem, später mit feuchtem Sand als Munition, bis zuletzt alle Beteiligten nass und ermattet ein Sonnenbad nehmen, und er hat ihn auch in einer hingeworfenen Skizze festgehalten.[12]

Wenn Goethe zwei Tage darauf nach Weimar von dem Ausflug berichtet, betont er das Behagen der kleinen Gesellschaft: »Die Gesellschaft fühlte sich so recht an ihrem Wohnplatz, einige meinten, es müsse ohne den Anblick des Meers doch gar nicht zu leben sein.« Von der Sandschlacht erzählt er nichts. Laut Tischbein hat er sich schon bald »vom Kampfe abgesondert und klopfte Stücke von den Felsblöcken, welche hier liegen, um die Brandung zu brechen, und untersuchte die Steinarten«. In seiner Version des Geschehens stellt Goethe sein Tun gleich in einen größeren Zusammenhang, den der Rekognoszierung der vulkanischen Gegend. Dabei fällt ein wichtiges Stichwort: Erkenntnis ist nicht so sehr am Einzelfall als an einer »Verbindung« mehrerer Beobachtungen oder Befunde zu einem Gesamtbild zu gewinnen. »Die vesuvianischen Produkte hab' ich auch nur gut studiert, es wird doch alles anders wenn man es in Verbindung sieht.« Diese Überlegenheit eines Urteils, das sich auf eine Vielzahl von Beobachtungen und deren Synthese stützen kann – gleich der »Ideallinie«, die verschiedene Messergebnisse zueinander in Beziehung setzt –, gilt nicht nur für die Mineralogie beziehungsweise Geologie, sondern auch für die Botanik und eigentlich jede Disziplin der Naturforschung. Auch das spricht gegen die Fokussierung auf eine Pflanze und ihre Betrachtung als Urbild aller anderen.

Eigentlich sollte er den Rest seines Lebens »auf Beobachtung wenden«, fährt Goethe in seinem Bericht über die Ereignisse dieses Sonntags fort: »ich würde manches auffinden, was die menschlichen Kenntnisse vermehren dürfte«. Goethe scheint also an dem Strand von Torre dell' Annunziata, als er sich von der lärmenden Gruppe der Ausflugsgefährten absonderte, und womöglich ebenfalls nicht ganz unbeeinflusst von der Wirkung des Weines, zu einer Erkenntnis gelangt zu sein. Und die unmittelbar daran anschließenden Sätze geben auch zu erkennen, worauf sich diese Erkenntnis bezog: »Herdern bitte zu melden, daß meine botanischen Aufklärungen weiter und weiter gehen; es ist immer dasselbe Prinzip, aber es gehörte ein Leben dazu, um es durchzuführen. Vielleicht bin ich noch im Stande, die Hauptlinien zu ziehen.«[13]

Aus einer ganzen Reihe von Mitteilungen Goethes während seiner Italienreise geht hervor, dass er sich im Alter von Ende dreißig schon jenseits der Lebensmitte wähnte. Daraus folgt eine gewisse Dringlichkeit: Was er bislang versäumt hat, lässt sich nur noch in gedrängter Form erreichen; Hauptlinien schon, aber nicht mehr die Totale. Das ist weniger Koketterie als Realismus. Ein Leben, das mehr als siebzig Jahre währte, war zu Goethes Zeiten die große Ausnahme.

Doch davon reden die nach Weimar gesandten Sätze nur wie nebenbei. Vielmehr teilen sie, und das ebenfalls im Ton kunstvoller Beiläufigkeit, einen Erkenntnisdurchbruch mit. Goethe musste nicht bis zur Ankunft auf Sizilien warten, damit sich ihm das Prinzip, mit dem er die Botanik über Linné hinausführen wollte, erschloss: Er hat es bereits hier, am Meeresstrand eines Örtchens, das den sinnreichen Namen Turm der Verkünderin trägt, entweder erstmals erkannt oder die Gelegenheit genutzt, es weiter zu durchdenken. Und er brauchte dazu keine konkrete Pflanze vor Augen zu haben. Es reichte, Steine zu klopfen oder Sand durch die Finger rieseln zu lassen, mit anderen Worten, irgendetwas beiläufiges Motorisches zu tun, das der inneren Bewegung entsprach. Das Prinzip, über das Goethe reflektiert, ist ein Gedankending, nicht primär ein Anschauungsgegenstand. Zwar verdankt es sich genauer Beobachtung, aber als Erkenntnis ist es eine davon unabhängige Idee, über die sich auch als solche nachdenken lässt. Erst dann wieder, wenn es um die Durchführung geht, ist ohne Beobachtung nichts zu erreichen.

Dass es sich in der Tat so verhalten haben kann, belegt eine in der *Italienischen Reise* mitgeteilte Aufzeichnung gut zehn Tage später. Wieder befindet sich Goethe am Meer, dieses Mal auf einem Strandspaziergang. Soeben hat ihm der inzwischen zum sizilianischen Reisegefährten erkorene Kniep seine Freundin vorgestellt. Während sie auf dem Flachdach eines Hauses unmittelbar an der Strandpromenade Neapels, dem Molo, stehen, taucht die hübsche junge Frau durch den einzigen Zugang, eine im Boden eingelassene Falltür, auf. Goethe fühlt sich bei ihrem Anblick an einen Engel erinnert, denn er muss daran denken, »daß ältere Künstler die Verkündigung Mariä also vorstellen, daß der Engel eine Treppe herauf kömmt«. Das ist wie alles beim späten Goethe, der diese Passage wie die gesamte *Italienische Reise* aus älteren, großteils modifizierten Aufzeichnungen zusammenstellt, so subtil wie bedeutsam verdichtet und komponiert. Einmal mehr steht die folgende Mitteilung also unter dem Zeichen einer Verkündigung: »Nach diesem angenehmen Abenteuer, spazierte ich am Meere hin und war still und vergnüglich. Da kam mir eine gute Erleuchtung über botanische Gegenstände. Herdern bitte ich zu sagen, daß ich mit der Urpflanze bald zustande bin, nur fürchte ich, daß niemand die übrige Pflanzenwelt darin wird erkennen wollen.«[14]

Berücksichtigt man noch die Aufzeichnung vom 2. Dezember des Vorjahres, in der Goethe bei einem Besuch der Villa Doria Pamphilj auf dem Gianicolo ebenfalls schon »botanische Spekulationen« betrieben haben will, so kommt man zusammen mit dem Besuch des botanischen Gartens in Padua bereits vor der Abreise nach Sizilien auf vier Momente der Erleuchtung beziehungsweise Erkenntnis hinsichtlich dessen, was Goethe in dieser Phase zuweilen »Urpflanze« nennt, meistens aber mit anderen Termini bezeichnet: Prinzip, Formel, Modell, Muster. Zwei davon gewinnt er angesichts der üppigen Vegetation des Südens, zwei in Abwesenheit beinahe jeglicher Vegetation am Strand. Die Verwirrung, in die er dabei wiederholt stürzt, stellt sich regelmäßig dann ein, wenn er mit seiner Idee im Kopf auf die konkreten Pflanzen trifft und deren Mannigfaltigkeit und Verschiedenheit mit ihr erklären will. Beides scheint er noch nicht zusammenbringen zu können. »Was uns so sehr irre macht, wenn wir die Idee in der Erscheinung anerkennen sollen, ist daß sie oft und gewöhnlich den Sinnen widerspricht«, heißt es in einer undatierten Aufzeichnung Goethes.[15]

Über die vier, zusammen mit Palermo sogar fünf erwähnten Gelegenheiten hinaus, bei denen Goethe über seine sich allmählich im Kopf abzeichnende Pflanzentheorie nachdachte, gab es sicherlich weitere, die in den Briefen oder in der Buchfassung nur keine Erwähnung finden. Auch dieses immer erneute Durchdenken von Hypothesen, das begleitet ist von plötzlichen Durchsichten genauso wie von unerwarteten Rückschlägen, vom Auftauchen neuer Probleme und mühsamen Teillösungen, bis sich endlich so etwas wie ein zumindest vorläufiges Resultat abzeichnet, hat Goethe im Nachhinein als etwas verstanden, das für einen wissenschaftlichen Erkenntnisprozess charakteristisch ist. »Nicht durch eine momentane Inspiration, noch unvermutet und auf einmal, sondern durch ein folgerechtes Bemühen«, sei er zu seinen Ergebnissen gekommen, hält er fest, wenn er auf die Geschichte seiner botanischen Studien zurückblickt.[16]

Wichtiger als die Frage, wann genau schließlich Goethe davon überzeugt war, durch Anschauen und Denken auf dem Gebiet der Botanik wie zuvor schon dem der Anatomie eine Entdeckung gemacht zu haben, die sich darlegen und empirisch belegen ließ, ist der Umstand, dass sich während dieses Erkenntnisprozesses der Gegenstand, nach dem er suchte, veränderte. Hatte er anfangs wohl schon nach einem konkreten Gewächs Ausschau gehalten, an dem die Richtigkeit seiner Pflanzentheorie unmittelbar und vollständig einsichtig würde, gilt seine Suche mehr und mehr einer »allgemeinen Formel«, die auf alle Pflanzen anwendbar sei, wie es dann im Oktober 1787 in einem

Brief an Knebel heißt.[17] In diese Richtung weist auch schon die gegenüber Herder im März geäußerte Befürchtung, dass in der Urpflanze, wie sie ihm mittlerweile gedanklich vorschwebe, niemand die übrige Pflanzenwelt werde erkennen wollen. Schon hier hat man den Eindruck, dass Goethe an dem Terminus »Urpflanze« nur noch festhält, weil er der Herder geläufige Name dafür ist, was er suchte. Erst recht ist dies die Pointe seiner erneut an Herder gerichteten Mitteilung unmittelbar nach dem Wiedereintreffen in Rom Anfang Juni 1787: »Die Urpflanze wird das wunderlichste Geschöpf von der Welt über welches mich die Natur selbst beneiden soll«, schreibt er da. »Mit diesem Modell und dem Schlüßel dazu« könne man alsdann noch »Pflanzen ins unendliche erfinden, die konsequent seyn müßen, das heißt: die, wenn sie auch nicht existiren, doch existiren könnten«. Sie seien nicht etwa lediglich malerische oder poetische Schatten oder Fiktionen, sondern hätten »eine innerliche Wahrheit und Nothwendigkeit«. Und er fügt noch hinzu: »Dasselbe Gesetz wird sich auf alles übrige lebendige anwenden laßen.«[18]

Das ist, wie nicht selten bei Goethe, groß gesagt mit einer gewissen Tendenz zum Großsprecherischen. Aber es macht doch auf wünschenswerte Weise klar, dass Goethe längst nicht mehr nach einer konkreten Pflanze, sondern nach einem Prinzip zum Design von Pflanzen suchte. Modern gesprochen, nach einem botanischen Algorithmus, dessen Geltung sich nicht auf die beobachtbare Natur beschränken, sondern ebenso auf mögliche, von der Natur bislang nicht realisierte Gewächse und Pflanzenarten erstrecken sollte. Und dabei sollte es sich nicht etwa um künstliche Blumen handeln, Nachbildungen existierender Gewächse, wie sie etwa in Bertuchs Weimarer Manufaktur von geschickten Frauenhänden hergestellt wurden, zu denen auch die seiner späteren Geliebten Christiane zählten. Vielmehr sollten sie sich folgerichtig in die Natur einpassen: Gewächse, wie die Natur sie hervorbringen könnte, dies aber aus mangelnder Gelegenheit oder Zufall bislang unterlassen hat.

Die Welt ist keineswegs nur alles, was der Fall ist, sie ist auch, was der Fall sein könnte. Hergebrachte Vorstellungen wie die von der Vollständigkeit und Unveränderlichkeit der Arten, die nach einem relativ starren Prinzip, etwa dem einer Stufenleiter, ihren festen Platz in der Schöpfung haben, sind hier aufgegeben. Stattdessen spielt Goethe Gott, jedenfalls in Gedanken: Er sucht nach der Formel, mit der Gott die Pflanzen hat wachsen lassen. Zumal für einen Spinozisten, für den Gott und Natur deckungsgleich sind, ist das eine so naheliegende wie reizvolle Aufgabe. »Der *Gott* leistet mir die beste Gesellschaft«, schreibt er im September 1787 in abgründiger Zweideutigkeit an Charlotte von

Johann Heinrich Wilhelm Tischbein, Goethe in der römischen Campagna, Rom 1787.

Auf Tischbeins berühmtem, in Italien entstandenem Gemälde sehen wir Goethe als Wanderer – mit breitkrempigem Malerhut und in einen Reisemantel gehüllt hat er sich für eine kontemplative Verschnaufpause auf den Trümmern der Vergangenheit niedergelassen. Sein Porträt zeige Goethe, »wie er auf denen Ruinen sitzet und über das Schicksal der menschlichen Werke nachdenket«, hat Tischbein seine künstlerische Absicht zusammengefasst. Auf den ›Ruinen‹, wo vormals »so große Taten geschahen«, scheine »ein lebender Mann erst recht groß« (vgl. S. 343 f.).

William Hamilton: Campi Phlegraei. Observations on the Volcanos of the two Sicilies. As they have been communicated to the Royal Society of London. Naples 1776, Tafel IX.

Diese Darstellung des Kraterinneren des Vesuvs aus Sir William Hamiltons berühmtem Buch *Campi Phlegraei* soll zwar die Situation vor dem großen Ausbruch des Jahres 1767 wiedergeben, dürfte mit einigen Abweichungen aber noch derjenigen nahekommen, die Goethe bei seinen Exkursionen zwanzig Jahre später vorfand. Während der Vulkan aktiv ist, so lautete die Bildlegende in dem 1776 erschienenen Werk, verändert der Krater seine Gestalt ständig, mit der Folge, dass die Schilderungen der Reisenden selten übereinstimmen. Manchmal sei der Krater sehr tief und ohne Auswurfskegel, dann wieder gebe es sogar mehr als einen Auswurfskegel (vgl. S. 354 ff.).

John Hill, *Abhandlung von dem Ursprung und der Erzeugung proliferirender Blumen nebst einer ausführlichen Anweisung wie durch die Cultur aus einfachen, gefüllte und proliferirende, aus gefüllten gezogen werden können,* Nürnberg 1768.

Angeregt durch die Lektüre von Hills Buch hat Goethe während seines Italienaufenthalts systematisch nach durchgewachsenen Nelken und Rosen gesucht und sie zu Hauptzeugen seiner Theorie von der Metamorphose der Pflanzen gemacht (vgl. S. 372 f.)

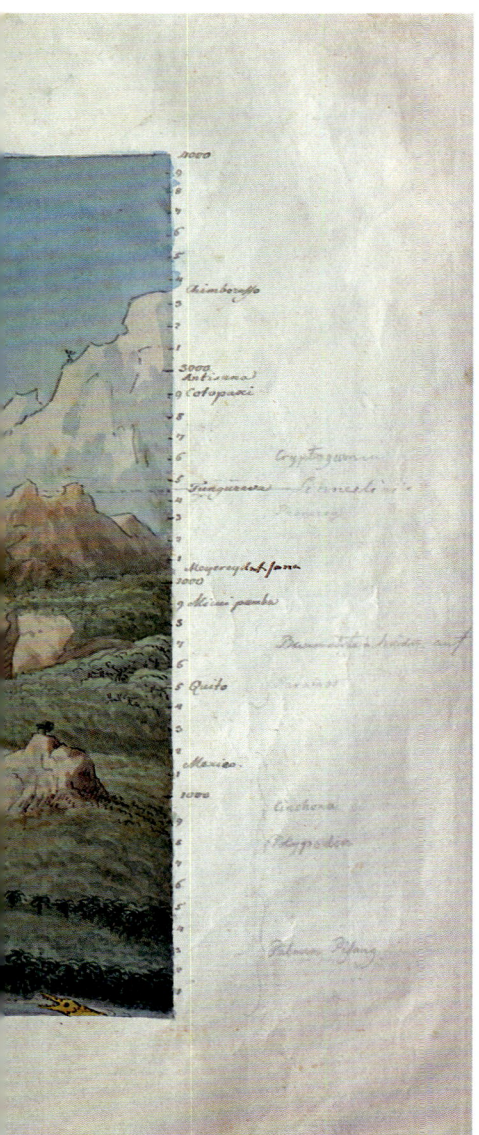

Goethe, Höhen der alten und neuen Welt (1807); zu Alexander von Humboldt: Ideen zu einer Geographie der Pflanzen nebst einem Gemälde der Tropenländer.

Der tropischen Seite mit dem Chimborazo als höchster Erhebung am äußersten rechten Rand stellte Goethe zur Linken die europäischen Höhen gegenüber: Brocken, Dôle, Gotthard, Ätna, Wetterhorn, Schreckhorn und der Mont Blanc sind auszumachen. Zusätzlich zeichnete er in Gestalt von Strichmännchen auch diejenigen Männer ein, welche zur damaligen Zeit »die höchsten Höhen in beiden Weltteilen erklommen« hatten: Alexander von Humboldt unterhalb des Gipfels des Chimborazo, den ihm vom Mont Blanc aus zuwinkenden Horace-Bénédict de Saussure und zwischen beiden und über ihnen Gay-Lussac in einem Ballon auf 7000 Metern Höhe. Indirekt hat Goethe auch sich selbst verewigt: Als einziges Gebäude auf der europäischen Seite ist das Gotthard-Hospiz eingezeichnet, zu dem er insgesamt dreimal hinaufgestiegen ist. Und rechts am unteren Bildrand schaut sogar ein Krokodil heraus (vgl. S. 508 f.).

Goethe, Farbtafel I zur Farbenlehre. Radierung, Aquatinta, koloriert, 1810.

Das ist die erste von 17 Farbtafeln, die Goethe seinem Werk *Zur Farbenlehre* beigegeben und dort im Anhang erläutert hat. Sie enthält eine Zusammenstellung der wichtigsten Schemata und Experimente, darunter Goethes Farbkreis (Figur 1), Vorrichtung und Phänomen, wie die blauen und gelben Schatten zu beobachten sind (6), und eine Landschaft ohne Blau, wie nach Goethes Überzeugung der Akyanobleps die Welt sieht (11, vgl. S. 526ff.).

Claude Monet, Heuschober, Effekt bei Raureif, 1891.

Goethes über Jahrzehnte anhaltende Beschäftigung mit den Farben beginnt mit der Beobachtung farbiger Schatten in Italien. Jahrzehnte später malt Paul Monet eine Serie von Bildern von Heuschobern, die die unterschiedliche Farbigkeit von Schatten je nach Tages- und Jahreszeit festhalten. Die Impressionisten haben von Goethes Farbenlehre keine Notiz genommen, er hat ihrer Betrachtung und Darstellung der Natur aber mit seinen Beobachtungen und Ideen zum »Werden der Farbe« vorgearbeitet (vgl. S. 445 ff.).

Goethe, Haufenwolke mit geballter Basis und Haufenwolken hinter Bergen aufsteigend. Graphit, farbige Kreide.

Mit den Wolken schlägt Goethe das letzte Kapitel seiner Naturforschung auf. Angeregt durch das System zur Klassifizierung der Wolkentypen des Engländers Luke Howard entwickelt er eine eigene Wolkenlehre, die die Erde samt ihrer Atmosphäre als ein großes lebendiges Wesen erscheinen lässt, das im ständigen Ein- und Ausatmen begriffen ist (vgl. S. 550 f.).

Stein. Vorderhand meint er damit Herders Auslegung und Apologie Spinozas in dessen kürzlich erschienener Schrift *Gott. Einige Gespräche*. Sie habe ihn »aufgemuntert in natürlichen Dingen weiter vorzudringen, wo ich denn, besonders in der Botanik auf ein *Hen kai pan* gekommen bin, das mich in Erstaunen setzt«.[19] *Hein kai pan* – das war die Formel, mit der Lessing Jacobi seinen Spinozismus gestanden hatte. Goethe aber geht weiter. »Ich möchte mich nur mit dem beschäftigen was bleibende Verhältnisse sind und so, nach der Lehre des ***, meinem Geiste erst die Ewigkeit verschaffen«, hat er zwei Wochen zuvor nach Weimar gemeldet.[20] Auch darin steckt ein Spiel: den Namen des als Ketzer gebrandmarkten Denkers nicht zu nennen, weil der Gedanke, den er mit seiner Philosophie verbindet, in der Tat blasphemisch ist: Der Mensch steht Gott in nichts nach, wenn es ihm nur gelingt, den richtigen Zugang zur Natur zu finden. Von dem »Gewahrwerden der wesentlichen Form, mit der die Natur gleichsam nur immer spielt und spielend das mannigfaltige Leben hervorbringt«,[21] hat Goethe bereits vor seiner Abreise nach Italien gegenüber Charlotte von Stein geschwärmt.

Einer der wenigen Wissenschaftler, die das Potenzial von Goethes Konzept der Urpflanze verstanden haben, ist Werner Heisenberg gewesen, der Begründer der Quantenphysik. In einem Vortrag auf der Hauptversammlung der Goethe-Gesellschaft zu Weimar im Jahr 1967 ist er so weit gegangen, die Urpflanze mit dem Doppelhelixmodell der DNA zu vergleichen, der von Francis Crick und James Watson in Zusammenarbeit mit Rosalind Franklin entdeckten Grundstruktur der Erbanlagen. Die »berühmte Doppelkette der Nukleinsäure« erfülle im Rahmen der Biologie die gleiche Funktion wie Goethes Urpflanze in der Botanik, behauptete er zum Erstaunen seiner Zuhörer. In beiden Fällen handle es sich um »das Verständnis der gestaltenden, formgebenden Kräfte in der belebten Natur, um ihre Zurückführung auf etwas Einfaches, allen lebendigen Gestalten Gemeinsames.« Und beide Male sei das Urgebilde keineswegs nur ein Gedankending oder eine Idee, »sondern auch ein Objekt, eine Erscheinung«. Das Fadenmolekül, das das Erbgut eines Lebewesens trägt, sei zwar »unsichtbar klein«, aber mit hochauflösenden Mikroskopen und dem »Mittel der rationalen Analyse« zu erkennen.[22]

Gut möglich, dass Heisenberg hier den Vergleich zwischen der Urpflanze und der Doppelhelix überstrapaziert. Ob sich eine Grundstruktur der Natur wie das Desoxyribonukleinsäure-Molekül im goetheschen Sine anschauen lässt, hänge wohl davon ab, mit welchen Erkenntnisorganen wir der Natur gegenübertreten, bemerkt er. Andererseits lässt sich, wie die Gentechnik zeigt – die zum Zeitpunkt, als Heisenberg seinen Vortrag hielt, noch Zukunftsmusik war –, die Analogie sogar noch über die von ihm gezogene Verbindung hinaus erweitern. Schon Goethe hat den Bauplan, der ihm vor Augen stand, als Schlüssel betrachtet, um Pflanzen ins Unendliche zu erfinden, wie er sich ausdrückt. Ist einmal der Bauplan erkannt – jenes »dessin primitif et général«, von dem Buffon spricht –, besteht im Prinzip auch die Möglichkeit, die Gestalt dessen zu verändern, was er hervorbringt – etwa durch eine Gen-Schere wie die 2012 entdeckte, der Natur abgeschaute Crispr-Cas9, mit der es nun tatsächlich möglich sein wird, den Code des Lebens umzuschreiben.

∾

Goethe ist mit hochgespannten Erwartungen nicht nur in Sachen der eigenen Person, sondern auch der seiner Naturforschung nach Italien aufgebrochen. Von seiner »Weltschöpfung« und seinem Naturmodell hat er bei der Überquerung der Alpen geträumt. Nun spricht er auch von der Urpflanze als von einem Modell und unterscheidet im selben Satz zwischen dem Modell und dem Schlüssel dazu. Der Schlüssel dazu, das ist die »allgemeine Formel«, die Verfahrensregel, die die Natur beim Pflanzenwachstum anwendet und die Goethe schon bald »Metamorphose« nennen wird. Am Modell hingegen soll sich dieses Verfahren demonstrieren lassen. So wie das erträumte geologische Modell als eine Landschaft geplant war, die auf die Betätigung einer Mechanik hin ihr Innenleben preisgibt und die verschiedenen Gesteinsschichten anschaulich macht, denkt er sich das botanische Modell als eine »symbolische Pflanze«, wie er sie einige Jahre später, bei dem berühmten ersten Treffen mit Schiller, »mit manchen charakteristischen Federstrichen« aufs Papier wirft.[23] Bereits in Rom hat er eine solche Pflanze gezeichnet, »symbolisch« in einem Sinne verstanden, wie ihn Goethe später selbst definiert: »Die Symbolik verwandelt die Erscheinung in Idee, die Idee in ein Bild, und so daß die Idee im Bild immer unendlich wirksam und unerreichbar bleibt ...«[24]

Die Erscheinung, mit der er es zu tun bekam, war eine seltsame Nelke, die er im Garten der Malerin Angelika Kauffmann in der römischen Via Sistina 72 fand: ein Nelkenspross mit weitgehend ausgebildeter Blüte, aus der vier weitere Nelken hervorgewachsen waren, die ebenfalls blühten. In einer Notiz hat Goethe die »Monstroße Nelcke von Angelicka« zuerst im Zusammenhang mit anderen Absonderlichkeiten erwähnt, wie sie ihm etwa an den Blütenblättern von gefüllten Astern aufgefallen waren.[25] Auf einem anderen Blatt ist sie dann ausführlich beschrieben; Goethe hat sie auch gezeichnet. Gegenüber Knebel, bei dem er, anders als bei Herder, nicht nur mit angelesenem botanischem Allgemeinwissen, sondern mit Detailkenntnissen aufgrund eigener Beobachtungen und Studien rechnen konnte, hat er dann am 18. August 1787 ausführlich seinen Fund dargelegt. Unter den klimatischen Verhältnissen des Südens, sei es »etwas gewöhnliches, daß aus einer gewißen Sorte gefüllter Nelken eine andre gefüllte, völlige Blume herauswächst. Ich habe eine solche gefunden da aus der Hauptblume, vier andre herausgewachsen waren. NB. vollkommen, mit Stielen und allem daß man jede besonders abbrechen hätte können, ich habe sie sorgfältig gezeichnet, auch die Anatomie davon in die kleinsten Theile.«[26]

»Monströse« Blumen erfreuen sich großer Beliebtheit. Schon zu Goethes Zeiten haben Gärtner Sorten mit zusätzlichen Blütenblättern ausgewählt. Rosen zum Beispiel haben von Natur aus lediglich fünf Blütenblätter, aber viele der kultivierten Gartensorten haben noch ganz andere Eigenschaften. Sie werden selektiv auf ihre Attraktivität für den Menschen hin gezüchtet. In einigen Fällen haben diese anormalen Blüten zusätzliche Blütenblätter auf Kosten der Geschlechtsorgane, so dass sie sich nicht mehr richtig sexuell fortpflanzen können; sie werden dann in der Regel vegetativ vermehrt, indem man Stecklinge nimmt.[27]

Trotz ihrer Attraktivität für Gärtner und Blumenliebhaber betrachteten die meisten Botaniker diese Anomalien mit Misstrauen, als unbändige Launen der Natur, die weitere Studien nicht lohnen würden. Rousseau etwa hatte vor solchen Abnormalitäten stets gewarnt, in seinen botanischen Lehrbriefen fordert er die »liebe Freundin« ausdrücklich auf, sie beiseitezulassen. »Die reine Natur ist da nicht mehr zu finden; denn vervielfacht sich das Auffallendste, also die Blumenkrone, geschieht es auf Kosten von wesentlichen Teilen, die von solch großer Pracht erdrückt und verdrängt werden: Diese Missgestalten sind unfruchtbar, sie können sich nicht mehr fortpflanzen.«[28] Goethe hingegen beschreibt sie so passioniert und detailbesessen, als vermute er gerade hier den Schlüssel dazu, was er im Brief an Knebel nun seine »Harmonia Plantarum« nennt, wodurch »alle Streitigkeiten über die Form der Pflanze aufgelößt, ja sogar alle Monstra erklärt werden«.[29] Als er keine drei Monate später wiederum an Knebel schreibt, erwähnt er die durchgewachsene Nelke noch einmal, als könne er gar nicht häufig genug von seinem Fund schwärmen. Und nun fügt er hinzu: »Es ist ein höchst merckwürdiges Phenomen und meine Hypothese wird dadurch zu Gewißheit.«[30] Im Rückblick resümiert er, er habe bei seinem

»zweiten Aufenthalt in Rom, die üppige, sich auf jede Weise leicht fortpflanzende, sich selbst überbietende Vegetation beobachtet, gar manche Stunde auf Betrachtung und Zeichnung mehrerer, in unserm Klima nicht leicht vorkommenden Durch- und Überwüchse zugebracht« und dabei die nachmals aufgestellte Lehre »ziemlich ausgesonnen«.[31]

So entsteht der Eindruck, als habe Goethe nach solchen »Monstra«, wie er sie nennt, mit Vorsatz gesucht. Dafür spricht auch, dass er ein kleines Buch, dessen Lektüre noch ins Jahr vor der Abreise nach Italien fällt, nun gegenüber Knebel wieder erwähnt, samt der Jenaer Bibliothek von Professor Büttner, aus der er es entliehen hatte. *Abhandlung von dem Ursprung und der Erzeugung proliferirender Blumen nebst einer ausführlichen Anweisung wie durch die Cultur aus einfachen, gefüllte und proliferirende, aus gefüllten gezogen werden können* lautet sein umständlicher Titel. Proliferation meint eben das, was Goethe an besagter Nelke, aber auch an Rosen beobachtete: In einer Blüte setzt sich anstelle der Fruchtblätter der Hauptspross fort und bildet schließlich wieder Blätter beziehungsweise Blüten. Eine Variation davon ist die laterale Durchwachsung, wenn aus den Blattachsen der Kronblätter kleine Seitentriebe hervorgehen, die in einer Blüte oder einem Blütenstand enden. Die Abhandlung über proliferierende Blumen stammte von dem englischen Botaniker John Hill, dessen Interesse vor allem gärtnerischer Natur war: Er wollte seine Leser in die Lage versetzen, selbst gefüllte Blumen und solche mit seltsamen Auswüchsen zu züchten. Unter den Gewächsen, die Hill in seiner schön illustrierten Schrift behandelt, findet sich auch die durchgewachsene Nelke. Nachdem er ausführlich beschrieben hat, wie es bei der Nelke zu gefüllten Blüten und dann weiter zur Proliferation kommt, fügt er hinzu: »Diese Pflanze wurde in Italien gezogen und stunde im freyen Felde ...« Kein Wunder also, dass Goethe in Italien nach den Monsternelken Ausschau hält.

Wie es Goethes Art war, machte er sich Notizen zu seiner Lektüre und nahm das entsprechende Blatt wohl mit auf die Reise. Hill hatte das Phänomen der Proliferation an insgesamt sechs verschiedenen Arten behandelt: Ranunkel, Anemone, Geum (Sanikel), Rose, Nelke sowie Kamille. An mehr Arten sei es bislang nicht beobachtet worden, meint er. Goethe führt nicht nur die Arten auf, sondern notiert sich auch Hills botanische Terminologie. »In den Ranunkeln sehen wir, daß die Staubfäden zu Blumenblättern werden, wenn eine Verdopplung vor sich gehen soll«, heißt es in seinen Aufzeichnungen. Werden die »Staubfäden zu Blumenblättern verwandelt und die Keime gleichfalls verwandelt oder verschlungen; so treibt der Stiel durch die Blume durch und sezt die zweyte, ja sogar die dritte an.«³² Später, in seinem *Versuch die Metamorphose der Pflanzen zu erklären*, werden ihm die durchgewachsene Rose und Nelke zu Hauptzeugen seiner Theorie, dass die Blütenteile nur Umwandlungen von vegetativen Organen sind. Vieles spricht dafür, dass ihm dieser Sachverhalt bei der Beschäftigung mit der »monstroßen Nelcke von Angelicka« und der erneuten Lektüre seiner Aufzeichnungen aus dem Dezember 1787 aufgegangen ist. In der Blume aus dem Garten der Malerin hatte er zwar nicht die Urpflanze, wohl aber einen Modellorganismus entdeckt, der ihm in Verbindung mit Lektürereminiszenzen den Schlüssel lieferte, nach dem er suchte. Die monströsen Blumen mit den Extrablütenblättern legten nahe, dass die unterschiedlichen Organe einer Blume miteinander vertauschbar und so grundsätzlich äquivalent waren. Trotzdem nennt er Hills Abhandlung, die ihn zuerst auf diese Idee gebracht haben dürfte, im Brief an Knebel ein »Traktätchen«: Das Phänomen sei ganz anders, als dieser es beschreibe.

Das bezieht sich wohl vor allem auf die Schlussfolgerungen, die zu ziehen Hill unterlässt, die aber den eigentlichen Beweggrund von Goethes Interesse für das unregelmäßige Pflanzenwachstum bilden. Der »beinah nur handwerksmäßige botanische Gärtner«, so wird er später schreiben, ohne den Namen Hill zu erwähnen, komme »stufenweise bis zu den schwersten Fragen«, aber da ihm die Standpunkte unbekannt sind, von denen aus sie allenfalls zu beantworten wären, gerate er »in eine Art von staunender Verwirrung«.³³ Goethe hingegen ist sich sicher, dass an den Ausnahmen – er spricht von »unregelmäßiger Metamorphose« – etwas sichtbar wird, das im normalen Wachstum der einjährigen Blütenpflanzen verborgen bleibt: »Durch die Erfahrungen, welche wir an dieser Metamorphose zu machen Gelegenheit haben, werden wir dasjenige enthüllen können, was uns die regelmäßige verheimlicht, deutlich sehen, was wir dort nur schließen dürfen«, heißt es dann in dem *Versuch die Metamorphose der Pflanzen zu erklären*. Und er fährt fort: »Auf diese Weise steht es zu hoffen, daß wir unsere Absicht am sichersten erreichen.«³⁴

So langsam hat Goethe alle Elemente für seine eigene Theorie beisammen. Das Verständnis der Pflanzen erschließt sich nicht, wie Linné meinte, über deren Sexualsystem, sondern in ihren Wachstumsgesetzen. Die Urpflanze ist nicht als ideelles Urbild aller Pflanzen und auch nicht als Urform einer realen Abstammungsreihe zu verstehen, wie es später Ernst Haeckel mit Berufung auf Goethe behaupten wird,³⁵ sie ist vielmehr ein Modellorganismus, an dem sich diese Wachstumsgesetze enthüllen. Zugleich sind es die Abnormitäten, an denen sich zeigt, wie das Pflanzenwachstum im Regelfall vor sich geht. An ihnen lässt sich beobachten, dass die verschiedenen Organe einer Blume einander äquivalent sind; sie alle sind Variationen eines gemeinsamen Themas. »Hypothese« notiert er schon bald in einem Heftchen: »Alles ist Blat, und durch diese Einfachheit wird die größte Manigfaltigkeit möglich.«[36]

༃

Bereits wieder auf der Rückreise nach Weimar, die Goethe am 24. April 1788 antritt, führt er ein Notizheft, in dem er neben Geldausgaben Beobachtungen, Einfälle und Gedanken zu den Themen Kunst und Natur, aber auch zu eigenen Dichtungen und persönlichen Dingen festhält. Seine Eintragungen belegen, wie stark das Pflanzenwesen weiterhin »in seinem Gemüte« rast. Sie kreisen um die Fähigkeit der Pflanzen, im Wachsen ihresgleichen hervorzubringen, und das nicht nur auf dem Wege der geschlechtlichen Fortpflanzung, das für Linné entscheidende Klassifizierungsmerkmal, sondern auch der Fortsetzung aus sich selbst heraus, wie er es an den durchgewachsenen Blumen beobachtet hat. »Daß wachsen und hervorbringen eins sey« sowie »Erklärung des Monstr[osen] aus dem Principio«, lauten die entscheidenden beiden Notizen.[37]

In Nürnberg ersteht er gleich fünf Bücher, darunter auch die gerade in Göttingen erschienene Schrift des französischen Naturforschers Eugène Louis Melchior Patrin, der seine letzten acht Lebensjahre in Sibirien mit mineralogischen und botanischen Studien zugebracht hat. Ihr Titel lautet: *Zweifel gegen die Entwicklungstheorie. Ein Brief an Herrn Senebier von Lxx Pxx aus der französischen Handschrift übersetzt von Georg Forster*. Goethe hat die Schrift noch in Nürnberg gelesen. Patrin argumentiert darin gegen die Präformationstheorie, indem er von seinen Versuchen mit Infusionstierchen berichtet – bei Goethe dürfte das Erinnerungen an seine ausgedehnten Mikroskopiestudien vor Antritt der Reise nach Italien wachgerufen haben. Den Satz, in dem Patrin seine Naturauffassung resümiert, hat er am Rand doppelt angestrichen: »Mich dünkt, damit ichs rein und kurz zusammenfasse, die Natur oder was man immer für ein Wesen bey diesem Namen nennen mag, ist immerdar thätig, und wirkt die Erscheinungen und Ereignisse nach den Bedürfnissen jedes Augenblicks, anstatt sich wie ein müßiger König auf die einmal eingerichtete Gesetzgebung zu verlassen, und die Hände in den Schoß zu legen.«[38] Das war, im Jahr vor den Ereignissen von 1789, auch ein kleiner Hinweis darauf, dass die Dinge in Bewegung zu geraten begannen, und das keineswegs nur auf dem Feld der Botanik, wie sich schon bald zeigen sollte.

*Dreiundzwanzigstes Kapitel, in dem es um die
Metamorphose der Pflanzen geht*

»Nicht von It[alien] vergleichungsweise zu sprechen«, notiert Goethe als Selbstermahnung in sein Reisenotizheft,[1] als ahne er schon, was auf den Heimkehrer zukommen sollte. »Belehrende Informationsströme« seien »ein großer Nachteil frisch zurückkehrender Reisender«, wird die Romanautorin Antonia Byatt diese Angewohnheit, ohne Rücksicht auf das Interesse der Zuhörer von den eigenen Erlebnissen in der Fremde zu erzählen, aus der Sicht der Betroffenen ironisch kommentieren.[2] Doch Goethe, seit dem 18. Juni 1788 wieder zurück in Weimar, hält sich nicht an seinen Vorsatz. »Lust der Gereisten, von ihrem Erfahrenen und Bemerkten zu sprechen. Tick der Zuhausegebliebenen minderen Antheil zu zeigen, wodurch das Gefühl dessen was man entbehrt, nur desto lebhafter wird«, wird er den Konflikt später durchaus parteiisch zusammenfassen.[3] Und selbst wenn der Rückkehrer den naheliegenden Vergleich, bei dem die »Heimat« grundsätzlich schlecht wegkommt, auch nicht immer explizit gezogen haben mag, ist sein Schwärmen doch beredt genug, um bei den Daheimgebliebenen Abwehrreflexe auszulösen.

Auch der zehn Jahre jüngere Friedrich von Schiller, schon bald heißer Kandidat auf einen Lehrstuhl für Geschichte an der Universität Jena, wurde bei seiner ersten Begegnung mit dem Italienrückkehrer Opfer von dessen belehrenden Informationsströmen. »Unsere Bekanntschaft war bald gemacht und ohne den mindesten Zwang«, berichtet er seinem Freund Körner von einem Besuch Goethes in Begleitung von Caroline Herder, Charlotte von Stein, ihrem Sohn Fritz und Sophie von Schardt, ihrer Schwägerin, auf dem Familiensitz der Lengenfelds in Rudolstadt. Goethe spreche gern »und mit leidenschaftlichen Erinnerungen« von Italien. »Vorzüglich weiß er einem anschaulich zu machen, daß diese Nation mehr als alle andere europäische in gegenwärtigen Genüssen lebt, weil die Milde und Fruchtbarkeit des Himmelsstrichs die Bedürfnisse einfacher macht, und ihre Erwerbung erleichtert.« Alle ihre Laster und Tugenden seien »die natürlichen Folgen einer feurigen Sinnlichkeit«. In Rom seien keine »Debauche«, keine Ausschweifung »mit ledigen Frauenzimmern«, möglich, »aber desto hergebrachter mit verheirateten«. Das ist die stark verallgemeinernde Darstellung einer Erfahrung, die Goethe während des zweiten Romaufenthalts selbst gemacht hat: Faustina hat er seine Geliebte in den bald nach der Rückkehr aus Italien entstehenden *Römischen Elegien* genannt. Die befriedigende Liebesbeziehung mit ihr ist gewiss einer, wenn nicht sogar der wichtigste Grund dafür, warum ihm der Abschied von Rom so schwergefallen ist.[4] »Umgekehrt«, so soll Goethe weiter ausgeführt haben, verhalte es sich in Neapel« (auch hier hatte es bei Goethes zweitem Aufenthalt zumindest einen Annäherungsversuch gegeben). Überhaupt, so gibt Schiller Goethes Ansicht wieder, nehme man »in der Behandlung des andern Geschlechts hier die Annäherung an den Orient« schon sehr stark wahr.[5]

Während Schiller in seinem weiteren Bericht vor allem auf das fortgeschrittene Alter Goethes abhebt, das ihn daran zweifeln lässt, »ob wir einander je sehr naherücken werden«, wollen andere, insbesondere Charlotte von Stein, besagte »feurige Sinnlichkeit« bei diesen und anderen Gelegenheiten auch an ihm selbst bemerkt haben. So berichtet es einmal mehr Caroline Herder und fügt hinzu, die Stein habe nicht ganz unrecht. »Ehe er nach Italien ging, war er mir doch lieber; schon der Ausdruck in seinem Gesicht, er hat an Feinheit verloren.«[6] Sie beklagt sich bei ihrem Mann, der derweil selbst in Rom weilt, über Goethes sonderbares Betragen auf einem »tanzenden Picknick«, wie sie das nennt, ist aber nicht selbst dabei gewesen, sondern hat es sich von Sophie von Schardt erzählen lassen – endlich gab es im ansonsten ruhigen, beinahe langweiligen Weimar wieder einmal Anlass zu Klatsch und Tratsch. Goethe habe »mit keiner gescheidten Frau« ein Wort geredet, vielmehr »den Fräuleins nach der Reihe die Hände geküßt, ihnen schöne Sachen gesagt und viel getanzt«. Auch Charlotte von Kalb, die gerade noch eine leidenschaftliche Beziehung mit Schiller verband, findet es »abscheulich«, wie der fast vierzigjährige, sonnengebräunte Mann »die jungen Mädchen auf diese Weise reizt«. Carolines Resümee: »Kurz, er will durchaus nichts mehr für seine Freunde sein.« Und noch energischer: »Für Weimar taugt er nicht mehr.«[7]

Da war Goethe bereits ein Verhältnis mit der sechzehn Jahre jüngeren Christiane Vulpius eingegangen, die in Bertuchs Manufaktur Seidenblumen herstellte, ohne dass dies irgendeinem aus dem Weimarer Bekanntenkreis bekannt war. Goethe und Christiane haben den Beginn ihrer Liebesbeziehung auf den 12. Juli datiert, also nicht einmal vier Wochen nach seiner Rückkehr nach Weimar. Die junge Frau hat den berühmten Mann wohl als Bittstellerin aufgesucht, um sich für ihren Bruder, den späteren Bestsellerautor August Vulpius zu verwenden, und Goethe muss sehr rasch realisiert haben, dass sich ihm hier die Chance bot, das Glück einer erfüllten sexuellen Beziehung, wie er es in Rom kennengelernt hatte, unter Weimarer Verhältnissen fortzusetzen. Christiane war keine Schönheit, hatte nichts Anmutiges oder gar Vergeistigtes wie Charlotte von Stein, dafür eine zupackende, direkte Art. Sie war ein nahbarer, wohl auch verletzlicher, andererseits tatkräftiger Mensch. Die Zeichnungen, die Goethe von ihr gemacht hat, zeigen ein frisches, aber beinahe herbes Gesicht mit hervorspringenden Backenknochen, einer starken Nase und vollen, tief eingekerbten Lippen; ihre Züge haben durchaus etwas Männliches. Kein behütetes, zurückgezogen lebendes Persönchen, sondern eine geradlinige Frau, die trotz ihrer jungen Jahre schon ihre Erfahrungen mit der Welt und den Menschen gemacht hat. Die betonte Körperlichkeit ihrer Erscheinung unterstreicht das dichte, braungelockte Haar, das sie anders als Charlotte von Stein und die anderen Damen von Stand offen trägt. Neun Monate gelingt es ihr und Goethe, die rasch eingegangene Liebesbeziehung selbst unter den kleinteiligen Weimarer Verhältnissen geheim zu halten. Dann kommt es heraus und führt zur bislang aufgeschobenen Klärung der Beziehung zu Charlotte von Stein. Anfang Juni 1789 schreibt Goethe ihr zwei Briefe, die man nur als Abrechnung betrachten kann.[8]

An der Hoffnung, die langjährige Beziehung zu ihr könnte sich doch noch zu einer auch sexuell erfüllten Liebesbeziehung entwickeln, hatte Goethe trotz aller Beweise des Gegenteils und damit verbundener empfindlicher Frustrationen bis zu seinem Aufbruch nach Italien festgehalten. Dort aber gibt er endgültig die Hoffnung auf, dass die Beziehung zu Charlotte eines Tages über Gespräche, Briefe und Träumereien hinausgehen könnte. In einem Brief, den er ihr am 18. April 1787 aus Sizilien schreibt, nimmt er den Abschied aus Palermo zum Anlass, auch alle sexuellen Ambitionen auf die Freundin zu verabschieden: »Leb wohl Geliebteste mein Herz ist bey dir und jetzt da die weite Ferne, die Abwesenheit alles gleichsam weggeläutert hat was die letzte Zeit über zwischen uns stockte so brennt und leuchtet die schöne Flamme der Liebe der Treue, des Andenckens wieder fröhlich in meinem Herzen.«[9] Nun ist der Weg frei für ein sexuelles Verhältnis zu einer anderen Frau, wie es Goethe dann auch bald eingehen wird. Die Bedeutung, die Goethe selbst diesen Zeilen zumaß, geht auch daraus hervor, dass es einer der wenigen Originalbriefe ist, die im Anschluss an die Niederschrift der *Italienischen Reise* nicht den Flammen zum

Opfer fielen. Stattdessen schenkte er das »uralt Blättchen« im Februar 1818 dem Freund Zelter, begleitet von den Worten: »Es ist ein so hübsches Wort auf dem Wendepunkt des ganzen Abenteuers und gibt einen Dämmerschein rückwärts und vorwärts.«[10]

Wäre es nach Goethe gegangen, hätte die Aufteilung seines Liebeslebens zwischen der Seelenfreundschaft zu Charlotte von Stein und der sexuellen Liebe zu Christiane gerne so weiter gehen können – selbst wenn die Beziehung zu der älteren Frau, die auch ältere Ansprüche auf ihn anmeldete, seit seiner Rückkunft reichlich abgekühlt war. Doch spätestens mit der Enthüllung, dass er eine andere hatte und dann noch so eine, die weder standesgemäß noch gebildet war und von der viele aus ihrem Umfeld sagten, sie sei »eine allgemeine H. vorher« gewesen,[11] kam das für Charlotte von Stein partout nicht in Frage.

Goethe hat Charlotte von Stein nicht nur darauf hingewiesen, dass ihr wohl »eine Nüance zwischen der Dirne und der Göttin« fehle,[12] und in den *Römischen Elegien* unmissverständlich ausgeführt, was er damit meinte. Er hat auch die Gelegenheit genutzt, das Zerwürfnis unumkehrbar zu machen. Christiane ist zu diesem Zeitpunkt schon sichtbar schwanger, und Goethe, der sich anfangs wohl gefragt hat, inwieweit diese Liaison Bestand haben könne oder ob er sie nur als ein weiteres sexuelles Abenteuer betrachten solle, zieht mit Christiane zusammen und gründet mit ihr eine Familie ohne Trauschein. Das ist eine private, kleine Revolution in jenem Jahr, in dem mit der Erstürmung der Bastille die große politische beginnt. Auch Goethe selbst war diese Koinzidenz durchaus bewusst; einigermaßen kokett schreibt er am 13. Juli 1796 an Schiller: »Heute erlebe ich auch eine eigne Epoche, mein Ehstand ist eben 8 Jahre und die Französische Revolution 7 Jahre alt.«[13]

Für diesen Ehestand, der in den Augen der Weimarer guten Gesellschaft allenfalls eine wilde Ehe war, nimmt Goethe sogar in Kauf, das Haus am Frauenplan, in dem er zu dieser Zeit nur eine Wohnung gemietet hat, für annähernd drei Jahre zu verlassen und ein unweit entferntes, aber schon vor den Toren der Stadt liegendes Ausweichquartier im sogenannten Großen Jägerhaus zu beziehen. Der Umzug geschieht auch aus Platzgründen, denn Christiane bringt Tante und Stiefschwester mit in den Haushalt, Goethe hingegen zwei Diener und zusätzlich noch den Maler und Kupferstecher Johann Heinrich Lips, einen Freund aus der Zeit in Rom, der soeben in Weimar angekommen ist. Vor allem aber ist es wohl ein Arrangement auf Betreiben der »ehrbaren Weimarer Frauen« um der guten Sitten willen.

Im Jägerhaus kommt am ersten Weihnachtstag 1789 Goethes und Christianes Sohn August zur Welt, benannt nach dem Herzog, dem Freund und Gönner. Trotz fünf Geburten Christianes wird es als einziges Kind der beiden die ersten Tage überleben. Bei Christiane und Goethe lag wohl eine Unverträglichkeit der Blutgruppen vor. Während das erste Kind in solchen Fällen noch gesund zur Welt kommt, führt die Antikörperbildung bei der Mutter danach zur Sauerstoffunterversorgung beim Neugeborenen und zum baldigen Tod. Heute könnte man sein Leben womöglich durch einen Blutaustausch retten.

Seit dem Spätherbst 1788 veröffentlicht Goethe in Wielands *Teutschem Merkur* unter dem Titel *Auszüge aus einem Reisejournal* eine lose Folge kleinerer Aufsätze, eng umgrenzte Momentaufnahmen seiner Vorstellungs- und Denkart, wie sie sich in Italien herausgebildet hat. Während einige davon, wie etwa die Bemerkungen zu *Einfache Nachahmung der Natur, Manier, Styl*, in der Rezeptionsgeschichte starke Beachtung gefunden haben, wurden andere stets beiläufig betrachtet, selbst wenn sie, wie das neunte Stück der Reihe, so definitorische Titel wie *Naturlehre* tragen. In einem fiktiven Brief aus Neapel, datiert auf den »10. Januar«, einen Zeitpunkt, an dem Goethe weder 1787 noch 1788 dort war, trägt er Überlegungen vor, denen der Stellenwert von Prolegomena, einleitenden Vorbemerkungen, zu den naturwissenschaftlichen Untersuchungen und Veröffentlichungen der nächsten Jahrzehnte zukommt.

»Wenn ich in diesem schönen Lande, selbst mitten im Winter, eines heitern Himmels, einer schönen Erde, einer fortgesetzten Vegetation genieße, so freut es mich, daß meine Freunde im Norden durch andere Naturerscheinungen wenigstens einigermaßen schadlos gehalten werden«, beginnt das Schreiben nicht ohne Ironie.[14] Zu diesen Naturerscheinungen zählt Goethe, wie aus dem Fortgang des Briefes deutlich wird, die Eisblumen: Wenn die Temperatur auch der inneren Fensteroberfläche unter den Gefrierpunkt sinkt, kann dort um einen sogenannten Kristallisationskeim – etwa einen Schmutzpartikel oder feinen Kratzer – die Luftfeuchtigkeit gefrieren; dabei entstehen Verästelungen, auch Dendriten genannt, und indem die Strukturen ineinander und übereinander wachsen, bilden sich glitzernde Eislandschaften, die an Bäume, Farne und Blüten erinnern. Dass dieses Phänomen heute nur noch selten vorkommt, hängt weniger mit dem Klimawandel zusammen als mit der guten Wärmedämmung unserer mehrfachverglasten Fenster.

Die in einem Landstrich wie Thüringen seinerzeit regelmäßig anzutreffende

Erscheinung der Kristallbildung an den Fensterscheiben hat die Naturkundigen der Goethe-Zeit stark beschäftigt: nicht nur als ästhetisches Phänomen, dessen Verlust wir heute beklagen, sondern auch als Illustration für den Weg, den die Natur beschreitet, um zu den einfachsten Pflanzenformen zu gelangen. Zu den Naturkundigen, die von den fraktalen Strukturen der Eisblumen fasziniert waren, zählte auch Goethes Freund Knebel, der ihm in einem privaten Brief von seinen Beobachtungen berichtet hatte. »Sie rühmen mir, teurer Freund, die Schönheit Ihrer gefrornen Fensterscheiben«, referiert Goethe zu Beginn seiner *Naturlehre* Knebels verschollenen Brief, »und können mir nicht genug ausdrücken, wie diese vorübergehende Erscheinungen sich bei strenger anhaltender Kälte, und bei dem Zuflusse von mancherlei Dünsten, zu Blättern, Zweigen, Ranken, ja sogar zu Rosen bilden«.[15] Auch Knebel wollte in Eisblumen ein sichtbares Übergangsphänomen zwischen dem Mineralischen und dem Vegetabilischen erkennen, als erprobe die Natur hier gleichsam, was sie dann im Pflanzenreich ausführen würde.

Andere Erscheinungen, die in dieser Weise gedeutet wurden, waren etwa das Wachstum von Silberkristallen in einer wässrigen Lösung zu verzweigten Konstruktionen oder baumähnliche Eisen- und Manganablagerungen auf Gesteinsflächen. Goethe hatte vor dem Italienaufenthalt eigene Experimente mit metallischen Vegetationen unternommen und Knebel auch daran beteiligt. Rezepte dafür waren im naturkundlichen und insbesondere im alchemistischen Schrifttum verbreitet. Besonderer Beliebtheit erfreute sich Arbor Dianae, auch Baum der Diana, Silberbaum oder Philosophenbaum genannt; er besteht aus baumartig aneinandergereihten Kristallen aus Silber oder Silberamalgam. Die Auffassung, wonach alle »Wesen« vom Mineral bis zum Menschen sich in eine lineare Stufenfolge fügen, war weitverbreitet und beschäftigte die Naturkundigen. Sie suchten nach Bindegliedern, nach Missing Links zwischen der unbelebten und der belebten und innerhalb der belebten zwischen der pflanzlichen und der tierischen Welt. Goethes Vater etwa, der im Jahr 1740 Italien bereist hatte, nimmt in seinem dem Sohn gut bekannten Reisebericht den Fund eines Seesterns zum Anlass, über die »große Kette der Wesen«, die geläufige Bezeichnung für die angenommene Stufenfolge, nachzudenken. Anfangs hatte er gemeint, es mit einer Pflanze zu tun zu haben, entdeckte bei genauerem Hinsehen dann aber doch »die entsprechenden Organe«, die auf seine tierische Natur deuteten. »An diesem Beispiel«, zeige sich, so seine Überlegungen, »was die heutigen Naturforscher schon mit vielen Beweisen dargelegt haben: nämlich die Wahrheit von dem engen Zusammenhang zwischen den drei Reichen der Natur, hier eben zwischen dem pflanzlichen und dem tierischen Zustand«. Wahrhaftig, so lautet die Schlussfolgerung des erklärten Deisten, »in der gesamten Schöpfung vom Erzengel bis zum unscheinbarsten Staubkorn waltet von Stufe zu Stufe eine so wunderbare Sorgfalt des höchsten Schöpfers, daß nicht einmal die erleuchtesten Geister zu bestimmen vermögen, wo die eine erschaffene Art endet und die andere beginnt«.[16] Die Natur macht keine Sprünge, ihre Wesenheiten bilden ein lückenloses Ganzes, alles, was möglich ist, existiert auch. Keine Beobachtung unter der Sonne, die sich dementsprechend nicht vernünftig erklären ließe.

Sein Sohn ist da, wie sein fiktiver Brief zur Naturlehre zeigt, mittlerweile ganz anderer Auffassung. Und es sind die in Italien gemachten Beobachtungen, die ihn zu diesem Sinneswandel geführt haben. Auch das erklärt ihre Mitteilung unter der Ortsangabe Neapel. Knebel hingegen muss Goethes Vorstoß als persönlichen Angriff verstanden haben. Wie selbstverständlich hatte er in seinem Brief Goethe als Verbündeten betrachtet. Und nun nahm dieser ein privates Schreiben zum Anlass, eine öffentliche Kontroverse vom Zaun zu brechen. Der »teure Freund« scheine »diesen Würkungen der Natur zu viel Wert zu geben«, heißt es gleich auf der ersten Seite der *Naturlehre*.[17] Als Knebel daraufhin beleidigt reagierte, beteuerte Goethe zwar, seine Absicht sei gewesen, »einen Grundstein zu künftigem gemeinschaftlichen Bau manches wissenschaftlichen Denckmals zu setzen«.[18] Das mochte sogar stimmen, aber er unterschlägt dabei, dass dieser »Grundstein« in den Augen der anderen etwas von einer Zerschlagung bislang unwidersprochener gemeinsamer Grundannahmen gehabt haben muss. War es doch Goethe selbst gewesen, der Knebel seinerzeit zu Experimenten mit metallischer Vegetation ermuntert hatte. Und auch an Herders Vorstellung der Natur als einer von organischen Kräften durchwirkten kontinuierlichen Stufenordnung, wie dieser sie in den *Ideen* vertrat, hatte er zuweilen im Detail etwas auszusetzen gehabt, das Konzept aber bislang nicht grundsätzlich und schon gar nicht öffentlich kritisiert, vielmehr seine Entdeckung des Zwischenkieferknochens in diesen Kontext hineingestellt. Doch genau das änderte sich mit der Publikation der *Naturlehre*.

Der prominenteste Vertreter der Vorstellung, dass sich die Natur in drei voneinander unterschiedene Reiche gliedere, war Ende der 1780er Jahre nach wie vor Linné. Der ersten Auflage seiner *Systema Naturae* von 1735 hatte der große schwedische Forscher »Beobachtungen in den drei Naturreichen« vorangestellt und ihre Abgrenzung voneinander merksatzartig umrissen: »Die Steine wachsen. Die Pflanzen wachsen und leben. Die Tiere wachsen, leben und emp-

Auf dem genetischen Weg

finden.« Das waren Definitionen, die alte, seit Aristoteles geläufige Vorstellungen aufnahmen. Wachstum sollte allen drei Naturreichen gemeinsam sein, Leben hingegen nur den beiden organischen und Empfindung allenfalls den Tieren zukommen. In der zehnten Auflage von 1758 hat Linné die Bestimmung der drei Reiche noch präzisiert. Er definiert:

> Tiere: organisierte Körper, lebend und empfindend,
>   sich spontan bewegend;
> Pflanzen: organisierte Körper und lebend, nicht empfindend;
> Steine: massive Körper, weder lebend noch empfindend.[19]

Gegenüber der ersten Auflage ist also bei den Tieren neben der Empfindung noch die spontane Bewegung als Alleinstellungsmerkmal hinzugekommen; die Steine hingegen werden nur noch massiv genannt. Schon hier deutet sich eine Entwicklung an, die die Lebenswissenschaften an der Wende zum 19. Jahrhundert und darüber hinaus bestimmen werden: Zusehends vertieft sich der Graben zwischen der organischen und der anorganischen Natur, während die Pflanzenwelt zur Erklärung des Lebens als immer unwichtiger erachtet wird. Zwar stellte Linné Übergangsphänomene zwischen den drei Naturreichen nicht grundsätzlich in Abrede, vor allem nicht zwischen dem Reich der Pflanzen und Tiere, war aber davon überzeugt, dass solche Verbindungsstücke alles andere als besonders ausdifferenziert seien. Höchstens auf einer sehr basalen, niederen Ebene, so seine Ansicht, wären sie anzutreffen.

Goethes Naturlehre verschärft diese Argumentation noch. Selbst wenn Übergangsphänomene existieren sollten – und Goethe war dieser Annahme gar nicht abgeneigt –, sind sie nicht sonderlich relevant; denn es bringt die Naturerkenntnis nicht weiter festzustellen, worin sich die drei Naturreiche gleichen, es hilft ihr nur herauszubekommen, worin sie sich voneinander unterscheiden. Das Unterscheiden sei nicht nur »schwerer, mühsamer, als das Ähnlichfinden«, formuliert Goethe. Er hält es auch für den besseren Ausgangspunkt. Denn »fängt man damit an, die Sachen gleich oder ähnlich zu finden, so kommt man leicht in den Fall, seiner Hypothese oder Vorstellungsart zu lieb Bestimmungen zu übersehen, wodurch sich die Dinge sehr von einander unterscheiden.« Anders gesagt: Je nachdem, welchen Vorannahmen die Naturforschung folgt, kommt sie zu einem anderen, im Fall der Statuierung der Ähnlichkeit jedoch auch zu einem irrelevanten Ergebnis. Sie kann sich dann zwar zugutehalten, die »Übereinstimmung des Ganzen« in der Natur zu begreifen, aber um den Preis ihrer Einförmigkeit, der Nichtbeachtung jener Ausdifferenzierungen, die diese selbst vorgenommen hat. Wollen wir herausbekommen, nach welchen Gesetzmäßigkeiten etwa ein Pflanzenkörper aufgebaut ist, sich entwickelt und funktioniert, so ist zu erwarten, dass uns der Vergleich mit einem Mineral oder einem Tierkörper nicht weiterhilft. »Ein Salz ist kein Baum, ein Baum kein Tier«, stellt Goethe energisch fest: »hier können wir die Pfähle feststecken, wo uns die Natur den Platz selbst angewiesen hat.«

In der Gewissheit, eine einheitliche Erklärung aller Naturphänomene zu leisten, übersahen die Verfechter einer Kontinuität der Natur, zu denen Goethe auch noch Herder und Knebel zählte, die wesentlichen Unterscheidungen, die ihre Lebendigkeit und ihre Vielformigkeit ausmachen. Und das gilt unabhängig davon, ob sie (wie Herder) zu einer idealistischen oder (wie Knebel) zu einer materialistischen Interpretation der Kontinuität tendieren. »Das Leben, das in allen existierenden Dingen wirkt«, so Goethe – und dabei meint er die Dinge der unorganischen Natur ausdrücklich mit –, »können wir uns weder in seinem Umfange, noch in allen seinen Arten und Weisen, durch welche es sich offenbart, auf einmal denken«. Natur ist Pluralität, Vielheit, und nur dann, wenn man als Naturforscher in der Lage ist, sie in ihrer Vielgestaltigkeit zu verstehen, kommt man auch der »Übereinstimmung des Ganzen« näher. Alles andere ähnelt einem Pseudoverständnis, bei dem man das Ergebnis schon vorher kennt, weil es bereits in die Vorannahme eingegangen ist.

Mit dem fiktiven Brief aus Neapel stellt Goethe die eigene Naturforschung in den Kontext der professionellen Naturwissenschaft seiner Zeit. Die Mineralogie und Geologie lösten sich von der Physik, Chemie, Botanik und Zoologie von der Medizin. Goethe hat in Jena die Neuaufteilung der Disziplinen mit durchgesetzt; 1792 wird dort die erste eigenständige Professur für Botanik an Batsch vergeben. Um Pflanzenkunde nicht als Liebhaberei, sondern als Wissenschaft betreiben zu können, was Goethes ausdrückliche Absicht war, bedurfte es der Abkehr von Vorstellungen einer Kontinuität und Gleichförmigkeit der Natur, wie sie noch die Vätergeneration geleitet hatten und in den Augen Goethes letztlich auch von Knebel und Herder noch vertreten wurden, lediglich in modifizierter Form. Beinahe unnötig zu sagen, dass diese Grundannahmen eine Zeitlang auch Goethes eigene gewesen waren. Nicht nur Arbor Dianae, auch die Vorstellung von der »großen Kette der Wesen« gehörten der alchemistischen Tradition an, der Goethe erste forschende Einblicke in die Natur verdankte. Nun befreit er sich von diesem Erbe, um auch als Naturforscher den eigenen Weg gehen zu können.

Auf dem genetischen Weg 383

Wie später, bei seiner Auseinandersetzung mit Rousseau in der *Italienischen Reise*, vergleicht Goethe das eigene Vorgehen mit dem eines Landvermessers. Statt »die großen eingeschlagenen Merkpfähle« zu verrücken oder zu ignorieren, wolle er sich ihrer bedienen, in der Absicht, »das Land zu messen und auf das genaueste zu kennen«, schreibt er. Zu diesem Zweck skizziert er ein dreidimensionales topographisches Modell, in dem die drei Reiche als drei große, durch Täler getrennte Berge beziehungsweise Gipfel eingetragen sind. Jeder der drei Berge soll für sich stehen und seine spezifische Form dem ausschließlich für ihn selbst geltenden Wachstumsprinzip verdanken. Goethe nennt es »Kristallisation« im Fall der Mineralien, »Vegetation« bei den Pflanzen und »animalische Organisation« im Tierreich. Wohl könne man von jedem Gipfel in das benachbarte Tal hinabsteigen und auch dieses »recht genau durchsuchen und durchforschen«; was hingegen nicht gehe, sei »zwei Berge, welche durch ein Tal verbunden werden ... für Einen Berg« zu halten und dafür auszugeben: »Die Gipfel der Reiche der Natur sind entschieden voneinander getrennt und aufs deutlichste voneinander zu unterscheiden«.[20] Gemeinsam ist ihnen jedoch der Boden, aus dem sie jeweils herauswachsen – die Erde, auf der jeder, der ins Tal hinabsteigt, sich wiederfindet. Sie ist die gemeinschaftliche und notwendige Übergangszone zwischen den drei Bergen. Die Missing Links dagegen, deren Aufspüren zum Sport der Naturkundigen geworden war, sind in dieser Sicht kaum mehr als zufällige Berührungsflächen.

Goethe hat sein Modell auch in Abgrenzung zur Eingipfligkeit von Herders »lebendiger Pyramide« entworfen, die dieser in den *Ideen* beschreibt und an deren Spitze für ihn unverrückbar und vom Anbeginn der Zeiten vorgesehen der Mensch steht.[21] Bei Goethe hingegen ist in der *Naturlehre* vom Menschen zumindest explizit gar nicht die Rede, von Salz, Baum und Tier hingegen schon. Trotzdem spricht er mit Bedacht nicht nur von drei Bergen, sondern von drei Gipfeln: An der Tendenz zur Vervollkommnung, wie sie das klassische Stufenleitermodell beinhaltet und wie sie auch Herders *Ideen* beinahe aufdringlich durchzieht, hält er fest, spaltet sie jedoch in drei gleichberechtigt nebeneinanderstehende Formen auf.

Das soll auch etwas über die Wertigkeit der drei Reiche sagen. Im klassischen Stufenleitermodell ist der Stein der Pflanze, diese dem Tier und alle zusammen sind dem Menschen untergeordnet. Genau diese hierarchische Durchstrukturierung der Natur, die auch in der von Knebel favorisierten materialistischen Variante einer Kontinuität der Natur noch aufscheint, lässt Goethe mit seiner Naturlehre hinter sich. Nicht von ungefähr ist der beiläufig daherkommende, aber gewichtige Text im Jahr der Französischen Revolution geschrieben. Wie Goethe das Ancien Regime einer hierarchischen Ordnung der Natur auflöst, jedem der drei Naturreiche seinen relativen Eigenwert zuspricht und alle drei als einander gleichwertig erklärt, zudem statuiert, dass sie aus demselben gemeinsamen Boden herauswachsen, so sollte die Revolution binnen kurzem die Privilegien des ersten und zweiten Standes abschaffen, die Gleichheit aller drei Stände und damit die Einheit des Staates vor dem Recht herstellen.²² Goethe widerspricht damit auch Linné: »Ich glaubte ... deutlich zu erkennen, daß Linné und seine Nachfolger sich wie Gesetzgeber betragen, die, weniger bekümmert um das was ist, als das was sein sollte, keineswegs die Natur und das Bedürfnis der Staatsbürger beachten«, fasst er 1817 seinen entscheidenden Vorbehalt gegenüber dem großen Systematiker der Natur und seiner Schule zusammen, wenn er auf das »Entstehen des Aufsatzes über Metamorphose der Pflanzen« zurückblickt.²³ Was genau er damit meint, hat Goethe bereits in vermutlich 1795 niedergeschriebenen Notizen ausgedrückt, in denen er über seine Art reflektiert, »die Naturprodukte in sich selbst zu betrachten ohne Beziehung auf Nutzen oder Zweckmäsigkeit« und »ohne Verhältniß zu ihrem ersten Urheber« – bloß als ein lebendiges Ganzes, »das eben weil es lebendig ist schon Ursache und Wirckung in sich schließt«. Da werden Naturphänomene wie freie Bürger betrachtet, die für sich selbst einstehen und auch über sich selbst Auskunft geben können. In unmittelbarem Anschluss fährt Goethe fort: »Gleichniß eines freyen Menschen der keinem Vater keinem Herrn keiner Noth gehorcht. Wir sehen ihn handeln und begreifen nicht recht warum er das so und so macht wir treten zu ihm und fragen warum bist du so. Er würde uns angeben sein Inneres und seine Umstände und daraus würden wir sehen daß er *nothwendig* so handle. Wir können dieses thun ohne zu fragen wer war dein Vater woher hast du deinen Reichthum wir schräncken uns blos auf das ein was er jetzt ist ob gleich jene Frage unter andren Verhältnissen auch wohl zulässig wäre ... So auch diese Art der Natur Betrachtung.«²⁴ Wie aus dieser Notiz hervorgeht, hat Goethe die Ideen der Revolution sehr wohl aufgegriffen und mit ihnen ernst gemacht. Allerdings nicht, wie man erwarten könnte und seine Kritiker es auch erwartet haben, auf dem Gebiet von Politik und Gesellschaft, sondern auf dem der Natur und ihrer Erforschung. Dort war das persönliche Risiko geringer, könnte man meinen. Die Implikationen aber womöglich noch weitreichender, ließe sich mit gleicher Berechtigung ergänzen.

Der gut ein Jahr später veröffentlichte *Versuch die Metamorphose der Pflanzen zu erklären* macht mit dem Naturverständnis, wie Goethe es in seiner Naturlehre skizziert, ernst. Goethe nimmt sich einen der drei Gipfel der Natur vor und versucht, ihn in seiner Eigenart zu verstehen. Dass seine Wahl dabei ausgerechnet auf den mittleren der drei Gipfel fällt, hatte gewiss damit zu tun, dass hier seine Forschungen am weitesten gediehen waren. Aber es ist keineswegs Zufall, bedarf daher zumindest der Beachtung, dass Goethe seine Naturlehre nicht an Tieren, sondern an Pflanzen entfaltet. Denn diese Bevorzugung des Pflanzenreichs widerspricht dem allgemeinen Trend der Lebenswissenschaften, die ihre Vorstellungen davon, was Leben heißt und wie es funktioniert, zunehmend am Tier- und nicht am Pflanzenmodell entwickeln werden. Die Geringschätzung der Pflanzenwelt hat Tradition, und diese Tradition hat sich über die Neukonzeption der Wissenschaften vom Leben und vom Menschen um 1800 hinaus bis in unsere Tage fortgesetzt, wie der Botaniker Stefano Mancuso konstatiert: »Selbst bedeutsame Entdeckungen über Grundvorgänge des Lebens« seien nicht davor gefeit, schreibt er, »mehr oder minder ignoriert oder völlig unterschätzt zu werden, solange sie die Pflanzenwelt betreffen«. Als Beispiele nennt er etwa Gregor Mendels Versuche mit Erbsen, die die Genetik begründeten, aber Jahrzehnte über unbeachtet blieben, bis Tierversuche ihr zu einem ersten Boom verhalfen. Oder auch die Entdeckung der genomischen Instabilität, die Barbara McClintock bereits in den 1940er Jahren an Pflanzen machte. Auch hier bedurfte es eines Abstands von mehreren Jahrzehnten und der Wiederentdeckung von McClintocks Erkenntnissen durch Tierversuche, bis ihnen die verdiente Anerkennung zuteilwurde. Die Liste ließe sich beliebig fortsetzen, schreibt Mancuso: »von der Entdeckung der Zellen – die erstmals bei Pflanzen gelang – bis zur RNA-Interferenz«, die ursprünglich an einer Petunie nachgewiesen, mit dem Nobelpreis aber erst zwanzig Jahre später bedacht wurde, als es gelang, sie anhand eines Tiermodells zu belegen.[25]

Was für die Wissenschaft im Besonderen gilt für die menschliche Kultur im Allgemeinen: Pflanzen stehen am Anfang der Nahrungskette, produzieren den Sauerstoff, den die anderen Lebewesen inklusive des Menschen zum Überleben benötigen, und machen sage und schreibe 99,5 Prozent der Biomasse unseres Planeten aus, erhalten aber lange nicht die Wertschätzung, die sie angesichts dessen verdient hätten. Alexander von Humboldt spricht in *Ansichten der Natur*, seinem populärsten Buch, von dem »Teppich« des Lebens, den »die blütenreiche Flora über den nackten Erdkörper ausbreitet«. Wohl sei er, abhängig vom Klima, ungleich gewebt, doch dürfe der Mensch sich überall der nährenden Pflanzen erfreuen. Unablässig seien sie bemüht, »den rohen Stoff der Erde organisch aneinanderzureihen und vorbereitend durch lebendige Kraft zu mischen, was nach tausend Umwandlungen zur regsamen Nervenfaser veredelt wird«. Auf ihrem Dasein beruhe »das Dasein der tierischen Schöpfung«.[26] »Ein Leben ohne Tiere und Menschen auf der Erde ist möglich«, radikalisiert der Pflanzenökologe Hansjörg Küster heute Humboldts Gedanken, »ein Leben ohne Pflanzen ist undenkbar.«[27]

Goethe hat in Italien die üppige Vegetation des Südens bestaunt. Je weiter südlich er kam, desto mehr geriet er über den Reichtum der Pflanzenwelt ins Schwärmen. »Indianische Feigen trieben ihre großen, fetten Blattkörper zwischen niedrigen graulichgrünen Myrten, unter gelbgrünen Granatbäumen und fahlgrünen Olivenzweigen. Am Wege sahen wir neue noch nie gesehene Blumen und Sträuche«, notiert er am dritten Reisetag auf dem Weg von Rom nach Neapel.[28] Auch Sizilien war für ihn ein Schauspiel neuer Vegetation mit bislang unbekannten Pflanzen, vor allem aber in nie gesehener Fülle und Farbigkeit. »Die fruchtbaren Felder stehen grün und still, indes auf dem breiten Wege wildes Gebüsch und Staudenmassen, wie unsinnig, von Blüten glänzt: der Linsenbusch, ganz gelb von Schmetterlingsblumen überdeckt, kein grünes Blatt zu sehen, der Weißdorn, Strauß an Strauß, die Aloes rücken in die Höhe und deuten auf Blüten, reiche Teppiche von amarantrotem Klee, die Insekten-Ophris, Alpenröslein, Hyazinthen mit geschlossenen Glocken, Borraß, Allien, Asphodelen.« Bei der Schilderung des Aufenthalts in Agrigent nimmt die Kultivierung der Puffbohne nicht weniger Raum ein als die Anlage der griechischen Tempel.[29]

Der Zauber von Goethes botanischer Italienerfahrung hatte jedenfalls stark damit zu tun, dass die Natur ihm hier deutlicher und klarer zu den Augen zu sprechen schien als in den nördlichen Gegenden, weil der Teppich des Lebens vielfältiger, verschwenderischer und dichter gewebt war. »Manches was ich bey uns nur vermuthete und mit dem Microscop suchte, seh ich hier mit blosen Augen als eine zweifellose Gewißheit«, schreibt er.[30] Um dem Geheimnis der Steine und der Erdgeschichte näherzukommen, musste man die lebensfreundlichen grünen Zonen des Erdbodens verlassen und in die Tiefe einfahren oder felsige Gipfel ersteigen Bei den Pflanzen verhielt sich das anders. Hier glaubt Goethe im Alltagsleben, an den Wegrändern und in den Gärten, jene Beobachtungen machen zu können, die ihm das Design und das Geheimnis des Wachstums der Pflanzen erschließen. Zumindest solange er in Italien ist.

Gleichzeitig weckt auch die Mittelstellung des Pflanzenreichs zwischen den benachbarten Reichen der Mineralien und der Tiere gewisse Erwartungen. Es ist das einzige Reich mit zwei Tälern zu den jeweils angrenzenden Nachbarn. Bei Goethe hat diese Mittelstellung die Überzeugung genährt, er könne das an den Pflanzen herausgearbeitete Prinzip auf die beiden anderen Reiche übertragen. »Die Lehre der Metamorphose ist der Schlüssel zu allen Zeichen der Natur«, lautet eine Notiz Goethes aus dem Nachlass, und der Kontext lässt keinen Zweifel daran, dass diese Zeichen für ihn animalische, vegetative und auch anorganische umfassen.[31] Doch bei dem Versuch, das zu erweisen, wird er im Tierreich zumindest auf große Schwierigkeiten stoßen, im Steinreich hingegen nach eigenem Bekenntnis scheitern.

Als Goethe 1790 den Begriff der Metamorphose für ein neues Verständnis der Pflanzenentwicklung fruchtbar zu machen versuchte, war das keineswegs so originell, wie es uns heute erscheinen mag. »La terre est couverte de metamorphoses«, die Erde ist bedeckt mit Metamorphosen, hatte Voltaire bereits zur Jahrhundertmitte spöttisch im *Dictionnaire philosophique* bemerkt.[32] »Metamorphose« fand Eingang in alle Wissenschaften von der Geologie bis zur Zoologie und war im Begriff ein Modewort für alles Mögliche zu werden. In der Botanik war das Wort zuerst im 17. Jahrhundert aufgetaucht; ein Schüler Linnés hatte dann 1755 mit der Dissertation *Metamorphosis vegetabilis* bei ihm promoviert. Und so ist es keineswegs verwunderlich, wenn Goethe in den einleitenden Paragraphen seiner Schrift ein Grundverständnis dessen voraussetzt, was mit Metamorphose im botanischen Zusammenhang gemeint war, und nicht etwa auf einen Text wie Ovids *Metamorphosen* verweist, der ihm natürlich gut bekannt war. Er konnte damit rechnen, einen durchaus geläufigen Begriff zu verwenden, der die zu erwartende Abwehr gegen das Neue an seiner Sicht der Pflanzenbildung eher milderte als noch verstärkte.

Die größte Schwierigkeit, notiert Goethe im Sommer 1788, bestehe darin, »daß man etwas als still und feststehend behandeln soll was in der Natur immer in Bewegung ist [und] daß man dasjenige auf ein einfach sichtbares und gleichsam greifbares Gesetz reduzieren soll was in der Natur sich ewig verändert«.[33] Da ist er schon mittendrin in den Vorarbeiten zu seinem *Versuch die Metamorphose der Pflanzen zu erklären*. Neben einer ganzen Reihe von Notizen sind aus dieser Zeit zwei zusammenhängende Texte überliefert. Darin sind die in Italien gesammelten Erfahrungen samt den Überlegungen, die sie veranlasst haben, eingegangen. Ihr Reiz besteht nicht zuletzt darin, dass sie das in der gedruckten Schrift von 1790 dann in über hundert Paragraphen Ausgeführte noch im Zustand der allmählichen Verfertigung der Gedanken beim Niederschreiben zeigen. Mehr noch: Sie belegen, dass Goethe die Einsicht in jene Veränderungen, die er im *Versuch* dann die regelmäßige Metamorphose nennt und dort klar favorisiert, über die Auseinandersetzung mit ihrem Gegenstück, der unregelmäßigen Metamorphose, gewinnt. Und während in der fertigen Schrift die unregelmäßige Metamorphose als eine Art Ableger und Sekundärphänomen gegenüber der regelmäßigen erscheint, verhält es sich in den Vorarbeiten genau umgekehrt.

Die Lösung, die Goethe schließlich findet, um die Grundschwierigkeit jeder Wissenschaft zu bewältigen, die die lebendige, sich fortlaufend bewegende und verändernde Natur zum Gegenstand hat, nennt er später »naturgemäße Methode« und, umgesetzt in eine Publikation wie dem *Versuch*, dann »naturgemäße Darstellung«.[34] Die naturgemäße Methode macht es sich zur Aufgabe, der Pflanze gleichsam beim Wachsen zuzusehen. Dabei stößt er auf das Problem der zwei Geschwindigkeiten: Die Bewegungsabläufe des beobachteten Gegenstands sind zu langsam, als dass sie unser Auge »live« betrachten könnte. Dazu bedürfte es der Zeitraffung – mit dem Ziel, Veränderungen sichtbar zu machen, die in Echtzeit aufgrund ihrer Langsamkeit vom menschlichen Auge nicht oder nur unzureichend wahrgenommen werden.

Goethe war, wie wir gesehen haben, ein Vorreiter und begeisterter Anwender der Schattenbildnerei. Bei seiner Erforschung von Licht und Farben wird schon bald die Camera obscura eine zentrale Rolle spielen, die er auch als Zeichenhilfe einsetzt. Bei der Aufgabe, für das bloße Auge nicht sichtbare Veränderungen der Natur einzufangen, konnte er hingegen auf kein technisches Verfahren und dazu entwickelter Instrumente zurückgreifen. Erst in Goethes Todesjahr wird das Phenakistiskop, wörtlich übersetzt der »Augentäuscher«, entwickelt. Es animierte gezeichnete Bilder, indem es sich die sogenannte stroboskopische Bewegung zunutze machte.

Ließ sich aber vielleicht auch dort Bewegung »sehen«, wo mit dem bloßen Auge gar keine sichtbar war? Goethe jedenfalls hat behauptet, dazu in der Lage zu sein. Erste Erfahrungen damit, unbewegten Objekten den Schein von Bewegung zu verleihen, machte er während seines zweiten römischen Aufenthalts. In den großen römischen Museen hatte sich in den 1780er Jahren der Brauch durchgesetzt, Skulpturen beim Licht von Wachsfackeln zu betrachten. Objekte, die wenig oder gar kein Tageslicht erhielten, konnten von den Besuchern da-

Auf dem genetischen Weg 389

durch erstmals in allen Nuancen betrachtet werden. Das war beispielsweise bei der berühmten Laokoon-Gruppe der Fall, die einen Priester und seine beiden Söhne im Todeskampf mit zwei Schlangen zeigt und bereits Lessing und Winckelmann zu wirkungsmächtigen Deutungen herausgefordert hatte. Nach dem Bericht von Johann Heinrich Meyer, ein Schüler Füsslis und altgedientes Mitglied der deutschen Künstlerkolonie in Rom, stand sie in den Vatikanischen Museen in einer Nische, in die kein direktes Tageslicht fiel.[35] Darüber hinaus verlieh die Fackelbeleuchtung den Skulpturen auch eine zuvor nicht wahrgenommene Aura, indem sie das einzelne Stück aus der Menge der präsentierten Bildwerke heraushob und dafür sorgte, dass die Aufmerksamkeit des Betrachters länger bei ihm verweilte. Vor allem aber versetzte die Licht- und Schattenwirkung der flackernden Leuchten die Skulpturen scheinbar in Bewegung und ließ zugleich ein diffuses Kontinuum zwischen Objekt und Betrachter entstehen.[36] Auch Karl Philipp Moritz und Johann Wilhelm von Archenholz, Autor von *Reisebemerkungen* über Italien, haben über diese Wirkung berichtet. Auf Goethe muss sie großen Eindruck gemacht haben. Wie er in seiner eigenen Deutung der Laokoon-Gruppe, veröffentlicht im Jahr 1797 in den *Propyläen*, schildert, hatte er ein Mittel gefunden, den Eindruck der Bewegtheit auch ohne den flackernden Fackelschein hervorzurufen: »Um die Intention des Laokoon recht zu fassen«, empfiehlt er den Lesern in dem Aufsatz, »stelle man sich in gehöriger Entfernung, mit geschlossenen Augen, davor; man öffne sie und schließe sie sogleich wieder; so wird man den ganzen Marmor in Bewegung sehen, man wird fürchten, indem man die Augen wieder öffnet, die ganze Gruppe verändert zu finden.«

In dem speziellen Fall der Laokoon-Gruppe hatte die Leichtigkeit, mit der sich durch bloßes Öffnen und Schließen der Augen der Eindruck der Bewegtheit herstellen lassen sollte, auch damit zu tun, dass sie – nach Goethes Interpretation – einen herausgehobenen, aber auch im Nu vorübergehenden Moment eines Gesamtgeschehens zeige. Die Gruppe sei »ein fixierter Blitz, eine Welle, versteinert im Augenblicke, da sie gegen das Ufer anströmt«, schreibt er. Doch der Betrachter weiß, dass bereits im nächsten Augenblick die Welle bricht und eine Bewegung durch die gesamte Gruppe geht, wie auch schon kurz vor dem dargestellten Moment die Lage und die Haltung der Figuren anders gewesen sind. Gerade dadurch werde »das Werk Millionen Anschauern immer wieder neu lebendig sein«.[37] Für den kurzen Moment, da er die Augen öffne, würde nach Goethes Anleitung der Betrachter das Geschehen des Todeskampfs so sehen, wie der Bildhauer es gleichsam eingefroren dargestellt hatte. Schließe er die Augen dann wieder, würde vor seinem inneren Auge die Bewegtheit der Szene in Bewegung übergehen und bei einem erneuten Öffnen der Augen das vorgestellte Bild womöglich das reale überlagern. Die Welle ist sozusagen stärker als der Zauber der Versteinerung, den der Bildhauer ausgeübt hat.

Bei der Betrachtung organischer Naturphänomene scheint der Ausgangspunkt hingegen anders geartet zu sein. Denn hier haben wir es nicht mit einer geformten, ruhenden Steinmasse zu tun, sondern mit lebendigen Wesen, die wie im Fall von Pflanzen zwar nicht den Standort wechseln, sich gleichwohl verändern, etwa indem sie wachsen. Näher besehen ist das Problem aber gar nicht so anders. Denn auch hier nehmen wir erst einmal nur einen zeitlichen Ausschnitt wahr, etwa den, in dem sich gerade die Keimblätter gebildet haben, oder den anderen, in dem die Knospe im Begriff ist aufzuplatzen. Auch hier ist es uns verwehrt, mit dem bloßen Auge die Pflanze wachsen zu sehen. Stattdessen haben wir Momentaufnahmen, festgehalten etwa in Zeichnungen oder heute in Fotografien, mit dem Unterschied allerdings, dass wir sie sukzessive anfertigen und in eine Folge bringen können. An dieser Folge dann lässt sich die Veränderung, die Bewegung von Stufe zu Stufe, ablesen.

Genau das hat Goethe in seinen Vorstudien zur Metamorphosen-Schrift versucht. In Skizzen und Beschreibungen hat er das Wachstum der Pflanze, wie es sich ihm in unterschiedlichen Momenten darstellte, festgehalten und in einem zweiten Schritt daraus eine Sequenz entstehen lassen. Bei der »fortschreitenden Veränderung der Pflanzenteile«, so seine Hypothese, wirke »eine Kraft«. Goethe benennt sie nicht, bewegt sich mit dieser Annahme, wie wir gesehen haben, aber auf dem Stand der damaligen avancierten Wissenschaft: Das einschlägige, 1774 vom Mannheimer Botaniker Friedrich Kasimir Medicus veröffentlichte Buch trug den einprägsamen Titel *Von der Lebenskraft*.[38] Auch der Mediziner Christoph Wilhelm Hufeland wird im März 1792 über dieses Thema im Weimarischen Gelehrten-Verein vortragen. Goethe bringt die Lebenskraft in Verbindung mit dem, was er schon in seinen alchemistischen Studien, dann aber in Gesprächen mit Herder über physikalische Kräfte gelernt hat: Sie wirken als Attraktion und Repulsion, als Anstoßung und Abstoßung. Wie aber wirkt sich diese zwiefältige Kraft auf Wachstumsprozesse aus? In seinen Notizen vom Sommer 1788 spricht Goethe von »Ausdehnung und Zusammenziehung«.[39] Die Lebenskraft, so notiert er, »zieht zusammen, dehnt aus, bildet aus, bildet um, verbindet, sondert, färbt, entfärbt, verbreitet, verlängt, erweicht, teilt mit, entzieht« – allesamt Vorgänge, die er an Pflanzen beobachtet hat und nun in Worte zu fassen versucht. Nur unter der Voraussetzung jedoch, dass wir alle diese »Verschiedenen Würkungen in Einen sehen ... können wir das anschaulicher kennen was ich durch diese Vielen Worte zu erklären und aus einander zu setzen gedacht habe«. Besagte Kraft tue alles »so Stückweise, so sacht so unmerklich, daß sie zuletzt uns vor unseren Augen einen Körper in den andern verwandelt ohne daß wir es gewahr werden«.

Hier ist der Vorgang der Metamorphose, den Goethe dann im *Versuch* zum Designprinzip der gesamten Pflanzenentwicklung erklärt, erstmals umschrieben. Doch sehen können wir allein das, »was gesondert ist«, die einzelnen Stufen des Wachstumsgeschehens. Um den Wandel der Gestalten zu erkennen, steht uns kein anderes Mittel zur Verfügung als das, »was nicht gesondert werden sollte ... wieder zu verbinden, wieder zu Einem zu machen. Am leichtesten wird uns dieses durch eine Folge ... Wenn wir acht haben wie eine Gestalt sachte in die Andre übergeht und zuletzt von der folgenden Gestalt gänzlich verschlungen wird.«[40]

Keine Frage: Goethe will sich bei seinem Versuch, Naturvorgänge begreiflich zu machen, nicht damit begnügen, sie in einzelne Abschnitte zu zerlegen, er will gerade auch ihr Auseinanderhervorgehen anschaulich machen. Doch wie lässt sich etwas, das sich der Wahrnehmung eigentlich entzieht, methodisch und darstellerisch bewältigen? Goethe hat sich mit dieser Schwierigkeit nicht nur im Vorfeld seiner Metamorphosen-Schrift, sondern sein ganzes Leben auseinandergesetzt. In gewisser Weise hat er darauf bereits in seinem Schauspiel *Götz von Berlichingen* aus dem Jahr 1773 eine Antwort zu geben versucht. Indem er darin die traditionellen Einheiten von Ort, Zeit und Handlung auflöste, unternahm er auch ein radikales Formexperiment. Er hat das Geschehen in neunundfünfzig Einzelszenen zerlegt, von denen einige nur aus einem kurzen Wortwechsel bestehen; erst im Bewusstsein des Lesers beziehungsweise Zuschauers setzt sich das Stückwerk der gesonderten Teile und spürbaren Brüche wieder zu einem vollständigen Ganzen, einer Folge zusammen, wie Goethe sagt.

»Naturgemäß« sind für Goethe Methode und Darstellung also dann, wenn sie der Tatsache gerecht werden, dass insbesondere Naturphänomene nur scheinbar statisch und abgeschlossen sind, während sie sich in Wirklichkeit doch permanent verändern. Pflücke ich eine Pflanze, trockne sie und ordne sie in ein Herbarium ein, so entferne ich sie nicht nur aus ihrer angestammten Umgebung, sondern unterbreche auch ihren natürlichen Wachstums- und später Verwelkungsprozess. Zwar lassen sich, abhängig vom Zeitpunkt, zu dem ich sie ausgerupft habe, ihre Organe nun in aller Ruhe mehr oder weniger vollständig identifizieren, den Prozess ihres Wachstums hingegen kann ich so kaum begreifen. Das gilt natürlich ebenso für tierisches Leben und letztlich sogar für Gestein; nur dass bei letzterem die Zeitspannen der Entwicklung und Veränderung, etwa infolge von Verwitterungsprozessen, noch wesentlich weiträumiger ausfallen und der Prozess mithin noch weniger bemerkbar ist. Goethe bezeichnet sein Verfahren, dass die Natur in ihrem Werden sichtbar machen soll, auch als »genetische Betrachtung«. Genetisch kommt dabei nicht von Gen, wie es für uns heute in Einschränkung der ursprünglichen Bedeutung naheliegt, sondern von altgriechisch *generikos,* auf die Entstehung bezogen.[41] »Alles was wir entstanden sehen, und eine Sukzession dabei gewahr werden davon verlangen wir dieses sukzessive Werden einzusehen. So wie die wahre Geschichte überhaupt nicht das Geschehene aufzählt; sondern wie sich das Geschehene auseinander entwickelt uns darstellt«, notiert Goethe in Aufzeichnungen zur »Bildung der Erde«.[42] Und an Jacobi – da ist er schon beim Thema »Farbe« angelangt – meint er, er habe sich von jeher, »beim Anschauen der Gegenstände, auf dem genetischen Weg ... am besten« befunden, »so daß es mir nicht schwer werden konnte mich zu der dynamischen Vorstellungsart, welche uns bei der Betrachtung der Natur so herrlich fördert, zu erheben.[43]

In nachgelassenen Notizen zur *Methode der Botanik,* die wohl 1796 entstanden sind, taucht die »genetische Behandlung« explizit als zweiter von vier Unterpunkten auf. Ihrer Erörterung voraus geht eine originelle Typologie von vier Arten, die Natur zu befragen, in der Goethe zwischen »Nutzenden, Wissenden, Anschauenden und Umfassenden« – wir können auch sagen: Gärtnern, Wissenschaftlern, ihm selbst und Naturphilosophen – unterscheidet. »Wenn ich eine entstandene Sache vor mir sehe nach der Entstehung frage und den Gang zurück messe soweit ich ihn verfolgen kann«, beschreibt Goethe dort sein Vorgehen, »so werde ich eine Reihe von Stufen gewahr«. Darin unterscheidet er sich nicht von einem Wissenschaftler, der den Wachstumsprozess der Pflanze in Segmente zerlegt und diese dann gesondert analysiert. Er geht aber darüber hinaus, sobald er versucht, sich das Gesonderte als eine kontinuierliche Folge zu vergegenwärtigen. Denn dazu muss er sich von der Beschränkung befreien, nur das Vorgefundene zu verarbeiten, was Goethe als die Kerntätigkeit des Wissenschaftlers sieht. Stattdessen ruft er die Imagination zu Hilfe. Die Rede ist auch von der »produktiven Einbildungskraft«. Anschauung meint also hier nicht Beobachtung des Vorhandenen, sondern eine intellektuelle, imaginative Leistung – sozusagen eine Anschauung zweiter Potenz. Schon im Zusammenhang seiner geologischen Forschungen hat Goethe vom »anschauenden

Begriff« gesprochen, der die Vielzahl der Beobachtungen zu einem Ganzen zusammenfasst, und diese Art der Erkenntnis später in Spinozas »scientia intuitiva« wiedergefunden. »Erst bin ich geneigt mir gewisse Stufen zu denken«, notiert er nun, »weil aber die Natur keinen Sprung macht, bin ich zuletzt genötigt mir die Folge einer ununterbrochenen Tätigkeit als ein Ganzes anzuschauen indem ich das Einzelne aufhebe ohne den Eindruck zu zerstören.«[44]

Wie man sich das konkret vorzustellen hat, hat Goethe mitgeteilt, als er sich 1819 mit der Dissertation *Beträge zur Kenntnis des Sehens in subjektiver Hinsicht* des Prager Naturforschers Jan Evangelista Purkinje auseinandersetzte und Auszüge aus der Schrift mit Kommentaren versah. Purkinje war einer der Begründer der experimentellen Physiologie und mikroskopischen Anatomie. Goethe hat ihn 1823 bei einem Besuch in Weimar persönlich kennengelernt und war von der Art, wie er experimentelle Naturforschung mit naturphilosophischem Denken, »Wissen« mit »Umfassen« verband, stark beeindruckt. Zu Purkinjes weitreichender These, dass Wahrnehmung und Erinnerung beziehungsweise Vorstellungsvermögen keine getrennten Fähigkeiten des Menschen darstellen, vielmehr »Gedächtnis und Einbildungskraft in den Sinnesorganen selbst tätig« seien und »jeder Sinn sein ihm eigentümlich zukommendes Gedächtnis und Einbildungskraft besitze«, bemerkt er in seinen Notizen: »Von der Produktivität solcher innern vor die Augen gerufenen Bilder bliebe mir manches zu erzählen. Ich hatte die Gabe, wenn ich die Augen schloß und mit niedergesenktem Haupte mir in der Mitte des Sehorgans eine Blume dachte, so verharrte sie nicht einen Augenblick in ihrer ersten Gestalt, sondern sie legte sich auseinander, und aus ihrem Innern entfalteten sich wieder neue Blumen aus farbigen, auch wohl grünen Blättern ...«[45] Etwas Vergleichbares muss Goethe widerfahren sein, als er zuerst den Wachstumsprozess der Pflanze in Stufen sonderte und sich dann als kontinuierlichen Prozess vergegenwärtigte. Und wie auch bei der Betrachtung von Bildwerken war hier erneut der Wechsel von Öffnen und Schließen der Augen konstitutiv: Die Pflanze entfaltete und verwandelte sich nicht, wenn er sie nicht zuvor genau beobachtet und wissenschaftlich analysiert hatte. Aber das verborgene Gesetz ihrer Entwicklung erschloss sich ihm auch erst dann, wenn er von allen Daten und Fakten absah und sich mit geschlossenen Augen dem freien Spiel seiner Vorstellungskraft überließ. Und wie schon bei der Betrachtung der Laokoon-Gruppe meinte er, die Pflanze beim erneuten Öffnen der Augen verändert zu finden.

Dem ersten Eindruck nach nimmt sich Goethes *Versuch die Metamorphose der Pflanzen zu erklären* mit seiner strengen Einteilung in achtzehn Teile und 123 Paragraphen wie eine den damaligen Gepflogenheiten entsprechende Qualifikationsschrift aus. Goethe hat diese Form auch deshalb gewählt, weil er mit seiner ersten rein wissenschaftlichen Publikation Ansprüche als Naturforscher anmelden wollte; neben der breiteren Zielgruppe der Pflanzenliebhaber und Hobbygärtner richtete er sich vor allem auch an das botanische Fachpublikum. Goethe hat den *Versuch* zuletzt unter Zeitdruck fertiggestellt; im *Intelligenzblatt der Jenaischen Allgemeinen Literaturzeitung* fand er für Ostern 1790 das Buch eines ungenannten Verfassers angekündigt, das er als direkte Konkurrenz betrachtete. Wenn er dieser Abhandlung schon nicht zuvorkommen konnte, so war es sein Ehrgeiz, die eigene wenigstens nicht in deren Windschatten segeln zu lassen. Ihr annoncierter Titel lautete *Versuch die Konstruction der Blumen zu erklären*, und Goethe besaß die Chuzpe, den Titel der eigenen Abhandlung dem des vermeintlichen Konkurrenzproduktes einfach nachzubauen.

Das voreilig angekündigte Werk erschien dann erst drei Jahre später, unter dem nicht minder vielversprechenden Titel *Das entdeckte Geheimnis der Natur im Bau und in der Befruchtung der Blumen*. Sein Autor war der Berliner Botaniker Christian Konrad Sprengel, der über die Bestäubung der Blüten sowie die Wechselbeziehung von Pflanzen und Insekten forschte und heute als einer der Begründer der Blütenökologie gilt. Sprengel war ein so aufmerksamer wie unermüdlicher Beobachter, und sein Buch ist eine wahre Fundgrube für die Koevolution von Blüten und Insekten. Im Aufbau des Buches hält sich Sprengel strikt an das Sexualsystem von Linné, zeigt aber erstmals an einer Fülle von Beispielen, wie die Sexualität der Blütenpflanzen konkret abläuft, dass Blüten zum überwiegenden Teil auf die Bestäubung durch Insekten angewiesen sind und viele Eigentümlichkeiten ihres Baues Anpassungen daran darstellen.[46] Goethe hat Sprengels Leistung wohl nicht erkannt oder zumindest heruntergespielt. Seine »Vorstellungsart« erkläre »eigentlich nichts«, hat er sich gegenüber dem Jenaer Botanikprofessor August Batsch geäußert. Sie lege der Natur lediglich »einen menschlichen Verstand unter und läßt diese erhabene Mutter lebendige Wesen auf eben die Art hervorbringen, wie wir Flinten fabricieren, Kugeln gießen und Pulver bereiten, um endlich einen Schuß zu erzwecken.« Seines Erachtens führe diese Vorstellungsart, »wie alle die ihr ähnlich sind, ... von dem wahren Wege der Physiologie ab: denn wie können wir die Theile eines organisirten Wesens und ihre Wirkungen entwickeln und begreifen, wenn wir es nicht als ein durch sich und um sein selbst willen bestehendes Ganze beobachten?«[47]

Die Auseinandersetzung mit Sprengels Buch entwickelt sich so zu einem Bekenntnis in eigener Sache, allerdings um den Preis der Ignoranz neuer Einsichten, die die eigenen Entdeckungen in einem anderen Licht hätten erscheinen lassen können. Denn waren die von Sprengel beobachteten Anpassungen nicht ebenfalls Metamorphosen der Pflanze, genauer besehen sogar auch solche des entsprechenden Insekts? Den Vorwurf hingegen, der Natur lediglich den eigenen Verstand unterzulegen, um etwas Bestimmtes »zu erzwecken«, hätte man genauso gut auch Goethes eigenem Versuch machen können. Zwar kommt Sprengels Abhandlung im konventionellen Sprachkleid der Physikotheologie daher, für die die Wunder der Natur stets auch Beweise der Größe und Güte Gottes waren. Aber seine Beobachtungen und auch die Schlüsse, die er daraus zieht, bewegen sich ganz auf dem Boden der empirischen Wissenschaft, also der Verarbeitung des Vorhandenen, um es mit Goethe zu sagen. »Als ich im Sommer 1787 die Blume des Waldstorchschnabels (Geranium sylvaticum) aufmerksam betrachtete«, heißt es etwa gleich in der Einleitung zu Sprengels Werk, »so fand ich, daß der unterste Theil ihrer Kronenblätter auf der innern Seite und an den beiden Rändern mit feinen und weichen Haaren versehen war ... Und hier fiel mir bald ein, daß, wenn man voraussetzte, daß die fünf Safttröpfchen, welche von eben so vielen Drüsen abgesondert werden, gewissen Insekten zur Nahrung bestimmt seyen, man es zugleich nicht unwahrscheinlich finden müßte, daß dafür gesorgt sey, daß dieser Saft nicht vom Regen verdorben werde, und daß zur Erreichung dieser Absicht diese Haare hier angebracht seyen ...«[48]

Man muss sich diese so detailverliebten wie umständlichen Beschreibungen Sprengels und der Mehrzahl der damals schreibenden Botaniker vor Augen führen, um die Eigenart von Goethes Schrift zu ermessen. Denn sein *Versuch* bezieht sich nur selten auf konkrete Pflanzen und an ihnen gemachte Beobachtungen; und wenn dann lediglich exemplarisch. Eigentlich erst im fünfzehnten und sechzehnten Abschnitt der Schrift, den Paragraphen 103 bis 106, in denen Goethe anhand der durchgewachsenen Rose und der durchgewachsenen Nelke auf die unregelmäßige Metamorphose zu sprechen kommt, orientiert sich die Beschreibung an konkreten Beobachtungen an konkreten Pflanzen. Ansonsten bezieht Goethe sich in seinen Ausführungen, die Anschaulichkeit mehr evozieren als demonstrieren, auf eine nicht näher bestimmte symbolische Pflanze, mehr Modell als konkretes Exemplar. Zu dieser Darstellungsart seiner Schrift passt es, dass er darin anders als Sprengel, der immer wieder auf die zahlreichen Kupferstiche in seinem Buch verweist, auf Illustrationen gänzlich verzichtet. Obwohl dies wohl ebenfalls dem Zeitmangel geschuldet war, nimmt es der Leser kaum als Defizit wahr. Zu grundsätzlich und allgemein kommen Goethes Erklärungen daher. Wenn überhaupt, würde man sich schematische Zeichnungen der dargestellten Vorgänge und Übergänge wünschen, nicht Abbildungen konkreter Pflanzen. So nimmt es auch nicht Wunder, dass zeitgenössische Botaniker, etwa Franz Joseph Schelver, eine Zeitlang Direktor des Botanischen Gartens von Jena, mit Goethes Schrift wenig anfangen konnten: »Was er Wissenschaft nennet, z. B. seine Metamorphose der Pflanzen ist eine sehr gemeine Abstraktion«, beklagt er sich in einem Brief an den Philosophen Friedrich Wilhelm Joseph Schelling; er begnüge sich mit der schlechtesten empirischen Notwendigkeit.[49]

Auch wenn sich Schelvers Enttäuschung gut nachvollziehen lässt, resultiert sie doch vor allem aus einer falschen Erwartung. In Goethes Typologie der Fragen gesprochen, die sich an die Natur richten lassen bewegen sich Naturkundige wie Sprengel oder auch Schelver zwischen dem ersten und zweiten Bereich. Sie sind »Wißbegierige«, ausgestattet mit der »neugierigen Unruhe eines klaren Verstandes«, bleiben dabei aber immer »Nutzende, Nutzen-Suchende, -Fordernde«, die »das Feld der Wissenschaft«, zu der sie beitragen, im Hinblick auf praktische Fragen umrissen haben. Goethes eigene Schrift dagegen folgt stets »den Grenzen der zweiten und dritten Region«, wie es in den Notizen von 1796 heißt, jenem schmalen Pfad, auf dem sich Wissenschaft und Anschauung, das Prinzip der offenen und der geschlossenen Augen berühren. Wohl ist die naturgemäße Darstellung seines Versuchs ersichtlich um eine Nachbildung der Natur bemüht, von dem »Augenblick«, in dem eine Pflanze »sich aus dem Samenkorn entwickelt«, bis hin zu dem Moment, wo sie selbst Samen ausbildet. Das »Pflanzen-Wachstum« der einjährigen Blütenpflanze vollzieht sich laut Goethe über sechs große Schritte oder Übergänge, bei denen auf den ersten Blick durchaus verschiedene Organe jeweils die Hauptrolle spielen, welche sich aber bei näherer Betrachtung als Umwandlungen eines und desselben Organs erweisen: des Blattes »in seinem transzendentellsten Sinn«, wie es in einem im Vorfeld entstandenen Text heißt. Man könne, so Goethe weiter, dieses bildende und sich umbildende Pflanzenorgan, das aus allen Metamorphosen der Pflanze in veränderter Gestalt hervorgeht, kaum noch Blatt im geläufigen Sinne nennen. Spätestens mit dieser Hypothese erweitert er den wissenschaftlichen Spielraum der Verarbeitung des Vorhandenen um eine imaginative, spekulative Komponente.

Man versteht Goethes Schrift so lange nicht, wie man sie als einen Versuch in empirischer Naturforschung betrachtet. Dann muss sie, auch gemessen an anderen zeitgenössischen botanischen Leistungen, als unzureichend erscheinen, bestenfalls noch als Ausgeburt eines in Naturforschung dilettierenden Dichters, der überall dort, wo ihm die nötige Empirie und wissenschaftliche Kompetenz fehlt, die Lücken mit den ihm zu Gebote stehenden poetischen und ästhetischen Mitteln seiner Darstellungskunst zu schließen bemüht ist.

Doch Goethe will gar nicht in erster Linie empirisch argumentieren, sprich Vorgefundenes analysieren und daraus über das einzelne Beispiel hinaus gültige Schlussfolgerungen ziehen. Er will ein Prinzip erklären, das ihm bei seinen botanischen Studien aufgegangen ist, und er tut dies, indem er an einem vereinfachten Abbild der Wirklichkeit dieses Prinzip, das er Metamorphose der Pflanzen nennt, erörtert. Heute würden wir sagen, dass er zur Erklärung bestimmter Naturvorgänge ein Modell gebildet hat, anhand dessen er Einsicht in die Verfahrensweise der Natur gewinnen wollte. Dabei geht er ganz pragmatisch vor: Angesicht der von ihm immer wieder beobachteten Schwierigkeit, dass in der Natur alles in Bewegung ist und sich ständig verändert, wir aber nur das zu erkennen imstande sind, was man »als still und feststehend behandeln« kann, greift er zum Mittel der Komplexitätsreduktion, um in der heutigen Ausdrucksweise zu bleiben: Er sieht von allen nicht relevanten Vorgängen und beiläufigen Details ab, zerlegt den Prozess des Wachstums in einzelne, der Beobachtung entsprechende Segmente und versucht dann, diese Segmente wieder zu einem Ganzen zusammenzufassen – ein zweiter Schritt, bei dem ins Spiel kommt, was er hervorbringende Einbildungskraft nennt – besagte Anschauung zweiter Potenz.

Goethes Zeitgenossen hatten große Schwierigkeiten damit, den Modellcharakter von Goethes *Versuch* zu begreifen, insbesondere dann, wenn sie sich als Fachwissenschaftler, also etwa als Botaniker verstanden. Denn so zu argumentieren, war seinerzeit kaum geläufig, obwohl Kant, den Goethe in dieser Zeit zu studieren begann, in dieser Hinsicht Vorarbeit geleistet hatte. Dass auch uns heute Goethes Modelldenken womöglich nicht unmittelbar einleuchtet, könnte aber auch mit einem verkürzten Verständnis von Modellerkenntnis zu tun haben. Wir begegnen ihr nämlich vor allem dort, wo es um Prognosen, etwa zum Wetter, zum Klimawandel oder auch zur Statik eines Bauwerks geht. Dabei handelt es sich dann in der Regel um in mathematische Formeln gegossene Modelle, zu denen Goethes Metamorphose ganz offensichtlich nicht gehört. Ebenfalls eine Verkürzung des Modellbegriffs ist es, ihn auf die Erklärung bereits bekannter Sachverhalte oder Objekte zu beschränken, wie das zum Beispiel geschieht, wenn man ihn von der symbolischen Weise des Darstellens ableitet, die Kant in der *Kritik der Urteilskraft* etwa anhand des Beispiels einer Handmühle erläutert, die mit einem despotischen Staat zwar nicht dem Inhalt nach übereinkomme, wohl aber hinsichtlich der Verfahrensregel, nach der beide funktionieren.[50] Modelle erweisen sich aber auch dort, und sogar insbesondere dort, als produktiv, wo es um Unbekanntes geht, wo etwa – wie im Fall von Goethes Pflanzenmetamorphose – die Gesetzmäßigkeit der Pflanzenbildung noch unentschlüsselt ist und sich der Wahrnehmung entzieht, der Vorgang selbst hingegen sich entlang einer Reihe von Momenten beobachten und modellieren lässt. Hier ist der Ausgangspunkt der Modellbildung eine Hypothese, die sich im Rahmen des Modells beispielsweise auf ihre Widerspruchsfreiheit hin testen lässt. Die Erklärung, die das Modell zu liefern verspricht, hat dann den Charakter einer Entdeckung – und genau das, nicht mehr und nicht weniger, leistet Goethes *Versuch die Metamorphose der Pflanzen zu erklären* auch. Mit ihr will er nicht etwas beweisen, sondern erweisen, zielt weniger auf definitive Ergebnisse als auf die Präsentation einer Denkform.[51]

Wenn sich Goethe und Schiller an einem Sonntag im Juli 1794 im Anschluss an einen botanischen Vortrag in der Naturforschenden Gesellschaft in Jena zum ersten Mal ausführlich unterhalten, wird Goethe »mit manchen charakteristischen Federstrichen eine symbolische Pflanze vor seinen Augen entstehen« lassen, um dem Jüngeren zu erläutern, worin sich sein dynamisches Verständnis der Pflanzenwelt von dem klassifizierenden unterscheidet, dessen Ohrenzeuge sie beide gerade geworden sind. In dem dadurch angestoßenen Gespräch setzen die beiden sich darüber auseinander, was diese symbolische Pflanze denn nun sei, die Goethe da gerade skizziert hat: eine Erfahrung, worauf Goethe beharrt, oder eine Idee, wie Schiller, der Kant gründlicher als Goethe gelesen hat, den Älteren belehrt. Berühmt geworden ist Goethes Entgegnung darauf: »Das kann mir sehr lieb sein, daß ich Ideen habe, ohne es zu wissen, und sie sogar mit Augen sehe«, will er gesagt haben.[52] Und hatte damit keineswegs so unrecht, wie viele spätere Leser dieses Berichts gemeint haben; denn in der Tat war die auf das Papier geworfene Pflanze beides zugleich: Idee *und* Erfahrung. Sie war nämlich, wie der Verfasser des *Versuchs die Metamorphose der Pflanzen zu erklären* seinen Entwurf auch hätte erläutern können, ein Modell, das Begriffe der Erfahrung nutzt, um eine Idee von der Übereinstimmung des Ganzen zu entwickeln, mit anderen Worten, genau jenes »zwischen beiden ... Vermittelnde«, das ihm als Lösung des Widerspruchs vorschwebte.[53]

∽

So ist es kein Wunder, dass sich bei vielen Leserinnen und Lesern von Goethes botanischer Schrift über kurz oder lang der Eindruck einstellt, weniger über das Wachstum von Pflanzen zu erfahren, als lediglich mit der Denkform vertraut zu werden, mit der Goethe die Gesetzmäßigkeit des Pflanzenwachstums erschließen will. Und selbst hier scheint Vorsicht geboten, denn wie sich schließlich herausstellt, verdankt sich die »regelmäßige Metamorphose«, die dem Zyklus der einjährigen Blütenpflanze zugrunde liegen soll, einem eingeschränkten Verständnis dessen, was Metamorphose überhaupt ist oder genauer gesagt sein kann. Genauso wie die regelmäßige definiert Goethe auch ihr Gegenstück, die »unregelmäßige Metamorphose«, zwar gleich zu Anfang seiner Schrift (§ 7), aber erst an ihrem Ende erläutert er sie anhand der Beispiele der durchgewachsenen Rose und Nelke. Und da stößt er auf den Umstand, dass die Normalentwicklung, mit der er sich bislang ausschließlich beschäftigt hat, keineswegs die ganze Wahrheit über die Metamorphose der Pflanzen ist. Schon an gefüllten Blüten, wie sie etwa kultivierte Rosen aufweisen, zeigt sich, dass Blütenpflanzen zusätzliche Blütenblätter ausbilden können, und in einigen Fällen tun sie dies auch auf Kosten der Geschlechtsorgane. Für Goethe, der meinte, zuvor gezeigt zu haben, alle Pflanzenorgane seien einander gleichwertig und eigentlich nur Variationen einer Grundform, war das ein klarer Hinweis darauf, dass die Metamorphose nicht nur »fortschreitend«, sondern auch »rückschreitend« verlaufen kann, wie er sagt: Die Blüten mit zusätzlichen Blütenblättern legten für ihn nahe, die Geschlechtsorgane der Pflanze könnten sich irgendwie in Blütenblätter verwandeln, und die durchgewachsenen Blumen schienen ihm sogar zu beweisen, dass statt der Geschlechtsorgane neue Triebe aus ihr hervorgehen können, die wiederum Blätter und Blütenblätter tragen. So gesehen war, was als Normalentwicklung der einjährigen Blütenpflanze erschien, lediglich ein schmaler Pfad innerhalb eines weiten Raumes möglicher Entwicklungen. Anders gesagt, man kann Pflanzen sozusagen modellieren, etwa indem man neben der geläufigen, fortschreitenden Entwicklung auf rückschreitende Spielarten der Metamorphosen zurückgreift. Schon die Natur selbst tut das, und Gärtner, die Blumen attraktiver machen wollen, indem sie gefüllte Blüten kultivieren, tun es ihr nach. Die Genetiker Elliot Meyerowitz und Enrico Coen, die Ende der 1980er Jahre das sogenannte ABC-Modell der genetischen

Steuerung der Blütenentwicklung entworfen haben, berufen sich in ihren Arbeiten ausdrücklich auf Goethes Vorschlag, das Studium von Missbildungen (was wir heute Mutanten nennen) zu nutzen, um zu einem besseren Verständnis der intakten Blütenbildung zu gelangen. Sie haben Goethes Modell auch insofern bestätigt, als sie zeigen konnten, dass viele der von ihm als unregelmäßige Metamorphose beschriebenen Blütenbildungen ihre Ursachen in der Mutation bestimmter Gene haben. So konnten sie etwa auch die Blattnatur von Staub- und Fruchtblatt nachweisen.[54] Das ABC-Modell der Blütenentwicklung wurde inzwischen vielfach bestätigt und erweitert. Versteht man ihn als Modell, ist Goethes *Versuch* anschlussfähig an die zeitgenössische botanische Forschung.

Aus dem erweiterten Metamorphose-Begriff folgt aber noch mehr: Denn wie sich die normale Stufenfolge des Pflanzenwachstums umkehren lässt, so ist selbst bei Blütenpflanzen die geschlechtliche Fortpflanzung keineswegs das unumstößliche Ziel dieses Prozesses. Auf diesen Gedanken, dass Wachstum und Sexualität der Pflanzen sich keineswegs wie Mittel und Zweck zueinander verhalten, sondern die »Gesetze der Pflanzenbildung« weitgehend unabhängig von geschlechtlicher Fortpflanzung sind, war Goethe bereits in Italien gekommen. In den Vorarbeiten zum *Versuch* formuliert er diese Hypothese dann ganz unmissverständlich. »Was wir Wachstum der Pflanzen nennen«, heißt es in dem zweiten der beiden im Sommer 1788 entstandenen Texte, »ist nur eine Hervorbringung ihres Gleichen ohne Geschlechts Würkung.« Darunter findet sich ein Schema, wie man es sich auch für die gedruckte Schrift gewünscht hätte. Es weist Ähnlichkeit mit einem Gitter auf und zeigt das Wachstum der Pflanze als systematische Verzweigung in alle Richtungen. Goethe hat die Übergänge mit Kleinbuchstaben von (a) bis (l) bezeichnet und an einigen Stellen Sprossknoten und Keimblätter eingezeichnet. »Wenn ein Samenkorn Wurzel geschlagen hat a und seine Kotyledonen b ihre Bestimmung erfüllt haben«, erläutert er seine Zeichnung, »so treibt die Pflanze weiter. Das heißt sie wiederholt sich sie bringt sich selbst wieder hervor ... Vom Knoten c entfernt sich eine Fortsetzung die sich bald, oft ohne merklichen Zwischen Raum in einem Knoten abermals schließt, Sowohl nach d in die Luft, als nach e unter der Erde weg oder an der Erde hin und von da weit fort nach f und g und so in infinitum, wenn die Pflanze eine Jahres Revolution überdauert. Die Knoten e g schlagen wieder Wurzel und treiben nach h i weitere Fortsetzungen.« Und nachdem er dieses Prinzip der Verzweigung in alle Richtungen noch weiter bis (l) verfolgt hat, bekräftigt er zum Schluss noch einmal die Ausgangshypothese: »Auf

Abbildung 10: Johann Wolfgang Goethe, Skizze aus Gesetze der Pflanzenbildung, *ca. 1788*

dieser Fortsetzung auf dieser Hervorbringung« beruhe »das Ganze Pflanzen Wesen ... Ich wiederhole nochmals *Von Knoten zu Knoten ist der ganze Kreis der Pflanze geendigt*«.[55]

In dem Heft, in das er auf der Rückreise nach Weimar Einfälle und Gedanken notiert hat, nennt er diese Fähigkeit der Pflanze, sich aus sich selbst fortzusetzen, noch »Rückwendung in sein eigen Ich« oder auch »Rückwendung in sein eigen selbst«, hat diese Bezeichnungen aber später zugunsten der Begriffe »Ausdehnung« und »Zusammenziehung« aufgegeben.[56] Wie auch die Skizze und seine Erläuterungen dazu belegen, hat er anfangs auch die Wurzel der Pflanze in seine Überlegungen miteinbezogen; sein ursprünglicher Gedanke war wohl, die Metamorphose der Pflanze bei der Wurzel beginnen zu lassen. Jedenfalls nennt er sie in einer Notiz aus dieser Zeit »ein Blat, das nur Feuchtigkeit unter der Erde einsaugt«.[57] Da aber schon die Behauptung der Blattähnlichkeit, etwa von Staubfäden, Verwunderung hervorrufen musste, zumindest stark kontraintuitiv war, hat Goethe die Wurzel schließlich aus seiner Theorie entfernt und sie schlicht für unwichtig erklärt. Der Dogmatismus der Blattähnlichkeit aller Pflanzenorgane hat ihn zu diesem Schritt bewogen, übrigens durchaus zum Nachteil seiner Wachstumstheorie.

Pflanzen bewegen sich, indem sie wachsen, und zur Erklärung dafür, wie sich Wachstum vollzieht, hat Goethe sein Modell der pflanzlichen Metamorphose entwickelt. Damit glaubte er, dem Geheimnis der Pflanzen weitaus näher gerückt zu sein, als es Linné mit seinem systematischen Ansatz, der ganz auf die geschlechtliche Fortpflanzung als Klassifikationsmerkmal abstellte, vermocht hatte. Eine entschiedenere Gegenführung zu Linné war in der Tat kaum vorstellbar: Denn während bei dem barocken Bändiger der Pflanzenvielfalt alles geordnet ist um den Preis, dass Veränderung kaum mehr denkbar ist, ist in Goethes Pflanzentheorie ständig alles in Bewegung und hat dabei trotzdem seine Ordnung.

Vierundzwanzigstes Kapitel, das Farbe in Goethes Leben bringt

Goethe hat in Italien keineswegs nur den Gedanken der Metamorphose gefasst und sein Verhältnis zur Kunst auf eine neue Basis gestellt. Er hat in den zwanzig Monaten seines Aufenthalts in mediterranen Gefilden auch die Farbe als ein Thema entdeckt, das ihn als Forscher und Schriftsteller in den verbleibenden vier Lebensjahrzehnten unermüdlich beschäftigt. An der Farbe entwickelte er die für seine Naturforschung zentralen Kategorien der »Polarität« und »Steigerung«. Sie hielt ihn in Atem wie kaum etwas anderes, zum Ende seines Lebens hin nur die Vollendung des *Faust*, nachdem er ihr schon 1810 sein umfangreichstes Werk mit dem unübertroffen lakonischen Titel *Zur Farbenlehre* gewidmet hatte. Nach eigenem Bekunden ist es auch sein Hauptwerk, das, was er in die Waagschale zu werfen hatte, ausgenommen der zweite Teil des Weltspiels *Faust*. Doch während er dieses inkommensurable Werk, wie er es nannte, den Blicken der Zeitgenossen entzog und für die Nachwelt bestimmte, war die *Farbenlehre* sein *opus magnum* zu Lebzeiten, Frucht von zwanzig Jahren unermüdlicher Forschung und veröffentlicht von einem Sechzigjährigen, der sich sehr wohl im Klaren war, dass diese Schrift als sein Vermächtnis gelten könnte. Und anders als das in vieler Hinsicht verrätselte Drama ist es in der schönsten Prosa geschrieben, die Goethe zu Gebote stand – schön gerade durch ihre Klarheit und Verständlichkeit. Sie ist ein Musterbeispiel jener »vorzeigenden« Darstellung, die den Gegenstand »unter allgemeine Gesichtspunkte« bringt und dadurch »den Fremden und Unwissenden« lockt, statt nur die Eingeweihten festzuhalten, wie er 1808 seine, darin zu einem Höhepunkt geführte wissenschaftliche Darstellungsweise charakterisiert.[1]

»Das Wetter ist immer sehr betrübt und ertödtet meinen Geist«, meldet er Anfang September 1788 an Herder, der da gerade selbst gen Italien eilt. Goethe hat eben den ersten Weimarer Sommer nach seiner Rückkehr aus dem Süden hinter sich. Wohl war er schon immer wetterfühlig gewesen, und das sollte sich mit zunehmendem Alter noch verstärken. Viele seiner Eintragungen in das vom Aufbruch aus Karlsbad bis zur Ankunft in Rom geführte Tagebuch gelten Wetterbeobachtungen und meteorologischen Spekulationen. Aber das schlechte Wetter allein ist es nicht, das Goethe nun zu dem Seufzer veranlasst. »Wenn das Barometer tief steht und die Landschaft keine Farben hat«, fährt er fort, »wie kann man leben?«[2]

Gibt es Lebendigkeit ohne Farben? Goethe hätte diese Frage gewiss mit nein beantwortet. Und damit befand er sich im Gegensatz etwa zu Kant und auch zu seinem späteren Freund Schiller, der nach dem Besuch der Dresdener Galerie meinte, die großformatigen Gemälde von Rubens mit ihren geschwungenen Torsi und nackten Frauenleibern, ihren drastischen Szenen und dem offensichtlichen Interesse an Affekten seien gewiss kostbare Kunstwerke, »wenn sie nur ohne Farben gemalt wären«.[3] Kant hat in der *Kritik der Urteilskraft* wohl eingeräumt, dass Farben den Gegenstand »für die Empfindung« beleben, zugleich jedoch den Vorbehalt angemeldet, dass sie ihn »nicht anschauungswürdig und schön machen«. Vielmehr würden sie durch die Erfordernisse dessen, was er »die schöne Form« nennt, »gar sehr eingeschränkt« und durch diese auch »allein veredelt«.[4]

Die »schöne Form«, das war für Kant wie auch für Schiller der Garant dafür, dass die Emotionalität der Farbwirkung gezähmt wurde und sich beim Betrachter interesseloses Wohlgefallen einstellen konnte. Darin setzt sich eine Skepsis, ja Feindlichkeit gegenüber den Sinnen fort, wie sie die bürgerlich-protestantische Lebenswelt des 18. Jahrhunderts insgesamt charakterisiert. Obwohl auch Goethe ihr entstammte, hat er sie doch nie geteilt. »Gegen die Reize der Farben, welche über die ganze sichtbare Natur ausgebreitet sind«, beginnt er seine 1791 begonnenen *Beiträge zur Optik*, »werden nur wenige Menschen unempfindlich bleiben«.[5] Das ist in direkter Gegenführung zu Kants Vorbehalt formuliert. Schon früh sind Goethe anhand von Gemälden, wie sein Vater sie sammelte und der während des Siebenjährigen Krieges im Elternhaus einquartierte französische Königsleutnant Thoranc sie dort in großer Zahl für sein heimisches Domizil im provenzalischen Grasse anfertigen ließ, die Augen für die Farbigkeit der Welt aufgegangen. Er hat sie nicht nur in Kunstwerken, sondern auch in der Natur selbst wiedergefunden, im Aufgehen und Untergehen der Sonne etwa, im subtilen Spiel von Licht und Schatten in der Landschaft oder angesichts des grandiosen Schauspiels des vom Neunzehnjährigen beobachteten Nordlichts. In den *Ephemerides*, in denen er davon noch einigermaßen unbeholfen berichtet, hat er sich sogar den Titel des Werkes *Mémoire sur les ombres colorées* von Nikolaus de Béguelin notiert, des Erziehers des preußischen

Thronfolgers und späteren Königs Friedrich Wilhelm II.[6] Das war zumindest insofern vorausschauend, als sich Goethes in Italien verstärkt einsetzende Beschäftigung mit den Farben vor allem am Rätsel der »farbigen Schatten« entzündet, wie wir sehen werden. Schon als junger Mann soll Goethe »so schön von Licht und Farben gesprochen« haben, »daß man nichts verstanden« habe und »doch ganz entzückt gewesen« sei. So berichtet es jedenfalls der Goethe damals sehr zugewandte Jacobi.[7] Und Goethe tat inzwischen sein Möglichstes, um diesem Nicht-Verstehen Abhilfe zu verschaffen.

Goethes Hang zur Malerei hat etwas von einer unglücklichen Liebe. Obwohl er früh gespürt haben muss, dass anders als bei der Dichtkunst ihm hier eigentliches Talent fehlte, unternahm er immer wieder Versuche, es in diesem Metier zu mehr zu bringen als lediglich zu einem Hobby. Wie stark die diesbezüglichen Wünsche waren, lässt sich daran ablesen, dass sich Goethe immer dann, wenn er auf Reisen nicht erkannt werden wollte, als Maler auszugeben pflegte. Das war bei der Harzreise 1777 so, die ihren Höhepunkt in der winterlichen Besteigung des Brockens fand, und setzte sich bei der italienischen Reise in größerem Maßstab fort. In Rom angekommen, hielt er an der fiktiven Identität als Maler fest. Mit drei weiteren Malern teilte er sich eine Wohnung, reiste mit einem der dreien, Tischbein, nach Neapel weiter und setzte von dort aus die Reise nach Sizilien mit dem Landschafter Christoph Heinrich Kniep fort. In Rom ging er bei Malern wie dem großen Philipp Hackert in die Schule, den er in Neapel kennengelernt hatte. Allein schon daraus geht hervor, dass die angenommene Identität als »pittore« keineswegs etwas Äußerliches war. Goethe suchte auf seiner italienischen Reise nicht nur die Nähe von Malern, er unternahm auch einen letzten Versuch, sich in Handwerk und Theorie der Malerei professionelle Kenntnisse anzueignen.

Seine eigentliche Passion galt jedoch dem mediterranen Licht und einer nie zuvor gesehenen Farbigkeit der Natur, verbunden mit der Frage, ob die Malerei in der Lage sei, diesen Eindruck von Atmosphäre und Farbe wiederzugeben. Mag sein Kunstverständnis als Zeichner wie als Kunstkenner noch so konventionell gewesen sein, hier wagt er sich auf bislang wenig bestelltes, so unsicheres wie reizvolles Terrain, über das auch die Maler seiner Zeit in der Regel nur Gemeinplätze zu verbreiten wussten – so jedenfalls sein Eindruck. Kaum angekommen in Rom, schreibt er an das Ehepaar Herder von seiner »Treue, das Auge Licht seyn zu laßen«,[8] vor seiner Abreise nach Neapel dann an Charlotte von Stein von seiner »Lust mit Farben zu spielen ... Es ist jetzt das einzige woran ich dencke, wodurch ich mich zur Neapolitanischen Reise vorbereite, und es ist ein lustiger Gedancke daß du diese bunten Dinge bald vor dir haben sollst.«[9] Und in der Tat entstehen dann unter der Anleitung von Kniep in Sizilien und Neapel erste Farbkompositionen, die nur noch bedingt auf Vorzeichnungen mit Bleistift und Tusche basieren, wie es der Konvention entspräche. Es ist eine Offenbarung: Die »schöne Form« lässt sich nicht nur durch das scharfe Umreißen der Konturen, sondern auch durch die sanfte Modellierung der Farben erzeugen. Das Aquarell *Blick vom Ätna* (genauer gesagt den Nebenkratern des Monte Rossi, der Hauptkrater war im Mai 1787, als Goethe dort war, noch tief verschneit) gehört zu Goethes schönsten Bildern: Meer und Gebirge, Lava und Fumarolen entwickeln sich hier aus der in dünnen Lasuren aufgetragenen Farbe.[10]

Zurück in Rom schreibt er an Charlotte von Stein, die seinen Brief vom Februar wohl zum Anlass genommen hat, sich nach der Farbe der italienischen Landschaft zu erkundigen: »Darauf kann ich dir sagen: daß sie bei heitern Tagen, besonders des Herbstes, so *farbig* ist, daß sie in jeder Nachbildung *bunt* scheinen muß. Ich hoffe dir in einiger Zeit einige Zeichnungen zu schicken, die ein Deutscher [besagter Kniep] macht, der jetzt in Neapel ist; die Wasserfarben bleiben so weit unter dem Glanz der Natur, und doch werdet ihr glauben, es sei unmöglich. Das Schönste dabei ist, daß die lebhaften Farben in geringer Entfernung schon, durch den Lufton gemildert werden und daß die Gegensätze von kalten und warmen Tönen (wie man sie nennt) so sichtbar dastehn. Die blauen klaren Schatten stechen so reizend von allem erleuchteten grünen, gelblichen, rötlichen, bräunlichen ab, und verbinden sich mit der bläulich duftigen Ferne. Es ist ein Glanz und zugleich eine Harmonie, eine Abstufung im Ganzen, wovon man nordwärts gar keinen Begriff hat. Bei Euch ist alles entweder hart oder trüb, bunt oder eintönig. Wenigstens erinnere ich mich selten einzelne Effekte gesehen zu haben, die mir einen Vorschmack von dem gaben, was jetzt täglich und stündlich vor mir steht. Vielleicht fände ich jetzt, da mein Auge geübter ist, auch nordwärts mehr Schönheiten.«[11]

Wie schon im Fall der üppigen Vegetation war Goethe auch bei den Farben der festen Überzeugung, im Süden etwas zu sehen, dass ihm im Norden verborgen geblieben war, verborgen bleiben musste. Und er spricht doch die Hoffnung aus, nach der unvermeidlichen Rückkehr auch die heimatlichen Gegenden mit anderen Augen betrachten zu können, dort, wo er bislang nur harte Kontraste entdeckt hat, nun auch jene fließenden Übergänge wahrzunehmen, von denen er schwärmt. Es ist ja gar nicht die schrille Buntheit, die sein südliches Farbenerlebnis bestimmt, sondern die »Abstufung im ganzen«, die er insbesondere an der Verschiedenfarbigkeit der Schatten festmacht. »Die lebhafteste Farbe«, so heißt es an anderer Stelle, werde »durch das gewaltige Licht gedämpft, und weil alle Farben, jedes Grün der Bäume und Pflanzen, das gelbe, braune, rote Erdreich in völliger Kraft auf das Auge wirken, so treten dadurch selbst die farbigen Blumen und Kleider in die allgemeine Harmonie«.[12] Hier, im Zusammenhang von Licht und Farben, taucht Goethes Schlüsselbegriff für die ganz großen Momente von Evidenz wieder auf, der sich schon bei der Entdeckung des Zwischenkieferknochens und der Metamorphose der Pflanzen eingestellt hat: die Harmonie der Natur.

∾

Als Goethe einige Jahre später Georg Christoph Lichtenberg seine Entdeckung mitteilt, dass Schatten keineswegs nur schwarz oder grau sind, sondern in allen Farben schillern können, sollte der Physiker dem Dichter antworten, er habe ihn dadurch »auf einen Theil der Lehre vom Lichte aufmercksam gemacht«, um den er sich bisher wenig gekümmert habe und von dem er nie gedacht hätte, »daß dort noch so vieles läge, das einer weitern Entwicklung so sehr bedürfte«. Seit dem Empfang seines Schreibens laufe er »den bunten Schatten« nach »wie ehmals als Knabe den Schmetterlingen«.[13]

Einiges von der Unruhe und bis zur Besessenheit reichenden Aufmerksamkeit des Schmetterlingsjägers muss auch Goethe erfasst haben, als er erst einmal auf die Spur des unerwarteten, in der Regel unbemerkt bleibenden und der Intuition widersprechenden Phänomens gekommen war. »d 12 Jan. auf der Villa Med[ici]. Bey Sonnen Untergang«, beginnt eine seiner Notizen, die mehr oder weniger zufällig dem Autodafé entronnen sind, bei dem er mit Abschluss des dritten Teils der *Italienischen Reise* alle Papiere aus der Zeit verbrannt hat: »Die Schlagschatten der Fenster Gesims auf der weisen Wand völlig blau wie der Himmel. Es war Tramontane und der Himmel blau.« Eine andere Notiz: »NB den blauen Schatten am Ende des Corso morgens gegen den gelben Ton der Piazza del Popolo.«[14] Goethe ist schon auf der Rückreise, als in Nürnberg an einem schönen Junitag erneut eine Schattenbeobachtung sein Interesse weckt. »Merckwürdiger Eindruck als in Nürnberg die Leute bey hellem Sonnenschein über das Pflaster ging[en]«, notiert er: »so war es als wenn der Schatten ein Wass[er] oder Spiegel wäre.« Durch die Bewegung der Menschen entstehe ein Eindruck von »Durchsichtigkeit«, den er auch »Licht des Schattens« nennt. Darunter steht dann, in einer eigenen Zeile und unterstrichen, das Wörtchen »Blau«. »Als wenn mir die Schatt[en] in einem dunckelblauen Spiegel gezeigt würden welches sehr änderlich war, weil sich die Mensch[en] bewegten.«[15]

Dass Schatten auch farbig sein können – keineswegs nur blau, sondern ebenso grün, gelb, rötlich oder braun, und dass diese Schatten keineswegs nur in Landschaften, sondern beispielsweise auch auf menschlichen Gesichtern zu sehen sind, ist eine visuelle Entdeckung, die eigentlich erst mit den impressionistischen Malern ins allgemeine Bewusstsein getreten ist und auf die Goethe sich zurecht einiges eingebildet hat, selbst wenn er nicht der erste war, der darauf gestoßen ist. Auch hierin ist ihm wieder der große Anreger Buffon zuvorgekommen, der bereits 1743 einen Vortrag vor der Pariser Akademie der Wissenschaften über »couleurs accidentelles«, zufällige Farben, gehalten hat. Darunter verstand er vor allem Nachbilder und Kontrastwirkungen, aber gegen Ende seines Vortrags kam er auch auf die farbigen Schatten zu sprechen: »Ich glaube noch auf einen Sachverhalt hinweisen zu müssen, der vielleicht ungewöhnlich scheint, aber nichtsdestoweniger sicher ist und der zu meinem großen Erstaunen keine Beachtung gefunden hat; nämlich daß die Körperschatten, die ihrem Wesen nach, weil sie nur eine Lichtprivation sind, schwarz sein müssten, daß die Schatten, sage ich, beim Auf- und Untergang der Sonne immer farbig sind.« Er habe im Sommer des Jahres 1743 mehr als dreißig Morgenröten und ebenso viele Sonnenuntergänge beobachtet, und alle Schatten, die auf etwas Weißes, etwa eine weiße Mauer, fielen, seien bisweilen grün, aber zumeist blau gewesen, »von einem Blau so lebhaft wie der schönste Azur«. Die Jahreszeit spiele bei diesem Phänomen keine Rolle. Selbst im November könne jeder, der sich die Mühe mache, bei Sonnenauf- oder Sonnenuntergang den Schatten eines seiner Finger auf einem Stück weißen Papier zu betrachten, diesen blauen Schatten sehen. »Soviel ich weiß, hat bisher kein Astronom, kein Physiker, mit einem Wort noch niemand von diesem Phänomen gesprochen ...«.[16] Das stimmte zwar nicht ganz, aber wichtiger war, dass durch Buffons Vortrag die Jagd auf das erstaunliche Phänomen der farbigen Schatten zu einem Breitensport unter Intellektuellen wurde, und das schon lange, bevor Goethe und Lichtenberg sich dem Heer der Schattenjäger anschlossen. Man überbot sich gleichsam darin, blaue oder violette, bald grüne, bald gelbliche Schatten unter den abenteuerlichsten Umständen aufzuspüren, etwa in einem Zimmer, das ein Fenster nach Westen hatte, in das gleichzeitig aber Licht durch eine gegenüberliegende, auf einen Gang führende Tür fiel, an dessen Ende sich ein weiteres, dieses Mal südwärts gelegenes Fenster befand. Sei die Tür geöffnet, so habe er auf der Wand, auf der sich der Lichteinfall beider Fenster vereinigte, jederzeit farbige Schatten beobachtet, »besonders aber um zehn Uhr morgens«, schrieb ein Abbé Millot aus Lyon.[17]

Immerhin aber ist Goethe der erste, der diese irritierenden, weil schwankenden Formen der Farbe, die im gewöhnlichen Leben kaum Beachtung finden, zum Ausgangspunkt einer Farbentheorie machen wird, die genau darin höchst originell und insbesondere für Maler äußerst anregend ist, wenn auch die große Zeit seiner Einsichten erst Jahrzehnte nach seinem Tod kam. Er witterte in diesen zarten Phänomenen nichts weniger als den Ursprung der Malerei, wie er im Fragment *Das Auge* andeutet:[18] eine Qualität, die uns aus der alltäglichen Wahrnehmung der Wirklichkeit, in der alle Dinge ihre bekannte Gestalt und Farbe haben und wir schon gar nicht mehr richtig hinsehen, herausführt in eine neue Sichtweise, in der »alles Bewegung, Leben und Schönheit« ist, wie es der Diplomat und Physiker Benjamin Thompson, Graf Rumford in seiner viel beachteten *Nachricht von einigen Versuchen über die gefärbten Schatten* im März 1793 mit ansteckender Suggestivkraft formulierte. Einmal entdeckt, übten die farbigen Schatten eine starke Faszination aus, da sie anders als die festen, statischen und unveränderlichen gewöhnlichen Oberflächenfarben etwas Leichtes, Schwebendes, beinahe Immaterielles haben. Sie scheinen den Dingen weniger anzuhaften, als über den Oberflächen zu schweben, auf denen sie liegen, als seien sie eine Spiegelung der Himmelsfarben, nur in intensivierter, noch strahlenderer Ausprägung. Die geläufige, auf Leonardo da Vinci zurückgehende Erklärung der farbigen Schatten lautete denn auch, dass ihre Farbe ein Reflex des auf sie einfallenden farbigen Himmelslichts sei.

Später, in seiner Farbenlehre, legt Goethe nahe, auf das Phänomen der farbigen Schatten nicht erst in Italien gestoßen zu sein, sondern sie schon früher beobachtet zu haben, beim abendlichen Abstieg vom Brocken auf der winterlichen Harzreise im Jahr 1779. »Die weiten Flächen auf- und abwärts waren beschneit, die Heide von Schnee bedeckt, alle zerstreut stehenden Bäume und vorragenden Klippen, auch alle Baum- und Felsenmassen völlig bereift, die Sonne senkte sich eben gegen die Oderteiche hinunter. Waren den Tag über, bei dem gelblichen Ton des Schnees, schon leise violette Schatten bemerklich gewesen, so mußte man sie nun für hochblau ansprechen, als ein gesteigertes Gelb von den beleuchteten Teilen widerschien. Als aber die Sonne sich endlich ihrem Niedergang näherte und ihr durch die stärkeren Dünste höchst gemäßigter Strahl die ganze mich umgebende Welt mit der schönsten Purpurfarbe überzog, da verwandelte sich die Schattenfarbe in ein Grün, das nach seiner

Klarheit einem Meergrün, nach seiner Schönheit einem Smaragdgrün verglichen werden konnte. Die Erscheinung ward immer lebhafter, man glaubte sich in einer Feenwelt zu befinden, denn alles hatte sich in die zwei lebhaften und so schön übereinstimmenden Farben gekleidet, bis endlich mit dem Sonnenuntergang die Prachterscheinung sich in eine graue Dämmerung, und nach und nach in eine mond- und sternhelle Nacht verlor.«[19] Doch weder in seinen Briefen an Charlotte von Stein vom 10. und 11. Dezember 1779 noch in seinen Tagebucheintragungen findet das hier geschilderte Erlebnis Erwähnung.[20] Und auch ihre Erklärung als Kontrastwirkungen erschließt sich erst vor dem Hintergrund von Goethes Theorie der Komplementärfarben, die sich im Verlauf der Forschungen der 1790er Jahre herausbildet: Das Gelb des Sonnenlichts erzeugt violette Schatten, sein abendlicher Übergang zu Orangerot lässt blaue Schatten entstehen, die sich im Abendrot zuletzt ins Grüne verschieben. Wie dem aber auch sei: An kaum einer anderen Stelle hat Goethe die Magie, die die Beobachtung farbiger Schatten auf ihn ausübte, suggestiver und umfassender festgehalten.

Der Umstand, dass farbige Schatten vor allem in den Morgen- und Abendstunden zu beobachten sind, wenn die Konturen der Gegenstände sich erst langsam abzeichnen oder sich auflösen, dürfte Goethe, den notorischen Liebhaber der Dämmerung, darin bestärkt haben, hier einem Phänomen auf der Spur zu sein, für dessen Erklärung und Würdigung er in besonderer Weise prädestiniert war. Schon als junger Mann hatte er das diffuse Licht der Dämmerung als Medium entdeckt, in dem Malerblick und Dichterblick ineinander übergingen.[21] Nun, unter Italiens heiterem Himmel, weicht die Vorliebe für die blaue Stunde der Abenddämmerung zunehmend der fürs erste Licht des frühen Morgens, in dem die Welt in gleicher Weise ihre sinnlichen Geheimnisse offenbart. Und aus der Stunde der wahren Empfindung wird eine Stunde der Erkenntnis.

Denn zugleich erlischt Goethes Antrieb, aus der bildenden Kunst womöglich ein zweites, der Dichtung ebenbürtiges künstlerisches Betätigungsfeld zu machen, und sein Interesse verlagert sich von der Praxis der Malerei hin zu ihrer Theorie, insbesondere darauf, was er für ihren wichtigsten und rätselhaftesten Teil hält – die Farbgebung. »Kam es aber an die Färbung«, so resümiert er seinen damaligen Eindruck, »so schien alles dem Zufall überlassen zu sein, dem Zufall der durch einen gewissen Geschmack, einen Geschmack der durch Gewohnheit, eine Gewohnheit die durch Vorurteil das durch Eigenheiten des Künstlers, des Kenners, des Liebhabers bestimmt wurde«.[22] Goethes Verständ-

Die Farbe tritt vor

nis von Kunst legte nahe, dass Klarheit auf diesem Gebiet nur durch genaues Studium der Natur zu erreichen sei – eine Auffassung, die er auch bei Leonardo da Vinci wiederfand, dessen *Traktat über die Malerei* er in Italien und auch später immer wieder konsultierte. Leonardo hatte dort nicht nur eine physikalische Erklärung der bereits von ihm wahrgenommenen farbigen Schatten zu geben versucht, er hatte auch postuliert, dass nur jene Malerei dem Anspruch von Ernsthaftigkeit und Vollständigkeit genüge, die von einem Verständnis der in der Natur ablaufenden Prozesse geprägt ist. Als der italienische Aufenthalt sich beinahe schon dem Ende zuneigt, meldet Goethe nach Weimar, nachdem er sich gerade mit der Lehre von den drei Grundfarben Gelb, Rot und Blau des Malers Anton Raphael Mengs beschäftigt hat: »Ferner habe ich allerlei Spekulationen über Farben gemacht, welche mir sehr anliegen, weil das der Teil ist, von dem ich bisher am wenigsten begriff. Ich sehe, daß ich mit einiger Übung und anhaltendem Nachdenken auch diesen schönen Genuß der Weltoberfläche mir werde zueignen können.«[23] »Die Farbe tritt vor«, notiert Goethe an anderer Stelle,[24] um den Moment festzuhalten, da sich ihm das neue Aufgabenfeld erschließt, und im selben Augenblick übernimmt der Naturforscher die Regie.

Dass er dabei ausgerechnet die flüchtigen und lange Zeit nicht beachteten farbigen Schatten zum Ausgangspunkt nimmt, hat System, denkt man an die Metamorphose der Pflanzen. Auch hier haben die einerseits bestaunten, andererseits von den Fachgelehrten mit Misstrauen betrachteten Anomalien durchgewachsener Pflanzen sein Interesse erregt. Das ist bei den farbigen Schatten nicht anders. Wie schon die proliferierenden Blumen macht er sie zum »Fundament der ganzen Lehre«, wie er dann in seinem großen Werk über die Farben formuliert, und betrachtet sie als »die notwendigen Bedingungen des Sehens«, »auf dessen lebendiges Wechselwirken in sich selbst und nach außen sie hindeuten«.[25]

Mit den Farben schlägt Goethe ein weiteres Kapitel seines »Romans über das Weltall« auf, wie er das zuvor schon mit der Entdeckung der Tiefenzeit, des Zwischenkieferknochens beim Menschen und, nur kurz zurückliegend, der Metamorphose der Pflanzen getan hat. Als einzelnes Buchprojekt verfolgt er den ehrgeizigen Plan – in Wahrheit ein großer Roman über die Erde – erst einmal nicht weiter. Aber die Themen, die er dort behandelt hätte – vom Granit bis zu den Erscheinungen des Himmels, vom Pflanzenblatt bis zum Knochenbau der Säugetiere –, wachsen sich ohnehin zu eigenständigen Forschungen und Schriften aus, zusammengespannt durch die Vision einer umfassenden Betrachtung unseres Heimatplaneten nach Maßgabe der damaligen Erkenntnisse und stets bezogen auf die uns mögliche Anschauung. Das ist bei den Farben, die Goethe mehr und mehr als Schlüssel zur Natur betrachtet, noch sinnfälliger als bei den Pflanzen und den Knochen, zumal letztere voraussetzen, dass man sie erst präparieren muss, bevor man sie zu Objekten wissenschaftlicher Analyse machen kann. Die Farben hingegen liegen jedem Menschen, wenn er nicht gerade blind ist, jederzeit vor Augen, sie sind gleichsam »das sichtbare Fleisch der Ideen und Gottes«, wie der Maler Cézanne später sagen wird.[26]

∾

Zurück in Weimar, vergehen dennoch erst einmal drei Jahre, bis ein erster Text Goethes über Farben entsteht. Von den Erlebnissen der farbigen Schatten und der Ahnung, dass er hier dem Geheimnis der Malerei auf der Spur war, bis zur Durchführung optischer und chromatischer Versuche, die diese Evidenz belegen und mitteilbar machen sollten, war es ein langer und steiniger Weg. Noch weniger als bei seinen geologischen und botanischen Studien konnte Goethe hier auf einen Fundus von Erfahrungen und Wissen zurückgreifen und musste sich das notwendige experimentelle und theoretische Rüstzeug autodidaktisch erarbeiten, was man den sich 1791 einstellenden, tastenden Versuchen auf diesem Gebiet auch anmerkt. In der Zwischenzeit galt die vordringliche Aufmerksamkeit dem Künstlerdrama *Tasso*, den *Auszügen aus einem Reise-Journal*, den *Römischen Elegien* und *Venezianischen Epigrammen* sowie natürlich der *Metamorphose der Pflanzen*: ebenfalls allesamt Versuche, die Italienerfahrung als Dichter und Forscher zu verarbeiten, aber auch entscheidende Etappen auf dem eingeschlagenen Weg, das Spektrum der eigenen Ausdrucksmöglichkeiten stetig zu erweitern.

In die Zeit fallen aber auch zwei mehrmonatige Abwesenheiten von Weimar; im Jahr 1790 hält sich der frischgebackene Familienvater Goethe gerade einmal vier Monate in Weimar auf, und das noch nicht einmal am Stück. Das geschieht keineswegs gegen seinen Wunsch; er möchte »das 90er Jahr gern unter freyem Himmel, soviel möglich zubringen«, äußert er sich diesbezüglich Ende Februar gegenüber Carl August.[27] Der vernimmt die Botschaft gerne, passt das Ansinnen Goethes doch gut zu seinen eigenen Plänen. Vom 31. März bis zum 22. Mai weilt Goethe ein zweites Mal in Venedig, um dort die Herzoginmutter nach ihrem fast drei Jahre dauernden Italienaufenthalt abzuholen und sie auf ihrem Rückweg nach Weimar zu begleiten. »Ohne Kosten macht mirs großen

Die Farbe tritt vor 413

Spaß, denn ich muß wieder einmal etwas fremdes sehen«,²⁸ schreibt er zwei Wochen vor dem Aufbruch an seinen Dienstherrn. Und obwohl er schließlich von dem Unternehmen arg enttäuscht ist, sogar davon spricht, dass seiner »Liebe für Italien durch diese Reise ein tödtlicher Stos versetzt« werde, weil sich der Zauber der ersten Begegnung partout nicht wieder einstellen wollte,²⁹ ist es letztlich doch eine produktive Auszeit: Goethe, der in Venedig wochenlang auf Anna Amalia warten muss, deren Ankunft aus Neapel sich andauernd verzögert, verfasst dort die nach der Stadt benannten Epigramme, in Ton und Thematik eine seiner modernsten Dichtungen überhaupt – ein erstes Aufflackern deutscher Großstadtlyrik.³⁰ Unermüdlich durchstreift er Kirchen und Palazzi, um sich Gemälde von Bellini und Tizian, Veronese und Tintoretto anzuschauen, stets dem Geheimnis der Farbgebung auf der Spur. »Die Art der Behandlung der Farben, muß noch näher untersucht werden«, diktiert er seinem Diener Paul Goetze ins Reisetagebuch.³¹

Am Lido dann entdeckt er zufällig einen geborstenen Schafsschädel, den er genau studiert. »Sagen Sie Herdern, daß ich der Thiergestalt und ihren mancherley Umbildungen um eine ganze Formel nähergerückt bin«, berichtet er am 30. April 1790 aus Venedig. Es ist die gleiche Fügung wie bei der Entdeckung der Urpflanze drei Jahre zuvor; erneut ist Herder der eigentliche Adressat der Mitteilung, nur dass Goethe sich dieses Mal an eine andere Charlotte als Überbringerin wendet: an Charlotte von Kalb, die ihm nach Venedig geschrieben hatte.³² Fünf Tage später geht er in einem Brief an Caroline Herder mehr ins Detail: »Durch einen sonderbar glücklichen Zufall, daß *Götze* zum Scherz auf dem Judenfriedhof ein Stück Thierschädel aufhebt und ein Späßchen macht, als wenn er mir einen Judenkopf präsentirte, bin ich einen großen Schritt in der Erklärung der Tierbildung vorwärts gekommen.« Nun stehe er »wieder vor einer andern Pforte«, bis ihm auch dazu »das Glück den Schlüssel« reiche.³³

Die nähere Untersuchung des Fundes bestätigt eine Idee, die ihm bereits bei der Forschung am Zwischenkieferknochen gekommen ist – dass der Säugetierschädel nämlich aus modifizierten Wirbeln bestehen könnte. Und das soll nicht nur für das »Hinterhaupt« gelten, wie er seinerzeit schon vermutet hatte, sondern, wie ihm nun aufgeht, auch für das »Vorderhaupt«, das nach dieser Interpretation ebenfalls aus drei verwandelten Wirbeln hervorgeht. Letzteres war ihm besonders wichtig, ist das Vorderhaupt doch jener Teil des Schädels, der die Organe trägt, mit dem das Lebewesen sich »gegen die Außenwelt« aufschließt, sie aufnimmt, ergreift, erfasst.³⁴ Während beim Pflanzenorganismus das Blatt nach Goethes Modell jenes Grundelement ist, aus dem sich die gesamte Gestalt des Organismus entwickelt, sollte diese Funktion beim Säugetierorganismus dem Wirbel zufallen. Man kann die Faszination, die diese Idee auf Goethe ausgeübt hat, gut nachvollziehen; denn so ließe sich das Prinzip der Metamorphose vom Pflanzen- auch auf das Tierreich übertragen, und jene »Übereinstimmung des Ganzen«, nach der er stets suchte, wäre gefunden: Die beiden Reiche des Lebens würden demselben Prinzip folgen. Schnell ist jedenfalls der Plan gefasst, diese Entdeckung in einer größeren Abhandlung über die Gestalt der Tiere auszuarbeiten.

Der mehr oder weniger freiwilligen schließt sich alsbald eine mehr oder weniger unfreiwillige Dienstreise an. Schon auf der Rückreise von Venedig erreicht Goethe in Augsburg das Gesuch des Herzogs, ihm unverzüglich ins Feldlager der preußischen Armee zu folgen, wohin er am 9. Juni aufgebrochen ist. Um Österreich seine Stärke zu demonstrieren, hat Preußen im südlichen Schlesien ein 200 000 Mann starkes Heer zusammengezogen; der Herzog hat das Kommando über eine Brigade aus zwei Reiterregimentern des preußischen Heeres übertragen bekommen. Goethe lässt sich Zeit, zwei Wochen mit seiner Zusage und dann noch einmal einen guten Monat, bis er von Weimar nach Zirlau aufbricht. Auf dem Hin- und Rückweg macht er in Dresden Station, wo er die Skelettabteilung der Königlichen Naturalienkammer besucht. Dort entstehen Skizzen und Aufzeichnungen zur vergleichenden Anatomie. Unter anderem notiert Goethe einen Satz, der Eingang gefunden hat in den reichen Fundus an Maximen und Reflexionen, den wir mit dem Namen Goethe verbinden und den viele für den Ausdruck eines grenzenlosen Selbstwertgefühls halten: »Wenn ich an meinen todt dencke darf ich kann ich nicht dencken welche Organisation zerstört wird«. Doch so isoliert betrachtet, ist der Gedanke des Kontextes beraubt, in dem er niedergeschrieben wurde und der in diesem Fall tatsächlich wichtig ist. Denn der Satz ist lediglich eine Variation des unmittelbar voranstehenden: »Wenn ich eine Fliege todt schlage dencke ich nicht und darf nicht dencken welche Organisation zerstört wird.«[35]

Auch dieses Mal ist der junge Vater mehr als vier Monate abwesend. Und auch dieses Mal verspricht er sich von der Reise »ausser mancherley Beschwerden viel Vergnügen und Nutzen«. Selbst aus seinem lakonischen Kommentar in einem Brief an Knebel, »statt der Steine und Pflanzen«, denen auf Dienstreisen ansonsten sein vorrangiges Interesse galt, die Felder dort einmal »mit Kriegern besät« zu finden, klingt so etwas wie Neugier.[36] Zum ersten Mal kampiert Goethe in einem Feldlager, allerdings durchaus komfortabel im Zelt des

Die Farbe tritt vor 415

Herzogs und nur eine Woche lang. Zudem ist durch die Reichenbacher Konvention die Kampagne in Schlesien beendet, bevor sie überhaupt richtig begonnen hat. Das Geschehen verlagert sich nun in die Hauptstadt Breslau, wo sich der Herzog mit seiner Entourage samt Goethe in einem Hotel einquartiert. Die kommenden Wochen sind mit Besuchen, Besichtigungen, Festlichkeiten, Banketten, Bällen und endlosen Abendessen »ausgefüllt« – Termine, die Goethe, dessen Stärke im vertraulichen, offenen Gespräch bestand, nicht sonderlich schätzte. Aber auch Carl August, der auf einen militärischen Einsatz gehofft hat, ist der Sache bald überdrüssig. Seiner Mutter berichtet er von »beschwerlichen Soupers, bösem Steinpflaster, hässlichen Weibern, weitläufige Verlegung derer Truppen und viel Staub«. Und das seien noch die »angenehmsten Zugaben«. Zu den Umtrieben seines Günstlings bemerkt er lakonisch: »Göthe isset und trinket stark, bloß seinetwegen steigt die Teuerung in hiesiger Gegend.«[37]

Carl Friedrich von dem Knesebeck, ein junger Offizier, hat eine zufällige Begegnung mit Goethe auf einer großen Abendassemblee festgehalten. »Bei dem stolzen gravitätischen Ernste«, mit dem er in einer Fensternische stand, habe er lange gezögert, den berühmten Schriftsteller anzusprechen, ihn aber endlich gefragt, »welches jetzt das neueste bemerkenswertheste Buch wäre«. »Trocken antwortend, wahrscheinlich, um mich los zu werden«, habe dieser Kants *Kritik der Urteilskraft* genannt, worauf Knesebeck mitteilen konnte, er habe sich das Buch gerade vor zwei Wochen gekauft. So kommt man doch noch anregend ins Gespräch.[38] Mehr noch als Kants Kritik der ästhetischen interessiert Goethe dessen Kritik der teleologischen Urteilskraft, also seine Philosophie der Naturwissenschaft. In der Widerlegung der »äußeren Zweckmäßigkeit« in der Natur findet er eine philosophisch durchdachte und begründete Bestätigung des eigenen Unbehagens am Anthropomorphismus seiner Zeit, jener Überzeugung, dass alles in der Natur letztlich auf den Menschen hin ausgerichtet sei. Ausgelöst durch den Fund des Schafsschädels in Venedig und armiert mit dem Rüstzeug der kritischen Theorie Kants, beginnt er in Breslau einen *Versuch über die Gestalt der Tiere* zu durchdenken, der schon im Titel an die gerade veröffentlichte Metamorphosen-Schrift anschließen soll. In den *Tag- und Jahresheften* notiert er später dazu: »Wo man die schönsten Regimenter ununterbrochen marschieren und manövrieren sah, beschäftigte mich unaufhörlich, so wunderlich es auch klingen mag, die *vergleichende Anatomie*, weshalb mitten in der bewegtesten Welt, ich als Einsiedler in mir selbst abgeschlossen lebte.«[39]

Womöglich beschäftigte ihn, nicht weniger unaufhörlich, aber auch noch etwas anderes. Während der Breslauer Tage lernt Goethe auch Friedrich von

Schuckmann kennen, einen fünfunddreißigjährigen aufstrebenden Juristen und Staatsrechtler, der gerade Oberregierungsrat in Breslau und Richter beim schlesischen Bergamt war. Er sollte es noch zum preußischen Innenminister und Mitglied des Staatsrates bringen. Eine Zeitlang bemühte sich Goethe darum, ihn nach Weimar als Mitglied des Geheimen Consiliums des Herzogs zu holen. Schuckmann ist gerade früh Witwer geworden, ein Schicksal, das er seinerzeit mit vielen Männern teilte, die ihre Frauen infolge einer der zahlreichen ihnen auferlegten Geburten verloren. In seiner Wohnung am Roßmarkt geht auch eine Freundin seiner verstorbenen Frau ein und aus, Henriette Freiin von Lüttwitz, aus bester schlesischer Familie, Anfang zwanzig und nach allem, was wir wissen,[40] zwar keine Schönheit, aber attraktiv, das aparte Gesicht eingerahmt von einem Wildwuchs umbrabrauner Haarpracht. Henriette war zudem philosophisch gebildet; sie hat die Schriften von Shaftesbury, Locke, Hume und Helvétius gelesen – Namen, denen sich entnehmen lässt, dass sie wohl die Frage umtrieb, wie sich menschliche Natur und Erkenntnis unabhängig von religiösen Vorgaben denken lassen.

Goethe verliebt sich in die junge, adlige Intellektuelle, und sie wohl auch in den zwanzig Jahre älteren Schriftsteller. Glaubt man der Mitteilung von Henriettes älterem Bruder Ernst von Lüttwitz, die dieser 1835, drei Jahre nach Goethes Tod verbreitete, soll er sogar beabsichtigt haben, mit ihr die Ehe einzugehen – eine andere Möglichkeit, die junge Dame an sich zu binden, gab es nicht. Goethe hat über diese Angelegenheit zeitlebens geschwiegen. Und so können wir nur mutmaßen, dass der Spross einer bürgerlichen Frankfurter Familie, der acht Jahre zuvor im Rahmen seiner Beschäftigung am Weimarer Hof durch ein Diplom Kaiser Josephs II. geadelt wurde, durchaus davon angetan ist, in adlige und zudem begüterte Kreise einzuheiraten und den gesellschaftlichen Aufstieg, den er genommen hat, auf diese Weise zu krönen. Zumindest sucht er wohl nach einer Alternative zu seinem folgenreichen Downdating, das die Gemüter der Weimarer Gesellschaft erregte und über das auch der Herzog nicht glücklich war, selbst wenn er Goethe gewähren ließ. Henriettes Vater, Hans Wolf Freiherr von Lüttwitz, war ein Repräsentant der schlesischen Generallandschaftskasse, der ersten deutschen Realkreditbank. Ihre Gründung ging auf den Siebenjährigen Krieg zurück, als viele schlesische adlige Grundbesitzer in finanzielle Schwierigkeiten geraten waren. Der Familie gehörte das Schlossgut Hartlieb bei Breslau und vier weitere schlesische Güter. Henriette war, was man damals eine gute Partie nannte.

Gut möglich, dass Goethe eine sechstägige Privatreise ins Heuscheuergebirge um seinen einundvierzigsten Geburtstag herum – eine seiner kleinen individuellen Fluchten – dazu nutzt, bei der Familie von Lüttwitz auf ihrem Gut Mittelsteine um die Hand der ältesten Tochter anzuhalten. Zeit genug dazu wäre jedenfalls gewesen. Goethe fährt die ganze Nacht durch, um an seinem Geburtstag, einem Samstag, vormittags um neun Uhr in Wünschelburg anzukommen. Das kleine Städtchen ist Ausgangspunkt von Touren auf die Große Heuscheuer, die für ihre bizarren Felsformationen bekannt ist, liegt aber auch in unmittelbarer Nachbarschaft des von lüttwitzschen Familienguts. Erst am Montag reist er von hier aus wieder nach Breslau zurück.

Nur zwei Tage später bricht er zusammen mit dem Herzog zu einer Informationsreise durch Oberschlesien auf, die bis nach Krakau im Königreich Polen führt. Bei der Besichtigung der Friedrichsgrube in Tarnowitz erfahren die Besucher, wie man sich dort des in die Schächte eindringenden Grundwassers erwehrt, das auch den Bergbau in Ilmenau bedrohte: mit Dampfmaschinen, den ersten auf dem Kontinent, einer Wassersäulenmaschine sowie einer ganz neuen Pumpwerksdampfmaschine, die im Jahr darauf in Betrieb geht. Goethe fertigt technische Skizzen an, um die Funktionsweise zu verdeutlichen, eine geplante Anschaffung für Ilmenau scheitert jedoch an den hohen Kosten und am fehlenden technologischen Knowhow.

Im Inselreich hingegen ist der Eroberungszug der »Feuermaschinen«, wie sie in Deutschland genannt werden, längst schon im vollen Gange. Wenn Carl August gut zwanzig Jahre später durch Britannien reist, wird der Sohn von James Watt ihn einige Meilen nördlich von Birmingham zu »Steinkohlen- und Eisensteingruben« führen, wo sich dem Freund und Förderer von Wissenschaft und Technik ein unvergessliches, nahezu apokalyptisches Bild bietet: »Dorten brannten zugleich die Heerde von 250, sage zweyhundertfunfzig FeuerMaschinen, auf der Fläche von einer Quadratstunde, welche alle *einer* Gewerckschaft gehörten. Und solcher Gewerckschaften waren dort mehrere, die aneinander grenzten, dergestalt, daß ich nicht zu viel sage, wenn ich vermuthe, mehr wie tausend solcher Feuerschlünde zu gleicher Zeit rauchen gesehn zu haben. Die Sonne wird davon meilenweit verdunckelt, und die ganze Gegend ist mit einem schwarzen Staube, den Niederschlage dieser Räuche, bedecket.« Zusätzlich würden an einigen Stellen Steinkohlenflöze brennen und »dieses Gewölke« noch vermehren.[41] Goethe, an den diese Zeilen gerichtet waren, konnte den Beobachtungen Carl Augusts entnehmen, mit welcher unaufhaltsamen Dynamik die Industrielle Revolution, deren unscheinbare Anfänge der Straßburger Student im Saargebiet beobachtet hatte, noch zu seinen

Lebzeiten die Länder Europas zu überrollen, Landschaften und Natur unwiderruflich zu verändern begann. Was nachmals »Umweltverschmutzung« oder »Umweltzerstörung« genannt werden sollte, lässt sich bis in die Goethe-Zeit zurückverfolgen.

Als Goethe am 10. September 1790 nach Breslau zurückkehrt, ist die Entscheidung gefallen: Henriettes Vater lehnt Goethes Heiratsantrag ab; der Kandidat lasse den Geburtsadel vermissen. Goethe dürften Entscheidung und Begründung doppelt geschmerzt haben, denn neben der Trauer über eine nicht zustande kommende Verbindung macht es ihm auch unmissverständlich die Grenzen seiner gesellschaftlichen Ambitionen klar. Am Tag darauf schreibt er einen Brief an Herder, der seinen ganzen Missmut erkennen lässt, auch wenn er ihn auf die zuvor noch geschätzte Stadt überträgt: »Nun sind wir wieder hier in dem lärmenden, schmutzigen, stinkenden Breslau«, beginnt er, »aus dem ich bald erlöst zu sein wünsche ... Es ist all und überall Lumperei und Lauserei«. Doch zeichnet sich schon die naheliegende Lösung ab. Auch bei ihm habe sich »die vis centripeta«, die zum Mittelpunkt ziehende, »mehr als die vis centrifuga«, die von dort abstoßende Kraft, »vermehrt«, bemerkt er reichlich verklausuliert, um dann im Klartext fortzufahren: »ich habe gewiß keine eigentlich vergnügte Stunde, bis ich mit Euch zu Nacht gegessen und bei meinem Mädchen geschlafen habe. Wenn Ihr mich lieb behaltet, wenige Gute mir geneigt bleiben, mein Mädchen treu ist, mein Kind lebt, mein großer Ofen gut heizt, so hab' ich vorerst nichts weiter zu wünschen.«[42] So zeichnen sich unmittelbar nach dem gescheiterten Ausbruchsversuch schon Goethes künftige Lebensumstände im Jägerhaus ab, die der großmäulige Chronist Karl August Böttiger karikierend so beschrieben hat: »Nichts ist einfacher, als seine jetzige Häußlichkeit. Abends sitzt er in einer wohlgeheizten Stube eine weise Fuhrmannsmütze auf dem Kopf, ein Moltumjäckchen u. lange Flauschpantalons an, in nieder getretnen Pantoffeln u. herabhängenden Strümpfen im Lehnstuhl, während sein kleiner Junge auf seinen Knieen schaukelt ... auf der andern Seite die Donna *Vulpia* mit dem Strickstrumpf. Dieß ist die Familiengruppe.«[43]

Die Farbe tritt vor

Abenteuer der Ideen

*Fünfundzwanzigstes Kapitel, in dem Goethe beinahe
den Impressionismus erfindet*

Die Farben mussten also warten, aber als ihre Zeit dann gekommen war, begannen sie Goethes Geist völlig zu absorbieren. Goethe habe »Botanik, Anatomie, Kunst studiert, alles wieder liegen lassen« und arbeite nun »über die Theorie der Farben«, hat ein Besucher Goethes 1791 in seinem Tagebuch notiert.[1] Er selbst hat davon gesprochen, dass das »Licht und Farbenwesen« immer mehr seine »Gedankensfähigkeit« verschlänge, so dass er sich »wohl von dieser Seite ein Kind des Lichts nennen« dürfe. Nicht zum ersten und nicht zum letzten Mal gerät Goethes Naturforschung in Konkurrenz auch zu seinen poetischen Ambitionen. Als er im Sommer 1792 dem Komponisten Johann Friedrich Reichardt einige kurze Gedichte zur Vertonung schicken will, muss er feststellen, dass unter den neueren Produktionen »doch ganz und gar nichts Singbares« sei. Goethe: »Es scheint nach und nach diese Ader bei mir ganz auszutrocknen. Sie würden sich aber auch darüber nicht wundern, wenn Sie meine neue Camera obscura und alle die Maschinen sähen, welche von Zeit zu Zeit bei mir entstehen.« Es sei im Grunde »ein tolles und nicht ganz wünschenswertes Schicksal, so spät in ein Fach zu geraten, welches recht zu bearbeiten mehr als Ein Menschenleben nötig wäre«.[2] So ähnlich hatte er sich schon einige Jahre zuvor geäußert, als die botanischen Untersuchungen ihn gänzlich mit Beschlag belegten.

Auch ein an Knebel gerichteter kurzer Brief weist in diese Richtung. Es tue ihm herzlich leid, diese schönen Tage nicht mit ihm in Jena zubringen zu können, heißt es darin, aber eine doppelte Beschäftigung halte ihn in Weimar zurück: die Korrektur des ersten Stücks der optischen Beiträge und die Einrichtung eines nicht näher benannten Schauspiels. Ersteres, so fügt Goethe an, mache ihm aber mehr Freude als letzteres, denn er könne hoffen, dort etwas Reelles und Bleibendes zu leisten, während »die vorübergehende Theater Erscheinung nicht einmal ihre Wirkung in dem Augenblick äußert für den sie bestimmt ist ...«³ Schon früh taucht also der Gedanke auf, den Goethe dann später in die so bekannten wie erstaunlichen Worte kleiden wird, es gereue ihn keineswegs, »die Mühe eines halben Lebens« für die Farbenlehre aufgewandt zu haben: »Ich hätte vielleicht ein halb Dutzend Trauerspiele mehr geschrieben, das ist alles, und dazu werden sich noch Leute genug nach mir finden.«⁴ Während der ursprüngliche Vergleich sich noch ausschließlich auf die Einrichtung eines Schauspiels und dessen fragliche Wirkung bezogen hatte, legt Goethe gegenüber Eckermann gleich die Trauerspielproduktion eines halben Schriftstellerlebens auf die andere Waagschale – und befindet sie dennoch als zu leicht und zu beliebig.

Alles beginnt mit der Farbe Blau; schon die Farberscheinungen, die Goethe in Italien faszinierten, hatten vornehmlich mit der Himmelsfarbe zu tun. Unter dem Eindruck von zwei Aufsätzen, die 1790 und im darauffolgenden Frühjahr in zwei Physikfachzeitschriften erschienen, bringt er im Mai 1791 seine eigenen, zum Teil davon abweichenden Beobachtungen und Schlussfolgerungen zu Papier. *»Eine reine Beraubung des Lichts«* sei *»an und vor sich blau«*, heißt es in dem kurzen, nur fragmentarisch überlieferten Text, und da Goethe das als seine zentrale Einsicht betrachtet, kursiviert er die Formulierung sogar. Der erste Aufsatz, der ihn zu dieser These gebracht hat, stammt von dem französischen Mathematiker, Physiker und späteren Minister Gaspard Monge, der zu den zweiundsiebzig Personen gehört, deren Namen Gustave Eiffel in goldenen Lettern auf den Friesen des Eiffelturms anbringen lassen wird. *Über einige Phänomene des Sehens* ist die kleine Abhandlung betitelt, die Goethe in deutscher Übersetzung liest. Darin geht Monge von einigen Irritationen aus, die dem gewissenhaften Beobachter von Farbphänomenen begegnen, darunter den Goethe so teuren farbigen Schatten. Seinen Überlegungen ist zu entnehmen, dass zwischen dem von einer Oberfläche reflektierten Licht und der vom Menschen wahrgenommenen Farbe keine einfache Beziehung besteht, zumal wenn diese Oberfläche vielfarbig ist. An einer anderen Stelle spricht Monge sogar davon, dass sich in unsere Urteile über die Farben »gewissermaßen etwas Moralisches einmischt«.⁵

In dem anderen der von ihm konsultierten Aufsätze macht Goethe Bekanntschaft mit einem kuriosen Messgerät, mit dem sich die Bläue des Himmels bestimmen lassen soll. Die Idee dazu stammte von Horace-Bénédict de Saussure, mit dem er im Anschluss an den Besuch in Genf eine Zeitlang Briefe gewechselt hatte. De Saussure gab seiner Erfindung den klangvollen Namen »Cyanometer«. Es handelte sich um einen Farbkreis mit zweiundfünfzig Blaunuancen zwischen Weiß und Schwarz. Sie dienten als Referenz, um an einem bestimmten Ort und zu einer bestimmten Zeit die Intensität des Himmelsblaus zu messen. Dafür wurde das Cyanometer gegen den Himmel gehalten und dann dessen Skala mit dem Farbton des Himmels abgeglichen. Verfügte ein anderer über einen identischen Blaumesser, so konnte er den Abgleich zum gleichen Zeitpunkt auch an einem anderen Ort vornehmen, der eine etwa auf dem Gipfel eines Berges, der andere im Tal, und man konnte die gemessenen Farbintensitäten miteinander vergleichen. Auf seine Besteigung des Mont Blanc im Jahr 1787 hatte de Saussure eine Vorstufe des Blaumessers mitgenommen: sechzehn gefärbte Papierstücke in verschiedenen Blauabstufungen. Und während er auf dem Gipfel ein Blau der Stufe 2, also ein sehr dunkles Blau, vorfand, maß sein Sohn im Tal von Chamonix zur selben Zeit ein helleres Blau der Stufe 5.

Für de Saussure waren die Messungen ein wichtiges Indiz dafür, dass die seinerzeit gängige Antwort auf die Frage, warum der Himmel blau ist, falsch war. Es lag nicht daran, dass die Luft an und für sich diese Farbe hatte. Das tiefere Himmelsblau auf dem Gipfel des Mont Blanc entstand, so seine Vermutung, vielmehr dadurch, dass auf der Höhe der Anteil »undurchsichtiger Dünste oder Ausdünstungen, welche in der Luft schweben« und das Sonnenlicht streuen, geringer ist als weiter unten im Tal oder gar in Genf. »Man sieht dann vielmehr, so zu sagen, das Schwarze der Leere der Himmelsräume; und eben dies Schwarz giebt dem Himmel den düstern Teint, den er auf dem Montblanc hat.«[6] De Saussures Beobachtungen legten es nahe, das Blau des Himmels als ein Maß für die Klarheit und Reinheit der Luft zu nehmen, die Goethes Zeitgenossen als ein neues Elixier des Lebendigen entdeckten.[7]

Indem er diese Überlegungen aufnimmt, kommt Goethe zu der gewagten These vom Blau als reiner Beraubung des Lichtes. In Italien soll er seine Malerfreunde gar mit der Behauptung verblüfft haben, Blau sei noch dunkler als Schwarz. Jedenfalls hat Goethe schon früh das Blaue dem Schwarzen und beide dem Dunklen zugeordnet. Die Farben beginnen im Dunklen aufzublühen, und sie erstrecken sich bis zu seinem Gegenteil, dem Licht, so wie auf de Saussures Cyanometer die verschiedenen Abstufungen des Blaus vom Schwarzen bis zum Weißen reichen. Sowohl Licht als auch Dunkelheit sind notwendig, damit Farben entstehen, und sie entstehen immer dort, wo Licht und Dunkel einander begegnen. Als »Trübe« wird Goethe später das Medium dieser Begegnung bezeichnen – de Saussures zufällig in der Luft verteilte undurchsichtige Dünste klingen darin noch nach.

Von dem vierzig Jahre jüngeren Arzt, Maler und Naturphilosophen Carl Gustav Carus wissen wir von einem Modell, das sich Goethe in diesen Jahren gebaut hat. Später machte er es ihm zum Geschenk. Damit konnte er nicht nur die Himmelssituation, wie sie de Saussure geschildert und analysiert hatte, sondern auch die Entstehung korrespondierender Farben aus der Polarität von Weiß und Schwarz, Licht und Dunkel simulieren. Es gehört in eine Reihe mit dem geplanten geologischen und dem in Gedanken ausgeführten botanischen Modell. Es ist verschollen, aber Carus verdanken wir seine Beschreibung: »Auf dem in ein schwarzes und weißes Feld getheilten Boden eines flachen Kästchens schiebt sich unter gespannten Fäden eine Platte dünnen trüblichen Glases hin und her. Schiebt man sie über das weiße Feld, so gibt es ein trübes unreines Gelb – schiebt man sie über das schwarze Feld, so hat man ein reines Azurblau vor dem Auge. – Auf ähnliche Weise entsteht uns das Himmelblau, indem wir durch das von der Sonne erleuchtete flachgespannte dunstige d. i. wasserlufthaltige Gewölbe unserer Atmosphäre in die Finsterniß des Weltraumes blicken.«[8]

Seine schriftlich festgehaltenen Beobachtungen und Überlegungen schickt Goethe dem Jenaer Mathematiker und Physiker Voigt, der das *Magazin für das Neueste aus der Physik und Naturgeschichte* herausgibt, wohl mit dem Hintergedanken, er könne sie dort veröffentlichen.[9] Goethe wendet sich an den Physiker, weil er davon ausgeht, »daß man den Farben, als physischen Erscheinungen, erst von der Seite der Natur beikommen müsse«, wie er rückblickend festhält.[10] Die Wissenschaft von der Farbe fiel seit Newtons epochemachender, 1704 veröffentlichter optischer Theorie, die den Nachweis erbrachte, dass das weiße Licht in Wahrheit zusammengesetzt ist, in den Zuständigkeitsbereich des Physikers, und Goethe zweifelt daran erst einmal nicht. Als Leipziger Student sind ihm in der Vorlesung von Winckler die entsprechenden Experimente vorgezeigt worden, »sehr umständlich und mit Liebe«, und er erinnert sich später noch daran, dass die Apparaturen »sämtlich blau angestrichen« waren, ja dass sogar die Fäden, an denen die Prismen hingen, von blauer Farbe waren.

Am 17. Mai 1791 dann berichtet er Carl August in einem längeren Brief von seiner »Theorie der blauen Farbe«, wie er seine kursorischen Überlegungen recht ambitioniert nennt. Am Tag darauf fügt er seinem Schreiben unter dem neuen Datum eine Nachschrift hinzu: »Noch kann ich mit lebhafter Freude melden, daß ich seit gestern die Phänomene der Farben wie sie das Prisma, der Regenbogen, Vergrößerungsgläser pp zeigen auf das einfachste Principium reduziert habe.«[11] So liegt es nahe, Goethes erstes Prismenexperiment, das für seine Beschäftigung mit den Farben so große Folgen haben sollte, auf besagten 17. Mai 1791 zu datieren.[12] Wenn wir Goethe glauben dürfen, kam es dazu nach langem Zögern und sozusagen in letzter Minute, als nämlich nach wiederholter Mahnung der Bote des Jenaer Hofrates Büttner, von dem er sich vor geraumer Zeit einen Kasten mit verschiedenen Prismen ausgeliehen hatte, bereits in der Tür stand, um das Zurückgeforderte endlich in Empfang zu nehmen. Goethe, bekannt für die Unbefangenheit, mit der er sich Dinge auslieh, weniger dafür, sie dem Leihgeber auch pünktlich oder überhaupt zurückzugeben, führt in diesem Fall gewichtige Gründe dafür an, warum es nicht zum Einsatz der Leihgabe kam. Aus den Physikvorlesungen Wincklers wusste er, wie der klassische Versuch aussah: Newton hatte an einem schönen Sonnentag ein nach Süden gelegenes Zimmer verdunkelt, in den Fensterladen eine winzige kreisrunde Lochblende gebohrt, unmittelbar dahinter ein Glasprisma angebracht und mit einer weißen, annähernd sechs Meter vom Prisma entfernten Tafel das durch das sonnenbeschienene Loch gefallene Licht wieder aufgefangen, woraufhin es sich in die Farben Blau, Türkis (Cyanblau), Grün, Gelb und Rot zerlegt hatte. Durch das Einbringen einer Sammellinse in das hinter dem Prisma entstehende Farbspektrum ließen sich die bunten Farbstrahlen wieder zu weißem Licht vereinen. Schaltete man dem ersten hingegen ein zweites Prisma nach, so erfolgte keine weitere Zerlegung, es blieb beim monochromatischen Licht. Damit hatte Newton den Beweis erbracht, dass die Prismenfarben eigentliche Bestandteile des Lichtes und nicht bloß Modifikationen waren.

Um diesen Versuch oder wenigstens Teile davon nachzubauen, war also neben dem Aufbau des Prismas einiger Aufwand nötig. Er sei schon im Begriff gewesen, besagtes »Foramen exiguum«, wie Goethes die Lochblende betont fachmännisch nennt, »mit aller Gewissenhaftigkeit, nach dem angegebenen Maß, in ein Blech einzubohren« – da musste er wegen allzu freizügiger Liebesverhältnisse vom Frauenplan ins Jägerhaus umziehen. Bei der neuen Einrichtung aber fand sich viel zu tun, »so manche Hindernisse traten ein, und die dunkle Kammer kam nicht zustande. Die Prismen standen eingepackt wie sie gekommen waren in einem Kasten unter dem Tische, und ohne die Ungeduld des Jenaischen Besitzers hätten sie noch lange da stehen können.«[13]

Das ging so weiter, selbst als die Mahnungen Büttners immer dringlicher wurden, und der Leser von Goethes Schilderung kann sich des Eindrucks nicht erwehren, Zeuge nicht nur der Zeitnot eines nach wie vor viel beschäftigten Mannes, sondern auch eines Abwehrmechanismus zu werden – als diente das Aufschiebeverhalten auch dem Zweck, die Durchführung des »Experimentum crucis«, wie Goethe den Prismenversuch in Newtons eigener Begrifflichkeit nennt, so lange wie möglich zu vermeiden, wohl aus der Befürchtung heraus, dass dadurch eine definitive Entscheidung auch über den Fortgang der eigenen Farbforschungen gefällt werden könnte. Dann wäre ihr Ende womöglich schnell abzusehen gewesen, oder er hätte sich damit begnügen müssen, Fußnoten zu Newton zu verfassen.

Statt dem ungeduldigen Boten den Kasten mit den Prismen direkt auszuhändigen und so die Auseinandersetzung mit Newton noch weiter hinauszuschieben, fällt ihm ein, wie er wörtlich schreibt, er wolle »doch noch geschwind durch ein Prisma sehen ... Eben befand ich mich in einem völlig geweißten Zimmer; ich erwartete, als ich das Prisma vor die Augen nahm, eingedenk der Newtonischen Theorie, die ganze weiße Wand nach verschiedenen Stufen gefärbt, das von da ins Auge zurückkehrende Licht in so viel farbige Lichter zersplittert zu sehen. Aber wie verwundert war ich, als die durchs Prisma angeschaute weiße Wand nach wie vor weiß blieb, daß nur da, wo ein Dunkles dran stieß, sich eine mehr oder weniger entschiedene Farbe zeigte, daß zuletzt die Fensterstäbe am allerlebhaftesten farbig erschienen, indessen am lichtgrauen Himmel draußen keine Spur von Färbung zu sehen war.« Statt Licht durch das Prisma zu schicken, nutzt er es wie ein Glas zum Hindurchschauen. Wie ein rebellischer Schüler hält sich Goethe nicht an die Vorgaben des Lehrers und kürzt das Experiment nach Gutdünken ab – und kommt dabei zu einem erstaunlichen Ergebnis, dessen Schilderung so klingt, als habe er es schon längst vermutet, nur noch auf den Moment gewartet, um seiner gewahr zu werden: »Es bedurfte keiner langen Überlegung, so erkannte ich, daß eine Grenze notwendig sei, um Farben hervorzubringen, und ich sprach wie durch einen Instinkt sogleich vor mich laut aus, daß die Newtonische Lehre falsch sei.«[14]

Das ist fast zwei Jahrzehnte nach dem 17. Mai 1791 geschrieben und dient auch dazu, die Entstehung der eigenen Theorie ins rechte Licht zu rücken. Goethe ist hier wie schon beim Zwischenkieferknochen und der Pflanzenmetamorphose daran gelegen, die eigene Erkenntnis als einen spontanen Akt intuitiver

Umsturz im Reich der Farben

Durchsicht zu inszenieren: Plötzlich fällt es ihm wie Schuppen von den Augen, er wird sehend und durchschaut den allgemeinen Irrtum. Die Spontaneität, mit der das passiert, soll auch signalisieren, dass er sich die Dinge nicht vorher zurechtgelegt hat und nun lediglich sieht, was er sehen will. Er selbst ist überrascht über seinen Fund, der den eigenen Erwartungen nicht entspricht. Und je stärker die Überraschung, die bis zu einer Art von Überwältigtsein gehen kann, desto mehr ist er dazu geneigt, der Evidenz dieser Wahrnehmung zu vertrauen.

Goethes spontaner Versuch, der mehr als eine bloße Laune sein will, folge dem Muster eines Erweckungserlebnisses, ist gesagt worden.[15] Doch das ist bereits Interpretation, zum Teil sogar Goethes eigene, der sich ihrer bedient, um das eigene Evidenzerlebnis zu beschreiben und seine Unanfechtbarkeit zu betonen. Je intensiver er sich in der Folge auf eine Auseinandersetzung mit Newton einlässt, desto mehr ist Goethe geneigt, die eigene Position zu immunisieren, indem er sie in eine Art transzendenten Nebel hüllt. Erst einmal folgt seine Strategie am 17. Mai 1791 jedoch einer im Bereich der Optik gängigen Praxis. Dabei unterschied man nämlich bereits seit geraumer Zeit zwischen Versuchen, deren Ergebnis im Auge des Experimentators zustande kam, und solchen, bei denen es etwa auf einer Wand oder einem Schirm außerhalb des Auges betrachtet werden konnte, auch von mehreren Personen gleichzeitig. Newtons klassisches Experiment zählte zu den letzteren, Goethes erster Blick durchs Prisma hingegen fiel in die Kategorie der Versuche, in die das Auge als wesentlicher Bestandteil eingebunden ist. Im Fortgang seiner Farbexperimente bezeichnet Goethe die beiden Typen als »objektive« und »subjektive« Versuche.[16] Mit dieser Unterscheidung will er keineswegs sagen, seine Versuche zeichneten sich gegenüber denen Newtons dadurch aus, dass sie dem, was wir der Subjektivität des Menschen zurechnen, also etwa Empfindung, Meinung und eine gewisse Beliebigkeit, einen höheren Stellenwert einräumten als die »objektiven« Experimente Newtons. Das ist ein von der Goethe-Forschung lange gepflegtes Missverständnis. Auch Newton hat subjektive Experimente unternommen, und das geraume Zeit, bevor er seinen klassischen, objektiven Versuchsaufbau entwickelte. Darunter waren auch solche, in denen er eine zur Hälfte weiß und zur anderen Hälfte schwarz gefärbte Vorlage durch ein Prisma betrachtete und genau das sah, was Goethe am 17. Mai auch sieht: Kantenspektren statt des vollen Farbenspektrums.[17]

Unter den subjektiven Versuchen, mit denen Goethe im Sommer 1791 beginnt und die er in den *Beiträgen zur Optik* detailliert beschreibt, befindet sich auch ein Gegenstück zum klassischen Prismenexperiment: Wenn man etwa einen kleinen weißen Papierkreis auf einem schwarzen Hintergrund durch ein Prisma betrachtet und dieses dann zum Auge führt, sieht man statt des weißen Kreises ein Oval aus den bekannten Regenbogenfarben. Auch was das betrifft, hat Newton bereits ähnliche Experimente durchgeführt.[18] Goethes größte Tat in diesem Zusammenhang ist eine Umkehrung dieses Versuchs. Aus Weiß wird dabei Schwarz: Statt einer weißen Kreisfläche auf einem schwarzen Hintergrund wird ein schwarzer Punkt oder, bei Goethe, ein schwarzer Balken auf einer weißen Fläche durch ein Prisma betrachtet. Dann kehrt sich die Reihenfolge der Farben um, und statt des Grüns in der Mitte erscheint »Pfirsichblüth«, so Goethes Ausdruck, eine Art Purpur, das in Newtons Spektrum ganz fehlt.[19] Dasselbe passiert, wenn man bei dem objektiven Versuch dicht hinter dem Prisma einen Schatten ins Bild führt. Wenn es aber wahr ist, dass sich Newtons Versuch ganz einfach umkehren lässt, indem man die Rollen von Licht und Finsternis, von Helligkeit und Dunkelheit, vertauscht, dann, so Goethes Schluss, enthält Newtons Theorie statt der ganzen höchstens die halbe Wahrheit, und der Finsternis kommt bei der Entstehung der Farben eine viel bedeutsamere Rolle zu, als von ihm angenommen. In seinen Erklärungen zu den Tafeln der Farbenlehre wird Goethe diesen Umstand später so beschreiben: »Diese Phänomene gingen mir also völlig parallel. Was bei Erklärung des einen recht war, schien bei dem andern billig: und ich machte daher die Folgerung, dann wenn die [newtonische] Schule behaupten könne, das weiße Bild auf schwarzem Grunde werde durch die Brechung in Farben aufgelöst, getrennt, zerstreut, sie eben so gut sagen könne und müsse, daß das schwarze Bild durch Brechung gleichfalls aufgelöst, gespalten, zerstreut werde.«[20]

Die Ideen, die Goethe aus dieser Beobachtung ableitet, sind weitreichend und betreffen das Fundament seiner Farbenlehre. Die farbigen Erscheinungen am Prisma sind für ihn nur sekundäre Merkmale der Wechselwirkung von Licht und Finsternis, sie werden nur dort sichtbar, wo das eine auf das andere trifft. Erst beide Faktoren zusammen und in Verbindung miteinander bringen die Farben hervor, und eine Theorie, die den einen Faktor verselbständigt und den anderen ausblendet, ist nicht nur unvollständig, sondern untauglich, um die Frage, wie die Farben in die Welt kommen, zu beantworten. Helligkeit und Dunkelheit sind gleichermaßen, sogar gleichberechtigt zu berücksichtigen. Der Raum der Farben ist symmetrisch organisiert, aufgespannt zwischen zwei

Umsturz im Reich der Farben 427

Extremen, und um ihn zu verstehen, bedürfen wir einer symmetrischen Theorie. Das ist der wissenschaftliche Kern von Goethes Kritik an Newton, der zuweilen angesichts der rhetorischen Geschütze, die er zusehends gegen ihn und seine Optik auffährt, aus dem Blickfeld zu geraten droht. Die Überlegenheit der eigenen Farbenlehre leitet er hingegen daraus ab, dass er nach einer Erklärung sucht und sie schließlich auch gefunden zu haben glaubt, in der beide Dimensionen, Licht und Finsternis, Helligkeit und Dunkelheit, nicht nur vorkommen, sondern zu Kausalfaktoren bei der Entstehung von Farben werden.[21]

Bereits am 30. Mai 1791, also gerade einmal zwei Wochen nach dem kurzen Blick durch Büttners Prismen, wendet er sich an Reichardt, der gerade an der Partitur zu Goethes in Italien völlig umgearbeitetem Singspiel *Claudine von Villa Bella* schrieb: »Unter den Arbeiten die mich jetzt am meisten interessiren, ist eine neue Theorie des Lichts, des Schattens und der Farben. Ich habe schon angefangen sie zu schreiben, ich hoffe sie zu Michaeli fertig zu haben. Wenn ich mich nicht betrüge, so muß sie mancherlei Revolutionen sowohl in der Naturlehre als in der Kunst hervorbringen.«[22]

Das Stichwort »Revolution« fällt nicht von ungefähr: Reichardt war Hofkapellmeister in Berlin, dabei für seine revolutionsfreundlichen Äußerungen bekannt, derentwegen er 1794 auch seines Postens enthoben wurde. Fragt man, wie Goethe auf das epochale Ereignis der Französischen Revolution reagiert hat, dann findet sich hier neben den schon genannten eine weitere Antwort: indem er seine eigene Revolution anzettelt – eine Revolution gegen die hergebrachte Newtonsche Optik, die in Goethes Darstellung mehr und mehr zu einer Bastion der alten Ordnung, des Ancien Régime der Wissenschaft, wird. Dabei geht es auch, aber nicht nur um Wissenschaft: Goethe verbindet mit seinem Vorhaben einer Widerlegung Newtons und der Begründung einer eigenen Farbenlehre weit mehr als nur die Korrektur eines vermeintlichen wissenschaftlichen Irrtums und eine bessere Theorie. Es geht ihm ums Ganze: wie eine naturgemäße Erfahrung und Erforschung der Natur überhaupt auszusehen hat; um die richtige Art, die Natur und die Stellung des Menschen in der Natur zu begreifen. Und nicht zuletzt geht es Goethe darum, seine unvergessliche sinnliche Erfahrung des Südens als eines Paradieses der Farben ins Reich der Erkenntnis zu retten. Für ihn sind Farben essenzielle Bestandteile des menschlichen Sinnenlebens, die sich durch Versuche wohl beobachten, sogar erzeugen lassen, dabei aber eigenständige, unableitbare Entitäten bleiben – und nicht Produkte einer Zerlegung unter Laborbedingungen. Deshalb gibt es für ihn auch nicht das eine, definitive Experiment, mit dem sich etwas unmittelbar beweisen oder eine Hypothese bestätigen lässt, sondern bestenfalls Versuchsreihen, mit denen er sich einem Phänomen und seinen Bezügen geduldig anzunähern sucht.

Er werde »in der Folge noch wunderbare Dinge zu sehen kriegen«, kündigt er Reichardt einige Monate später an, »und wenn ich mich nicht sehr irre so wird die Neutonische Hypothese von diverser Refrangibilität der Lichtstrahlen, von ihrer Spaltung in sieben, oder Gott weiß wie viel, bunte einfache Strahlen wie eine alte Mauer zusammen fallen, wenn ich nur erst ihr Fundament werde untergraben haben.« Gegen eine derart gut verteidigte Festung sei eben »bloß durch miniren anzukommen«,[23] sprich durch das Anlegen unterirdischer Gräben. Wo es um die Farben geht, ist Goethe, der sich zunehmend klassisch gibt und die Rolle eines Kulturrepräsentanten pflegt, radikal und subversiv und bleibt dies auch bis ins hohe Alter, wie etwa seinen von Eckermann getreulich aufgezeichneten Einlassungen zum Thema zu entnehmen ist. Die »Fragen der Wissenschaft«, heißt es dort beispielsweise, seien »häufig Fragen der Existenz«, und er verbindet diese Aussage mit der Mahnung, Geduld aufzubringen, was auch den Charakter einer Selbstermahnung hat: Der Umsturz im Reich der Farben nehme eben genauso viel Zeit in Anspruch, wie es gebraucht habe, »um das Reich Newtons zu gründen und zu befestigen«: ein halbes Jahrhundert.[24]

Nach dem beiläufigen Versuch mit den großen Auswirkungen im Mai 1791 geht Goethe dazu über, eigene Versuchsreihen durchzuführen, um sich das Paradies der Farben als Forscher zu erschließen. Endlich wird im Jägerhaus eine dunkle Kammer eingerichtet, um dort auch Newtons klassische Experimente nachstellen und abwandeln zu können. Als er ab Weihnachten 1792 wieder das Haus am Frauenplan bewohnt, rüstet er dort Bibliothek und Arbeitszimmer so um, dass er sie zu optischen Experimenten nutzen kann. Für Versuche, die mehr Platz und größere Distanzen erforderten, weicht er hingegen auf den Saal des Redouten- und Komödienhauses aus, der sich ganz verfinstern lässt.

Grundsätzlich aber bevorzugt Goethe bei seinen chromatischen Untersuchungen Experimente im Freien. Er schwärmt von den »schönsten Erfahrungen in freier Welt, wie sie keine dunkle Kammer, kein Löchlein im Laden geben kann«; »in freier Luft, unter heiterm Himmel« habe er »immer freiere Ansichten über die mannigfaltigen Bedingungen« gewonnen, »unter denen die Farbe erscheint«.[25] So wie die Impressionisten später die Pleinairmalerei entdecken werden, bei der das Bild nicht erst im Atelier, sondern »sur le motif«, vor Ort und nach der Natur entstehen und auch fertiggestellt werden sollte, entdeckt Goethe in Sachen Farben die Freilichtforschung. So stellt er ein Wasserprisma, wie es auch schon Newton benutzt hat, ins volle Sonnenlicht und beobachtet, dass das Erscheinen des vollen Spektrums auf der weißen Tafel hinter dem Prisma davon abhängt, in welcher Entfernung man sie aufstellt. Beträgt sie einige Meter, zeigt sich das von Newton vorhergesagte erwünschte Ergebnis. Positioniert man sie jedoch in kurzer Distanz hinter dem Prisma, ist statt der von Newton beschriebenen kontinuierlichen Reihung der Farben ein heller weißer Fleck mit farbigen Säumen auf der Tafel zu erkennen. Das kommt seiner Deutung entgegen, wonach das Finstere zunächst in das Helle des Bildes wirkt und dabei den unteren gelbroten Farbsaum erzeugt und anschließend das Helle aus dem Bild hinaus ins Finstere wirkt, wobei der obere blau-türkisfarbene Farbsaum erscheint. Die schwächere Brechkraft des Wassers verstärkt diesen Effekt noch. In einem Abstand von einem Meter ergibt sich ein rechteckiges Bild, das oben und unten mit Farbsäumen umgeben und in der Mitte überwiegend weiß ist. Vergrößert man nun den Abstand zwischen Wasserprisma und Tafel allmählich, gehen die Farben mehr und mehr ineinander über, bis schließlich Newtons volles Spektrum zu sehen ist: Die weiße Mitte verschwindet, und stattdessen erscheint ein Grün zwischen Gelbrot und Blautürkis.

Von August bis Dezember 1792 nimmt Goethe, wiederum als Begleiter des Herzogs, an dem Feldzug der preußisch-österreichischen Koalition gegen das revolutionäre Frankreich teil. Diese zweite »Campagne« fällt weit weniger harmlos aus als jene zwei Jahre zuvor in Schlesien: Statt die vermeintlich desorganisierte französische Armee zu überrennen und schon bald in Paris zu sein, wie er selbst und viele andere in verfrühtem Optimismus angenommen hatten, bleiben die preußisch-österreichischen Koalitionstruppen buchstäblich im Schlamm stecken. »Dieser Feldzug wird als eine der unglücklichsten Unternehmungen in den Jahrbüchern der Welt eine traurige Gestalt machen«, lautet Goethes Bilanz nach der sich mehrere Tage hinziehenden Kanonade von Valmy und dem Rückzug Mitte Oktober 1792 in einem Brief an Voigt: »Wir haben in diesen sechs Wochen mehr Mühseligkeit, Noth, Sorge, Elend, Gefahr ausgestanden und gesehen als in unserm ganzen Leben.«[26]

Zu Anfang bietet sich jedoch die Gelegenheit, in Frankreich »in freier Luft, unter heiterm Himmel« die Farbstudien fortzusetzen, woran sich Goethe desto freudiger erinnert, je mehr der Kriegszug den Charakter eines Infernos annimmt, dem auch er nur mit Glück entrinnt. In der Nähe von Verdun, wo das Unglück schon bald seinen Lauf nehmen sollte, erregt »ein wunderliches Schauspiel« seine Aufmerksamkeit, wie er in der dreißig Jahre später verfassten Schrift *Campagne in Frankreich* erzählt: Soldaten hatten sich um einen Teich gelagert und warfen ihre Angeln aus. »Das Wasser war das klarste von der Welt und die Jagd lustig genug anzusehen. Ich hatte jedoch nicht lange diesem Spiele zugeschaut, als ich bemerkte, daß die Fischlein indem sie sich bewegten verschiedene Farben spielten. Im ersten Augenblick hielt ich diese Erscheinung für Wechselfarben der beweglichen Körperchen, doch bald eröffnete sich mir eine willkommene Aufklärung. Eine Scherbe Steingut war in den Trichter gefallen, welche mir aus der Tiefe herauf die schönsten prismatischen Farben gewährte. Heller als der Grund, dem Auge entgegengehoben, zeigte sie an dem von mir abstehenden Rande die Blau- und Violettfarbe, an dem mir zugekehrten Rande dagegen die rote und gelbe. Als ich mich darauf um die Quelle ringsum bewegte, folgte mir, wie natürlich bei einem solchen subjektiven Versuche, das Phänomen, und die Farben erschienen, bezüglich auf mich, immer dieselbigen.« Goethe wirft weitere Scherbenstücke in das Wasser und beobachtet, dass die Farberscheinung beim Hinabsinken immer mehr zunimmt, bis »zuletzt ein kleiner weißer Körper, ganz überfärbt in Gestalt eines Flämmchens am Boden« anlangt.

Es habe ihm die größte Freude gemacht, »hier unter freiem Himmel so frisch und natürlich zu sehen, weshalb sich die Lehrer der Physik schon fast hundert Jahre mit ihren Schülern in eine dunkle Kammer einzusperren pflegten«.[27] Von dieser Art waren die Experimente, denen Goethe am meisten vertraute. Mit ihnen gehe es ihm »wie mit Gedichten, ich machte sie nicht, sondern sie machten mich«, will er kurz darauf, als das Bombardement bereits begonnen hat, dem österreichischen Gesandten Heinrich XIV. Reuß zu Greiz gestanden haben, der den preußischen König auf dem Feldzug begleitet und der sein Erstaunen darüber nicht verhehlen kann, dass Goethe in dieser Situation anstatt von Tragödien von Refraktionserscheinungen spricht.[28] Es ist eine erstaunliche Mitteilung: keine Spur von der Goethe so oft zugeschriebenen Abneigung gegen Experimente. Vielmehr siedelt er sie auf der gleichen Ebene an wie seine Gedichte, die nun wirklich zum Kern seines literarischen Schaffens zählen. So wie die poetische Produktion seit der Jugendzeit essenzieller Bestandteil seines Lebens war – es bedurfte nur äußerer oder innerer Anregung, unmittelbar kam sie in Gang, ob in Geselligkeit oder beim Wandern im Sturm, angesichts von Liebesglück genauso wie von Liebesleid –, so ergeht es dem Naturforscher

Goethe mit seinen Experimenten: Auch sie werden für ihn zum notwendigen Ausdruck seiner spezifischen Art, das Leben und die Welt um ihn herum reflektierend zu betrachten.

Zu Hause bieten die an das Jägerhaus anstoßenden Gärten reichlich Gelegenheit zu Pleinairexperimenten. Dabei spielt insbesondere jene halbkreisförmige Leuchterscheinung zwischen Himmel und Erde, die die Menschen seit jeher neben dem Polarlicht am stärksten fasziniert hat, eine besondere Rolle: der Regenbogen. Als Goethe im Sommer 1791 am Hof von Gotha weilt, berichtet der etwa gleichaltrige Prinz August von Sachsen-Gotha und Altenburg, man habe »zu Farbenversuchen des künstlichen Regenbogens eine alte Schlauchspritze« hervorgezogen.[29] Nicht zuletzt wegen ihrer spektakulären Farberscheinung war die künstliche Erzeugung von Regenbogenfarben ein Lieblingsversuch Goethes: Hier konnte er als Naturforscher vor der Weimarer Gesellschaft brillieren. Er habe »diese Zeit nur im Lichte und in reinen Farben gelebt«, meldet er bereits am 1. Juli 1791 Herzog Carl August, und dabei »wunderbare Versuche erdacht und kombiniert, auch die Regenbogen zu großer Vollkommenheit gebracht«, so dass ein Beobachter ausgerufen habe: »der Schöpfer selbst kann sie nicht schöner machen«.[30] Konnte er wie schon bei der Jagd nach der Urpflanze Gott spielen, scheint sich der Naturforscher Goethe in seinem Element gefühlt zu haben. Den *Beiträgen zur Optik* legt er Karten bei, die dem Leser dabei helfen sollen, die dort beschriebenen Versuche nachzuvollziehen, und entwirft dafür einen Schuber. Er zeigt eine Vignette, für die er das eigene rechte Auge abzeichnet und sonnengleich in den Himmel projiziert. Indem es am Himmel aufgeht, vertreibt es die Wolken des Irrtums und umgibt sich dabei mit einem Regenbogen. Prisma und Linse, die technischen Instrumente der Erforschung der Farberscheinungen, sind im Vordergrund der Vignette zwar gegenwärtig, doch sie werden überstrahlt vom Glanz des blickenden, unverkennbar göttliche Attribute besitzenden Auges: Das Geheimnis der Farben ist offenbar, zumindest für den, der der sinnlichen Erfahrung traut und zu sehen weiß.

Noch im Alter wird Goethe Eckermann von dem Plan berichten, nun endlich an die Ausarbeitung seiner Theorie des Regenbogens zu gehen. »Es ist dieses eine äußerst schwierige Aufgabe, die ich jedoch zu lösen hoffe.«[31] Doch die Lösung wurde nicht gefunden, und das hatte keineswegs nur altersbedingte, sondern systematische Gründe: Bereits Descartes hatte im Anhang zum *Discours de la méthode* den Regenbogen durch die Brechung und Reflexion von Sonnenstrahlen in Regentropfen erklärt, und Newtons Optik hatte diese Erklärung triumphal bestätigt. Mit Goethes Farbentheorie hingegen ließ sich »des bun-

Abbildung 11: Johann Wolfgang Goethe, Vignette für den geplanten Schuber der 27 Karten, die dem Ersten Stück der Beiträge zur Optik beigelegt wurden

ten Bogens Wechseldauer, / Bald rein gezeichnet, bald in Luft zerfließend«, wie es im zweiten Teil des *Faust* heißt,[32] kaum zufriedenstellend begreiflich machen.

Einen zusätzlichen Schub bekommt Goethes Motivation für Licht- und Farbstudien noch durch die Gründung einer Gelehrtenvereinigung, wie sie im 18. Jahrhundert vielerorts aus dem Boden sprossen. Mit der sogenannten Freitagsgesellschaft schuf sich der expandierende Kreis Weimarer Forscher und Gelehrter ein Forum zwanglosen Austausches und eine zwar begrenzte, aber immerhin doch sichtbare Öffentlichkeit. Goethe selbst ist es, der die Idee ins Rollen bringt und sich auch als Manager hervortut. Zum ersten Mal ist davon in dem besagten Brief vom 1. Juli 1791 an den Herzog die Rede, in dem er nicht nur von den eigenen Farbversuchen schwärmt, sondern auch von einem beeindruckenden Experiment des in Jena lehrenden Chemikers Johann Friedrich August Göttling berichtet. Der hatte bedrucktes Papier mit Chlorwasser »wieder zu Brey gemacht, ... alle Schwärze herausgezogen und wieder Papier daraus machen lassen ...«. Kurz, Göttling hatte das Recycling von Papier erfunden. Goethe legt dem Brief ein Muster bei und kommentiert es mit den Worten, es sei fast weißer als das Ausgangsprodukt. »Welch ein Trost für die lebende Welt der Autoren und welch ein drohendes Gericht für die abgegangen«, meint er lakonisch. »Es ist eine sehr schöne Entdeckung und kann viel Einfluß haben.« Bei dieser Gelegenheit nun habe sich bei ihm »eine alte Idee« erneuert: »hier eine gelehrte Gesellschaft zu errichten«. Goethe will die in Weimar ansässigen Forscher mit den in Jena lehrenden Wissenschaftlern zusammenführen. Das könne zu Anfang »ganz prätentionslos« geschehen.[33] Gedacht war also weniger an eine Akademie der Wissenschaften als an einen informellen Kreis wechselseitigen Austausches.

Bereits wenige Wochen später arbeitet er zusammen mit Christian Gottlob Voigt Statuten für die zu gründende Gesellschaft aus. Noch heute imponiert der demokratische Witz, mit dem man dabei zur Sache ging. So wird beispielsweise geregelt, dass das Amt des Präsidenten der Gesellschaft von Sitzung zu Sitzung wechseln und durch Los bestimmt werden soll. Und auch die Lebensdauer der Gesellschaft wird gleich bei ihrer Gründung festgelegt: »Diese Verabredung gilt auf so viele Monate, als die Anzahl der Unterzeichneten beträgt.«[34] Das sind neben Voigt und Goethe auch Herder, Knebel und Wieland. Hinzu kommen unter anderen der Direktor der Weimarer Zeichenschule Georg Melchior Kraus, der Apotheker Wilhelm Heinrich Sebastian Buchholz und der Verleger Friedrich Johann Justin Bertuch, dessen Manufaktur auch die Goethes optischen Beiträgen beigelegten Karten herstellte. Insgesamt zwölf illustre männliche Weimarer Honoratioren, zu denen sich später etwa noch Karl August Böttiger, der gerade im Begriff war, sein Amt als Gymnasialdirektor in Weimar anzutreten, und der Arzt Christoph Wilhelm Hufeland gesellen werden, der einen Vortrag über die Mittel, das Leben zu verlängern, als Karrieresprungbrett nutzen konnte. Nach den erweiterten Statuten vom Oktober 1791 sind auch Frauen ausdrücklich zugelassen, allerdings nur als Gäste. In Gestalt der Herzoginmutter und ihrer Hofdamen waren sie immerhin schon bei der Gründungssitzung zugegen; denn die Schirmherrin des Weimarer Musenhofes ließ es sich nicht nehmen, als Gastgeberin der Zusammenkünfte zu agieren. Zusammen mit Goethes Neigung zur Informalität blieb das nicht ohne Folgen: Zunehmend litt die Freitagsgesellschaft unter dem Fehlen institutioneller Eigenständigkeit. Es dauerte nicht lange, da siedelte sie in Goethes Privaträume am Frauenplan über und bekam mehr den Charakter eines Salons als eines wissenschaftlichen Zirkels. Und auch die Idee der rotierenden Präsidentschaft erledigte sich bereits nach dem ersten Zusammentreten der Freitagsgesellschaft: Von da an lag sie in den alleinigen Händen Goethes.

Das hatte auch mit der geschickten, programmatischen Eröffnungsrede zu tun, die Goethe bei der ersten Sitzung hielt. Sie begann damit, dass er in puncto Geselligkeit und Unterhaltung (wir würden heute von Informationsaustausch und Kommunikation sprechen) ein Defizit sowohl der Künste als auch der Wissenschaften konstatierte. »Es scheint, als bedürfe der Dichter nur sein Selbst und horche am sichersten in der Einsamkeit auf die Eingebung der Musen«, beschreibt er das Klischee des aus sich heraus produktiven Poeten, um fortzufahren: »Es möchte dieses alles aber wohl nur Selbstbetrug sein: denn was wären Dichter und bildende Künstler, wenn sie nicht die Werke aller Jahrhunderte und aller Nationen vor sich hätten ... Was kommen für Werke zum Vorschein, wenn der Künstler nicht das edelste Publikum kennt und immer vor Augen hat.« Die Zuhörer der Rede wohnten Goethes endgültiger Verabschiedung der Genieästhetik bei. An ihre Stelle traten Tradition und Zielgruppenorientierung.

Einen vergleichbaren Ich-Heroismus glaubte Goethe auch bei den Wissenschaftlern seiner Zeit anzutreffen; vor 250 Jahren war Teamwork noch weitgehend ein Fremdwort. Die »Freunde der Wissenschaften« stünden oft »sehr einzeln und allein« da, stellt er fest, würden es nur nicht bemerken, da »der ausgebreitete Bücherdruck und die schnelle Zirkulation aller Kenntnisse ihnen den Mangel an Geselligkeit unmerklich« mache. Zudem dominiere dort, wo »das Gefühl der größten Allgemeinheit« herrschen sollte, »gar zu oft der beschränkte Begriff seines eigenen Selbst seiner Schule«. Kurz und gut, statt Selbstbetrug wie bei den Künstlern herrschten bei den Wissenschaftlern Selbsttäuschung und falsches Konkurrenzdenken.

Goethe beeilt sich, unmittelbar im Anschluss daran klarzustellen, dass das Gesagte keineswegs als ein Argument gegen den Buchdruck und die Publikationsfreiheit zu verstehen sei: Beidem verdanke man »undenkbares Gute und einen unübersehbaren Nutzen«. Aber ebenfalls »einen schönen Nutzen der zugleich mit der größten Zufriedenheit verknüpft ist danken wir dem lebendigen Umgang mit unterrichteten Menschen und der Freimütigkeit dieses Umgangs«. Goethe spielt Schriftkultur und Geselligkeit nicht gegeneinander aus, doch er versteht den mündlichen Austausch und die Spontaneität der direkten Begegnung als Korrektiv gegen die zu starke Selbstbezogenheit und soziale Distanz der Buchkultur.

Der Rest der Rede dient dann nur noch dazu, die Konsequenzen aus dem zuvor Entfalteten zu ziehen: Der »Gewinst der Gesellschaft, die sich heute zum erstenmal versammlet«, dürfte in der Tat allen Anwesenden lebhaft vor Augen gestanden sein. Doch eine wichtige Überlegung trägt Goethe noch vor: Man gebe »nicht mit Unrecht großen Städten deshalb den Vorzug«, weil sie bessere Voraussetzungen für die gepriesene Lebendigkeit und Freimütigkeit des Umgangs gebildeter Menschen untereinander bieten. Aber auch »ein kleiner Ort« könne »in gewissem Sinne dergestalt begünstigt sein«.[35] Und mit großer Sicherheit waren diese Worte von einem dankbaren Lächeln in Richtung der herzoglichen Herrschaften begleitet.

Wie Böttiger berichtet, brachte deren Anwesenheit keinerlei Zwänge mit sich. »Jeder sitzt, wo er hin zu sitzen kommt, während das vorlesende Mitglied seinen Platz an einem besondern Tische einnimmt. In der Mitte des Saals steht eine große, runde Tafel, auf welche die mathematischen Instrumente, Zeichnungen, naturhistorischen Merkwürdigkeiten u.s.w. auf welche die Vorlesenden sich beziehn hingelegt werden. Ist nun eine Vorlesung vorbei, steht alles auf, tritt um die Tafel herum, spricht, macht Einwürfe, hört und beantwortet die Fragen des Herzogs, und der Herzoginnen, die nun mitten im Zirkel stehen, und nun gehts zu einer neuen Vorlesung, und jeder nimmt wieder seinen Stuhl ein.«[36] Das zwanglose, ganz an der Sache orientierte Verhalten war Böttiger wohl deshalb ausführlicher Erwähnung wert, weil es im Gegensatz zur Etikette des Hofes stand, die trotz aller Lockerungen Geselligkeit und Unterhaltung dort noch beherrschte. Die Wissenschaft machte es möglich; sie brachte einen neuen Ton und neue Verhaltensmuster hervor: Hier galten Argument und Beweis, vor denen alle gleich sind. Goethes Protokoll gibt über die Redner und Themen der ersten Sitzung Auskunft:

Herr Bergrat Buchholz zeigte die merkwürdige Würkung gepülverter Kohlen auf faulendes Wasser in einigen Versuchen.
Herr Geheimer-Rat Bode teilte einen Aufsatz über die Tendenz menschlicher Kräfte mit.
Herr Geheimer Regierungs-Rat Voigt las einen Aufsatz über die neusten Entdeckungen an der westlichen Küste von Nord-Amerika.
Endesunterzeichneter las eine Einleitung in die Lehre des Lichts und der Farben.
Zum Beschluß behandelte Herr Major von Knebel die Frage: Warum sich Minverva wohl eine Eule zugesellt habe?[37]

Um Licht und Farben geht es auch einen Monat später, in der dritten Sitzung der Freitagsgesellschaft. Böttiger, der hier zum ersten Mal teilnahm, hat über diese und die folgenden Zusammenkünfte ausführliche Berichte abgeliefert:

»Die Ordnung der heutigen Sitzung war folgende: Der Präsident der Gesellschaft der Geheime Rath v. Göthe eröffnete sie mit fortgesetzten Betrachtungen über das Farbenprisma ... Die Hauptsätze demonstrirte er an einer schwarzen Tafel, wo er die Figuren schon vorher angezeichnet hatte, so lichtvoll vor, daß es ein Kind hätte begreifen können. Göthe ist ebenso groß als scharfsinniger Demonstrator an der Tafel, als ers als Dichter, Schauspiel und Operndirector, Naturforscher und Schriftsteller ist. Er erklärte sich hier im kleinen Zirkel grade zu gegen Neutonsfarbentheorie, die durch seine Versuche ganz umgeworfen wird, und zeigte zugleich an diesem Irrthum des grosen Neutons, den nun ein Jahrhundertlang alles nachgebetet hat, sehr schön, wie Nachbeterei auch unter guten Köpfen so tief Wurzel schlagen könne.«[38]

Während Goethe mit seinen Vorbehalten gegen Newtons Optik, ja der Behauptung, sie jetzt schon widerlegt zu haben, im Kreis der Weimarer Forscher und Freunde leichtes Spiel gehabt zu haben scheint, erregten seine Versuche bei den »Nachbetern«, wie er sie nannte, »viel Achselzucken« und spöttische Bonmots, wie der gleiche Böttiger unverhohlen notierte.[39] Andere wurden auch deutlicher, etwa besagter Physiker Voigt, an den Goethe schon seine kurze Abhandlung über die Farbe Blau geschickt hatte. Goethe, so lässt sich seine Kritik zusammenfassen, habe schon bei seinem allerersten Blick durchs Prisma im Mai 1791 und auch bei allen sich daran anschließenden Versuchen – ob nun in der Dunkelkammer oder im Freien, ob in subjektiven oder objektiven Experimenten, ob mit üblichem Prisma, mit Wasserprisma oder ganz ohne Prisma – nichts gesehen, was der Theorie Newtons widersprochen hätte. Die in seinen Versuchen erscheinenden und in den *Optischen Beiträgen* beschriebenen Farben gehörten »keinesweges der Grenze, sondern dem Licht ganz allein an; die Grenze sei nur Gelegenheit, daß in dem einen Fall die weniger refrangiblen, im andern die mehr refrangiblen Strahlen zum Vorschein kämen, ... welches alles bei Newton selbst und in den nach seinem Sinn verfaßten Büchern umständlich zu lesen sei.«[40] Bereits Voigt bescheinigte Goethe, was bis heute die Meinung der Wissenschaft ist: Goethe habe mit seiner Farbenlehre nicht das Entstehen der Phänomene selbst, sondern lediglich deren Wahrnehmung im menschlichen Auge und die Verarbeitung der Sinnesreize im Gehirn beschrieben. Aber was wären die Farben, ohne dass wir sie sehen?

Goethe selbst hat diese Besonderheit des eigenen Ansatzes erst allmählich erkannt. Und dabei fiel den farbigen Schatten, die schon den Ausgangspunkt seiner Reise in die Welt der Farben gebildet hatten, eine entscheidende Rolle zu.

Im Juni 1792 wird die Abhandlung *Von den farbigen Schatten* fertig, noch rechtzeitig, bevor Goethe von August bis Dezember als Begleiter des Herzogs an der Campagne in Frankreich teilnimmt. Goethe hat die Abhandlung als drittes Stück seiner *Optischen Beiträge* konzipiert. Mit ihm gedachte er ins Zentrum seiner eigenen Farbenlehre vorzustoßen. Mit dem vierten dann, so seine Hoffnung, sollte »sich der Ballon in die Luft heben«, wie er im Juni 1792 an Georg Forster schreibt. Goethe wusste, dass er diesen Ballon »aufs sorgfältigste zu konstruieren und zu füllen habe«, damit es ihm nicht wie Ikarus erging, der mit seinen künstlichen Flügeln der Sonne zu nahekommt, so dass das Wachs schmilzt, das die Federn zusammenhält, und er ins Meer stürzt. Doch weit davon entfernt, überhaupt aufzusteigen, blieb der Ballon erst einmal am Boden. Das geplante vierte Stück, mit dem der Siegeszug der eigenen Theorie beginnen sollte, blieb ebenso stecken wie der desaströse Feldzug der Alliierten gegen das revolutionäre Frankreich. Letztlich verschob sich der Start sogar um einundhalb Jahrzehnte, bis 1810, als endlich die Schrift *Zur Farbenlehre* fertig wurde und die Versprechungen von 1792 einlöste.

Bereits 1793 zieht Goethe wiederum mit dem Herzog ins Feld und bekommt hautnah mit, wie die alliierten Truppen die Mainzer Revolution niederschlagen. Die auf beiden Feldzügen gemachten Erfahrungen sind keineswegs spurlos an Goethe vorübergegangen – das Steckenbleiben der Theorie aber hatte dann doch eher mit Schwierigkeiten zu tun, die diese selbst betrafen. Wie die Physiker seiner Zeit hat Goethe anfangs nach einer objektivistischen Erklärung der Farbentstehung gesucht. Aber ausgerechnet bei dem Phänomen, von dem seine Suche ausgegangen war und das ihm besonders erklärungsbedürftig erschien, sollte sich dieser Weg mehr und mehr als so unproduktiv wie undurchführbar erweisen.

Goethe und seine Zeitgenossen wussten, dass es zur Erzeugung farbiger Schatten im Versuch einer zweiten Lichtquelle bedurfte. Das klassische, bereits von Otto von Guericke im Jahr 1672 ersonnene Experiment dazu hatte ihm noch einmal die Lektüre von Gaspar Monges Aufsatz *Über einige Phänomene des Sehens* in Erinnerung gerufen: Früh morgens an einem heiteren Tage, noch bevor die Sonne aufgegangen ist, aber das Licht schon ausreicht, dass der Himmel »schön blau erscheint«, solle man, so Monge, das Tageslicht durch ein offenes Fenster in ein Zimmer und dort auf einen weißen Gegenstand, etwa ein Blatt Papier, fallen lassen. Werde das Papier zudem noch durch die Strahlen einer brennenden Kerze erleuchtet, so erscheine »der Schatten eines kleinen Körpers, welcher auf das Papier gestellt wird, von einem schönen Blau, und von derselben Farbe, als der Himmel.«.[41]

Wie auch andere Farbinteressierte seiner Zeit, etwa Graf Rumford, hat Goethe diesen Versuch ausgebaut und vielfach variiert. Etwa so: »An einem grauen Tage, wenn der ganze Himmel keine Spur von Blau zeigt, mache man ein Zimmer durch vorgezogene weiße Vorhänge düster, man entferne sich so weit von den Fenstern, daß auch kein Licht von den grauen Wolken unmittelbar auf das Papier fallen könne, man beobachte das Zimmer selbst, worin man sich befindet, und entferne aus demselben alles, was nur einigermaßen blau ist, man beobachte alsdann die gegen das Fenster gekehrten Schatten, welche eine Kerze auf das weiße Papier wirft, und man wird sie noch ebenso schön blau als gewöhnlich finden ...«.[42]

Sah man jedoch genau hin, war bei dem Versuch noch ein zweiter und zwar gelber Schatten zu beobachten. Goethe fand diesen doppelten Schatten höchst irritierend, und seine gesamte Abhandlung ist der Versuch, ihn zu erklären. Diese Irritation ist gut zu verstehen. Wir sind daran gewöhnt, dass die Farben von Oberflächen bei leichter Modifikation der Beleuchtung weitgehend gleich, bei größerer zumindest relativ zueinander gleich bleiben. Man nennt dieses Phänomen Farbkonstanz, und es ist für unsere Orientierung in der Welt äußerst nützlich, um nicht zu sagen notwendig. Unsere Netzhaut wird in jedem Moment von einer Unzahl tanzender, vibrierender Lichtpunkte getroffen, die die lichtempfindlichen Stäbchen und Zäpfchen reizen, welche ihrerseits das Gehirn mit vielfältigen Signalen bombardieren. Und doch ist die Welt, die wir sehen, im Großen und Ganzen beständig und stabil.[43] Die Farbkonstanz ist nicht das einzige Konstanzphänomen, das dafür sorgt, dass wir auch bei Änderung der Verhältnisse die Dinge der Welt weitgehend gleichbleibend wahrnehmen; andere automatisch ablaufende, vom Gehirn gesteuerte Korrekturprozesse betreffen etwa die Form- und Größenkonstanz. Doch diese Konstanz kann zusammenbrechen. Dies ist etwa der Fall, wenn eine Szene von einer stark gefärbten einzelnen Lichtquelle beleuchtet wird. Goethe studierte diese »Wirkung der farbigen Gläser auf Licht und Auge« während der Belagerung und Eroberung von Mainz.[44]

Die Konstanz versagt aber auch, wenn eine Szene von zwei Lichtquellen unterschiedlicher Farbtemperatur – wie im Fall von Tages- und Kerzenlicht –

beleuchtet wird. In seiner Abhandlung von 1792 versucht Goethe, diesen Umstand physikalisch zu erklären. »Zwei entgegengesetzte Lichter von differenter Energie«, so schreibt er dort, »bringen wechselweise farbige Schatten hervor, und zwar dergestalt, daß der Schatten, den das stärkere Licht wirft, und von dem schwächern beschienen wird, blau ist, der Schatten, den das schwächere wirft, und den das stärkere bescheint, gelb, gelbrot, gelbbraun wird.« Diese Farbe der Schatten sei »*ursprünglich*, nicht abgeleitet« und werde »*unmittelbar* nach einem unwandelbaren Naturgesetze hervorgebracht«.[45] Doch eine Antwort, worin dieses Naturgesetz bestehen soll, bleibt er dort schuldig.

∞

Von Mainz zurück in Weimar sendet Goethe seine Schrift *Von den farbigen Schatten* auch an Georg Christoph Lichtenberg, dessen Kompetenz als Physiker unumstritten war und dem er auch bereits die ersten beiden Stücke seiner optischen Beiträge hat zukommen lassen. Lichtenberg lässt sich mit seiner Antwort annähernd zwei Monate Zeit, schickt Goethe dann aber einen ausführlichen Brief, in dem er detailliert zu seiner Abhandlung Stellung bezieht und der ein Meisterstück darin ist, durch die Blume übertriebenen Lobes dem anderen klarzumachen, dass seine Theorie bei näherer Betrachtung wenig taugt. Zwar seien ihm »einige der gemeinsten Phänomene bey den farbigen Schatten bekannt gewesen«, beginnt Lichtenberg seine Ausführungen, aber in Wahrheit habe er nicht gedacht, »daß dort noch so vieles läge, das einer weitern Entwicklung so sehr bedürfte«.[46] Und mit dem Fortgang des Briefes wird zunehmend klar, dass sich daran seiner Meinung nach auch durch Goethes Abhandlung wenig geändert hat.

Lichtenberg macht Goethe nicht nur darauf aufmerksam, dass eine französische Veröffentlichung zu dem gleichen Ergebnis komme wie er selbst, dass nämlich die Farbe der Schatten von dem Verhältnis der Intensität der beiden Lichtquellen abhänge. Er verbindet das auch mit dem Hinweis, sie enthalte eine noch wesentlich größere Menge von zum Teil sehr schönen Versuchen, sage und schreibe zweiundneunzig Stück, darunter einen, in dem mittels zweier Käfige, deren Schatten einander kreuzen, sowie des Lichtes von zwei Talglichtern und einem Kaminfeuer »*rothe, violette, gelbe, blaue* und *grüne* Schatten *zu gleicher Zeit* gesehen« werden. Wie Lichtenberg wusste, war Goethe besonders stolz über die Vielfalt und Variationsbreite seiner Versuche. Doch Lichtenbergs Lob in dieser Hinsicht ist durchaus zweischneidig. Ausdrücklich macht er auf die Möglichkeit aufmerksam, dass die Beobachtungen »durch die Phantasie zu des Verfassers Zweck etwas abgerundet worden« seien. Das ist so formuliert, dass Goethe es ebenso gut auf seine eigenen Versuche beziehen konnte. Weniger könnte hier mehr sein, Vervielfältigung der Versuche ersetzt nicht fehlende Evidenz, die aber auf diesem Gebiet besonders schwer zu erzielen ist. Lichtenberg lässt durchblicken, dass er Farberscheinungen als besonders anfällig für Wahrnehmungsverzerrungen und Selbsttäuschungen hielt; sie könnten hier, »bey voller Unschuld des Beobachters« leichter als in irgendeinem anderen Bereich der Physik geschehen. Am Ende werde er dazu noch etwas sagen.[47]

Und das tut Lichtenberg dann auch, allerdings erst, nachdem er unter Beibringung vieler Beispiele seinen Vorbehalt mit der Feststellung präzisiert hat, Empfindung und Urteil seien im Bereich der Farbwahrnehmung nur schwer voneinander zu unterscheiden: »wir glauben jeden Augenblick etwas zu *empfinden* was wir eigentlich bloß *schließen*«. Andererseits will er keineswegs behaupten, dass dies schlechterdings unmöglich sei. Gegenüber seinem Fenster stehe ein weißer Schornstein, erzählt er, dessen beide ihm sichtbaren Seiten in der Regel nicht gleichermaßen beleuchtet sind. Zuweilen erscheine ihm die eine Seite gelb oder bläulich zu sein, und dann frage er »Personen von übrigens sehr richtigem Verstand« nach den Farben des Schornsteins. Gewöhnlich sei die Antwort, er sei auf der einen Seite so weiß als auf der anderen, auf die eine aber scheine die Sonne, das sei der ganze Unterschied. Unter den künstlichen Bedingungen einer Camera obscura hingegen, so Lichtenberg weiter, würden die Urteile schon richtiger ausfallen. Es falle auch leichter, die Farben »nach den Wercken großer Meister als nach der Natur« zu studieren, »weil man dort die Farbe schon vom Urtheil geschieden auf der Leinwand hat«, wohingegen in freier Natur »erst Urtheil von Empfindung geschieden werden muß«, was eben nicht jedermanns Sache sei.[48] Kurz gesagt, das Bedürfnis nach Farbkonstanz verleitet uns dazu, gar nicht erst richtig hinzusehen und unseren Vorurteilen zu vertrauen. Dann sehen wir, was wir zu sehen erwarten, nicht aber, was tatsächlich zu sehen ist.

Doch es gibt auch Situationen, in denen dieses Übersehen nicht mehr gelingt, weil das Zusammenbrechen der Farbkonstanz evident ist. Ein schlagendes Beispiel dafür hebt sich Lichtenberg für das Finale seines Briefes auf. Es sei gewiss, »daß wenn man lange durch ein rothes Glas sieht und zieht es plötzlich vor den Augen weg, so erscheinen die Gegenstände einen Augenblick grünlich; sieht man hingegen durch ein grünes Glas, so erscheinen sie alsdann Anfangs röthlich«.⁴⁹ Blickt man längere Zeit auf eine rote Fläche und richtet die Augen dann auf eine weiße Fläche, so entsteht statt des zu erwartenden roten Seheindrucks ein Nachbild in den Kontrast- beziehungsweise Komplementärfarben. Heute erklärt man dieses Phänomen damit, dass durch das Anschauen der farbigen Fläche die entsprechenden Rezeptoren im Auge desensibilisiert werden und beim sich anschließenden gleichförmigen Weißeindruck die zuvor nicht desensibilisierten Rezeptoren dann stärker reagieren.

Indem Lichtenberg Goethes Aufmerksamkeit auf die sogenannten negativen Nachbilder lenkt, legt er ihm nahe, die farbigen Schatten auf der gleichen Ebene zu betrachten. Das belegt auch sein Hinweis, dass dieses Phänomen »mit Büffons couleur accidentelles« zusammenhänge, »die man in den Augen bemerckt«.⁵⁰

Goethe antwortet Lichtenberg prompt und nimmt bei allen Vorbehalten, die er anmeldet, seinen Hinweis auf die negativen Nachbilder und Buffons zufällige Farben auf; mehr als die Hälfte seines längeren Schreibens handelt davon. Das Phänomen, das Lichtenberg beschreibe, habe er selbst neulich »in einem eminenten Grade« beobachten können. »Ich betrachtete durch die Oeffnung der Camera obscura die Sonne durch ein dunkel violettes Glas, deren Scheibe mir denn in dem lebhaftesten Purpur erschien; als ich wieder herein sah und mein Blick auf einen schwarzen Mantel fiel; so erschien mir dieser vollkommen grün.«⁵¹ Getreu seiner leitenden Idee, dass alles, was Newton vom Weiß behauptet hat, auch für Schwarz gelten müsste, vertauscht Goethe also die weiße Fläche, auf der das Auge nach Betrachtung einer farbigen ausruht, mit einer schwarzen – und siehe da, das Phänomen des Sukzessivkontrastes stellt sich auch hier ein, und zwar gemäß des von ihm bereits im Juli 1793 während der Belagerung von Mainz entworfenen Farbenkreises, bei dem sich Gelb und Blaurot, Gelbrot und Blau, Purpur und Grün als Kontrast- beziehungsweise Komplementärfarben gegenüberstehen.⁵²

Purpur

Gelbrot   Blaurot
Gelb   Blau

Grün

Bereits einige Zeit vorher, so fährt Goethe fort, sei er auf folgenden Versuch geleitet worden: »An eine weiße Wand stellte ich ein etwa dreyzöllig viereckiges gelbes Papier und sah scharf darauf, sodann blickt ich in die Höhe und richtete meine Augen unverwandt auf einen bestimmten Fleck der weißen Wand: An gedachtem Platze erschien mir bald ein bläuliches Viereck, so wie im Gegentheil mir ein gelbes erschien, wenn das untere Viereck blau war, und so veränderte sich auch bey veränderten Farben des Gegenstands die Farbe der Erscheinung nach den Gesetzen wie sie mir aus den Phänomenen der farbigen Schatten zu folgen schienen.«[53] Negative Nachbilder und farbige Schatten schienen also nach dem gleichen Prinzip zustande zu kommen. In der Tat ist es von der Beobachtung, dass Nachbilder durch sukzessiven Kontrast im Auge entstehen, nur noch ein kleiner Schritt zu der Vermutung, auch die farbigen Schatten verdankten sich einer Kontrastwirkung, die allerdings nicht nachträglich, sondern sozusagen zeitgleich erfolgt. Gerade Malern, auf die Goethe mit seinen Farbforschungen in erster Linie abzielt, war das Phänomen des simultanen Farbkontrastes durchaus bekannt, und Künstler wie der französische Kupferstecher Charles-Nicolas Cochin hatten es auch bereits zur Erklärung farbiger Schatten herangezogen.[54] Zwar ist Goethe in seiner Antwort an Lichtenberg noch weit davon entfernt, Nachbilder und farbige Schatten gemeinsam unter die Rubrik der physiologischen Farben zu bringen, wie das dann in der Farbenlehre der Fall sein wird. Aber die neue Erklärung der farbigen Schatten, dass es sich dabei wie bei den Nachbildern um Phänomene handle, »die man in den Augen bemerckt«, die Gesetzmäßigkeiten ihrer Erscheinung also weniger solche der physikalischen Realität als der Physiologie unseres Auges sind, deutet sich doch schon an, und auch hierzu hat Lichtenberg ihm den entscheidenden Hinweis geliefert.

Zugleich aber hat er damit Goethes Widerspruch herausgefordert. Nicht Lichtenberg selbst, aber der von ihm erwähnte Buffon und viele derjenigen, die sich in diesen Jahren auf seine Schrift über die zufälligen Farben beriefen, hielten die farbigen Schatten für subjektive Verzerrungen physikalischer Gegebenheiten und betrachteten die menschliche Farbwahrnehmung als notorisch unzuverlässig. So gerieten die Farben der Schatten in den Verdacht, »ohngeachtet ihres scheinbaren Glanzes ... blos ein optischer Betrug zu sein«, wie Graf Rumford so trocken wie unmissverständlich feststellte: eine Täuschung, die »vom Contraste oder einem anderen Effect anderer benachbarter Farben aufs Auge herrühre.«[55]

Bei Graf Rumford führte die Vermutung, »daß den Augen nicht immer zu glauben ist, *selbst in Hinsicht auf Gegenwart oder Abwesenheit von Farben*«, nicht zur Abwertung der farbigen Schatten. Der Zauber, der von ihnen ausging, und der Genuss, den sie ihrem Betrachter bereiteten, wog für ihn den Verdacht, dass es hier nicht mit rechten Dingen zugehen könnte, allemal auf. Doch das konnte man natürlich auch anders sehen und demjenigen, der von ihnen schwärmte und sie auch noch malerisch darstellen wollte, schlicht eine Art Augenkrankheit unterstellen – ein Vorwurf, den noch die Impressionisten auf sich ziehen werden. Kaum einer brachte die Subtilität Lichtenbergs auf, der zwar das Zusammenwachsen von Empfindung und Urteil erläuterte, zugleich aber nach Möglichkeiten suchte, auseinanderzuhalten, was nur um den Preis stereotyper Wahrnehmung und von Erkenntniseinbußen zusammengehörte. Goethe jedenfalls bestand darauf, ein Phänomen, das sich physikalisch nicht hinreichend erklären lässt, nicht gleich auch als optische Täuschung und Wirklichkeitsverzerrung abzutun. Womöglich liegt in der optischen Täuschung nämlich optische Wahrheit, die sich erschließt, indem wir die Gesetzmäßigkeiten unserer visuellen Wahrnehmung erkennen, durch die solche Täuschungen zustande kommen.

Genau das hat Goethe dann in seiner Farbenlehre konsequent umgesetzt. Dort macht er die farbigen Schatten zum Kronzeugen seiner Theorie des Farbensehens, weil sich an ihnen, wie er in beinahe kantischer Strenge sagt, dessen »notwendige Bedingungen« zeigen. Farbige Schatten kommen seiner neuen Einsicht nach dadurch zustande, dass unser Auge alle Farberscheinungen automatisch in Beziehung zum Umgebungslicht setzt. Der Schatten, der in dem klassischen Beispiel von dem gelben Licht der Kerze geworfen und vom Tageslicht ausgeleuchtet wird, erscheint blau, weil unser Auge einen Weißabgleich vornimmt, wie wir heute sagen würden. Weiß plus Farbe (im Beispiel weißes Tageslicht plus gelbes Kerzenlicht) wird dadurch im Auge zum neuen Weiß, die Stelle, die lediglich vom weißen Licht beschienen wird, hingegen dementsprechend zum neuen Weiß minus Farbe, sprich zur Kontrastfarbe, also Blau. Goethe spricht in diesem Zusammenhang von vorhandener und erregter, von fordernder und geforderter Farbe, deutet die Rolle, die dem Weißabgleich dabei zufällt, zumindest aber an, indem er feststellt, unser Auge suche »neben jedem farbigen Raum einen farblosen, um die geforderte Farbe an demselben hervorzubringen«.[56] Die komplementären Gegenfarben rufen einander wechselseitig hervor, simultan wie sukzessiv: »Malt sich auf einem Teile der Netzhaut ein farbiges Bild, so findet sich der übrige Teil sogleich in einer Disposition, die bemerkten korrespondierenden Farben hervorzubringen«, heißt es in der *Farbenlehre*. »Ob man gleich mit allen Farben diese Versuche anstellen kann, so sind doch besonders dazu Grün und Purpur zu empfehlen, weil diese Farben einander auffallend hervorrufen. Auch im Leben begegnen uns diese Fälle häufig. Blickt ein grünes Papier durch gestreiften oder geblümten Musselin hindurch, so werden die Streifen oder Blumen rötlich erscheinen. Durch grüne Schaltern [Fensterläden] ein graues Haus gesehen, erscheint gleichfalls rötlich. Die Purpurfarbe an dem bewegten Meer ist auch eine geforderte Farbe. Der beleuchtete Teil der Wellen erscheint grün in seiner eigenen Farbe, und der beschattete in der entgegengesetzten purpurnen. Die verschiedene Richtung der Wellen gegen das Auge bringt eben die Wirkung hervor.«[57]

In dieser Wechselwirkung zeigt sich für Goethe »das Grundgesetz aller Harmonie der Farben«, wie er es dann in seinem Farbenkreis darstellt. Jeder könne sich davon durch eigene Erfahrung überzeugen, indem er sich mit den Versuchen zu den physiologischen Farben genau bekannt mache.[58] Höher kann man ein »bisher als außerwesentlich, zufällig, als Täuschung und Gebrechen« betrachtetes und »in das Reich der schädlichen Gespenster« verbanntes Phänomen[59] kaum erheben, als Goethe das mit den farbigen Schatten, diesem Aschenputtel der Optik, getan hat.

Gut sechzig Jahre nach dem Erscheinen von Goethes *Farbenlehre* flammt die Kontroverse um die farbigen Schatten erneut auf. Anlass ist eine Gruppe von Malern, die sich Impressionisten nennen und nach allgemeiner Ansicht in ihren Bildern nicht etwa eine Landschaft wiedergeben, sondern die Sinnesempfindungen, die deren Eindruck hervorruft. Dabei scheinen sie untereinander wahre Wettbewerbe auszutragen, wer von ihnen die schönsten, leuchtendsten, fremdartigsten farbigen Schatten auf die Leinwand bringt. Oftmals scheinen ihnen diese sogar wichtiger zu sein als die zumeist banalen Motive ihrer Bilder. So malt etwa Claude Monet, der führende Kopf der Gruppe, mit dem für die Impressionisten typischen, sich vom Gegenstand lösenden Farbauftrag eine ganze Serie von Bildern mit Heuschobern, wie sie sich zu Dutzenden auf den Feldern seines Wohnortes finden. Er malt sie im Raureif des frühen Morgens, in rosarotes Licht getaucht, mit langen, blauviolett gefärbten Schatten im Gegenlicht der tief stehenden Sonne. Er malt sie im Abendlicht eines Spätsommertags, rotviolett gefärbt mit langgestreckten blaugrünen Schatten. Er malt sie in der Abenddämmerung eines Herbsttages, in orangerotem Licht, dieses

Mal ohne Schlagschatten, weil die Sonne bereits untergegangen ist, dafür aber in Korrespondenz zu den Blau- und Grüntönen der umgebenden Landschaft. Oder er malt sie am hellen Morgen mit seitlich einfallendem silbrigem Licht und kurzen blaugrauen Schatten.[60]

Als Monet die Heuschoberserie Anfang der 1890er Jahre in Angriff nimmt, sind farbige Schatten längst eine Konstante in seinem Werk. Schon früh tauchen sie in seinen Bildern auf, etwa lichtblaue Schatten auf einem weißen Kleid mit grünen Streifen in *Frauen im Garten*, einem Bild des Mitte Zwanzigjährigen aus dem Jahr 1866. Bei der Frau im Vordergrund beleuchten die blauen Schattenreflexe sogar ihr Gesicht. Von einem Besucher später danach gefragt, wie er dazu gekommen sei, die Schatten dort farbig zu malen, hat Monet geantwortet, Auguste Renoir, Frédéric Bazille und er hätten einander angestachelt: »Schau doch mal, wie wundervoll das aussieht, dieser Ton hier, jener Ton dort. Du solltest das so malen, das sieht toll aus.« Man musste es einfach malen: Es war toll. Manet, der erzählt bekam, was sie da trieben, habe gesagt: Aber das sei doch verrückt – die würden im Freien malen.[61] Als dann Monets Malerkollege Camille Pissarro 1872 eine Schneelandschaft mit einer Fülle blauer und violett getönter Schatten versieht, zieht er sich den Spott des Kunstkritikers Théodore Duret zu: »Der Winter ist gekommen, der Impressionist malt den Schnee. Er sieht, dass im Sonnenlicht die Schatten auf dem Schnee blau sind. Und ohne Zögern malt er blaue Schatten. Und das Publikum lacht ... Einige Teile der Landschaft sind von Lehm bedeckt, der eine purpurne Tönung annimmt. Der Impressionist malt purpurne Landschaften. Das Publikum wird ungehalten. In der vom grünen Laub reflektierten sommerlichen Sonne nehmen Haut und Kleidung eine violette Tönung an. Der Impressionist malt Menschen in violetten Wäldern. Das Publikum gerät außer sich. Die Kritiker drohen mit den Fäusten und nennen ihn einen gewöhnlichen Schurken.« Der unglückliche Impressionist, so Duret weiter, könne da noch so sehr beteuern, dass er nur das wiedergebe, was er sehe, und der Natur treu bleibe: Das Publikum und die Kritiker hörten ihn nicht. »Für sie gilt nur eines: das, was die Impressionisten auf ihren Bildern zeigen, entspricht nicht dem, was sie auf den Bildern früherer Maler finden.«[62] Und, wie man der Vollständigkeit halber hinzufügen muss, auch nicht dem, was sie aufgrund der Farbkonstanz tatsächlich sehen.

Doch das Publikum und die Kritiker beruhigten sich auch wieder, und Duret musste sich von Pissarro sagen lassen, dass der bis zur Unbekümmertheit reichende Eindruck der Spontaneität der impressionistischen Bilder sich einem hochgradigen Form- und Farbbewusstsein verdankte: »Es ist eine sehr studierte Kunst, die sich auf Beobachtung und eine ganz neue Anschauung stützt«, belehrte er ihn: »Es ist Poesie durch die Harmonie der wahren Farben.«[63] Monets Heuschoberbilder mit ihren Variationen von Farbharmonien erhielten sogar eine Einzelausstellung beim berühmten Kunsthändler Paul Durand-Ruel und im Zuge dessen das uneingeschränkte Lob des späteren französischen Premierministers Georges Clemenceau, der damals noch Herausgeber der Zeitschrift *L'Aurore* war: »Das Auge Monets ist uns allen voraus, es ist besser als das unsere und dient uns als Führer in der Evolution des Sehvermögens.«[64]

»Harmonie der wahren Farben« und »Evolution des Sehvermögens« – es scheint, als seien die impressionistischen Maler angetreten, das auf der Leinwand umzusetzen, was der Weimarer Dichter und Naturforscher über die Farben herausgefunden und gelehrt hatte. Doch der Eindruck täuscht. Wohl hat sich der englische Maler William Turner von Goethes Farbenlehre und seinen Einsichten zur Harmonie und Komplementarität der Farben inspirieren lassen, und Monet und Pissarro haben während ihres Londoner Exils die wilden Gemälde Turners mit ihrem Höchstmaß an Farb- und Helligkeitsabstufungen als Bestätigung dafür empfunden, sich in der eigenen Malerei noch stärker auf die Darstellung von Licht und Farben zu konzentrieren. Aber Goethes Erhebung der farbigen Schatten zum Leitmotiv der gesamten Farbenlehre hat weder bei Turner noch bei den Impressionisten die naheliegende Resonanz gefunden. Man muss wohl feststellen, dass es keinen direkten Einfluss Goethes auf die Impressionisten gibt.

Trotzdem sticht die Geistesverwandtschaft hervor – über den Zeitraum von einhundert Jahren und den Traditionsbruch hinweg, den das 19. Jahrhundert nach Goethes Wahrnehmung bereits in seinen Anfängen darstellte. Die Farben seien »Taten des Lichts, Taten und Leiden«, heißt es im Vorwort der *Farbenlehre*, und es lässt sich kaum ein besserer Schlüssel für die so stille wie bewegte Dramatik finden, die die impressionistischen Maler in ihren Bildern in Szene gesetzt haben, als dieser wohl bekannteste Satz Goethes über die Farben. Doch die Nähe seiner Theorie zur impressionistischen Malpraxis erschöpft sich keineswegs im Allgemeinen – der Lehre von der Harmonie und der Komplementarität der Farben. Sie erstreckt sich bis ins Detail, etwa wenn Monet eine im Wind stehende junge Frau mit Sonnenschirm auf einer bunten Wiese malt und in dem von ihr geworfenen Schatten die Farben aufblühen, als wollte er Goethes Theorie von der Verwandtschaft von Farben und Schatten demonstrieren. Oder wenn derselbe Monet 1879 seine Frau Camille auf dem Totenbett malt und sich dabei ertappt, wie er später Georges Clemenceau gestanden hat, »dem Tode in den Schattierungen des Kolorites« zu folgen, »das er in allmählichen Abstufungen dem Antlitz auflegte«. »Blaue, gelbe, graue Töne, was weiß ich!«[65] Angeregt durch die Lektüre von Goethes Aufsatz über die farbigen Schatten hatte bereits Lichtenberg in seinem Brief von blauen, grünen, gelben und braunen Schatten gesprochen, die ein guter Maler in einem Menschengesicht entdecken könne. Doch es mussten hundert Jahre vergehen, bis ein herausragender Maler in einem Bruch sowohl mit der Tradition als auch mit herrschenden Tabus diese naheliegende Entdeckung tatsächlich auf die Leinwand bannte. *Camille auf dem Totenbett* ist ein radikales Bild. Monet hat es zu Lebzeiten nie ausgestellt.

Ist Goethes Farbenlehre also moderner, als es diejenigen wahrhaben wollen, die sie für eine letztlich theologische, auf mittelalterliche Quellen zurückgreifende Theorie halten? Oder ist die impressionistische Sichtweise der Welt mit ihrer Bevorzugung des reinen Sehens und einer naturgemäßen Darstellung gar nicht so neu gewesen, wie es den Malern um Monet in den Jahrzehnten des ausgehenden 19. Jahrhunderts erschien? Beides ist der Fall. Was die Entwicklung betrifft, die die Naturwissenschaften im 19. Jahrhundert genommen haben, hat Goethe den Prozess, den er in seiner Farbenlehre gegen Newton und die Folgen anstrengt, verloren. Auf dem Feld der Malerei dagegen, durch deren Pforte Goethe das Reich der Farben überhaupt erst betreten hatte, ist er als Sieger hervorgegangen. Zumindest lässt sich sagen, dass wir die visuellen Prinzipien, nach denen die seinerzeit innovativen Maler ihre Bilder konzipiert und organisiert haben, im Lichte von Goethes physiologischen Farben und ihren Gesetzmäßigkeiten sehr gut verstehen können.

*Sechsundzwanzigstes Kapitel, in dem ein Füllhorn
ausgeschüttet wird*

Für die Zeitgenossen war es kaum zu übersehen: Als Naturforscher zeigte Goethe ein Verhalten, das in bemerkenswertem Kontrast zu seiner zunehmenden Inszenierung als Kultur-Repräsentant, gar als Olympier stand – ein Stereotyp, das ihm bis heute anhaftet. Während er auf Empfängen und in der Öffentlichkeit häufig einen verschlossenen Eindruck machte, sich mit gravitätischem Ernst bewegte und Unnahbarkeit vermittelte, strahlte er als Naturforscher weiterhin jene Spontaneität und Unbekümmertheit aus, die er als junger Schriftsteller an den Tag gelegt hatte, und scherte sich wenig darum, was er dabei für einen Eindruck bei seiner Umgebung hinterließ. Es war, als würde der Zwang zur Repräsentation von ihm abfallen, sobald er draußen, in freier Natur seine Betrachtungen anstellen und sich auf Experimente einlassen konnte, und das auch dann, wenn er dabei nicht allein war, sondern, wie es häufig vorkam, mit anderen im Team seinen Forschungen nachging.

Dennoch dürfte kaum jemand – ausgenommen vielleicht sein Diener – Zeuge davon geworden sein, wie Goethe auf eine Anhöhe stieg, oben angekommen sich über eine Erderhöhung nach hinten beugte und dabei die Umgebung betrachtete, als würde er auf dem Kopf stehen. Er meinte, man würde sie dann »in der allerhöchsten Farbenpracht erblicken, wie nur auf dem schönsten Bilde des geübtesten, trefflichsten Malers«. Sei kein Erdhügel in der Nähe, reiche es auch, »niedergebückt durch die Füße« zu schauen, Hauptsache der Himmel sei klar und man übersehe von der Anhöhe »einen weiten Gesichtskreis«. Goethe berichtet davon in seinen Kommentaren zu Jan Evangelista Purkinjes Schrift *Das Sehen in subjektiver Hinsicht*.[1]

Dort liefert er auch Kostproben einer anderen Verhaltensauffälligkeit, von der er sagt, dass sie ihm von Jugend auf leichtgefallen sei: seine Augen in den Zustand des Schielens zu versetzen. Etwa so: »Ich stellte eine Kerze vor mich hin, und die Augen ins Schielen gewendet, sah ich zwei, welche ich, solange mir beliebte, auseinander halten konnte. Nun aber nahm ich zwei Kerzen und sah daher, sie anschielend, vier. Diese konnte ich jedoch nicht auseinander halten, denn die zwei mittlern bewegten sich gegeneinander und deckten sich gar bald, so daß ich nunmehr drei sah, deren Beschauung ich nach Belieben verlängern konnte.«[2] Goethe setzte diese Kunstfertigkeit ein, um herauszufinden, was es mit dem damals viel bestaunten, rätselhaften Phänomen auf sich hatte, »daß gewisse Blumen im Sommer bei Abendzeit gleichsam blitzen, phosphoreszieren oder ein augenblickliches Licht ausströmen«. Elisabeth von Linné, eine Tochter des berühmten Botanikers, hatte beobachtet, dass die orangerote Kapuzinerkresse in der Dämmerung kleine Blitze auszusenden schien, und darüber bereits 1762 einen Aufsatz verfasst, in dem sie dafür botanische und nicht optische Gründe anführte. Als Goethe eine vergleichbare Erscheinung an einer ebenfalls rot blühenden Mohnpflanze beobachtet, stellt er sich zusammen mit seinem Begleiter Johann Heinrich Meyer vor die Pflanze hin, beobachtet sie aufmerksam, doch nichts passiert. Erst als sie auf- und abgehen und dabei die Blume aus einem seitlichen Blickwinkel betrachten, stellt sich die Erscheinung wieder ein. Für Goethe ist das auch ein Test, inwieweit sein physiologischer Ansatz Farbphänomene erklären kann, für die man bislang äußere Ursachen vermutete. Und er besteht ihn – unter Zuhilfenahme kontrollierten Schielens: »Wenn man eine Blume gerad ansieht, so kommt die Erscheinung nicht hervor ... Schielt man aber mit dem Augenwinkel hin, so entsteht eine momentane Doppelerscheinung, bei welcher das Scheinbild gleich neben und an dem wahren Bilde erblickt wird.«[3]

Auch von den Impressionisten ist bekannt, dass sie ihre Bilder zuweilen mit halb geschlossenen Augen oder unter Zuhilfenahme kontrollierten Schielens gemalt haben: Auf diese Weise gelang es ihnen, die Farben von ihrer Umgebung zu isolieren und so den unerwünschten Mechanismus der Farbkonstanz auszuschalten. Wer die Augen zusammenkneift, sieht mit einiger Übung nicht mehr wirkliche Körper mit einer bestimmten Farbe und an der Stelle in der Welt, an die sie hinzugehören scheinen; er sieht nur mehr farbige Flecken, die auf unbestimmte Weise auf einer fiktiven Ebene platziert sind.

Selbst mit seiner Art der Fortbewegung scheint Goethe experimentiert zu haben, auf der Suche nach einem möglichst natürlichen Verhalten. Böttiger etwa will ihn dabei beobachtet haben, wie er beim Spaziergehen selbstvergessen mit den Armen ruderte. Darauf angesprochen, erklärte er, dass diese Art zu gehen an die der Tiere erinnere und mithin naturgemäßer sei. Nie um alles in der Welt würde er sich etwa unterstehen, einen Stock als Gehhilfe zu nehmen.

Der Weimarer Gymnasialdirektor berichtet davon in einer hingeworfenen Notiz, die später Eingang in die von seinem Sohn aus dem Nachlass herausgegebene Textsammlung *Literarische Zustände und Zeitgenossen* gefunden hat. In dieser »physiologischen Bemerkung«, wie er sie nennt, hat Böttiger auch einige der Ideen, die damals im Kreis um Goethe kursierten, festgehalten: Bei besagtem »überzwerg Schleudern der Hände« während des Gehens handle es sich um eine »Nachahmung des 4füssigen, überek schreitenden Thiers«, schreibt er und ergänzt: »Daher auch diese Spur der Thierheit in der feinen Welt für unanständig gehalten wird.« (Bemerkenswert: Für einen scharfen Beobachter wie Böttiger scheint Goethe sich mit seinem »naturgemäßen« Verhalten außerhalb dieser feinen Welt zu stellen.) »Gewisse Configurationen im menschlichen Körperbau«, so Böttiger weiter, würden »noch die letzte Spur der veredelten Thierheit ... sehr deutlich an sich« tragen. Das funktionslose Steißbein zählt er etwa dazu, das schon damals als Rudiment betrachtet wurde, aber auch die Milz, die lange Zeit als Sitz der schlechten Laune im Körper galt; erkrankte sie, kam es zu Hypochondrie. »Zu was nutzen die papillae an der Brust des Mannes«, fragt er schließlich. Und gibt die Antwort gleich selbst: Beim Mann seien »noch die Spuren der Brüste« vorhanden, die sich beim Homo Lar auf zwei reduziert hätten. Der Homo Lar, das war laut Linné neben dem Homo sapiens und dem Homo troglodytes, dem Orang-Utan, eine dritte den Affen ähnelnde Menschenart (eigentlich ein Gibbon), die schon bald in der Versenkung biologischer Irrtümer verschwinden sollte. Böttigers Schlussfolgerung: Man müsse annehmen, es gebe gleichsam einen »allgemeinen Typus in der Natur für die menschliche Organisation«. Die Natur habe gewiss »Generalformen, die sich auch da abdrücken, wo sie kein unmittelbares Bedürfnis erfüllen«.[4]

Rudimente scheinen schon damals ein beliebtes Konversationsthema gewesen zu sein. Heute werden der Blinddarm, neben der Milz ein weiteres lymphatisches Organ, die Weisheitszähne oder die menschliche Körperbehaarung dazu gezählt und als Belege für die Evolution angeführt. Davon hatte man Ende des 18. Jahrhunderts allenfalls sehr vage Vorstellungen, jedoch keinesfalls solche, die der Artentransformation durch natürliche Auslese, wie sie Darwin dann einige Jahrzehnte später beschreibt, bereits nahegekommen wären. Gleichwohl ließ sich an tatsächlich (Steißbein) oder vermeintlich (Milz) funktionslosen Körperteilen sinnfällig die Verwandtschaft des Menschen mit den anderen Säugetieren demonstrieren – eine Ansicht, die außerhalb der Wissenschaft noch weitgehend ein Skandalon war und schon deshalb ihren Reiz besaß.

∽

Auch wenn sie im Tonfall demonstrativer Beiläufigkeit daherkommen, führen Böttigers schnoddrige Bemerkungen ins Zentrum dessen, was den Naturforscher Goethe in diesen Jahren neben der Farbenlehre umtreibt. Und Böttiger verwendet sogar den zentralen Begriff, an dem Goethe diese Zusammenhänge entwickelt: Typus. In gut 150 Jahren Goethe-Forschung sind zu diesem Begriff zahlreiche und auch die erstaunlichsten Spekulationen angestellt worden – von Ernst Haeckel über Rudolf Steiner bis jüngst zu poststrukturalistischen Theorieansätzen.[5] Dabei wird dann in der Regel der Kontext ausgeblendet, in dem Goethe diesen Begriff in seine Naturforschung einführte, und zudem übersehen, dass es sich ausdrücklich um einen Vorschlag handelt, mit dem Ziel, eine verfahrene wissenschaftliche Situation aufzulösen und bislang unergiebige, da zeitaufwendige Verfahrensweisen zu vereinfachen. Gegenüber dem Arzt David Johann Veit hat Goethe 1795 den zeitgenössischen Wissensstand in der vergleichenden Anatomie als »ein Chaos von Kenntnissen« charakterisiert: »Und keiner ordnet es«, so sein Eindruck, »die Masse liegt da, und man schüttet zu, aber ich möchte es gerne machen, daß man wie mit einem Griff hineingriffe und alles klar würde«. Aber es sei nun mal nicht sein Fach, er betreibe es »aus Leidenschaft«. Er wolle gerne zeigen, »daß alles auch hier einfach ist, wie in den Pflanzen, daß aus Knochen alles deduziert werden kann«, aber noch sehe er das Ende nicht.[6]

Über einen aufzustellenden Typus zu Erleichterung der vergleichenden Anatomie ist der zweite Absatz einer auf Januar 1795 datierten kleinen Schrift überschrieben, in der Goethe zum ersten Mal ausführlich auf den Begriff des Typus zu sprechen kommt. Und es geht gleich zur Sache: »Die Ähnlichkeit der Tiere unter einander und mit dem Menschen ist in die Augen fallend und im Allgemeinen anerkannt, im Besondern schwer zu bemerken, im Einzelnen nicht immer sogleich darzutun, öfters verkannt und manchmal geleugnet.«[7] Auch wenn Goethe im Folgenden diesen Ansatzpunkt seiner Überlegungen zuweilen aus den Augen verliert, ist es wichtig, ihn festzuhalten: Der Begriff des Typus wird von ihm als ein Erkenntnisverfahren eingeführt mit dem Ziel, die Ähnlichkeit von Tieren und Mensch zu belegen und die Leugner dieser Ähnlichkeit zu widerlegen. Es fehle an einer »Norm«, schreibt er, an der man die unterschiedlichen Beobachtungen und Ansichten prüfen, »an einer Folge von Grundsätzen, zu denen man sich bekennen müßte«. Deshalb geschehe hier »ein Vorschlag zu einem anatomischen Typus, zu einem allgemeinen Bilde, worin die Gestalten sämtlicher Tiere, der Möglichkeit nach, enthalten wären«. Wie schon bei der Urpflanze geht es Goethe also auch beim Typus um ein Modell, das ein Verständnis der formgebenden Kräfte und ihre Zurückführung auf etwas Einfaches, Gemeinsames leisten soll. Völlig konsequent heißt es deshalb gleich in einem der nächsten Sätze: »Schon aus der allgemeinen Idee eines Typus folgt, daß kein einzelnes Tier als ein solcher Vergleichungskanon aufgestellt werden könne; kein Einzelnes kann Muster des Ganzen sein.«[8] Die negativen Erfahrungen, die Goethe bei seiner anfänglichen Suche nach einer realen Urpflanze gemacht hat, sind in den Typusbegriff bereits mit eingeflossen: Von Anfang an sucht er nicht nach einem realen Urtier, einem Stammvater, einem Ursprung oder wie auch immer man einen zeitlichen Anfang benennen mag, sondern nach einem allgemeinen Bild, einer Art Blaupause, die es erlaubt, die Gestalten sämtlicher Tiere samt des Menschen zu entwickeln, womöglich auch noch die gar nicht existierenden. Hätte der liebe Gott und nicht die Natur die Lebewesen erschaffen, so hätte auch er sich an den Werkzeugkasten halten müssen, nach dem Goethe nun unter dem Leitbegriff des Typus sucht.

Selbst der Mensch, so Goethes Einsicht, tauge als dieser Typus nicht; denn das hieße ihn zum Maßstab der Tiere zu machen, demgegenüber sie stets als abgeleitet und nicht so vollkommen wie der Mensch erschienen. Das sind sie aber gerade nicht. Jedes Geschöpf, schreibt Goethe, Bestimmungen Kants aufnehmend, sei »Zweck seiner selbst«, »und weil alle seine Teile in der unmittelbarsten Wechselwirkung stehen, ... als physiologisch vollkommen anzusehen«.[9] Selbst dort, wo Goethe daran festhält, dass der Mensch das vollkommenste Wesen ist, das sich unter Verwendung des in allen Tieren wirksamen Bauplans entwickeln lässt, ist doch auch er nur eine Variation dessen, was der Natur grundsätzlich möglich ist. Und diese Möglichkeiten sind weder beliebig noch unerschöpflich, sondern durch bestimmte Prinzipien begrenzt, deren Erkenntnis Teil des Forschungsprogramms ist, das Goethe unter dem Leitbegriff des »Typus« aufsetzt.

Der Begriff des Typus ist so auch eine Antwort auf das Streitgespräch, das Goethe vor einigen Monaten mit Schiller geführt hat, als er vor seinen Augen eine symbolische Pflanze auf einem Blatt skizzierte und sie nicht übereinkamen, ob es sich dabei um eine Erfahrung oder eine Idee handle. Wenn Schiller »das für eine Idee hielt, was ich als Erfahrung aussprach«, so wird Goethe später ihre freundschaftsbildende Kontroverse an besagtem Julisonntag des Jahres 1794 kommentieren, »so musste doch zwischen beiden etwas Vermittelndes, Bezügliches obwalten.«[10] Genau als dieses Vermittelnde, Bezügliche ist die nun formulierte Idee des Typus gedacht, wie aus der Schrift vom Januar 1795 hervorgeht: »Die Erfahrung muß uns vorerst die Teile lehren, die allen Tieren gemein sind, und worin diese Teile verschieden sind«, heißt es dort. Und Goethe fährt fort: »Die Idee muß über dem Ganzen walten und auf eine genetische Weise das allgemeine Bild abziehen.«[11] Es ist das leicht zu überlesende Adjektiv »genetisch«, auf das es hier einmal mehr ankommt. Goethe will das Verhältnis von Idee und Erfahrung, Bauplan und Gestalt, Typus und Individuum genetisch begründen. Nichts in der Anatomie machte Sinn für ihn außer im Licht der genetischen Betrachtung. Worum es ihm dabei letztendlich ging, hat kein anderer so prägnant formuliert wie Schiller, als er ihm im Anschluss an ihre kleine Auseinandersetzung schrieb: »Lange schon habe ich, obgleich aus ziemlicher Ferne, dem Gang Ihres Geistes zugesehen, und den Weg, den Sie Sich vorgezeichnet haben, mit immer erneuerter Bewunderung bemerkt. Sie suchen das Notwendige der Natur, aber Sie suchen es auf dem schwersten Wege, vor welchem jede schwächere Kraft sich wohl hüten wird. Sie nehmen die ganze Natur zusammen, um über das Einzelne Licht zu bekommen, in der Allheit ihrer Erscheinungsarten suchen Sie den Erklärungsgrund für das Individuum auf. Von der einfachen Organisation steigen Sie, Schritt vor Schritt, zu der mehr verwickelten hinauf, um endlich die verwickeltste von allen, den Menschen, genetisch aus den Materialien des ganzen Naturgebäudes zu erbauen. Dadurch, daß Sie ihn der Natur gleichsam nacherschaffen, suchen Sie in seine verborgene Technik einzudringen.« Schiller nennt das »eine wahrhaft heldenmäßige Idee«,[12] was Goethe ungemein geschmeichelt hat, wenn er sich selbst auch eher als eine Art Antihelden betrachtete. Aber endlich hatte einer, den er intellektuell ernst nehmen konnte, verstanden, was er eigentlich mit seinen Forschungen, angefangen von Mineralogie und Erdbildung über den Zwischenkieferknochen und die Anatomie, die Metamorphose der Pflanzen, die Farben bis zur jetzt in Angriff genommenen Metamorphose der Tiere, bezweckte. Und so begann die in vieler Hinsicht erstaunliche Freundschaft zweier letztlich sehr verschiedener Menschen.

Trotzdem wäre es zu dem im Januar 1795 diktierten *Ersten Entwurf einer allgemeinen Einleitung in die vergleichende Anatomie, ausgehend von der Osteologie*, so der umständliche Titel der Schrift, und auch zu der dort ausgeführten Darstellung des Typusbegriffs wohl nicht gekommen, hätten nicht noch zwei weitere, wesentlich jüngere Intellektuelle Goethe davon überzeugen können, das aufzuschreiben, was er damals so leidenschaftlich wie überzeugend vortrug und ihm »in Geist, Sinn und Gedächtnis so lebendig vorschwebte«.¹³ Diese beiden waren die Brüder Wilhelm und Alexander von Humboldt, die zu dieser Zeit gerade gemeinsam in Jena weilten. Und glücklicherweise fand sich in der Person des Jenaer Medizinstudenten Max Jacobi, des Sohnes von Friedrich Heinrich Jacobi, zudem ein noch jüngerer, so williger wie beschlagener Geist, dem Goethe in den frühen Morgenstunden seine Gedanken zu Mensch, Tier und Typus diktieren konnte. Frühmorgens trat der junge Jacobi zu einer ersten Sitzung an sein Bett, bevor Goethe dann zur Jenaer Universität eilte, um dort gemeinsam mit den Humboldts sowie dem Kunstfreund Meyer einer Vorlesung des Anatomen Loder über Bänderlehre beizuwohnen.

Jena wird in diesen Jahren neben Weimar mehr und mehr zu einem zweiten Wirkungsort Goethes, wo er sich zuweilen auch mehrere Wochen am Stück aufhält, einerseits um der »Familiengruppe« zu entkommen, andererseits um seine naturwissenschaftlichen Studien voranzutreiben. In Jena findet er neben der dafür förderlichen Konzentration auch die notwendigen Einrichtungen wie eine bedeutende anatomische Sammlung, ein chemisches Laboratorium und den Botanischen Garten. An der dortigen Universität lehrten und forschten Professoren wie der Anatom Loder, der Chemiker Johann Friedrich August Göttling sowie sein Nachfolger Johann Wolfgang Döbereiner, der Physiker Thomas Johann Seebeck, einer der wenigen Naturforscher von Rang, die Goethes Farbenlehre positiv gegenüberstanden, und neben Johann Gottlieb Fichte, dem Erfinder des »absoluten Ich« und der »intellektuellen Anschauung«, auch Friedrich Wilhelm Joseph Schelling, dessen persönliche Bekanntschaft Goethe 1798 bei Schiller macht und mit dem er sich eine Zeitlang über Naturphilosophie und Polaritätsdenken austauscht. »Die Universität Jena stand auf dem Gipfel ihres Flors«, notiert Goethe in den *Tag- und Jahresheften* unter dem Jahr 1797.¹⁴ Das lässt sie auch für viele auswärtige Gelehrte und Forscher zum Anziehungspunkt werden, und so ist Jena auch ein guter Ort, um Bekanntschaft mit interessanten Wissenschaftlern zu knüpfen und gemeinsame Forschungsprojekte aufzusetzen. Die Zusammenkunft mit den Brüdern Humboldt ist nur der Auftakt einer ganzen Reihe von Begegnungen in Jena, die in den folgenden Jahren für Goethes Naturforschung wichtig werden, etwa um 1800 mit dem Physiker Johann Wilhelm Ritter, mit dem er Versuche über Galvanismus und Farbentstehung unternimmt, oder später mit dem Chemiker Johann Wolfgang Döbereiner. Zusammengenommen annähernd fünf Jahre seines Lebens wird Goethe schließlich in der nur zwanzig Kilometer entfernten Nachbarstadt von Weimar zugebracht haben. Er hat die beiden kleinen Zentren, das eine mit wissenschaftlicher, das andere stärker mit kultureller und politischer Ausrichtung, stets als zusammengehörig betrachtet: Sie ergänzten einander und bildeten erst gemeinsam das geistige Biotop für Goethes Naturforschung in seiner zweiten Lebenshälfte. Und während das einst jugendliche Weimar langsam, aber sicher alterte – 1800 war Goethe selbst Anfang fünfzig, Charlotte von Stein Ende fünfzig, Anna Amalia mit sechzig Jahren nach damaligen Maßstäben eine alte Frau und selbst ihr Sohn Carl August bereits über vierzig –, war Jena schon wegen der Studenten, aber auch durch den Kreis der Romantiker, die fast alle noch unter dreißig waren, eine junge Stadt.

Mit Wilhelm, dem späteren Sprachwissenschaftler und Bildungsreformer, hat Goethe, wenn auch flüchtig, zuerst den älteren der beiden Humboldt-Brüder kennengelernt. Der Altersunterschied ist nicht zu übersehen gewesen; er beträgt achtzehn Jahre, zwanzig sogar zwischen Goethe und Alexander von Humboldt. Auch Schiller ist um einiges jünger als Goethe, immerhin zehn Jahre. Goethe umgibt sich in dieser Phase seines Lebens mit lauter jüngeren Männern, während die Ideengeber und Widerparte von einst wie Herder, Jacobi und Merck zur Zeit ihres intensiven Einflusses ihm allesamt einige Jahre voraus waren. Merck hat bereits 1791 in einer depressiven Phase seinem Leben ein Ende gesetzt. Und die Beziehung zu den beiden anderen ist merklich abgekühlt, hat nichts mehr von ihrer vormaligen Frische und intellektuellen Explosivität. Das hat neben Abnutzung auch damit zu tun, dass Goethe ihnen enteilt ist, was die Vielfalt seiner naturwissenschaftlichen Interessen und die zunehmende Komplexität seiner Forschungen betrifft. Das gilt auch für Herder und für Jacobi sowieso. Als Goethe nach der Teilnahme an der unseligen Campagne in Frankreich Jacobi und seinen Kreis in Pempelfort aufsucht, muss er feststellen, dass man dort »von der schon ein Jahr gedruckten Metamorphose der Pflanzen ... wenig Kenntnis genommen«, und »die starre Vorstellungsart: nichts könne werden, als was schon sei, sich aller Geister bemächtigt« hatte. Hier ist jegliche Bemühung um Aufklärung vergebens: »In Gefolg dessen mußt' ich denn auch wieder hören: daß alles Lebendige aus dem Ei komme, worauf ich denn mit bitterm Scherze die alte Frage hervorhob: ob denn die Henne oder das Ei zuerst gewesen? Die Einschachtelungs-Lehre schien so plausibel und die Natur mit Bonnet zu kontemplieren höchst erbaulich.«[15]

Goethe hat lange gebraucht, um nach der Rückkehr aus dem zweijährigen Urlaub, den er sich in Italien vom Leben genommen hatte, in Weimar wieder Fuß zu fassen und dort eine neue Rolle für sich zu finden. Hinzu kam der Schock der Französischen Revolution, die mehr war als ein fernes Donnergrollen. Sie hatte zur Teilnahme an zwei Feldzügen kurz hintereinander geführt, die ihn nicht nur in politischer Hinsicht in seinem Realismus bestärkt haben; als »Stockrealiste« bezeichnet er sich einmal gegenüber Schiller.[16] Wohl hat er die vergangenen fünf Jahre gut genutzt, um die Lösungsansätze, die er aus Italien mitgebracht hat, weiter auszuarbeiten und zu systematisieren. Der ganz große Aufbruch, den er sich gewünscht hat, ist es aber nicht geworden. Goethe, das hat schon die Begegnung mit Schiller gezeigt, ist in dieser Situation empfänglich für Anregungen, die ihm neue Denkstile und Ideen erschließen. Und da kommt der jüngere Humboldt gerade recht.

Der ältere Humboldt ist ein Freund Schillers. Die beiden haben über ihre Frauen, Charlotte Lengenfeld und Caroline von Dacheröden, zueinander gefunden. Die beiden jungen Damen waren schon gute Freundinnen, bevor sie ihre Männer kennenlernten. Wilhelm, der den kaum angetretenen preußischen Staatsdienst bereits wieder quittiert und sich stattdessen für ein stellungsloses Gelehrtenleben entschieden hat, ist im Frühjahr 1794 mit seiner Familie nach Jena übersiedelt, nicht zuletzt, um den intellektuellen Austausch mit Schiller nicht nur auf Briefe beschränken zu müssen. Es scheint nur noch eine Frage der Zeit zu sein, bis auch Alexander aufkreuzt, der gerade dabei ist, sich in Deutschland einen Namen als so ehrgeiziger wie experimentierfreudiger Naturforscher zu machen. Brieflich steht Schiller bereits mit ihm in Kontakt. Er sucht nach Autoren für sein ehrgeiziges Projekt einer kulturellen Monatsschrift, die dann zwischen 1795 und 1797 unter dem Titel *Die Horen* erscheint und maßgeblich zur Weimarer Klassiklegende beiträgt. Neben Goethe, Fichte und natürlich Wilhelm von Humboldt hat er auch Alexander als einzigen Naturwissenschaftler zur Mitarbeit eingeladen und sich über seine Zusage gefreut, die dieser mit einer Kritik an den »elenden Registratoren der Natur« und der Ankündigung verbunden hat, die Naturkunde wieder zu einem »Object des Nachdenkens speculativer Menschen« zu machen.[17] Alexander von Humboldt verstand sich ausgezeichnet darauf, Menschen, von denen er annahm, dass sie ihn in seinen weitreichenden Ambitionen weiterbringen könnten, das zu sagen und zu schreiben, von dem er meinte, dass sie es gerne hörten oder lasen. »Von Humboldts Bruder, der preußischer Oberbergmeister ist, haben wir über Philosophie des Naturreichs sehr gute Aufsätze zu erwarten«, berichtet Schiller jedenfalls seinem Freund Körner. »Er ist jetzt in Deutschland gewiss der Vorzüglichste in diesem Fache und übertrifft an Kopf vielleicht noch seinen Bruder, der gewiss sehr vorzüglich ist.«[18]

Noch vorzüglicher als vorzüglich also: Auch Goethe ist schon gespannt auf den jungen Mann, dem ein Ruf wie Donnerhall vorauseilt. Am 14. Dezember 1794 ist es dann soweit: Alexander kommt nach Jena, und sein Bruder schickt per Boten eine Depesche nach Weimar: »Da mein Bruder aus Bayreuth so eben angekommen ist, so folge ich Ihrer gütigen Erlaubnis, Ihnen davon Nachricht zu geben. Ihr Wunsch, ihn zu sehen, ist ihm unendlich schmeichelhaft gewesen, und er bittet sie recht sehr ihm die Freude zu verschaffen, Sie hier zu sehen. Schiller, meine Frau und ich vereinen unsere innigsten Bitten mit ihm, und lassen Sie uns hoffen, dass sie nicht vergeblich sein werden. Er bleibt bis Freitag Abend hier.«[19] So förmlich ging man damals miteinander um. Alexander hat seinen Besuch nur auf wenige Tage geplant, führt berufliche Gründe ins Feld, in Wahrheit will er aber die Weihnachtstage mit seinem Freund Reinhard von Haeften, einem jungen Leutnant der Infanterie, verbringen. Der jüngere Humboldt war homosexuell, zumindest homophil. Darüber redete man nicht, aber die meisten wussten es.

»Göthe hat Wort gehalten. Er kam um meinethalben herüber. Er war unendlich freundlich gegen mich« und sei ihm eigentlich »der liebste« hier, schreibt Alexander dem »guten innigst geliebten Reinhard«.[20] Am 17. Dezember 1794 sitzen die Vier zum ersten Mal zusammen, und das Gespräch kreist sofort um Naturforschung. »Alexander von Humboldt ... nötigte uns ins Allgemeine der Naturwissenschaft«, erinnert sich Goethe.[21]

Schiller hat später von Alexanders »Maul« gesprochen und das auch so gemeint. Im Vergleich mit seinem Bruder gewinne er meistens und könne »sich geltend machen«.[22] An intellektueller Substanz jedoch fehle es ihm. Goethe hingegen war nicht nur von den rhetorischen Fähigkeiten des jüngeren Humboldt beeindruckt – »unser Welteroberer ist vielleicht der größte Redekünstler«, wird er einmal ironisch bemerken[23] –, sondern ist bis an sein Lebensende nicht müde geworden, seine immensen Kenntnisse, sein lebendiges Wissen und seine Vielseitigkeit zu rühmen. »Wohin man rührt, er ist überall zu Hause und überschüttet uns mit geistigen Schätzen. Er gleicht einem Brunnen mit vielen Röhren, wo man überall nur Gefäße unterzuhalten braucht und wo es uns immer erquicklich und unerschöpflich entgegenströmt«, schwärmt er noch gegenüber Eckermann.[24] In seiner Gegenwart komme es einem vor, statt den wenigen Tagen, die seine Besuche in der Regel dauerten, Jahre verlebt zu haben. Bereits 1797 nennt er ihn gegenüber Carl August ein Füllhorn, »ein wahrhaftes Cornu Copiae der Naturwissenschaften. Sein Umgang ist äußerst interessant und lehrreich. Man könnte in 8 Tagen nicht aus Büchern herauslesen, was er einem in einer Stunde vorträgt.«[25] Goethe ist keineswegs der einzige, der sich von Alexanders Vielseitigkeit beeindruckt zeigt. Er vereinige eine »ganze Akademie in sich«, hat der französische Chemiker Claude Louis Berthollet gesagt.[26]

Neben der Fülle an Kenntnissen, die er sich bereits im jungen Alter erworben hat, faszinierte Goethe an Alexander auch die Dynamik, die er dabei ausstrahlte. Die »Gegenwart des jüngern von Humboldt, die allein hinreichte eine ganze Lebensepoche interessant auszufüllen«, schreibt er an Knebel, bringe »alles in Bewegung was nur chemisch, physisch und physiologisch interessant sein kann«. Es sei unglaublich, »was für ein Treiben die wissenschaftlichen Dinge herumpeitscht und mit welcher Schnelligkeit die jungen Leute das, was sich erwerben läßt, ergreifen«.[27] Alexander von Humboldt erschien Goethe als Prototyp einer neuen Generation junger Forscher, die ihre Befunde auf Exkursionen, mit Messungen und Experimenten erhoben, dabei wenig Rücksicht auf Tradition und ethische Bedenken nahmen, aber große Erfolge vorzuweisen hatten. Goethe muss in Alexander die gleiche existenzielle und intellektuelle Unruhe wiedererkannt haben, die ihn selbst als jungen Mann auf die Straße getrieben hatte. Auch der jüngere Humboldt entsprach dem Typus des Wanderers, nur dass bei Goethe aus dieser existenziellen Konstellation erst Poesie erwachsen war, während sie bei Alexander direkt in experimentelle Naturforschung mündete. Physik konnte eben auch Poesie sein.

Alexander experimentierte fortwährend, bekannte sogar, er könne nicht existieren, ohne zu experimentieren.[28] Und er war ständig in Bewegung. Selbst wenn er sich gerade nicht auf einer seiner zahlreichen Studienreisen und Exkursionen befand, die ihn in die Niederlande, nach England und Frankreich, nach Bayern, Österreich und Polen, in die Alpen, immer wieder ins Rheinland und zuletzt vor der großen Amerikareise nach Spanien führten, war sein Lebensstil doch seit Jahren kaum noch sesshaft zu nennen, Orts- und Quartierwechsel bestimmten sein Alltagsleben. Bei jeder sich bietenden Gelegenheit führte er Experimente durch oder nahm Messungen vor und scheute dabei weder davor zurück, sich mit klobigen und schweren Instrumenten abzuschleppen, noch den eigenen Körper zum Gegenstand von Versuchen zu machen, etwa um zu den Quellen von Reizbarkeit und Schmerzempfindung vorzudringen.

Während Goethe sich also mit Begeisterung für den Vierten im Bunde beinahe überschlägt, begegnet Schiller ihm mit einem Grundmisstrauen und will in Alexanders Überschwänglichkeit vor allem Aufdringlichkeit und »kleine, unruhige Eitelkeit« erkennen. Gut möglich, dass dabei auch eine gehörige Portion Eifersucht mit im Spiel ist. Da taucht einer auf und reißt gleich das Gespräch an sich, indem er die eigenen Experimente und Vorhaben zum Gegenstand der Unterhaltung macht und damit ganz offensichtlich dem in Schillers Augen sowieso schon viel zu naturfrommen Goethe imponiert, den er gerade für sich und seine Ideen von ästhetischer Erziehung zur Kunst gewinnen will. Nicht dass die Thematik dem studierten Mediziner Schiller gänzlich fremd wäre, sie interessiert ihn aber eher in erkenntniskritischer, philosophischer Hinsicht und nicht als konkreter Forschungsgegenstand, der nach einer natürlichen, physikalischen, chemischen oder physiologischen Erklärung verlangt. Humboldts Auffassung, mit der er kaum hinter dem Berg hält, ist: Wer heute etwas über den Ursprung und die Gesetze des Lebens wissen will, muss sich nicht an den Poeten oder Künstler, sondern an den Naturforscher wenden. Schiller hingegen ist die rein wissenschaftliche, auf Beobachtung und Experiment fußende, auf den Erkenntnisgewinn durch Versuch und Irrtum abzielende Annäherung an die Natur, wie sie Alexander von Humboldt mit Passion und einer großen Portion Rücksichtslosigkeit betrieb, zutiefst suspekt. Er könne ihm »keinen Funken eines reinen, objectiven Interesses abmerken«, schreibt er an Körner. »Es ist der nakte, schneidende Verstand der die Natur, die immer unfaßlich und in allen ihren Punkten ehrwürdig und unergründlich ist, schaamlos ausgemessen haben will und mit einer Frechheit, die ich nicht begreife, seine Formeln, die oft nur leere Worte und immer nur enge Begriffe sind, zu ihrem Maaßstabe macht.« Die Natur aber müsse »angeschaut und empfunden werden, in ihren einzelnsten Erscheinungen, wie in ihren höchsten Gesetzen«.[29]

Schiller war zweifellos der Auffassung, mit seiner Fundamentalkritik an einer empirisch ausgerichteten Naturwissenschaft und der Forderung nach einer anderen, auf Empfindung, Anschauung und Einbildungskraft beruhenden Naturerkenntnis ganz im Sinne Goethes zusprechen, von dem er wusste, wie viel Wert er auf den intuitiven Zugang zur Natur, auf Anschauung und Erfahrung legte. In der Tat ist es erstaunlich, wie sehr seine Abkanzelung des jungen Naturforschers eine Position vorwegnimmt, die spätere Generationen von Lesern und Verehrern dann mit dem Dichter Goethe identifizieren. Doch obwohl er Alexanders Forschungsstil aus nächster Nähe erlebte, hat Goethe sich dieser Kritik Schillers an dem kalten Verstandesmenschen Humboldt genauso wenig angeschlossen wie der an seiner angeblichen kleinlichen Eitelkeit.

Kaum sind die zahlreichen Versuchsreihen zum Thema Farben einigermaßen abgeschlossen, lässt er sich von Humboldt vielmehr zu einer großen Zahl weiterer Versuche animieren, die dieses Mal das Wachstum von Pflanzen unter verschiedenen Lichtverhältnissen betreffen. Zu Humboldts ertragreichsten und angesehensten Veröffentlichungen vor seinem Aufbruch nach Südamerika zählt die *Florae Fribergensis specimen*, in der er 258 Arten unter dem Erdboden wachsender Pilze und Flechten erstmals dokumentiert und erforscht. Doch Humboldt hat nicht nur die linnésche Systematik bereichert. In einem verlassenen Stollen legte er auch einen Versuchsgarten an und untersuchte, ob Pflanzen in den dunklen Schächten der Bergwerke überhaupt die charakteristische grüne Farbe annehmen, und wenn ja, was sie dazu veranlassen kann.

Die Photosyntheseforschung steckte damals noch in den Kinderschuhen. Der auch von Herder in seinen *Ideen* erwähnte niederländische Arzt und Botaniker Jan Ingenhousz hatte 1779 in seiner Schrift *Experiments upon Vegetables* gezeigt, dass die von Joseph Priestley entdeckte Fähigkeit der Pflanzen, verbrauchte Luft zu erneuern, durch den Einfluss des Lichtes in Gang gesetzt wird. Priestley hatte in einem berühmten, seinerzeit allen Naturkundigen bekannten Experiment unter einer Glasglocke eine Kerze abbrennen lassen und dann eine Pflanze darunter gestellt. Sie gedieh nicht nur außergewöhnlich prächtig, binnen kurzer Zeit konnte er unter der Glasglocke auch erneut eine Kerze abbrennen lassen. Ingenhousz fand nun heraus, dass diese Wirkung desto schneller vor sich geht, je mehr er die Pflanze dem Einfluss des Sonnenlichts aussetzte, und dass sie ausschließlich ihren grünen Organen, insbesondere den Blättern, zu verdanken war. Zwischen der Sonne und den Blättern schien es zu einem geheimnisvollen Austauschprozess zu kommen, der aus Lichtenergie etwas Chemisches machte. Später hat Ingenhousz seine Beobachtungen dahingehend präzisiert, dass die Pflanze bei Sonnenlicht der Luft Kohlenstoffdioxid entnimmt und dafür atembare Luft, also Sauerstoff »aushaucht«.[30] Humboldt hat zu seiner 1796 erscheinenden Schrift über Ernährung der Pflanzen und Fruchtbarkeit des Bodens ein Vorwort beigesteuert. Darin lobt er Ingenhousz dafür, dass er »den großen Zweck aller Naturforschung, dies Zusammenwirken der Kräfte nie aus den Augen« verliere,[31] und trifft damit in der Tat den Nerv von dessen epochaler Entdeckung: Die Luft, die wir Menschen und auch die anderen Tiere atmen, ist nicht einfach da, sie ist ein Produkt anderer lebender Organismen, der Pflanzen. Die Reiche der Natur mögen durch kaum überbrückbare Klüfte voneinander getrennt sein, wie Goethe 1789 festgestellt hatte, aber sie sind durch Austausch- und Umwandlungsbeziehungen miteinander verbunden, die nicht zufällig und beliebig, sondern im Gegenteil für das Leben essenziell sind.[32]

Alexander von Humboldt ist in seinem unterirdischen Versuchsgarten der Frage nachgegangen, inwiefern Veränderungen der Lichtverhältnisse Auswirkungen auf das Wachstum, die Gestalt und den Stoffwechsel von Pflanzen haben. Dabei meinte er festgestellt zu haben, dass sie auch durch Lampenlicht und Wasserstoffgas zum »Aushauchen« von Sauerstoff bewegt werden können. Sicherlich hat er auch mit Goethe, dessen Metamorphosen-Schrift er gut kannte, darüber gesprochen. Im Sommer 1796 führt Goethe zusammen mit dem Gärtner Dietrich jedenfalls eine Reihe von Versuchen über die Wirkung von Licht beziehungsweise dessen Entzug auf die Keimung und das Wachstum von so unterschiedlichen Pflanzen wie Mangold, Kresse, Kuhnelke, Sonnenblume, Fuchsschwanz oder Hibiskus durch. Anfangs untersucht er den Einfluss von gefärbtem Licht auf die Keimung, dann lässt er ein Gewächshaus gänzlich durch Läden verfinstern. Herder, der vorbeikommt, spottet, ohne Licht würden sich die Keime gar nicht entwickeln, Goethe aber besteht auf der Fortsetzung der Versuche. Er muss feststellen, dass die Pflanzen vergeilen, lediglich schwache Blätter und verlängerte Sprossen austreiben. Ende Juli lässt er die Läden wieder entfernen, woraufhin bis dahin weiße Blätter doch noch grüne Farbe annehmen.[33] Hätte er die Versuche weiter fortgeführt, hätte er beobachten können, dass die Blätter einiger Pflanzen zu primitiven Jugendformen zurückkehren.

Wissenschaftlich war das nicht weiter belangvoll. Aber es ist ein gutes Beispiel für die umfassende Experimentierlust, die Goethe in den zwei Jahrzehnten nach der Rückkunft aus Italien und dem Erscheinen der *Farbenlehre* ergriffen hat. Die anschauende Urteilskraft, die er nach wie vor für die erste und letzte Instanz in allen Fragen der Naturwissenschaft hielt, vertrug sich außerordentlich gut mit einer Herangehensweise an natürliche Phänomene unter experimentellen Gesichtspunkten. Goethe griff in die Natur ein, stellte Hypothesen auf, dachte sich Versuchsanordnungen aus, hielt ein Plädoyer für die »Vermannigfaltigung«[34] statt der Reduzierung von Experimenten – immer in der Absicht, sinnfällige Resultate zu erzielen, die sich mit den eigenen Augen beurteilen lassen.

Nicht in der Überzeugung also, dass zielführende Naturforschung auf Experimente, auf systematische Erfahrung und Beobachtung angewiesen ist, unterschieden sich Goethe und Alexander von Humboldt; wohl aber in dem Ausmaß, in dem dieser Messgeräte wie Barometer, Chronometer, Spiegelsextant, Magnetometer oder Inklinationskompass einsetzte, die natürliche Sachverhalte zu quantifizieren erlaubten. Humboldt war schon als junger Mann berühmt für das Ensemble von Instrumenten, das er auch auf seinen Forschungsreisen mit sich führte. Er legte großen Wert darauf, stets die neuesten und besten Geräte zur Verfügung zu haben, und notierte die Messergebnisse mit großer Akribie. Oft blieben die Leute auf der Straße stehen und starrten ihn verständnislos an, wenn er seine Instrumente aufbaute und seine Messungen vornahm. Dieser Hang zur Quantifizierung blieb nicht nur Schiller, sondern auch Goethe letztlich fremd. Andererseits baute er zusammen mit Humboldt einen Apparat, mit dem sich die Lumineszenz von Phosphor untersuchen ließ.[35] Humboldt ist das beste Beispiel dafür, dass eine Apparatewissenschaft nicht notwendigerweise mit einem Mangel an Gefühl und dem Verzicht auf Anschaulichkeit und Sinnfälligkeit der Befunde einhergehen muss. Er selbst hat sich nach seiner Amerikareise darüber klar ausgesprochen und nicht zufällig Goethe als den Empfänger dieser Mitteilung gewählt. »Die Natur muß gefühlt werden«, schreibt er ihm Anfang des Jahres 1810, »wer nur sieht und abstrahiert, kann ein Menschenalter, im Lebensgedränge der glühenden Tropenwelt, Pflanzen und Tiere zergliedern, er wird die Natur zu beschreiben glauben, ihr selbst aber ewig fremd sein.« Doch als bereue er bereits sein höchst einseitiges Plädoyer für die Unabdingbarkeit des Gefühls in der Wissenschaft, fügt er hinzu: »In der Fähigkeit die Natur zu fühlen liegen Heil und Unheil gepaart. Schweifen die Gefühle *wild* umher, so entstehen *Naturträume*, die Pest dieser letzten Zeiten!«[36] Das war auf die romantische Naturphilosophie und ihre Flucht aus der Empirie in eine Welt der Geister gemünzt. In Sachen Natur ist Gefühl eben keineswegs alles, sondern bedarf stets des Gegengewichts exakter Forschung. Der ständig zu vollziehende Balanceakt, so will Humboldt nahelegen, bestehe darin, wissenschaftliche Rationalität und Einfühlung in die Natur miteinander zu vermitteln, zum Nutzen der Erkenntnis. Und das wiederum traf genau Goethes Ansicht.

Sein Bruder sei gemacht, »Ideen zu verbinden, Ketten von Dingen zu erblicken«, und er besitze die »seltene Schnelligkeit der Kombination«, hat Wilhelm von Humboldt bereits 1793 festgestellt.[37] Alexander war schon in jungen Jahren ein Meister darin, mitreißende Forschungsvorhaben aufzusetzen, die seine Adressaten und wohl auch ihn selbst beeindruckten. Dabei pflegte er den vorgesehenen Titel und zuweilen selbst das Veröffentlichungsdatum häufig gleich mit zu nennen. Seinem ehemaligen Lehrer an der Bergakademie Freiberg, dem berühmten Geognosten Abraham Gottlob Werner, schreibt er etwa, als er ihm einige Fossilien übersendet: »Ich arbeite *ununterbrochen* an einem großen geognostischen Werke, das unter dem Titel *Über die Construction des Erdkörpers im mittleren Europa, besonders über Schichtung und Lagerung der Gebirgsmassen* erscheinen soll ... Ich sammle seit drei Jahren Beobachtungen zu diesem Werke, und es ist nicht Trägheit, sondern der Wunsch etwas nicht Schlechtes zu liefern, wenn das Publikum von dem allen noch nichts sah.«[38]

Das war nicht einmal übertrieben. Bereits als einundzwanzigjähriger Student an der Freiberger Bergakademie hatte Humboldt den Plan gefasst, in einem Buch den Nachweis zu führen, dass das Streichen und Fallen, mit denen der Geologe Schichtung und Lagerung des Gesteins bestimmt, unabhängig von den lokalen Gegebenheiten allgemeingültigen, erdumspannenden Gesetzmäßigkeiten folgt. Seine Hypothese war, dass diese Gleichförmigkeit durch die Erdrotation und jene Anziehungskräfte verursacht worden sei, die auch bei der Planetenbildung wirksam waren. Beobachtungen, die er auf seinen Reisen durch Mitteleuropa in den beiden Folgejahren machte, überzeugten ihn davon, dass das »Gesetz des Loxodromismus«,[39] wie er es nannte, zumindest im europäischen Maßstab Gültigkeit hatte – ob auch darüber hinaus, mussten Expeditionen in ferne Länder erweisen, von denen er sicher war, dass er sie bald unternehmen würde.

Wie Goethe in seinem Tagebuch vermerkt, tauscht er sich mit Alexander von Humboldt »über die Bildung und das Streichen der Gebürge« aus.[40] Die Spekulationen des Jüngeren erinnerten ihn an seinen alten Plan eines Romans über das Weltall, für den er noch in Italien Material gesammelt hatte. Alexanders Beobachtungen und Hypothesen waren so etwas wie das realistische Gegenstück zu seinem unausgeführt gebliebenen Naturepos. Sie erwiesen einmal mehr, »daß alle natürlichen Dinge in einem genauen Zusammenhange stehen«, wie er in der Abhandlung *Über den Granit* formuliert hatte.[41] Alexander hingegen zeigte sich beeindruckt von den visionären Plänen des Älteren. Goethe hatte ihm in seinem Vorhaben, ein neues Bild der Erde, ihrer Gestalt und Geschichte zu entwerfen, vorgearbeitet. Betrachtet man, wie damals üblich, nur einen kleinen Erdstrich, »so scheint alles Unordnung, mehr Ausnahme als Regel«, wird Alexander in einem Text formulieren, der 1799, kurz vor seinem Aufbruch nach Südamerika, entsteht. »Durchreist man ... in wenigen Wochen 100 Meilen lange Erdstriche, so wird das Gesetz deutlich«.[42] Die richtige Erkenntnis war auch eine Frage der Mobilität und der Weiträumigkeit der Beobachtungen.

Goethe, nach wie vor für das Bergwerk in Ilmenau zuständig, ist aufgrund seiner mineralogischen und geologischen Kenntnisse in diesen Dingen ein guter Gesprächspartner. In die Zeit seiner ersten Begegnungen mit Alexander von Humboldt fallen die Ereignisse, die schließlich zur endgültigen Aufgabe des Ilmenauer Bergbaus führen. 1792 konnte endlich die erste Tonne Kupferschiefer gefördert werden. Doch die Aufbereitungsergebnisse waren unbefriedigend. Deshalb ordnete Goethe noch 1795 den Bau neuer Maschinen und Röststätten an. Humboldt hatte eine neuartige Berglampe und eine »Respirationsmaschine« entwickelt, eine Art Gasmaske, um den Bergleuten unter Tage im Gefahrenfall Sauerstoff zuzuführen. Goethe zeigt sich an beiden Erfindungen sehr interessiert. Doch eine Einladung, ihn nach Ilmenau zu begleiten, schlägt Humboldt aus privaten Gründen im Mai 1797 aus.[43] Bereits im Jahr zuvor ist es zum Bruch des Martinsrodaer Stollens und zum Ersaufen des Johannisschachts gekommen. Auch jetzt bemüht man sich nach eingehenden Beratungen noch, die Bruchstelle auszubessern, was sogar gelingt. Aber nun ziehen sich die Investoren zurück: Lieber ein Ende mit Schrecken als ein Schrecken ohne Ende – ökonomisch sicher die einzig richtige Entscheidung. Goethe, über den Misserfolg des Bergbaus, seine erste große Aufgabe als Weimarer Minister, nachhaltig frustriert, vermeidet daraufhin siebzehn Jahre lang jegliche Besuche in Ilmenau.

Ein weiteres, nicht minder hochfliegendes Forschungsprojekt erläutert Humboldt der ganzen Jenaer Runde, die sich in den Dezember- und Januartagen 1794/95 zusammengefunden hat. Dieses Mal geht es nicht um Geologie, sondern um die Goethe nicht weniger interessierende Botanik. »Ich arbeite an einem bisher ungekannten Theile der allgemeinen Weltgeschichte ... Das Buch soll in 20 Jahren unter dem Titel: ›Ideen zu einer zukünftigen Geschichte und Geographie der Pflanzen, oder historische Nachricht von der allmählichen Ausbreitung der Gewächse über den Erdboden und ihren allgemeinen geognostischen Verhältnissen‹ erscheinen.«[44]

Das große botanische Werk, das Humboldt 1794 vor den Augen seiner Zuhörer plastisch entstehen ließ, hat er tatsächlich geschrieben, und zwar unmittelbar im Anschluss an seine Amerikareise; und wenn auch mit zum Teil veränderter Schwerpunktsetzung, so doch immerhin bereits nach zehn statt den veranschlagten zwanzig Jahren. Das Vorhaben musste Goethe schon deshalb interessieren, weil auch er den Einfluss der Umwelt auf die Entwicklung der Pflanzen von Anfang an gesehen hatte, die Frage danach in seinem *Versuch die Metamorphose der Pflanzen zu erklären* aber in den Hintergrund getreten war zugunsten der Darstellung der Gesetzmäßigkeiten der Pflanzenbildung. Goethe war jedoch bewusst, dass das von ihm gefundene Prinzip der Metamorphose ohne Berücksichtigung der Umweltfaktoren unvollständig war. Und was für die Pflanzen galt, galt allemal für die Tiere: »Das Tier wird durch Umstände zu Umständen gebildet«, heißt es in einer berühmt gewordenen Formulierung der Schrift, die Goethe Anfang 1795 im Beisein Alexanders diktiert. Zunächst sei der Typus »in der Rücksicht zu betrachten, wie die verschiedenen elementaren Naturkräfte auf ihn wirken, und wie er den allgemeinen äußeren Gesetzen, bis auf einen gewissen Grad, sich gleichfalls fügen muß«. Von »Anpassung« sprechen wir heute. So werde man »die Wirkung des Klimas, der Berghöhe, der Wärme und Kälte, nebst den Wirkungen des Wassers und der gemeinen Luft, auch zur Bildung der Säugetiere sehr mächtig finden.«[45] Wohlgemerkt, hier ist von Umwelt nicht als einem nachträglichen Faktor die Rede, hier geht es auch nicht um die Modifikation von etwas bereits Konstituiertem, sondern um den Konstitutionsprozess selbst. Der gesuchte Typus war eben nicht statisch, sondern dynamisch, ein »Proteus«, wie Goethe ihn nennt (das Gleiche hat er auch vom Blatt gesagt).[46] Lebewesen werden durch die Wechselwirkung von innerer Natur und äußerer Umstände konstituiert, ohne dass man sagen könnte, was davon »ursprünglicher« oder auch nur wirksamer wäre.[47] Beide Dimensionen soll der Arbeitsbegriff des Typus gleichberechtigt umfassen. Das sind Ideen, die mächtigen Einfluss auf Alexander von Humboldts Ansichten der Natur genommen haben. Nicht ausgeschlossen, dass er an ihnen in den Januartagen des Jahres 1795 sogar mitformuliert hat; jedenfalls war er der erste, der von ihnen Kenntnis nahm.

Mit Bedacht hat Goethe den Anfang 1795 entstehenden Text äußerst vorsichtig einen ersten Entwurf genannt. Schon daraus geht der Stellenwert hervor, den er ihm zumisst: Seine Absicht ist, ein Forschungsvorhaben zu skizzieren, nicht mehr und nicht weniger. Wie die Entwürfe Alexander von Humboldts in diesen Jahren enthält auch Goethes Text keine definitiven, sondern allenfalls provisorische Antworten. Künftige Forschungen sollten zeigen, dass Goethe die Bedeutung des Skelettes für vergleichende zoologische Untersuchungen überschätzte. Aber diesen Irrtum teilte er mit vielen seiner Zeitgenossen, etwa auch mit Carus und Lorenz Oken, die wie er davon ausgingen, dass der Säugetierschädel aus modifizierten Wirbeln zusammengesetzt sei. Andererseits benennt Goethe mit beinahe schlafwandlerischer Sicherheit entscheidende, noch zu klärende Fragestellungen. »Man wird nicht behaupten, einem Stier seien die Hörner gegeben, daß er stoße, sondern man wird untersuchen, wie er Hörner haben könne, um zu stoßen«, heißt es etwa im vierten Abschnitt der

Schrift.⁴⁸ Natürlich kannte Goethe als Leser von Kants *Kritik der Urteilskraft* die Position der kritischen Philosophie zu diesen Zusammenhängen. Aber die Antwort auf die Frage, wie es *genetisch* zur Ausbildung von Hörnern bei Stieren gekommen war und welche anatomischen und physiologischen Gesetzmäßigkeiten dahintersteckten, war im Rahmen der Philosophie allein nicht zu geben. Dazu bedurfte es, wie Goethe sehr wohl wusste, konkreter und unter Umständen langwieriger Forschung.

༄

Diese Vorläufigkeit gilt auch für ein Prinzip, das im ersten Entwurf erläutert und dort sogar ein »Gesetz« genannt wird. Seine Entdeckung ist der eigentliche Geniestreich dieses Textes, von großer Tragweite für Goethes eigene Naturforschung, aber auch für die sich um 1800 als Wissenschaft konstituierende Biologie insgesamt. Der theoretische Biologe Adolf Meyer-Abich hat es als »das bleibende Vermächtnis von Goethes Morphologie an die moderne Biologie« bezeichnet.⁴⁹ Heute spricht man in der Regel vom Kompensationsprinzip. Dabei wäre, von Goethe aus gesehen, Etatprinzip wohl der bessere Begriff.

In Goethes Formulierung besagt dieses Prinzip, »daß keinem Teil etwas zugelegt werden könne, ohne daß einem andern dagegen etwas abgezogen werde, und umgekehrt«. Die Vielfalt der Lebewesen rührt seiner Auffassung nach daher, »daß diesem oder jenem Teil ein Übergewicht über die andern zugestanden ist«. Der lange Hals und die überdimensionierten Beine der Giraffe etwa gehen auf Kosten ihres restlichen Körpers, während der Maulwurf geradezu das umgekehrte Schauspiel bietet. Für Goethe folgt daraus, dass dem Bildungstrieb, wie er mit dem Anthropologen Johann Friedrich Blumenbach das organisierende Prinzip der Lebewesen nennt, nur ein begrenztes Budget zur Verfügung steht. Die »Rubriken seines Etats, in welche sein Aufwand zu verteilen ist«, seien ihm »vorgeschrieben«; allein in dem, worauf er ihn verwendet, sei dieser Trieb »bis auf einen gewissen Grad« frei.⁵⁰ Betreibt er in einer Hinsicht viel Aufwand, etwa bei einem durchspezialisierten Bewegungsapparat, muss er sich in anderer Hinsicht beschränken, etwa bei den Hirnfunktionen. Spezialisierungen gehen stets auf Kosten anderer Organe, die primitiv bleiben oder sich sogar zurückbilden. Genauso wenig lassen sie sich beliebig vermehren. In seinem Gedicht *Aphorismos*, Ende der 1790er Jahre entstanden und unter dem späteren Titel *Metamorphose der Tiere* bekannt geworden, führt Goethe als Beispiel dafür den mit großer Beißkraft ausgestatteten Löwen an, dem nicht zusätzlich zu seinem kräftigen Gebiss auch noch ein Horn auf der Stirn wachsen könnte:

> Siehst du also dem einen Geschöpf besonderen Vorzug
> Irgend gegönnt, so frage nur gleich, wo leidet es etwa
> Mangel anderswo, und suche mit forschendem Geiste,
> Finden wirst du sogleich zu aller Bildung den Schlüssel.
> Denn so hat kein Tier, dem sämtliche Zähne den obern
> Kiefer umzäunen, ein Horn auf seiner Stirne getragen,
> Und daher ist den Löwen gehörnt der ewigen Mutter
> Ganz unmöglich zu bilden, und böte sie alle Gewalt auf:
> Denn sie hat nicht Masse genug, die Reihen der Zähne
> Völlig zu pflanzen und auch Geweih und Hörner zu treiben.[51]

Manche interessante Naturerscheinung werde durch Anwendung des Etatprinzips erklärbar, meint Goethe im *Ersten Entwurf*. Eine davon und in der Tat besonders interessant ist das Geschlechterverhältnis. Goethe fällt wie schon vielen vor ihm auf, dass bei vielen Vögeln und Säugetieren das Männchen mehr in seine äußere Erscheinung investiert als das Weibchen. Etwa bei Enten oder Hirschen ist das unübersehbar der Fall. Seine Erklärung: Beim Weibchen scheint der Aufwand für die Brut oder die Trächtigkeit so groß zu sein, dass »die Bildungskraft ... genötigt ist bei anderen Teilen der Gestalt kärglich zu verfahren«. In diesem Sinne möchte er »die mindere Schönheit des Weibchens erklären: auf die Eierstöcke war soviel zu verwenden, daß äußerer Schein nicht mehr statt finden konnte«. In der späteren Ausführung des hier nur in Grundzügen Dargelegten, so fügt Goethe hinzu, »werden uns viele solche Fälle vorkommen, die wir hier im allgemeinen nicht voraus nehmen dürfen«[52] – die Goethe aber wohl auch nicht »vorausnehmen« konnte. Erst mit den heute zur Verfügung stehenden Mitteln, etwa der Stoffwechselbiologie, lässt sich zeigen, dass der Aufwand, den beide Geschlechter – jedes auf seine Weise – für die Fortpflanzung betreiben, letztlich gleich ist: Die Energie, die ein weiblicher Vogel in das Gelege steckt, entspricht haargenau der, die das männliche Pedant in Prachtkleid und Balzverhalten investiert. Die Gesamtbilanz ist ausgeglichen, und das ist bei der Trächtigkeit der Hirschkühe und der Geweihbildung des Hirsches nicht anders.[53] Auch hier gilt also das Etatprinzip.

Goethe ist auf die »Idee eines haushälterischen Gebens und Nehmens« der Natur bereits bei seinen Studien zur Pflanzenbildung gestoßen: »Die Ausdehnung des einen Teils ist Ursache daß ein andrer Teil aufgehoben wird«, hat er dort notiert. »Zum Grunde dieses Gesetzes liegt die Notwendigkeit an die jedes Geschöpf gebunden ist daß es nicht aus seinem Maße gehen kann. Ein Teil kann also nicht zunehmen ohne daß der andre abnimmt, ein Teil nicht völlig zur Herrschaft gelangen ohne daß der andere völlig aufgehoben wird.«[54] Und als er gegen Ende seines Lebens anlässlich des Pariser Akademiestreits erkennt, dass der berühmte französische Zoologe Étienne Geoffroy Saint-Hilaire eine ganz ähnliche »Hauptwahrheit«,[55] wie Goethe es nennt, konstatiert, begrüßt er diesen Umstand freudig erregt und mit großer Genugtuung.

Die entscheidende Anregung zum Etatprinzip hat Goethe durch die Lektüre eines Aufsatzes des Physiologen Carl Friedrich Kielmeyer, Professor der Naturgeschichte an der Hohen Karlsschule in Stuttgart, erhalten. Kielmeyer war ein heute fast vergessener Vorreiter des Systemdenkens in der Biologie. Wenn er von der »großen Maschine der organischen Welt« sprach, war das nicht so mechanistisch gemeint, wie es klingt. Vielmehr verwendete er bereits die ökologische Metapher des »Netzes«, um die Vielfalt und Wechselseitigkeit des »Systems von Wirkungen« zu beschreiben, als das er das organische Leben begriff.[56] Friedrich Wilhelm Joseph Schelling, der in den nächsten Jahren ein wichtiger Gesprächspartner Goethes in diesen Fragen wird, hat sogar gemeint, mit Kielmeyers *Physik des Lebens* beginne »die Epoche einer ganz neuen Naturgeschichte«.[57] Als Goethe den Naturforscher 1797 während seiner dritten Schweizer Reise in Tübingen trifft, trägt ihm dieser, wie Goethe in seinem Tagebuch notiert, »verschiedene Gedanken vor, wie er Gesetze der organischen Natur an allgemeine physische Gesetze anzuknüpfen geneigt ist, z. B. der Polarität, der wechselseitigen Stimmung und Correlation der Extreme ...«.[58] Kielmeyer war wohl der Überzeugung, dass ein so grundlegendes Phänomen wie das Leben letztlich einer physikalischen und nicht nur einer biologischen Erklärung bedarf.

Der knapp fünfzig Seiten umfassende Aufsatz *Ueber die Verhältniße der organischen Kräfte unter einander in der Reihe der verschiedenen Organisationen, die Geseze und Folgen dieser Verhältniße*, den Goethe 1794 liest, war ursprünglich ein Vortrag. Laut einer Anekdote soll Kielmeyer die schriftliche, zum Druck bestimmte Fassung eines Abends einem seiner Schüler diktiert haben – bestochen mit einer Flasche Burgunder und einer Biskuittorte.[59] Originell ist schon Kielmeyers Ansatz, das Lebensprinzip, nach dem damals alle suchen, in mehrere, insgesamt fünf miteinander in Wechselwirkung stehende Kräfte zu unterteilen, von denen er in seinem Aufsatz drei behandelt: Sensibilität (Empfindungsfähigkeit), Irritabilität (Reizbarkeit) und Reproduktionskraft (Vermehrung). Diese allgemeinen Kräfte, zu denen er noch »Sekretionskraft« und »Propulsionskraft« zählt, seien es, durch die »die Natur das große Resultat, Leben der organischen Welt, größtentheils« zu Wege bringe, und zwar indem sie die Lebewesen, vom Grashalm bis zum Menschen, in unterschiedlichem Ausmaß und Verhältnis präge.[60]

Darauf kam es Kielmeyer vor allem an: Die Verteilung dieser Kräfte auf die Arten und Individuen folgt einer Gesetzmäßigkeit, und diese wiederum wird durch »Compensationen«, wie er wörtlich sagt, bestimmt.[61] Bei der Sensibilität sieht das etwa so aus, dass dort, »wo ein Sinnesorgan verloren geht, und also die Mannigfaltigkeit der Empfindung vermindert wird, nur ein freierer Raum für eines der übrigen gewonnen werde, und da wo eines weniger entwickelt dasteht, das andere desto ausgearbeiteter erscheine«. Als Beispiel führt er »die des Augs und Ohrs größtentheils beraubten Insecten und Würmer« an; sie verfügen dafür über »TastungsMaschinen«, wie er das nennt, »gegen die selbst die menschlichen Hände, die Hände der Affen ... zurückstehen müssen«. Charakteristisch für Kielmeyer ist, dass er das System der Organismen »vom Menschen abwärts«[62] betrachtet und dabei in zunehmendem Maße Einschränkungen, ein Abnehmen der Freiheitsgrade und der Vielfalt, konstatiert. Trotzdem ist jede Art auf ihre Weise »als physiologisch vollkommen anzusehen«, wie Goethe sagen wird:[63] Sie hat genau das, was ihr zu überleben erlaubt. Mit Evolution hat das nichts zu tun, vielmehr mit einer Vergleichbarkeit der Lebewesen vor dem Hintergrund eines weiten Möglichkeitsraums, dem Goethe bereits bei Camper begegnet war. Was der niederländische Anatom mit Zirkel und Lineal demonstrierte, zeigte Kielmeyer, indem er sein Kompensationsgesetz anwendete.

Ähnliche Kompensationsmechanismen stellte Kielmeyer bei der Reizbarkeit und der Reproduktionskraft der Lebewesen fest. Während die schiere Menge der hervorgebrachten Individuen vom Menschen abwärts zunehme, nehme ihre Differenziertheit, insbesondere die Ausprägung der Geschlechtsmerkmale, hingegen ab. Kielmeyer hat bereits die heute geläufige biologische Unterscheidung zwischen zwei Extremformen der Vermehrung vorweggenommen: die »Reproduktionsraten-« oder »r-Strategie« (Nachkommen im Überfluss, Hunderttausende für einen Überlebenden) und die »Kapazitätsgrenzen-« oder »K-Strategie« (nur wenige Junge, aber hohe Investitionen in jeden Einzelnen). Aber auch im Verhältnis der Kräfte untereinander scheinen dieselben Gesetze zu herrschen: Je größer die quantitative Reproduktionskraft, »desto eher ist Empfindungsfähigkeit ausgeschlossen, und desto eher weicht selbst Irritabilität«. Daraus schließt Kielmeyer auf ein allgemeines Prinzip der lebendigen Natur: Die Sensibilität wird in der Reihe der Organisationen von Menschen bis hinunter zum Grashalm zunehmend durch Reizbarkeit und Reproduktionskraft verdrängt, bis schließlich auch die Irritabilität verschwindet: »Je mehr die eine erhöht ist, desto weniger ist es die andere ..., je mehr eine dieser Kräfte auf einer Seite ausgebildet worden, desto mehr wurde sie auf der andern Seite vernachlässigt«. Mit dem Verschwinden der einen Kraft tritt die andere hervor. Kielmeyer geht soweit, hier ein Kausalverhältnis anzunehmen, wonach »das Verschwinden der einen als die Ursache des Hervortretens der andern Kraft« betrachtet werden könne.[64] Sein damals viel gelesener Aufsatz schließt mit der Andeutung eines Prinzips, das später unter dem Namen der »Biogenetischen Grundregel« berühmt geworden ist. Danach wiederholt die Entwicklung des Individuums die vor ihm liegenden phylogenetischen Formen.

Warum war Goethe die Idee eines Naturetats so wichtig? Weil sie, so sein erster Gedanke, teleologische Erklärungen überflüssig macht. Die Vielfalt der Lebewesen lässt sich dann erklären, ohne auf ein äußeres Prinzip zurückzugreifen. Und das führt direkt zum zweiten Gedanken: An die Stelle der aufgegebenen teleologischen Deutungen tritt ein inneres Ordnungsprinzip, das die Dynamik des Bildungstriebs steuert. Statt Fremdsteuerung von außen erlaubt es den Lebewesen Selbststeuerung von innen. Nach Goethes Verständnis zieht das Etatprinzip um den Bildungstrieb einen Kreis, den dieser weder zu durchbrechen noch zu überspringen vermag. Und doch wird das Leben dadurch nicht zum Gefangenen, sondern gewinnt sogar an Freiheit. Es ist eine Art natürliche Selbstkontrolle, die dem einzelnen Lebewesen in einem gewissen Grade Unabhängigkeit verschafft.

An die Seite der äußeren Wechselwirkung des Organismus mit seiner Umwelt tritt also eine innere: Alle seine Teile, so Goethe, hätten »ein Verhältnis gegen einander« und stünden »in der unmittelbarsten Wechselwirkung«.[65] Seit Darwin haben wir uns angewöhnt, die Entwicklung von Organismen als Anpassung an ihren Lebensraum zu denken, die ihnen das Überleben ermöglicht. Der am besten Angepasste ist auch der Fitteste. Aus Goethes Sicht ist das eine Verengung: Nicht alles, was wir in der Natur vorfinden, ist Anpassung, und Anpassung ist keineswegs alles. Lebewesen sind abgeschlossene, zur Umwelt hin offene, aber doch von ihr losgelöste Gebilde.[66] Goethe spricht davon, dass die Lebenstätigkeit eine »Hülle« verlange, »die gegen das äußere rohe Element, es sei Wasser oder Luft oder Licht, sie schütze, ihr zartes Wesen bewahre, damit sie das, was ihrem Innern spezifisch obliegt, vollbringe«. Diese Hülle möge »als Rinde, Haut oder Schale erscheinen, alles was zum Leben hervortreten, alles was lebendig wirken soll, muß eingehüllt sein«.[67] Wenn Goethe sich »das abgeschlossene Tier als eine kleine Welt« denkt, »die um ihrer selbst willen und durch sich selbst da ist«,[68] überbewertet er nach unserem heutigen Verständnis dieses Innengekehrtsein vielleicht, aber wir können trotzdem verstehen, worum es ihm ging. Denn mit wachsender innerer Komplexität lösen sich die Organismen immer stärker von den äußeren Lebensbedingungen. Über die größten Spielräume in dieser Hinsicht verfügen wir Menschen. Allerdings sei diese Unabhängigkeit, so Goethes eigentliche Einsicht, nicht voraussetzungslos. Sie gründet auf der Begrenztheit der natürlichen Ressourcen, der äußeren wie der inneren, mit der Folge, dass Gewinn und Verlust sich stets ausgleichen und das Ergebnis am Ende immer null ist. Verstärkung auf einer Seite bedeutet stets Verminderung auf der anderen. Kurz, es lässt sich nur das verausgaben, was vorher angespart worden ist. »Und so kann«, in Goethes Worten, »die Natur sich niemals verschulden, oder wohl gar bankrutt werden«.[69]

Ein gutes Jahr nach dem Diktat des *Ersten Entwurfs* taucht in Goethes Tagebuch dann zum ersten Mal ein Wort auf, das nun zunehmend zu einem Leitbegriff für seine Naturforschung wird: »Morphologie«.[70] Aus griechisch *morphé* (Gestalt) und *logos* (Lehre) gebildet, also Lehre von der Gestalt oder Gestaltenlehre, ist es der seltene Fall der Neuprägung eines Begriffs, der schließlich eine eigene Disziplin bezeichnet – die Lehre von den organischen Formen. Goethe selbst sprach von Bildung und Umbildung organischer Naturen, und wäre ihm der Mediziner Karl Friedrich Burdach im Jahr 1800 nicht mit der öffentlichen Verwendung des von ihm parallel geprägten Neologismus zuvorgekommen, hätte Goethe sogar die alleinige Priorität der Wortschöpfung für sich beanspruchen können. Wie schon »Typus« so war auch die »Morphologie« zunächst ein Arbeitsbegriff und umschrieb ein Forschungsvorhaben, dessen Anfänge bis zu Goethes Entdeckung des Zwischenkieferknochens zurückgehen, dessen Reichweite Goethe aber im Beisein Alexander von Humboldts erstmals ermessen hat. Morphologie wurde von nun an zu Goethes Leitbegriff, um seine Methode der Naturforschung von der Anatomie bis zu den Farben zu definieren und insbesondere von der mathematischen Naturwissenschaft Newtons abzugrenzen.

Ins gleiche Jahr 1796 fällt auch eine entscheidende Prägung Humboldts, um sein Erkenntnisinteresse als Naturwissenschaftler und künftiger Forschungsreisender zu bezeichnen. »Je concus l'idee d'une physique du monde«, heißt es in einem Brief an den Genfer Naturforscher Marc-Auguste Pictet: Ich entwarf eine Physik der Erde.[71] Wenn Humboldt gut zwanzig Jahre später Bilanz zieht, worin das zentrale Erkenntnisinteresse seiner fünfjährigen Expedition und ihrer schon damals mehr als ein Jahrzehnt andauernden Auswertung besteht, taucht dieser Leitbegriff wieder auf: »Ich hatte mir bei der Reise, deren Beschreibung ich nun folgen lasse, ein doppeltes Ziel gesetzt. Ich wollte die besuchten Länder kennenlernen; und ich wollte Tatsachen zur Erweiterung einer Wissenschaft sammeln, die noch kaum skizziert und ziemlich unbestimmt Physik der Erde, Theorie der Erde oder Physikalische Geographie genannt wird. Von diesen Zwecken schien mir der zweite der wichtigste zu sein.«[72]

»Morphologie« und »Physik der Erde« – das sind die beiden Leitsterne der wahlverwandten Naturforscher Goethe und Humboldt. Und wie sich zeigen wird, ergänzen sie einander nicht nur irgendwie, sondern verhalten sich zueinander wie Methode und Gegenstand: Goethes Morphologie wird zum gangbaren Weg, eine Physik der Erde zu entwerfen. »Da Ihre Beobachtungen vom Element, die meinigen von der Gestalt ausgehen, so können wir nicht genug eilen, uns in der Mitte zu begegnen«, schreibt Goethe an Alexander von Humboldt kurz nach ihrer ersten Begegnung.[73] Und so ist es dann auch gekommen.

*Siebenundzwanzigstes Kapitel, in dem vor allem
experimentiert wird*

1797, zwei Jahre vor seinem Aufbruch nach Südamerika, kommt Alexander von Humboldt noch einmal für mehrere Wochen nach Jena und Weimar. »Gestern wurde hier ein armer Akkersmann samt seiner Frau vom Gewitter erschlagen«, erfahren wir von ihm. Er habe den Mann teilweise selbst seziert.[1] Überhaupt hantiert er in diesen Märzwochen die meiste Zeit über an Leichen. Loder, den er vor allem als Handwerker schätzt, gibt ihm ein Privatissimum. Neben der Vorbereitung auf die ersehnte Expeditionsreise, die – Stand der Dinge im Frühling 1797 – noch nach Westindien führen soll, wo er sich, so der Plan, »vorzüglich mit den organischen Kräften« abgeben will, dienen die Übungen in Anatomie auch dem Zweck, mit Goethes Kenntnissen gleichzuziehen.

Alexanders Hauptbeschäftigung aber ist die Fertigstellung eines zweibändigen Werkes. Sein Titel: *Versuche über die gereizte Muskel- und Nervenfaser nebst Vermuthungen über den chemischen Prozess des Lebens in der Thier- und Pflanzenwelt*. Mit ihm will der Schüler Blumenbachs anhand von Experimenten der Lebenskraft auf die Spur kommen. Wie zentral für den jungen Humboldt die Frage nach der Lebenskraft gewesen ist, geht auch aus seinem einzigen Beitrag zu Schillers *Horen* in den knapp drei Jahren der Existenz der Zeitschrift hervor. Es handelt ich um eine recht konventionelle, in der Antike angesiedelte Parabel. Diese Art der Einkleidung von Gedanken ist völlig untypisch für den Schriftsteller Humboldt und war neben der Lust am Experiment wohl in erster Linie dem Ehrgeiz geschuldet, im Umfeld der *Horen* mit einem Stück aufzutreten, das den hohen literarischen Ansprüchen des Kreises um Schiller und Goethe genügen konnte – ein Vorhaben, das, wie Schillers Reaktionen zeigen, gründlich schiefging.[2] Bereits der Titel *Die Lebenskraft oder der rhodische Genius* weist aber auf den eigentlichen Stellenwert hin, den die kleine Schrift für Humboldt besaß: Es war ein weiterer Versuch, das für ihn zentrale Thema zu umkreisen, das damals nicht nur ihn, sondern die Mehrzahl der Naturforscher in Atem hielt: Worauf ging diese rätselhafte Kraft zurück, die die Trägheit der Materie überwand, Organismen formte und in ihnen lebenslang wirksam war, bis sie mit dem Tod schließlich erlosch? 4000 Versuche wird Alexander von Humboldt auf der Suche nach der Lebenskraft schlussendlich unternommen und 3000 Tiere, insbesondere Frösche, präpariert haben. Naturforscher waren seinerzeit große Tierverbraucher, und sie zeigten darin wenig Skrupel, selbst wenn sie, wie Alexander von Humboldt im Fall von Fröschen und Menschen, »die Ähnlichkeit der Organisation in Formen, die so weit von einander abzustehen scheinen«, aufs Höchste bewunderten«.[3]

Das große Vorbild solcher Experimentierwut ist der Mediziner und Dichter Albrecht von Haller gewesen, Begründer der Physiologie in Göttingen; Blumenbach war sein Nachfolger. Haller hat in den 1750er Jahren den Begriff der »Irritabilität«, der Reizbarkeit von Muskeln und Nerven, geprägt. Doch inzwischen ist auch die moralische Reizbarkeit der Zeitgenossen gestiegen. Nicht zuletzt dank der Literatur der Empfindsamkeit haben sich die Vorbehalte gegenüber den grausamen Experimenten mit lebenden Tieren vermehrt, wie sie Haller noch beinahe selbstverständlich praktizierte, das Leiden der von ihm misshandelten Wesen für den propagierten Erkenntnisfortschritt in Kauf nehmend. »Denn was liegt mir dran, ob die Natur auf diese oder jene Weise empfindet!«, hat Haller die Apathie des Naturforschers begründet.[4] Alexander von Humboldt sieht sich hingegen genötigt, zumindest in einer Fußnote eine Anmerkung zu diesem Punkt einzuschalten: »Alle Tiere, mit denen ich je experimentirt, habe ich durch Abschneiden des Kopfes und Durchbohren des Rückenmarks zu tödten gesucht. Ich füge diese Anmerkung einmal für immer bei, um den unangenehmen Eindruck zu mildern, den eine Sammlung zootomischer Versuche bei einer gewissen Klasse reizbarer Leser erregen muß«. Keine Experimente also am lebenden Tier. Und beinahe symptomatisch für den sich vollziehenden Gesinnungswandel ist, wie er seine Motivation erläutert: »Nach meiner eignen Art zu empfinden, würde ich ohne diese Vorsicht, die Thiere vorher zu tödten, auch nicht einen einzigen galvanischen Versuch je haben anstellen können.«[5]

Humboldts Absicht war, durch seine Experimente eine neue Wissenschaft zu gründen, die er »vitale Chemie« nannte. »So wie man in der toten Chemie das Verhältniß eines Metalls zu allen Säuren betrachtet, so zeige ich ..., wie alle chemischen Stoffe, Gasarten, Licht, Wärme, Elektrizität, Magnetismus, Alcalien p. sich gegen die lebendige Nervenfaser verhalten«, schrieb er.[6] Wie viele Naturforscher seiner Zeit hatten Humboldt die Experimente Luigi Galvanis fasziniert. Der italienische Mediziner schloss aus seinen Versuchen, in denen er präparierte Froschschenkel mit verschiedenen Stromquellen in Kontakt brachte, dass es so etwas wie eine natürliche »tierische Elektrizität« geben musste, die unmittelbar mit der Lebenstätigkeit der Organismen und womöglich mit allen Körperfunktionen zusammenhing; der von außen herangeführte elektrische Funke animierte lediglich ihre im präparierten Körperteil noch vorhandenen Spuren. 1791 veröffentlichte Galvani seine Forschungsergebnisse. In seiner Abhandlung erlaubte er sich auch Spekulationen darüber, dass das Phänomen des Errötens, aber auch Krämpfe und epileptische Anfälle womöglich auf einen Überschuss an Elektrizität im Körper zurückzuführen seien. Von dort war es nur ein kleiner Schritt bis zu der Mutmaßung, dass es auch so etwas wie eine Unterversorgung des Körpers mit Elektrizität geben könnte. Auf Wunsch des Herzogs hat sich Goethe bei Humboldt nach diesen Zusammenhängen erkundigt. Nicht zuletzt im eigenen Interesse wollte der mit zunehmendem Alter von schmerzhaften Entzündungen in den Gelenken geplagte Carl August wissen, »ob man untersucht hätte, was das sogenannte Galvanische Fluidum auf die Lymphatischen Gefäße vor eine Wirckung habe«.[7] Er war der im Prinzip richtigen Überzeugung, dass die Gicht, schon damals eine Krankheit der Wohlhabenden, eher eine lymphatische als eine nervöse Erkrankung sei, und vermutete im Galvanismus eine Therapie dafür.

Wie der Neptunismus der Freiberger Geognostenschule um Abraham Gottlob Werner ist auch die These einer organischen Elektrizität durch Galvani und seine Schüler rasch auf Widerstand gestoßen. Federführend war in diesem Fall Galvanis Landsmann Alessandro Volta, ein Physiker, der als Erfinder der Batterie in die Geschichte eingegangen ist. Er war der Ansicht, dass der von Galvani traktierte Froschschenkel nicht selbst eine Energiequelle war, vielmehr lediglich auf elektrische Impulse reagierte und sich dabei wie der Zeiger eines Messgeräts verhielt. »Wenn die Dinge so liegen«, höhnte er, »was bleibt dann noch bestehen von der tierischen Elektrizität, die Galvani postuliert und die er mit seinen so sorgfältigen Experimenten nachzuweisen vorgibt?«[8]

Auch Alexander von Humboldt gelingt es nicht, den Streit zwischen Galvani und Volta aufzulösen. Sein chemischer Ansatz weist jedoch den richtigen Weg. Zumindest ansatzweise erkennt er, dass hinter der von Volta beobachteten Kontaktelektrizität letztlich eine chemische Reaktion steckt. Humboldt spricht von einem »galvanischen Fluidum« und knüpft an dessen Entdeckung hohe Erwartungen: Ihm seien Versuche geglückt, schreibt er zu Beginn seiner Abhandlung, »welche der Enthüllung des chemischen Lebensprocesses näher zu führen scheinen.«[9] Auch der junge Humboldt gefiel sich darin, Gott zu spielen.

Eine Zeitlang war er überzeugt davon, im »galvanischen Fluidum« eine Manifestation jenes Prinzips entdeckt zu haben, das die Trägheit der Materie überwindet. Seine Manipulation sollte dafür sorgen, dass dort, wo noch ein Funken Leben in scheintoten Körpern steckte, sich dieser wieder entzündete.

Exemplarisch dafür steht ein Versuch, den er als seinen Kardinalversuch betrachtet hat. An Sömmering, der seinerseits in diesen Jahren gerade das materielle Korrelat der Seele in der Flüssigkeit der Gehirnventrikel gefunden zu haben glaubt, schreibt er: »Das wichtigste, was ich entdeckt habe, ist der Versuch mit dem Hauch.«[10] Wilhelm von Humboldt hat Goethe bereits 1795 auf diesen Versuch aufmerksam gemacht und damit sofort sein Interesse geweckt. Nun, zwei Jahre später, als Alexander und Goethe wiederholt in Jena und Weimar zusammentreffen und auch gemeinsam experimentieren, führt er ihm diesen Versuch vor. Nerv und Muskel des Frosches werden mit zwei metallischen Leitern zu einer sogenannten galvanischen Kette verbunden. Humboldt wählt dafür Zink und Gold. Es tritt ein, was Volta vorausgesagt hat: Nichts passiert – bis Humboldt sich »mit dem Gesicht und Munde über den Apparat« beugt. Zum Erstaunen aller kommt es zu so heftigen Zuckungen, dass der zuvor als »wenig lebhaft« taxierte Froschschenkel »convulsivisch von der Armatur« herabfliegt. Mit dem Hauch seines Atems hat Humboldt das Froschbein in Bewegung versetzt. Unter allen Versuchen, »die er je die Freude hatte, in Gegenwart anderer Naturforscher anzustellen«, habe er keinen gefunden, der »wegen seiner unendlichen Feinheit so in Erstaunen setzt, als diese *Belegung mit Hauche*«. Wischt man die ausgeatmete Feuchtigkeit hingegen wieder mit einem Tuch ab, so verschwindet die Bewegung von neuem. Humboldt hatte wie schon zuvor Galvani und nach ihm Volta die wichtige Rolle der Feuchtigkeit zwischen den Metallen für das Auftreten der Elektrizität erkannt. »Das Experiment sieht einem Zauber ähnlich, indem man bald – Leben einhaucht, bald den belebenden Odem zurücknimmt!«, notiert er. Neben der Macht, Leben wiederzuerwecken, aber auch Leben wieder zurückzunehmen, ist es vor allem der Kontrast zwischen dem beinahe Nichts eines Atemhauchs und der gewaltigen Wirkung, die für Humboldt die Faszinationskraft seines Versuches erklärt. Man wisse aus Erfahrung, fügt er hinzu, dass ein gerade getöteter Stier sich womöglich wieder aufrappele, »wenn er gehörig galvanisirt wird. Von einem bloßen Hauche, von ein wenig Wasserdampfe, hängt es daher ab, ob ein Paar hundert Pfund organischer Masse bewegt werden oder in Ruhe bleiben sollen«.[11]

Auch Goethe zeigt sich beeindruckt: »Wie merkwürdig ist, was ein bloßer Hauch ... thun kann!«, schreibt er Humboldt.[12] Das klingt beinahe ironisch;

Der Lebensprozess organischer Naturen   477

denn natürlich war Goethe die biblische Schöpfungsvorstellung, wonach Gott dem Menschen seinen Atem einhaucht und ihn damit erst zum Leben erweckt, bestens bekannt. Das Lebensprinzip, nach dem Humboldt so besessen suchte, schien etwas mit dem Atemvorgang zu tun zu haben – ein Gedanke, der Goethe kaum mehr fremd sein konnte, seitdem Herder ihn während seiner Studentenzeit auf Saadis *Rosengarten* und die dort erwähnten zweierlei Gnaden des Atemholens hingewiesen hatte. Hier schien sich nun auch experimentell zu bestätigen, was ihm bislang mehr wie ein poetisches Bild erschienen war. Atem war Lebenskraft. Von einer »ewigen Formel des Lebens« wird Goethe schließlich in der *Farbenlehre* sprechen.[13] Alexander von Humboldt schien dem Geheimnis des Lebens so nahe gekommen zu sein wie keiner zuvor.

Dennoch hat Alexander von Humboldt letztlich nicht gefunden, wonach er suchte, nämlich ein Messprinzip für das Wirken der Lebenskraft. Seine sich über zahllose Experimente und 800 Buchseiten erstreckende Suche nach der Lebenskraft schließt mit der Vermutung, dass sie »vielleicht bloß durch das Zusammenwirken der, im einzelnen längst bekannten materiellen Kräfte bewirkt wird«[14] – einer Ansicht, der er zeitlebens treu geblieben ist und die er von nun an zum leitenden Erkenntnisprinzip seiner Naturforschung machen wird: Ein so komplexes Phänomen wie das Leben lässt sich nicht durch eine einzige Kraft erklären, sondern es müsse stets eine »Vielzahl gleichzeitig wirkender Kräfte« im Spiel sein. Und der Forscher könne sich nicht darauf beschränken, sie in ihrem Zusammenspiel und in ihrer Wechselwirkung zu analysieren, sondern er müsse auch die »Bedingungen ihrer Tätigkeit« berücksichtigen.[15] Das war eine genauso »wahrhaft heldenmäßige Idee« wie diejenige, die Schiller Goethe zugeschrieben hatte, nämlich den Menschen genetisch aus den Materialien und Techniken der Natur zu rekonstruieren. Zumindest war es eine beinahe unerschöpfliche Aufgabe, die eine umfassendere Weltsicht erforderte, als sie das unermüdliche Ausprobieren von Variationen galvanischer Ketten an Tier- und Menschenkörpern zustande brachte.

Humboldt wird zu diesem Thema fortan verstummen. Doch hat er bei seinem Aufenthalt in Jena bereits dafür gesorgt, dass seine Forschung in Sachen Galvanismus weitergeht. In Johann Wilhelm Ritter hat er einen Physikstudenten gefunden, »der sich unermüdet mit galvanischen Experimenten beschäftigt, und gründliche chemische Kenntnisse mit ächten Beobachtungsgenie« verbindet, wie er auf den Schlussseiten des zweiten Bandes seiner Versuche schreibt. Er hat ihm sogar den Auftrag erteilt, seine Schrift »mit kritischer Strenge durchzugehen« und Irrtümer, Mängel und Einseitigkeiten aufzuzeichnen.[16] Ritter macht sich mit großem Eifer an die Arbeit und schickt Humboldt schon bald mehrere Bogen mit kritischen Anmerkungen. Eine Auswahl davon nimmt dieser in den Anhang des zweiten Bandes auf.

Schon im Oktober des gleichen Jahres hält Ritter, offiziell weiterhin Student, da ohne akademischen Abschluss, vor der Naturforschenden Gesellschaft einen Vortrag über Neuentdeckungen im Bereich des Galvanismus und erklärt diesen zu einem »in der ganzen lebenden und todten Natur sehr tätigen Prinzip«.[17] Und damit nicht genug: Kaum ein halbes Jahr später erscheint unter dem Titel *Beweis, daß ein beständiger Galvanismus den Lebensproceß im Thierreich begleite* bereits der zu einem Buch umgearbeitete und erweiterte Vortrag im Weimarer Verlag von Bertuch. Die Veröffentlichung begründet Ritters Ansehen als Physiker im sich gerade in Jena konstituierenden Kreis der Romantiker um die Brüder August Wilhelm und Friedrich Schlegel sowie deren Frauen Caroline Schlegel und Dorothea Veit.

Rasch fällt die Veröffentlichung aber auch Schiller und Goethe in die Hände, und obwohl ersterer »die schwerfällige Art des Vortrags« moniert, die ihn nicht befriedigt habe, und letzterer ihn »dunkel« und für denjenigen, der sich in der Sache unterrichten will, als »nicht angenehm« empfindet, finden beide doch »viel Gutes darin«. Goethe sieht gleich mehrfache »Ursache auf den ganzen Kreis der Versuche acht zu geben«, und das nicht zuletzt deshalb, weil schon Humboldts galvanische Versuche sein Interesse erregt haben. Ritter weilt zu dieser Zeit gerade in der Nähe von Weimar, im Schloss Belvedere. Carl August hat dort dem Chemiker Alexander Nikolaus Scherer ein Forschungslabor eingerichtet, und Ritter geht ihm als Assistent zur Hand, um sich einen kargen Lebensunterhalt zu verdienen.[18]

»Man sprach jetzt in Weimar von nichts als von *Gas, Oxigna, brennbaren Stoffen, leicht- und strengflüssigen Dingen*«, erinnert sich ein Zeitgenosse. »Alle Weimaraner und Weimaranerinnen schienen Chemiker und Weimar ein großer Schmelzofen werden zu wollen.«[19] Carl August, der wie vormals bei der Wiederbelebung des Ilmenauer Bergbaus in der sich anbahnenden chemischen Revolution ökonomische Vorteile für sein Herzogtum witterte, hatte den von Alexander von Humboldt nach Weimar vermittelten Scherer nicht nur den Titel eines Bergrats verliehen, sondern ihn auch auf eine Reise nach England und Schottland geschickt, wo er die technischen und gewerblichen Anwendungen der neuen Wissenschaft studieren sollte. Zurück in Weimar dann hatte er ihn aufgefordert, »wöchentlich, sonnabends von vier bis fünf Uhr, *chemische Vorlesungen für alle Stände* zu halten ... Jedermann, der es bedarf, sollte hier das Brauchbarste und Nötigste aus dieser Wissenschaft zur Aufklärung in seinen Geschäften erlernen.« Der Zuspruch war groß, auch der Herzog mit seinen Prinzen nahm an den Demonstrationen teil. In Parknähe hatte man Scherer mitsamt seinem Assistenten Ritter für die Veranstaltungen die untere Hälfte eines großen Gebäudes eingeräumt, in der sie sich »so stark und belagerungsmäßig« ausgetobt haben sollen, »dass die Bewohnerin des oberen Teils des Hauses eine Bittschrift für die Erhaltung ihres Lebens bei dem Regenten einzureichen für gut fand, weil sie jeden Augenblick in die Luft gesprengt zu werden fürchtete.« Besagte Dame war keine Geringere als Charlotte von Stein. Doch nicht nur sie, auch die Mehrzahl der Besucher, unter ihnen viele Frauen, sollten bald schon genug von Scherers Demonstrationen haben. Was wohl weniger daran lag, dass er es nicht lassen konnte, ständig gegen Kant und die Kantianer zu polemisieren. Vielmehr liefen einige seiner Experimente so übel ab, »daß ein großer Teil der Umstehenden mit verbrannten Gesichtern und Kleidern nach Haus zu gehen den Verdruß hatten«.[20]

Wie schon Humboldt hat auch Ritter mit seinen galvanischen Forschungen weitreichende Schlussfolgerungen verbunden. Das »System der Elektrizität«, so kündigt er in seiner Schrift von 1798 an, werde »zugleich das System der Chemie und umgekehrt werden«.[21] So spekulativ das seinerzeit auch anmuten mochte – es war Wasser auf Goethes Mühlen, der weiterhin nach der »Übereinstimmung des Ganzen« suchte. »Ein fortdauernder galvanischer Prozeß sei der Lebensprozeß organischer Naturen«, vermerkt er in deutlicher Anspielung auf Ritter in Aufzeichnungen aus den Jahren 1798 und 1799.[22] Und als er den jungen Physiker im Sommer 1800 endlich persönlich kennenlernt, schwärmt er von ihm in Worten, wie er sie zuvor nur Alexander von Humboldt zugedacht hat. »Eine Erscheinung zum Erstaunen, ein wahrer Wissenshimmel auf Erden«, nennt er ihn in einem Brief an Schiller.[23]

Schon bald experimentieren sie gemeinsam. »Ritter besuchte mich öfters, und ob ich gleich in seine Behandlungsweise mich nicht ganz einfinden konnte, so nahm ich doch gerne von ihm auf, was er von Erfahrungen überlieferte und was er nach seinen Bestrebungen, sich in's Ganze auszubilden, getrieben war«, heißt es in den *Tag- und Jahresheften* 1801 in der dem alten Goethe eigentümlichen distanzierten Diktion.[24] Wie kein anderer Naturwissenschaftler seiner Zeit war Ritter von der Polarität aller Naturerscheinungen besessen. Im *Intel-*

ligenzblatt der Erlanger Literaturzeitung entwirft er 1801 ein Forschungsvorhaben, das über den Nachweis von Polaritäten in allen Naturerscheinungen zu einer Art Weltformel führen soll: »Es wird das Resultat einer größeren faktischen Untersuchung, die Polarität der Chemie, der Elektrizität, des Magnetismus, der Wärme u.s.w. ihren Prinzipien nach aufzuzeigen als eine und dieselbe in allen.«[25]

Goethe, der auf der Suche nach einer Theorie war, die die Resultate der eigenen Farbexperimente auf den Begriff brachte, ließ sich von Ritters umfassender Polaritätsidee mitreißen. Was er selbst bei seinen Prismenversuchen beobachtet hat, dass sich die Farben nämlich regelmäßig zu Gegensätzen und in Symmetrien ordnen, gewann dadurch den Charakter einer allgemeinen, sich auf alle Naturerscheinungen erstreckenden Gesetzmäßigkeit. Gegenüber Sömmering hat Goethe bereits 1792 gemeint, ihm scheine es »wenigstens für den Augenblick, daß sich alles gut verbindet, wenn man auch in dieser Lehre [der Farbenlehre] zum Versuch den Begriff der *Polarität* zum Leitfaden nimmt«.[26] Das, was er seinerzeit noch hypothetisch und mit großer Behutsamkeit formuliert hat, scheint sich ihm nun in Ritters Forschungen zu bewahrheiten und als ein fundamentales Prinzip herauszustellen, das für alle damals wissenschaftlich erforschten Bereiche der Natur Gültigkeit hat.

Am Mittag des 22. Februar 1801 dann gelingt Ritter eine Entdeckung, die ihm so bedeutend und beziehungsreich scheint, dass er sich im Anschluss daran sofort von Jena aus zu Goethe nach Weimar aufmacht. Gleich am Morgen des nächsten Tages spricht er bei ihm vor, woraufhin die beiden an den folgenden Tagen gemeinsam experimentieren und auch beim Mittagessen ihre Diskussionen fortsetzen. Ritter ist etwas Unsichtbarem, hinter den Dingen tief Verborgenem auf die Spur gekommen: den ultravioletten Strahlen.

Der Musiker und Astronom Friedrich Wilhelm Herschel, dessen Ruhm 1781 mit der Entdeckung des Planeten Uranus begann, hat im Jahr zuvor die Infrarotstrahlung entdeckt. Es war zugleich eine Demonstration der wachsenden Bedeutung von exakten Messungen im Bereich der neuen Wissenschaften. Herschel hat nämlich das Farbspektrum, das entsteht, wenn man Sonnenlicht durch ein Prisma lenkt, zum ersten Mal nicht nur nach dem Grad der Helligkeit betrachtet, die in der Mitte am größten war, sondern auch seine Temperatur gemessen. Dabei bemerkte er, »dass die farbigen Strahlen, wie sie das Prisma sondert, ein sehr verschiedenes Vermögen haben, zu wärmen«.[27] Zum Rot hin stieg die Temperatur an, während sie zum Blau hin abnahm. Ihr Maximum erreichte sie sogar jenseits des roten Endes des sichtbaren Spektrums. Herschel schloss daraus, dass dort eine unsichtbare Form von Energie wirksam sein müsse.

Was aber war mit der anderen, der violetten Seite des Spektrums? Immerhin hat Herschel sie nicht gänzlich vernachlässigt, insofern er dort ein Minimum an Wärme fand. Doch allein das kann den in Polaritäten und Symmetrien denkenden Ritter nicht zufriedenstellen. Er erinnert sich, dass der Apotheker Carl Wilhelm Scheele, einer der Entdecker des Sauerstoffs, Versuche mit Hornsilber (Silberchlorid) angestellt und dabei entdeckt hat, dass es sich im Bereich der violetten Farben weit schneller und intensiver schwarz färbt als im Bereich der anderen Lichtstrahlen. Das kurzwelligere violette Licht ist weit energiereicher als das langwelligere rote und führt den Zerfall von Silberchlorid deutlich schneller herbei. Also nimmt er einen etwa zwanzig Zentimeter breiten Papierstreifen, bestreicht ihn mit frisch zubereitetem Hornsilber und hält ihn in einem dunklen Raum in einer Entfernung von annähernd eineinhalb Metern gegen das ins Spektrum zerlegte Sonnenlicht. Als er den Streifen wieder entfernt, findet er die stärkste Schwärzung gut einen Zentimeter vom äußersten Violett entfernt. Weiter nach außen hin nimmt sie kontinuierlich ab, um nach gut vier Zentimetern gänzlich aufzuhören.[28] Mit recht einfachen Mitteln ist ihm der Nachweis gelungen, dass in dem Bereich des Sonnenlichts, der dem Infraroten gegenüberliegt und dem menschlichen Auge ebenfalls unsichtbar ist, Strahlung existieren muss.

Und Ritter macht sogar noch die Gegenprobe. Er hält einen weiteren, durch ultraviolettes Licht schwarz angelaufenen Silberchloridstreifen gegen die rote Seite des Spektrums. In der Mitte des Spektrums behält er seine anfängliche Schwärzung bei; aber durch das Gelb und das Rot hindurch büßt sie kontinuierlich an Intensität ein, bis sie im Bereich des Infraroten fast vollständig verschwindet.[29] Für Ritter ist das eine überwältigende Bestätigung seiner Grundthese, dass sich die Naturerscheinungen symmetrisch – bipolar – ordnen lassen. Gar nicht so sehr die Entdeckung, die seinen Ruhm bei der Nachwelt begründen wird, dass auf der anderen Seite des Spektrums ein weiterer Bereich nichtsichtbaren Lichtes existiert, sondern die Idee, dass sich auch am Licht jene Symmetrie und Polarität zeigen lässt, die seiner Überzeugung nach die Natur insgesamt bestimmt, ist es, was ihn so elektrisiert, dass er die beiden Streifen nimmt und damit zu Goethe eilt. Noch im Frühjahr 1801 teilt er seine Entdeckung in einem Vortrag vor der Jenaer Naturforschenden Gesellschaft mit. Ritter war überzeugt davon, erste Schritte in eine Richtung unternommen zu haben, die er im Sommer 1801 dann gegenüber seinem Verleger und väterlichen

Freund Carl Friedrich Ernst Frommann zur Sprache bringt: »eine Vereinigung in optischer Hinsicht mit Goethe. Newton ist *nun* wahrhaft gestürzt. *Goethe's Behauptung* ist richtig«.[30]

Im April dann haben Goethe und Ritter zum letzten Mal gemeinsam experimentiert. Dabei kam es zum Streit. Ritter deutet in seinen Briefen an, dass er Goethes Versuch einer Widerlegung Newtons wohl unterstütze, nicht aber dessen »Beweisart« billige. Goethe hingegen dürfte zunehmend Schwierigkeiten mit den exzentrischen und auch esoterischen Neigungen Ritters gehabt haben, die er nicht nur persönlich missbilligte, sondern in der Naturforschung auch für unangemessen hielt. Nach der Lektüre seines Buches *Paysik als Kunst* meinte er, »Ritter winde die Natur wie eine Aderlaßbinde von zwölf Meilen um sich herum als um eine Mumie, daß man nicht sagen könne, wo sie anfange, wo sie aufhöre, wo der Kopf und wo der Fuß sei pp.«[31]

Bei Ritter verband sich eine innovative Praxis der Naturforschung, die ihre Zukunft in einer Experimentalwissenschaft sah, mit einem äußerst spekulativen Naturverständnis, wie es die aufkommende romantische Naturphilosophie insgesamt charakterisierte. Goethe misstraute beiden Extremen aus der Ahnung heraus, dass sie zur Entwertung dessen führten, was sie zu begreifen vorgaben: der Natur und ihrer Wirklichkeit. Dabei gab es über die Farben hinaus durchaus Berührungspunkte mit Ritters spekulativem Naturdenken, insbesondere wenn dieser die Erde ins Zentrum seiner Überlegungen stellte. In den 1810, Ritters Todesjahr, veröffentlichen »Fragmenten aus dem Nachlasse eines jungen Physikers« spricht er vom »System der Erde« und einer neuen »Erdkunde«. »Man studiert die Erde, und hört auf, Chemie zu studieren, weil man nun überhaupt erst anfängt«, heißt es dort etwa im Fragment 68. Daran schließen sich weitere Spekulationen an: Darüber etwa, dass das »Potenzenschema der Erde auch das Potenzenschema der Vegetation und Animalisation« sei, dass die Pflanzen nichts weiter seien als »Organe der Erde« und das Verhältnis des Mannes zur Frau mit dem zur Erde zu tun habe. Auch die Farben ordnet Ritter in seine spekulative Erdkunde ein: »Das vollkommenste Prisma des Lichts ist die Erde«, notiert er, »sie zerlegt das Licht in unendliche Farben«.[32] Goethe müsste das gefallen haben. Noch vor ihm entwarf Ritter ein Bild von der Erde als Organismus, der sich selbst erhält, indem seine Teile miteinander in Wechselwirkung stehen. Doch Goethe hielt sich da längst an jenen Philosophen, der Ritters experimenteller Naturforschung einen begrifflichen Rahmen gab, welcher über spekulative Fragmente weit hinausging – an Schelling.

Achtundzwanzigstes Kapitel, in dem Goethe seinen Plan eines Romans über das Weltall erst an Schelling und dann an Humboldt abtritt

Die Bekanntschaft Friedrich Wilhelm Joseph Schellings hat Goethe noch vor dem ersten Zusammentreffen mit Ritter gemacht. Das Erste, was Goethe von ihm liest, sind seine 1797 erschienenen *Ideen zu einer Philosophie der Natur*. Geheimrat Christian Gottlob Voigt hat sie ihm Sylvester zukommen lassen. Die Lektüre bestätigt erst einmal seinen generellen Verdacht, »daß von den neuern Philosophen wenig Hülfe zu hoffen ist«.[1] Goethe erläutert seine Position in einem Brief an Schiller mit einem Spruch, den er einem »alten Hofgärtner« zuschreibt: »Die Natur läßt sich wohl forzieren, aber nicht zwingen, und alles, was wir theoretisch gegen sie vornehmen, sind Approximationen, bei denen die Bescheidenheit nicht genug zu empfehlen ist.«[2] Goethes Ansicht nach fehlt der Philosophie und speziell ihrer spekulativen Variante diese Bescheidenheit, was sie als intellektuellen Widerpart zwar reizvoll macht, den Erkenntnisanspruch, mit dem sie auftritt, hingegen deutlich relativiert.

Goethes Unbehagen legt sich, als er Schelling im Mai 1798 erstmals in Jena im Haus von Schiller begegnet. Die beiden diskutieren nicht nur über Natur und Naturwissenschaft. Wie Goethes Tagebuch belegt, machen sie auch gemeinsame »optische Versuche«, und das gleich an zwei Tagen hintereinander.[3] Danach erscheint Goethe Schellings Anwesenheit in Jena auf einmal sehr wünschenswert, und er macht sich zum eifrigen Fürsprecher für die Berufung des zu diesem Zeitpunkt noch nicht einmal vierundzwanzigjährigen Philosophen auf eine Professur in Jena. Gegenüber Voigt begründet er dies mit einem mehrfachen Nutzen – nicht nur für die Universität, sondern auch für Scherer und ihn sowie nicht zuletzt für den zu Berufenden selbst. Schellings Herbeiziehung sei schon deshalb wünschenswert, »damit er ... auf Erfahrung und Versuche und ein eifriges Studium der Natur hingeleitet werde, um seine schönen Geistestalente recht zweckmäßig anzuwenden«. Auch wenn das nicht Goethes einziges Argument ist, so kommt es doch nicht alle Tage vor, dass die Berufung auf eine Professur damit begründet wird, der Kandidat werde so in die Lage versetzt, sich in jenen Bereichen fortzubilden, von denen der Gutachter meint, sie seien bislang bei ihm unterbelichtet. Genau das aber führt Goethe ins Feld, und er wiederholt es in dem längeren Schreiben sogar noch einmal, damit auch ja kein Zweifel daran aufkommt, wie es gemeint ist. Schellings gerade erschienenes Buch *Von der Weltseele*, das Goethe zu diesem Zeitpunkt las, enthalte, so schreibt er, »sehr schöne Ansichten« und errege »nur lebhafter den Wunsch, daß der Verfasser sich mit dem Detail der Erfahrung immer mehr und mehr bekannt machen möge«.[4] Schelling rekonstruiert darin die gesamte belebte wie unbelebte Natur als ein zusammenhängendes Ganzes, das von einem einheitlichen Prinzip beseelt ist.

Nur zwei Wochen später kann Goethe Schelling bereits die Ernennungsurkunde zum außerordentlichen Professor übersenden; im Oktober 1798 ist er in Jena. Es folgen Jahre eines gedeihlichen, beinahe ungetrübten Miteinanders. Im Herbst 1799 trifft man sich teilweise fast täglich, um über Naturphilosophie und Empirismus, Elektrizität und Magnetismus, über Farbenlehre und dynamische Physik zu diskutieren. »Vor einiger Zeit brachte er mehrere Wochen hier zu«, berichtet Schelling am 9. November 1799 an Carl Gustav Carus. Ich »mußte ihm meine Schrift über Naturphilos. vorlesen, und auseinandersetzen. Welch ein Ideenzuwachs für mich diese Gespräche gewesen sind, mögen Sie sich denken.«[5] Schellings ehrgeiziges Vorhaben war, alle zu seiner Zeit bekannten Naturgesetze zum Gegenstand einer durchgängigen Theorie zu machen, die nicht weniger leisten sollte, als das Werden der Natur, angefangen von der anorganischen Materie bis zu den komplexesten Organismen, systematisch zu beschreiben.

Aber der Ideenzuwachs findet sich auch auf der Gegenseite. Goethe experimentiert mit der schellingschen Begrifflichkeit, um die Polarität zu erklären, auf die auch Ritter in allen Bereichen der Natur, von Magnetismus über die Elektrizität bis zu den Farberscheinungen, gestoßen war. Ihn faszinierte Schellings Grundgedanke, dass Gegensätze ihre Aufhebung in ein Höheres fordern. In später niedergeschriebenen Notizen, die zur Vorbereitung naturkundlicher Vorträge dienen, die Goethe in den Jahren 1805 und 1806 vor einer Gruppe von Weimarer Damen halten wird, fasst er die mit Schelling geteilte dynamische Vorstellungsart der Natur prägnant zusammen: »Was in die Erscheinung tritt, muß sich trennen, um nur zu erscheinen. Das Getrennte sucht sich wieder, und es kann sich wieder finden und vereinigen; im niedern Sinne, indem es sich nur mit seinem Entgegengestellten vermischt, mit demselben zusammentritt, wobei die Erscheinung Null oder wenigstens gleichgültig wird. Die Vereinigung kann aber auch im höhern Sinne geschehen, indem das Getrennte sich zuerst steigert und durch die Verbindung der gesteigerten Seiten ein Drittes, Neues, Höheres, Unerwartetes hervorbringt.«[6] So erhält der Begriff der »Polarität« in dem der »Steigerung« sein Gegenstück und verbindet sich bei Goethe allmählich zu einer stehenden Fügung, mit dem Ziel, die Dynamik der Natur zu beschreiben.

Zugleich begegnete er in Schellings dynamischer Naturphilosophie einer Vorstellung wieder, die ihm seit Jugendzeiten vertraut war: der einer Stufenleiter der Natur. Doch welche Wandlung hatte sie durchgemacht! Schellings spekulativer Geist hatte sie in einer Weise dynamisiert, dass sie in ihrer ursprünglichen starren Form, mit der Goethe seit langem nichts mehr anzufangen wusste, kaum mehr wiederzuerkennen war. Und nicht nur das: Er hatte aus einer gleich zwei Stufenleitern gemacht. Die erste begann mit der Entstehung und Organisation der Materie, erreichte über physikalische und chemische Prozesse irgendwann die Stufe des Lebens, bildete dort die von Kielmeyer bekannten Grade der Sensibilität, Reizbarkeit und Reproduktion aus und gipfelte im Menschen. Die zweite Stufenleiter hingegen setzte beim absoluten Ich ein, wie es Fichte in Jena zum Thema der Philosophie gemacht hatte, und wand sich langsam zu den elementarsten menschlichen Lebensvorgängen hinab. So liefen beide Stufenleitern aus unterschiedlichen Richtungen aufeinander zu und trafen sich im Menschen, der ganz offensichtlich beides war: Bewusstsein und Natur. Als Schelling 1798 seine Lehrtätigkeit in Jena beginnt, kündigt er deshalb gleich zwei Vorlesungen an: eine zur Transzendentalphilosophie, die andere zur Philosophie der Natur.[7] Sie sollten sich gegenseitig ergänzen: Schelling sprach davon, dass die Natur im Menschen ihre Augen aufschlägt. Das war ein Gedanke, der perfekt zu Goethes Vorhaben passte, den Menschen genetisch aus den Materialien des ganzen Naturgebäudes zu erbauen, wie Schiller es so glücklich formuliert hatte.

Intelligenz und Kognition finden sich, wie wir mittlerweile wissen, bereits auf den elementaren Stufen des Lebens: den Pflanzen, den Pilzen, sogar den Einzellern. Schon ein Bakterium ist in der Lage, seine Reaktion auf einen Reiz zu modifizieren. Die Lebewesen unterscheiden sich nicht grundsätzlich, sondern lediglich graduell voneinander.[8] Das gilt auch für das Vermögen der Selbstbezüglichkeit. Während die idealistische Philosophie – mit Ausnahme von Schelling – Selbstbezüglichkeit für ein Privileg des menschlichen Geistes hielt und sie als solches zum Thema tiefgründiger Analysen machte, hat Goethe sie als eine grundsätzliche Eigenschaft des Lebendigen betrachtet. »Rückwendung in sein eigen Ich« hat er anfangs die an durchgewachsenen Rosen und Nelken beobachtete Fähigkeit der Pflanze genannt, sich aus sich selbst fortzusetzen. Der Idee, dass Selbstbezüglichkeit ein Grundmuster alles Lebendigen, vielleicht sogar des Physischen überhaupt ist, war er so nahe wie kein anderer Naturforscher in seiner Epoche. Weit davon entfernt, etwas völlig Neues oder Anderes gegenüber der Natur zu sein, ist der menschliche Geist grundverwandt mit ihr und womöglich gerade deshalb auch zu ihrer Erkenntnis befähigt.[9] Der Mensch ist eingeschrieben in die Gesetze der Natur. Für Goethe zeigte sich das besonders sinnfällig am Auge, von dem er sagt, es sei »am Lichte fürs Licht« gebildet.[10] Naturerkenntnis hielt er nicht nur für die einzig relevante Form menschlicher Selbsterkenntnis, sondern für ihn war auch keineswegs ausgemacht, wer in dieser Beziehung Subjekt und wer Objekt war. Ließen sich die Positionen nicht auch vertauschen? So dass man sagen konnte, dass es die Natur ist, die durch den Menschen zum Bewusstsein ihrer selbst gelangt? Das war die spekulative Prämisse seiner Naturforschung, und sie ist ihm in seinen Gesprächen mit Schelling aufgegangen.

In den Sommermonaten des Jahres 1798 verbringt Goethe zum ersten Mal seit Jahren wieder einige Wochen am Stück in seinem Gartenhaus vor den Toren der Stadt. Durch ein Spiegelteleskop will er einen ganzen Mondzyklus beobachten. Ein Handwerker aus Weimar hat ihm das zwei Meter lange Monstrum angefertigt. Und so steht er eine Weile jede Nacht auf und sieht, wie das Fernrohr einen Anblick beinahe unheimlich greifbar macht, der bislang unüberbrückbare Distanz zu signalisieren schien. Es ist derselbe Ort, an dem Goethe einst seine Verse *An den Mond* gedichtet hat: »Selig wer sich vor der Welt / Ohne Haß verschließt ...«.[11] Doch wie er selbst rückblickend bemerkt, war das empfindsame Zeitalter endgültig vorbei. »Es war eine Zeit, wo man den Mond nur empfinden wollte, jetzt will man ihn sehen«, schreibt er an Schiller«.[12] »Bei allem diesem«, so erfahren wir aus seinen *Tag- und Jahresheften* 1819, »lag ein großes Naturgedicht, das mir vor der Seele schwebte, durchaus im Hintergrund.«[13] Dieses Gedicht sollte nicht von Gefühlen, sondern vom Anschauen der Natur handeln und dabei fast unmerklich zu den Zusammenhängen und Gesetzmäßigkeiten überleiten, die dabei zu entdecken waren. Hätte es wie Buffons Na-

Höhen der alten und neuen Welt

turgeschichte mit der Sonne, den Planeten und dem Mond eingesetzt, hätte es zu Recht den Titel eines Gedichts über das Weltall tragen können.

Bereits im Juni 1798 hatte Goethe begonnen, die mittlerweile acht Jahre alte Schrift über die Metamorphose der Pflanzen in eine lyrische Form zu bringen. Die Abhandlung, auf die er immer noch stolz ist, hat kaum Wirkung unter den Fachgelehrten gezeigt. Andererseits macht Goethe die Erfahrung, dass er überall, wo er von der dort entfalteten Vorstellung des Wachstums durch Verwandlung spricht, auf lebhaftes Interesse stößt. Allerdings bedeutete die modellhafte, dem Leser einiges an Abstraktionsvermögen abverlangende Form der Darstellung eine Schwelle, die nicht so leicht zu überschreiten war. Wenn Goethe weitere zwanzig Jahre später das Gedicht über die Metamorphose der Pflanzen in seinen Heften zur Naturwissenschaft erneut abdrucken wird, macht er selbst auf diese Schwierigkeit aufmerksam. »Freundinnen, welche mich schon früher den einsamen Gebirgen, der Betrachtung starrer Felsen gern entzogen hätten«, heißt es dort, »waren auch mit meiner abstrakten Gärtnerei keineswegs zufrieden. Pflanzen und Blumen sollten sich durch Gestalt, Farbe, Geruch auszeichnen, nun verschwanden sie aber zu einem gespensterhaften Schemen. Da versuchte ich diese wohlwollenden Gemüter zur Teilnahme durch eine Elegie zu locken ...«[14]

Ergebnis war ein zwischen Lehrgedicht und Liebesgedicht changierender »Versuch das Anschauen der Natur, wo nicht poetisch doch wenigstens rhythmisch darzustellen«, wie Goethe gleich nach Fertigstellung nicht zufällig Knebel mitteilt.[15] Dieser saß nämlich gerade an einer Übertragung von *De rerum natura*, jener großen, ohne Götter auskommenden Welterklärung des römischen Dichters, Philosophen und Epikureers Lukrez aus dem 1. Jahrhundert v. Chr., die bis heute die Benchmark in Sachen Synthese aus Natur- und Lehrgedicht darstellt. Als Goethe im Januar des folgenden Jahres von Knebel den ersten Band seiner Übertragung erhält, schreibt er ihm: »Indem ich es durchlas hat sich manches bey mir geregt, denn seit dem vorigen Sommer habe ich oft über die Möglichkeit eines Naturgedichtes in unsern Tagen gedacht, und seit der kleinen Probe über die Metamorphose der Pflanzen bin ich verschiedentlich aufgemuntert worden.« Der alte Plan eines Romans über das Weltall, über den er sich das letzte Mal mit Alexander von Humboldt ausgetauscht hatte, schien ihm wieder vor Augen zu stehen. Nur hatte er eine formale Metamorphose durchgemacht: Statt eines Romans sollte es nun ein Gedicht werden, womöglich in elegischen Distichen geschrieben wie *Die Metamorphose der Pflanzen*. Oder doch in den härteren epischen Hexametern von Lukrez? Diese wählt Goethe für das Gedicht *Die Metamorphose der Tiere*, das er ebenfalls in diesen Monaten verfasst. Beides scheinen Probierstücke zu sein, um auszutesten, welche Darstellungsweisen und Formen sich für ein modernes großes Naturgedicht eignen. »Um so interessanter wäre es auch für mich«, schreibt er Knebel, »wenn dein Lucrez recht vollendet in unserer Sprache hervorgehen könnte, damit das Alte als die Base des Neuen dastünde«.[16]

Es lässt sich trefflich darüber spekulieren, warum Goethe den ursprünglichen Plan, die Geschichte der Erde in der Form eines Romans zu erzählen, aufgegeben und stattdessen die traditionellere des Natur- und Lehrgedichts favorisiert hat. Einen Hinweis können auch hier die seit 1817 publizierten Hefte *Zur Naturwissenschaft überhaupt* geben, die beides enthalten: den gelehrten Versuch von 1790 und das elegische Gedicht von 1798 – und dazwischen einen kommentierenden Passus mit folgendem Gedanken einschalten: »Nirgends wollte man zugeben, daß Wissenschaft und Poesie vereinbar seien. Man vergaß daß Wissenschaft sich aus Poesie entwickelt habe, man bedachte nicht daß, nach einem Umschwung von Zeiten, beide sich wieder freundlich, zu beiderseitigem Vorteil, auf höherer Stelle, gar wohl wieder begegnen könnten.«[17] Schelling hat in seiner *Philosophie der Kunst* ähnliche Überlegungen angestellt, nur selbstgewisser, apodiktischer. Bei ihm liest es sich so, als sei es eine vom Anfang der Zeiten her beschlossene Sache, dass Poesie und Wissenschaft sich letztlich wieder einander annähern. Solange der Umschwung der Zeiten, von dem auch Goethe spricht, jedoch nicht in Sicht war, war es womöglich eine gute, vor allem pragmatische Lösung, beides parallel zu versuchen: das eine – Wissenschaft – zu machen, ohne das andere – Poesie – zu lassen – zumal beide Formen einander ergänzten, worauf Goethe ausdrücklich hinweist: Die wissenschaftliche Darstellung gehe ins Detail und spreche die »Eingeweihten«, die Experten an, die poetische hingegen bringe den Gegenstand unter allgemeine Gesichtspunkte und locke »den Fremden und Unwissenden«.[18] Lehrgedichte und auch Lehrgespräche waren so etwas wie das populärwissenschaftliche Sachbuch des 18. Jahrhunderts.

Gründe für und auch gegen die Abfassung eines großen Naturgedichts erwägt Goethe auch zwei Monate später, wiederum in einem Brief an Knebel. »Mir däucht ich könnte den Aufwand von Zeit und Kräften die ich an jene Studien gewendet nicht besser nutzen als wenn ich meinen Vorrat zu einem Gedicht verarbeite«, schreibt er ihm. Mit »jenen Studien« sind wohl seine Naturforschungen gemeint – und damit auch die anwachsenden Materialberge und die Schwierigkeit, eine Ordnung dafür zu finden. Doch warum sollte das in Gedichtform besser gelingen als in der Gestalt einer gelehrten Abhandlung wie der des *Versuchs*? Schließlich musste das »große Naturwerk«, wie er es nun nennt, nicht weniger wissenschaftlichen Stoff – angefangen von der Physik über die Chemie, Mineralogie, Geologie bis zur Botanik, Anatomie und Philosophie – verarbeiten, als Schelling dies regelmäßig in seinen Schriften tat und wofür ihm Goethes Bewunderung sicher war. Und genau die Frage, wie dieser ungeheure Stoff zu bändigen sei, zumal wenn er nicht einfach enzyklopädisch zusammengetragen, sondern in eine Big History eingebettet werden soll, lässt ihn wie schon einmal vor fast zwanzig Jahren letztlich vor der Aufgabe zurückschrecken: »Freilich ist es im Ganzen ein fürchterlicher Anblick, doch muß man denken daß man nach und nach durch anhaltenden Fleiß vieles zu Stande bringt.«[19]

Dann aber wird Goethes Plan eines Naturgedichts zum Gegenstand einer unerwarteten Transaktion. Caroline Schlegel, die sich von August Wilhelm Schlegel scheiden lassen will, um den fast zwölf Jahre jüngeren Schelling zu heiraten, berichtet davon in einem Brief an ihren Geliebten, der auch dazu dienen soll, ihm in einer Phase tiefer Schwermut Zuversicht zuzusprechen und ihn ihrer Liebe zu versichern. »Goethe tritt dir nun auch das Gedicht ab«, schreibt sie ihm, »er überliefert dir seine Natur. Da er dich nicht zum Erben einsetzen kann, macht er dir eine Schenkung unter Lebenden. Er liebet dich väterlich, ich liebe dich mütterlich – was hast du für wunderbare Eltern!«[20]

Zumindest verbal neigte Goethe zuweilen zu radikalen Lösungen, wenn er sich an Scheidewege und unter Rechtfertigungsdruck gestellt fühlte. Ein gutes Beispiel dafür stammt aus seiner Anfangszeit in Weimar, als ihn der Theaterautor Christian Felix Weiße fragte, wann denn endlich wieder mit einem neuen Schauspiel von ihm zu rechnen sei. Goethe versetzte kühl, er werde »seine literarische Laufbahn Lenzen überlassen: dieser wird uns mit einer Menge Trauerspiele beschenken«.[21] Es war seine Art, auf Vorwürfe wie die zu reagieren, die Umtriebigkeit am Hofe und in der Natur habe bei ihm zunehmend größeren Stellenwert als die Schriftstellerei. Etwas Ähnliches scheint hier stattgefunden zu haben. Goethe, überzeugt davon, dass der viel jüngere Schelling die nötige Energie, intellektuelle Durchschlagskraft und Kaltschnäuzigkeit besaß, um einem »fürchterlichen Anblick« wie der übergroßen Aufgabe eines umfassenden Naturwerks standzuhalten und es auch auszuführen, muss ihm in einem Moment des Überschwangs diese Herausforderung übertragen haben – zur eigenen Entlastung und zur Ermunterung des anderen, von dessen literarischen Ambitionen er wusste. Vielleicht hat er von dieser Übertragung auch nur gegenüber Caroline gesprochen, als sie ihm von den Nöten ihres Geliebten berichtete. Doch die Sache war unzweifelhaft mehr als eine Laune des Augenblicks. »Seitdem ich mich von der hergebrachten Art der Naturforschung losreißen und, wie eine Monade, auf mich selbst zurückgewiesen, in den geistigen Regionen der Wissenschaft umherschweben mußte, habe ich selten hier- oder dorthin einen Zug verspürt; zu Ihrer Lehre ist er entschieden«, hatte er Schelling noch kürzlich bescheinigt. Und hinzugefügt: »Ich wünsche eine völlige Vereinigung ...«.[22] Schelling das Naturgedichtprojekt herzuschenken, betrachtete er wohl als einen bedeutsamen Schritt hin auf dem Weg dorthin.

Vielleicht war es aber auch nur ein Akt der Resignation. Schon in dem Brief vom 27. September 1800 hat Goethe den Grad der angestrebten Vereinigung auch gleich wieder eingeschränkt. Sie müsse »desto reiner« werden, »je getreuer ich meiner eigenen Denkart dabei zu bleiben genötigt bin«, fügt er dort hinzu. So »völlig« war sie also doch nicht erwünscht. Und das wird nicht nur an dieser Stelle, sondern bei vielen Gelegenheiten klar. Etwas an Schellings systematischem und spekulativem, falls nötig über die beobachteten Phänomene hinweggehendem Philosophieren ist ihm die ganze Zeit über fremd geblieben. Diese beharrliche, zuweilen ärgerliche Fremdheit betrifft auch die Art, wie sich Schelling Goethes Kritik an Newton und seine Betrachtungen zur Farbe zu eigen macht. Er spitzt sie nämlich in einer Weise spekulativ zu, dass dabei eine Art idealistisches Zerrbild von Goethes realistischen Anschauungen entsteht, das nicht wenige, vor allem jene, die in der Materie nicht so bewandert sind, für ihr wahres Bild halten, sehr zum Schaden von Goethes eigener, viel behutsamerer und weniger apodiktischer Betrachtungsart.[23] Schellings Art zu philosophieren erstreckt sich aber auch auf einen Bereich, in dem Goethe immer noch die größte Kompetenz bescheinigt wurde: das Dichten. Schellings *System des transzendentalen Idealismus*, 1800 erschienen und von Goethe eifrig, aber auch mit einer gewissen abwartenden Haltung rezipiert,[24] gipfelt in einer Philosophie der Kunst und des künstlerischen Genies. Vornehmlich vom Genie wird dort als dem »Höchsten absolut Reellen« geschwärmt, das »Ursache alles Objektiven« sei;[25] in einem Zusammenwirken aus bewussten und unbewussten Kräften soll es so etwas wie eine höhere Synthese jener Spaltungen und Dualismen verkörpern, die das moderne Selbstbewusstsein durchziehen und auf Trab halten.

Keine Frage: Goethe, der von den Romantikern als Inkarnation der Poesie verehrt wurde, hat das geschmeichelt. Er hat es aber zugleich als Zudringlichkeit und Überforderung empfunden und sich dagegen auf seine Weise gewehrt; etwa indem er für eine Verminderung der in seinen Augen überzogenen Ansprüche plädierte, die man neuerdings an den Dichter stelle: »Was die großen Anforderungen betrifft die man jetzt an den Dichter macht«, schreibt er Schiller, »so glaube ich auch daß sie nicht leicht einen Dichter hervorbringen werden. Die Dichtkunst verlangt im Subject, das sie ausüben soll, eine gewisse gutmütige, ins Reale verliebte Beschränktheit, hinter welcher das Absolute verborgen liegt.«[26] Und hinter der es, soweit es nach Goethe ging, auch ruhig verborgen bleiben konnte. Aus eigener leidvoller Erfahrung war Schiller in dieser Hinsicht ganz einer Meinung mit Goethe: Schelling, eben kein Dichter, sondern Philosoph, überschätzte die Souveränität des Künstlers maßlos. Er fürchte, hatte Schiller einige Tage zuvor an Goethe geschrieben, »daß diese Herrn Idealisten ihrer Ideen wegen allzuwenig Notiz von der Erfahrung nehmen, und in der Erfahrung fängt auch der Dichter nur mit dem Bewußtlosen an, ja er hat sich glücklich zu schätzen, wenn er durch das klarste Bewußtsein seiner Operationen nur so weit kommt, um die erste dunkle Totalidee seines Werks in der vollendeten Arbeit ungeschwächt wieder zu finden.«[27] Sollte die ungeheure Aufgabe, vor der Goethe sich fürchtete, doch am besten auch gleich derjenige selbst leisten, der sich diese unmenschlichen Ansprüche an den Dichter ausgedacht hatte und sich einbildete, mit seinen Begriffen alle Beschränkungen hinter sich lassen zu können.

Schelling hat Goethes Geschenk, das einer Büchse der Pandora ähnelte, tatsächlich angenommen. Jedenfalls sehen wir ihn, dem das Schreiben ansonsten leichtfiel und der einen immensen Ausstoß wohl formulierter Seiten pro Tag verbuchen konnte, zunehmend mit grübelnder Miene über fast leeren Blättern sitzen. Dann und wann notiert er einen Vers, um ihn oftmals sofort wieder auszustreichen. Er scheint der ihm überantworteten Aufgabe nicht gewachsen gewesen zu sein – wohl noch weniger als derjenige, der sie ihm übertragen hat. Über erste Versuche kommt er jedenfalls nicht hinaus. Gewöhnlich wird die Krise, in der sich Schelling in der zweiten Jahreshälfte 1800 befand, mit dem Tod von Carolines Tochter Auguste, der Mitschuld, die man ihm daran gab, weil seine dilettantischen alternativen Heilmethoden keine Wirkung hatten, und dem Umstand in Verbindung gebracht, dass sich seine um ihre Tochter trauernde Geliebte ihm entzog. Dies führte unter anderem dazu, dass Goethe auf Bitten Carolines hin Schelling zum Jahreswechsel zu sich nach Weimar einlud, obwohl er sich selbst schon nicht wohl fühlte und kurz darauf schwer erkrankte. Doch sicherlich hatte Schellings depressive Verstimmung auch mit dem Unvermögen zu tun, der so ehrenvollen ihm übertragenen Aufgabe genügen zu können. Die spärlichen Fragmente seiner Anstrengung veröffentlichte er 1802 in dem von August Wilhelm Schlegel und Ludwig Tieck herausgegebenen *Musen-Almanach* – unter Pseudonym. Zu seinem Scheitern mochte Schelling sich wohl nicht bekennen. Stattdessen schreibt er in der *Philosophie der Kunst* eine längere Abhandlung über das Lehrgedicht, setzt sich darin kritisch mit Lukrez auseinander und bezeichnet ein »Gedicht von der Natur der Dinge« als ein Desiderat, das weiterhin ausstehe, von dem es aber höchst zweifelhaft sei, ob es je zustande komme, da schon die Alten es nicht hingekriegt hätten.[28] Die Ansprüche, die Schelling an das Gelingen dieses Werkes stellt, sind derart maßlos überzogen, dass an seiner Ausführung gescheitert zu sein, kaum noch ein Makel zu nennen ist. Typisch Philosoph, könnte man sagen.

Welcher Art die Anziehungskräfte zwischen Schelling und Goethe waren, ohne dass es zu einer stabilen Beziehung kam, von völliger Vereinigung ganz zu schweigen, hat keiner besser als Schiller verstanden, der mit Goethe ähnliche Erfahrungen machte wie der Philosoph. Man könnte es eine Asymmetrie der Erwartungen nennen. »Es ist eine sehr interessante Erscheinung«, schreibt er am 20. Februar 1802 an Goethe, sichtlich um Distanz und Allgemeinheit bemüht, »wie sich Ihre anschauende Natur mit der Philosophie so gut verträgt und immer dadurch belebt und gestärkt wird«. Ob sich umgekehrt Schellings spekulative Natur eben so viel von Goethes anschauender aneignen werde, bezweifle er; das liege schon in der Natur der Sache. »Denn Sie nehmen sich von seinen Ideen nur das, was Ihren Anschauungen zusagt, und das übrige beunruhigt Sie nicht, da Ihnen am Ende doch das Objekt als eine festere Autorität dasteht ... Den Philosophen aber muß jede Anschauung, die er nicht unterbringen kann, sehr inkommodieren, weil er an seine Ideen eine absolute Forderung macht.« In seiner trockenen Art hat Schiller es einmal mehr auf den Punkt gebracht.

Goethes Hinwendung zur Naturphilosophie fällt in die Zeit, da Alexander von Humboldt, mit dem er sich so gut verstanden hatte, seine große amerikanische Expeditionsreise unternimmt. 1803 ist es mit der Nähe zu Schelling schon aus rein äußerlichen Gründen vorbei: Der junge Philosoph nimmt einen Ruf nach Würzburg an und heiratet Caroline Schlegel, bevor er dort seine Stelle als Professor für Naturphilosophie antritt. Ihre mit Goethes Hilfe zustande kommende Scheidung von August Wilhelm Schlegel wird im Mai bewilligt. Der Kreis der Jenaer Romantiker bricht auseinander. Aber die Situation ist für Jena und für Goethe selbst noch weitaus prekärer. Auch Loder, seit fünfundzwanzig Jahren in Jena und dort sein Ansprechpartner in Sachen Anatomie, verlässt die

Stadt und geht nach Halle. Andere folgen ihm. Die Universität Jena, von Goethe in Symbiose mit Weimar als ein Zentrum naturwissenschaftlicher, literarischer und philosophischer Bildung konzipiert, droht in die vormalige Provinzialität zurückzufallen, aus der die Berufungen Schillers und des Philosophen Carl Leonhard Reinhold, später auch insbesondere Fichtes sie herausgeführt hatten. Für Goethe ist das mehr als eine wissenschaftspolitische Niederlage; vielmehr eine Bedrohung seiner intellektuellen und kreativen Existenzbasis, die er sich nach der Rückkehr aus Italien geschaffen hat.

Noch schwerer als Loders und Schellings Fortgang wiegt, dass im gleichen Jahr die *Allgemeine Literatur-Zeitung*, ein bereits seit 1787 existierendes, auflagenstarkes Rezensionsorgan, zusammen mit ihrem Gründer Johann Gottfried Schütz, bislang Jenaer Professor für Poesie und Beredsamkeit, ebenfalls nach Halle abwandert. Die *ALZ* war eine Institution mit gar nicht zu überschätzendem Einfluss: Den dort erscheinenden, anonym verfassten Rezensionen von Neuerscheinungen aller literarischen Genres und Wissensgebiete wurde nachgesagt, dass sie über Bucherfolge und sogar Wissenschaftlerkarrieren entscheiden konnten. Zudem verfügte die *ALZ* mit ihrem Stab an Rezensenten über ein ausgedehntes Netzwerk, das der Universität Jena große Vorteile dabei verschaffte, qualifizierte Mitarbeiter zu gewinnen und die Forschung zu organisieren.

Goethe handelt sofort: Mit der *Jenaischen Allgemeinen Literatur-Zeitung* wird unmittelbar ein Nachfolgeorgan ins Leben gerufen, das wie die *ALZ* mehrmals wöchentlich erscheint und auch in der Aufmachung von ihrem Vorgängerblatt kaum zu unterscheiden ist. Wie die *ALZ* ist die *JALZ* ein Privatunternehmen, aber mit enger, zunehmend auch ökonomischer Anbindung an das Herzoghaus. Auch jetzt gibt es mit dem Altphilologen Heinrich Karl Abraham Eichstädt einen zuständigen Redakteur, die eigentliche Leitung jedoch liegt bei den Geheimen Räten Goethe und Christian Gottlob Voigt, die vom Herzog dazu bestellt werden. Insbesondere in den ersten Jahren ihres Bestehens lief so gut wie jede Rezension der *JALZ* über Goethes Schreibtisch.[29] Kaum einer dürfte einen besseren Überblick über das literarische, intellektuelle und wissenschaftliche Geschehen seiner Zeit gehabt haben. Goethe nutzt seinen Einfluss aber auch, um die *JALZ* zu modernisieren; mehr und mehr öffnet sie sich den neueren naturphilosophischen Strömungen und den aktuellen naturwissenschaftlichen Entwicklungen, und so gelingt es ihr schon bald, die abgewanderte *ALZ* in puncto Zeitgenossenschaft und Einfluss auszustechen.

1804 kehrt Alexander von Humboldt nach Europa zurück. Er sei so lange fort gewesen, schreibt Goethe an Wilhelm von Humboldt, dass man das Gefühl habe, er stehe von den Toten wieder auf.[30] An dem Tag, da Goethe diese Zeilen diktiert, nähert sich das Schiff von Humboldt und seinem Begleiter Bompland gerade der Atlantikküste Frankreichs. Am 3. August gehen sie in Bordeaux von Bord, Ende des Monats erreichen sie Paris – im Gepäck fünfunddreißig Kisten, in denen sich die gigantische Ausbeute ihrer Expedition befindet: 60 000 Pflanzenproben, darunter über 2000 in Europa unbekannte Arten, Zigtausende von geologischen, meteorologischen und astronomischen Messungen und Beobachtungen, fein säuberlich in Dutzenden von Kladden notiert und in Hunderten von Skizzen festgehalten. Humboldt konnte sich rühmen, mehr an Material und Daten zusammengetragen zu haben als jemals ein Forschungsreisender vor ihm.[31]

Und nicht nur das: Seine Prominenz war in den fünf Jahren seiner Abwesenheit ins schier Unermessliche gewachsen. Zwar hatte er den Gipfel des Chimborazo nicht erreicht, der damals mit knapp 6300 Metern als der höchste Berg der Erde galt. Wegen einer Gletscherspalte und Tiefschnee mussten er und seine Begleiter auf 5197 Metern, wie Alexander genau gemessen hatte, den Aufstieg abbrechen. Trotzdem: Kein Mensch vor Humboldt war je zuvor in solche Höhen vorgestoßen, nicht einmal ein Ballonfahrer. Und Alexander hatte schon von Südamerika aus dafür gesorgt, dass sich diese Nachricht in ganz Europa verbreitete.

Keine drei Wochen nach Humboldts Einzug in Paris unternimmt der Physiker Joseph Louis Gay-Lussac eine Ballonfahrt, bei der er Humboldts Höhenrekord einstellen will. Es gelingt ihm, in die Region jenseits der 7000 Meter vorzustoßen. Soweit hatte sich noch nie ein Mensch vom Erdboden entfernt. Bereits am 24. August hatte Gay-Lussac zusammen mit dem Kollegen Jean-Baptiste Biot in einem Wasserstoffballon die Höhe von 4000 Metern erreicht und dabei Messungen des Erdmagnetfeldes unternommen. Nun, allein unterwegs, nimmt er Luftproben in verschiedenen Höhen, deren Auswertung die Annahme widerlegt, dass der Sauerstoffgehalt der Luft mit steigender Höhe proportional abnimmt. Die Analyse unternimmt er gemeinsam mit Alexander von Humboldt: Die beiden Höhenrekordhalter, der Lüfte und der Berge, tun sich zusammen.

Sie machen noch immer gemeinsame Sache, als Alexander von Humboldt im März 1805 von Paris nach Italien aufbricht, um in Rom seinen Bruder zu besuchen, der dort seit 1802 preußischer Gesandter beim Heiligen Stuhl ist. Zur Reisegruppe zählen auch Humboldts alter Freiberger Kommilitone Leopold von Buch, einer der Begründer der Stratigraphie, der Datierung von Gesteinsschichten anhand von Leitfossilien, sowie der junge, gerade einundzwanzigjährige Venezolaner Simón Bolívar, den er gerade in Paris kennengelernt hat. Mit von Buch verbindet ihn ein Überzeugungswandel: Die vulkanische Natur Südamerikas hat Humboldt von seiner ursprünglichen Ansicht abgebracht, die Erdoberfläche, die Gebirge und Gesteine hätten sich als Sedimentierungsprozesse im absinkenden Urozean gebildet. Die Vulkanität des Basalts ließ sich seinen Beobachtungen nach nicht länger bestreiten, und die mehrfache Besteigung des Vesuvs wird ihn und von Buch in diesem Urteil bestärken. Damit wechselten die beiden berühmtesten Schüler Werners ins Lager der Vulkanisten – ein Umstand, der Goethe, als er Jahre später davon erfährt, noch zu schaffen machen wird.

Noch bevor Humboldt in Rom eintrifft, stirbt in Weimar am 9. Mai 1805 Friedrich Schiller, gerade einmal fünfundvierzig Jahre alt. Er litt an einer fortschreitenden chronischen Lungenentzündung, die bereits den Dreißigjährigen stark geschwächt hatte und etwa dazu führte, dass er vor Mittag nie arbeitsfähig war, weil ihn nachts krampfartige Schmerzen nicht zur Ruhe kommen ließen. Goethe, seit Februar selbst an einer Gürtelrose erkrankt, die auf sein Gesicht schlug und die Augen in Mitleidenschaft zog, reagiert erst mit großer Trauer und dann mit Resignation: »Ich dachte mich selbst zu verlieren«, schreibt er am 1. Juni an den Komponisten Carl Friedrich Zelter, den er drei Jahre zuvor kennengelernt hat, »und verliere nun einen Freund und in demselben die Hälfte meines Daseins. Eigentlich sollte ich eine neue Lebensweise anfangen; aber dazu ist in meinen Jahren auch kein Weg mehr. Ich sehe also jetzt nur jeden Tag unmittelbar vor mich hin, und tue das Nächste, ohne an eine weitere Folge zu denken.«[32]

Dieses Gefühl, dass mit Schillers Tod etwas zu Ende gegangen war, das sich nicht wiederherstellen oder kompensieren ließ, beschäftigt Goethe in den folgenden Jahren nachhaltig. Knapp ein Jahr nach Schillers Tod schreibt er an den Maler Philipp Hackert, mit dem er seit der Italienreise befreundet ist: »Seit der großen Lücke, die durch Schillers Tod in mein Dasein gefallen ist, bin ich lebhafter auf das Andenken der Vergangenheit hingewiesen, und empfinde gewissermaßen leidenschaftlich, welche Pflicht es ist, das was für ewig verschwunden scheint, in der Erinnerung aufzubewahren.«[33] Für einen ursprünglich so gegenwartsversessenen Menschen wie Goethe ist das eine bemerkenswerte Wende. Der sich hier andeutende Zug zur Autobiographie und zur Selbsthistorisierung wird sein gesamtes Spätwerk prägen.

Zu dem Verlust Schillers kommt gerade einmal ein halbes Jahr später eine ganz andere, aber nicht minder existenzielle Bedrohung hinzu: Der zum Kaiser der Franzosen gekrönte Napoleon und seine »grande armée« machen sich daran, durch Kriege die Gestalt Europas zu verändern. Über eine Million Menschen werden das mit ihrem Leben bezahlen. Als das preußische Heer in der Doppelschlacht bei Jena und Auerstedt am 14. Oktober 1806 vernichtend geschlagen wird, entgeht auch Weimar der Plünderung durch französische Soldaten nicht. Goethe wird in der Nacht von zwei Infanteristen bedroht, die sich Einlass in sein Haus verschafft haben. Mithilfe von Christiane gelingt es ihm, sich ihrer zu erwehren. Andere Weimarer Häuser trifft es noch schlimmer: Sie werden regelrecht ausgeraubt oder sogar angezündet, etwa auch das von Charlotte von Stein oder das des siebzigjährigen Malers Georg Melchior Kraus.[34] Nicht auszudenken, was es bedeutet hätte, wäre auch das Haus am Frauenplan mit Goethes umfangreichen Sammlungen und den dort verwahrten Manuskripten und Materialbergen überfallen oder ein Raub der Flammen geworden. »Meine größte Sorge in diesen schrecklichen Stunden war für meine Papiere«, schreibt er an seinen Verleger Cotta, »und sie war nicht ohne Grund; denn in andern Häusern haben die Plünderer besonders Papier durcheinander geworfen, zerstreut und verderbt.«[35] In einer Welt, die »in allen Enden und Ecken« brannte,[36] musste man damit rechnen, dass solch schreckliche Stunden sich jederzeit wiederholen konnten.

Dieses Mal reagiert Goethe schnell: Nur wenige Tage nach der Plünderung Weimars heiratet er Christiane nach sechzehn Jahren des Zusammenlebens ohne Trauschein und beginnt, über Strategien nachzudenken, seine noch unveröffentlichten Schriften vor den so unberechenbaren wie zermalmenden Triebrädern der Zeitläufte in Sicherheit zu bringen. Und wie könnte das besser geschehen, als dass man sie druckreif macht? Das erste, woran er dabei denkt, noch bevor er so arbeitsaufwendige Projekte wie seine Autobiographie in Angriff nimmt, sind die naturwissenschaftlichen Schriften, etwa die zur Morphologie. Viele von ihnen existieren bislang nur in Manuskriptform, zum Teil in den eigenen, zum Teil in den Schubladen anderer, häufig schlicht vergessen. Er beginnt sie zu einem Band zusammenzustellen – von »Heften« wird er später bescheiden sprechen – und berücksichtigt dabei den *Versuch die Metamorphose der Pflanzen zu erklären* ebenso wie das dazu entstandene Gedicht, die kleine Schrift *Dem Menschen wie den Tieren ist ein Zwischenkieferknochen der obern Kinnlade zuzuschreiben* und den Max Jacobi diktierten *Ersten Entwurf einer allgemeinen Einleitung in die vergleichende Anatomie, ausgehend von der Os-*

teologie, der entstand, als ihm Alexander Humboldt über die Schulter geschaut hatte. Er schreibt auch zwei einleitende Texte dazu: »Das Unternehmen wird entschuldigt«, eine Art Rechtfertigung, und »Die Absicht eingeleitet«, eine kleine Einführung in die Morphologie. »Die Jahre, die erst brachten, fangen an zu nehmen«, heißt es im ersten Text – mit diesem elegischen Satz verallgemeinert Goethe die angesichts von Schillers Tod gemachte Verlusterfahrung. Aber auch die Bedrohungserfahrung der Oktobertage ist gegenwärtig: »Ich würde nicht in Versuchung kommen«, vermerkt er, »meine Ansichten der Natur, in einem schwachen Kahn, dem Ozean der Meinungen zu übergeben, hätten wir nicht in den erstvergangenen Stunden der Gefahr so lebhaft gefühlt, welchen Wert Papiere für uns behalten, in welche wir früher einen Teil unseres Daseins niederzulegen bewogen worden«.[37]

∾

»Ansichten der Natur« – die gleichsam nebenbei fallende Formulierung hätte von Alexander von Humboldt sein können, der ein 1808 veröffentlichtes Werk, das zugleich sein populärstes werden sollte, so nennt. Doch Goethe und er kamen wohl unabhängig voneinander zu dieser Fügung, und beide dürften dabei an die 1790 erschienenen populären *Ansichten vom Niederrhein* des Forschungsreisenden Georg Forster gedacht haben.

Nach seiner ausführlichen Italienreise trifft Humboldt gemeinsam mit Gay-Lussac Mitte November 1805 in Berlin ein. Bereits im August 1800 hatte ihn der preußische König zum außerordentlichen Mitglied der Akademie der Wissenschaften zu Berlin ernannt; nun gewährt er ihm eine Pension von 2500 Talern, um ihn zum Bleiben zu bewegen. Alexander macht kein Hehl daraus, dass er die französische der preußischen Hauptstadt vorzieht, allein schon deshalb, weil Paris damals das Mekka der Naturwissenschaften ist und er dort die besseren Voraussetzungen vorfindet, um seine Reise wissenschaftlich auszuwerten; aber auch wegen des mondänen und zugleich ungezwungenen Lebensstils, der ein Jahrzehnt nach der Revolution wieder zum Markenzeichen von Paris wird.

Humboldt wohnt während seiner Berliner Zeit in einem Gartenhaus hinter der Stadtvilla des wohlhabenden Branntweinbrenners George in der Friedrichstraße – sozusagen mittendrin und doch separiert, seinem Lebensgefühl in der ungeliebten, aber ihm vertrauten Stadt entsprechend. Den weitläufigen Garten nutzt er für erdmagnetische Beobachtungen, über 6000 in einem Zeitraum von mehreren Monaten. In der Nacht des 20. Dezember beobachtet er bei wolkenlosem, azurblauem Himmel zwischen zweiundzwanzig Uhr und zwei Uhr morgens ein Nordlicht. Auch Carl August, der sich gerade in Berlin aufhält, bringt einen Teil der Nacht in Humboldts Garten zu, um wie einst 1770 der junge Goethe in Frankfurt die seltene Leuchterscheinung zu bewundern. Humboldt registriert erstaunt ihren Einfluss auf die Magnetnadel. Die Veränderungen in der Abweichung betrugen annähernd das Zwölffache der sonst üblichen Messungen. »Dieses ist in unseren Beobachtungen ohne Beispiel«, schreibt er in den *Annalen der Physik*.[38]

Die in Mitteleuropa seltenen Polarlichter schienen die Vermutung, dass es einen Zusammenhang zwischen Elektrizität und Magnetismus gab, zu belegen. Eine überzeugende Erklärung des Phänomens gelingt allerdings erst Ende des 19. Jahrhunderts: Das Leuchten kommt zustande, wenn elektrisch geladene Teilchen aus der Magnetosphäre auf das Gasgemisch der oberen Schichten der Erdatmosphäre treffen. Dass die Erde ein riesiger Magnet mit zwei Polen ist, war im Prinzip bekannt, seitdem der englische Physiker William Gilbert im Jahr 1600 seine Schrift *De Magnete* veröffentlicht hatte. Was das aber genau hieß, wie das Erdmagnetfeld zustande kam und was es bewirkte, blieb ein Rätsel. Antworten auf diese Fragen waren kaum aus dem Labor zu erwarten; dafür musste man an möglichst vielen Orten der Erde vom Polarkreis bis zum Äquator Messungen vornehmen. So wurde die Erforschung des Erdmagnetfeldes zu einer der großen Aufgaben der Expeditionen, die im 18. Jahrhundert begannen. Humboldt hatte auf seiner Südamerikareise neben einem saussureschen Magnetometer einen Inklinationskompass dabei, den ihm das Pariser »Bureau de Longitudes« überlassen hatte. Auf seinem Reisegebiet, das 105 Längengrade und mehr als 60 Breitengrade umfasste, nahm er an 120 Stellen Messungen des Erdmagnetfelds vor, bestimmte dessen lokale Intensität und die Deklination, die Abweichung der magnetischen von der geographischen Nordrichtung. Humboldt hat später betont, dass seine erdmagnetischen Messungen das wichtigste wissenschaftliche Ergebnis seiner großen Expedition gewesen seien.

Dennoch bildeten sie nur eine Komponente seiner vielfältigen Bemühungen einer wissenschaftlichen Erdbeschreibung. Was Humboldt schon in den Augen Goethes so besonders machte, waren nicht bestimmte Erkenntnisse in einer bestimmten wissenschaftlichen Disziplin, nicht einmal der Geographie, zu deren Begründern er gehört. Humboldts Wissenschaft war die eines Forschungsreisenden, und sie nahm, anders als damals üblich, nicht eine bestimmte Gegend, und sei sie noch so exotisch, in den Blick, sondern die Erde als Ganzes, als System, wie wir heute sagen würden. Dafür bediente er sich aller damals relevanten Wissenschaftsdisziplinen, auch so avancierter wie der Atmosphärenphysik oder der von ihm selbst inaugurierten Pflanzengeographie. Das damit verbundene Forschungsprogramm stand ihm bereits vor seinem Aufbruch nach Amerika deutlich vor Augen. Am 5. Juni 1799, dem Tag der Abreise nach Südamerika, schreibt er an den Salzburger Naturforscher Karl Moll, in dessen Bibliothek er zwei Jahre lang alle verfügbaren Reisebeschreibungen studiert hatte: »In wenigen Stunden ... segeln wir um das Kap Finisterre. Ich werde Pflanzen und Fossilien sammeln, mit einem vortrefflichen Sextanten ..., einem Quadrant ... und einem Chronometer ... werde ich nützliche astronomische Beobachtungen machen können; ich werde die Luft chemisch zerlegen. – Diess alles ist aber nicht Hauptzweck meiner Reise. Auf das Zusammenwirken der Kräfte, den Einfluss der unbelebten Schöpfung auf die belebte Thiere- und Pflanzenwelt, auf die Harmonie sollen stäts meine Augen gerichtet seyn!«[39]

Der Begriff der Harmonie fällt in diesem Zusammenhang nicht zufällig. Es war ein zentraler Begriff Goethes, von ihm immer dann verwendet, wenn er eine neue wissenschaftliche Entdeckung zu melden hatte. Ihre Pointe sollte jedes Mal sein, dass sich an einer Einzelfrage, sei es das Vorhandensein des Zwischenkieferknochens beim Menschen oder dem Gestaltenwandel durch Wachstum bei den einjährigen Blütenpflanzen, die Übereinstimmung des Ganzen erwies. »Die ganze Natur ist eine Melodie, in der eine tiefe Harmonie verborgen ist« – das war bereits Goethes Credo gewesen, bevor er nach Weimar kam.[40] In Spinoza hatte er diese tiefe Überzeugung wiedergefunden, ausgearbeitet zu einem philosophischen System, das die Natur vergöttlicht. Und seine eigenen Naturforschungen hatten sie ihm immer wieder bestätigt. Korrekter ausgedrückt, sie waren unter dieser forschungsleitenden Prämisse erst zustande gekommen und hatten nach Goethes Verständnis durch die erzielten Ergebnisse auch deren Richtigkeit belegt.

Humboldt ist dieser Sinn für die Übereinstimmung des Ganzen im Zusammensein mit Goethe aufgegangen. Er spricht davon in einem Brief, den er im Mai 1806 aus Berlin an Karoline von Wolzogen schreibt. Überall sei er auf seiner Amerikareise »von dem Gefühl durchdrungen« worden, »wie mächtig jene jenaer Verhältnisse auf mich gewirkt, wie ich, durch Goethe's Naturansichten gehoben, gleichsam mit neuen Organen ausgerüstet worden war«, heißt es dort. Humboldt beantwortet einen Brief Karolines, die er in Weimar kennengelernt hatte. Im Frühjahr 1797 war sie mit ihrem zweiten Mann, dem Diplomaten Wilhelm von Wolzogen, dorthin gezogen. In ihrem Brief scheint sie, wenn auch in der ihr eigenen charmanten Form, die Ermahnungen seines Bruders und dessen Frau aufgegriffen zu haben: über der Welt und dem Ruhm das Vaterland nicht zu vergessen und sich statt in Paris doch bitte in Berlin niederzulassen. Sie hatte sich einen Scherz über Humboldts Universalität erlaubt und ihm damit geschmeichelt, ihn dann aber daran erinnert, in einer entscheidenden Phase seines Werdegangs einen folgenreichen Umgang mit Goethe und dem verstorbenen Schiller gehabt zu haben, und an seinen »deutschen Sinn« appelliert. Humboldt widerspricht dem nicht, im Gegenteil, er nennt es »etwas Grosses und Rühmliches, einmal zwischen Ihnen und diesen nicht ganz unbeachtet gestanden zu haben«. Aber im Fortgang des Briefes gibt er seiner Dankbarkeit dann eine entscheidende Wendung: »Liegen auch grosse Bergmassen und Meere, ja, was höher und tiefer noch ist, die Vergegenwärtigung einer fast schauderhaft lebendigen Natur zwischen jener Zeit und dieser«, so sei das Neue doch auch wieder heimisch geworden und das äußerlich Fremde habe an ältere Vorstellungen anknüpfen können, »und in den Wäldern des Amazonenflusses wie auf dem Rücken der hohen Anden erkannte ich, wie von einem Hauche beseelt von Pol zu Pol nur Ein Leben ausgegossen ist in Steinen, Pflanzen und Thieren und in des Menschen schwellender Brust.«[41]

Schöner und pathetischer als er selbst kann man kaum sagen, was Alexander von Humboldt, dem jungen, ehrgeizigen Forscher, dem kühnen Experimentator mit der Leidenschaft, alles zu vermessen und zu erklären, in den wenigen Wochen, die er sich in Jena und Weimar aufgehalten hat, in den Begegnungen mit Goethe aufgegangen sein muss: dass alles Leben auf dieser Erde in engstem Zusammenhang steht und noch der Mensch mit seinen Sinnen und Gefühlen an diesem Zusammenhang teilhat. Allerdings zieht er daraus genau die gegenteilige der ihm von Karoline von Wolzogen und seinem Bruder nahegelegten Konsequenz: Wer den Gedanken fasst, dass in allen Erscheinungen des Lebens die gleiche lebendige Natur pulsiert, für den sind nationale Egoismen kein Maßstab mehr. Er ist sozusagen Kosmopolit von Natur aus, weniger im Sinne eines Weltbürger- als eines Erdbürgertums. Sein Glaube an die Gemeinsamkeit des Menschseins in einer Welt von Fremden liegt in der Erfahrung begründet, dass wir dieselbe Natur teilen und den einen Planeten Erde bewohnen.

Und noch etwas leistet Humboldt in seinem Brief: Er wendet die leitende Idee von einer Übereinstimmung des Ganzen auf die Erforschung der Erde an. Er bringt sozusagen Goethes Harmonieverständnis und seinen alten Plan eines Romans über das Weltall zusammen, der stets ein Roman über die Erde, ihre Entstehung, ihr Aussehen und ihre Lebensbedingungen werden sollte. Humboldt tut dies als Naturwissenschaftler, der vor der vieljährigen Auswertung der Ergebnisse seiner Forschungsreise steht, sich aber zusehend darüber klar wird, dass ohne literarische Ambitionen seine Bemühungen zwar spannende Einzelergebnisse, aber keine Gesamtschau hervorbringen werden. Wir können davon ausgehen, dass Goethe Alexander von Humboldts Brief an Karoline von Wolzogen gelesen hat. Briefe waren auch damals etwas Privates, das man aber stolz teilte, zudem wenn es auch andere betraf. Und einen Brief von dem berühmten Forschungsreisenden Alexander von Humboldt zu bekommen, in dem er freimütig seine Ansichten ausspricht, war 1806 etwas, das man kaum für sich behielt.

∽

»Wie von einem Hauch beseelt«, schreibt Humboldt in seinem Brief. Seit ihrem gemeinsamen Versuch mit dem Hauch ist das so etwas wie ein Losungswort des jüngeren und des älteren Mannes. Bereits im Februar 1806 hat Humboldt seine Abhandlung *Ideen zu einer Physiognomik der Gewächse* nach Weimar geschickt, die schriftliche Fassung eines Vortrags, den er in der Berliner Akademie der Wissenschaften gehalten hat. Goethe hat sie sofort gelesen und unmittelbar in der *Jenaer Allgemeinen Literatur-Zeitung* besprochen. Der Ton seiner Ausführungen ist beinahe zärtlich zu nennen: »Nachdem der erste sehnliche Wunsch erfüllt war, den trefflichen und kühnen Naturforscher von seiner müh- und gefahrvollen Reise wieder bei den Seinen zu wissen: so mußte der zweite sogleich lebhaft entstehen, und Jedermann höchst begierig sein auf eine Mitteilung aus der Fülle der eroberten Schätze«, heißt es in der Rezension. »Hier nun empfangen wir die erste Gabe, in einem kleinen Gefäß sehr köstliche Früchte.« Auch Goethe verwendet die Metapher des Hauchs – als Klimax einer langen Satzperiode, in der er Humboldts Verdienst als den letzten und konsequenten Schritt einer naturgemäßen Pflanzenkunde rühmt: »Der Mann, dem die über die Erdfläche verteilten Pflanzengestalten in lebendigen Gruppen und Massen gegenwärtig sind«, deute in seiner Schrift an, »wie das einzeln Erkannte, Eingesehene, Angeschaute, in völliger Pracht und Fülle dem Gefühl zugeeignet, und wie der so lange geschichtete und rauchende Holzstoß, durch einen ästhetischen Hauch, zur lichten Flamme belebt werden könne«.[42]

Der lange geschichtete und rauchende Holzstoß, damit sind die seit Linné unternommenen Versuche gemeint, Systematik ins Pflanzenreich zu tragen, indem es entweder nach einem a priori festgesetzten Merkmal oder wie dann von Jussieu und seinen Nachfolgern nach dem Prinzip der Gesamtähnlichkeit geordnet wird, also als künstliches oder natürliches System. Letzteren Versuch hält Goethe schon für »naturgemäßer«. Aber erst Humboldt mit seinem physiognomischen Ansatz gelingt, laut Goethe, eine der lebendigen Natur und ihrer Vielfalt angemessene, tatsächlich naturgemäße Darstellung. Der ästhetische Hauch, von dem Goethe spricht, der die Systematik belebt, den Rauch vertreibt und die lichte Flamme entfacht, meint ein Verfahren, das die Dinge der Natur, in diesem Fall die Pflanzen, zwar zum Gegenstand des Wissens und der Wissenschaft macht, aber hernach auch wieder zu ihnen als konkreten Phänomenen zurückkehrt, sie dem Leben zurückgibt, angereichert mit einem Wissen, das aus der Beobachtung, aus Experimenten und ihrer Interpretation gewonnen wurde. »Wenn wir uns ins Wissen, in die Wissenschaft begeben, geschieht es doch nur, um desto ausgerüsteter ins Leben wiederzukehren«, schreibt Goethe in seiner Besprechung.[43] An Humboldts Abhandlung geht ihm die Maxime seiner eigenen Naturforschung auf, nicht nur von den Phänomenen auszugehen, sondern vor allem bei ihnen zu bleiben. Humboldt hingegen hätte seinerseits wohl gesagt, dass er das Prinzip geradezu Goethe abgeschaut hatte, als dieser erste tastende Gehversuche in Richtung einer Morphologie des Lebendigen unternahm.

Bereits mit dem Titel seiner Abhandlung greift Humboldt einen Goethe aus früherer Zeit vertrauten Begriff auf: Lavaters physiognomische Studien hatte er zuerst bewundert, dann als Irrlehre verworfen, sofern sie mit dem Anspruch von Wissenschaftlichkeit auftraten. Die Methode selbst aber hatte er auf die Erkenntnis der Natur zu übertragen versucht, wenn er etwa von anschauendem Begriff sprach. Mittlerweile war das Konzept der Physiognomie dem der Morphologie gewichen. Aber die Grundüberzeugung, »daß alles was sei, sich auch andeuten und zeigen müsse«,[44] war geblieben.

Bei Humboldt meint Physiognomik eine auf das Typische ausgerichtete Naturforschung, die sich gleichwohl ganz am Konkreten orientiert: den jeweiligen, von Standort und Klima beeinflussten Pflanzengesellschaften. Humboldt ging davon aus, dass sich eine gewisse Anzahl elementarer Pflanzentypen voneinander unterscheiden lassen, die jeweils durch ihr hauptsächliches Vorkommen oder die Gesellschaft, die sie mit anderen eingehen, das Erscheinungsbild einer Landschaft bestimmen. Dazu zählt er die Palmen für ihn die höchsten und edelsten Pflanzengestalten, die Nadelhölzer, Heidekräuter, Kakteen, Moose und Flechten, Lianen oder auch die Gräser.

Zugleich versucht er in *Ideen zu einer Physiognomik der Gewächse* aber auch ein Gesetz der Verbreitung der Formen aufzustellen. So wie die magnetische Intensität laut Humboldts Messungen von den Polen hin zum Äquator zunahm, so sollte es sich auch mit der Vielfalt und der Üppigkeit der Vegetation verhalten. »Je näher den Tropen, desto mehr nimmt die Mannigfaltigkeit der Gestalten, Anmut der Form und des Farbengemisches, ewige Jugend und Kraft des organischen Lebens zu«, heißt es in dem Aufsatz. Bezweifeln würde diese Zunahme nur, wer »nie unsern Weltteil verlassen oder das Studium der allgemeinen Erdkunde vernachlässigt« habe. Auch hier geht es Humboldt um eine Erkenntnis im terrestrischen Maßstab. Der »Teppich«, den die Flora »über den nackten Erdkörper« ausbreitet, sei »ungleich gewebt«, stellt er fest, aber nicht zufallsbedingt, sondern abhängig »von klimatischen Einflüssen«. Bei der Fauna, so seine Überzeugung, verhält es sich nicht anders. Doch verdanke sich das, was er den »Totaleindruck einer Gegend« nennt, in erster Linie der Pflanzendecke: »Dem tierischen Organismus fehlt es an Masse; die Beweglichkeit der Individuen und oft ihre Kleinheit entziehen sie unsern Blicken.«[45]

Was für Goethe der Aufenthalt in Italien war für den jüngeren Humboldt die Forschungsreise durch Südamerika: die Begegnung mit einer Natur, die in jeder Hinsicht vom Klima stärker begünstigt erschien als die heimische. Goethe war überzeugt davon, dass er ohne die Erfahrung der südlichen Flora nicht auf die Idee der Metamorphose und damit auf die Morphologie gekommen wäre. Zudem hatte ihm die italienische Reise überhaupt erst einen Maßstab dafür verschafft, was ein Leben sein kann, das seine natürlichen Potenziale ausschöpft, statt sie verkümmern zu lassen. Humboldt ging es ganz ähnlich. Auch er hatte den Eindruck, mit seiner Rückkehr in eine schale, armselige, unter den Möglichkeiten der Natur bleibende Welt zu geraten. »Am glühenden Sonnenstrahl des tropischen Himmels gedeihen die herrlichsten Gestalten der Pflanzen«, schreibt er in seinem Aufsatz.[46] Einer seiner ersten Gedanken galt einer weiteren Expedition, die sich aber erst spät im Leben verwirklichen lassen sollte. Doch er findet einen Weg, wie er mit dieser deprimierenden Situation umgehen kann, und auch dieser hat mit Goethe und dem »ästhetischen Hauch« zu tun. Humboldt beschränkt sich nämlich nicht, wie es für einen Forscher seiner Klasse nahegelegen hätte, auf die wissenschaftliche Auswertung des gesammelten Materials und der erhobenen Daten sowie die Publikation seiner Ergebnisse in Fachorganen. Schon der *Ideen*-Aufsatz und dann erst recht sein Buch *Ansichten der Natur*, in das dieser als ein Kapitel eingeht, zeigen, dass sein schriftstellerischer Ehrgeiz sehr viel weiter geht. Goethe nennt diese Ambitionen im Jahr 1808, als die *Ansichten* erscheinen, »Wissenschaft nach außen«; sie müsse »vorzeigend« sein und ihren Gegenstand »unter allgemeine Gesichtspunkte bringen«.[47] Humboldt spricht von der »Verbindung eines literarischen und eines rein szientifischen Zweckes«, in der Absicht, »gleichzeitig die Phantasie zu beschäftigen und durch Vermehrung des Wissens das Leben mit Ideen zu bereichern«.⁴⁸

Als seine Vorbilder in dieser Hinsicht bezeichnet er in den *Ideen zu einer Physiognomik der Gewächse* Forster, Goethe und Buffon und formuliert im letzten Absatz sogar eine kleine Poetik seines Vorhabens, das Schreiben über die Natur zu einer Quelle der Erneuerung der Erfahrung und der Teilhabe derer zu machen, die von ihr ausgeschlossen waren. Mögen »die nordischen Völker auch so manchen »Naturgenuß« entbehren, den nur die Tropen böten: »In der Ausbildung unserer Sprache, in der glühenden Phantasie des Dichters, in der darstellenden Kunst der Maler« stehe uns »eine reiche Quelle des Ersatzes« offen. »Im kalten Norden, in der öden Heide, kann der einsame Mensch sich aneignen, was in den fernsten Erdstrichen erforscht wird, und so in seinem Innern eine Welt sich schaffen, welche das Werk seines Geistes, frei und unvergänglich, wie dieser, ist.«⁴⁹ Humboldts Eloge an die Kunst ist zugleich eine Hommage an Goethe. Und Goethe, dem das nicht entgangen ist, greift sie auf. Zwar hält er sich an die Gepflogenheiten der Rezension und behält den Gestus der Distanz und Objektivierung bei, doch sichtbar bewegt antwortet er auf Humboldts Werbung: »Alles das Beste und Schönste, was man von Vegetation jemals unter freiem und schönen Himmel gesehen«, werde in seinem Text »wieder in der Seele lebendig« und die Einbildungskraft so in die Lage versetzt, das, was bisher nur in mehr oder weniger unzulänglichen Bildern und Beschreibungen zugänglich war, »sich auf das kräftigste und erfreulichste zu vergegenwärtigen«.⁵⁰

In dem Brief, den Humboldt 1806 seinen *Ideen zu einer Physiognomik der Gewächse* beilegt, kündigt er Goethe zugleich eine weitere Abhandlung an, weitaus bedeutender als dieser erste »rohe Versuch«. Doch ihr Erscheinen lässt auf sich warten. Die Schuld daran soll der Verleger Cotta tragen, aber die Wahrheit war wohl, dass das beigefügte großformatige *Naturgemälde der Tropen*, ein schematisches Höhenprofil der Anden mit dem Chimborazo als höchster Erhebung, noch nicht fertiggestellt war. Humboldt betrachtet diese Schrift, deren deutsche Fassung dann den Titel *Ideen zu einer Geographie der Pflanzen nebst einem Naturgemälde der Tropenländer* trägt, als den wahren »Erstling« seiner Südamerikareise, und er kündigt Goethe schon einmal an, dass sie ihm gewidmet sein werde. »Mein Freund Thorwaldsen in Rom, ein eben so großer Zeichner als Bildhauer, hat mir eine Vignette entworfen, welche auf die wundersame

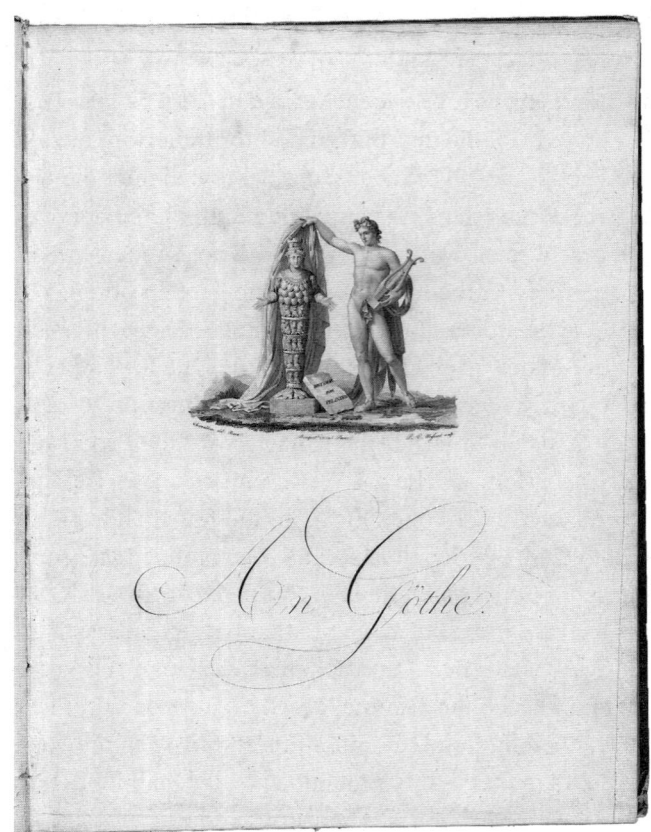

Abbildung 12: Widmungsblatt für Goethe aus Humboldts Ideen zu einer Geographie der Pflanzen; *Zeichnung von Thorwaldsen*

Eigentümlichkeit Ihres Geistes, auf die in Ihnen vollbrachte Vereinigung von Dichtkunst, Philosophie und Naturkunde anspielt.«[51] Auf dem Widmungsblatt sieht man Apollon, der nach damaliger Auffassung keineswegs nur der griechische Gott der Poesie war, sondern als Anführer der Musen den Künsten überhaupt vorstand, zu denen auch Malerei und Musik, Geschichtsschreibung und Astronomie, Philosophie und die Wissenschaften zählten. Er enthüllt eine Statue, die Züge der vielbrüstigen Artemis von Ephesus trägt – ein fremdartiges, aus den Tiefen der Zeiten aufgestiegenes Idol, das seit der Renaissance als Darstellung der Mutter Natur betrachtet wurde. Zu ihren Füßen ist eine großformatige Ausgabe von Goethes Metamorphosen-Schrift niedergelegt. Es war der offensichtliche Versuch Humboldts, das eigene Werk in die Nachfolge der poetischen Wissenschaft Goethes zu stellen und das große Vorbild wie auch sich selbst zu monumentalisieren.

Humboldts Schrift selbst hingegen unterscheidet sich wohltuend von so viel Aufbietung von Tradition und Bedeutsamkeit und kommt darin auch dem geschätzten Vorbild viel näher. Was die *Ideen zu einer Physiognomik der Gewächse* lediglich skizzieren, wird hier zu einem wissenschaftlichen Programm: eine Betrachtung der Pflanzen nach Vegetationszonen; nach »dem Verhältnis ihrer Verteilung in den verschiedenen Klimaten« und »Berghöhen«, zudem »nach den wechselnden Graden des Luftdrucks, der Temperatur, der Feuchtigkeit und elektrischen Tension, unter welchen sie sich entwickeln«.[52] Die *Ideen zu einer Geographie der Pflanzen* sind, wie Alexander von Humboldts Biographin Andrea Wulf gesagt hat, »das erste ökologische Buch der Welt«.[53] Mit ihnen beginnt Humboldt jenen bislang »unbearbeiteten Teil der allgemeinen Weltgeschichte« vorzulegen, dessen Erforschung und Darstellung er gut ein Jahrzehnt zuvor in Jena in Aussicht gestellt hatte.

Goethe erhielt die *Geographie der Pflanzen* im März 1807. Wie er in seinem Tagebuch notiert, las er sie vom 17. bis 20. März.[54] In seinem Dankesbrief an Humboldt vom 3. April 1807 spricht er sogar davon, sie »mehrmals mit großer Aufmerksamkeit durchgelesen«, an anderer Stelle davon, sie verschlungen zu haben.[55] Was in seinem Exemplar jedoch fehlte, war das besagte *Naturgemälde*, das im zweiten, weitaus umfangreicheren Teil der Schrift ausführlich erläutert wird. Humboldt hat in einer Infographik so gut wie alle relevanten Messungen und Beobachtungen zusammengetragen, die er in den Anden vorgenommen hatte: von der Höhe über dem Meeresspiegel, über den Luftdruck, die Siedetemperatur des Wassers und die Verbreitung der Tiere auf verschiedenen Höhen bis hin zur Luftbläue in Graden des saussureschen Cyanometers, der chemischen Beschaffenheit der Luft und der Strahlenbrechung am Horizont. Er habe damit den Anspruch verbunden, »alle physikalischen Erscheinungen« berücksichtigt zu haben, »welche die Oberfläche der Erde und der Luftkreis von dem 10. Grad nördlicher bis zum 10. Grad südlicher Breite darbietet«.[56] Die entsprechenden Werte waren auf vertikalen Skalen aufgetragen, die links und rechts das eigentliche Naturgemälde einrahmen. Dieses zeigt einen Querschnitt durch den südamerikanischen Kontinent vom Pazifik zum Atlantik in stark idealisierter Darstellung mit dem Chimborazo als Blickfang. Auf der rechten Seite geht es in einen Aufschnitt der Bergformationen über, in die Humboldt die Namen der von ihm gefundenen Pflanzen, abhängig von den Zonen ihrer Verbreitung, eingetragen hat. Eine erste Skizze dazu hatte er bereits 1803 an der Pazifikküste angefertigt. Trotz der Fülle der vermittelten Informationen und Daten besaß das Naturgemälde eine hohe Suggestivkraft, die es bis heute nicht eingebüßt hat, und die auch dem Pariser Künstler zu verdanken ist, dem Humboldt die Ausführung überlassen hatte.

Goethe behalf sich, indem er kurzerhand seine eigene Version des fehlenden Höhenbildes anfertigte und »selbst eine Landschaft phantasierte«.[57] Das geschah nicht nur zur eigenen Veranschaulichung, sondern auch weil er Humboldts Buch in der nächsten Sitzung der Mittwochsgesellschaft vorstellen wollte – jenes Zirkels von Weimarer Damen aus der besten Gesellschaft, die sich einmal wöchentlich in seinem Hause versammelten, um von Goethe einen Crashkurs durch die Naturwissenschaften seiner Zeit zu bekommen. Es war die erste Zusammenkunft seit der Zwangspause, die durch die Besetzung Weimars von den napoleonischen Truppen entstanden war. Für den Herbst 1806 waren ursprünglich Vorlesungen über physische Erdbeschreibung und Bildung der Erde vorgesehen, die umständehalber ausfallen mussten. Nun, animiert durch Humboldts Buch, sieht Goethe die Möglichkeit, sich dem Thema aus aktuellem Anlass wieder zu nähern. Von »geognostischen Vorlesungen« ist die Rede. Wie das von Goethe erstellte Schema zu dem Vortrag zeigt, sollte dabei das Naturgemälde, gerade auch wegen seiner Anschaulichkeit, eine zentrale Rolle spielen.[58]

Bei der Erstellung des eigenen Höhenbildes half Goethe das abschließende Kapitel von Humboldts Buch; es enthält eine sich über mehrere Seiten erstreckende ausführliche Tabelle der höchsten Berge und Städte der Erde. Während Afrika und Asien dort nur mit zwei beziehungsweise drei Einträgen vertreten sind, steht Europa an vorderster, Amerika an zweiter Stelle. Das hat Goethe wohl dazu veranlasst, anders als Humboldt die Höhen der alten und neuen Welt einander gegenüberzustellen. Nach eigener Auskunft[59] legte er zuerst eine Höhenskala an und zeichnete auf der rechten Seite des Blattes sodann die tropische Seite ein, nach Höhe gestaffelt, mit dem Chimborazo als höchster Erhebung am äußersten rechten Rand. Zur Linken stellte er ihr die europäischen Höhen gegenüber: Brocken, Dôle, Gotthard, Ätna, Wetterhorn, Schreckhorn und der Mont Blanc sind auszumachen, letzterer wiederum als höchste Erhebung ganz an den Rand gerückt. In der Mitte des Blattes stoßen alte und neue Welt aufeinander.

Damit nicht genug, zeichnete er in seine Darstellung auch diejenigen Männer ein, »welche die höchsten Höhen in beiden Weltteilen erklommen«, und zwar in Gestalt von Strichmännchen. Da ist Alexander von Humboldt, winzig klein und dennoch überproportional, unterhalb des Gipfels des Chimborazo zu sehen. Von der anderen Seite winkt ihm Horace-Bénédict de Saussure vom Mont Blanc aus zu, den er 1787 als Zweitbesteiger erreicht hatte. Und zwischen beiden und über ihnen schwebt Gay-Lussac in einem Ballon auf 7000 Metern Höhe. Aber auch sich selbst hat Goethe in der symbolischen Landschaft verewigt, wenn auch nur indirekt. Als einziges Gebäude auf der europäischen Seite ist das Gotthard-Hospiz eingezeichnet, samt dem dorthin führenden Saumweg – zum dritten und letzten Male war Goethe 1797 dort gewesen, als es statt der geplanten und bis ins Detail vorbereiteten dritten Italienreise aufgrund der politischen Lage nur zu einer dritten Reise in die Schweiz gekommen war. Und rechts am unteren Bildrand schaut sogar ein Krokodil heraus, »um zu bedeuten, daß wir vom Flußbette, ja von der Meeresfläche zu zählen anfingen«. Es sei, so Goethe im Rückblick, »zu dem Übrigen etwas kolossal geraten«.[60] Noch weniger als Humboldt hielt er sich in seiner fiktiven Darstellung an Proportionen.

Goethes behelfsweise zustande gekommene didaktische Landschaft fand nicht nur in der Mittwochsgesellschaft regen Zuspruch, wie etwa Notizen Charlotte von Schillers belegen.[61] Sie entwickelte auch ein Eigenleben, und das selbst, nachdem Anfang Mai Humboldts Original eingetroffen war. In Karlsbad hat Goethe im Sommer 1807 die »Humboldtschen Durchschnitte aufgenagelt«[62] – also wohl beide Versionen, das *Naturgemälde der Tropen* und seine *Höhen der alten und neuen Welt* – und sich mit seinem Badearzt und Gästen darüber unterhalten. Sechs Jahre später nimmt der Kaufmann und Verleger Justin Bertuch Goethes Höhenbild in die *Allgemeinen Geographischen Ephemeriden* auf; durch einen bald erfolgten Separatdruck wird es rasch weiterverbreitet. Bereits im selben Jahr erscheint ein kolorierter Nachdruck in Paris, zu dem Humboldt von Goethe schon 1807 erbetene Korrekturen beigetragen hat. Dieser dient wiederum einem englischen Kupferstecher als Vorlage für eine seitenverkehrte und vergrößerte Bearbeitung, die 1816 erscheint, aber bald schon durch die Nachricht Makulatur wird, dass die höchsten Gipfel der Himalaya-Kette den Chimborazo noch bei weitem an Höhe übertreffen. So wird die englische Fassung schnell noch um den formatsprengenden Himalaya ergänzt: Er überdeckt teilweise die Legenden am rechten Rand und stößt mit seinem Gipfel an die obere rechte Ecke des Blattes.[63] Anders als Humboldt, der auf die Nachricht hin mit Vorbereitungen für eine Reise nach Indien und Tibet beginnt (die dann nicht zustande kommt), hat Goethe darauf erst mit Unbehagen, dann mit Relativierung und letztlich mit Ratlosigkeit reagiert: »Daß sich die Himelaja-Gebirge auf 25000 Toisen aus dem Boden gehoben und doch so starr und stolz als wäre nichts geschehen in den Himmel ragen, steht außer den Grenzen meines Kopfes«, schreibt er ein halbes Jahr vor seinem Tod an den Freund Zelter, »und mein Cerebralsystem müßte ganz umorganisiert werden, was doch schade wäre, wenn sich Räume für diese Wunder finden sollten.«[64]

Goethes spielerische Variante des humboldtschen Naturgemäldes wird häufig wegen ihrer hübschen, damals noch ungebräuchlichen Piktogramme und ihres didaktischen Geschicks gelobt. Ansonsten aber, so ist man sich einig, hat sie zurückzustehen gegenüber der respektheischenden wissenschaftlichen Leistung des Originals. Dennoch soll hier eine Lanze für sie gebrochen werden. Denn sie hat noch einen weiteren Vorteil: Statt der Höhen einer einzigen Erdregion stellt sie die zweier Erdregionen im Vergleich dar. Auf das Detail gesehen enthält Goethes Karte lediglich einen Bruchteil der Information von Humboldts Naturgemälde; auf die Erde als Ganzes bezogen aber bietet sie einen größeren Überblick – sie ist auch ein Lehrstück in Sachen Relativierung. Charlotte Schiller hat das sehr genau verstanden: »In dieser von G. erfundnen Landschaft ist der Brocken wie ein kleiner Hügel im Vordergrund einer Landschaft,« hat sie im Anschluss an Goethes Vortrag notiert, »und die Berge in der alten Welt wo die Schnee Linie anfängt sind mit dem Land in Amerika in gleicher Linie, wo die schönste reichste Kultur ist, wo bei uns nur noch Gentiana und Moos wächst, sind dort Palmen, und Quito, am Fuß des Chimborazo, liegt auf einer Höhe mit dem Mont Blanc.« Dabei hielt sie den Brocken, dessen winterlicher Besteigung sich Goethe rühmen konnte, weiterhin für »unseren höchsten Berg in Deutschland«.[65] Doch bestätigt das nur, wie weitgehend die Relativierung war, die von Goethes Bild ausging.

Goethe selbst hat den Wert seiner Bilderfindung eher heruntergespielt. Sie füge »eigentlich nur eine sinnliche Anschauung der tabellarischen Behandlung« hinzu und mache »weder an ein künstliches noch wissenschaftliches Verdienst Anspruch«, meinte er 1813.[66] Doch hat er da sein eigenes Werk vielleicht auch unterschätzt. Gegenüber Humboldt nannte er es einen »halb im Scherz, halb im Ernst versuchten Entwurf«,[67] und das trifft den Kern der Sache womöglich schon besser. Ganz ernst war es ihm bei dem Höhenbild nicht, es war in Ermangelung des Originals entstanden und sollte mit ihm keineswegs konkurrieren. Und so ist die verspielte Darstellung auch Ausdruck eines Verzichts: Neidlos erkennt Goethe an, dass sich Humboldt durch seine Forschungsreise, die dort gemachten Beobachtungen und die ersten, nun von ihm vorgelegten köstlichen Früchte auf dem Gebiet der Beschreibung der Erde einen Vorsprung erworben hat, der nicht mehr einzuholen ist, den er aber auch gar nicht mehr einholen will. »Es soll nach und nach vor unserm geistigen Blick ein Bild der Erde entstehen«, hatte er sich noch 1806 in Vorbereitung der Vorträge über »Bildung der Erde« notiert, die er für die Mittwochsgesellschaft plante.[68] Nun weiß er, dass dieses Vorhaben gut in den Händen jenes Mannes aufgehoben ist, dem die über die Erdfläche verteilten Elemente und Gestalten in lebendiger Weise gegenwärtig sind. Als im Sommer 1809 der junge Botaniker Friedrich Siegmund Voigt mit einem hoch dotierten Reisestipendium ausgerüstet nach Paris reist, gibt er ihm einen Brief an Humboldt mit. Voigts Abreise von Jena, schreibt er dort, »erinnert mich an die Zeit, in der Sie sich hier zu Ihrem großen Unternehmen vorbereiteten, das Sie durch ein fast anhaltendes Wunder so glücklich vollbracht haben.« Er selbst, so Goethe weiter, gehöre »unter die Dankbaren ..., die zu schätzen wissen, was wir Ihnen schuldig sind, und unter die Verlangenden und Erwartenden, die mit Sehnsucht allem denjenigen entgegensehen, womit Sie uns nach und nach beschenken.«[69] Deutlicher konnte Goethe dem Jüngeren nicht sagen, wie sehr er auf ihn setzte und wie viel er von ihm erwartete.

Nach dem Misserfolg mit Schelling macht Goethe nicht noch einmal den Fehler, einem anderen seinen alten Plan eines Romans über das Weltall beziehungsweise eines umfassenden Naturgedichts expressis verbis zu überlassen und so die Herausforderung noch größer zu machen, als sie ohnehin schon ist. Bei einem wie Humboldt ist das aber auch weder nötig noch zielführend. Zudem sind die literarischen Ambitionen, die dieser zusehends entwickelt, stets mit einer großen Skepsis gegenüber den eigenen Fähigkeiten in dieser Hinsicht verbunden. Humboldt weiß, dass er weder ein Dichter noch ein Philosoph ist, sondern ein Naturwissenschaftler mit einem ästhetischen Hauch. Andererseits aber ist er von der Idee durchdrungen, die einzelnen Elemente seiner Forschungen zu einem großen Ganzen zu vereinen und sie in einem neuen Bild der Erde zusammenzuführen. Er stelle »in diesem Naturgemälde alle Erscheinungen zusammen, welche die Oberfläche unseres Planeten und der Luftkreis darbietet, der jenen einhüllt«, hat Humboldt in der Vorrede seiner *Ideen zu einer Geographie der Pflanzen* jenes große Werk skizziert, von dem dieses nur der erste Teil ist.[70] Nichts könnte Goethes ursprünglicher Intention näher sein, die zu dem Romanplan geführt hatte. Angesichts dessen verblassen auch die zukünftigen Kontroversen zwischen ihnen wie die, ob die Bildung der Erdkruste nun stärker vulkanisch oder als Ablagerung aus dem Wasser zu denken sei. Goethe wird die 1845 beginnende Publikation von Humboldts *Kosmos* nicht mehr erleben. Aber mit ihm löst der Jüngere, inzwischen selbst ein alter Mann, schließlich ein, was ihm der Ältere als eine Art geheimen Auftrag hinterlassen hat: »die ganze materielle Welt, alles was wir heute von den Erscheinungen der Himmelsräume und des Erdenlebens, von den Nebelsternen bis zur Geographie der Moose auf den Granitfelsen, wissen, alles in Einem Werke darzustellen, und in einem Werke, das zugleich in lebendiger Sprache anregt und das Gemüth ergötzt. Jede große und wichtige Idee, die irgendwo aufgeglimmt, muß neben den Thatsachen hier verzeichnet sein. Es muß eine Epoche der geistigen Entwickelung der Menschheit (in ihrem Wissen von der Natur) darstellen.«[71]

Der Atem der Welt

*Neunundzwanzigstes Kapitel, in dem wir ins
»Allerheiligste der Farben« vordringen*

Als am 16. Mai 1810 Goethes umfangreichstes Werk in zwei Oktavbänden und einem Quartheft mit Tafeln und Erläuterungen im Verlag Cotta erscheint, sind seit seinen ersten Experimenten in Sachen Farben beinahe zwei Jahrzehnte vergangen. Nicht wenige der darin beschriebenen Versuche, etwa die zu den farbigen Schatten, hat er bereits Anfang der 1790er Jahre unternommen und aufgezeichnet. Der Begriff »Farbenlehre« selbst taucht erstmals 1793 auf, in dem Text *Versuch, die Elemente der Farbenlehre zu entdecken*. 1798 dann kommt es, vor allem im intensiven Dialog mit Schiller, den ihr zuweilen im Tagesrhythmus erfolgter Briefwechsel aufzeichnet, zu den entscheidenden Weichenstellungen, die allmählich zur Herausbildung des großen Werks führen. In einem Brief vom Januar 1798 schildert Goethe seine Arbeitsweise, nachdem er sich die Farbenlehre wieder vorgenommen hat: »Ich hatte nämlich von Anfang an Akten geführt und dadurch sowohl meine Irrtümer als meine richtigen Schritte, besonders aber alle Versuche, Erfahrungen und Einfälle konserviert nun habe ich diese Volumina aus einander getrennt, Papiersäcke machen lassen, diese nach einem gewissen Schemate rubriziert, und alles hineingesteckt, wodurch ich denn meinen Vorrat zu einem jeden Kapitel desto besser übersehen kann, wobei ich alle unnütze Papiere zerstören kann, indem ich das Nützliche absondere und zugleich das Ganze rekapituliere.« Viele ältere Stücke seien auf diesem Wege nach gründlicher Revision ins endgültige Werk eingegangen und haben dort ihren Platz gefunden. Jetzt erst sehe er, wie toll die Unternehmung sei, und er werde sich wohl hüten, sich jemals auf etwas Ähnliches wieder einzulassen, meint Goethe. »Denn selbst jetzt da ich mich so weit durchgearbeitet habe, bedarf es noch einer großen Arbeit bis ich mein Material zu einer reinen Darstellung bringe.«[1]

Zu diesem Zeitpunkt stand zumindest die Einteilung der Farberscheinungen in physiologische, physische (sprich physikalische) und chemische bereits fest. Trotzdem war es eine gute Prognose in eigener Sache: Denn es sollten weitere sieben Jahre vergehen, bis die ersten Kapitel im Herbst 1805 fertiggestellt waren. Goethe gab sie gleich bei Frommann in Jena in den Satz – ein Verfahren, das er etwa auch bei dem parallel entstehenden Roman *Die Wahlverwandtschaften* praktizierte. Ende Oktober 1805 liegt bereits der erste gesetzte Bogen vor, fünf Monate später sind es immerhin schon sechs. Die Arbeit am Manuskript folgte einem vorher genau festgelegten Schema, das ein solches Vorgehen ermöglichte. Dennoch setzte es Goethe unter nicht unerheblichen, zum Teil aber durchaus erwünschten Druck und machte zudem eine Revision bereits abgegebener Teile unmöglich. Diesem misslichen Umstand sollte ein im Vorwort des Werks angekündigter »supplementarer Teil« abhelfen und die unerlässlichen »Nachträge, Zusätze und Verbesserungen« bringen,[2] aber dazu ist es nicht gekommen. Vorsichtig geworden, glaubte Goethe zwischenzeitlich, das gesamte Werk immerhin 1808 abschließen zu können. Aber die Schlacht bei Jena und Auerstedt im Herbst 1806, die sich anschließenden Plünderungen, die nicht nur Weimar, sondern natürlich auch Jena betrafen, sowie die politischen und privaten Konsequenzen dieser verheerenden Ereignisse waren dem Fortgang der Arbeit alles andere als günstig. Dennoch waren es nicht nur äußere Faktoren, die zu Verzögerungen führten. Gerade die detaillierte Auseinandersetzung mit Newtons Theorie, wie sie im zweiten, polemischen Teil des ersten Bandes erfolgt, sollte sich noch bis in den Januar 1810 hinziehen. Und auch die Arbeit am weitaus umfangreichsten Teil des Werkes, »Materialien zur Geschichte der Farbenlehre« betitelt, stellte sich als äußerst aufwendig und langwierig heraus. Entlegene Werke waren dafür zu besorgen und durchzusehen, Übersetzungen der leichteren Verständlichkeit wegen anzufertigen, biographische Recherchen vorzunehmen. Bereits 1801 nutzte Goethe zwei Aufenthalte in Göttingen, um in den dortigen, reich bestückten Bibliotheken Quellenstudien durchzuführen. Trotz eines ganzen Stabs von Mitarbeitern und obwohl auch hier der Satz bereits 1806 begonnen hatte, saß er aber noch neun Jahre später, Anfang Mai 1810, an der Revision des letzten Bogens. Als er dann schließlich ein erstes vollständiges Exemplar in den Händen hielt, packte er unmittelbar darauf seine Koffer und reiste zur Kur nach Böhmen ab. Später sprach er von einem »glücklichen Befreiungstag«.[3]

Goethes *Farbenlehre* ist ein überaus skrupulös komponiertes und dennoch letztlich disparates Werk. Schon zu Lebzeiten seines Verfassers wurde es kaum vollständig gelesen, nicht zuletzt weil sich nur wenige fanden, die sich für alle drei Teile gleichermaßen interessierten. Am meisten Beachtung fand noch der erste Teil, in dem Goethe den eigenen Entwurf einer Farbenlehre darstellt. Dabei geht er streng phänomenologisch vor und beschränkt sich in erster Linie auf die Erscheinungen und Wirkungen der Farbe. Das größte Interesse beim Publikum hat von jeher die sechste und letzte Abteilung dieses von Goethe sogenannten »Didaktischen Teils« der Farbenlehre gefunden. Sie handelt von den sinnlich-sittlichen Wirkungen der Farbe, die dort vorgetragenen Überlegungen erschließen sich auch dem an Naturforschung uninteressierten Leser. Ausgehend von seinem Farbkreis mit den Grundfarben Gelb, Rot und Blau und den Mischfarben Grün, Orange und Violett erläutert Goethe, welche Farben zueinander passen und welche nicht, erörtert »charakteristische« und »charakterlose« Zusammenstellungen von Farben, fragt, warum »gebildete Menschen« bei der Kleiderwahl »einige Abneigung vor Farben« haben und Weiß beziehungsweise Schwarz bevorzugen,[4] wie es kommt, dass bestimmte Farben bestimmte Stimmungen hervorrufen, beschäftigt sich dann aber vor allem mit der ästhetischen Wirkung der Farbe, bezogen auf Malerei, Kolorit und Pigmente – mit Fragen also, von denen sein Interesse für Farbe ursprünglich ausgegangen ist.

Der zweite Teil hingegen, »Enthüllung der Theorie Newtons« überschrieben, führt zumal bei dem an Detailfragen nicht so sehr interessierten Leser rasch zu Ermüdungserscheinungen, es sei denn, er delektiert sich an den Spitzfindigkeiten und Winkelzügen, mit denen hier der Newtonschen Optik der Prozess gemacht werden soll. Nirgendwo kommt der Jurist in Goethe stärker zum Vorschein als in diesem Text. Satz für Satz, Versuch um Versuch, Schlussfolgerung um Schlussfolgerung ist das Bemühen zu erkennen, Newtons Theorie zu widerlegen. Dafür überträgt er den englischen Text Newtons Paragraph für Paragraph und vergleicht ihn zudem noch mit der lateinischen Ausgabe. Die Erwartung jedoch, dass Goethe den Beobachtungen und Argumenten seines Gegners die eigenen, vermeintlich genaueren Beobachtungen und besseren Argumente entgegenstellt, wird in der Regel enttäuscht. Vielmehr versucht er, vor allem Newtons wissenschaftliche Beweisführung zu entkräften, indem er ihr Unstatthaftigkeit, Unredlichkeit und Widersprüchlichkeit vorwirft. Der Text ist gespickt mit juristischer Fachterminologie: Von Subreption und Obreption, von Reservationen und Restriktionen, von Assertionen und Suppositionen, von Vorklage und Nachklage ist da die Rede.[5] Man bekommt den Eindruck, dem Plädoyer eines Anwalts beizuwohnen, der die Darstellung des Gegners zerpflücken will, ohne selbst einen Beweis in der Hand zu halten, und ihm stattdessen Vorteilserschleichung, unzutreffende Angaben und Verschleierung von Sachverhalten unterstellt. Im Grunde sei er »von Jugend her der Rechtsgelahrtheit näher verwandt als der Farbenlehre«, hat Goethe, passend dazu, im September 1809 gemeint: »Und wenn man es genau besieht, so ist es ganz einerlei, an welchen Gegenständen man seine Tätigkeit üben, an welchen man seinen Scharfsinn versuchen mag.«[6]

Mit dem dritten Teil dann, der den gesamten zweiten Band umfasst, hat Goethe Neuland betreten. Schon damals dürfte der Umstand irritiert haben, dass ein Werk naturwissenschaftlichen Charakters in eine historische Darstellung mündet, zumal eine solche, die allein schon vom Umfang her mit dem Anspruch auftritt, weitaus mehr als ein Appendix zu sein. Insbesondere den Naturwissenschaftlern unter den Lesern dürfte dieser dritte Teil wie eine Verlegenheitslösung vorgekommen sein. Da Goethe im ersten Teil des Werks der Frage, »was denn Farbe sei«, erklärtermaßen ausweicht,[7] und er im zweiten Teil mit der »Enthüllung der Theorie Newtons« zudem die Erwartung schürt, was er selbst denn dieser »Irrlehre« entgegenzusetzen habe, würde man an dieser Stelle seine eigene Theorie des Lichts und der Farben erwarten. Stattdessen aber bekommt es der Leser mit 500 Seiten »Materialien zur Geschichte der Farbenlehre« zu tun, wie Goethe den »Historischen Teil« womöglich allzu bescheiden überschrieben hat.

Bis auf wenige Ausnahmen ist den zeitgenössischen, in der Regel kritischen Rezensenten dieser dritte Teil denn auch kaum eine Erwähnung wert gewesen. Nicht wenigen muss er gar wie eine Bankrotterklärung des Autors vorgekommen sein, der den Umstand, dass er der enthüllten anscheinend keine eigene substantielle Theorie entgegenzusetzen hatte, schamhaft dadurch zu verbergen versuchte, dass er von Pythagoras bis zur Gegenwart ein historisches Panorama von Erfahrungen, Erkenntnissen und Meinungen zum Thema Farbe entwarf, durchsetzt mit Lebensbildern und Anekdoten. Sozusagen eine Subreption, wie Goethe sie Newton vorwirft, in eigener Sache – die Erschleichung eines Vorteils durch Verschleierung des wahren Sachverhalts.

Goethe selbst ist sich der offenen Flanke, die er seinen Kritikern bot, durchaus bewusst gewesen. Jedenfalls sind seine Bemühungen zu erkennen, den historischen Teil des Werkes an den polemischen argumentativ anzuschließen. »Mit allem diesem«, so verkündet er zum Abschluss des ersten Bandes, »sind wir noch nicht am Ende«. Denn der Streit werde im Folgenden »gewissermaßen wieder aufgenommen« und das bislang Vorgetragene auf einer höheren Ebene weitergeführt. Es müsse gezeigt werden, wie ein so außerordentlicher Mann wie Newton zu einem derartigen »Irrthum gekommen, wie er bei demselben verharren und so viele vorzügliche Menschen, ihm Beifall zu geben, verführen« konnte. Auf das Plädoyer für die Höchststrafe – den Sturz der Irrlehre – folgt also die Hermeneutik, nach den »dornenvollen polemischen Pfaden«, von denen Goethe in einem Brief an Alexander von Humboldt spricht,[8] die breite Straße historischen Verstehens, die sich immer wieder auf Plätze der Begegnung, des Austauschs auf Augenhöhe, der Debatte hin öffnet. Hierdurch, so Goethe weiter, müsse »mehr als durch alle Polemik geleistet, ... der Urheber, die Schüler, das einstimmende und beharrende Jahrhundert nicht sowohl angeklagt als entschuldigt werden. Zu dieser mildern Behandlung also, welche zur Vollendung und Abschluß des Ganzen notwendig gefordert wird, laden wir unsere Leser hiermit ein und wünschen, daß sie einen freien Blick und guten Willen mitbringen mögen.«[9]

Wer zu den wenigen gehörte, die dieser Einladung folgten, wurde schon damals reich belohnt, und er wird es bis heute. Was wie eine Verlegenheitslösung anmutet, ist in Wahrheit der seitdem kaum wiederholte Versuch einer »Geistesgeschichte der Naturbetrachtung und der auf dieser beruhenden Naturwissenschaft«, wie es im Kommentar der Leopoldina-Ausgabe von Goethes naturwissenschaftlichen Schriften zutreffend heißt.[10] Ungeachtet der in der Titelfügung signalisierten Bescheidenheit hat Goethe seine Geschichte der Farbenlehre als einen exemplarischen Fall von Wissenschaftsgeschichte anhand einer bestimmten Disziplin verstanden. Bei seiner Lektüre der historischen Quellen war ihm klar geworden, dass die Farbenlehre sich »überall gleichsam nur durchschmiegt«, wie er es ausdrückt, weshalb es schwierig sei, sie »von dem übrigen Wissen einigermaßen zu isolieren«. Daraus folgt: »Um sich von der Farbenlehre zu unterrichten, mußte man die ganze Geschichte der Naturlehre wenigstens durchkreuzen, und die Geschichte der Philosophie nicht außer Acht lassen.« So berücksichtigt er bei der Darstellung auch Autoren, »die nichts oder wenig für die Farbenlehre geleistet« haben, beschränkt sich dabei allerdings auf diejenigen, »die für die Naturforschung überhaupt bedeutend waren.«[11] So erhellende wie exemplarische Ausführungen gelten etwa auch Kopernikus und Roger Bacon. Beide haben in entscheidender Weise das neuzeitliche Bewusstsein mitgeprägt, dass wir unsere grundsätzliche Unwissenheit durch Wissenschaft überwinden können und das nicht immer erfolgreiche Streben nach Wissen uns keineswegs nur unsere Abhängigkeit und Ohnmacht vor Augen führt, sondern uns auch Macht und Einfluss verleiht.

Doch die Einbettung der Geschichte der Farbenlehre in die umfassende Geschichte der Naturforschung war nicht nur der Quellenlage geschuldet. Sie ergab sich auch daraus, dass es Goethe bei der Farbenlehre stets um mehr als nur um die Farben ging. Mit der speziellen Frage, wie eine alternative Erklärung der Farben auszusehen hatte, verknüpft war die allgemeine Frage, wie man Wissenschaft betreibt, »naturgemäß« betreibt. In den veröffentlichten Abschnitten der Geschichte der Farbenlehre führt Goethe den Erfolg von Newtons Theorie vor allem auf Manipulation zurück und auf jene Wissenschaftler, die sich manipulieren lassen. Das hat beinahe etwas von einer Verschwörungstheorie – einem Theorietypus, den der gegenüber Theorien grundsätzlich misstrauische Goethe eigentlich hätte ablehnen müssen. In einem 1805 entstandenen und wohl noch vor dessen Tod an Schiller gesandten Stück hat Goethe zu dieser Frage jedoch einige Überlegungen angestellt, die darüber hinausgehen. Bei der Redaktion des »Historischen Teils« hat er diese Passage dann nicht mehr berücksichtigt. Womöglich war ihm der unter dem Einfluss Schillers zustande gekommene, beinahe schon geschichtsphilosophisch anmutende Duktus der dort vorgetragenen Gedanken fragwürdig geworden. Möglicherweise hat ihm sein Hantieren mit Säcken und die Angewohnheit, fertige Passagen möglichst rasch in den Satz zu geben, aber auch einen Streich gespielt. Unabhängig davon sind sie das Weitreichendste, was Goethe zu dieser Frage geäußert hat.

Die Passage beginnt unspektakulär: mit der von Goethe immer wieder vorgetragenen Verwunderung über die newtonsche Ansicht, dass die Farben ursprüngliche, wesentliche Eigenschaften des Lichts sein sollen, statt erst aus der Polarität von Licht und Finsternis hervorzugehen, dort, wo beide aufeinandertreffen. »Fast möchte man, durch ein solches Beyspiel niedergeschlagen behaupten, daß wir zum Irrthum geboren seyen«, konstatiert Goethe. Doch er bietet hier eine andere Erklärung an, wie es zu diesem Irrtum gekommen ist. Belegt dessen hartnäckiger Erfolg womöglich gar nicht die Schwäche, sondern vielmehr die Durchsetzungsfähigkeit des Menschen? Eigentlich sei es »die große hervorbringende und aufbauende Kraft des Menschen«, die sich hier als tätig erweise, fährt Goethe jedenfalls fort. »Denn ebenso wie er der Natur ganze Gebirgslager abdringt um sich nach eigenen Ideen Palläste zu errichten, Wälder umschlägt um seine Bauten auszuzimmern und zu bedachen, ebenso macht sich der Physiker zum Herrn über ihre Erscheinungen, sammelt Erfahrungen, zimmert und schraubt sie durch künstliche Versuche zusammen und so steht zuletzt auch ein Gebäude zur Ehre da seines Baumeisters«.

Newton war also nicht nur der große Manipulator, er war auch ein Baumeister. Die Vergleiche, die Goethe hier bringt, führen bis in den Wortgebrauch in die Frühphase seiner Auseinandersetzung mit der Natur zurück, als er von dem Straßburger Münster und seinem Baumeister geschwärmt hatte und ihm die mythische Gestalt des Prometheus als Leitbild erschienen war. Der Naturwissenschaftler Newton, so sein Gedanke, ist eigentlich auf der gleichen Ebene anzusiedeln wie der Architekt, der die Ressourcen der Natur nutzt, um den Menschen ein Dach über dem Kopf zu verschaffen und dafür zu sorgen, dass sie sich in der Welt einrichten. Nur dass die Baumaterialien in diesem Fall nicht Steine und Wälder sind, sondern das Sonnenlicht, das er durch eine raffinierte Apparatur schickt, um die Farben, aus denen es sich zusammensetzt, zum Leuchten zu bringen, so wie sie auch am Apfel und am Blatt draußen in der Natur sichtbar werden. Soweit geht Goethe zwar nicht, weil er Newtons Theorie für falsch hält, aber immerhin macht er sich nun Gedanken, was denn hinter der Irrlehre und ihrer Erfolgsgeschichte stecken könnte. Und die Antwort lautet: Naturbeherrschung. »Wir ergreifen die Natur nur durch Kunst, und jede Kunst muß der Natur Gewalt antun. Ja man darf wohl sagen, indem der Mensch bestimmt ist, eine zweyte Natur hervorzubringen; so darf er sich dem Sinne der ersten nicht völlig hingeben.«

Auch das ist kein ganz neuer Gedanke: So ähnlich hatte er schon vor mehr als drei Jahrzehnten gemeinsam mit Merck gegen Sulzers die Natur allzu verharmlosende Ästhetik argumentiert. »Was wir von Natur sehn, ist Kraft, die Kraft verschlingt nichts gegenwärtig alles vorübergehend, ... alles mit gleichem Rechte nebeneinander existierend. Und die *Kunst* ist gerade das Widerspiel, sie entspringt aus den Bemühungen des Individuums, sich gegen die zerstörende Kraft des Ganzen zu erhalten«, hatte er damals geschrieben.[12] Nun wendet er diese Einsicht auf die Naturwissenschaft Newtons und seiner Nachfolger an. Auch sie bezieht ihre Legitimität daraus, ein Kunstgriff der Selbsterhaltung und Selbstbehauptung des Menschen gegenüber einer Natur zu sein, die nicht um des Menschen willen existiert und selbst ihrem intelligentesten Geschöpf gegenüber gleichgültig ist. Der Wissenschaft gelingt das, indem sie das Unsichtbare sichtbar und das Unberechenbare berechenbar macht, vor allem aber, indem sie dem Menschen Mittel an die Hand gibt, sich die Welt nach seinen Bedürfnissen einzurichten. Sympathischer wird ihm dadurch die Art, wie Newton und seine Nachfolger Naturforschung betreiben, zwar nicht. Aber vor diesem Hintergrund erscheint ihr Tun gerechtfertigt, jedenfalls bis auf Weiteres.

Auch in diesem Fragment gebliebenen Text erklärt Goethe den eminenten Erfolg der Newton-Wissenschaft vor allem mit ihrem Beharrungsvermögen: Jedes künstliche hypothetische Gebäude sei eine Art Festung, schreibt er. Der Vergleich mit dem Baumeister erklärt aber auch den Nutzen dieser Art von Naturforschung. So wie das Haus dem Menschen Schutz bietet, ihn gegenüber einer feindlichen Umgebung isoliert und dabei eine Art Ökosystem zweiter Ordnung schafft, so erwachsen dem Menschen durch die Naturforschung – besonders dort, wo sie systematisch betrieben wird – technische und intellektuelle Werkzeuge zu, die es ihm erlauben, weite Teile der Natur zunehmend in künstliche Welten umzuwandeln, die ganz auf seine Bedürfnisse und seine Bequemlichkeit abgestellt sind. Formuliert wurde dieser Anspruch bereits vor Newton: von seinem Landsmann Francis Bacon, der seine Überlegungen zur wissenschaftlichen Methode auf die Formel »Wissen ist Macht« brachte. In Goethes *Materialien zur Geschichte der Farbenlehre* ist von Bacons »gegen die Autorität anstrebendem, protestierendem, revolutionärem Sinn« die Rede. Dieser habe sich bereits im 16. Jahrhundert entwickelt und zeige sich bei ihm, »bezüglich auf Naturwissenschaften, in seiner höchsten Energie«.[13] Bei aller Kritik im Einzelnen, die Goethe in seinem ausführlichen Porträt der Person Bacons entgegenbringt, ist ihm nicht entgangen, dass von diesem zum ersten Mal systematisch formuliert worden war, was dann durch Newton und seine Nachfolger umgesetzt wurde: die enge Verbindung von Wissenschaft und Technologie. Goethe war dieser Zusammenhang durchaus gegenwärtig. An vielen Stellen weist er darauf hin, dass Newtons Beschäftigung mit den Farben ursprünglich aus der Unzufriedenheit mit den vorhandenen Teleskopen hervorging. Aufgrund der chromatischen Aberration lieferten sie grundsätzlich fehlerhafte Bilder. Indem Newton diesen Mangel mit seiner Farbentheorie schließlich erklären konnte, gelang es ihm auch, ihn abzustellen. Er erfand das Reflektorteleskop und wurde daraufhin als »Fellow« in die Royal Society aufgenommen.

Newtons »Irrlehre« ist also mehr als eine wissenschaftliche Erfolgsgeschichte. Ihr Nutzen erweist sich darüber hinaus in technologischer Innovation, und gerade daraus bezieht sie auch ihre Rechtfertigung. Einen Vorbehalt meldet Goethe jedoch weiterhin an: das, was Newton und seine Nachfolger zusammenschrauben und -zimmern, hat seiner Ansicht nach mit Natur nichts mehr tun. »Nur begegnen wir der kühnen Behauptung, das sey nun auch noch Natur, wenigstens mit einem stillen Lächeln, einem leisen Kopfschütteln«, merkt er lakonisch an. Komme es doch auch dem Architekten »nicht in den Sinn, seine Palläste für Gebirgslager und Wälder auszugeben«.[14] Was Newton zu sehen bekam, wenn er das natürliche Licht durch seine künstliche Apparatur schickte, sei nicht mehr die Natur selbst, sondern ein abgeleitetes, sozusagen hergestelltes Produkt. So wenig ein aus Holzbrettern und -schindeln gebautes Haus noch ein Wald ist, so wenig sei das einige Meter hinter der Prismenapparatur auf einem Schirm aufgefangene Spektrum noch das natürliche Sonnenlicht.

Infolgedessen hält Goethe den Status quo auch nicht für das letzte Wort in Sachen Naturforschung. »Ob der Mensch dereinst dahin gelangen werde, sich dergestalt auszubilden, daß seine Vorstellungsart mit dem Wirken der Natur zusammenfalle, ist hier nicht der Ort abzuhandeln«, schreibt er. Und auch wenn er sich zum Bedauern des Lesers daran im Folgenden hält, deutet er durch das Gesagte zumindest an, dass es einen Stand der Ausbildung von Naturbeherrschung geben könnte, auf dem es womöglich überflüssig wird, der Natur »Gewalt« anzutun, auf dem die Menschen zwar weiterhin gut daran tun werden, sich dem Sinne der ersten Natur nicht völlig hinzugeben, auf dem sie ihre Art zu denken und Wissenschaft zu betreiben aber in stärkerem Maße »dem Wirken der Natur« anpassen.

Wie dieser Stand aussehen könnte, hat Goethe an keiner Stelle näher ausgemalt. Aber er hat, gegen Newton, eine Vorstellung davon entwickelt, wie ein Wissenschaftler vorgehen müsste, der die Natur nicht, wie er das seinem Erzfeind unterstellt, »auf die Folter« spannt, »um sie zu dem Bekenntnis dessen zu nötigen, was er vorher schon bei sich festgesetzt« hat.[15]

Zwar war Goethe längst klar geworden, dass man um den Schritt vom Besonderen zum Allgemeinen nicht umhinkam, sollte die Gegenführung zu Newton sich nicht damit begnügen, die Fülle der Natur einfach nur anzustaunen, wie es Vertreter der romantischen Bewegung empfahlen. Aber musste dieser Schritt derart reduktionistisch erfolgen, wie Newton das vorgemacht hatte und wie es viele als Goldstandard der Naturwissenschaft betrachteten? Goethe bestritt das, indem er daran festhielt, dass die Sache selbst, um die es ihm ebenso ging wie den Physikern, nicht unbedingt das Resultat einer Abstraktion sein musste. Er beharrte darauf, dass es eine Alternative gab – eine andere Möglichkeit, den Schritt von der Erfahrung zur Theorie zu vollziehen. Dazu dient seine Lehre vom Urphänomen – ein Begriff, der in der *Farbenlehre* zum ersten Mal auftaucht, um das Hervorgehen der Farbe aus dem Gegensatz des Hellen und Dunklen, des Lichts und der Finsternis zu beschreiben.[16]

»Hokuspokus Goethes mit dem trüben Glas, worauf eine Schlange. ›Das ist ein Urphämomen, das muß man nicht weiter erklären wollen. Gott selbst weiß nicht mehr davon als ich‹«, notiert Kanzler Friedrich von Müller im Juni 1820 als Ausspruch Goethes in sein Tagebuch.[17] Müller war nicht der einzige, der sich des Eindrucks nicht erwehren konnte, dass Goethes Lehre von den Urphänomenen etwas von Magie hatte, gar einem Taschenspielertrick ähnelte, der die Ablenkungsbereitschaft des Publikums ausnutzte, um etwas aus der hohlen Hand hervorzuzaubern, ohne dass sich nachvollziehen ließ, wie es dahingelangt war. Jedenfalls schien sie auf ästhetische Effekte angelegt zu sein. Eckermann, der wusste, wie er Goethes nie erlöschende Begeisterungsfähigkeit anstacheln konnte, brachte ihm 1830 von einer Reise einen Flakon aus Opalglas mit einem überdimensionierten, als Napoleon-Büste gestalteten Stöpsel mit. Bereits in dem Straßburger Schaufenster, in dem er die Flasche entdeckt hatte, will er bemerkt haben, dass sie, gegen das Dunkel des Hintergrunds betrachtet, »alle Abstufungen von *Blau* zeigte«. Als getreuer Adept der Farbenlehre zog er daraus den Schluss, dass sie, »gegen das Licht angesehen, ... alle Abstufungen des *Gelben* gewähren würde«.[18]

Goethe stellte das Monstrum auf dem Stehpult seines Arbeitszimmers auf, in dem er auch in späteren Jahren regelmäßig Experimente mit dem Sonnenlicht und den Farben unternahm, und stellte einen Spiegel dahinter. Das trübe Glas erschien vor der dunklen Wand blau, im Spiegel aber, der das durchs Fenster hereinkommende Tageslicht auffing, rötlich gelb. Der Flakon stehe »der aufgehenden Sonne entgegen«, berichtet Goethe an Zelter: »Beim ersten Strahl derselben erklingt sie von allen allen ... Glanz und Pracht-Farben«. Diese würden sämtliche Edelsteine überbieten. Fahre er fort, die Flasche mit dem Stöpsel »gegen die Sonne zu richten, so leistet sie solches den ganzen Tag«.[19] Dazu passen Äußerungen, wie sie etwa fallen, als sich 1827 Christian Dietrich von Buttel, Sekretär am Landgericht im ostfriesischen Jever, Gründer der dortigen »Physikalischen Gesellschaft«, mit vielen enthusiastischen Zeilen und wenigen kritischen Fragen an ihn wendet. Er dürfe sich sagen lassen, dass »ein reines Anschauen« des Urphänomens »uns vollkommen überzeugt und beruhigt ... Schauen, wissen, ahnen, glauben und wie die Fühlhörner alle heißen, mit denen der Mensch in's Universum tastet, müssen denn doch eigentlich zusammenwirken, wenn wir unsern wichtigen, obgleich schweren Beruf erfüllen wollen.«[20]

Dabei hatte alles sehr wissenschaftlich begonnen. Äußerungen Goethes zu dem, was er später »Urphänomen« nennt, gibt es nämlich schon, als das Wort –

geprägt in einer Reihe mit Urpflanze, Urstier oder Urzeit – noch gar nicht existiert. Bereits 1792, in den Anfängen seiner Beschäftigung mit den Farben, verfasste Goethe zur Klärung des eigenen methodischen Vorgehens einen Aufsatz, der erst viel später, 1823, unter dem Titel *Der Versuch als Vermittler von Subjekt und Objekt* veröffentlicht wurde. 1798 hat er den alten, unter seinen Papieren wieder aufgefundenen Aufsatz an Schiller geschickt, der darin »eine treffliche Vorstellung und zugleich Rechenschaft« seiner Naturforschung sah und bei dieser Gelegenheit von Goethes »rationeller Empirie« sprach.[21]

Es ist geradezu ein Charakteristikum von Goethes ersten tastenden Versuchen im Bereich der Farben gewesen, Experimente behutsam abzuwandeln, indem er jeweils einen Parameter, etwa den Lichteinfall, variierte, die Versuchsanordnung ansonsten jedoch beibehielt. In dem Aufsatz von 1792 nennt er das »*Vermannigfaltigung eines jeden einzelnen Versuches*« und behauptet, gerade darin bestehe »die eigentliche Pflicht eines Naturforschers«, der der Natur, ihrer fortwährenden Beweglichkeit und der Tatsache gerecht werden müsse, dass es in ihr keine »isolierten Fakta« gebe. In der lebendigen Natur geschehe nichts, »was nicht in einer Verbindung mit dem Ganzen stehe, und wenn uns die Erfahrungen nur isoliert *erscheinen*«, so werde dadurch nicht gesagt, »daß sie auch isoliert *seien*«. Alles in der Natur sei »in einer ewigen Wirkung und Gegenwirkung«, jedes Phänomen stehe »mit unzähligen andern in Verbindung«, so wie man »von einem freischwebenden leuchtenden Punkte sagen« könne, »daß er seine Strahlen nach allen Seiten aussende«. Haben wir also einen Versuch unternommen, »so können wir nicht sorgfältig genug untersuchen, was *unmittelbar* an ihn grenzt, was *zunächst* aus ihm folgt« – deshalb das Gebot der »Vermannigfaltigung der Versuche«.[22]

Goethe stand mit dieser Position keineswegs allein. Die rastlose Variation und Vervielfältigung von Experimenten ist ein Merkmal der Naturforschung seiner Zeit und keineswegs ein Zeichen von Dilettantismus. Wenn Lichtenberg von den zweiundneunzig Versuchen spricht, die ein französischer Wissenschaftler zu einem Aspekt des Problems farbiger Schatten unternommen habe, so ist das keineswegs spöttisch, sondern erst einmal anerkennend gemeint (auch wenn er die Versuche des besagten Mannes für redundant und seine Schlussfolgerungen für falsch hält). Denn der schieren Zahl der Experimente war zu entnehmen, dass er sich mit der Sache erschöpfend befasst, sie in allen ihren Bezügen und Zusammenhängen analysiert hatte. Für alle, die gewillt waren, sich auf die Empirie der Naturerscheinungen einzulassen, steckte der liebe Gott im Detail. Der junge Alexander von Humboldt dann hatte die Experimentierwut seiner Zeit auf die Spitze getrieben, indem die Zahl der Versuche, die er etwa zum Galvanismus unternahm, in die Tausende ging. Dahinter verbarg sich nicht nur eine permanente Suchbewegung, mit der man der Fülle der Naturerscheinungen gerecht werden und sich ihrer Veränderlichkeit anpassen wollte. Bei Humboldt tauchte in diesem Zusammenhang auch der Gedanke von der Natur als einem Netzwerk auf, entlang dessen Verknüpfungen der Naturforscher seine Versuche unternimmt, um so etwas wie eine Gesamtansicht zu erreichen.[23]

Goethe verband mit der Vervielfältigung der Experimente die Überzeugung, dadurch zu einer Naturerfahrung der »höhern Art« zu gelangen, wie er sich ausdrückt: »Auf solche Erfahrungen der höhern Art loszuarbeiten, halt ich für höchste Pflicht des Naturforschers«, heißt es in der Schrift von 1792. Sie stelle »die Formel vor, unter welcher unzählige einzelne Rechnungsexempel ausgedrückt werden«. Das sind bis in die Wortwahl hinein methodische Überlegungen, die zumindest auf den ersten Blick gar nicht so weit entfernt von denen der Newton-Wissenschaft sind. Auch Goethe versucht, aus der großen Vielfalt der experimentellen Erfahrungen mit Naturphänomenen jenen exemplarischen Vorgang herauszuschälen, der uns Einblick in die zugrunde liegende Struktur und deren Gesetzmäßigkeit gibt. Auch er spricht von einer Formel und versteht die Suche danach als einen Akt, der das Wesentliche von unnötigem Beiwerk reinigt.

Doch damit hören die Gemeinsamkeiten auch schon auf. Denn anders als bei Newton und seinen Nachfolgern ergibt sich das Gesuchte für Goethe nicht dadurch, dass die empirischen Anschauungen in Größen und Zahlenwerte umgesetzt werden, sprich durch Abstraktion von den konkreten Gegebenheiten, zu dem Zweck, auf gesetzliche Zusammenhänge zu führen. Die »Formel«, von der er 1792 spricht, ist nicht mathematischer Natur und stellt nicht wie die Formeln von Newtons exakter Naturwissenschaft dem Forscher einen Abkürzungsmechanismus zur Verfügung, der sich so zukünftig auf wenige Beobachtungen beschränken kann und die erhobenen Daten »nur« noch in Newtons Formeln einsetzen muss, um zum erwünschten Ergebnis, etwa der Berechnung der Flugbahn einer Kanonenkugel, zu gelangen.

Goethe war der Überzeugung, die Phänomen-Ebene nicht verlassen zu müssen, um zu Aussagen allgemeiner Art zu kommen. Deshalb seine Suche nach Grunderscheinungen oder Urphänomenen: In ihnen sollte der gesetzliche Zusammenhang, auf den es ihm genauso wie der Newton-Wissenschaft ankam, anschaulich zu Tage treten. Deshalb die Aufforderung, die Zahl der Versuche zu vermehren, statt wie Newton auf das eine entscheidende Experiment, das Experimentum crucis, zu zielen, das die Richtigkeit der Theorie beweist. Die Erwartung war, dass sich dabei ein Muster herausschälte, der Forscher auf eine Modellsituation stieß, die ihm Einblick in die vernetzte Dynamik des Naturgeschehens erlaubte.

In einem glänzenden Aufsatz hat der Philosoph Ernst Cassirer 1924 den Unterschied zwischen der Formel des Physikers beziehungsweise Mathematikers und Goethes »Formel« für Naturerscheinungen so beschrieben: »Die mathematische Formel geht darauf aus, die Erscheinungen *berechenbar*, die Goethesche, sie vollständig *sichtbar* zu machen.« Alle Gegensätze zwischen Goethe und der mathematischen Naturwissenschaft, so Cassirer, »erklären sich aus diesem *einen* Punkte heraus«.[24]

Goethe selbst hat diesen Unterschied seiner Naturforschung zu der der mathematischen Naturwissenschaft immer wieder umkreist, etwa in seinen Briefen an Schiller – geschrieben 1798, als die eigene Farbenlehre allmählich Konturen annahm. Dort spricht er davon, dass wir es bei den Farben, im Unterschied zu vielen anderen physikalischen Phänomenen, ›mit den Verhältnissen und Wirkungen *sichtbarer* Naturverschiedenheiten zu tun haben«.[25] Und anlässlich von Versuchen zur Refraktion bei einem gläsernen Kubus will er herausgefunden haben, dass gerade dasjenige Phänomen, das die Physiker bislang als unberechenbar vernachlässigt haben, den entscheidenden Hinweis zum Verständnis der Sache enthält: »Aber ein Phänomen, das nicht berechnet werden kann bleibt deswegen doch ein Phänomen, und sonderbar ist es, daß man in diesem Falle grade das Grundphänomen, ... woraus alle die übrigen sich herleiten bei Seite bringt«.[26] Auch das hier auftauchende »Grundphänomen« war ebenso wie das »reine Phänomen« ein Vorgänger dessen, was dann Urphänomen heißen wird. Es ist also beileibe kein Zufall, dass es gerade die Farben waren, an denen Goethe sein Naturverständnis entwickelt und demonstriert: Im Unterschied zu vielen anderen physikalischen Phänomenen, die wir nur indirekt, erst durch ihre Wirkmechanismen erfahren, etwa wenn wir einen Stromschlag erleiden oder auf Knopfdruck Musik ertönt, gehören die Farben zum unmittelbar sichtbaren Bestand unserer Welt.

Cassirer hat auch darauf aufmerksam gemacht, worin wohl der tiefere Konflikt zwischen Newtons und Goethes Farbenverständnis lag: »Ein Instrument oder ein analytisches Begriffsmittel, das die Berechenbarkeit erst herstellt und gewährleistet, kann die Bedingungen der ›Sichtbarkeit‹ – das Wort in seinem weitesten Sinn genommen – aufheben und zerstören«, schreibt er.[27] Genau das war der Grund, warum Goethe sich so vor der Abstraktion fürchtete: Sie brachte das Phänomen zum Verschwinden, dessen Erklärung sie lieferte. Tendenziell brachte sie sogar die gesamte Natur zum Verschwinden und ersetzte sie durch eine künstliche Welt, die Natur zu sein nur vorgibt, es aber nur in einem abgeleiteten, abstrakten Sinne ist.

Goethes Lehre vom Urphänomen war auch der Versuch, diesen fortschreitenden Prozess der Abstraktion zu Lasten der konkreten Erfahrung der Natur wenn nicht aufzuhalten, so doch ihm etwas entgegenzusetzen. »Ich habe immer gesucht«, bilanziert Goethe seine Anstrengungen in dieser Hinsicht in den letzten Wochen seines Lebens, »das möglichst Erkennbare, Wißbare, Anwendbare zu ergreifen, und habe es zu eigener Zufriedenheit, ja auch zu Billigung anderer darin weitgebracht. Hierdurch bin ich für mich an eine Gränze gelangt, dergestalt daß ich da anfange zu glauben wo andere verzweifeln, und zwar diejenigen, die vom Erkennen zuviel verlangen und, wenn sie nur ein gewisses, dem Menschen Verschiedenes erreichen können, die größten Schätze der Menschheit für nichts achten.«[28]

Das Besondere an dieser Lebensbilanz des Naturforschers Goethe wird noch deutlicher, vergleicht man sie mit dem Resümee, das der große Entzauberer Charles Darwin Jahrzehnte später zieht. Es benennt den Preis, der wohl für die Einsicht in den unerbittlichen Mechanismus der Evolution zu zahlen ist. Darwin tritt seine Reise um die Welt, die ihn schließlich zur Theorie des Ursprungs der Arten durch natürliche Selektion führt, gerade in jenen Monaten an, als Goethes Leben sich dem Ende zuneigt. Als junger Mann, damals in Südamerika, so Darwin im Alter, habe er »die höheren Gefühle des Erstaunens, der Bewunderung und der Ergebung, die den Geist erfüllen und erheben«, gut gekannt. Jetzt aber würden »die großartigsten Szenen keine derartigen Überzeugungen und Empfindungen« mehr in ihm entstehen lassen. »Man könnte ganz zutreffend sagen, dass ich wie ein Mensch bin, der farbenblind geworden ist.«[29]

Im Januar 1811, ein gutes halbes Jahr nach Erscheinen der *Farbenlehre*, erreichte Goethe ein Brief aus Kopenhagen vom Leibarzt des dänischen Königs, einem Dr. Joachim Dietrich Brandis. Er war Goethe als Verfasser einer positiven Besprechung seines *Versuchs die Metamorphose der Pflanzen zu erklären* und als Autor eines zum Teil von dieser Schrift beeinflussten *Versuchs über die Lebenskraft* in guter Erinnerung geblieben. Brandis äußerte sich enthusiastisch über die *Farbenlehre*; er möchte das Buch »jedem Arzt und Naturforscher als Muster darbieten, wie Untersuchungen ohne Mischen und Manschen gemacht werden sollen«. Auch Goethes geharnischte Kritik an Newton findet seinen ungeteilten Beifall. Vor allem aber zeigt er sich fasziniert von dessen Ausführungen über »pathologische Farben«, jenem acht Seiten und fünfunddreißig Paragraphen umfassenden Anhang, der dem Kapitel über die »physiologischen Farben« nachgestellt ist. Denn Brandis leidet selbst unter einer »Abweichung von der gewöhnlichen Art die Farben zu sehen«, wie sie Goethe dort thematisiert und analysiert.[30] Seine eigene Lage entspreche in jeder Hinsicht dem von ihm beschriebenen »Akyanobleps«.[31]

Als »Akyanoblepsie«, Blaublindheit, diagnostiziert Goethe in der *Farbenlehre* eine »merkwürdige Abweichung vom gewöhnlichen Sehen«, die ihm um 1799 begegnet war. In vier Sitzungen zwischen dem 19. November 1798 und dem 14. Februar 1799 untersuchte er in Jena zwei farbschwache Personen; eine davon war der Jurastudent Johann Karl Friedrich Gildemeister. Die von Goethes Schreiber Geist angefertigten Protokolle der Sitzungen sind erhalten. Wie schon bei der Metamorphose der Pflanzen erwartete er sich von der Untersuchung von Anomalien beim Farbensehen Aufschluss über dessen generelle Funktionsweise. Die Rolle, die dort die durchgewachsenen Rosen oder Nelken spielten, kam hier der Verwechslung von Farben zu, die in den Protokollen minutiös dokumentiert wird. »Ich strich ein violett auf er nannte es ganz blau und konnte es nicht vom reinen blau unterscheiden. / Nun waren blau, violett und rosenfarb neben einander. / Er konnte als Farbe keinen Unterschied unter ihnen finden ... / Das reine blau verglich er in der Erinnerung der Rose. / Er glaubte zu bemerken daß wo wir rot im blauen sähen, sähe er es nur dunkler. / Karminfläche mit Gummi Gutti (gelbfarbenem Gummiharz) überstrichen erklärt er für rot. / Gummigutti Fläche mit berlinerblau überzogen (ein papageigrün) erklärt er für gelb nur dunkler ...«[32] Überlasse man die Unterhaltung mit farbschwachen Menschen über Farben dem Zufall, heißt es in der *Farbenlehre* dann, so gerate man »in die größte Verwirrung und fürchtet wahnsinnig zu werden. Mit einiger Methode hingegen kommt man dem Gesetz dieser Gesetzwidrigkeit schon um vieles näher.«[33]

Goethes Methode bestand darin, dass er seinen Probanden die beiden Tafeln aus seinem zweiten Stück der *Beiträge zur Optik* vorlegte und sie die dort gezeigten Farben bestimmen ließ, mit besagter, dem Wahnsinn nahekommender Verwirrung als Ergebnis. Um die verwechselten Farben zu erkennen, kreierte er darüber hinaus ein Farbfleckverfahren: Den Probanden wurden runde

Farbscheibchen zum Sortieren vorgelegt. Kam es zu Verwechslungen, mussten die betreffenden Farbscheiben untereinandergelegt werden. Auf einer der Farbtafeln, die Goethe seinem Werk beigefügt hat, ist das Resultat sichtbar: Gelb-Grün und Orange stehen untereinander, ebenfalls Blau, Violett und Rot-Purpur. Nach allem, was wir wissen, hat Goethe als erster solche Untersuchungen angestellt. Sein zukunftsweisendes Farbfleckverfahren wurde erst im 20. Jahrhundert zur Diagnose von Farbschwäche beziehungsweise -blindheit wiederentdeckt.

Goethe hat sehr lange geschwankt, welche Farbe es denn sei, die seinen Probanden fehle – Rot oder Blau? Nach seiner eigenen Auskunft ist es dann Schiller gewesen, der zuletzt die falsche Entscheidung traf, »daß ihnen die Kenntnis des Blauen fehle«.[34] Statt unter der extrem seltenen Blaublindheit litten sie vielmehr, wie spätere Untersuchungen gezeigt haben und sich mit einiger Vorkenntnis auch aus den Protokollen schließen lässt, unter Rot-Grün- beziehungsweise reiner Rotblindheit.

Zukunftsweisend war auch hier etwas anderes: nämlich Goethes Insistieren darauf, dass das Studium von Anomalien Aufschluss gebe über die »organischen und physischen Gesetze«. Wenn »ein besonderes lebendiges Wesen von derjenigen Regel abweicht, durch die es gebildet ist«, so beschreibt Goethe seine methodische Annahme, »so strebt es ins allgemeine Leben hin, immer auf einem gesetzlichen Wege, und macht uns auf seiner ganzen Bahn jene Maximen anschaulich, aus welchen die Welt entsprungen ist und durch welche sie zusammengehalten wird«. Das ist mit einigem Pathos formuliert. Daran zeigt sich, wie viel Wert Goethe auf diese Einsicht legte, mit der er sich von den meisten seiner Zeitgenossen unterschied. Den besten Einblick in die Regel gewährte die Ausnahme. Im Bereich des Lebens waren das »Monstren«, Missbildungen, pathologische Fälle – alles das, wovor der gesunde Menschenverstand zurückschreckte und warnte und was die Wissenschaftler seiner Zeit als Kuriosa betrachteten, aber nicht als Gegenstände, die es wert waren, genau studiert zu werden.[35]

Goethe ist sogar davon überzeugt, »daß hier eine Pforte befindlich ist, obgleich eine sehr enge, um in das Allerheiligste der Farbenlehre zu dringen; ein Nadelöhr wozu es freilich schwer sein möchte den passenden Faden zu finden. Denn weder das Schiffsseil des gemeinen Verstandes, noch die transzendenten Spinnweben sind geschickt hier eingefädelt zu werden.«[36] Das Bild der transzendenten Spinnfäden zielte auf die romantische Naturphilosophie, die Goethe im Verdacht hatte, das Phänomen Farbe nicht weniger abstrakt zu behandeln als die Newton-Wissenschaft. »Das Allerheiligste der Farbenlehre« – das waren für Goethe nicht nur die physiologischen Farben, deren wissenschaftliche Entdeckung er für sich beanspruchte, es war auch die Dynamik, die er an ihrer Erscheinungsweise festgestellt zu haben glaubte. Gildemeisters Äußerungen legten nahe, dass für ihn allem Roten ein Gelbes zugrunde lag. »Er sähe also das große Moment, was in unserer Farbendeduktion so bedeutend ist«, notiert der Schreiber Geist: wie das Gelbe immerfort zum Roten werde »und das verdichtete gelb sich aus dem roten immer wieder« ablöse. Das seltsame Phänomen, von dem der farbenschwache Gildemeister hier sprach, war nach Goethes Auffassung gar nicht seltsam. Vielmehr ließ es sich an jedem Sonnenaufgang und -untergang studieren: Wenn sich das anfangs noch blendende Licht der untergehenden Sonne erst gelb, dann orange, schließlich rot färbte, war zu beobachten, wie das Gelbe zum Roten wurde, und beim Sonnenaufgang mit seinem umgekehrten Farbwechsel wurde das hier als Ablösung beschriebene Gegenteil sichtbar.[37] Für Goethe war das sich jeden Tag wiederholende Schauspiel des Aufgangs und Untergangs der Sonne die Urszene aller Farbwahrnehmung – so alt wie die Menschheit. Nicht zuletzt diesem Urphänomen versuchte er mit seiner Farbenlehre gerecht zu werden. Anfangs hat ihn das sogar dazu bewogen, Rot gar nicht als eine Grundfarbe zu betrachten, sondern aus dem Gelben hervorgehen zu lassen.

Der farbschwache Gildemeister schien jedenfalls etwas zu sehen, das in der Regel übersehen wurde, nämlich die Genese des Roten aus dem Gelben. Deshalb nennt er ihn ein »Sonntagskind«. Angesichts seiner erstaunlichen Farbwahrnehmungen, so lässt er Geist notieren, »könnte man das sonderbare Paradox aufstellen, daß er im Verhältnis gegen die Farben ein Sonntagskind sei und nicht sowohl ihre Körper als ihre Geister«, nicht nur ihr Sein, sondern auch ihr Werden erkenne.[38] Wie alles Bedeutende in der Natur waren auch die Farben nicht statisch, sondern dynamisch: gebündelte Energien, die sich als Prozess, Konflikt und Streben nach Ganzheit manifestierten und die sich in Farbtafeln oder Farbkreisen kaum einfangen ließen, vielmehr sich erst einer genetischen Betrachtungsweise adäquat erschlossen. Und genau das war es seiner Meinung nach, was einer wie Gildemeister, weit davon entfernt, ein bedauerlicher Kranker zu sein, das Privileg hatte zu sehen: das »Werden der Farbe«.[39]

*Dreißigstes Kapitel, in dem die Erde
eine Atmosphäre bekommt*

An einem Dezemberabend des Jahres 1808 betrachtete der Physiker Étienne Louis Malus aus dem offenen Fenster seiner Wohnung in der Pariser Rue d'Enfer das von den Glasscheiben des Palais du Luxembourg zurückgeworfene Licht der untergehenden Sonne durch einen Calcitkristall. Die Pariser Akademie hatte Anfang des Jahres einen Preis für eine mathematische und durch die Erfahrung bestätigte Theorie der doppelten Brechung ausgeschrieben, die das Licht beim Durchgang durch kristallisierte Substanzen erleidet. Calcitkristall war für seine besonders hohe Doppelbrechung bekannt; gewöhnlich spaltete er einfallendes Licht in zwei parallel gegeneinander verschobene Lichtbündel auf. Deshalb wurde Calcitkristall damals auch Doppelspat genannt.

Sehr zur Verwunderung des französischen Physikers zeigte sein Kristall an Stelle der erwarteten zwei Sonnenbilder jedoch nur eines. Da die Dunkelheit rasch hereinbrach, setzte er seine Versuche bei Kerzenlicht fort, das er statt von den Fensterscheiben des Palais du Luxembourg von Wasser oder einem Glasspiegel reflektieren ließ. Auch hier stieß er auf das Phänomen des einen Bildes der Kerze. Und wenn es zwei waren, so fielen ihre Intensität und Helligkeit sehr unterschiedlich aus, abhängig davon, wie er den Stein hielt; der Kontrast verstärkte sich, desto weiter er den Kristall gegenüber der Position der Lichtquelle kippte. Die Reflexion des Lichts von einem durchsichtigen Körper – ein alltäglicher Vorgang – schien auszureichen, um ihm die Eigenschaft zu nehmen, sich beim Durchgang durch einen Doppelspat in zwei Bündel aufzuspalten. Malus untersuchte daraufhin die Reflexionswinkel, bei denen diese Erscheinung besonders ausgeprägt auftrat, und fand heraus, dass bei einem gewissen Winkel die Lichtstärke am geringsten war, fast bis zu vollständiger Dunkelheit gehen konnte. Malus hatte die Polarisation des Lichts entdeckt. Wie alle Naturforscher seiner Zeit stand auch er unter dem Einfluss der epochalen Entdeckungen, die damals bei der Erforschung der Elektrizität und des Magnetismus gemacht wurden. Und so wies er den Teilchen, aus denen laut Newton das Licht bestehen sollte, Pole und den Lichtstrahlen Seiten zu. Bei der Brechung oder Reflexion an durchsichtigen Körpern wird dem Licht eine bestimmte Schwingungsrichtung aufgezwungen, wie wir heute sagen.

Drei Jahre später entdeckte Malus' jüngerer Physikerkollege Dominique François Jean Arago, ein guter Freund Alexander von Humboldts, die chromatische Polarisation: Hält man in den Strahl polarisierten weißen Lichts ein dünnes Glimmerplättchen, so entstehen intensive Farberscheinungen – Interferenzfarben des polarisierten Lichts. Je nach Versuchsanordnung und verwendeten Materialien lassen sich auf diese Weise vielfältige Farb- und Figurenmuster erzeugen. Goethe erinnerten sie an Kreuze, präziser gesagt an Malteserkreuze. Genauer besehen handelte es sich um Kippbilder, die zu spontanen Wahrnehmungs- und Gestaltwechseln führen können; so ließ sich statt von Kreuzen genauso gut von »pfauenaugig sich bildenden Eckpunkten« eines Quadrats sprechen. Hinzu kamen andere Doppelbilder in den Komplementärfarben.[1] Es sei »die schönste Entdeckung, die seit langer Zeit gemacht worden«, schrieb er im März 1816 an seinen Mitstreiter in Sachen Farbenlehre contra Newton, Thomas Johann Seebeck, durch den er Ende 1812 die Entdeckung der Lichtpolarisation kennengelernt hatte: »Ja diesem Phänomen ist kein anderes optisches zu vergleichen«.[2] Goethe glaubte da erkannt zu haben, dass sich alle prismatischen Erscheinungen, insbesondere jene, deren Wahrnehmung ihn zu seiner von Newton abweichenden Auffassung der Entstehung der Farben geführt hatten, auf die neu entdeckten Phänomene zurückführen ließen.

Seebeck, der nach den Doppelbildern des Calcitkristalls nun auch die Interferenzfarben des polarisierten Lichts eingehend untersuchte, sprach von »entoptischen Farben«, weil sie im Inneren gewisser Körper erschienen. Geprägt hat die Bezeichnung aber wohl der Philosoph Georg Friedrich Wilhelm Hegel, der damals wie Seebeck in Nürnberg lebte und den Goethe von seiner Zeit als Jenaer Professor her kannte. In einem Brief an Goethe weist Hegel jedenfalls auf sich selbst als Urheber dieses Begriffs hin.[3] Hegel hat zeitlebens an die wissenschaftliche Korrektheit von Goethes Farbenlehre geglaubt und ihr in seiner 1817 erschienenen *Enzyklopädie der philosophischen Wissenschaften im Grundrisse* auch einen prominenten Platz eingeräumt. Auf seine Veranlassung hin hielt sein Schüler Leopold von Henning ab 1822 eine alljährliche Vorlesungsreihe zur Farbenlehre, gegen den erbitterten Widerstand der Physiker vom Fach an der Berliner Universität. Es war die größte Anerkennung, die Goethes Farbenlehre zu seinen Lebzeiten zuteilwurde.

Seebeck war es auch, der Goethe im Dezember 1812 ein aus Calcitkristall geschnittenes Prisma schickte, das er selbst angefertigt hatte. Er hatte entdeckt, dass die entoptischen Farbfiguren auch in gewöhnlichen Glaskörpern erscheinen, wenn man sie zuvor zum Glühen bringt und danach rasch abkühlt. Dieser Vorgang führt nämlich zur Kristallisation des geschmolzenen Quarzes mit der Folge, dass es beim Durchtritt eines Lichtstrahls zu vergleichbaren Effekten kommt wie beim Kalkspat oder Glimmer. Zudem erklärte er die von ihm beobachteten entoptischen Farbsäume ganz nach Art der Weimarer Farbenlehre: Sie würden »an den Rändern der dunkeln Teile, oder wo ein Helleres an ein Trübes grenzt, entstehen«.[4] So konnte Goethe das neue Phänomen geradezu als »Tüpfchen auf's i«[5] feiern, das seine Auffassung der physikalischen Farben triumphal bestätigte. »Die physischen Farben erhalten auch durch das Entoptische eine unglaubliche Vollendung«, äußert er selbstbewusst am 1. Oktober 1820 in einem Brief an den Berliner Staatsrat und späteren Privatgelehrten Christoph Friedrich Ludwig Schultz, einem weiteren seiner wenigen Verbündeten in Sachen Farbenlehre. »Es ist, als wenn sich nach diesem Schlußstein das Gewölbe erst recht setzen wollte.« Da hat er im dritten Heft seiner neuen Publikationsreihe *Zur Naturwissenschaft überhaupt* die Abhandlung *Entoptische Farben* soeben veröffentlicht und dort sogar die genaue Stelle angegeben, wo die Erweiterung hingehörte: »am Ende der zweiten Abteilung, hinter dem 485. Paragraphen, Seite 185«.[6]

Wie schon bei seinen ersten Farbversuchen, von denen er zwanzig Jahre zuvor in seinen *Optischen Beiträgen* berichtet hatte, experimentierte auch der über sechzigjährige Goethe wieder fröhlich drauflos – unter der Hintanstellung experimenteller Standards und theoretischer Maßstäbe, die Physiker wie Malus, Biot und auch Arago gesetzt hatten. Er begann mit den seebeckschen Glaskörpern und griff dann auf seine bewährte Methode der Vervielfältigung der Versuche zurück, überzeugt davon, dass sich so schon zeigen würde, was an der Sache dran war. Dabei verkomplizierte er die Apparatur immer mehr, bis ihm selbst Zweifel daran kamen, ob dies noch zielführend sei. Den Polarisationsapparat mit Strahlengang und vier Spiegeln, den ihm der Herausgeber des *Journals für Chemie und Physik* Johann Salomo Christoph Schweigger zum neunundsechzigsten Geburtstag schenkte, lobte er zwar für die Bequemlichkeit, mit der sich die entoptischen Farbfiguren beobachten ließen, merkte aber kritisch an, er verberge »noch mehr das Grund-Phänomen, welches sich niemand rückwärts daraus zu entwickeln unternehmen würde«.[7] Meistens benutzte er ein von Seebeck entworfenes entoptisches Gestell mit zwei Spiegeln und brachte zwischen sie einen Glaswürfel aus schnell abgekühltem Glas, ein Glimmerplättchen oder einen Calcitkristall. Bei dieser Versuchsanordnung sieht der Beobachter ein dunkles Kreuz und in den Ecken bräunlich-gelbe Punkte. Werden die Spiegel parallel gestellt, erscheint ein helles Kreuz mit blauen Punkten.[8] Anders als die Physiker vom Fach versuchte Goethe, die Licht- und Farberscheinungen aber weniger durch die Apparatur selbst und die Veränderung der Stellung der beiden spiegelnden Flächen zueinander zu erzeugen, sondern indem er sie immer wieder neu nach dem Sonnenstand ausrichtete. Wiederholt weist Goethe darauf hin, dass die Beobachtungen von der Position der Sonne und der Wolkenbildung am Himmel abhängig seien. »Bei unserer Darstellung kommt nun alles darauf an«, heißt es gleich in den ersten Absätzen seiner Abhandlung, »daß man sich mit dem Körper, welcher entoptische Farben hervorzubringen vermag, unter den freien Himmel begebe, alle dunkle Kammern, alle kleine Löchlein ... abermals hinter sich lasse. Eine reine wolkenlose, blaue Atmosphäre, dies ist der Quell, wo wir eine auslangende Erkenntnis zu suchen haben!«[9]

Scheinbar also alles wie gehabt. Und doch warten seine Beobachtungen mit einer interessanten Pointe auf. Sämtliche Interferenzerscheinungen des polarisierten Lichts, so Goethes Hypothese, beruhten auf dem Widerschein der Sonne, den uns die Atmosphäre zusendet. Deshalb trägt er sein entoptisches Gestell gewissermaßen dem Sonnenlicht hinterher und vollzieht zusammen mit ihm zwischen Sonnenaufgang und Sonnenuntergang eine kreisförmige Bewegung zum Sonnenstand. Die ambulante, dem Tageslauf der Sonne folgende Beobachterposition ersetzt bei ihm die Drehung der Spiegel an den Polarisationsapparaten. Dementsprechend dienen seine entoptischen Versuche auch nicht so sehr der Erzeugung als vielmehr der Registrierung dieser Farberscheinungen.

Mit Vorliebe wählte er für seine raumgreifenden Experimente den Botanischen Garten in Jena, wo er auch einigermaßen ungestört war. Das war in der Tat auch für damalige Verhältnisse unorthodoxe Naturforschung, für Außenstehende kaum noch von Sonnenanbetung zu unterscheiden. Aber unter Goethes erkenntnisleitender Prämisse, die Phänomene nicht berechenbar, sondern sichtbar zu machen, ergab sie durchaus Sinn. Sonnenlicht ist erst einmal unpolarisiert. Wie man bald herausfinden sollte, schwingt es senkrecht zu seiner Ausbreitungsrichtung, hat dabei aber keine bevorzugte Richtung; diese ist vielmehr räumlich zufällig verteilt. Erst wenn es an den Luftmolekülen der Erdatmosphäre gestreut wird, schwingt es vorwiegend nur noch in eine Richtung –

es ist polarisiert. Dabei ergeben sich spezifische, in konzentrischen Kreisen um die Sonne angeordnete Muster, die sich im Laufe des Tages ständig dem Sonnenstand entsprechend verändern. Für das menschliche Auge bleiben diese himmlischen Polarisationsmuster unsichtbar. Bienen mit ihren Facettenaugen oder bestimmte Arten von Fledermäusen und Heuschrecken hingegen können sie, wie wir mittlerweile wissen, sehr wohl wahrnehmen und nutzen sie zur Orientierung.

Auch die Farbfiguren der entoptischen Erscheinungen registrieren die Muster am Himmel, wenn auch auf sehr vermittelte Weise. So machen sie sichtbar, dass sich die Wechselwirkung von Sonnenlicht und Atmosphäre im Laufe des Tages und im Wechsel der Jahreszeiten verändert. Goethe wird in seinem Aufsatz nicht müde darauf hinzuweisen, dass für ihn genau hier die Faszination der entoptischen Farben lag. Sie waren Effekte eines Geschehens am Himmel, das der menschlichen Wahrnehmung zwar entzogen bleibt, sich mithilfe der entoptischen Apparatur jedoch registrieren ließ und dabei noch die »allerschönsten Farbenspiele« bewirkte, wie es in einem 1817 in das Stammbuch einer jungen Frau notierten berühmten Gedicht heißt.[10]

Diese Eigenschaft, das Unsichtbare sichtbar zu machen, teilten die entoptischen Farben mit anderen experimentellen Phänomenen, die Goethe nachhaltig faszinierten. Dazu gehören etwa auch die sogenannten chladnischen Klangfiguren, benannt nach dem Wittenberger Physiker Ernst Florens Friedrich Chladni, der sie 1787 entdeckt hatte. Goethe hatte sich bereits kurz nach seiner Rückkehr aus Italien mit ihnen beschäftigt, wie uns Charlotte von Kalb mitteilt: »Goethe stand am Fenster, hatte eine Glasscheibe in der Hand und einen Bogen, zeigte, wie bei jeder Bewegung des Bogens der Sand auf dem Glase verschiedene Figuren bildet. Das Geringste war ihm bedeutend, was zum Gesetz der Ordnung gehörte, und so interessierte ihn dies wunderbare Spiel lebhaft; und wie unzerstörbar die geheimnisvolle Ordnung der Natur, konnte wohl auch dies Experiment beweisen.«[11] Streut man Sand auf eine dünne Platte, etwa aus Glas, am besten aber aus Metall, und versetzt diese in Schwingungen, zum Beispiel durch das Anstreichen mit einem Geigenbogen oder die Berührung mit einer schwingenden Stimmgabel, ergeben sich wie von Zauberhand gleichmäßige Muster – Knotenlinien stehender Wellen. Sie kommen dadurch zustande, dass der Sand von den vibrierenden Partien der Platte zu solchen wandert, die nicht oder nur schwach schwingen. Das Prinzip der Klangfiguren ähnelt in der Tat dem der entoptischen Farben: unsichtbare Schwingungen, in einem Fall die von elastischen Körpern, im anderen die des Lichts, sichtbar zu machen. In

Goethes Aufsatz *Entoptische Farben* aus dem Jahr 1820 findet sich dann auch ein Kapitel zu »Chladnis Tonfiguren«, in dem er diese Übereinstimmung diskursiv und in Tabellenform darstellt.[12]

Die Faszinationskraft, die von Chladnis Demonstrationen ausging, war so groß, dass er seinen Lebensunterhalt mit dem Auftreten als umherreisender Referent verdienen konnte. Selbst Napoleon gehörte zu seinen Bewunderern. »Dieser Mann lässt die Töne sehen«, soll er gesagt haben. Goethe, der sich mit Chladni zwischen 1803 und 1816 mehrfach traf, blickte ein wenig neidisch auf dessen Erfolg. »Was meiner Farbenlehre eigentlich ermangelte«, schreibt er 1829 an Schultz, »war, daß nicht ein Mann wie Chladni sie ersonnen oder sich ihrer bemächtigt hat; es mußte einer mit einem compendiosen Apparat Deutschland bereisen, durch das Hokus Pokus der Versuche die Aufmerksamkeit erregen ... Auf solche Weise wäre die Sache lebendig geworden ...«[13]

Eigentlich verspüre er nicht die geringste Lust, »die Sache wieder vorzunehmen«, hatte Goethe zu Beginn seiner Befassung mit den entoptischen Farben gemeint. Nun war das Ergebnis seiner Studien, auf die er sich trotzdem eingelassen hatte, dass sein Denken langsam aus dem magischen Kreis der Farbenlehre hinausgeführt wurde, der sich doch mehr und mehr als ein Bannkreis herausstellte: Er kam einfach nicht davon los. Indem die neuen Farberscheinungen ihn lehrten, die Erdatmosphäre als jene Dimension zu betrachten, auf die es ankam, wenn man ihr Zustandekommen naturgemäß verstehen wollte, wiesen sie auch über sich selbst hinaus auf etwas Größeres, Umfassenderes.

In der Tat geriet um 1800 die Atmosphäre der Erde immer stärker in den Fokus der Naturforscher. Das wird schon an der Wortwahl deutlich: Bislang sprach man vom Himmel, häufig verwendete man auch den Plural: »die Himmel« und meinte damit alles, was man sah, wenn man den Blick nach oben richtete, von den Nebelschwaden, die im Herbst über die Felder zogen, über die Wolken, deren Gestaltenwechsel den Eindruck ständiger Bewegung hervorrief, bis zu den Sternen. Die Himmel waren jener Teil der Natur, der sich einer einheitlichen wissenschaftlichen Beschreibung am längsten entzog. Das aber begann sich nun zu ändern. Anders als auf die Himmel ließ sich auf die Atmosphäre der gesamte methodische Apparat anwenden, der die Wissenschaft so erfolgreich gemacht hatte: exakte Beobachtungen, die zu systematischen Datensammlungen führten, einheitliche Klassifikation, Experimente, die Hypothesen erhärteten und zu Berechnungen führten, deren Korrektheit sich überprüfen ließ. »Wir leben untergetaucht am Boden eines Meeres von Luft«, hatte der italienische Physiker und Mathematiker Evangelista Torricelli 1644 in einem berühmten Brief geschrieben und in diesem wunderbaren Bild seine und Galileis Entdeckung zusammengefasst, dass die atmosphärische Luft ständig auf die darunterliegende Erde drückt.¹⁴ Die Forscher des 18. Jahrhunderts dann hatten angefangen herauszubekommen, wie das Meer von Luft einen mit einer Gesteinskruste überzogenen, überwiegend von Wasser bedeckten Planeten in die lebendige, atmende Erde verwandelt hatte, die Leben, auch menschliches Leben hervorbringen konnte. Joseph Priestley und der deutsche Apotheker Carl Scheele, Antoine Lavoisier und der niederländische Arzt Jan Ingenhousz lehrten einen neuen Blick auf die atmosphärische Luft: Sie ist nicht einfach vorhanden, sondern wurde und wird durch lebende Organismen – die Pflanzen, die sie mit Sauerstoff anreichern – grundlegend verändert. Wir atmen buchstäblich den Atem anderer Lebewesen.¹⁵

Das ist der Stand der Dinge, als Goethe 1817, noch mitten im Prozess der Erkundung der entoptischen Farben, sich für Meteorologie zu interessieren beginnt.

Wie schon bei der Mineralogie und Geologie war auch dieses Mal der Anlass ganz praktischer Natur: In den 1820er Jahren wurden im gesamten Großherzogtum meteorologische Stationen eingerichtet, um durch systematische Beobachtungen zu Wetterprognosen zu gelangen. Wir haben uns mittlerweile so sehr an die Allgegenwart von Wetterberichten gewöhnt, das wir uns kaum noch eine Zeit vorstellen können, in der Starkregen und Hagel, Sturmböen und Überflutungen, Gewitter und Lawinen die Menschen so gut wie unvorbereitet trafen und ihr Zerstörungswerk dementsprechend heftig ausfiel. Wie schon im Fall der Brände und des Brandschutzes ganz zu Anfang seiner Regierungszeit verfolgte Carl August auch jetzt das Ziel, den Naturgewalten mit Aufklärung, Besonnenheit und, wo immer möglich, auch mit Präventivmaßnahmen zu begegnen. Dafür baute er das erste deutsche Netz koordinierter Stationen für Wetterbeobachtungen auf und wirkte auch auf Goethe ein, die Sache voranzubringen. Seit Ilmenau – und unbeschadet des desaströsen Endes, das der Versuch, den dortigen Bergbau wiederzubeleben, schlussendlich genommen hatte – war Goethe der erste Ansprechpartner des Herzogs in Sachen Naturwissenschaften und bei allem, was die praktische Umsetzung ihrer Forschungsergebnisse betraf. Und seitdem Carl August 1815 seinen Staatsminister zum Oberaufseher der Anstalten für Kunst und Wissenschaft im Großherzogtum gemacht hatte, war er das auch auf höchster Ebene.

Die Pläne für ein Netz von Messstationen gingen bereits auf die Anfänge der 1810er Jahre zurück. 1813 nahm die Jenaer Sternwarte ihren Betrieb auf. Sie war als Anbau des Schiller-Hauses errichtet und der Universität zugeordnet worden. Zu den Aufgaben Carl Dietrich von Münchows, ihres ersten Direktors, gehörte auch die Dokumentation der Witterungsverhältnisse. Doch erst sein Nachfolger Friedrich Posselt unternahm es, die Wetterdaten regelmäßig und nach einem einheitlichen Raster aufzuzeichnen. Zwischen 1816 und 1825 kamen acht weitere Wetterstationen hinzu. Die erste davon lag in Schöndorf auf dem Ettersberg, nördlich von Weimar. Es folgten Stationen unter anderem in Eisenach, Ilmenau, Frankenheim (Rhön), auf dem Schloss Osterburg bei Weida im Vogtland, in Allstedt und auch auf der Wartburg. Im Auftrag von Carl August erstellte Goethe im Jahr 1817 zusammen mit dem Weimarer Hofmechaniker Johann Christian Friedrich Körner eine *Instruction für die Beobachter bei den Großherzoglichen meteorologischen Anstalten*. Sie wurde später noch dreimal modifiziert. Die Instrumente, die dabei zum Einsatz kommen sollten, waren Barometer, Thermometer, Hygrometer zur Bestimmung der Luftfeuchtigkeit, Thermometrograph zur Messung der Minimal- und Maximaltemperatur über einen längeren Zeitraum, Niederschlagsmesser sowie das von de Saussure entwickelte Cyanometer, da man einen Zusammenhang der Farben des Himmels mit der Witterung vermutete. Wichtig aber war vor allem, dass die Aufzeichnungen über längere Zeiträume hinweg regelmäßig und nach einem einheitlichen Raster vorgenommen wurden, welches ihre Vergleichbarkeit ermöglichte. So legt die Instruktion fest, dass sie »früh 8 Uhr, des Mittags 2 Uhr, und des Abends 8 Uhr« zu erfolgen hätten. Zudem sollten sie eine »gedrängte Übersicht der Witterung des ganzen Tags« geben. Dieser wurde dafür in drei vierstündige, einen zweistündigen und einen zehnstündigen Zeitabschnitt (für die Nacht) eingeteilt, wobei jedem der Abschnitte bestimmte Symbole zuzuordnen waren: ein vollständig durch Vertikallinien ausgefülltes Quadrat für bedeckten Himmel, ein liegendes Kreuz hingegen, wenn der Himmel wolkenlos war, ein Quadrat mit vier Punkten »für einen Regen, dessen Dauer mehr als eine Stunde beträgt«, dasselbe mit Kreuzchen für Schnee oder mit kleinen Kreisen für Graupeln und ein oben angebrachter Bogen für Morgen- und Abendrot.[16]

Die Pläne waren wohldurchdacht, die Instruktion zu ihrer Umsetzung minutiös ausgeführt, der Alltag auf den Wetterstationen muss hingegen anders ausgehen haben. Die vor Ort eingesetzten Laienbeobachter, die diese Aufgaben mehr oder minder freiwillig gegen ein geringes Salär versahen, klagten über

Unpässlichkeiten wie Sehschwäche oder gar Krankheit, die sie ihren Dienst nur unzureichend versehen ließen. Oft waren sie auch schlicht überfordert und zeichneten etwa die Windstärke 9 auf, obwohl die Skala nur von 0 für »gänzliche Windstille« bis 8 für »Orkan« reichte.[17] Hinzu kamen Widrigkeiten wie im Winter zugefrorene Fenster oder fehlerhafte, zum Teil nicht funktionierende Instrumente. Und manchmal spielte ihnen auch das Wetter selbst einen Streich, wenn etwa, wie von der Wartburg berichtet wurde, der Wind einen solchen Lärm machte, dass der Schlag der Turmuhren nicht zu vernehmen war.[18]

∾

Ein zentraler Punkt der Wetterbeobachtung war die Bewölkung des Himmels: ihre Ausdehnung, die Wolkenformen und der Wolkenzug. Durch die Deutung von Gestalt, Aussehen und Höhe der Wolken sowie die zeitliche Veränderung ihrer Merkmale erwartete man sich Aufschluss darüber, wie Veränderungen des Wetters, zumindest solche lokaler und kurzfristiger Natur, zustande kamen. Die am Himmel befindlichen Wolkenformen seien zu den drei Beobachtungsstunden mit folgenden Abkürzungen einzuzeichnen, heißt es in Goethes Instruktion:

Str. für Stratus, Sto-cum. für Strato-cumulus,
Cum. für Cumulus, Cro-cum. für Cirro-cumulus,
Crs. für Cirrus, Sto-crs. für Strato-cirrus,
Nb. für Nimbus, Par. für Paries.[19]

Wem das wie den meisten Beobachtern nichts sagte, wurde auf die Beilage 2 des Anhangs verwiesen. Dort fanden sich dann Ausführungen über »die Gestalten der Wolken-Phänomene«,[20] wie sie ein gewisser Luke Howard zum ersten Mal im Dezember 1802 auf einer akademischen Versammlung in London vorgestellt hatte. Der gerade dreißigjährige Quäker Howard war da noch ein unbekannter Chemiker gewesen. Sein System zur Klassifizierung von Wolkentypen, 1803 erstmals publiziert, hatte ihn jedoch mittlerweile weit über die Grenzen seiner Heimat berühmt gemacht. Eine unvollständige französische Fassung wurde 1805 auch ins Deutsche übertragen und erschien in den *Annalen der Physik*. Doch erst, als zehn Jahre später deren Herausgeber Ludwig Wilhelm Gilbert einen zweiten Anlauf unternahm, Howard auch in Deutschland bekannt zu machen, fand er in Weimar Resonanz. Carl August machte Goethe auf den Artikel aufmerksam, dessen Lektüre im Dezember 1815 bei ihm einen nachhaltigen Eindruck hinterließ. »Über meiner ganzen naturhistorischen Beschäftigung schwebte die *Howardische* Wolkenlehre«, stellt er in den aus Tagebuchaufzeichnungen nachträglich komponierten *Tag- und Jahresheften* für das 1815 fest.[21]

Das hatte keineswegs nur damit zu tun, dass Howards Systematik gut zur sich gerade entwickelnden meteorologischen Betriebsamkeit im Großherzogtum passte. Goethe muss angesichts von Howards Versuch, Ordnung in Erscheinungen zu bringen, die auf den ersten Blick nur Launen des Zufalls zu sein schienen, jedenfalls in kontinuierlicher Bewegung und Verwandlung waren, eine tiefe Übereinstimmung zu seinem eigenen Vorgehen in Sachen Naturforschung empfunden haben. Wie ihm selbst ging es auch dem englischen Begründer der Nephologie, der Wolkenkunde, um eine Gestaltenlehre, eine Morphologie der Wolken. Zwar betonte Howard stets, auf den Schultern des viel größeren Linné zu stehen und dessen Klassifizierungskonzept lediglich ein neues Anwendungsfeld zu verschaffen. Doch die Einsicht in die Dynamik des Naturphänomens, mit dem er sich befasste, trieb ihn über die reine Klassifikation hinaus. Goethe schien das schon daraus hervorzugehen, dass Howard seine Wolkengestalten in drei einfache, zwei Zwischen- und zwei zusammengesetzte Formen unterteilte. Die Grundformen nannte er *Cirrus* (in der oberen Atmosphäre auftretende Schleierwolken), *Cumulus* (Haufenwolken in mittlerer Höhe, die sich über eine horizontale Basis auftürmen) und *Stratus* (Schichtwolken, eine von unten nach oben zunehmende, weit ausgedehnte, horizontale Schicht bildend). *Cirrus* und *Cumulus* beziehungsweise *Cirrus* und *Stratus* konnten laut Howard ineinander übergehen und sich in *Cirrocumulus* und *Cirrostratus* verwandeln, sie konnten aber auch zu *Cumulostratus* oder *Cumulocirro-stratus* aggregieren. Geschah letzteres, so dauerte es nicht mehr lange, bis es zu regnen anfing, weshalb die aus allen drei Grundformen zusammengesetzte Wolkengestalt auch unter dem Namen *Nimbus* oder Regenwolke bekannt war.

Goethe glaubte Howards Siebengestalt noch eine achte hinzufügen zu sollen, die er *Paries* (Wand) nannte; anders als Howards Terminologie war dieser Bezeichnung jedoch keine Zukunft beschieden. Einmal mehr wurde die offizielle Mission, mit der der Großherzog ihn betraut hatte, willkommener Anlass, den eigenen wissenschaftlichen Interessen nachzugehen. »*Howards* Wolkenterminologie ward fleißig auf die atmosphärischen Erscheinungen angewendet«, heißt es etwa in den *Tag- und Jahresheften* von 1816.[22] In so zarten wie ausdrucksstarken Zeichnungen, zuerst mit Bleistift ausgeführt und anschließend behutsam aquarelliert, hat er 1817 die sieben Wolkenformen dargestellt. Sie gehören zu seinen schönsten Blättern. Im Frühjahr 1820, während seiner fünfwöchigen Reise nach Karlsbad, hat Goethe ein Wolkentagebuch geführt, dieses bald nach seiner Rückkunft mit einer Einleitung versehen und in den Heften *Zur Naturwissenschaft überhaupt* veröffentlicht. Viele seiner notierten Beobachtungen hat er aus der Kutsche heraus gemacht; mit zunehmendem Alter mussten dem vom Rheuma geplagten Wanderer Kutschfahrten das von ihm so geliebte Umherschweifen in freier Natur ersetzen. Die Aufzeichnungen zeigen einen aufmerksamen Beobachter, der das Sichtbare in so treffende wie schöne Beschreibungen umzusetzen versteht. »Auf dem Wege nach Sandau, wo wir gegen Südost fuhren«, heißt es etwa unter dem 27. April 1827, »sahen wir die sämtlichen Wolken-Phänomene in ihrer charakteristischen Mannigfaltigkeit, Abgesondertheit, Verbindung und Übergängen, als ich sie nie gesehen, und zwar in solcher Fülle, daß der ganze Himmel davon überdeckt war. Das leichteste Gespinst der Besenstriche des Zirrus stand ruhig am obersten Himmel, ganze Reihen von Kumulus zogen, doppelt und dreifach übereinander, parallel mit dem Horizonte dahin, einige drängten sich in ungeheure Körper zusammen und indem sie an ihrem oberen Umriß immer abgezupft und der allgemeinen Atmosphäre zugeeignet wurden, so ward ihr unterer Teil immer schwerer, stratusartiger, grau und undurchscheinend, sich niedersenkend und Regen drohend. Eine solche Masse zog sich uns über das Haupt hin, und es fielen wirklich einige Tropfen.«[23]

Howards Wolkenterminologie wurde nicht nur fleißig auf die atmosphärischen Erscheinungen angewendet, Goethes Ziel war auch, sie »mit dem Barometerstand zu parallelisieren«.[24] Auch das war anfangs durchaus noch Teil der Mission, mit der ihn der Großherzog betraut hatte: zu erforschen, ob eine Meteorologie als Wissenschaft überhaupt möglich war. Gelang es, die sichtbare Veränderung der Bewölkung mit der Messung des Luftdrucks in Beziehung zu setzen, dann schien eine wissenschaftliche, an das Kriterium der Messbarkeit geknüpfte Grundlage für Wetterbeobachtungen und sogar für Wetterprognosen gelegt.

Dass es so einfach dann doch nicht war, sollte Goethe bald erkennen. Aber mit dem Barometer begegnen wir einer weiteren Ausnahme von Goethes legendärer, von ihm selbst ausgesprochener und doch ins Reich der Legende gehörender Instrumentenfeindlichkeit: Er war von ihm fasziniert und hat es über alles geschätzt. Darin unterschied er sich nicht einmal von seinen Zeitgenossen, die mit Wetterbeobachtungen befasst waren. In einer englischen Anweisung zu seinem Gebrauch aus diesen Jahren nennt deren Verfasser es »das nützlichste, unterhaltsamste und interessanteste aller gelehrten Instrumente«. Es erlaube nicht nur das Gewicht der Atmosphäre zu bestimmen, sondern auch die Höhe von Bergen oder Ballonen und die Tiefe etwa von Höhlen und Stollen.[25] In Goethes *Instruction* von 1817 steht es unter den dort aufgeführten Instrumenten gleich an erster Stelle. Und in seinem zu Lebzeiten nicht veröffentlichten *Versuch einer Witterungslehre* aus dem Jahr 1825, der Quintessenz einer fast zehnjährigen Beschäftigung mit dem Wetter, den Wolken und der Atmosphäre, ist ihm sogar ein eigenes Kapitel gewidmet.

Goethe verleiht darin seiner Überzeugung Ausdruck, den Barometerstand als »Hauptphänomen, als Grund aller Wetterbetrachtungen« anzusehen.[26] Er bedinge »alle übrigen atmosphärischen Wirkungen« und werde »von keiner bedingt«, hat er auf einem Zettel notiert und gleich eine Definition des Barometers hinzugefügt, die ihm die höchste denkbare Würdigung zuteilwerden lässt. Er nennt es dort »das Instrument, durch welches die größten Geheimnisse der Natur uns offenbar werden«.[27] Goethe war sich bewusst, dass er dadurch ein physikalisches Gerät zur Erkenntnisquelle dessen adelte, was er ansonsten Grund- oder Urphänomen nannte. »Das Barometer gibt uns eine unmittelbare Andeutung von einer großen Naturerscheinung, von der ab- und zunehmenden Schwere der atmosphärischen Masse«, heißt es im *Versuch einer Witterungslehre*. Daher dürfe das, »was wir hier vor Augen sehen ein Grund Phänomen genannt werden«. Beim Aufwachen ließ er sich von seinem Diener den Barometerstand mitteilen und »erriet« daraus die Wolkenbildung, »oder umgekehrt aus der Wolkenbildung den Barometerstand; welche Enträtselung zwar Anfangs nicht vollkommen, zuletzt aber genugsam befriedigend gelingen wollte«, wie wir erfahren.[28]

Neben dem von Evangelista Torricelli bereits im 17. Jahrhundert entwickelten, von Robert Boyle und René Descartes verbesserten Quecksilberbarometer hat Goethe auch ein Flüssigkeitsbarometer in Gebrauch gehabt. Der von ihm verwendete Typ trägt sogar seinen Namen, obwohl er nachweislich sogar älter als das Quecksilberbarometer ist. Andere Bezeichnungen waren Donner- oder Wetterglas. Das in der Regel mit Wasser gefüllte und dekorativ gestaltete Gefäß besitzt einen nach oben gestülpten Schnabelhals, der zur

Erdatmosphäre hin offen ist. Das Hauptgefäß ist dagegen gegenüber dem Luftdruck abgeschlossen. Messungen des absoluten Luftdrucks sind damit nicht möglich, wohl aber zeigt es Veränderungen des Luftdrucks an, wie sie innerhalb weniger Tage auftreten. Zudem vermittelt das »Goethe-Barometer« sehr anschaulich, was Galilei und Torricelli im 17. Jahrhundert herausgefunden und womit sie die Atmosphärenforschung begründet hatten: Die Luft über uns hat ein Gewicht und drückt ständig auf die darunterliegende Erde. Ist der Luftdruck niedriger, so steigt der Flüssigkeitspegel im Schnabelhals, erhöht er sich, so sinkt dieser dementsprechend.[29]

Wie bei seinem inzwischen drei Jahrzehnte zurückliegenden *Versuch die Metamorphose der Pflanzen zu erklären* ging es Goethe in seiner Witterungslehre erneut darum, die Dynamik von Naturprozessen aufzuzeigen und zugleich deutlich zu machen, dass Werden und Veränderung sehr wohl mit Gesetzmäßigkeit vereinbar sind. Wie ihm jedoch rasch klar wurde, unterscheidet sich die Dynamik des Wettergeschehens grundlegend von Wachstumsprozessen. Zumal bei Wetterumschwüngen hat es weniger den Charakter einer Metamorphose, bei der ein Teil organisch den anderen hervorbringt, als den eines dramatischen Geschehens mit hohem Spannungs- und Entladungspotenzial. Jedes Gewitter zeigt das anschaulich: Große Mengen feuchtwarmer Luft steigen auf, kondensieren auf einer bestimmten Höhe, die Wassertröpfchen werden in der Gewitterwolke nach oben gewirbelt, reiben sich aneinander und laden sich elektrisch auf, bis sich die aufgebaute Spannung schließlich in einem Blitz entlädt und die große Hitze um den Blitz die Luft mit einem gewaltigen Knall ausdehnt – das Ganze in der Regel begleitet von kräftigen wolkenbruchartigen Regen- oder Hagelschauern.

Goethe hat der Beschreibung der Konfliktprozesse, die er hinter der Dynamik der Wettererscheinungen vermutete, breiten Raum gegeben. Aus Howards Ausführungen ging hervor, dass die verschiedenen Wolkenformen »drei Luft-Regionen« unterschiedlicher Höhe angehörten, der »oberen, mittleren und unteren«. Unmittelbar im Anschluss an die Howard-Lektüre zeichnete er die drei Grundformen sorgfältig in ein Exemplar seiner Tafel *Höhen der alten und neuen Welt* ein, um sich ihre Position zu vergegenwärtigen. Der Kupferstecher Karl Christian Ludwig Heß erhielt den Auftrag, nach dieser Vorlage ein Schaubild anzufertigen, das der Abhandlung *Wolkengestalt nach Howard* beigelegt wurde. Die Darstellung deutet die Dramatik an, die sich aus der Wolkenbildung und -schichtung ergeben kann. Die mittlere Region, so führt Goethe aus, sei die des Cumulus, und in ihr werde »eigentlich der Konflikt bereitet, ob die obere Luft oder die Erde den Sieg erhalten soll … Gewinnt nun die obere Region, ihre trocknende, Wasser auflösende, in sich aufnehmende Gewalt, die Oberhand, so werden diese geballten Massen an ihrem oberen Saum aufgelöst, aufgezupft, sie ziehen sich flockenweise in die Höhe und erscheinen als Cirrus und verschwinden zuletzt in dem unendlichen Raum. Überwindet nun aber die untere Region, welche die dichteste Feuchtigkeit an sich zu ziehen und in fühlbaren Tropfen darzustellen geneigt ist, so senkt sich die horizontale Basis des Cumulus nieder, die Wolke dehnt sich zum Stratus, sie steht und zieht schichtweise und stürzt endlich im Regen zu Boden«.[30]

Goethes Beschreibung des Geschehens ist nicht korrekt, in vieler Hinsicht verhält es sich genau umgekehrt, wie von ihm angenommen. Doch das tritt zurück hinter seinem Vorhaben, das Wettergeschehen als ein dynamisches System zu beschreiben, das gleichwohl bestimmten Gesetzen folgt. Versuche in diese Richtung gab es zu seiner Zeit einige. Am weitreichendsten war die Vorstellung aufsteigender Luftströmungen, die Leopold von Buch, der sich wiederum auf Gay-Lussac bezog, vor der Berliner Akademie der Wissenschaften als den »Schlüssel zur Wissenschaft der Meteorologie« bezeichnete.[31] Diese Luftströmungen zogen den Wasserdampf nach oben, der auf einer bestimmten Höhe kondensierte, sich ausdehnte und Wolken bildete, bis die Wassertropfen zuletzt wieder zurück auf die Erde fielen. Wenn es gelang, das atmosphärische Geschehen als ein Kreislaufgeschehen zu beschreiben, in Analogie zum von William Harvey dargestellten Blutkreislauf im menschlichen Körper, dann bildete Wasserdampf zweifellos den Hauptbestandteil dieses Vorgangs. Aber es musste noch andere Parameter geben.

Goethes Idee bestand darin, dass das Wettergeschehen etwas mit den Kräften der Erdanziehung zu tun haben könnte. Bereits beim Überqueren der Alpen auf dem Weg nach Italien hatte er sich Gedanken über das Wettergeschehen gemacht und diese im Tagebuch niedergeschrieben. Er hatte beobachtet, wie Schäfchenwolken – Cirrocumuli in der Terminologie Howards, »leicht wie gekämmte Wolle aneinander gereihte Wölkgen« in der Beschreibung Goethes – am Gebirge festzuhängen schienen. Insbesondere eine von ihnen hatte seine Aufmerksamkeit auf sich gezogen: »sie löste sich mit der größten Langsamkeit auf, kaum daß einige Flocken sichtbar sich ablösten und in die Höhe stiegen die aber auch gleich verschwanden. Und so verschwand sie nach und nach und

Ich denke mir die Erde als ein großes lebendiges Wesen 543

Abbildung 13: Karl Christian Ludwig Heß, Wolkenbildung nach Howard, Kupferstich nach einem Entwurf Goethes

hinter dem Berge bemerkte ich in der Luft ganz leichte weiße Streifgen, die mir zuletzt auch aus dem Gesicht kamen.« Goethe sah das als Zeichen, dass es schönes Wetter geben werde. Er spricht davon, dass »die Atmosphäre ihre Elastizität wieder gewinne«, denn er glaube bemerkt zu haben, »daß eine Elastischere Atmosphäre die Wolken aufzehrt, ihnen den Zusammenhang unter sich benimmt«.[32] Die Beobachtung, dass Luft im Unterschied zu Wasser elastisch ist, sich ausdehnen oder verdichten kann, ohne ihren Aggregatzustand zu ändern, ging auf Robert Boyle zurück, den Entdecker des nach ihm benannten Gesetzes zum Zusammenhang von Druck und Volumen eines Gases. Sie hatte den berühmten Naturforscher, einen der Begründer der auf Experimenten beruhenden modernen Wissenschaft, zu der Hypothese geführt, dass Luft aus Teilchen bestehen musste. Gut hundert Jahre, bevor Goethe sich über den Brenner kutschieren ließ und sich dabei Gedanken über das Wetter machte, hatte Boyle Luft in eine Kugel gepumpt – so viel wie hineinging. Öffnete man das Ventil, so zischte sie heraus – *quod erat demonstrandum*. Boyle hatte noch keine Vorstellung davon, dass in einem Kubikzentimeter Luft Milliarden von Molekülen pausenlos gegeneinanderprallen und die Elastizität der Luft auf ihren Zusammenstößen beruht. Er stellte sich unter Luft eher einen geschmeidigen Haufen von Wollflocken vor.[33] Als Goethe seine im Tagebuch notierte Beobachtung der sich auflösenden Wolke für die Buchfassung der *Italienischen Reise* dann überarbeitete, scheint er ein ganz ähnliches Bild von der Elastizität der Luft im Sinn gehabt zu haben. »Einige Flocken wurden wegezogen«, schreibt er, »und in die Höhe gehoben«. Und so wurde die ganze Masse »vor meinen Augen, wie ein Rocken, von einer unsichtbaren Hand ganz eigentlich abgesponnen«.[34]

Obwohl die Luft und auch die Erdatmosphäre zweifellos Elastizität besitzen, war Goethes »Hypothese« über das Zustandekommen schönen Wetters doch mehr eine Beschreibung als schon eine Erklärung. Ende 1805 dann, in den Schemata für seine Vorträge vor der Mittwochsgesellschaft, ist unter dem Datum des 12. Dezember wieder von dem »Fall den ich in Tirol gesehen«, die Rede. Das Stichwort in der Zeile darüber lautet »Elasticität der Luft«, noch eine Zeile weiter oben aber spricht er von der »Anziehung der Erde«. Goethe beschäftigte sich vor dem Kreis der an Naturwissenschaften interessierten Weimarer Damen seit zwei Sitzungen mit dem Thema »atmosphärische Luft«, jene »unsichtbare, farbenlose, durchsichtige, compressible, schwere und elastische flüßige Materie, welche unsere Erdkugel, als Luftkreis, von allen Seiten her umgiebt«, so die Definition in einer zeitgenössischen, von Goethe konsul-

Ich denke mir die Erde als ein großes lebendiges Wesen 545

tierten naturwissenschaftlichen Enzyklopädie.[35] Die notierten Stichworte zeigen, dass ihm die »klassischen« Experimente, Entdeckungen und Erfindungen Galileis, Torricellis sowie Otto von Guerickes vertraut waren. Zugleich entwickelt er aber auch eigene Gedanken. Davon, dass die »Veränderung der Anziehungskraft der Erde« die »vorzügliche Ursache der Veränderung der Witterung« sei,[36] muss wohl schon im ersten seiner drei Vorträge zum Thema Luft die Rede gewesen sein, und Goethe hatte sie bereits hier mit der »Betrachtung des Barometers« in Verbindung gebracht, über dessen Entwicklung er minutiös berichtet, angefangen von der Kontroverse zwischen Galilei und Torricelli über die Funktionsweise eines Siphons. An den folgenden Mittwochen scheint Goethe immer wieder darauf zurückgekommen zu sein – Zeichen dafür, dass der Gedanke ihm schon damals wichtig war.

In der Buchfassung der *Italienischen Reise* hat Goethe seine Hypothese dann zum ersten Mal skizziert. Er bezeichnet sie darin genauso wie die Idee der Urpflanze als eine »Grille«, die er auch für nichts anderes ausgeben wolle, derer er sich aber auch nicht entledigen könne, »wie man denn eben die Grillen am wenigsten los wird«. Wenn er »auf Reisen, Spaziergängen, auf der Jagd, Tage und Nächte lang in den Bergwäldern, zwischen Klippen, verweilte«[37] – umgeben von tiefhängenden Wolken, die sich dann gegen Mittag allmählich auflösten –, sei sie ihm gekommen. »Ich glaube nämlich, daß die Masse der Erde überhaupt, und folglich auch besonders ihre hervorragenden Grundfesten, nicht eine beständige, immer gleiche Anziehungskraft ausüben, sondern daß diese Anziehungskraft sich in einem gewissen Pulsieren äußert, so daß sie sich durch innere notwendige, vielleicht auch äußere zufällige Ursachen bald vermehrt, bald vermindert. Mögen alle anderen Versuche, diese Oszillation darzustellen, zu beschränkt und roh sein, die Atmosphäre ist zart und weit genug, um uns von jenen stillen Wirkungen zu unterrichten. Vermindert sich jene Anziehungskraft im geringsten, alsobald deutet uns die verringerte Schwere, die verminderte Elastizität der Luft diese Wirkung an. Die Atmosphäre kann die Feuchtigkeit, die in ihr chemisch und mechanisch verteilt war, nicht mehr tragen, Wolken senken sich, Regen stürzen nieder, und Regenströme ziehen nach dem Lande zu. Vermehrt aber das Gebirg seine Schwerkraft, so wird alsobald die Elastizität der Luft wiederhergestellt«.

Wenn Goethe dann ab 1822 seine Hypothese der pulsierenden Schwerkraft weiter ausarbeitet, kann von einer neuen Idee also kaum die Rede sein. Sie hatte sich weniger aus seiner Auseinandersetzung mit Howards Wolkenlehre und den im Großherzogtum unternommenen meteorologischen Forschungen ergeben, als dass diese ihn darauf zurückgeführt hatten. Und trotz allen Aufwands, die der inzwischen Mitte Siebzigjährige unternahm, um sie plausibel zu machen und mit Argumenten und Daten zu unterfüttern blieb er dabei, dass er »sie auch jetzo nur mit Scheu und gleichsam zufällig ausgesprochen habe«, wie er Christoph Friedrich Schultz in Berlin mitteilte, der seinen Gedanken enthusiastisch begrüßte. Inzwischen hielt auch er selbst seinen Erklärungsvorschlag wohl für mehr als eine Grille, ohne ihm aber schon den Status einer Theorie oder Lehre zu verleihen, mit der er sich noch wie im Fall der Morphologie und insbesondere der Farben in den wissenschaftlichen Wettbewerb um Reputation und Anerkennung hätte ziehen lassen wollen. Es war gewissermaßen eine Hypothese außer Konkurrenz; andererseits war Goethe mit zunehmendem Alter und nach den leidigen Erfahrungen mit der größtenteils fehlgeschlagenen Akzeptanz seiner Naturforschungen im Kreis der Wissenschaftler wohl auch nur noch bereit, die Natur selbst als Richter zu akzeptieren. Symptomatisch ist dafür ein Satz, der im Dezember 1825 in einem Brief an den Diplomaten Carl Friedrich Graf von Reinhard fällt: »Ob die Natur mein Denken anerkennen will, muß abgewartet werden«, stellt er darin lakonisch fest. Und er fährt fort: »Träfen wir jetzt, wie vor so vielen Jahren in Carlsbad zusammen, so würden Sie, wie damals mit der Chromatik, so jetzt mit der Meteorik geplagt sein. Mich unterhält sie statt eines Schachspiels, ich ziehe mit meinen Steinen vorwärts gegen die Natur und suche sie aus dem geheimnisvollen Hinterhalt in die Klarheit des Kampfplatzes zu locken.«[38] Statt des Schlagabtauschs mit den Gelehrten seiner Zeit bevorzugte der Alte aus Weimar zusehends die direkte Auseinandersetzung mit den Elementen.

Der bewusst beiläufige Status seiner Theorie geht auch daraus hervor, dass er ihr erst einmal keine eigenständige Publikation widmete, sondern sie lediglich auf einigen wenigen Seiten einer Nachschrift erläuterte, die er der Besprechung eines neuen Werks von Howard, *The Climate of London*, anfügte. Ihr Stellenwert ist der eines Provisoriums, »bis uns ein anderes Licht aufgeht«[39] – mehr vorgetragen, um die Ansprüche anderer Theorien abzuwehren, als in der Überzeugung, schon eine dauerhafte Lösung gefunden zu haben, die ihren Platz in den Lehrbüchern finden wird.

Zu Goethes Zeit war selbst unter Naturforschern noch die Ansicht verbreitet, treibende Kraft für das Wetter seien der Mond oder die Planeten. Andere meinten, das Wetter wiederhole sich in regelmäßigen Zyklen innerhalb eines oder von mehreren Jahren, man sprach dabei »von Ebbe und Flut in der Atmosphäre«, oder wollte Stürme auf den Schwefel im Boden zurückführen, der in

Wechselwirkung mit der Luft gerate.[40] Gegen solche zum Teil alten Vorstellungen, zum Teil sehr begrenzte, auf bestimmte lokale Gegebenheiten abgestellte Erklärungen wendet sich Goethe mit seiner Hypothese. »Wir suchen nun also die Ursachen der Barometer-Veränderungen nicht außerhalb, sondern innerhalb des Erdballes«, charakterisiert er sein Vorgehen.[41] Das Barometer kümmere sich weder um Sonne, Mond noch Sterne, und es steige und falle auch unabhängig von den Jahreszeiten. Goethe spricht sogar davon, mit seiner Hypothese, dass Wetterveränderungen und Barometerschwankungen von Fluktuationen der Erdanziehungskraft herrührten, »das Barometer und mit ihm den Erdball von allen übrigen äußeren Einwirkungen befreit zu haben«. Als stellten diese gleichsam illegitime Ansprüche an etwas, das nur die Erde selbst anging. »Tellurisch«, die Erde betreffend und aus ihr hervorgehend, nennt er seine Hypothese deshalb auch. Soviel ist klar: Goethe arbeitete auch jetzt weiter an einem neuen Bild der Erde, mit dem er ihre gesamten Erscheinungen, zu denen eben auch ihre atmosphärische Hülle gehörte, thematisieren und auf Bedingungen zurückführen wollte, die rein irdischen Ursprungs waren.

Darüber hinaus glaubte er ein Argument für seine Hypothese zu haben, das sich nicht so leicht widerlegen ließ: Die Daten schienen nämlich dafür zu sprechen. Goethe konnte sich hier auf eine in der Jenaer Sternwarte von ihrem neuen Direktor Ludwig Schrön erstellte Kurventafel beziehen, aus der hervorging, dass im Dezember 1822 die Druckschwankungen von der Ostküste Englands bis nach Wien nahezu parallel verlaufen waren. Ausführlich erläutert Goethe die Korrelation der einzelnen Kurvenverläufe – wohl der erste und einzige Fall in seinen Schriften, dass er ein Diagramm – kaum zu unterscheiden von den uns heute geläufigen – zur Begründung einer Hypothese heranzieht. Zumindest methodisch war seine Theorie der pulsierenden Erdanziehung auf dem neuesten Stand. Und Goethe oder, besser gesagt, die Weimarer Meteorologie stand mit ihren Beobachtungen nicht einmal allein. Auch John Frederic Daniell, Professor für Chemie am King's College in London sowie Erfinder des Daniell-Hygrometers und der Daniell-Zellenbatterie, hatte in seinen breit rezipierten *Meteorologischen Essays* darauf hingewiesen, dass das Steigen und Fallen selbst weit voneinander entfernter Barometer häufig große Übereinstimmungen aufwies.[42]

»Wird man uns nun verargen«, schließt Goethe seine Ausführungen, »wenn wir das Vorgesagte zu unsern Gunsten auslegen und unsere Vorstellung folgendermaßen ausdrücken: Wenn von Boston bis London, von da über Carlsruhe nach Wien, ferner durch Böhmen nach Thüringen, das Steigen und Fallen des

Barometers immer analog bleibt; so kann dies unmöglich von einer äußern Ursache abhangen, sondern muß einer innern zugeschrieben werden, welches sich bei übereinstimmenden gleichzeitigen Beobachtungen an vielen Orten noch deutlicher ergeben muß. Das Pulsieren, das Aus- und Einatmen der tellurischen Schwerkraft bleibt in gewissen von der Natur vorgeschriebenen Grenzen, aber im Steigen und Fallen durchaus dasselbe«.[43]

Goethes Theorie ist zweifelsohne falsch. Und selbst wenn sie stimmte, würde das angenommene Schwanken der Erdanziehungskraft am Barometer gar nicht ablesbar sein. Weitreichender jedoch als diese Feststellung oder etwa die Frage, ob angesichts der damaligen unzureichenden Datenlage die These einer Oszillation der Erdgravitation wissenschaftlich nicht doch plausibel gewesen sein könnte, ist womöglich eine andere Fragestellung: Wie kommt es dazu, dass Goethes Naturforschungen ihren letzten großen Auftritt in einer Witterungslehre haben? In der Tat ist die von ihm 1825 noch einmal im Zusammenhang dargelegte Vorstellung von der pulsierenden Erdanziehung Goethes letzte weitreichende wissenschaftliche Hypothese – Schlussstein eines Forschungswegs, der bei den Steinen, dem Erdboden und dem, was sich darunter befindet, einsetzt, der sich sodann den Pflanzen und Tieren und schließlich den Farben zuwendet, vorrangig jenen, die im Zusammenspiel von Sonnenlicht und Erdatmosphäre entstehen, und sich schließlich mit der atmosphärischen Luft selbst auseinandersetzt in puncto dessen, was sie für das Erdenleben bedeutet. Damit tritt auch der innere Zusammenhang von Goethes scheinbar disparaten Forschungen zu Tage: Es ist die Erde, angefangen von der Bildung der Erdkruste, auf der wir leben, bis hin zu der sie umhüllenden Atmosphäre, der äußeren Region der Biosphäre, wie wir heute sagen. Goethes Forschungen sind Elemente einer Erkundung des Systems Erde – angefangen vom Schweren bis zum Luftigen, aber nicht im Sinne einer Abwendung von der Wissenschaft und einer Hinwendung zur Poesie,[44] sondern als Gang durch alle Schichten der Biosphäre, vom Granit, den er die »Grundfeste der Erde« nennt, bis zur Troposphäre, der untersten Schicht der gasförmigen Hülle der Erdoberfläche. Dort findet das Wettergeschehen statt und dort ist der Anteil des Sauerstoffs gerade hoch und gerade niedrig genug, also genau richtig, um das Leben von Pflanzen, Tieren und Menschen zu ermöglichen.

Äußerungen von Goethe selbst legen eine solche Deutung nahe. So schreibt er etwa Schultz, nachdem er dessen Enthusiasmus gegenüber der Hypothese vom Pulsieren der Erde gebremst und ihre Vorläufigkeit betont hat: »Wenn man, wie ich fordere, alles Kosmische, Solarische, Planetarische, auch das nächste Lunarische, einstweilen ablehnt, auch die sämtlichen atmosphärischen Erscheinungen als Symptome behandelt und alles bei der jung-alten Mutter selbst sucht, so muß sich gar manches hervortun«.[45] Die Hypothese vom »Pulsschlag der Erde«[46] ist Goethes Gaia-Theorie. Als »Gaia-Hypothese« haben die Mikrobiologin Lynn Margulis und der Biophysiker James Lovelock in den 1970er Jahren ein Bild der Erde und ihrer Biosphäre als ein sich selbst organisierendes Lebewesen bezeichnet, das die Bedingungen seiner Existenz selbst reguliert. Gaia, das ist der alte griechische Name für die Erdgöttin, die jung-alte Mutter Erde, Spenderin und Trägerin allen Lebens. Auf Goethes damals 150 Jahre alten *Versuch einer Witterungslehre* haben sie sich dabei nicht berufen, doch die Übereinstimmungen frappieren. »Ich denke mir die Erde mit ihrem Dunstkreise gleichnisweise als ein großes lebendiges Wesen, das im ewigen Ein- und Ausatmen begriffen ist«, hat Johann Peter Eckermann unter dem Datum des 11. April 1827 Goethes Zusammenfassung seiner Gaia-Theorie der Atmosphäre wiedergegeben.[47]

Der Clou an der Gaia-Hypothese von Lovelock und Margulis ist, dass sie Torricellis Luftmeer und Ingenhousz' Atem des Lebens, die Gas-Chemie am Himmel und die Biologie der Mikroben und Pflanzen am Erdboden miteinander vereint.[48] Ingenhousz und dann vor allem Jean-Baptiste Lamarck hatten erste Schritte in diese Richtung unternommen, aber erst die Mikrobiologie des 20. Jahrhunderts ist dann in der Lage gewesen, die enge Wechselwirkung von Leben, Luft und Gestein systematisch zu erforschen. Nach der von Lynn Margulis ausgearbeiteten Theorie setzte die Entwicklung damit ein, dass vor rund vier Milliarden Jahren Mikroorganismen begannen, Kohlenstoff zu binden und Sauerstoff freizusetzen. So entstand nicht nur die große Masse an Eisenerzvorkommen, sondern es nahm auch die Konzentration des Sauerstoffs in der Atmosphäre zu. Später setzte die Photosynthese der Pflanzen den Abbau von Kohlenstoffdioxid fort. Die Temperatur der Erdoberfläche verringerte sich, heutiges Leben wurde möglich, zuerst im Meer, dann auf dem Land. Die Grundzüge dieses Prozesses hat schon Lamarck in seinen *Mémoires de physique et d'histoire naturelle* aus dem Jahr 1797 und seiner *Hydrogéologie* von 1802 beschrieben. »Alle Verbindungen, die wir auf unserer Erde beobachten«, heißt es etwa in den *Mémoires*, »sind entweder direkt oder indirekt den organischen Fähigkeiten der mit Leben begabten Wesen geschuldet. Diese Wesen nämlich bilden all ihre Materien, und sie besitzen die Fähigkeit, selbst ihre eigene Substanz aufzubauen, und um diese aufzubauen hat ein Theil von ihnen (die Pflanzen) die Fähigkeit, die ursprünglichen Verbindungen zu bilden, die sie ihrer Substanz angleichen.«[49]

Goethes Zeit kannte noch nicht das Bild des blauen Planeten vor der Schwärze des Weltraums, denn es gab damals weder Astronauten noch Satelliten. Deshalb stieg Goethe auf Berggipfel, um, wie er als junger Mann schrieb, »zu höhern Betrachtungen der Natur hinauf gestimmt« zu werden – »in diesem Augenblicke da die innern anziehenden und bewegenden Kräfte der Erde gleichsam unmittelbar auf mich wirken, da die Einflüsse des Himmels mich umschweben«.[50] Hier ist sie ursprünglich entstanden, seine Erfahrung und Wissenschaft vereinende Sicht auf unseren Heimatplaneten als großes, lebendiges Wesen.

Ich denke mir die Erde als ein großes lebendiges Wesen 551

Einunddreißigstes Kapitel, in dem ein Mensch gemacht wird

Noch länger als mit den Farben hat Goethe sich nur mit dem *Faust* beschäftigt. Zwischen den ersten planmäßigen Niederschriften, die wohl auf Anfang der 1770er Jahre zu datieren sind, bis zur im Dezember 1831 Wilhelm von Humboldt mitgeteilten Versiegelung der Reinschrift des zweiten Teils, damit er »nicht etwa hie und da weiter auszuführen in Versuchung käme«[1] (die schon im Januar 1832 aber dann doch so übermächtig wurde, dass er das Siegel aufbrach), liegen annähernd sechs Jahrzehnte – ein ganzes, extrem produktives Leben. Und rechnet man Goethes erste Bekanntschaft als Jugendlicher mit dem seinerzeit populären Stoff bei Besuchen von Frankfurter Jahrmarktstheatern und die Wiederauffrischung dieser Erlebnisse während der Leipziger Studentenzeit in Auerbachs Keller mit hinzu, so sind es sogar mehr als siebzig Jahre der Faszination und Beschäftigung mit der Geschichte des Dr. Faust, der mit Gott bricht und mit dem Teufel ein Bündnis eingeht, um seiner Wissbegierde die Zügel schießen zu lassen und durch Wissen Macht zu erlangen.

Alles, was von ihm bekannt geworden, seien nur »Bruchstücke einer großen Konfession«, hat Goethe in *Dichtung und Wahrheit* gemeint.[2] Auf keines seiner Werke trifft das in größerem Ausmaß zu als auf den *Faust*, diesem Lebenswerk in ganz buchstäblichem Sinne. Geschrieben daran hat er in Etappen, zwischen denen zuweilen Jahre liegen konnten, in denen die Arbeit ruhte – einmal waren es sogar zwei Jahrzehnte; in denen er aber die Absicht, sie fortzuführen »immer sachte« neben sich habe »her gehen lassen«, wie er in seinem letzten Brief, nur fünf Tage vor seinem Tod, wiederum an Wilhelm von Humboldt schreibt. Dort spricht er auch von der »großen Schwierigkeit«, die es ihm bereitet habe, »dasjenige durch Vorsatz und Charakter zu erreichen, was eigentlich der freiwilligen tätigen Natur allein zukommen sollte«.[3] Goethe hat die Mehrzahl der annähernd 7500 Verse von *Faust II* in seinen letzten Lebensjahren diktiert, und dies in einem Tagespensum, das den ansonsten vom eigenen Schreibtempo überzeugten Schriftsteller ob seines geringen Umfangs beschämt haben muss. »Ich hatte in meinem Leben eine Zeit«, erinnert sich der Ende Siebzigjährige 1828 im Gespräch mit Eckermann, »wo ich täglich einen gedruckten Bogen von mir fordern konnte, und es gelang mir mit Leichtigkeit.« Sein Schauspiel *Die Geschwister*, habe er »in drei Tagen geschrieben«, das Tauerspiel *Clavigo* in acht. »Jetzt, am zweiten Teil meines *Faust* kann ich nur in den frühen Stunden des Tags arbeiten ... Und doch, was ist es, das ich ausführe! Im allerglücklichsten Falle eine geschriebene Seite, in der Regel aber nur soviel als man auf den Raum einer Handbreit schreiben könnte, und oft, bei unproduktiver Stimmung, noch weniger.«[4]

Anfangs, in der ersten, als *Urfaust* bekannt gewordenen Fassung überwog die Identifikation mit der Titelfigur, ihrer so hochfahrenden wie vergeblichen Suche nach Wahrheit, die sie dem Teufel in die Arme treibt. Mit der Zeit jedoch ließ die enge Bindung an das »Drama des frustrierten Wissenschaftlers« nach – spätestens durch die italienischen Erfahrungen,[5] im Grunde aber schon vorher, als Goethe in Weimar seine frühe Erfahrung der Natur in ihre Erforschung umzusetzen begann und ihm dabei klar wurde, dass Magie und bloße Schriftgelehrtheit untaugliche Mittel waren, um der Natur und ihren Geheimnissen auf die Spur zu kommen. Zwar hielt er an der Möglichkeit intuitiver Naturerkenntnis fest, aber sie ersetzte in seinen Augen nicht die Mühen einer methodischen und experimentierfreudigen, so geduldigen wie belehrbaren Auseinandersetzung mit den Naturgegenständen; letztere war vielmehr, wie ihm mehr und mehr aufging, sogar die Voraussetzung dafür, dass sich in Glücksmomenten die Intuition bewähren konnte. Goethes Betrachtung der Natur unterschied sich jedenfalls schon bald grundlegend von derjenigen, die er seiner Faust-Figur zuschrieb – sicher mit ein Grund für die langen Unterbrechungen der Arbeit an dem Drama.

Von einem »Wust mißverstandener Wissenschaft, bürgerlicher Beschränktheit, sittlicher Verwirrung, abergläubischen Wahns« hat Goethe 1827 in betonter Distanz zum ersten Teil seines Dramas gesprochen.[6] Es ist der ganzen Anlage nach das Werk eines jungen Mannes, zeitgleich mit dem *Werther* entstanden, mit dem es auch die Thematik der Ausbruchsversuche aus der bürgerlichen Welt teilt. Wenn auch keine Tragödie im klassischen Sinne, ist dieser Teil doch ein bürgerliches Trauerspiel, mit aller Enge und Atemlosigkeit, die zu dieser in der zweiten Hälfte des 18. Jahrhunderts reüssierenden Gattung gehören.

Ganz anders hingegen der zweite Teil. Er führt seinen Titelhelden, der nach einem erquickenden Schlaf das Desaster des ersten Teils (mit immerhin vier

Toten) hinter sich gelassen zu haben scheint, durch sprunghaft wechselnde Schauplätze und Zeiten einer Welt, die nichts Mittelalterliches oder auch nur Altdeutsches mehr hat. Nun überwiegen Gärten und weite Landschaften, Felsbuchten des Ägäischen Meers etwa oder das Hochgebirge; der gesamte dritte Akt mit Helena, der Marilyn Monroe der Antike, als Zentralgestalt spielt, wie bei griechischen Tragödien üblich, im Freien; und wenn sich das Geschehen in den anderen Akten einmal nach drinnen verlagert, so handelt es sich in der Regel um weitläufige, hell erleuchtete Säle. Auch das zu Beginn des zweiten Aktes noch einmal auftauchende, bereits aus dem ersten Teil bekannte »hochgewölbte«, »enge« gotische Zimmer, die Studierstube Fausts, wird nun rasch mit einem Laboratorium vertauscht, in dem noch die aufgestellten Apparaturen das Attribut »weitläufig« erhalten. Und selbst die Bergschluchten, in denen das Drama endet, zeichnen sich ja dadurch aus, nach oben offen zu sein, so dass sie zum Ereignis von Fausts schlussendlicher Himmelfahrt werden können, die, näher besehen, eher ein Aufstieg zu den Wolken der Erdatmosphäre ist.

Goethe hat von der »kleinen Welt« des ersten Teils und der großen des zweiten gesprochen und diese gegenüber Eckermann 1831 als »eine höhere, breitere, hellere, leidenschaftslosere Welt« charakterisiert. Der erste Teil sei »fast ganz subjektiv ... alles aus einem befangeneren, leidenschaftlicheren Individuum hervorgegangen«. Im zweiten Teil hingegen sei »fast gar nichts Subjektives«, und nur, wer sich in der Welt umgetan und einiges erlebt habe, der werde damit etwas anzufangen wissen.[7] Genau das aber hatte Goethe als Wissenschaftler und Politiker, als Reisender und Zeitgenosse in den Jahrzehnten zuvor getan, zwischen dem Zeitpunkt, als er eine erste, noch auf lose Blätter notierte Fassung des *Faust* nach Weimar mitbrachte und dort häufig daraus vorlas, und jenen späten Jahren, in denen er den im Kopf und in Skizzen langsam herangereiften zweiten Teil endlich zu Papier bringt. Und so steckt in *Faust II* auch das Lebensresümee eines Menschen, der sich in der Welt umgetan hat und aus der Analyse der Wurzeln der Gegenwart nun auf die nahende Zukunft schließt. Bereits 1820 hat er über seine Pläne dazu geschrieben, es gebe »noch manche herrliche, reale und phantastische Irrtümer auf Erden, in welchen der arme Mensch (gemeint ist Faust) sich edler würdiger, höher ... verlieren dürfte, als es im ersten Teil des Dramas geschieht«, den er hier auch »den gemeinen« nennt. Und durch diese Irrtümer »sollte unser Freund Faust sich auch durchwürgen«.[8]

»Unser Freund Faust«: Aus der Identifikationsfigur der Anfänge ist sichtbar ein Gegenüber geworden, zu dem Goethe durchaus ironische Distanz pflegt.

Auch das zeichnet den zweiten Teil des Dramas aus: Die Titelfigur ist nicht länger auch die Hauptfigur, die Leser oder Zuschauer zur Identifikation einlädt. Wie Albrecht Schöne dankenswerterweise ausgerechnet hat, ist Fausts Redeanteil von 30 Prozent im ersten Teil auf kümmerliche 13 Prozent im zweiten gesunken; der Anteil im Kollektiv gesprochener oder gesungener Texte hat sich dagegen auf nahezu 20 Prozent verdreifacht.[9] Beides ist charakteristisch für das von Goethe selbst konstatierte Zurücktreten des Individuums im zweiten Teil.

Sichtbar wird dieser Gegensatz zwischen *Faust I* und *Faust II* schon an den jeweils ersten Sätzen. *Faust I* hebt an mit dem berühmten, in der Enge der Studierstube gesprochenen Monolog des Protagonisten:

> Habe nun, ach! Philosophie
> Juristerei und Medizin,
> Und leider auch Theologie!
> Durchaus studiert, mit heißem Bemühn.
> Da steh' ich nun, ich armer Tor!
> Und bin so klug als wie zuvor;
> Heiße Magister, heiße Doktor gar,
> Und ziehe schon an die zehen Jahr,
> Herauf, herab und quer und krumm,
> Meine Schüler an der Nase herum –
> Und sehe, daß wir nichts wissen können![10]

Faust II hingegen beginnt in »anmutiger Gegend« zur Zeit der Morgendämmerung. Ein Kreis von Luftgeistern umschwebt den auf eine blühende Wiese gebetteten, unruhig schlafsuchenden Faust, und Ariel, der schon aus Shakespeares *Sturm* bekannte hilfreiche Luftgeist, umhüllt den in Wissens- wie Liebesdingen Gescheiterten mit seinem sanften Frühlingsgesang:

> Wenn der Blüten Frühlings-Regen
> Über Alle schwebend sinkt,
> Wenn der Felder grüner Segen
> Allen Erdgebornen blinkt,
> Kleiner Elfen Geistergröße
> Eilet wo sie helfen kann,
> Ob er heilig? ob er böse?
> Jammert sie der Unglücksmann.[11]

Und bis zum Menschen hast du Zeit

Begleitet wird er dabei von einer Äolsharfe, einem Saiteninstrument, dessen Spieler nicht ein Mensch, sondern die Natur ist; präziser, der durch eine seitliche Öffnung eintretende Wind, der die Saiten in Schwingung versetzt und dabei vor allem in den höheren Tönen so fremdartige wie zauberhafte Klangmischungen erzeugt. Lichtenberg, dessen *Göttinger Taschen Calender* Goethe regelmäßig zugesandt wurde, hat sie auf eine Weise beschrieben, die gut als Vorlage für die Eingangsszene des zweiten Teils gedient haben könnte: »wie sich der Wind mehr erhebt, so entwickelt sich eine Mannigfaltigkeit entzückender Töne, die alle Beschreibung übertrifft. Sie gleichen dem sanft anschwellenden und nach und nach wieder dahin sterbenden Gesang entfernter Chöre, und überhaupt mehr einem harmonischen Gaukelspiel ätherischer Wesen, als einem Werke menschlicher Kunst.«[12]

Größer könnte der Gegensatz im Anfang eines aus zwei Teilen bestehenden Stückes kaum sein. Von »allen Erdgebornen« ist in Ariels Gesang die Rede – und damit ist auch das Thema angeschlagen, das insbesondere den zweiten Teil des *Faust* so stark bestimmt, dass man ihn beinahe ein Drama der Erde und ihrer Bewohner nennen möchte.

Angelegt ist dies aber schon im ersten Teil – in der Gestalt des Erdgeists, der seinen Auftritt gleich in der ersten Szene hat. Wie der neunzehnjährige, krank an Körper und Seele aus Leipzig zurückgekehrte Student hat sich auch Faust, angeekelt vom Schul- und Bücherwissen, »der Magie ergeben«[13] – das gehörte zum Kernbestand der frühneuzeitlichen Faust-Legende und dürfte mit zu dem Interesse beigetragen haben, dass der junge Schriftsteller an ihr nahm. Und ebenso wie er selbst greift auch seine Dramenfigur dann doch wieder zu Büchern, zu solchen freilich, von denen sich beide, der Protagonist wie sein Poet, Aufschluss darüber erwarten, was die Welt im Innersten zusammenhält. In Fausts Fall wird als ihr Verfasser der Arzt und Astrologe Nostradamus genannt, schon zu Lebzeiten berühmt für seine prophetischen Vierzeiler. Doch nicht diese sind es, denen Fausts Aufmerksamkeit gilt, sondern »heil'ge Zeichen«, und auf das erste von ihnen, das »Zeichen des Makrokosmos« stößt er gleich beim ersten Aufschlagen des Buchs.[14] Goethe dürfte dabei an Darstellungen wie »Das große Geheimnuß« gedacht haben, die ihm beim Studium des *Opus Mago-Cabbalisticum et Theosophicum* Georg von Wellings begegnet waren (vgl. S. 84). Fausts anfängliche Euphorie lässt jedoch rasch nach, als er erkennen muss, dass der Vorstellung des Makrokosmos ein vollkommen statisches Weltbild zugrunde liegt, das seinem eigenen Gemütszustand atemloser Unruhe so gar nicht entspricht. Unwillig schlägt er die Buchseite um ...

... *und erblickt das Zeichen des Erdgeistes:*
Wie anders wirkt dies Zeichen auf mich ein!
Du, Geist der Erde, bist mir näher;
Schon fühl' ich meine Kräfte höher,
Schon glüh' ich wie von neuem Wein,
Ich fühle Muth, mich in die Welt zu wagen
Der Erde Weh, der Erde Glück zu tragen,
Mit Stürmen mich herumzuschlagen,
Und in des Schiffbruchs Knirschen nicht zu zagen ...[15]

Goethe hat dafür Sorge getragen, dass sich beim zweiten »heil'gen Zeichen« nicht der Verdruss, den der Anblick des ersten ausgelöst hat, wiederholt. Ins Buch gebannt, bliebe auch dieses dem Betrachter scheinbar nähere, sein Gemüt euphorisierende Zeichen doch »ein Schauspiel nur«,[16] – eher abstrakt, fest fixiert und unbeweglich, wie sollte das medial auch anders sein. Es sei denn, man weiß sich zu helfen. Schon in der ersten, als *Urfaust* bekannt gewordenen Fassung ist unmissverständlich davon die Rede, dass »der Geist erscheint«, zumindest auf der Bühne: »Er faßt das Buch und spricht das Zeichen des Geists geheimnisvoll aus. Es zuckt eine rötliche Flamme, der Geist erscheint in der Flamme«.[17]

Als dann Ende der 1820er Jahre die erste Aufführung des *Ersten Teils* in Weimar bevorstand, wurde die Erscheinung des Geistes mithilfe einer Laterna magica realisiert – einem Vorläufer des Filmprojektors, der die vergrößerte Projektion eines stehenden Transparentbildes auf eine weiße Fläche erlaubte. Anfang des 19. Jahrhunderts war die Technik schon soweit ausgereift, dass sich der Apparat auch hinter der Projektionsfläche befinden konnte, er für die Zuschauer also unsichtbar blieb. Montierte man ihn auf Rollen, so ließ er sich während des Projektionsvorgangs sogar vor- und zurückbewegen, so dass der Eindruck eines Bewegtbildes entstand, einer näherkommenden und sich wieder entfernenden Geistererscheinung etwa. Zudem ließ sich die weiße Fläche, auf die das Bild geworfen wurde, durch Rauch ersetzen und ein sogenanntes Nebelbild erzeugen, das durch den Aufstieg wabernder Rauchschwaden einen noch geheimnisvolleren Eindruck hinterließ als die verdeckte Projektion allein.[18]

Und bis zum Menschen hast du Zeit

Verändert hat sich mit den Jahrzehnten allerdings Goethes Auffassung davon, was Faust sieht, als er nächtens das Zeichen des Erdgeists erblickt. In der ersten Fassung ist noch zu lesen, der Geist erscheine »in widerlicher Gestalt«,[19] als Monster oder Medusenhaupt. Das würde auch das Erschrecken erklären, das sein Anblick bei Faust auslöst, zumal als die Erscheinung auch noch zu sprechen beginnt: »Schreckliches Gesicht!«, ruft Faust und: »Weh! ich ertrag' dich nicht!«[20] In der 1808 publizierten Fassung dann ist Fausts Erschrecken zwar geblieben, von einer widerlichen Gestalt jedoch nicht länger die Rede. Nun meint Goethe im Gegenteil, dass »hier nichts Fratzenhaftes und Widerliches erscheinen dürfte« und die Zuschauer »die Worte: *schreckliches Gesicht* auf die Empfindung des Schauenden«, also Faust, beziehen sollten, »der vor einer solchen Erscheinung allerdings erschrecken kann«.[21] Goethe teilt diese Überlegungen 1819 dem Grafen von Brühl mit, der mit einer ersten Aufführung des *Faust* in Berlin befasst war, welche allerdings nur die ersten beiden Szenen umfassen sollte. Dort entschloss man sich, dem Erdgeist die Züge von Goethe selbst zu verleihen, was unter anderem den Spott Wilhelm von Humboldts herausgefordert hat: »… und wie der Erdgeist erscheint (hat man) diesen, und zwar wie? erscheinen lassen. Einen kolossalen, hell erleuchteten Kopf Goethes selbst in leibhafter Ähnlichkeit. Er soll umso schrecklicher ausgesehen haben, weil man deutlich gesehen hat, daß es nur ein Kopf war, der nun wie vom Rumpf getrennt erschien«.[22] Der zweifelhaften Hommage an den Dichter, die Züge von Peinlichkeit trug, war ein tieferer Sinn dennoch nicht abzusprechen: Goethe als Erdgeist zu zeigen, das konnte auch als Hinweis darauf verstanden werden, dass der Verfasser des Dramas sich nicht länger mit Faust, sondern mit dessen Gegenmacht identifizierte: der Erde.

Goethes Bild vom Erdgeist und damit auch von der Erde hatte sich jedenfalls gründlich gewandelt. Wenn Faust vor dem Anblick erschreckte, so war das ausschließlich auf seine Geistesdisposition zurückzuführen, und nicht auf das, was er da zu sehen bekam. Ein Erdgeist zog keine Fratzen. Wenn überhaupt, dann war sein Anblick undurchdringlich zu nennen. Benjamin Hederichs *Gründliches mythologisches Lexicon*, das Goethe häufig konsultierte, hatte bereits den jungen Autor gelehrt, dass der Erdgeist nichts anderes war als eine mythologische Bezeichnung für die Natur: »Daemogorgon«, wie das entsprechende Lemma bei Hederich lautete, soll »so viel als der Erdgeist heißen … nichts anders, als was man die Natur nennet«.[23] Jedenfalls war Goethe in der Erdgeistszene des *Faust* etwas Großes, beinahe Prophetisches, zumindest in eigener Sache gelungen. Denn schon früh ging ihm auf, die unterschiedlichen Forschungsgebiete, die sein Interesse auf sich zogen – Geologie, Botanik, Morphologie (ohne dass der Begriff schon geprägt war) –, konvergierten darin, ein neues und umfassendes Bild des von uns bewohnten Planeten und seiner Lebensbedingungen zu entwerfen.

Faust hingegen wäre auf ein solches Vorhaben nie gekommen. Goethes Dramenfigur hat es vielmehr von Anfang an statt auf Erkenntnis unserer Lebensbedingungen darauf angelegt, die »allgemeinen Erdeschranken« zu überwinden. Von diesem Charakterzug Fausts spricht Goethe 1827, als es die Vorabpublikation des bereits fertiggestellten Helena-Aktes von *Faust II* anzukündigen galt. »Fausts Charakter«, heißt es da, »stellt einen Mann dar, welcher, in den allgemeinen Erdeschranken sich ungeduldig und unbehaglich fühlend, den Besitz des höchsten Wissens, den Genuß der schönsten Güter für unzulänglich achtet, seine Sehnsucht auch nur im mindesten zu befriedigen, einen Geist, welcher deshalb, nach allen Seiten hin sich wendend, immer unglücklicher zurückkehrt.« Diese Gesinnung aber sei dem »modernen Wesen so analog«, dass außer ihm auch andere Schriftsteller sich an Neubearbeitungen des Faust-Stoffs gemacht hätten.[24]

Die Rolle des Teufels besteht in Goethes Drama vor allem darin, Faust die Mittel zur Verfügung zu stellen, mit denen er sich der lästigen »allgemeinen Erdeschranken« entledigen und die Welt hemmungslos nach seinen Wünschen manipulieren kann. Im ersten Teil sind diese Mittel noch magischer Natur: ohne Mephistopheles' Zaubermantel, der ihn und Faust durch die Lüfte trägt, kein Gelage in Auerbachs Keller – ohne den Zaubertrank der Hexenküche keine Liebesnacht mit Margarete. Im zweiten Teil dann aber wandeln sie sich zusehends in Techniken im modernen Sinne: Verfahren, die die Ergebnisse von Wissenschaft nutzbar machen. Und ihr Spektrum ist außerordentlich breit: Es reicht von der gewöhnlichen Verarbeitung von Naturstoffen zu handwerklich oder industriell verfertigten Produkten über die Erfindung des Papiergeldes bis zu Eingriffen in die Natur selbst, etwa durch die Erzeugung neuen Lebens. Die beiden weitreichendsten Beispiele, die das Drama dafür bietet, sind die Fabrikation eines künstlichen Menschen im zweiten und der Bau eines Staudamms zur Landgewinnung im fünften Akt. Schon Goethe hat sie als paradigmatisch für das »moderne Wesen«, wie er es nennt, betrachtet. Dementsprechend doppelbödig fällt die Darstellung auch in beiden Fällen aus; sie zeigt nicht nur, was die Unternehmungen jeweils antreibt und wie sie funktionieren, sondern thematisiert auch ihre Grenzen. Im Fall der künstlichen Menschenproduktion mündet das sogar in einen Gegenentwurf, während beim Staudammbau des fünften Aktes vor allem die Verlustseite gezeigt wird: die Opfer, die das Unternehmen fordert.

∽

Der erste Akt von *Faust II* endet mit einer Explosion. Gerade soeben durch die Einführung des Papiergeldes vom Staatsbankrott gerettet, hat der Kaiser, in dessen Dienst Faust und Mephisto stehen, zum Amüsement der Hofgesellschaft eine Geisterbeschwörung befohlen. Mephisto schickt Faust daraufhin zu den »Müttern« – eine Szene, die Generationen insbesondere deutscher Interpreten des *Faust* herausgefordert hat, Proben ihres spekulativen Scharfsinns abzulegen. Der geheimnisvolle Dreifuß jedenfalls, den Faust aus dem »allertiefsten Grund«[25] mitbringt, entpuppt sich rasch als ein Theaterrequisit: Er stellt eine Kohlenpfanne darauf und entzündet sie, woraufhin in dem aufsteigenden Rauch Helena und Paris sichtbar werden – dorthin projiziert einmal mehr mithilfe einer Laterna magica, die Mephistopheles im Hintergrund der Szene verborgen bedient. Doch Faust, bezwungen von der Erscheinung Helenas, vor allem aber getrieben von Eifersucht auf Paris, versucht ihr mit Gewalt habhaft zu werden, indem er in den Rauch greift. Die Folge davon: »Explosion, Faust liegt am Boden. Die Geister gehen in Dunst auf«, wie Goethes Regieanweisung lautet.[26] Explosionsartige Zwischenfälle dieser Art waren auf den Bühnen der Goethe-Zeit nicht selten: Die Laterna magica wurde mit Knallgasbrennern betrieben, da konnte vor allem bei unsachgemäßer Bedienung die ganze Apparatur schon einmal in die Luft fliegen. Durchaus beliebt war es aber auch, etwas Knallpulver auf die Kohlen zu legen und so eine Art Schlussexplosion zu inszenieren.[27] Wie dem in diesem Fall auch sei: Faust stürzt ohnmächtig zu Boden, und Mephistopheles muss ihn auf seine Schultern nehmen, um im Schutz der Finsternis und des Tumults, die nun im Rittersaal herrschen, ihn und auch sich selbst in Sicherheit zu bringen.

Zu Beginn des zweiten Aktes liegt Faust in seinem alten Studierzimmer, »hingestreckt auf einem altväterlichen Bette«.[28] Zu Bewusstsein gelangt er erst wieder, als er in der klassischen Walpurgisnacht griechischen Boden berührt und sich dort sofort weiter auf die Suche nach Helena macht. Die schönste Frau der Welt gehörte neben Faust selbst, seinem Famulus Wagner und Mephisto von Anfang an zum unverzichtbaren Figurenensemble der Faust-Legende und durfte auch in keiner Puppen- und Wandertheateraufführung, wie Goethe sie in seiner Jugend gesehen hatte, fehlen. Die Eroberung Helenas, deren Entführung immerhin einen Krieg ausgelöst hatte – zwar keinen historischen, aber mit dem Trojanischen doch den ikonischen Krieg schlechthin –, war so etwas wie die ultimative Herausforderung sowohl für die magischen Künste des Teufels als auch für die erotische Performance seines zeitweiligen Herrn.

Bei Goethe geht die Handlung auch ohne Faust weiter. Wagner, sein im ersten Teil sich nicht gerade durch überragende Intelligenz auszeichnender Assistent, steht kurz vor dem Durchbruch, im nebenan eingerichteten Chemielabor einen künstlichen Menschen zu erschaffen. Als Mephistopheles unangekündigt eintritt, ein schmetterndes »Willkommen!« auf den Lippen, ermahnt Wagner ihn, »Wort und Atem fest im Munde« zu halten:

> Ein herrlich Werk ist gleich zu Stand gebracht.
> MEPHISTOPHELES *leiser*
> Was gibt es denn?
> WAGNER *leiser*
> Es wird ein Mensch gemacht.
> MEPHISTOPHELES
> Ein Mensch? Und welch verliebtes Paar
> Habt ihr in's Rauchloch eingeschlossen?
> WAGNER
> Behüte Gott! wie sonst das Zeugen Mode war
> Erklären wir für eitel Possen.
> Der zarte Punkt aus dem das Leben sprang,
> Die holde Kraft die aus dem Innern drang ...
> Die ist von ihrer Würde nun entsetzt;
> Wenn sich das Tier noch weiter dran ergötzt,
> So muß der Mensch mit seinen großen Gaben
> künftig höhern, höhern Ursprung haben.[29]

Noch 1826 beabsichtigte Goethe, Wagner »ein chemisch Menschlein« hervorbringen zu lassen: »Dieses zersprengt Augenblicks der leuchtenden Glaskolben und tritt als bewegliches wohlgebildetes Zwerglein auf. Das Rezept zu seinem Entstehen wird mystisch angedeutet.«[30] Bis zum Dezember 1829, als die Szene dann vermutlich geschrieben wurde, hat Goethe seinen ursprünglichen Plan jedoch in aufschlussreicher Weise verändert: Statt als »wohlgebildetes Zwerglein« auf die Welt zu kommen, bleibt der künstliche Mensch in dem Glaskolben eingeschlossen, in dem er »aus viel hundert Stoffen, / Durch Mischung, denn auf Mischung kommt es an, ... gemächlich« komponiert und »gehörig kohobiert« wurde, um schließlich zu kristallisieren.[31] Nur seine Stimme, mit der er unmittelbar nach seiner Erschaffung so kluge wie wohlgesetzte Worte äußert, gibt ihn als zumindest menschenähnliches Wesen zu erkennen. »Die Stimme müßte so kommen, als wenn sie aus der Flasche käme«, hat Goethe gegenüber Eckermann seine Vorstellung dieser Szene erläutert. »Es wäre eine Rolle für einen Bauchredner, wie ich deren gehört habe, und der sich gewiß gut aus der Affäre ziehen würde.«[32] Seine eigentümliche Erscheinungsweise ist jedenfalls mit »wohlgebildetem Zwerglein« nur sehr unzureichend beschrieben. Der Naturphilosoph Thales, der im Fortgang der Handlung zum Mentor des erst halbfertigen künstlichen Menschen wird, berichtet, was dieser selbst ihm anvertraut hat:

Er ist, wie ich von ihm vernommen,
Gar wundersam nur halb zur Welt gekommen.
Ihm fehlt es nicht an geistigen Eigenschaften,
Doch gar zu sehr am greiflich Tüchtighaften.
Bis jetzt gibt ihm das Glas allein Gewicht,
Doch wär' er gern zunächst verkörperlicht.[33]

Heute würden wir ein Wesen wie den goetheschen Homunkulus eine künstliche Intelligenz nennen, und statt in einer Phiole würden wir ihn in einem Gehäuse aus Plastik oder Metall vermuten, in dem sich eine zentrale Prozessoreinheit verbirgt, die mit Ein- und Ausgabeeinheiten verbunden und für die Informationsverarbeitung und die Steuerung der Verarbeitungsabläufe zuständig ist. Womöglich wäre sie auch mit einem Sprachassistenten bestückt, der das Ergebnis der im Innern ablaufenden Rechenoperationen mit menschenähnlicher Stimme verlautbaren würde.

Anders als Ada Lovelace, die Tochter des von Goethe bewunderten Dichters Lord Byron – sie gilt heute als Erfinderin des Computeralgorithmus *avant la lettre* –, fehlte Goethe wohl die technische Phantasie, um sich vorzustellen, dass eine künstliche Intelligenz einmal auf diesem Wege zustande kommen würde. Er setzte in dieser Hinsicht eher auf die Chemie, was schon deshalb nahelag, weil die Vorstellung der künstlichen Erzeugung eines Homunkulus ursprünglich aus der Alchemie, ihrem direkten Vorläufer, stammte. Wie auch Goethe selbst hatte Wagner die Alchemie mit der Chemie vertauscht und dadurch seinen ehemaligen Meister überflügelt. Goethe hatte sein zeitgemäßes Verständnis von chemischen Wahlverwandtschaften bereits 1809 seinem Ehe- und Liebesroman gleichen Titels zugrunde gelegt, durchaus zum Befremden seiner Zeitgenossen und mit einer gehörigen Portion Spekulation als Dreingabe. Nun bewies der mittlerweile Achtzigjährige erneut, auf der Höhe der wissenschaftlichen Entwicklung seiner Zeit zu stehen, indem er die Erkenntnis, dass »auch in der organischen Natur« das Gesetz von der chemischen Verbindung der irdischen Materie waltet,[34] zum Prinzip der Menschenerzeugung im Labor machte.

Formuliert hat diese Einsicht Johann Wolfgang Döbereiner, seit 1810 als Nachfolger Göttlings Professor für Chemie, Pharmazie und Technologie an der Universität Jena und Goethes Hauptinformant in Sachen rasanter Entwicklung der neuen Wissenschaft. Schon die Bezeichnung von Döbereiners Lehrstuhl legt nahe, dass der dreißigjährige Kutschersohn, der eine Apothekerlehre gemacht und im Anschluss daran sich als ziemlich glücklos agierender Leiter von Färbereien, Brauereien und Brennereien autodidaktisch fortgebildet hatte, gerade auch wegen seiner praktischen Ader nach Jena geholt worden war. Es war ein Glücksgriff, ganz im Sinne von Carl Augusts Verständnis von Wissenschaft, wonach diese vor allem praktischen und daraus folgend monetären Nutzen abzuwerfen hatte. In Döbereiner fand Goethe etwas wieder, das er bereits an Alexander von Humboldt und später auch an Johann Wilhelm Ritter bewundert hatte: die unbedingte und unbeirrbare, bis zur Selbstgefährdung gehende Leidenschaft fürs Experimentieren. »Ich kann hungern und dürsten, aber nicht aufhören, chemisch tätig zu sein und die gefährlichsten Versuche anzustellen«, schrieb er 1815 an Goethe.[35] Unter seiner Ägide setzte im Großherzogtum die chemische Moderne ein: Man begann mit der industriellen Herstellung von Zucker und Sirup aus Runkelrüben und aus Stärke, eine Schnellessigfabrikation durch Einwirkung von Platinpulver auf ein Alkohol-Luft-Gemisch kam in Gang, Berka an der Ilm wurde zum Schwefelheilbad ausgebaut, und es wurden Verfahren zur Gewinnung von Indigo aus Indican ausgearbeitet, um den bislang gebräuchlichen Färberwaid zu ersetzen. Vor allem aber hat Döbereiner entdeckt, dass ein Stoff durch bloße Gegenwart oder Berührung einen chemischen Vorgang einleiten, beschleunigen und sogar steuern kann, also das, was seit 1835 Katalyse genannt wird und Goethe und Döbereiner als »Berührungserscheinungen« oder »Kontaktprozesse«[36] bezeichnet haben. Döbereiner hatte einen Platinschwamm in Wasserstoffgas eingeführt und Luft hinzutreten lassen. In wenigen Minuten hatte sich der Sauerstoff mit dem Wasserstoff vereinigt. Verwendete er statt Luft reinen Sauerstoff, fiel die Reaktion so lebhaft aus, dass das Filtrierpapier des Platinschwamms augenblicklich verkohlte. Döbereiner gelang es auch, an der Platinoberfläche eine Wasserstoffflamme zu erzeugen – eine Entdeckung, die ihn zur Konstruktion eines Platinfeuerzeugs führte, für das er weit über die Grenzen des Großherzogtums hinaus bekannt wurde. Einige Details der Helena-Beschwörung am Kaiserhof und der Homunkulus-Erzeugung verdanken sich Goethes genauen Kenntnissen von Döbereiners Forschung. So ist der Schlüssel, den Mephisto Faust vor dessen Gang zu den Müttern überreicht, nicht nur ein phallisches Symbol – »Er wächst in meiner Hand! Er leuchtet, blitzt« –, sondern er dient auch als Leuchte, die ihm den Weg durchs Dunkel weist. Faust entzündet mit ihm sogar die Kohlen, um den Rauch für sein »Geister-Meister Stück« zu erzeugen: »Der glühnde Schlüssel rührt die Schale kaum, / Ein dunstiger Nebel deckt sogleich den Raum.« Und wenn Faust den Funken werfenden »Schlüssel« schließlich in den aufsteigenden Rauch hält, löst genau das die Explosion aus, die der Geistererscheinung ein jähes Ende bereitet: »Den Schlüssel kehrt er nach dem Jüngling zu, / Berührt ihn! – Weh uns, Wehe! Nu! im Nu!«[37]

Auch bei der Beantwortung der Frage, wie man sich die chemische Komposition und Kristallisation des künstlichen Männleins konkret vorzustellen habe, hat Döbereiner eine wichtige Rolle gespielt. Im August 1828 trafen Goethe und er in Dornburg den schwedischen Forscher Jöns Jakob Berzelius, seinerzeit die Autorität schlechthin auf dem Gebiet der Chemie. Wenige Monate zuvor war es dessen Schüler Friedrich Wöhler gelungen, im Labor auf künstlichem Wege Harnstoff herzustellen, der beim Abbau von Eiweißbausteinen anfällt und den wir mit dem Urin ausscheiden. »Ich kann, so zu sagen, mein chemisches Wasser nicht halten und muss Ihnen sagen, dass ich Harnstoff machen kann, ohne dazu Nieren oder überhaupt ein Tier, sey es Mensch oder Hund, nöthig zu haben«, hatte er seine epochale Entdeckung gleich Berzelius mitgeteilt und fragend hinzugefügt: »Diese künstliche Bildung von Harnstoff, kann man sie als Beispiel von Bildung einer organischen Substanz aus unorganischen Stoffen betrachten?« In seiner Antwort hatte Berzelius diese Frage nicht nur bejaht, sondern seinen Schüler auch zur Fortsetzung seiner Forschungen ermuntert: »Nachdem man seine Unsterblichkeit beim Urin angefangen hat, ist wohl aller Grund vorhanden, die Himmelfahrt in demselben Gegenstand zu vollenden«, lautete sein launischer Kommentar. »Hr. Doktor« habe wirklich »die Kunst erfunden, den Richtweg zu einem unsterblichen Namen zu geben«. Sollte es »gelingen, noch etwas weiter im Produktionsvermögen zu kommen« (sprich statt des Harnstoffs männlichen Samen zu synthesieren), so rücke »die herrliche Kunst« ganz nah, »im Laboratorium ... ein noch so kleines Kind zu machen«.[38]

Wie aus dem ironischen Unterton hervorgeht, überwogen bei Berzelius dann doch die Bedenken gegenüber den großen Erwartungen, die schon Zeitgenossen an Wöhlers Entdeckung der Harnstoffsynthese knüpften. Selbst wenn es gelungen war, eine Substanz im Labor herzustellen, die zuvor nur aus der Natur bekannt war, hieß das noch lange nicht, dass man auf dem besten Wege war, im Reagenzglas gleich komplette Lebewesen synthetisieren zu können. Die geheimnisvolle Lebenskraft jedenfalls, mit der man bislang die Entstehung lebender, organischer Materie zu erklären versucht hatte, war für ihn durch die Entdeckung Wöhlers keineswegs schon endgültig entzaubert. Diese Zusammenhänge dürften Berzelius und Döbereiner im August 1828 mit Goethe erörtert und Goethes wissenschaftlich-poetische Phantasie gehörig in Schwung versetzt haben.[39]

Ergebnis war der im Labor nur bruchstückhaft entstandene Homunkulus, gewissermaßen ein Halbfabrikat auf dem langen Weg der künstlichen Erzeugung menschlichen Lebens. Obwohl durchaus bei Verstand, scheint seine eigentliche Begabung im Bereich des Virtuellen zu liegen, so wie er auch selbst mehr zum Schein als leibhaftig existiert. Jedenfalls gelingt es ihm mit Leichtigkeit, in der leuchtenden Phiole über dem Körper des immer noch bewusstlosen Faust schwebend, dessen Traumbilder gleichsam telepathisch zu entziffern. Ergebnis: Von Leda und dem Schwan träumend, bewegt Fausts Geist sich schon längst in jenen mythologischen Gefilden, in denen das Drama seinen unmittelbaren Fortgang finden wird. Denn, so Homunkulus:

Jetzt eben, wie ich schnell bedacht,
Ist klassische Walpurgisnacht;
Das Beste was begegnen könnte ...[40]

... nicht nur Faust, sondern auch ihm selbst. Denn an ihrem Ende, nach einem über viele Hundert Verse sich hinziehenden mythologischen Treiben, steht in den Felsbuchten der Ägäis dann die Vermählung des Homunkulus mit dem Meer, aus dem alles Leben hervorging – ein elementarer Geschlechtsakt, der ihm, dem künstlich Erzeugten, als Ursprung vorenthalten worden war. »Gib nach dem löblichen Verlangen / Von vorn die Schöpfung anzufangen, / Zu raschem Wirken sei bereit!«,[41] gibt ihm Thales auf den Weg, als er den Rücken

Und bis zum Menschen hast du Zeit 565

eines Delphins besteigt, um seine Zukunft, die in diesem Falle seine Vergangenheit ist, im Ozean zu suchen.

Erst mit einem Körper und im Laufe von Jahrmillionen der Evolution entsteht, was wir Intelligenz nennen. Sie spielt sich nicht nur im Kopf ab, sondern benötigt Sinneserfahrung und Bewegung, eine Umwelt, eine Kindheit und eine Evolutionsgeschichte. Die Kognitionsforschung hat lange gebraucht, um diesen elementaren Gedanken zu fassen, den Goethe hier am Beginn der Moderne in die Bilder seines Weltspiels kleidet.[42] Dieser Weg, der Leben und Intelligenz aus einem äußerst langwierigen, sich selbst organisierenden Prozess hervorgehen lässt, ist kaum abzukürzen und lässt sich wohl auch nicht umkehren. Er wird beschritten, wie Goethes Stück auf grandiose Weise zeigt, in Verbindung mit der Geschichte der Erde: Aus ihren Elementen sind Leben und Intelligenz erst komponiert, dann kohobiert und schließlich auskristallisiert. Oder wie der Philosoph Thales dem sich in die Wellen werfenden Homunkulus nachruft, dessen gläsernes Gefängnis alsbald »am glänzenden Thron« des Lebens zerschellen wird:

> Da regst du dich nach ewigen Normen,
> Durch tausend abertausend Formen,
> Und bis zum Menschen hast du Zeit.[43]

Vom Retortenmenschen zum Geomorphing: Der fünfte und letzte Akt der *Tragödie Zweiter Teil* hat kaum angefangen, da läutet ein Glöckchen, nicht das erste Mal in diesem großen Spiel. Dieses Mal kommt es von einer Kapelle, die unweit des Meeres auf einer Düne steht. Es hat Zeiten gegeben, da ging von dort der Blick weit hinaus aufs »grenzenlose Meer« und dann zurück zum Strand, an den »Wog' auf Woge, schäumend wild« schlug. Doch jetzt sieht man dort »grünend Wies' an Wiese / Anger, Garten, Dorf und Wald«,[44] wie Philemon und Baucis, die beiden Alten berichten, die immer noch die dort oben unweit der Kapelle gelegene Hütte bewohnen, die so alt und morsch ist wie sie selbst. Trotz der radikalen Veränderung ihrer Umgebung konnten sie sich nicht entschließen, ihren Wohnsitz aufzugeben, obwohl ihnen im Tausch dafür ein »schönes Gütchen«[45] in Aussicht gestellt wurde, das gewiss komfortabler und altersgemäßer wäre als ihre Behausung hier oben mit Blick auf den neuen Hafen, den kürzlich fertiggestellten Kanal und die immer noch lärmende Großbaustelle. Neben der vertrauten Idylle im Kleinen inmitten eines Hains von alten Lindenbäumen, mit Gärtchen und Freisitz, ließen Gewohnheit und Erinnerung sie hier verweilen – Erinnerung zum Beispiel an den jungen Seefahrer, den sie einst bei sich aufnahmen, als »die sturmerregte Welle« ihn »an jene Dünen warf«,[46] von denen jetzt nur noch die mit ihrer Hütte steht, gleich einem Mahnmal an vergangene Zeiten. Und wie es das Schicksal will, sucht er sie gerade noch einmal auf, voll dankbarer Erinnerung daran, dass sie ihm einst das Leben gerettet haben. Sie bitten ihn zu einem frugalen Mahl, das im blühenden Garten eingenommen wird. Auch der »Wanderer«,[47] wie er genannt wird, ist alt geworden, wenn er auch noch nicht ganz so hochbetagt ist wie das greisenhafte Paar. Während der Mahlzeit erzählen sie ihm von den gewaltigen Veränderungen, die hier stattgefunden haben:

Wo die Flämmchen nächtig schwärmten
Stand ein Damm den andern Tag.
Menschenopfer mußten bluten,
Nachts erscholl des Jammers Qual,
Meerab floßen Feuergluten;
Morgens war es ein Kanal ...[48]

Nach dem Abendbrot dann treten sie zur Kapelle, »letzten Sonnenblick zu schaun«,[49] und läuten die Glocke, bevor sie niederknien und ihr Abendgebet verrichten.

Das Glöckchen von der Düne hört auch Faust. Auch er ist alt geworden, »gerade hundert Jahre«, wie Goethe gegenüber Eckermann bemerkt hat.[50] Er wandelt im weiten Ziergarten seines am großen, schnurgerade geführten Kanal gelegenen Herrschersitzes, der auffälligen Gegenwelt zur unscheinbaren Hütte dort oben. In Gedanken versunken, lässt das Ertönen der Glocke ihn auffahren:

Verdammtes Läuten! Allzuschändlich
Verwundets, wie ein tückischer Schuß,
Vor Augen ist mein Reich unendlich,
Im Rücken neckt mich der Verdruß,
Erinnert mich durch neidische Laute:
Mein Hochbesitz er ist nicht rein,
Der Lindenraum, die braune Baute,
Das morsche Kirchlein ist nicht mein.[51]

Und bis zum Menschen hast du Zeit

Genau besehen sind es aber nicht Lindenbäume, Hütte und Kirchlein, die seinen Neid erregen – wie sollten sie auch –, es ist der Blick, den man von dort oben hat – die Möglichkeit, das Selbstgeschaffene, den eigenen Besitz, ihn überschauend, zu genießen.

> Die Linden wünsch ich mir zum Sitz ...
> Dort wollt ich, weit umher zu schauen,
> Von Ast zu Ast Gerüste bauen,
> Dem Blick eröffnen weite Bahn,
> Zu sehn was alles ich getan,
> Zu überschaun mit einem Blick
> Des Menschengeistes Meisterstück ...[52]

Noch zu Beginn des vierten Aktes, als Faust gerade von Helena gekommen war – mit desaströsem Ergebnis: »zerrissen ... des Lebens wie der Liebe Band« –, hatte Mephisto ihn gefragt, ob es denn nichts gebe, was ihm »an unsrer Oberfläche«, gemeint ist die Erdoberfläche, gefalle. Faust hatte eingeräumt, dass ihn durchaus noch etwas reize, Mephistopheles aber aufgefordert, er solle doch versuchen, es zu erraten. Der hatte daraufhin diverse naheliegende Vorschläge gemacht – eine große Stadt zu regieren, deren Beschreibung stark an das Frankfurt von Goethes Kindertagen erinnert, oder auch Herr über ein Lustschloss zu sein, in dem die »allerschönsten Frauen« – »Ich sage Fraun; denn, ein für allemal, / Denk ich die Schönen im Plural« – ihm rund um die Uhr willig zur Verfügung stehen. Doch nichts davon hatte Faust mehr als ein müdes Lächeln abgenötigt. Mephisto war ratlos gewesen. Ob ihn seine »Sucht« wohl von der Erde weg zum Mond ziehe?

> FAUST
>   Mit nichten! Dieser Erdenkreis
>   Gewährt noch Raum zu großen Taten.
>   Erstaunenswürdiges soll geraten,
>   Ich fühle Kraft zu kühnem Fleiß.[53]

Und in hochtrabenden Worten hatte er Mephisto seinen Verdruss darüber geschildert, wie die Wogen des Meeres ständig gegen das Ufer anrennen, mit

dem einzigen Ergebnis, zum Stehen zu kommen und wieder zurückzurollen:
»Zwecklose Kraft, unbändiger Elemente!«

Da faßt ich schnell im Geiste Plan auf Plan:
Erlange dir das köstliche Genießen
Das herrische Meer vom Ufer auszuschließen,
Der feuchten Breite Grenzen zu verengen
Und, weit hinein, sie in sich selbst zu drängen.[54]

Jetzt, am Ende seines Lebens, hat Faust auch diesen, den letzten noch verbliebenen Plan in die Tat umgesetzt.

Doch die Alten oben auf der Düne bleiben ein Störfaktor, der ihm keine Ruhe lässt. Zumal er sich von der Eroberung des von ihnen besetzten Ausblicks jenen Genuss verspricht, den er sich bislang zeitlebens versagt hat. Den Ehrgeiz, die mit Mephisto eingegangene Wette zu gewinnen, scheint dieser alte Faust längst aufgegeben zu haben. Zum Augenblick zu sagen: »Verweile doch! du bist so schön!«[55] – diese Vorstellung scheint ihm keineswegs mehr ausgeschlossen. Und so wendet er sich an Mephisto, seinen Herrn der Mittel: »So geht und schafft sie mir zur Seite!«[56]

Der Befehl ist nicht ganz eindeutig: »Zur Seite schaffen« klingt fast schon wie »aus dem Weg räumen«, was ja so viel meint wie »liquidieren«. Kaum ist er ausgesprochen, pfeift Mephisto »gellend« nach den »drei gewaltigen Gesellen«, die ihm zu Diensten stehen, um Fausts gewaltige Pläne in die Tat umzusetzen, seinen »Welt-Besitz« zu schützen und auszubauen. Sie hören auf die Namen Haltefest, Raufebold und Habebald – »eine Garde skrupelloser Gewalttäter«:[57] Haltefest ist für den Bau der Deiche und die Anlage der Entwässerungsgräben zuständig, Raufebold führt die seeräuberischen Unternehmungen an, auf die sich Fausts globales Handelsimperium gründet, und Habebald herrscht über den Hafen, in dem die aus aller Welt eintreffenden Waren entladen werden. Die Ausführung des Befehls ist für die gewaltigen Drei leichtes Spiel, und umgehend wissen sie mit Mephisto im Bunde wie aus einem Munde zu berichten:

Wir aber haben nicht gesäumt
Behende dir sie weggeräumt.
Das Paar hat sich nicht viel gequält
Vor Schrecken fielen sie entseelt.
Ein Fremder, der sich dort versteckt,

Und fechten wollte, ward gestreckt.
In wilden Kampfes kurzer Zeit,
Von Kohlen, ringsumher gestreut,
Entflammte Stroh. Nun lodert frey,
Als Scheiterhaufen dieser Drei.[58]

Faust, »auf dem Balkon seines Hauses stehend«, rieche den Rauch der verbrannten Hütte, »den ein leiser Wind ihm zuwehet«, hat Eckermann das Schlussbild dieser Szene in eindringlichen Worten kommentiert.[59] Noch in dieser Nacht wird Faust von vier grauen Weibern heimgesucht, sie heißen Mangel, Schuld, Sorge und Not. Sein Ende hat begonnen.

Goethe hat die beiden Alten, die er auf Fausts Befehl zu Tode kommen lässt, in Erinnerung an eine von Ovid in den *Metamorphosen* erzählte Geschichte Philemon und Baucis genannt. Zwar meinte er, seine Figuren hätten »mit dem berühmten Paare des Altertums und der sich daran anknüpfenden Sage nicht zu tun«,[60] aber das geschah wohl mehr in der Absicht, die Vorstellung abzuwehren, dass sich auch der letzte Akt seines Weltspiels noch einmal auf antikem Boden bewege. Denn damit war es endgültig vorbei, spätestens mit Fausts gewaltigen Plänen der Erdumgestaltung und der Ermordung des bei Ovid sanft entschlummernden, sich in nebeneinanderstehende Bäume verwandelnden Paars war die Geschichte von Faust unwiderruflich in unserer modernen Welt angelangt. Der Türmer auf der Schlosswarte von Fausts Palast, der das schreckliche Geschehen beobachtet und in bewegenden Versen kommentiert, zieht nach einer langen Pause ein Resümee:

Was sich sonst dem Blick empfohlen,
Mit Jahrhunderten ist hin.[61]

Den Wanderer hingegen lässt Goethe vor Erschrecken bereits verstummen, als er lediglich einen Blick auf die von Faust völlig umgestaltete Natur geworfen hat. Während er zu Beginn der Szene noch in Erinnerung und Wiedersehensfreude schwelgt, scheinen ihm angesichts der radikalen Veränderung des Schauplatzes, auf dem vormals seine Rettung geschah, die Worte zu fehlen. Danach reden nur noch die beiden Alten. Das Einzige, was man von ihm noch hört, ist, dass er sich nicht ohne Gegenwehr überwältigen ließ: In einem letzten Akt des Aufbegehrens hat er sich gegen die Übermacht von Mephistos skrupelloser Garde zur Wehr gesetzt.

Wer ist dieser Wanderer, der, nur als solcher bezeichnet, zu Beginn des fünften Aktes unvermittelt auftaucht? Fast möchte man an Hitchcocks Angewohnheit denken, in vielen seiner Filme jeweils in einer kurzen Szene selbst aufzutreten. In der Gestalt des an den Schauplatz seiner Rettung zurückkehrenden Schiffbrüchigen hat Goethe auch sich selbst porträtiert, zumindest jenen Teil seiner vielfältigen Persönlichkeit, der ihm zeitlebens der nächste war: den Wanderer, wie die Darmstädter Freunde einst den jungen Goethe genannt hatten, als noch das ganze Leben vor ihm lag.

Wanderer und Hütte, dieses emblematische Bild mit aller Verheißung, Unruhe und Genügsamkeit, die darin lagen, war dem jungen Goethe seinerzeit zur Chiffre seiner Existenz geworden. Anfangs mochte ihm wohl auch Faust als ein solcher Wanderer erschienen sein, mit dem er zumindest die Unruhe teilte. Aber mit dem Fortgang des Lebens, mit der Entwicklung auch seiner Naturforschung, schließlich dem zweijährigen Aufenthalt in Italien als Kulminationspunkt, gerieten der gegen die allgemeinen Erdeschranken anrennende Faust und der die schöne Erdoberfläche durchstreifende Wanderer, der im Süden fand, was er in der Schule und auf der Universität nicht gelernt hatte, in Opposition zueinander: zu gegenläufigen Existenzentwürfen, mit dem Ergebnis, dass Goethes Identifikation mit Faust zusehends schwand, während die mit dem Wanderer bestehen blieb.

Das zeigt die Fortsetzung seines Romans über Wilhelm Meister, die das Wort »Wanderjahre« bereits im Titel führt. 1821 als Fragment, 1829 dann, mitten in der Arbeit am zweiten Teil des *Faust*, in einer endgültigen Version erschienen, gewinnt Goethe dort seinem Lebensmotiv zahlreiche Facetten ab: als Mittel zu größerer Beweglichkeit und zu konkreter Welt- und Menschenkenntnis; als mutiges Aufbrechen und Suche nach neuen Tätigkeitsfeldern; aber auch als Abschied, der schwerfallen, ja stumm machen kann; schließlich als Entsagung aller dauerhaften Bindungen. Immer aber ist Wandern mit Lebensfrömmigkeit verbunden, mit Respekt vor der Erde und ihrem hohen Alter, mit Ehrfurcht vor allem, was durch sie und mit ihr existiert, von den Steinen bis zum nur als Individuum vorstellbaren Menschen. Sollte das alles tatsächlich Fausts Verdikt zum Opfer fallen, dem Unbehagen an den »allgemeinen Erdeschranken« und dem selbstherrlichen Expansionsdrang, der daraus erwuchs? Im Weltspiel des Dramas jedenfalls hat Fausts Exekution jener Welt, die Goethe als die seinige betrachtete, nicht das letzte Wort: Er selbst bedarf der Rettung, und diese geschieht in einer letzten, »Bergschluchten, Wald, Fels«[62] überschriebenen Szene, in der Goethe alte theologische Vorstellungen einer Apokatastasis, der

Wiederherstellung aller Dinge am Ende der Zeiten, kunstvoll und bis zur Ununterscheidbarkeit mit einer poetischen Darstellung seiner Atmosphärenphysik verbindet. Noch das Überirdische, irdisch nicht Greifbare, hat da seine ganz naturalistische Basis. Doch was besagte das für die Zukunft des Lebens hier auf der Erde angesichts der niederschmetternden Diagnose, die Goethe in seinem Drama stellt, das so doch zur Tragödie tendierte?

In seinem letzten, fünf Tage vor seinem Tod geschriebenen und schon mehrfach zitierten Brief an den älteren der Humboldt-Brüder hat Goethe seinen Entschluss, die »sehr ernsten Scherze« seines *Faust* zu Lebzeiten nicht mehr zu veröffentlichen, mit der allgemeinen Weltsituation begründet: »Der Tag aber ist wirklich so absurd und konfus, daß ich mich überzeuge, meine redlichen, lange verfolgten Bemühungen um dieses seltsame Gebäu würden schlecht belohnt und an den Strand getrieben, wie ein Wrack in Trümmern daliegen und von dem Dünenschutt der Stunden zunächst überschüttet werden.«[63] Das ist ein so schönes wie rätselhaftes Bild, und es zeigt, dass Goethe bis zuletzt in der Welt gedacht und gelebt hat, die er in den ersten Szenen des fünften Aktes entwirft. Schon 1825, als er die Arbeit am zweiten Teil des *Faust* gerade erst wiederaufgenommen hat, ist gegenüber Riemer von der »gestrandeten Ladung«[64] des zu diesem Zeitpunkt nur in Fragmenten existierenden Werks die Rede. Nun, da es fertiggestellt ist, erläutert Goethe mit dem Bild des Schiffbruchs seine Befürchtung, was die zeitgenössische Rezeption ihm antun könnte: Sie würde es womöglich nicht nur gründlich missverstehen, sondern darüber hinaus auch bewirken, dass es der Vergessenheit anheimfällt, wenn es denn erst einmal auf Sand aufgelaufen ist. Da war es doch besser, es vor der Welt zu verschließen und darauf zu vertrauen, dass eine künftige, vielleicht weniger festgelegte, unbefangenere Generation es entdecken mochte.

Wie Goethe mehrfach betont hat, war dieser Entschluss auch für ihn selbst schmerzhaft. Denn er bedeutete Verzicht »auf die nächste unmittelbare Teilnahme« und auch auf das Vergnügen, das ihm die Reaktionen im Freundeskreis auf einen Text bereitet hätten, der »sich viele Jahre in Kopf und Sinn herumbewegte, bis er endlich diese Gestalt angenommen«. Da tröstete er sich mit dem Gedanken, »daß gerade die, an denen mir gelegen sein muß, alle jünger sind als ich und zu seiner Zeit das für sie Bereitete und Aufgesparte zu meinem Andenken genießen werden«.[65] Goethe hat dabei vor allem an die zwanzig Jahre jüngere Generation etwa der Humboldt-Brüder gedacht, wohl kaum aber an diejenigen, die heute den zweiten Teil seines *Faust* lesen oder gar auf die Bühne bringen und deren Staunen über die Gegenwärtigkeit seines Weltspiels mit jedem Akt wächst. Das hat nicht zuletzt damit zu tun, dass Goethe zu einer Zeit, als die radikale Veränderung der Welt durch Industrialisierung und Globalisierung noch ganz am Anfang stand, im *Faust* einer Befürchtung Ausdruck verliehen hat, von der wir heute wissen, dass sie nur zu berechtigt war: Diese große Transformation[66] könnte das »Antlitz der Erde«, von dem der Geologe und Erfinder des Begriffs der Biosphäre Eduard Suess spricht,[67] unwiderruflich verändern, womöglich sogar die Lebensbedingungen des Menschen auf »seinem« Planeten gefährden. Gerade in dem, was er fürchtete, ist Goethe unser Zeitgenosse, mehr als jeder andere Denker und Schriftsteller dieser fast zweihundert Jahre entfernten Epoche, die wir Goethe-Zeit nennen.

*Zweiunddreißigstes Kapitel, in dem der Wanderer
Abschied nimmt*

Wer ein hohes Alter erreicht, sieht sich mehr und mehr mit dem Tod konfrontiert – Weggefährten, Freunde, Familienangehörige sterben vor ihm, die Welt um ihn herum leert sich. In Goethes Fall nahm dieses unumgängliche, die Freuden des Alters oftmals stark beeinträchtigende Faktum besondere Ausmaße an, weil vor ihm auch Menschen starben, mit deren Tod man aufgrund ihres Alters nicht rechnen musste – 1816, nicht einmal zehn Jahre nach ihrer Heirat, starb seine sechzehn Jahre jüngere Ehefrau Christiane und 1830 gar der einzige Sohn, gerade einmal vierzig Jahre alt. Auch den Tod des Großherzogs Carl August zwei Jahr zuvor kann man zu diesen früh- beziehungsweise vorzeitigen Toden rechnen, war er doch immerhin acht Jahre jünger als Goethe.

Viel ist zu Goethes Umgang mit dem Tod gesagt und geschrieben worden und stets läuft es auf die Diagnose der Verdrängung hinaus. Sie ging so weit, dass er von seiner Frau nicht einmal Abschied nahm, geschweige denn in den letzten Tagen an ihrem Kranken- und dann am Sterbebett weilte, obwohl sie entsetzliche Schmerzen und Qualen ausgestanden haben muss. Stattdessen hütete er selbst mit einer Erkältung das Bett, genas aber bald, nachdem sie verstorben war. Folgerichtig nahm er auch an ihrem Begräbnis nicht teil – eine Verweigerungshaltung, die er konsequent bei allen Sterbenden in seinem Umkreis durchhielt.

In anderen Fällen blieb es Goethe verwehrt, die Sterbenden noch einmal zu sehen; doch hätte er auch hier vermutlich von der Gelegenheit nicht Gebrauch gemacht. Sowohl sein Sohn als auch der Großherzog starben auf Reisen: der trotz früher Heirat und drei Kindern immer noch am Gängelband des Vaters hängende August Goethe am 27. Oktober 1830 in Rom, gerade als er durch eine eigene Italienreise den Versuch unternahm, doch noch der väterlichen Übermacht und Allgegenwart zu entrinnen; der siebzigjährige, stark beleibte Carl August gut zwei Jahre zuvor am 14. Juni 1828 auf dem Weg ins böhmische Teplitz, wo er sich einer Kur unterziehen wollte. In Potsdam hatte er noch Alexander von Humboldt getroffen, dabei »sichtbar zwischen Hoffnung der Genesung und Erwartung der großen Katastrophe« oszillierend, wie dieser berichtet. »Er trank und schlief abwechselnd, stand auf, um an seine Gemahlin zu schreiben, dann schlief er wieder. Er war heiter, aber sehr erschöpft. In den Intervallen bedrängte er mich mit den schwierigsten Fragen der Physik, Astronomie, Meteorologie und Geognosie, über Durchsichtigkeit eines Kometenkerns, über Mond-Atmosphäre, über die farbigen Doppelsterne, über Einfluß der Sonnenflecke auf Temperatur, Erscheinen der organischen Formen in der Urwelt, innere Erdwärme. Auf einmal ging er desultorisch in religiöse Gespräche über. Er klagte über den einreißenden Pietismus und den Zusammenhang dieser Schwärmerei mit politischen Tendenzen zum Absolutismus und Niederschlagen aller freieren Geistesregungen ... Er schlief, mitten in seiner und meiner Rede ein, wurde oft unruhig, und sagte dann, über seine scheinbare Unaufmerksamkeit mild und freundlich um Verzeihung bittend: ›Sie sehen, Humboldt, es ist aus mit mir.‹«[1] Und Alexander von Humboldt findet wunderbare Worte für den Abschied von Carl August, den er seit über dreißig Jahren kennt – Worte, die Goethe, als er die Aufzeichnungen später liest, stark bewegen: Es sei »eine solche Luzidität« in ihm gewesen, schreibt er, wie es »bei den erhabenen, schneebedeckten Alpen der Vorbote des scheidenden Lichts« ist.[2]

Keine vierundzwanzig Stunden später setzte Carl August sich auf Schloss Graditz bei Torgau zu Tisch, klagte aber nach einigen Löffeln Suppe über Brechreiz. Daraufhin verzichtete er auf das Essen und trank stattdessen einige Gläser Bier. Anschließend absolvierte er noch einen Termin, gegen Abend jedoch stellte sich große Erschöpfung ein. Trotzdem blieb er weiterhin in Gesellschaft, rauchte sogar noch eine Zigarre. Als er sich kurz darauf zurückzog, bereiteten ihm die Stufen der Treppe zu seinem Schlafgemach große Atemnot. Wenige Minuten später erlag er einem Schlaganfall.

Carl Augusts einbalsamierter Leichnam, in Generalsuniform und rotsamtenem Fürstenmantel, wurde im Römischen Haus aufgebahrt, seinem privaten Refugium im Weimarer Park an der Ilm – auf dem zur Stadt hin gelegenen Hochufer so errichtet, dass es in einer Blickachse mit Goethes Gartenhaus liegt. Zur ersten Ehrenwache gehörte auch Goethes Sohn. Der Vater saß in dieser Zeit Joseph Karl Stieler, dem bayerischen Hofmaler, Modell. Das wird hier nicht erwähnt, um Goethe etwa die Trauer über den Tod von Carl August abzusprechen, sondern wegen einer Äußerung von ihm im Verlauf der Sitzungen, aus denen das bekannteste und auch schönste von Goethes Altersporträts hervorging: »Wir müssen eilen«, soll er zu Stieler gesagt haben, »wir müssen eilen, das Gesicht zu bekommen. Der Großherzog ist weggegangen und nicht mehr wiedergekommen. Wer verbürgt einem, ob man morgen erwacht«[3] – in der Tat kann das nichts und niemand, zumal nicht einem Neunundsiebzigjährigen.

Jeder Todesfall in der näheren Umgebung reißt nicht nur ein Loch in das Netz des Lebens, bis es zuletzt ganz durchlöchert ist, er gemahnt die Zurückbleibenden auch an die eigene Sterblichkeit. Doch war es nicht allein Angst, die Goethe dazu veranlasste, sich vor Begegnungen mit dem Tod zu hüten. Er wollte sich auch die Erinnerung an den lebendigen Menschen nicht von dem Anblick des Sterbenden oder Verstorbenen zerstören lassen. Der Tod sei ein »mittelmäßiger Porträtmaler«, der nur »Masken« zurücklasse, hat Goethe gemeint, als Johann Daniel Falk berichtete, er habe gestern Wieland im Tode gesehen und sich dadurch »einen schlimmen Abend und eine noch schlimmere Nacht« bereitet. Goethe muss ihn daraufhin ausgescholten haben: »›Warum‹, sagte er, ›soll ich mir die lieblichen Eindrücke von den Gesichtszügen meiner Freunde und Freundinnen durch die Entstellungen einer Maske zerstören lassen?‹« Es werde der Einbildungskraft dadurch »etwas Fremdartiges, ja völlig Unwahres« aufgedrungen.[4] Riemer berichtet, dass Goethe im Beisein Wilhelm von Humboldts den Anblick von Toten mit der Farbenlehre in Verbindung gebracht habe. »So wie der Purpurglanz der Abendwolke schwindet und das Grau des Stoffes zurückbleibt, so ist das Sterben des Menschen. Es ist ein Entweichen, ein Erblassen des Seelenlichtes, das aus dem Stoffe weicht.« Daher sehe er keinen Toten.[5] Jeder, der einmal in seinem Leben einen aufgebahrten Leichnam zu Gesicht bekommen hat, weiß, was damit gemeint ist: Beinahe unweigerlich überlagert dieses letzte, von Tod und Auflösung gezeichnete Bild die früheren, nimmt ihnen viel von ihrer Strahlkraft und ihrem Glanz. Das gilt zumal für nahestehende, geliebte Menschen. Wir, die wir kaum noch die Agonie eines Sterbenden miterleben und nicht mehr am Leichnam stehen, die wir in einer Zeit leben, in der zunehmend hinter verschlossenen Türen im Krankenhaus gestorben wird, haben jedenfalls gut reden über Goethes Todesverdrängung, ist dieses Beiseiteschieben doch inzwischen zum Regelfall geworden.

Schon Goethes Zeitgenossen und seine Umgebung haben sich über Goethes Negation von allem und jedem, was mit dem Tod zu tun hatte, gewundert und darüber gelästert, sein Verhalten moralisch verurteilt oder als Ausdruck eines pathologischen Seelenzustands genommen. Wenn Karoline Jagemann, Carl Augusts Geliebte, mit dem sie auch einen Sohn hatte, und seit Goethes

Rückzug vom Weimarer Hoftheater dessen Oberdirektorin, meinte, Goethe habe in diesen Dingen »so seine eigene Weise in mancher Hinsicht«, war das trotz des spitzen Untertons noch sehr zurückhaltend ausgedrückt. Der Großherzog von Mecklenburg-Strelitz hatte sich bei ihr nach Goethes Reaktion auf den Tod Carl Augusts erkundigt und dabei gewissen Befürchtungen Ausdruck verliehen. »Bei dieser Gelegenheit«, so Jagemanns Auskunft, »hat er sich von Anfang an eingeschlossen, ist dann wieder erschienen und hat verboten, die Sache zu erwähnen. Hat seine Sitzungen bei dem Maler Stieler, den der König von Bayern hierher schickte, um ihn zu malen, fortgesetzt und ist nun nach Dornburg gegangen, wo er noch eine Weile bleiben wird.« Sie glaube durchaus, dass er »sehr ergriffen« sei, aber von der Art, wie Königliche Hoheit »sich den Eindruck des Verlustes denken«, scheine er nicht zu sein.[6]

»Ich weiß nicht ob Dornburg Dir bekannt ist«, schreibt Goethe von dort am 10. Juli an den Freund Zelter, »es ist ein Städtchen auf der Höhe im Saaltale unter Jena, vor welchem eine Reihe von Schlössern und Schlößchen gerade am Absturz des Kalkflözgebirges zu den verschiedensten Zeiten erbaut ist; anmutige Gärten ziehen sich an Lusthäusern her; ich bewohne das alte neuaufgeputzte Schlößchen am südlichsten Ende. Die Aussicht ist herrlich und fröhlich, die Blumen blühen in den wohlunterhaltenen Gärten, die Traubengeländer sind reichlich behangen, und unter meinem Fenster seh ich einen wohlgediehenen Weinberg, den der Verblichene auf dem ödesten Abhang noch vor drei Jahren anlegen ließ und an dessen Ergrünung er sich die letzten Pfingsttage noch zu erfreuen die Lust hatte. Von den andern Seiten sind die Rosenlauben bis zum Feenhaften geschmückt und die Malven, und was nicht alles blühend und bunt und mir erscheint das alles in erhöhteren Farben wie der Regenbogen auf schwarz-grauem Grunde.« Seit fünfzig Jahren habe er sich an dieser Stätte mehrmals mit Carl August »des Lebens gefreut«, und er könnte in dieser Situation »an keinem Orte verweilen, wo seine Tätigkeit auffallender anmutig vor die Sinne tritt«.[7] »Zuflucht«, »Montserrat«, »Eremitage« nennt er Dornburg.[8] Der Großherzog hatte das Renaissanceschlösschen, das zuletzt im Besitz eines Landwirts gewesen war, erst vor wenigen Jahren zurückgekauft und hergerichtet. Dornburg und seine Schlösser aber waren Goethe seit den ersten Wochen seiner Übersiedlung nach Weimar bekannt. Mehr als zwanzigmal war er seitdem dort gewesen, häufig als Begleiter Carl Augusts.

Allgegenwart und Allbildsamkeit des Lebens

Wenn man Goethes Ausweichen in die Dornburger Idylle Verdrängung nennen will, so betrifft diese jedenfalls nicht das Faktum des Todes, sondern »jene düstern Funktionen«, von denen er gesagt hat, sie seien gemacht, um den Verlust symbolisch darzustellen.[9] Während Goethe die in allen Farben blühende Natur Dornburgs förmlich in sich aufsaugt, werden in Weimar die sterblichen Überreste des Großherzogs mit Pomp zu Grabe getragen. Auf seine eigene Weise nimmt aber auch Goethe Abschied von dem Freund, dem er so viel verdankt: An einem Ort, den er mit ihm und seinem Tun verbindet, erinnert er sich an die mit ihm geteilte Lebensfreude.

Und doch ist Dornburg keineswegs nur Erinnerungsort: Während Goethe den Sommer im Dornburger Schlösschen verbringt, nimmt er auch den Faden auf, von dem er sagt, dass ihn der Scheidende ihm, als einem der Hinterbliebenen, in die Hand gegeben habe, um ferner fortzuschreiten. Gegenüber Knebel spricht er von der »gränzenlosen, fast lächerlichen Thätigkeit«, die ihn »hier auf dieser Felsenburg, von der aufgehenden Sonne geweckt, mit der scheidenden gleichfalls Ruhe suchend«, erfasst habe. »Es sähe prahlerisch aus herzurechnen, wieviele Alphabete ich gelesen und wieviel Buch Papier ich verdictirt habe.«[10]

Neben dem Diktat von nahezu hundert, zum Teil umfangreichen Briefen, ausgedehnten geselligen Mittagessen, dem Empfang von 140 Besuchern (darunter auch Döbereiner und Berzelius, die ihn über Wöhlers Harnstoffsynthese informieren), der Lektüre zahlreicher Bücher, auch literarischer Neuerscheinungen, gilt Goethes wiedererwachte Produktivität vor allem der Naturforschung und besonders der Botanik: Er bereitet eine französische Ausgabe seines *Versuchs die Metamorphose der Pflanzen zu erklären* vor und beschäftigt sich mit der *Organographie végétale* von Augustin-Pyramus de Candolle, des führenden Botanikers seiner Zeit. Natürliche Systeme der Pflanzenarten gab es mittlerweile viele, aber das von Candolle ist mit über 200 Familien das mit Abstand reichhaltigste.

Candolle hatte die Metamorphosen-Schrift des »gepriesenen Dichters«, wie er ihn nannte, gelesen und lobt in seinem Buch dessen divinatorische Gabe, den Pflanzenbau anhand einiger glücklich gewählter Beispiele zu erraten. Goethe missfiel das verständlicherweise, weil seine Leistungen als Naturforscher einmal mehr als Nebenprodukte des Poeten bewertet wurden. Andererseits bemerkte er große Übereinstimmung und insgeheime Anerkennung: Candolle teilte Goethes Auffassung von Blüten als Blattorganen und mithin den Grundgedanken seiner Metamorphosenlehre. Goethe dagegen konnte sich nicht mit Candolles Auffassung anfreunden, wonach Symmetrie der Schlüssel zu den Gesetzmäßigkeiten der Pflanzenbildung sein soll. Wohl schätzte er das betreffende Kapitel im fünften Teil von *Organographie végétale* so sehr, dass er es in Dornburg ins Deutsche übertrug, aber statt von Symmetrie spricht er von »dem Gesetzlichen der Pflanzenbildung«[11] und äußert sich zu Candolles »Lehrart« mit kritischen Worten, die auch die eigene Position umreißen. Diese hat seit den Tagen der Niederschrift des *Versuch die Metamorphose der Pflanzen zu erklären* an Prägnanz noch gewonnen: »Es ist zwar mit allem Dank zu bemerken«, schreibt er, »daß ein so wichtiger Mann, wie Herr Decandolle, die Identität aller Pflanzenteile anerkennt, so wie die lebendige Mobilität derselben, sie vorwärts oder rückwärts zu gestalten und sich dadurch in grenzenlos unterschiedene Formen dem Auge darzustellen, an den vielfachsten Beispielen durchführt. Allein wir können den Weg nicht billigen, den er nimmt ... Der würdige Mann setzt eine gewisse, von der Natur intentionierte Regelmäßigkeit voraus, und nennt alles was mit derselben nicht übereintrifft, Aus- und Abwüchse, welche durch Fehlgeburten, außerordentliche Entwicklungen, Verkümmerungen oder Verschmelzungen, jene Grundregeln verschleiern und verbergen.«[12]

Ein Gesetz der Pflanzenbildung taugt nur so viel, wie es den unendlichen Reichtum der natürlichen Erscheinungen zu erklären vermag, zu denen eben auch Unregelmäßigkeiten oder »Monstrositäten« gehören. Alle Veränderungen der Gestalt, so Goethe weiter, sind »durchaus als dem Gesetz gemäß anzusehn und keine dieser Abweichungen als Miß- oder Rückwuchs« zu betrachten. »Die *Metamorphose* ist ein höherer Begriff, der über dem Regelmäßigen und Unregelmäßigen waltet .. Mag sich ein Organ verlängern oder verkürzen, erweitern oder zusammenziehn, zögern oder sich übereilen, entwickeln oder verbergen, alles geschieht nach dem einfachen Gesetz der Metamorphose, welche durch ihre Wirksamkeit sowohl das Symmetrische als das Bizarre, das Fruchtende wie das Fruchtlose, das Faßliche wie das Unbegreifliche vor Augen bringt.«[13] Diese Gleichstellung von regelmäßiger und unregelmäßiger Bildung, des Konformen mit dem Abweichenden, des Normalen mit dem »Abnormalen« ist vielleicht der bedeutendste Gedanke von Goethes Naturanschauung – so unzeitgemäß wie zukunftsweisend. Er steht nicht nur quer zu unserer Vorstellung des Klassikers, sondern führt weit über den eigentlichen Bereich der Naturforschung hinaus in allgemeine, keineswegs nur ästhetische, sondern auch gesellschaftliche und ethische Fragestellungen.

Schon Goethe selbst hat daraus gravierende Folgerungen gezogen, grundsätzlicher Art wie auch im Hinblick auf sein Selbstbild. In »Noten« zur Metamorphosenlehre, die er im Dornburger Sommer aufzeichnet, heißt es, der Gewinn des Studiums der organischen Wesen bestehe darin, »die einfachste Erscheinung als die mannigfaltigste, die Einheit als Vielheit zu denken«. »Kein Lebend'ges ist ein Eins, / Immer ist's ein Vieles«, hat er denselben Gedanken in Versen formuliert, die er zuerst in den *Heften zur Morphologie* veröffentlichte und die später dann dazu dienten, die beiden Lehrgedichte über die Metamorphose der Pflanzen und der Tiere inhaltlich miteinander zu verbinden.[14] »Vieles« oder »Vielheit« aber schließt stets Heterogenität, Diversität, Differenz ein. Soweit das Grundsätzliche. Was die Anwendung auf die eigene Person angeht, so ist Goethe noch deutlicher geworden. »Was bin ich denn selbst? Was habe ich denn gemacht?«, äußert er sich gerade einmal einen Monat vor seinem Tod gegenüber Frédéric Soret und beantwortet die beiden Fragen gleich selbst mit einem bereits in die Vergangenheitsform gesetzten Rückblick auf sein Tun: »Ich sammelte und benutzte alles was mir vor Augen, vor Ohren, vor die Sinne kam. Zu meinen Werken haben Tausende von Einzelwesen das ihrige beigetragen, Toren und Weise, geistreiche Leute und Dummköpfe, Kinder, Männer und Greise, sie alle kamen und brachten mir ihre Gedanken, ihr Können, ihre Erfahrungen, ihr Leben und ihr Sein.« Oft habe er geerntet, was andere gesät. Und dann die erstaunliche Feststellung: »Mein Werk ist das eines Kollektivwesens, und es trägt den Namen Goethe.«[15]

Der Genfer Soret, studierter Theologe und Physiker, war seit 1822 Prinzenerzieher am Weimarer Hof und rasch ein enger Mitarbeiter Goethes bei seinen botanischen und mineralogischen Studien geworden; so war er etwa mit der französischen Ausgabe der Metamorphosen-Schrift befasst. Da lag es nahe, gerade ihm mitzuteilen, welche kühnen Folgerungen er aus der Metamorphosenlehre für sein Selbstbild, ja generell für die menschliche Persönlichkeit zu ziehen bereit war. Die Metamorphosen des eigenen Ich waren abhängig vom Grad der Wechselwirkung mit anderen und der Umgebung. Je umfassender und intensiver diese Wechselwirkungen, desto ausgeprägter auch die Verwandlungsfähigkeit der eigenen Person. Voraussetzung dafür war allerdings die prinzipielle Bereitschaft, sich selbst »bildsam« zu erhalten, wie Goethe die Fähigkeit zu lebenslanger Lernbereitschaft nannte, statt »bey einerley Erklärungsweise« zu verharren. In Dornburg, umgeben von Weinbergen, beginnt Goethe sich auch mit dem Weinbau zu beschäftigen und Vorschläge für ein neues Verfahren auszuarbeiten. In *Entwürfen zu einem Aufsatz über den Weinbau*, die daraufhin entstehen, schreibt er in der Einleitung: »Es kommt alles darauf an, daß uns die

Allgegenwart des Lebens und Allbildsamkeit desselben immer vor Augen sei.« Alles Übrige folge daraus.[16]

In diesem Gedanken ist denn auch angelegt, was man Goethes Beitrag zu der Frage nennen kann, wie wir mit dem Tod umgehen sollen – ganz unabhängig davon, ob wir sein persönliches Verhalten, Sterbenden wie Verstorbenen aus dem Weg zu gehen, nun gutheißen oder missbilligen, wenigstens in Teilen mit Verständnis betrachten oder kategorisch ablehnen. Goethes so schlichte wie weitreichende Idee lautet: Wir sollen an den Tod denken, indem wir uns die Allgegenwart und Allbildsamkeit des Lebens vor Augen halten. »Man mag so gern das Leben aus dem Tode betrachten und zwar nicht von der Nachtseite, sondern von der ewigen Tagseite her, wo der Tod immer vom Leben verschlungen wird«, hat er bereits 1826 an den mit ihm seit 1819 befreundeten Botaniker Christian Gottfried Daniel Nees von Esenbeck geschrieben.[17] Statt Zeremonien des Abschieds beizuwohnen, betrachtete Goethe in Dornburg lieber Bignonia radicans, die rote Klettertrompete, die er schon in Italien bewundert hatte und die Carl August daraufhin in den Dornburger Gärten hatte heimisch werden lassen,[18] oder Bryophyllum calycinum, besser bekannt als Brutblatt, mit ihren in den Einbuchtungen der Blätter gebildeten Brutknospen – diese Pflanze, »die den Triumph der Metamorphose im Offenbaren feiert«, wie er in den *Tag- und Jahresheften* schreibt.[19] Mehr Kontrast zum parallel stattfindenden pompösen Toten- und Todesgedenken in Weimar war kaum möglich.

Der Kanzler von Müller hat aufgezeichnet, wie wir uns den alten Naturforscher Goethe, der sich vor den Paraden des Todes in die Arme der lebendigen Natur flüchtet, inmitten der blühenden Dornburger Landschaft vorzustellen haben. Gerade noch Mittelpunkt einer geselligen Runde, springt er plötzlich auf mit den Worten: »›Laßt mich Kinder einsam zu meinen Steinen dort unten eilen, denn nach solchem Gespräch geziemt dem alten Merlin, sich mit den Urlementen wieder zu befreunden.‹« Und Müller fährt fort: »Wir sahen ihm lange und frohbewegt nach, als er, in seinen lichtgrauen Mantel gehüllt, feierlich ins Tal hinabstieg, bald bei diesem, bald bei jenem Gestein oder auch bei einzelnen Pflanzen verweilend, und die ersteren mit seinem mineralogischen Hammer prüfend. Schon fielen längere Schatten von den Bergen, in denen er uns wie eine geisterhafte Erscheinung entschwand.«[20]

Am 26. und 27. Januar 1831 bekommt Goethe das letzte Mal Besuch von Alexander von Humboldt, dem »Hauptwanderer«, wie er ihn mittlerweile nennt,[21] seitdem er selbst sich aus Altersgründen nur noch Ausflüge in die nähere Umgebung erlaubt. Desto mehr nimmt er Anteil an den Darstellungen von Alexanders großer Amerikareise; bis 1834 wächst das Reisewerk auf sage und schreibe vierunddreißig Bände an. Er habe sich »mit ihm in die wildesten Gegenden« gestürzt, schreibt Goethe Alexander 1821, nachdem dieser ihm die Schlussbogen des zweiten Bandes seiner *Reise in die Äquinoktial-Gegenden des Neuen Continents* übersandt hat.[22] In Gedanken betrachte er sich als seinen ständigen Begleiter.[23] Trotz zweier Lebensentwürfe, wie sie unterschiedlicher kaum sein könnten, und obwohl sie sich nur alle paar Jahre sehen oder schreiben, besteht zwischen Goethe und Alexander von Humboldt die alte, tiefe Verbundenheit fort.

Humboldt erzählt Goethe von seiner Reise durch das riesige Russische Reich, von der er vor einem Jahr zurückgekehrt ist. Mit dem Finger auf der Karte schildert er ihm seine Reiseroute, die über Sankt Petersburg und Moskau, über das Uralgebirge bis nach Katharinenburg und von dort weiter durch Sibirien nach Tobolsk geführt hat. Das sollte eigentlich der östlichste Punkt der von Zar Nikolaj I. finanzierten, wissenschaftlichen wie wirtschaftlichen Zwecken dienenden Expedition sein. Humboldt jedoch hielt sich nicht an die Abmachung, sondern setzte seinen Weg durch die Barbasteppe in Richtung Altaigebirge fort, bis dorthin, wo Russland, China und die Mongolei zusammentreffen. Goethe berichtet er von den mineralogischen und botanischen Untersuchungen, die er und seine Begleiter dort angestellt haben, und verspricht ihm einige merkwürdige Mineralien, auf die er gestoßen ist. Andere von ihm unterwegs gemachte Beobachtungen ließen darauf schließen, dass die Veränderungen, die der Mensch »durch das Fällen der Wälder, durch die Veränderung in der Verteilung der Gewässer und durch die Entwicklung großer Dampf- und Gasmassen an den Mittelpunkten der Industrie hervorbringt«, zweifellos wichtiger für das Klima seien, als man allgemein annehme.[24] Goethe erinnerte das an Carl Augusts Bericht von seiner Englandreise, an die von ihm beschriebene Verdunkelung der Sonne und die Bedeckung einer ganzen Gegend mit schwarzem Staub durch die Tätigkeit Hunderter Dampfmaschinen.

Humboldt hatte noch kurz chinesischen Boden berührt und war dann am Südrand des Russischen Reiches, entlang der Grenze zu China, nach Westen bis Orenburg gereist, wo er erneut einen ungeplanten Abstecher zum Kaspischen Meer machte, statt auf direktem Weg wieder über Moskau nach Sankt Petersburg zurückzureisen. Am Kaspischen Meer faszinierten ihn besonders die wechselnden Wasserstände. Humboldt glaubte, sie auf vulkanische Tätigkeit zurückführen zu können – eine These, die er Goethe kaum vorenthalten hat. Bereits 1823 hatte er Goethe seine auf einer Vorlesung in der Berliner Akademie der Wissenschaften zurückgehende Schrift *Über den Bau und die Wirkungsart der Vulkane in verschiedenen Erdstrichen* zukommen lassen, mit handschriftlicher Widmung, versteht sich. Sie stellte die zahlreichen, damals bekannten Indizien für den Vulkanismus als zentralen Faktor bei der Bildung der Gestalt der Erdoberfläche dar. Goethe hatte seinerzeit in der Öffentlichkeit konziliant reagiert – in einer Besprechung, in der er die Argumente eines Mannes, »der mit Augen gesehen hat, was wenige« zu Gesicht bekommen, nachzuvollziehen versucht. Könnten seine Argumente überzeugen, »so wird es uns nicht beschämen, vielmehr zur Ehre gereichen, wenn wir unsere Sinnesänderung öffentlich bekennen und unser neues Credo einem so trefflichen und vieljährig geprüften Freunde zutraulich in die Hände legen«, hatte er geschrieben.[25]

In Briefen und Gesprächen hingegen hatte er weiterhin gegen den Vulkanismus polemisiert. Offenkundig hatten ihn Humboldts Argumente doch nicht überzeugt. Heute habe er, notierte etwa Soret am 26. Januar 1828, gewaltige Strafpredigten gegen die Geologen zu hören bekommen, »die sich einbilden, alles durch die Wirkung des Feuers erklären zu können, und Berge emporsteigen lassen, als ob es nur so eine Kleinigkeit wäre, den Granit und den Porphyr des ganzen Weltalls hoch gehen zu lassen, nachdem man sie wohl zuerst in einem ungeheuren Kessel gekocht habe«. Goethe habe, so fügte Soret hinzu, »bei diesem Zornesausbruch mehr Witz als Urteil« gezeigt.[26] Trotz aller Zugeständnisse, zu denen er gegenüber dem Vulkanismus bereit war, insbesondere wenn die Argumente dafür von Forschern vorgetragen wurden, die seine Hochachtung besaßen, bestritt Goethe weiterhin die Ansicht, dass damit der zentrale Faktor der Erdbildung erkannt sei. Neben katastrophischen Ereignissen musste es andere, sehr viel langwierigere Prozesse gegeben haben, die zur heutigen Erdgestalt geführt hatten und diese auch weiterhin umbildeten – und gerade darin, nicht in seinem Neptunismus, hat Goethe in der Tat Recht behalten.

Als der junge Charles Darwin im Dezember 1831 an Bord der Beagle geht, um eine mehrjährige Forschungsreise anzutreten, überreicht ihm deren Kapitän als Begrüßungsgeschenk den ersten, kürzlich erschienenen Band der *Geologischen Prinzipien* von Charles Lyell. Mit diesem Buch, das rasch in ganz Europa Verbreitung findet, setzt sich unter den Gebildeten der »Aktualismus« durch:

Einst wie jetzt wirken die gleichen Gestaltungskräfte in der Natur, im Licht der Erscheinungen der Gegenwart lassen sich auch die Vorgänge der Vergangenheit verstehen. Was das »Antlitz der Erde« betrifft, zählen zu diesen Kräften neben Vergletscherung und Erosion natürlich auch Vulkanismus und Erdbeben. Nicht der alte Gegensatz von Vulkanismus und Neptunismus, sondern der von Katastrophismus und Aktualismus entscheidet über die Zukunft der Wissenschaft des Lebens. Ausschlaggebend ist die Einsicht in die Langsamkeit, den Gradualismus, mit dem die wesentlichen Prozesse vor sich gehen. Der Geologe Bernhard Cotta, mit dem sich Goethe kurz vor seinem Tod über diese Fragen austauscht, hat von Lyells Anschauungsweise gesagt, dass »sie uns zuerst von einer durchaus hypothetischen und wunderbaren Vorwelt befreite und jede Erklärung früherer Vorgänge in die Schranken der noch jetzt tätigen Naturgesetze verwies«.[27] Darwin, höchst beeindruckt von der Lektüre der *Geologischen Prinzipien*, findet eine Bestätigung von Lyells Ausführungen bereits in der zweiten Januarhälfte 1832, als die Beagle die Kapverdischen Inseln erreicht und er in den Klippen der Küste etwa fünfzehn Meter über dem Meeresspiegel ein weißes Band aus Kalkstein entdeckt, in den Muschelschalen eingelagert sind. Nicht den sich erst im Laufe der nächsten Jahre gegen viele Widerstände formenden Gedanken der Evolution teilt Darwin mit Goethe, wohl aber dessen Voraussetzung: die Erkenntnis, dass die Erde und das Leben auf ihr sich in ungeheuer großen Zeiträumen selbst organisiert, dabei aber klar erkennbaren, vormals wie heute gültigen Gesetzmäßigkeiten folgt.

Bevor Humboldt aber noch über seine Russlandreise berichten konnte, hatte Goethe ihn schon auf den Pariser Akademiestreit angesprochen, an dem er lebhaftes Interesse nahm. Wie lebhaft, davon zeugt ein »kurioses Missverständnis«, von dem wiederum Soret berichtet. In den ersten Augusttagen 1830, als die Nachrichten von der Julirevolution auch nach Weimar gelangt waren und alle in Aufregung versetzt hatten, war er bei Goethe zu Besuch gewesen. Der habe ihm schon an der Tür entgegengerufen: »Nun, was sagen Sie zu dem großen Ereignis! Alles ist in Aufruhr, man verhandelt nicht mehr bei geschlossenen Türen, der Vulkan ist ausgebrochen!« – »Eine schreckliche Geschichte!«, will Soret erwidert haben, »eine so erbärmliche Familie, die sich auf ein ebenso erbärmliches Ministerium stützt, läßt nichts mehr erwarten; das Ende wird sein, daß man sie fortjagt.« – »Ach, diese Leute meine ich nicht«, daraufhin

Goethe, »was gehen die mich an! Ich rede von dem großen Streit zwischen Cuvier und Geoffroy!« Soret berichtete, nach dieser »verblüffenden Erklärung« habe es ihm die Sprache verschlagen, und er habe einige Minuten gebraucht, um sich dazu zu zwingen, einigermaßen aufmerksam den langen Erörterungen Goethes über eine wissenschaftliche Frage zu folgen, die ihm angesichts der politischen Ereignisse reichlich belanglos erschienen sei. Goethe aber habe nichts anderes im Kopf gehabt als Cuvier und Geoffroy, alle Welt darauf angesprochen und sogar einen Aufsatz darüber redigiert.[28]

Goethe hat den Streit zwischen den Zoologen Georges Cuvier und Étienne Geoffroy Saint-Hilaire zum Gegenstand seiner letzten naturwissenschaftlichen Schrift gemacht. Darin schildert er nicht nur, worum es den beiden Kontrahenten, die einst Freunde gewesen waren, in ihrer zunehmend erbitterten Auseinandersetzung ging, die keinen Sieger kennen sollte, weil Cuvier bereits im Mai 1832 verstarb, zwei Monate nach Goethes Tod. Er zeigt auch die Denktraditionen auf, in denen ihre Positionen stehen, und verknüpft Beobachtungen und Reflexionen mit einer Darstellung des eigenen wissenschaftlichen Werdegangs, seiner Forschungen, ihrer vorläufigen Resultate und seiner Denkweise. Ergebnis ist ein äußerst vielschichtiger Essay – eine Art Vermächtnis Goethes in Sachen Naturforschung, vor allem seiner Morphologie, ohne es der Absicht und dem häufig eher beiläufigen Tonfall nach zu sein.

Goethe publizierte seinen Essay in zwei Teilen. Der erste war bereits vor dem Besuch Humboldts erschienen, der zweite folgte erst im März 1832 als seine letzte Veröffentlichung überhaupt. Nach seiner Rückkehr aus Russland war Humboldt nach Paris gegangen und konnte ihm bei seinem Besuch in Weimar von seiner Teilnahme an den Vorlesungen Georges Cuviers berichten, die dieser 1830 in der Pariser Akademie der Wissenschaften gehalten hatte. Durchaus polemisch hatte Cuvier dort seine Einwände gegen Geoffroys Vorhaben vorgebracht, einen einheitlichen Bauplan für alle Tiere zu entwerfen, der auch die Weichtiere und andere Wirbellose einschließen sollte. Cuvier war ein Analytiker mit einem Blick für Details und Unterschiede, seine Vorträge waren überwältigende Demonstrationen von Spezialwissen; der synthetische Ansatz erschien ihm so nutzlos wie fruchtlos. Humboldt hingegen sympathisierte mit Geoffroys Denkweise, der sich dabei ausdrücklich auf Ideen Goethes berief. Der Naturforscher Louis Agassiz, der während Cuviers Vorträgen neben ihm saß, berichtete, dass Humboldt seine Sympathie für die Konzeption Goethes nicht verbergen konnte, obwohl ihn die Einwände des französischen Meisteranatomen durchaus beeindruckten. Flüsternd und in ironisch-bissigem Tonfall habe er ständig Cuviers Vortrag kommentiert und erklärt, dass die Einheitslehre, welche Mängel ihr auch immer noch anhaften mochten, im Wesentlichen wahr sein müsse, und Cuvier ihr Verfechter und nicht ihr Gegner sein sollte.[29]

Humboldt teilte Goethe im Januar 1831 viele Einzelheiten des Akademiestreits mit, die dann in den zweiten Teil seines Essays eingegangen sind. Geoffroys synthetisierender Ansatz erscheint dort als konsequente Fortführung von Buffons Konzept eines »dessin primitif et général«, »einer ursprünglichen und allgemeinen Vorzeichnung«, das Goethe sich einst zu eigen gemacht hatte und von dem er nun sagte, damit sei »die Grundmaxime der vergleichenden Naturlehre ein für allemal festgesetzt« worden.[30] Besonders imponierte ihm Geoffroys Distanzierung von der alten Methode, alles in der Natur vom Menschen und auf ihn hin beantworten zu wollen; nur den Menschen als das Vollkommene gelten zu lassen, von dem her gesehen sich alles andere als Ableitungen, Degradationen darstellt.[31] Goethes Abneigung gegen Cuviers Denken hatte aber auch damit zu tun, dass dieser den Katastrophismus aus der Geologie in die Zoologie überführt hatte. Cuvier ging davon aus, dass immer wieder katastrophale Umwälzungen die Verteilung von Land und Meer auf der Erdoberfläche verändert hätten und es infolgedessen zum Aussterben ganzer Tierarten gekommen sei. Seine umfangreichen anatomischen Kenntnisse nutzte er dazu, ausgestorbene Organismen, etwa Flugsaurier und andere Reptilien des Mesozäns zu rekonstruieren. Die Annahme eines einheitlichen Bauplans der Organismen, der über die Fähigkeit verfügt, sich den Gegebenheiten und Erfordernissen wechselnder Umwelten metamorphotisch anzupassen, sich aber letztlich unbeirrbar durch den Strom der Zeiten hindurchzieht, war da auch ein Plädoyer für Kontinuität über solche Brüche hinweg. Diskontinuitäten mochte es geben, auch Zerstörungen und Sackgassen, aber das waren untergeordnete Gesichtspunkte angesichts der Konsequenz und »Allbildsamkeit« der Natur.

Stärker noch als von der Richtigkeit der Position Geoffroys in diesem Streit ist Goethe allerdings davon überzeugt, dass beide Kontrahenten auf ihre Weise recht haben, jedenfalls dann, »sobald sie nur einander gelten lassen«.[32] »Sondern und Verknüpfen« seien zwar getrennte, aber letztlich »unzertrennliche Lebensakte« – beide gleichermaßen dort unentbehrlich, wo der Versuch unternommen wird, »genetisch« zu denken, nicht nur den einzelnen Gegenstand, sondern den Typus selbst als etwas zu verstehen, das in und mit der Zeit und durch die Wechselwirkung mit der Umwelt sich verändert. »Funktion, recht begriffen«, sei »das Dasein in Tätigkeit gedacht«, schreibt Goethe, und einige

Seiten weiter heißt es: »Die Organe komponieren sich nicht als vorher fertig, sie entwickeln sich aus- und aneinander zu einem notwendigen ins Ganze greifenden Dasein«. Man möge wollen oder nicht, es sei eben »unerläßlich, aus dem Ganzen ins Einzelne, aus dem Einzelnen ins Ganze zu gehen, und je lebendiger diese Funktionen des Geistes, wie Aus- und Einatmen, sich zusammen verhalten«, desto besser für »die Wissenschaft und ihre Freunde«.[33]

Das sind so versöhnliche wie zukunftsweisende Worte, doch keineswegs Goethes letzte in dieser Angelegenheit. Wie stark ihn der Akademiestreit und seine Implikationen bis zuletzt beschäftigt haben, geht daraus hervor, dass er in seinem allerletzten Brief, den er wenige Tage vor seinem Tod an Alexanders Bruder Wilhelm schreibt, auf diese Fragen noch einmal zurückkommt. Darin geht es um das Verhältnis des »Bewußten und Unbewußten«, des »Angebornen und Erworbenen« – Fragen, die seither, zumal im Zeitalter von Genetik und Hirnforschung, nichts von ihrer Tragweite und Brisanz eingebüßt haben. Goethe schlägt vor, dass sie sich wie Zettel und Einschlag zueinander verhalten – ein von ihm gerne gebrauchtes Bild aus der Handweberei. Erst das Zusammenwirken der in Längsrichtung aufgezogenen Fäden (der Zettel) mit dem Einschlag der quer eingearbeiteten Fäden verleiht dem Webstück Festigkeit und Solidität, bringt jene Einheit hervor, von der Goethe sagt, dass sie »die Welt in Erstaunen setzt«. Der Essay über den Akademiestreit hatte in Überlegungen zur Funktion und zum Zusammenspiel der Organe gemündet. Der Brief an Humboldt hebt damit an: »Die Tiere werden durch ihre Organe belehrt, sagten die Alten; ich setze hinzu: die Menschen gleichfalls, sie haben jedoch den Vorzug, ihre Organe dagegen wieder zu belehren.«[34] Ob diese Wechselwirkung tatsächlich ein menschliches Privileg ist, darüber lässt sich trefflich streiten. Goethe jedenfalls fühlte sich mit dieser Einsicht dem »Geheimnis des Lebens«, von dem er am Ende des Briefes spricht, so nahe wie nie zuvor. Wechselwirkung ist alles, und alles ist Wechselwirkung. Gerade auch darin war sich Goethe zumal mit dem jüngeren Humboldt einig.

Seinen zweiundachtzigsten Geburtstag begeht Goethe in Ilmenau. Achtzehn Jahre liegt da der letzte Besuch zurück, auch er aus Anlass eines Geburtstags, des vierundsechzigsten. Bereits zwei Tage vor dem 28. August 1831 bricht er von Weimar auf, in Begleitung zweier Knaben, eines Dreizehn- und eines Zehnjährigen, seine beiden Enkelsöhne. Statt wie vor Jahrzehnten, als er alarmiert von

Allgegenwart und Allbildsamkeit des Lebens 587

der Nachricht vom brennenden Ilmenau die gut fünfzig Kilometer in scharfem Ritt in kaum sechs Stunden bewältigt hat, lässt er sich nun in einer Tagesreise gemächlich dorthin kutschieren, eine ausgiebige Mittagspause inklusive. Es ist Goethes letzte Reise.

Der frühzeitige Aufbruch erklärt sich daraus, dass Goethe in Ilmenau vor den dort anberaumten offiziellen Geburtstagsfeierlichkeiten einen Tag zur freien Verfügung haben will. Er beabsichtigt, noch einmal die Hütte auf dem Kickelhahn aufzusuchen, auf deren Wand er sein schon damals bekanntestes Gedicht geschrieben hat. Begleitet wird er von dem Rentamtmann Johann Heinrich Christian Mahr, Verwalter des Steinkohlebergwerks Kammerberg. Unter der Obhut des Dieners Krause machen sich auch die Kinder am nächsten Morgen mit demselben Ziel auf. Sie wandern, Großpapa fährt.

Mahr hat über zwei Jahrzehnte nach Goethes Tod im *Weimarer Sonntagsblatt* über den denkwürdigen Tag berichtet. »Goethes letzter Aufenthalt in Ilmenau nach einer Mitteilung des Berginspektor Mahr zu Kammerberg bei Ilmenau« ist der Text überschrieben. Über das Waldhaus Gabelbach, so heißt es dort, führt der Weg »ganz bequem ... bis auf den höchsten Punkt des Gickelhahn«. Seitdem Goethe hier als junger Mann auf teilweise unwegsamen Pfaden unermüdlich bergauf, bergab unterwegs gewesen ist, sind bequeme Alleen und Wege angelegt worden. Goethe soll sich darüber gefreut haben. Oben angelangt, begibt er sich sogleich an die »nach Ilmenau gelegene Aussichtsstelle«. »Herrlich! Herrlich!«, ruft er mehrmals aus und: »Ach! Hätte doch dieses Schöne mein guter Großherzog Carl August noch einmal sehen können!«

Die Kutsche wartet, während Goethe und Mahr sich »auf der Kuppe des Berges« durch »ziemlich hochstehende Heidelbeersträucher hindurch« zu dem kleinen, nur wenige Hundert Meter entfernten Forstschutzhaus aufmachen, das sich in unmittelbarer Nachbarschaft zu der von Herzog Ernst August, dem Großvater Carl Augusts, errichteten Jagdanlage befindet. In dem aus »Zimmerholz und Bretterbeschlag« bestehenden Häuschen führt eine steile Treppe in den oberen Teil. Auch sie steigt Goethe rüstig empor. Über den Fortgang der Ereignisse gibt Mahrs Bericht Auskunft: »Beim Eintritt in das obere Zimmer sagte er: ›Ich habe in früherer Zeit in dieser Stube mit meinem Bediensteten im Sommer acht Tage gewohnt und damals einen kleinen Vers hier an die Wand geschrieben. Wohl möchte ich diesen Vers nochmals sehen ...‹ Sogleich führte ich ihn an das südliche Fenster der Stube, an welchem links mit Bleistift geschrieben steht:

> Über allen Gipfeln
> Ist Ruh,
> In allen Wipfeln
> Spürest du
> Kaum einen Hauch;
> Die Vöglein schweigen im Walde.
> Warte nur, balde
> Ruhest du auch.[35]

Goethe überlas diese wenigen Verse und Tränen flossen über seine Wangen. Ganz langsam zog er sein schneeweißes Taschentuch aus seinem dunkelbraunen Tuchrock, trocknete sich die Tränen und sprach in sanftem, wehmütigem Ton: ›Ja, warte nur, balde ruhest du auch‹, schwieg eine halbe Minute, sah nochmals durch das Fenster in den düstern Fichtenwald, und wendete sich darauf zu mir, mit den Worten: ›Nun wollen wir wieder gehen‹«.[36]

Wandrers Nachtlied hat Goethe seine Verse überschrieben, als er sie 1815 zum ersten Mal drucken ließ. Einen Tag vor seinem zweiundachtzigsten Geburtstag aber scheint er sein Nachtlied als Todeslied gelesen zu haben.[37]

Das Gedicht führt durch die Reiche der Erde – von den Berggipfeln und dem, was darüber ist, über die Baumwipfel und die Vögel bis hinab zum Menschen, dem die beiden letzten Zeilen gelten. Alle Naturreiche sind schön geordnet und in einer absteigenden Bewegung versammelt: Gipfel, Wipfel, Vögel, Du – die Steine, die Pflanzen, die Tiere, die Menschen und über ihnen allen die Erdatmosphäre. Ein kleiner »Roman über das Weltall«, wie Goethe ihn zur Zeit der Entstehung des Gedichts in großem Stil geplant hatte.

Verbunden ist dies alles mit »Ruh« – auch sie aber nimmt ab, je mehr sich Goethe im Gedicht auf den Menschen zubewegt: Über den Gipfeln ist sie noch fraglos vorhanden, in den Wipfeln kaum ein Hauch zu spüren, sogar die Vöglein schweigen nächtens im Walde, nur der Mensch ist von Unruhe erfüllt: Doch »Warte nur! Balde / Ruhest du auch.«

Das ist ein Versprechen. Auch der Mensch kennt Ruhe. Als das Gedicht 1801 erstmals in England gedruckt wurde, vereindeutigte der anonyme Herausgeber die Schlussverse: »Warte nur, balde, / Schläffst du auch!«, lauteten sie jetzt. Nach eigenem Zeugnis war Goethe ein guter Schläfer. Er konnte sich vorstellen, dass man nach erquickendem Schlaf mit dem Hochgefühl neuen Lebens erwacht – eine Erfahrung, die er seinen Faust zu Beginn des zweiten Teils des Dramas machen lässt. Nun aber, am Vorabend seines zweiundachtzigsten Geburtstags, nimmt er wahr, dass sein Gedicht auch das Verfließen der Zeit beschreibt – durch nichts aufzuhalten und unwiderruflich. Der Wanderer bewegt sich auf die Nacht zu, auf den Schlaf, aus dem noch niemand erwacht ist. Und lässt sich ins Weinen fallen – eine zutiefst menschliche Reaktion auf das Unbeantwortbare.

Annähernd sieben Monate darauf ist die Stunde gekommen. »Um halb zwölf Uhr mittags drückte sich der Sterbende bequem in die linke Ecke des Lehnstuhls«, berichtet Dr. Carl Vogel, Goethes Leibarzt in seinen letzten sechs Lebensjahren. Es habe lange gebraucht, »ehe den Umstehenden einleuchten wollte, dass Goethe ihnen entrissen sei«. Goethe war beinahe nicht zur Welt gekommen; nun verschied er sozusagen unbemerkt von den zahlreichen Anwesenden, die seit geraumer Zeit seinem Tod entgegensahen. Der Tod gleicht einer Geburt rückwärts: Goethe schmiegt sich in die Ecke eines Stuhles und stirbt in einer Haltung, die der des ungeborenen Kindes im Mutterleib gleicht. Einige Tage zuvor hat er einen Herzinfarkt erlitten, den zweiten nach einem ersten im Jahr 1823. Vogel berichtet von dem Vernichtungsgefühl und den Todesängsten, die er dabei ausgestanden hat. Danach ist er nicht mehr auf die Beine gekommen. Zum Schluss wurde auch die Sprache immer mühsamer und undeutlicher. »Mehr Licht« sollen seine letzten, kaum verständlichen Worte gewesen sein, aber als sie fielen, hat Vogel gerade Goethes Schlafgemach verlassen. Doch berichtet er davon, dass noch da, als »die Zunge den Gedanken ihren Dienst versagte«, Goethes Artikulationsbedürfnis ungebrochen war. »Wie auch wohl früher, wenn irgend ein Gegenstand seinen Geist lebhaft beschäftigte«, zeichnete er »mit dem Zeigefinger der rechten Hand ... Zeichen in die Luft, erst höher, mit den abnehmenden Kräften immer tiefer, endlich auf die über seinen Schoß gebreitete Decke«.[38] Vogel will einige Male den Buchstaben W. und Interpunktionszeichen erkannt haben. Schrieb Goethe »Wandrers Nachtlied« in die Luft (das in seinen wenigen Worten immerhin vier W's enthält)?

Der einzige Wandschmuck in Goethes spartanisch eingerichtetem Schlafzimmer, das nun auch sein Sterbezimmer wurde, war eine Federzeichnung seiner *Höhen der alten und neuen Welt*,[39] entworfen nach Humboldts Beschreibung, ausgeführt jedoch mit dem Goethe eigenen Witz. Fast unmerklich holte er noch einmal Atem. Doch vermochte er sich der eingezogenen Luft nicht mehr zu entladen. So starb der Mensch, dessen Leben und Werk die Welt bis heute in Erstaunen setzt.

Epilog

1880 ist die kleine Forstschutzhütte in der Form eines Oktogons auf dem Kickelhahn abgebrannt. Beerensammler, die im stets offengehaltenen Goethe-Häuschen übernachtet hatten, waren am Morgen darauf aufgebrochen, ohne das Feuer, das sie im oberen Zimmer gemacht hatten, vollständig zu löschen. Schon in den Jahren zuvor war der Versuch unternommen worden, die Bretter mit Goethes Gedicht herauszusägen. Daraufhin hatte der zuständige Forstwart ein Foto von Goethes Inschrift in Auftrag gegeben. Der beigezogene Fotograf soll vierzehn Tage benötigt haben, bis ihm in dem dunklen Raum eine Aufnahme gelang, auf der die Zeilen gut lesbar waren. Die Fotografie hängt heute im originalgetreuen Nachbau des kleinen Hauses, das zu einem Museum für Goethes Gedicht geworden ist. Auf der fensterlosen Wand der oben gelegenen Stube sind die Verse von »Über allen Gipfeln ist Ruh« in Nachdichtungen in vielen Sprachen der Welt wiedergegeben: Arabisch, Chinesisch, Dioula (eine westafrikanische Sprache), Englisch, Französisch, Hebräisch, Italienisch, Japanisch, Kasachisch, Russisch, Schwedisch, Tamilisch, Türkisch und Ungarisch. Ein Sonnenkollektor sorgt für Leselicht.

»Auf dem Gickelhahn dem höchsten Berg des Reviers den man in einer klingernden Sprache Alecktrüogallonax nennen könnte habe ich mich gebettet, um dem Wuste der Städtgens, den Klagen, den Verlangen, der Unverbesserlichen Verworrenheit der Menschen auszuweichen«, hat Goethe am Abend des 6. September 1780 geschrieben, an dem wahrscheinlich auch *Wandrers Nachtlied* entstand.[1] Deshalb ist auch hier der richtige Ort, um diesem Gedicht zu begegnen – in einer nur von Wanderern erreichbaren Holzhütte am Rande eines Gipfels inmitten des Thüringer Waldes.

Es gibt ein zweites Gedicht, das zumindest annähernd so berühmt ist wie *Wandrers Nachtlied*, ihm inzwischen den Rang des populärsten Goethe-Gedichts wahrscheinlich sogar abgelaufen hat. Noch offensichtlicher als »Über allen Gipfeln ist Ruh« ist es ein Gebet, in diesem Fall kein Abend-, sondern ein Dankgebet, aber wie dieses auch ganz ins Weltliche und Irdische überführt. Goethe hat es 1815 für seinen *West-Östlichen Divan* verfasst; dort ist es der letzte von insgesamt fünf »Talismanen«:

> Im Athemholen sind zweyerley Gnaden:
> Die Luft einziehen, sich ihrer entladen.
> Jenes bedrängt, dieses erfrischt;
> So wunderbar ist das Leben gemischt.
> Du danke Gott, wenn er dich preßt,
> Und dank' ihm, wenn er dich wieder entläßt.[2]

Goethe ist zwar der Autor dieser Zeilen, nicht aber der Schöpfer des in ihnen formulierten Gedankens. Die Fügung von den zweierlei Gnaden des Atemholens hat bereits der Straßburger Student durch Herder kennengelernt. Dieser wiederum hatte sie in einer barocken Übersetzung des *Rosengartens* des persischen Dichters Saadi gefunden, der im 13. Jahrhundert gelebt hat. Später, aber noch vor der Entstehung von Goethes *Talisman*, wird er sie selbst in antikisierende Distichen übertragen. Bei Saadi gehören sie zu dem einleitenden Dankgebet, das seiner Sammlung von Gedichten und Geschichten voransteht: »Ein jeglicher Athem, den man in sich zeucht, hilft zur Verlängerung des Lebens und der wieder aus uns geht, erfreuet den Geist. Darum seynd im Athemholen zweierei Gnaden und für jegliche soll man Gott im Herzen danken.«[3]

Mit dem Alter stieg Goethes Hang, die Welt auf Formeln zu bringen. Als »ethisch-ästhetischer Mathematiker« müsse er in seinen »hohen Jahren immer auf die letzten Formeln hindringen, durch welche ganz allein mir die Welt noch faßlich und erträglich wird«, schreibt er etwa 1826 an Sulpiz Boisserée.[4] Das beschränkte sich keineswegs auf den ästhetisch-ethischen Bereich, es galt genauso auf physikalisch-naturphilosophischem Gebiet. Die dort gefundenen Formeln sollten zwar nicht den Abstraktionsgrad mathematischer Konstruktionen besitzen, wohl aber deren universale Gültigkeit. Er dachte sogar an so etwas wie eine Weltformel – an ein umfassendes Modell, das alle Wechselwirkungen in der Natur zusammenführt.

Zumindest ein Kandidat, wenn nicht sogar der Favorit für eine solche Weltformel, waren für Goethe die zweierlei Gnaden des Atemholens. Anfangs verwendet er die Fügung eher metaphorisch, spricht etwa in Zusammenhang mit Kants Philosophie von der »Systole und Diastole des menschlichen Geistes«; sie war mir »wie ein zweites Atemholen, niemals getrennt, immer pulsierend«.[5] In der *Farbenlehre*, also fünf Jahre vor der Entstehung des *Divan*-Gedichts, ist dann die Rede von der »ewigen Formel des Lebens«, vom »Ein- und Ausatmen der Welt, in der wir leben, weben und sind«.[6]

Das ist jetzt mehr als ein Bild. Goethe wusste, dass das Leben eine schützende »Hülle« benötigt. Diese Hülle, schreibt er, möge »als Rinde, Haut oder Schale erscheinen, alles was zum Leben hervortreten, alles was lebendig wirken soll, muß eingehüllt sein«.[7] Das gilt auch für die Erde selbst, zumal wenn wir sie wie Goethe als Lebewesen betrachten: Ihre Hülle sind die Erdkruste und die Atmosphäre, angepasst an die Bedürfnisse des auf ihr, durch sie und mit ihr existierenden Lebens. Es ist zudem nicht unsere eigene Luft, die wir beim Einatmen einziehen und derer wir uns beim Ausatmen wieder entladen. Es ist die Luft aller Lebewesen, seit jeher: der Menschen, Tiere, vor allem der Pflanzen, der Erde mitsamt ihrer Atmosphäre und ihrer ungeheuerlichen Geschichte. Es lässt sich kaum eine elementarere Lebenstätigkeit als das Atmen denken und zugleich kaum eine, über die wir weniger Verfügungsgewalt hätten.[8] Indem wir atmen – selten mit Bewusstsein, meistens unwillkürlich und gedankenlos –, haben wir Teil am Erdenleben.

Anders als »Über allen Gipfeln ist Ruh« haben die Verse des *Divan* keinen spezifischen Ort, zu dem sie gehören und an dem man sie ausstellen könnte. Besser gesagt, dieser Ort ist die ganze Erde samt der sie umhüllenden Atmosphäre. Auf kürzest mögliche, ganz auf die menschliche Erfahrung konzentrierte Weise beschreiben sie, was uns alle am Leben erhält und uns zugleich mit allem Lebendigen, von den Steinen über die Pflanzen bis zu den Tieren, und auch der Erde und ihrer Leben spendenden Atmosphäre verbindet. Sie sind Goethes Lied von der Erde – seine poetisch-naturwissenschaftliche Weltformel.

Anhang

Dank

Ein »Kollektivwesen« hat sich Goethe als Schriftsteller genannt – das gilt zumal für seinen Biographen. Ohne die unschätzbare Vorarbeit der Editoren und Kommentatoren, in diesem Fall insbesondere von Dorothea Kuhn und Wolf von Engelhardt, den Herausgebern der Leopoldina-Ausgabe von Goethes Schriften zur Naturwissenschaft, wäre ein Vorhaben wie dieses gar nicht durchführbar gewesen. Thomas Schmuck von der Klassik Stiftung Weimar und sein Team haben im Herbst 2019 in einer formidablen Ausstellung Goethes naturkundliche Sammlungen im Kontext der Wissenschaften seiner Zeit präsentiert und mir damit zur rechten Zeit eine Fundgrube von Objekten und Anregungen verschafft. Neben vielen anderen haben insbesondere Christian Göldenboog, Manfred Heuser, Werner Jäger, Hansjörg Küster, Paul Smith und Margit Wyder ihren Schatz an Erkenntnissen und Ideen mit mir geteilt und mir Literaturhinweise gegeben. Barbara Wenner hat auch diesem Buch zu einem hervorragenden Start verholfen; mein Lektor Christoph Selzer, seine Mitarbeiter und das wunderbare Team des Verlags Klett-Cotta haben seine Entstehung begleitet, immer an den Erfolg geglaubt und mir in allen Fährnissen souverän den richtigen Weg gewiesen. Last but not least erwähnen möchte ich zwei Verleger: Jonathan Beck, weil er den Verlag leitet, für den ich hauptberuflich als Lektor tätig sein darf, und Tom Kraushaar, weil er den Autor mit offenen Armen empfangen hat. Ihnen allen und auch denjenigen, die hier namentlich nicht aufgeführt sind, gebührt mein aufrichtiger, von Herzen kommender Dank.

Anmerkungen

Biedermann/Herwig Goethes Gespräche, Biedermannsche Ausgabe, 5 Bände in 6 Teilbänden, ergänzt und hrsg. von Wolfgang Herwig, Düsseldorf/Zürich 1965.
FA Johann Wolfgang Goethe, Sämtliche Werke. Briefe, Tagebücher und Gespräche, 40 Bände, Frankfurt a.M. 1985–1999. Soweit darin enthalten, werden Goethes Briefe und Tagebücher nach dieser Ausgabe zitiert.
Geiger Goethes Briefwechsel mit Wilhelm und Alexander von Humboldt, hrsg. von Ludwig Geiger, Berlin 1909.
Goethe Jb Goethe-Jahrbuch, Periodikum der Goethe-Gesellschaft, Band 1 (1880) – Band 136 der Gesamtfolge (2019), zwischenzeitlich auch als Vierteljahres- oder Viermonatsschrift der Goethe-Gesellschaft.
Grumach Goethe, Begegnungen und Gespräche, Band I–VI und XV, hrsg. von Ernst Grumach und Renate Grumach, Berlin 1965 ff.
GuL Goethe und Lavater, Briefe und Tagebücher, hrsg. von Heinrich Funck (Schriften der Goethe-Gesellschaft, Bd. 16), Weimar 1901.
Jbr Die Jugendbriefe Alexander von Humboldts, 1787–1799, hrsg. von Ilse Jahn und Fritz G. Lange, Berlin 1973.
LA Goethe, Die Schriften zur Naturwissenschaft. Vollständige mit Erläuterungen versehene Ausgabe im Auftrage der Deutschen Akademie der Naturforscher Leopoldina, Weimar 1947–2011. Die Lepoldina-Ausgabe enthält in 11 Text- und 18 Kommentarbänden neben sämtlichen Texten Goethes zur Naturforschung auch begleitende Materialien und Zeugnisse.
MA Johann Wolfgang Goethe, Sämtliche Werke nach Epochen seines Schaffens. Münchner Ausgabe, 21 in 33 Bänden, hrsg. von Karl Richter, Herbert G. Göpfert, Norbert Miller, Gerhard Sauder, Edith Zehm, München/Wien 1985–1998. Soweit darin enthalten, werden auch Goethes naturwissenschaftliche Schriften nach dieser verbreiteteren Ausgabe zitiert.
Steiger Goethes Leben von Tag zu Tag. Eine dokumentarische Chronik von Robert Steiger, 8 Bände, Zürich/München 1982–1986.
VB Goethe in vertraulichen Briefen seiner Zeitgenossen, 3 Bände, zusammengestellt von Wilhelm Bode, hrsg. von Regine Otto, Paul-Gerhard Wenzlaff, Berlin/Weimar 1979.
WA Goethes Werke (143 Bände in 4 Abteilungen; Sophien- bzw. Weimarer Ausgabe),

Weimar 1887–1919. Die 4. Abteilung der Weimarer Ausgabe ist immer noch die einzige echte Gesamtausgabe von Goethes Briefen. Auf diese Ausgabe wird etwa für in FA nicht enthaltene Briefe zurückgegriffen.

Folgende Goethe-Biographien wurden verwendet:

Nicholas Boyle, Goethe. Der Dichter in seiner Zeit, München 1995 und 1999. Bislang Band 1 (1749–1790) und Band 2 (1790–1803).
Karl Otto Conrady, Goethe. Leben und Werk, Düsseldorf 2006.
George Henry Lewes, Goethe's Leben und Schriften, 2 Bände, Berlin 1866.
Rüdiger Safranski, Goethe. Kunstwerk des Lebens, München 2013.

Bibliographische Angaben zu den weiteren verwendeten Quellen, Primär- und Sekundärtexten finden sich in den jeweiligen Anmerkungen.

Prolog

1 Karl August Böttiger, Literarische Zustände und Zeitgenossen. Begegnungen und Gespräche im klassischen Weimar, Berlin 1998, 69.
2 Der Autorenkollege ist Friedrich Schiller, an Körner, 12.12.1787, VB 1, 338; die Dame der Gesellschaft Charlotte von Stein, am 1.5.1784 gegenüber Knebel, ebd. 301.
3 Alexander von Humboldt, Versuche über die gereizte Muskel- und Nervenfaser nebst Vermuthungen über den chemischen Process des Lebens in der Thier- und Pflanzenwelt, Berlin 1797, Band 1, 78f.; Alexander von Humboldt an Friedrich von Schuckmann. Jena, 14.5.1797, Jbr 579.
4 Goethe an Alexander von Humboldt. 18.6.1795, Geiger, 291.
5 Schiller an Körner, 12.9.1794. Schillers Werke, Nationalausgabe, Bd. 27, Weimar 1958, 46.
6 Schiller an Körner, 6.8.1797, a.a.O., Bd. 29, 113.
7 Goethe an Carl August. Jena, Anfang März 1797, FA II.4 (31), 303.
8 Tag- und Jahreshefte, MA 12, 28.
9 Loder an Goethe. Ende Dezember 1794, LA II.9, 437.
10 Goethe an F.H. Jacobi. 2.2.1795, FA II.4 (31), 58.
11 Goethe an Knebel. 17.11.1784, FA II.2 (29), 553.
12 Alexander von Humboldt an Karoline von Wolzogen. Berlin, 14.5.1806, Bruhns, a.a.O., 417f.
13 Goethes Tagebuch. 11.3.1797, FA II.4 (31), 306.
14 Goethe an Charlotte von Stein. 12.9.1780, FA II.2 (29), 292.
15 Goethe an Knebel. 30.12.1785, FA II.2 (29), 615.
16 Alexander von Humboldt an Marc-Auguste Pictet. 24.1.1796, zit. nach: Alexander von Humboldt, Werke, hrsg. von Hanno Beck, Darmstadt 2018, Band 1, Einführung, 14.

17 Goethe an Knebel. 17.11.1784, LA II.9A, 303.
18 Schiller an Goethe. 23.8.1794, MA 8.1, 13f.
19 Goethe an F.H. Jacobi. 29.12.1794, FA II.4 (31), 51.
20 MA 13.2, 322ff.
21 Karoline von Wolzogen an Alexander von Humboldt, 18.11.1836, Biedermann/Herwig, Bd. 5, 131.
22 LA I.2, 96.
23 MA 12, 13.
24 LA II.1A, 641.
25 MA 17, 914; MA 19, 189.

Erstes Kapitel, in dem Goethe beinahe nicht zur Welt kommt

1 G.L. Kriegk, Die Brüder Senckenberg. Eine biographische Darstellung, Frankfurt a.M. 1869, 319.
2 MA 16, 13.
3 Cf. Manfred Heuser, Goethe in der Fleischarde. In: TW Gynäkologie 4, 1991, 197ff.
4 Heiner Boehncke, Hans Sarkowicz, Joachim Seng, Monsieur Göthé. Goethes unbekannter Großvater, Berlin 2017, 29ff.
5 Bettina von Arnim, Goethe's Briefwechsel mit einem Kinde, Werke in vier Bänden, hrsg. von Walter Schmitz, Sibylle Steinsdorff, Frankfurt a.M. 1992, Band 2, 375.
6 Cf. Wolfgang Gubalke, Die Hebamme im Wandel der Zeiten, Hannover 1985.
7 MA 16, 13.
8 Christoph Wilhelm Hufeland, Enchriridion medicum oder Anleitung zur medizinischen Praxis. Vermächtnis einer fünfzigjährigen Erfahrung, Berlin 1836, 626.
9 Sigmund Freud, Eine Kindheitserinnerung aus ›Dichtung und Wahrheit‹, Studienausgabe, Band 10: Bildende Kunst und Literatur, Frankfurt a.M. 1969, 266.
10 Von Arnim, a.a.O., 380.
11 Ebd., 379f.
12 MA 1.1, 739.

Zweites Kapitel, in dem ziemlich viel Geschirr zerdeppert wird und wir zusammen mit dem kleinen Goethe die Stadt Frankfurt kennenlernen

1 MA 16, 14.
2 Freud, a.a.O., 262.
3 MA 16, 14.
4 MA 3.1, 62; 81.
5 Ian Watt, Der bürgerliche Roman. Aufstieg einer Gattung, Frankfurt a.M. 1974, 48.
6 Cf. Fried Lübbecke, Frankfurt am Main. Goethes Heimat, Frankfurt a.M. 1946, 22.

7 Catharina Elisabeth Goethe an Goethe. 1.7.1808, Die Briefe von Goethes Mutter, Frankfurt a.M. und Leipzig 1996, 586.
8 So Böttiger, a.a.O., 72.
9 Anonymus, Etwas über Frankfurt. Aus der Brieftasche eines Reisenden, 1791.
10 Boyle, Band 1, 63.
11 MA 16, 37f.
12 MA 16, 22.
13 MA 16, 29.
14 MA 16, 16.
15 Cf. Ernst Osterkamp, Dämmerung. Poesie und bildende Kunst beim jungen Goethe. In: Waltraud Wiethölter (Hrsg.), Der junge Goethe. Genese und Konstruktion einer Autorschaft, Tübingen/Basel 2001, 145-161.

Drittes Kapitel, in dem Nachrichten aus Lissabon den kleinen Goethe in revolutionäre Aufregung versetzen und er schließlich einen Naturaltar baut

1 MA 16, 32f.
2 Zit. nach: Wolfgang Breidert (Hrsg.), Die Erschütterung der vollkommenen Welt. Die Wirkung des Erdbebens von Lissabon im Spiegel europäischer Zeitgenossen, Darmstadt 1994, 53 (Voltaire); 81 (Rousseau); 131 (Kant).
3 Von Arnim, a.a.O., 382f.
4 MA 16, 33.
5 Von Arnim, a.a.O., 383.
6 Ebd.
7 MA 1.1, 230.
8 MA 16, 34.
9 MA 1.1, 15 ff. Cf. Hans Blumenberg, Arbeit am Mythos, Frankfurt a.M. 1979, 467-473.
10 MA 16, 50f.

Viertes Kapitel, in dem Goethe sein Liebesleid mit einem Waldbad kuriert

1 MA 16, 180.
2 MA 16, 127f.
3 MA 16, 128.
4 MA 16, 128.
5 Zit. nach: Heiko Weber, Die Elektrisiermaschinen im 18. Jahrhundert, Berlin 2011, 73. Weber gibt eine Übersicht über die damalige Vielfalt der Elektrisiermaschinen und ihre Bedeutung sowohl für die Erforschung der Elektrizität als auch für Schauvorführungen, die sog. Salon-Elektrizität.
6 MA 16, 129.

7   MA 16, 37.
8   MA 16, 184 ff.
9   MA 16, 187.
10 MA 16, 191.
11 MA 16, 231.
12 MA 16, 242.
13 MA 16, 244.
14 MA 16, 245.
15 Cf. Rebecca Böhme, Resilienz. Die psychische Widerstandskraft, München 2019, 87; dort auch weitere Fachliteratur.
16 MA 16, 246.

Fünftes Kapitel, in dem Goethe Erfahrungen macht, nicht zuletzt solche, die er gar nicht machen möchte

1   Goethe an Charlotte von Stein. 25.3.1776, FA II.2 (29), 29.
2   Cf. Uwe Fleckner, Hand in der Weste. In: Uwe Fleckner, Martin Warnke, Hendrik Ziegler (Hrsg.), Handbuch der politischen Ikonographie, München 2011, Band 1, 451–457.
3   Zit. nach: Peter-André Alt, Franz Kafka. Der ewige Sohn. Eine Biographie, München 2005, 104.
4   FA II.1 (28), 94 f.
5   MA 16, 271.
6   MA 16, 318.
7   MA 16, 319.
8   Steffen Martus, Aufklärung. Das deutsche 18. Jahrhundert, Berlin 2015, 719–722.
9   MA 16, 280.
10 FA II.1 (28), 155.
11 MA 16, 301 f.
12 Cf. Ewald von Kleist's Werke, hrsg. von August Sauer, Berlin 1880, Band 1, XXXI.
13 MA 16, 302.
14 MA 16, 286.
15 MA 16, 302 f.
16 FA II.1 (28), 139.
17 FA II.1 (28), 69.
18 FA II.1 (28), 105.
19 FA II.1 (28), 112.
20 FA II.1 (28), 110.
21 Goethe an Friederike Oeser. Frankfurt, 6.11.1768, FA II.1 (28), 133.
22 Goethe an Käthchen Schönkopf. Frankfurt, 12.12.1768, FA II.1 (28), 176.
23 Goethe an Käthchen Schönkopf. Frankfurt, 31.1.1769, FA II.1 (28), 151 f.
24 MA 16, 383.

25 Goethe an Friederike Oeser. Frankfurt, 8.4.1769, FA II.1 (128), 164.
26 Goethe an A.F. Oeser. Frankfurt, 14.2.1769, FA II.1 (128), 163.
27 MA 16, 329-331.

Sechstes Kapitel, in dem Goethe das Buch der Natur entdeckt und nach einem Lektüreschlüssel sucht

1 MA 16, 362.
2 Zit. nach: Burkhard Dohm, Radikalpietistin und ›schöne Seele‹. Susanna Katharina von Klettenberg. In: Hans-Georg Kemper, Hans Schneider (Hrsg.), Goethe und der Pietismus, Tübingen 2001, 1-4.
3 MA 16, 653.
4 Goethe an Langer. Frankfurt, 24.11.1768, FA II.1 (28), 145.
5 MA 5, 786.
6 MA 16, 365.
7 MA 16, 360.
8 D.G. Finniss, T.J. Kaptchuk u.a., Biological, clinical and ethic advances of placebo effects. In: Lancet 375 (2010), 686ff.
9 Goethe an Friederike Oeser. Frankfurt, 6.11.1768, FA II.1 (128), 133.
10 MA 16, 362.
11 MA 16, 366.
12 Goethe an Friederike Oeser. Frankfurt, 13.2.1769, FA II.1 (128), 160.
13 Diesen Blick hat zuerst H.-M. Rotermund 1954 getan: Zur Kosmogonie des jungen Goethe. In: Deutsche Vierteljahresschrift für Literaturwissenschaft und Geistesgeschichte 28 (1954), 472-485.
14 MA 16, 381.
15 MA 16, 366.
16 Anton Joseph Kirchweger, Aurea Catena Homeri. Das ist: Eine Beschreibung von dem Ursprung der Natur und natürlichen Dinge, wie und woraus sie geboren und gezeuget, auch wie sie erhalten und wiederum in ihr uranfängliches Wesen zerstöret werden, auch was das Ding sey, welches alles gebähret und wieder zerstöret, ganz simpliciter nach der Natur selbst eigner Anleitung und Ordnung mit seinen schönsten natürlichen rationibus und Ursachen überall illustriret, Jena 1757.
17 Ebd., 21, 236f., 292.
18 Zu »Aurea Catena Homeri« und der Vorstellung der »Scala Naturae« cf. Margrit Wyder, Goethes Naturmodell. Die Scala Naturae und ihre Transformationen, Weimar/Wien 1998, insbes. 26ff.
19 MA 16, 368.

Siebentes Kapitel, in dem Goethe ein Nordlicht beobachtet, den Turm des Straßburger Münsters besteigt und einen brennenden Berg besichtigt

1   MA 1.2, 524.
2   Friedrich Daniel Behn, Das Nordlicht nebst Abbildung, wie es sich 1770 den 18ten Januar zu Lübeck zeigte, Lübeck 1770; Johann Silberschlag, Sendschreiben über das am 18ten Jänner im Jahre 1770 zu Berlin beobachtete Nordlicht, Berlin 1770. Zur Geschichte der Faszination und Erforschung des Polarlichts cf. Birgit und Kristian Schlegel, Polarlichter zwischen Wunder und Wirklichkeit, Heidelberg 2011.
3   MA 16, 389.
4   MA 16, 404.
5   MA 16, 385.
6   Zit. nach: Albrecht Koschorke, Die Geschichte des Horizonts. Grenzen und Grenzüberschreitung in literarischen Landschaftsbildern, Frankfurt a.M. 1990, 156f.
7   MA 16, 404.
8   MA 16, 447ff.
9   MA 16, 518f.
10 MA 16, 452.
11 Ebd.
12 K.H. Ruth, Die Alaungewinnung am Brennenden Berg. In: Dudweiler Geschichtswerkstatt (Hrsg.), Historische Beiträge aus der Arbeit der Dudweiler Geschichtswerkstatt, Band 5, 1985, 7–17.
13 MA 16, 453.
14 Cf. Elisabeth Vaupel, Von der Laborkuriosität zum »Metall der Moderne«. Erstes Aluminium, Friedrich Wöhler, Göttingen 1845, MS München 2020.
15 Goethe an Katharina Fabricius. Saarbrücken, 27.6.1770, FA II.1 (28), 209.
16 MA 16, 454.
17 MA 16, 451.

Achtes Kapitel, in dem lauter Bomben hochgehen und Goethe zum Wanderer wird

1   MA 16, 437.
2   Herder an Friedrich Dominicus Ring. Straßburg, etwa 28.3.1771. Johann Gottfried Herder, Briefe, Gesamtausgabe 1763–1803, bearbeitet von Wilhelm Dobbek, Günter Arnold, 10 Bände, Weimar 1977–1996, Band 1, 323.
3   MA 16, 435ff.
4   Herder an Caroline Flachsland. Bückeburg, 21.3.1772, VB 1, 20.
5   MA 16, 461.
6   MA 16, 462f.
7   MA 16, 466.

8   MA 16, 466, 489, 469.
9   MA 16, 457.
10 MA 16, 499.
11 MA 16, 484f.
12 MA 16, 485.
13 Herder an Johann Georg Hamann. Riga, Anfang Dezember 1766, Herder, Briefe 1, 66.
14 Herder an Hamann. Nantes. Ende August 1769, Herder, Briefe 1, 164.
15 Herder an Johann Friedrich Hartknoch. Nantes, Ende Oktober 1769, Herder, Briefe 1, 170.
16 Johann Gottfried Herder, Journal meiner Reise im Jahr 1769. In: Werke in zehn Bänden, Frankfurt a.M. 1997, Band 9/2, 14f.
17 Ebd., 16, 18.
18 Johann Gottfried Herder, Plastik. In: Herder, Werke, a.a.C., Band 4, 249.
19 Johann Gottfried Herder, Vom Erkennen und Empfinden der menschlichen Seele. In: Herder, Werke, a.a.O., Band 4, 332.
20 Ebd., 332f.
21 Zit. nach: Jessica Braun, Atmen. Wie die einfachste Sache der Welt unser Leben verändert, Zürich 2019, 65.
22 Johann Gottfried Herder, Vom Erkennen ... In: Herder, Werke, a.a.O., Band 4, 334.
23 Johann Gottfried Herder an Hartknoch. Nantes, 28.8.1769, Herder, Briefe 1, 163.
24 Arianne an Wetty, MA 1.2, 152.
25 MA 16, 461f.
26 MA 16, 471.
27 MA 16, 474.
28 MA 16, 504.
29 MA 16, 531.
30 Die ersten zehn Zeilen nach der Abschrift des Studenten Heinrich Kruse, der Rest nach dem Erstdruck in »Iris«; MA 1.1, 160f., 834f.
31 Über die Zusammenhänge informiert sehr detailreich das insgesamt vierbändige Werk von Wolf Gerhard Schmidt, ›Homer des Nordens‹ und ›Mutter der Romantik‹. James Macphersons *Ossian* und seine Rezeption in der deutschsprachigen Literatur, Berlin 2003, Band 1, insbes. 64ff.
32 Ebd., Band 2, 723ff.
33 Goethe an Friederike Oeser. 13.2.1769, FA II.1 (28), 159.
34 Ebd., 160.
35 MA 1.2, 284f.
36 Cf. Rudolf Haym, Herder, 2 Bände, Berlin 1954, Band 1, 381.
37 Herders Rezension von Denis' Bardenfeyer am Tage Theresiens, angehängt an die Rezension von Band 2 und 3 der Ossian-Übersetzung von Dennis: Johann Gottfried Herder, Sämmtliche Werke, hrsg. von Bernhard Suphan, 33 Bände, Berlin 1877–1913, Band 5, 333.
38 Haym, Herder, a.a.O., Band 2, 653.

39 Jochen Schmidt, Die Geschichte des Genie-Gedankens in der deutschen Literatur, Philosophie und Politik. 1750-1945. Band 1: Von der Aufklärung bis zum Idealismus, Darmstadt 1985, 134f.
40 MA 16, 530.
41 MA 16, 555.
42 MA 1.1, 835; 3.2, 16.
43 MA 1.1, 163f.
44 MA 16, 555.

Neuntes Kapitel, in dem der Wanderer eine Bleibe sucht

1 Stöber an Ring. Straßburg 4. und 5.7.1772, VB 1, 29.
2 Goethe an J.D. Salzmann. Dez. 1771, FA II.1 (28), 249.
3 Goethe an Salzmann. 28.11.1771, FA II.1 (28), 247f.
4 MA 16, 555.
5 MA 16, 527.
6 MA 1.1, 411f.
7 Goethe an Auguste Gräfin von Stolberg. Offenbach 3.8.1775, FA II.1 (28), 465.
8 Goethe an seine Mutter. Weimar 11.8.1781, FA II.2 (29), 465.
9 MA 16, 696f.
10 MA 1.1, 260.
11 Goethe an G.H.L. Nicolovius. Nov. 1825, FA II.10 (37), 334. Cf. Manfred Osten, »Alles velizoferisch« oder Goethes Entdeckung der Langsamkeit, Göttingen 2013.
12 MA 1.2, 414.
13 Böttiger, a.a.O., 67.
14 MA 16, 585.
15 MA 1.1, 211.
16 Herder an Caroline Flachsland. 6.6.1772, MA 1.1, 856.
17 MA 1.1, 212.
18 Goethe an Herder. Wetzlar 10.7.1772, FA II.1 (28), 257.
19 Robert Daunicht (Hrsg.), Lessing im Gespräch. Berichte und Urteile von Freunden und Zeitgenossen, München 1971, 243f.
20 MA 16, 592.
21 Johanna Schopenhauer, Im Wechsel der Zeiten, im Gedränge der Welt. Jugenderinnerungen München 1986, 122.
22 Grumach I, 270.
23 Johann Kaspar Lavater, Physiognomische Fragmente, zur Beförderung der Menschenkenntniß und Menschenliebe, Leipzig 1776, Band 2, 90.
24 Lavater an Goethe. Zürich 15.1.1774, GuL, 18.
25 Georg Christoph Lichtenberg, Schriften und Briefe, hrsg. von Voker Promies, 4 Bände, Darmstadt 1967-1972, Band 1, 532 (F 521).
26 Caroline Flachsland an Herder. 13.4.1772, MA 1.1, 852.

27 Caroline Flachsland an Herder. 1.6.1772, ebd.
28 Zusammenfassung nach Karl Eibl, »Ich komme! Ich komme! Wohin? Ach wohin?«. Hymnendichtung als Problem des jungen Goethe. In: Christof Perels (Hrsg.), Sturm und Drang, Frankfurt a.M. 1988, 342.
29 MA 1.1, 200.
30 MA 16, 555.
31 MA 1.1, 202-208.
32 MA 1.2, 416f., 835f.
33 Herder an Caroline Flachsland. 13.6.1772, MA 1.1, 852.
34 Petra Ahne, Hütten. Obdach und Sehnsucht, Berlin 2019.
35 MA 1.1, 676.

Zehntes Kapitel, in dem Goethe aus der Erfahrung unmöglicher Liebe einen Bestseller macht

1 Kestner an Hennings. Wetzlar, Herbst 1772, VB 1, 36.
2 Heinrich Gloël, Goethe und Lotte, Berlin 1922, 82f.
3 Kestner an Hennings. Wetzlar, Herbst 1772, VB 1, 36f.
4 Cf. Christina Steinlein, Charisma – angeboren oder erlernbar?, https://www.focus.de/wissen/mensch/charisma/charisma_aid_27175.html.
5 Knebel an Bertuch. 23.12.1774, VB 1, 92.
6 F.A. Werthes an F.H. Jacobi. 18.10.1774, VB 1, 72.
7 MA 1.2, 216.
8 MA 16, 578.
9 Heinrich Gloël, a.a.O., 89.
10 Tagebucheintrag Kestners vom 10.9.1772, VB 1, 32.
11 Goethe an Kestner. 10.9.1772, FA II.1, 259.
12 Goethe an Charlotte Buff. 10.9.1772, ebd.
13 MA 16, 619.
14 MA 16, 620.
15 MA 1.2, 299.
16 Zu diesen und der folgenden Ausführungen siehe auch Martus, a.a.O., 789-799.
17 MA 1.2, 233-237.
18 MA 1.2, 525.
19 MA 1.2, 236.
20 Ernst Beutler, Essays um Goethe, Zürich/München 1980, 108ff.
21 MA 19, 490.
22 Albert Camus, Der Mythos des Sisyphos, Reinbek 1999, 11.
23 MA 16, 616.
24 MA 16, 618.
25 Zit. nach: Ernst Beutler, Johann Georg Schlosser. In: Essays um Goethe, a.a.O., 100.
26 Goethe an Zelter. Weimar 26.3.1816, MA 20.1, 405.

27 Von Arnim, a.a.O., 383.
28 MA 1.2, 398.
29 Johann Georg Sulzer, Die schönen Künste in ihrem Ursprung, ihrer wahren Natur und besten Anwendung betrachtet, Leipzig 1772, 7; 11.
30 MA 1.2, 399.
31 MA 1.2, 400.
32 MA 1.2, 198f.
33 MA 1.2, 239f.
34 GuL, 282f.

Elftes Kapitel, in dem Spinoza zu Goethes Hausheiligem wird und er eine Geniereise in die Schweiz unternimmt

1 Goethe an J.K. Pfenninger und Lavater. Frankfurt 26.4.1774, FA II.1 (28), 359.
2 Lavater, Physiognomische Fragmente, a.a.O., Leipzig 1776, Band 2, 105.
3 Lavater, Physiognomische Fragmente, a.a.O., Band 1, 223.
4 MA 1.2, 461.
5 MA 1.2, 458.
6 MA 1.2., 464.
7 Aus Lavaters Tagebüchern, GuL, 291f.
8 Kurze, aber wahrhaftige Lebensbeschreibung von Benedictus de Spinoza aus authentischen Stücken und mündlichem Zeugnis noch lebender Personen zusammengestellt. Von Johannes Colerus, deutschem Prediger der lutherischen Gemeinde in 's Gravenhage, 1705. In: Spinoza, Sämtliche Werke, Band 7: Lebensbeschreibungen und Dokumente, hrsg. von Manfred Walther, Hamburg 1998, 73ff.
9 MA 1.2, 525.
10 Goethe an F. Höpfner. 7.8.1773, FA II.1 (28), 305.
11 MA 16, 713.
12 Frédéric Lenoir, Le miracle Spinoza. Une philosophie pour éclairer notre vie, Paris 2017, 11.
13 Spinoza an Christiaan Huygens. Voorburg, Mai 1665, Spinoza, Sämtliche Werke, Band 6: Briefwechsel, Hamburg 1986, 121.
14 Spinoza an Heinrich Oldenburg. 10.11.1665, Spinoza, Briefwechsel, a.a.O., 133ff.
15 MA 1.2, 461.
16 GuL, 292f.
17 MA 15, 142.
18 MA 1.1, 238ff., 878ff.
19 MA 1.2, 300.
20 MA 1.1, 247.
21 Johann Heinrich Jung-Stilling, Heinrich Stillings häusliches Leben. Eine wahrhafte Geschichte, Berlin und Leipzig 1789, 54.

22 Goethe an G.F.E. Schönborn. 1.6.-4.7.1774, FA II.1 (28), 378.
23 Goethe an Betty Jacobi. 25.4.1774, FA II.1 (28), 385.
24 Jacobi an Goethe. 23.12.1812, zit. nach: »Ich träume lieber Fritz den Augenblick ...« Der Briefwechsel zwischen Goethe und F.H. Jacobi, Hildesheim 2005, 237.
25 MA 16, 668.
26 MA 16, 667.
27 MA 16, 714.
28 MA 16, 667.
29 Spinoza, Ethik, Lehrsatz 19, Anmerkung.
30 Goethe an F.H. Jacobi. 21.8.1774, FA II.1 (28), 389.
31 MA 16, 716.
32 MA 18.1, 68.
33 MA 16, 803.
34 Goethe an Herder. Frankfurt, 12.5.1775, FA II.1 (28), 451.
35 Christian Graf zu Stolberg an seine Schwester Katharina. Heidelberg, 17.5.1775, VB 1, 124.
36 Grumach I, 331.
37 Goethe an Johanna Fahlmer. Straßburg, 24.5.1775, FA II.1 (28), 453.
38 Ebd.
39 Goethe an Johanna Fahlmer. Emmendingen, 5.6.1775, FA II.1 (28), 454.
40 Klopstock und seine Freunde. Aus Gleims brieflichem Nachlasse, hrsg. von Klamer Schmidt, Halberstadt 1810, 96f.
41 Dritte Wallfahrt nach Erwins Grabe im Juli 1775, MA 1.2, 303.
42 Klopstock an Johann Christoph Schmidt. Winterthur, 1.8.1750, Friedrich Gottlieb Klopstock, Werke und Briefe (HKA), Briefe I, Berlin/New York 1979, 130.
43 Klopstock, HKA, Werke I.1, 56.
44 MA 1.2, 543.
45 Goethes Schweizer Reise 1775. Aufzeichnungen und Niederschriften, hrsg. von Karl Koetschau und Max Morris, Weimar 1907, 30.
46 MA 1.2, 459.
47 MA 1.1, 253.
48 Goethes Schweizer Reise 1775, a.a.O., 31.
49 MA 16, 792.
50 Goethe an Merck. Frankfurt, 3.8.1775, FA II.1 (28), 468.
51 Goethe an Anna Luise Karsch. Frankfurt, 17.8.1775, FA II.1 (28), 470.
52 Goethe an Auguste Gräfin zu Stolberg. Frankfurt, 16.9.1775, FA II.1 (28), 478.
53 Im Herbst 1775, MA 1.1, 275.
54 Reisetagebuch, MA 1.2, 546.

Zwölftes Kapitel, in dem das Unwahrscheinliche Wirklichkeit wird

1. Bertuch an Gleim. 7. Juli 1775. Zit. nach: Marcus Ventzke, Das Herzogtum Sachsen-Weimar-Eisenach 1775–1783. Ein Modellfall aufgeklärter Herrschaft?, Köln 2004, 39.
2. Sigismund von Seckendorff an seinen Bruder Albrecht. 1.6.1776, VB 1, 185.
3. MA 7, 147.
4. Horst Bredekamp, Der Künstler als Verbrecher. Ein Element der frühmodernen Rechts- und Staatstheorie, Carl Friedrich von Siemens Stiftung 2008, 16. Einschlägig zu dem Sonderverhältnis von Herrscher und (bildendem) Künstler cf. Ernst Kantorowicz, The Sovereignty of the Artist. A Note on Legal Maxims und Renaissance Theories of Art. In: Millard Meiss (Hrsg.), De Artibus Opuscula XL. Essays in Honor of Erwin Panofsky, New York 1961, Band 1, 267–279.
5. Goethe an Merck. Weimar, 22.1.1776, FA II.2 (29), 18f.
6. Goethe an Kestner. Frankfurt, 25.12.1773, FA II.1 (28), 340.
7. Herzog Carl August an Fritsch. 10.5.1776, VB 1, 179.
8. Herder an Hamann. Weimar, 11.7.1782, VB 1, 283.
9. Merck an Lavater. 9.1.1778, VB 1, 223.
10. Goethe an das Ehepaar Kestner. Weimar, 9.7.1776, FA II.2 (29), 50.
11. Biedermann/Herwig, Bd. 5, 176.
12. Wieland an Merck. Weimar, 11.7.1781, VB 1, 272.
13. Goethe an seine Mutter. Weimar 11.8.1781, FA II.2 (29), 368.
14. Goethe an Plessing. 26.7.1782, FA II.2 (29), 433.
15. Goethe an Friedrich Heinrich Jacobi. Weimar, 17.11.1782, Der Briefwechsel zwischen Goethe und F.H. Jacobi, a.a.O., 66.
16. MA 17, 895.
17. Goethe an Charlotte von Stein. Anfang Oktober 1811, WA IV.22, 175.
18. Hans Christian Andersen, Das Märchen meines Lebens ohne Dichtung. Eine Skizze, Leipzig 1847, 1.
19. Goethe an Friedrich von Müller. 24.7.1828, WA IV.44, 219.
20. Hans Christian Andersen, Die Schneekönigin. Ein Märchen in sieben Geschichten. Sämtliche Märchen, München 1959, Band 1, 346.
21. Goethe an Charlotte von Stein. Ende Januar 1776, WA IV.3, 21.
22. Zit. nach: Sigrid Damm, Sommerregen der Liebe, a.a.O., 56.
23. Charlotte von Stein an Frau von Döring, 10.5.1776.
24. FA II.2 (29), 765.
25. MA 2.1, 13.
26. Goethe an Charlotte von Stein. Januar 1776, WA IV.3, 22.
27. Cf. den Brief des Arztes Johann Georg Zimmermann an Charlotte von Stein. Hannover, 23.10.1775, VB 1, 141.
28. Sigrid Damm, Sommerregen der Liebe, a.a.O., 228.
29. Grumach III, 45.

Dreizehntes Kapitel, in dem Goethe unter Tage geht und auf Gipfel steigt und dabei entdeckt, dass die Natur eine Geschichte hat

1 Cf. M. Ventzke, a.a.O., 373 ff.
2 Cf. M. Ventzke, a.a.O., 193.
3 Goethe an Charlotte von Stein. Apolda, 6.3.1779, FA II.2 (29), 163.
4 Goethe an Charlotte von Stein. Weimar, 16.7.1776, FA II.2 (29), 51f.
5 Dazu und zum Folgenden cf. Marcus Ventzke, Fürsten als Feuerbekämpfer. Handlungsmotive einer sich wandelnden Hofgesellschaft am Ende des 18. Jahrhunderts. In: M. Ventzke (Hrsg.), Hofkultur und aufklärerische Reformen in Thüringen. Die Bedeutung des Hofes im späten 18. Jahrhundert, Köln 2002, 223-235.
6 Goethe an Charlotte von Stein. Weimar, 26.6.1780, FA II.2 (29), 270 f.
7 Goethe an Herzog Carl August. Ilmenau, 4.5.1776, FA II.2 (29), 35 f.
8 Carl August an seine Mutter. Ilmenau, 21.7.1776, Briefe des Herzogs Carl August an die Herzogin Anna Amalia, hrsg. von Alfred Bergmann, Jena 1938, 21.
9 Goethe an Herder. 9.8.1776, FA II.2 (29), 57.
10 Meine Ausführungen halten sich an Otfried Wagenbreth, Goethe und der Ilmenauer Bergbau, Freiberg/Ilmenau 2006.
11 Goethe an Merck. Ilmenau, 24.7.1776, FA II.2 (29), 53.
12 Goethe an Charlotte von Stein. 22.7.1776, FA II.2 (29), 53.
13 Petra Maisak, Johann Wolfgang von Goethe, Zeichnungen, Stuttgart 1996, 68.
14 Goethe, Tagebuch, FA II.2 (29), 60.
15 Goethe an Charlotte von Stein. 8.8.1776, FA II.2 (29), 56.
16 Goethe an Charlotte von Stein. 10.8.1776, WA IV.3, 96.
17 Goethe an Charlotte von Stein. 6.9.1780, FA II.2 (29), 288.
18 Goethe an Charlotte von Stein. 8.8.1776, FA II.2 (29), 56.
19 Warum gabst du uns die Tiefen Blicke, MA 2.1, 23.
20 Goethe an Wieland. April 1776, FA II.2 (29), 33.
21 Goethe an Lavater. 20.9.1780, FA II.2 (29), 299.
22 Goethe an Johanna Fahlmer. 14.2.1776.
23 Ethel Spector Person, Lust auf Liebe. Die Wiederentdeckung des romantischen Gefühls, Reinbek 1992, 148.
24 Goethe, Tagebuch, FA II.2 (29), 91.
25 Goethe an seine Mutter. Weimar, 16.11.1776, FA II.2 (29), 109.
26 »Die Gegenwart ist eine mächtige Göttin«, sagt etwa Antonio zu Tasso in dem Schauspiel *Torquato Tasso*, MA 3.1, 497.
27 LA II.7, 5-7.
28 LA I.11, 11.
29 Goethe an Charlotte von Stein. 11.8.1784, FA II.2 (29), 529.
30 LA I.11, 11.

Vierzehntes Kapitel, in dem Goethe eine Winterreise unternimmt

1. MA 6.1, 503.
2. Goethe an Charlotte von Stein. 7.-8. 9. 1780, FA II.2 (29), 289.
3. Goethe an Charlotte von Stein. Weimar 29.11.1777, WA IV.3, 188 f.
4. Goethe an Charlotte von Stein. Goslar 6.12.1777, WA IV.3, 192.
5. Cf. Wolf von Engelhardt, Goethe im Gespräch mit der Erde. Landschaft, Gesteine, Mineralien und Erdgeschichte in seinem Leben und Werk, Weimar 2003, 28.
6. Goethe an Charlotte von Stein. 9.12.1777, FA II.2 (29), 118.
7. MA 14, 481.
8. Goethe an Charlotte von Stein. 9.12.1777, FA II.2 (29), 118.
9. MA 14, 480.
10. MA 14, 487; Goethe an Charlotte von Stein. 4.12.1777, FA II.2 (29), 124.
11. MA 14, 479.
12. Goethe an Charlotte von Stein. 14.12.1786, FA II.3 (39), 193.
13. MA 14, 483-486.
14. Goethe an Charlotte von Stein. 9.12.1777, WA IV.3, 195.
15. Ebd., 194.
16. Johann Friedrich Zückert, Die Naturgeschichte und Bergwercksverfassung des Ober-Hartzes, Berlin 1762, 11. Goethe hat das Buch nachweislich am 1.11.1777 bei dem Weimarer Buchhändler Carl Ludolf Hoffmann erworben.
17. Goethe an Charlotte von Stein. 11.12.1777, FA II.2 (29), 120.
18. Lebensverhältnisse mit Ober-Berghauptmann von Trebra, 1813. In: Goethe Jb IX (1888), 16 f.
19. Goethe an Charlotte von Stein. 10.12.1777, FA II.2 (29), 119.
20. Goethe, Harzreise im Winter, Urfassung: Auf dem Harz im Dezember 1777, zit. nach: Albrecht Schöne, Götterzeichen, Liebeszauber, Satanskult. Neue Einblicke in alte Goethetexte, München 1982, 22.
21. MA 1.1, 206.
22. Goethe an Charlotte von Stein. 10.5.1782, WA IV.5, 324.
23. Goethe an Charlotte von Stein. 1.12.1777, FA II.2 (29), 124.
24. Goethe an Charlotte von Stein. 2.12.1777, FA II.2 (29), 113.
25. Goethe an Charlotte von Stein. 9.12.1777, FA II.2 (29), 118.
26. Goethe an Merck. 5.8.1778, FA II.2 (29), 139.

Fünfzehntes Kapitel, in dem Goethe mit Herzog Carl August in die Schweiz reist und über eine Eiszeit nachzudenken beginnt

1. Goethe Tagebuch, FA II.2 (29), 184.
2. Goethe an Charlotte von Stein. 7.9.1779, FA II.2 (29), 186.
3. Carl August an seine Mutter. 16.10.1779, Briefe des Herzogs Carl August an die Herzogin Anna Amalia, a.a.O., 28.

4 Goethe an seine Mutter. Mitte August 1779, FA II.2 (29), 132.
5 Goethe an Charlotte von Stein. Emmendingen, 28.9.1779, FA II.2 (29), 194.
6 Goethe an Charlotte von Stein. Lausanne, 23.10.1779, FA II.2 (29), 208.
7 Goethe an Charlotte von Stein. Lauterbrunnen, 9.10.1779, FA II.2 (29), 201.
8 Lord Byron, The Complete Poetical Works, Oxford 1980–91, Bd. 2, 307.
9 MA 17, 466f.
10 Horace Bénédict de Saussure, Voyages dans les Alpes, Genf 1786 (1779), IX. Bereits 1781 erschien eine deutsche Ausgabe, übertragen von dem Schweizer Naturforscher (und reformierten Theologen) Jakob Samuel Wyttenbach; ich halte mich in meiner Übersetzung an die französische Originalausgabe.
11 MA 2.2., 625.
12 De Saussure, a.a.O., I.
13 Jean-André Deluc, Physikalische und moralische Briefe über die Berge, Leipzig 1778, 8. Brief, 143.
14 De Saussure, a.a.O., IV.
15 Goethe an Knebel 4.6.1780, WA IV.7, 362.
16 De Saussure, a.a.O., IV.
17 Zit. nach: Jacek Woźniakowski, Die Wildnis. Zur Deutungsgeschichte des Berges in der europäischen Neuzeit, Frankfurt a.M. 1987, 332.
18 Goethe an Lavater. 28.10.1779, FA II.2 (29), 213.
19 Goethe an Charlotte von Stein. Zürich, etwa 24.11.1779, WA IV.4, 140.
20 Willy Andreas, Carl August von Weimar. Ein Leben mit Goethe. 1757–1783, Stuttgart 1953, 449.
21 MA 2.2, 626.
22 MA 2.2, 604f.
23 Adolf Muschg, Der weiße Freitag. Erzählung vom Entgegenkommen, München 2017, 38.
24 Wieland an Merck. Weimar 16.4.1780, VB 1, 257.
25 MA 2.2, 630–637.
26 MA 2.2, 611.
27 MA 2.2, 646f.
28 LA I.2, 338f.
29 MA 2.2, 637ff.
30 LA I.11, 306f.
31 MA 17, 491.
32 Tobias Krüger, Die Entdeckung der Eiszeiten. Internationale Rezeption und Konsequenzen für das Verständnis der Klimageschichte, Basel 2008, 61f.
33 Zit. nach: ebd., 103.
34 De Saussure, a.a.O., 167, § 485.
35 Wilhelm Meisters Wanderjahre, MA 17, 491f.
36 MA 17, 491.
37 LA I.11, 320.
38 LA I.11, 307.

39 LA I.11, 320.
40 Tobias Krüger, a.a.O., 129f.
41 Goethe an J.H. Meyer. 29.7.1816, WA IV.27, 123
42 Zu »Goethe im Regen« und die globalen Folgen des Tabora-Ausbruchs cf. Wolfgang Behringer, Tambora und Das Jahr ohne Sommer. Wie ein Vulkan die Welt in die Krise stürzte, München 2015, 53ff.
43 LA I. 11, 213.
44 Krüger, a.a.O., 138.
45 LA I.11, 320.
46 Helmut Hölder, Geologie und Paläontologie in Texten und ihrer Geschichte, Freiburg/München 1960, 327
47 LA I.11, 310.

Sechzehntes Kapitel, in dem Goethe einen Roman über das Weltall plant

1 Lavater an Goethe. 12.1.1780, GuL, 98f.
2 MA 2.2, 596.
3 MA 2.2, 596f.
4 Goethe an Ernst II., Herzog von Sachsen-Gotha und Altenburg. 27.12.1780, FA II.2 (29), 319.
5 Goethe an Merck. 3.4.1780, FA II.2 (29), 254.
6 Cf. Iwan Iwanowitsch Kanajew, Goethe und Buffon. In: Goethe Jb 33 (1971), 161.
7 Cf. Stephen Toulmin, June Goodfield, Entdeckung der Zeit, München 1970, 171ff.
8 Epochen der Natur, übersetzt aus dem Französischen des Herrn Grafen von Buffon, Erster Band, St. Petersburg 1781, 98.
9 Ebd., 46ff.
10 Johann Anton Leisewitz, Tagebuch, 14.8.1780, FA II.2 (29), 283.
11 Siehe Margrit Wyder, Goethes geologische Passionen. Vom Alter der Erde. In: Goethe Jb 125 (2008), 136.
12 Zit. nach: Helmut Hölder, Kurze Geschichte der Geologie und Paläontologie. Ein Lesebuch, Berlin/Heidelberg 1989, 57.
13 Ebd., 29.
14 Ebd., 69.
15 Hölder, Kurze Geschichte, a.a.O., 65.
16 Goethe an Carl Friedrich Zelter. Weimar, 11.3.1832, FA II.11 (38), 535. Wyder, Goethes geologische Passionen, a.a.O., 145.
17 Goethe an Bernhard Cotta. Weimar, 15.3.1832, FA II.11 (38), 542ff.
18 Sigmund Freud, Vorlesungen zur Einführung in die Psychoanalyse. Gesammelte Werke, Band XI, Frankfurt a.M. 1944, 294f.
19 Stephen Jay Gould, Die Entdeckung der Tiefenzeit. Zeitpfeil und Zeitzyklus in der Geschichte unserer Erde, München 1990, 14.
20 Margrit Wyder, Gotthard, Gletscher und Gelehrte. Schweizer Anregungen zu

Goethes naturwissenschaftlichen Studien. In: Oliver Ruf (Hrsg.), Goethe und die Schweiz, Hannover 2013, 41.
21 Toulmin, Goodfield, a.a.O., 57.
22 MA 12, 619.
23 Goethe an Merck. Weimar, 11.10.1780, FA II.2 (129), 305.
24 26.8.1821, Biedermann/Herwig, Bd. 3.1, 305.
25 Friedrich Wilhelm Heinrich von Trebra, Erfahrungen vom Innern der Gebirge, Dessau und Leipzig 1785, IV.
26 LA I.11, 305.
27 Fr. W.H. v. Trebra's Bericht über seinen Besuch der Rehberger Klippen mit Goethe, LA I.1, 55f.
28 Instruktion für den bergbeflissenen J.C.W. Voigt, LA I.11, 1f.
29 Goethe an Merck. 11.10.1780, FA II.2 (29), 305.
30 Ebd.
31 Goethe an Merck. November 1782, FA II.2 (29), 415.
32 Cf. Sabine Schimma, Von Thüringen in die Welt. Verbreitung und Darstellung der Naturphänomene. In: Kristin Knebel, Gisela Maul, Thomas Schmuck (Hrsg.), Abenteuer der Vernunft. Goethe und die Naturwissenschaften 1800, Dresden 2019, 206ff.
33 Goethe an Ernst II., Herzog von Sachsen-Gotha und Altenburg. 27.11.1780, FA II.2 (29), 319.
34 Zit. nach: Wolf von Engelhardt, Goethe im Gespräch mit der Erde, a.a.O., 73.
35 Goethe an Merck. 11.10.1780, FA II.2 (29), 306.
36 Goethe an Ernst II., Herzog von Sachsen-Gotha und Altenburg. 27.12.1780, FA II.2 (29), 319.
37 Ebd.
38 LA II.7, 127f.
39 Principes de philosophie zoologique, MA 18.2, 518.
40 Goethe an Merck. 11.10.1780, FA II.2 (29), 306.
41 Goethe an Charlotte von Stein. 10.9.1780, FA II.2 (29), 250, 292.
42 Goethe an Charlotte von Stein. 7.12.1781, FA II.2 (29), 388.
43 LA I.11, 10.
44 MA 2.2, 488.
45 LA I.11, 10.
46 LA I.11, 11.
47 LA I.11, 12.
48 LA I.11, 11.
49 Robert Macfarlane, Im Unterland. Eine Entdeckungsreise in die Welt unter der Erde, München 2019, 50.
50 LA I.11, 12.
51 Goethe an Herder. 6.9.1784, FA II.2 (29), 535.
52 Goethe an Merck. 11.10.1780, FA II.2 (29), 305.
53 Cf. Minik T. Rosing u.a., The Rise of Continents. An Essay on the Geologic Con-

sequences of Photosynthesis. In: Palaeogeography, Palaeoclimatology, Palaeoecology, 232 (2006), 99 ff. Erläuternd dazu: Karl-Heinz Ludwig, Eine kurze Geschichte des Klimas. Von der Entstehung der Erde bis heute, München 2006, 202 f.
54 Wolfgang E. Krumbein, George Levit, Die Erde – ein Lebewesen. In: Einblicke. Forschungsmagazin der Universität Oldenburg, Heft 25.
55 LA I.11, 129 f.
56 Thomas Hölder, Nachwort. In: Goethe, Gesamtausgabe der Werke und Schriften in 22 Bänden, Band 20: Schriften zur Geologie und Mineralogie, Stuttgart 1960, 1024.
57 MA 3.1, 27.
58 LA I.1, 283.
59 MA 3.1, 27.
60 LA I.1, 282 f.

Siebzehntes Kapitel, in dem ein Fragment große Schatten wirft

1 Zit. nach: MA 2.2, 958.
2 Goethes Brief-Extrakt für Göschen. 28.6.1786, FA II.2 (29), 635.
3 Goethe an Herzog Carl August. Rom, 12.12.1786, FA II.3 (30), 190.
4 Göschen an Böttiger, 20.10.1796, LA I.9A, 537.
5 Goethe an F.H. Jacobi. 3.3.1790, FA II.3 (30), 515.
6 Goethe an Knebel. 9.7.1790, FA II.3 (30), 547.
7 Goethe an F.H. Jacobi. 1.6.1791, FA II.3 (30), 581.
8 Goethe an Göschen. 5.7.1791, FA II.3 (30), 584.
9 »Es ward ein Wochenblatt zum Scherze angefangen«. Das Journal von Tiefurt, hrsg. von Jutta Heinz, Jochen Golz, Göttingen 2011; »Edel sey der Mensch«. In: ebd., 318.
10 Ebd., 270–272.
11 LA I.11, 299.
12 Friedrich von Müller, Aufzeichnungen. 30.5.1828, LA II.1B, 1023.
13 Goethe an Knebel. 3.3.1783, FA II.2 (29), 471.
14 Veit Noll, ›Goethes‹ Naturfragment. In: Veit Noll, Zwei Teilnehmende des Weimarer Kulturkreises um Anna Amalia und Goethe in der Zeit von 1775 bis 1785. Aufsätze mit Bezug auf Johann August von Einsiedel (1754-1837) und Emilie von Werthern (1757-1844) zu Goethe und Anna Amalia, Salzwedel 2009, 5-23.
15 MA 18.2, 358 f.
16 Ernst Haeckel, Natürliche Schöpfungs-Geschichte. Gemeinverständliche wissenschaftliche Vorträge über die Entwickelungslehre, Ersther Teil, Berlin 1868, Vorwort.
17 Rudolf Steiner, Zu dem »Fragment« über die Natur. In: Das Journal von Tiefurt, hrsg. von Eduard von der Hellen, Weimar 1892, 396.
18 Sigmund Freud, Selbstdarstellung. In: Gesammelte Werke, Band 14: Werke aus den Jahren 1925-31, hrsg. von Anna Freud, Frankfurt a.M. 1963, 34.

19 Diese und weitere Belege bei Holger Dainat, Goethes Natur oder: Was ist ein Autor? In: K. Kreimeier, G. Stanitzek (Hrsg.), Paratexte in Literatur, Film, Fernsehen, Berlin 2004, 101–116.
20 Friedrich Schiller an Theodor Körner. 12.8.1787, VB 1, 338.
21 Das Journal von Tiefurt, a.a.O., 271.
22 Zit. nach: Heinrich Funck, Georg Christoph Tobler, der Verfasser des pseudogoethischen Hymnus »Die Natur«. In: Zürcher Taschenbuch auf das Jahr 1924, NF 44 (1924), 76–78.
23 Zit. nach: Wilhelm Dobbek, Goethe und August von Einsiedel. In: Goethe Jb, N.F. 19 (1957), 163.
24 Goethes Tagebuch. 5.7.1777, FA II.2 (29), 93.
25 August von Einsiedel, Ideen. Eingeleitet, mit Anmerkungen versehen und nach J.G. Herders Abschriften in Auswahl, hrsg. von Wilhelm Dobbek, Berlin 1957, 113.
26 Das Journal von Tiefurt, a.a.O., 271f.
27 Einsiedel, a.a.O., 71f.
28 Im Gespräch mit Frédéric Soret, wörtlich: »être collectif«. 17.2.1832, FA II.11, 521f.

Achtzehntes Kapitel, in dem ein Knochen im Mittelpunkt steht

1 Zit. nach: Hermann Bräuning-Oktavio, Vom Zwischenkieferknochen zur Idee des Typus. Goethe als Naturforscher in den Jahren 1780–1786. In: Nova Acta Leopoldina, NF 126, Band 18, Leipzig 1956, 7f.
2 Goethe an Merck. 27.10.1782, FA II.2 (29), 451.
3 Goethe an Charlotte von Stein. 11.3.1781, FA II.2 (29), 334
4 Loder an Bertuch. 28.10.1781, LA II.9A, 276.
5 Goethe an Charlotte von Stein. 29.10.1781, FA II.2 (29), 377.
6 Knebel an seine Schwester Henriette. 3.11.1781, LA II.9A, 277.
7 Goethe an Herzog Carl August. 4.11.1781, FA II.2 (29), 379.
8 Goethe an Lavater. 14.11.1781, FA II.2 (29), 382.
9 Zit. nach: Jurgis Baltrusaitis. Imaginäre Realitäten. Fiktion und Illusion als produktive Kraft, Köln 1984, 36.
10 Ebd., 38.
11 Martin Kemp, Slanted Evidence. The Tortuous Path from Skull Measurements to Theorie of Racial Superiorty. In: Nature 402, 16. Dezember 1999, 727.
12 Zit. nach: J.G. Herder, Ideen. In: Herder, Werke, a.a.O., Band 6, 976; Übersetzung von Stefan Bollmann.
13 Zit. nach: Bräuning-Oktavio, a.a.O., 37.
14 Goethe an Merck. 6.8.1784, FA II.2 (29), 522.
15 Zit. nach: Rolf Siemon, Der Asiatische Elefant in Kassel. In: Philippia 15/3, Kassel 2012, 241ff.
16 Johann Heinrich Merck, Ueber einige Merkwürdigkeiten von Cassel. In: Der Teutsche Merkur IV, 1780 (Dezember), 219f.

17 Goethe an Herzog Carl August. 28.10.1784, FA II.2 (29), 548.
18 Zit. nach: Bräuning-Oktavio, a.a.O., 17.
19 Johann Friedrich Blumenbach, Handbuch der Naturgeschichte, 2., durchgesehende verbesserte Auflage, Göttingen 1782, 62.
20 Sömmering an Merck. 8.10.1782, LA II.9A, 280.
21 WA II.8, 140ff.
22 Goethe an Caroline Herder. 25.3.1784, WA IV.6, 257.
23 Bräuning-Oktavio, a.a.O., 19f.
24 Herder, Ideen, a.a.O., 119 (Anmerkung).
25 Goethe an Herder. 27.3.1784, FA II.2 (29), 504.
26 LA I.10, 6–22.
27 Goethe an Sömmering, 14.5.1784, LA II.9A, 292 (WA IV 6, 277f.).
28 Goethe an Sömmering. 9.6.1784, FA. II.2 (29), 515.
29 Goethe an Charlotte von Stein. 7.6.1784, FA. II.2 (29), 514.
30 Goethe an Sömmering. 7.1.1785, LA II.9A, 309; WA IV.7, 3f.
31 Dem Menschen wie den Tieren ist ein Zwischenknochen der obern Kinnlade zuzuschreiben, MA 2.2, 543f.
32 MA 12, 169.
33 Sömmering an Merck. 27.11.1785, LA II.9A, 311.
34 Goethe an Merck. 6.8.1784, FA II.2 (29), 527.
35 Goethe, Morphologische Hefte. Ersten Bandes zweites Heft, LA I.9, 172.
36 MA 18.2, 525f.
37 Der Text wurde 1833 von Eckermann in Band 5 von Goethes nachgelassenen Werken unter dem Titel »Noch ein Wort für junge Dichter« veröffentlicht. Um Ratschläge an angehende Schriftsteller geht es dort zwar auch, aber Goethes kritische Gedanken und vor allem das Bekenntnis, dass er nicht als Meister, sondern als Befreier verstanden werden wolle, haben weit darüber hinaus reichende Bedeutung für sein gesamtes Selbstverständnis. Cf. Epilog in: Warum ein Leben ohne Goethe sinnlos ist, München 2016, 273ff.
38 Goethe an Herder. 30.4.1786, LA II.9A, 333; WA IV.7, 208.
39 Goethe an Charlotte von Stein. 12.5.1786, LA II.9A, 334; WA IV.7, 218.
40 Goethe an Knebel. 17.11.1784, FA II.2 (29), 553.

Neunzehntes Kapitel, in dem es noch einmal um Spinoza geht

1 Siehe Rolf Siemon, Sömmering, Forster und Goethe. Naturkundliche Begegnungen im Göttingen und Kassel. In: Elmar Mittler (Hrsg.), »Göthe ist schon mehrere Tage hier, warum weiß Gott und Göthe«, Göttingen 2000, 183.
2 Goethe an Knebel. 27.12.1783, WA IV.6, 232.
3 MA 17, 790.
4 Charlotte von Stein an Knebel. 1.5.1784, LA II.9A, 292.
5 Goethe an Charlotte von Stein. 19.5.1784, WA IV.6, 278.

6 Goethe an Sömmering. 9.6.1784, FA II.2 (29), 516.
7 »Wie nah ich dieser Entdeckung gewesen.« – MA 13.2, 323.
8 Goethe an Lavater. 7.5.1781, FA II.2 (29), 348.
9 F.H. Jacobi an Johanna Schlosser. Düsseldorf, 10.11.1779, VB 1, 245.
10 LA II.3, 59.
11 Friedrich Heinrich Jacobi, Über die Lehre des Spinoza in Briefen an den Herrn Moses Mendelssohn, Breslau 1785. Auf Grundlage der Ausgabe von Klaus Hammacher und Irmgard-Maria Piske bearbeitet von Marion Lauschke, Hamburg 2000, 22f.
12 Cf. die Darstellung in: Hans Blumenberg, Arbeit am Mythos, Frankfurt a.M. 1979, 438ff. (›Zündkraut einer Explosion‹).
13 Zit. nach: MA 1.1, 370f.
14 Goethe an Charlotte von Stein. 11.9.1785, FA II.2 (29), 597.
15 Goethe an F.H. Jacobi. 11.9.1785, FA II.2 (29), 596.
16 Goethe an F.H. Jacobi 12.1.1785, FA II.2 (29), 571.
17 MA 16, 681.
18 Lichtenberg an Johann Daniel Ramberg. 3.7.1786. In: Lichtenberg, Schriften und Briefe, a.a.O., Band 4, 678f.
19 Albert Einstein, Einstein sagt. Zitate, Einfälle, Gedanken, hrsg. von Alice Calaprice, München 2017, 201.
20 Ebd., 215.
21 Ebd., 208.
22 Goethe an Herder Anfang November, LA II.9A, 302.
23 Goethe an Knebel 17.11.1784, FA II.2 (29), 553.
24 Spinoza, Ethik, a.a.O., 109.
25 Kanzler Friedrich von Müller, Unterhaltungen mit Goethe, München 1959, 140.
26 Goethe an F.H. Jacobi. 9.6.1785, FA II.2 (29), 583f.
27 Goethe an F.H. Jacobi. 5.5.1786, FA II.2 (29), 628f.

Zwanzigstes Kapitel, in dem Goethe ins Mikroskop schaut, es mit Linné zu tun bekommt und schließlich seine Sachen packt

1 Goethe an Charlotte von Stein. Neustadt an der Orla, 27.6.1785, FA II.2 (29), 587.
2 Dietrich Germann, Hans Knöll, Ludwig Otto, Über Goethes Mikroskope. In: *Acta Historica Leopoldina* 9 (1975), 361-401.
3 Charlotte von Stein an Knebel, LA II.9A, 313.
4 Herder an Knebel, LA II.9A, 319.
5 Grumbach II, 527.
6 Cf. Thomas Schmuck: Was ist Leben? In: Abenteuer der Vernunft, a.a.O., 289.
7 Ebd., 293.
8 Zit. nach: Maria Dahl, Goethes mikroskopische Studien an niederen Tieren und Pflanzen im Hinblick auf seine Morphologie. In: Goethe Jb 13 (1927), 178.

9 Goethe an F.H. Jacobi. 14.4.1786, FA II.2 (29), 627.
10 LA I.10, 27-29.
11 Einige Bemerkungen über die sogenannte Tremella, LA II.9A, 24.
12 Morphologische Hefte, »Bildungstrieb«, LA I.9, 100.
13 LA I.9, 100.
14 Goethe an Herzog Carl August. 17.6.1782, FA II.2 (29), 428.
15 MA 18.2, 447f.
16 MA 12, 25.
17 Zit. nach: Knut Hagberg, Carl Linnaeus. Ein großes Leben aus dem Barock, Hamburg 1940, 96.
18 Adolph Hansen, Goethes Metamorphose der Pflanzen. Geschichte einer botanischen Hypothese, Band 1: Text, Gießen 1907, 265f.
19 Georges-Louis Leclercs de Buffon, Histoire naturelle, générale et particulière, Band 1, Paris 1951 (13. Auflage), 27-32; Übersetzung von Stefan Bollmann.
20 Zit. nach: Karl Mägdefrau, Geschichte der Botanik, Stuttgart 1973, 58.
21 MA 12, 217.
22 LA I.10, 325.
23 Walter Lack, Künstliche und natürliche Systeme und ihre Anwendung auf die Botanik. Linné, Jussieu und Goethe. In: Abenteuer der Vernunft, a.a.O., 201-205.
24 Von den Kotyledonen, LA I.10, 43.
25 Goethe an Charlotte von Stein. 15.6.1786, FA II.2 (29), 632.
26 Goethe an Charlotte von Stein. 9.(-10.)7.1786, FA II.2 (29), 637-639.
27 Principes de philosophie zoologique, LA 1.10, 383.
28 MA 16, 523f.
29 Zit. nach: LA II.9A, 520.

Einundzwanzigstes Kapitel, in dem Goethe nach Italien reist und den Vesuv belagert

1 Roberto Zapperi, Das Inkognito. Goethes ganz andere Existenz in Rom, München 1999, 29f., 40.
2 MA 3.1, 12.
3 MA 3.1, 15.
4 Goethe an Charlotte von Stein. Rom, 20.12.1786, FA II.3 (30), 197.
5 Goethe an Herzog Carl August. Rom, 12.12.1786, FA II.3 (30), 190.
6 Goethe an Knebel. Rom, 17.11.1786, FA II.3 (39), 163.
7 Goethe an den Weimarer Freundeskreis. Rom, 7.11.1786, FA II.3 (30), 157. Cf. Nobert Miller, Der Wanderer. Goethe in Italien, München 2002, 122ff.
8 Goethe an Charlotte von Stein. Rom, 29.-30.12.1786, FA II.3 (30), 201.
9 Goethe an das Ehepaar Herder. Rom, 10./11.11.1786, FA II.3 (30), 160.
10 Tischbein an Lavater. Rom, 9.12.1786, VB 1, 322.
11 Goethe an Knebel. 17.11.1786, FA II.3 (30), 164.

12 Goethe am Herzogin Luise. 12.-23.12.1786, FA II.3 (30), 195f.
13 Goethe an Herzog Carl August. Rom, 12.12.1786, FA II.3 (30), 190.
14 FA, 188.
15 Goethe an Zelter. 17.5.1815, FA II.7 (34), 455.
16 Goethe an Herder. Ende Juli/Anfang August 1788, FA II.3 (30), 416.
17 MA 18.2, 452.
18 MA 3.1, 10f., MA 15, 9.
19 MA 3.1, 27; 34f.
20 MA 3.1, 33.
21 MA 3.1, 55.
22 MA 3.1, 138; MA 1.2, 227.
23 MA 3.1, 128; 158.
24 MA 3.1, 96.
25 MA 3.1, 91f.
26 MA 3.1, 111f.
27 Cf. MA 6.2, 770.
28 MA 15, 108f.
29 MA 3.1, 92
30 MA 3.1, 111.
31 MA 15, 108.
32 MA 3.1, 121.
33 MA 15, 79; 106.
34 MA 15, 227.
35 MA 15, 228.
36 MA 15, 230.
37 MA 15, 236.
38 Alfred Sohn-Rethel, Vesuvbesteigung, 1926. Zit. nach: Dieter Richter, Der Vesuv. Geschichte eines Berges, Berlin 2007, 120.
39 MA 15, 235-237.
40 MA 15, 239f.
41 MA 15, 266.
42 MA 15, 1005.
43 MA 15, 266f.
44 Ma 15, 267.
45 MA 6.2, 751f. Cf. Dieter Richter, Goethe in Neapel, Berlin 2012, 70.
46 MA 15, 267.
47 MA 15, 417.

Zweiundzwanzigstes Kapitel, in dem Goethe die Urpflanze sucht und eine durchgewachsene Rose findet

1   MA 15, 262.
2   MA 3.1, 88.
3   MA 15, 69 f.
4   Goethe an Charlotte von Stein. Rom, 8.6.1787, FA II.3 (30), 305.
5   Herder, Ideen, a.a.O., 56.
6   WA I.31, 339.
7   MA 15, 300.
8   MA 14, 17.
9   MA 15, 327.
10 Michael Bies, Im Grunde ein Bild. Die Darstellung der Naturforschung bei Kant, Goethe und Alexander von Humboldt, Göttingen 2012, 138.
11 MA 12, 70.
12 Johann Heinrich Wilhelm Tischbein, Aus meinem Leben, Berlin 1956, 281 f.
13 MA 15, 251 f.
14 MA 15, 276 f.
15 WA II.13, 443.
16 LA I.10, 338.
17 Goethe an Knebel. Frascati, 3.10.1787, FA II.3 (30), 334.
18 Goethe an Herder. Rom, 8.6.1787, FA II.3 (32), 305.
19 MA 15, 478.
20 MA 15, 469.
21 Goethe an Charlotte von Stein. 9.(-10.)7.1786, FA II.2 (29), 637-639.
22 Werner Heisenberg, Das Naturbild Goethes und die technisch-naturwissenschaftliche Welt. Jahresgabe der Goethe-Gesellschaft Kassel auf das Jahr 1968, 23 ff.
23 MA 12, 88.
24 MA 17, 904.
25 LA II. 9A, 50.
26 Goethe an Knebel. Rom, 18.8.1787, FA II.3 (30), 318.
27 Cf. Enrico Coen, Goethe and the ABC Model of Flower Development. In: C.R. Acad. Sci. Paris. Sciences de la vie / Life Sciences 324 (2001), 523-530, 525.
28 Rousseau, Die Lehrbriefe für Madeleine. In: Botanisieren mit Jean-Jacques Rousseau, hrsg. und übertragen von Ruth Schneebeli-Graf, Thun 2003, 23 (2. Brief).
29 Goethe an Knebel. Rom, 18.8.1787, FA II.3 (30), 318.
30 Goethe an Knebel. Rom, 3.10.1787, FA II.3 (30), 332 f.
31 MA 12, 27.
32 LA II.9A, 39 f.
33 »Ordnung des Unternehmens«, MA 4.2, 189.
34 MA 3.2, 320.
35 Ernst Haeckel, Die Naturanschauung von Darwin, Goethe und Lamarck, Berlin 1882, 34 f.

36 LA II.9A, 58.
37 Liselotte Blumenthal, Ein Notizheft Goethes von 1788 (Schriften der Goethe-Gesellschaft 58), Weimar 1965, 29; 33.
38 Zit. nach: ebd., 104.

Dreiundzwanzigstes Kapitel, in dem es um die Metamorphose der Pflanzen geht

1 Zit. nach: Blumenthal, a.a.O., 20.
2 Antonia Byatt, Morpho Eugenia, Frankfurt a.M. 1994, 9.
3 Grumbach III, 216.
4 Roberto Zapperi hat die überwältigenden Indizien dafür zusammengetragen, die sich trotz der großen Diskretion, mit der Goethe diese Affäre behandelt, erhalten haben. Zapperi, a.a.O., 201ff.
5 Grumach III, 240.
6 Grumach III, 225; Steiger 3, 51f.
7 Grumach III, 250.
8 Cf. Stefan Bollmann, Warum ein Leben ohne Goethe sinnlos ist, München 2016, 156ff.
9 Goethe an Charlotte von Stein. Palermo, 18. April 1787, FA II.3 (30), 283.
10 Goethe an Zelter. 16.2.1818, FA II.8 (35), 172.
11 Zit. nach: Sigrid Damm, Christiane und Goethe. Eine Recherche, Frankfurt a.M. und Leipzig 1998, 120.
12 Rom, 3.11.1787; MA 15, 516.
13 FA II.4 (31), 211.
14 MA 3.2, 195.
15 Ebd.
16 Johann Caspar Goethe, Reise durch Italien im Jahr 1740 (Viaggio per Italia), München 1986, 115.
17 MA 3.2, 195.
18 Goethe an Knebel. 28.1.1789, FA II.3 (30), 455.
19 Cf. den ausgezeichneten Wikipedia-Artikel »Systema Naturae«.
20 MA 3.2, 196f.
21 Herder, Ideen, a.a.O., 166f.
22 Cf. Wyder, Goethes geologische Passionen, a.a.O., 209.
23 MA 12, 26.
24 LA II.9A, 254f. (M 163).
25 Stefano Mancuso, Alessandra Viola, Die Intelligenz der Pflanzen, München 2015, 28f.
26 Alexander von Humboldt, Ansichten der Natur. In: Alexander von Humboldt, Werke, a.a.O., Band 2, 178.
27 Hansjörg Küster, Die Pflanze, Manuskript 2020.

28 MA 15, 220.
29 MA 15, 329 f.; cf. Richter, Goethe in Neapel, a.a.O., 51.
30 Goethe an Knebel. Rom, 18.8.1787, FA II.3 (30), 318.
31 LA I.10, 128.
32 Cf. Historisches Wörterbuch der Philosophie, Bd. 5, Darmstadt 1980, 1178.
33 MA 3.2, 307.
34 MA 12, 94; 99.
35 MA 15, 524.
36 Siehe Horst Bredekamp, Antikensehnsucht und Maschinenglauben. In: Herbert Beck, Peter C. Bol (Hrsg.), Forschungen zur Villa Albani. Antike Kunst und die Epoche der Aufklärung, Berlin 1982, 509.
37 MA 4.2, 81.
38 Cf. Schmuck, Was ist Leben?, a.a.O., 288 f.
39 MA 3.2, 311.
40 MA 3.2, 311 f.
41 Cf. Ernst Peter Fischer, Genetisch kommt nicht von Genen, sondern von Goethe. In: Bild der Wissenschaft, 22.10.2014.
42 LA I.11, 114 f.
43 Goethe an F.H. Jacobi. 2.1.1800, FA II.5 (32), 12.
44 LA I.10, 130 f.
45 MA 12, 353; cf. Wyder, Goethes Naturmodell, a.a.O., 241.
46 Gerhard Wagenitz, Sprengels »Entdecktes Geheimniss der Natur im Bau und in der Befruchtung der Blumen« aus dem Jahre 1793 und seine Wirkung (Nachrichten der Akademie der Wissenschaften in Göttingen, II. Mathematisch-Physikalische Klasse, Januar 1993, 3), Göttingen 1993.
47 Goethe an J.G.C. Batsch. 26.2.1794, FA II.3 (30), 716.
48 Christian Konrad Sprengel, Das entdeckte Geheimniss der Natur im Bau und in der Befruchtung der Blumen, Berlin 1793, 13.
49 FA 24, 941 f.
50 Immanuel Kant, Kritik der Urteilskraft, B 256 f.
51 Cf. Uwe Pörksen, Deutsche Naturwissenschaftssprachen. Historische und kritische Studien, Tübingen 1986, 85–88.
52 MA 12, 88 f.
53 MA 12, 89.
54 Coen, Goethe and the ABC Model, a.a.O.
55 MA 3.2, 309 f.
56 Blumenthal, a.a.O., 38; 41; 105.
57 WA II.7, 283.

Vierundzwanzigstes Kapitel, das Farbe in Goethes Leben bringt

1 Cf. LA I.11, 130.
2 Goethe an Herder. 3.9.1788, FA II.3 (30), 425.
3 Cf. MA 10, 1006.
4 Kant, Kritik der Urteilskraft, KU 42 (Analytik des Schönen § 14).
5 MA 4.2, 264.
6 MA 1.2, 519.
7 LA II.3, 63.
8 Goethe an das Ehepaar Herder. Rom, 10.11.1786, FA II.3 (30), 158.
9 Goethe an Charlotte von Stein. Rom, 13.2.1787, FA II.3 (30), 257.
10 Petra Maisak, a.a.O., 140.
11 MA 15, 518.
12 MA 15, 411f.
13 Lichtenberg an Goethe. 7.10.1793, Lichtenberg, Briefwechsel, hrsg. von Ulrich Joost, Albrecht Schöne, 5 Bände, München 1983-2004, Band 4, 161; 164.
14 Italienische Reise: Paralipomena 10 und 11, WA I.32, 440f ; cf. LA II 3, 42.
15 Blumenthal, a.a.O., XIII; 27; 97.
16 Zit. nach: Michael Baxandall, Löcher im Licht. Die Schatten und die Aufklärung, München 1998, 125f.
17 Ebd., 45.
18 MA 6.2, 814.
19 MA 10, 49.
20 Cf. etwa John Neubauer, Der Schatten als Vermittler von Objekt und Subjekt. Zur Subjektbezogenheit von Goethes Naturwissenschaft. In: Gernot Böhme, Gregor Schiemann (Hrsg.), Phänomenologie der Natur, Frankfurt a.M. 1997, 70.
21 Cf. Osterkamp, a.a.O.
22 MA 10, 905.
23 MA 15, 620.
24 LA II.3, 42.
25 MA 10, 27.
26 Gespräche mit Gasquet, zit. nach: Viktor von Weizsäcker, Zur Farbenlehre. In: Gesammelte Schriften 1, Frankfurt a.M. 1986, 467.
27 Goethe an Herzog Carl August. Weimar, 28.2.1790, FA II.3 (30), 513.
28 Ebd. 512.
29 Goethe an Herzog Carl August. Venedig, 3.4.1790, FA II.3 830), 523.
30 Cf. Stephan Oswald, Früchte einer großen Stadt. Goethes Venezianische Epigramme, Heidelberg 2014.
31 MA 3.1, 292.
32 Goethe an Charlotte von Kalb. 30.4.1790, FA II.3, 532.
33 Goethe an Caroline Herder. 4.5.1790, FA II.3, 533.
34 MA 12, 290.
35 LA II. 9A, 140.

36 Goethe an Knebel. 9.7.1790, FA II.3 (30), 547.
37 Carl August an seine Mutter. Breslau, 15.8.1790, Briefe des Herzogs Carl August von Sachsen-Weimar an seine Mutter die Herzogin Anna Amalia, a.a.O., 104f.
38 Grumach III, 359
39 MA 14, 17.
40 Irma Margaretha Lengersdorff hat in einem 1965 erschienenen Aufsatz die historischen Quellen, die Goethes Beziehung zu Henriette von Lüttwitz und seine Heiratsabsicht eindeutig belegen, zusammengestellt, die voneinander abweichenden Interpretationen verglichen und das Geschehen dieser Wochen rekonstruiert: Eine Heiratsabsicht Goethes aus dem Jahre 1790. In: Goethe Jb 1965, 175-192.
41 Der Herzog an Goethe. 6.8.1814, Briefwechsel des Herzogs-Großherzogs Carl August mit Goethe, hrsg. von Hans Wahl, II. Band 1807-1820, Berlin 1916, 121.
42 Goethe an Herder. Breslau, 11.9.1790, FA II.3 (30), 552.
43 Böttiger, a.a.O., 67f.

Fünfundzwanzigstes Kapitel, in dem Goethe beinahe den Impressionismus erfindet

1 LA II.3, 46.
2 Goethe an J.F. Reichardt. 29.7.1792, FA II.3 (30), 619f.
3 Goethe an Knebel. 5.10.1791, zit. nach: LA II.3, 47.
4 1. Februar 1827, MA 19, 213.
5 Gaspard Monge, Ueber einige Phänomene des Sehens. In: Journal der Physik, hrsg. von D. Fr. Albrecht Carl Gren, Halle 1790, Band 2, 145.
6 Horace-Benédict de Saussure, Schreiben des Herrn Professor von Saussure an den Herausgeber, seine Reise auf den Gipfel des Col du Géant betreffend. In: Magazin für Naturkunde Helvetiens, 4 (1789), 471ff.
7 Cf. Olaf Breidbach, André Karliczek, Himmelblau. Das Cyanometer des Horace-Benédict de Saussure (1740-1799). In: Sudhoffs Archiv 95/1 (2011), 7.
8 Carl Gustav Carus, Zwölf Briefe über das Erdleben, Stuttgart 1841, 242. Die Beschreibung, die Goethe in den Paragraphen 41ff. des ersten Stücks der *Beiträge zur Optik* von den Versuchen gibt, die diesem Modell zugrunde liegen, lassen darauf schließen, dass er sich das Kästchen noch 1791 gebaut hat.
9 LA I.3, 447ff. sowie LA II.3, 404ff. Dieser Johann Heinrich Voigt, zuerst Gymnasiallehrer in Gotha und seit 1789 Professor in Jena, ist übrigens nicht identisch mit dem Geologen und Ilmenauer Bergsekretär Johann Carl Wilhelm Voigt, der wiederum ein Bruder des im gleichen Jahr 1791 in Carl Augusts Geheimes Consilium eintretenden Juristen Christian Gottlob Voigt ist. Zur Veröffentlichung kommt es nicht, und Goethes Aufsatz *Über das Blau* ist uns auch nur fragmentarisch überliefert, es fehlt der Mittelteil (die Abschnitte 4 bis 6 und der Anfang von 7) des insgesamt 9 Abschnitte umfassenden Textes.
10 MA 10, 907.

11 Goethe an Herzog Carl August. Weimar, 17.5.1791, FA II.3 (30), 577.
12 Bei der Datierung folge ich Manfred Wenzel, »Ich sprach wie durch einen Instinkt sogleich laut vor mir aus, daß die Newtonische Lehre falsch sei«. Dokumente und Deutungen zur Datierung von Goethes Prismenapercu. In: Andreas Remmel, Katharina Mommsen, Liber amicorum, Bonn 2010, 541-570.
13 MA 10, 908.
14 MA 10, 910.
15 Albrecht Schöne, Goethes Farbentheologie, München 1987, 11-23.
16 Ausführlich und erläuternd in Über die Farbenerscheinungen, die wir bei Gelegenheit der Refraktion gewahr werden, MA 4.1, 389; auch MA 10, 912.
17 Cf. Olaf L. Müller, Mehr Licht. Goethe mit Newton im Streit um die Farben, Frankfurt a.M. 2015, 66ff.
18 Ebd., 72.
19 MA 4.2, 279f. (§ 45-47)
20 MA 10, 959; cf. Müller, Mehr Licht, a.a.O., 144.
21 Cf. ebd., 41, 144.
22 Goethe an Johann Friedrich Reichardt. 30.5.1791, FA II.3 (30), 579
23 Goethe an J.F. Reichardt. 17.11.1791, FA II.3 (30), 593.
24 30. Dezember 1823: MA 19, 484.
25 LA II.3, 60; 73.
26 Goethe an Chr. G. Voigt. Verdun, 10.10.1792 / Luxemburg, 15.10.1792, FA II.3 (30), 644ff.
27 MA 14, 353f.
28 MA 14, 355. Goethe hat in diesen Jahren, in denen immerhin so bezaubernde Versgebilde wie *Meeresstille* und *Glückliche Fahrt* entstehen, sicher mehr Farbversuche unternommen als Gedichte geschrieben. Die Zeit, in der er beide Passionen, die Naturforschung und das Dichten, miteinander verbindet, gehört dagegen einer späteren Lebensepoche an.
29 LA II.3, 46.
30 Goethe an Herzog Carl August. 1.7.1792, FA II.3 (30), 583.
31 MA 19, 214.
32 Faust, V. 4721f.
33 Goethe an Herzog Carl August. 1.7.1791, FA II.3 (30), 583.
34 MA 4.2, 810.
35 MA 4.2, 811ff.
36 Heinrich Böttiger, Literarische Zustände, a.a.O., 47.
37 MA 4.2, 811.
38 Böttiger, a.a.O., 48.
39 LA II.3, 50.
40 Zit. nach: MA 10, 911.
41 Monge, a.a.O, 145f.; so inspirierend wie grundlegend für die Forschungsgeschichte der farbigen Schatten nun: Paul Smith, ›The Most Beautiful Blue‹: Painting, Science, and the Perception of Coloured Shadows, London 2021.

42 MA 4.2, 341.
43 Cf. Ernst H. Gombrich, Kunst und Illusion. Zur Psychologie der bildlichen Darstellung, Stuttgart/Zürich 1978, 70.
44 MA 4.2, 358.
45 MA 4.2, 352 ff.
46 Lichtenberg, Briefwechsel, a.a.O., Band 4, 161.
47 Ebd., 162.
48 Ebd., 162 f.
49 Ebd., 165.
50 Ebd.
51 Goethe an Lichtenberg. Weimar, 23.10.1793, zit. nach: ebd., 170.
52 »Über die Einteilung der Farben und ihr Verhältnis gegeneinander«, MA 4.2, 371.
53 Lichtenberg, Briefwechsel, a.a.O., Band 4, 170.
54 Baxandall, a.a.O., 129.
55 Nachricht von einigen Versuchen über die gefärbten Schatten vom Herrn General-Lieutenant Benjamin Thompson, Grafen von Rumford. In einem Briefe an Herrn Joseph Banks, München, am 1. März 1793, 66; 68.
56 MA 10, 238 (806).
57 MA 10, 43 f. (56 f.)
58 MA 10, 239 (807–809).
59 MA 10, 27 (1).
60 Cf. Marcello Fracone (Hrsg.), Impressionismus. Wie das Licht auf die Leinwand kam, Mailand/Wien 2008, 26.
61 Der Besucher war Harry Graf Kessler. Cf. Tagebücher, Stuttgart 2004, Band 3, 28.11.1903.
62 Zit. nach: Charles F. Stuckey, Claude Monet 1840–1926, Köln 1994, 65 f.
63 Zit. nach: Felix Krämer (Hrsg.), Monet und die Geburt des Impressionismus, Frankfurt a.M. 2015, 24.
64 Zit. nach: Fracone, a.a.O., 26 f.
65 Georges Clemenceau, Claude Monet. Betrachtungen und Erinnerungen eines Freundes, Frankfurt a.M. 1989, 21.

Sechsundzwanzigstes Kapitel, in dem ein Füllhorn ausgeschüttet wird

1 MA 12, 352.
2 MA 12, 351.
3 MA 10, 41 f. (54); zur Richtigkeit bzw. Unrichtigkeit dieser Erklärung cf. LA II.3, 289 f. Goethe teilt die zusammen mit Johann Heinrich Meyer gemachte Beobachtung dem Freund Schiller in einem Brief vom 19. Juni 1799 mit und übernimmt die betreffenden Passagen nahezu wörtlich in die Farbenlehre.
4 Böttiger, a.a.O., 69.
5 Rudolf Steiner, cf. Hermann Bräuning-Oktavio, a.a.O., 8; Ernst Haeckel, Die Natur-

anschauung von Darwin, Goethe und Lamarck, a.a.O., 31; Manfred Geier, Von der Urpflanze zum Simulacrum. Die geheime Geschichte einer wunderlichen Idee (von 1781 bis 1967). In: Zeitschrift für Ideengeschichte, Heft II/2, Herbst (2008), 71-87. Inklusive seiner (überzogenen) These ist Manfred Geiers Aufsatz äußerst anregend.

6 LA II.9A, 450.
7 MA 12, 121.
8 MA 12, 122.
9 MA 12, 126.
10 MA 12, 89.
11 MA 12, 122.
12 Schiller an Goethe. 23.8.1794, MA 8.1, 13f.
13 MA 12, 181.
14 MA 14, 53.
15 MA 14, 468.
16 Goethe an Schiller. 27.4.1798, MA 8.1, 560.
17 Bruhns, a.a.O., 204; Angabe nach Jbr.
18 Schiller an Körner. 12.9.1794, zit. nach: Schillers Werke, Bd. 27, 46.
19 Geiger, 1f. Cf. Manfred Geier, Die Brüder Humboldt. Eine Biographie, Reinbek bei Hamburg 2009, 169f.
20 Alexander von Humboldt an Reinhard von Haeften. Jena, 19.12.1794, Jbr 388.
21 MA 14, 28.
22 Schiller an Körner. 6.8.1797, Schillers Werke, Bd. 29, 113.
23 Goethe an Carl Friedrich Zelter. 5.10.1831, MA 20.2, 1552.
24 Gespräche mit Eckermann. 11.12.1826, MA 19, 168.
25 Goethe an Carl August. Jena, Anfang März 1797, FA II.4 (31), 303.
26 Alexander von Humboldt berichtet das seinem Bruder in einem Brief vom 14.10.1804. Cf. Alexander von Humboldt, Aus meinem Leben. Autobiographische Bekenntnisse. Zusammengestellt und erläutert von Kurt-R. Biermann, München 1987, 178.
27 Goethe an Knebel. 28.3.1797, FA II.4 (31), 311.
28 Alexander von Humboldt an Friedrich von Schuckmann. Jena, 14.5.1797, Jbr 579.
29 Schiller an Körner, 6.8.1797, Schillers Werke, Bd. 29, 112f.
30 Julius Wiesner, Jan Ingenhousz. Sein Leben und sein Wirken als Naturforscher und Arzt, Wien 1905, 63ff.
31 Alexander von Humboldt, Einleitung. In: Jan Ingenhousz über Ernährung der Pflanzen und Fruchtbarkeit des Bodens, Leipzig 1798, 4.
32 Cf. Emanuele Coccia, Die Wurzeln der Welt. Eine Philosophie der Pflanzen, München 2018, 65ff.
33 Cf. Ferdinand Cohn, Goethe als Botaniker, Breslau 1895, 106.
34 MA 4.2, 329.
35 Andrea Wulf, Alexander von Humboldt und die Erfindung der Natur, München 2015, 56.

36 Alexander von Humboldt an Goethe. 3.1.1810, Geiger, 305.
37 Wilhelm von Humboldt an K.G. Brinkmann. 18.3.1793, Briefe an Karl Gustav von Brinkmann, hrsg. von Albert Leitzmann, Leipzig 1939, 60.
38 Alexander von Humboldt an Abraham Gottlob Werner. Bayreuth, 21.12.1796, Jbr 561.
39 Cf. Hanno Beck, Das literarische Testament Alexander von Humboldts 1799, DOI: 10.18443/185, 2013.
40 Goethes Tagebuch. 11.3.1797, FA II.4 (31), 306.
41 MA 2.2., 505.
42 Zit. nach: Beck, Das literarische Testament, a.a.O., 91.
43 Alexander von Humboldt an Goethe. 4.5.1797, Jbr 577.
44 Alexander von Humboldt an Johann Friedrich Pfaff. 12.11.1794, Jbr 370.
45 MA 12, 127f.
46 MA 12, 127; 3.2, 303.
47 Cf. Dorothea Kuhn, Goethes Morphologie. Geschichte – Prinzipien – Folgen. In: Renate Grumach (Hrsg.), Typus und Metamorphose. Goethe-Studien, Marbach a.N. 1988, 193.
48 MA 12, 127.
49 Adolf Meyer-Abich, Goethes Kompensationsprinzip, das erste holistische Grundgesetz der modernen Biologie. In: Adolf Meyer-Abich, Biologie der Goethezeit, Stuttgart 1949, 290.
50 MA 12, 126.
51 MA 12, 155.
52 MA 12, 129f.
53 Cf. Josef H. Reichholf, Der Ursprung der Schönheit. Darwins größtes Dilemma, München 2011, 131ff.
54 MA 3.2, 312f.
55 MA 18.2, 532.
56 Carl Friedrich Kielmeyer, Ueber die Verhältniße der organischen Kräfte unter einander in der Reihe der verschiedenen Organisationen, die Geseze und Folgen dieser Verhältniße, Stuttgart 1793, 4f.
57 Zit. nach: Ingrid Schumacher, Karl Friedrich Kielmeyer. Ein Wegbereiter neuer Ideen. In: Medizinhistorisches Journal, 14 (1979), 99.
58 Tagebuch, 10.9.1797, WA III.2, 130
59 Cf. ebd., 81.
60 Kielmeyer, a.a.O., 9; 11.
61 Ebd., 36.
62 Ebd., 13; 16.
63 MA 12, 126.
64 Kielmeyer, a.a.O., 35ff.
65 MA 12, 126.
66 Cf. Reichholf, a.a.O, 188ff.
67 MA 12, 16.

68 MA 12, 126.
69 Ebd.
70 Goethes Tagebuch, 25.9.1796, LA II.9B, 88
71 Alexander von Humboldt an Marc-Auguste Pictet. 24.1.1796, zit. nach: Alexander von Humboldt, Werke, a.a.O., Band 1, Einführung, 14.
72 Zit. nach: ebd., 14f.
73 Goethe an Alexander von Humboldt. 18.6.1795, Geiger, 291.

Siebenundzwanzigstes Kapitel, in dem vor allem experimentiert wird

1 Alexander von Humboldt an Friedrich von Schuckmann. Jena, 14.5.1997, Jbr. 579.
2 Cf. Hanno Beck, Alexander von Humboldt, Band 1: Von der Bildungsreise zur Forschungsreise 1769–1804, Wiesbaden 1959, 65.
3 Humboldt, Versuche, a.a.O., Band 2, 284f.
4 Zit. nach: Martus, a.a.O., 553.
5 Humboldt, Versuche, a.a.O., Band 1, Fußnote S. 202f.
6 Alexander von Humboldt an Dr. H.C. Freiesleben. Bayreuth, 9.2.1796, Jbr 495.
7 Carl August an Goethe. 9.3.1797, LA II.9 B, 99.
8 Zit. nach: George Johnson, Die zehn schönsten Experimente der Welt, München 2009, 79.
9 Humboldt, Versuche, a.a.O., Band 1, 1.
10 Alexander von Humboldt an Samuel Thomas von Sömmering. Goldkronach, 29.6.1795, Jbr 438.
11 Humboldt, Versuche, a.a.O., Band 1, 78f.
12 Goethe an Alexander von Humboldt. 18.6.1795, Geiger, 291.
13 MA 10, 36
14 Humboldt, Versuche, a.a.O., Band 2, 433.
15 Alexander von Humboldt, Ansichten der Natur, a.a.O. Band 5, 324.
16 Humboldt, Versuche, a.a.O., Band 2, 440ff.
17 Johann Wilhelm Ritter, Entdeckungen zur Elektrochemie, Bioelektrochemie und Photochemie. Auswahl, Einleitung und Erläuterung von Hermann Berg und Klaus Richter, Thun/Frankfurt a.M. 1986, 8.
18 Schiller an Goethe. Jena, 23.7.1798; Goethe an Schiller. Weimar, 25.7.1798, MA 8.1, 599f.
19 Joseph Rückert, Bemerkungen über Weimar (1799), Weimar 1969, 52ff.
20 Ebd., 54f.
21 Johann Wilhelm Ritter, Beweis, daß ein beständiger Galvanismus den Lebensprozeß im Thierreich begleite. Nebst Versuchen und Bemerkungen über den Galvanismus, Weimar 1798, 158f.
22 LA I.3, 328.
23 Goethe an Schiller. Jena, 28.5.1800, MA 8.1, 820.

24 MA 14, 66.
25 Ritter, Entdeckungen, a.a.O., 127; 36f.
26 Goethe an Sömmering. 2.7.1792, FA II.3 (30), 614.
27 William Herschel, Untersuchungen über die erwärmende und die erleuchtende Kraft der farbigen Sonnenstrahlen; Versuch über die nicht-sichtbaren Strahlen der Sonne und deren Brechbarkeit und Einrichtung großer Teleskope zu Sonnenbeobachtungen. In: Annalen der Physik, Band 7 (1801), St. 2, 139.
28 Ritter, Entdeckungen, a.a.O., 119.
29 Ebd., 122.
30 Johann Wilhelm Ritter an Carl Friedrich Ernst Frommann. Oberweimar, 3.8.1801. In: Klaus Richter (Hrsg.), Der Physiker des Romantikerkreises Johann Wilhelm Ritter in seinen Briefen an den Verleger Carl Friedrich Ernst Frommann, Weimar 1988, 112.
31 Grumach VI, 27.
32 Johann Wilhelm Ritter, Aus dem Nachlaß eines jungen Physikers. Ein Taschenbuch für Freunde der Natur, Heidelberg 1810, Fragmente 68, 69, 434, 482, 254.

Achtundzwanzigstes Kapitel, in dem Goethe seinen Plan eines Romans über das Weltall erst an Schelling und dann an Humboldt abtritt

1 Goethe an Schiller. Weimar, 13.1.1798, MA 8.1, 494.
2 Goethe an Schiller. Weimar, 25.2.1798, MA 8.1, 536.
3 Goethes Tagebuch. 29./30.5.1798, FA II 4 (31), 554.
4 Goethe an Chr. G. Voigt. 21.6.1798, FA II.4 (31), 562f.
5 Zit. nach: Friedrich Wilhelm Joseph Schelling, Historisch-kritische Ausgabe (HKA), Reihe 3, Briefe 1, Stuttgart 2001, 109.
6 LA I.11, 56.
7 Cf. Jonas Maatsch, Sichtbarer Geist. Friedrich Schellings Naturphilosophie. In: Abenteuer der Vernunft, a.a.O., 25ff.
8 Cf. Manuela Lenzen, Schlau wie Schleimpilz. Das neue Forschungsfeld »Basale Kognition« sucht nach den Ursprüngen der Intelligenz auf molekularer Ebene. Was sagt uns das über höhere geistige Formen? Frankfurter Allgemeine Zeitung, 25.11.2020, N4.
9 Cf. Wolfgang Welsch, Mensch und Welt. Eine evolutionäre Perspektive der Philosophie, München 2012, 147ff.
10 MA 10, 20.
11 MA 2.1, 34.
12 Goethe an Schiller. Weimar, 10.4.1800, MA 8.1, 794.
13 MA 14, 61.
14 MA 12, 74.
15 Goethe an Knebel. Ende Juni 1798, WA IV.13, 200.
16 Goethe an Knebel. 22.1.1799, WA IV.14, 10.

17 MA 12, 74.
18 LA I.11, 130.
19 Goethe an Knebel. 22.3.1799, FA II.4 (31), 655.
20 Caroline Schlegel an Schelling. 12.1.1800, zit. nach: Schelling, HKA 3.1., 285.
21 Grumbach I, 413.
22 Goethe an Schelling. 27.9.1800, FA II.5 (32), 76.
23 Cf. Müller, Mehr Licht, a.a.O. 8ff.
24 Cf. Goethe an Schelling. 19.4.1800, FA II.5 (32), 37.
25 Schelling HKA, Reihe 2, Band 6: Philosophie der Kunst, 125.
26 Goethe an Schiller. 3. oder 4. April 1801, MA 8.1, 854.
27 Schiller an Goethe. 27.3.1801, MA 8.1, 851f.
28 Schelling, Philosophie der Kunst, a.a.O., 348ff.
29 Cf. Gerhard Müller, Goethe als Netzwerker. Wissenschaftspolitik an der Universität Jena um 1800. In: Abenteuer der Vernunft, a.a.O., 55ff.
30 Goethe an Wilhelm von Humboldt. 30.7.1804, FA II.5 (32), 506.
31 Cf. Wulf, a.a.O., 149.
32 Goethe an Zelter. 1.6.1805, FA II.6 (33), 11.
33 Goethe an Jakob Philipp Hackert. Weimar, 4.4.1806, FA II.6 (33), 48. Cf. Rüdiger Safranski, Goethe & Schiller. Geschichte einer Freundschaft, München 2009, 304.
34 Cf. Gustav Seibt, Goethe und Napoleon. Eine historische Begegnung, München 2008, 10ff.
35 Goethe an Cotta. Weimar, 20.10.1806, FA II.6 (33), 133.
36 MA 12, 164.
37 MA 12, 11f. Allerdings hat sich die Veröffentlichung dann noch ein ganzes Jahrzehnt hingezogen.
38 Zit. nach: Hanno Beck, Alexander von Humboldt, Band 2: Vom Reisewerk zum »Kosmos« 1804-1859, Wiesbaden 1961, 15.
39 Alexander von Humboldt an Karl Maria Erenbert Freiherr von Moll. La Coruna, 5.6.1799. In: Alexander von Humboldt, Briefe aus Amerika 1799-1804, hrsg. von Ulrike Moheit, Berlin 1993, 32.
40 MA I.2, 194.
41 Alexander von Humboldt an Karoline von Wolzogen. Berlin, 14.5.1806, Bruhns, a.a.O., 417f.
42 MA 6.2, 770f.
43 MA 6.2, 771.
44 LA I.10, 128.
45 Humboldt, Werke, a.a.O., Band 5, 179-183.
46 Ebd, 191.
47 LA I.11, 130.
48 Humboldt, Werke, a.a.O., Band 5, XI.
49 Ebd., 192.
50 MA 6.2, 771.
51 Alexander von Humboldt an Goethe, 6.2.1806, Geiger, 297.

52 Alexander von Humboldt, Schriften zur Geographie der Pflanzen, hrsg. von Hanno Beck, Darmstadt 2018, 48f.
53 Wulf, a.a.O., 168.
54 LA II.8 A, 194.
55 Goethe an Alexander von Humboldt. 3.4.1807, Geiger, 299. »Ich verschlang das Werk«: LA I.11, 160.
56 Humboldt, Schriften zur Geographie der Pflanzen, a.a.O., 74.
57 Goethe an Alexander von Humboldt. 3.4.1807, Geiger, 299.
58 LA I.11, 121ff.
59 LA I.11, 159ff.
60 LA I.11, 160f.
61 LA II.8 A, 195.
62 WA II.3, 200.
63 Cf. Margrit Wyder, Vom Brocken zum Himalaja. Goethes »Höhen der alten und neuen Welt« und ihre Wirkungen. In: Cartographica Helvetica 39 (2009).
64 Goethe an Carl Friedrich Zelter. 5.10.1831, MA 20.2, 1552.
65 Zit. nach: LA 8, 195.
66 LA I.11, 61.
67 Goethe an Alexander von Humboldt. 3.4.1807, Geiger, 299.
68 LA I.11, 114.
69 Goethe an Alexander von Humboldt. Juli 1809, Geiger, 302.
70 Alexander von Humboldt, Schriften zur Geographie der Pflanzen, a.a.O., 44.
71 Alexander von Humboldt an Karl Varnhagen von Ense. Berlin, 24.10.1834; zit. nach: Briefe von Alexander von Humboldt an Varnhagen von Ense aus den Jahren 1827 bis 1858, Leipzig 1860, 20.

Neunundzwanzigstes Kapitel, in dem wir ins »Allerheiligste der Farben« vordringen

1 Goethe an Schiller. Weimar, 10.1.1798, MA 8.1, 490f.
2 MA 10, 14.
3 MA 14, 215.
4 MA 10, 246f.
5 Cf. MA 10, 1024
6 Goethe an Voigt. 26.9.1809, FA II.6 (33), 492.
7 MA 10, 21.
8 Goethe an Alexander von Humboldt. 3.4.1807, FA II.6 (33), 173.
9 MA 10, 471
10 So Dorothea Kuhn und Karl Lothar Wolf in der Einleitung zum Kommentarband der Leopoldina-Ausgabe: LA II.6, IX.
11 MA 10, 475; 478.
12 MA 1.2, 400.

13 MA 10, 637.
14 LA I.6, 118.
15 MA 10, 321.
16 MA 10, 74 (174ff.).
17 Ebd.
18 MA 19, 389 (14.9.1830).
19 Goethe an Zelter. 1./3.2.1831, MA 20.2, 1439.
20 Goethe an Christian Dietrich von Buttel. 3.5.1827, FA II.10 (37), 473.
21 Schiller an Goethe. Jena, 12.1.1798, MA 8.1, 492f.
22 MA 4.2, 329.
23 Cf. Wulf, a.a.O., 170.
24 Ernst Cassirer, Goethe und die mathematische Physik. Eine erkenntnistheoretische Betrachtung. In: Ernst Cassirer, Idee und Gestalt, Berlin 1924, 78.
25 Goethe an Schiller. 17.1.1798, MA 8.1, 496.
26 Goethe an Schiller. 24.1.1798, MA 8.1, 504.
27 Cassirer, a.a.O., 78.
28 Goethe an Sulpiz Boisserée. 25.2.1832, WA 49, 252f.
29 Zit. nach: Daniel Kehlmann, Die Finken und die Wilden. In: Charles Darwin, Die Fahrt der Beagle, Hamburg 2006, 16.
30 MA 10, 56.
31 Goethe hat Brandis' langen Brief, im Auszug und gekürzt, später in den Heften *Zur Naturwissenschaft überhaupt* (I.4, 1822) unter dem Titel »Älteste aufmunternde Teilnahme« abgedruckt, zusammen mit anderen positiven Reaktionen auf die Farbenlehre, die ihn erreicht hatten; MA 12, 592f.
32 MA 6.2, 783.
33 MA 10, 58.
34 MA 14, 59.
35 MA 10, 56.
36 Goethe an J.D. Brandis. 7.3.1811, FA II.6 (33), 650.
37 Cf. Viktor von Weizsäcker, Zur Farbenlehre. In: Gesammelte Schriften 1, Frankfurt a.M. 1986, 459f.
38 MA 6.2, 782.
39 Cf. Wolfgang Jaeger, Der Begriff des »Werdens der Farbe« als Leitidee für Goethes Untersuchungen des Farbensinnes. In: Gunter Mann (Hrsg.), In der Mitte zwischen Natur und Subjekt. Frankfurt a.M. 1992, 81ff.

Dreißigstes Kapitel, in dem die Erde eine Atmosphäre bekommt

1 MA 12, 477.
2 Goethe an Seebeck. 22.3.1816, WA IV.26, 300.
3 Cf. FA II.7 (34), 675.
4 MA 12, 395.

5   Goethe an Seebeck. 14.1.1817, WA IV. 27, 316.
6   MA 12, 474.
7   MA 12, 496.
8   Cf. FA I.25, 1444.
9   MA 12, 475.
10 Entoptische Farben. An Julien, MA 11.1.1, 183.
11 LA II.5B.1, 425.
12 MA 12, 501; cf. Goethe an Christian Gottlob Voigt. 26.8.1816, WA IV.27, 146f.
13 Goethe an Schultz. 29.6.1829, WA IV.45, 311f.
14 Cf. Gabrielle Walker, Ein Meer von Luft. Eine Naturgeschichte der Atmosphäre, Berlin 2007, 29.
15 Cf. Coccia, a.a.O., 65 ff.
16 WA II.12, 215 f.
17 WA II.12, 224 f.
18 Zit. nach: Ulli Kulke, Und jetzt das Wetter – mit Goethe. In: Die Welt, 23.9.2007.
19 WA II.12, 210.
20 Goethe an Carl Dietrich von Münchow. 9.11.1816, WA IV.27, 320 f.
21 MA 14, 244.
22 MA 14, 251.
23 MA 12, 456.
24 MA 14, 251 f.
25 Cf. Peter Moore, Das Wetter-Experiment. Von Himmelsbeobachtern und den Pionieren der Meteorologie, Hamburg 2016, 122 f.
26 MA 13.2, 277.
27 WA II.12, 233.
28 MA 12, 701.
29 Cf. Wikipedia »Barometer«.
30 MA 12, 467.
31 Zit. nach: Moore, a.a.O., 187.
32 MA 3.1, 28; 31.
33 Cf. Walker, a.a.O., 41.
34 MA 15, 18.
35 Cf. LA II.1B, 212.
36 MA 6.2, 853; 856.
37 MA 15, 17.
38 Goethe an Reinhard. 26.12.1825, FA II. 10 (37), 339.
39 MA 12, 700.
40 MA 13.2, 278; cf. Moore, a.a.O., 78.
41 MA 12, 700
42 Cf. MA 13.2, 278 f.
43 MA 12, 709 f.
44 Schöne, Über Goethes Wolkenlehre. In: Vom Betreten des Rasens. Siebzehn Reden über Literatur, München 2005, 133.

45 Goethe an Chr. L.F. Schultz. 9.12.18822, FA II.9 (36), 311.
46 WA II.12,
47 MA 19, 219.
48 Cf. Mathias Bröckers, Newtons Gespenst und Goethes Polaroid. Über die Natur, Frankfurt a.M. 2019, 86f.
49 Deutsche Übersetzung zit. nach: Coccia, a.a.O., 80.
50 MA 2.2, 505

Einunddreißigstes Kapitel, in dem ein Mensch gemacht wird

1 Goethe an Wilhelm von Humboldt. 1.12.1831, FA II.11 (38), 496.
2 MA 16, 306.
3 Ebd.
4 MA 19, 610f.
5 Cf. Michael Jaeger, Goethes Faust. Das Drama der Moderne, München 2021, 44; siehe auch: Jaeger, Wanderers Verstummen. Goethes Schweigen. Fausts Tragödie oder: Die große Transformation der Welt, Würzburg 2014. Jaegers so großartigen wie innovativen Faust-Studien verdanke ich entscheidende Anregungen.
6 WA I.15.2, 215.
7 MA 19, 410f.
8 Goethe an C.E. Schubarth. 3.11.1820, FA II.9 (36), 120f.
9 FA I.7/2, 388.
10 FA I.7/1, 33
11 FA I.7/1, 203
12 Zit. nach dem Faust-Kommentar Albrecht Schönes in der Faust-Ausgabe der Bibliothek Deutscher Klassiker: FA I.7/2, 404. Schöne hat auch den Zusammenhang zwischen der Eingangsszene von Faust II und Lichtenbergs Beschreibung solcher Instrumente wie der Äolsharfe hergestellt.
13 FA I.7/1, 33.
14 FA I.7/1, 35.
15 FA I.7/1, 36.
16 Ebd.
17 FA I.7/1, 473.
18 Cf. FA I.7/2, 481.
19 MA 1.2, 137.
20 FA I.7/1, 37
21 Goethe an C.F.M.P. Graf von Brühl. 2.6.1819, FA II.8 (35), 277.
22 Wilhelm von Humboldt an seine Frau. 30.7.1819, zit. nach: Petra Maisak, a.a.O., 253.
23 Zit. nach: FA I.7/2, 216.
24 Goethe dachte da wohl in erster Linie an Lessing, dessen geplantes Faust-Drama aber nicht über Fragmente hinausgekommen war. MA 18.2, 76.
25 FA I.7/1, 257.

26 FA I.7/1, 268.
27 Quellen dazu in FA I.7/2, 479 ff.
28 FA I.7/1, 269.
29 FA I.7/1, 278 f.
30 Paralipomena zu Faust II, 2. Akt, FA I.7/1, 630; 638.
31 FA I.7/1, 279.
32 MA 19, 342.
33 FA I.7/1, 326.
34 Johann Wolfgang Döbereiner, Ueber neu entdeckte höchst merkwürdige Eigenschaften des Platins, Jena 1823, 2.
35 Zit. nach: Alwin Mittasch, Döbereiner, Goethe und die Katalyse, Stuttgart 1951, 28. Viele der im Folgenden gebgeben Informationen verdanken sich dieser Darstellung.
36 Cf. Alwin Mittasch, a.a.O., 12.
37 FA I.7/1, 256; 263; 268.
38 Briefwechsel zwischen J. Berzelius und F. Wöhler, hrsg. von Otto Wallach, Leipzig 1901, Band 1, 206 ff; cf. FA I.7/2, 506 f.
39 Cf. FA I.7/2, 506 f.
40 FA I.7/1, 282.
41 FA I.7/1, 329.
42 Cf. Manuela Lenzen, Künstliche Intelligenz. Fakten, Chancen, Risiken, München 2020, 58.
43 FA I.7/1, 329.
44 FA I.7/1, 428.
45 FA I.7/1, 435.
46 FA I.7/1, 427.
47 Ebd.
48 FA I.7/1, 429 f.
49 FA I.7/1, 430.
50 MA 19, 456.
51 FA I.7/1, 431.
52 FA I.7/1, 434.
53 FA I.7/1, 394 f.
54 FA I.7/1, 397.
55 FA I.7/1, 76.
56 FA I.7/1, 435.
57 FA I.7/2, 709.
58 FA I.7/1, 438.
59 MA 19, 455.
60 MA 19, 455
61 FA I.7/1, 437.
62 FA I.7/1, 456.
63 Goethe an Wilhelm von Humboldt. 17.3.1832, FA II.11 (38), 550 f.

64 Goethe an Riemer. 25.3.1825, FA II.10 (37), 257.
65 Goethe an Sulpiz Boisserée. 24.11.1832, FA II.11 (38), 490.
66 Cf. Jaeger, Wanderers Verstummen, a.a.O.
67 Eduard Suess, Das Antlitz der Erde, 3 Bände, Wien 1885–1909.

Zweiunddreißigstes Kapitel, in dem der Wanderer Abschied nimmt

1 Zit. nach: Hans Wahl, Carl Augusts letzte Reise. In: Jahrbuch der Sammlung Kippenberg, Bd. 7, Leipzig 1927-28, 82.
2 Gespräch mit Eckermann am 23.10.1828. MA 19, 625 ff.
3 Biedermann/Herwig, Bd. 3.2, 317.
4 Biedermann/Herwig, Bd. 2, 768.
5 Riemer, Tagebuch. 3.12.1808, FA II.6 (33), 418.
6 Die Erinnerungen der Karoline Jagemann, hrsg. von Eduard von Bamberg, Dresden 1926, Band 2, 539.
7 Goethe an Zelter. Dornburg, 10.7.1828, MA 18.2, 1131. Albrecht Schöne hat diesen Brief Goethes eine eingehende, beziehungsreiche Deutung gewidmet: Schöne, Der Briefschreiber Goethe, München 2015, 297 ff.
8 Cf. Sigrid Damm, Goethe und Carl August. Wechselfälle einer Freundschaft, Berlin 2020, 263.
9 Goethe an F. Soret. Dornburg, 10.7.1828, WA IV.44, 173.
10 Goethe an Knebel. Dornburg, 18.8.1828, WA IV.44, 280 f.
11 MA 18.2, 396 ff.
12 MA 18.2, 478.
13 MA 18.2, 478 f.
14 MA 12, 92; 13.1, 153.
15 17.2.1832, FA II.11 (38), 521 f.
16 MA 18.2, 386.
17 Goethe an Nees von Esenbeck. 27.9.1826, WA IV.41, 173.
18 Cf. Sigrid Damm, Goethe und Carl August, a.a.O., 277.
19 MA 14, 280. Heute ist die Pflanze besser bekannt unter der Bezeichnung Kalanchoe pinnata.
20 Müller, Unterhaltungen mit Goethe, a.a.O., 29 f.
21 Goethe an Wilhelm von Humboldt. Weimar, 22.10.1826, FA II. 10 (37), 423.
22 Goethe an Alexander von Humboldt. 16.5.1821, FA II.9 (36), 171.
23 Goethe an Wilhelm von Humboldt. 1.3.1829, WA IV.45, 184 f.
24 Alexander von Humboldt, Central-Asien. Untersuchungen über die Gebirgsketten und die vergleichende Klimatologie, Bd. 2 (Teil 3), 1844, 214.
25 MA 13.2, 248 f.
26 Biedermann/Herwig, Bd. 3.2, 250.
27 Bernhard von Cotta, Der innere Bau der Gebirge, Freiburg 1851. Zit. nach: Helmut Hölder, Geologie und Paläontologie, a.a.O., 462.

28 Zit. nach: FA II.11 (38), 295. Zum Akademiestreit sowie Goethes und Alexander von Humboldts Positionen dazu cf. Thomas Schmuck, Ein Streit, der niemals enden wird. Goethe und der Akademiestreit 1830. In: Abenteuer der Vernunft, a.a.O., 273ff.
29 In englischer Sprache zit. bei Schmuck, Ein Streit, a.a.O., 277.
30 MA 18.2, 518.
31 Cf. Dorothea Kuhn, Empirische und ideelle Wirklichkeit. Studien über Goethes Kritik des französischen Akademiestreits, Graz, Wien, Köln 1967, 98.
32 LA II.10B2, 1073.
33 MA 18.2, 521; 529; 534.
34 Goethe an Wilhelm von Humboldt. 17.3.1832, FA II.11 (38), 550f.
35 MA 2.1., 53.
36 FA II.11 (38), 449f.
37 Ich folge der Darstellung und Deutung von Sigrid Damm, Goethes letzte Reise, Frankfurt a.M./Leipzig 2007, 110f.
38 FA II.11 (38), 559.
39 Cf. Wolfgang-Hagen Heim, Johann Wolfgang von Goethe. Höhenvergleichstafel der Neuen und Alten Welt. In: Lurgi-Information 6, 1979.

Epilog

1 Goethe an Charlotte von Stein. 6.9.1780, FA II.2 (29), 287. Mit der »klingernden Sprache« ist, wie aus dem folgenden Brief an Charlotte von Stein hervorgeht, wahrscheinlich das Griechische gemeint.
2 MA 11.1.2, 12.
3 FA 3.2, 908.
4 Goethe an Sulpiz Boisserée. 3.11.1826, FA II.10 (37), 427.
5 MA 12, 95.
6 MA 10, 36; 222.
7 MA 12, 16.
8 Cf. Navid Kermani, Gott-Atmen. Goethe und die Religion. In: Zwischen Koran und Kafka. West-östliche Erkundungen, München 2014, 121ff.

Abbildungsverzeichnis

S. 63   Wikipedia Commons
S. 84   Bayerische Staatsbibliothek München, 4 Alch. 102, S. 542,
        urn:nbn:de:bvb: 12-bsb10220451-1
S. 133 akg-images
S. 180 bpk/Klassik Stiftung Weimar/Mokansky, Olaf
S. 181 bpk
S. 215 bpk
S. 233 bpk/Klassik Stiftung Weimar/Liane Götschel
S. 263 bpk/Klassik Stiftung Weimar/Alexander Burzik
S. 332 bpk/Klassik Stiftung Weimar/Sigrid Geske
S. 402 MA 3.2, S. 309
S. 433 bpk/Klassik Stiftung Weimar/Olaf Mokansky
S. 506 Beinecke Rare Book and Manuscript Library, Yale University
S. 544 MA 12, S. 469

Tafelteil

S. 1   akg-images
S. 2   akg-images/Science Photo Library
S. 3   Bayerische Staatsbibliothek München, Oecon. 858, S. 75,
        urn:nbn:de:bvb: 12-bsb10295933-2
S. 4–5 bpk/Klassik Stiftung Weimar/Carsten Wintermann
S. 6   akg-images
S. 7   akg-images
S. 8   bpk/Klassik Stiftung Weimar/Mokansky, Olaf

Personenregister

A

Abbé Millot 410
Abbé Nollet 54
Addison, Joseph 174
Agassiz, Louis 244, 247, 585
Alembert, Jean Baptiste le Rond d' 100
Andersen, Hans Christian 198
Anna Amalia, Herzogin von Sachsen-Weimar-Eisenach 186f., 193, 199, 213, 232, 284, 287, 294, 298, 340, 413f., 434, 436, 456
Arago, Dominique François Jean 531f.
Archenholz, Johann Wilhelm von 390
Aristoteles 133, 152, 382
Arnim, Bettina von 29-31, 46f.
August, Prinz von Sachsen-Gotha und Altenburg 432
Averroes 134

B

Bacon, Francis 520
Bacon, Roger 517
Baldinger, Ernst Gottfried 329f.
Basedow, Johann Bernhard 165f.
Batsch, August Johann Georg Karl 333f., 383, 395
Baumgarten, Alexander Gottlieb 100
Bazille, Frédéric 446
Beaumarchais, Marie von 32
Becker, Johann Hermann 231
Béguelin, Nikolaus de 405

Behn, Friedrich Karl 89-91
Behrisch, Ernst Wolfgang 70-72, 75
Bellini, Lorenzo 414
Berkeley, George 100
Berthollet, Claude Louis 459
Bertuch, Friedrich Justin 13, 187-189, 192, 295, 368, 376, 434, 479, 509
Berzelius, Jöns Jakob 564f., 578
Bethmann, Johann Philipp 232
Bethmann, Simon Moritz 232
Biot, Jean-Baptiste 495, 532
Blanchard, Jean-Pierre 312
Blumenbach, Johann Friedrich 302f., 306, 308, 321, 324, 357, 467, 475
Bode, Johann Joachim Christoph 129, 436
Boerhaave, Herman 88
Boie, Heinrich Christian 138, 281
Boisserée, Sulpiz 592
Bolívar, Simón 496
Bonnet, Charles 236, 326, 456
Böttiger, Karl August 13, 126, 419, 434, 436f., 450-452
Boucher, François 81
Boyle, Robert 109, 162, 541, 545
Brandis, Joachim Dietrich 526
Brandt, Susanna Margaretha 146, 149
Bräuning-Oktavio, Hermann 304
Brion, Friederike 101, 103f., 111-113, 116, 119, 142, 144, 173, 217, 225, 233
Brion, Johann Jacob 102
Brühl, Heinrich Graf von 558

Brutus (Decimus Iunius Brutus Albinus) 158
Buchholz, Wilhelm Heinrich Sebastian 311, 434, 436
Buch, Leopold von 245, 275, 355, 496, 543
Buffon, Georges-Louis Leclerc, Comte de 67, 253-258, 260, 262, 265, 269f., 273f., 277, 291, 300, 325, 327, 330, 336, 351, 370, 409, 442f., 487, 505, 586
Burdach, Karl Friedrich 472
Burnett, James 302
Bury, Friedrich 341
Buttel, Christian Dietrich von 522
Büttner, Christian Wilhelm 372, 424f., 428
Byron, George Noël Gordon, gen. Lord Byron 235, 562

C

Caesar (Gaius Julius Caesar) 158
Camper, Peter 296-300, 302f., 308f., 470
Camus, Albert 150f.
Candolle, Augustin-Pyramus de 578f.
Carl August, Herzog von Sachsen-Weimar-Eisenach 13, 15, 17, 165, 172, 183, 186-196, 199f., 202f., 205-214, 217, 221f., 229-232, 234, 236, 238-243, 247, 261, 265, 282, 294f., 301, 304, 309, 327, 339, 342, 345-347, 379, 413, 415-418, 424, 430, 432f., 436, 438, 456, 458, 476, 479f., 494, 499, 536-540, 563, 574-578, 588
Caroline Henriette Christine Philippine Louise von Pfalz-Zweibrücken 127
Carus, Carl Gustav 423, 466, 485
Cassirer, Ernst 525
Catel, Franz Ludwig 138
Cellini, Benvenuto 189-191
Cézanne, Paul 413
Charles, Jacques Alexandre César 19
Charpentier, Jean de 244, 247, 265
Charpentier, Johann Friedrich Wilhelm von 265f.
Cheselden, William 100

Chladni, Ernst Florens Friedrich 534f.
Clemenceau, Georges 447
Cochin, Charles-Nicolas 443
Coen, Enrico 400
Colerus, Johannes 161
Condillac, Étienne Bonnot de 100
Cotta, Bernhard von 258f., 584
Cotta, Johann Friedrich 497, 505, 513
Crick, Francis 369
Cromwell, Oliver 231
Cullen, William 80
Cuvier, Georges 323, 326, 585f.

D

Daniell, John Frederic 548
Darwin, Charles 257, 260, 288, 326, 451, 471, 526, 583f.
Degen, Johann Christoph 227f.
Deinet, Johann Conrad 127
Dellebarre, Louis-François 323
Deluc, Antoine 261
Deluc, Jean-André 237, 245, 260f., 269
Denis, Michael 115
Descartes, René 106, 161, 432, 541
Diderot, Denis 100
Dietrich, Friedrich Gottlieb 329f., 462
Döbereiner, Johann Wolfgang 455, 563-565, 578
Dodd, William 122
Dolomieu, Déodat Gratet de 257
Dou, Gerit 81
Durand-Ruel, Paul 447
Duret, Théodore 446

E

Eckermann, Johann Peter 150, 421, 429, 432, 458, 522, 550, 553f., 562, 567, 570
Eiffel, Gustave 421
Einsiedel, Friedrich Hildebrand von 285, 291, 293
Einsiedel, Johann August von 287, 291f.
Einstein, Albert 318
Engelbach, Johann Konrad 94

Personenregister 643

Ernst August II. Constantin, Herzog von Sachsen-Weimar-Eisenach 186f.
Ernst August I., Herzog von Sachsen-Weimar-Eisenach 186, 210, 213, 588
Ernst II., Herzog von Sachsen-Gotha und Altenburg 266f., 269, 272
Ettinger, Karl Wilhelm 282

F

Fahlmer, Johanna Katharina 173f., 233, 313
Fichte, Johann Gottlieb 455, 457, 486
Forster, Georg 374, 438, 498, 505
Franklin, Benjamin 54, 67, 80, 110, 323
Franklin, Rosalind 369
Freud, Sigmund 30, 33f., 68, 117, 170, 216, 259f., 288
Friedrich II., Landgraf von Hessen-Kassel 232f., 298f.
Friedrich Wilhelm III., König von Preußen 498
Friedrich Wilhelm II., König von Preußen 406
Fritsch, Friedrich Freiherr von 193f.
Frommann, Carl Friedrich Ernst 483, 514
Füchsel, Georg Christian 265

G

Galilei, Galileo 260, 324, 536, 542, 546
Galvani, Luigi 475-477
Gay-Lussac, Joseph Louis 495, 498, 509, 543
Geist, Johann Ludwig (Sekretär) 527, 529
Gellert, Christian Fürchtegott 64f.
Geoffroy Saint-Hilaire, Étienne 469, 585f.
Georg, Großherzog von Mecklenburg-Strelitz 577
Gilbert, Ludwig Wilhelm 538
Gilbert, William 499
Gildemeister, Johann Karl Friedrich 527, 529
Giovane, Juliane Herzogin 359
Gleichen, Wilhelm Friedrich Freiherr von (gen. von Rußwurm) 325-327, 401

Göchhausen, Louise von 285
Goethe, August von (Goethes Sohn) 379, 574
Goethe, Catharina Elisabeth (geb. Textor, Goethes Mutter) 27-29, 31f., 35-37, 39, 46f., 77, 81f., 102, 112, 124, 151, 197, 210, 217, 222, 231f., 416
Goethe, Christiane Johanna Sophie (geb. Vulpius, Goethes Gattin) 368, 376-379, 497, 574
Goethe, Cornelia (geb. Walther, Goethes Großmutter) 27f., 35f., 46
Goethe, Friedrich Georg (Goethes Großvater) 28, 38, 47
Goethe, Hermann Jakob (Goethes Bruder) 34, 36
Goethe, Johann Caspar (Goethes Vater) 28, 31, 36-38, 41, 47-50, 52f., 60-62, 65, 67, 73f., 77, 88, 102, 111, 121, 145, 147, 149, 171, 183, 195, 231, 341, 380, 405, 574
Goethe, Walther von (Goethes Enkel) 587
Goethe, Wolfgang Maximilian von (Goethes Enkel) 587
Goetze, Paul (Goethes Diener) 414
Goodfield, June 261
Göschen, Georg Joachim 282f.
Göttling, Johann Friedrich August 433, 455, 563
Gottsched, Johann Christoph 64f., 78, 236
Gould, Stephen Jay 260
Gray, Stephen 54
Gretchen (Jugendfreundin Goethes in Frankfurt) 56f., 68, 71, 118f., 217
Grüner, Joseph Sebastian 263
Guericke, Otto von 54, 438, 546

H

Hackert, Georg Abraham 364
Hackert, Jakob Philipp 364f., 406, 496
Haeckel, Ernst 288, 373, 452
Haeckel, Heinrich Jakob Freiherr von 60
Haeften, Reinhard von 458
Haller, Albrecht von 66f., 88, 174, 253, 475

Halley, Edmond 90
Hamann, Johann Georg 105, 194
Hamilton, Sir William 354
Hart, Emma 354
Harvey, William 108f., 543
Hederich, Benjamin 558
Hegel, Georg Wilhelm Friedrich 531
Heinrich XIV., Fürst Reuß zu Greiz 431
Heinse, Wilhelm 166f.
Heisenberg, Werner 369
Helmont, Johann Baptist van 82
Helvétius, Claude Adrien 417
Henning, Leopold von 531
Herder, Caroline (geb. Flachsland, verh. mit Johann Gottfried) 127f., 135f., 138f., 142, 182, 194, 304, 375f., 414
Herder, Johann Gottfried 92, 99–101, 105–111, 114, 116f., 119, 122f., 127f., 138f., 142, 153, 158, 171, 182, 194, 210, 225, 285, 287, 290–292, 294, 297f., 302, 304f., 309, 316f., 319f., 324, 336, 338, 347f., 359, 361f., 364, 368f., 371, 381, 383f., 391, 404, 406, 414, 419, 434, 456, 461f., 478, 592
Herschel, Friedrich Wilhelm 481f.
Heß, Karl Christian Ludwig 542, 544
Heyne, Christian Gottlob 66, 69
Hill, John 372f.
Hirzel, Johann Caspar 176
Hoff, Karl Ernst Adolf von 258
Hoff, Maria Magdalena 37
Holbach, Paul-Henri Thiry Baron d' 336
Hölder, Helmut 277
Homer 85f., 114, 116, 144, 362f.
Höpfner, Ludwig Julius Friedrich 131f., 143, 162
Howard, Luke 538–540, 542–544, 546f.
Hufeland, Christoph Wilhelm 30, 294, 391, 434
Humboldt, Alexander von 14–19, 194, 245, 275, 287, 352, 355, 386f., 455–466, 472–480, 484, 488, 493–496, 498–511, 517, 523f., 531, 558, 563, 572, 575, 582–587, 590

Humboldt, Caroline von (geb. von Dacheröden, verh. mit Wilhelm) 457, 501
Humboldt, Wilhelm von 15, 455–458, 463, 477, 495, 501, 552, 558, 572, 587
Hume, David 417
Hüsgen, Wilhelm Friedrich 52
Hutton, James 258, 261, 271
Huxley, Thomas Henry 302
Huygens, Christiaan 162

I

Ilsemann, Johann Christoph 223
Ingenhousz, Jan 311, 461, 536, 550

J

Jacobi, Friedrich Heinrich 139, 166–168, 170, 173, 197, 282–284, 313–321, 325, 369, 393, 406, 455f.
Jacobi, Johann Georg 167, 173
Jacobi, Max 15, 455, 497
Jagemann, Karoline 576f.
Jeffries, John 312
Jerusalem, Karl Wilhelm 146, 150f.
John, Johann August Friedrich (Goethes Sekretär) 243, 287
Johnson, Samuel 117
Joseph II., Kaiser des Hl. Röm. Reiches Dt. Nation 417
Jung-Stilling, Johann Heinrich 166
Jussieu, Antoine-Laurent de 333f., 502

K

Kafka, Franz 63
Kalb, Charlotte von 376, 414, 534
Kalb, Johann August Alexander von 187, 192, 194, 232
Kant, Immanuel 44f., 99, 101, 107, 398f., 405, 416, 453, 467, 480, 592
Karl VII., röm.-dt. Kaiser 38
Karsch, Anna Louisa 183
Kästner, Abraham Gotthelf 66, 291
Kauffmann, Angelika 370
Kayser, Philipp Christoph 176, 342

Personenregister 645

Kern, Johann Adam 63
Kestner, Charlotte (geb. Buff, verh. mit Johann Georg Christian) 116, 128, 131, 139, 141–145, 169, 195, 217
Kestner, Johann Georg Christian 139, 141–146, 191, 195
Kielmeyer, Carl Friedrich 469–471, 486
Kirchweger, Anton 85–87, 268
Klee, Paul 387
Kleist, Ewald von 68
Klettenberg, Susanna Katharina von 77–79, 81, 87, 130
Klinger, Friedrich Maximilian 122
Klopstock, Friedrich Gottlieb 59, 92, 125, 135, 144, 172, 175–178
Knebel, Karl Ludwig von 18f., 143, 165, 187, 283, 286, 289f., 295, 310f., 319, 324, 343–345, 347, 368, 371–373, 380f., 383f., 415, 420, 434, 436, 459, 488f., 578
Knesebeck, Carl Friedrich von dem 416
Kniep, Christoph Heinrich 364, 366, 406f.
Kopernikus, Nikolaus 260, 517
Körner, Johann Christian Friedrich 537
Körner, Theodor 289, 375, 457, 460
Krause, Gottlieb Friedrich (Goethes Diener) 588
Kraus, Georg Melchior 434, 497
Küster, Hansjörg 387

L

Lamarck, Jean-Baptiste Pierre Antoine de Monet, Chevalier de 323, 550
LaRoche, Marie Sophie von 134
Laugier, Marc-Antoine 138, 140
Lavater, Johann Kaspar 92f., 132–135, 156–160, 163–166, 176, 182, 216, 220, 235f., 238f., 249–253, 274, 290, 296, 318, 503
Lavoisier, Antoine Laurent de 323, 536
Le Brun, Charles 134
Leibniz, Gottfried Wilhelm 100
Leisewitz, Johann Anton 257
Lenz, Jakob Michael Reinhold 92, 173, 233, 490

Leonardo da Vinci 410, 412
Leonhard, Carl Cäsar von 276
Leopold III. Friedrich Franz, Herzog von Anhalt-Dessau 71
Lessing, Gotthold Ephraim 71, 89, 129, 154, 314–317, 320, 369, 390
Leuchsenring, Franz Michael 127
Leuchsenring, Johann Ludwig 127
Lichtenberg, Georg Christoph 66, 135, 291, 311, 318, 320, 408f., 440–444, 448, 523, 556
Liebholdt, Johann Wilhelm 149
Limprecht, Johann Christian 111
Linné, Carl von 67, 193, 253, 301, 323, 326, 328–335, 337, 352, 363, 366, 373f., 381f., 385, 388, 395, 402, 450f., 502, 539
Linné, Elisabeth von 450
Lips, Johann Heinrich 378
Lobstein, Johann Anton 91, 99
Locke, John 100, 417
Loder, Justus Christian von 15, 282, 294f., 298, 305, 323, 455, 474, 493f.
Lovelace, Ada 562
Lovelock, James 550
Ludwig, Christian Gottlieb 67
Ludwig XIV., frz. König 65
Ludwig XV., frz. König 54
Luise Auguste, Herzogin von Sachsen-Weimar (geb. Prinzessin von Hessen-Darmstadt) 127, 173, 203, 304, 323, 335f., 345, 436
Lukrez (Titus Lucretius Carus) 488, 493
Lüttwitz, Ernst Freiherr von 417
Lüttwitz, Hans Wolf Freiherr von 417, 419
Lüttwitz, Henriette Freiin von 417, 419

M

Macfarlane, Robert 273
Macpherson, James 114, 116, 120
Madonna, Bartolomeo 355–357
Madonna, Raimondo 355–357
Mahr, Johann Heinrich Christian 588
Malus, Étienne Louis 530–532

Mancuso, Stefano 386
Manet, Edouard 446
Margulis, Lynn 550
Marie Antoinette (Gattin von Ludwig XVI.) 123
Maupertuis, Pierre Louis Moreau de 100
McClintock, Barbara 386
McPhee, John 260
Medicus, Friedrich Kasimir 324, 591
Melber, Johanna Maria (Goethes Tante) 37
Mende, Johann Friedrich 210
Mendel, Gregor 386
Mendelssohn, Moses 315, 317, 320 f.
Mengs, Anton Raphael 412
Merck, Johann Heinrich 126 f., 143, 145, 151–154, 162, 180, 182, 191, 195–197, 214, 229, 254, 262, 265 f., 269 f., 274, 295 f., 298–301, 303, 308 f., 456, 519
Mesmer, Franz Anton 80
Metz, Johann Friedrich 79–81
Meyer-Abich, Adolf 467
Meyer, Johann Heinrich 331 f., 390, 450, 455, 467
Meyerowitz, Elliot 400
Michaelis, Johann David 66
Milton, John 114
Moll, Karl 500
Monet, Camille 447
Monet, Claude 445–448
Monge, Gaspard 421, 438
Montesquieu, Charles Secondat, Baron de la Brède et de 100
Montgolfier, Jacques Étienne 19, 106, 311 f.
Montgolfier, Joseph Michel 19, 106, 311 f.
Moritz, Karl Philipp 128, 224, 390
Müller, Friedrich von (gen. Kanzler von Müller) 284, 286, 293, 522, 581
Müller, Johann Georg 291
Muschg, Adolf 240

N
Napoleon Bonaparte (Napoleon I., frz. Kaiser) 62, 497, 522, 535
Nees von Esenbeck, Christian Gottfried Daniel 581
Newton, Isaac 19, 107, 158, 254, 282, 423–430, 432, 437, 442, 448, 472, 483, 491, 514–516, 518–521, 524 f., 527, 529, 531
Nietzsche, Friedrich 197
Nostradamus 556

O
Oeser, Adam Friedrich 69 f., 75
Oeser, Friederike 74, 80, 82, 85, 115 f.
Oldenburg, Heinrich 162
Ovid (Publius Ovidius Naso) 258, 388, 570

P
Paccard, Michel-Gabriel 238
Palladio, Andrea 342
Paracelsus, Theophrastus 82, 89, 96
Passavant, Jakob Ludwig 92, 176, 178, 181 f.
Patrin, Eugène Louis Melchior 374
Paul III. (Papst) 189
Perraudin, Jean-Pierre 245 f.
Pfenninger, Johann Conrad 157
Pictet, Marc-Auguste 473
Pissarro, Camille 446 f.
Playfair, John 258
Plessing, Friedrich Victor Leberecht 197, 222–227, 229
Plotin 82
Pope, Alexander 108
Porta, Giovan Battista della 134
Posselt, Friedrich 537
Priestley, Joseph 109 f., 461, 536
Purkinje, Jan Evangelista 394, 449

R
Rahn, Hartmann 176
Ramberg, Johann Daniel 318

Personenregister 647

Reichardt, Johann Friedrich 193, 420, 428f.
Reichart, Christian 193
Reimarus, Elise 316
Reinhard, Carl Friedrich Graf von 458, 547
Reinhold, Carl Leonhard 494
Renoir, Auguste 446
Riemer, Friedrich Wilhelm 572
Rilke, Rainer Maria 288
Ritter, Johann Wilhelm 455, 478–485, 563
Rolfink, Werner 294
Rousseau, Jean-Jacques 45, 72, 78, 100, 104, 144f., 174, 231, 235, 302, 327, 333, 335, 360f., 371, 384
Roussillon, Henriette von 127f.
Rubens, Peter Paul 405
Rutherford, Ernest 257
Ryden, Peter Friedrich 71

S
Saadi, pers. Dichter, Mystiker 110, 592
Salzmann, Johann Daniel 173
Saussure, Horace Bénédict de 236–239, 242f., 245f., 261f., 265, 421–423, 499, 508, 537
Schardt, Sophie von 22, 375f.
Scheele, Carl Wilhelm 109, 482, 536
Scheiner, Christof 132
Schellhaffers, Johann Tobias 37
Schelling, Caroline (geb. Dorothea Caroline Albertine Michaelis, verw. Böhmer, gesch. Schlegel, verh. mit Friedrich Wilhelm Joseph) 479, 490, 492f.
Schelling, Friedrich Wilhelm Joseph 397, 455, 469, 484–486, 489–494, 511
Schelver, Franz Joseph 397
Scherer, Alexander Nikolaus 479, 484
Schiller, Charlotte (geb. von Lengenfeld, verh. mit Friedrich) 457, 509f.
Schiller, Friedrich 14, 20, 194, 289f., 370, 375f., 378, 399, 405, 453–460, 463, 474, 478–480, 484, 486f., 492–494, 496–498, 501, 513, 518, 523, 525, 528
Schlegel, August Wilhelm 479, 490, 492f.
Schlegel, Friedrich 479
Schlicht, Georg Sigismund 29
Schlitz, Johann Eustachius Graf von (gen. von Görtz) 187
Schlosser, Cornelia Friederike Christiane (geb. Goethe, Goethes Schwester, verh. mit Johann Georg) 32, 37, 39, 55, 64, 70, 77, 139, 172–174, 217, 233, 313
Schlosser, Johann Georg (Goethes Schwager) 78, 126, 139, 151, 172, 233, 313
Schmoll, Georg Friedrich 160, 165f.
Schmuck, Thomas 325
Schönkopf, Anna Katharina (gen. Annette, Ännchen, Käthchen) 68–73, 102, 118f., 142, 217
Schopenhauer, Johanna 131
Schreiber, Johann Gottlob 210, 217f.
Schrön, Ludwig 548
Schröter, Corona 203
Schuckmann, Friedrich von 417
Schultz, Christoph Friedrich Ludwig 532, 535, 547, 550
Schütz, Johann Georg 341, 494
Schweigger, Johann Salomo Christoph 532
Seckendorff, Karl Friedrich Sigismund von 189, 323
Seebeck, Thomas Johann 455, 531f.
Seidel, Philipp (Goethes Sekretär) 130, 231, 284, 286, 293, 339
Senckenberg, Johann Christian 27
Shaftesbury, Anthony Ashley Cooper, 3. Earl von Shaftesbury 417
Shakespeare, William 114, 122f., 126, 134f., 185
Siegesbeck, Johann Georg 331
Silberschlag, Johann 89–91
Sohn-Rethel, Alfred 355
Sömmering, Samuel Thomas 298–300, 302f., 306–308, 311f., 477, 481
Soret, Frédéric 580, 583–585

Spallanzani, Lazzaro 326
Spielmann, Jacob Reinbold 91
Spinoza, Baruch de 16, 100, 139, 157, 160–164, 167–171, 175, 180, 190, 284, 311, 313–323, 325, 369, 394, 500
Sprengel, Christian Konrad 395–397
Sprüngli, Daniel 235
Stadelmann, Carl (Goethes Diener) 263
Starkey, George 82
Staudt, Johann Kaspar 96
Stein, Charlotte von 13, 18, 23, 119, 125, 193, 198–203, 205, 207f., 214–223, 221–224, 226–229, 231, 233, 239, 270, 278, 286, 295, 307, 309, 312, 317, 323, 333, 335–337, 341, 343, 345, 347, 357, 361, 364, 369, 375–378, 406f., 411, 456, 480, 497
Steiner, Rudolf 288, 452
Stein, Friedrich von 270f., 334, 375
Stein, Josias von 199
Sterne, Laurence 128f.
Stieler, Joseph Karl 575–577
Stöber, Anna Elisabeth 149
Stolberg, Auguste zu (gen. Gustchen) 124, 131, 171f., 183
Stolberg, Christian zu 172, 175
Stolberg, Friedrich Leopold zu 73, 172, 175
Suess, Eduard 573
Sulzer, Johann Georg 151–153, 156, 519

T

Tacitus (Publius Cornelius Tacitus) 58
Tell, Wilhelm 175, 178
Textor, Johann Wolfgang (Goethes Großvater) 29, 149
Thompson, Benjamin (Reichsgraf von Rumford) 410, 439, 443
Thomson, William, 1. Baron Kelvin (Lord Kelvin) 257
Thoranc, Graf François de Théas von 60, 405
Thorwaldsen, Bertel 506
Thym, Johann Heinrich 52
Tieck, Ludwig 492

Tintoretto (Jacopo Robusti) 414
Tischbein, Johann Heinrich d. J. 233
Tischbein, Johann Heinrich Wilhelm (gen. Goethe-Tischbein) 341, 343f., 353, 355f., 364f., 406
Tizian (Tiziano Vecellio) 414
Tobler, Georg Christoph 238, 286f., 290–292
Torricelli, Evangelista 535, 541, 546
Toulmin, Stephen 261
Trebra, Friedrich Wilhelm Heinrich von 210, 217, 227, 258, 263f., 268
Tulp, Nicolaes 301
Türkheim, Anna Elisabeth (geb. Schönemann, gen. Lili) 170–172, 174, 182, 195, 217, 233
Turner, William 447
Twain, Mark 260
Tyson, Edward 301, 304f.

U

Uffenbach, Johann Friedrich von 53f., 68
Usher, James 254

V

Valentinus, Basilius 82
Veit, Dorothea 452, 479
Venetz, Ignaz 247f.
Venuti, Domenico 364
Venuti, Marcello 364
Veronese, Paolo 414
Vicq d'Azyr, Félix 309
Vitruv (Marcus Vitruvius Pollio) 138, 342
Vogel, Carl 590
Voigt, Christian Gottlob 265, 430, 434, 436, 484, 494
Voigt, Friedrich Siegmund 511
Voigt, Johann Carl Wilhelm 244–246, 265f., 270, 272, 290f.
Voigt, Johann Heinrich 423, 437
Volta, Alessandro 476f.
Voltaire (Arouet, François-Marie) 45, 92, 94f., 100, 107, 231, 388

Personenregister 649

Vulpius, Christian August 377

W
Waitz, Johann Christian Wilhelm 307, 325
Watson, James 369
Watt, James 106
Weiße, Christian Felix 302, 490
Welling, Georg von 81-87, 556
Werner, Abraham Gottlob 258, 266, 271, 275f., 291, 294, 463, 476, 496
Weyland, Friedrich Leopold 94, 101f., 111
Wieland, Christoph Martin 78, 127, 134, 143, 166, 187, 196, 216, 240, 285, 298, 379, 434
Wilhelm Heinrich (Fürst von Nassau-Saarbrücken) 95

Winckelmann, Johann Joachim 66, 69, 390
Winckler, Johann Heinrich 67f., 90
Wöhler, Friedrich 564
Wolff, Kaspar Friedrich 326
Wolzogen, Karoline von 21, 500-502
Wolzogen, Wilhelm von 500
Wright, Frank Lloyd 288
Wyttenbach, Jacob Samuel 238, 242

Z
Zapperi, Roberto 339
Zelter, Carl Friedrich 151, 194, 258, 347, 378, 496, 510, 522, 577
Ziegler, Louise von 127-129
Zweig, Stefan 288

www.klett-cotta.de

Wolfram Eilenberger
Feuer der Freiheit
Die Rettung der Philosophie
in finsteren Zeiten (1933–1943)

400 Seiten, gebunden mit
Schutzumschlag,
mit zahlreichen Abbildungen
ISBN 978-3-608-96460-8
€ 25,– (D) / € 25,70 (A)

»Gleichgültig, was man bisher über das Denken im 20. Jahrhundert wusste: Hier wird man auf aufregende Weise klüger.«
Elke Schmitter, Der Spiegel

Simone de Beauvoir, Hannah Arendt, Simone Weil und Ayn Rand: Mit großer Erzählkunst schildert Wolfram Eilenberger die dramatischen Lebenswege der einflussreichsten Philosophinnen des 20. Jahrhunderts. Inmitten der Wirren des Zweiten Weltkrieges legen sie als Flüchtlinge und Widerstandskämpferinnen, Verfemte und Erleuchtete das Fundament für eine wahrhaft freie, emanzipierte Gesellschaft.

www.klett-cotta.de

Wolfram Eilenberger
Zeit der Zauberer
Das große Jahrzehnt
der Philosophie 1919–1929

448 Seiten, broschiert
ISBN 978-3-608-96451-6
€ 12,– (D) / € 12,40 (A)

»Das Buch, über das ich mich in diesem Jahr am meisten gefreut habe. Ein fast elegisches, berührend zu lesendes Buch.«
Rüdiger Safranski, Die Welt

Die Jahre 1919 bis 1929 markieren eine Epoche unvergleichlicher geistiger Kreativität, in der Gedanken zum ersten Mal gedacht wurden, ohne die das Leben und Denken in unserer Gegenwart nicht dasselbe wären. Die großen Philosophen Ludwig Wittgenstein, Walter Benjamin, Ernst Cassirer und Martin Heidegger prägten diese Epoche und ließen die deutsche Sprache zur Sprache des Geistes werden.

www.klett-cotta.de

Charles Darwin
Der Ursprung der Arten
Erste komplette Neu-
übersetzung seit 100 Jahren

Mit einem Nachwort von
Josef Helmut Reichholf, aus dem
Englischen von Eike Schönfeld
612 Seiten, Leinenband mit Prägung
im Schuber, Fadenheftung, Lesebändchen,
10 Illustrationen
ISBN 978-3-608-96115-7
€ 48,– (D) / € 49,40 (A)

»Das Buch, das unser Weltverständnis veränderte« *Ludwig von Friedeburg*

Mit seinem am 24. November 1859 erstmals publizierten Werk »Der Ursprung der Arten« leitet Charles Darwin eine entscheidende Wende in der modernen Biologie ein. Diese brillante Neuübersetzung würdigt einen der bedeutendsten Naturwissenschaftler, dessen bahnbrechende Forschung unsere Sicht auf die Welt revolutioniert hat.